本书由广东华文国学研究院资助出版

中国国学研究院　广东省国学教育促进会　广东省文化传播学会推介

广东华文国学研究院国学教材

中华国学经典教育丛书

孔子儒经

世界的大同与孔子仁道主义

（上册）

柯 可◎著

SPM 南方传媒　广东人民出版社

·广州·

图书在版编目（CIP）数据

孔子儒经：世界的大同与孔子仁道主义 / 柯可著.
广州：广东人民出版社，2025. 5. --（中华国学经典教育丛书）. -- ISBN 978-7-218-18435-7

Ⅰ. B222.25

中国国家版本馆 CIP 数据核字第 2025N90A35 号

KONGZI RUJING：SHIJIE DE DATONG YU KONGZI RENDAO ZHUYI

孔子儒经：世界的大同与孔子仁道主义

柯 可 著

出 版 人：肖风华

责任编辑：陈泽洪
责任技编：吴彦斌

出版发行：广东人民出版社
地　　址：广州市越秀区大沙头四马路 10 号（邮政编码：510199）
电　　话：（020）85716809（总编室）
传　　真：（020）83289585
网　　址：https://www.gdpph.com
印　　刷：广州市豪威彩色印务有限公司
开　　本：787 毫米 ×1092 毫米　1/16
印　　张：59.5　　字　　数：800 千
版　　次：2025 年 5 月第 1 版
印　　次：2025 年 5 月第 1 次印刷
定　　价：138.00 元（全 2 册）

如发现印装质量问题，影响阅读，请与出版社（020-85716849）联系调换。
售书热线：（020）87716172

序言

孔子仁道主义的光辉思想

董京泉

谷雨之际，正是春雨滋润，谷粒渐满之时，柯可先生送来了他六十余万字的新著《孔子儒经：世界的大同与孔子仁道主义》（后简称《孔子儒经》），邀我作序。这令我有些踌躇。虽说我对老子哲学思想略有研究，出版过两卷本百万字的《老子道德经新编》，但对于孔子的哲学思想却缺乏系统研究，故建议先生另请高明。柯先生却认为他自从参与了我主持的《中国古代哲学思想集萃》（后简称《集萃》）编写工作，看过我撰写的导论和主持拟定的写作提纲后，深感《集萃》具有涵盖中国哲学史、主题突出、发展脉络清晰、紧贴现实需要等突出特点，加之前两年我又为他所著《老子道经：文明的晕染与老子恒道主义》（后简称《老子道经》）写过审读报告，故再为其新著为序，当不应为难事，从而使我无法推辞。

忆及我与广东社会科学院柯可研究员的相识，还是在五年前，我们共同出席在新疆阿克苏举办的老子西行寻踪考察研讨会。会议考察期间，我们并肩坐在从北疆到南疆穿越克拉玛依大沙漠的大巴上，一路上畅谈老子与东西方文明的交流，非常投缘。会后柯可先生给我寄来他主编的"中华国学经典教育丛书"，我在通览该套大部分由他撰写的十卷本丛书后，觉得他从古代经典讲到时政决策，从文化、教育、政治到经济、生态无所不包，并具有在社科院工作的理论联系实际的特点，故正式邀请他加入国家社会科学基金特别委托项目"中国古代哲学思想集萃"课题组。他按时高质量完成了自己所承担的第三部分"立成人之道"的写作任务。

我在《集萃》的导论里指出，在这本涉及了本体论、规律论、人生论、方法论、社会历史观、治国论等方面的书中，最重要的是深入论述了中国古代哲学"天人合一"的理念，强调了"天人关系"哲学问题的重要性。老子、孔子等圣贤有关"天人合一"的深刻思想，涉及宇宙和人生的本原，正是哲学的最高问题，在中国古代哲学史上具有极重要的地位和突出作用。与西方哲学不同，中国古代哲学更关注如何处理好现实的社会人生与外部世界或天命的关系，此即"大化之奥"。马克思主义哲学认为，天人关系的"大化"问题，实际上是客观规律性与人的主观能动性的关系问题。只有既尊重客观规律，又充分地发挥人的主观能动性，才是正确的天人观，它体现在天道与人道，以及天性与人性的合一。

我在《集萃》的导论里阐述了"天人合一"的创造性转化和理论体系现代建构的观点，柯可先生深表赞同，并告诉我，《孔子儒经》在论及孔子大同观时也提到了大化，并与大顺、大嘉、大祥等构成"大同"的五阶段。孔子也与中国古代多数哲学家一样，认为天性是至真、至诚、至善的，人性也应是至真、至诚、至善的，这才是本真意义上的"天人合一"，是最高的精神境界，是人与自然和谐交融的高远境界和思与诗交融的诗意境界，是一种体现老子之道、孔子天理之道的圣人的精神境界，也是哲学发展的最高目标和任务。简言之，古代中国哲学"天人合一"的社会实践，主要有两条道路。一条是我在柯可《老子道经》的审读报告中，称之为两大创举的"文明晕染"与"老子恒道主义"，它指向道法自然，"文明晕染"的"天之道"。另一条则是《孔子儒经》以"己所不欲，勿施于人"之银律，"己欲立而立人，己欲达而达人"之金律培养君子，指向天下为公、世界大同的"人之道"。而这两条路无论是偏重于"天"还是偏重于"人"，都需要适应自然，树立理想，追索真理的"天人合一"。这就是古代中国谓之"天之道"——当代中国谓之"马克思主义中国化"的理论体系。为构建人类命运共同体寻求规律，特别需要借鉴以老子为代表的文明晕染的恒道主义、以孔子为代表的世界大同的仁道主义等富有中国古代哲学理想文化的资源，并在改造主客观世界的活动中，逐渐树立起人生远大而务实的理想观。

在"天人合一"的为政之要方面，柯著通过对中华道脉的梳理，对孔子效仿先王之道，以礼治乐教为核心的"以德治国""以孝治国""以仁治国"进行了阐述，将其与老子的道法自然和"以道治国"的理政之道比较，说明了它们都具有"天人合一"的内涵。而孔子的谋道观、礼乐观、祭祀观认定的"义理之天"的客观存在，与老子所说的"人法地，地法天，天法道，道法自然"的"天人合一"的治国论，至今仍对党政干部有着深刻的借鉴与警示意义。习近平总书记指出，为了建设中国特色社会主义文化，需要对中国古代哲学实施创造性转化和创新性发展。这是指在理念上、内容上和表达方式上的现代转型，重点是对其重要范畴、重要命题以及重要格言、警句实施现代转型。其要点一是要按照当今时代要求、当代中国人的语言和思维方式进行转化；二是要以服务于现实之需为旨归，力求与时代特点和现代社会接轨，推陈出新，古为今用；三是以创造性为特征，具有新生的韵味，体现为新蕴含、新样式。鉴此，《孔子儒经》为构建中国特色学科体系，主要在以下三方面进行了学术理论的创新。

一是继《老子道经》九观哲学体系文本后，首次确立了《孔子儒经》九观哲学体系文本。众所周知，孔子从来没有一部如同《老子》（又称《道德经》）那样的系统性经书，所谓《孝经》，也只是阐述其孝悌观而已。故由《论语》《孝经》《孔子家语》《孔丛子》编译集成的《孔子儒经》，可谓在吸收中国考古学与儒学研究成果的基础上，洗去了《孔子家语》等长期被视为伪经的蒙尘。它为国学大师饶宗颐呼唤的"新经学时代"的到来，奉献了一部较全面的新儒学经典，并通过对孔子的谋道观、修德观、好学观、亲仁观、孝悌观、礼乐观、祭祀观、君子观、大同观层层递进的阐述，奠定了孔子仁道主义体系的文典基础，破除了西方黑格尔等认为孔子只有一些常见的道德格言而没有哲学体系的偏见。

　　二是首次按照孔子提示的"十五志于学，三十而立，四十而不惑，五十而知天命，六十而耳顺，七十而从心所欲，不逾矩"的人性成熟过程，以及阴阳五常、五行生化的逻辑规律，在纵览孔子以谋道观立志图谋，一以贯之；以好学观立学开智，尊师重道；以亲仁观立心宅厚，仁民爱物；以孝悌观立身兴业，齐家旺国；以礼乐观立礼施治，乐教化民；以修德观立信修身，以德治国；以君子观立己达人，温良忠勇；以祭祀观立诚敬天，善始善终；以大同观立道务本，砥砺前行。而后在构建九观哲学观体系的基础上，将"孔子仁道主义"定义为以天人合谋之道为本体，以立己达人之君子为主体，以好学亲仁之修德为动力，以忠孝祭祀之礼乐为教化，以天下为公为人类大同的理想境界。

　　三是首次将主张天下大一统、立己达人、世界大同的孔子仁道主义之"人之道"，与主张小国寡民、损有余而补不足、文明晕染的老子恒道主义的"天之道"精准对比，揭示出孔子仁道路径，就是以立志图谋、立基成才、固本培元的仁治之道，立身齐家的孝治之道，立功树碑的祭祀之道，立言乐教的礼治之道，贯穿立人修身的君子之道，立德铸魂的德治之道，达致天下为公的大同之道。柯著这一提纲挈领的比较法，揭示出孔子仁道主义是一种体认到"天下莫不贵者，道也""君子忧道不忧贫""谋道不谋食"，以施行仁道为最高价值的崇高人生境界，进而通过对孔子大同社会发展五段论设计的梳理，促成孔子"人之道"与老子"天之道"之优势互补，阐明了两人间亦师亦友的亲密关系，以及以君子修成为核心的孔学独特价值，纠正了两千年来不是尊老反孔，就是尊孔排老的偏激做法。

　　在这一意义上，我很赞同柯可先生在《国学教纲》里，以"易为学纲""儒为理纲""佛为心纲""道为总纲"，重视国道、国学、国文、国艺、国德生化互补的国学理论探索。因为它在揭示老子有关"损有余而补不足"的"天之道"的理想境界的基础上，将孔子对修身论的阐释引入"天人合一"的人类文明的发展与社会实践的范畴命题之中。这符合社会实践创造了人的客体世界或"人化自然"（马克思语），从而使世界变得更美好的认识。而我们将孔子追求大同理想与中国提出的建设人类命运共同体的实践相结合，也符合中国古代哲学家多以"天人合一"来阐发心性论、理想论的实际，为实施"一带一路"倡议提供了中华优秀传统文化的创意文化资源。

总之，中国古代哲学本来就包含了人顺天贵德的修身论，以及人走向生命辉煌的"理想论"。这也是我把柯可先生执笔的"立成人之道"视为《集萃》重要章节之一的原因。中国古代的人生理想，既是老子所说的"文明晕染"的"天人合一"境界，也是孔子所说的"天下为公"的大同境界。而将理想与社会实践引入"天人合一"，正体现出"在现实中实现哲学"这一马克思的至理名言。肩负着中华文化复兴的人们，都渴望着将理想与中国特色社会主义建设伟大实践相结合，这就要学习中国古代圣贤丰富深刻的理论而达致修身理想境界。为此，《孔子儒经》为突出孔子仁道主义的时代精神与理论价值，规避其历史局限性，以更好地适应中国当代实际和时代发展的要求，是很有意义的。它再次证明：孔子高度重视的生命主体意识与反省，心灵自由与理想精神境界的提升，始终是一种行之有效的思维方式和治国理政之路。

附注：序言作者为中共中央宣传部理论局原副局长、全国哲学社会科学规划办公室原主任，中国社会科学院马克思主义研究院特邀研究员。

绪言

孔子仁道主义的价值取向

伟大哲学家必有独立的思想体系，以利人全面准确地了解他创立的哲学思想。但是具体到何为哲学家的思想体系，以及某位古代哲学家到底有没有自己的哲学体系，则众说纷纭。有观点认为，哲学家拥有自己的哲学范式、有原创的哲学基础理论与哲学体系，这是他们与一般哲学研究者的区别。哲学是全世界各民族先知们解构神话体系后重建的思想大厦。它的真正任务是"思考如何使各种知识艺术地配合在一起而形成一种具有生态和谐水平的观念和知识体系"。有鉴于此，恩格斯在《自然辩证法》中指出，"世界，不管它愿意与否，必须符合于一种思想体系，而这种思想体系自身又只是人类思维某一特定阶段的产物"。（《马克思恩格斯选集》第三卷第484页，转引自赵汀阳《什么是哲学家》）

思想家是研究思想、思维和思考模式并形成思想体系的人，是对各门学术都有广泛研究而足以建立一个思想体系的人，是对世界有独创见解，对时代有引导意义的人，他们属于极少数，却为所有人而活着。良知是他们的基本道德，理性是他们的遗传基因；寻根问底、探索真理、揭示本质是他们的天职。思想家是孤独的、高傲的，却永远与人民骨肉相连，他们思考人从何处来，更关注人类向何处去。他们也追求快乐和享受，也会犯错误，但其错误也会使人们更深刻理解思想的真谛。思想家不一定是哲学家，哲学家一定是思想家！那么，探究天人，关注人生，修身养性，知识广博，影响中华文明2500多年，成为中国古代文化发展主流的儒家学派创始人孔子，能否被视为思想家或哲学家呢？对此，黑格尔是否定的。其重要一点，就是他认为孔子所讲的是一种常识道德，我们在哪一个民族里都找得到这种常识道德，可能还要好些，"孔子只是一个实际的世间智者，在他那里思辨的哲学是一点也没有的"，更遑论主义体系了。至于老子，黑格尔也只是承认他"说到了某种普遍的东西，也有点像我们在西方哲学开始时那样的情形"。这正体现出我们现今在整理《老子》并提炼出老子恒道主义之后，继续整理《孔子儒经》并提炼出孔子仁道主义思想体系，以破除西方哲学偏见的必要性与紧迫性。

事实上，孔子是人类文明史上最早提出人本主义的伟大思想家。他很早就指出，人是天地合德、阴阳交和、鬼神相会、五行生化的精华。天秉阳气悬垂太阳星辰，地秉阴气负载高山巨川，播散五行于四季，和谐春夏秋冬于四气。人是天地之心、五行之首，是能尝味道、辨声音、穿各色衣服而自在生活的万物之灵。这正是人之为人而辉耀苍穹、壮美无比的天人合一图！

遥想当年，孔子师徒坐而论道，谈起各自所谋志向时，子路的想法是，"我愿意拿出车马、轻暖的裘衣与朋友分享，就算是东西用破旧了也没什么遗憾"。颜渊说的是，"我的愿望是不自夸良善，也不表白功劳"。孔子则表示，"我的志向是让老年人安度晚年，朋友诚信相待，少年思念怀想"。这就是孔老夫子那看似朴实无华，其实博大精深，充满了人文关怀的崇高志向！事隔多年，亲往鲁国，与孔子论道后，齐国太史子与慨叹道："从今以后，我知道泰山为什么高大，深海为什么广阔了。今天的孔子是先圣的后代，生在周朝衰败之际，眼见先王典籍错乱无序，于是就编述百家遗著记录，考证其含义，效法并陈说尧舜盛德，效法并彰显周文王、周武王的文治武功，删编《诗》，复述《书》，制定《礼》，理清《乐》，编著《春秋》，阐明《易》道，给后世留下训诫，作为礼治法则，他的文德是何等显著啊！他所教过的弟子，交了学费的就有三千多人，或许是上天要他成为无冕素王吧？他的功业多么盛大啊！"

南宫敬叔对此回应说："我听说圣人的后代，如果不是继承王位的那一脉，也必有兴盛之人。而今的孔子之道太伟大了，它将永远施行于后世，即使不想要上天的赐福，也是不可能的。"孔子听了这话后说："岂能是这样的呢！混乱的要治理它，停滞的要兴起它，这只是我的志向，和天有什么关系呢？"这其实也是向来注重现实，关心民生，不奢谈鬼神，不乱托天命，却又深知"畏天命，畏大人，畏圣人之言"的孔子的人生态度，同时也是孔子仁道主义哲学体系的主线。它至广至大，以至于孔子最干练的弟子，被誉为儒商始祖的子贡，都觉得似乎连天下都容不下了，故发出了能不能将其减少一些的疑问。孔子略显无奈而谦虚地回应说："好农夫会种庄稼，不一定有收获；好工匠能做巧活，不一定能顺每个人的意愿；君子能修行大道，创立纲纪，不一定能让天下人都接纳。现在不修正道反而要求别人接纳，说明你的志向还不够广大，思想还不够深远啊。"

而只有听到最睿智的弟子颜回说"老师的道太伟大了，天下都容不下。虽然如此，老师您还是推崇奉行。当世不用，是掌国者的耻辱，老师何必担忧呢？世所不容，然后见真君子"时，孔子才微微领首，倍感欣慰地说："是这样的呀，颜家儿子！假如你有很多钱，我愿给你当管家。"这说明，孔子虽然对自己所谋之道的社会接受度和施行效果还不甚满意，但始终是充满期待的。作为历经谋道之难且已达从心所欲不逾矩之年的老翁，孔子深知弘道须有物质基础及掌握时机，故衷心感谢那些曾助己弘道者说："季孙赠给我千钟粟米以后，交往的人更亲密了。自从南宫敬叔送我车马后，我走的道更顺畅了。所以道虽然很重要，但必须有待时机成熟才被重视，大势所趋而后能推行。如果没有季孙和南宫敬叔的资助，我的道几乎要废了。"这就是孔老夫子崇道识机、以德报德的"谋道观"！它的思想文化源头，来自尧舜禹诸帝的先王治国之道，演化成孔子克己复礼的礼治之道、一以贯之的仁义之道、德合天地的谨言慎行之道、充满文化自信的教育之道。

问道老子而后成的孔子修德观，对道、德关系的理解可谓与老子"和而不同"。最鲜明的标识，就是孔子与老子在立德逻辑起点上的彼此不同。老子玄德观强调德由道生，即"道生一"，因此认为"失道而后德"，德的层次远比道低，故须服从道。而孔子修德观则主张为政以德，实施"德治"，故立志谋道者必先据德修养。在孔子看来，"德"是谋道之前提，无德难以谋道，故通过修德观论述了以德修身的丰富内涵、修德育人的多种方法、为政以德的治国理念等。孔子这种由浅入深、具体可感的修德弘道，具有易于理解并践行的长处。相形之下，老子高瞻远瞩、玄妙悠远的恒道观与玄德观，却只有少数睿智的"上士"能在理解之后，谨而行之，而大量平庸的"中士"大都似懂非懂，浅薄的"下士"更是一笑了之。

孔子亲仁观的要义，是在《易经》六十四种易德（参见柯著《周易德经》），以及诸如"仁义礼智信勇，孝悌忠俭廉和，恭敬宽正爱恕，温良敏让威断"等所构成的近百种美德的中华传统道德体系中，凸显了"仁德"的核心地位，从而通过"亲仁"将修德变成"仁道"。所谓"仁"的涵义，按照孔子的解释，即"仁者爱人"。孔子亲仁观首次归仁为道，通过达仁成己的方法路径，将先王之道化成施仁政爱众人的"仁治"。这就在人类文化轴心时代，最早将"仁道"打造成"人道"，由孔子亲自创立了将中国哲学体系建立于"人道"理念上，有血有肉的"仁道主义"。"孔子仁道主义"显然不同于古代一味崇拜天帝神鬼，迷信占卜测卦的"神道主义"，它先是从《连山易》《归藏易》《周易》的"易道"广而大之地化为中华文化百科全书，继而将老子初创时颇显玄秘的"唯道主义"化为真切可感的"仁道主义"，从而继老子恒道主义在世界哲学史上实现了由神向道的第一次飞跃之后，划时代地实现了世界哲学从道向人的第二次飞跃。

孔子孝悌观，就是为完成从"道"向"人"的哲学飞跃，以人类血缘关系为天然纽带和天理秩序，将仁德人情味化。它通过曾子的《孝经》，把孔子的"孝德"由天子、诸侯、士大夫、士人直接推广至庶民，建立起一个人性相通、血脉相连、情感相合的心灵感应通道，从而为"孝道治国"的中国式德治奠定了稳固的伦理基础。它所秉持的尊老爱幼的孝悌之道，通过孝道教民与孝治天下、孝敬父母与和睦家庭、孝子楷模与孝道传承的上行下效方式，树立起孔子孝悌观的孝无终始的孝治模式。

从仁道主义体系必不可少的学理的坚牢基础与认识论支撑看，孔子还通过"诗书礼乐易春秋"以及"礼乐射御书数"等大小六艺的教学实践、择善而从的教学方法、博学多识及辨物识道的为学途径、孔门弟子升堂入室的成就等，激励有志谋道修德的士子们，努力学好为官行政之事理，这也正是孔子好学观择善而从的主旨。孔子好学观所实施的学习方法，正是后世儒师以《弟子规》所揭示，并由万千弟子谨遵力行，在"首孝悌，次谨信，泛爱众，而亲仁"的基础上，"有余力，则学文"，"仕而优则学，学而优则仕"的为学道理。

孔子君子观，从仁者爱人、和而不同的东方文化观出发，建立在以人为主体的道德学识基础上，是孔子仁道主义之天人合一的主体论。它通过坦荡君子的谋道修德、衣食住行思，乐天君子的慎言敬身，彬彬君子的研学之方，谦谦君子的处世仕进之道等，以知行合一的笃力前行，塑造了人类世界里前所未有的东方君子楷模，使之成为可将六尺之长的孤儿托付给他，可将百里之国的命运寄托在他身上，面临危险关头也不可夺去其大节，堪称民族脊梁的人中俊杰，在中国绵延两千多年的历史中，培育出一大批可敬可亲的仁君忠臣、猛将贤良、元勋大德，以及英杰义士等，而有别于满口公平正义、费厄泼赖、决斗好胜的西方"绅士"之类。

孔子礼乐观，则为自己心向往之的君子们精心设计了遵循先王之道、实施乐教礼治的文武之道，达至和乐合众的礼治御民之道。它进而与孔子祭祀观相辅相成，通过天子之祭的神圣礼仪、诸侯大夫的官方礼仪、弟子亲朋的家族礼仪等，以洁诚祭祀、心存敬畏的感恩怀德之心，礼敬天地神祇、列祖列宗等，形成了慎终追远、礼乐教化的中国式礼治文化。

至此，孔子所主张的天无私覆的世界大同观，也就水到渠成地应运而生了。它先是以生态文明之天地为本而至敬身循礼的"大化"境，继以物质文明之帝德递进而至知礼合义的"大嘉"境，再以政治文明之刑政相参而至礼乐昭德的"大顺"境，然后以精神文明之研易测卦而至循天损益的"大祥"境，最终建成社会文明之通情达理而至人类和谐的"大同"世界。这将如孔子所愿，是一个"大道之行也，天下为公，选贤与能，讲信修睦。故人不独亲其亲，不独子其子。老有所终，壮有所用，幼有所长，矜寡孤独废疾者皆有所养。……谓之大同"的美好世界。

总之，孔子以立己达人的君子观塑造温良忠勇的仁者，以一以贯之的谋道观立志图谋，以尊师重道的好学观立学开智，以立心宅厚的亲仁观仁民爱物，以立身兴业的孝悌观齐家旺国，以立礼施治的礼乐观乐教化民，以立信修身的修德观以德治国，以立诚敬天的祭祀观善始善终，以立道务本的大同观砥砺前行，构建起孔子仁道主义哲学体系。这是一个以敬天谋成之大道为本体，以立己达人之君子为主体，以好学仁孝之修德为动力，以礼乐祭祀之教化为规范，以天下为公之大同世界为最高理想的哲学体系。

从人类文明史看，孔子精心设计的这条以人性之爱、孝悌之情维持良好人际关系，以好学生智、修德明礼的君子榜样导人向善，以祭祀崇天敬祖，以等级尊贤泽民的人道主义道路，确是当年使古人脱离野蛮愚昧，使人之所以成为人所不能跨越而须笃行的"人之道"。这亦是他无愧"至圣先师"称号之处。

第三编　孔子儒经四书编译

第一部　论语

第三部　孝经

第四部　孔丛子

引论

孔子真像

己所不欲，勿施于人。

一、孔夫子生平之素描像

　　孔子的真像，在苌弘这样的著名学者眼中，有着圣人之仪表。他眼睛像河水般深澈而额头隆起，如同黄帝的形貌；他手臂修长而脊梁凸起，身高九尺六寸，如同成汤王的容态。他说话必定称赞先王，行为恭敬谦让，博闻强记，识物无穷。他的出现也许是圣人要兴起了吧，他是想匡正先王们的道统和纲纪。[K1.1.1]

　　孔子自己则觉得不敢当此赞誉，他自认为只是个有教无类的学者而已。故此孔子的真像，主要由他最亲近的家人和弟子素描而成，具有全方位展示的立体效果，这与《老子》里的老子自画像略有不同。正如孔子所说："不了解儿子，就看看他父亲；不了解他本人，就看看他朋友。与善人相处，就像进入芝兰花屋，久了会闻不出香味，与香气相融。与不善人相处，如同进入咸鱼铺，久了会闻不出臭味，因此君子要谨慎地选择相处的人。"故要了解孔子，就要看看记录他言行的《论语》《孔子家语》等书是如何描写他的坎坷一生的。

　　孔子家世显赫，而他自己却命运坎坷。自从先祖微子启在周公辅政时受封爵位，并由弟弟微仲继承了爵位，生下了宋公稽始称公侯起，经过申公、熙公、弗父何、宋父周、世子胜、正考甫至孔父嘉等几代的开枝散叶，正式有了孔姓一脉。再经过木金父、睾夷、防叔、伯夏等数代传承，才生下了叔梁纥。叔梁纥字叔梁，名纥，因他曾任陬地宰，《左传》（全称《春秋左氏传》，也称《春秋左传》）按其官职称他为陬人纥。叔梁纥自祖父避祸逃奔鲁国后，境况大不如前，虽生有九女一子，偏偏小妾所生之子伯尼（孟皮）患有足疾，依当时礼仪不宜继嗣，为了再生一子继业，于是向颜氏求婚。颜父问三个女儿："陬邑孔氏虽是士，祖先却是圣王后裔。现来求婚的叔梁纥身高十尺，武力绝伦，年龄虽大性子又急，但不必担心。你们谁愿做他的妻子？"两个大女儿不说话，只有小女儿徵在上前说："愿听从父亲安排。"于是徵在下嫁叔梁纥。她因担心丈夫年龄大不能生子，便到尼丘山祈祷，后来生下孔子，特取名丘，字仲尼。孔子三岁时，父亲去世，孔母被孔父正妻施氏逐出家门，于是孔母带老大孟皮与老二孔子到了曲阜阙里，过着清贫的生活。

孔子十六岁时，生母去世，同年季氏宴请士级贵族，孔子前往赴宴，却被季氏家臣阳虎拒之门外，深受刺激。满十九岁后，孔子为祭祖方便，特娶了祖籍地宋国亓官氏之女为妻，生下伯鱼。伯鱼出生时，获得鲁昭公所赐的一条鲤鱼。孔子对此深感荣幸，特为儿子取名鲤，字伯鱼。伯鱼自小便受到了孔子严格的诗教，虽说活到五十多岁仍未能成名，却给孔子留下了聪慧的孙儿孔伋。孔伋字子思，以著有《中庸》，相传教过孟子而闻名，被儒家尊称为"述圣"。

孔子自称少时卑贱，做过许多粗贱事，故多才多艺。他从小就立志向上，好习礼仪，热爱自己的家乡和故友，直到成名后始终不渝。孔子曾对人说："我对有些人事会感到羞耻、鄙视与危险。那些年幼而不能好强苦学，老了还没法教好子女的人，我为他感到羞耻；那些远离家乡，服事君主而显达，遇见故友却没一点怀旧感言的人，我鄙视他；那些整天与小人相处，而不能亲近贤良的人，我感到他很危险。"而孔子自己更是早在十五岁时就已意识到要努力学习做人与生活之本领，他不仅关注天下大事，时常思考治国问题，还不时发表一些见解，二十岁后更是一心想入仕途，于是开始管理仓库、畜牧等，并在三十岁小有名气后，开办了私人学校。

孔子在弟子南宫敬叔的推荐下，获鲁昭公资助，适周问乐于苌弘，询礼问道于老子。他向老子请教："我一直推行仁道，如今更是行大礼请求君王循道而行，但都不被接受。道在今天太难推行了。"老子回答："游说者的流弊是过于巧辩，听者的心智会被他的言辞扰乱。知道了这两点，道就不会被忘记了。"在离别时老子又补充说："我听说富贵者送人财物，仁德者送人嘉言。我虽然不能富贵，但借用仁者的称号，送给你几句忠告吧。当今的士人，凡是因聪明深察而近于死地的，都是喜欢讥讽议论别人的人；因知识广博善于辩论而危及自身的，都是喜好揭发别人短处的人。为人子的不要只为自己，为人臣的不要只顾自身。"孔子深受启迪，倍感"老子犹龙"而深不可测，恭恭敬敬地说："我一定遵循您的教诲。"返回鲁国后，孔子的道更受人尊崇了，从远方来学习的弟子有三千多人。

孔子在家乡时，显得很温和谦恭，像是不会说话似的。但他到了宗庙和朝廷上，说得则很流利，只是较为谨慎。他作揖时手向左或向右，衣服前低后扬，十分整齐。他趋步前进时，衣服像鸟翼一样张开。他入公门时，恭敬得像无处容身。他站立时不踏门中间，行走时不踩门槛，经过君位时精神勃发，脚步加快，说话好似中气不足似的；出来走下台阶后，脸色才舒缓起来，怡然快步前进，姿态如鸟儿展翅一般；回到自己座位，又是恭敬不安的样子。孔子行礼时手执圭板，向上举时如同作揖，向下拜时如同授物，好似战战兢兢一般，步子很小，好像沿着一条直线往前走。孔子上朝后与下大夫交流时从容不迫，与上大夫谈话时和气严肃，在君主面前则恭敬不安似的，神态合度，不卑不亢。他在分享礼品时，面容温和，私聊时则非常愉快。

孔子在生活中很讲究礼仪，毫不疏忽任何细节。坐席不摆正时他不坐下。聚会饮酒时，等拄拐老人出去后，他才出去。乡人演傩剧时，孔子身穿朝服站在东面台阶上；向人问路后要再次拜谢后才礼送对方。孔子看见穿丧服的人，必定严肃变色，在车上遇见时会扶着车前横木致哀；看见背负着国家图书的人路过，也扶着车轼致礼。孔子上车前，必先站正，然后用手拉着扶手绳登车。在车上他不回头看车里，不急着说话，也不用手指指点点。用麻布制成的礼帽符合礼的规定，现在大家改用黑丝绸来制作，比较俭省，他也顺从了大家。他认为进见时在堂下跪拜是符合礼的，到堂上拜见会显得有骄态。所以即使与大家相违，他还是照旧在堂下拜见。

　　孔子是中国乃至世界上最早创办私学，有教无类、桃李满天下、闻名遐迩的教育大家。无论是谁，只要能自愿交纳十条干肉脯，孔子都可收他为徒，并因材施教，使其修文习武，令其日后无论为官为商，都能各扬所长，如他后来培育出来的"复圣"颜回、"宗圣"曾参、富商子贡、官员子路等七十二贤人和三千多弟子。孔子一生与他们朝夕相处，耳提面命，嬉笑怒骂，皆有深意，往往教学相长，还令他们感怀有加。对于年少聪慧的少年，孔子往往会破格接见，褒奖鼓励；对于不敬长者、骄傲自满的翩翩童子，孔子则断言他长大后不会有太大出息。对于成年的弟子如子游，孔子到他治理的武城，听到弦乐歌声后，微微一笑说："杀鸡焉用牛刀？"当子游指出孔子说过"君子学道后会爱人，小人学道后会易于驱使"，以子之矛，攻子之盾加以反驳时，孔子会虚心认错："你们几个人听好了！他的话是对的，我之前说的话不过是开个玩笑啊。"当眼见弟子宰予白日睡大觉时，孔子会生气地责备他："朽木不可雕也，粪土之墙不可杇也！"当见原壤又开着两腿，坐姿不雅时，孔子甚至会用拐杖轻叩他的小腿，责骂他："小时候不谦恭，不友爱兄弟，长大后也没有什么值得可说的，老而不死，真是个害人的家伙！"对于器重的学生如颜回，孔子虽将其视如亲子，但也不同意颜父的请求，卖掉自己的马车换成棺椁为颜回安葬。理由一是孔子的亲儿子去世时他也没这么做，二是孔子自从当了官，马车就成了出门不可缺的配备了。同时他还责备弟子们为颜回安排的厚葬不妥。这些都是学为人师、行为世范的孔子对弟子们爱之深、恨之切的性情中人的表现。

　　如生父般魁梧的孔子，还常教弟子驾车骑射，但他并不喜欢以武力与蛮勇炫耀。故当好武的子路说："老师指挥三军时，谁会跟随呢？"孔子冷静地回答："那种空手和老虎搏斗、徒步过河、死而无悔的莽汉，我是不愿意和他一起的。我需要的是面临大事警惕小心，好谋略而能成事的人。"有一天，当见到闵子在身旁一团和气地侍候，冉有和子贡在一边则是从容不迫，子路却是一副昂首刚强的样子时，孔子颇感担心地说："像子路这样的人啊，恐怕会不得善终吧。"不料后来一语成谶，子路日后竟真亡于乱刀之下。

在因材施教方面，孔子认为，唯有上等智者与下等愚人是不可改变的。人性很相近，修习成习惯后就相去甚远了。人如同植物一般，有光长苗而不吐穗扬花的，也有光开花而不结果实的。他还说，知之者不如好之者，好之者不如乐之者。具有中等以上才智的人，可以跟他谈论高深的学问；而中等以下才智的人，不可以跟他谈论高深的学问。故教学上要力求做到"不愤不启，不悱不发，举一隅不以三隅反，则不复也"。这就是说，不到他想弄明白而不得的时候，先不启示他；不到他想说又说不出的时候，先不启发他；举一方面的事理而他不能从三方面去扩展思考的，就不再重复开导他了。孔子说："一般人的情况是，有余财就浪费，钱不足就俭朴。没有禁令就过分，没有限度就放纵，从心所欲就败亡。所以被鞭打的儿子不听从父亲教育，过速过急让人难以接受，因此君子要做到有定量，有节制，有限度，有定数，有限量，这是防止祸乱的根本方法。"

富有学问的孔子，一生诲人不倦，好学不倦，几乎能解答当时人们提出的一切奇难疑问，如防风巨骨、怪龙羵羊、楛矢石砮之类，故被称为饱学博览、无事不通的大学问家。他一生通览六经，精研《易》，尤爱《诗》，并经常教诲弟子："弟子们为何不学学诗呢？诗，可以兴起激情，观察万事万物，合群共事，表达内心感情。你们可以用诗来侍奉身旁的父母，用诗来服事君主，还可以通过诗认识鸟兽草木。"他批评那些能够熟读几百首诗，却不能理政、很好地回答问题的书呆子，并时常提醒儿子要读《诗》，说一个人不读《诗》，就像面对着墙站立一样！孔子自己所用的雅言，也都来自《诗》《书》这些经典。

在学习方法上，孔子认为，学问如果没有进入核心，恐怕会很快失去它。他回顾说："我曾经整天不吃饭，整夜不睡觉地去冥思苦想，却毫无益处，还不如好好研学。因此光苦学不思考，就会迷惘；光冥思不学习，就会失败。"在思与行方面，孔子主张兼顾两者而不要偏废，再三思考后，才可以行动。温习旧事而知新意，这样才可以为人之师。他把"默而识之，学而不厌，诲人不倦"作为人生指南，实行"有教无类"的教育方针，力求"择其善者而从之，多见而识之"，还强调自己不是那种不知道理而写作的人。对孔子的学习方法深有感悟的曾子，说孔子是"自己有才能却向没有才能的人请教，自己学问多却向学问少的人求教；有知识却好像没有，有实学却好像空虚，受到冒犯也不计较"。正因为孔子如此好学而德才兼备，所以在弟子们心中他是亲切温和、伟大且崇高的人。颜渊感叹老师"仰之弥高，钻之弥坚；瞻之在前，忽焉在后。夫子循循然善诱人，博我以文，约我以礼，欲罢不能"。宰予十分肯定，以他的眼光看夫子，"贤于尧、舜远矣"。子贡更是赞不绝口地颂扬孔夫子："他人之贤者，丘陵也，犹可逾也；仲尼，日月也，无得而逾焉！"

孔子平日休养闲居，亦有丰富的生活情趣与高雅的艺术修养。他主张食不厌精，脍不厌细，烹饪有术，并且还说："整天吃饱饭后，不用心想点事，这日子多难熬啊！不还有博弈游戏吗？下下棋嘛，还可能成为圣贤呢！"此外，孔子还很喜欢古琴，曾向师襄子学弹琴，并努力理解琴曲里歌颂的人，直到领悟了琴曲志趣后，才说："我好像看到那人了，他皮肤黝黑，身体魁梧，胸怀广阔，高瞻远瞩，拥有天下四方。这不是周文王又还有谁能达到这样的境界呢？"师襄子离席抚胸为礼说："您真是圣人啊，这首琴曲就是《文王操》。"孔子自己也始终保持着周文王这种无惧困厄、高远豁达的思想境界。有一天，孔子请围坐的弟子们谈谈各自的志向时，他自言最赞成的就是曾点所说的观点，晚春时分在清澈的水里沐浴，在草坪上吹凉风，尽兴歌咏而归，由此可见孔子对歌咏乐艺的喜爱。

鲁国发生内乱后，孔子随鲁昭公避难齐国，受到齐景公赏识，有幸听闻了美妙的《韶》乐而三月不知肉味。鲁定公执政后，孔子回到鲁国，他眼见阳虎仍在擅权，便退隐修书，但为了实现平生抱负，又不得不见不喜欢的人。如有一回，阳虎想见孔子，便给他留下了一只小猪。孔子乘他不在的时候，才去回拜，却偏偏与他相遇于路上。阳虎教训孔子："过来！我跟你说几句。怀抱着宝贝而让国家迷失方向，可以说是仁德吗？喜欢从政而又多次失去时机，可以说是智慧吗？"孔子答："不可以！"阳虎说："日月飞逝啊，岁月不会等待人啊。"孔子说："好，我准备出仕为官吧。"

就这样，孔子在与阳虎见面后不久就被举荐为官，在自己短暂的为官生涯里取得了良好的德治政绩。他命令申句须、乐颀两位大夫统领士卒打败了费人，保护了鲁定公；他依照卿大夫家中不能私藏兵器，封地内不能建百雉高城的古代礼制，拆除了季孙氏、叔孙氏与孟孙氏三家的城池，强化了国君权力，削弱了大夫势力；他让礼乐教化大行其道，令鲁国那些卖牛马的不再加价，卖猪羊的不再造假，男女行人各自走在路的一边，道路上的失物也没人捡拾了，男人都崇尚忠诚守信，女人都崇尚贞洁柔顺，四方客人来到城里，也不再求官府的协助，都像回到了自己家里一样。

由于政绩不凡，孔子先是任司空，后升为大司寇，摄相事。孔子仅就职七日，就诛杀了"妖言乱政"的少正卯，曝尸三天示众。暂不论此事真伪，众说纷纭，也不论鲁国是否因此而大治，但这已给孔子的仁政之路蒙上了阴影。也许孔子后来对这种以武器批判异端的过激做法有所觉察，也许是他削三桓、隳三都、复周礼的德政举措在贵族的强烈反对下不得不半途而废，孔子对仁政不可滥用武力有了更清晰的认识。故在后来季康子问政，"杀无道，以就有道，何如"时，孔子明确地回答："您主政的话，何必用杀人法？您想走善道而人民自然会走善道。君子仁德如风，小人品德如草，仁风一刮，草必偃伏。"孔子还赞扬："舜作为君主，他爱惜生命而厌恶杀生，他的仁德像天地一样清净虚容，他的教化像四季一样生化万物。所以四海之内都承受他的德风，畅达于世间万物，凤凰飞来，麒麟走来，鸟兽都被他的仁德驯化。这没有别的原因，只是他爱惜生命之故。"

好景不长，孔子壮年时，目睹齐国不怀好意地送来八十名美女，令鲁国君臣迷恋歌舞，多日不理朝政，放弃郊祭，也没按惯例送祭肉给他，心知季氏不想再任用他后，不得已离开鲁国，踏上了周游列国之途。进入卫国后，卫灵公和夫人南子同车出游，让孔子乘车随后，穿游闹市。孔子对此深感耻辱，叹息说："我没见过喜好美德如同喜欢美色一样的人啊！"而性情耿直的子路，听说孔子违心地接受南子召见后，极为不满，这急得孔子指天赌咒说："如果我做了不该做的事，天罚我！天罚我！"他还连连发誓自己绝没做什么要对人隐瞒的事。数月后，卫灵公听信谗言，派人监视孔子，孔子只好带弟子奔往他国，另谋出路。他们一路上颠沛流离，其狼狈状，正如孔子在郑国与弟子失散后，有人对前去寻他的子贡所说："东门外有一个人，身高九尺六寸，长而平的眼睛，高额头，头像尧帝，脖子像皋陶，肩膀像子产，但腰以下比大禹短了三寸，狼狈如丧家之狗。"耳顺之年的孔子，在听了此番话后，不但不羞恼，反而幽默地笑说："形貌未必像，但说像丧家之狗，还真像啊，真像啊！"[5.22.8]

此后，孔子师徒在陈蔡断粮七天，弟子都饿得病倒了，只有孔子还在慷慨激昂地讲授学问，弹琴伴歌不绝。他知道弟子心中不满，于是找来子路问："我的治国之道难道不对吗，怎么到了这个地步啊？"子路生气地说："君子不会被困住。也许是老师仁德还不足，别人还不相信我们，也许是老师智慧还不够，别人反对我们的主张。我之前听您说过，做善事的人上天会降福于他，做坏事的人上天会降祸于他。如今老师积仁德怀礼义，施行也很久了，怎么还会这么穷困呢？"孔子开导说："子路你还不明白，我来跟你说。你认为仁人必被信任，那么伯夷、叔齐就不会被饿死在首阳山上；你以为智者必被任用，那么王子比干就不会被剖心；你以为忠谏必被采纳，那么伍子胥就不会自杀。遇不遇得到明君，靠天下时运；贤能与不肖，靠个人才能。遇到不利机遇者，是时运造成的；以不肖者为贤人者，是才能造成的。君子学识渊博、深谋远虑，却不逢机遇的，很多啊，何止我呢？所以身居下层而无忧患的人，思虑不远大；常居安逸的人，志向不广大，怎能知道他的终始呢？君子爱好音乐，是为了不骄傲；小人喜好音乐，是为了消除畏惧。你是谁的孩子呀，不了解我又跟随着我呢？"第二天，厄运解除后，子贡拉着马缰说："我们几个跟随老师遭遇此难，一生难忘啊！"孔子说："说得好。在陈蔡间的危难，是我的幸运。你们几个跟着我，也都很幸运。我听说，君子不遭困厄就不能成就王业，志士不遭困厄就不会彰显德行。怎知激发猛志的开始，不就在这危难中呢？"

　　就这样，被罢了官的孔子四处碰壁，求职屡遭白眼，尝遍了世态炎凉和人间磨难。他不是在曹国不受待见，就是被宋司马桓魋扬言加害；不是被困匡地遇险，就是遭围陈蔡绝粮，最后还得仰仗子贡从楚国搬兵营救，师徒们才免于遇害。这一切传成了世人笑柄。如有一次，一个楚国狂人驾车而来，与孔子的马车擦边而过时，唱着歌嘲笑孔子："凤凰啊，凤凰啊，为何德教衰微了？过去的事情不可挽回，将来的事情还可以追索。完了，完了！现在从政的人真危险啊！"孔子下了车，想跟他说话，他却快速避开了。还有一次，长沮、桀溺在合力耕作，孔子从旁经过，让子路去询问渡口在哪。长沮听说是孔丘问路后冷语说："他应该知道渡口嘛。"桀溺更是干脆劝子路改弦易辙："恶浪滔滔，天下都是，谁能改变它？你与其追随身居闹市的隐士，还不如跟着我们这样的遁世之士！"说完继续耕作不止。孔子听了子路的转述，深感失望地说："鸟和兽不会合群，我不和你们这些人交往又和谁交往呢？如果天下有道，我就不会和你们一起去改变它了。"又有一次，子路迷了路，遇见一位用木杖挑着锄草工具的老人，上前问他有没有看见一位老夫子。老人笑说："四肢不勤，五谷不分，谁是老夫子？"说完继续扶着木杖芸草。

六十来岁的晚年孔子，丧妻丧子，饱经磨难，无时不渴盼落叶归根。经弟子冉求的努力，孔子终于由正卿季康子迎归鲁国，结束了历时十四年的周游七国行。时值鲁哀公主政，他向孔子谦卑求教，孔子正欲有所作为，却眼见弟子中最聪慧的颜回与最忠勇的子路双双离世，不由得万念俱灰。回首以往，垂老的孔子，对自己教学相长，养成君子，渴盼大同的一生追求总结说："不知礼，无以立也；不知言，无以知人也。""我十五岁就立志求学了，三十岁立业，四十岁不再困惑，五十岁知道什么是天命，六十岁耳顺能听逆耳之言，七十岁能从心所欲，也不违反规矩了。"

孔子认为后生可畏，谁知道那后生后来会怎样？但如果一个人到了四五十岁还默默无闻，年过四十了还人见人厌，那就完了。孔子一生学而不厌，诲人不倦，日思夜想的都是编述《诗》《书》《礼》《易》《乐》《春秋》等国学经典。孔子认为，"诗歌兴起激情，明礼立稳根本，成就于音乐"。他对自己的评价是，"发愤忘食，乐以忘忧，不知老之将至"。他感慨光阴似箭，"逝者如斯夫，不舍昼夜"，直到离世前，还遗憾地说，"哎呀，我衰老了！我都好久不再梦见周公了！"特别是孔子听说西狩获麟之事，更信为不吉之兆，他自叹"吾道穷矣"，从此搁笔不再编《春秋》。但这位垂垂老者，即使在这看来是穷途末路之时，依然抱有效法先王恢复周礼的万丈雄心，故他听闻齐简公被弑后，立即斋戒三日，坚请鲁哀公出兵讨伐逆贼，却遭婉拒。这位古稀之年的尴尬老翁，最后只好挂杖倚门，遥盼心爱的弟子归来，传道弘儒。

这天早晨，孔子如常起床后，背着手拖着手杖，在门外悠闲漫步，唱着歌："泰山崩塌了呀！梁木毁坏了呀！哲人萎顿了呀！"他唱完回到屋内，对门枯坐，看见听到歌声的子贡快步赶来，便责问他为何迟来。孔子流泪痛诉：

"天下无道已很久了，没人肯采纳我的主张。我的主张不可能实现了啊。"不久后，孔子于公元前479年病故，享年七十三岁，葬于鲁城泗水边。他的弟子纷纷前来守墓，长达三年，子贡更是独自守了六年。由于鲁国人围绕孔墓栽树守墓，不仅形成了"孔林"和居家百余户的"孔里"，还在后世帝王的褒奖推动下，为孔子故居增建了孔府、孔庙，扩建了孔林等，使他受到了后人的千秋奉祀。

如果说孔子在有生之年，只赢得了弟子们的喜爱、少数人的赞誉，却没有赢得世人的普遍尊敬，也没有获得过统治者们的高度信任，得以在政坛上大展宏图的话，那么他去世多年后，却在历代王朝获得了日益显赫的尊称封号，从鲁国的尼父、汉代的褒成宣尼公、北魏的文圣尼父、隋朝的先师尼父、唐朝的文宣王、宋朝的至圣文宣王到元朝的大成至圣文宣王，真可谓步步高升，荣耀之极。

由此可见，在与他朝夕相处、相濡以沫、最亲近的弟子和家人，以及耳闻目见他所作所为的同时代人笔下，那位后来成为万代景仰的至圣先师的孔子的素描像，是写意传神的。孔子的仁道主义理想，无疑是人类的美好憧憬。从孔子在世时被视为"天纵之圣""天之木铎"以及当时社会上的最博学者之一，到他去世后被封为"万世师表"，尽管由于时代风云的变幻，孔子遭受了被困陈蔡的饥渴、焚书坑儒的烈焰、五四运动的砸店、"文革"批孔的铁拳，经受了太多的大起大落，但无论他成为统治者膜拜的圣人，还是批孔者厌恶的"孔老二"，都依然有一代代学人努力在世界各国宣讲儒学，使得孔子终身谋求的大同理想光辉非但没熄灭，反而薪火相传，激励了一批又一批的仁人志士为之奋斗不息。当然，囿于历史局限、善于审时度势、察人知己的孔子，对于仁道究竟能否大行于世，其实还是有所怀疑的，甚至曾在最痛苦时表达过深深的失望。而他这种强烈预感与心声流露就是"道不行，我将乘木筏浮游于海！"这，不能不说是一位虔诚谋道者的时代悲剧。

二、中外名人眼里的孔子

当年有"万世师表"之称的孔子，如今在文化之昌明与衰朽并存，文明之交流与冲突同在，国家的兴盛与衰落皆有，多元竞秀、竞相发展的地球村里，究竟形象如何，价值几何，有无存身的一席之地，有无可取的只言片语？为解真相，答谜团，我们不妨在欣赏了孔子素描像后，再欣赏由古今中外名人对他的各色评价所描绘而成的富有立体感的孔圣画像。尽管新世纪融媒体的网络传播会有资料不齐、内容庞杂、走形失真的局限性，但经精心筛选，大体还是可以合成孔子在世人眼中那历史痕迹斑驳却笔力刚劲的伟人画像。

在中国被尊为儒家"亚圣"的战国思想家孟子，曾声言"自有生民以来，未有孔子也"（《孟子·公孙丑上》）。而在与他辩论人性善恶，因隆礼重法被尊为"后圣"的思想家荀子看来，孔子这位大儒者，"虽隐于穷阎漏屋，无置锥之地，而王公不能与之争名……用百里之地，而千里之国莫能与之争胜，笞棰暴国，齐一天下，而莫能倾也……天不能死，地不能埋，桀、跖之世不能污，非大儒莫之能立，仲尼、子弓是也"（《荀子·儒效》）。汉代著名史学家司马迁专为孔子立传并赞道："余读孔氏书，想见其为人。适鲁，观仲尼庙堂车服礼器，诸生以时习礼其家，余低回留之不能去云。天下君王至于贤人众矣，当时则荣，没则已焉。孔子布衣，传十余世，学者宗之。自天子王侯，中国言六艺者折中于夫子，可谓至圣矣！"（《史记·孔子世家》）汉代思想家王充认为："孔子道德之祖，诸子之中最卓者也。"（《论衡·本性篇》）晋代文学家陆机说："孔子睿圣，配于弘道，风扇玄流，思探神宝，明发怀周，兴言谟志，灵魂有行，言观苍昊，清歌先诫，丹书有造。"（《陆机集卷九·孔子赞》）唐朝诗人杨炯赞："法象莫大乎天地，变通莫大乎四时。悬象著明，莫大乎日月，备物致用，莫大乎圣人。"（《杨炯集》卷四）

帝王群里，魏文帝曹丕评价孔子："昔仲尼资大圣之才，怀帝王之器，当衰周之末，无受命之运，在鲁、卫之朝，教化乎洙、泗之上，凄凄焉，遑遑焉，欲屈己以存道，贬身以救世。于时王公终莫能用之，乃退考五代之礼，修素王之事，因鲁史而制春秋，就太师而正雅颂，俾千载之后，莫不宗其文以述作，仰其圣以成谋，咨！可谓命世之大圣，亿载之师表者也。"（《三国志·卷二》）英武盖世的唐太宗李世民说："朕今所好者，惟有尧舜之道，周孔之教。以为如鸟有翼，如鱼依水。失之必死，不可暂无耳。"（《贞观政要》）宋真宗赵恒赞说："立言不朽，垂教无疆。昭然令德，伟哉素王。人伦之表，帝道纲。"（《阙里文献考·卷三十八》）明宪宗朱见深大赞："孔子之道之在天下，如布帛菽粟，民生日用不可暂缺。"（《御制重修孔子庙碑》）清圣祖爱新觉罗·玄烨赞曰："至圣之道与日月并行，与天地同运，万世帝王咸所师法，逮公卿士庶罔不率也。"（《康熙起居注·二十三年十一月十八日》）

中国哲学家中，北宋理学家程颢认为："至如孔子同，道如日月之明。"（《二程集·河南程氏遗书卷一》）南宋理学家朱熹夸赞："天不生仲尼，万古长如夜。"（《朱子语类·卷九十三》）明代心学家陈献章赞道："惟我先圣孔子，道高如天，德厚如地，教化无穷如四时。"（《陈献章集卷一·襄阳府先圣庙记》）明代心学家集大成者，以"致良知"为教化宗旨的王守仁赞说："吾夫子之道始之于存养慎独之微，而终于化育参赞之；行之于日用常行之间，而达之于国家天下之远。"（《王文成公全书·卷之三十一》）

在中国近代思想界，企图以孔教托古改制的维新派领袖康有为说："中国之国魂者何？曰孔子之教而已。""唯我孔子大中至正，独重人道。"

（《济南万国道德会演说》）近代资产阶级改良主义者梁启超说："孔子在人格，在平淡无奇中现出他的伟大，其不可不及处在此，其可学处亦在此。"他同时还强调，"苟无孔子，则中国非复二千年来之中国"，"孔子之后，无孔子也"。（《世界伟人传第一篇·孔子》）中国近代民主革命领袖孙中山说："两千多年前的孔子、孟子便主张民权，孔子说'大道之行也，天下为公'，便是主张民权的大同世界。"（《孙中山选集》）近代兼容并蓄、大力倡导美育的教育家蔡元培说："孔子学问文章、政治事业，朗如日月，灿如星辰，果足为万世师表。"（《在信教自由会上的演说》）五四运动中高举民主与科学两面旗帜的新文化运动领袖陈独秀说："科学与民主，是人类社会进步之两大主动力，孔子不言神怪，是近于科学的。"（《孔子与中国》）中国伟大政治家、战略家和理论家毛泽东说："从孔夫子到孙中山，我们应当给以总结，承继这一份珍贵的遗产。这对于指导当前的伟大的运动，是有重要的帮助的。"（《抗日民族战争与抗日民族统一战线发展的新阶段》）

　　从国内的孔学研究者看，儒家学派的开创者孔子，的确是一位具有中国文明发展里程碑意义的伟大的哲学家、思想家、教育家和文化古籍整理家。

　　在易学思想方面，孔子受伏羲易道影响，在借鉴了《连山易》《归藏易》和文王演绎的《周易》等历代易学成果的基础上，广泛吸收了道家、医家等诸子各家的易学智慧，在据传由他整理，意在为《易经》插上"十翼"的《系辞》《易传》里，为"一阴一阳之谓道""太极生两仪，两仪生四象，四象生八卦"，最终通过六十四卦的易德演变解说，建构成"富有之谓大业，日新之谓盛德。生生之谓易，成象之谓乾，效法之谓坤，极数知来之谓占，通变之谓事，阴阳不测之谓神"的伏羲易道主义体系，为儒家学派发展奠定了中国古代哲学的理论基础。

　　在政治思想方面，孔子主张"德治""仁治""孝治""礼治"并举，核心是"为政以德"，方略是把德、仁、孝、礼、乐等施教于民，以等级制把贵族和庶民划分为治者与被治者，各自按孝道的等级法则实施，以图改变在利欲熏心的诸侯争战不已的春秋战国时代出现的"王道哀，礼义废，政权失，家殊俗""君不君，臣不臣，父不父，子不子""苛政猛于虎"的社会乱象，在人们心中播下"仁"与"礼"的种子，最终实现"天下为公""选贤与能，讲信修睦""人不独亲其亲，不独子其子。老有所终，壮有所用，幼有所长，矜寡孤独废疾者皆有所养"的大同社会的政治理想。它启发了康有为、谭嗣同和孙中山等进步思想家、改革家，对中国后世影响极为深远。

在经济思想方面，孔子一方面激烈反对统治者加重人民赋税，主张赋税要轻一些，徭役摊派不要耽误农时的"富民"思想，主张"因民之利而利之"（《论语·尧曰》）；一方面主张"重义轻利""见利思义"的义利观，用"义"这一比个人利益更高，代表家族、家乡、行业、国家的利益的社会道德，规范人们对个人物质的"利"的谋求，这成为日后"儒商"的利益观，获得社会推崇。但由于孔子固守过时的周礼，也使他在经济制度改革方面的保守思想严重。如鲁宣公实行的"初税亩"，本是春秋时代的重大经济改革，但孔子在修《春秋》时记载此事，目的却是批评其"非礼也"。

在史学思想方面，孔子主张治史要"直"，即不但要重视根据，而且要"知之为知之，不知为不知"（《论语·为政》）。同时，他还有朦胧的历史发展观，以《易经》的损、益两卦卦德，解释"殷因于夏礼，所损益可知也；周因于殷礼，所损益可知也"（《论语·为政》）的礼治改革原因，认为周代正是在总结夏、殷二代的基础上创造了更新、更完善的礼乐文明的。

在美学思想方面，孔子主张"美在其中""见仁见智"以及"美""善"统一，形式与内容统一的"中和之美"，认为君子应该在琴（弹与听）、棋（博弈）、诗、礼、乐、武（射御）诸艺领域里修身成性而文质彬彬。他还力倡"诗教"，不仅精编《诗》三百首，还用一句话来概括，那就是：无邪念。[2.2] 他还主张把"美"的文学艺术和"善"的政治道德结合起来，作为陶冶情操，改变人心，改良社会和政治的重要手段，对中华美学的文艺理论影响巨大。

在教育思想方面，孔子最早提出"性相近也，习相远也""有教无类""学而优则仕""因材施教"等教育理念，最早创办私学，把受教育对象扩大到平民，以培养有较高的道德品质修养的从政君子为教育目的，打破了贵族学校的教育垄断，顺应了社会发展趋势。同时，他还主张学习与思考相结合，强调"学而不思则罔，思而不学则殆""学而知之"与"温故而知新"，提倡"不愤不启，不悱不发"启发式教学，并注重"学而不厌，诲人不倦"的言传身教，培养了七十二贤人和三千弟子，成为中国古代教师的光辉典型，为中国古代教育奠定了理论基础。他晚年还修《诗》《书》《礼》《乐》，序《周易》，撰《春秋》，被后人合称为"六经"。

在伦理道德方面，孔子注重"弟子入则孝，出则悌，谨而信，泛爱众，而亲仁""克己复礼为仁"，把"仁"作为最高道德准则，把孝悌作为立身根本，把"礼"作为"仁"的进阶、形式和内容，提出了"忠义诚信勇""温良恭俭让"等修德成君子的具体方法。

在国际上，对孔子的评价首先见于东方"儒教文化圈"内。借助中华古文明光芒万丈的强大影响力，孔子思想曾一度成为周边亚洲国家统治者的主导思想，在韩国、日本、越南等国至今还保存着三百多座孔庙，仍有很多人尊崇孔学，孔子名声之大如雷贯耳。如朝鲜学者金益洙认为："孔子是万古圣人，也是东洋学问哲学思想的元祖。"（《孔子诞辰2540周年纪念与学术讨论会论文集》）自盛唐以来过海求教，吸收中华文明成果的东瀛日本学者尊孔更甚。如伊藤仁斋说："夫子之德实为超迈群圣，夫子之道高于天地。"（《论语古义》）井上靖说："孔子不仅是中国文化的先哲，而且是全人类的老师。"（《孔子》）儿岛献吉郎说："孔子者，伟人中之伟人，圣人中之圣人。"（《诸子百家考》）简野道明说："自古以来，《论语》被尊为至高无上的圣

典，上自历代的天皇，下至市井的庶人，始终讲究不倦。"（《孔子诞辰2540周年纪念与学术讨论会论文集》）

在西方世界，最早赞扬孔子和儒家的，一为元代来自意大利的旅行家、商人马可·波罗，他认为，东方之富庶，文明之昌盛，为西方人打开了一扇令人向往的东方窗户，这应归功于中国的儒家思想。二是明代穿儒服，戴儒冠，自称儒者，人称"基督教的孔夫子"的意大利传教士利玛窦，他在《中国传教史》中说："中国最伟大的哲学家是孔子。他所说的和他的生活态度，绝不逊于我们古代的哲学家；许多西方哲学家无法与他相提并论。故此，他所说的或所写的，没有一个中国人不奉为金科玉律；直到现在，所有的帝王都尊敬孔子，并感激他留下的遗产。""虽然不能说在中国哲学家就是国王，但可以说国王是受哲学家牵制的。"他还在中国生活了27年，将《论语》翻译成了拉丁文，于1687年在法国巴黎出版。

在文艺复兴时期的法国，启蒙泰斗伏尔泰赞扬孔子"只诉诸道德，不宣传神怪""己所不欲，勿施于人"等，是超过基督教义的最纯粹的道德。他觉得中国开明的文化是离不开孔子儒学的，并因在政府理想的运行体制方面与孔子宣扬的仁政德治产生了共鸣而极力推崇之。伏尔泰很早就指出："我全神贯注地读孔子的这些著作，我从中吸取了精华，孔子的书中全部是最纯洁的道德。在这个地球上最幸福的、最值得尊敬的时代，就是人们尊从孔子法规的时代，在道德上欧洲人应当成为中国人的徒弟。"在法国启蒙思想家、哲学家，百科全书派代表人物狄德罗看来，孔子思想学说简洁可爱，强调道德和理性，反对暴力和迷信，与基督教完全不同，是中国早期统治哲学的圣哲。他还称赞孔子不谈奇迹和启示，儒家哲学纯粹是伦理学和政治学，是理性的宗教和实用哲学，认为中国儒教只需以理性或真理就可以治国平天下。在这些启蒙思想家的热忱推介下，孔子思想成为指引欧洲人走出中世纪的思想牢笼，争取个性与自由的明灯。如法国大革命的雅各宾派领袖罗伯斯庇尔，在他起草的《人权和公民权宣言》中，就引用了孔子格言。他写道："自由是属于所有的人做一切不损害他人权利之事的权利；其原则为自然，其规则为正义，其保障为法律；其道德界限则在下述格言中：己所不欲，勿施于人。"而此外，受马克思赞许的古典政治经济学家魁奈，亦充分肯定了孔子与儒家的道德哲学对于中国人的正面价值，以及中国人在国内商业中的诚信态度。

在英国，曾被清朝皇帝溥仪聘为英文教师的庄士敦认为："中国政教文化基于孔教……外教无论如何优美，亦不可与孔教并峙于中国。"（《历代尊孔记·孔教外论合刻》外论部分）而精通数学的哲学家罗素则认为："中国之文化基于孔子之学说。……孔子学说关系建立一个中华大帝国。"（《东西幸福观念论》）"欧洲人皆言中国无如孔教，中国道德必破产，此语余极赞同。中国最切要者不在西方文化之吸收，反在东方旧有文明之复兴。中国学术远在两千年前已灿然大备，若加以整理使之复兴，则影响世界，极为伟大，对于世界，必有特别贡献，最后中国或成为文化之中心。"（《历代尊孔记·孔教外论合刻》）学者裴斯脱认为："吾人置身各教之外，平心以求各教之真而比较之，必其适合吾人最近精神上之新的生活，与文明演进，并行不悖者，然则吾见比较的眼光中，孔教诚有特占优美之点者矣。"（《论孔教》）英国科学史学家李约瑟则说"孔子是'无冕皇帝'"，并在其皇皇巨著《中国科学技术史》中推测，"早在公元2世纪，关于儒家的一些传说似乎已传入欧洲"。英国历史学家汤因比更是明确指出："能够帮助解决二十一世纪的世界问题，唯有中国孔孟的学说。"1993年，一本于1691年出版，先根据拉丁文译成法文本，再译为英文本，也许是西方现存仅有的一本最早的《论语》译本，被发现于汉堡。该书前言赫然写道："这位哲学家（孔子）的道德是无限辉煌的。"

在以多产思维缜密的哲学家闻名的德国，一方面，有如莱布尼茨者，在学习了《易经》，明白了二进制原理后，热烈赞美儒学的哲学家；有如雅斯贝尔斯提出"轴心时代"著名命题，从世界哲学的眼光重新评价孔子及其思想的价值，在《大哲学家》一书中，把孔子与苏格拉底、佛陀排在一起，称他们是思想范式的创造者，并在分析了孔子思想的特征及其对人类文化的积极意义后，视其为欧洲文明的参照系，希望借此来校正西方文明弊端的哲学家（参见《南方都市报》2021年6月20日）。另一方面，也有在《哲学史讲演录》中，对孔子持有负面评价的大哲学家黑格尔。他认为："我们看到孔子和他的弟子们的谈话，里面所讲的是一种常识道德，这种常识道德我们在哪里都找得到，在哪一个民族里都找得到，可能还要好些。"他断言，孔子只是一个没有思辨哲学的世间智者而已。《论语》中孔子要求人们尽到自己应尽的义务，但这义务并不是内心自由的情感，也不是主观的自由，只是基于形式上的一种表达方式，无太大实际价值。黑格尔还认为孔子的哲学就是国家哲学。君臣之间的关系就犹如家庭之间的关系，他们生活在血统关系和天然义务的不自由单位里面，所有号令都由皇帝发布，皇帝的号令就是家长的指令，他们并没有个人的人格，在宗教方面依赖于上天。孔子的道德学说与这种自然宗教是相结合的。

在美国，哲学家爱默生说，"孔子是哲学上的华盛顿"，"孔子是中国文化的中心，孔子是全世界各民族的光荣"（《孔学知识词典》）。学者甘霖说："孔子不独为一国之圣人，实为万国之圣人。"（《历代尊孔记·孔教外论合刻》）诗人评论家庞德说，"只有音乐的形式才能包容所有的材料，我心目中的孔子的宇宙，便是韵律与张力交互为用的宇宙"，"坏语言势必造成坏政府，而好语言未必造成好政府。孔子说得好，'名不正则言不顺'"。1980年，美国出版的《人民年鉴手册》列出了世界十大思想家，孔子被推举为十大思想家之首。《华盛顿邮报》曾写道："虽然孔子活在两千多年前，但他的教诲对今天世界的生活仍然具有重要的指导意义。"在美国联邦法院门楣上的雕塑中，有为古中华民族编"六经"、传《孝经》、施礼治的儒家圣人孔子，为古希伯来族著"五经"、订"十诫"的立法者和创立犹太教的先知摩西，为古希腊族制定法律、推行改革、力主"避免极端"的雅典著名政治家、诗人梭伦。由此可见孔子对美国法治的重要影响。此外，2009年10月28日，美国众议院还通过决议，纪念孔子诞辰2560周年。

在瑞典，官方关闭了欧洲的第一所孔子学院后解释，称如今已与中国拥有完全不同层次的学术交流，（孔子学院）这样的合作显得多余。而获得诺贝尔物理学奖的瑞典科学家汉内斯·阿尔文博士，则在第一届诺贝尔奖获得者国际大会上指出："如果人类要想在21世纪生存下去，就必须回到25个世纪之前，去汲取孔子的智慧。"

在20世纪70年代，联合国教科文组织曾把孔子列为世界十大最有影响力的伟人之一。联合国大厅至今悬挂着美国近代著名画家诺曼·洛克威尔的马赛克镶嵌画《黄金律》，画作中有三行英语金字，译为"像你希望别人怎样对你那样去对别人"，被奉为处理国家间往来的至高准则。有人认为这是孔子名言"己所不欲，勿施于人"的道德银律译文，有人认为这应是孔子名言"己欲立而立人，己欲达而达人"的道德金律的译文；更有人认为这两种说法都是国人的误读，这句话应是教诲信众"爱邻如己"的耶稣名言。那么，到底谁说得有理呢？传说当罗马传教士来到中国，看到孔子的名言"己所不欲，勿施于人"时震惊不已，因为耶稣也曾说过"你们想让别人怎么对待自己，就应该怎么对待别人"的类似的话，而耶稣比孔子要晚整整5个世纪！正如美国前总统里根曾说："孔子高贵的行谊与伟大的伦理道德思想，不仅影响了他的国人，也影响了全人类，孔子学说世代相传，提示全世界人类丰富的为人处世原则。"这也许才是对联合国大楼悬挂的著名镶嵌画《黄金律》的最好解释——伟大人物的心灵，是超越了宗教而相通互证的。

在国际儒学联合会、中国孔子基金会联合举办的研讨会上，面对全球化时代的今天，亨廷顿鼓吹的"文明冲突论"虽仍被某些西方政客和学人所信奉，但与会者一致认为获得新生的儒学正走向世界。如中央民族大学的钟鉴教授指出，儒学具有能够促进文明对话与交流的特质，包括为社会提供普世性的道德原则和规范；具有"和而不同""万物并育而不相害，道并行而不相悖"的贵和传统，以及"过犹不及""执其两端，用其中于民"的中庸之道等。而北京大学汤一介教授则将1992年世界1575名科学家发表的《世界科学家对人类的警告》概括为"人类和自然正走上一条相互抵触的道路"的严峻现实后，针对西方哲学的"天人二分"思想提出了批评，认为"天人合一"这一儒家重要思想才说明了"人"和"自然"的内在关系，对人类今天解决"人"和"自然"的关系有着正面的积极意义。此外，美国夏威夷大学成中英教授亦指出：中西方不可能径自到对方取经就能解决各自的问题，"我们应追其源头并要找寻一个中西文化与思想的契合点来作为一个新的起点"。他认为，21世纪的西方在带来了科技和经济的发展、民主和法制，为西方创造了财富和强盛的同时，也为全世界带来了两次大浩劫，以致今天的恐怖主义、霸权主义、新殖民主义与未来科技战争的威胁仍在。如若18世纪以来的西方理性主义能接受孔子主张的"己所不欲，勿施于人"的人道精神以及"推己及人""和而不同"的胸怀，人类的和平与繁荣可能早已成天下大势。故今天我们不仅要把孔子的智慧与卓见理性地重建和释放出来，而且还要进一步将其用来创造时代的新理性精神，使人类都能认识到人类生活与人类生命存在的价值的内在性、发展的相互性、多元的差异性、学习的开放性与基本行为规范的普及性，实现"人的再自觉"和"全球伦理的进化"。

综上所述，孔子的仁道主义思想，不仅以大同为理想，以谋道为路径，以君子为主体，以孝悌、修德、好学诸观体现了恒久温馨的人之道的精神，还以礼乐观的礼德修养和礼制建设，以及祭祀观的敬天祭祖、慎终追远的儒教情怀等，建立了人类文明进程中不可或缺的人伦道德、礼仪规范、社会秩序和国家制度，其对中华文化发展与人类文明建设，可谓中庸守正，功大于过。有激进学者，痛恨近代中国积贫积弱，惨遭帝国主义列强凌辱，把数千年古代封建社会的一切黑暗腐败，全归罪于孔子，并以打倒"孔家店"为乐，殊不知这样做既不合实际又偏激欠妥。因为正是孔子的睿智慧眼与思想主张，最终在中国乃至东亚形成了"儒教文化圈"，形成领先世界，造福西方文艺复兴的东方文明奇观。虽说人类今后还需在老子赞美的损多益少的"天之道"引领下，超越孔子的"人之道"阶段，向大同世界的恒道理想阶段发展，但"人之道"毕竟是人类社会所不可逾越的发展阶段，它不仅优于远古人性尚未丰足，类似人面狮、人头马之类的"半兽半人之道"，更胜于近代以来西方以丛林法则恃强凌弱的"兽之道"。故无论从哪个角度看，孔子均无愧于人类伟大的思想家、教育家的称号，影响世界数百年。

三、孔子儒经之遴选整编

欲使中国儒家至圣先师孔子再现位居"东方三圣"之一的光彩，消解黑格尔的质疑，增强国人的文化自信，就要从原儒经典中，梳理孔子以谋道为志，德道为修，仁道为本，孝道齐家，学道格物，人道楷模，礼道乐教，祭道敬天，大同为道的仁学经义，全面建构孔子仁道主义哲学思想体系。

其首务当为确立孔学经典。在将孔子为阐析《周易》所作的易传系辞等"十翼"，单列为中华易道体系后（参见笔者《周易德经》），我们要想编成原汁原味的《孔子儒经》，当首选《论语》《孔子家语》《孝经》《孔丛子》这四部孔学著作。这不仅因这四部独立成书的著作大都为孔子所述，由孔门弟子、家族亲人等笔录孔子言行而成，均是学界公认的孔学典籍，如《论语》《孝经》等，还曾在宋代被列为儒家"十三经"之一，故为《孔子儒经》必选。

通观这四部"孔子儒经"，可知其有关孔子言行的记录是最可信的，即使有些逸事曾被儒学家所质疑，如孔子诛杀少正卯等，亦可证于孔子言之凿凿所罗列的少正卯罪状，故可认定为不争之史实。至于零散收录孔子言行的其他典籍，有的资料已被收入《孔子家语》等书，有的事件陷入了后世儒道之争，众说纷纭，莫衷一是而难以取信。而诸子所记的另外一些事则与此相反。如孔子是否真像《庄子·杂篇》所记，本想去说服盗跖改邪归正，反遭到盗跖那番"子之道狂狂汲汲，诈巧虚伪事也，非可以全真也，奚足论哉"的痛斥，以至于被训得灰头土脸，出门上车后"执辔三失，目芒然无见，色若死灰，据轼低头，不能出气"，直到再遇柳下季，才承认自己去见了盗跖？是否孔子真的做过这类"无病而自灸也，疾走料虎头，编虎须，几不免虎口"的蠢事？现在已一时难以判定真伪，故一概不取。

说到《孔子儒经》首选的《论语》，一般认为早在先秦著作《左传》完成前已成书，虽被秦始皇焚书，仍以齐国和鲁国的两种口述流传下来，被称为《齐论》与《鲁论》，内容大致相同，唯《齐论》比《鲁论》多出《问王》《知道》两篇，共22篇。此后奇迹发生，汉景帝时鲁恭王刘余在翻修孔子旧宅时，居然在破墙壁缝里发现藏有一部古文《论语》，轰动朝野，人称《古论》。可惜博士孔安国作注的《古论》后世失传，唯有汉成帝之师张禹将《齐论》《鲁论》合成的张氏版《论语》，经过东汉大学者郑玄注解后流传于世，史称《张侯论》，被后世儒学弟子长期奉为孔学经典，居于儒家最重要典籍"四书五经"里的"四书"之首，其他三部书则为《大学》《中庸》《孟子》。此后，自宋代大儒朱熹通过《四书章句集注》（以下简称《四书集注》），以独特的见解，贴切时用地予以注释，又融通程颢、程颐兄弟等前人学说，形成了官方审定的"程朱理学"后，《四书集注》便正式以官学名义盛行起来，以至于从元代恢复科举直至明、清，所有科举考试题目，全都出自朱注《四书集注》，使之成为每个读书人必读的儒学著作。近代还将《论语》编入小学教科书，形成其千年不易的经典地位。

至于《论语》的撰著者，正如班固在《汉书·艺文志》里的解释："《论语》者，孔子应答弟子、时人及弟子相与言而接闻于夫子之语也。当时弟子各有所记，夫子既卒，门人相与辑而论纂，故谓之《论语》。"可见，《论语》并非主张"述而不作"的孔子亲著，而是由众多的孔门弟子及再传弟子所共同完成，这就意味着它的编著者已不可考。这显然与老子或其他诸子的著作大都是自著，出自本意，大不一样。但即使如此，要想真切地认识孔子，全面了解孔子，拥有20篇2万余字的《论语》，还是一本学术界公认的最可靠文本，值得我们认真读一读。

问题是，如何从《论语》如此散乱，几乎是从各章开头随意抽出词句以命名分列各篇，彼此间并无严密逻辑，只是孔子与弟子对话的语录集里，寻出其思想脉络，建构起孔子哲学体系？如果我们不认同举世闻名的孔子及《论语》，相信某些西方哲学家所断言，"不过是给皇帝制定的道德伦理教条"（康德《自然地理学》），他充其量也只是"一位实际的民间智者"，其作更是"没有一点思辨的东西，只有一些善良的、老练的、道德的教训"（黑格尔《哲学史讲演录》）；亦不认同孔子只是一位爱唠叨些司空见惯的道德格言，却没有独创的哲学体系即无"主义"的哲学家，也不满意最近新编的《新论语》仅仅把《论语》分为"孔子之语"与"孔子弟子"等内外两编的重构法，那究竟应该从何入手，才能让孔子体现其价值，让以他与老子为代表的中华文化学院在世界各地大放光彩，以增强中华文化自信？

显然，只按照两千多年以来儒家学者逐字逐句的分篇连读，或只做当今学院里摘句择要的零碎论文解读，只围绕"天命""鬼神""君子""礼""仁"等几个关键词大做文章，还是无法全面看清孔子学说的哲学体系及其时代价值。它必须有一个通盘的规划，深刻扎实的主义建构。而在厘清这一问题前，我们且先看看另外三部同样以孔子名言集录为主的孔家门派著作，为何应入选。

第二部为《孔子家语》。这部书近年来被中华书局等权威出版社列为"中华经典名著全本全注全译丛书"之一，堪称孔氏新《论语》。通观各版本的《孔子家语》，共分为10卷44篇，3万余字，参照《论语》20篇所分成的494节句式，细分为有独立意义的431节，具有对话生动、内涵深刻、来源可靠，不亚于《论语》的学术价值，甚至被识者赞为"研究孔子第一书"。故以此书为我们创新性建构孔子哲学体系，新编《孔子儒经》所必选。

事实上，经20世纪末期的考古出土文献证实，《孔子家语》这部长期被学界不屑一顾的儒书，并非伪经，而是在《尚书大传》《诗经·相伯·毛传》《春秋公羊传》《尸子》《韩非子·外储说左》《列子·说符》《晏子春秋·内篇问下》，《礼记》之《檀弓上》《儒行》《礼运》《哀公问》，《春秋左传》之《定公元年》《定公十二年》《昭公七年》，《荀子》之《儒效》《法行》《子道》《宥坐》《哀公》，《文子》之《符言》《十守》，《吕氏春秋·先识览》之《乐成》《察微》，汉刘向所著《说苑》之《谈丛》《君道》《臣术》《指武》《杂言》《善说》《建本》《政理》《辨物》《敬慎》《尊贤》《贵德》《至公》《权谋》《反质》和《新序·杂事一、四、五》，《淮南子》之《齐俗训》《道应训》《泰族训》，《大戴礼记》之《主言》《哀公问于孔子》《哀公问五义》《卫将军文子》，《韩诗外传·二、三、四、七》以及《史记·孔子世家》《孔丛子·陈士义》等多部秦汉诸子文典中，均可查证到类似记述的儒学经典。

有书《孔子家语》如此，新编《孔子儒经》自无须效仿孔祥林，从40多本秦汉经史子集中，穷搜孔子言行而新编《孔子全集》。原因有三：本书以孔经为主，不拟扩及旁门诸子；本书篇幅有限，主攻建构孔子仁道主义，不好大求全；诸子所载孔子言论虽有参考价值，却多有争鸣辩驳意味，失之零碎，远不如孔子门人、家人所记载的那般纯净可靠，故多存疑不用。

第三部为《孝经》。该书成书于秦汉之际，曾由唐玄宗作注，宋代邢昺作疏，颁行天下，自南宋以后被列为"十三经"之一，其主讲者为孔子本人，其记录者据清代纪昀在《四库全书总目》中考证，应为孔子"七十子之徒之遗言"，故以为《孔子家语》中被赞为孝道代表人物的曾子所写说最有可能。《孝经》的重要性不仅在于以"经"的地位给《孔子儒经》定性，更在于它明确肯定了"孝"是诸德之本，是上天所定的社会伦理规范："夫孝，天之经也，地之义也，人之行也""人之行，莫大于孝"。按照这一儒家血缘社会的道德标准，孝道源于人血脉相连的天性，是人类永存、繁衍生息的起点和终极目标。一切人伦、主从、亲疏、利害关系，都必须建立其上，接受亲情检验，以其自觉度、忠诚度、践行力度和完美度，来体现儒者品德和自身价值。所以说，《孝经》乃中华民族万代仁德宝典，毫不过誉。

《孝经》今文版全书共18章，2300余字，开篇6章即按照天子、诸侯、大夫、士族、百姓的等级，对孝道提出了不同要求，其内容结构本身就是儒家社会等级制的体现。接着全书再进一步将孝道与宗法制联系起来，要求推广至治国忠君，使"孝悌之至，通于神明，光于四海，无所不通"，以实现天人感应和扬名立万。通观《孝经》的论道、辨体、明宗、论用、判教等各章要点，无不借孔子言论塑造中华孝德，具有孝道治国理论系统的逻辑性。它的思路清，言有据，说明了任何为国益民爱家之人，都有践行孝道之义务。高层领导要树立典范，中层干部要尽职尽责，各行各业要人人孝亲，使老有所养，天伦同乐，社会和谐大同。这也是中华民族美德万代传承的需要。可见其收入《孔子儒经》的必不可少，亦正好弥补了其他三部中"孝悌观"内容的相对薄弱。

第四部为《孔丛子》。该书传为陈胜博士孔鲋撰。现存的两种版本，无论七卷版或三卷版，皆为23篇，30200多字，内容基本一致。《孔丛子》所记内容受学界怀疑之处，主要是认为孔子去世时孔伋年龄太小，无法亲受孔子之道，进而怀疑《孔丛子》的史料价值。实际上，《史记·孔子世家》有关孔伋生年的几种说法均不能成立，故断言子思与孔子只差4岁的观点，是值得商榷的。因为参照先秦的早婚习俗，孔子19岁即娶妻生子的先例看，当孔子68岁时，他去世时年近半百的儿子孔鲤所生的孙儿孔伋，完全有可能是位神童或翩翩少年，足以和晚年的孔子相处多年。如其经文中写道，孔子闲居在家，长叹了一声。孔伋连拜两次后诚敬地请教："爷爷的意思是子孙没有修好德，愧对祖先吗？还是羡慕尧舜之道的伟大，恨自己不能达到呢？"孔子说："你这个小孩子，哪能知道我的志向呢？"孔伋回答："孙儿吃饭时曾听到您的教诲，'父亲在砍柴，儿子却不去帮挑柴，这就叫不肖之子。'孙儿每想到这一点，就十分恐慌而不敢松懈啊！"孔子欣慰地拂髯一笑，说："这就对啦！我心无忧了。世界不废弃仁道大业，它必定昌盛吧！"[K2.5.1]

从爷孙两人的对话中，可看到隔代亲的彼此了解，看到孔子为自己仁道大业的后继有人而无限欣喜。类似语录由孔家族人口口相传，最后由后世孙孔鲋笔录整理，是极有可能的，对了解孔子其人亦颇有借鉴意义。这也是笔者将《孔丛子》也编入《孔子儒经》的缘由，它可丰富我们对孔子的了解，通过全面构建以好学观开智，亲仁观立心，孝悌观立身，修德观立信，谋道观立志，君子观为主，礼乐观为用，祭祀观为敬，大同观为宗旨的孔子仁道主义之哲学体系，纠正黑格尔之偏见，实证中国思想家之体系之所在。

为方便读者阅读理解《孔子儒经》，我们在建构起孔子九观哲学体系之后，特在《论语》《孔子家语》《孝经》《孔丛子》等书的每章节后，统一用方括号［］标明序号，这样既方便随处引用并贯穿孔子的九观原意，又方便读者速查原文而掌握孔子真义，不致误读或生歧义误会。具体标示如下：

1. 《论语》的 [1.1] 等，分别标示《论语》的20篇及其各节经文。

2. 《孔子家语》的 [1.1.1] 等，分别标示《孔子家语》10卷44篇各节经文。

3. 《孝经》的 [X1] 等，分别标示《孝经》18章之各节经文。

4. 《孔丛子》的 [K1.1.1] 等，分别标示《孔丛子》7卷23篇之各节经文。

大道之行，天下为公。

第一编

孔子仁道主义九观体系论

孔子九观体系整编记

　　第一编继全书序评，绪论破题，为孔子画像，为《孔子儒经》定位择经后，以引经据典、细分缕析、夹叙夹议之方式，系统阐析孔子哲学九观之内涵。它包括了以谋道观实施治国之道、仁义之道、教化之道的义德；以修德观据德修身、为政以德的信德；以亲仁观普施仁政，达仁成己的仁德；以孝悌观孝亲悌友，孝治天下的孝德；以好学观博学辨物、识人明理的智德；以礼乐观礼治乐教，克己复礼的礼德；以祭祀观涵养上至天子诸侯，下至臣士百姓，无不拜天祭祖的敬德；以君子观培育坦荡谦虚、文质彬彬之贤人的玉德；以大同观经由礼乐昭德达"大顺"，敬身循礼至"大化"，知礼合义迎"大嘉"，循天损益成"大祥"，社会和谐臻"大同"的里程路径，共筑人类伟大理想的文明公德，等等。

　　第二编于前文全面系统阐述孔学九观格局之后，先是从孔子仁道角度，横向深入阐析孔子与秦汉诸子百家的相互影响；接着从文化本位、儒教存废、中华道脉等方面，纵向回顾近现代的孔学际遇及现实处境；随即在破解东西方有关中国文化优劣之争、孔儒是否为宗教之争，以及儒教兴衰之争等三大历史谜团之余，最后阐明当今世界孔子大同化育论深刻的现实意义，展望其未来发展前景，以凸显孔子仁道主义对强化中华文化自信之价值。

　　第三编"孔子儒经四书编译"，占全书篇幅一半，是前两编不可或缺的援经立论之义理所在。为突出孔学元典要义，第三编采用了附难字速查表的快读方式，腾出更多精力与篇幅，着力于对《孔子儒经》之1027节经文，既博采众长又独抒己见的全盘编译上，以更好地对包括《论语》全文494节、《孔子家语》全文431节、《孝经》全文18节、《孔丛子》节选84节（与孔子经义无直接关联的另115节亦加译文）的经文部分，进行深入全面的解读。

特此申明，本书不仅于通览、简译、参透各类孔子儒经基础上，先提炼出其皇皇九观，再分类重组译文以阐其要义，而且在全书中统一以括号里的数字符号标识出处，以方便读者随时于行文中索原文，寻本义，求真理。

这种创新型建构式解经法有三个好处。其一，直奔主题，突出重点，以简要篇幅揭示孔子仁道主义思想精华，力避支离破碎，盲人摸象。其二，直抒胸臆，减损冗谈，不再以"我注六经"来重复引述他人译著。其三，崇圣谋道，学为君子，以孔经译文流畅说理，简明解读经义，扬弃随心所欲的"六经注我"的标新立异。

邦有道，穀；邦无道，穀，耻也。

一、孔子的谋道观·道同义合

孔子一生矢志不渝的所谋之"道"，是孔子世界大同论的首篇要义，其古"道"字最早见于甲骨文。从"道"字之结构看，"行"之上为"首"，有以头脑及意识引路之意。从"道"字的最初字义看，本指道路，引申作动词，表示取道、经过，还可引申出抽象意义，即方法、技艺、规律、学说、道义，以及做事的途径、方法、本源、本体、规律、原理、境界、终极真理和原则等。同时，典籍中还以"有道"指政治清明的局面。抗战时期，金岳霖曾在《论道》等书中，将无极太极、动静、无有、混沌等范畴组成一个严密的逻辑系统，全新地改变了传统形上道论的内涵和面貌。

孔子曾登门问道的道家创始人老子，最早将"道"提升到"唯道论"高度，使"道"成为中华民族认识自然为己所用的哲学精妙名词。老子明确指出：道有普遍性和巨大包容性，有运动性与循环往复性。此即所谓"反者道之动""独立而不改，周行而不殆"。同时，"道"还有对立统一性与时空统一性，是一个由阴阳、无有、难易、祸福、强弱、刚柔、美恶、善与不善等复杂矛盾组合的统一体。道亦有目的性，它"无为而无不为"，其作用无穷无尽，看似什么都不做，但又什么都做成了，能化解万物的矛盾，协调万物的关系，与万物合而为一。总之，道体虚空，却又能产生万物而实有。

孔子问道老子后，有"老子犹龙"，难以捉摸和驾驭老子之道的感觉。

尽管他对"道"的理解没有老子这么高深玄妙，却也升华出能生万物且自强不息的"天之道"的形而上的含义。如孔子在回答鲁哀公君子为何要尊重"天道"时说过：尊重天道是因为它永远运行不止，如同太阳和月亮每天东升西落一样，这就是天道；它从不自封停步而久久为功，这就是天道；它从不妄为而成就万物，这就是天道；它成就了丰功而显扬天下，这就是天道啊！[1.4.5]

另如孔子所坚持的"道不同，不相为谋"（《论语·卫灵公》），也已经充分意识到要将儒家学说上升至"道"的高度，而超离了"术"的较低层面。同时，鉴于"道"的形而上含义的政治化，孔子对于"天下有道"或"天下无道"的社会现象之本质亦有所体悟。他对《黄帝内经·六微旨大论》有关"天之道也，如迎浮云，若视深渊。视深渊尚可测，迎浮云莫知其极"的说法，虽也不无困惑，有"天何言哉？四时行焉，百物生焉，天何言哉？"（《论语·阳货》）那样的疑问，且常常将"天"与"道"相联系，却始终不会像道教那样，把"天"神化为天帝，把"道"等同于太上老君，将"天之道"偶像化和神化，而是深入到对当时社会苛政暴敛的"人之道"之严重弊端的本质了解。

虽然，一般情况下，对于《老子》和《易经》关于道本体的学说，孔子关注得并不多，也很少从"道"作为对立面相互转化的普遍规律的角度，去深研为何"一阴一阳之谓道"，去区分什么是"形而上者谓之道，形而下者谓之器"（《周易·系辞上》），也不太关心如何将作为无形的抽象规律的"道"，与有形的具体事物区别开来，但他毕竟通过探讨人与道的关系，关注到"人之道"的德性内涵。这与孔子长期作为一个更关注教化治国的现实问题的地方官兼民间教师的身份是相符的。

在先秦语境中，"道"有多种含义。按《周易·系辞上》有关"百姓日用而不知"的说法，"道"犹如鱼身在其中而不知道其存在的水，人在运用道之时也不知自己身在其中的"道"之存在。按老子的说法，"人之道"因违反了宇宙普遍规律的"天之道"，故应该效法"天之道"而纠偏自身的发展轨道。按子产有关"天道远，人道迩，非所及也"（《春秋左传》）的说法，"天之道"与"人之道"则是一个离人远，一个离人近的"道"的一体两面。这也就是说，道之本，为先天之道，是决定一切，"独立而不改"，难以捉摸，离人很远的"天之道"；而道之末，为后天之道的"人之道"，则是自然与人相互影响、相互改变之结果，具体表现为道路之道、道理之道、孝道之道、君臣之道、知道之道、用兵诡道、经商之道、健康之道、养生之道，乃至庄子所说的"盗亦有道"等，均是离人很近，甚至可说是息息相关、无所不在的为人处世之道。这也就是俗话所说的"各有各的道"，即把"道"作为各行各业，与人生关系密切，不可尽言的人生准则。而这正是孔子所深谋远虑之"人之道"。

孔子一贯主张"道不同，不相为谋""君子喻于义"。道义相连，义德属金，国学含金。故弘扬国学，立志谋道，既是孔子开宗立派，诲人不倦的教育事业，也是他的宏愿心志从萌发转向成熟的人生过程，亦是他一辈子执着于"仁道主义"的价值观与世界观。孔子，这位名满天下的真君子、大哲人，历来秉持世界公认的"己欲立而立人，己欲达而达人"的道德金律，将谋求仁道，深研国学，立己达人，共建大同，作为自己的毕生理想与不懈追求。

"谋道"这一关键词，出自《论语》中的"君子谋道不谋食"[15.32]。而孔子有关"志于道，据于德，依于仁，游于艺"[7.6]的名言，则可作为我们认识"谋道观"在孔子儒学九观体系中居六的顶层地位的根据，成为我们探查孔子之"道"指向的根据。简言之，孔子主张的仁义道德的德治之道，立基成才的文治之道，立人修养的君子之道，齐家敬老的孝治之道，弘德铸魂、立功树碑的祭祀之道，达致天下为公的大同之道，彰显出孔子面对茫茫宇宙，悠悠万事，自觉"天下莫不贵者，道也"[8.36.1]的仁道治国思想，是一种君子忧道不忧贫，君子谋道不谋食，以仁道为最高价值的崇高人生境界。

（一）孔子之道的思想文化源头

在这一意义上可以说，孔子是仁道主义的首创者与倡导者，他力主"人能弘道，非道弘人"[15.29]，"朝闻道，夕死可矣"[4.4]，"道不同，不相为谋"[15.40]，认为"士志于道，而耻恶衣恶食者，未足与议也"[4.4]，因此人一生所重的不应是衣食美丑、身份贵贱，而是树立起谋道的使命感，与志同道合者同修德共弘道。

孔子把"志于道"作为人生规划的首务，可见他对"道"的重视程度。但他同时又因为高度重视"礼"而有所谓"守道不如守官"[9.41.1]的说法，故对于究竟什么是"道"，孔子确实从来没能像老子那样精思玄想，以《老子》那样的高深宏论来详谈细述，故今人很难为其准确定义。甚至连他的得意弟子子贡，也不无遗憾地说："老师讲授的经典文章，可以听到不少；老师所说的人性与天道的深奥哲理，一般人就不可能轻易地听到了。"[5.13]连他最器重的弟子颜渊也不禁长叹："老师之道啊，越瞻仰越觉得崇高不可攀，越钻研越觉得坚实不可测。瞻望时如在面前，忽然间又似乎在身后。老师善于循序引导，以文化广博我的学识，以礼乐约束我的举止，让我欲罢不能。我竭尽才华，好像能卓然独立了，但想要追随着老师，又似乎没找到路子。"[9.11]这段话与老子对"道"的描写"视之而弗见，名之曰微。听之而弗闻，名之曰希。捪之而弗得，名之曰夷。……是谓无状之状，无物之象，是谓惚恍。迎之不见其首，随之不见其后"（《老子》十四章）何其相似！不禁令人欲探个究竟——孔子之道源于何处呢？

这自然只能从孔子自述及旁人评述里去求答案。子贡在回答公孙朝询问孔子如何学道时说："周文王与周武王的治国之道，一直没有湮灭，它永远留在了世人心里。贤人能认识它的伟大之处，不贤的人也多少懂得它的一些末节处，真是天下之大，无处没有文武之道的影响啊！我的老师孔子无处不学，又何必要有固定的老师来指教呢？"[19.22]孔子自己则说："口述经典教义而不自己写文章，笃信仁义而喜好古道，私下里我自己常与老子和彭祖相比。"[7.1]这意味着孔子学道无常师，主要是从《周易》、《尚书》、老子与先王古道而来。

说到《周易》，有关孔子读"贲"卦而觉悟，读"损、益"两卦而感叹道越增长身体越损耗，学者越减损自满，虚心受教，越能圆满和广博的故事，我们将在"大同观"详述。说到"老彭"，学界公认为人名，但到底是谁却众说纷纭。有人说是老子与彭祖之一，或单指彭祖，或是《大戴礼·虞戴德篇》里提及的"商老彭"；有人则说是《山海经·大荒西经》提到的"颛顼生老童，老童生祝融"里的"老童"。其实都不对，而应该是指老子和彭祖。说到黄帝的孙子颛顼的五代孙"彭祖"，以其封国传承八百年，后裔历代担任柱下史而闻名，热爱周礼的孔子佩服他是自然的，也无争议。说到老子，崇拜孔子的儒学家们则常有贬辞，更不认同孔子尊老子。如明大儒湛若水著《非老子》，明末思想家王夫之著《老子衍》等，都不愿承认孔子曾向老子请教的事实，似乎认为这有损孔子生而知之的至圣先师形象。有的疑古者或尊孔者甚至以老子生世不详为由，视老子为莫须有的人物，更遑论孔子曾向老子问道。实际上，《孔子家语》记载了孔子多次向老子求教，而且如老子一样尊重天道。孔子不仅对鲁哀公说："如同太阳与月亮东西相随而从不停止，这就是天道；从不自闭而能长久，这就是天道；看似无所作为而成就万物，这就是天道；成就丰功而显扬天下，这就是天道啊！"[1.4.5]还曾对南宫敬叔说："我听说老子博古知今，通晓礼乐的本源，明白道德的归属，这是我的老师啊。现在我要去他那里。"[3.11.1]

此后，经南宫敬叔推荐，孔子终遂心愿，驾车前往洛阳，向效法天之道的老子问道询礼，向苌弘问乐，还走遍了郊外的社稷庙堂，考察了周王朝及其制度，加深了对周礼的印象，为倡导"克己复礼"找到了生动样板。在游览周太祖庙堂时，孔子看到一尊铜人背后的铭文写着"强梁者不得其死，好胜者必遇其敌""盗憎主人，民怨其上""君子知天下之不可上也，故下之；知众人之不可先也，故后之""执雌持下，人莫逾之""人皆趋彼，我独守此""江海虽左，长于百川，以其卑也""天道无亲，而能下人"[3.11.3]等。而正是这些曾被《老子》引述过的名言，使孔子对"道"的博大恢宏感受颇深。

然而，孔子虽通过实地考察对"道"有所了解，却又苦于推行之难。于是，他再次向老子虚心求教。面对困扰孔子的这一绝世难题，老子早已胸有成竹。他清醒地认识到，"礼"只是当时难挽危局的"乱之首"，是人类社会失道失德失仁失义之后，被人游说利用的假道德、假仁义而已。故当孔子求见老子并感叹说"太难了啊！道在今天太难推行了，我近来尽力推行仁道，如今更是行大礼请求当政君王循道而行，但没一个接受。道在今天实在是太难推行了"之时，老子告诫他："游说者的流弊是过于巧辩，听者的心智会被他的言辞扰乱。知道了这两点，道就不会被忘记了。"[3.11.4]这话令孔子震惊不已。

而让孔子日后反复回味的，还有老子送他返鲁时的忠告："我听说富贵者送人财物，仁德者送人嘉言。我虽然不能富贵，但借用仁者称号，送你几句忠告吧。当今的士人，凡是因聪明深察而步入死地的，都是些喜欢讥讽议论别人的人；凡是因知识广博善于辩论而危及自身的，都是些喜好揭发别人短处的人。因此为人子的不要只为自己，为人臣的不要只顾自身。"孔子说："我一定遵循您的教诲。"从周朝返回鲁国后，孔子的仁道更受人尊崇了，远方来学习的弟子有三千多人。[3.11.1]

由此可见，孔子的谋道成就固然令人惊喜，但只要知道他的进步曾来自老子，就不会令人意外了。这是因为，众所周知，最早悟道弘道的老子，早就有过"上善若水。水善利万物而有静，处众人之所恶，故几于道矣。居善地，心善渊，予善天，言善信，正善治，事善能，动善时。夫唯不争，故无尤"

（《老子》八章）的著名论断。他赞美水非常良善地利益众生而安静无争，居
住在众人所厌恶的低下坑洼处，故最接近于恒道；最善的人，居住善于选择合
适的地方，心情善于保持深渊般恬静，施予善于像天一样自强不息，言论善于
坚定信守诺言，公正善于平和治理，做事善于讲求效能，行动善于顺应时机。
只是因为不与万物争利，所以不会有过错怨尤。而孔子也在老子的这一深刻思
想影响下，对清静谦卑，无为而无不为，故最接近道的水，有了自己的最深切
感受，还由此养成了观水悟道的习惯。有一次，当孔子在远观东流之水时，子
贡问道："君子见到大水必定要认真观察，这是为什么呢？"孔子回答："因
为水从不停息，滋润生命万物而无为啊！水最接近'仁德'。它的水流向低
处，途经都邑时必遵循地理，这就像'义'；水浩浩荡荡地流淌而没有穷尽之
日，这就像'道'；水流向百仞深的溪谷而无所畏惧，这就像'勇'；水达到
定量必定公平，这就像'法'；水丰盛时不必用木条刮平，这就像'正'；水
柔弱细微通达，这就像'察'；水发源后一定向东流，这就像'志'；水能将
万物都清洁净化，这就像'善德教化'。水有这样的美德，所以君子一定要细
观深察。"[2.9.5]

　　不过，孔子虽与老子一样大赞水德，但对老子有关"上士闻道，勤而行
之。中士闻道，若存若亡。下士闻道，大笑之"（《老子》四十章）的说法，
还是另有独到见解的。如有一次子路问："闻道之后就能行动吗？"孔子说：
"有父兄在，怎么能闻道之后就立即行动呢？"冉求问："闻道之后就能行动
吗？"孔子说："闻道之后就能行动。"目睹这一切的公西华十分不解地问老
师："子路问闻道之后就能行动吗，您说'有父兄在'；冉求之后也问闻道之
后就能行动吗，您却说'闻道之后就能行动'。我不禁有些迷惑，敢问这是什
么原因呢？"孔子回答："冉求这个人时常退缩，所以我要鼓励他。子路这个
人好勇过人，所以我要约束他。"[11.22]这就是作为大教育家孔子善于因材施
教，让不同性格的学生都能闻道而行的灵活态度。

　　说到先王之道，作为一位精研易理，通览春秋，熟读周礼的儒家祖师，孔子感悟颇多，他不仅持有理想与实操的两种态度，而且把它广泛地运用于治国之道、君子之道、处世之道等方面。在理想的层面，孔子一方面受老子影响而佩服舜帝的无为而治[15.5]，同时亦推崇《金人铭》的天道与老子推崇的"天之道"。他由衷叹服那"天无私覆，地无私载，日月无私照"[6.27.7]的先王古道，称赞他们上下亲和不离，大道教化顺畅而不阻塞[5.21.7]，其中有"民赖其利，百年而死；民畏其神，百年而亡；民用其教，百年而移"[5.23.1]的黄帝；有"洪渊而有谋，疏通以知远，养财以任地，履时以象天，依鬼神而制义，治气性以教众，洁诚以祭祀，巡四海以宁民"[5.23.2]的颛顼；有"博施厚利，不于其身。聪以知远，明以察微，仁而威，惠而信，以顺天地之义。知民所急，修身而天下服"[5.23.3]的帝喾；有"其仁如天，其智如神""富而不骄，贵而能降"[5.23.4]的尧帝；有"孝友闻于四方，陶渔事亲，宽裕而温良，敦敏而知时，畏天而爱民，恤远而亲近"[5.23.5]的舜帝；有"其德不爽，其仁可亲，其言可信"[5.23.6]的大禹；有不下命令就能让人服从，不用教导就能让人听从，达到了治国之道最高境界的周文王[2.10.10]，以及发扬蹈厉，继承了太公之志的周武王[8.35.3]等。孔子深叹自己没能赶上亲眼见到从前大道的施行与夏商周三代的精英，并以先王之道和老子之道点燃了理想信念，那就是建立一个父子笃，兄弟睦，夫妇和，大臣法，小臣廉，君臣正，天子以德为车，以乐为御，诸侯以礼相与，大夫以法相序，士以信相考，百姓以睦相守的大顺社会[7.32.16]，以实现"大道之行，天下为公，选贤与能，讲信修睦。故人不独亲其亲，不独子其子。老有所终，壮有所用，幼有所长，矜寡孤独废疾者皆有所养。货恶其弃于地，不必藏于己；力恶其不出于身，不必为人。是以奸谋闭而不兴，盗窃乱贼不作。故外户而不闭，谓之大同"的理想社会[7.32.2]。

　　在实操领域，自信五十而知天命的孔子，坚信"道之将行也与，命也"[14.37]，成为当年几乎世人皆知，为努力实现上天的仁道使命而"知其不可为而为之者"[14.39]。孔子不仅称道过"有道顺命，无道衡命"[3.12.19]的晏平仲，以及"国家有道，其言足以治"[3.12.16]的铜鞮伯华等有道之士，还在自己当政后亲自做过一次"大道之邦"的实验。此次实验成功后，当地的奸商沈犹氏再也不敢早上给羊灌水增重，卖牛马的再不胡乱加价，卖猪羊的再不弄虚作假；原来放任自流的公慎氏，逐出了淫乱的妻子；奢侈逾法的慎溃氏，被迫离境出走；男女行人都各走大路一边，路上的失物没人捡，男人崇尚忠诚守信，女人崇尚贞洁柔顺；四方客人来到城里也不再求官府协助，都像回到了自家一样。[1.1.5]

（二）孔子克己复礼的治国之道

然而，孔子很快发现，要想把鲁邑试点的成功经验推广至更大范围，是多么地困难。因为现实中孔子看到的，是周朝社会生产力不断提升，诸侯国及其贵族阶层实力不断增强，原始公有制母系亲和社会向私有制父系等级社会转型后，人们对地位与财富更为渴求，更不择手段地去攫取。大道衰微，天下为家族私有，人只爱自己亲人，只养自己子女，财物为己所藏，力气为人利用，权力成了私产的社会[7.32.3]。对此，孔子深表痛心并强烈反对。他认为，富裕与显贵都是人想要的，但不以正道得来就不能消受；贫穷与卑贱都是人所厌恶的，不通过正道就不能排除。因此即使在一顿饭的时间里，君子也不会违背仁道，仓促间是这样，颠沛流离时也还会这样[4.2]。因此，孔子不仅严厉批评过贵为天子、富有天下，却忘了祖训治国之道的夏桀[3.13.3]，而且为礼崩乐坏的东周社会开出了礼乐之道的药方，这就是他认为可大范围成功乃至于普惠天下的"仁道主义"——寄望于明君的"人之道"。

有一次，孔子对曾参说，道是用来彰明仁德的，德是用来尊崇正道的。所以没有仁德的歪道不尊崇，没有正道的德也无法弘扬[1.3.1]。他认为，"君子学道则爱人，小人学道则易使也"[17.4]，"治国而无德法，则民无修；民无修，则迷惑失道"[6.25.2]。统治者抛弃德教专用刑法，就好比赶马没有勒口缰绳，只用棍棒马鞭，马必会受伤，车必会毁坏。夏桀、商纣不用德教法，仁德不深厚，造成民众怨声载道，声音升到上天，天帝自然降祸以惩罚他们。所以说，德教是领导民众走正道的根本[6.25.2]。孔子主张效法古代先王的六官总理法，以冢宰之官成就道，司徒之官成就德，宗伯之官成就仁，司马之官成就圣，司寇之官成就义，司空之官成就礼。通过执掌六官，使父义、母慈、兄友、弟恭、子孝这五教均齐，使仁义礼智信这五法齐备，这样一来，循道则国家治理，贵德则国家平安，敦仁则国家和平，尊圣则国家太平，明礼则国家稳定，行义则国家崇义。这就是循道施政的方法[6.25.3]。

孔子非常尊重有道之人，认为如果铜鞮伯华还在世，那么天下就安定了。因为他具有小时候聪敏好学，壮年时勇敢而不屈服，年老后明白了道而能屈居人下这三种可贵品质，足以安定天下。子路不解，说："如果他拥有道又能屈居人下，又有谁能居于他之下呢？"孔子回答："子路你不知道啊，我听说以多攻少，没有攻不克的；地位尊贵者谦让地位低贱者，没有不得人心的。从前周公高居宰相尊位，控制天下政权，还能向普通读书人咨询，每天接见一百七十人，这难道是无道之举吗？这是为得到贤才而任用啊！哪有有道之人却不尊敬天下君子的呢？"[3.13.7]

与此同时，孔子还鲜明地反对治国无道的君主，认为这会导致国家灭亡。有一次，在谈起卫灵公的治国无道行为时，康子反驳说："如果真的是这样，为什么不丧国呢？"孔子说："他有仲叔圉管理宾客事务，有祝鮀管理宗庙祭祀，有王孙贾管理军旅战事。像这样安排人事，怎么会丧国呢？"[14.20]有鉴于此，孔子主张治国之道应以"九道"为重点。"九道"即事先准备的成功之道，话前定调的无悔之道，循道前行的定向之道，取得上层信任之道，获得朋友信任之道，让亲人顺心之道，反省自诚的天之道，追求真诚的人之道，中规中矩从容不迫的中庸之道。它明察了一个道理还要贯通多方面，治理好一事而能使万物都不混乱，这是能以身作则的缘故 [5.21.5]。此外，孔子还阐明了所谓"七教"之法，即"居上位者敬老，百姓会更遵孝道；居上位者敬年长的人，百姓会更敬重兄长；居上位者乐善好施，百姓会更宽厚；居上位者亲近贤人，百姓会择交良友；居上位者重道德修养，百姓就不会隐瞒心思；居上位者厌恶贪婪行为，百姓就会耻于争利；居上位者廉洁谦让，百姓就会以无气节为耻。这七教是治民的根本。政治教化之道定准了，治民的根本就端正了" [1.3.3]。

可见，孔子治国之道的着眼点，是调节好阶层等级与亲缘关系的礼治"人之道"而非"天之道"。这与他对礼治的认识有关，即在实践上把"礼"具体化为周礼，视为最高的理想价值和救世良方；在理论上把"礼"和"天理""天之道"等同，把复礼视为循道。这与老子把"道"尊为最高价值，德次之，仁又次之，义再次之，礼更次之的恒道主义大异旨趣，是孔子的眼界广度与道德高度略逊于老子的表现。不过，孔子仁道主义在当年时境的实操固然不可能成功，而老子恒道主义在当时社会的实操亦无法企及。这是由当时的生产力水平低下和人类道德涵养不厚所决定的，要待中国从小康转为发达国家，世界大同后才有望实现。但孔子毕竟功不可没，他曾以其光辉的仁道主义思想，激励过亿万仁人志士建设小康、奔往大同的旺盛斗志。

其实，早在两千多年前，一位久慕君子的官员在会晤孔子之后，就为其仁道主义深深震撼了，他对孔门弟子说："你们几个人啊，何必为世道的衰落而担心呢？天下无道已经很久了，上天将以孔夫子为木铎来警醒世人啊！" [3.23]而孔子后来的作为也没让这位官员失望。他在《论语》首篇里，开宗明义地提出了"让拥有千乘车马的国家循道而行，敬天做事而守信，节用财物而爱人，按季节规律去支使人民" [1.5]的观点，希望周天子能推行礼乐仁道，扭转当下实施法治后，人民虽避免犯法却无羞耻心，由诸侯决定礼乐征伐的天下无道之危局，恢复"天下有道，礼乐征伐由天子来决定" [16.2]的和谐局面，重新实施德治礼治之道，使人民既有羞耻心又有人格。有鉴于此，孔子认为克己复礼的路径则应以周礼为最完美标准，让文化低下的国家向文化高雅的国家看齐，这就是"齐国政治一变，就赶上了鲁国的水准；鲁国政治再一变，就达到了圣王之道"[6.24]。为此，孔子还亲自导演了一场鲁国教化齐国的大戏，让齐侯恐慌惭愧地撤掉歌舞，取消宴会，退回了侵占的鲁国城池[1.1.3]。

（三）孔子一以贯之的仁义之道

孔子视"仁之道"为天命所决定，人类无法改变只能谋而后动的社会运动规律。他这一仁道由上天决定，不由顺逆，不可移易的天命观，来自他的"谋道观"。故当听到子路被人诬告时，孔子泰然自若的反应是"仁道将要施行，这是天命；仁道如被废弃，也是天命。公伯寮能对天命怎样呢！"[14.37]这和他被困陈蔡时发出的"天生德于予，桓魋其如予何！"[7.22]的感慨是一致的。还有一次，当子路身处困境，对孔子关于善福恶祸的说教心生疑惑时，孔子严肃地说："你认为仁人必被信任，那伯夷、叔齐就不会被饿死在首阳山上了；你以为智者必被任用，那么王子比干就不会被剖心了；你以为忠心必有好报，那么关龙逢就不会被杀了；你以为忠谏必被采纳，那么伍子胥就不会自杀了。能不能遇见明君，靠天下时运；贤能与不肖，靠个人才能。君子学识渊博，深谋远虑，却不逢机遇的很多啊，何止是我呢？况且灵芝香兰生长于深林中，不因无人欣赏而不芬芳；君子行大道养仁德，不因穷困而败坏节操。做不做，人来定；生与死，命来定。因此晋文公的称霸雄心，生于曹卫困境；越王勾践的称霸雄心，生于会稽困境。所以身居下层而无忧患的人，思虑不远大；常居安逸的人，志向不广大，怎能知道他的终始呢？"[5.20.1]

孔子一生秉持中华文化道脉，坚称"吾道一以贯之"[4.10]。他认为："有谁能不经过大门就走出屋外？为什么没有人遵循我指出的仁道呢？"[6.17]他对朋者"天生君子，其道固然"[2.8.4]的说法极为赞同，认为"人活在世上是因为正直，不正直的人也能生存，那只是他侥幸地避免了灾祸"[6.19]。孔子追求正道时，并不在乎财富多少与社会地位的高低，他宣称："富贵能以正道求来，即使做个帮人家拿鞭子的人，我也愿意。如富贵不可求的话，那就按我自己的爱好行事。"[7.11]他还对端木赐说："你把我视为一个学问多、有见识的人吗？不对，我只是一贯坚持仁道罢了。"[15.3]

孔子的仁道观尊重人的主体地位，看重君主的以身作则与求贤重道。当鲁哀公问他当今君主谁最贤明时，孔子回答："我还没见过最贤明的君主，或许是卫灵公吧！""他的弟弟名叫公子渠牟，他的智谋足以治理有千辆兵车的大国，他的诚信足以守卫这个国家，卫灵公喜欢他并任用他。又有个叫林国的士人，他一发现贤才必定推荐，如果那人被罢官，林国还会把自己的俸禄分给他，因此在卫灵公国中没有闲散士人，卫灵公认为林国贤明而尊敬他。又有个叫庆足的士子，卫国凡有大事，他必定出来帮助治理，国家无事，他就辞去官职而让卫国容纳其他贤人，卫灵公喜欢而尊敬他。还有位史鳅大夫，认为卫国无道而离开。卫灵公在郊外住了三天，不弹奏琴瑟，一心等到史鳅回国，才敢回去。我拿这些事来衡量，把卫灵公放在贤人之列，不也可以吗？"[3.13.1]

当季康子问政事时，孔子回答："政治，就是要'正'啊。您如果率先走正道，谁还敢不走正道？"[12.17]他认为"治理百姓之道，以善政为大。政治，就是走正道。国君走正道，百姓就会跟着走正道了。国君所为，就是百姓榜样。国君不走正道，百姓怎能跟他走正道呢？"[1.4.1]"由自身想到百姓之身，由妻子想到百姓之妻，由儿子想到百姓之子，国君能做好这三方面的事，那么仁道就大化天下了，这也正是先王的治国之道啊。如此一来，国家就顺道而行了。"[1.4.3]"政治不仁和，民众就不愿意听从教化……想使民众尽快服从，最好是以正道治理国家，否则民众虽表面服从了也是勉强的。不依靠忠信，就不可能取得百姓的亲近与信任。朝廷内外的想法不一致，就不能取信于民。这是治民的至高正道，为官的最大纲领。"[5.21.8]在如何走正道治民的具体方法上，孔子强调要小心谨慎，就像手持腐朽的缰绳，在满街是人的交通要道上驾驭奔马一样。这时用正道引导马，马就会像自养家畜一样驯服；不用正道引导马，马就会成为仇敌。这怎能说不可怕呢？[2.8.18]有鉴于此，孔子对一生践行"仁道"主义抱有乐观态度。他估算这只要经过一代人的努力也就差不多了，故相信"如有王者，必世而后仁"[13.12]。

孔子治国之道，是有别于苛政猛于虎的"仁政之道"，他明确反对为政者借"道"杀人。故当季康子询问如果杀掉那些无道的人，以追随那些有道的人，会怎么样时，孔子的回答是，"您主政的话，何必用杀人的方法？您想走善道而人民自然会走善道。君子的仁德如风，小人的品德如草，仁道之风一刮，草必然随风倒。"[12.19]孔子深明老子的祸福相倚、尊道修德之理，强调"道，不可不尊贵啊！中行文子违背大道，丧失正义，导致国家灭亡；后来他礼待贤人，又保住了自身性命。圣人能把祸患变为福气，说的就是这种情况吧！"[3.14.3]孔子还曾对宋君说："邻国间和睦相处，就能国运长久，国君仁爱，臣子尽忠，就能治理好各地都邑；崇尚正道，尊崇仁德，圣人就会自己前来；任用有才能的人，罢免无能之辈，官府就能治理好。"[3.13.11]

孔子的亲仁礼治之道，是彰显人伦的"天道"。在鲁哀公询问治国之道时，孔子回答："周文王、周武王的治国方略，记载在竹木简册上。他们人在，国策就能施行；他们人不在，国策就不能施行了。天之道勤勉于化生，人之道勤勉于政事，地之道勤勉于树木。政治，就像芦苇一样苗壮成长，应时变化而成。所以治国最重要的是得到人才。获取人才在于自身修养，修养人道以仁为本。仁，就是人，亲近亲人是最大的仁。义，就是做事适宜，尊重贤人是最大的义。亲人的亲疏，尊贤的等级，产生了礼。礼，是政治之本，因此君子不可以不修身。想要修身，不能不服事父母；想服事父母，不能不了解人；想了解人，不能不知天道人伦。到达天下人伦的路有五条，所依托而行的道德有三种。可以说，君臣之道、父子之道、夫妇之道、兄弟之道、朋友之道，是通达人伦天道的五条正路。"[4.17.1] "智德、仁德、勇德，是通达人伦天道的共通道德。"[4.17.2] 孔子还告诉子贡，老百姓辛劳了数百天，才得到节日一天的恩泽。一味紧张而从不松弛，连周文王、周武王都做不到；一味松弛而毫不紧张，周文王、周武王也不会这么做。一张一弛，劳逸结合，这才是文王、武王的治国之道。[7.28.3]

　　孔子总结道，治理国家有九条原则，但实行的方法只有一个。任何事情，事先有准备就会成功，无准备就会失败。说话前准备好就会顺畅，做事前有准备就不会困窘，行动前有准备就不会愧疚，走道前定好方向就不会达不到。下位人得不到上位人信任，就不能治理好民众。要获得上层信任是有原则的：没有朋友的信任，上层不会信任。获得朋友信任是有原则的：不让亲人顺心，朋友不会信任。让亲人顺心是有原则的：反省自身不真诚，就不能让亲人顺心。使自身真诚是有原则的：不明白何为善，就不能使自身真诚。真诚，是天之道；追求真诚，是人之道。真诚，不用勉强就能中规中矩，不用思考就能拥有。从容不迫地走中庸之道，这是圣人定下的修身本体。真诚的人，就是选择善德而执着追求的人。孔子强调："立仁爱心要从爱双亲开始，这就可以教会民众和睦相处；立恭敬心要从尊敬长辈开始，这样可以教会民众顺从。教人慈爱和睦，民众就会重视亲情；教人恭敬，民众就会重视服从命令。民众既能孝顺父母，又能听从命令，再让他们做天下的事情，就没有什么不行的了。"[4.17.5]

　　对"道"无限忠诚与不懈追求的孔子，曾受到一位颇似道家门徒的点拨。孔子在卫国，有一天正在敲击石磬，有一个背着草筐的汉子从他家门口经过，说："真有心啊，在敲磬呢！"听了一会又说："真差劲啊，硁硁地响，不就是没人了解自己嘛，让这事自然过去就行了。这就像水深就穿着衣服游过去，水浅就提起衣服蹚过去一样啊。"孔子说："说得对啊！我没有什么可责难他的了。"[14.40]可见，孔子在他悟得这一诸事莫强求而应顺其自然的老子道家观点之前，是一直为自己所学所谋的仁道不能为君所重、为世所用而耿耿于怀的，就连经过的路人都听出了他那急迫不甘的心声。

当然，坚信"吾道一以贯之"的孔子，虽时有谋道不成之焦虑，有过听从谋反者召唤，或去赵鞅家臣佛肸处做事，或去公山弗扰处就职，以图谋重兴东周的打算[17.5]，有过"杀身以成仁"[15.9]的壮怀激烈，却始终有坚硬者磨不薄、白矿石染不黑的谋道自信[17.7]，更未受到过愚忠思想污染。曾子认为："老师追求了一生的仁道，不过就是忠诚和宽恕罢了！"[4.10]但孔子自己则明确表明，君臣离合的标准是"道"而非"忠"，当国家无道之时，隐居起来就可以了；国家施行正道时，就该穿上官服，戴上礼帽，手捧着玉笏去上朝。[2.9.11]故一个人要诚实守信好学，牢牢坚守为善之道。危险的国邦不进去，动乱的国邦不居留。天下有道时就显露才华，无道时就隐姓埋名。国邦有道时，以自己还穷困潦倒为耻；国邦无道时，以自己还富贵荣华为耻。[8.13]孔子还明确指出，所谓大臣，要求能够以道服事君主，如做不到就会停止。否则只能说是充数之臣[11.24]。为此他还表扬了史鳅，无论国家有道无道都如箭一般直，并欣赏蘧伯玉在国家有道时就做官，国家无道时就把报国心藏在心里的行为[15.7]；夸奖当国家有道时很聪明，当国家无道时就装傻的宁武子[5.20]；肯定了当国家治理有道时不被抛弃，国家治理无道时，会设法避免受到刑法杀戮的南容，还将侄女嫁给了这位明哲保身的学生[5.2]。

有一次，孔子派宰予出使楚国。楚昭王非常高兴，准备将象牙装饰的马车通过宰予赠送给孔子。宰予说："孔夫子不需要这类东西。"楚王问："为什么呢？"宰予回答："臣子我通过象牙车的用途，考虑孔子的处境来看，因此能知道会这样。"楚王说："说说看。"宰予回答说："自从臣下服事孔夫子以来，看见他说话总不离开仁道，行动不违背仁德，尊义尚德，清素淡泊，喜好俭朴。他当官后有了俸禄，也不积累财富。不合道就隐去，退回不当的礼物而没有贪吝心。他的妻子不穿彩衣，小妾也不穿昂贵衣帛，马车器物不雕琢，马也不喂食粟米。他的仁道能推行，就以治国为乐，不行就独善其身，这就是作为夫子的孔子。如果是看起来华丽奢靡的东西，听起来淫邪的歌声，孔夫子经过时也不去看，遇到了也不去听。所以臣下知道夫子不会用这辆车。"楚王说："那么夫子想要什么呢？"宰予回答："如今天下道德沦丧，他的志向是想施行仁道。天下如果有有为之君能行夫子的仁道，那么夫子即使是走路来上朝，也十分乐意这么做，何必让您这重赏礼物运到远方而遭辱没呢？"楚王说："我从今以后算是知道孔子的道德有多大了！"宰予回来后，把经过告诉了孔子。孔子说："你们几位弟子认为宰予的话说得怎么样呢？"子贡回答："还没有道尽夫子的完美。夫子的仁德高足以配天，仁道深足以配海。宰予的言论，只是说明了老师谋道的实情罢了。"孔子说："说话贵在实在，使人相信，离开了实情能称为什么呢？子贡的华丽赞美，不如宰予的实情描述啊。"[K1.3.6]

（四）孔子德合天地的谨言慎行之道

孔子读《诗》，读到《正月》第六章时，显出警惕恐惧的样子，说："那些不得志的君子，岂不是太危险了吗？顺从君主附和世俗，正道就会废弃；违背君主远离世俗，自身就很危险。如果时世不提倡善道，独自追求善道，不是被说成妖孽就是妄为。所以贤人既然不遇天时，就恐怕不得善终了。夏桀杀害龙逢，商纣杀害比干，都是这类事。《诗》中说：'谁说天太高，怎敢不弯腰；谁说地太厚，怎敢不蹑脚。'这说的是上下都怕得罪，没有自己容身之地。"[3.13.5]孔子称赞子产有君子之道的四种表现，那就是"其行己也恭，其事上也敬，其养民也惠，其使民也义"[5.15]；他夸奖颜回有君子之道的四种行为，即努力地推行仁义，虚心地接受劝告，小心地接受俸禄，谨慎地修养身心；还肯定了史鰌有君子之道的三种作为，即不做官而能尊敬官长，不祭祀而能尊敬鬼神，自己正直而宽容别人[4.15.14]。他还说：“君子之道所要做的三件事情，我还没做到——无忧的仁者，不惑的智者，无惧的勇者。”子贡听后说：“这是老师的自我写照啊。”[14.29]

孔子认为，人能弘扬仁道，不是仁道使人膨胀[15.29]，只有返回根本，从近处做起，才是君子处世之道[4.15.1]。因此君子应修身反道，察里言而服之[5.21.4]，笃行信道，自强不息[1.7.4]；恪行“知而弗为，莫如勿知；亲而弗信，莫如勿亲。乐之方至，乐而勿骄；患之将至，思而勿忧”[5.19.10]的行己之道，以成为“言足以法于天下而不伤于身，道足以化于百姓而不伤本，富则天下无宛财，施则天下不病贫”[1.7.5]的贤人，最后成为“德合于天地，变通无方，穷万事之终始，协庶品之自然，敷其大道而遂成情性”[1.7.6]的圣人。

孔子谋求正道的希望主要寄托在明君身上。他曾说：“君王如同春种秋收一样，周文王有王季为严父，太任为慈母，太姒为贤妃，有武王、周公为爱子，有太颠、闳夭为良臣，他的根本就很美好。武王修好身然后再治国，治理好国家再治理天下。他讨伐无道之君，惩治有罪之人，一行动就匡正了天下，成就了伟大事业。春秋按时令变换就能惠及万物，君王按照正道推行就能治理好万民。”[2.8.6]

孔子发现，“仁道”在一般人看来高不可攀，其实它朴实无华，只要有经济支持就可推行，自己甘愿当个管家去践行，而无需“天”来决定容不容得下，行不行得通！他还强调君子要谨言论，不可“小辩害义，小言破道”[2.10.17]要慎交友，懂得“道不同，不相为谋”“可与他共同学习，未必可与他同道而行；可与他同道而行，未必可与他建功立业；可与他建功立业，未必可与他权衡利弊”[9.30]。子贡对此深表赞赏地说：“君子可以一句话表现他的明智，也可以一句话表现出他的不明智，说话怎能不谨慎呢！老师的高不可及，就好像是没有台阶可以登高而上的青天啊。老师的治国安邦之道，说立就能立起来，仁道的施行，安然而来，导向和谐。老师生也光荣，死也悲哀，

像他这样的圣贤有谁能比得上呢？"[19.25]

孔子经常以深言隽语，说之以道为荣。他主张"国家治理有道，就直言直行；国家治理无道，就直行慎言"[14.4]。他深恐"纠缠枝节的辩论会损害义理，胸怀狭隘的言论会破坏仁道"[2.10.17]，并自认为"我如果赞誉了，一定是证实过他有实绩。夏商周三代的人民啊，都是这样做的，所以能够直道而行"[15.25]。当伯常骞向孔子请教，正道直行会不被世道容纳，隐藏正道潜行又于心不忍，究竟如何才能既不穷困，又推行正道时，孔子回答："你的问题提得好啊！我从记事开始，还没听过像你这样提问的。我曾听过君子是这样论道的，如果听的人不细察，道理就不会入心；如果荒诞无稽，道理就没法让人相信。我又听过君子谈做事道理，如果制度没有定量限度，事情就做不成；如果为政太过严苛，百姓就难以自保。我又听说君子谈论志向道理，刚直不阿的不会善终，轻浮易变的会反复受害，傲慢自大的会无人亲近，急功近利的会弊端丛生。我又曾听说善于养身处世的君子，做轻松的事时不抢先，做重大的事时不躲后，见公众偶像时不勉强效仿，论道时不违反原则。这四方面，就是我听到的君子谋道之理。"[2.9.3]而这四条原则，也正是孔子生活中时常自然流露而非刻意为之的处世之道，它契合了老子自然之道的理念。如有一次盲乐师求见，走到台阶时，孔子说："到台阶了。"走到坐席附近，孔子说："到坐席了。"大家都坐下来后，孔子告诉他："某某在这，某某在那。"等乐师出门后，子张问："这就是与乐师的谈话之道吗？"孔子说："是的，这本来就是与盲乐师的相处之道啊。"[15.42]还有一次，孔子到鲁桓公庙里参观，看到一件欹器，了解了它在水适中时就端正，水满时就倒下的功能后，感叹道："聪明睿智的人，以愚朴戒满守成；功盖天下的人，以退让戒满守成；勇力震世的人，以怯懦戒满守成；富有四海的人，以谦虚戒满守成。这就是减损再减损的戒满守成之道。"[2.9.4]联系老子关于"为道日损，损之又损，以至于无为，无为而无不为"（《老子》四十八章）的高见，儒道两圣可谓和光同尘。

（五）孔子充满文化自信的教育之道

孔子对谋道前行充满了文化自信。这首先来源于他对得益于周公亲传的鲁国文化及其对自身滋养的自信。他在回答鲁公有关如何实施治国之道时说："使朝廷讲礼治，君臣上下和睦相亲，让天下百姓都愿意成为您的子民，还会有谁来攻打呢？如果违背这一治国之道，百姓背叛您就像回家一样急切，都成了您的仇敌，谁还会与您一起守卫国家呢？"[1.7.9]孔子指出，鲁国、卫国的政治，就像兄弟一样。[13.7]如果有人任用我，几个月就可初见效果，三年就会有成就。[13.10]有鉴于此，即使是被困陈蔡，不免为己治国之道深怀忧虑之时，孔子也依然慷慨激昂地讲学问，奏琴歌。他这种来自文化自信，坚信谋道必成，愈挫愈奋，勇毅果敢的弘道精神，对弟子们感染极大。如子张就声言："执有仁德不弘扬，信仰仁道不笃实，这怎能说是有道之人，又怎能杀身以成仁！"[19.2]再如子路，也大受孔子赞扬："穿着破旧袍子，与穿狐貉皮的富人并肩而立，却不觉得羞耻者，只有子路吧。"而在亲睹子路坚持诵读"不嫉妒不贪求"这首诗时，孔子满意地说："这就是道啊，还有什么更好的呢？"[9.26]由此可见，孔子对"道"的理解尽管未及老子深邃，但也颇有心得。如对老子"反者道之动"的说法，孔子也同样说过"此即以己逆天时，诡福反为祸者也"[1.7.11]、"反本修迹，君子之道也"[4.15.1]等名言。

作为后世推崇的万世师表，孔子固然推崇有教无类，是为教书育人之道，但同时，具有教学相长丰富实践的他，也承认人的资质、品性、悟性的差别，故明确指出"人分五个等级，有庸人，有士人，有君子，有贤人，有圣人。分清这五类人，治世之道就具备了"[1.7.1]。他认为，有君子之风的儒者志趣相合，方向一致；他们谋道运营的方法准则相同，并肩而立时倍感快乐，地位不同也不会厌弃，很久未见时也不会相信流言蜚语；他们志向相同时就一同前进，志向不同时就隐身而退，儒者交朋友的方式就像这样。[1.5.7]

他还说："我从《甘棠》这首诗里，看到人们对召伯非常尊敬。人们思念召伯，必定会爱惜他种的树；尊敬召伯，必定会敬拜他的神位。这符合人之道。"[2.10.4]

立志谋道的孔子，曾教导子贡在成为君主下属后，还要学会为人谦下之道。孔子说："为人谦下，就像是大地那样吧！挖得深就会流出泉水，在土壤上播种就会长出各种庄稼，让草木茂盛，禽兽繁育。万物在大地出生，死后再埋入大地，大地功劳很多却毫不在意，胸怀广阔而无所不容。为人之道就应像大地啊。"[5.22.7]

孔子还曾称道过各行各业里许多谋道不息的贤人们。如不降低志向、不辱没自身的伯夷、叔齐等，而他赞之为"言中伦，行中虑"[18.8]的柳下惠，也是一位以正直之道服务人，宁可被多次罢黜，也不离开父母之邦的贤人[18.2]。再如他赞扬的有德行的铜鞮伯华，为人思想深邃而有根源，见多识广而难以被蒙骗，内心深植道义足以终身不改。国家太平有道，铜鞮伯华的言论足以治国安邦；国家无道混乱，他保持沉默也足以安生保命[3.12.16]。

其他如"有道顺命，无道衡命"的晏平仲，"蹈忠而行信""国无道，处贱不闷，贫而能乐"的老莱子[3.12.20]，为人博识强识、喜好古圣大道的有若[9.38.15]，以及"清净守节，贫而乐道"的原宪[9.38.17]等人，亦均为《孔子家语》记载。子夏对此评价道："就像各行各业的工匠们聚居街铺，成就各自事业一样，君子也通过学习致力于谋道。"[19.7]看来，子夏对孔子所言的谋道不论职业，技艺不分大小，条条小道归大道，诸艺之道归大道的要旨，确是深有体悟。道不论大小，却务必做到术以合道，艺以弘道，才能走上正道。故子夏说："虽说是小道，但也一定有可取之处，好高骛远恐怕会陷入谋道泥沼，所以君子不会这样做！"[19.4]同时，子夏承认，谋道贵在坚持不懈，弘扬君子之道，有始有终的，只有圣人吧！[19.12]

作为教师，孔子看重的是学生追求青出于蓝而胜于蓝的创新之道，故当子张问什么是善人的成功之道时，孔子说："不沿着别人的脚印走，学问和修养就不到家。"[11.20] 他还生怕弟子们仁心不厚，中道而废，偏离正途。他批评冉求："能力不足的人，会半途而废，你如今是画地为牢，止步不前啊！"[6.12] 幸好，在孔门同仁中，还有曾参这样善于谋道的好学生，能领悟孔子的良苦用心。有一次，当孟氏任命阳肤为刑狱官后，阳肤前来求教曾子时，曾子告诉他："统治者失道，民心早就离散很久了。你想摸清真情断好案，就要充满悲悯同情，切勿沾沾自喜。"[19.19]

作为治国高参，孔子十分明白调查研究、因地制宜、对症下药的重要性。故当子贡问孔子："从前齐国国君问您如何治国，您说治国要义在于节省财物。鲁国国君问您如何治国，您说治国要义在于了解大臣。叶公问您如何治国，您说治国要义在于让近邻喜悦，让远方依附。他们三人问的是同样的问题，而您的回答却完全不同，难道治国方法会有异端奇方吗？"孔子说："这是要因地制宜啊。齐国君主治国，大建楼台水榭，大修园林宫殿，大肆纵情声色享乐，不知时节，一天就赏赐了有千辆战车的三家族人，所以说治国在于节财。鲁国国君有三个大臣，朝廷内相互勾结，愚弄国君，朝廷外极力排斥诸侯国宾以遮盖君主明察，所以说治国在了解大臣。楚国土地广阔而都城狭小，民众都想离开，不安心居住于本国，所以说治国在于让近处的人喜悦，让远方的人来依附。这三国情况不同，所以施政方针也不同。《诗》说：'国家丧乱国库空，从来不救济我百姓。'这是感伤奢侈浪费资财造成了国家动乱啊。又说：'谗臣不能尽职守，害得国君多祸殃。'这是感伤奸臣蒙蔽国君造成了国家动乱啊。又说：'战乱离散真悲苦，天涯何处是归宿？'这是感伤民众离散造成了国家动乱啊。考察这三个国家的情况，治理的导向难道能彼此相同吗？"[3.14.1]

在孔子看来，"早上懂得了真理，晚上死去也甘心了"[4.4]。他感慨道："看见良善的要像怕自己赶不上似的去追求，看见不良善的要像手触沸水一样立即避开它。我见到这样做的人了，我也听见过这样的话了。安然隐居以谋求实现志向，施行仁义以通达仁道。我听见这样的话了，却还没见过这样做的人。齐景公有四千匹马，他死去的时候，人民却不觉得他有什么德行可称颂。伯夷、叔齐饿死在首阳山下，人民直到现在还称颂他们。说的就是这个道理吧？"[16.10] 有一次，当孔子师生坐而论道，谈起各自所谋取的志向时，子路说，"我愿意拿出车马、轻暖的裘衣与朋友分享，就算是东西用破旧了也没什么遗憾"。颜渊说，"我的愿望是不自夸良善，也不表白功劳"。孔子说自己的志向就是让老年人安度晚年，朋友们互相信任，少年们得到关怀[5.25]。这是多么仁厚和崇高的志向！

　　孔子认为，有道之君，封疆百里，建成国邦，是为了积累资财服装，抚恤无家可归的人。因此那些偏远的少数民族，虽然衣帽与华夏民族的不同，言语不通，却没有不归服的。所以说，没有市场交易，百姓也不会生活困乏；没有刑罚，百姓也不会作乱。猎兽捕鱼不是为了充盈宫室，征税敛财也不是为了充实国库。这样哀悯百姓是为了灾年救助贫困，通过礼节防止奢靡浪费。多一点诚信，少一点文饰，国家礼法就能得到遵守，国君的话百姓就会听从，国君的行为就会成为百姓的表率。这样的君臣关系，就像饿了要吃饭，渴了要喝水一样。百姓信任君主，也如同坚信天下会像暑往寒来的规律一样，看远处的君王就像在近处一样。这不是因为距离近，而是由于君德圣明，清晰可见。所以军队不用出动就会有足够的威慑力，不需赏赐就能让臣民亲附归顺，让天下万民都感受到君主恩惠。这就是圣明君王所守的"道"，它可以抵御千里之外的敌人！[1.3.4]

　　作为儒圣，孔子终身谋求大同仁道理想，对当时朝野隐逸循道的人才，包括伯夷、叔齐、虞仲、夷逸、朱张、柳下惠、少连等，也都持有不同看法。孔子评说道："不降低志向，不辱没自身，这就是伯夷、叔齐吧！"他评价柳下惠、少连："他们降低了志向，辱没了自身啊。但言论合乎伦理，行为得当，也就这样了。"他评价虞仲、夷逸："他们隐居世外，狂放直言，自身清白，不问政事。我和他们所有人都不同，没什么是一定可以做的，也没有什么是一定不可以做的。"[18.8]孔子对这些人的评价，颇为精准。但对于国有道则仕进，国无道则隐退，以善于绕道转向故能护好自己的立地之足的向日葵为榜样[9.41.22]，一生奔波谋道的孔子本人而言，当时的一些愤世嫉俗者及执政者，对他却都没有肯定性的评价。如有一次，一位楚狂人驾着车，与孔子的马车擦边而过时，唱着歌说："凤凰啊，凤凰啊，为何你的德政衰落了？过去的事情已不可挽回，将来的事情还可以追索。完了，完了！现在从政的人真危险啊！"孔子下了车，想跟他说话，这位楚国的狂人却快车避开了，没能谈成。[18.5]但孔子始终没有因一时难以得到世人的理解支持而丧气，他教导子弟：国家治理有道，可安心吃俸禄；国家治理无道，还安心吃俸禄，这就是耻辱[14.1]。这极大地激励了仁人志士为理想而奋斗终生。

然而，囿于历史条件的局限，善于审时度势的孔子，对于自己的仁道主义能否大行于世，也不禁产生过"仁道如不能实行的话，我将乘坐木筏子浮游于海上"[5.7]的深深怀疑。有一次，子路迷路后，遇见了一位严重质疑"四体不勤，五谷不分"的孔子的为师资格的躬耕老人[18.7]；不久后又在向长沮、桀溺问渡时受到了嘲讽，以及听到有关如今世道败坏，恶浪滔滔满天下，无法改变，与其追随孔丘逃避坏人，还不如追随他们这些避世隐士的忠告。这一切冷嘲讥讽，令一生中周游列国，谋道说仁，却屡遭碰壁的孔子深感失望，说："人不会与鸟兽合群，我不和你们这些人交往又和谁交往呢？如果天下有道，我就不会和你们一起去改变它了"[18.6]。这，不能不说是一位虔诚谋道者的时代悲剧。

如同孔子感叹老子之道的高深广大一样，子贡也曾感叹于老师所谋之道，是君子所为，自强不息，终生不渝，至死方休[5.22.1]，至广至大，连天下都容不下的，故提出了能不能将它减少一些的疑问[5.20.2]。孔子对此的回答是："好农夫会种庄稼，不一定有收获；好工匠能做巧活，不一定能顺每个人的意愿；君子能修行大道，创立纲纪，不一定能让天下人都接纳。现在不修行正道而要求别人接纳，赐啊，你的志向还不够广大，思想也不够深远啊。"[5.20.2]在孔子的教诲下，巧言善辩，善于察时经商，家庭富有，积累了千金之财的子贡，终于在访友之后，深悟了谋道之要义。当他眼见屈身住在破茅草屋中，穿着破衣，戴着旧帽，两天才吃一顿饭菜，但仍然快乐无比而志向不改，常与同学们谈论先王治国之道的老同学原宪时，不禁感慨地嘲笑他："太过分了，你怎么病成这个样子了？"原宪说："我听说没有财产的叫作贫，学道而不能推行的才叫作病。我只是贫，而不是病啊。"子贡听了深感惭愧，终身都为自己说过这样的话而羞愧不已。[9.38.4]

　　而当颜回说"老师的道太伟大了，天下都容不下。虽然如此，老师您还是推崇奉行。当世不用，是掌国者的耻辱，老师何必担忧呢？世所不容，然后见真君子"时，孔子倍感欣慰地说："是这样的呀，颜家儿子！假如你有很多钱，我愿给你当管家。"[5.20.3]孔子对弟子们说："有国的诸侯与有家的大夫，不怕东西少而怕分配不均，不怕贫穷而怕不安宁。这是因为公平了就没有贫穷，和睦了就没有孤寡，平安了就没有危险。如果能这样做，那远方的人不服顺，就修好文德感召他们来；等他们来归顺了，就安定好他们。"[16.1]

　　此外，孔子从自己的切身经历中，还感到时势机遇、经济实力对弘道事业的巨大推进作用。他赞成晏子的君子之言，认同"夫君子居必择处，游必择方，仕必择君。择君所以求仕，择方所以修道"，认为跟随贤人不会困惑，跟随富人不会困穷，马蚿斩断了足还能行走，这是为什么呢？因为辅助它行走的足很多。[4.15.16]他真诚感谢那些资助自己的弘道者说："自从季孙赠给我千钟粟米，我把粟米转送给朋友后，我和他们的交往更亲密了。自从南宫敬叔送我车马后，我走的道更顺畅了。所以'道'虽然很重要，但必须有待时机成熟才被重视，大势所趋而后才能推行。如果没有季孙和南宫敬叔的资助，我的仁道几乎要废了。"[2.8.5]

　　遥忆当年，赵简子派人礼聘孔子，满怀希望的孔子当即闻讯赴约。到了河边，却听说窦鸣犊与舜华都被杀了，立刻掉转马车，绕道卫国，歇息鄹地，并创作了《操》，为谋道同仁的一生作了最悲壮的挽歌。[K2.5.5]

其歌词意译如下：

> 礼治乐教崩坏，周朝王道衰亡。
>
> 文武之道坠落，吾将效法何师？
>
> 驾车周游天下，没有可依之邦。
>
> 凤鸟他人不识，珍宝变成枭鸱。
>
> 眷然回顾观望，惨然心中悲伤。
>
> 即令马车回转，将往帝都陶唐。
>
> 悠悠之鱼漫游，黄河之水洋洋。
>
> 临津无船难渡，还辕歇息鄹乡。
>
> 叹我道穷彷徨，哀彼无辜遭戕。
>
> 凤凰于卫翱翔，复我旧庐家乡。
>
> 从吾所好而去，其乐只且徜徉！

所幸，令孔子千载之后尤感欣慰的是，他的后世子孙与同仁，始终没让他所谋之道湮灭而得以传承至今。如他的东汉孙子硕儒孔季彦，就曾对让他放弃研究古文经学的一位孔姓大夫说过："先祖圣人孔夫子的遗训，出自孔家墙壁深藏的古文经书，临淮太守孔安国承传了其经义，可谓神妙无比啊！古文经义的作用不在于开设课程与应付考试，所以世人不懂得它的神奇深妙。儒学事业之所以不泯灭，有赖于我家世世代代都独自研修它。如今您竟为了俸禄利益，就想废除先君孔子的仁道，这绝不是我所希望的。如果听从了您的建议，就会将先祖圣君孔子的仁义之道毁灭于今日，使来世的明达之人，只能见到如今的今文俗说，而嗤笑从前的孔圣人。我尽力于此，都是为了先祖圣人孔子。

万物到了极致就会发生变化，百年之后，必当会有明德君子出现，恨不得与我生在同一世代。"[K7.23.8]此言可谓掷地有声，振聋发聩，至今令中华道脉之传人感佩不已！

《孔子儒经·谋道篇》120节索引

【论语】58节

［1.5］［2.3］［3.16］［3.23］［4.2］［4.4］［4.10］［5.2］［5.7］［5.13］［5.20］［5.25］［6.12］［6.17］［6.19］［6.24］［7.1］［7.6］［7.11］［8.13］［9.11］［9.27］［9.30］［11.20］［11.22］［11.24］［12.17］［12.19］［14.1］［14.4］［14.20］［14.29］［14.37］［14.39］［14.40］［15.3］［15.7］［15.25］［15.29］［15.32］［15.40］［15.42］［16.1］［16.2］［16.10］［17.5］［18.2］［18.5］［18.6］［18.7］［18.8］［19.2］［19.4］［19.7］［19.12］［19.19］［19.22］［19.25］

【孔子家语】57节

［1.1.5］［1.3.1］［1.3.2］［1.3.4］［1.4.1］［1.4.5］［1.5.7］［1.7.1］［1.7.4］［1.7.5］［1.7.6］［1.7.9］［1.7.11］［2.8.5］［2.8.6］［2.8.18］［2.9.3］［2.9.4］［2.9.5］［2.9.11］［2.10.4］［2.10.10］［2.10.17］［3.11.1］［3.11.3］［3.11.4］［3.12.16］［3.12.19］［3.12.20］［3.13.1］［3.13.3］［3.13.5］［3.13.7］［3.13.11］［3.14.1］［3.14.3］［4.15.1］［4.15.14］［4.15.16］［4.17.1］［4.17.5］［5.20.1］［5.20.2］［5.20.3］［5.21.4］［5.21.5］［5.21.6］［5.21.7］［5.21.8］［5.22.1］［5.22.7］［9.38.4］［9.38.15］［9.38.17］［9.41.1］［9.41.16］［9.41.22］

【孔丛子】5节

［K1.1.1］［K1.3.6］［K2.5.1］［K2.5.5］［K7.23.8］

【注】《孔子儒经》本索引各节，只限于"谋道观"各节，其余各节均为参考，下同。

德之不修，学之不讲，闻义不能徙，不善不能改。

二、孔子的修德观·无信不立

"道同德合"，说明道与德的关系历来紧密，连用时为"道德"，分开时为"谋道""修德"。在孔子看来，谋道与修德彼此通连，相辅相成，密不可分，故儒者必须"志于道，据于德"[7.6]，而在老子看来，"道"居"德"之上，"德"是"道"之用，唯有道才是衍生德以及万物的形而上本体。韩非据此提出了关于辩证处理道、德、理三者关系的学说，指出"道者，万物之始……万物之源"，是"万物之所以然""万物之所以成"。他把"道"视为物质世界的普遍规律，天地万物存在与发展的总依据；将"德"视为万物的特殊本质，"德者，道之功"；"理"是万物的特殊规律，"道"是万物的普遍规律，"万物各异理而道尽稽万物之理"。这种把道、德、理的关系视为物质世界的普遍性与特殊性、无限性与有限性的辩证统一的理论，显然比宋代张载有关"由气化有道之名"的道为气化说，以及程颐、朱熹以道为理的理本论高明。

"德"字始见于商代甲骨文，有遵行正道之意。这点可以从"德"字形体看出，其左部是"彳"，表示"行走"，右部是"直"，表示"行要正，看要直"。西周金文的德字形体，还在右部的眼睛下加了一颗"心"，说明"德"者除了"行正、目正"外，还要"心正"，由此可见古人对"德"字的含义标准，早就从外在的形态、相貌，深入了内心，要求也越来越高。特别是从"堂上谓之行，堂下谓之步，门外谓之趋，中庭谓之走，大路谓之奔"（《尔雅·释宫》）的语言学阐释看，古人对不同场合、不同身份的人的行动，所要求的步态行止规范，是各不相同的，体现出修养"礼德"的要求。联系孔子弟子们对孔子上朝后在不同场合，对不同身份的人所持有的礼仪看，无不是他修养礼德后的示范性举止。这意味着谁如果不遵守这些修德规范，谁就违反了礼法。

"德"通常指各种美好的性格修养与品行。在诸子百家的辞典以及古代各行各业里，"德"字有不同的含义。自孔子以仁孝信礼义、温良恭俭让等为修身之德后，儒家学派最终形成了以"仁义礼智信"为核心的五常之德。老子则以"一慈、二俭、三不敢为天下先"为道家美德，兵家以"智、信、仁、勇、严"为将德，加之文人讲文德，教师讲师德，商人讲商德，艺人讲艺德，医者讲医德等，无不以培育高尚品德而受人尊重为荣，此即所谓的"德高望重"。由此可见，"德"的基本释义，一指社会意识形态之一的"道德"，二指合乎道德，三指儒道释修行的途径、功夫、法术。因此，道德不仅指好的品行、心意、志向，也指获得恩惠后的感恩戴德，还可指有道德的贤明之士等。此外，"德"还承接着"道"的意蕴，可引申为客观规律等，故在古代文献中"德"也与"得"相通，有得道之义。

从哲学高度看，孔子所说的"修德"含义极广，这与古代的"德"字含义丰富有很大关系。根据中国社会科学院语言研究所编辑的《现代汉语词典（第6版）》（商务印书馆2012年版），以及罗竹风主编的《汉语大词典》（上海辞书出版社2008年版）的阐析，"德"的含义主要有如下几种。

一是指人们共同生活及行为的准则和规范，如孔子所说的"德之不修，学之不讲"[7.3]。一是指人们好的品行，如"子夏曰：大德不逾闲，小德出入可也"[19.11]，另如左丘明"民生厚而德正"（《左传·成公十六年》）。一是指仁爱、仁政，如孔子言"为政以德，譬如北辰，居其所而众星共之"[2.1]；又如《尚书·盘庚上》"丕乃敢大言，汝有积德"。一是指德教、教化，如"（孟春之月）命相布德和令，行庆施惠，下及兆民"（《礼记·月令》）。一是指古人认为万物因"道"所得的特殊规律或特殊性质，后泛指事物的属性，如"德者道之舍，物得以生"（《管子·心术上》）；又如"道生之，德畜之，物形之，势成之。是以万物莫不尊道而贵德"（《老子》）。一是古代特指天地化育万物的功能，如"夫大人者，与天地合其德，与日月合其明"（《周易·乾卦》）。一是指恩惠、恩德，如"既醉以酒，既饱以德"（《诗经·大雅·既醉》）。一是指得到，通"得"，如"德道之人，乱国之君非之上，乱家之人非之下，岂不哀哉"（《荀子·解蔽》）。

总之，孔子作为一个以身作则的儒师，对以上与儒教修德关联的方方面面，无不注重，在修德时也有所体现。他自言"七十而从心所欲，不逾矩"[2.4]，其规矩就是修德行仁。而修仁不仅与仁孝、仁义、仁勇相配，与仁信也密不可分，故孔子强调"民无信不立"，宁可去兵去食，也绝不去"信"。修德必信，信德属土，谋道修信德，积德长累土，方能厚德载物，成事成才。而人立于天地之间，自当以信立人，守信修德，才能亲仁孝悌，谋道徙善，为政以德，德治天下。这也是本章以修养"信德"，与谋道之"义德"，亲仁之"仁德"，好学之"智德"，礼乐之"礼德"等，合为儒教"五常"的缘由。

"修德"之关键词，出自《论语》中"德之不修，学之不讲，闻义不能徙，不善不能改，是吾忧也"[7.3]的孔子原话。德由道生，道因德传，故依据孔子有关"志于道，据于德，依于仁，游于艺"[7.6]的教诲，修德之重要性，不仅在于它位列孔子哲学九观之八，以"信"为先，整合义、仁、孝、礼诸德后，所体现的孔子有关"治国而无德法，则民无修；民无修，则迷惑失道"[6.25.2]的以德治国理念；还在于千百年来，由于孔子始终将修德作为立志谋道，仁孝悌爱，明礼爱乐，敬身祭祀，好学向善的君子所为，形成了延续至今的中国主流文化，成为今人缅怀不忘，立德铸魂，培德筑基，以德治国的施政纲领。

（一）孔子据德修身的丰富内涵

孔子仁道主义的德治体系，是孔子言传身教，以仁友孝慈智、信义忠恕勇、宽敏诚敬公、恒勤文惠谦、温良恭俭让等诸多品德教化育人，通过谋道立志、亲仁立本、孝悌立身、好学立基、君子立人、礼乐立言、祭祀立魂的修己功夫，日新其德，从业为政，纠治各类志大而才疏、德薄而位尊、知小而谋大、力小而任重的人性弊病，为完善中华传统美德体系所开辟的意义深远的中华修德之道。

孔子有关"弟子入则孝，出则悌，谨而信，泛爱众，而亲仁"[1.6]的主张，将孝悌和谨信诸德列为必修之德，很早就深入人心，此后更因《弟子规》载入开篇而流传后世，影响深远，如《孔子家语》赞赏的孝于父母、恭于兄弟的赵文子，孝恭慈仁的柳下惠等。另如《论语》施教的文化、品行、忠诚、守信之德[7.24]，君子带头表率的勤劳公务[13.1]之德，"居之无倦，行之以忠"[12.14]之德等，均可以子产、晏子和老莱子[3.12.20]为例。孔子还向子贡解释："子产对于民众是施惠的官员，学问广博；晏子对于国君是忠心臣子，行为谦恭敏勤。所以我把他们都当兄长看，而且越来越敬爱。"[3.14.5]此外，孔子对为何修忠信之德还有过奇遇与感悟。那天，孔子一行停车在河梁上观赏风景，眼见一位男子竟然从瀑布悬挂，洄流九十里，鱼鳖鳄鱼也不能通过的河中渡过，十分好奇。那男子说入水时，靠的是忠信，出来还是靠忠信，忠信使他置身急流而不敢藏私心，所以能入水复出。于是孔子对弟子们说："你们几个记着，水都可以凭忠信让人保身亲近，何况是人呢！"[2.8.14]

从此，孔子对忠信美德愈加重视。他曾说："说话忠信，行为笃敬，即使到南北方的少数民族国家也能通行无阻。说话没忠信，行为不笃敬，即使在本州里不也照样碰壁吗？站着，就像见到'忠信笃敬'几个字正在面前；在车里，就像见到'忠信笃敬'几个字刻在车前横木上，然后遵守它自可通行无阻。"子张遵嘱把这话写在腰间带子上。[15.6] 在孔子教育下，弟子们无不以忠信为念。如有子体会到："诚信接近于义，说话就可兑现。恭敬接近于礼，就可远离耻辱。依靠而不抛弃亲友，这是可以效仿的。"[1.13] 另一位高徒曾子亦说："我每天都多次反省自身，为人谋虑时尽心了吗？与朋友交往时守信了吗？传承师训之后温习了吗？"[1.4]

对于贤德良士，孔子一向欣赏有加，哪怕他身陷囹圄。孔子赞扬："不刻薄，不妒忌，不计较旧怨，这是伯夷、叔齐的德行。"[3.12.13] 并以马为喻说："良马不以力气著称，以它的美德著称！"[14.34] 同时他还提醒弟子们："看见贤人，要向他看齐，看见不贤良的人，要内心自省。"[4.12] 孔子还说："三人同行，其中必有我的老师啊。我从他身上寻求优点而向他学习，从他身上发现缺点而及时改正。"[7.21] 这与老子所说的"故善人，善人之师。不善人，善人之资"（《老子》二十七章）如出一辙。在孔子的优秀学生中，德行优异者就有颜渊、闵子骞、冉伯牛、仲弓等人[11.3]。孔子由衷赞扬："多贤良啊颜回！一竹筐饭，一瓢清水，住在简陋的巷子里，别人忧虑不堪，颜回却一点也不改变他的乐观品德。多贤良啊颜回！"[6.11] "多可惜啊！我只看见他进步，从来没见过他止步不前！"[9.21] 当伯牛生了重病，孔子去探望他时，从窗外拉着他的手说："完了，这是命啊！这样的人竟会生这样的病啊！这样的人竟会生这样的病啊！"[6.10] 孔子还夸奖为人能忍受耻辱的公冶长："可以把女儿嫁给他，虽然他还在监狱里，但这不是他的罪过啊！"于是把女儿嫁给他为妻。[5.1] [9.38.18]

与老子强调"信言不美，美言不信"（《老子》六十八章）一样，孔子也曾以子贡巧言游说，使晋国强大而令吴国凋敝，使吴国灭亡而让越国称霸为例，强调"美言伤信，慎言哉！"[8.37.2] 同时，孔子还很赞赏德智兼备的善辩、善政、善文者。他弟子中德行优异的有颜渊、闵子骞、冉伯牛、仲弓，能言善辩的有宰我、子贡，善于处理国政事务的有冉有、季路，文学出众的有子游、子夏等。[11.3]孔子认为"如果没有祝鮀的巧辩，即使有宋国公子朝的美貌，也很难避免今天的乱世啊"[6.16]。他在回答子张什么是明智时说："穿心贯耳的点滴谗言，切肤之痛的种种诬告，对你都行不通，这就可以说是明智了。无论是浸耳的谗言，还是切肤的诬告，都奈何你不得，这可以说是有远见的了。"[12.6]而对于以能言善辩著名，却因在齐国犯上作乱，被夷灭三族的宰予，孔子则深以此为耻。他说："这事情不在于利弊，在于宰予无德。"[9.38.3]由此可见孔子将德摆在才之前。

孔子很崇尚勇德，将"勇者不惧"[14.29]列为君子之道，批评怯弱者"见义不为，无勇也"[2.24]。对于弟子中"不害怕强暴，不欺辱鳏寡，说话遵循天性，富于治理才干，会打仗带兵的子路，更是以《诗》赞美他：'接受上天的小法、大法，成为天子属下诸侯国的骏马。为天子肩负起卫国重任，从来都不惊不惧，特报奏他作战勇敢。'武艺高强啊，文采比不上他的质朴"。[3.12.3]然而，这并不意味着孔子会将勇德与莽撞行事的蛮勇混为一谈。他在赞扬了唯有子路能追随他出海求道的勇敢精神之后，明言子路这个人比自己勇敢多了，其他方面也就没什么特长了。[5.7]这是因为，孔子主张"君子应言语谨慎而行动敏捷"[4.19]。他认为一个人因为约束自己，谨言慎行而有过失的很少见！[4.18]故应谨慎做事，爱惜身体，明哲保身。因此孔子赞赏道，侍奉国君，敢于牺牲，但也不敢不爱惜身体；谋求自身的发展而不遗忘朋友；君王任用时就努力去做，不用时就远去隐退。这是随武子的品行。[3.12.15]在孔子的教育下，曾子懂得了不该为了孝道忍受父亲暴打，而应暂避危险惜命保身的道理[4.15.10]。

孔子很欣赏宽德。宽德不仅有宽恕、宽仁、宽厚、宽慰、宽心等诸多美德含义，还有"心宽体胖（pán）"，即心境宽阔，乐观开朗，生活无忧无虑，身体自然舒坦，知足常乐的意味。有一次在游览泰山时，孔子就亲眼见到了这样的高人。他就是当年走在郕国野外，穿着粗劣衣服，系着绳子为腰带，弹着琴唱着歌的荣声期。孔子见到他后不禁问："先生引以为乐的是什么呢？"荣声期回答："我的快乐很多，最快乐的有三件：天生万物，人最尊贵，我既为人，自是乐事之一。男女有别，男尊女卑，人们以男子为尊贵，我既为男人，自是乐事之二。人有的没出生就死在母腹中，有的在襁褓中就已死去，我已活到九十五岁，自是乐事之三。贫穷，是士人常态；死亡，是人生终结。处常态而终天年，我还有什么可忧愁的呢？"孔子说："好啊！是能自我宽慰的人。"[4.15.13]

孔子很关注义德，将修养"义德"作为分清义利之辨，忠勇知礼，崇德达道的必修美德。他宣称，"有君子之道四焉：……其使民也义"[5.15]，"君子喻于义，小人喻于利"[4.11]，一个追求道义的仁人志士，就算是吃粗米饭，饮冷水，卷曲着手臂当枕头，也乐在其中，"不义而富且贵，于我如浮云"[7.15]。他还认为"主忠信，徙义，崇德也"[12.10]，"质直而好义"[12.20]，"闻义不能徙，不善不能改，是吾忧也"[7.3]，"见利思义……亦可以为成人矣"[14.13]，"君子义以为质，礼以行之"[15.18]，"君子有九思：……见得思义"[16.9]"隐居以求其志，行义以达其道"[16.10]。当子路问，"君子崇尚勇敢吗？"孔子回答："君子最崇尚义德。君子勇敢而无义德会作乱妄为，小人蛮勇而无义德会成为盗贼。"[17.23]

熟知《易经·谦卦》无往不利的孔子，还很看重虚心的谦德、不傲不骄的恭德，以及简捷麻利的勤德等。他曾说："如果一个人有了周公那样美好的才华，却骄傲小气，那别的方面也都不值一看了。"[8.11]他赞扬："孟武伯不夸耀功劳，飞马殿后掩护军队返回，将入城门时，鞭策战马说：'不是我敢殿后啊，是这匹马不进门啊。'"[6.15]当仲弓问："为人恭敬而处事简要，这样对待民众，不也可以吗？如果为人简慢随意而行事粗简，不也太简率了吗？"孔子回应道："冉雍啊，你说的话是对的！"[6.2]他评价桑伯子："这个人还可以吧，做事简捷麻利。"还夸奖颜回："听我说后能努力实行而不懒惰的，只有颜回吧。"[9.20]可见在众弟子中，颜回是最受孔子褒扬的真儒者。

孔子深深感叹："如果真的能预先察觉出他人的欺诈和不守信，这真是贤人了！"[14.32]而睿智明达的真正贤人——儒者，在孔子心目中是这样的：他不看重金玉而以忠信为珍宝；不谋求土地而以仁义为立足之地；不求聚敛财富而把增进学问作为财富。人才难得却很容易供养，他容易供养却很难挽留。时机不到时他不会出现，这不是很难得吗？他不是正义的事不会合作，这不是很难挽留吗？他先效力而后领取俸禄，不是很易供养吗？他就是这样近人情。儒者接受别人托管的财货时不会生贪念，身处游乐环境时不会沉湎其中，受众人威逼时不会畏惧，刀兵相见时也不会害怕退缩。他见利不会忘义，临难不会改变操守。他不追悔过往，也不疑虑将来，他不重复讲错话，也不追究流言；他始终保持着威严，不钻营权谋，他就是这样特立独行的人。儒者可亲近而不可冒犯，可接近而不可胁迫，可杀害而不可侮辱；他的居处不奢侈，饮食也不丰厚；他的过失可仔细辩驳，而不可当面数落羞辱。他就是这样刚强坚毅的人。儒者以忠信为铠甲，以礼仪为盾牌，循仁道而践行，怀抱道义来修身，即使面临暴政，也不改操守。他的自立自强就是这样的。[1.5.2]

孔子对修德者的志向有独到见解，对有德儒者的形象描写，更是十分细致传神。他曾生动地描述：儒者有一亩地大的宅院，有一丈见方的房间，荆竹编院门，狭小如洞口，蓬草编房门，破瓮作窗框，出门才换件衣服，整天才吃一顿饭。君上如回答，他不敢怀疑真假；君上如不回答，他也不敢谄媚取宠。他做官的原则就是这样的。儒者跟今人住在一起，却按古人的道德标准要求自己，他今世的行为，就是后世的楷模。如果他生不逢时，君上不接受他，臣下不推荐他，谗言谄媚的人还合伙陷害他，也只可使他身处险境，却不可剥夺他的志向；他即使生活起居受到危害，也要实现志向，始终不忘百姓的痛苦。他的忧国思民就是这样的。[1.5.3] 他对内举荐人才不避亲属，对外举荐人才不避仇人。他积累功绩而不谋厚禄，推荐贤能而不求回报。国君实现了用贤的志向，百姓受用了他的仁德。只要有利于国家，他都不图个人富贵。他的举贤荐能就是这样的。他全身心地沐浴于美好道德之中，陈述自己的主张而后伏身听从君主命令；他冷静地纠正君上的错误，而不让君上与臣下察觉他的心思。他默默地翘首期盼而不操之过急。他不在卑下者面前自显高明，也不添油加醋自持功多。他身逢治世之时不轻浮，身处乱世之时不沮丧，他不与意见相同的人结党营私，也不诋毁意见不同的人。他的特立独行就是这样的。[1.5.5] 儒者不为贫贱而垂头丧气，不为富贵而得意忘形。他不玷污君王，不牵累尊长上司，不困扰官吏，因此称为儒。[1.5.9]

（二）孔子德教育人的修己方法

孔子的德教育人的方法，首先是尊重人，以发挥人的主体能动性，作为修德的起点与归宿点。孔子认为人是天地合德，阴阳交和，鬼神相会，五行生化的精华；是天地之心，五行之首；是能够尝味道，辨声音，穿着各色衣服生活的万物之灵[7.32.10]。故每个人修德结果决定于其是否自觉。孔子在《易经·象传》写道："天行健，君子以自强不息。地势坤，君子以厚德载物。"可见他最重视的是修德主体君子。故当子路问君子应如何修为时，孔子的回答是"修己以敬""修己以安人""修己以安百姓"[14.43]。而当樊迟问如何崇德、修慝、辨惑时，孔子回答："先做好事，后得成功，不就是崇信道德吗？批评自己的恶习，不攻击他人的短处，不就是改正错误吗？为了一时的愤怒，忘了自身以及亲人，不就是困惑吗？"[12.21]孔子赞扬曾子"每日三省吾身"的自觉精神[1.4]，称赞他知识广博，容貌恭敬，德行敦厚，说话守信，志存高远，常怀浩然之气而自然长寿，集中了孝、悌、忠、信等四种品德[3.12.6]。

孔子强调"主忠信"[1.8]，对于立人之诚的忠信之德如何修好，他也早就胸有成竹。故当颜渊将要到西边的宋国游学，问应怎样修身时，孔子回答："恭顺、尊敬、忠诚、守信就可以了。恭顺能远离祸端，尊敬能得到喜爱，忠诚能使大家和睦相处，诚信会受人任用。勤奋地做到这四点，就可处理国家政事，何止是能修好自身呢？所以那些不亲近身边人而亲近远方人的，不是走得远了吗？不修饰内心而去修饰外表的人，不是适得其反了吗？不事先谋定，事到临头才谋划，不是太晚了吗？"[3.13.4]还有一次送子路远行时，孔子指点说："不自强求仁就达不到目的，不勤劳就没有功劳，不忠诚就没有亲友，不守信就无人再信任，不恭敬就会失礼。谨慎地修好仁勤忠信礼这五种美德就行了。"当子路表示自己将终生奉行孔子教诲，并问怎样才能取得新朋友的信任，才能少说而又可行得通，才能长做好人而又不受侵犯时，孔子说："你问的都包括在五德之中了。要取得新朋友的信任，就要忠诚；要少说而又行得通，就要守信；要长做好人而不受侵犯，就要讲礼。"[5.19.2]

谦虚使人进步，诚信令人心服。对于怎样修养谦德与信德，孔子曾给子贡讲过一个故事。从前晋平公问祁奚："羊舌大夫是晋国的优秀大夫，他的品行怎么样？"祁奚推辞说不知情。晋平公说："我听说你从小在他家里长大，你现在藏着不说，是为什么呢？"祁奚回答："他小时候谦恭和顺，心里觉得有错时，不会留过夜了才改正；当大夫时，他能尽量做好而又谦和端庄；当舆尉时，他讲信用而喜好直陈功绩。至于他的容貌，温和善良而有礼，能广泛听取意见，并时常阐明见解。"晋平公说："刚才问你，你为什么说不知道呢？"祁奚说："他的职位经常改变，现在不知道做什么官了，所以不敢说知道。"子贡由此明白了知之为知之，不知为不知，时过境迁，应实事求是对待的谦德重要性，立即跪下对孔子说："请让我回去记下它。"[3.12.22]

孔子告诉鲁国君主说："智德、仁德、勇德，是通达人伦天道的共通道德。它们所实施的人伦教化目标是统一的。只是有的人天生就知道，有的人学习后才知道，有的人遇到困难后才知道，最终都知道了，它所达到的目标是一样的。有的人安心地去做，有的人为名利去做，有的人勉强去做。他们最终所获得的成功，也都是一样的。"[4.17.2] 对于怎样既修好勇德，见义勇为，又能适可而止，宽恕得众，不至于蛮勇闯祸的修德法，孔子亦有独到见解。他赞成颜回劝说子路："勇猛有力胜过品德而能死得其所的人很少，为何不谨慎行事呢？"并强调："没人不知道谨慎之道的美好，却不能很好地对待，也不好好去做。为什么只做个听众，何不每天好好想想呢？"[5.18.7] 孔子认为："好学近于智慧，努力实行近于仁德，知道耻辱近于勇气。知道这三点，就知道怎样修身了。知道如何修身，就会知道如何治理人；知道如何治人，就能治好天下国家了。"[4.17.3] 为此，他还将因材施教用于弟子的修德践行。如对于为人性格谦逊退让的冉求，孔子常鼓励他进取[9.38.5]；对平日里疾恶如仇、好勇斗狠的子路，则深切叮嘱他去蒲地上任后要注意："谦恭而敬重，可以慑服勇猛之人；宽厚而正直，可以感怀豪强之人；友爱而宽恕，可以收容困穷之人；温和而果断，可以抑制奸佞之人。像这样各法叠加并用，使蒲地走正道就不难了。"[2.8.20] 孔子虽讲究衣食住行，却始终不忘俭朴美德，对贵族的奢侈浮华，更是持批评态度。他曾说："臧文仲为养巨龟而盖房，竟然用山形的斗拱、画着水藻的柱子来装饰华屋，这难道是他的智慧吗"[5.17] 这说明，与老子将一慈二俭三不敢抢先作为贵身之宝一样，孔子也将仁爱俭朴、谦恭敬重、友爱宽恕等美德作为明哲保身之良策，力戒"小不忍，则乱大谋"[15.27]。因此，当樊迟有天随孔子在舞雩台散步，问及如何推崇道德、改正错误、解除困惑时，孔子回答："先做好事，后得成功，不就是推崇仁德吗？批评自己的恶习，不攻击他人的短处，不就是改正错误吗？为了一时的愤怒，就忘了自身以及亲人，不就是困惑吗？"[12.21]

同时，在修养正直宽广、无怨包容的宽恕、恕德、恕道等体现仁爱慈悲的高尚人格方面，孔子亦深知"壁立千仞，无欲则刚；海纳百川，有容乃大"

的道理，故力主无欲戒贪而刚强，无怨宽恕而包容之修德方法。这首先就是出以公心，是非分明，宽以待人。孔子指出："宽则得众，信则民任焉，敏则有功，公则说。"[20.1]当贪财的季康子担心盗匪而问孔子怎么办时，孔子回答："如果你不贪财，就算给奖励偷窃者，别人也不会去偷窃。"[12.18]当冉求明知道季氏比周公还富裕，却还为他大量聚敛财富时，孔子愤怒地说："这不是我的弟子啊，你们可以鸣鼓声讨他！"[11.17]还有一次，当孔子感叹没见过刚强的人，有人提及申枨时，孔子反驳："申枨这人很贪，哪能刚强不屈呢？"[5.11]孔子赞扬的是"伯夷、叔齐这两位贤人，从不记恨别人的过错，所以受到他人的怨恨很少"[5.22]。他痛惜臧武仲有智而不容于鲁，原因就是"作而不顺，施而不恕也夫。《夏书》曰：'念兹在兹，顺事恕施。'"[5.18.4]而当子贡问有没有一句话能让人终身践行时，孔子回答："是宽恕吧！自己不愿意的不要强加于人。"[15.24]当有人又问，用恩德报答怨恨怎么样时，孔子反问道："那以什么来报答恩德呢？应以正直报答怨恨，以恩德报答恩德。"[14.35]在孔子恕德思想的长期教育下，颜回曾深有体会地感言："一句话就必定有益于智的，没有比得上'恕得众'的了。知道了什么不该做，才能知道什么该做。"[5.18.6]

孔子非常重视学友间的相互影响，把择友也作为修德之方，这也是后来儒家教育对"孟母三迁"津津乐道的原因。孔子指出："益友有三类，损友也有三类。正直、宽谅、见识多的，是益友。歪门邪道、优柔寡断、奸佞狡诈的，是损友。"孔子还说："益友有三种喜好，损友也有三种喜好。乐于受礼乐约束，乐于说人优点，乐于多交贤友的，是益友。喜欢骄傲淫乐，喜欢放荡游玩，喜欢盛宴享乐，这是损友。"[16.4]他还说："交往以忠诚守信的原则为主，不要跟不如自己的人交朋友，有了过错就不要怕改正。"[9.25]而孔子在以益友为激励自己的榜样，远离损友免受其负面影响之时，亦注重口德，主张劝谏他人应屈节隐友，留有分寸，尽量少发人隐私，少揭人短。他指出：

"诋毁他人善行而自以为善辩，狡诈地揭发他人隐私而自以为聪明，对他人的过错幸灾乐祸，耻于学习却又羞辱那些没能力的人，这就是小人。"[5.18.7]故当子贡随意揭人短处时，孔子说："子贡啊，你真的很贤良吗？我才没时间去管这些事呢。"[14.30]相反，他对漆雕家族的儿子则很欣赏，认为他是位君子："他谈论别人优点时，虽隐晦却很明显；他谈论别人过错时，虽隐微却很鲜明。他的聪明别人比不上，他的明智别人看不见，谁能做到这样呢？"[2.10.8]

　　爱憎分明的孔子，主张父子、朋友之间应该相互忠告与劝谏，而不是不问是非的一团和气，并认定"没有是非原则的老好人，是败坏仁德的奸贼"[17.13]。故当子贡问："全乡人都喜欢他，怎么样？"孔子说："不怎么样。""全乡人都厌恶他，怎么样？"孔子说："也不怎么样。这两种人都比不上全乡的好人都喜欢他，不好的人都厌恶他。"[13.24]孔子还指出："良药苦口利于病，忠言逆耳利于行。国君没有谏言的大臣，父亲没有谏言的儿子，兄长没有谏言的弟弟，士人没有谏言的朋友，而想要没有过错，这是从来没有过的。所以说，君主的过失，臣子补救；父亲的过失，儿子补救；哥哥的过失，弟弟补救；自己的过失，朋友补救。这样家里就没有悖逆罪恶，父子兄弟就不会有过失，交朋友也不会断绝关系。"[4.15.2]

　　崇善厌恶，闻过则喜，知过即改，亦是孔子力倡的有效修德方法。他认为："古代的人有三种毛病，今天恐怕连这些毛病都已经没有了。这就是古代的狂者肆意直行，今天的狂者放荡不拘；古代的骄傲者廉正无犯，今天的骄傲者忿怒暴戾；古代的愚人刚直爽快，今天的愚人诡诈耍滑。"[17.16]他非常担心那些没有自知之明，不知错也不改错的人，悲叹道，"已过去的呢，就算了吧，我还从来没有见过那些能看清自己的过错，而又能在内心里自责的人呢"[5.26]，"有过错而固执不改，这才是过错啊"[15.30]。可以说，正是在孔子的言传身教下，他的学生们对如何改过自新，修德向善，都有了自己的感悟与进步。如子夏就认为，只要"大德上不逾越规矩，小德上有点毛病还可以"[19.11]。

（三）孔子为政以德的治国理念

孔子修德观有着以德治国的强烈使命感。他认为"德者，政之始也"[5.21.7]，"治理国家实施德治，就如同北斗星，位居本位而众星拱卫"[2.1]。他称赞大禹平日里衣食俭朴，祭祀时华服隆重，住在低矮的宫室，却全力疏通洪水；他称赞多次把天下让给季历的泰伯，以及有了天下三分之二的人才依然服事殷朝的周文王所达到的至德境界。孔子认为，统治者"如果能端正自身，从政哪还有什么困难？不能端正自身，又如何能纠正他人呢？"[13.13]故为政以德的关键是："自身行得正，不用命令，下面也会推行；自身不正，即使下了命令，下面也不会听从。"[13.6]有鉴于此，孔子强调，率领民众者，要统一德教法度，端正百官，整合民力，和谐民心。他认为五帝三王的盛德世上无双，是因为德教礼法完备，仁德深厚。[6.25.1]如果治国没有德教，则民众不懂修德，就会迷失正道，所以说，德教是领导民众走正道的根本。[6.25.2]

孔子还常以修德作为褒贬政治人物的准绳，而无论其业绩是否显赫或事情的大小。孔子读史书，读到楚庄王恢复陈国时，感叹地说："楚庄王贤明啊！他看轻拥有千乘战车的陈国，而看重申叔时重信义的一句话。没有申叔时的信义，就不能表达其中义理；没有楚庄王的贤明，就不能接受申叔时的劝告。"[2.10.2]孔子还明确反对假道德，曾犀利地指出，"晋文公诡谲而不正派，齐桓公正派而不诡谲"[14.16]，"谁说微生高这人直率爽快？有人来讨些陈醋，他竟去邻居家讨要些醋来给他（却不肯明说自家没有醋）"[5.23]，"花言巧语，谄媚恭维，左丘明以此为耻，我孔丘也以此为耻。暗藏怨恨而假意逢迎，左丘明以此为耻，我孔丘也以此为耻"[5.24]。

孔子主张为政以德者应心胸广大，亲和补过。有一次，听说楚恭王出游打猎时丢失了一张良弓，手下人请求去寻找，楚王说，楚王丢的弓，楚国人会捡到，何必去寻找，孔子惋惜楚王心胸不够大，还不如说人丢了弓，人会捡到，何必非要说楚人呢！[2.10.6] 当执政的叶公问政事时，孔子说："让邻国人高兴，让远方的人爱来。"[13.16] 当为臣的子张问政事时，孔子说，居于官位时不能倦怠，执行君令时要忠于职守。[12.14] 在奉事上司和君王，进入朝廷当官时，要想着如何尽忠效力。在退出官场闲居家里时，要想着如何补救自己和朝政的过失，顺势发扬朝政善治的优点，补救朝政的严重弊端，使得社会上下层的关系更加相亲融洽 [X17]。

孔子认为，过错失误，是人之常情，人人会有。有了过错而改正，就不是过错了。因此，国家混乱时就整饬冢宰，危险时就整饬司徒，不和时就整饬宗伯，不平时就整饬司马，不义时就整饬司寇，贫穷时就整饬司空。各级官员，执行的都是官法，有的治理得好，有的却导致混乱，这是因为他们处事进退缓急方法的不同所造成的。[6.25.4] 当时，卫国大夫孙文子得罪了卫献公，被迫住在戚地。卫献公去世后还未安葬，孙文子就已敲钟娱乐。廷陵季子路过戚地时劝他："奇怪啊！你住在这里，就像燕子在帷幕上筑巢一样危险，害怕还来不及呢，又有什么可高兴的？况且国君还没安葬，能这样做吗？"孙文子从此终身不再听琴瑟。孔子听了这件事后说："季子能以义德纠正别人，文子能克服缺点来服从义，可谓善于改过啊！"[9.41.4]

为了使忠臣对君主的劝谏能取得修德效果，孔子提出了五种方法：一是委婉地规劝，二是憨厚地规劝，三是央求地规劝，四是直截了当地规劝，五是隐晦地规劝。鉴于这些方法都要揣度君主心意来采用，危险度高，孔子表示自己更愿意用隐晦规劝之法 [3.14.2]。孔子指出：商汤和周武王听取臣子忠告谏言而国家昌盛，夏桀和商纣只许臣子唯唯诺诺而国破身亡。有臣子补救君主的过失，国家才没有灭亡危险。[4.15.2] 有一次，楚王要游览荆台，对劝阻者很是气愤，令尹子西却主动陪同楚王一起游乐，而后在半路上，寻机说服了楚王，并顺势提出了将王陵建在荆台上，让子孙今后不忍心在父祖的墓地游乐的好建议。孔子听到此事后高兴地说："子西的劝谏太高明了！他在十里的路上劝谏，却抑止了百世后人来此游览。"[3.14.4]还有一次，因任用贤良事，多次进谏而卫灵公不听，史鱼（即史鳝）就在病故前，特意嘱咐儿子把尸首放在窗户下，以完成心愿。儿子听从了父亲嘱咐。卫灵公吊唁时对此感到奇怪，待问明实情后，知道了过错，立即下令将史鱼的尸体停放正堂，任用贤良的蘧伯玉而斥退了不贤良的弥子瑕。孔子听说后说："古代坚持劝谏的人，到死也就为止了，没有像史鱼这样要尸谏的。他的忠诚感动了君主，能说他不正直吗？"[5.22.10]

孔子还将忠信并举列为修德理政之要。有一次，他读史书时感叹："楚庄王贤明啊！他看轻拥有千乘战车的陈国，却看重申叔时重信义的一句话。没有申叔时的信义，就不能表达其中义理；没有楚庄王的贤明，就不能接受申叔时的劝告。"[2.10.2]因此，孔子认为，"一个人不讲信用，不知他还可以干什么。这就像大车没有栓销，小车没有销钉，能靠什么行进呢？"[2.22]有一次，齐国攻打鲁国，鲁军却不敢跨过壕沟去迎敌，樊迟说："这是不相信季康子，请您三次申明号令并带头越过壕沟。"冉求照办后，鲁军一齐跟上，齐军逃跑了。仗打完后，季孙问冉求的打仗本领如何得来，冉求说是从孔子那里学会的，他是位大圣人，知识无所不通，文武兼备。我学得还不够周详。孔子听后说："季孙在这件事上，还是喜欢别人有才能的。"[9.41.2]

孔子坚持把忠信视为执政基础，指出"周公以身作则去教化，天下百姓自然顺从他，这是他精诚所至啊"[2.8.6]。当子贡询问政事时，孔子答："有充足的粮食、充足的兵备、民众的信任就行了。"子贡说："迫不得已去掉一项，这三者里面谁先呢？"说："去兵备。"子贡说："迫不得已再去一项，这二者中哪个为先？"说："去粮食。自古都有死，民众不信任，就无法立国安民。"[12.7]季康子问孔子："怎样引导民众，使他们变得恭敬、忠诚而又勤勉呢？"孔子说："对待百姓态度庄重，就会受尊敬；孝敬父母，慈爱子弟，民众就会忠诚；选举善人去教化不修身的人，民众就会勤勉努力。"[2.20]当孔子听说晋国魏献子举荐贤明，不失去近亲，也不漏掉远处该举荐的人才后，连声赞扬其做事完美，举动合乎义德，教导体现了忠德。[9.41.14]当曾子主张一个人"进入这个国家，对群臣说话守信用，就可留用他了；行为忠于卿大夫，就可任命他为官了；能将善政恩泽施于百姓，大家就可以富足了"[2.8.7]时，孔子评价："曾参说的这些话，可说是善于安身了。"此外，孔子还持有"国有道则尽忠以辅之，国无道则退身以避之"[9.41.22]的忠君之德以及无功不受禄和绝不患得患失的原则。他认为服事君主，要尽心尽职后才能安心领取俸禄[15.38]，不能像鄙陋的人那样，他没得到利益时，总想得到它；得到后又怕失去它；如果怕失去既得利益的话，他就会无所不为了。[17.15]

孔子对古代德治高度肯定，并指出德教昌盛就能治理好，德教浅薄就会国事混乱；德教昌盛法规就会修治，德教不昌盛就要整饬。刑法与政治都注重道德，就不会衰败。所以能够遵德守法的为有德行，能够施行德教法治的为有才干，能够使德教与法治获得成功的为有功劳，能够理顺德教与法治的为有智谋。[6.25.5]

对于信德治国的成功实例，孔子亦曾深入考察。当齐国人进攻鲁国取道单父时，有人主张让民众去收城外的麦子，说这样既可增加粮食，又不会资助敌人，宓子贱却不允许。他说，今年没了麦子明年还可种。如果不耕而获，让民众有了自取他人成果之心，留下的创伤几代人都不会愈合。果然，三年后，巫马期去单父地界看政绩时，眼见夜里渔夫捕到鱼后，又马上放回河里去，其原因就是大鱼名叫鳣，宓子大夫非常喜爱它。小鱼名叫鲤，宓子大夫想让它长大。因此渔夫捕到这两种鱼，就会自觉地放回河里。孔子听说此事后总结：

"宓子的德政，使民众在夜间劳作，也像有严刑在旁监视一样。我曾经和他说过，'这方面真诚相待，那方面就会严正'，宓子贱就是用这个办法治理单父的。"[8.37.4]

孔子对为政以德总结道："治理国家有九条原则，就是修养自身，尊崇贤人，亲爱亲人，尊敬大臣，体恤群臣，重视庶民，招纳工匠，怀柔远方，和睦诸侯。修养自身就能确立正道，尊崇贤人就不会困惑，亲近族人叔伯兄弟就不会怨恨，尊敬大臣就不会迷惘，体恤群臣士人回报就会更丰厚，重视庶民就会努力工作，招纳工匠就会财物充足，怀柔远方就会四方归顺，安抚诸侯就会天下敬畏。"具体做法是"像斋戒那样，穿着盛服，不符合礼的事坚决不做，这就是修身原则。驱除小人，疏远女色，看轻利益而重视德行，这就是尊贤原则。给能人加官进爵及厚禄，与亲族爱憎一致，这是让亲人更亲爱的原则。任命众多官员管理各项工作，这是尊敬大臣的原则。真心诚意地任用，给予厚禄，这就是奖劝士人的原则。劳役不误农时，减少赋税，这是劝勉百姓的原则。每天省察每月考核，付给工钱粮米与业绩相称，这就是奖劝百工的原则。来时欢迎，去时欢送，嘉奖有善行的人而怜惜能力差的人，这就是怀柔远方的原则。延续绝嗣的家族，复兴废亡的小国，治理乱象，维持危局，按时接见与聘任诸侯，受礼物少而回赠丰厚，这就是安抚诸侯的原则"[4.17.4]。

（四）孔子修德观之自我审视

孔子神态给人的印象，其一是温和而严厉，威严而不刚猛，谦恭而安详。[7.38]他每到一个国家，都一定要先了解它的政治、民风与文化。当子禽问子贡，孔子这些见识从何而来时，子贡回答："老师到了一个国家，一定先了解它的政治，这是求教来的，还是别人主动告诉他的呢？"子贡说："这是老师以温和、善良、恭敬、俭朴、谦让得来的。老师求教得来的方法，和别人索求的方法不一样吧？"[1.10]

孔子深切感叹道，知道仁德的人很少啊。[15.4]那些有马匹而愿意借给别人乘坐的人，如今已经没有了。[15.26]故此他主张修德首先要严于律己，言行一致，从自己做起，修养诚德，闻过即改。他认为如不能端正自身，又如何能纠正他人呢？因此，孔子平日对自己要求很严，从来不嘴上一套，另做一套。当微生亩责怪说："你为什么总是那么忙碌不安呢？是为了显示自己的口才吗？"孔子说："不敢显示口才，只是痛恨人们的顽固无知罢了。"[14.33]他还认为："我还没见过爱好美德如同爱好美色一样的人。"[9.18]有一次，他应邀去见南子，子路很不高兴。孔子就对天发誓："如果我做了不该做的事情，天罚我！天罚我！"[6.28]他还对怀疑自己的弟子说："你们几个以为我隐瞒了什么吗？我没什么可隐瞒你们的。我没有什么行为是不告诉你们几个的，这就是我孔丘。"[7.23]

其二，孔子视忠信为普世美德。他说："就是只有十户人的小地方，也一定会有像我孔丘这样忠诚守信的人，只是不如我这样好学而已。"[5.27]他在回答子张所问，如何推崇道德，辨清困惑时说："只要主张忠信，向往正义，推崇道德就行了。爱他时想他生，恨他时想他死。既想让他生，又想让他死，这就是困惑啊。（这就像《诗》里所说的那位妻子，对丈夫爱恨交加的矛盾心情。）'不是嫌贫爱富啊，只是已变心'。"[12.10]子路治理蒲地三年，孔子路过时，称赞他忠信宽大："我看见他的政绩了。进入蒲地，可见田地都耕种过了，杂草都清除了，沟渠都挖深了，说明他为人恭敬取得了信任，能让老百姓尽力耕种。进入城里，可见房屋墙壁都完好坚固，树木茂盛，这说明他忠信宽厚，所以百姓不会偷懒。进入官衙，可见厅堂里清闲无事，下属都听命努力，这说明他明察善断，政事不繁杂不困扰。以此看来，我虽然三次称赞他，又哪能说尽他的政绩美好呢！"[3.14.9]

其三，孔子非常注意自身修养谦德、勤德、廉德、智德与中庸之德，以便执正守中，不断吸收他人优点，充实自己。他赞扬"大禹、后稷躬身种庄稼而有了天下”[14.6]，并尖锐地指出，“想成为士而贪图安逸，心怀私念，不足以成为士了”[14.3]。有一次，见到南宫适出门后，孔子对人说：“这人是君子啊！这人崇尚仁德啊！”[14.6]孔子还认为：“奢侈的人不谦逊，俭朴的人固守贫寒。与其不谦逊，宁可固守贫寒。”[7.36]同时，他与主张“多闻数穷”的老子一样，一贯反对不动脑筋不加分析地听信传言，人云亦云。他说：“将道上的传闻四处乱说，这是仁德所唾弃的。”[17.14]特别是修养中庸之德，孔子更是主张要独立思考。他说，“中庸这种美德啊，至高至深！民众已经很少知道它了”[6.29]，“不能与奉行中庸之道的人合作，那就必定要找狂勇狷介的人联手了！狂勇者敢于进取，狷介正直者有所不为。”[13.21]

其四是修养恒德，养成创业与敬业的恒心。聪慧的孔子既有自知之明，又有识人之智。他认为：“贫困而无怨言难，富贵而无骄傲易。”[14.11]他曾感慨万分地说：“善人，我是见不到了；能见到有恒心的人，这也就可以了。失去了仍以为拥有，空虚却以为盈实，简约而自以为富泰，这种人是很难有恒心、恒业的！”[7.26]他比喻说：“这就像堆土成山，差一筐土就能成功，结果停止了，这是我停止造成的后果啊。再譬如平整场地，只需倒一筐土就行了，如果继续下去，那是靠我坚持啊。”[9.19]事实上，孔子的恒德修养确实充满了自觉和谦虚的精神，洋溢着持久不断、日新其德的进取精神。

其五是身体力行，亲贤重友，知耻改过。孔子修德观是从自身做起，推己及人。对此颜回深有感触地对子贡说：“我听老师说，自身不讲礼却希望别人对自己有礼，自身不施仁德而希望别人对自己施恩报德，这会引起变乱。老师的话，不可不深思啊！”[5.18.11]此外，孔子还主张修德要明察对错，知耻悔改。他强调：“众人厌恶的，必定要明察；众人喜好的，也必定要明察啊！”[15.28]他认为“君子耻其言而过其行”[14.28]，行己有耻可谓士[13.20]。“古时候的人不说大话，怕自己还没做到而羞耻”[4.17]，知耻而后勇，才能勇于纠错，修己积德。“做了错事说起来一点也不惭愧，改起来也就很难了" [14.21]。孔子明确地表示："我为有的人感到羞耻，对有的人很鄙视，对有的人觉得危险。那些年幼而不能好强苦学，老了还不会教子女的人，我为他感到羞耻；对那些远离家乡，服事君主而显达，偶尔遇见故友，却没有一点怀旧感言的人，我鄙视他；对那些整天与小人相处，而不能亲近贤良的人，我觉得他很危险。" [2.9.7]

孔子反对目空一切，无视道德，浑浑噩噩地过日子，一生保有高度的道德自律感与日新其德的紧迫感。他当面批评了齐景公对《周书》所说的"明德慎罚"的错误理解，指出其意是宣明道德者，会重用有德者；慎用刑罚者，会用心考虑事由，让众人都感到公平然后才施行，得以用刑罚纠错。故它说的是文王所任命的人不失德，所罚就不失罪，而不是说自己的道德高明。 [K1.2.14]孔子还指出："花言巧语，满脸谄媚，这很难修好仁德！" [17.17] "狂妄而不正直，无知而不忠厚，看似诚恳却不守信用，我真不知道人为什么会这样。" [8.16] "整天混成一堆，彼此间没一句话谈学问义理，就喜欢卖弄小聪明，这样的人很难教化啊！" [15.17]不过，虽说世人毛病不少，时势多艰，但孔子依然对自己的道德追求、道德使命与道德担当充满自信，他坚信"有德者不会孤独，必会有好朋友相伴" [4.20]，并坚定地说："岁寒，然后知松柏之后凋也！" [9.28]孔子还强调："三军的主帅可以被夺走，但男子汉的志气绝不可被夺走！" [9.26] "不要担忧自己没有地位，怕的是自己没有能够立业的才能。不要怕别人不知道自己，只要努力去求得让别人知道自己的本领就可以了。" [4.9]可以说，郁郁不得志的孔子，从不惑、知天命直到耳顺、随心所欲之年，都始终没忘自己谋道修己的伟大使命，并随时做好了幸会识货者而被起用的准备。他牢牢地将修德贯穿于颠沛流离的一生，在交益友，远损友，增智慧，修美德的坎坷过程中，成为千古圣人。

《孔子儒经·修德篇》127节索引

【论语】86节

［1.4］［1.10］［1.13］［2.1］［2.19］［2.20］［2.22］［4.9］［4.12］［4.17］［4.18］

［4.20］［4.21］［5.1］［5.11］［5.22］［5.23］［5.24］［5.26］［6.1］［6.2］［6.9］

［6.10］［6.11］［6.14］［6.15］［6.16］［6.28］［6.29］［7.3］［7.15］［7.21］

［7.22］［7.23］［7.26］［7.36］［7.38］［8.11］［8.16］［8.20］［9.18］［9.19］

［9.20］［9.21］［9.25］［9.26］［9.28］［11.3］［11.17］［12.6］［12.7］［12.10］

［12.14］［12.18］［12.21］［13.1］［13.6］［13.13］［13.21］［13.24］［14.3］

［14.11］［14.16］［14.21］［14.26］［14.33］［14.34］［14.35］［15.4］［15.6］

［15.13］［15.17］［15.24］［15.26］［15.27］［15.28］［15.30］［15.38］［16.4］

［17.13］［17.14］［17.15］［17.16］［17.17］［18.11］［19.11］

【孔子家语】37节

［1.5.2］［1.5.3］［1.5.5］［1.5.9］［2.8.7］［2.8.14］［2.8.20］［2.9.7］［2.10.2］

［2.10.6］［2.10.8］［3.12.3］［3.12.13］［3.12.15］［3.12.22］［3.13.4］［3.14.2］

［3.14.4］［3.14.5］［3.14.9］［4.15.2］［4.17.2］［4.17.3］［4.17.4］［5.18.7］

［5.18.11］［5.19.2］［5.22.9］［5.22.10］［8.37.2］［8.37.4］［9.38.3］［9.38.5］

［9.38.21］［9.41.4］［9.41.8］［9.41.14］

【孔丛子】4节

［K1.2.14］［K1.3.5］［K2.7.2］［K6.18.5］

学而不思则罔，思而不学则殆。

三、孔子的好学观·智者乐水

《论语》开篇，便是孔子"学而时习之，不亦说乎？"的劝学之言。综观孔子一生，他始终将"好学"视为博学多识的正确途径，视为培育智德，开悟生慧，为君子修德不断增添动力的无穷能源。与高度崇尚智德的西方哲学家如柏拉图等人，将"智德"列为"智、勇、节、义"组合的"四枢德"之首不同，孔子认为智德并非诸德之首，只是在"仁者不忧，知者不惑，勇者不惧"（《论语·宪问》）这"三达德"中，位列第二；在儒家高举的"仁义礼智信"之"五常"中，位列倒数第二的平常之德。但无论对修德如何排序，以"好学"获得渊博知识，以"好学"与教育相辅相长，最终以"好学"修成智德，始终是孔子认定的儒者标配。当樊迟问什么是"智"的时候，孔子明确回答："治理民众的要义，是尊敬鬼神而又远离这类事情，这才是'智'啊。"[6.22]

孔子自言"吾十有五而志于学"，且还能看到史册里存疑而缺失记载之处。而那些有马匹（古籍）而愿意借给别人乘坐（阅读）的人，如今已经没有了！[15.26]孔子所凭借独特文化资源优势、精思笔耕而奠基弘扬的儒学，也因此成为鼓励学子们好学上进，入世出仕，追求文治武功，建勋立业的人生哲学。孔子的好学观以仁道为教育目的，以"君子学道则爱人，小人学道则易使"[17.4]为教学成果，以勤奋好学，开智习艺，作为安邦济世的"文治"

基础。

孔子向有仁者乐山，智者乐水之说。五常之中，智德属水，来自"好学"之善思。"好学"之关键词，则取自"好学近乎智，力行近乎仁，知耻近乎勇。知斯三者，则知所以修身。知所以修身，则知所以治人；知所以治人，则能成天下国家者矣"[4.17.3]之《孔子家语》文中。

深究可见，孔子的"好学"，是建立在"君子学道则爱人，小人学道则易使也"[17.4]的仁道主义理念上的，其内涵就是他在"志于道，据于德，依于仁，游于艺"[7.6]之中，潜心"六艺"的习艺游学。再联系他所谓"弟子入则孝，出则悌，谨而信，泛爱众，而亲仁。行有余力，则以学文"[1.6]的提法中对"学"的排序，我们当可知"君子食无求饱，居无求安，敏于事而慎于言，就有道而正焉，可谓好学也已"[1.14]的深意，将"好学"这一关键词位列孔子九观哲学体系之四，以充分体现孔子从志于学起步，以有教无类、教学相长，为增智修德、不耻下问、好学育才、文治安国的学问之道，及其终身在杏坛教研所展现的学而不厌、诲人不倦的师道精神。

（一）孔子大小六艺的教学实践

众所周知，《诗》《书》《礼》《易》《乐》《春秋》等"六经"又称"大六艺"，"礼、乐、射、御、书、数"等则称为"小六艺"，涉及礼仪、奏乐、射箭、驾车、书法、数算等技艺，均是孔子列为儒者必修的科目。其中"小六艺"的奏乐属乐理、琴艺；射箭、驾车等为健身生活技能，亦属武艺；数算与博弈有关，又称棋艺。齐国的太史子与和孔子论道谈艺后，感慨地说："孔子是先圣的后代，生在周朝衰败之际。他眼见先王的典籍错乱无序，于是就编述百家遗著记录，考证其含义，效法并陈说尧舜盛德，效法并彰显周文王、周武王的文治武功，删编《诗》，复述《书》，制定《礼》，理清《乐》，编著《春秋》，阐明《易》道，给后世留下训诫，作为礼治法则，他的文德是何等显著啊！他所教过的弟子，交了学费的就有三千多人，或许是上天要他成为无冕素王吧？他的功业多么盛大啊！" [9.39.3]

　　也正是这位一生孜孜不倦的大学问家孔子，通过大小"六艺"的系统教习后，有了一个惊人的发现：进入一个国家，只要看人民喜欢读的经书就可知道它的教化程度了。那些国人温柔可亲、敦厚朴实的，是《诗》教化的结果；国人疏通畅达，知晓远古史事的，是《书》教化的结果；国人学问广博、和易善良的，是《乐》教化的结果；国人清静沉着，测算精微的，是《易》教化的结果；国人谦恭节俭、庄重诚敬的，是《礼》教化的结果；国人善于文辞、比附史事的，是《春秋》教化的结果。因此，《诗》教不足会愚鲁，《书》教不足会失实，《乐》教不足会奢华，《易》教不足会滑头，《礼》教不足会烦琐，《春秋》教不足会乱褒贬。而那些温柔敦厚而不愚鲁的，是深通《诗》教者；通达知远而不言过其实的，是深通《书》教者；学问广博、和易善良而不奢侈的，是深通《乐》教者；沉静精微而不滑头的，是深通《易》教者；恭敬俭朴而不烦琐的，是深通《礼》教者；善于辞章、比附史事而不乱褒贬的，是深通《春秋》教者。 [8.36.2]

　　以学习者的年龄看，孔子提倡与早期教育相结合的终身教育，并有适合从少年直到青年、壮年和老年心智发展和人文艺术环境的明确要求。当孟武子见到学童拿着笔帮孔子记事，问这两个孩子年龄这么小，学习后长大了还能不能记得住时，孔子说："是的。少年学成就像生成了本性，自然就成了习惯。" [9.38.27] 他还以自身经历说："我十五岁立志求学，三十岁已成家立业，四十岁后不再困惑，五十岁知道了天命所在，六十岁心明耳顺，能分清人言对错；七十岁后，自然随心所欲，也不会违反规矩了。" [2.4] 孔子还将未来寄托在青年人身上，认为后生可畏，怎知后来人将来赶不上现在呢？但如到了四五十岁还默默无闻，那人也就不足敬畏了。 [9.23] 因此，孔子认为，小时候不学习，长大后没有生活技能，所以君子少年时就要想到年长时的处境而努力

学习。[2.9.2]

以礼仪艺术看，主张温良恭俭让之礼的孔子，一生学而不厌、诲人不倦，日思夜想的都是郁郁乎文哉的周礼文化。他与老子有关"不争，故无尤"的看法一致，也觉得"君子没什么可争的，要有的话，那必定是射箭了！先作揖而上场较量，射罢下场后，再痛饮一番。这种争先，也是君子"[3.7]。他对自己的评价是"发愤忘食，乐以忘忧，不知老之将至云尔"[7.18]。他感慨光阴似箭，"逝者如斯夫，不舍昼夜！"[9.17]直到离世前，他还遗憾地说："哎呀，我衰老了！我都好久不再梦见周公了！"[7.5]

以琴乐艺术看，孔子不仅会弹琴，而且精研乐理，有极高的音乐天赋。他曾向师襄子学琴，当师襄子建议他可以学新曲时，孔子推说还没有掌握好节拍数。当他已掌握节拍数时，他又推说还没有领悟琴曲的志趣。当他已领悟了琴曲志趣，还是推说没理解琴曲歌颂的人。过了一段时间，师襄子说："孔子好像在深思冥想，有志存高远、登高仰望的神态。"孔子说："我终于好像看到琴曲里歌颂的那个人了，他皮肤黝黑，身姿魁伟，胸怀广阔，高瞻远瞩，拥有天下四方。这不是周文王又有谁能达到这样的境界呢？"师襄子离开坐席，两手抚胸为礼，回答孔子："您真是圣人啊，这首传世琴曲就是《文王操》。"[8.35.1]由此看，孔子的音乐审美能力的确很高。他曾把乐理告诉鲁国乐师："乐理是可以认知的。奏乐开始时，先是各类乐器和顺地合奏，舒缓地展开，接着是纯美地、节奏分明地、连绵地缓缓演奏，最后完成乐曲。"[3.22]他赞扬："从鲁国的太师挚的演奏开始，一直到《关雎》的和鸣结束，整首曲子真是美妙动听，乐声盈耳啊！"[8.15]他还赞美舜帝的《韶》乐："真是尽美尽善啊。"又分析周武王的《武》乐："乐曲算美了，但还没有尽善。"[3.24]有一次，闵子在屋外边听见孔子弹琴后对曾子说："夫子的琴声一向清新、通达、柔和，融入至高道境，如今却变更为幽咽低沉之声。幽咽是为利欲所发声，低沉是为贪得的表现，夫子怎么会有这样的感受呢？"于是两人进屋后向孔夫子询问。孔子说："是的，刚才我看见猫正准备捕鼠，所以发出了这样的琴音。你们中是谁察觉的？"曾子答："是闵子"。孔子说："可与他一同欣赏音乐了。"[K1.3.10]由此可见，孔子及其弟子察微知著的琴艺水平之高。

以博弈棋艺看，孔子说："整天吃饱饭后，不用心想点事，这日子多难熬啊！不是还有博弈游戏吗？去下盘棋吧，还有可能成为圣贤呢！"[17.22]至于今人喜好的书法和绘画，因为当时文字主要书于竹简，绘画也无纸张，故颇有审美意识的孔子，似乎也尚未涉及。但孔子高徒子夏却有一句重要的话，可作为对棋道、书道、画道等所有涉及艺道的技艺创新发展的借鉴。那就是："虽说是小技艺，也一定有可取之处，但如果一味沉溺其中，恐怕就不能实现自己的远大目标了，所以君子不会这样做！"[19.4]

以体育武艺和作战论，身材魁梧、头脑睿智的孔子，虽经常教弟子驾车骑射，却并不喜欢弟子以武力蛮勇炫耀，更不喜欢论战，而是注重德艺双馨。如有一次，齐国派兵攻打鲁国，冉求听从樊迟建议，申明号令，亲率全军冲入敌阵，取得了胜利。孔子听说后赞扬道，这是合乎义的。而当季孙听到冉求说自己的打仗本领来自学习后，怀疑地说："你跟着孔子，怎能学会呢？"冉求则辩解道，孔子是位大圣人，知识无所不通，文武兼备。自己确实是刚从他那里学来的战法。[9.41.2]这说明在平时阐述治国要义时，宁可先去兵，再去粮，也不肯去信的孔子，在统治者心目中，向来不是善战军师。还有一次，南宫适问孔子："后羿善于射箭，奡善于荡舟水战，都不得好死。大禹、后稷躬身种庄稼而有了天下。"孔子深以为然，等他出门后说："这人是君子啊！崇尚仁德啊！"[14.6]孔子还曾对颜渊说："用我就行动，不用我就隐藏，只有我和你能做到这样子吧！"

当习武好战的子路不无自负地说："老师指挥三军时，谁会跟随您呢？"孔子冷静地说："那种空手和老虎搏斗，徒步过河，死而无悔的莽汉，我是不愿意和他共事的。我需要的是面临大事警惕小心，好谋略而能成事的人。"[7.10]而在子路初见孔子就自诩喜好长剑时，孔子劝他："以你的能力再加上勤学好问，谁能赶得上你呢？"子路怀疑学习岂能有益时，孔子告诉他："读书人如没有师友就听不到批评，驾驭狂马不能放下鞭子，拉开的弓不能用檠匡正。木料用墨绳矫正就能笔直，人接受劝谏就能成圣人。接受教育，重视学问，谁能不顺利呢？诋毁仁义，厌恶学士，必易受刑。故君子不可不学习。"子路又说："南山有竹子，不加工就是直的。砍下来做箭杆，可以射穿犀牛皮。以此说来，何必学习呢？"孔子说："箭末装上羽毛，箭头仔细打磨，这不是射得更深吗？"子路最终被说服了，恭敬地接受了教诲。[5.19.1]然而，正所谓"江山易改，本性难移"，当有一天，眼见闵子在身旁一团和气地侍候，冉有和子贡在一边从容不迫，温和而快乐，子路却是一副昂首刚强的样子时，孔子不由得叹息："像子路这样的人啊，恐怕会不得善终吧。"[11.13]不料一语成谶，好勇尚武的子路，日后竟果真亡于乱刀之下。

以诗歌艺术看，更是孔子长项。孔子主张"以诗兴起激情，以礼立稳根本，成就于乐"[8.8]。他的学生中以子夏最精通《诗》学义理，并以文学著称，当时没人能比他强。家乡人都把他称为圣人，魏文侯还请他当了国师，向他咨询国策。[9.38.8]有一次子夏问："'笑得真好看呀，美丽的眼睛会说话呢，素颜也很绚丽啊。'这诗里说的是什么呢？"孔子说："这是说先有素白的底色，然后绘画。"子夏说："学习礼仪，也是同样的道理吧？"孔子说："启发我的是卜商啊，现在可以跟你谈《诗》了。"[3.8]孔子自己一生中通览六经，其中最喜欢的是引《诗经》说明深刻言旨。他谆谆教诲道："小子们为何不好好学诗呢？学诗，可以兴起激情，可以观察万事万物，可以合群共事，可以表达内心感情。近者可以服事身旁的父母，远者可服事朝廷的君主，还可以认识很多鸟兽草木的名称。"[17.9]他批评学诗却不会用的人："能熟读

《诗》选三百首，把政权交给他，却不能办理政务；派他出使四方各国，也不能答好各种问题。诗歌虽背得多，又能做些什么呢？" [13.5]

而对于那些既爱读诗又注意自我修养的少年，孔子则非常喜欢。他不仅把侄女嫁给了每天反复诵读"白圭之玷，尚可磨也；斯言之玷，不可为也"等诗句的南容 [11.6]，还常提醒儿子，"你读《诗》了吗？一个人不读《诗》，就像面对着墙站立一样啊！" [17.10] 有一天，陈亢问伯鱼："老师有什么特别的教诲吗？"回答："没有。有一次他独自站着，我快步穿过庭院，他问：'学诗了吗？'我回答：'没有。''不学诗，就不会说话。'我就回去学诗。有一天他独立院里，我又快步经过庭院，他问：'学礼了吗？'我回答：'没有。''不学礼，就没法立足。'我就回去学礼。我就听过这两次教诲。"陈亢回去后高兴地说："我问一件事得到了三个启示，知道了学诗能言，学礼能立足，君子不偏爱自己的儿子。" [16.11] 此外，孔子还主张读经"辞句能通达本意就行了"。[15.41] 他所用的雅言都来自诗书类经典，执掌的礼乐也都是其中的雅言。[7.17] 其哲思也多从《诗》中来。如孔子读了"唐棣的花儿，翩翩飘动而又各自反向旋转。难道是我不想你吗？只是住室离你太远"这诗句后，幽默地说："还是没怎么思念吧，能有多远呢？" [9.31] 再如孔子读了《邶风》里"手持缰绳如宽带""两马并行像舞蹈"的诗句后说："写这样诗句的人，一定懂得政治吧！编制带子的人，这边编织，却在那边形成了花纹。这是说在近处行动，却推行到了远方。用这种方法治理民众，他们岂能不受教化？" [2.10.19]

对于孔子展现的上述才艺，不同的人有不同的看法。赞者如太宰认为，孔夫子是圣者吧？怎么会有这么多的才能呢？子贡说，这本来就是上天安排他成为圣人，又给了他很多才能。孔子则认为："我年少时贫贱，所以学会了许多鄙贱的技艺。君子的才能会很多吗？不会多啊！" [9.6] 而贬低者如达巷中人则说："伟大的孔子啊，学问广博却没有哪方面能成名。"孔子听后对弟子自问："我的专长是什么呢？是驾御呢，还是射箭？我专长驾御吧。"[9.2]这说明孔子还是有自知之明的。总之，无论经书古典，琴棋诗文，射御武艺，孔子都始终把"六艺"作为做学问、长技能、养身心的艺术修养，而不是炫耀的资本、应试的工具或当官的敲门砖。所以他一生中为此花费了不少心血，取得了不菲成绩，并最后总结为三点：一、我不为了当官去应试，所以有才艺。[9.7]二、我头脑空空，一点答不上来时，就从问题头尾的两个极端去叩问，尽量弄明白它。[9.8]三、义，是才艺的划分，是仁爱的节制，协同各种才艺，归于仁道，得到仁道的就强大，失去仁道的会丧命。所以申明义德而不讲学研讨，就如光播种而不锄草；讲学而不合于仁道，就如光锄草而不收获。[7.32.15]

（二）孔子尚古创新的教学方法

在学习内容上，孔子强调"致力于研究杂学，这是有害的啊"[2.16]。他自言从《诗》《书》《易》等国学经典中获益甚多。尤其是《诗》，更是被主编者孔子烂熟于心。孔子说："我从《周南》与《召南》里看到了周朝礼仪之道盛大的原因；从《柏舟》里看到普通百姓的矢志不移；从《淇奥》里看到了修学可成为君子；从《考槃》里看到了遁世隐士并不烦闷；从《木瓜》里看到了馈赠礼物的可行举止；从《缁衣》里看到了喜好贤良的心思；从《鸡鸣》里看到了古代君子不忘诚敬；从《伐檀》里看到了贤者先做事后饮食；从《蟋蟀》里看到了陶唐俭德的伟大；从《下泉》里看到了乱世时思念明君；从《七月》里看到了豳公如何艰辛地创立周国基业；从《东山》里看到了周公的先公后私；从《狼跋》里看到了周公的远大志向与成为圣人的原因；从《鹿鸣》里看到了君臣之间应有的礼仪；从《彤弓》里看到了有功劳必报答；从《羔羊》里看到了善政的结果；从《节南山》里看到了忠臣忧思世事；从《蓼莪》里看到了孝子思养双亲；从《楚茨》里看到了孝子思祭先人；从《裳裳者华》里看到了古代贤人世代都能保有俸禄；从《采菽》里看到了古代明王如何尊

敬诸侯。"[K1.3.9]而他孙子子思在回答子上的学习问题时，则明确指出："先
人有训示，必须向圣人学习，这才能成为人才；磨刀必须靠磨刀石，刀刃才
能锋利。所以先祖孔夫子的教育，必须从《诗》《书》开始，终结于《礼》
《乐》，其他诸子杂说都不算数。"[K2.6.1]

　　在学习态度上，孔子甘于淡泊，主张把精力用于研学修习。他说："君
子吃不求饱食，住不求安逸，他勤于事业而言论谨慎，追随正道而行，这可
称得上好学了。"[1.14]《论语》第一篇的孔子名言就是，"学习知识而又
经常温习践行，不也很高兴吗？"[1.1]他认为学习重在主动自觉而不应被动
消极，坦言对于那些不说"怎么办，怎么办"的人，我也不知道拿他怎么办
啊！[15.16]他同时尖锐地指出："古代的学者是为了提升自己的道德学问而
学，如今的学者是为了向他人炫耀自己的本事而学。"[14.25]他认为掌握一
门学问，"知道它的不如喜好它的，喜好它的不如乐在其中的"[6.20]。作为
一位著名教育家，孔子始终保持一种谦虚好学的态度。他深感自己"空空如
也"，主张用"叩其两端而竭焉"的中庸之道，谦虚地学习各种学问，努力杜
绝四种毛病，做到不主观臆测，不绝对，不固执，不自我独是。[9.4]孔子曾对
弟子说，"由，我教过你的道理，都知道了吗？知道就是知道，不知道的就说
不知道，这才是真正的明智啊！"[2.17]

　　在启发儒家各学派方面，孔子为理学、气学、心学等流派，都打下
了开创性的理论基础。如气学方面，孔子认为，"介胄执戈者，无退懦之
气"[2.10.12]。与善人相处如入芝兰屋，久不闻香，为香气融化。与不善人相
处，如入咸鱼铺，久不闻不臭，被臭气熏化。[4.15.15]他强调君子有三戒：少之
时血气未定，戒之在色；及其壮也血气方刚，戒之在斗；及其老也血气既衰，
戒之在得。[16.6]他还告诫子路："君子而强气，则不得其死；小人而强气，
则刑戮荐臻。"[2.10.17]孔子深刻指出，孝是德之始，悌是德之序，信是德之
厚，忠是德之正。曾参集中这四德，可谓志向高尚远大，常怀浩然之气，自然

长寿（"常以浩浩，是以眉寿"[3.12.6]）。如心学方面，子思问，万物有形状
分类，事情有真伪，必定认真审查，从何入手，孔子回答："由乎心。心之
精神，是谓圣。推数究理，不以物疑，周其所察，圣人难诸？"从而明确指
出，无论是精审万物，还是修身成圣，都必须从内心出发。心的精神，是睿智
圣明，能推断象数，穷究事理，不因事物复杂而存疑，能周详细察万物之精
微。[K2.5.4]

在教学相长方面，孔子所教的四种学问是文化、品行、忠诚、守
信。[7.24]他认为："温习旧知识，知道创新发展，这就可以做老师
了。"[2.11]他把"默默牢记所学知识，乐学好问而不满足，教诲别人而不疲
倦"[7.2]作为自己的人生乐事，并实行人人都有受教育的权利，没有类别之分
的"有教无类"[15.39]的教育方针，只要能备好十条干肉的薄礼来求学，从来
没有不愿意教的。[7.7]孔子还指出："有些人自己还没弄明白就胡乱去做，我
不是这种人。多听听，再选择其中的好方法去做；多看看，然后记住它，这是
仅次于'生而知之'的。"[7.28]曾子听从孔子教育后说："自己能干却向
不能干的人请教，自己学问多却向学问少的求教；有知识却好像没有，有实学
却好像空虚，受到冒犯也不计较。过去我的朋友就尝试过这么做。"[8.5]子夏
也颇有体会地说："每天都知道自己缺少哪方面的知识，每月都不忘记自己能
学到的知识，这可以说是好学的了。"[19.5]

在学习方法上，孔子认为"学习就像在追赶什么，老怕来不及似的，赶
上了又怕失去它"[8.17]，因此要持之以恒，勤思多学。他对弟子说："你把
我当作一个学问多有见识的人吗？不对，我只是一贯坚持仁道罢了。"[15.3]
他还回顾说："我曾经整天不吃饭，整夜不睡觉地去冥思苦想，却毫无益处，
还不如去好好学习。"[15.31]他悟出其中道理："光苦学而不思考，就会迷
惘；光冥思而不学习，就会困惑。"[2.15]故在思行合一上，孔子主张两者兼
顾，不可偏废。听说季文子每件事都再三考虑才行动后，孔子说，思考两次

就可以了。[5.19]受祖父影响，子思亦对子上说："我曾经深思很久而一无所得，通过学习后就觉悟了；我曾经踮脚远望而一无所见，登上高山就看清楚了。因此，本性再聪慧也要加上好学，这样就不会有困惑了。"[K2.6.2]除学思行之外，孔子还主张多用比较法去学习。他认为宰我不应否定大家争夸自家蛇药方功效好，因为只要将他们的药方拿来互相参照，就可以看出谁的方子好了。[K1.1.4]

在因材施教方面，孔子对学生了如指掌，如高柴愚笨，曾参鲁钝，颛孙师偏激，子路莽撞[11.18]等。他认为，中等才智以上者，可以跟他谈论高深学问；中等才智以下者，不可以跟他谈论高深学问。[6.21]他同时强调，教学上要力求做到"不愤不启，不悱不发，举一反三"。这就是要针对不同的学生的不同的领悟时机，采用不同的教学方法，此即"不到了极力想弄明白的时候先不启示他，不到了想说又说不出的时候先不启发他，举一方面的事理而不能从三方面去扩展思考的，就不必再重复开导他了"[7.8]。他认为，"光长苗而不吐穗扬花的情况是有的！光开花而不结果实的情况也是有的啊！"[9.22]并告诫子路要严防"六弊"，即好仁德不好学，它的弊病是愚蠢鲁钝；好狡智不好学，它的弊病是放荡轻浮；好诚信不好学，它的弊病是相互祸害；好直爽不好学，它的弊病是说话尖刻；好斗勇不好学，它的弊病是违法作乱；好刚强不好学，它的弊病是刚愎妄为。[17.8]

在对学生素质的要求上，孔子说："天生就知道的是上等人，学习后才知道的是次一等；遇到困惑才学习的，又次一等；再困惑也不肯学习的，这种人最低等。"[16.8]他认为，人性原来很相近，修习后养成习惯，就差得很远了。[17.2]唯有上等的智者与下等的愚人是不可改变的。[17.3]这与禅宗的见性成佛说似乎相反，但孔子也赞成有过则改，改之为贵。他说："用礼法正言说服他，能不听从吗？能及时改正就是最宝贵的。恭顺赞美的言语，能不让人喜悦吗？分析它的言下之意才是难得的。光高兴而不分析，表面听从而不改正，我真不知拿他怎么办了。" [9.24] 互乡的人很难交谈，孔子却接见了一个童子，孔子的门人很是疑惑。孔子说："肯定他的进步，不肯定他的退步嘛，何必太计较呢？一个人能改变自己求进步，就要肯定他的进步，不要揪住他以往的缺点不放。" [7.29] 对那些不懂礼仪而又急欲速成者，孔子则予以严厉批评。当有人问阙里的一个童子是不是一个求上进的小孩时，孔子说："我见他坐在成年人的座位上，又见到他与先生并肩而行，看来不像是个求上进的懂礼的孩子，而是个急于求成的孩子吧。" [14.45]

在为人处世方面，孔子经验丰富，取长补短，择善而从，留给弟子很多有益启示。他认为，"人无远虑，必有近忧" [15.12]，子贡不想别人强加给自己什么，也不想强加给别人什么，但这并不是他所能决定的 [5.12]。孔子还指出："为追求自己的利益而行动，多半会招来埋怨。" [4.7] 并且说："自我严格要求而少责怪他人，就能远离怨言了。" [15.15] 孔子善于察人，他说："看他为了什么目的这样做，看他从哪里做起，看他一直安心地在做些什么。那么，这人还能隐藏什么？这人哪还能隐藏什么？" [2.10] 他还说："唯有女子与小子是最难教育的，亲近些就会显得不恭敬，疏远些就会埋怨。" [17.25] 有一次，子夏向孔子请教，颜回、子贡、子路、子张等为人怎样时，孔子说："颜回的诚信强，子贡的聪敏强，子路的勇气强，子张的庄重强。但颜回诚信却不灵活，子贡聪敏却不能受屈，子路勇敢却不能示弱，子张庄重却不能随和相处。而这正是他们愿意服事我而没二心的原因。" [4.15.12]

还有一次，当公西赤出使齐国时，冉子为公西赤母亲求取粟米。孔子说："给他母亲六斗四升。"冉子请求再多给一点。孔子说："给他母亲两斗四升吧。"冉子给了公西赤母亲五把（一说八十斛）谷子。孔子解释这样做的原因时说："公西赤去齐国时，乘坐肥马，身穿轻裘衣服。我听说：君子只周济急需的人，不需周济富裕的人。" [6.4] 原思任管家时，推辞了孔子送的九百（斗）粟米。孔子说："不要推辞啊！多余的你可以送给家乡邻里的亲友嘛。"[6.5]听说了齐景公如何礼遇自己的想法[18.3]，看到季桓子接受齐国女乐后竟三日不朝[18.4]，孔子都先后辞行。这些都展现出孔子善于察言识人，权衡利弊，妥善应对的处世智慧。

当然，也并非当时所有的人都会对孔子的所有言行赞赏有加。如有一次，子路夜宿石门，早晨出门时被门卫问从哪来，子路回答从孔氏门下来，门卫当即嘲讽："是那个明知做不到还非要去做的人吗？"[14.39]不过，孔子自己，倒是对自己的所学与仁道充满信心的。他认为没人知道自己，这不怨天，不怪人。下学人事常理，上达仁道天命，知道自己的只有上天吧！[14.36]即使在受困于匡地时，孔子也坚定地说："周文王已经不在了，他的文德教化不是都在我这里了吗？如果上天要灭绝周文化，那么我将不再得到它的文化遗产。如果上天还没有灭绝周文化，匡地人又奈我何？"[9.5]这就是一个以文化传承为使命的圣人的强大心声！

（三）孔子的博学多识与辨物知人

博学多识的孔子，遍知诸物，对地上的许多奇异动物也了如指掌。如齐国有只独脚鸟在朝堂上飞舞，在宫殿前展翅跳跃。齐景公大感奇怪，孔子解释："此鸟叫商羊，预兆有水。赶紧告诉民众挖通沟渠，修好堤防，将有大水灾。"不久，大雨果然倾盆而下，洪水泛滥各国，伤害民众。只有齐国早做准备，没有受害。齐景公说："圣人的话，确实可信而且应验了。"[3.14.6]再如季桓子打井，得到一个土缶，里面有个羊状物，便派人去问孔子。孔子说："据我所知，应是一只羊。我听说，林间石中的精怪有夔和魍魉，水里的精怪有龙和罔象，土中的精怪有蕡羊。"[4.16.1]

有一回，吴国攻打越国，在会稽获得了一节巨骨，要用一辆专车来运，便让使者去问孔子。孔子说："我听说过，从前大禹在会稽山召集群臣，防风迟到，大禹杀了他，他的骨头装满了专车，这样的骨头算是大的了。"当使者又问人身体最长为多少时，孔子说，僬侥氏身长三尺，是最短的了。最长的不超过十尺，这个数字已达极限了。[4.16.2] 又一回，楚昭王渡江时，江中有个斗大的东西，浑圆通红，直撞上了楚王的船，被船夫捞了上来。楚王看了很奇怪，问遍了大臣，也没人能辨识它，于是派人向孔子请教。孔子说："这就是所谓的'萍实'，可以切开来吃，是个吉祥物，只有诸侯霸主才能得到。"使者回去报告后，楚王就把萍实吃了，果然味道很鲜美。此后子游问及此事，孔子说，这是由以前从陈国听到的童谣而得知的，是验应在楚王身上的征兆 [2.8.16]。还有一回，有只隼鸟被射中掉在陈惠公的厅堂上死了，陈惠公便让人拿着隼鸟问孔子。孔子说："隼鸟是远方来的，这是肃慎氏的箭。从前周武王攻克商王朝，打通了与各少数民族的道路，让他们进贡特产，于是肃慎氏进贡了用楛木作杆、尖石作头的箭。古代把远方贡物分给异姓，是为使他们不忘记臣服，所以把肃慎氏的贡物分给陈国。您如果到府库中去找，就可找到。"陈惠公派人去找，果然在金柜子里找到了。[4.16.3]

孔子认为："不怕人不知道自己，怕的是自己没本事。"[14.31] 好学的孔子不仅能辨物识道，还上知天文，下知人文，明白如何识人选材。有一次，卫出公派人问孔子："我任命每个臣子，无论大官小官，一律亲自盘问观察他，却还老是失察，是何原因呢？"孔子回答："照您这样说的去做，就是一种失察啊。人是很难了解的，不能说几句话就能了解他，就能看清楚他的。而且君主的私虑多，多虑则注意力不精纯。以不精纯之注意力去观察难知之人，是很容易失误的。您没听过吗？从前虞舜做尧帝的臣子，凡是任命官员才士，尧帝无不听从。身旁官员说，'君主任用官员，应以自己的耳听目察来取信于人，这不更好吗？'尧说，'我推举舜，是把他作为自己的耳目。如今虞舜推举的人，我又再把他作为耳目，那成为我耳目的人就会无穷无尽了'。您如果有可以托付的就托付给他人去做吧，这样的话您就无须操劳而贤才也不会失去了。"[K1.3.4] 还有一次，下雨时车里没伞盖，门人说卜商有伞盖，善识人交友之道的孔子却不向他借伞，并解释："卜商为人小气，对财物特别吝啬。我听说与人交往，要推扬他的长处，避开他的短处，这样彼此交往才会长久。"[2.8.15] 还有一次，孔子出门前交代随从都带上伞，不久果然下起了雨。事后孔子解释："昨晚月亮靠近毕宿星座，《诗》不是说'月亮近毕星，滂沱大雨来'吗？因此我知道天会下雨。"[9.38.23] 不久后，孔子还为季康子解释了夏历十月还有蝗虫的原因："我听说，心星下去后，潜伏的昆虫才完结。现今心星还向西流，这是司历官的过失。"季康子说："错在哪个月呢？"孔子说："夏历十月，心星就隐没了。现今心星还出现，错在闰月。"[4.16.8]

由此可见，一生好学求知的孔子，不仅善识天文与人心，而且见识非凡。如有次当他得知郯子懂得少昊氏用鸟来命名官职的内情后，立即去拜见他，虚心请教，认为天子的官学失传，可向四周小国求学，这话是可信的。[4.16.4] 当子贡问孔文子为什么被谥号为"文"时，孔子立即回答："他勤敏而好学，谦虚而好问，不以为耻，所以被谥号为'文'啊。"[5.14] 还有一次，吴人囚禁了景伯。景伯以祭祀为由，骗夫差把自己放回了鲁国。子贡对孔子说："景伯太不会说话了，因说实话受囚禁，又因说假话被释放。"孔子说："吴王信奉的是夷族人道德，可以被欺骗却不能听实话，这是听话人自身的毛病，不是说话人拙劣。"[4.16.9]

在孔子好学勤思的学风影响下，其优秀弟子如颜回等，也十分善于识人辨物。如有一次在卫国时，孔子听到哭者的声音很悲哀，便询问原因。颜回辨音后说："我认为这哭声不只是为了死者，还有与在世亲人离别的事。因为这与小鸟羽翼丰满后将飞走时母鸟的哀叫声很相似。"孔子让人去问，哭者果然说："我父亲死了，家里贫困，只好卖掉儿子来埋葬父亲，从此就要与儿子永远分别了。"孔子说："颜回呀，真是善于识别声音啊！"[5.18.2] 又有一次，当鲁定公问颜回有关东野毕驾车事时，颜回说："他很会驾车，但他的马一定会走失。"后果然如此。鲁定公很惊奇，问颜回是怎样知道的。颜回答："我是根据政事知道的。从前舜帝善于役使百姓，造父善于驾驭马。舜帝不使尽民力，造父不使尽马力。鸟急了会啄人，兽急了会抓人，人穷了会诈骗，马体力耗尽了会逃走。从古至今，没有使手下人陷入困穷而自己没有危险的。"鲁哀公听了很高兴，把此事告诉了孔子。孔子说："他之所以是颜回，就是这样的，他值得称赞的地方会嫌多吗？"[5.18.1]

类似善于识人辨物的情况在孔子处也很多。如有次齐景公来造访，忽听使者说周王宗庙遭了火灾。孔子推测说，这一定是釐王庙。理由是，天会报答善德之人，降祸罪人时也是如此。釐王改变了先王制度，而不能纠错，所以上天会降灾祸。后来果然如此。景公吃惊地站起来，向孔子拜了又拜说："好啊！圣人的智慧，真是远超众人啊。"[4.15.4]又有一次，子贡游观鲁国太庙北堂后问孔子，我看太庙大堂的北面门户，都是断木拼接的。这是工匠的过失吗？孔子答："太庙的大堂，官府选用的都是能工巧匠，用的都是好材料，这是为了太庙长久啊。如果用断木拼接，定有说法吧！"[2.9.6]

对于涉及饮食、药物、器物、牲口与鬼神之类，孔子历来十分谨慎，并不单纯以博学作为做学问的唯一尺度。有次鲁哀公问孔子："为什么知识分成善恶两面就不能通览博闻呢？"孔子回答："因为知识也可以用来作恶啊！君子如果不非常厌恶那些恶行，那么他就不会非常喜好善行。不非常喜好善行，那百姓也不会很亲近君子。"[1.7.10]由此可见孔子对博学多识的谨慎态度。有一次他仔细辨识了好久才说："这觚不像个觚了，是觚吗？还算是觚吗？"[6.25]对于康子馈赠的药品，孔子拜谢接受后，却说："我还不了解这药性，不敢尝药。"[10.11]

（四）孔子的好学明理与为官之道

孔子主张为官行政者应做到清廉谨慎，好学明理，有足够的为政学识才干，方可赴任，绝不能滥竽充数。因此，当孔子让漆雕开去做官，他回答说对做官这事还没有信心时，孔子听了后很欢喜。[5.6]孔子还曾对弟子说："学了三年，还不去当官，这是很难得的。"[8.12]至于那些知书识礼，德才兼备，已具备当官条件者，孔子则予以推荐支持。如当季康子问可否让仲由从政时，孔子说："仲由这个人做事果断，让他从政会有什么困难吗？"问："端木赐也可以从政吗？"答："端木赐这个人通达明理，从政会有什么困难吗？"问："冉求也可以从政吗？"答："冉求这个人很有才艺，从政会有什么困难吗？"[6.8]孔子还夸冉求有尊敬长老，抚恤孤幼，不忘旅途宾客，勤奋好学，广习群艺，节省物料而勤劳努力的德行，称赞他适合做卿大夫。[3.12.4]对于冉雍，孔子认为这人也可当官。[6.1]对子路委派子羔为费地长官之事，孔子担心误人子弟。子路辩说："费地有人民，有祖宗社稷，何必要读书，才算学习呢？"孔子说："所以我讨厌那些狡辩的人。"[11.25]对孔子的好学为政之道，子夏总结："官当好了还要继续学习，学习优秀者可以去做官。"[19.13]

饱学多才的孔子在任鲁国司寇，审理狱讼时，会先征求众人意见："你认为怎么样？某某认为怎么样？"等大家都说了各自意见后，孔子才说："应听从某先生的意见，他的看法大致正确。"[2.10.7]孔子还说："听讼词断案，我跟常人一样，那就是希望不再有讼争的事情发生。"[12.13]他又说："只凭借只言片语可以审狱断案的，大概只有子路吧？"子路从来就没有隔夜的承诺。[12.12]但这并非意味着越快越好，而应因人因事而异。故当子夏来问政事时，孔子就对他说："不要急于求成，不要贪小利。图快反而达不到目的，贪图小利就办不成大事。"[13.17]

举贤审案，治国富民，从政多年的孔子非常注意实事求是的察政论人与据理力争的外交辞令。他指出："孟公绰做大晋国的赵氏、魏氏的家臣会很称职，但做不了小国家如滕国、薛国的大夫。"[14.12]听说子产据理驳回了晋国怪罪郑国欺负小国的无理责难后，孔子对子贡说："古书上有这样的话：'语言足以表达志向，文采足以强化语言'，不说话谁知道他的志向？语言没文采就流传不远。晋国作为霸主，郑国攻入陈国，没有言辞就不能表现自己的成功。要慎用辞令啊！"[9.41.6]孔子还赞赏先考虑如何做好事情，一旦有事能从容应对，不盲动妄为的言偃，赞扬他"想做的就去学，想知道的就去问，想做好的就考虑周详，想充实的就先预备好。这样的德行，言偃做到了"[3.12.10]。

有一次，齐国大夫东郭亥准备发兵攻打田氏，带着礼物特意来拜访孔子。孔子说："您这是为了忠义之事，孔丘我不足以参与谋划此事。"于是请子贡出来答复他。子贡对东郭亥说："您如今只是个普通士人，地位卑下却谋图大业。地位卑下众人就不会归附，图谋大业众人就会害怕，这恐怕不是您能担负的重任。这就像马刚受惊吓，战鼓又震惊了它；绳子刚要断绝，重物又填满了它。马狂奔而车颠覆，缰绳也控制不住，绳子在高空断绝，坠入深谷，这是多么危险啊！"东郭亥面带战栗地跪下，说自己再不敢做这件事了。事后孔子对子贡说："他是想做忠义之事，你告诉他这事的难易就行了，何必让他惊吓过度呢？"[K1.1.6]

孔子还善于从史书、游学中吸取政治智慧。有一次，他阅读《晋国志》，看到上面记载着"赵盾杀害晋国君"。赵盾不服，史官说明他是正卿，还没逃亡出境，返回后又不讨伐凶手，所以担上弑君罪名时，孔子叹息："董狐，是古代的好史官啊，书写史实不隐讳。赵宣子，是古代的好大夫啊，因为法度而蒙受恶名。可惜啊！如果越过了国境，就可以免去罪名了。"[9.41.5]还有一次，孔子游览明堂，观看四周门墙，上面画着有尧舜和桀纣的画像，各有慈善或凶恶的容貌，也有有关国家兴亡的告诫，还有周公辅政时背对屏风，抱着成王，向南接受诸侯朝见的图像。孔子一边观看一边说："这就是周公使周朝兴盛的原因啊。明镜可照出人的形貌，往事可用来了解如今。君主不遵照以往圣贤的事迹，设法使国家安定生存，反而疏忽荒怠令国家危亡，这就如同退着走，却想追上前人一样，难道不迷惑吗？"[3.11.2]

（五）孔门弟子升堂入室的成就

孔子的弟子中好学明理，升堂入室者有七十二人。孔子认为，儒者待人接物应该既刚强坚毅又与人为善，要学问广博而又知进退。[1.5.6] 而他自己也是这样的，对弟子要求高，期望高，爱之心切，不仅时常提醒自己和门徒，"品德不修养，学问不讲习，听闻大义不能进取，有了恶习不能改正，这些都是我担忧的啊"[7.3]，而且还时刻留心借机警醒他们一下。如有一次，孔子公开说："跟随我去陈国、蔡国遭受了磨难的子弟们，现在都不在我身边受教了。"[11.2] 有一次，孔子看见宰予白天睡大觉，更是生气地说："腐朽的木头不可雕刻，粪土做的泥墙不可粉刷，我有什么好责备的呢？我开始时了解一个人，是听他说什么就相信他会怎么做；我今天要了解一个人，是听他说后，还要看他的行动。宰予的表现，使我改变了以前的做法。"[5.10] 在孔子看来，弟子中高柴较愚笨，曾参显鲁钝，子张太偏激；而为人果敢热烈刚直，性格粗放不善于变通的子路则太莽撞[11.18]，琴技也不如剑法，故孔子批评他："子路鼓瑟太不像样，哪配入我的门呢？"但眼见门人都不尊敬子路后，孔子又补正说："子路的学问其实已经入门了，只是还没有精通而已。"[11.15] 说起子路，他只比孔子小九岁，有勇有才艺，以管理政事著称。孔子称赞："自从我有了子路，那些恶意中伤的话就不曾传到我耳里了。"[9.38.6] 后来蒯聩父子争夺君位，子路为护主被砍成了肉酱。孔子听后悲痛不已，令人把家里的肉酱倒掉。

其实，孔子还是有几个令他满意的弟子的，尤其是颜回，他曾先后告诉过季康子和鲁哀公，颜回这位弟子最好学[11.7]，他道德几乎完美啊，却时常家财空空。[11.19] 但他从不迁怒别人，不重犯同样的过错。[6.3] 孔子忆及在匡地被围困，与失散的颜回重见时，颜回安慰他："老师还在，颜回我哪里敢死！"[11.23] 孔子感叹不已："颜回啊，不是来帮助我的呀，他对我的教诲没有哪样是不心悦诚服的。"[11.4]"我与颜回整天交谈，他从不违背我的意思，好像很愚蠢。但他退回去就会私下反省，足以启发自己，颜回实际上并不愚笨。"[2.9]

与此相反，孔子认为子贡这个人不受命运摆布，善于卖货增殖，做生意时百发百中。[11.19]但当孔子问他与颜回比谁更优秀时，有自知之明的子贡却答："我哪能与颜回相比呢？颜回听说一件事，可以推知十件事，我听说一件事，仅仅能推知两件事。"孔子说："我也不如颜回。我与你都不能知道那么多。"[5.9]当子贡又问自己怎么样时，孔子说："你啊，是个器物吧，是珍稀贵重的瑚琏那样的器物啊！"[5.4]这说明子贡的确才华出众。而子贡听说叔孙武叔在朝上谈论自己比老师贤良时，回复道："比如说宫墙，我子贡家的外墙只有齐肩高，在墙外可以看见里面家室的美好。老师家的外墙高好几丈，如找不到他的门道进去，就看不见里面宗庙的高大壮美、房舍的多样。能找得到孔夫子学问入门处的人真的太少了。"[19.23]后来听说叔孙武叔还在诋毁孔子时，子贡怒说："这毫无作用！仲尼是无法诋毁的。其他的贤人，如同丘陵，还可以逾越；仲尼犹如日月，是无法逾越的。纵使有人想自绝于日月，又如何能损伤日月呢？只是更显得他不自量力罢了。"[19.24]

后来子贡继续追问子张与子夏哪个更贤良些时，孔子说："子张做事过了头，子夏做事有欠缺。"子贡问："这么说子张是不是更好一点呢？"孔子说："过头了就像达不到一样。"[11.16]而子夏自己则认为，"敬重贤妻，不贪恋美色；服事父母，能竭尽全力；服事君王，能奋不顾身；与朋友交往，说话有诚信。这种人虽然还未学到家，我也必须说他在认真学了"。[1.7]这说明子夏的确是个学而不厌的好学君子，能说出"仕而优则学，学而优则仕"[19.13]这一名言绝非偶然。对于鲁国同乡人南宫韬，孔子也赞赏他以聪明才智保全了自己，世道清明时不颓废，世道污浊时不会同流合污，于是把哥哥的女儿嫁给了他[9.38.18]。

　　孔子之孙孔伋，可谓是不逊于孔门任何一位弟子，令孔子最为满意的隔代亲传弟子，且由孔伋在《孔子家语》里，记录了许多孔子教诲他与世人的诸多名言。但也有人不以为然，怀疑过于年幼的孔伋所传孔子语录的真实性。如鲁穆公当年就对子思说："您书中所记录的孔夫子言论，有人认为也许是您自己说的。"子思说："臣下所记录的先祖孔子之言，有的是亲耳所闻，有的是听人家所说，虽不一定是先祖原话，但大体不失其本意。君上您怀疑的是什么呢？"鲁穆公说："对任何事情都没有非议。"子思说："对任何事情都没有非议，这样才能理解我先祖的真意啊。就如同君王您所言，还以为是臣下我的言辞呢。如臣下我的言辞没错，那么就是可贵的。事情既然不是这样，又何必怀疑呢？"[K3.9.4]

　　孔子之七世孙孔穿，虽未亲受孔子教诲，却也在家学训导下，成为能驳倒曲解孔子义理的诡辩名家公孙龙，正确阐析孔子经义的孔儒学派弟子。他开导平原君说："楚王原话意思是，楚人遗失了弓箭，楚人捡到了。我先祖孔夫子探悉了楚王的本意，指出他的说法本意是想扩大施仁的范围，结果反而狭小了，所以说：'还不如说人捡到了弓箭而已。'他这是要区别楚王所谓的楚国，不同于楚王所谓的人。公孙先生以此为喻，是急于攻击我。凡是说人如何者，总体说的都是人；这就跟说马如何者，总体是说马一样。'楚'本是个国家；'白'本是色彩。想扩大人的范围，就要去掉'楚'；想正名颜色，不宜去掉'白'。如果明察这个道理，那么公孙先生的诡辩就破解了。"平原君同意孔穿的话是合理的，而他的门客们也都认为，公孙龙即使会有说辞，但道理则是错的。[K4.12.4]而孔子之十一世孙孔臧，也在给从弟大儒孔安国的书信中，疾呼要整理好圣祖孔夫子的古籍，以绝俗儒一派胡言而传承孔子古经真义。[K7.22.6]

　　其实，被弟子族人们众星捧月的孔老夫子，始终认为自己并非生而知之者，而不过是爱好古籍古道，能奋勤敏捷地求道前行而已。[7.19]纵观孔子一生，他的确是好学不倦，教学相长，关爱学生，因材施教之师。他对家乡子弟一向牵挂，当听说家乡鲁国翻修国库时闵子骞说："照原样修，何必要改建？"孔子说："这样的人平时不说话，说的话必定中肯。"[11.14]而当他在陈国听说鲁国弟子的表现时，更是按捺不住思乡心切，连连感叹："回去吧！回去吧！我家乡的小子们志向远大，但行为简单粗率，这就像文采斐然，却不知如何利用它。"[5.21]回到家乡的孔子，一见儿子，就语重心长地说："鲤儿啊！我听说可以让人整天不厌倦的事，唯有学习吧？一个人的容貌体形不足以让人观赏，勇力不足以让人心惊，先祖不足以让人颂扬，姓氏不足以让人称道。他最终有大名声，显扬四方，流传后世的，难道不正是他的学习成就吗？因此君子不能不学习，仪容不能不端庄。不端庄就没品位，没品味就没人理睬，没人理睬就没人效忠，没人效忠就会失礼，失礼人就无法自立。让人远观有光彩的，是端庄的容貌。让人接近后更觉得他聪明的，是学问。这就像一个污水池，雨灌水漫，芦苇丛生，即使有人走进看，谁知它的源头在哪儿呢？"[2.8.11]而牢记孔子教诲的弟子贤孙们，则对孔圣人十分崇敬。诚如子顺所说，有人拟用孔子编著的《春秋》为书名，其实并无伤孔子所编经书之大雅。因为晏子的书也称作《春秋》，登泰山封禅者亦有七十二位君王，但后世称述的则不满十位，这就是所谓贵贱不嫌同名。[K5.17.6]

《孔子儒经·好学篇》154节索引

【论语】102节

[1.1]　[1.7]　[2.4]　[2.9]　[2.10]　[2.11]　[2.15]　[2.16]　[2.17]　[2.18]　[3.13]　[3.22]　[3.24]　[4.7]　[5.4]　[5.6]　[5.9]　[5.10]　[5.12]　[5.14]　[5.17]　[5.19]　[5.21]　[5.27]　[6.3]　[6.5]　[6.8]　[6.20]　[6.21]　[6.25]　[7.2]　[7.5]　[7.7]　[7.8]　[7.10]　[7.17]　[7.18]　[7.19]　[7.24]　[7.28]　[7.29]　[8.5]　[8.9]

［8.12］［8.17］［9.2］［9.4］［9.5］［9.6］［9.7］［9.8］［9.17］［9.22］［9.23］
［9.24］［9.31］［10.11］［11.2］［11.4］［11.6］［11.7］［11.13］［11.14］［11.15］
［11.16］［11.18］［11.19］［11.23］［11.25］［12.12］［12.13］［13.5］［13.7］
［13.10］［13.17］［13.30］［14.12］［14.19］［14.25］［14.31］［14.36］［14.45］
［15.12］［15.15］［15.16］［15.31］［15.39］［15.41］［16.8］［16.11］［17.2］
［17.3］［17.8］［17.9］［17.10］［17.22］［17.25］［17.26］［19.5］［19.13］
［19.23］［19.24］

【孔子家语】37节

［2.8.11］［2.8.15］［2.8.16］［2.8.19］［2.9.6］［2.10.7］［2.10.19］［3.11.2］
［3.12.4］［3.12.10］［3.14.6］［4.15.4］［4.16.1］［4.16.2］［4.16.3］［4.16.4］
［4.16.8］［4.16.9］［5.18.1］［5.18.2］［5.19.1］［7.32.12］［8.35.1］［8.36.2］
［9.38.6］［9.38.7］［9.38.8］［9.38.14］［9.38.18］［9.38.22］［9.38.23］［9.38.26］
［9.38.27］［9.38.28］［9.41.2］［9.41.5］［9.41.6］

【孔丛子】15节

［K1.1.4］［K1.1.6］［K1.3.4］［K1.3.9］［K1.3.10］［K2.5.4］［K2.6.1］［K2.6.2］
［K3.9.4］［K4.12.2］［K4.12.4］［K5.17.6］［K6.18.6］［K6.21.2］［K7.22.6］

仁远乎哉？我欲仁，斯仁至矣。

四、孔子的亲仁观·仁者爱人

"孔子亲仁观"的要义是"仁"，意指以"亲近"仁人，以修成"仁德"为依归。"仁"，会意字，从字的结构看，"仁，亲也。从人，从二"（《说文》），本义指人与人之间的相互亲爱。而"仁"这一中国古代含义极广的道德范畴，自从孔子将其作为儒家最高道德标准后，其便成为在"志于道，据于德"之后，以"依于仁"为人生宗旨，以"本立而道生"[1.2]为成仁基础，贯彻了整个儒家修德体系的仁道。

"仁"的核心理念，指的是对人的亲善仁爱，人与人的友爱、互助、同情与和谐关系等，这已得到先秦诸子的认同。如墨家说："仁，仁爱也。"（《墨子·经说下》）法家说："仁者，可以观其爱焉。"（《韩非子·解老》）都是如此。其次，"仁"也指通情达理，性格温顺，关爱他人，为别人着想，有气节，有操守，有德行的人。如《礼记·中庸》所说："仁者人也，亲亲为人。"如孔子所说，"泛爱众，而亲仁"[1.6]，"夫仁者，己欲立而立人，己欲达而达人"[6.30]，"微子去之，箕子为之奴，比干谏而死。孔子曰：'殷有三仁焉。'"[18.3]等。

"仁"成为求仁得仁的孔子亲仁观核心后，仁道范畴的内容更为丰富，从樊迟问仁，孔子回答的"爱人"[12.22]，到浸润于社会生活的各方面。其一指儒家仁政的治国纲领之高度，如孔子所说的"唯仁者能好人，能恶人"，

"苟志于仁矣，无恶也"[4.1]。如孟子所说的"仁政，以德行仁者王"（《孟子》）。其二指一切仁义之举，如传说商汤曾让猎人网开三面的"仁人网"，就是指留给猎物们一条生路。其三指人们日常交往中对人的敬称，如"仁兄"等。这足可见"仁德"的修养已经渗透到古代社会的上下层生活。

孔子自言"三十而立"。立人以树德为基，士人以儒林为荣。"仁"为"五常"之首，归属唯一有生命力的木。两木成林，三木成森，学林兴文，化为百科学术。故"仁"木之德，不仅是义、礼、智、信等四常之根本，而且统领"忠、勇、孝、悌、温、良、恭、俭、让、宽、恕"诸德，成为孔子实施仁治，推行仁道，建立孔子仁道主义的核心价值观。

"亲仁"之关键词，出自"弟子入则孝，出则悌，谨而信，泛爱众，而亲仁"[1.6]的《论语》原文。以老子关于"失道而后德，失德而后仁，失仁而后义，失义而后礼"的深刻见解看，"仁"是德分化降解后的第一层次，因为还保留谋道者尚"慈"之宝的质素，而显现出仁慈统治者的仁政色彩，故可列为德治的范畴。按照孔子"志于道，据于德，依于仁，游于艺"[7.6]的排序，仁可归为孔子哲学体系的九观之三，以体现孔子心心念之的"智者乐于亲近水，仁者乐于亲近山；智者好动，仁者喜静；智者快乐无忧，仁者清静长寿"[6.23]的仁德观体悟，以及他施行的以仁爱为本，亲仁爱民的仁治之道。

（一）孔子的仁之定义与仁道主义

什么是"仁"？用孔子对樊迟问仁的最浅显解答，就是"爱人"[12.22]。用孔子对颜回的指点，那就是"爱人近于仁，度事近于智"[5.18.5]。而如果用孔子的故事来解释什么是"仁"，那就是有一次鲁君的马厩被焚烧后，负有养马之责的孔子退朝后到马厩时，问下属的第一句话就是"伤了人吗？"而不是问马怎么样了[10.12]。另一件事是，孔子在鲁国听到卫国发生了动乱，子路战死的消息后，难过不已。他哭过之后，请使者进来问清缘由，使者说，子路已被砍成了肉酱，孔子立即让身边的人把肉酱全都倒掉，说："我还怎忍心吃这种东西呢！"[10.43.21]由此可见，"亲仁"的最突出指向为"心中有仁"，即葆有一颗"仁心"。

仁者爱人，处处体现出"仁德"作为"五常"之首，在修德系统中统领了"义、礼、智、信、忠、勇、孝、悌"诸德的核心地位。孔子一生，在各种场合都对弟子们解释过有关"仁"的问题，且自始至终围绕着"仁者莫大乎爱人"[1.3.6]的主题，从中可看出他对仁与诸德关系的认识以及对仁德的重视态度。

孔子讲天命与人性，但从不离开仁德去空谈忠德，也很少离开义德去谈利，而只是赞美天命与仁德[9.1]。有一次，孔子到宋国去被围住，子路要与他们争战。孔子制止说："哪有修仁好义而不能谅解俗人的呢？"最后以和平方式感化匡人，解除了这场危机。[5.22.5]孔子视"君仁臣忠"为"人义"[7.32.9]，在他看来，一个人对亲近的人有爱心，如同对效忠的人有忠心一样，都是出自本性，十分自然的。"爱他，能不为他辛劳吗？忠于他，能不尽心教诲他吗？"[14.8]这就是"仁"对于"忠德""义德""勤德"诸德的主导关系。

孔子反对只有物质上的施舍恩爱而没有精神上的礼乐教化的仁德。有一次子游问孔子："老师极力称赞子产的惠民政策，可说来听听吗？"孔子说："他只是爱民而已。"子游说："爱民就是以德教化他们，何止是施与恩惠呢？"孔子说："子产啊，就像是众人的母亲，他能给他们食物，而不能教育好他们。"子游说："这方面的事可说说吗？"孔子说："子产把自己的马车给冬天蹚水过河的人坐，这只是爱护而没有教化。"[9.41.24]孔子还说："我从《高宗肜日》里，看到了积德可以快速地得到上天的眷顾。如果由遵循仁道而实施仁德，那么远方的百姓就会同志归顺而向他致敬。"[K1.2.4]

　　孔子对于"仁"对礼德、谦德、口德、礼德的主导作用也有所阐述，并深受老子影响。有一次子夏问："客人来了没有住处，您说住在我家里；客人去世了无处殡殓，您说，就在我那里殡殓。请问这是'礼'呢，还是'仁者之心'呢？"孔子回答："我听老子说过，招待客人，应使客人住下；如果他死了，哪能有地方而不殡殓他呢？仁者，是制定礼制的人。所以对于礼，不能不审察。礼应该不雷同不差异，不奢侈不俭吝，只要合乎礼仪义理的就是适宜的，所以说'我战必胜，我祭获福'。大概是因为这样做符合道吧。" [10.43.6]还有一次，老子送别孔子时说："我听说仁德者送人嘉言。我借用仁者的称号，送你几句忠告吧。当今士人，因聪明善辩而危及自身的，都是些喜欢讥讽揭发别人的人。"孔子说："我一定遵循您的教诲。"从此，留意口德的孔子之道，更受人尊崇了。 [3.11.1]此外，孔子对"百世不废其亲"的态度，也体现出国君虽尊贵，也需循宗法之道，百代后也不能废除亲戚关系；而同族也不能借此慢待国君，这是为了推崇仁爱的谦让之礼。 [10.42.32]由此可见，"仁"在孔子心目中的作用，显然在"礼"之前。

　　孔子对何为仁者与智者，何为仁德智德，也有确切解释。他指出："智者近水乐，仁者靠山乐；智者好动，仁者喜静；智者畅乐，仁者长寿。" [6.23]当司马牛问仁时，孔子回答："仁德的人，说话谨慎而不随便说出口。"司马牛说："说话谨慎不随便说出口，这就叫作仁了吗？"孔子说："仁道做起来都很难，说起来能够不谨慎吗？" [12.3]此外，当有人说冉雍这个人仁义而不善辩时，孔子说："何必要善辩呢？靠善辩压服人，会经常惹人憎恨。如果不知道仁义，善辩又有什么用呢？" [5.5]可见，在孔子看来，人应以德行感人，而不应以善辩来压人，此即"有仁德者必有仁善之言，能言会道者不一定有仁德" [14.5]，在孔子仁者益智观点的影响下，弟子们的感悟颇深。有一次，当子路认定"智者使人知己，仁者使人爱己"，子贡认定"智者知人，仁者爱人"，颜回认定"智者自知，仁者自爱"时，孔子均予以肯定。 [2.9.8]

当仲孙何忌问："仁者一句话就必定有益于仁或智的，听说过吗？"颜回说："一句话就必定有益于仁的，没有比得上'豫则立'的了，一句话就必定有益于智的，没有比得上'恕得众'的了。知道了什么不该做，才能知道什么该做。"[5.18.6]孔子还认为"仁者寿"，用他的话解释，那就是"若夫智士仁人，将身有节，动静以义，喜怒以时，无害其性，虽得寿焉，不亦可乎？"[1.7.12]由此可见孔子对于仁者的智慧、慎言、善辩、修德、保身的统一标准。

孔子视仁爱与孝德的结合为自然天成。这就是把"父慈子孝"[7.32.9]的"人义"作为仁德核心，使谋道修德与亲仁孝亲相辅相成，融合无间。此即"仁人不能逾越万物法则，孝子不能超越亲情血统。所以仁人侍奉亲人就如同侍奉天，侍奉天就如同奉养双亲，这就叫作孝子成就自身"[1.4.6]的道理。有鉴于此，孔子眼见宰我守丧期刚满，即心安而若无其事后，忍不住在他一转身后，就批评："宰予不仁啊！小孩出生三年，然后才离开父母怀抱。三年丧期，天下通行的丧期啊。宰予也有对于他父母的三年之爱吗？"[17.21]有一次，冉有想问老师孔子，是不是想为卫出公做事。子贡答应说好，于是从侧面问老师，伯夷、叔齐是怎样的人。孔子答："是古代的贤人啊。"又问："他们有怨言吗？"孔子说："追求仁德而得到仁德，又有什么可埋怨的呢？"于是聪明的子贡出门后，对冉有说："老师不愿意这么做啊。"[7.14]原因无他，就是卫出公曾经拒绝父亲入国继位，这种父子争王权的事在推崇让贤的伯夷兄弟的孔子看来，实违孝道，自然是不屑为其效力了。

孔子的亲仁观还深深浸润于"兄良弟悌""长惠幼顺"[7.32.9]的悌德之中。他对颜回说："君子对于朋友，心里必定有些非议，但不能说'我不知道他是个仁人'，不忘朋友以往对自己的恩德，不老想着与朋友个人的旧怨，这样就做到了仁啊！"[5.18.9]孔子还认为，与仁者为邻真美。不选择仁者做邻居，谁知道会发生什么。不仁者不会长期俭朴，不会长期安乐。仁者才会安于仁孝，智者才会增益仁德。唯有仁者能关心人，能憎恶小人。如有志于成为仁者，就不会作恶。[4.1]这也就是他常说的"仁者安仁，知者利仁"。

孔子对仁者之勇也有精要论述。他认为，君子在天下为人行事，没什么陈规旧矩是一定要顺从的，也没什么阻力能阻挡他，只要合乎仁义就去做。[4.5]"知者不惑，仁者不忧，勇者不惧"[9.29]，"仁德者必定勇敢，蛮勇者不一定有仁德"[14.5]，这就是说，无敌者的无畏与勇敢来自仁德，好勇斗狠而仇恨贫穷，会引发动乱；对没有仁爱的人过分仇视，也会造成祸乱。[8.10]这些都可看出他对仁者必勇，勇者未必仁，仁德决定勇德的精辟见解。

任何事物都有两面性。要确认孔子对"仁"的正论，还可以由他对"不仁"的批评，来反证及深入阐述人何以为"仁"。这就是：

（1）无信者少仁。孔子严肃地指出，"花言巧语，满脸谄媚，这种人很少会有仁德！"[1.3]

（2）不俭朴者不仁。孔子说："君子有志于谋求仁道，却以布衣粗食为耻者，不足以与他共商大事。"[4.4]"不仁者不会长期地安于俭朴，也不会长期地安心快乐。仁者才会安于仁道，智者认为仁道对自己有利才实行仁道。"[4.1]并补充说："刚强、坚毅、质朴、寡言慎语，这些品质接近仁德。"[13.27]

（3）无礼者不仁。有鉴于如今大道已衰微隐退，天下为家族私有，人都只关爱自己的亲人，只养育自己的子女。社会财物都设法为自己所私藏，力气都为强人所利用。大人物将权力和财产用于私家世传早已习以为常；有鉴于历代先王无不谨行礼治，礼治的兴起与天地并存[7.32.3]，礼制的施行势在必行，孔子认为："做人不讲仁，怎么对待礼呢？做人不亲仁，怎么对待乐呢？"[3.3]

（4）专务自家事者不仁。子张容貌好，宽厚冲和，结交广泛，态度从容

不迫，但只专注家居生活，不注重实施仁义行为，故孔门弟子对他友好但并不尊敬。[9.38.9]

（5）不孝者不仁。不孝者生于不仁，不仁者生于丧祭无礼。[7.30.2]孔子强调："一个人不讲仁孝，怎能善待礼制？一个人不懂仁义，怎能善待礼乐？"因此，那些不懂礼仪，或只重视外表的华丽，自以为是、态度高傲的人，只是小人而不是仁者。

（6）好勇者不仁。孔子认为，好勇斗狠而仇恨贫穷，会引发动乱；对没有仁爱的人过分仇视，也会造成祸乱。[8.10]故人不应该斗勇而应以仁勇为卫。子路穿着军装来拜见孔子，拔剑挥舞一阵后，问："古代君子用剑来自卫吗？"孔子说："古代君子，以忠为本质，以仁为护卫，不出泥墙屋就能知千里之外的事。有不善的人事就用忠来化解，有侵凌凶暴的事就用仁来防护，何须持剑呢？"[2.10.5]这就是孔子对仁勇的看法。

综上所述，欲知孔子有关何为仁者的观点，可考察他对于仁者与非仁者的关系界定，以及他关于修养仁德的看法。孔子认为，"唯仁者能好人，能恶人"[4.1]。因此他修养仁德时，不会让不仁德的一切影响自身。孔子说："人的过错，都来自他受同伴的影响。因此观察他的过错，就知道他有没有仁德了。"[4.3]此外，孔子对于何为仁人还有一段最完整、最有条理的名言："夫温良者，仁之本也；敬慎者，仁之地也；宽裕者，仁之作也；逊接者，仁之能也；礼节者，仁之貌也；言谈者，仁之文也；歌乐者，仁之和也；分散者，仁之施也；儒皆兼此而有之，犹且不敢言仁也。其尊让有如此者。"[1.5.8]据此，我们可试为孔子所亲之重之的"仁"作一定义。那就是"仁"是以温和善良为本质，以恭敬谨慎为基础，以宽宏大量为初心，以谦逊待人为能耐，以礼仪节操为容貌，以言谈举止为文采，以歌舞音乐为亲和，以分散财物为善施，以兼诸美而有谦让之德的东方美德。

（二）孔子达仁成己的方法与路径

在孔子看来，仁道就在我们身旁，每个人只要努力就可以求得，而不主动亲仁就会无人尊敬，后果严重。不立仁的子张得不到大家尊敬，不亲近仁人的阳虎的恶果更是难以预料[4.16.7]。因此人人都应成为仁人。但究竟如何达到仁呢，这的确是一个难题。故当鲁哀公问孔子："腰系大带子，头戴礼帽，这有益于仁德吗？"孔子立即变色说："您怎么会这样问呢？穿着麻服、拄着丧杖的人，心里不会想着音乐。这不是他耳朵听不见，是服装使他这样的。穿礼服、戴礼帽的人，脸上不容轻慢，不是他本性矜持庄重，是服装使他这样的。披着铠甲、拿着武器的人，没有后退害怕之气，不是体格本身勇猛，而是服装使他这样的。而且我听说，喜欢做生意的不能保持廉洁，德高望重的不做生意。私下仔细想想，服装对仁德修养有益还是无益，君子一定会知道的。"[2.10.12]在孔子看来，只要有心求仁，绝非遥不可及。他感慨："仁道离我们很远吗？我想追求仁道，仁道就来了。"[7.30]同时，孔子还认为，"通达"远胜于"闻名"，"所谓通达者，是本质正直好仁义，会察言观色，能想着谦虚待人，在邦国与封地里都能通达明理。而那些所谓有名望的人，表面仁义而行为违背仁义，居然毫不惭愧，还自以为能闻名于邦国，闻名于封地"[12.20]。故在孔子看来，真正的达仁须经由几种途径：

1. 爱亲而仁，由友而仁。孔子认为，大道之行，天下为公，选贤与能，讲信修睦。这时的人不只爱自己亲人，不只养自己子女，而是老年有善终，壮年有所用，鳏夫、寡妇、孤儿、残疾人都有供养。这就叫大同世界。[7.32.2]当卫灵公问孔子，是不是君王在朝堂上策划得当，就能治理好国家时，孔子说："大致可以吧。爱人的人别人也爱他，厌恶人的人别人也厌恶他。知道自己喜好的人，也知道别人的喜好。所谓不出屋墙而能了解天下的人，说的就是那种知道自我反省的人。"[3.13.10]故孔子把那些怕食物变质而设法送人的有心人都视为仁人。[2.8.3]而当子贡问如何在供职国里修仁时，孔子答道，这就如工匠想做好活儿，必先使工具锋利一样，要先服事好国中贤良的大夫，与仁义的士人交朋友。[15.10]

2. 由孝而仁，由悌而仁。孔子说："君子笃爱亲人，人民就会兴仁。所以能够不忘老友故人，人民就不会偷懒。"[8.2]他还在《孝经》中强调：教民亲爱，莫善于孝。教民礼顺，莫善于悌。尊敬别人的父亲，他的儿子会心中喜悦。尊敬别人的兄长，他的弟弟就会愉悦畅快。这就是重要的道义啊。[X12]

3. 克己由己，复礼为仁。在孔子看来，"文质彬彬"为君子，"温润而泽"为仁[8.36.1]，遵守先王礼乐即为守仁道。因此，当颜渊问仁时，孔子说："克制自己，使言行都符合礼就是仁道。哪一天能这样做了，天下就归往仁道了。追求仁德，完全由自己定，难道由他人吗？"当颜回问仁道的纲目时，孔子回答，其要义就是"非礼勿视，非礼勿听，非礼勿言，非礼勿动"[12.1]。此外，孔子还以子革劝阻楚灵王不要太奢侈，楚灵王没听终遇难的故事说明了一个道理，那就是："古者有志，克己复礼为仁，信善哉！"[9.41.7]

4. 谦虚谨慎，先难后仁。孔子认为，"仁者，其言也讱"[12.3]。"仁者先难而后获，可谓仁矣"[6.22]。故他主张谨言慎行，脚踏实地地践行仁德，而不是华而不实地学仁。有一次，子路穿着华丽服装来见孔子。孔子批评："你这么居高自傲是为什么呢？长江刚从岷山流出时，源头水流很小，只能浮起酒杯。等到了大江渡口时，如果没有带舱室的船，不回避大风，就不可能渡过。这岂不是因为下游的水多吗？今天你穿的衣服这样华贵鲜艳，天下还有谁会把过错告诉你呢？"子路快步走出去，换了衣服回来，一副神情自如的样子。孔子说："由，记好了，我告诉你，爱夸口的人华而不实，爱表现的人自吹自擂。表面聪明有才的人，只是小人罢了。所以君子知道的才是智慧，这是说话要点。做不了的就说做不到，这才能做到。说话要有智慧，做到了才有仁德。既有仁德又有智慧，还会有什么不足呢！"[2.9.10]而在樊迟问仁时，孔子

直接回答："仁者先历尽艰难而后才收获成功，这才称为仁。"[6.22]

5. 见利思义，修德成仁。仁德固然重要，但也需诸德滋养。故孔子指出，义是仁爱的节制，仁是义德的根本、顺道的主体，协同才艺归于仁道，得到的就强大尊贵，失去的就会丧命。[7.32.15] 而且他还强调两点：一是能见利思义，危急时敢担责，不忘平生志向与誓言，就可以成为仁人了；[14.13] 二是只要在天下施行"恭、宽、信、敏、惠"这五种美德就可成为仁人了，原因是"谦恭就不会受侮辱，宽恕就会得到众人拥护，诚信就会得到重任，勤敏就会有功劳，施惠就能指挥人"[17.6]。可见，在孔子眼中，成仁就是成人。

6. 举正纠枉，选贤成仁。樊迟问什么是仁。孔子说："爱人。"问什么是"智"，孔子说："识人。"樊迟还是不明白。孔子说："推举正直者，纠正枉法者，能使枉法者回归正道。"樊迟退了下来，问子夏："刚才我问老师什么是智，老师说'举直错诸枉，能使枉者直'。这是什么意思呢？"子夏回答："这话的含义多么丰富啊！舜帝拥有天下，经众人选拔，推举皋陶主事，那些无德者就远离了。商汤王拥有了天下，经众人选拔，推举贤人伊尹主事，那些无德者就远离了。"[12.22]

7. 达理安乐，礼智成仁。孔子认为："申明义德而不讲学研讨，就如光播种而不锄草；讲学而不合于仁道，就如光锄草而不收获。"[7.32.15] 他还为颜回解释何为成人之行："通达性情的道理，通晓物类的变化规律，知道天地阴阳的缘故，明白宇宙游动气息的本原，这就可称为成人了。既能成为人，又能学习仁义礼乐，就有成人的行为了。如果穷探精微道理而又知道礼乐，品德也就非常丰盛了。"[5.18.3] 当颜回照此修仁德后，孔子满意地说："自从我有了学生颜回，弟子们的关系日益亲密了。"[9.38.1]

8. 修道以仁，王者成仁。孔子认为"君子中没有仁德的人是有的，但没有小人而成为仁者的"[14.7]，故应该"取人以身，修道以仁"。孔子强调"仁者义之本，顺之体，得之者尊"[7.32.15]，并明确告诉鲁公，获取人才在于自身修养，修养人道以仁为本。仁，就是人，亲近亲人是最大的仁。义，就是适宜，尊重贤人是最大的义。[4.17.1]孔子还以辅助齐桓公，称霸诸侯，匡正了周朝天下的管仲为仁者。他认为如果没有管仲，我们今天恐怕都要像蛮夷一样披散头发了。[14.18]他还预言："如有王者推行，必要经过一代人而后成就仁道。"[13.12]

9．坚守仁德，当仁不让。孔子说："富裕与显贵，都是人想要的，但不通过正道得来，就不能消受。贫穷与卑贱，都是人所厌恶的，不通过正道，就不能排除它。君子追求仁道，会厌恶成名吗？君子即使在一顿饭的时间里，也不会违背仁道，仓促紧迫时是这样，颠沛流离时也还是这样。"[4.2]孔子认为，靠智谋得到它，却不能靠仁德守住它，虽一时得手，也必定会失去它。[15.33]他还强调，面对仁德时，连老师也无须谦让。[15.36]

10．践行仁道，杀身成仁。孔子把"仁道"看得比生命还重要。他叹息"人民对仁道的需求，甚至超过了水火。我只见过赴汤蹈火而死的，却没见过践行仁道而死的！"[15.35]他同时还说过一句广为人知，并激励千百万烈士以血践行了的名言，那就是"志士仁人，不会苟且偷生而损害仁德，只会为仁道而献身"[15.9]。在孔子看来，为践行仁道，必要时可以献出最宝贵的生命，他坚信仁道正义必胜："上天把仁德给了我，司马桓魋又能奈我何呢！"[7.22]

11．自立自律，立人达仁。对于如何成"仁"，孔子倡导的"君子道德律"可谓具有最广泛的世界影响。其道德银律出自孔子对仲弓的指教："自己不喜欢的，不要强加于人。"[12.2]其道德金律出自孔子对子贡何谓仁人的解释："何止是仁人，他必定已经是圣人了！尧、舜都比不上他啊！那些仁者，自己想自立也帮助别人自立，自己想过得好也帮助别人过得好。能自我反思并推己及人，这可说是实践仁道的方法了。"[6.30]孔子坚信，自身富贵而关爱他人，谁不亲近他呢？自身富裕而能帮助别人富裕的人，想贫苦也不可能；自身高贵而能帮助别人高贵的人，想卑贱也不可能；自身发达而能帮助别人发达

的人，想穷困也不可能。[4.15.17]

12．爱民如子，仁者无敌。孔子视民众喜爱的有仁爱心的人为无敌天下者。有一次，晋国想攻打宋国，派去的探子回来后，对晋侯说："宋城有个卫士死了，司令子罕哭得很伤心，民众很感动，宋国现在还不能去攻打。"孔子评说："好啊！这个侦察国情的探子！《诗》里说'凡是民众伤亡的，爬行都要全力去救援'，子罕就有这种品质。别说晋国不敢，天下又有谁敢攻打宋国呢？所以周任曾说过，'民众喜欢的仁爱者，是无敌的'。"[10.42.10]

13．高大惠民，仁者乐山。孔子的"仁者乐山"[6.23]说早已广为人知，但知道其解释收在《孔丛子》里的则似乎不多。有一次，子张问道："仁者为什么喜欢山呢？"孔子说："因为山岿然不动而高高耸立。"子张说："高高耸立有什么值得喜乐的吗？"孔子解释："高山啊，草木茂盛生长的地方，飞鸟走兽在此繁衍，丰盛财物在此产出；高山正直而无私，四面八方都可以伐树砍柴；高山正直而无私，兴起祥岚瑞气而吐出风云，通达于天地之间。山气祥云阴阳和合，山雨恩泽成就万物，广大百姓都靠山为生，这就是仁者喜欢山的地方啊。"[K1.2.12]

综上所述，可见孔子把成仁作为有志之士的成人基础，一个人只有依于仁，亲于仁，才能志于道而不至于成为无根浮萍。孔子推崇仁人，但对谁为仁德之人，则会非常谨慎而有所保留。如孟武伯问孔子器重的子路是否仁义时，孔子先是回答不知道，直到被再三追问时才说："子路这个人啊，把千乘兵马的国家交给他，可管好赋税，但有没有仁德很难说。"孔子这么说的原因，可能源自子路的一次质疑。那年。商阳和陈弃疾率楚军追击吴军。追上后，商阳每射杀一个敌人，都把箭放入弓袋里，遮眼不忍看。最后以杀死三个敌人足以复命为由，放弃了大开杀戒的追杀。孔子对此评说道："杀人之中，也是有礼节的。"而子路则生气地质疑老师："商阳没尽到人臣节义，为什么要赞赏他？"孔子说："是的，如你所说。我只是看重他有不忍杀人之心而已。"[10.42.11] 由此可见，孔子最看重的仁人，是那种既忠于职守，又不滥杀无辜，葆有一副仁爱心肠的人，而非杀人如麻的猛人。

孔子曾说，"成为一个不好胜、不自夸、不怨恨、不贪欲的人，可以说是很难了，但是不是仁人我还不知道"。[14.2] 故当人问到冉求时，孔子说："冉求这个人嘛，千家人口的都邑、百乘车马的小国，可以任命他为总管，但不知他是否仁义。"当人问到公西赤时，孔子的回答是："公西赤这个人嘛，可让他束紧礼带，站在朝堂上，与各国宾客交谈，但不知他的仁德如何。"[5.8] 孔子还说："我没见过爱好仁德的人，厌恶不讲仁德的人。爱好仁德的人，没有比他更好的了。厌恶不讲仁德的人，他修养仁德时，不会让不仁德的一切影响自身。有人能一整天都用尽全力地践行仁道吗？我还没见过气力不足的。应该是有的吧，只是我还没见过。"孔子认为："人的过错，都来自他受同伴的影响。因此观察他的过错，就知道他有没有仁德了。"[4.3]

还有一次，当子张问："子文三次被任命为楚国令尹，都没流露出喜悦的脸色；三次被罢免，也没有怨恨的脸色。他执政时的每一项旧政策，都告诉新令尹。他为人如何？"孔子说："算是忠诚了。"又问："可称得上仁德吗？"答："不知道，这怎能算是仁德呢？""崔子弑杀齐国君主后，陈文子放弃了自家四十匹马，违抗了崔子的命令，逃到了他国，说：'这就像在我国崔大夫那里。'他继续违抗命令，逃到了另一国家，又说：'还是像在我国崔大夫那里。'于是再次违命离去。您怎么看？"孔子说："他很清白正直。"问："算得上仁德吗？"答："不知道，这哪能算仁德？"[5.18] 由此可见，孔子对仁德的标准有多高，它不是一般的是非分明、忠于职守、谦让不贪的好人就能企及的十分崇高的道德境界。

子贡曾称赞高柴有德行，他自从拜孔子为师后，出入门户，从没有违反过礼节；走路来往，脚不会踩到他人影子；他不杀蛰伏露头的虫子，不折断生长中的草木；他为亲人守丧，从来没有露齿言笑。孔子说："高柴为亲人守丧的行为，难能可贵；春天不杀生，是顺从人之道；不折断正在生长的树木，是宽恕仁爱。他就像商汤王当年一样恭敬而宽恕，威望天天升高。"[3.12.12] 而孔子心里所尊重的仁人，是颜回。他说："颜回啊，他的心可以长期不违背仁德，其余的弟子大都只能坚持几天几个月而已。"[6.7] 当子贡怀疑管仲非仁者时，孔子说："齐桓公九次集合诸侯，靠的不是兵车，而是管仲的帮助啊。这就是他的仁德！这就是他的仁德！"[14.17] 此外，孔子也很欣赏知道如何成仁者。如有位鲁人独自在家，半夜来了暴风雨，有位屋子淋坏了的寡妇想进来避雨，被他闭门拒绝了。寡妇责怪他为何不像柳下惠那样仁义，安抚一个无家可归的女子时，鲁人说："柳下惠可以，我却不可以。"孔子听后说："好啊！想学柳下惠的人，还没有像他这样的。可称为智慧了。"[2.10.16]

在孔子看来，成为仁者与圣人是极高境界。"像圣人与仁者，我岂敢自称。如果是说我一生追求仁道而不生厌烦心，教诲人而不生倦怠心，那还是可以这样说的吧。"[7.34] 可以说，在孔子的长期教导下，亲传弟子无不认识到识仁、亲仁、成仁的重要性，并大都掌握了基本方法。如曾子就说过一句名言："士不可以不弘毅，任重而道远。仁以为己任，不亦重乎？"[8.7] 它说明了一个道理，那就是一个士人真君子，必须有坚忍的毅力，重大的责任与远大志向，以仁道作为毕生使命，生命不息，奋斗不止！

（三）孔子的仁者爱人与普施仁政

孔子的亲仁观，从真心爱人，落实于治国。他曾说："天下最仁德的人，能聚合天下最亲仁的人；天下最英明的人，能任用天下最能使百姓和乐的人；天下最明理的人，能选拔天下最贤良的人。这三方面都做到了，才可以征伐外敌。因此，仁德者莫过于爱护人，智慧者莫过于了解贤人，善政者莫过于选拔贤能官员。拥有疆土的君主能做好这三点，那天下人都可与他共命运了。"[1.3.6]

孔子认为，政治就像芦苇一样变化成长，所以治国最重要的是得到人才。获取人才在于自身修养，修养人道以仁为本。仁，就是人，亲近亲人是最大的仁。义，就是做事适宜，尊重贤人是最大的义。[4.17.1]他还说："君子笃于亲，则民兴于仁；故旧不遗，则民不偷。"[8.2]由此可见，"亲仁"对于政治而言，就是把亲近亲人之仁德修养，拓展到亲近贤良之仁者，使民兴仁而国治。对于实行君子之道的人，孔子称赞他们是有仁心之人。如听说救下季羔的守门人对季羔说："当判决定罪，临到行刑时，您脸色很忧伤。看到您的脸色，我了解到了您的内心。您难道会因私心偏爱我吗？天生的君子，坚守正道出自本性。这就是我喜欢您的原因啊。"孔子赞扬季羔："这官做得好啊！他执行的法令是一致的。心怀仁义宽恕就能树立起仁德，横加严酷暴刑就会树敌结怨。公正执法的，那就是季羔吧！"[2.8.4]

孔子从来不从事情的表象或一般世俗偏见去评价一个人是不是仁德之人，而主要从他的功业、社会贡献及其影响去看他是否为仁德之人。因此，当子路怀疑管仲不忠，有违仁德之道时，孔子辩解说："管仲游说襄公，不被接受，是因为襄公昏暗糊涂。他立公子纠为国君未成功，是时运不济。他家庭被齐国摧残却脸色无忧，是知道权衡天命。他戴镣铐而不羞愧，是懂得自裁审时。他侍奉曾箭射的国君，是通权达变。他不为公子纠殉命，是会权衡生死轻重。公子纠没当国君，管仲没当他的臣子，是他的才智能度量道义。管仲不被束缚死而成就了功名，这无可厚非。召忽虽殉职，但为成仁做得过分了，不值得多称赞！"[2.8.9]值得一提的是，虽然孔子高度认同与欣赏管仲的仁政法治功绩，却不认同他兼用仁治法治的黄老之道倾向。故听到子思询问："多次听到您的教诲，端正风俗，教化民众的政治，没有比礼治乐教更好的了。管子用刑法治理齐国，而天下称赞他的仁德。这说明法治与礼治乐教的用法不一而功能相同，何必只用礼治乐教呢？"孔子立即表态："尧舜二帝的教化，历经百世而不停止，是因为仁义德风的流传久远。管仲用法治，身死之后法治就停息了，这就是严法酷刑寡恩薄情的原因。如果像管仲那样明智，还足以制定刑法，如果才能不如管仲而又专用刑法，最终必酿成大乱啊！"[K2.5.3]

孔子不仅主张仁道，而且注意实施方法，反对那些初心美好，却不利于仁道实施的做法。如子路在蒲地做长官时，为防备水灾，与民众一起修筑沟渠。他考虑到民众劳作辛苦，就给每人发了一箪饭、一壶汤。此事被孔子制止后，子路很不高兴，去见孔子，说："我因为暴雨将至，恐有水灾发生，所以与民众一起修渠防备水患。民众中很多人穷困挨饿，因此发给每人一箪食一壶汤。您却派子贡来阻止我，这是阻止我推行仁道啊。老师您平日里以仁德教人，却禁止仁义行为，学生我真接受不了。"孔子说："你知道民众挨饿了，为何不报告国君，打开粮库发粮救济，却私下把你的食物送给他们呢？你是要表明国君不肯施恩惠，反衬出自己的道德更美好吗？你赶快停止还可以，如不停止，那你必定会获罪啊！"[2.8.8]当有人用人偶来殉葬时，孔子批评这种做法是不仁道的，近于用真人来殉葬。[10.44.8]子路为姐姐服丧，到了可脱丧服时，还是不忍心除服，孔子安慰他："行仁道的人都于心不忍。先王制定礼仪，过重亲情的就要求降低要求，感情过淡的就企望达到标准。"子路听后，除去了丧服。[10.42.29]

樊迟问什么是仁德时，孔子告诫他："闲居时恭谨谦虚，执行公事时敬业认真，对人忠诚守信。即使去到边远地区，也不可抛弃这些美德。"[13.19]孔子还强调，说话要忠实诚信而心里无怨恨，身怀仁义而无自夸脸色，思想谋虑通达明智而言辞不固执，坚信并奉行仁义之道而自强不息。他从容不迫，好像可以超越，但始终达不到他的境界。这就是君子。[1.7.4]

放眼当年，受孔子夸奖的政坛仁者，不仅有"其政好生而恶杀，其任授贤而替不肖。德若天地而静虚，化若四时而变物"[2.10.1]的舜君，有"微子去之，箕子为之奴，比干谏而死"的殷朝"三仁"[18.1]，还有在单父为官，有才智，讲仁爱，百姓不忍欺的鲁国人宓不齐[9.38.13]等。孔子还举了一个生动的例子，说明国民对仁君的爱戴。周人从后稷开始就积累功德，当初大王建都豳地时，为防范狄人常来侵犯，太王亶父告诉民众："狄人想要的是我们的土地。我听说，君子不以养人之物害人，你们何必担心没有君主呢？"于是和太姜离开了豳地，翻越梁山，建都于岐山下。豳人说："这是一位仁君，是不能失去的。"[2.10.18] 于是跟随他们到岐山的人像赶集一样多。这是天助周人啊！还有一次，听说陈惠公为了尽快起造凌阳台，准备滥杀无辜后，孔子立即以周文王刚兴盛的时候，归附的六个州的众多人民，都如同子女一样，纷纷远道赶来帮忙，不到一天就把城台建成的事例，说服陈惠公效仿先王实施仁政，收回了杀人的命令。[K1.1.2]

孔子主张仁政不可阻塞民众言路，应该宽猛相济，体现古之遗爱。初时，因郑国乡校里的士人非议执政者，然明想毁掉乡校。子产说："为什么要毁掉呢？人们早晚闲暇时到这里游观，议论政事的好坏。他们认为好的，我就推行；他们认为不好的，我就改正。为什么要毁掉它呢？我只听说忠诚良善者可减少怨言，没听说用威胁来防范怨言的。防怨言就像防水患，大水决堤，伤人必多，我就难以挽救了。不如少量放水来疏导，不如把我所听到的意见作为治国良药。"孔子听到后说："我从这件事看，有人说子产不仁，我绝对不相信。"[9.41.10] 后来，子产病重，对子太叔说："只有仁德者才能用宽容的政治使百姓服从，其次不如猛政。火猛烈，民众看了害怕，所以很少有人被烧死。水柔弱，众人轻忽而戏弄它，死于水的人就会很多。所以用宽容的政治难。"子产死后，子太叔不忍用猛政而用宽政，结果出现很多盗贼，很是后悔。孔子听说此事后，认为子产保留了自古以来的仁爱遗风，并赞美他"说得好啊！政治过于宽容民众就会怠慢，过于怠慢就会用猛政纠正。施政过猛民众就会受到伤害，受伤害大了就会宽大。实施宽政以纠正猛政，实施猛政以纠正宽政，政治就会和谐。《诗》说：'民众已很劳苦，可让他们稍休息保安康。爱护中原民众吧，这样可以安抚四方。'这是施行宽政啊。'别放纵诡诈欺骗，要警惕无良之徒。制止贼寇暴虐，严惩胆大妄为之人。'这是以猛政纠偏。'安抚远方与近处，以安定我王。'这是以平和使国家安定啊。又说：'不争不急，不过猛过宽。施政从容不迫，百种福禄临头。'这是施政和谐至极啊。" [9.41.12]

对于执政者何为仁者，孔子亦有充分的考量与信心。他秉持《尚书》对民众"若保赤子"的仁爱精神，主张君主效仿古代听讼时，应厌恶他的意欲而不厌恶他本人，寻求留他一命的理由，保持与民众一条心，仁爱民众而不轻易放弃他们。而如今的听讼审案者百般寻求杀人的理由，这是违反古法之道的。 [K2.4.8]

当鲁君对宓子派人暗中掣肘二史，逼使二史因写字差而受到责骂与嘲弄，不得不告退回来一事而大惑不解时，深明其奥的孔子告诉鲁君，宓子是辅佐霸王之才，大有可为，他这样做意在提醒鲁君不要掣肘自己，鲁君终于醒悟，于是下令让宓子放手施政。后来宓子果然很快就治理好了单父。他为官期间，待人诚恳敦厚，教百姓明白要善待亲人，崇尚诚实互敬，施行至深仁爱，更加恳切真诚，忠诚守信，使百姓受到了教化。这件事也有力证实了孔子善于识人及推行仁政主张的正确性。 [8.37.3]另有一次，颜回问臧文仲、臧武仲这两个人谁更贤良时，孔子认为武仲更贤良。原因是，文仲去世而以言立世，所以被称为文仲。但他做了三件不仁的事、三件不智的事。他让展禽居下位，设置六关收税，让妾织蒲席赚钱，这是三不仁。他非法拥有不当器物，纵容非礼的祭祀，为海鸟建祠，这是三不智。而早在齐国将有灾祸时，武仲就不接受齐庄公的封田，躲避了灾难，这是智者也难做到的。至于他智高一筹却不被鲁国所容，是没有顺势而为，施仁而未行恕道之故。 [5.18.4]

此外，孔子还称赞有功劳不自夸，有尊贵地位不欣喜，不轻慢放荡，不在贫苦无告者面前显摆的颛孙师有德行。孔子认为"不自夸，有人还可能做到；像他能做到不祸害百姓，就是仁德了。《诗》里说'平易近人的君子，是人民的父母'"，夸奖他的仁德修学很深。 [3.12.7]对于"独居思仁，公言仁义"的南宫适（括），孔子也信其能成为仁人，以为是高德异士。[3.12.11]同样，对于人称儒门"宗圣"，却谦虚低调、谨慎反省的曾子来说："子张相貌堂堂啊，很难和他并列为仁人。"[19.16]在喜欢批评别人的子游看来，"我的朋友子张是多么难能可贵，但还没达到仁道"[19.15]。而在孔子高徒子夏心中，一个人只要广博地学习而坚守最初的志向，恳切地求问而多思考当前的问题，仁道也就在其中了。[19.6]而那位外表宽容，内心正直，能约束自己，矫正行为，让自己更正直但不强求别人，努力追求仁义而终身行善的蘧伯玉，自然是一位汲汲于仁的仁者[3.12.17]。

想当年，先秦时代曾产生过一个关于著名政治家子产与伟大思想家孔子之间，推行仁道谁先谁后的有趣问题。这对我们做出他们两人之间，谁对中国仁道主义的推行有更大贡献的价值判断，不无启发。当时悬子问子思："我听说同声者相求，同志者相好。您的祖父见到子产，像兄长一样服事他，而世人都赞子产仁爱，称孔子为圣人，这是说圣人之道要服事仁爱之人吧，我不明白他们二人到底应该谁先谁后，故请教您。"子思说："您的提问是对的。从前季孙问子游时，也有您这类的问话。子游回答：'用子产的仁爱比喻孔子仁道，就像是灌溉之水与甘霖吧。'当时康子问：'子产死后，郑国男人们都不在身上挂玉珮，妇女都不在耳垂上戴玉饰，街巷的居民都哭泣了三个月，无一人奏乐。孔子去世的时候，我没听说过鲁国人有这样悲伤的，这是什么缘故呢？'子游说：'灌溉之水所到之处的植物都能生长，没水的地方植物都干死了，所以人们都知道灌溉的好处。甘霖滋润的生命，广大无边，人们享受甘霖的恩赐非常普遍，却不知道它的由来。这是因为，崇尚道德的人不大肆鼓吹道德，所以有真正的道德。'季孙认为'说得好'。"悬子说："是这样的。"[K2.6.3]而老子的名言"上德不德，是以无德"，竟然能借子游之口，圆满解答了孔子与子产两人在推行仁道主义方面孰先孰后的问题，也确是更耐人寻味的。

然而，矢志实施仁道的孔子，尽管有鲁哀公派人送财物去卫国迎接他的难得机遇，但最终还是不能重用他。[K2.5.6] 无奈之下，孔子创作了仁者乐山的《丘陵之歌》自嘲：

　　登顶丘陵，山坡蜿蜒。仁道在旁，求之很远。

　　迷途难返，踯躅不前。叹息忧虑，题词泰山。

　　高耸葱郁，勾连回旋。荆棘满路，无法攀缘。

　　砍树无枝，祸患蔓延。唯有长叹，涕泪涟涟。

《孔子儒经·亲仁篇》91节索引

【论语】46节

［1.3］［3.3］［4.1］［4.3］［5.5］［5.8］［5.18］［6.7］［6.22］［6.23］［6.26］［6.30］［7.14］［7.30］［7.34］［8.2］［8.7］［8.10］［9.1］［9.29］［10.12］［12.1］［12.2］［12.3］［12.20］［12.22］［13.12］［13.19］［13.27］［14.2］［14.5］［14.7］［14.8］［14.17］［14.18］［15.9］［15.10］［15.33］［15.35］［15.36］［17.6］［18.1］［19.6］［19.15］［19.16］［20.2］

【孔子家语】38节

［1.3.6］［1.5.8］［1.7.12］［2.8.3］［2.8.4］［2.8.8］［2.8.9］［2.9.8］［2.9.10］［2.10.12］［2.10.16］［2.10.18］［3.12.7］［3.12.11］［3.12.12］［3.12.17］［3.13.10］［4.16.7］［5.18.4］［5.18.5］［5.18.6］［5.18.9］［5.19.6］［5.22.2］［8.37.3］［9.38.1］［9.38.9］［9.38.13］［9.41.10］［9.41.12］［9.41.24］［10.42.10］［10.42.11］［10.42.29］［10.42.32］［10.43.6］［10.44.7］［10.44.8］

【孔丛子】7节

［K1.1.2］［K1.2.4］［K1.2.12］［K2.4.8］［K2.5.3］［K2.5.6］［K2.6.3］

　　孝，德之始也；悌，德之序也。

五、孔子的孝悌观·孝无终始

　　孔子孝悌观以孝道为本。孔子认为，"本立而道生"[1.2]，"孝，德之始也；悌，德之序也"[3.12.6]，故很早就将"孝""悌"作为他谋道、修德、仁政系统里依次递进的有机组成部分。在自己口述的《孝经》里，孔子站在道统天下、天人合一的哲学高度上颂赞道：孝道啊，就像天上日月星辰的运行轨道，就像地上万物的自然生长规律，就像人类行为的普遍法则，天经地义的法则，人类自然要效法它。只有效法上天那明明白白的永恒规律，利用大地那各类土质的有利条件，才能顺乎天下的自然规律，对天下民众施以孝道和教化。因此孝道的教化无须故作整肃威压就可以成功推行，孝道的政治无须故作严厉刑罚就能得以有效治理。[X7]

　　孔子循天谋道，教人事亲的孝道是"孝子之事亲也，居则致其敬，养则致其乐，病则致其忧，丧则致其哀，祭则致其严。五者备至，而后能事亲"[X10]。他还说："身体发肤，受之父母，不敢毁伤，孝之始也。立身行道，扬名于后世，以显父母，孝之终也。"[X1]这说明孔子认为，勿忘根本，孝敬父母，做到"敬老、养亲、治病、哀丧、严谨"等孝子五德，珍爱父母赐予自己的生命，不忘立身行道，才是始终尽孝的修德之道。至于所谓的"悌"德，也就是将悌敬兄长作为弟弟的本分，以保留同气连枝、兄弟和气、姊妹相亲、一母同胞、血亲共乳的血肉亲情，作为报答父母养育之恩的尽孝之道，以及儒家所看重的由血缘维系而使家兴族盛的悌道。

在以上孔子看似泛泛而谈，却十分精彩贴切的修德观基础上，孟子阐明了"五伦"修德观。他将封建社会所涉及的父子、君臣、夫妇、兄弟、朋友等五种最基本的人伦关系，梳理成更完善的修德系统。用孟子的话说，那就是："使契为司徒，教以人伦，父子有亲，君臣有义，夫妇有别，长幼有序，朋友有信。"这实际上是根据君臣之间上下相怜，理应相扶相携，同舟共济，君义臣忠，共荷礼义之道，故应忠；父子之间有尊卑之序，理应父慈子孝，慈孝相继，故应孝；手足之间长幼有序，乃骨肉至亲，有兄友弟恭，礼义相悌之道，故应悌；夫妻之间内外有别而挚爱情深，理应举案齐眉，相敬如宾，循平等相爱，相濡以沫之道，故应忍；朋友之间乃是义气相投，肝胆相照，以正相契的诚信之交，应循互谅互让，荣辱与共之道，故应善的儒家伦理，形成了作为人伦中之双方都必须遵守的"忠、孝、悌、忍、善"等五伦关系准则，以按照仁木父子亲，智水夫妻别，礼火长幼序，信土朋友信，义金君臣义等五行顺生之道德规律，协调好人世间的基本人伦关系。

其实，早在孟子之前，《尚书·尧典》中就提出了"慎徽五典"的说法，即要以五种美德教导自己的臣民。据《左传》解释，这"五典"就是"父义、母慈、兄友、弟恭、子孝"等五德。此后，孟子根据孔子提出的"君君、臣臣、父父、子子"的人际准则，增加了君臣关系后，才在整理和总结古代伦理关系和道德规范的基础上，完善了封建社会里人际的五伦基本道德关系，提出了"臣忠、子孝、弟悌、夫忍、友善"等道德规范。

兴文抑武的宋代，以"孝、悌、忠、信、礼、义、廉、耻"等为"八德"，将纵向的"父慈子孝"与横向的"兄友弟恭"，交织成牢固的家庭伦理网，体现了宋代以"家和万事兴"所实现的"家固而国宁"的孝道治国理念。这种在"家"与"国"的关系上突出"孝悌"，并置于"忠信"之上，比孟子的"五伦"更易为百姓接受，可谓是宋代社会审时度势的民俗化创造，影响直至明清。此后为抵御西方弱肉强食之丛林法则的猛烈冲击，孙中山、蔡元培等毅然提出了"忠、孝、仁、爱、信、义、和、平"等新"八德"，参酌孟子与宋儒的修德排序，重新将"忠"置于"孝"前，把"国"置于"家"前，以仁爱、信义为主心骨，以社会之"和谐"与国际人际关系之"平等"为民族美德。这不仅适应了现代"国家至上""有国才有家"的价值观，而且警醒了正处于半殖民地半封建社会的中国人民，明白了"国破"必"家亡"的真理，可谓革命先行者孙中山立足中国，面对世界，顺乎历史潮流之举，为激励国人提升政治觉悟和道德意识，将忠于祖国、忠于人民放在首位，重新建构"以民为本"的中华伦理道德观，奠定了道德文化基础。

孔子自言"四十不惑"。其秉持世界公认为道德银律的"己所不欲，勿施于人"的仁道主义，以贵贱分尊卑，以血缘别亲疏，将孝亲作为亲仁起点，将孝顺父母、爱兄悌弟作为家庭和睦的修德内容，将"父慈子孝"推至天人合一的孝道高度，将《孝经》明示的"以孝治国"作为学经典、定礼乐、立人伦、安天下的孝治纲领，避免了不孝弃亲的人伦悲剧。

更重要的是，对于孔子来说，顺天道与修人道是完全一致的，子女孝亲从人类的育幼养老之途看，本来就是一件顺应自然、谋合天道、天公地道的合理之事，故为人子者绝不能违逆父母。因此当宰我嫌三年守丧时间太长，丧期早该结束，受到孔子责问依然认为自己可以心安，扬长而去时，孔子深叹并批评他："宰予不仁啊！小孩出生三年，然后才离开父母怀抱。三年丧期，天下通行的丧期啊。宰予也有对于他父母的三年之爱吗？"[17.21]由此可见，孔子明确将孝亲思亲作为子女报答父母养育之恩的本分，作为弟子修养仁道的道德标准之一，这与孟子所说的"天下溺援之以道"是一致的。

检索"孝悌"之关键词，出自孔子的"哀鳏寡，养孤独，恤贫穷，诱孝悌，选才能"[1.3.3]之句。参照他有关"孝，德之始也；悌，德之序也"[3.12.6]的论断，以及列入蒙学读物《弟子规》总序，他要求"弟子入则孝，出则悌，谨而信，泛爱众，而亲仁。行有余力，则以学文"[1.6]的名言，"孝悌"似应列于"亲仁"前。但从"不孝者生于不仁"[7.30.2]以及"志于道，据于德，依于仁，游于艺"[7.6]的孔子名言看，孝悌观还是在亲仁观之后，列入孔子哲学九观体系之七为好。它比较符合先有"仁者爱人"之心，后有"亲亲为孝"，即先仁后孝的人伦逻辑，以及中国人仁孝并称，仁为孝本的心理范式，更能体现出孔子一贯主张的仁孝礼治、孝亲悌友、立身齐家、以孝治国的孝悌之道。

（一）孔子的孝道教化与孝治天下

《孝经》排序与《论语》《孔子家语》各卷章不同，它内容井然有序，逻辑结构本身就是儒家社会等级制的体现。所以开篇六章里就按照天子、诸侯、卿大夫、士族、百姓的不同等级，对社会各界如何遵循孝道，提出了不同的要求。这很大程度上是由他们各自的社会角色与承担的责任义务所决定的。

对于天子之孝而言，孔子指出，古代的贤德君主发现孝道的政教可以感化人，所以首先倡导博爱，这样就没人敢遗弃自己的父母双亲了。把孝道的品德和大义详细地陈述，民众自然会去遵守奉行，再率先以敬爱和谦让垂范于世，民众也就不再互相争斗了。接着又用礼仪和音乐去引导并鼓舞民众，民众自然也就和睦相处了。这是向民众展示了可喜的美德和可恶的陋习，民众自然知道该严禁的行为而不会违法了。[X7]同时，孔子还强调应做到"爱敬尽于其事亲，而德教加于百姓，刑于四海"，重在垂范。孔子还指出："古代明君治理百姓，一定要按爵位礼法，把土地分封下去，分派官吏来治理。这样贤良人才就不会被埋没，粗野暴民也无处隐藏。平日派主管的官员按时视察，定时考核，引进贤人良才，罢免劣等官员，这样就会让贤才愉快而劣官害怕。悲悯无妻无夫或丧偶的老人，抚养无父母的幼年孤儿和无子老人，抚恤贫穷困苦的人，引导百姓敬父母、尊兄长，选拔各类良才。这七个方面做好了，那么四海之内就没人犯法了。居上位者爱护百姓，如手足保护心腹，那么百姓爱戴居上位者，就会如幼儿关爱慈母一样。上下如此相亲，百姓就会听从命令，措施就能推行，百姓就会感怀德政，附近的人心悦诚服，远方的人纷纷归附，政治就会达到最高境界。"[1.3.3]

孔子还以史为鉴地指出："过去英明的帝王侍奉父亲时，都很孝顺，所以在遵循天道理政时，能明白各种事理。他伺奉母亲时也很孝顺，所以在效法地道理政时，也能深察各种治国道理。他能理顺社会的长幼秩序，所以国家的上下层之间也就能够安顿整治好了。他能够明察天覆地载，养育万物的精微道理，天下的神灵也自然会彰显他的明智高超。所以即使是天子，也必定要有他所尊敬的人，这里说的就是他的父亲。他必定会有比他先出生的人，这里说的就是他的兄长。他到祖宗庙堂里祭祀致敬，是表示没有忘记亲人。他修身养性，谨言慎行，尽量不犯错误，是担心辱没了祖先。只要到宗庙祭祀，诚心地致以敬意，鬼神们就会来享受。对父母兄长的孝心顺从达到了极致，就能通达感应上天神明，让孝悌的美名传遍四海，做什么事都无不顺利。"[X16]因此，孔子强调明王以孝治天下时，治国者不敢侮于鳏寡，故得百姓之欢心，以事其先君。治家者，不敢失于臣妾，故得人之欢心，以事其亲。[X8]孔子还说，从前贤能圣明的天子，都坚持以孝治理天下，所以能得到各诸侯大国和各小国臣民的欢心，得到属下众人的欢心，以孝心去伺奉他们的父母亲。所以凡是以孝治理天下的圣明天子，都会像先王教导的那样去做。[X8]

同时，孔子还指出："君子的教化要实现孝道，这并不是要天天到每家每户去耳提面命。通过教人行孝道，是要让天下为人父亲的人都能得到尊敬。通过教人为弟之道，是要让天下为人兄长的人都能受到尊敬。通过教人为臣子之道，是要让天下为人君主的都能受到尊敬。《诗》里说，'和气快乐平易近人的君子啊，就像是民众的父母'。要不是具有至高无上的美德，谁能使天下广大民众这么顺从伟大的孝道呢？"[X13]

对于分封后掌握实权的诸侯而言，孔子认为，诸侯之孝要"在上不骄，高而不危，制节谨度，满而不溢"，重在适度。孔子指出，如此一来，高居百姓之上而不骄傲的诸侯，地位虽高却不会有垮台的危险。只要做到节制法度，谨慎俭朴，国库再丰实厚积也不会损失溢出。正因为他能够身居高位而没有垮台的危险，所以能长久地保持尊贵的地位。正因为他财富丰足而不奢华，所以能长期地保守自己的财富。诸侯能够富有和尊贵不离身，然后才能保住自己的家国，与治下的人民百姓和睦相处。这就是诸侯的孝道啊。[X3]

对于协助天子与诸侯的卿大夫之孝而言，孔子认为首要是做到"非法不言，非道不行，口无择言，身无择行，言满天下无口过，行满天下无怨恶"[X4]，这才是大夫之孝，重在慎行；士阶层的孝要"忠顺事上，保禄位，守祭祀"，重在义务；庶人之孝应"谨身节用，以养父母"，重在实诚本分。此后《孝经》才接着在三才、孝治、圣治、纪孝行、五刑、广要道、广至德、广扬名、感应、事君诸章中，进一步将孝道与宗法制联系起来，要求推广至治国忠君各方面，使孝悌之至道"通于神明，光于四海，无所不通"，以实现孝道治国、天人感应和扬名立万。由此可见，孔子很早就明确将孝道作为自己学而优则仕的谋道之途，故此当有人问孔子，您为什么不从政时，孔子说："《书》说：'孝道啊，就是将孝顺父母、友爱兄弟，实施于治国理政之中。'这说明推行孝道就是为政了，为什么一定要做官才算是为政呢？"[2.21]这充分体现出孔子以孝治国的思想。

在《孔子家语》里，孔子主要通过对曾参传授的"孝治七教"，描述了孝治教民的和美佳境，表达了"上敬老则下益孝，上尊齿则下益悌，人君先立仁于己，然后大夫忠而士信""哀鳏寡，养孤独，恤贫穷，诱孝悌，选才能"[1.3.3]的孝道思想。孔子认为，居上位者敬老，百姓会更遵孝道；居上位者敬年长的人，百姓会更敬重兄长；居上位者乐善好施，百姓会更宽厚；居上位者亲近贤人，百姓会择交良友；居上位者重视道德修养，百姓就不会隐瞒心思；居上位者厌恶贪婪行为，百姓就会耻于争利；居上位者廉洁谦让，百姓就会以无气节为耻。这就是七种教化。这七教是治民的根本。政治教化之道定准了，治民的根本就端正了。凡居上位者都是百姓表率，表率正了还有什么不能正的呢？因此国君首先要自己做到仁德，然后大夫才会忠诚，士才会守信，百姓才会敦厚，风俗才会淳朴，男人才会诚实，女子才会忠贞。这六方面是教化的结果，这样的教化用于天下不会被四方怨恨，用于治理家庭不会被拒绝。[1.3.3]

　　《孔子家语》之所以用大量篇幅详述家族祭祀礼仪，就在于孔子所推崇的孝道，建立在仁道的人性基础上。孔子认为，仁者爱人，首先体现在他对从小就无微不至地关爱自己的父母双亲的挚爱之上。即使从小孩出生三年后才离开父母怀抱，父母对幼童多年的呵护养育之恩来看，自己为父母守丧三年也是极为合理的应有答谢。为此，孔子批评宰予不仁，没有对他父母的三年之爱。[17.21]有鉴于此，在分析了种种不孝行为后，孔子认为，不孝者是由于不仁，不仁者是由于丧祭没有礼制。明白丧祭之礼，要教会民众仁爱。能教会民众仁爱，他们服丧时就会思念、仰慕并祭祀亲人，不懈地履行子女赡养父母之道。明白了丧祭之礼，民众就会孝悌了。即使有不孝入狱之罪，也不会有陷入刑罚的民众。[7.30.2]对此颇有心得的曾子，曾深有体会地说："谨慎地办理父母丧事，追念先祖，民德美俗就会更加淳厚。"[1.9]

　　以谋道为己任的孔子，站在人之所以为人的仁道主义立场上，严正地指出："以割鼻、断趾、砍脚、宫刑、杀头这五种刑律惩治犯罪的条例，共有三千多种，但其中没有哪一种罪恶是要比不孝的罪过大的！胆敢用武力要挟君主的人目无尊长，胆敢诽谤圣人的人无法无天，胆敢诽谤孝道的人目无父母亲，这些言行都是导致天下大乱的罪恶途径。"[X11]因此，刚当上中都宰的孔子，一听说季平子去世后想以国君专用美玉陪葬，还配上珠宝玉石时，立即赶去说，以宝玉送葬，会引发民众犯奸获利的念头，有害于死者。孝子不以哀情伤害亲人，忠臣不以邪恶征兆陷害国君。孔子于是制止了厚葬。[10.43.17]后来，孔子还在总结宓子贱推行孝道的成功经验时说，他像服事父亲那样侍奉三位老人，可以教民众懂得孝道；像服事兄长那样服事五人，可以教民众学会敬爱兄长的悌德；像交往好友那样交往朋友十一人，可以提倡友善美德；但只有尊敬比他贤能的五人并向他们虚心请教，才是他治理好单父的大道理！从前尧舜治理天下，一定要访求贤人来辅助自己。那些贤人，是百福来源，神明主宰啊。可惜宓子贱所能治理的地方太小了。[3.14.7]

值得注意的是，与后世一般将孝道与忠君相对立，认定忠孝不可两全相反，孔子不仅直接将行孝等同于从政，而且勇于反对愚忠愚孝。故当子贡问子从父命是否孝顺时，孔子批评他："你多浅陋啊！赐，你真不知道啊！过去有万辆战车的贤明君王，有七位直言谏臣，君王就不会有过失了；有千辆战车的诸侯国，有五位直言谏臣，国家就不会危险了；有百辆战车的卿大夫家，有三位直谏家臣，俸禄爵位就不会丢失了。父亲有直谏的儿子，就不会陷入无礼的危境；读书人有直谏的朋友，就不会做不义之事。所以儿子盲目服从父命，怎能是孝顺呢？臣下盲目服从君王命令，怎能是忠贞呢？能看清该服从什么，这才叫孝顺，这才叫忠贞。"[2.9.9]孔子还认为："君子以孝道侍奉父母，所以能将他的忠诚之心转移到国君身上。他尊敬自己的兄长，所以能把顺从之心移来对待前辈或上司。他能处理好自己的家务，所以能把理家之道移于官府治理国家。能够在家里成为尽孝悌之道的人，他的美好名声一定会显扬于后世。"[X14]以上这些论述，充分说明了孔子对愚忠愚孝的强烈反感和坚决反对。

孔子把孝道作为圣治理想。他指出："天地之性，人为贵。人之行，莫大于孝。"[X9]品德操行没有比孝道更高的了。对父母亲的亲情，早在幼儿子女相依父母膝下嬉戏时就产生了，所以在父母养育下逐渐长大成人后，儿女会一天比一天更深地懂得对父母尊亲的爱敬。圣人依据这种子女对父母尊亲的崇敬天性，教化人们对父母的孝敬。根据子女对父母天生的亲情，教导他们学会慈爱的道理。所以圣人的教化不必过于严厉，就可以成功地推行，他的政治管理不必过于苛刻严厉，就会治理得当，都是因为抓住了以德治国的根本。圣人对国家的管理不必施以严厉粗暴的方式就可以治理好，是因为他们遵循的是孝道这一天生自然的根本天性。父亲与儿子的血缘深情与相处之道，是出于人天生的本性，也体现了君主与臣属上下之间的大义天理。所以那种不关爱父母亲人，反而去关爱外人的，就叫作违背孝道美德。不尊敬父母亲，反而去尊敬外人的，就叫作违背孝道礼法。不顺应人心关爱孝敬父母，就会违逆天理，民众也就失去效法的准则了。[X9] 由此看来，父母丧日三天之后可以吃东西，这是教导百姓不要因亲人亡故过于悲哀而损伤身体，不要因亲人的故去而灭绝生命的天性，这才是圣贤君子注意适可而止的为政之道。[X18]

（二）孔子尊老爱幼的孝悌之道

历代先王尊老孝悌，天下大众受益，而成为后世楷模，这是孔子阐述孝悌之道的历史根据。他回顾说："从前有虞氏重视道德并尊重老人，夏后氏重视爵位并尊重老人，殷朝人重视富人并尊重老人，周朝人重视亲人并尊重老人。虞夏殷周这四个朝代，都是天下盛世的王朝，都没遗忘老人。老人被天下尊重已很久了，仅次于服事双亲。因此朝廷中爵位相同的先尊重年长者，七十岁可以拄杖上朝，国君请教时要设好座位；八十岁可以不上朝，国君请教时要到他家里去，这样敬之道就达到朝廷了。行路时不要与老年人并肩，或是错开，或是随后，也不要让头发花白的老人负重上路，这样敬老之道就实行于路上了。居住乡村中以年老为敬，这样老人穷了也不会匮乏；强者不欺凌弱者，人多不欺负人少，那么敬老之道就贯彻到州巷之中了。古代敬老之道规定，五十岁不再服田猎等劳役，分配猎物时要优待老人，那么敬老之道就通达狩猎活动中了。级别相同的军人要敬重长者，这样敬老之道就达到军队中了。圣王提倡的孝悌之道于朝廷发起，实行于大道，达到于州巷，推行于田猎，遵循于

军队，那么民众感受到敬老悌德之义，宁死也不会违犯了。"[9.41.25]

要之，仁在孝先，是从人性的养成目标而言；孝悌为本，孝在仁前，是就修己成仁的过程而言。而孔子有关"本立而道生"[1.2]，"三年都不改变父亲合理的为人处世之道，这可以说是孝了"[4.15]，"为人弟子，入家门要孝顺父亲，出门要敬爱兄长，谨言慎言守信用，博爱大众，践行仁义。这样做了之后还有余力的，就要好好学文化"[1.6]的教导，实际上就是要人们把尽孝作为立仁谋道的开端。所以在弟子曾参笔录孔子教诲的《孝经》开篇即强调："夫孝，德之本也，教之所由生也。"同时，孔子还指出："身体发肤，受之父母，不敢毁伤，孝之始也。立身行道，扬名于后世，以显父母，孝之终也。夫孝，始于事亲，中于事君，终于立身。"[X1]这也正是孟武伯问什么是孝时，孔子回答"孝，就是父母要担忧的只有子女的疾病"[2.6]的原因。

百善孝为先。自汉代以来《孝经》被奉为儒家经典，更因晋武帝、晋元帝、梁武帝、唐玄宗、清顺治帝的御注御制后而广为传播，"孝"被明确认定为道德之本，是上天所定的社会伦理规范："夫孝，天之经也，地之义也，人之行也""人之行，莫大于孝"。按照孔子所述的这一儒家血缘社会的道德标准，孝道源于亲族传人血脉相连的天性，是人类永存、繁衍生息的起点和终极目标。一切人伦、主从、亲疏、利害关系，都必须建立其上，接受亲情检验，以其自觉度、忠诚度、践行力度和完美度，来体现儒者品德和自身价值。所以，说《孝经》后来成了中华民族的明德修身宝典，孝道成了历朝统治者心仪的治国法宝，毫不过誉。

在先师孔子口述而成儒家经典的《孝经》里，孔子认为："仁人不能逾越万物自然法则，孝子不能超越家族血统亲情。所以仁人侍奉亲人就如同侍奉天，侍奉天就如同奉养双亲，这就叫作孝子成就了自身。"[1.4.6]在孔子看来，"父亲健在，就观看儿子的志向；父亲已去世，就观察儿子的行为；三年都不改变父亲良好的为人之道的，就可以称为孝子了"[1.11]。孔子坚信，深爱自己父母亲的人，一定不敢厌恶别人。尊敬自己父母亲的人，一定不敢怠慢别人。他会以爱心孝敬自己的父母亲，并将道德教化百姓人民[X2]，只有这样，才能做到立身有情义，以孝道为本[4.15.1]。

孔子认为，用伺奉父亲的爱心去伺奉母亲，这爱心是相同的。用伺奉父亲的心情去伺奉国君，这崇敬之心也是相同的。所以对待母亲要有爱心，对待君主要尊敬，对父亲要尊敬兼有爱心。懂得用孝道侍奉君主的就会忠诚，懂得尊敬侍奉上级和长辈的就会顺从。能忠诚和顺从地服事尊长，才能保住自己的俸禄和职位，守住自家对先祖的祭祀。这才是士人应有的孝道啊！[X5]因此，利用天道循环的季节变换，分辨和利用各类土地，立身谨慎小心，节约生活开支，供养善待自己的父母，这就是老百姓的孝道了。从地位最高的天子，直到最下层的普通百姓，无论是诸侯还是卿大夫和士族，他们所要遵循的孝道都是无始无终的，要说天下会有人担心自己做不到，那是从来也没有的事情啊。[X6]

在孔子看来，如果有一个人起得早，睡得晚，耕地、除草、种庄稼，手掌脚底都磨出了茧子，以养活父母，却没有孝子的名声，这也许是他自身有不敬的行为吧。他说话温顺吗？脸色和悦吗？古人说："人不会欺骗自己。"如果他能尽力养亲，怎么会没有孝子名声呢？因此，内心不修德，是自身的错误；品行修好了而名声不彰显，是朋友过错。品行修好自然有名声。所以君子在家要认真修行，出外要结交贤人。这样怎会没有孝名呢？[5.22.3]孔子的仁孝施教方法，是"先之以《诗》《书》，导之以孝悌，说之以仁义，观之以礼乐，然后成之以文德"[3.12.1]，这与之前所说，《弟子规》总结的"守孝悌，次谨信，泛爱众，而亲仁，有余力，则学文"也是一致的，它最后达致的，是人不独亲其亲，不独子其子，老有所终，壮有所用，幼有所长，矜寡孤独废疾者皆有所养的"大同"[7.32.2]。

要而言之，通观《论语》《孔子家语》以及《孝经》诸章，无不巧妙引用《诗经》名句，归纳各章节要点，借以塑造中华传统美德，建立孝道治国理论系统的逻辑性。它们首先从孝道榜样方面，树立起历代圣君孝亲治国的光辉榜样，即孔子所说的"昔者明王事父孝，故事天明；事母孝，故事地察；长幼顺，故上下治。天地明察，神明彰矣"。其次从孝道效果方面，分析齐家治国之益处，即"君子之事亲孝，故忠可移于君。事兄悌，故顺可移于长。居家理，故治可移于官。是以行成于内，而名立于后世矣"。其三从孝道治国方面，说明教人行孝是教育人民互相亲爱，受到教化的最简便、最感人、最有效的办法，它无须挨家挨户天天教导，只要采取"进思尽忠，退思补过，将顺其美，匡救其恶"之法即可。其四从不讲孝道的后果方面，指出武力胁迫，诽谤圣人，非议行孝是天下大乱的根源，会导致"骄、乱、争"的现象，强调"罪莫大于不孝"，以借助国家法律来维护孝道宗法和道德秩序。最后从社会践行孝道方面，针对社会各阶层实际情况，指出子女应尽到"居则致其敬，养则致其乐，病则致其忧，丧则致其哀，祭则致其严"的责任，否则即便天天用牛羊猪肉尽心奉养父母，也还是不孝！

（三）孔教之孝敬父母与和睦家庭

子游问什么是孝时，孔子说，今天一些人说的孝，是能给父母养老。那无论是狗是马，都能说养。子女如不能敬老，跟畜生有什么区别呢？[2.7]孔子认为，孝顺子女平常居家时，对父母亲的侍奉，要致力于诚意恭敬。在赡养父母时，要让他们感到愉快欢乐。在他们生病的时候，要心怀忧虑地照料。在他们去世的时候，要致以深切的哀悼。在祭祀他们的时候，要庄严肃穆。只有把这五方面都做得完备周到了，才能称得上是对父母亲尽到了子女的责任。侍奉父母亲的子女，身居高位时不可骄傲蛮横，身居下层时不可作乱惹事，子女间不要为博得父母的宠爱而争斗。因为身居高位骄傲自大的会导致灭亡，身处下层作乱惹事的免不了遭受刑罚，为家中争宠斗殴的会自相残杀。如果不除去这

骄横、作乱、争斗的三项恶事，即便用肥牛、肥羊、肥猪这三牲的肉食去奉养父母，终究还是不孝之子。[X10]

尊重父母，不仅仅在衣食住行上，还要重视发挥"礼乐"对孝道的升华作用，也是孔子的一贯观点。当孟懿子问什么是孝时，孔子说："不违背礼。"当樊迟追问这是什么意思时，孔子说："父母在世，要以礼服侍，死后要以礼安葬，以礼祭祀。"[2.5]孔子认为，教育民众相亲相爱，和睦家庭，最好的方法是倡导孝道。教育民众识礼顺从，最好的方法是顺从兄长。改善社会风气与民俗，最好的方法是用音乐教化。所以尊敬别人的父亲，他的儿子会心中喜悦。尊敬别人的兄长，他的弟弟就会愉悦畅快。所尊敬的人虽少，而感到心悦诚服的人却非常多，这就是重要的道义啊。[X12]

"生事爱敬，死事哀戚。生民之本尽矣，死生之义备矣，孝子之事亲终矣。"[X18]在孔子看来，孝子一旦不幸丧失了父母亲，痛哭时不要哀噭，礼仪上不要保持平时的端正仪容，言语上也不必过于讲究文采修饰。穿着华美衣服时会心中不安，听到美妙音乐时不会感到快乐，吃到美味食物时也不会觉得甘甜鲜美，这是孝顺儿女自发的哀痛悲戚啊。为至亲家人守丧不要超过三年，是宣示百姓丧事也是要适时终止的。在为去世的父母举行庄重的丧礼时，要小心妥善地陈列摆设祭品，以寄托子女的哀伤悲悼心情。在每年都适时地举行祭典，以时时思念亡故亲人的恩德。在父母亲生前诚心关爱尊敬他们，在他们不幸去世后以悲哀的心情尽力料理好后事，这样才算尽到了人生在世应尽的本分，孝子侍奉亲人的孝道也才真正的圆满了。[X18]

孔子主张孝子祭祀时要表达孝心，不可马虎。听说鲁国公索氏准备用来祭祀的牲口竟然走丢后，孔子说："不出两年，公索氏就会灭亡。"一年后，公索氏灭亡了。门人问孔子是怎么知道的，孔子说："祭祀，是孝子向亲人表达孝心的大事。将要祭祀却丢了献祭牲口，他其他方面丢失的会更多。像这样还不灭亡的，从来没有过。"[2.10.9]对于死者有没有知觉的问题，孔子对子贡说："我若说死者有知觉，恐怕那些孝顺子孙会因送别死者而妨害了生人；我若说死者没知觉，又怕不孝之子会抛弃亲人而不埋葬。所以这不是当务之急，你以后自然会知道的。"[2.8.17]

如果说父慈子孝是家业兴旺的关键，那么兄友弟恭则是家庭和睦的前提。对于不关爱兄弟的人，孔子是十分反感的。有一次，他见到老朋友原壤叉开着两腿，坐着等候，就当面批评道："小时候不关爱兄弟，长大后也没什么贡献可说，真是个老不死的害人精！"孔子还用拐杖轻叩他的小腿。[14.44]与此同时，孔子还把兄弟间以国家利益、道德价值为重的大义灭亲，也作为悌德典范，这是值得今人深思的。如他有一次评说："叔向是古代正直君子的遗风。他治国判案不包庇亲人，三次历数了哥哥叔鱼的罪恶，不为他减少分毫。有人说这是义，我说这是正直。平丘的盟会，他指出叔鱼贪财，宽免了卫国，使得晋国没做凶暴事。他放归了鲁国的季孙意如，指出叔鱼欺诈，宽免了鲁国，使得晋国没做凌虐事。邢侯的案件，他指出叔鱼贪婪，判了他的刑，使得晋国没做偏颇事。叔向三次直言三除罪恶，获得了三种国家利益。杀了亲人而名声更荣耀，这是因为做事合乎道义啊！"[9.41.9]有一次，当孟武伯问孔子，古人是否会为同僚服丧时，孔子回答："会的。同僚之间有朋友相处之义，如过于看重贵贱的不同，就没有同朝为官的情谊了。我曾经听老子说过，从前虢叔、闳夭、太颠、散宜生、南宫适（括）等五位大臣有同僚之谊，同心同德地协助周文王和周武王父子。虢叔去世后，其他四人一起为他服丧。这种朋友间的悌德服丧，古代通达礼仪的人是这样做的。"[K1.3.2]

另一个悌德的例子是，颜雠的孝亲做得很好，子路很佩服他的孝义。后来颜雠在卫国无辜获罪，将被处死。子路请求以金钱赎命，卫国人准许了，于是同门弟子有二三人凑了钱，交给子路去卫国赎人。有人对孔子说："接受他人的金钱来赎亲近的私交，这符合义吗？"孔子说："为了情义而赎好友，因贫穷而向朋友借钱，这不是义又是什么呢？贪财而令无辜陷入重刑，凡是人都不忍心，何况这几个弟子还是为了子路亲近的私交呢？《诗》里说，'如果可以赎命，愿以百倍代价换他一命'。如果出钱就可以救活生人，即使百倍价格古人也不以为多。这几个弟子是为了达成目的，让子路成就义举，这不是你所知道的啊。"[K1.3.8]

孔子认为，有父母不能孝敬，却要求儿子报恩，这不是恕；有哥哥不尊敬，却要求弟弟顺从，这不是恕。[2.9.1]父有诤子，就不会身陷于不义。所以他强烈反对儿子绝对服从父亲，就是孝顺的说法，认为如果一味盲目服从父亲命令，并不能称得上尽孝道[X15]。弄不好甚至可能陷父于不义，就更不孝了！有一次，曾参误把瓜苗根锄断了。他父亲发了怒，操起大棒就打，曾子被打得倒地不省人事。孔子听说后很生曾参的气，曾参却自以为没罪，让人请教孔子。孔子以舜避开瞽瞍杀害，使父亲没有犯下不遵父道的罪，舜也没有失去尽孝机会的故事为例，说明曾参宁受父亲暴打也不躲避，这样做自身死了还要陷父亲于不义，这罪多大啊！曾参听后明白了自己的过错，到孔子那里去认了错。[4.15.10]

与此同时，孔子还主张将父子伦理亲情的重要性置于法律之上。这也是儒家与法家的分野处。他不认同叶公将父亲偷羊，儿子作证的薄情寡义，视为正直人，而主张"父为子隐，子为父隐，直在其中矣"[13.18]。孔子还认为儿子对父亲的处事立世之道，要予以足够尊重而不应轻率否定，这就是"父在，观其志；父没，观其行；三年无改于父之道，可谓孝矣"[1.11]的道理。为此，孔子赞扬道：孟庄子的孝道，其他方面都可做到，但他不改换父亲的老臣与理政方式，则是难能可贵的。[19.18]此外，孔子还主张子女应做到"父母在，不远游，游必有方"[4.14]，尽量设法留点时间陪伴老年父母。同时，服事父母的时候，要委婉细心地劝谏他们；他们决意不听从时，仍要做到又尊敬又不违背他们，还要做到耐心操劳而不埋怨。[4.13]他认为，"子女的脸色恭敬最难。老人有事，弟子可以代劳；有酒食，可以先送上，这就是孝了吗？"[2.8]孔子还深情地说，对于父母的年纪，不可以不知道。一方面为他们高寿而喜悦，一方面为他们渐渐衰老而担忧。[4.16]

（四）孔教之孝子楷模与孝道传承

孔子把"士"视为道德君子，欣赏他们相互勉励的友情与兄弟和气。他认为："互相督促，亲切和气，可以称为士了。朋友之间，督促勉励，兄弟之间，亲切和气。"[13.28]当子贡问如何善待朋友时，孔子说："耐心地忠告他，善意地劝导他。如果还劝说不了他，也就可以停止了，不要自取其辱。"[12.23]当子贡怎样才可以称为"士"时，孔子把行事知道羞耻，出使四方各国，能够不辱君命的人称为第一等；把宗族里称为孝子，乡里人称他友悌的列为第二等；把说话必定守信，行动必讨要个结果的固执己见的小人列为第三等，至于当时的从政者，则都是些气量狭小的人，连士都算不上[13.20]。由此可见，孔子对孝德贤良者的重视，仅次于懂得羞耻，不辱君命，为国尽忠的堂堂君子，而胜于那些看起来言必信，行必果，却盲目无知的莽汉，更远超于那些地位显赫，趾高气昂，却气量狭小的从政者。

孔子对恪守孝道者很是看重。他曾说："真仁孝啊，闵子骞！人们无法挑剔他父母和兄弟们对他的赞美之言。"[11.5]子路对孔子说起自己年少时，背负重物，远途跋涉，从不选择休息的地方；家庭贫穷，父母年老，自己从不计较俸禄的多少出去做官。从前侍奉父母时，经常吃粗劣饭菜，为父母到百里之外去背米。双亲去世之后，南游到了楚国，随从车子多达百辆，积累粮食多达万钟，铺着层层厚垫而坐，摆列大鼎尽情吃饭，这时即使再想吃粗劣饭菜，为父母背米，也不可能了。枯鱼串着绳索，怎能不生蛀虫？父母的寿命，就像白驹过隙一样飞快闪过。孔子感动地说："子路侍奉父母，可说是活着时尽了力，死后也尽了思念之情。"[2.8.12]

在孔子看来，君子奉事上司和君王，进入朝廷当官时，要想着如何尽忠效力。在退出官场闲居家里时，要想着如何补救自己和朝政的过失，顺势发扬朝政善治的优点，补救朝政的严重弊端，使得社会上下层的关系更加相亲融洽。这就如同《诗经》所说："心里充满深深的爱意啊，不论彼此相隔得多么遥远，我的无限爱意都珍藏在心中，永远不会有忘记的那一天。"[X17]因此，能像子路这样当官后能不忘忠君，同时常常思念亲人，常常思念朋友，心中充满爱意的人，是值得尊重的。如有一次，鲁国有一个很节俭的人，用瓦锅煮了些食物，他吃后觉得味道很美，就用小瓦盆装了一些献给孔子。孔子接受后，非常高兴，就像是接受了美味盛宴的馈赠。子路说："小瓦盆是简陋用器，煮熟的是普通饭食，您为什么这么喜欢呢？"孔子说："喜好劝谏者常思念国君，品尝美食者常思念双亲，我看重的不是饭菜食器的好坏，而是他在吃好东西的时候还想到了我。"[2.8.2]

还有一次，孔子在去齐国的半路上，听到哭声很悲哀，对随从说："这哭声很悲哀，但不是丧失亲人的悲哀。"于是继续驱车前行，看到一个人手拿镰刀，身穿素衣，哭得并不哀伤。孔子下车问清了他是丘吾子后说："您为什么哭得如此悲伤？"丘吾子说："我有三件过失，晚年后悔了却无法补救。我年轻时很好学，走遍了天下，后来还乡，已失去了父母，这是过失一。年长后侍奉齐国君主，他骄奢失去了臣民拥护，我没尽到臣子节义，这是过失二。我平生爱交朋友，如今却都断绝了来往，这是过失三。树欲静下来而风不停止，子欲养老而双亲不待我。一去不返的是岁月啊，不能再见的是父母！请让我从此辞世吧！"于是投水而死。孔子对弟子们说："你们要记着，这足以为戒了。"自此以后，弟子中辞别回家奉养父母的有十三人。[2.8.10]

为彰显孝道楷模，《孔子家语》里记载了不少孝子德行。其中有孝顺恭敬，慈善仁爱，涵养品德，谋求仁义，节约财物，去除怨恨，看轻财物而又不使自己匮乏的柳下惠[3.12.18]；思考天道且尊敬别人，服从仁义而行动守信用，孝敬父母，尊兄友弟，从善如流并教导那些不走正道者的赵文子[3.12.14]；改变自己的行事方式以等待时机，地位虽低也不逢迎攀高枝，四处游学观览，不忘远方父母，不只顾自己快乐，努力学习，不造成终身遗憾的介子推[3.12.21]；以德行著名，孔子称赞他孝悌的闵损[9.38.2]；为人特重孝道而效法正道的高柴[9.38.12]；能早起晚睡，背诵经书，崇尚礼义，孔子以《诗》'始终不忘孝亲，谨守孝道法则'赞扬的颜回[3.12.1]；以及孔子亲自为其母去世备棺，棺椁做好了，其旧友登上去敲着棺木放歌，以寄托哀思的原壤。孔子不但为原壤思母的失态遮掩，拒绝了子路要自己与他断绝交往的提议，并为他辩护："我听说，亲人不会失掉他的亲情，老友也不会失掉他的友情。"[8.37.5]但说起这些孝子中最出色者，还是那位完满而不自满，充实而虚心，超越了还如同没赶上，这连古代君王都难做到，知识广博，无所不学，容貌恭敬，德行敦厚，对人说话，坚守信用，志向高尚远大，常怀浩然之气，自然因此而长寿的曾参。孔子说："孝是道德起始，悌是道德次序，信是道德增进，忠是道德准则。曾参集中了这四种品德。"[3.12.6]这也是相传孔子亲述由曾子记录为《孝经》[9.38.10]的重要原因。

　　多年之后，赵王问孔子八世孙子顺："孔氏家族世代传习儒学，孔子集大成而成为大圣人。从此以后，孔家学业世代没有更替，天下诸侯无不献上祭礼。先生您承接孔学统绪，成为赵魏两国的国师，从古至今，载厚德，流美声，没有能像先生家族这样的。先生的子孙后代，秉持圣人祖训，定将能与天地齐寿。"子顺回答："像我先祖父孔子那样，如君王您所说，确实禀有圣人之性。假如赖君所愿，后世能依赖祖宗荫德流传，不辱没前人，不泯灭祖业，这岂是孔门一家的恩赐呢，那也是天下的大庆啊！"赵王连声称道："那是当然，当然！"[K5.17.14]赵王这番话在某种意义上，亦正是孔教之文化价值所在。

　　简言之，中华儒释道三教，千百年来各自对中国文化和国民的心理模式产生过深远的影响。在被视为中华文化铁三角的结构中，尤以孔子开创的儒教最强调孝道，并在历朝传承中形成了以《孝经》为代表的孝道治国的主流文化。纵观《孔子儒经》里的孔子孝悌观，思路清，言有据，行有德，学有样，若扬弃其某些不合时宜的说教，中华孝道至今仍可践行。

放眼未来理想社会，如果连父母子女的亲情都荡然无存，人类文明将何以为继？故任何时代、任何人，都没有遗弃父母和未成年子女的权利，任何为国益民爱家之人，都有践行孝悌之道之义务。高层领导要树立典范，精英人物要做出表率，干部队伍要尽职尽责，各行各业要人人孝亲悌爱，使老有所养，兄弟手足，天伦同乐，社会和谐大同。这也是中华民族美德万代传承的需要。

可见，中国自汉代至清代的漫长社会历史进程中，一直被看作"孔子述作，垂范将来"的《孝经》，应当肯定其具有维护中国儒家主流社会纲常，推进社会太平繁荣的道德教化的历史进步作用。特别是《孝经》借孔子之口，摈弃了后来宋儒强调的"三年无改于父道，可谓孝矣"的陈腐保守观念，提出了"故当不义，则子不可以不诤于父，臣不可以不诤于君"的见解，这种不以愚忠愚孝为孝道标准的正义价值观，是当今所肯定的。

参照孔子述而不作的风格，考证《孝经》，应与《论语》《孔子家语》一样，作者均非孔子。清代纪昀在《四库全书总目》中也早指出，该书应为孔子"七十子之徒之遗言"，成书于秦汉之际，故以曾子编录说最有可能。自西汉至魏晋南北朝，《孝经》的古文版，曾多出《闺门章第十九》，所言"子曰：闺门之内，具礼矣乎！严亲严兄。妻子臣妾，犹百姓徒役也"，极力强调夫为妻纲。这与《孔子家语》所记，曾参因妻子的藜羹没蒸熟的小事，就断然休了妻子，终身不娶的事迹一样 [9.38.10]，都不甚合时宜。故本书选用了唐玄宗博采众儒的注疏、述义、序文所注，宋代邢昺所疏，自唐代就被颁行天下，南宋以后被列为"十三经"之一，影响最为深广的《孝经》今文版。

《孔子儒经·孝悌篇》68节索引

【论语】22节

［1.2］［1.6］［1.9］［1.11］［2.5］［2.6］［2.7］［2.8］［2.21］［4.13］［4.14］
［4.15］［4.16］［11.5］［12.23］［13.18］［13.20］［13.28］［14.44］［17.21］
［19.17］［19.18］

【孔子家语】25节

［1.1.1］［1.3.3］［1.4.6］［2.8.2］［2.8.10］［2.8.12］［2.8.17］［2.9.9］［2.10.9］
［3.12.1］［3.12.6］［3.12.14］［3.12.18］［3.12.21］［3.14.7］［4.15.10］［5.22.3］
［7.30.2］［8.37.5］［9.38.2］［9.38.10］［9.38.12］［9.41.9］［9.41.25］［10.43.17］

【孝经】17节

［X1］［X2］［X3］［X4］［X5］［X6］［X7］［X8］［X9］［X10］［X11］［X12］
［X13］［X14］［X15］［X16］［X17］

【孔丛子】4节

［K1.1.3］［K1.3.2］［K1.3.8］［K5.17.14］

礼之用，和为贵。先王之道，斯为美。

六、孔子的礼乐观·克己复礼

孔子重点阐述"礼乐观"，认为"靠智谋得到它，却不能靠仁德守住它，虽一时得手，必定会失去它。靠智慧得到它，靠仁德守住它，却不能庄重严肃地对待它，人民就不会尊敬它。靠学问获得它，靠仁德守住它，能庄重严肃地对待它，行动时却没有礼仪，这还不算做到了最好。"[15.33]他所高度重视的"礼乐"，可分"礼""乐"及"礼乐"这三部分来细述。

从修德进程看，"礼"是体现德之"仁"，道之"义"，以及"信""孝""智"诸德的行为。故离开了仁道，"礼"就不能称为"礼德""礼乐"和"礼治"了。所谓"做人不讲仁，怎么对待礼呢？做人不亲仁，怎么对待乐呢？"[3.3]说的就是这个道理。此外，孔子还认为，如不懂礼德，缺少礼的约束，即使有其他许多品德，也还是不够的。故当子路问什么人才是"成人"时，孔子回答，把臧武仲的智慧、孟公绰的无私欲、卞庄子的勇敢、冉求的学问等优点集于一身，可说是成人了。但这还是不够的，还必须做到"君子博学于文，约之以礼，亦可以弗畔矣夫"[6.27]。这说明，人必须用礼来约束自己的言行，才是真君子。因为礼是根据道德原则制定出来的，这两方面都做好了，才可以做到"弗畔"，不悖离道。

从字义学看，"礼"字在甲骨文和早期金文中写作"豊"，无"示"旁，上部是两个"玉"字，下部一说是高脚盘，类似于古代祭器的"豆"，盘中放着两串玉敬神，表示对神的敬重；另一说下部是鼓的象形初文"壴"，表示古代祭祀仪式时的奏乐。这两种解释，体现出物莫贵于玉，乐莫重于鼓，古人或捧玉奉献，或击鼓奏乐的最神圣仪式。后发展至战国阶段，"豊"字由于字形的表现不够直观，与"豐"（丰）字亦极为相似，于是加上偏旁"示"，成为繁体字的"禮"字，更突出了"禮"与祭祀密切相关，是指符合社会整体利益的行为准则。

对于周公首创的礼乐制度，孔子最为崇拜，大赞"周监于二代，郁郁乎文哉！吾从周"[3.14]。他认为周礼借鉴了夏、商两代的典制而粲然完备，足以为万世龟鉴。同时，孔子还根据周公最早提出的"德治"的理念，提出了以"礼治"作为施行"仁治"的途径，通过礼来规范和整齐民众的行为。孔子对法家式的凡不从令者就用刑惩罚的粗暴做法很不以为然，认为这样做只能是"道之以政，齐之以刑，民免而无耻"，而只有施以德育礼治，才能"道之以德，齐之以礼，有耻且格"[2.3]。这种反对以法治取代德治的理念，在古代思想史上具有进步意义。

为了达到修德的理想境界，孔子采取了两项重要措施。第一项重要措施是以"礼"来规范修德。他指出："恭而无礼则劳，慎而无礼则葸，勇而无礼则乱，直而无礼则绞。"[8.2]其大意为："修养敬德而不修礼德，就会空自劳碌。修养慎德而不修礼德，就会胆怯。修养勇德而不修养礼德，就会犯上作乱。修养正直美德而不修养礼德，就会出口伤人爱纠结。"总之，恭敬、慎重、勇敢、正直这四种性格虽然都是美德，但离开礼德修养，都不会结出"正果"。

孔子采取的第二项重要措施是，将严肃拘谨的"礼"与激情欢愉的"乐"，有机结合为"礼乐文化"。"樂"，最早见于甲骨文，本义是一种置于木架上的弦乐器，因为音乐可使人高兴和乐，故引申为愉悦、使之愉悦等。早在夏商周时期，历代君主都已重视乐舞，使之形成了一套完善的礼乐制度并融入贵族生活，促使他们内修善德，外推礼乐教化，以维护社会秩序与人伦和谐，自觉遵守社会秩序，达到治国安民的目的。孔子明智地发扬光大了古代贤君的这种做法，把修德作为礼的灵魂，把恭敬作为礼的仪态，以情感的礼乐教化替代理性的认知训练，把人根据理性制定的"礼法"，与人类发自内心的情感之舞乐相结合，使礼的传授灌注了充沛的人文精神，将外在的、强制的、收敛的礼仪文化，与内在的、自由的、奔放的乐舞文化完美结合起来，形成了一张一弛、收放自如、活力四射、亦文亦武的治国之道。

这就在数千年的中华文明发展史上，以具有中华民族特色的礼乐文化，确保了大一统帝国的行稳致远，巩固了中国"礼仪之邦"的崇高地位，确认了《礼记·乐记》有关礼乐文化的定义，即"乐也者，情之不可变者也；礼也者，理之不可易者也。乐统同，礼辨异。礼乐之说，管乎人情矣"。

这使得中华礼乐文化自此有了与人类文明同步发展的强大生命力。它不仅有上古舜帝流传下来，令孔子听后如醉如痴，"三月不知肉味"的美妙韶乐，有周公"制礼作乐"后形成的周朝完备的礼乐体系，而且有孔孟创建以儒家仁义王道奏响的黄钟大吕，从而与道家自然天成的"天籁"之音、佛家空旷高远的清净梵音等，形成了中华民族乐队千年共鸣合奏的大合唱。

这也使"大乐与天地同和，大礼与天地同节"的中华礼乐文化，最终成为修身养性、体悟天道、谦和有礼、威仪有序的中华古文明的重要成分，实现了圣人将代表天之经、地之义的秩序仪则的"礼"，与彰显和谐美德的"乐舞"相结合，礼序乾坤，乐和天地，大化天下之本意。此亦即《礼记·乐记》所向往的境界，即"乐者，天地之和也；礼者，天地之序也。和故百物皆化，序故群物皆别"。

这也使孔子得以通过"博学于文，约之以礼"的礼乐文化熏陶，既扩大中国人的心胸视野，陶冶中国人的情操，也让中国人懂得了要以礼约束好自己，成为彬彬君子的初心。孔子自言"六十而耳顺"。他一生都对鉴古创制，治国平天下，流传数百年，文采斐然的周朝礼乐文化赞不绝口，且善奏古琴，对乐教韶音更是听后回味无穷，"三月不知肉味"，故他将礼乐文化作为自己实现仁道主义理想的礼治学，也就顺理成章了。

礼德属火，国艺亦属火。孔子以大六艺传经，以小六艺施教，可谓教国艺，习礼仪，铸良才，德艺双馨，福惠人间。从广义上说，以礼治国的"礼乐文化"包含了祭祀活动。从狭义说，孔子倡导的礼乐文化，是主要面向人界、阳间、实境的礼治乐舞文化，与主要面向天界、阴间、虚境的祭祀文化有所区别，实为孔子据礼德建制，以乐艺施教之文化大创新。

"礼乐"之关键词，出自《论语》中"天下有道，则礼乐征伐自天子出；天下无道，则礼乐征伐自诸侯出"[16.2]的孔子名言。从中可见孔子所倡导的礼乐，本源于道，出自天子，加于诸侯，则可循礼治乐教之途径而施行天下。明乎此，我们当可知孔子关于"教民礼顺，莫善于悌。移风易俗，莫善于乐。安上治民，莫善于礼"[X12]的论述深义，知"礼之所兴，与天地并"[7.32.3]为礼治起源，知"不学礼，无以立"[16.11]为文明与野蛮的分野，以"非礼勿视，非礼勿听，非礼勿言，非礼勿动"[12.1]为规范，以"先进于礼乐，野人也；后进于礼乐，君子也"[11.1]为进阶，以"一张一弛，文武之道"为礼兴乐和之合璧生辉，以"一日克己复礼，天下归仁焉"为礼治目标，以知书达礼为君子风范，构建起位列孔子哲学体系之九的"孔子礼乐观"，以为中华礼仪之邦奠定礼治学的坚实基础。

（一）礼治为美的先王之道

孔子礼治学之贡献一，是从探讨礼治的源头入手，立于哲学本源论的高度指出，礼必定产生于混沌未分的太一，太一分为天地，天地运转分为阴阳，阴阳变化分为四时，四时分类列为鬼神。孔子认为，礼的降临称为天命，天命的功能效法于天道，协作于社会分工。因此，接受禅位的王者要沿袭正统，受命于天的王者要革除旧制。所以祭祀天神的事，也要如同天道变化一样来改变。夏商周三朝道统的正朔，唯有夏朝得正月初一之义。[K2.6.8]孔子强调，礼体现于人叫礼德修养。所以说讲求诚信，营造和睦气氛，是要维护好如同人的肌肤筋骨那样紧密相连的社会系统；所以供养生者，送葬死者之礼，是敬事鬼神的大事项，是遵循天道、顺应世间人情的大通道。圣王修养礼义的根本，维护礼治的秩序，以礼治理人情。[7.32.14]孔子还指出，当时不合礼的现象有：幽暗国邦，僭越国君，威胁国君，扰乱国纲，坏法乱纪，君臣戏弄等。[7.32.5]就这样，孔子以哲学的高度、精辟的诗意，论述了"礼"的产生，是源于"天无私覆，地无私载，日月无私照"的宇宙演化，它创于商汤文武等先王恩施天下的伟大奉献精神，而以无声之乐、无体之礼、无服之丧的礼德文明晕染，达到了志之所至，诗亦至焉，礼亦至焉，乐亦至焉，哀亦至焉，诗礼相成，哀乐相生，视之不可得而见，倾耳不可得而闻，至礼至乐至情至妙至高的"五至"境界。这也就是孔子开创的儒家礼学所说的，君子以礼乐为政，让志气塞于天地，行之克于四海，包含了君臣、父子、夫妇、昆弟、朋友这五伦的天下之达道[4.17.1]。

为此，孔子首先以阐明礼的性质与特征，作为礼治学的立足点。春秋时节的一天，孔子在家休息，精神饱满，召来弟子子张、子贡、子游一起谈论"礼"。孔子向他们揭示了礼的性质，以及礼是怎样周详运用、无所不及的适宜性。尊敬而不合礼叫作野气；谦恭而不合礼叫作巴结；勇敢而不合礼叫作悖逆。巴结混淆了慈悲和仁爱。礼就是用节制来达到中道的。[6.27.1]在认可子游关于礼是为了治理恶习而保全良好品行的说法后，孔子进一步指出：祭天地礼是致仁爱于鬼神的，夏秋礼是致仁爱于祖先的，祭奠礼是致仁爱于死者的，乡射酒礼是致仁爱于乡邻的，宴饮酒礼是致仁爱于宾客的。明白了礼，治国就了如指掌了，居家处事就分清长幼了，亲族就和睦了，朝廷官职爵位就有序了，田猎军演就熟练了，军队就能建功了。因为有礼，宫室有了限度，鼎器有了形制，器物得以应时，音乐合了节拍，车辆有了定式，鬼神有了祭享，丧葬有了适度悲哀，辩说有了拥护者，百官有了体制，政事得以顺利推行。加在每人身上的，摆在面前的，凡是众人的行为，都能够适宜得当。 [6.27.2]

接着，孔子又对礼治的作用与重要性做了阐述。所谓礼，就是事物的治理。君子有要办的事，就必有治理的方法。治国如没有礼，就好像盲人没有扶助者，茫茫然不知往哪走。所以没有礼就会手足无措，耳目也不知听什么看什么，进退、作揖、谦让这些礼节也都失去了法度。这样住在一起，就会长幼没分别，祖孙三代没法和睦相处；朝廷的各级官爵会失去秩序，田猎练武会失去策略，军队攻守会失去指挥，宫殿堂室的建造会失去制度，各类祭器会失去式样，万物的生发收藏会失去时令，音乐会失去节拍，车辆会失去定式，鬼神会失去祭享，丧事会失去哀伤，辩说会失去支持者，百官会失去体统，政事会无法施行。凡此种种加在众人身上，摆在所有人面前的行为都会举止失当。如此一来，就无法和谐四海万民了。 [6.27.3]

孔子比较了懂礼与不懂礼的人后认为，贫穷而不谄媚，富足而不骄傲，这类人还可以，但还比不上贫穷而乐道，富裕而讲礼的人。子贡说："《诗》说：'如切磋一样，如琢磨一样'，这是什么意思呢？"孔子说："子贡啊，现在可以和你谈论《诗》了，因为告知你往事，你就能悟知未来。" [1.15]孔子断言富不好礼就会遭殃。有一次，孔子听说南公敬叔因为太富有得罪了鲁定公，逃到了卫国，后来在卫侯帮助下，又载着宝物回国之事后说："像这样以财货来行贿，丧家丢官都不如迅速贫穷更好呢！富有而不爱好礼仪，必定会遭祸。南宫敬叔因太富有而丧家丢官，却仍然不知改悔，我恐怕他将来还会有更大后患啊！"敬叔接受孔子教诲后，一直遵循礼法，将财物都散给了百姓。 [10.42.3]再如有一年齐国大旱，齐景公问计时，孔子劝他遇到灾荒时，出门要乘劣马，不再使民劳役，不要修驰道，要改用币和玉来祈祷，不要悬挂乐器，用劣等牲畜来祭祀。这是贤明君主自降等级，以拯救民众的礼治制度

啊！[10.42.4]

孔子礼治学之贡献二，是纵览历史后，描述了中华礼乐制度史与国家道治的关系。孔子明确指出，殷朝的礼制来自夏朝礼制，它减损补益了什么，是可以知道的；周朝的礼制来自殷朝礼制，它减损补益了什么，也是可以知道的。那些继承周礼的国家，再过一百代，也可以预知它的礼治。[2.23]他遗憾地说："夏朝的礼制，我还能说一些，但杞国的史料已不足以证明了；殷朝礼制，我还能说一些，但宋国的史料也不足以证明了。这都是文献不足的原因。如果史料充足，那么我就能证明它。"[3.9]即使如此，孔子对于尧舜禹夏商周以来古代先王创制，流传不绝，文采斐然的"礼治"，始终是赞不绝口，并一直作为自己施行礼治的抓手。据《论语》记载，"周朝谨慎地制定度量衡，审定法律制度，修复荒废的官员政务，让天下四方善政得以施行。复兴灭亡的国家，延继断绝的世系，推举散逸的贤良，天下的民心都归往周天子。周朝所重视的是人民、粮食、守丧、祭礼。宽仁会得到民众拥护，守信会得到民众信任，勤勉做事会有功劳，公正理政会让大众欢悦"[20.1]，这应是孔子平时经常教诲众弟子的周礼要义。

熟悉周礼的孔子说："天下有道，礼乐制度与征伐就会由天子来决定；天下无道，礼乐制度与征伐他国就会由诸侯来决定。天下有道，国家政权不会落在大夫手里；天下有道，老百姓就不会非议国家政事。"[16.2]孔子在冲破了鬼神论迷雾后深刻地指出，作为国君权柄的礼乐，是用来辨别嫌疑，洞察隐微，敬事鬼神，考察制度，理清仁义，施政教化，安定君臣上下的。[7.32.6]

"周朝借鉴了夏商二代的礼乐制度，它的礼乐文化是多么壮观啊！我遵从周朝的礼乐制度。"[3.14]孔子告诉子夏："从前成王继承王位时，因年幼不能临朝执政，由周公代为主持国政，把教育世子的方法用在伯禽身上，让成王知道如何做儿子，然后才会做父亲；知道了如何做臣子，然后才会做国君；知道了如何服事人，然后才会指使人。凡是国君对于世子，亲近时是父亲，尊敬时是君主。既有为父之亲，又有为君之尊，而后才能统治天下，这一点不能不慎重。这样一来民众就懂得父子之道，明白君臣之义，懂得长幼之序了。周公这样是做得最好的。"[10.43.3]孔子还指出，周天子的冠礼，始于周公辅佐成王之时。颂辞说，良辰吉日，王行冠礼，敬顺天命，效法宇宙六合。祭拜祖宗先人，保佑国运永昌。这是周公制定的礼制。[8.33.2]至于周弁、殷冔、夏收等，都是冠之类，都用皮弁素缫制作。玄冠是周式帽，黑布冠是殷式帽，毋追是夏式帽。[8.33.3]

孔子极为赞赏要求妇女无论尊卑都要亲自纺织缝衣的周礼。公父文伯的母亲不仅亲自纺织，毫不松懈，还教育劝她休息的儿子："古代的王后亲织玄紞，公侯的夫人不仅织玄紞还要织冠带上的绳带，卿大夫的妻子要织大带子，有封号官员的妻子负责缝成祭服，诸位士人的妻子除此之外还要缝制朝服，从庶士以下的各家妻子，都要各自为丈夫做衣服。错了要依法处置，这是圣王的制度。如今我寡居，你又在位，朝夕谨慎勤勉地工作，还怕丧失祖宗事业，若有懈怠，又怎能逃避惩处呢？"孔子听说后，说："弟子们记清楚了，季氏的主妇可以说是没过错了。"[9.41.21]

孔子在考察了中华礼治史后还说，礼是先王所以承天之道，以治人之情的。[7.32.4]因此，他反对那种服事君主尽心尽礼，别人却以为是谄媚的说法，认为君主应按照礼仪来支使臣子，臣子应该忠诚地服事君主。[3.18]孔子认为，文化落后，不懂敬畏的四方"蛮夷狄人虽然有君主，还不如华夏各国没君主呢"[3.5]。"如今大道已衰微，夏禹、商汤、文王、武王、成王、周公就是这个时代应运而生的人物，他们没有谁不谨行礼治的。礼治的兴起，与天地并存。如有不循礼治而在位，就会惹来祸殃。"[7.32.3]在孔子的开导下，有子对中华礼治学的"和德"有了深刻感悟。他说："礼的运用，以和谐为贵。先王的治国之道，这一点是最美好的，无论小事大事都按照它来实行。但有的情况下也会行不通，只知道为了和谐而和谐，却不懂得以礼乐来节制它，这也是不可行的。"[1.12]有子这一和为贵的礼治理论，可加深我们对孔子为何对夏朝人用松木、殷朝人用柏木、周朝人用栗木使人民战栗的企图不以为然的理解，这就是"既成的事实不必再说，已完事了的不再劝谏，既往的过错不必再追究"[3.20]。

孔子礼治学之贡献三，是在吸收先王道治、圣治、德治、仁治、孝治、礼治、乐治研究成果的基础上，建立起中华礼治学的完整体系，对礼乐融合的大同化境做了深刻阐述。孔子说，礼有九种，乐有四种。如果知道了这些，依礼奏乐，就会成为圣人了。两国君主相见，乐声响起，登上大堂，《象》武舞与《夏》文舞先后演奏，大堂端上酒菜，按礼乐次序排好，陪宴百官坐齐。这样，古代的君子不必亲自对话，只需用礼乐就可互相示意了。礼，就是理；乐，就是节。无理的不动，无节的不为。不理解《诗》，礼仪就会荒谬；不会奏乐，礼节就会荒疏，造成道德浅薄、礼仪虚伪的后果。古代的人凡是制度都讲礼，文饰也在礼之中，实行起来靠的是人。弟子们听了孔子这番话，个个受到了深刻的启示。[6.27.4]

不久后，孔子又向子夏进一步阐析了礼乐应达到的"五至三无、五起三无私"的至妙化境。所谓"五至"，就是情志所到处诗意也到，诗意所到处礼也到，礼到处乐也到，乐到处情也到。诗礼相辅助，哀乐相引发，它看不见，听不见，却以志气布满于天地四海之内，这就叫作"五至"。[6.27.5]所谓"三无"，就是如《诗》所说，"日夜谋划治国安民"的无声之音乐，"仪容和雅庄严，无可挑剔"的无规制之礼节，"只要民众有难，必全力扶持救助"的无丧服之哀伤。子贡认为这话说得太美好、太伟大了，说到尽头了。孔子说，这不算，其中还有无声之乐不违背志气，无体制之礼威仪从容，无礼服之哀丧内藏大悲，无声之乐心想事成，无规制之礼上下和睦，无丧服之丧礼恩施天下万邦的"五起"奥义[6.27.7]，以及奉献于天下的"天无私覆，地无私载，日月无私照"的"三无私"[6.27.7]的精神。子夏听罢孔子这番深旨礼论，犹如醍醐灌顶，急忙站起说："弟子岂敢不牢记先生教导！"

（二）乐教礼治的文武之道

孔子礼治学之贡献四，是从仁道美学的高度，倡导一种"至礼不让而天下治，至赏不费而天下之士悦，至乐无声而天下之民和" [1.3.5] 的乐教观，促进了古代精神文明的发展。有一次，孔子在齐国听《韶》乐后，三个月都不知道什么是肉香味，他深叹："没想到礼乐能达到这么美的境界呀！" [7.13] 孔子强调，最高的礼治，是无须让贤而能治理好天下；最高的奖赏，是无须耗财而能让天下士人都高兴；最美妙的音乐，是无须乐声而能让百姓和乐。圣明国君能努力达到这三种极致境界，就能闻名于天下，让天下士人都愿意成为臣子，天下百姓都甘心为他所用。孔子还认为：古代圣明君主必定知道天下所有贤良之士的名字，既知其名，又知其才，还知其人数与住地，就会以天下的爵位封赏、尊崇他们，这就是无须让贤而使天下大治的最高礼治；用天下的俸禄而使天下贤良之士人人富贵，这就是无须耗财而让天下士人都高兴的最高奖赏。如此一来，天下人都会重视名声荣誉，这就是使天下百姓和乐的最美妙的无声乐教。 [1.3.5] 所以说，天下最仁德的人，能聚合天下最亲仁的人；天下最英明的人，能任用天下最能使百姓和乐的人；天下最明理的人，能选拔天下最贤良的人。这三方面都做到了，才可以征伐外敌。因此，仁德者莫过于爱护人，智慧者莫过于了解贤人，善政者莫过于选拔贤能官员。拥有疆土的君主能做好这三点，那天下人都可与他共命运了。圣明君主征伐的，必定是不守正道的国家，所以要杀它的国君改变它的恶政，抚慰它的百姓而不掠夺他们的财物。因此圣明君主的政治，就像及时雨，雨淋到哪里都能让百姓喜悦。所以，他的施恩教化越宽广，亲附的民众就越多。 [1.3.6]

对于季康子征求可否按井田法征税的意见，孔子认为，先王制定土地制度，交纳定量的粮草就够了。君子的行为要合乎礼，施舍要丰厚，事情要适

中，赋敛要尽量微薄。如果想行事合乎法度，有周公的典章在那里；如果不按法度行事，又何必征求意见？[9.41.23]

由此可见，孔子的乐教礼治，就是从天下人共命运的高度出发，将本来属于阴性的、制度束缚的、压抑的"礼"，与阳性的、自由释放的、激奋的"乐"，有机结合为阴阳和谐、有礼有节、中和适度的"礼乐"，进而推广于外交与人际交往中，成为中华礼仪巨轮通达四海的仁道压舱石。孔子认为，诗歌兴起激情，明礼立稳根本，成仁于音乐。[8.8]说的话能履行，就是礼；履行了能快乐，就是乐。圣人致力于礼与乐两事，躬身向南执政，天下就太平了。万民顺从听命，百官承办政事，上下就循礼而治了。礼乐兴盛，民众就能治理，礼乐废弛，民众就会混乱。[8.36.4]事实上，当眼见由周公亲自制礼的鲁国礼崩乐坏，令分工有序、等级森严的乐师们迫于无奈，流落各国，四分五散的凄凉情景时[18.9]，孔子悲愤莫名，欲力挽狂澜于既倒，导演了一场齐鲁礼乐较量戏。那年齐鲁夹谷会盟时，齐侯乘机让莱军擂鼓威胁，孔子即命将士抵御，并正告齐侯，这是图谋华夏，失礼贵客之罪，令齐侯惭愧撤军。接着，当齐国奏乐舞让矮人嬉戏时，孔子又登阶指出此举意在戏弄诸侯，罪当斩足，令齐侯羞愧地取消了宴会，退回了侵占的鲁国城池[1.1.3]。然而，鲁国此番小胜后没多久，就又败给齐国了。起因为齐国为败坏鲁政，选了八十名舞女，配上华服骏马送给鲁君，诱使他整日听歌观舞，荒废了朝政。孔子只好失望地离去了。[5.19.7]

离开鲁国不久，孔子一行在陈国和蔡国的途中断了七天粮，弟子都饿病了，孔子仍在弹琴唱歌，并告知对此不解的子路，君子爱好音乐，是为了不骄傲，小人喜好音乐，是为了消除畏惧。[5.22.4]还有一次，孔子到宋国去，匡地人简子派武士围住了他们。子路大怒，举戟就要与他们争战。孔子制止说："哪有修仁好义而不能谅解俗人的呢？若是没有讲好《诗》《书》，没有学习好礼乐，这是我的过错啊。如果是因为宣扬了先王爱好古法而被怪罪，那就不是我的过错了。这就是命啊！你唱起来吧，我应和你。"于是子路弹琴唱歌，孔子应和着他，等唱完三曲之后，匡人解除武装走了。[5.22.5] 这可谓孔子礼乐教化的成功之例。然而在孔子看来，这还比不上以乐传情，任情自乐，以自然天性宣泄出自由乐感的最佳状态。故孔子与人唱歌，见别人唱得好的话，必定再请他唱一遍，然后跟着他唱。[7.32] 有不乐见的人求见时，孔子会先以病推辞，等传话者出门后，才取琴唱歌，故意使来人听见。[17.20]

　　由此可见，孔子一直把乐教作为礼治之本，不仅列入"志于道，立于德，依于仁，游于艺"的成仁之道中，认为乐受礼乐约束的才是益友。[16.4] 他还告诫子路："如有臧武仲的智慧、孟公绰的不贪、卞庄子的勇敢、冉求的文采，再学好礼乐，就可以成为人格完美的君子了。"[14.13] 有一次，子路、曾点、冉求、公西华（赤）陪坐在孔子一旁。孔子问："你们打算做什么呢？"子路马上回答："千乘车马的中等国家，夹在大国之间，因时常受到敌军侵扰，造成了饥荒。由我来治理的话，不出三年，就能让百姓勇敢善战，而且知道治国方法。"孔子微微一笑。"冉求！你会怎样做？"冉求回答："方圆六七十里或五六十里的小国家，由我来管理的话，三年后就可以让百姓富足。如要学礼乐，那还要等君子来教化。""公西赤！你会怎样做呢？"公西赤回答："不是说我能做，但我愿学着做。宗庙祭礼之事，如诸侯会盟等，需管好礼服、礼帽之类，我愿做个小管家哟。""曾点，你怎样？"这时曾点鼓瑟的声音渐渐低下来了，接着铿的一声响罢，曾点放下瑟后，站起来作揖回答："我的志向跟他们三人说的都不一样。"孔子说："有什么关系？只是各自谈谈自己的志向罢了。"曾点说："晚春时分，春服做成以后，我们戴帽冠的成年弟子五六人，跟随着少年书童六七人，在清澈的沂水里沐浴，在舞雩草坪上吹吹凉风，尽兴地歌咏而归。"孔子长叹道："我赞成曾点这样做啊！"其他三位弟子都出去后，曾点留在后面。曾点问："只有公西赤不是治理国邦吧？""宗庙祭祀、诸侯会盟，这些事情不是治国还能是什么啊？如果公西赤做的还是小事，谁还能做更大的事情呢？"[11.26]由此可见孔子对修身治国之礼乐的高度重视。

值得注意的是，孔子自始至终都把乐教和人的内心情志表达，与国家的命运紧密结合起来，反对敷衍或僭越。他强调："不成体统的礼仪，内含敬意；不穿孝服的丧事，透出哀伤；无声的音乐，流露欢乐。不说话就能取信，不动声色就显出威严，不施舍就彰显仁爱。记住钟的声音，愤怒敲击时就显威武，忧愁敲击时就显悲鸣。志向与感情发生变化，声音也会随之变化。所以至诚的感通，能通达金石乐器之上，何况是人呢？"[4.15.6]他告诫颜回，治国一定要使用夏历，乘坐殷朝车，戴周朝帽，演奏《韶》舞，禁止郑国乐声，疏远奸佞小人。这是因为郑声淫乱，奸人危险。[15.11]当获悉孟孙氏、叔孙氏、季孙氏等三家大夫，祭祖后撤去祭品，演奏起天子才能享用的《雍》乐时，孔子严厉批评道："'助祭的是公侯，天子静穆庄重地主祭'，《周颂》里所说的这两层意思，哪一点能用于这三家大夫的厅堂呢？"[3.2]对于类似的非礼僭越之事，孔子明确地说，是可忍，孰不可忍！[3.1]

孔子平时更是注意自己在社交、上朝、娱神、敬祖时的礼仪庄重感，从无丝毫的疏忽与懈怠。孔子见到坐席没摆正时，不坐下。在家乡时温和谦恭，好像不会说话似的。到了宗庙和朝廷上，则说得很流利，只是较为谨慎。[10.1]孔子上朝后与下大夫交流时，从容不迫；与上大夫谈话时，和气严肃。君主在的时候，恭敬不安似的，但神态合度，不卑不亢。[10.2]入公门的时候，孔子谨慎恭敬，好像无处容身。站立的时候不踏在门中间，行走时也不踩门槛。经过国君座位，脸色庄重，脚步加快，说话好似中气不足似的。提起衣服下摆上堂时，谨慎恭敬，屏着气好似没有气息。出来后，走下一级台阶，脸色舒缓起来，怡然愉快的样子。走完台阶，快步前进，姿态如鸟儿展翅一般。回到自己的座位上，又是恭敬不安的样子。[10.4]孔子上朝或出使行礼时，手执圭板，谨慎恭敬，好像拿不稳似的。向上举时如同作揖，向下拜时如同授物。脸色庄重好似战战兢兢，步子缩得很小，好像循直线而行。在分享礼品时，有温和的面容。在私下见面时，就显得非常愉快了。[10.5]

平时注重宫廷礼仪的孔子，虽肯定管子治国有功，却严肃批评他不知礼乐：君主用照壁，管仲也用照壁。君主为了两国君主友好会晤，堂上放置了杯器，管仲也放置了杯器。如果说管仲知礼仪，那还有谁不知礼仪？[3.21]孔子认为"居于上司地位时不宽厚待人，行礼时很不恭敬，出席丧事时脸不哀伤，这样的人我哪能看得下去呢？"[3.25]因此，当齐景公向孔子问政事时，孔子回答，"君要像君，臣要像臣，父要像父，子要像子"就行了。齐景公对孔子的话大为赞赏："说得好啊！如果真的君不像君，臣不像臣，父不像父，子不像子了，就算有粟米，我又怎么能吃到嘴呢？"[12.11]孔子点头说："上边的人重视礼乐，人民就容易听从命令了。"[14.42]

孔子还充分肯定了礼治乐教的选贤作用。他认为："礼啊礼啊，说的只是玉器布帛这些祭礼用品吗？乐啊乐啊，说的只是钟鼓这些乐器吗？"[17.11]在派人观察楚国公子十五岁时就代理的宰相事务后，孔子评价："汇合二十五人的智慧治理天下，本来就可避免犯错，何况只是楚国呢？"[4.15.11]还有一次，孔子在观看乡射礼时长叹："射箭时配上礼仪音乐，是要表明射什么，听什么。能够按乐声要求发箭，正中目标的，只有贤人才能做到吧？如果是不肖之人，他怎能射中而罚人喝酒呢？"于是回来后，孔子便带领弟子们在园圃中学射箭，观看的人围成一堵墙。孔子让人邀请射手时，说明败军之将、失国大夫、过继者等不准入场，并请孝敬父母、友爱兄弟、爱好礼仪、好学不倦、好礼不变的人留下，结果只剩下几人没走。[7.28.1]孔子还强调礼仪守道不如守官。他告诫鲁哀公："任命官吏做事，不要选取那些'捷捷''钳钳''哼哼'的人。捷捷，就是贪婪；钳钳，就是胡乱应付；哼哼，就是多嘴欺诈。正如调好弦射箭时才有力，用过后才能选出好马一样，选拔人才也要先看他是不是诚实谨慎，然后才看他的聪明才智。不诚实谨慎而精明多智，这样的人就如豺狼一样不可亲近。"[1.7.8]孔子对齐景公说："秦穆公的国家虽小，志向却很大；位置虽偏僻，政治却能中道而行。他举措果断，谋略配合，执法无私，政令通行；先是提拔百里奚，授予他大夫爵位，仅和他谈了三天就把国政大事交给他处理。他采取这些办法，虽称王还可以，称霸还少点礼乐。"[3.13.8]由此可见，孔子对霸治的评价远在王治之上。他还指点子路说："中行氏尊重贤人却不任用他们，看轻不贤的人却不能去除他们。贤人知道自己不被任用而怨恨他，不贤的人知道自己必定低贱而仇恨他。怨他和恨他的人并存国内，邻国军队集聚郊外，中行氏即使不想灭亡，能做得到吗？"[3.13.6]

值得重视的是，孔子还把节日娱乐提升为可让老百姓开心放松的文武礼治之道。有一年子贡观看蜡祭时，觉得全国人都像发了疯，不知乐的是什么时，孔子告诉他："辛劳了数百天，才得到这一天的快乐，这一天的恩泽，不是你所能知道的。一味紧张而从不松弛，连周文王、周武王都做不到；一味松弛而毫不紧张，周文王、周武王也不会这么做。一张一弛，劳逸结合，这才是周文王、周武王的治国之道。"[7.28.3]此外，孔子尽管从小习礼，对礼治乐教见解深刻，但依然主张要"广博地学文化，以礼乐约束自己，这就可以不背叛仁德了！"[12.15]孔子自己每次进太庙后，都要把每件事情问个明白。有人笑他不知礼，进了太庙每件事都要问。孔子解释说，这就是礼啊。[3.15]也正是这样的知礼多问，勤学博览，使孔子对礼治愈加熟悉，被弟子视为知识无所不通，文武兼备的大圣人[9.41.2]。当然，孔子偶尔也会有弄错的时候，但一旦发现他会立即改正。如有一回，孔子认为鲁昭公懂得礼，却遭到了陈司败背后的反驳："我听说君子不结党营私，君子会结党营私吗？鲁君在吴国娶了一位同姓女子，称她为吴孟子。鲁君这也算知礼的话，还有谁不知礼呢？"巫马期回来告诉了孔子。孔子说："我也真幸运，如果有了过错，别人必会知道。"[7.31]这就是孔子对礼治乐教的实事求是态度。

（三）名正言顺与刑政相参

孔子礼治学之贡献五，是依据贵者尊、贱者卑、亲者近、疏者远的礼治价值观，建立起尊卑有序、亲疏有别、名正言顺、礼刑结合的中华礼仪法治体系，促进了古代政治文明发展。孔子认为："名不正，则言不顺；言不顺，则事不成；事不成，则礼乐不兴。"他告诫子路，君子对于自己所不知的事情，应先存疑。名义不正，就说不通；说不通，就办不成事；事办不成，礼乐就不能兴盛；礼乐不兴盛，刑罚就不能中规中矩；刑罚不中规中矩，人民就会手足无措，不知如何是好。所以君子做事的名义必须是说得出道理的，说出的道理必须是可以实行的。君子对于自己要说的道理，一点都不能苟且敷衍。[13.3]为此，孔子还以"郑国的诏令，由裨谌负责起草，由世叔组织讨论，由外交官子羽负责修饰，最后由东里的子产负责润色"[14.9]为例，说明古人对颁发礼治诏令之内涵与言辞的高度重视，并指出类似于国君的妻子，君主称她为夫人，夫人自称为小童，国人称她为君夫人，面对他国人时尊称她为寡小君，而他国人则尊称她为君夫人[16.12]等一系列不同称呼，其实是关系礼治，易混淆，故需要正名的称谓。还有一次，孔子陪鲁公吃桃时，先吃了黍米再吃桃，身边的人都捂嘴偷笑。鲁公忙说，黍子是擦桃用的，不是吃的。孔子答："我知道。但黍是五谷之首，是祭祀的上品。桃子是六种果品里最差的，不能用来祭祀。我听说君子用贱物擦贵物，没听说过用贵物来擦贱物。现在用五谷之首擦最贱的果品，我认为有害乐教礼义。"[5.19.5]这就是孔子以实物尊卑为礼，哪怕被人嘲笑也要正名的例子。

有一次，孔子到季孙那里，季孙的家臣求见说："国君派人来借地，要不要给他呢？"季孙没说话。孔子说："我听说，国君向臣子取物，叫取；国君送物品给臣子，叫赐。臣从国君处取物，叫借；大臣送国君东西，叫献。"季孙恍然大悟，明白了孔子所说的君主与臣子之间互相取物的合礼正名道理，

于是立即命令他的家臣："从今以后，凡是国君来要的东西，一概不许再说借了。"[9.41.27]

还有一次，卫国的孙桓子被齐军打败，全靠仲叔于奚出手援救才免于被抓。卫国人想以城邑作为奖赏，仲叔于奚辞谢了，只是请求使用装饰繁缨的诸侯专用马车来朝见，卫君允许了。孔子听到后说："可惜啊！不如多给他城邑。唯有礼器和名号，不可以借人，它是国君所专管的。名号可生发威信，威信可守护礼器，礼器可体现礼制，礼制可推行道义，道义可产生利益，利益可安定民众，这是政权的大节。如把它借人，就是把政权交给别人，政权没了，国家也就没了，这是不可阻止的。"[9.41.20]又有一次，当子贡问，晋文公所谓的会盟，实际上是召来周天子让诸侯来朝见，孔子编《春秋》时却把它写成天子在河阳狩猎的原因时，孔子说："臣下召请君主是不足为训的。所以我把它写成了晋文公率诸侯来朝见天子。"[10.42.1]这些都是孔子借君臣关系正名，说明君臣尊卑的礼治的实例。不过，出于历史局限性，孔子对君主的执法独断权还是认同的，这就为后世昏君实施的人治乱法留下了空子。如有一次子路问，鲁军伤亡惨重而主将不受惩罚，是否符合用兵之道时，孔子说："凡替君谋划作战失败就该死罪，凡替君谋划治国让都邑危险的就应流放，这是古代治国用兵之道。如国君还在，下达赦免诏书的可不追讨。"[10.42.9]

受老子影响，孔子还很注重遵循天道完善礼治体系，发挥其治国以礼、无为守正、顺情达道的作用。孔子认为，政治是君主用以安身的。天下政治必须以天道为本，效法天道以下达天命。天命将教化降至社稷叫作效法大地，颁布到祖庙叫作仁义，施行于山川叫作兴作，施行于五祀叫作礼仪制度，这就是圣人稳固的安身地。圣人参照天地神灵，治理国政，看管好他存身地的法宝，就是礼制的序列；君主经常参与体验国家礼乐，就能治理好民众。天产生四时，地产生财物，人生下子女，老师教学生。这四件事如为君王的政治所利用，就能立于无过之地。[7.32.7]孔子指出，国君是民众效法的，不是效法民众的，是民众供养的，不是供养民众的，是引导民众的，不是民众引导的。这样礼治通达，名分确定，人们就乐于为国牺牲而不怕死。[7.32.8]当冉求询问，臧文仲当年所制定的礼法制度至今还在用，是不是知礼的人时，孔子说，夏父弗忌违反了祭祀规矩而臧文仲不制止，因此不能算知礼。这是因为，礼就好比人体，肢体不全，称作不成人，礼器设置不当，就如人体不完备一样。[10.42.8]

季康子想以一井田法来统一赋税，让冉有去请教孔子。孔子当面不答，却私下对冉有说："先王制定土地制度，按照劳力来分配土地，根据远近来调整；市镇里征收赋税，要根据财产多少来收取；分派劳役，要按照劳力的老幼来考虑。对于鳏夫寡妇孤独残疾老人，有出兵事才征收，没有就不征。出兵这年，征收一井田的赋税，交纳粮草时也不过量，先王认为这就够了。君子的行为要合乎礼，施舍要丰厚，做事要适中合理，赋敛要微薄。如果是这样，那按一丘征税就足够了。不按照礼治而贪婪无厌，即使按田亩征税也会不够，而且季孙要想行事合乎法度，则有周公的典章在那里；如果违背法度苟且行事，又何必来征求意见呢？"[9.41.23]

还有一次，陈恒杀了齐简公，孔子听说后立即斋戒三天再上朝。他对鲁公说："陈恒杀了国君，请您去讨伐他。"鲁公没答应。孔子再三请求，鲁公说："鲁国被齐国欺负很久了，你讨伐他们会怎样呢？"孔子答："陈恒杀了国君，有一半民众不亲附他，加上鲁国全国民众，是可取胜的。"鲁公便让孔子去找三位大夫。孔子告辞后对别人说："自从我做过鲁国大夫后，凡有事就不敢不告诉君王了。"[14.22][9.41.18]这事说明孔子心里很明白，在礼崩乐坏的当时，"能以礼让的精神治国吗？如果能这样做的话，哪还会有什么困难呢！如果不能做到以礼让治国，又如何能推行礼治呢？"[4.8]但他即使早已有心无力了，也依然执着于"弑上者生于不义，义所以别贵贱、明尊卑也。贵贱有别，尊卑有序，则民莫不尊上而敬长"[7.30.3]的礼治道理，担心礼治废弃会发生不良后果，如"忧虑恭敬而无礼就会劳烦，谨慎而无礼就会畏缩，蛮勇而无

礼就会乱来，刚直而无礼就会尖刻"等，故他殷切希望君子能关爱亲人，不忘老友故人，让人民兴起仁爱的风气。[8.2]

孔子为了国家的利益，可以不在乎个人颜面上的失礼，这是他礼乐观进步性的表现。当年，孔子在鲁国担任司寇时，曾去拜见季康子，见季康子不高兴，孔子就再次去拜见他。宰予劝孔子："从前我常听老师讲，'王公贵族不聘请我，就别动身'。现在您当司寇没几天，就委屈求见多次了，不能不去吗？"孔子说："本来是这样的，只是鲁国内以多欺少，以武力动粗的现象由来已久了，如官府不认真治理，就会出大乱子。这与他请不请我相比，哪件事更大呢？"鲁国人听到这话说："圣人将要治理鲁国了，我们何不主动远离刑罚呢。"自此以后，国内再没有好争斗的人了。于是孔子对宰予说："离开山间已经十里路了，蟪蛄的叫声犹在耳边，所以说政治的事情，没有比及时应对更重要的了。"[5.19.3]

孔子的礼治，并非后世腐儒的所谓吃人礼教，事实上，孔子一贯痛恨苛政。有一次孔子路过泰山，听到有个妇人在野外哭得很悲伤，便派子贡前去询问。那妇人说："从前我公公被老虎吃了，我丈夫也被老虎吃了，现在我儿子又被老虎吃了。我不离开此地的原因，是这里没有苛政。"孔子听了子贡的传话后说："你们记住了，苛政猛于虎。"[9.41.13]在孔子的教诲下，弟子们无不反对苛政盘剥。当哀公问有若，荒年饿肚子，财用不足怎么办时，有若说可实行抽十分之一税的彻法，哀公竟说抽税十分之二还嫌不够，有若反驳说："百姓富足了，您还会不富足吗？百姓不富足，您能富足吗？"[12.9]

反对苛政残民的孔子痛心地发现，春秋时期的周礼早已不复存在，"掌握官职俸禄的国家政权，鲁国公室已经失去五代了，政权落入大夫手中也有四代了，所以鲁桓公的三个子孙都衰败了"[16.3]。他一针见血地指出，现在的君王贪得无厌，放纵恶行不知厌倦，一味荒唐，怠慢游乐，只想尽力把百姓搜刮干净，以满足私利，结果招致了百姓对暴政的怨恨，违背了众人的意志，侵犯了政治清明的国家。他们只求欲望满足而不择手段，肆意刑杀，不实施礼治。这就是今天的君王不能实施礼治的原因。[1.6.1] 有一次，子服伯子以周文王舍弃长子伯邑考而立武王，微子舍弃孙子腯而立其弟庶子衍为例，认为公仪仲子立庶子为继承人是按古人之道行事。孔子则指出这并不合礼，因周代的礼制是立嫡孙。[10.44.2] 孔子还曾对鲁定公说，卿大夫家里不可私藏兵器铠甲，封地内不能建百雉高城，这是古代礼制。于是孔子打击叛乱，削减了三家城池，尊显了国君，压抑了臣子，使礼乐教化大行其道。[1.1.4]

此事后，孔子更坚定了刑政相参，德化乐教，以刑辅礼，法度确立后不可轻易更改的礼治信念。如对子贡赎回了臣妾，却谢绝了国库依法规定发给的赎金一事，孔子就持反对的态度，批评他："子贡做错了。圣人做任何事都要注意移风易俗，教化百姓，而不仅仅是适合他自身。现在的鲁国富人少穷人多，如果赎人拿了国库钱就是不廉洁，那以后赎人用什么钱呢？从今以后，鲁国人再也不能向诸侯赎人了。"[2.8.19] 孔子认为，"圣人的治理教化，必定是将刑法与善政相配合的。最好的方法是用道德教化民众，用礼治统一思想。其次是用政令来教导民众，用刑罚来禁止犯罪。制定刑法，是为了尽量不用刑罚。教化了之后不改变，劝导了之后不听从，既损害义理又败坏风俗，这才对他用刑严惩。制定五刑必须符合天道，执刑罚罪时，哪怕罪行轻也不能赦免"[7.31.1]。

与长期以来"刑不上于大夫，礼不下于庶人"的准则，被视为礼教只维护统治者的利益，不惩罚其违法行为的铁证有所不同，孔子对这一古语作了全新解释，反驳了这句话意为不惩罚有罪大夫，不礼待下层平民的错误说法，指出这只是以礼约束心，以廉耻节制人，以"礼御君子"的方式惩罚大夫的隐辞。孔子说："古代的大夫因不廉污秽罪被罢免的，不说他污秽不廉被放逐，而是说他'祭器没摆好'。有犯男女无别淫乱罪的，不说他淫乱及男女无别，而是说他'帐幕没修好'。有犯不忠罪的，不说他不忠，而是说他'没保持好臣子节操'。有犯软弱无能不称职罪的，不说他软弱无能不称职，而是说'属下官员不称职'。有犯干扰国家法纪罪的，不说他干扰国家法纪，而是说'办事没请示'。因此大夫犯有大罪，知道自己要被惩罚的，就会穿着丧服，走到君王殿前请罪自杀，这就是刑不上大夫。至于礼不下庶人，那是因为庶人忙于生计事不能学好礼，所以不能苛求他们有完备礼仪。"_[7.30.5]

孔子站在同情百姓的仁道立场上说："人民赖以生存的是衣物和食品。统治者不教化人民，人民生活匮乏，整日忍饥受寒，还不为非作歹的那是太少了。所以古代对于强盗，厌恶而不杀他。如今不先教化而一杀了之，这是惩罚罪行而善德并不会恢复，刑法扩张而罪行并不减少。赤子都知道爱慕自己的父母，是他认真审视的结果，何况是政治呢？难道不需要尊崇贤者而废弃不贤者，以教化人民吗？能知道审视礼治与刑法这两方面，那么大盗也就会消失了。"_[K2.4.3]从这段话里可以看出孔子认为以礼治国重于以刑法治国的儒家德治观倾向。

对于《尚书》中"殷朝的刑罚有条理"的说法，孔子解释："这是不失法理的意思。如今诸侯不同心同德，每个君主都有不同的法律，断狱也没有条理，以主观臆断为标准，因此知道执法难。古代知法者能远离监狱，现今知法者只知定罪。只知定罪，就很少宽恕了。能远离监狱，就能深度地防止犯罪。宽恕免罪少近于滥施刑罚，深度防止犯罪才能治本。《尚书》说，'只有慎用五刑，才能成就三德'，这是说慎用刑法所以才能成就仁德礼治。"_[K2.4.4]

当然，孔子对法治必要力度的维护还是极为重视的。他说，凡是以巧言破坏法律，以变乱名义擅改法度，以旁门左道扰乱国政者，杀。凡是制作淫声浪调，制作奇装异服，设计奇巧怪诞器物扰乱君心的，杀。凡虚伪而固执，语言狡诈诡辩，学非正道而博杂，做坏事而巧言粉饰，蛊惑民众者，杀。凡假借鬼神，以择时选日，卜卦筮法惑乱民众者，杀。犯此四类罪行被诛杀的无须审理。_[7.31.4]为此，孔子当上鲁国司寇后仅七天，就将乱政的大夫少正卯，斩杀在宫外高台下，暴尸三日。孔子还对前来质疑的子贡说："天下有五种大恶。一是用心险恶，二是邪辟固执，三是虚伪善辩，四是熟记坏事多，五是颠倒是非并美化它。这五种大恶有其中之一在身上，就免不了被君子诛杀，少正卯却包揽了这五种恶行。他身居高位足以聚集狐朋狗党，奇谈怪论足以自夸惑众，势力强大足以背道而驰。这是人中奸雄啊，不可不除掉。"[1.2.1]孔子杀少正卯之事，又载于《荀子·宥坐》《说苑·指武》等，当非《孔子家语》虚构。以"慈"为三宝之首的老子，亦说过"若使民常畏死，而为畸者，吾将得而杀之"（《老子》七十九章）这样的话，可见孔子将刑杀与礼治结合，实不足怪。孔子实际上是将礼治作为高于个体生命之上的天道法则，故违法者必严惩不贷。他在晚年之时，实际上也受到老子"不善人，善人之资"论的影响，不再主张以杀人作为礼治的固有方式了。这可从孔子当面否定季康子所谓"杀无道，以就有道"的治国方式，主张"子为政，焉用杀？子欲善而民善矣"[12.19]的回答看出来。

与杀无道不同的是，孔子对礼法的持久性与公平性的极力维护。当听说赵鞅向晋国征收了大量金属来铸造刑鼎，以宣示范宣子制定的刑书时，孔子焦虑地说："晋国快灭亡了吧，已失掉它的法度了！晋国应遵守唐叔传授的法度，来治理民众。卿大夫按序次守护它，民众才能遵守礼治之道而守住家业。贵贱地位不错乱，这叫作度。晋文公因此设立了执掌官职位次的官员，制定了被庐法，被推为诸侯盟主。如今要抛弃这个法度而铸造刑鼎，把有关民众的法律铸造在鼎上，这怎能尊显贵人呢？以后靠什么守护家业？贵贱失去次序，还怎么治国呢？"[9.41.15]对照楚灵王因太过奢侈，不听劝谏，控制不住自己的骄奢作风，终于遇难的史实，孔子评论："古时候有记载，克制自己回归礼治就是仁道，这话说得真好啊！楚灵王如能做到这样，难道还会在乾豀受羞辱吗？"[9.41.7]他同时教子弟服事君主时不要欺君，可犯颜直谏[14.23]，但不在这个岗位上的话，就不要去谋虑它所管理的政务。[14.27]

孔子最怕的是君主废弃礼乐，荒淫无道。当鲁君荒废了朝政，子路劝孔子离开鲁国时，孔子还想观望。直到后来眼见鲁国君臣迷恋齐女歌舞，荒淫无度，三天不理朝政，郊祭也不送上祭肉礼器后，孔子才毅然离去。他在寄宿城外的村里唱道："那些妇人口，可以让你走；那些妇人求，可以让你亡。悠闲游观啊，聊度晚年吧！" [5.19.7] 对于晏子让自己救齐国的请求，明察秋毫的孔子予以拒绝，说："必死之病是无可救药的。政令是国君者驾驭马车的缰绳，是用来制约下属的。如今齐君失去政权已很久了。您虽然想抓住车辕并扶住轮子，也是做不到的。往后齐国就会归于田氏了。" [K1.1.5]

（四）爱民敬亲与贤人礼治

孔子礼治学之贡献六，是阐明了礼治的伦理核心，实为发自人内心的爱敬之情，它以爱亲敬君为礼治之本，以君任贤爱民，民敬亲尊贤，臣爱国睦邻之仁道主义为礼治核心理念，以"事君欲谏，不欲陈言" [K5.17.11] 的认真态度，维护了古代社会文明体制。有一次，孔子听到齐景公在谈到如何礼遇自己时所说"像鲁君对待季氏那样做，我没法做到，但我可以用介于季氏和孟氏之间的礼节来对待他"的敷衍态度，了解到他所说的"我老了，不中用了"的潜台词后，孔子立即辞行而去 [18.3]，表明了自己对这位既没有雄图大略，又没有礼遇贤人的胆识与诚意的君主的失望与离弃态度。此后当子思问，国君没有不知道用贤人可得安逸的好处的，但大都不能任用贤人，这是什么缘故时，孔子说："不是不想啊，之所以授官位时失去贤能者，是因为不能明察。君主以他人的赞誉为奖赏根据，以他人的毁谤为惩罚理由，这样贤良者自然就都不愿意留下来了。" [K2.5.2]

又有一次，当叶公问政事时，孔子答："让邻国人高兴，让远方的人爱来。" [13.16] 他深刻地指出："用礼仪和音乐去引导并鼓舞民众，民众自然也就和睦相处了。" [X7] 他强调，民无信不立 [12.7]，以仁义礼信为本治国远比衣食军备重要，故只要"上面喜好礼，人民就不敢不敬；上面好仁义，人民就不敢不服；上面喜好诚信，人民就不敢不讲真情实义。如果做到了这些，那四方人民都会背着幼儿来了，哪里还用得着种庄稼"[13.4]。这亦成为儒家重视礼治的教育理论。对于有利于民生，有利于实施礼治的政治人物，如子产、管子等，孔子则予以赞扬。他认为子产"是个施行恩惠的人"，对保护中国礼仪制度有大功的管仲，孔子同样认为他"是个了不起的人物。他夺走了齐国大夫伯氏骈邑的三百户人家，让他整天粗食淡饭，到老都毫无怨言"。[14.10]

说到孔子本人，哪怕是回国后年事已高，仍然不忘自己的老臣身份，时刻惦记着朝政的仁政礼治之事。有一次，冉子退朝后，孔子问："为何回来晚了？"回答："有政事。"孔子说："一般的事吧，如真有重大政事，虽说我不再参政了，但我也会听到一些。"[13.14]另有一次，孔子还抓住机会，谆谆告诫鲁哀公："古代的善政，爱人最大。爱人的仁政，礼治最大。施行礼治，礼敬最大。……所以君子要用敬慕的感情相亲相爱，没有敬意就是遗弃相爱亲情。不亲不敬，就不能互相尊重。爱与敬，是治国的根本吧！"[1.4.2]鲁哀公问："荒年饿肚子，财用不足，怎么办呢？"有若回答："何不实行只抽十分之一税的彻法呢？"哀公说："抽税十分之二，我还嫌不够呢，为什么还要实行彻法呢？"有若答："百姓富足了，您还会不富足吗？百姓不富足，您能富足吗？"[12.9]这句话生动阐释了儒家主张君要爱民，民富方能君足的治国理念。

孔子厌恶无礼之极，以紫色掩盖朱红色，以郑国俗乐扰乱正统雅乐，以滑舌利口颠覆国家的人。[17.18]他还对鲁公明言：百姓能够生息，礼的作用是最大的。没有礼就不能侍奉天地神灵，没有礼就无法区别君臣、上下、长幼的尊卑地位，没有礼就不能分别男女、父子、兄弟、婚姻、亲族的亲疏关系。因此，孔子很厌恶非礼妄为，要挟君主的窃位者。他说，"臧文仲是窃取官位的吧？他明知道柳下惠贤良，却不提拔他为官"[15.14]，"臧武仲以封地防邑来要求鲁国荫封自己的后代，虽然他嘴上说自己不要挟鲁君，我才不信呢"。[14.15]他认为，君子尊重礼，然后尽其所能地教化百姓，不荒废礼的重要关节。等到礼的教化有成效之后，再用以区别血缘的亲疏。[1.6.1]而孔子高徒曾子也认为："交往时与人太亲近，会受到怠慢；太严肃了会难与人亲近。所以君子待人的和善态度，能做到彼此愉快就可以了；他庄重的程度，能使大家彼此保持礼貌就可以了。"孔子赞同说："弟子们都记着，谁说曾参不知礼呀？"[2.10.11]

对于礼治的普及，出身寒微的孔子，根据切身经历的体悟，更重视联系实践的日常应用礼仪，而非专为官场礼仪定制的那一套繁文缛节。他认为："先学好礼乐再去任职做事，这是一般的粗人；先有官职再去学习礼乐规矩，这是世袭官位的贵族子弟。如果要选用人才，我宁可用粗人。"[11.1]为此，孔子在订立国家礼治规则的同时，还不忘为弟子们树立礼德人物标杆。如整齐庄重而严肃认真、志向通达而喜好礼仪，能为两位国君做好执礼傧相，诚实文雅而有节义的公西赤[3.12.5]，以及送往迎来，对宾客恭恭敬敬，上交公文，下接报告，都能做到界限分明的卜商等。孔子认为："以平和态度处事，能不受小人危害。像卜商这样处事，可说是没有危险了。"[3.12.8]对于痛心于当时不施行礼教，想改变这种情况的曾点，孔子赞同他的想法，肯定他所说的在沂水沐浴，在舞雩乘凉的淡泊志向。[9.38.19]孔子还认为："最急迫的政事，没有比让民众富裕长寿更大的了。……减少劳役，减轻赋税，民众就会富裕；敦促礼仪教化，远离犯罪疾病，民众就会长寿。从来没有儿女富裕而父母贫穷的。"[3.13.9]

对于民间礼仪的尊卑、奢俭、情感、要义等涉及礼的根本的问题，孔子非常重视。坐席不摆端正时，孔子不坐下。乡人聚会饮酒时，挂拐杖的老人出去后，孔子才出去。乡人演出傩剧时，孔子身穿朝服站立在东面的台阶上。托人问候他国友人，孔子都要在送行时向使者拜两次。[10.10]他认为："礼制，与其奢华铺张，宁可节俭一些；丧礼，与其改变外在仪式，宁可心中悲戚"[3.4]，"移风易俗，莫善于乐。安上治民，莫善于礼。礼者，敬而已矣。故敬其父，则子悦。敬其兄，则弟悦。敬其君，则臣悦。敬一人，而千万人悦。所敬者寡，而悦者众。此之谓要道也"[X12]。

　　冠礼作为民间成人礼，主要是为了表示儿子将要取代父亲成为家长，加冠后要取字来称呼他，以尊重他的名。孔子认为，天下没有天生就高贵的，故冠礼一定要在祖庙里举行，用礼仪来授予，以钟磬之乐来节制，表示自己卑微而尊敬祖先，不敢擅自主张。[8.33.1]对于婚礼这一婚嫁娶亲礼，孔子说："天地阴阳不交合，万物就不会生长。所以政治先有礼治，礼是政治之本！古代夏商周三代圣明君主，一定敬重妻子，这是有道的。"[1.4.3]孔子对婚礼的看法是，"同姓人为宗族，有会合同族的意思，所以统系在同一姓氏下而没有区别，在同一个宗庙会餐，即使过一百代也不能通婚，周朝就是如此。因此通婚在上确立先祖地位，是尊崇正统至尊；在下确定子孙继承关系，是亲近至亲；从旁理顺兄弟情谊，是教会家人和睦。这些是先王不可改变的礼教"。[10.42.31]孔子还指出：有五种女子不能娶，这就是悖逆家庭道德的、扰乱家风的、家里有人受刑罚的、有不治之病的、丧父的长女等。妇人在七种情况下可休弃，在三种情况下则不可休弃。这七种情况是不孝顺父母的、不生儿子的、行为淫乱邪僻的、嫉妒的、有恶病的、搬弄是非的、偷盗的。不休妻的三种情况是娶时有家而休弃后无家可归的，夫妻一起服丧三年的，夫家先贫贱后富贵的。这些都是圣人理顺男女关系，重视婚姻的开始。[6.26.2]同时，孔子还坚决反对那种不分青红皂白，将不育作为休妻的理由。在孔子的耐心劝导下，三十八岁还没儿子的商瞿，不仅自己主动打消了休妻念头，还以四十岁后才有了五子为例，说服梁鳣放弃了休妻，两年后梁鳣终于有了自己的儿子。[9.38.24]

　　对于子女对父母应有的孝顺之礼，孔子将其视为"言思可道，行思可乐。德义可尊，作事可法。容止可观，进退可度，以临其民"的君子所为，并严厉批评道："那种不关爱自己的父母亲人，反而去关爱外人的，就叫违背孝道礼德。"[X9]这也成为后世封建时代检验官吏的忠奸、善恶、真伪的道德标杆，设立官员守丧尽孝的丁忧制度，以培育官员思亲、忠君、爱民思想的行政保证措施。有鉴于此，孔子高度重视祭祖思亲的祭祀活动，明确反对子贡要除去每月初一祭祖祀羊的想法。孔子责备他："尔爱其羊，我爱其礼。"[3.17]还有一次，有对父子打官司，孔子把他们关在一间牢房里，三个月了都不判决，直到父亲撤讼，才把他们放了。季孙氏听后不高兴地说："司寇欺骗我，他曾说治国一定要首倡孝道。现在我要杀一个不孝之徒，司寇却赦免了他。"孔子长叹后说："唉！统治者不讲道义而滥杀下民，是违背常理的。不用孝道教化而定罪，是滥杀无辜。当前社会风气已败坏很久了，虽说有了刑法，百姓就能不犯法吗？"[1.2.2]对于杀父母之仇，孔子认为子女应该做到与仇人不共戴天。对待杀兄弟之仇，孔子认为应不和他在同一个国家里做官，如奉君命出使，遇见也不和他决斗。对待杀害堂兄弟之仇，孔子认为可不出头动手，如果受害人亲属要报仇，可拿着兵器跟在后面。[10.43.1]对于朋友之间的相处之礼，孔子也很重视。如有一次，孔子到季康子家去，见他大白天在内室睡觉，于是见面后即探问他的病情，并向子贡解释："根据礼，君子没有大变故，不在外室住宿。如果没病，白天也不在内室睡觉。因此，白天在内室睡觉，即使探问他的病情，也是可以的。"[10.42.5]这些，都是孔子把礼治之法贯彻到社会习俗与日常生活中的例子。

总之，与老子为首的道家强调道为上，德次之，仁又次之，义更次之，礼为最次的，不得已而用之且效果甚微，故可忽略的施政方法不同，习儒起家的孔子始终把礼作为最基本、最可靠、最有效的教化方法而大力推崇。与韩非为代表的法家主张抱法、处势、用术、抛弃礼治、笃信严律酷刑的法治不同，孔子主张以礼刑结合为理想的礼法制度。他认为，以礼仪统一规范人民，就像是驾车用缰绳。以刑法规范人民，就像是驾车用鞭子。手执缰绳，不用鞭策而驾驭马，是优秀的马夫，没有缰绳而只用鞭策，马就会迷失道路了。孔子还指出，古代善于驾驭者，执缰绳如丝带，两马飞奔如跳舞，并非靠马鞭助力。先王之道更重视礼仪而轻视刑法，因此人民都愿意服从命令。如今废弃礼仪而崇尚刑法，因此人民日益暴怒。当文子问吴越的风俗，没有礼仪也能治理的原因时，孔子回答：吴越的风俗，男女没有差别，同一条河水沐浴，人民无视互相侵犯，刑罚再重也难治理，因此缺少礼仪。中原诸国的教化，用男主外、女主内加以区别，用器物服饰分出等级，人民笃实守法，刑罚很轻也能治理，因此讲礼仪。[K2.4.2] 这就是孔子崇尚先王之道，因地制宜，因时而异，重德轻法，以礼乐化民的治国理想境界。

《孔子儒经·礼乐篇》144节索引

【论语】60节

［1.12］［1.15］［2.2］［2.23］［3.1］［3.2］［3.4］［3.5］［3.8］［3.9］［3.14］
［3.15］［3.17］［3.18］［3.19］［3.20］［3.21］［3.25］［4.8］［7.13］［7.31］
［7.32］［8.8］［8.15］［9.3］［9.15］［10.1］［10.2］［10.3］［10.4］［10.5］
［10.10］［10.15］［10.16］［11.1］［11.26］［12.11］［12.15］［13.3］［13.4］
［13.11］［13.14］［13.16］［14.9］［14.10］［14.15］［14.22］［14.23］［14.27］
［14.42］［15.11］［15.14］［16.3］［16.12］［17.11］［17.18］［17.20］［18.3］
［18.4］［18.9］

【孔子家语】65节

［1.1.3］［1.1.4］［1.2.1］［1.2.2］［1.3.5］［1.4.2］［1.6.1］［1.7.8］［2.10.11］
［3.12.5］［3.12.8］［3.13.6］［3.13.8］［3.13.9］［4.15.6］［4.15.11］［4.15.13］
［5.19.3］［5.19.5］［5.19.7］［5.22.5］［6.27.1］［6.27.2］［6.27.3］［6.27.4］
［6.27.5］［6.27.6］［7.28.1］［7.28.3］［7.30.5］［7.31.4］［7.32.3］［7.32.5］

［7.32.6］　［7.32.14］　［8.33.1］　［8.33.2］　［8.33.3］　［8.35.2］　［8.35.3］　［8.36.4］

［9.38.19］　［9.38.24］　［9.39.1］　［9.39.2］　［9.41.7］　［9.41.13］　［9.41.15］　［9.41.17］

［9.41.18］　［9.41.20］　［9.41.21］　［9.41.23］　［9.41.27］　［10.42.1］　［10.42.3］

［10.42.4］　［10.42.5］　［10.42.6］　［10.42.8］　［10.42.9］　［10.42.31］　［10.43.1］

［10.43.3］　［10.44.2］

【孔丛子】19节

［K1.1.5］　［K1.3.1］　［K1.3.7］　［K2.4.1］　［K2.4.2］　［K2.4.3］　［K2.4.4］　［K2.4.5］

［K2.4.6］　［K2.4.9］　［K2.5.2］　［K2.6.4］　［K2.6.8］　［K2.7.4］　［K5.17.11］　［K6.18.1］

［K6.18.2］　［K6.18.3］　［K6.18.4］

依鬼神而制义，治气性以教众，洁诚以祭祀。

七、孔子的祭祀观·敬天崇祖

"祭祀"，这一与孔子礼乐教化紧密结合的文化活动，可先以"祭"和"祀"释义，再从"祭祀"的文化层面阐析。从"祭"的古字形看，上半部分的左边是牲肉，右边是一只手，下面是神，合在一起表示祭者手持酒肉供品向上献祭，向神灵和先祖祈求保佑。从"祀"字的结构看，左边是神，右边是"巳"，象征巳蛇活跃的四月，正是阳出阴伏，万物见，文章成之时，合成一字有祭神求福，趋吉避凶之义。此外，在祭祀文化中，"祭"意在向祖先向天地汇报近况，"祀"意在希望天地祖先对自己的未来给予新的指导和教诲，含义各有侧重。

中国古代宇宙观最基本的三要素是天、地、人，古代的祭祀对象同样分为天神、地祇、人神三类。天神称"祀"，所祭的天界神灵主要有天神、日神、月神、星神、雷神、雨神和风云诸神。地祇称"祭"，所拜的地界神灵有社神、山神、水神、石神、火神及动植物诸神。人界的宗庙祭拜称"享"，对象主要有祖先神、圣贤神、行业神、起居器物神等。每个神的品级、爵位大都由儒教规定，是儒教吸收民俗神后，组成人间官僚系统的等级体系，并载入国家祀典，制定了祭祀者的严格等级。如《礼记·礼运》称："夫礼，必本于天，肴于地，列于鬼神。"《周礼·春官》亦规定由周代最高神职"大宗伯"负责"掌建邦之天神、人鬼、地示之礼"。《史记·礼书》也说，"上事天，下事地，尊先祖而隆君师，是礼之三本也"。这也就是后来形成的君主祭天神地祇，诸侯大夫祭山川，士庶祭祖先和灶神，以及"神不歆非类，民不祀非族"的祭祀礼制。

值得注意的是，作为儒家文化主要祭祀对象的神，并非通常宗教崇拜的人格化神灵，而是主导阴阳二气造化的自然力量，故可通过祭祀，请其释放出阳气与活力，助民众趋福避祸。通观孔子的认知，考古学的发现等，学界大都认为祭祀不是由某个人的主观意愿所设定，而是源于中国人的天地人和谐共生的信仰理念，来自古代最原始的天地信仰与祖先信仰，后来才在先王的礼乐文化演进中，成为中国人在春节、清明节、端午节、上元节，以及纪念先王圣君祖宗的诞辰或逝世日里，祭拜天神、地神与伏羲、黄帝、神农等人文始祖和家族先祖的隆重典礼。它内含敬天地，拜神灵，祭祖宗，积阴德，铸阴功，与神沟通，交感悟道，进入天人合一的精神境界的特殊文化意义，是古人通过向天地先人叩拜行礼，实现天地神人和谐共生的诚敬信仰的庄严活动。故对孔子而言，"祭祀"并无神秘宗教色彩，它只是儒家在建构礼治体系，修养礼德的过程中，为体现出崇天道，重仁孝，明礼仪，敬天敬祖之民族信仰的精神文化活动。如此一来，以修德崇礼和孝亲仁道为核心理念的"祭祀"，自然就成为孔子礼德教化和实施礼治的有机组成部分了。

孔子自言"五十而知天命"，这也体现在他对求得天命交感的祭祀文化的高度重视上。首先，孔子认为祭祀合乎礼仪者，必修于仁道："不孝者生于不仁，不仁者生于丧祭之无礼。明丧祭之礼，所以教仁爱也。" [7.30.2] 其次，内心诚敬高于礼仪形式，祭祀者须葆有诚敬心方能与神灵先祖心灵相通，因此"祭祀，与其敬不足而礼有余，不若礼不足而敬有余也" [10.42.27]。再次，孔子尊重所有讲礼祭祀的人们。凡是穿丧服的人、戴礼帽穿礼服的人，以及盲人经过的时候，只要一见到，即使他们年少，孔子也必定作揖行礼。经过他们的时候，也必定趋前致礼。 [9.10] 最后，孔子对祭祀用品的品属尊卑也非常讲究，他曾说："果属有六，而桃为下，祭祀不用，不登郊庙。"[5.19.5] 由此可见，孔子以君子畏天命，敬天地，祭天帝，祀鬼神，怀先王，祭先祖为内涵的"祭祀"，确是面向天界、神界、阴界、虚境，以诚敬为本，尊天知命之善举。这也是儒家后来被视为儒教，并且被一些东西方文化比较学者拿来与西方宗教比较，认为孔庙遍国的儒教亦有宗教神圣感、仪式感的原因。

最重要的是孔子对其"祭祀观"的阐释，亦即对"敬天崇祖"的定义。它出自孔子当年对鲁定公询问古代帝王为什么要在郊外拜祭祖宗，以德配天帝时的回答，其原话是，"万物本于天，人本乎祖。郊之祭也，大报本反始也，故以配上帝。天垂象，圣人则之，郊所以明天道也"[7.29.1]。其大意为：万物根源于天，天象显示正道，因此圣人要敬天报本。人根源于祖先，故应认祖归宗，反本取法始祖。所以郊祭要敬天崇祖，德配上帝，成为显明天道的大祭典。

由此可见，孔子所言的"敬天崇祖"，与"观天之象，究天之极，行天之道，谓之敬天；安祖于土，守祖于陵，习祖于慧，谓之法祖"的古人名言的关系，并非如有些人对"敬天法祖"的解释那样，一是敬奉上天，认为老天爷无所不能，将天神格化；二是祭祀祖先，祈求祖先福泽庇佑子孙，同时效仿和学习祖先的诸多智慧。从根本看，孔子所言的中国人的"敬天崇祖"，并不是要把自己置于天帝的绝对统治下，甘作迷信神灵的愚氓的"敬天法祖"，而是要将自身置于天地宇宙古往今来的适中位置，永存循道明理的宇宙观和天人合一的整体思维方式，从而葆有对浩瀚上天的诚敬之心，在慎终追远，认祖归宗，崇祖思亲，学习先贤祖宗积德自强的好品行、好家风与家国情怀的同时，勇于追求人类的自由幸福和伟大理想，为创造拥有敬天崇祖信仰的伟大中华文明而奋斗不止，生生不息。这才是孔子所独有的敬天祀地，祭神拜祖，追念先人，循礼养德的祭祀观的深远意义。

检索"祭祀观"的关键词，来自《孔子家语·哀公问礼》中的"品其牺牲，设其豕腊，修其岁时，以敬其祭祀，别其亲疏，序其昭穆"。它意在告诉统治者，应在礼教化成后，再告诉人们如何祭祀，以便按时拜祭，区别亲疏，排定次序，连结亲恩情义。再结合孔子上句有关"春秋祭祀，以别亲疏，教民反古复始，不敢忘其所由生也。……此教民修本反始崇爱，上下用情，礼之至也"的论述，以及"祭祀"在孔子修德进程中所独具的"善始善终"的积阴德意义，我们可知祭祀本质上是礼情升华的最高形式。

有鉴于此，我们完全有理由将孔子重在虚境里敬天崇祖的"祭祀观"，从主要是规范实境里人际关系的"礼乐观"中划分出来，体现其以虚化实，名列孔子哲学九观体系之二的深刻内涵。它展现出孔子从谋志之道开始，经过修德之道、成仁之道、孝悌之道、好学之道、礼乐之道的不断努力，终于进入了诚敬恭谨、慎终追远、铭功树碑、明礼知理、善始善终、天人合一的诚祭敬祀之道，从而以祭祀天地，膜拜先祖，致敬英魂的心灵洗礼，为走向大同之道凝聚了精神动力。

（一）天子之祭的神圣礼仪

如前所述，天子祭祀的对象之一，是天地、天帝与鬼神。对于季路问如何服事鬼神的事，孔子说："还不能服事好人，哪能服事好鬼神？"问："能问问什么是死吗？"答："还不知道生是什么，哪里能知道死是什么？"[11.12]这说明，孔子对于人的终极关怀以及与鬼神之间的关系，取的是敬而远之、存而不论的态度，这是耐人寻味的。但孔子非常佩服那些能协助天子祭天地、天帝的礼官。他认为知晓天子的谛祭是怎么回事的人，对于如何治理天下，就像是展示自己的手掌那般熟悉。[3.11]至于为何祭"鬼神"，孔子解释："人生来就有气、有魂魄。气，是人旺盛的精神。众生都会死，死后都会回归土里，这就是鬼。人的魂气升到天上，这就是神。把鬼和神合起来祭祀，这是教化的极致了。骨肉埋在地下，化为野土，它的魂气向上发扬，就是神的显现。圣人根据物的精神，制定了标准，明确地命名为鬼神，以它作为民众的准则，但认为这还不够，所以天子要修筑宫室，设立宗庙，每年春秋举行祭祀，以区别家族亲疏，教育民众不忘远古初始，不忘自己出生之处。民众由此而服从教化，能听从命令并迅速执行。先教给民众如何对待生死这两端，生死两端的处理标准确立后，以祭、祀两种礼仪报答祖先，建立起祭祀制度，烧烤牺牲，飘散香味，以报答祖先的精神气。接着再献上黍米饭、熟肺肝、香酒等，以报答祖先的魂魄。这些都是教导民众修本知孝，不忘祖先，崇尚仁爱，加深上下层亲情，这是礼的极致。"　[4.17.6]

对于《尚书》所说天子的祭"地"系列的"祭高山"，孔子强调要分辨著名高山和五岳，在敬献牺牲财物时，要分清五岳如同公爵，名山如子爵男爵的差别和秩序。[K1.2.12] 对于"禋于六宗"，孔子认为是天子要沐浴洁身后祭祀的六神，包括在太昭坛祭四时之神，在坎坛祭寒暑之神，在郊宫祭日神，以及夜明祭月神，幽禜祭星神，雩禜祭水旱之神等 [K1.2.8]。同时，孔子还高度赞扬颛顼依鬼神而制义，治气性以教众，洁诚以祭祀，巡四海以宁民的重大祭礼 [5.23.2]，肯定了贤君遭遇凶年时，简化祭祀以救民之礼 [10.42.4]。他还在《论语》里记下了古代诸帝鼓舞人心的祭天诰誓。如尧帝说："听好了，舜！上天的使命已经落在了你身上，真诚地执着中和之道吧。如果四海民众还在贫困受苦，天赐你的禄位也就永远终止了。"舜后来也用这句话告诫大禹。商汤说："我小子履，斗胆用黑公牛，向皇皇伟大的天帝祷告，我有罪不敢自我赦免，作为天帝臣子我不敢欺骗蒙蔽，一切都按天帝心意安排。我自身的罪啊，不要牵连万方人民；万方人民之罪啊，错在我一人身上。"周武王说："周朝享有天大的恩赐，善良贤人是最宝贵的财富。周族虽有亲人，却比不上仁人重要。百姓的过错，都在我一人身上。" [20.1] 这些均表现出古代贤明帝王崇敬天道，祭祀天帝神灵的虔诚尊崇。

对于帝王祭祀时改变年号，使之与五行之德各有统属的说法，孔子认为这与五行崇尚之德与诸帝称王之德序有关，并得出了与后世"金白、木青、水黑、火赤、土黄"之五行论有别的解释。孔子说："夏后氏以金德称王，崇尚黑色，丧事在黄昏时入殓，打仗时乘黑马，祭祀时用黑毛牺牲。殷人以水德称王，崇尚白色，丧事在正午时入殓，打仗时乘白马，祭祀时用白毛牺牲。周人以木德称王，崇尚红色，丧事在日出时入殓，打仗时乘红马，祭祀时用红毛牺牲。这就是夏商周三代不同的地方。而尧帝则以火德称王，崇尚黄色；舜帝以土德称王，崇尚青色。"[6.24.3]对于古代帝王在郊外祭祖以德配天帝之事，孔子认为，万物根源于天，人根源于祖先。郊祭，就是报答本根、反思始祖的大祭典。所以要德配上帝。他还认为，上天显示征兆，圣人取法效仿。郊祭就是要显明天道。郊外祭天是迎接冬至长日的到来，祭坛在南郊，是为了设于阳位。祭器用陶匏制品，是为了象征天地之本性。[7.29.1]

孔子从小就热心学习祭祀之礼。他为没赶上看夏商周三代的天子及其大道的施行而感到遗憾，认为"夏朝的礼制，我还能说一些，但杞国的史料已不足以证明了；殷朝礼制，我还能说一些，但宋国的史料也不足以证明了。这都是文献不足的原因。如果史料充足，那么我就能证明它"[3.9]。他承认当时天子的禘祭礼太繁杂，以至于自第一次献酒礼之后，就不爱看了。[3.10]他认为，对熟悉天子祭礼者而言，就像展示自己的手掌一样。有一次，孔子对鲁公说："我听说天子郊祭要先占卜，在祖庙里接受天命，然后再到父庙中占卜，表示尊重祖先及亲近父亲的意思。占卜这天，天子亲自站在泽宫之前，听取天命誓言，领受教导和劝谏的意义。占卜后，天子在库门内正式颁布举办郊祭的命令，以告诫百官郑重其事。将郊祭时，天子身穿皮弁朝服听取祭祀报告，宣示民众要严格听从命令。郊祭当日，举办丧事者不能哭，穿丧服者不能入国门，郊外道路要扫干净，行人全部禁行。此时不用命令民众也自会听从，恭敬亦达到极点。天子穿着大裘衣，外披绣着日月星辰，象征上天的龙袍，乘着不装饰彩绘，重在质朴的素车，打着效法上天，垂挂十二旒，画着龙纹日月的旗帜一路前行。天子来到祭天泰坛后，脱去大裘，只穿龙袍，来到燔柴处，头戴垂下十二旒玉藻的冠冕，以仿效十二月的天数。我听说，诵读了三百首诗，不足以承担一般的祭祀；学了一般的祭礼，还不足以承担大飨的祭礼；学了大飨祭礼，还不足以承担大旅的祭礼；学习了大旅祭礼，还不足以承担祭祀天帝的祭礼，所以君子不敢轻率地议论礼。"[7.29.2]

天子的祭祀对象之二，是宗庙先祖。孔子认为，人民能够生息，礼的作用是最大的。天子没有礼就不能按节令侍奉天地神灵，没有礼就无法区别君臣、上下、长幼的地位，没有礼就不能分别男女、父子、兄弟、婚姻、家族亲疏的交往关系。因此君子尊重礼，然后尽其所能地教化百姓，不荒废重要的礼节。等到礼的教化有成效后，再备好祭祀文章和礼器礼服，以区别尊卑上下的等级，以区别血缘的亲疏，排定昭穆的次序。[1.6.1]孔子指出，先王忧虑礼不能通达下面，所以于南郊祭上帝，以确定天的至尊地位；于国内祭社稷土神，用来明列大地物产收益；于祖庙祭祀，以表达本族仁爱；于山川祭祀，以表达尊敬鬼神；于中霤、门、户、灶、行等处祭祀五神，以表达对先人创造这些事物的尊敬。所以宗人和祝在宗庙，三公在朝廷，三老在学堂，君王前有巫师后有史官，掌管卜筮、礼乐、劝谏的官员都环绕左右。君王心里无违和杂念，保守着纯正心态。所以在南郊举行祭礼，使百神按职守受到享祭；在神社举行祭礼，令大地产品都极为丰盛；在祖庙举行祭礼，使子孝父慈的教化得以实施；通过五祀举行祭礼，修正了礼法准则。所以举行郊祭、社祭、宗庙祭、山川祭、五祀祭等祭礼后，义德修正而礼治也蕴藏其中了，义德修正而礼治也蕴藏其中了。[7.32.13]

孔子认为，天子与君子一样，都应反思远古和初始，不忘记自己生命的由来，所以要对祖先表示尊敬，表达对祖先的亲情，竭尽全力做事，不敢有丝毫懈怠，这叫作大教。从前周文王祭祀时，服事死者如同服事生人，思念死者而痛不欲生，每逢先祖忌日必定很悲哀，提及亲人名讳如同亲见一样，这就是祭祀的忠诚。祭祀当天，快乐与哀伤交织在一起，想着让父母享受祭品时会很快乐，祭礼完毕后思念父母心里又很哀伤，这就是孝子的感情，文王是能够做到这一点的。[4.17.7] 对于子张提及的关于商王高宗守丧，三年不说话的往事，孔子说，何止是高宗，古代的人都这样。君王去世后，三年内，朝中百官都听命于冢宰，各负己责。[14.41] 古代天子逝世，继位的长子要委托冢宰代管三年政事。成汤去世后，太甲听从伊尹代管政事；武王去世后，成王听从周公代管政事。这道理是一样的。[9.41.19]

对于天子祭祀用品，孔子认为所有的都应符合礼节序次，不可乱用，以敬神灵。如他评论仲弓的时候说："耕牛的红毛小牛犊头两角端正。虽想不用它祭祀，但山川诸神会舍弃它吗？"[6.6] 又如孔子认为，在六种水果中，桃子为下，因此祭祀时不用于郊庙。孔子还从历史发展观出发，经考证发现："早先君王还没有宫殿，冬天住在土洞窟里，夏天住在草木巢里。当时还不知道火烧熟食，吃的是草木果实和禽兽肉，喝的是动物的血，连毛带肉一起吃。当时没有麻布和丝织品，穿的是鸟羽毛兽皮。后世的圣人出现后，才用火烧煮食，冶炼金属，用泥制陶，建造宫室门窗。用火来炮制烧烤、烹饪炙烤，酿制甜酒果浆；用丝麻来织成丝绸麻布，供人穿用，赡养老人，料理丧事和祭祀鬼神。祭祀时，把水酒放在屋内，白酒放在门里，清酒放在堂上，淡酒放在堂下。摆列出牺牲祭品，准备好鼎锅与砧板，安放好琴瑟、管磬、钟鼓等乐器，用来迎接天神和先祖灵魂，以确立君臣间的尊卑位置，亲近父子的慈孝之情，和睦兄弟的友爱之情，使上下等级分明而同心同德，使夫妇各得其所而相亲相爱，这就是承受了上天的福佑。然后由主祭人吟诵祝辞，以水酒祭神，献上牲血、皮毛、砧板生肉和鱼肉熟食。祭祀人坐在蒲草席上，端着粗布覆盖的酒樽，穿着染色的丝绸祭服，献上甜酒、白酒、烤肉。君主和夫人交替进献，以慰劳愉悦祖先英魂。然后再退下来，把各类牺牲合起来烹煮，再将狗肉、猪肉、牛肉和羊肉分开，盛入各类祭器中，表达孝子对先祖的祷告，接受先祖对孝子的慈爱，这就叫大吉祥。这样祭礼就全部完成了。"[1.6.3]这就是孔子对天子祭礼的基本看法。

（二）诸侯朝官的官方祭祀

孔子指出："根据天地阴阳之道化生的人生规律就是'命'，由人的生命形态生成的统一天性就叫作'性'。阴阳化生后，以一定形象体貌展现出来叫作'生'；变化穷尽寿数完结之后叫作'死'。所以命就是人性的开始，死就是生命的终结，有开始必定有终结。"[6.26.1]而对于诸侯以及每一个人而言，要通晓阴阳五行，知命明性，善始善终，就必须做到仁孝并了解祭祀先祖的意义，明白丧祭之礼。而孔子自己一生所谨慎从事的事情就是斋戒祭祀、战事、疾病。[7.12]

孔子认为："礼之所以效法五行，是因为它符合四时的义理，因此才举行丧礼，做到感恩、道义、节制、权变。对恩情厚重者的丧礼要隆重，所以为父母要服丧三年，这是因恩情所制约。家庭内部的恩情重于道义，家庭之外的道义重于恩情。如对待父亲那样对待国君，尊敬程度是相同的。崇敬高贵者，尊重位尊者，是最大的道义。所以对国君也服丧三年，这是按道义来制约的。服丧时，三天后才吃饭，三月后才洗澡，一年后才练祭。悲伤不泯灭人性，不以死者伤害生者，服丧不超过三年。粗麻丧服不用缝补，坟墓不再培土。服丧期满要弹素琴，向人们表示服丧结束。所有这些都需要有节制。用对待父亲的礼仪对待母亲，敬爱是相同的。天上没有两个太阳，国家没有两个君王，家里没有两位地位相等的家长，要按照有一位最高尊长的方法办理。亲人刚去世，三天不懈怠，三月不松懈，一年悲痛哭号，三年忧伤不已，然后哀痛才结束。圣人就是这样按照哀痛的程度来节制的。"[6.26.3]

对于诸侯及其朝官举办的各类祭礼，孔子非常重视。他对季桓子解释《尚书》里有关"兹予大享于先王，尔祖其从与享之"的意思时说，古代的王者，臣下立有大功的，死后都一定要在祖庙里祭祀，以特别表彰他的功绩，劝勉忠勤之士。如盘庚列举的那些事功出众者，以勉励当世之臣等。勤劳政务而能安定国家，功劳施加于百姓，这样的大臣死难后，即使在天子诸侯公庙里享用祭品，也是可以的。他们生前是怎样位列于朝廷的，死后在公庙里的位置，排序也是一样的。[K1.2.9]

孔子十分重视诸侯祭祀及其姓氏传承，他甚至断言，有了姓氏的继承，人伦情义是不会灭绝的。所以说同姓为宗亲，合族为亲属，即使是享有国君之尊，也不会废弃他的亲戚，这是为了推崇仁爱。同姓的人要以食物祭品来紧密联系，按照昭穆排序，万世也不通婚，这是由于同姓亲族忠信笃实之道的原因。[K2.6.6]

鉴于表彰先祖功绩，劝勉忠勤之士，慎终追远的祭祀意义，孔子对古代祭祀制度的无端改革措施常予以差评，表现出崇尚周礼、好古复礼的保守态度。如对于卫庄公改革旧祭礼，改变宗庙祭祀地，改换祭礼，改换朝廷和集市位置的做法，孔子就持批评的态度。[10.44.12]再如对季康子上朝时穿白衣之事，孔子认为："诸侯戴着白鹿皮帽子参加冬季祭礼，然后才改穿朝服听政，这样才是合乎礼制的。"[10.44.15]其他诸如何人免官后，应用士人礼仪安葬，何人可按原官阶的礼仪安葬[10.44.1]，任何种官职可以绎祭[10.42.13]，如何安排重牌位，如何举办丧朝仪式[10.43.23]，以及拜祭何人，何处拜祭，态度如何，贫富限度的把握，守丧的时长等问题，孔子也有具体论述。总之，他强调重要的是，官员要以孝事君，保其禄位，守其祭祀。[X5]"父母在世，要以礼服侍，死后要以礼安葬，以礼祭祀。"[2.5]他主张，祭祖先就如祖先在场，祭鬼神就如鬼神在场。我如果不亲自参与祭祀，就如同没有举行祭祀一样。[3.12]有一次，听说子路为病重的自己向上天神灵祷告后，孔子说："我自己的这些祷告已经很久了。"[7.35]他还认为，不是自己该祭祀的鬼神而去拜祭，这是谄媚。[2.24]

　　由于对涉及诸侯及其朝官祭礼的用器、内容、场合以及变革等问题，孔子一直很谨慎，故他平日里只愿意与君主谈礼器祭祀的事，一说到军旅之事，他就以没学过为由离开了。[15.1]孔子认为，"用草扎人马殉葬，是好的；用人偶来殉葬，是不仁道的。这不近于用真人来殉葬吗？"[10.44.8]有一次，子路质疑叔孙武叔举丧时出了门才袒露左臂，脱掉帽子，挽起头发的做法不合礼，孔子说："你这样的问法不对。君子是不会指名道姓地质问事情对错的。"[10.43.15]还有一次，孔子当面拒答子路有关鲁大夫父丧练祭是否合礼的提问，过后却又为子贡作了圆满解答，原因就在于子路问话的地点不对。因为按照礼，住在这个国家，就不应非议这个国家的大夫。[10.43.14]至于为国战死者，孔子则主张崇敬之礼。当鲁人咨询可否用成人丧礼而非未成年人丧礼殓葬少年汪锜时，孔子说："能够手执干戈保卫社稷，可以不用殇礼吧！"[10.42.16]在应邀为司徒敬子主持丧礼时，孔子让人将床架在坑上面，出葬时再将庙墙拆个缺口，穿行出门。孔子为此对子游解释：这不是改变风俗，只是丧事要朴质些罢了。[10.42.12]对于鲁国大夫孟献子除去丧服后，将乐器悬挂起来不奏乐，和妻子同寝而不入内室的做法，孔子评价道："献子的礼仪可以说是超人一等了！"[10.42.23]

　　孔子极重视诸侯及其朝官的祭礼，却否定厚葬。有一次他看见宋国高官桓魋为自己做大石椁，三年了还没有完工，被工匠们埋怨后，面有忧色地说："像这样奢靡，死了还不如快点腐朽的好！"[10.42.2]而对于吊唁官员的衣着与人品，孔子也有明确要求与衡量标准。如对于季康子祭礼时穿白绢服而没披麻带的事，孔子认为不妥。[10.42.14]对于被人所批评的，晏婴在齐国大夫晏桓子死后，穿着粗布丧服，头上和腰上系着麻带子，拿着丧杖，穿着草鞋，喝着粥，住着草棚，睡着草席，枕着干草的守丧礼，孔子则很欣赏地说："晏平仲可以说是能远离祸患的人啊。他不以自己的正确驳斥别人的非难，只用谦逊的言辞回避别人的责问，这合乎义啊！"[10.43.16]同时，孔子又批评琴张："宗鲁让齐豹成为坏人，让孟絷被杀害，你何必去吊唁呢？君子不食奸人俸禄，不参与暴乱，不为利害而屈从，不以屈从服事人，不掩盖不义之事。你何必要去吊唁呢？"琴张于是没去。[10.43.18]

朝官公父文伯去世后，妻妾们都痛哭失声。公父文伯的母亲敬姜告诫她们："我听说喜欢在外交友的人，士人愿为他而死；喜好家中女人的人，女人愿为他而死。现在我儿子早死，我不愿他以好色闻名。你们几个女人想留下来供奉我儿的，请不要枯瘦，不要挥泪，不要捶胸，不要哀容满面，不要加等丧服，降服则可以。要按照礼仪保持安静，这才显示我儿的德行啊！"孔子听说后，说："少女智慧不如妇人，少男智慧不如丈夫。公父氏的妇人真有智慧啊！她解剖人情世故，减损妻妾的哭丧礼仪，是为了彰显她儿子的好名声啊！"[10.43.20]

孔子当官后，前往为朝官季氏的已故夫人吊唁，见他还没有系好丧带，自己也解下了丧带并且不祭拜，而且对子游说："主人还没穿好丧服前，吊唁的人也可以先不系麻丧带，这是礼啊。"[10.42.17]对于夏殷周葬礼的不同做法，孔子认为："凡是备好殉葬器物，是懂得丧礼之道的。陪葬器物都是不能使用的。死者如果用生者的器皿来殉葬，这与用真人来殉葬不就一样了吗？"[10.44.7]子路和子羔在卫国做官时，发生了蒯聩争夺君位的动乱。孔子在鲁国听到此事后说："高柴会回来，仲由会死难啊！"不久卫国使者来了，说："子路死在动乱中了。"孔子在中堂上哭了起来。凡有人来慰问，孔子都拜谢他。哭过之后，孔子请使者进来问清缘由。使者说："已经被砍成肉酱了。"孔子立即让身边的人把肉酱全都倒掉，说："我怎能忍心吃这种东西呢！"[10.43.21]

孔子认为，孝子举行祭祀，要检束行为，独处一室，一心思念故人，还怕不够恭敬，而朝官季桓子却一连两天敲鼓作乐，是何居心？[10.44.13]孔子考证出，当过家臣的人出任大夫后，又为原主人大夫服丧的成例，从管仲开始。这样做是因为有国君的命令。[10.43.8]孔子看见公父穆伯死后，他的妻子白天哭，他的儿子死后，妻子日夜哭，不禁感慨地说："季氏家的妇人，可说是知礼啊。爱是无私的，但为上哭还是为下哭是有礼制章法的。"[10.42.18]对于文伯的母亲撤下祭品后也不参加家宴，主祭的宗老不在就不举行绎祭的做法，孔子赞赏道，"男女之别，是礼的大法。她的行动合道德，做法合礼度"[10.44.14]。孔子考察后指出，诸侯世子的保母去世了，像对亲生母亲一样为她服丧，不合乎礼。为保母戴孝如生母一般，是从鲁孝公开始的。[10.43.12]对于子路主持祭祀，从室外送入祭品，在西阶交给堂上执事，从天亮开始行礼，傍晚就结束祭礼，改变了以往执礼者因时间太长而懈怠，出现跛脚歪身的不敬现象，孔子认为这是懂礼。[10.44.11]他还曾经亲自教公明仪主持丧礼所需的跪拜礼节："跪拜而后磕头，头垂下来很顺当；额头碰地后再拜，这样既恳切又真挚。"[10.42.20]

曾为朝官的孔子，则坚持斋戒时备好洁净的布质浴衣，不但改变平时的饮食，居所也要换地方。[10.7]他主张公祭后不能留下过夜肉，祭肉存放不能超过三日，吃饭时不说话，睡觉时也不谈话。即使是粗食蔬菜汤，也一定要分出点做祭品，像斋祭一样。[10.9]君主赐的食物，孔子必定摆正坐席再品尝它。君主赐的生肉，他必定煮熟后再供奉祖宗；君主赐的活物，他必定先圈养它。为君主侍食时，在君主举行祭礼前，孔子要先尝尝饭食。他认为："出仕时就服事公侯贵卿，入家门后就服事父亲兄长，遇到丧事时不敢不勉力而为，也不贪恋酒肉饮食，那还有什么能够困扰我的呢？"[9.16]

孔子反对有官职者乱攀比，盲目追求超高规格的祭礼排场。孔子为母亲练祭后不久，阳虎前来吊丧时说："今天季氏将款待国内士人，您听说了吗？"孔子回答："我没听说。如果听到了，即使还在服丧，我也想前去参加。"阳虎走后，曾参问："您的话是什么意思呢？"孔子说："我正在服丧，还应答他的话，表示我没有反驳他。"[10.44.5]平时遇到生病，君主来探视时，孔子头朝东躺着，身上加盖朝服，拖着大带子。[10.13] 还有一次，孔子生了重病，子路让门下弟子充当家臣。孔子知道后批评道："很久了，子路在弄虚作假啊！没有家臣冒充有家臣。我欺骗谁？欺骗天吗？再说我与其死在家臣手里，还不如死在你们几个人手里啊！就算我得不到大葬祭礼，难道会死在道路上吗？"[9.12]

对于古人为朝官同僚服丧，孔子则持肯定态度。他对孟武伯说："同僚之间有朋友相处之义，如过于看重贵贱的不同，就没有同朝为官的情谊了。"[K1.3.2] 在为故友举行秋祭时，孔子往往是手捧着祭品，恭敬质朴地进献，步伐也很急促。他回答子贡疑问，如果仪容很疏远，神态很矜持，能与什么神明感通呢？如果这样，何必要济济漆漆呢？祭祀礼馈神明，自然是乐见其成。天子诸侯的宗庙大祭，先是在庙堂献祭酒，回庙室举行馈食礼，乐舞合成，然后进荐笾豆和肉俎，依序排好礼乐，备齐助祭百官。这样君子自然表现出济济漆漆的仪容。[10.44.10]

（三）亲朋弟子的家族祭祀

孔子依古礼把有功之祖与有德之宗合称为祖宗，认为他们的庙都不能毁。[8.34.1] 家族应当世代祭祀，这体现了儒教的家族祭祀价值观，影响至今。孔子对亲朋弟子与家族成员举办的祭礼、祭拜吊唁的地点等，一向采取分别对待的态度，严守礼制却不追求奢华和越礼。他在观察了吴国精通礼仪的延陵季子为儿子主持的葬礼全过程之后，认为是合乎礼制的。[10.42.26] 后来孔子的朋友伯高死在卫国，家人赴鲁国专程告知孔子，熟知祭礼的孔子再三思考后说："我到哪里哭他呢？如果是兄弟，我到祖庙去哭；如果是父亲的朋友，我到庙门外去哭；如果是老师，我到他寝室哭；如果是朋友，我到他寝门外哭；如果是一般人，我到野外去哭。如今去野外哭伯高显得疏远，在寝室哭又显得太重。伯高是由端木赐介绍我认识的，我到端木赐家去哭他吧。"于是让端木赐主持丧礼。哭完，孔子让子张到卫国伯高那里去吊唁。子张还没到，冉求就在卫国代孔子准备了一捆帛和四匹马送了过去。孔子知道后，说："怪啦！这白白使我对伯高失礼了，这是冉求造成的啊。" [10.42.28]

　　孔子认为，孝子失了父母亲，痛哭时不要拖长哀号，礼仪上不要专注于保持平时的端正仪容，言语上也不必过于讲究文采修饰。穿着华美的衣服时会心中不安，听到美妙音乐时不会感到快乐，吃到美味食物时也不会觉得甘甜鲜美，这是孝顺儿女自发的哀痛悲戚。父母丧日三天之后可以吃东西，这是教导百姓不要因亲人亡故过于悲哀而损伤身体，不要因亲人的故去而灭绝生命的天性，这才是圣贤君子注意适可而止的为政之道。为至亲家人守丧不要超过三年，是宣示百姓丧事也要适时终止。在父母亲生前诚心关爱尊敬他们，在他们不幸去世后以悲哀的心情尽力料理好后事，这样才算尽到了人生在世应尽的本分，完成了子女养生送死的义务，孝子侍奉亲人的孝道也才真正圆满了。 [X18]

　　孔子认为，丧事的举办，富有的不要超过礼的规定，贫困的只要衣物能遮身，悬吊棺木封好坟土就行了。举丧，与其哀痛不足而礼仪完备，不如礼仪不足而哀痛有余；祭祀，与其恭敬不足而礼仪完备，不如礼仪欠缺而恭敬有余。 [10.42.27] 有一次，孔子在卫国看到有家人送葬，便对弟子们说："这足以效法了。那孝子往墓地送灵柩时，像小孩子那样对父母依恋不舍；埋葬后又留恋父母，迟疑着不愿回家。这是他真情的自然流露，你们记住吧，这点连我都没能做到呢！" [10.42.21] 还有一次，听到子路为父母活着时因没钱未能好好奉养而后悔时，孔子说，父母活着，吃着豆粥喝清水，尽可能让他们欢心，也可说是孝顺了。死后衣服能遮住手脚，虽没有外椁就安葬，但只要尽了自己的财力，也可称有礼了，贫穷点又有什么关系呢！ [10.42.25]

　　当子夏问孔子："凡为小功已上的亲属服丧，遇到虞祭、祔祭、练祭、祥祭之类的日子，都要沐浴。服丧三年，儿子对父母就尽了孝子之情了。"孔子说："岂能只在祭日沐浴呢？服丧三年期间，如果皮肤溃烂可洗澡，头上有疮可洗发，生病可以喝酒吃肉。因哀伤而憔悴生病，君子不会这样做。因悲伤致死，就如同君子让父母失去儿子。况且在祭日沐浴，是为了整齐洁净，不是为修饰。"[10.43.5]孔子注重祭祀细节的例子还很多，显示出礼别亲疏的实质。如他曾对子夏说："为伯母、叔母服丧，虽穿齐衰周年的重服，但哭踊时脚前掌可不离地。为姑、姊、妹服丧，虽穿大功九月之服，哭踊时脚要离地。如果懂得其中道理，就知礼文化了。"[10.43.4]

宅心仁厚、悲天悯人的孔子，对旁人的丧亲之痛感同身受。他在办丧事人家附近吃饭的时候，就从没有吃饱过。他在这一天伤心哭泣，也不再唱歌。[7.9]下邑有个人死了母亲后，像小孩子一样号啕大哭。孔子说："哀痛是很哀痛了，但难以为继啊！礼是为了流传，可以继续下去。所以啼哭和跳脚都要有节制，改变丧礼除去丧服也要有期限。"[10.42.22]此后，郗人的儿子蒲死了，他父亲为他哭喊着"灭啊"时，子游说，这样的哭法太粗野了！孔子不喜欢这种粗野哭法。哭者听到后，就改正了。[10.43.19]遇见朋友去世，无人料理后事时，孔子会伸出援手说："由我来殡葬吧。"[10.14]还有一次，孔子让子贡解下驾车的骖马，送给一位过去相识的卫国故人。子贡说："对于仅仅是相识者的丧事，不用赠送礼物。把马赠给旧馆舍的主人，这礼是不是重了？"孔子说："我刚才进去哭他，一悲痛就忍不住落下泪来。我不愿光哭而没有表示，你就按我说的去做吧。"[10.43.13]

最心爱的弟子颜回去世后，孔子更是悲痛欲绝地说："啊！老天要我命啊！老天要我的命！"[11.9]随从弟子都说，老师太伤心了！孔子说："伤心吗？不为这样的人悲伤，我还为谁悲伤呢？"[11.10]但当颜路想请老师用马车来换一副外椁给儿子下葬时，孔子却婉拒道："无论成才不成才，人们都会心疼儿子。我的鲤儿死后，我也没卖马车来为他换外椁，这是因为我自从当了大夫后，就不可步行了。"[11.8]孔子把得意门生颜回视如亲子，当弟子们不听孔子劝阻，执意厚葬了颜回后，孔子感叹地说："颜回啊，他看待我如同父亲一般，我却不能看待他如同儿子一般。这不是我的错，是那几个学生要这样做啊！"[11.11] 颜回葬礼祥祭后，他父亲颜路将祭肉送给了孔子。孔子亲自出门接受，然后进屋，先弹琴排遣悲情，而后才吃肉。[10.44.9]

　　祭祀故友亲朋，常怀悲悯之情的孔子认为"立身有情义，以孝道为本；丧事有礼节，以哀痛为根本"[4.15.1]。而对于为更为亲近的父母服丧期间的礼仪，孔子更是强调"要以尊敬为上，其次是悲哀，使自己憔悴消瘦为下。要做到脸色和哀情相称，悲容和丧服相称"[10.43.9]。为此，他还在亲自教侄女做丧髻时说："你的发髻不要高高的，也不要大大的。用榛木做簪子，长一尺，束发带子下垂八寸就行了。"[10.42.19] 孔子对子贡说，少连和大连为父母守丧，三天内号哭不止，三月内拜祭不懈怠，一年内悲哀不已，三年了依然忧愁。这两个东方民族的孩子，是懂礼的人[10.43.11]。当听到儿子孔鲤在母亲去世一年后还哭个不停时，孔子说："哎！太过分了，这不符合礼呀。"孔鲤听到父亲此话，脱掉孝服不再哭了。[10.42.30]

　　孔子对曾参说过："人没有自发的情感，除了丧失亲人之时！"[19.17] 针对殷人在安葬后慰问孝子，周人在回家后慰问孝子的做法，孔子主张后者，因这时正是他最哀伤的时候。他回家一看亲人没了，从此永远消逝了，这时最悲痛，所以这时候要慰问他。而对于殷人于练祭次日在祖庙祔祭，周人于哭丧次日在祖庙祔祭的做法，孔子认为周人的做法太仓促，故赞同殷人做法。[10.43.10] 孔子还主张根据血缘亲疏定礼仪，与继父共同生活的人，同母异父的兄弟应着丧服；没与继父共同生活的人，连继父去世都不必服丧，何况是他儿子呢？[10.42.15] 当子路超时为姐服丧而不愿除丧服时，孔子以先王制定礼仪，过分的就要求降低要求，不够的就应达到标准来说服他除去了丧服。[10.42.29] 有一次，当子路嘲笑鲁国有个人，早上脱掉丧服，晚上就唱起歌来时，孔子说："由，你责备别人总是没完没了吗？他已服丧三年，时间也够

长了。"子路出去后，孔子又说："其实也不用再等太久，一个月后再唱歌就更好了。"[10.42.24]

孔子依稀记得："《记》书记载，'君子不剥夺人的亲情，也不剥夺对故人的亲情'。我听老聃说过，'鲁公伯禽是因为有不得已的情况才出征的'。现在有人在为父母守丧三年期间去谋求私利，那我就不知道了。"[10.43.2]对于宰予认为三年守丧太久，可早些结束的说法，孔子质问道："君子守丧期间，吃美食没味道，听妙乐不快乐，住家里也不安乐，所以不会那样做。小孩出生三年，然后才离开父母怀抱。三年守丧，是天下通行的丧期啊。宰予难道还有对父母的三年之爱吗？"[17.21]

值得注意的是，孔子对古琴在祭祀中化解悲情的礼乐升华的美育作用的高度重视。有一天，当子夏守丧三年后来见孔子时，孔子吩咐："给他琴。"让子夏拨弦，琴声流畅和乐。弹奏后子夏站起来说："先王制定的礼仪，我不敢达不到。"孔子说："真是君子啊！"闵子骞守丧三年后，来见孔子。孔子说："给他琴。"让他拨弦，琴声沉缓悲切。弹奏后闵子骞站起来说："先王制定的礼仪，我不敢超越。"孔子说："真是君子啊！"子贡说："闵子骞哀思未尽，您说他是君子；子夏哀思已尽，您也说他是君子。这两人的感情不同，而您说他们都是君子，我有些迷惑，能不能问问缘由呢？"孔子说："闵子骞哀思未忘，却能够用礼仪来断绝；子夏已不再悲伤，却能按礼仪行事。即使将他们都列为君子，不是也可以吗？"[4.15.5]孔子把父母合葬于防地后，虽明知不做坟头的道理，但还是忍不住为父母合葬墓筑了个坟头。后来听说坟头被雨淋塌，孔子难过地流下泪来。在举行大祥祭后，孔子连续五天弹琴还是不成调，直到十天禫祭后才吹出了笙歌。[10.44.4]

孔子认为食祭时，客人还没饮酒就进餐，这不符合礼，只是随从主人罢了。主人不以礼相待，客人也不敢尽礼；主人尽礼，那么客人也不敢不尽礼了。[10.43.7]自家里哪怕是看家狗死了，孔子也对子贡说："上路的马死了，用帷幔裹好再埋，狗死了用车盖盖好再埋。你替我把狗埋了吧。我听说，不丢弃破旧的帏幔，是为了埋葬马；不丢弃破车盖，是为了埋狗。如今我穷得没车盖，你就用席子裹好了狗再埋吧，不要让狗头直接埋在土里。" [10.43.24]

晚年逍遥自在的孔子，在梦见了夏商周人在堂前停柩的殡仪场景，痛心地哀叹英明君王至今未出现，自己一生抱负终将难以实现后，郁郁而终，享年七十二岁。[9.40.1]孔子去世后，鲁哀公在悼文里说："上天不怜悯我，不愿留下一位老者，让他保护我一人安居君位，令我孤独而痛苦，呜呼哀哉！尼父！我今后再无榜样自律了。"子贡却批评他："您不是想在鲁国善终吗？老师曾说过，'失去礼仪就会昏暗，失去名分就会出错'。失去志向是昏暗，失去身份是过错。生前您不重用老师，死后才致悼文，这不合礼仪。只称一人，也不合名分。君主您两样都失去了。" [9.40.2]

此后，当眼见弟子们对孔子的丧服等级犹疑不决时，子贡说："以前老师操持颜回的丧事，如同儿子去世一样，但没穿丧服，办子路丧事时也一样。如今失去老师就像失去父亲一样，但可以不穿一样的丧服。"子游则说："我听老师说过，为朋友服丧，在家时系麻带，出去则不系，尊辈去世了，即使出去也是可以系麻带的。"最后，大家公决，孔子的丧事，由公西赤主持。他兼用夏、商、周三代君王的隆重礼制，表示对老师的尊敬，备齐了古代礼仪。孔门弟子们将孔子灵柩安葬在鲁城北面泗水边，深埋地下未到地泉处，周围种了松柏作为标志，并把家都建在坟墓四周，实行心丧哀悼之礼。[9.40.3]

孔子安葬期间，有人从燕国赶来参观。子夏对他说："我们是普通人安葬圣人，不是圣人安葬普通人，我们不过是实现了老师生前的愿望而已，有什么可看的呢？"弟子们依照孔子当年有关子女在父母怀中养育三年，子女也应守丧三年的教诲，守丧三年后，子游说："丧礼达到了哀伤，就可以休止了。" [19.14]于是弟子们有的留下，有的离开，只有子贡独自在孔子墓旁筑屋守了六年。从此以后，孔门弟子和鲁国人在孔墓边建家守坟的有百多家，并将

此居住地命名为"孔里"。[9.40.4]

　　孔子去世多年后，还发生了一件孙辈为他正名之事。当时，魏王为了让宠臣李由不因自己是私生子而抬不起头，特问他古圣贤有没有类似情况。李由说："孔子少年时就成了孤儿，连父亲是谁都不知道。他母亲死后，棺材就停放在五父大街上，别人看见了，还以为就这么安葬了。后来孔子问了鄹曼父的母亲，得知父亲坟墓所在地后，才得以将两老合葬于防地。这就是圣人与我相同之处。"子顺听说此事后问魏王："李由怎能说这样的谎言呢？"当魏王辩护说这是李由借此显示一下自己，无伤大雅时，子顺严肃地指出："虚造诽谤言论，诬蔑圣人，这不是无伤大雅啊。再说明君对于臣子，只看重臣子的道德，不会以小错而妨碍大德行。从前斗子文生于淫荡之女，但并没有影响他当令尹。如今李由只要能称职就可受到恩宠，何必害怕别人说什么话，而节外生枝地说一堆不实之辞呢？如果别人怀疑这事，我也定不会诬蔑先祖孔夫子来彰显李由。如此一来，群臣更知李由的可恶了。"[K5.15.5]

　　注释：孔子问兵而不答之事，另见于《左传·哀公十一年》的记载："孔文子之将攻大叔也，访于仲尼。仲尼曰：'胡簋之事，则尝学之矣。甲兵之事，未之闻也。'退，命驾而行。"此事又见于《孔子家语》："孔子舍蘧伯玉之家，文子就而访焉。孔子曰：'簠簋之事，则尝闻学之矣。兵甲之事，未之闻也。'退而命驾而行。"

《孔子儒经·祭祀篇》101节索引

【论语】27节

[2.24] [3.6] [3.10] [3.11] [3.12] [6.6] [7.9] [7.12] [7.35] [8.14] [9.10] [9.12] [9.16] [10.7] [10.9] [10.13] [10.14] [11.8] [11.9] [11.10] [11.11]

〔11.12〕 〔14.41〕 〔15.1〕 〔19.1〕 〔19.14〕 〔20.1〕

【孔子家语】66节

〔1.1.2〕 〔1.6.3〕 〔4.15.5〕 〔4.17.6〕 〔4.17.7〕 〔7.29.2〕 〔7.32.13〕 〔8.34.1〕 〔8.34.2〕 〔9.38.25〕 〔9.40.1〕 〔9.40.2〕 〔9.40.3〕 〔9.40.4〕 〔9.41.19〕 〔10.42.2〕 〔10.42.12〕 〔10.42.13〕 〔10.42.14〕 〔10.42.15〕 〔10.42.16〕 〔10.42.17〕 〔10.42.18〕 〔10.42.19〕 〔10.42.20〕 〔10.42.21〕 〔10.42.22〕 〔10.42.23〕 〔10.42.24〕 〔10.42.25〕 〔10.42.26〕 〔10.42.27〕 〔10.42.28〕 〔10.42.30〕 〔10.43.2〕 〔10.43.4〕 〔10.43.5〕 〔10.43.7〕 〔10.43.8〕 〔10.43.9〕 〔10.43.10〕 〔10.43.11〕 〔10.43.12〕 〔10.43.13〕 〔10.43.14〕 〔10.43.15〕 〔10.43.16〕 〔10.43.18〕 〔10.43.19〕 〔10.43.20〕 〔10.43.21〕 〔10.43.22〕 〔10.43.23〕 〔10.43.24〕 〔10.44.1〕 〔10.44.3〕 〔10.44.4〕 〔10.44.5〕 〔10.44.6〕 〔10.44.9〕 〔10.44.10〕 〔10.44.11〕 〔10.44.12〕 〔10.44.13〕 〔10.44.14〕 〔10.44.15〕

【孝经】1节

〔X18〕

【孔丛子】7节

〔K1.2.8〕 〔K1.2.9〕 〔K1.2.10〕 〔K1.3.3〕 〔K2.6.6〕 〔K5.15.5〕 〔K6.19.6〕

君子喻于义，小人喻于利。

八、孔子的君子观·君子如玉

孔子"君子观"认为，君子美德如玉。故子贡请教，君子看重玉而轻贱珉，是玉少而珉多吗？孔子当即纠正说："并非玉少就看重它，也不是珉多就轻贱它。从前将君子美德与玉相比，玉温润而光泽，像仁德；缜密而坚实，像智德；有棱角而不伤人，像义德；悬垂如挂坠，像礼德；敲击时声音清脆悠长，最终戛然而止，像乐德；瑕疵掩盖不住美质，美质掩盖不住瑕疵，像忠德；晶莹发亮，光彩四射，像信德；气势如白色长虹，像天德；精神照耀山川，像地德。朝会礼聘时，美珪玉璋特能通达，这是德啊；天下无不珍视的，是道啊！《诗》说，'想念那君子啊，他温润如玉'，所以君子以玉为贵。" [8.36.1] 如玉美德配君子，君子美德润如玉。从这一意义说，"君子"是孔子以玉德最早生动诠释并规范的东方完美人格，而他一生所向往的追求大道、美德圆足、温润如玉、光彩照人、仁义忠勇的谦谦君子，无论从哲学内涵或生命意义上看，均与西方称颂的优雅有礼、公平竞争、"费尔泼赖"式的翩翩绅士有所区别。

值得注意的是，孔子以玉德盛赞君子，并非以玉之贵而自我欣赏或隐世清修，而是为了经世济用。他深深失望于姿容美德出众的澹台灭明，未能与其才能匹配 [9.38.11]，如美玉无人赏识那样，不能体现自身价值。故有一次当子贡问，如果有一块美玉在这里，是拿柜子把它藏起来，还是求会做买卖的商人把

它卖了时，孔子立即说："卖掉它吧！卖掉它吧！我在等待商家啊！" [9.13]
此外，孔子言"君子如玉""君子贵玉"，其中还有玉通灵而为礼乐宝器，且
品质优良的原因。孔子听说，朱漆无须掺杂其他颜色，白玉也不用雕琢，这
是因为它们的本质非常好，不必再修饰了。[2.10.3] 所以古代把珍贵玉器分给同
姓，是为了展示血亲的亲密关系 [4.16.3]，就连天子穿龙袍来到泰坛燔柴处，也
会头戴垂下十二旒玉藻的冠冕，以仿效十二月的天数 [7.29.2]。

　　从字形看，"君子"的"君"字，上从"尹"，表示治事；下从
"口"，表示发布命令。合为"君"字，意即为发号施令，治理国家。"子"
则是古代对男子的尊称。在孔子时代，"君子"一语广见于先秦典籍，大都从
政治立论，多指地位高者，以及对"君王之子"的尊称，不一定是人格高尚、
品行好者。如《诗经·周南·关雎》的"窈窕淑女，君子好逑"，《诗经·谷
风之什·大东》的"君子所履，小人所视"，《尚书·虞书·大禹谟》的"君
子在野，小人在位"，《春秋左传·襄公九年》的"君子劳心，小人劳力，先
王之制也"等说法，均强调了君子的追求以及与小人的分工及地位的不同，与
道德品质无关。

　　此后，在孔子对君子之论的倡导下，尤其是经《易传》做出了有关"天
行健，君子以自强不息""地势坤，君子以厚德载物"的定位后，"君子"更
被赋予了仁道含义，成为君子自勉的行为规范和为人处世的人生方法，成为孔
子以行仁行义为己任，尚勇兼中庸的理想化人格，而《论语》也成为对君子论
述最多的先秦经典。那么，何谓君子修养的标准呢？从孔子的论述看，主要有
如下五条标准：

　　标准一，君子形成路径是以"礼"自我约束，以"乐"的自由抒情展现
人文光彩。孔子认为"不学礼，无以立" [16.11]，"对于一门学问，知道它的
不如喜好它的，喜好它的不如乐在其中的" [6.20]，以及"兴于诗，立于礼，
成于乐" [8.8]，所说的正是诗歌兴起激情，明礼立稳根本，人成仁于音乐。

"本质胜于外表的文饰就显得粗野，文饰胜过内在的本质就显得浮华。只有文采与本质俱佳，然后可以成为君子。"[6.18]曾点所述的"浴乎沂，风乎舞雩，咏而归"的野趣歌咏艺术，突破事功升入精神境界，故受到孔子的欣赏。这无疑是孔子对礼乐使君子人格精神达到完善境界的文化路径的肯定。

标准二，君子追求的目标是仁义。一个以行仁义为事业的君子，是一个伟大高尚、胸怀天下、人际关系融洽友善的人。他群而不争，矜而不党，不会跟别人有太多的纠纷争执，而将主要精力用于成就仁道事业的大局上。如孔子所言，"做到君子无终食之间违仁，造次必于是，颠沛必于是"[4.2]，"能够见利思义，危急时敢担责，不忘平生志向的誓言，也就可以成为君子了"[14.13]。

标准三，君子实施的是中庸之道。他的修德超乎功利，是一心求仁，发自内心的智慧之举。孔子认为，"为仁由己"[12.1]，"我欲仁，斯仁至矣"[7.30]，爱人接近于仁，度量接近于智，不要过于看重自己，不要看轻别人，这就是君子。[5.18.5]故君子需要仁，也需要智，需要掌握中庸之道。如孔子在《中庸》里强调："道之不行也，我知之矣，知者过之，愚者不及也；道之不明也，我知之矣，贤者过之，不肖者不及也。人莫不饮食也，鲜能知味也。"

标准四，君子塑造的是勇于创新，自强不息，敢于突破陈规陋习的条条框框的完美人格。孔子曾义正词严地说过："君子在天下为人行事，没什么陈规旧矩是一定要顺从的，也没什么阻力能阻挡他，只要合乎仁义就去做。"[4.5]他认为："如有臧武仲的智慧、孟公绰的不贪、卞庄子的勇敢、冉求的文采，再学好礼乐，就可以成为人格完美的君子了。"可见，孔子并非被人所长期误解的主张开历史倒车的保守主义者；相反，他不仅以"仁""礼乐""创新"作为君子的德性总纲，而且使之成为其仁道主义的创意工程。

标准五，君子修德的主题是"亲君子，远小人"，即从自觉地与心中的小人划清界限开始，以最明天理、最接地气、最近人性的君子品格陶冶自己，即使最终没能达到儒家真圣、道家真人、释家真佛的境界，却依然有人间真汉子那优于常人、凡人、庸人之处。以此强大道德生命力锻造的德才皆美的真君子，既是孔子的生活态度与理想人格的写照，也是他追索仁道主义的生命主体。

以上五项标准说明，孔子心中君子完美人格的目标指向，就是通过"好学、亲仁、孝悌、修德、谋道"的五层递进阶段，以立己达人的崇高信念为精神动力，培养出越来越多的好学君子、谦谦君子、恺悌君子、如玉君子、循道君子，以实现人类大同世界的崇高理想。

综上所述，"君子"作为孔子哲学体系九观之五的关键词，在《孔子儒经》九观中所占的节数位居前三，总量甚大，内涵丰富。更重要的是，"君子"不仅是中华道脉中贯穿始终、常说常新、永恒存续的主体存在，而且是中华民族中，最威严、最亲和、最真切的楷模，富含了高尚的人格影响力和道德熏染力。总之，孔子原儒学派独创的"君子观"，在相当程度上，不仅突破了孔学体系失之简略的谋道观的抽象性，偏重说教的修德观、亲仁观、孝悌观的局限性，而且冲淡了注重实操的礼乐观的烦琐性，以及祭祀观的神秘性，从而极大升华了大同观的超越性，使君子观成为民族性与践行性兼备，可学可至，所有人均沾受益，具有原创意义的国学理论精义。

本章选录的孔子经文，广泛涉及了君子的人格修养、言行举止、生活起居、治国理念等多方面。它以孔子朗朗上口、印象深刻的语式，通过以小人为反衬图的真或假、美或丑、妍或媸、仁或恶的鲜明对比，将一幅幅以贤良师友为借鉴的君子交友图、儒者进阶圣贤的君子修德图，以及衣食住行思皆美的君子生活图等，构成鲜活而灵动的理想君子系列图，表现出君子与常人的区别之处，对中国人的心灵培养产生了永久而深刻的影响。

（一）坦荡君子的衣食住行思

1．从君子的人生追求看，孔子认为"世所不容，然后见真君子"[5.20.3]，"君子不能像一个器物那样，只有一种用途"[2.12]。而那位善辩善贾的杰出学生子贡，虽被他喻为"器物"，却是被赞美的珍稀贵重的"瑚琏"。[5.4]孔子对弟子说："你要成为君子般的儒生，不要做小人般的儒生。"[6.13]"君子庄重矜持而不争权夺利，合群而不结党营私。"[15.22]他同时明确指出："君子上达于修德仁道，小人下达于谋利之道"[14.24]，"君子心怀的是树立仁德，小人心怀的是自家地；君子心怀大是大非，小人心怀小恩小惠"[4.6]，"君子中没有仁德的人是有的，但没有小人而成为仁者的"[14.7]，"君子虽穷困，但固守仁道，小人穷困时就乱来了"[15.2]。

多年之后，平原君问子高："我听说您先祖孔夫子亲自见过卫君夫人南子，又听说他南游过阿谷时，与一位漂洗女子闲聊，这事可信吗？"子高回答："士人之间互相保护，听到流言也不会相信，为什么呢？以他做过的事来检验就知道了。从前先祖孔子在卫国时，卫国君主问起军旅的事情，他拒绝不谈。看见卫君的脸色不在意自己，立即驾车离去。卫君邀请见面，尚且不能最终谈完，他夫人又怎能窥察先祖呢？再说古代大祭时，国君夫人会一起参与，当时礼仪虽被废止，但也还有实行的。大概是卫君夫人祭祀后招待孔夫子，孔夫子不得已见了她而已。至于阿谷的传言，出现在近世，大概是那些想假借这事来实现自己私心的人所为。"[K4.13.4]这些话，虽出自孔子七世孙孔穿之口，但也可见孔子克己复礼的人生追求之一斑。

2．从君子的健康心态看，孔子认定，君子严格要求自己，小人苛求责怪别人。[15.21]"君子坦荡荡，小人常戚戚"[7.37]，君子安详和泰而不骄傲，小人骄傲而不安详和泰。[13.26]君子紧密团结而不勾结，小人相互勾结而不团结。[2.14]君子修养品德没成功时，为他的意愿而快乐；修养成功后，又为他的成功而快乐，所以他有终身的快乐，没有一天的忧愁。小人则不同，在他没得到时，发愁得不到；得到后，又深恐失去，所以他有终身忧愁，没一天快乐。[5.20.4]声色严厉而内心虚弱，用小人来比喻，就像是翻墙钻洞的小偷罢了！[17.12]当子贡问起君子厌恶哪种人时，孔子说，厌恶老在背后说人不好的人，厌恶身居下位而诽谤上位的人，厌恶蛮勇而无礼的人，厌恶固执而冥顽不化的人。[17.24]

3. 从君子的衣食住行看，孔子做出了清雅讲究的表率。他困厄时随遇而安，志向坚定；生活优裕时在家闲居，悠闲整洁，愉悦舒畅[7.4]。他反对有余财就浪费，钱不足就俭朴，无禁令就乱来，没限度就放纵，从心所欲就败亡的一般人的做法，认为应做到饮食有定量，衣服有节制，房屋有限度，储积有定数，车辆器具有限量，这是防止祸乱的原则；而不明法规度量，正是一般人目无法令的通病。[4.15.18]

居住上，孔子认为君子吃不求饱食，住不求安逸，他勤于事业而言论谨慎，追随正道而行，这可称得上好学了。[1.14]他还曾想搬到九夷的地方去隐居。当有人说，那里太简陋了怎么办时，孔子说，君子居住的地方，哪还会简陋呢？[9.14]他还说，贤人会主动避开乱世，其次会有意避开危险之地，再其次是不露声色，然后是不胡言乱语。[14.38]听到晏子有关"君子居住要选择处所，出游要选择方位，做官要选择国君。选择国君是为了做官，选择方位是为了修道明理"[4.15.16]的见解后，孔子夸赞这是君子之言。

饮食上，孔子主张食品和配料要精致，鱼和肉要切细。食物放久了霉变的，鱼不新鲜而腐败的，不食用。食物颜色难看的不食用。食物变臭的不食用。烹饪失火候的不食用。不合时节的食物不食用。肉割得不正的不食用。放的酱料不对的不食用。肉虽然多，但不要超过主食的量。只有酒水不限量，但不要达到喝醉的地步。街铺酒市场肉不要乱食用。姜每餐都要上桌，但不要吃太多。[10.8]多年之后，也许是受孔子酒不限量说的影响，有一次平原君与子高饮酒，想强行灌酒时说："过去遗传的谚语说，'尧舜能喝千钟，孔子能喝百觚，子路说胡话了，还能喝十榼'。古代圣贤没有不能饮酒的，您何必推辞呢？"子高说："根据我所听到的，贤圣以道德教人，没听说以吃喝教人的。这些谣言来自那些好酒之徒，是他们用来劝饮罚酒的说辞，其实并非如此。"[K4.13.3]

简言之，对于饮食、餐具、饰物等生活方式的讲究程度，孔子持有既不奢侈也不寒酸过俭的守中态度。当子贡问孔子"管仲过于奢侈，晏子过于节俭。他们都有不足之处，谁更好一些"时，孔子说："管仲盛食物的器具雕刻着花线，系帽带子用朱红色，大门前竖立影壁，堂上设置了放酒杯祭器的台子，斗拱和柱子上都画上了山水花草的彩图。他确实是位贤大夫，但做他的君上就为难了。晏子祭祀先祖时，只用一个小猪肘，小得连祭器都盖不住，一件狐皮衣竟然穿了三十年。他确是位贤大夫，但做他的下属就很为难了。君子应做到对上不僭越，对下不逼迫。"[10.42.7]

有鉴于此，服饰上，孔子十分讲究。他认为君子要正其衣冠，尊其瞻视[20.2]，君子不以深青透红色装饰衣领，不穿红色、紫色内衣，暑天穿的单衣用细或粗的葛布缝制，裹住内衣，露出在外。黑衣配羔裘，素衣配麑裘，黄衣配狐裘。家里穿的裘衣要略长，右袖短一点。睡觉一定要穿一身半长的睡衣。用狐貉的厚毛皮在家中垫坐，丧事以后，什么饰品都可以佩戴。除了整幅布的礼服外，其他衣裳都裁去多余部分。羊羔裘衣和黑帽子都不能用来吊丧。吉月必定穿朝服上朝。[10.6]

孔子认为君子衣服要随乡俗，中规中矩[1.5.1]，穿麻服挂丧杖的人，心里不会想着音乐。穿礼服戴礼帽的人，脸上不容轻慢。披着铠甲拿武器的人，没有后退害怕之气。[2.10.12]与此同时，孔子也反对以外貌及口才取人。针对澹台子羽有君子的容貌，德行却配不上他的容貌，宰我有文雅的口才，智力却不能充实他的雄辩的事例，孔子说："俗话说，'看马要看它驾车，看士人要看他平时的表现'。这方法不能丢啊！以容貌选人才，会误识澹台子羽；以言辞选人才，会误识宰我。"[5.19.8] 在孔子言传身教下，孔伋深明圣贤在德不在貌之理，认为先祖孔夫子天生就没有俊美须眉，但天下王侯并不因此不敬重他。故只需担心品德不美，不必忧心须眉不茂密。[K2.7.2]

出行上，孔子既不像尚俭的老子那样骑牛缓去，亦不似简朴的墨子那样摩顶放踵，徒步疾行，他不仅将车马视为君子不可或缺的代步工具与身份象征，还将驾驭马车作为亲传弟子的儒家"六艺"之一。故即使是爱徒颜回不幸去世，颜家人求他献出车马，换成棺椁安葬颜回时，孔子也予以婉拒。

4. 从君子的为人处事上看，孔子认为，有君子之风的儒者如同席上珍品，等待着他人聘用；他整天用功学习，等待着他人提问；他心怀忠信，等待着他人举荐；他全力践行，等待着他人录用，他就是这样一位自立自强的人。儒者的衣冠中规中矩，行为谨慎，他推让大事，如同简慢；推让小事，如同虚伪。他做大事时如受威逼而小心，做小事时似乎惭愧而畏缩，似乎时时刻刻都难以推进而受阻，懦弱而无能。他的容貌就是这样的。儒者的起居庄重谨严，他的坐立行走毕恭毕敬，他的讲话诚实守信，行为忠诚正直，路上从不与别人争好走的道，冬天和夏季也从不与他人争夺舒适的地方。他重视生命而等待着值得献身的时刻，他保养身体而等待着有所作为的时候。他时刻准备做的就是这些事情。[1.5.1]

5. 从君子的人生思考看，孔子对饱食终日，无所用心之人很不以为然，故把学会思考作为君子人生常态，提出了君子须三思、五思乃至九思的深刻命题。

（1）"君子三思"：君子有三种思虑，不可不深察。这就是小时候不学习，长大后没有生活技能；年长时不教导后辈，死后无人思念；富有时不施舍，穷困时没人救济。所以君子想到年长时就要从小努力学习，想到身后事时就要好好教导晚辈，想到穷困无人救助时就要尽力施舍。[2.9.2]

（2）"君子五思"：君子入庙登阶仰视屋椽，低头察看筵席，器物依旧，却看不到亲人身影，以此思哀，就知道什么是哀伤了。天没亮就起床，穿戴好衣帽，清晨到朝堂听政，考虑国家危难，生怕一件事处理不当，就会成为国家混乱败亡的开端，以此思忧，就知道什么是忧愁了。太阳一出来就处理国事，直至午后还接待各国诸侯子孙，往来宾客，行礼送行，谨慎地保持威严仪态；以此思劳，就知道什么是辛劳了。缅怀远古，出国门外，浏览周边，远眺四方，看到亡国废墟早已不止一个，以此思惧，就知道什么是恐惧了。国君如舟，百姓如水，水可以载舟，也可以覆舟，由此思危，就知道什么是危险了。君子如果明白这五方面，又稍稍留意国中的五种人，那治国之政还会有什么失误呢？ [1.7.7]

（3）"君子九思"：君子有九种情形要认真思考，即看的时候要想想看明白没有，听的时候要想想听清楚没有，与人相处时要想想脸色是否温和，容貌是否谦恭，说话时要想想是否忠实，做事时要想想是否敬畏尽责，疑惑时要想想问清了没有，愤怒前要想想危难后果，得利前要想想符合道义。 [16.9]

综上所述，孔子心中的君子无论人生追求、身心健康与人生思考，都与小人差别极大，想成为君子殊为不易。当然，君子的属性并非一成不变，他与小人之间其实也并没有不可逾越的鸿沟，在一定的时空与主客观条件影响下，甚至可能会转化或混合。如在榜样感召或场景激励下，平日里看似"小人"者，有时也会变得勇敢高尚起来；而某些喜欢高谈阔论的"君子"，有时也可能会因过于执着而乖戾，过于坚定而僵化，过于受压而扭曲，或受诱惑而褪色变质等，这都是我们应深刻反思与警惕的。

（二）乐天君子的慎言敬身

孔子心目中的君子，无论在野居家或出仕为官，都能言行一致。有一次，当颜回有感于"小人的话，有的和君子似乎相同，不可不细察"时，孔子深刻指出，两者的区别就在于君子以行动来说话，小人以舌头来说话。所以君子在行仁义上急于劝勉，私下里相亲相爱。小人在作乱上互相支持，私下里相互诋毁。[5.18.8]孔子认为，船无水就不能行驶，水进舱就会沉船；国君没有民众就不能治国，民众犯上作乱就会亡国。因此君子不可以不严谨，小人不可以不整顿统一。[4.15.20]君子不能满足于小智慧，而要能接受重任；小人不可授予重任，但可以凭小聪明去做些事。[15.34]孔子还认为，君子好强逞气，就会不得善终；小人好强逞气，官府的刑罚杀戮就会接连而来。[2.10.17]由此可知，君子以良心引导耳目，以树立义德为勇敢；小人以耳目引导内心，以不谦逊为勇敢。所以说，谦让而不怨恨，先做到这点才能随心所欲。[2.10.14]由此可见，君子最崇尚义德。君子勇敢而无义德会作乱，小人蛮勇而无义德会成为盗贼。[17.23]在君子手下做事很容易，但让他高兴起来却很难。不以合道义的方式让他高兴，他是不会高兴的；待到他支使下面的人的时候，能够善用他们的长处。在小人手下做事很难，但让他高兴起来却很容易。以不合道义的方式让他高兴，他照样高兴；待到他支使下面的人的时候，则老是求全责备。[13.25]因此，"君子懂得义，可晓之以义；小人懂得利益，可晓之以利害关系"[4.11]。

从君子养成看，其三大步骤为"修己以敬""修己以安人""修己以安百姓"。孔子认为这些就怕尧、舜也难做到呢！[14.43]孔子告诫准备出仕的子贡："以贤人代替贤人，这叫作'夺'；以不贤者代替贤人，这叫作'伐'；法令下达缓慢，惩罚却很急迫，这叫作'暴'；把好处尽归于自己，这叫作'盗'。懂得为官的人，会奉法造福百姓；不懂为官的人，会枉法侵害百姓。这就是民众积怨的原因。做官关键是公平，面对财物没有比廉洁更好的了。守住廉洁公平是不能改变的。隐匿别人优点，这叫蔽贤；宣扬别人缺点，这是小人。对内不互相训诫，对外互相诽谤，这不是友好和睦的做法。谈别人优点，如同自己也有；谈别人缺点，如同自己也有。所以君子对任何事都要谨

慎。"[3.14.8]

　　有一次，孔子问公明贾有关公叔文子的事："可信吗？他老夫子不说话，不笑，也不取财物？"公明贾回答："传这话的人说错了。老夫子该说时才说，故没人讨厌他的话；他快乐了才笑，故没人讨厌他笑；符合道义的他才收取财物，故没人讨厌他收取财物。"孔子说："是这样啊，难道他真是这样吗？"[14.14]这说明了孔子对"君子爱财，取之有道"的肯定性态度。

　　主张君子修己以敬、明哲保身的孔子，看好身处贫困而能庄重矜持，支使仆人能如借物般客气，不把怒气发泄给他人，不深重怨恨别人，不总记着别人过去的罪过的冉雍的德行，称赞他是位有土地的君子，有民众可以役使，有刑罚可以施用，而后才发威生怒，而不像普通人那样发怒伤身。[3.12.2]孔子还主张君子不能迷于亢丽微末，犹如杀伐之气的小人之音，而应以温柔居中的君子之音来涵养生育之气。[8.35.2]他以黄嘴小雀贪吃易捉，大雀惊觉难捉之事来提示弟子，会惊觉就能远离祸害，贪吃会忘记祸患。[4.15.7]孔子指出，不观看高危悬崖，怎知道巅峰坠石的祸患；不临近万丈深渊，怎知道溺水淹没的祸患；不观看辽阔大海，怎知道狂风巨浪的祸患。人的失策不就在此吗？士人能慎重地对待这三者，就不会使身体受到伤害了。[5.22.6]在孔子的苦心教导下，一度任由父亲痛打至晕倒的曾子，直到离世前，还不忘把弟子招来说："看看我的脚！看看我的手！从今以后，我可以免于损伤自己了呀！"[8.3]

　　在孔子看来，"君子无不敬。敬也者，敬身为大"[1.4.3]。故只有敬身慎言，才能安定国家，乐天无忧。孔子认为，国君说了过头的话民众就会说空话，做了错事民众就会效法。国君不说过头的话不做过头的事，百姓就会恭敬地服从君令了。他还认为，君子就是成名的人，他只关心政治而不关爱人民，就不能成就自身；不能成就自身，就不能使国家安定；不能使国家安定，就不能乐天无忧；不能乐天无忧，就不能成就自身。他只有让自己做任何事都不超越万物天理，才可说是成就自身了。他做事不过分，这就合乎天道事理

了。[1.4.4]

由此可见，孔子对君子言论的重视，是有天道感悟和深刻历史教训的。他建议君子说话前要"三怕"，这就是没听过的，怕听不到；听到以后，怕学不到；学了以后，怕不能实行。话出口后，君子还应有"五耻"之感，这就是有德行而没有正确的主张，君子以此为耻；有空言而没有行动，君子以此为耻；既然得到了好名声却又失去，君子以此为耻；有多余的土地而百姓衣食不足，君子以此为耻；做同样的事而别人功劳比自己多几倍，君子以此为耻。[2.10.15] 他还以不求暴富、知足而乐的公子荆为例说："他善于居家理财。刚有一点钱他就说'差不多了'。再增加一点，他就会说'差不多够了'。富有时，他就会说'差不多完美了'。"[13.8]

孔子最难忘的，是自己游览周祖庙堂时看到的一尊铜人。它的嘴被封三层，背刻铭文："这是古代说话谨慎的人。警戒啊！不要多言，多言多败；不要多事，多事多患。安乐时定要戒备，不要做后悔的事。不要以为说话多没毁伤，它的祸患是长远的；不要以为说话多没伤害，它的祸患是很大的；不要以为说话别人听不见，神在监视你。星星火焰不灭，熊熊大火时怎么办？涓涓细流不堵塞，终将汇为江河。细线绵绵不断，可能织成罗网。细枝不拔掉，将来就要用斧头砍。如能谨慎，是福气之根。口能伤害什么？它是惹祸之门！"孔子读完了这篇铭文，回头对弟子们说："你们要记住啊！这些话真实中肯，合情可信。《诗》说：'战战兢兢，如临深渊，如履薄冰。'君子能够这样立身行事，岂会因言语失误惹祸呢？"[3.11.3] 还有一次，孔子在读《诗》时警惕而惊恐地说："那些不得志的君子，岂不是太危险了吗？顺从君主附和世俗，正道就会废弃；违背君主远离世俗，自身就很危险。"[3.13.5] 这说明，孔子在学经典的时候，一刻也没有忘记君子应有的求善保身之道。

同时，力主慎言的孔子并不赞同"一言兴邦"说。他认为，话不可以这么说，但有接近它的话。有人传：做国君难，做臣子也不易。如果知道为君的难处，不就几乎可以一句话振兴国家了吗？同样，对"一言灭国"的说法，孔子也认为，"话不可以这么说，但有接近它的话。有人传：'我做国君没什么快乐的事，唯有我的话无人敢违背还让人高兴。'如果是他说得对而没人违背，不是很好吗？如果是他说错了却没人反对，不就几乎一句话毁灭国家了吗？"[13.15] 事实上，春秋时期祸从口出、危国灭身的例子，举不胜举。孔子说，贤人会主动避开乱世，次一等的会有意避开危险之地，其次是不露声色，再其次是不胡言乱语。能够这样做的只有七个贤人。[14.38] 有鉴于此，孔子曾说过自己不想再说话了。子贡不解地问："老师如果不说话，那我们这些弟子能传述些什么呢？"孔子说："天何曾说了什么，四季节令不是照样运行吗？百物生息繁育，天又说了什么呢？"[17.19] 这和老子所说的"人法地，地法天，天法道，道法自然"以及禅法说教的不立文字，颇为近似。

此外，与主张"知人者智"的老子一样，孔子也很讲究观颜察色，不失人，亦不失言的说话艺术。他认为，可以跟人说的却不说，这是失人；不可以跟人说的却说了，这是失言。智者不会失去有用之人，也不会失言。[15.8] 孔子还提醒说话时要注意观察和了解说话的对象，不要无的放矢，犯下"躁、隐、瞽"等过错。这就是与君子相处时的三种过失：话题还没涉及这事就抢先说的为急躁，涉及了主题而不加以说明的为隐瞒，没看清对方的脸色就表态的为盲人。[16.5] 领会了孔子意图的子夏说，君子要得到信任后，才能让人民服劳役；如还未取得信任，人民就会觉得君子对自己太残暴。君子要取得君主信任后，才能劝谏他；如果还未取得信任，君主就会以为君子在诽谤自己。[19.10] 谨遵孔子教诲的子贡也说，君子的一句话，可表现出他的明智，也可表现出他的不明智，说话不能不谨慎！老师的高不可及，就像是无台阶登高而上的青天啊。老师的修身齐家治国之道，说立就能马上立起来；他提倡的仁道之施行，和泰安然而来，鼓动着人民走向大同和平。老师生时也光荣，死时也哀荣，像他这样的圣贤，谁能比得上呢？[19.25]

　　为了培育立言传道、信守诺言、言出必行的君子，孔子明确提出，评价一个人值不值得赞誉，就要看他是一个真君子，还是一个装模作样的伪君子。[11.21] 他还认为，君子不会因言语中听就推举人，不会因人低贱就废弃良言。[15.23] 君子出师必须有名，并可以说出道理，说出的道理还必须可实行，对于自己要说的道理，一点都不能苟且马虎。[13.3] 只有特定时空，君子为了正道，可不讲小信。[15.37] 如为了国家利益而需全身而退等。孔子发现，"有德者必有言"[14.5]，"君子欲讷于言而敏于行"[4.19]，故"辞句能通达本意就行了"[15.41]。知道了不去做，还不如不知道；亲近而不信任，还不如不亲近。快乐的事刚到来，要快乐而不骄；灾难将到来，要谋虑防范而不要忧愁。增强自己所没有的能力，补足自己所欠缺的才学。不要因为自己做不到就怀疑别人也做不到，也不要以自己的长处去傲视他人。终日说话，不要留下让自己忧虑的事情；终日做事，不要给自己留下祸患。[5.19.10] 简言之，多打听而存疑，言语谨慎，不多言，就会少犯错；多观察而保持警惕，行动谨慎，不妄为，就会少后悔。[2.18]

　　善对信言、美言与诽言的孔子，与老子有关"信言不美，美言不信"的观点相近，都反对自我吹嘘。孔子认为，君子为自己的言过其实而深感羞耻[14.28]，并强调，不预先怀疑别人欺诈，也不无端臆测别人不守信，如果真的能预先察觉出他人的欺诈和不守信，这真是贤人了！[14.32] 孔子断言，发表言论不被反对，可说是懂得说话了；说了话众人都拥护，可说是知道说话的时机了，他想要穷困也不可能。[4.15.17] 对于刻意揭短的胡话，孔子认为没时间去管这些事。[14.30] 同样，对于喜欢乱说别人过错的武叔，颜回也批评道："你这是自取其辱啊，你应从我这里获得些劝告。我听孔子说过：'谈论别人缺点时不能美化自己，谈论别人错误时不能抬高自己，所以君子要自我批评，不要攻击他人的缺点。'"[5.18.10]

　　孔子指出，机巧而又好揣度的人必定攻击他人，勇敢而好问的人必定会胜利，智高而好谋划的人必定成功。蠢人则相反。那些不合适的人，告诉他也不会听；不合适的土地，种树也不会生长。遇到合适的人，如聚集沙子而雨水融合，不合适的人，如遇到聋人而敲鼓。身处要职，自恃受宠，专门嫉贤妒才，这是蠢人的通常情况。地位高更危险，责任重易崩溃，如立等可待一样。[4.15.19] 对于宰我有关君子辞句的提问，孔子回答："君子更应注重义理。议论广博而不得要领，就不能察看到要害。烦琐词句与夸夸其谈，不是人们要听的。唯有智者，才不失义理。我教人时，使用切近的语言类比；我赠言时，使用切近事情本质的语言。切近的类比足以晓喻道理，切近的事理足以警诫他人。"[K1.1.7]

（三）谦谦君子的处世仕进之道

孔子历来强调，君子循道修身，审察其中道理来行事，就能身安无事、美誉纷至，终身受用。[5.21.4] 也许是受老子人法天地、道法自然说的影响，魏王曾批评高士鲁仲连强求造作，不是本性自然的人。子顺则认为，人要有所作为，努力不止，才能成为君子。周文王、周武王想有尧舜那样的作为都已做到了，从前我先祖孔夫子想有周文王、周武王那样的作为也已做到了。努力有所作为而谋道不变，修习与本性结合，自然就会成为君子了。[K5.17.5] 而深通"天行健，君子以自强不息"之易道说的孔子，对君子之道的理解则是这样的：意志坚定地正确地做事，恭敬地辅佐国政，不厌倦地施行仁义。看见君子就举荐，看见小人就辞退，去掉你的坏心思去忠诚相待。效法君子的行为，学好君子的礼仪，远隔千里之外的人，也会亲如兄弟。不效法君子行为，不学君子的礼仪，他住在对门也不会和你沟通。整天说话，不会留下忧虑；整天行动，也不会留后患，这只有智者能做到。所以自我修养的人，必时刻警惕地清除祸患，保持恭敬谦逊以躲避灾难。[4.15.21]

孔子主张无功不受禄。有一次他去见齐景公，齐景公很高兴，请孔子接受廪丘城作为养老地，孔子推辞不受，并回去对弟子说："我听说君子有了功绩才会接受奖赏，现在我向齐君进言，他还没有采取什么行动，就要赐给我食邑，他也太不了解我了。"于是便离开了齐国。[4.15.3]同时孔子还认为：君子不庄重，就没有威严，学的东西也不牢固。要以忠诚守信为主要美德，不要与不如自己的人交朋友。有了过错不要怕改正。[1.8]至于小人，孔子认为其与君子相反而与庸人近似：所谓的庸人，心中没有善始慎终的原则，吐不出圣人的教训格言，选不出贤良依托自身，不身体力行使生活安定。他们小事明白，大事糊涂，不知该做些什么，一味追随流俗，不知自己执着的是什么，这样的人就是庸人。[1.7.2]而听到子贡夸自己是多才多艺的天纵之圣后，孔子自谦说："我年少时贫贱，所以学会了许多鄙贱的技艺。君子的才能会很多吗？不会多啊！"[9.6]

孔子由衷地赞扬子产，说他的行为很谦恭，他服事君上时很恭敬，他教养人民时施以恩惠，他治理民众时能合乎道义。[5.15]他认为颜回与史鱼亦具有子产身上这四种表现所体现的"君子之道"。如颜回有"努力地推行仁义，虚心地接受劝告，小心地接受俸禄，谨慎地修养身心"等四种品质；史鱼有"不做官而能尊敬官长，不祭祀而能尊敬鬼神，自己正直而宽容别人"等三种品质；君子之道则应"仁者不忧，知者不惑，勇者不惧"[14.29]。而承师训并倡导"展露温和的容貌，就能远离粗暴怠慢；脸色一本正经，就接近诚信了；言辞谈吐要谨慎，就能避免粗鄙"[8.4]的君子之道，且善于自我反省的曾子则认为，老师看见别人的一个优点就忘记他百种缺点，所以容易服事；看见别人有优点就像自己有一样，所以不争名利；听说善事一定亲身去做，然后引导别人去做，所以能辛劳教诲。学习老师的三句话却不能身体力行，所以我自知终不如颜回和史鱼。[4.15.14]

至于名列"孔门十哲"之一的子夏，则更得孔子有关君子之道的真传。他理直气壮地反驳子游有关他只教会了门下学生洒扫庭院、接待客人、进退有礼，这类与君子所为似乎相差甚远的末节小事，却没有学到君子之道之根本的无理指责，认为子游的话太过分了！君子之道，应先传授哪些，后教哪些呢？这是把"道"当成草木割裂开来啊！君子之道，常人岂可玷污？有始有终的，唯有圣人吧！[19.12]这番话对后人如何才能从身边小事做起，真正学到君子之道，是很有启迪意义的。

孔子自身的故事，也颇能说明君子应如何学道纠错，它与子夏所说的"小人有了过错，一定会设法遮掩"[19.8]的做法，是大异其趣的。有一天，孔子在武城听到了弦歌声，不禁微笑说："杀鸡哪需要用牛刀呢？"子游回答："过去曾听老师说过，'君子学道后会爱人，小人学道后会易于驱使'。"孔子立即正色对弟子们说："你们几个人听好了！他的话是对的，我之前说的话不过是开个玩笑啊。"[17.4]就这样，孔子以自己的言行，为君子学道补过做出了榜样。他还强调，能够弥补过错的人，就是君子。孟僖子就是学习榜样，要改正自己所有的缺点，以教诲后代。[9.41.3]子贡耳闻目睹了孔子纠错言行后感慨地说，君子的过失，就像天上的日食和月食一样，他的过错人人都看得见，后来他改正了，人人都会景仰他。[19.21]他深感老师孔子就是这样的君子。

综上所述，可见孔子师徒所说的君子之道，包含了君子的为人处世、为学任教与仕进为官之道。它首先是要尊敬长者，保持良好心态。孔子曾对子路说："见到长者不尽力虚心请教，即使刮风下雨，我也不进他家门。所以君子尽其所能地尊敬他人，小人与此相反。"[2.10.13]君子成全别人的美事，不促成别人的恶事。小人正好相反。[12.16]君子坚持正确意见，尽力与人和谐相处，而不违心附和苟同；小人同流合污，即使同行也各怀不满，内心不和。[13.23]君子庄重矜持而不争权夺利，合群而不结党营私。[15.22]可以说，正是这种人生态度，使君子与小人的心态截然不同。有一次，子路问孔子，君子也有忧愁吗？孔子说，没有。君子修养品德，还没成功时，为他的意愿而快乐；修德成功后，又为他的成功而快乐，所以他有终身的快乐，没有一天的忧愁。小人则不同，他没得到时，发愁得不到；得到后，又深恐失去它。所以他有终身的忧愁，没有一天的快乐。[5.20.4]

　　其次为选择良朋师友。孔子有许多交友的名言，如"里仁为美"[4.1]，"道不同，不相为谋"，"益者三友，损者三友。友直，友谅，友多闻，益矣；友便辟，友善柔，友便佞，损矣"[16.4]等。对于择友，孔子既主张"无友不如己者"[1.8]，同时也持"忠告而善道之，不可则止，毋自辱焉"[12.23]的灵活态度。对于益友，孔子持欢迎态度，不仅在《论语》一开篇就欢呼："有朋自远方来，不亦乐乎？"而且时常称赞，如夸奖"晏子善于与人交朋友，时间久了更敬重他"等。孔子本人亦如晏子所云，虽身为圣人，但亦担忧会在闲居时偶尔懈怠，因此修身欠缺时，就会让原宪、季羔侍坐；血气不畅，志气意向不通时，就会让仲由、卜商侍坐；道德不盛，行为不勤时，就会让颜闵、冉雍侍坐。[K6.18.10]以此警醒自己。由此可见孔子对师友良朋的高度重视，主要是可以相互学习与提携："君子恨的是自己这一辈子都没有好名声"[15.20]，"君子怕的是自己无能，不怕人家不知道自己"[15.19]。

　　为此，孔子高徒曾子主张，君子以文章和学问交朋友，以朋友间的切磋交流增长仁德。[12.24]而子夏与子张则各有己见。当子夏的学生问子张交往之事时，子张说："子夏是怎么说的？"回答："子夏说，'可交往的结交他，不可交往的拒绝他'。"子张说："我听说的有所不同，君子尊重贤人而宽容众人，褒奖善人而同情能力不足的人。我要是大贤，什么人不能容下？我成不了贤人，别人将拒绝我，这又何谈拒绝别人呢？"[19.3]有鉴于此，交友经验更丰富的孔子进一步指出，择友要懂得"只怕自己不能识别人"[1.16]。他认为，其一，内心不修德，是自身错误；品行修好了而名声不彰，是朋友过错。品行修好自然有名声。所以君子在家要认真修行，出外要结交贤人。[5.22.3]其二，正直、体谅、见识多的，是益友。歪门邪道、优柔寡断、奸佞狡诈的，是损友。乐于受礼乐约束，乐于说人优点，乐于多交贤友的，是益友。喜欢骄傲淫乐，喜欢放荡游玩，喜欢盛宴享乐的，是损友。[16.4]其三，举荐贤人的人比自己努力成为贤人的人更贤能，故使管仲显达的鲍叔牙，使子产显达的子皮，都是可交而难得的贤人。[3.13.2]

孔子强调，君子想获得美誉，必须谨慎选好身边良才。[5.21.4]同时还要注意求仁宽让，"君子对于朋友，心里必定有些非议，但不能说'我不知道他是个仁人'。不忘朋友以往对自己的恩德，不老想着与朋友个人的旧怨，这样就做到了仁啊！"[5.18.9]孔子认为，良师益友好兄弟其实不难找，"三人行，必有我师焉。择其善者而从之，其不善者而改之"[7.21]。明白此理的子夏对司马牛说："我听说过，死生有命运，富贵在天赐。君子做到敬畏天命而没有过失，对人恭敬而有礼貌就行了。四海之内随处都会有兄弟，君子何必担忧没有兄弟呢？"[12.5]

对于君子的出仕之道，孔子认为要想身安无事又有好名声很难。故要做到"自己有优点不要独享，教育别人不要懈怠，已有的过错不要再犯，说错的话不要再为之辩护，不好的事不要做下去，做事不要拖延"这六点，并去除"怨恨太多招来官狱，拒绝劝谏阻塞思虑，轻慢简易失礼，怠慢懒惰丧失时机，奢侈浪费财物不足，专权独断事情不成"这六种毛病。[5.21.1]同时，君子为官，还要在辖地秉公治理，精心策划而简略推行，把忠信人事集中起来，考察哪些符合人伦，保持有利的美德，除去有害的恶习，并不求回报，这就可以得到民情支持了。行政没有让民众反抗的恶行，获胜没有冒犯民众的话，考察量刑没有欺骗民众的狡诈之辞，养育百姓不违农时，爱护百姓不枉法宽大。如果能做到这样，就能身安无事、美誉纷至而得民心了。[5.21.2]君子做官，看清楚身边之事，就能明察而不受蒙蔽；自己所求的东西都在近处，就无须劳烦而得到。因此治理者抓住要点，就不必劳师动众而获得荣誉。只要内心有效法对象，就能让榜样离大众不远，像源泉不枯竭一样时时让人效法。因而能将天下的人才汇聚起来使得国本不匮乏，让水平高下的人都能各尽其才，人人都立志求治而不扰乱政治。像这样大众效法的君子，仁德贯通心中，藏于志向，露于脸色，发于言论，自然能身安无事，美誉纷至，治理好民众了。[5.21.3]

孔子称赞晏平仲善于与人交往，时间久了，更加受人尊敬。[5.16] 他还举了一个例子说明应如何看待当官。侄儿孔蔑声言，当了官没得好处，反而失去了三种东西：因政事忙没空实习学不明白，因俸禄少使骨肉亲情更疏远，因公事急不能探病悼友失了朋友之道。这说法令孔子很不高兴。特别是听到与孔蔑同地任职的宓子贱说自己做官以来，得到了三种东西：过去诵读的经典得以实行，所学知识更明白了；所得俸禄能顾及亲戚，骨肉更有亲情了；虽有公事，还能兼顾探病吊友，友谊更深厚了，孔子更是感慨万千。他长叹说："君子啊，就是你这样的人。"[5.19.4]

孔子相信，喜欢与比自己贤能的人相处的子夏会一天天增益，喜欢说不如自己的人的子贡会一天天减损。前者就像与善人相处，进入灵芝兰花屋，与环境融为一体，久而久之会闻不出香味。后者与不善人相处，则如同进入咸鱼铺，久了会闻不出臭味，这是融入环境里了。藏丹砂的盒子会变成红，藏黑漆的容器会变成黑。因此君子一定要谨慎地选择与自己相处的人。[4.15.15] 当然，亲君子远小人，不是说从此就要与小人断绝关系了，而是说要见机行事。故子路质问孔子曾说过，不做善事者君子不与他接近，而佛肸占据中牟叛乱，却为何去与他见面，孔子答："是的，我是说过这样的话。不是说坚硬者磨不薄吗？不是说白矿石染不黑吗？我岂能只是个苦瓜，光挂着看而不能吃呢？"[17.7] 还有一次，孔子路遇不待见的阳货，阳货冷嘲他胸怀治国良策，喜欢从政，但日月飞逝，时不待人，却多次失去时机，是否智慧时，孔子不禁感慨道："好吧，我准备出来做官了！"[17.1] 这就是孔子为出仕而与小人打交道的两例。

孔子认为，君子的行为必须达到自己的期望值，可以屈从时就屈从，可以伸展时就伸展。所以屈从是有所期待，求伸展时必须及时。即使受屈也不毁掉节操，达到了志向也不损害正义。[8.37.1]有一次，孔子受困于陈国与蔡国，随从七天没饭吃。子贡携带随身货物，偷跑出包围，求助村民，换了一石米。颜回、子路在一间破屋里煮饭，有块黑灰土掉到饭中，颜回把脏饭取出来吃了。子贡在井边望见了，很不高兴，以为颜回在偷吃。他进屋把此事告诉孔子。孔子不信，于是把颜回叫进来说："前几天我梦见了祖先，岂不是祖先在启发保佑我们吗？你做好饭后赶快端上来，我要进献给祖先。"颜回说："刚才有灰尘掉入饭中，如留它，饭就不干净；如扔掉，又很可惜，我就把它吃了，这饭不能用来祭祖了。"孔子说："即使这样，我也会吃掉它。"颜回出去后，孔子看着弟子们说："我相信颜回，不是只在今天啊！"弟子们从此更佩服颜回了。[5.20.6]

在孔子言传身教下，他的弟子们对君子无论身处顺境或困境，所应有的气节都有了深刻理解。曾子说，可以将六尺高的孤儿托付给他，可以将国家的命运寄托在他身上，面临危险关头也不会失去节操。这种人是君子吗？是真君子啊！[8.6]曾子本人，即使在穿着破旧衣服在鲁国种地的时候，也坚决推辞了鲁国国君送给他的一座食邑。他解释："我听说接受施舍后会时常畏惧他人，施舍者也会骄傲待他。纵然国君赏赐我，也不骄傲待我，我又怎敢不有所畏惧呢？"孔子听后说："曾参的话，足以保全他的名节了。"[5.20.5]

（四）彬彬君子的研学修成之方

孔子对彬彬有礼的君子，一向颇为欣赏。他认为"君子广博地学习文化，以礼约束自己，这就可以不背叛自己谋道亲仁的初衷了！"[6.27]故他主张君子要兼顾培德修身与仪态修饰，使之相得益彰而不缺失另一面，这就是"质胜文则野，文胜质则史。文质彬彬，然后君子"的道理。为此，孔子还把周朝八杰——伯达、伯适、仲突、仲忽、叔夜、叔夏、季随、季骝等列为君子的榜样[18.11]，并指出：君子以仁义为本质，以礼乐为行动，用谦逊的态度来表达它，用诚信的行为来成就它，这才是君子！[15.18]同时，君子在天下行事，没什么要亲近讨好的，没什么能阻挡他的，只要合乎仁义的就去做。[4.5]

学习方面，孔子说："不知天命，难以成为君子；不知礼仪，就无法立足社会；不会说话，就无法了解他人。"[20.3]孔子认为：君子关心的是道而不是谋食。会耕田的肚子常挨饿，学问好的俸禄自然在其中，所以君子忧的是道而不是贫困。[15.32]他自我评价道："文化知识嘛，我跟别人差不多，如果说做一个亲身实践的君子呢，那么我还没有达到。"[7.33]他赞扬博学而无止境，诚心实意地践行而从不倦怠的君子：他独处时不放纵，通达时不窘困；他遵循和为贵的礼德，生活悠然自得而又有法度节制；他钦慕贤人而宽容众人，自除棱角而顺从随和众人，他的宽容大度就是这样的。[1.5.4]孔子叹息说："圣人，我是见不到了，能够见到君子，这也就可以了。"[7.25]曾子则解释："自己能干却向不能干的人请教，自己学问多却向学问少的人求教；有知识却好像没有，学问充实却好像很空虚，受到冒犯也不计较。过去我的朋友就尝试过这么做。"[8.5]对于棘子成有关"君子只要本质好就行了，何必学文"的观点，子贡说："夫子你这样说君子，可惜说错了呀，快马也没你舌头跑得快。文采如同本质，本质如同文采。去掉毛的虎豹皮，如同去掉毛的犬羊皮。"[12.8]

"君不困不成王，烈士不困行不彰"[5.22.4]，执此观点的孔子认为，君子的成长，要刻苦学习，经受如美玉雕琢般的艰难困苦的考验才行。同时，君子要统治民众，不可不放低身段，不可不了解民众本性而通达民众感情。[5.21.6]不可没有老子所赞"几近于道"的水德。孔子亦赞水德："夫水似乎德；其流也，则卑下倨邑，必循其理，此似义；浩浩乎无屈尽之期，此似道；流行赴百仞之嵚而不惧，此似勇；至量必平之，此似法；盛而不求概，此似正；绰约微达，此似察；发源必东，此似志；以出以入，万物就以化絜，此似善化也。

水之德有若此，是故君子见必观焉。"[2.9.5]从中可见，君子的水德观，既有老子恒道水德观的无为居下，也有孔子仁道水德观之独创。在这一意义上可以说，子贡有关"君子痛恨处于下流地位，让天下的罪责都归于自己"的说法[19.20]显然尚未悟出孔子水德赞之真谛，更未达老子所赞甘为天下谷，川之海，为天下主而受天下诟的水之道境界；而从孔子所赞的君子论看，君子如水的道德修养，还应注意如下几条。

"君子三愆"：孔子说，与君子相处时有三种过失，话题还没涉及主题就抢先说的叫急躁，谈到了主题而不去说明的叫隐瞒，不看对方脸色就表态的叫盲目。[16.5]

"君子三戒"：孔子说，君子有三戒，年少时血气未定，要戒色不贪恋；壮年后血气方刚，要戒斗不好狠；老年时血气衰减，要戒得不贪图名利。[16.6]

"君子三恕"：孔子说，君子有"三恕"，有国君而不能服事，却要役使臣子，这不是恕；有父母不能孝敬，却要求儿子报恩，这不是恕；有哥哥不尊敬，却要求弟弟顺从，这不是恕。君子能明了这三恕的根本，就可以算得上身端德正了。[2.9.1]

"君子三畏"：孔子说，君子以有所不能而畏惧他人，小人以有所不能而不相信他人。所以君子推崇他人的才能，小人则以压抑他人才干来取胜。[5.19.9]"君子有三类事情是要敬畏的：敬畏天命，敬畏位居高位的大人物，敬畏圣人的教诲。小人不知天命，所以不畏惧天命，捉弄大人，贬低圣人的教诲。"[16.7]孔子还从捕鸟人捕到的全是黄嘴小雀，很少大雀的事例中，体悟到"会惊觉就能远离祸害，贪吃就会忘记祸患，这都是由于心思的不同，自己跟随对象的不同而得福或遭祸。所以君子要慎重选择跟从谁。从长者的远虑看，就能有保全自身的台阶，盲目跟从呆傻小人，就会有败亡的危险"[4.15.7]。孔子还强调，"不知天命，难以成为君子；不知礼仪，就无法立足社会；不知如何说话，就无法了解他人"[20.3]。

　　"君子三患五耻"：孔子指出，"君子好乐，为无骄也；小人好乐，为无慑也"[5.22.4]。因此"君子有三怕：没听过的，怕听不到；听到以后，怕学不到；学了以后，怕不能实行。君子有五耻：有德行而没有适当的言论，君子以此为耻；只有空言而没有实际行动，君子以此为耻；得到的特长优点又通通失去，君子以此为耻；自己土地有余而百姓衣食不足，君子以此为耻；任务一样而别人的功劳却比自己高几倍，君子以此为耻。"[2.10.15]同时，孔子还深刻揭示出由于不学礼，造成了"今之君子，好利无厌，淫行不倦，荒怠慢游"[1.6.1]。为此，孔子认为，"君子博学深谋而不遇时者众矣"，"君子修道立德，不为穷困而败节"[5.20.1]。孔子还对司马牛说："君子不忧愁也不畏惧。自我反省能够不内疚，还有什么可忧可惧的呢？"[12.4]

　　"君子五美"："君子惠而不费，劳而不怨，欲而不贪，泰而不骄，威而不猛"。其大意如孔子对子张所言："按照有利人民的方法让人民获利，这不就是施惠而不费劲吗？选择适合劳作的季节让人民去劳作，又有谁会埋怨呢？想着求仁而得到了仁义，又怎么会贪心呢？君子没有人多人少之分，没有小民与大人之分，没有轻视少数人和慢待小民之心，这不就是和泰而不骄横吗？君子端正自己的衣帽，令人尊敬仰视，严肃庄重而让人敬畏，这不就是威严而不凶猛了吗？"[20.2]孔子还强调：君子以仁义为本质，以礼乐为行动，用谦逊的态度来表达它，用诚信的行为来成就它，这才是君子啊！[15.18]在子夏心目中，老师孔子正是如此，他作为"君子神色有三种变化。远望他时，稳重庄严；接近他时，温和亲切；听他说话时，严厉可敬"[19.9]。

　　孔子并不认为君子有礼就必然意味着一味退让。如对于郑国的子产从中午直到晚上，与晋国争论贡品的轻重次序，终于获得了同意之事，孔子就赞扬说："子产这种行为，是为了国家。子产，就是令人快乐的君子。"[9.41.11]孔子认为，品行修己需抓住六个根本，才能成为君子。这就是立身以孝道为本，丧礼以哀痛为本，交战以勇敢为本，国政以农业为本，掌国家以正道有人为本，创富以抓住机遇、尽心尽力为本。不能让近处人安定，就不要向远方发展，因此返回根本，从近处做起，是君子处世之道。[4.15.1]有一次，孔子在路上遇到了程子，停车和他交谈了一整天，非常亲热，于是吩咐子路拿一束帛送给程先生。子路不屑地说，不经介绍就见面的读书人，不经媒人就出嫁的女子，君子是不交往的，这是礼节。孔子劝子路："程先生是天下贤士，此时不赠帛，恐怕终身都不能再重逢了。你还是赶快拿帛送给他吧！"[2.8.13]

　　清净守节、贫而乐道的原宪，曾在孔子当鲁司寇时做过他的家宰。他与尊贵时不兴高采烈，卑贱时不埋怨愤怒，只要利于百姓，甘愿清廉律己，能够爱护部下的澹台灭明两人[3.12.9]，都深得孔子赏识。孔子认为，君子要努力做到"心有定规，胸有计划，虽然不能抓住治国之道的根本，但也遵循一定的法则，即使不能集百善之美德，也一定有操守。因此他们对智慧不求多，但会审定自己的知识是否正确；他的话不求多，但一定要审定说的是否恰当；他的行为不求多，但一定要审定好走向对不对。既然他的智力足以明白事理，说话能符合正道，行动能清楚去向，那么他们的性格与命运就与形骸结为一体而不可改变了"[1.7.3]。此外，孔子还曾赞扬过智慧可与细谋，仁义可托付孤儿，廉洁可寄放钱财的郈成子。[K5.15.9]

　　孔子主张身居高位的"君子不疏远亲人，不让大臣埋怨不任用他们。所以旧臣中没有大过错的，就不要抛弃他，不要求全责备"[18.10]。他在解释为什么太甲做错事却依然被称为大君时，对公西赤说："君子对于人的评价，是计算他的功劳而免除他的过错。太甲即位犯错时，伊尹把他流放到桐地，让他忧思了三年，追悔从前的过错后，再起用他复位，称他为明王。从这一点来看，虽跟随三王排列第四，不也是可以的吗？"[K1.2.15]同时孔子也很欣赏君子儒中的傲骨者，他上不臣服于天子，下不服事于诸侯，他谨慎安静而尚贤宽厚，不断磨炼自己廉洁方正的品德。他待人接物既刚强坚毅又与人为善，学问广博而又知道进退。即使把国家分给他一半，他也看作锱铢小物，不肯称臣俯首。他的行为规范就是这样的。[1.5.6] 孔子认为君子之行，"可以屈则屈，可以伸则伸。屈节者所以有待，求伸者所以及时，是以虽受屈而不毁其节，志达而不犯于义"[8.37.1]。孔子这么说，也这么做。有一次，在陈蔡遭遇厄运，断粮七天，弟子都饿得病倒了，孔子仍在弹琴唱歌。直到后来危难解除，他才对弟子们说："我听说，君主不遭困厄就不能成就王业，志士不遭受困厄就不会彰显德行，怎知激发猛志的开始，不正在这次危难中呢？"[5.22.4]

　　以学而不厌、诲人不倦为己任，以教学相长为君子进阶的孔子，认为在众多弟子中，尽管颜回的诚信比自己强，子贡的聪敏比自己强，子路的勇气比自己强，子张的庄重比自己强，但是颜回诚信却不灵活，子贡聪敏却不能受屈，子路有勇气却不能示弱，子张庄重却不够随和。这就是他们愿意服事孔子而没二心的原因。[4.15.12] 孔子认为，君子可以为仁献身，却不可陷入陷阱；可以被欺负，却不可能被迷惑。[6.26] 他与主张清静无争的老子类似，都反感君子争名夺利，而力主"君子矜而不争，群而不党"[15.22]。孔子评价子贱："像他这样的人啊，真是君子！如果鲁国没有这样的君子，他是从哪里学到这些美德的？"[5.3] 孔子心中的君子标准极高，但却认定，赞美大禹勤政为民的南宫适，是一位崇尚仁德的君子。[14.6] 他还认为，真正的君子，即使在一顿饭时间里，也不会违背仁道，仓促紧迫时是这样，颠沛流离时也还会是这样。[4.2]

　　在孔子的教诲下，孔门弟子贤孙，都有对所谓君子的正确理解。如孔鲋就曾理直气壮地诘问过墨子之言："如孔子与晏子互相毁谤这类事，对小人言是有的，君子则不会这样做。孔子说，'齐灵公污秽，晏子就以整洁服事他；齐庄公胆怯，晏子就以忠勇服事他；齐景公奢侈，晏子就以俭朴服事他。晏子是君子啊！'听闻晏子说'一心可以事百君，百心不可以事一君，虽然三位国君的心思不同，而晏婴却没有三心'后，孔子对弟子说，'你们几个记好了，晏子以一条心服事三位国君，是个君子啊！'如此看来，孔子是赞誉过晏子，而没有毁谤他、不见他。齐景公问晏子，'这么多人之中，有孔子这么贤良的吗？'晏子答，'孔子，是品行修为都有节操的真君子！'晏子又说，'盈成匡是父母的孝子，长兄的悌弟。他的父亲曾经是孔子门人，门人都看重他，那么他的老师也不会卑贱吧'。这么看，可知晏子亦赞誉过孔子。德行不修，是自己的罪过；不幸而屈从于人，是自己的命运。伐树削迹，绝粮七日，世人不认可之类，如何能束缚孔子呢？如果晏子因此而怀疑儒家学说，那么晏子也不足以称为贤人了。"［K6.18.8］

《孔子儒经·君子篇》138节索引

［4.15.19］［4.15.20］［4.15.21］［5.18.8］［5.18.10］［5.19.4］［5.19.8］［5.19.9］

［5.19.10］［5.20.4］［5.20.5］［5.20.6］［5.21.1］［5.21.2］［5.21.3］［5.22.4］

［5.22.6］［5.22.8］［8.36.1］［8.37.1］［9.38.11］［9.38.16］［9.41.3］［9.41.11］

［10.42.7］

【孔丛子】9节

［K1.1.7］［K1.2.15］［K4.13.3］［K4.13.4］［K5.15.9］［K5.17.5］［K6.18.7］

［K6.18.8］［K6.18.10］

大道之行，天下为公，选贤与能，讲信修睦。

九、孔子的大同观·天下为公

孔子满怀天下为公之憧憬，苦编《诗》《书》，精读《易》以至于"韦编三绝"，依然乐此不疲，就是为了不断培育出一批能勇于践行"己欲立而立人，己欲达而达人"的道德金律，以及"己所不欲，勿施于人"的道德银律的真君子，以其为践行主体，以谋道为远大志向，以好学为研学进阶，以仁治、孝治、文治等为治国之基本内容，以礼治祭祀为制度保障，推行孔子终身奉行、求仁得仁的仁道主义，以期最终形成一个告别乱世，超越小康，为实现人类大同理想而自洽自足的中华儒道文化闭环。

"大同"，这一不知激励了多少英杰志士为之奋斗终生的伟大理想，就出自孔子有关"大道之行，天下为公，选贤与能，讲信修睦。故人不独亲其亲，不独子其子。老有所终，壮有所用，幼有所长，矜寡孤独废疾者皆有所养。货恶其弃于地，不必藏于己；力恶其不出于身，不必为人。是以奸谋闭而不兴，盗窃乱贼不作。故外户而不闭，谓之大同"的名言 [7.32.2]。参照人类文明史的发展历程与经验总结审视之，可发现它藏而不显、九层递进、五阶演化的发展理论体系。

1. "大道之行，天下为公"，这意味着人类文明的最美好理想即将实现，正义大道将普施通行，天下将为天下人所公有，从此不再是由任何私人，哪怕是由圣人所拥有，也不再由某个人哪怕是圣人去私相授受，用孔子的赞美

之言，那将是"多么崇高伟大啊，舜帝和禹帝拥有了天下却不独享！"［8.18］

2. "选贤与能"，这意味着人的个体差异是永恒的，天下人将通过公正的政治制度，按照自己的意愿，推选出能真正代表人民利益的贤良人士，任命各行业的能人专家治理社会，建设高效完善的人类政治文明。孔子历来主张推荐良才来理政。当仲弓询问政事时，孔子说，先让管理部门尽责做事，然后赦免小过错，推举贤才任职。其方法就是推举你所知道的贤才，其他的贤才，别人也不会舍弃。［13.2］

3. "讲信修睦"，这意味着天下人将在众人共同推举的、德智兼优的贤能人士以身作则的引导下，不断提高仁爱诚信的公民道德修养，保持和睦亲邻的友好关系，这就是孔子所说的"民无信不立"。

4. "故人不独亲其亲，不独子其子"，这意味着自父系社会以来，以血缘为纽带的父慈子孝的传统道德将发生巨变，天下人将摘下数千年来私有制社会家庭伦理温情脉脉的面纱，不再只照顾自家人，而是共同建设人类的社会文明。

5. "老有所终，壮有所用，幼有所长，矜寡孤独废疾者皆有所养"，这意味着新时代的天下人，无论是老年人、小孩，还是失去伴侣或双亲的人，都将衣食无忧，幸福安详，享受社会福利制度提供的无微不至的关怀和照顾；而凡有劳动能力的壮实人，都有机会"各尽所能"，为共享人类物质文明的丰美成果而施展才能。

6. "货恶其弃于地，不必藏于己"，这意味着人类对于大地上所有的自然资源和社会物质财富，都将只关心它会不会被浪费遗弃，关心如何以它为人类生态文明添砖加瓦，而不是想方设法将这些财富聚藏私有而独享。

7. "力恶其不出于身，不必为人"，这意味着每个人都甘愿尽力为社会工作，以不能亲身为社会做奉献为耻辱，也不必再担心会有人以强凌弱，以富欺贫，以智诈愚，陷己于为他人做苦工而受压迫的悲苦境地，人类政治文明将更为公平正义。

8．"是以奸谋闭而不兴，盗窃乱贼不作"，这意味着随着人类文明不断进步，世界上再也不会有人整天谋划奸计，阴谋夺取统治权力以奴役他人，也不会再有强盗和作乱贼子整天伺机窃取公私财物以自肥，人类社会文明从此将更清明祥和。

9．"故外户而不闭，谓之大同"，这意味着随着五大文明建设的逐渐完善，人类终将彻底结束所有冲突，不再需要修建不同文明彼此间的隔离墙，而将自由生活在一个无须紧关家国门户，无须恐惧被外敌盗贼掳掠偷窃的和平时代，同享一个幸福快乐的大同社会。

从第一、二条看，孔子不再提"圣人"的原因，应是他观察了大禹传位其子，实行"家天下"，夏商周相继出现了桀纣幽厉诸多昏君。早在两千多年前孔子就有此历史总结。从第三条看，孔子希望君子道德修养能得到全面施行，这与如今的精神文明建设方向一致。从第四条看，孔子已意识到自己所强调的以血缘为纽带的传统道德，将随着经济基础的变化而发生根本的社会文明进化，私有制社会的家庭伦理将更新为公有制社会里更和谐的人际互助关系，变成曾被儒弟子斥为无父无君的墨式兼爱。从第五条看，孔子预言随着大同社会福利制度的健全，所有需求者都会受到物质富足社会的关爱，这也意味着马克思所说的"按需分配"将变成现实，劳动者也都有了"各尽所能"之地。从第六条看，孔子意识到，大同时代一切自然财富与人造财富都将成为公有的共同财产，都会被珍惜利用而不再被私吞。第七条后半句在古代典籍里，有"不必为己"与"不必为人"两种似乎对立的版本，其实并无歧义。因《礼记》版的"不必为己"强调的是大同社会的每个人都不再为私利工作，而《孔子家语》版的"不必为人"则强调大同社会的每个人都能在自己的工作岗位上各尽所能，并以不能为社会做出应有的奉献为耻；因他们都是人类大家庭平等的一员，故也不再担心会被强迫为占有社会资源的富人做苦工。从第八条看，孔子预言，在公平正义的大同社会里，再也不会有人去图谋天下的最高权力，也不会再有盗贼伺机盗取公私财物。从第九条看，孔子宣告人类文明进程将实现类似如今所说的人类物质文明、精神文明、政治文明、社会文明与生态文明的完美结合；人类将不再需要建隔离墙来避免文明冲突，不再需要紧闭门户防盗贼，这就是孔子向往的人类文明晕染如画的"大同社会"。

孔子大同观揭示，大同的实现须在九段递进的提升过程中，经过"仁义礼智信"的五环演进。这意味着，它先由天地好生之德为本，敬身循礼至"大化"启航；次由帝德五行通天下，知礼合义至"大嘉"接续；又经由刑政相参奉典章，礼乐昭德达"大顺"；再由易辨阴阳，循天损益成"大祥"；最后由人情通达施五教，社会和谐臻"大同"。这是顺应自然，顺和地道，顺从仁道，顺服礼道，顺合人心，顺循天道，极致和畅之后，人类文明由"大化""大嘉""大顺""大祥"直至"大同"之圆满境界。

孔子儒学派创立的这一阴阳和谐、五行相生、礼教乐化的大同社会之仁道，不仅影响了维新派领袖康有为的《大同书》等，而且与老子道学派和光同尘的恒道社会双峰并立，成为中国传统思想中无为而治的"乌托邦"范本。遍观其中如老子让人民"甘其食，美其服，安其居，乐其俗"的理想国，庄子的"至德之世"，列子的华胥国，以及陶渊明那只有男耕女织、天伦之乐，而没有朝代更迭、政治管理、税收劳役，与世隔绝的桃花源式的自然社会等，无不令古人津津乐道。有人将上述先贤圣哲"无为而治"的儒道乌托邦与西方乌托邦比较后，认为后者的叙述笔触细致，从个人生活细节到国家大政无所不包，而中国乌托邦的描绘则极简单，因此认同美国教授拉塞尔·雅各比在其专著《乌托邦之死》里提出的，认定老庄孔孟等只有"少数的几个短语，或者甚至很少的几个句子和段落，并不能构建一个乌托邦美景"的论断，则是值得商榷的。

受老子有关缩小国家规模，减少人口压力，远离战争威胁，精简行政机构的"小国寡民"论以及"天之道"理论的启示，孔子创立了更为系统化的九观五阶的"世界大同论"，可见中国式乌托邦自有其定性准确、方向正确、想象空间极大的突出优点，亦更有鼓舞后世的深刻启示作用。而西方如柏拉图为防止人们"组成一夫一妻制的小家庭"，建议妇女、儿童应"一律公有"的《理想国》；托马斯·莫尔要求男女择偶时，皆须赤身互验的"乌托邦"；意大利空想共产主义者康帕内拉主张无稳固夫妻关系，婴儿公育，性生活由管理者分配以改良人种的"太阳城"；傅立叶、圣西门、欧文等人脱离实际的空想社会主义，以及中国近代将孔子打扮成"托古改制"祖师爷的康有为所著的《大同书》等，由于有过多强人所难的怪异设计，反因太"具体"而引起人们的惊诧而失去了对未来理想国的兴趣。在这个意义上，我们有理由认为，在导向正确的前提下，一个简明抽象而能启迪后人创新的伟大理想，更胜于一个规划具体、烦琐冗长而令人生畏的怪异空想。

有鉴于此，所谓理想国、乌托邦只能出现在西方的论断并不能成立，而孔子眼中的大同世界，看似是一个虚构的遥远意象，却因汇集了儒、道两大思想派别所共同认可的价值取向，拥有中国文化传统中最富共识性和吸引力的宝贵价值，而堪与被一些学者视为"中国思想史上一部'乌托邦'作品，对整个社会有一套完整的、全面的、系统的设计"的《周礼》相媲美，成为东西各有千秋的乌托邦理想社会的范式，证实了古代中国确实早就有了乌托邦卓越思想的真实存在。

（一）帝德五行·知礼合义乐大嘉

相传人类文明始祖伏羲是"一画开天"的易经八卦创始人。历经三皇五帝，古代易经由伏羲易、神农易、轩辕易等，发展成为集众易之大成，历久弥新的《周易》。博学精易的孔子，将易理应用于物质文明发展规律的理论创新，就是首先以易理五行来解释远古文明社会的五帝之德，即从以黄帝为首，名震华夏的远古五帝身上，所体现出来的天地好生之德。

对于"黄帝三百年"之真意，孔子向宰我解读道："黄帝是少典的儿子，名叫轩辕，生来就很神武精灵，很小就能说话，幼年就睿智端庄，敦厚敏捷而诚信。他成人后更聪明，能治理五行之气，设置出五种量器，以安抚万民，化度四方。黄帝曾经驱牛乘马，驯服猛兽，与炎帝在阪泉野外交战，连打了三战才获胜。他身穿长礼服，绣上了花纹，遵循天地的规律治理民众。他通晓幽微的阴阳变化，深知生死存亡的道理，按时节播种百谷，亲尝草木药性，厚施仁德于鸟兽虫鱼。他考察日月星辰的轨迹，辛劳耳目，勤用心力，用水源、柴火、财产、器物等来养育百姓。民众仰赖他的恩惠，足有百年；他离世后民众敬服他的神灵，足有百年；此后民众遵循他的教令，也足有百年。所以说'黄帝治国三百年'。" [5.23.1]

对于黄帝之孙颛顼帝，孔子赞扬道："他深沉而有谋略，通达而有远见，能因地制宜地聚集财富，效法天象以安排时节，依照天地鬼神法则制订适宜的政策，调治五行之气来教会民众适时播种，洁心诚意地举办祭祀，巡行四海以安定民心。他的国土北至幽州，南到交趾，西抵流沙河，东及蟠木山。神州大地或动或静的物类，或大或小的物体，凡是日月所照到的地方，都是属于他的。" [5.23.2]

对于黄帝曾孙帝喾，孔子赞扬道："他广施天下以厚利，不考虑自身利益。他聪明有远见，明察细微，仁慈而有威望，恩惠而诚信，以顺应天地义理。他知道民众急需什么，修养自身而令天下信服。他从土地中获取财物而节省使用，安抚教育民众而使他们受益。他观察日月变化来迎春送冬，明白鬼神之事并恭敬地祭祀服事。他脸色和悦，德高望重，使民有时，用民哀怜，无论春夏秋冬，他始终爱护养育天下万民。" [5.23.3]

对于帝尧，孔子赞扬道："他的仁慈如天高，智慧如神灵，靠近时如太阳般温暖，远望时如柔云晴空。他富有而不骄傲，高贵而又谦和。他让伯夷主管礼仪，让夔、龙执掌舞乐。他推举舜做官，巡视四季农作物的生长，务必把民众的事放在首位。他流放了共工、驩兜、三苗，诛杀了鲧，而令天下人都非常信服。他的话从不出错，德行从不违背常理，四海之内，车船所到之处，没有人不喜爱他的。" [5.23.4]

对于舜帝，受老子无为而治的思想影响，孔子佩服地说："无为而治的人，那是舜帝吧？他做了什么呢？不过是修养好自己，南面称帝罢了。" [15.5] 孔子还赞赏舜是爱惜生命而厌恶杀生，能任用贤能而替换不贤的人。他伟大的嘉德教化，像四季时节一样化育万物。所以四海之内都承受他的德风，畅达于世间万物，凤凰飞来，麒麟走来，鸟兽都被他的仁德驯化，这正是他爱惜生命之故 [2.10.1]。此外，孔子还赞扬："舜帝因孝敬父母、兄弟友爱而闻名四方。他用制陶捕鱼来奉养双亲，性格宽裕而温和，敦厚聪敏而知时节，敬畏天地而爱人民，抚恤远方民族而亲近身边的人。他承受天下重任，依靠两位妻子的帮助。他圣明睿智，成为天下帝王。" [5.23.5]

对于创建夏朝的禹帝，孔子认为是无可挑剔的，他的饮食菲薄却对鬼神极尽孝礼。他平时的衣服很朴素，祭祀时却衣着华美，头戴冠冕。他住在低矮的宫室里，却尽力开沟挖渠去疏通洪水。自己真是挑不出他有什么毛病。 [8.21] 孔子称赞大禹道："他敏捷能成大事，行为没差错，仁慈可亲，说话可信，发声合乎音律，修身谨遵法度，勤勉不倦，容颜庄重，给众人树立起守纪举纲的榜样。大禹因功德大成为百神之主，他施行恩惠成为百姓父母。他左拿准绳，右持规矩，不违四季时令，据有天下四海。他任命皋繇、伯益协助治理国家，率领大军征伐不服从王道者，四方民众没有不服从他的。他的伟大如天之高，哪怕是小小一句话，民众都极为喜欢。" [5.23.6]

孔子从五帝尤其是大禹的身上，看到了先王的伟大，反思了自己以脸色状态、言辞、容貌取人的不足 [5.23.6]，最后参照老子的教诲，在中国历史发展史上，首创了五行更王改号，终始相生的五帝德论[6.24.1]。孔子说："从前我听老聃说过，'天有五行，分别是木、火、金、水、土。这五行按不同的季节化生及孕育，形成了世间万物，主宰它们的神就叫作五帝。'古代的先王，更换朝代而改换年号时，都要取法五行更替，用五行更换年号，然后周而复始地相生延续，遵循着五行的意义和顺序。因此那些贤明帝王，死后都会配以五行之德。因此太皥配木德，炎帝配火德，黄帝配土德，少皥配金德，颛顼配水德。五行的运行，先是从木开始的。木属东方，万物的初始都出自这里，因此帝王效法它，首先以木德称王天下，然后再根据自己所生成的'行'，按照行次的顺序转换承接。"[6.24.1]此外，孔子还解释了木正句芒，火正祝融，金正蓐收，水正玄冥，土正后土，都是五行的官名，由五行辅佐而称作五帝。而少皥氏管金的儿子句芒，管木的儿子蓐收，管水的儿子玄冥，以及颛顼管火的儿子祝融，共工氏管土的儿子勾龙等，则另称为五祀，不能等同于五帝。[6.24.2]

至于帝王改变年号与五行的关系，孔子认为："五行崇尚的德行与帝王所依据的德行次序有关。尧帝火德王，崇尚黄色。舜帝土德王，崇尚青色。夏后氏金德王，崇尚黑色。殷人水德王，崇尚白色。周人木德王，崇尚红色。"[6.24.3]同时，从舜帝有贤臣五人而天下太平，周文王拥有天下三分之二的人才，周武王有大臣十人而治乱的史实中，孔子还总结出人才难得，德教治国，方能长治久安的道理。[8.20]他认为，今人说起五帝盛德世上无双，他们的恩威明察似乎还存在，是因为他们的德教礼法完备，仁德深厚，所以人们朝夕为他们祝祷，祝福声升到上天，天帝也因之欢欣快乐，让他们国运更长久。[6.25.1]而治国没有德教法，就会迷失大道，如桀纣一样，因民众朝夕诅咒，怨声载道，声闻于天，自然遭天帝降祸惩罚。

由此可见，五帝之德循环往复，德法之教贯穿始终，是驾驭国家机器，领导民众走正道的根本。[6.25.2]"礼是先代圣王用以顺承天道去治理人情的。它参列于鬼神，贯彻于丧、祭、乡射、冠、婚、朝聘等礼仪上。因此圣人就用礼来昭示天道人情，这样国家才能按照礼走正道。" [7.32.4] 如泰伯这个人，可说是达到至德境界了。他多次把天下让给季历，人民都不知道该如何称颂他 [8.1]，可谓为天下树立了礼让贤能的榜样。先王制定与实施礼治，用心良苦，但自幽王、厉王起，周代制度就衰微败坏了。因此，只有由杞国、宋国作为夏、商的后裔，由鲁国作为摄政致使天下太平的周公后裔，可与天子用同样的祭礼，分别郊祀祭大禹、商契与周天子，诸侯则只能祭社稷和祖先。只有上下都奉守各自的典章制度，而对神的祝辞和神对人的嘏辞，都不敢更改通常祭法了，这才可能进入"大嘉"。 [7.32.4] 这可以说是孔子参照远古五帝物质文明建设的智慧，所设想的大同社会的稳健起步阶段——一个五行更替、仁德趋善的大喜嘉境。

（二）刑政相参·礼乐昭德达大顺

刑政相参，听讼讯狱，审案明义，通情达理，量刑定罪，程序严谨，是政治文明的标志。孔子强调"凡审理五刑案子，必须根据父子之情，按照君臣之义来权衡。其目的是论证情节轻重次序，谨慎衡量罪过深浅以区别对待，让断案者尽量发挥其聪明才智，以忠爱尽责之心来审案。大司寇的任务是负责考正、确定适用的刑法，辨明法令，察明案情，并完成讯群臣、讯群吏、讯民众等三道审讯。凡有指证而无法核实笔录的不治罪。附和的从犯从轻，主犯不赦的从重。疑案要与大众广泛商议，疑犯先赦免。所有案件都根据罪行大小，比照律法来定案" [7.31.2] 的原因之一，就是古时公家不收容罪人，大夫不养罪人，读书人在路上遇到罪人，也不和他交谈。罪犯被放逐四方，任凭流浪，不让他参与政事，不想让他再活在世上，可谓惩罚之重，不可不慎。当仲弓问："通过审理，完成定案，是哪一种官员？"孔子说："案件首先由狱吏来审定，然后把审理情况报告狱长。狱长审理后，再报告大司寇。大司寇审理后，再报告君王。君王再命令太师、太傅、太保等'三公'和卿士们在酸枣树下会审，然后把会审结果报告君王。君王根据三种可从宽的情况，决定是否减免刑罚，最后定刑。因此程序是很慎重的。"[7.31.3]

它的程序公正，体现在圣人备齐五教、五法五刑、德法兼施、施行五祀的循道施政上。即天子通过三公执掌六官，使父义、母慈、兄友、弟恭、子孝这五教均齐，使仁义礼智信这五法齐备，循道则国家得到治理，贵德则国家平安，敦仁则国家和平，尊圣则国家太平，明礼则国家稳定，行义则国家崇义。这就是循道施政的方法。孔子对有关尧舜主政的时代，没有一人被刑杀而天下大治，原因一定是他们的教化真诚而爱民深切的解释不予认同，认为施行五刑只是为了辅佐教化。[K1.2.5]孔子还认为，政治是君主用以安身的。天下政治必须以天道为本，效法天道以下达天命。天命将教化降至社稷叫作效法大地，颁布到祖庙叫作仁义，施行于山川叫作兴作，施行于五祀叫作礼仪制度，这就是圣人安身稳固的所在。圣人参照天地神灵，治理国政，安顿好他的存身之地，就是礼制的序列；君主经常参与体验国家礼乐，就能治理好民众。天产生四时，地产生财物，人生下子女，老师教学生。这四件事如为君王的政治所利用，就能立于无过不败之地。[7.32.7]

孔子指出，不重视礼治的德教法，只用刑罚，民众必会流亡，国家必会灭亡。但这并非意味着完全不用刑。刑罚的根源，起于节制贪欲。礼制法度，就是控制民众欲望而显明善恶的。顺应天道，陈列礼制法度，宣扬五教完毕，还有不开化的民众，就必须申明法典以巩固效果。犯奸邪违法妄行罪的，就用制度量刑治罪；有犯不孝罪的，就用祭丧礼仪治罪；犯杀害上司罪的，就用朝觐礼治罪；犯争斗扰乱治安罪的，就用乡饮酒礼惩罚；犯淫乱罪的，就用婚聘礼惩治。三皇五帝就是这样用五刑教化民众的。孔子说："圣人的防范措施，贵在让人不触犯刑法。制定五刑而不用，是为了最佳的治理。凡是奸诈邪恶、偷窃盗贼、违法妄行的人，都是由于不满足。不满足生于无限度，无限度的话，小的取巧偷懒，大的奢侈浪费，都不知道节制。因此君主制定了制度，民众就知道了什么不该做；知道什么不该做，就不会犯法。所以即使定了邪恶盗窃、违法妄行的入狱罪状，也不会有陷入刑罚的民众。"[7.30.1]对于仲弓有关夏桀、商纣的时代"至刑无所用政"，成康之治的时代"至政无所用刑"是否可信的疑问，孔子回答："圣人治理教化民众，必须将刑法与政令相配合。最好的方法是用道德教化民众，用礼治统一思想。其次是用政令来教导民众，用刑罚来禁止犯罪。所以君子要尽心审案执法。"[7.31.1]

孔子指出，五刑罚罪，分为五等。大罪之中，悖逆天地的惩罚五代，诬蔑周文王、武王的惩罚四代，悖逆人伦的惩罚三代，图谋鬼神的惩罚二代，杀人罪只惩罚他本人。[7.30.4]孔子还分析了犯罪败德的原因，以下杀上的行为缘于不义，义是用来区别贵贱、分清尊卑的。贵贱有分别，尊卑有次序，民众就没有不尊敬上级和长辈的。诸侯朝见天子的朝聘礼，是用来显明义德的。义德显明了，民众就不会犯上，所以即使制定了弑上罪，也没有陷入刑罚的民众。争斗变乱的行为缘于相互欺压，相互欺压缘于长幼无序而遗忘了尊敬谦让。乡饮酒之礼，就是为了显明长幼之序和尊长敬让的。长幼有次序了，民众就会心怀敬让，所以即使有争斗变乱之罪，也没有陷入刑罚的民众。淫乱行为产生于男女无别，男女无别就失去了夫妇情义。婚姻的聘礼和享礼，是用来区别男女和彰显夫妇情义的。男女有别了，夫妇情义彰明了，即使制定了淫乱之罪，民众也没有陷入刑罚的。以上这五种行为，是制定刑罚的原因，它们各有滋生根源，不预先堵住其根源，动辄使用刑罚，这就叫给民众设陷阱来陷害他们。[7.30.3]由此可见，孔子的礼治不同于滥刑的法治，他对于滥用刑罚的苛政深恶痛绝，他很有信心，当物质文明大嘉有余，善人治理国家一百年，刑罚合度后，迈向政治清明的"大顺"之年，"也就可以铲除残害、杀戮人民的苛政了"[13.11]。

孔子认为，礼治内容不尽相同，但不能任意增减，这是维持人情的防危要求。山民不能被强迁至江河边，江渚人不能被强迁至平原上。使用水、火、金、木等材料，以及饮料食材等，都必须顺应天时与物产规律。冬季的男婚女嫁，春季的颁授爵位，都必须与其年龄德行相当，这些都是合理顺道的。役使民众也必须顺应天时，这才不会发生水旱昆虫的灾害，民众就没有凶年饥荒以及妖孽疾患了。上天不私藏其大道，大地不私藏其财宝，人不偏爱其私情，于是上天就能普降甘露，大地就能涌出酒泉，群山就献出了器材车辆，黄河就出现了河图洛书，凤凰麒麟就都来到近郊，龟龙也来到宫中的池沼。其余的鸟兽以及卵生胎生的动物，都可随处任人俯身观看。这没有别的原因，只是先王能循礼而通达仁义，体现了诚信而达到了大顺，这就是大顺之道的实情。[7.32.17]

孔子认为，四肢正常，肌肤丰满，这是健康之人。父子相亲，兄弟和睦，夫妇和顺，这是和美之家。大臣守法，小臣清廉，官职有序，君臣正位，这是丰裕之国。天子以仁德为车，以乐艺为御；诸侯以礼相待，大夫以法度为次序，士人以诚信考验，百姓以和睦相守，这是丰泰之天下，这就是所谓的"大顺"。大顺的时代是未来人类养生送死，服事鬼神的社会常道。因此国家大事堆积如山也不会积压停滞，各类国事项目都可并行而不乖谬，各种社会小事都能依序施行而不会失误。社会发展深邃而通达，丰茂而不间断，相连而不互相干扰，互动而不互相危害，这就是大顺之道的极致了。明察大顺之道，然后才能远离危险。[7.32.16]

由此可见，孔子的"大顺"，含有顺其自然，顺应天道，顺应地道，顺应仁道，顺应礼道，顺应人心的意思，是圣人备齐五教五法、五刑五祀，德法兼施，循道施政，顺应人心的政治建基的表现，这可以说是孔子借鉴商周帝王政治文明建设的经验，所设想的向大同社会螺旋发展的承续阶段——一个和顺国安、德法兼容的大好顺境。

（三）研易明理·减损增益成大祥

孔子不仅是一位把信义看得比食物更重要，为人类精神文明建设不懈努力的伟大教育家及思想家，还是一位精研易理的杰出易学家。相传，经过他的精心整理，《诗》《书》《礼》《易》《乐》《春秋》等六部经书，均成为儒家的基本经典。其中最让他着迷的，就是百家诸子均尊为群经之首，能辨明阴阳两仪、通晓五行八卦，知天命，令他一直读到"韦编三绝"后依然爱不释手、乐此不疲的《易经》了。孔子曾深有感触地说："让我再多活几年，从五十岁开始学《易经》的话，就可以没有大过错了。"[7.16] 为此，他整理《易经》，增添"十翼"，为晦涩难懂的《易经》插上了翅膀，使之成为中华文化百科全书、中国人为人处世的智慧宝典，以及实现大同理想的修德真经（参见拙著《周易德经》）。

孔子学《易》较晚，已是知天命之年，因天资聪慧，阅历广博，故很快就掌握了卜卦、解卦、明德与运用这一套研易用易的功夫。他认为，善易者不占。南方人有句话说得好：人没有恒心，不可以做巫医。《易·恒卦》爻辞说，不能长久保持美德的人或许会蒙羞。意思是说，这类人不需要再去占卜，就这样了啊。[13.22] 有一天，孔子为自己卜了一卦，得了贲卦，显出严肃不快的脸色。子张走上前问："我听说，卜卦的人得了贲卦，是吉兆，而老师却有不平的脸色，这是为什么呢？"孔子说："这是因为卦中的离象啊。《周易》中说，山下有火叫作贲，这不是纯正颜色之卦。从本质来说，白色应正白，黑色应正黑，现在得到的贲卦，并不是我的吉卦。我听说朱漆不需要添加其他颜色来修饰，白玉也不用雕琢，为什么呢？因为它们的本质非常好，已不必再修饰了。"[2.10.3] 由此可见，孔子深明"易为君子谋，不为小人谋"的道理，他不以卦名暗示的吉凶为念，而是更深入地从"离下艮上"，山下有火，修美白贲，以文化成的卦德里，寻到了注重本质，不过多修辞粉饰的贲卦真义。这对孔子以《易经》揭示的天道、易德来指导自己察天观地，寻求人生命运的真谛，不盲目陷于宿命论的泥潭，是大有帮助的。

还有一次，孔子读《易》看到损、益二卦时，不觉长叹了一声。子夏离开座位问："老师叹息什么啊？"孔子说："自觉减损的必会得到助益，自我增益的必会遭受损失，我因此为之叹息啊！"子夏说："那么学习者不可以有所增益吗？"孔子说："我讲的不是道的增长。道越增长而身体会越损耗。学习者能天天减损自身多余的东西，虚心接受别人指教，才能不断成就圆满和广博啊！天道一旦成就就必定发生变化，凡自满自足而能长久者，还从来不曾有过。所以说：'自以为贤能者，天下的善言嘉语他就听不进耳朵了。'从前尧处于治理天下的高位，尚能保持诚信恭敬的态度，克己谦让地接待下面的人，所以过了几千年而名声愈盛，到今天更是彰显。夏桀、昆吾自满至极，恣意妄为而不加节制，斩杀百姓，就如割草一般。天下讨伐他们，就如同杀独夫民贼，所以过了千年而恶名愈昭彰，至今没有磨灭，完全是他们自大自满造成的恶果。看到这些，如果在行走，让长者先过，不抢先；如果坐在车上，遇见三人就下车，遇见两人就要扶着车前横木致敬。调节盈满和虚空，不让自己骄傲自满，这样就能够长久。" [4.15.8]从以上的对话看，孔子与老子一样，已从天道与人世的损益变化中，参悟到了易道损益两卦之间相反互补的深刻道理。只不过孔子意在批判夏桀、昆吾的骄奢淫逸与调节学习心态，而老子则意在以"天之道"规范"人之道"，以"损有余而益不足"的天道，改造"损不足而奉有余"的人道，表现出道者损有余以奉天下的崇高境界（《老子》七十九章）。

此外，对于以阴阳奇偶为基础的易理，孔子也从不否认自己受老子的影响。子夏说到有关人与鸟兽昆虫的出生，各有单双数和气分的不同，唯有通晓道德者能追溯其本原。天为一，地为二，人为三。万物出生日期都各从其类。至阴动物属雌性，至阳动物属雄性等易理。孔子认为确是这样："我从前听老子也说过你这样的话。" [6.25.6]

孔子对于易理五行文化有深入的了解，因此他对于"五"及其倍数的论述，都多少涉及"五行"。如在时间上，有"礼乐征伐自诸侯出……十世希不失矣；自大夫出，五世希不失矣"[16.2]，"禄之去公室五世矣"[16.3]，"后生可畏，谁知道后来人到了如今会怎样？但如果到了四五十岁还默默无闻，那人也就不足畏惧了"，[9.23]等等。如在政治上，孔子强调"能行五者于天下为仁矣""这就是谦恭、宽恕、诚信、勤敏、施惠等五种美德"[17.6]。同时孔子强调还应修养"五美"德行，即施惠而不浪费，劳作而不埋怨，欲念而不贪婪，富泰而不骄横，威严而不凶猛[20.2]等。

此外，孔子还从易卦各爻的"初难知，上易知，二多誉，五多功，三多凶，四多惧"的定位中，获得了"不在其位，不谋其政"[8.14]的启示；从凤鸟不飞来了，黄河也不出龙图了，预感到自己的一生也已时日不多了[9.9]。由于孔子精通易学预测术，弟子们也颇受影响。如有一次，子贡观看邾隐公拜会鲁君后说："从礼节看，两位君主中将会有人死亡。因为礼是关系国家生死存亡的政治体系，它将根据礼治规范来决定如何左右周旋，进退俯仰，如何取舍朝会祭祀，死丧征战。现今正月里两君互相朝见，不合法度，他们心中已没有礼了，怎能活得长久？"夏天五月，鲁君死了。孔子评说："子贡不幸而言中。"[4.16.5]还有一次，孔子陪陈国君主宴饮游览，听到火灾殃及鲁国宗庙的传言后，判断宗庙应是鲁桓公、鲁僖公的。原因是，按古礼，祖先有功宗族有德，就不会毁坏他们的宗庙。而鲁桓公、鲁僖公的情况正相反。三天后，鲁国使者前来报告，果然如此。陈国君主对子贡说："我如今才知道圣人的可贵。"[4.16.6]

然而，尽管孔子懂得先王持占卜的龟甲安排祭祀，设立制度，就能使国家有了礼治，官府有了管理，国事有了职守，礼制有了秩序[7.32.12]，并且对涉及日月盛虚，乾坤动静，刚柔美丑，山川丘谷，东西南北中，五虫之长这类精妙易理也均通识，却从不喜欢谈论怪诞、暴力、叛乱、神鬼的事情[7.20]，更不爱钻牛角尖且沉迷其中。如有一次，当子夏大谈"大地东西为纬，南北为经。山为积德处，江河为积刑所。硬地人刚强，软土人柔弱，土丘人高大，沙地人纤细，肥土人美丽，贫土人丑陋。羽毛动物凤凰为首，有毛动物麒麟为首，甲壳动物龟为首，有鳞动物龙为首，无毛动物人为首。这就是天地之美。对于这些异类，君王行动时必须遵循天道，静止时必须顺从地理，以奉行天地好生的本性，而不妨害它们生命的主宰，这就叫'仁圣'"之时，子贡认为这说法虽然精微，却难以用于治世，孔子点头说"是这样，各尽所能罢了"[6.25.7]。

又有一天，当子游问老师崇礼的缘由时，孔子说，自己曾想去杞国看看夏朝的礼治之道，但已无法验证了，只得到了《夏时》这部历书。后又想去宋国看看殷朝的礼治之道，也无法得到验证了，只得到《坤乾》这本易书。后终于从《坤乾》《夏时》中发现，礼最初是从饮食开始的。远古时用火烧烤黍米，用手撕熟猪肉，凿地坑当酒樽，用手作杯捧酒喝，用土捏鼓槌敲打瓦鼓，充当舞乐敬祀鬼神。这就是所谓的天望和地藏，是很早就传下来的习俗。[1.6.2]孔子还在解释"予击石拊石，百兽率舞，庶尹允谐"的乐教意义时，对鲁哀公说，这是礼乐善政的教化万物啊！古代帝王功劳成就后，都会作乐歌舞。功劳良善者的音乐自然和谐，音乐和谐时天地都会应和，何况是百兽呢？奏乐能够以乐教治理民情，众官的首领成就了熙熙乐业，众人的乐舞才能和谐。从前舜帝说，音乐是天地的精华，唯有圣人能作乐教，调和六律，均分五声，抓住和乐的根本，疏通八面来风。[K1.2.16]

通晓易理与礼治乐教的孔子，明确反对想诠释古人之道而又要自行其是的子路："你要舍弃古道施行自己的主张，怎知道你的主张不颠倒是非呢？以后再悔改也难啊！"[4.15.9]由此可见，孔子对古道抱着严肃认真的考证态度，对那种不知易理、不按古道、自行其是的做法很不以为然。而对于研易好学的学生，如比自己小二十九岁的鲁国人商瞿，孔子则很喜欢，把《易传》内容传给了他，并由他记录了下来。[9.38.20]此外，孔子还告诉子张："接受使命于上天的，是商汤王和周武王。接受使命于始祖圣人的，是舜帝和禹帝。如果不读《诗》《书》《易》和《春秋》，就不能知道圣人的心思，也没法区别尧帝与舜帝之间的禅让，与商汤王和周武王征伐夏桀、商纣这些暴君的区别。"[K1.2.1]

由于孔子学易学礼悟道后取得了很高的成就，齐国的太史子在与孔子论道后，深有感触地说："从今以后我知道泰山为什么高大，深海为什么广阔了。可惜啊，先生没遇到圣明君主，道德不能施加于百姓，而只能将宝贵的遗产留给后世了。"南宫敬叔也认同说："而今的孔子之道太伟大了，它将永远施行于后世，即使不想要上天的赐福，也是不可能的。"听闻两人对话后，学易后知天命的孔子的理解却与他们有所不同。他认为："岂能是这样的呢！混乱的要治理它，停滞的要兴起它，这只是我的志向，和天有什么关系呢？"[9.39.3]孔子在认真考证后指出："早先君王还没有宫殿，冬天住在土洞窟里，夏天住在草木巢里。当时还不知道火烧熟食，吃的是草木果实与带毛的禽兽肉，喝的是动物血。当时没有丝布、麻布，穿的是鸟毛、兽皮。后世的圣人出现后，才用火烧煮食，冶炼金属，用泥制陶，建造宫室门窗。用火来炮制烧烤、烹饪炙烤，酿制甜酒果浆；用蚕丝麻线织成丝绸麻布，供人穿用，赡养老人，料理丧事和祭祀鬼神。祭祀时，把当酒用的清水放在屋内，甜酒和白酒放在门里，浅红色的清酒放在堂上，澄酒放在堂下。摆列出牺牲祭品，准备好鼎锅、砧板，安放好琴瑟、管磬、钟鼓等乐器，用来迎接天神和先祖灵魂，以确立君臣间的尊卑位置，亲近父子的慈孝之情，和睦兄弟的友爱之情，使上下等级分明而同心同德，使夫妇各得其所而相亲相爱，这就是承受上天福佑。然后由主祭人吟诵祝辞，以水酒祭神，献上牲血皮毛、砧板生肉和鱼肉熟食。此时祭祀人坐在蒲草席上，端着粗布覆盖的酒樽，穿着染色的丝绸祭服，献上甜酒、白酒和烤肉，由君主和夫人交替进献，以慰劳愉悦祖先英魂。祭祀后再退下来，把各类牺牲合起来烹煮，再将狗肉、猪肉、牛肉和羊肉分开，盛入各类祭器中，表达孝子对先祖的祷告，接受先祖对孝子的慈爱，这就叫大吉祥。这

样祭礼就全部完成了。"[1.6.3]

值得注意的是，孔子这里所说的"大祥"，并非一般人所理解的在东边房屋加盖是否不祥的神秘怪事，而是道德修养是否完善之正事。孔子认为，为求取"大祥"而必须去除的"不祥"有五种，那就是损人利己的自身不祥，抛弃老人只顾子女的家庭不祥，放弃贤人任用不肖的国家不祥，老者不教、幼者不学的风俗不祥，圣人隐居、蠢人专权的天下不祥。[9.41.26] 而以诚敬之心迎接天神和先灵，确立了"礼"，承受了上天福佑，接受了先祖对孝子的慈爱，才是祭礼大成的真正"大祥"。这可以说是孔子参照古代帝王精神文明建设的智慧，所设想的大同社会的天佑人和的转型阶段——一个易德怀仁，吉祥如意的大好祥境。

（四）天地为本·敬身崇礼至大化

古人认为，麒麟的出现是圣明君王将要出现的征兆。但有一天，麒麟竟然会不适时出现而被害，孔子为此伤心不已[4.16.10]。因为他对"四灵"很熟悉，懂得龙为灵畜，鱼类就不会潜藏水底；凤为灵畜，鸟类就不会飞走；麒麟为灵畜，兽类就不会逃走；灵龟为灵畜，就不会失察人情世事的道理。[7.32.12] 而且孔子还深知，圣人法天效地，循道贵德，好生止杀，令行禁止，是人类生态文明的表现。故如果"剖腹杀胎儿，麒麟就不会来这个国家的郊外；竭泽来捕鱼，蛟龙就不会留在这儿的深渊；颠覆鸟巢打破卵，凤凰就不会来这里的都邑上飞翔。为何？这是因为君子不愿受到同样的伤害。鸟兽对于不义之人，尚且知道避开，何况是人呢！"[5.22.2] 有鉴于此，孔子一生都自觉地保护动物，维护生态平衡。他钓鱼时不用渔网，射鸟时不射回家喂食的母鸟[7.27]，并特别强调要尽力制止一切贪欲无度、违背时令的伐木杀生行为。孔子还具体列举了先王以来，市场上所定的各项禁令中的相关四项，如"果实不合季节的不准在市场卖，树木还没成材的不准在市场卖，幼小的鸟兽鱼鳖不准在市场卖。凡是执行这些禁令以治理民众者，都不能赦免违禁者"[7.31.5]。

孔子对弟子说，仰望浩渺无垠的苍天，都不想再说什么了。"天何曾说了什么，四季的时令不是照样运行吗？百物出生繁育，天又说了什么呢？"[17.19]天有四时更替，无论春夏秋冬，风雨霜露，都有教化意义。大地负载精神之气，无论收放雷霆风雨，生长各类万物，都是教化。圣人有清气明德在身，气朗神清，一旦奇人异物将至，必有征兆在先。因此，天地的教化与圣人的教化是互相参合的。《诗》中说："高峰唯有四岳，巍峨险峻接天。唯有四岳降神，生下甫申两贤。唯有申侯甫侯，才是周朝翰林。四国甘为藩属，王德宣化四方。"这也是文王武王的品德。"广施德政万民乐，协和四方天下安"，这是太王的德行。凡是三代君王，必定先有好名声。《诗》说："圣明天子啊，美名永流传。"这就是三代明君的德行。[8.36.3]

孔子认为："上天覆盖万物没有私心，大地承载万物没有私心，日月普照万物没有私心。《诗》中说，'不违背上帝的命令，直到汤王登上高位。汤王降临天下不早不迟，圣德崇敬日日累积；向神祷告久久不息，无限崇敬的唯有上帝，上帝命他统治九州。'这就是商汤的德行。"子夏听罢急忙站起来，背墙站着说："弟子岂敢不牢记先生教导！"[6.27.7]而万物本于天，大报本反始，古代帝王都要在郊外拜祭祖宗以德配天帝，是因为万物根源于天，人根源于祖先。郊祭就是报答本根、反思始祖的大祭典，所以要德配上帝。上天显示征兆，圣人取法效仿。郊祭就是要显明天道，迎接冬至长日的到来。它用盛大的祭祀来报答上天，而以日为主，以月为配。祭上帝的牛，犄角要小；祭祀后稷的牛也要专门准备，牺牲用红牛，是因为周崇尚红色。用小牛犊，是表示诚信。扫干净地再祭祀，是重视质朴。祭器用陶匏制品，象征天地之本性。世间万物没有可和它相称的缘故，是它具有自然的本质。[7.29.1]

因此，圣人制定礼法准则，必定以天地为根本，以阴阳为两端，以四时为把柄，以日星为纲纪，以月份为限量，以鬼神为徒类，以五行为物质，以礼义为器具，以人情为田野，以四灵为灵畜。以天地为根本，方可列举万物；以阴阳为大端，方可看清人情；以四时为把柄，方可劝勉做事；以日星为纲纪，方可分别行业；以月份为限量，方可巧理事功；以鬼神为徒类，办事方可有职守；以五行为物质，方可使事物周而复始；以礼义为器具，方可考察办事；以人情为田野，人就能自由主宰；以四灵为灵畜，饮食方有了充足来源。[7.32.11]

在孔子看来，民众可以被指使时，要善于因势利导他们；不可被指使时，要让他们知道应该如何去做。[8.9]善人教化人民七年，就可以让他们出征了。[13.29]如果不教化训练就让人民出战，这是抛弃他们。[13.30]故在冉有询问，国家人口多了以后，还要做点什么时，孔子明确回答，让他们富裕，富裕以后，教化他们。[13.9]这就是孔子设计的"大化"时期的人众物丰的生态文明基础。此外，孔子还指出：古代天子常在冬季考察德教，修正法令，以观察治乱得失。德教昌盛就能治理好，德教浅薄国事就会混乱。所以天子考察德教时，坐在朝堂上就可知道天下治乱。评定官吏而使德教法治得到推行而大功告成。冬末修正法律，春初考核官吏，这是治国的关键。[6.25.5]

明乎于此，孔子还进一步指出了根据天地之道化生的就是"命"，它形成一类事物后就叫作"性"。阴阳化生后，以一定形体展现出来叫作"生"；变化穷尽之后叫作"死"。所以命就是性的开始，死就是生的终结。有始必定有终。人刚出生时有五种能力不具备：看不见，不能食，不能走，不能说，不能生育。出生三个月以后，眼珠微微转动，然后才能看见。八个月长牙，然后能吃东西。三年后囟门闭合，才能说话。十六岁生精通气，才能生育。阴气穷尽就要返阳，故阴因阳气变化；阳气穷尽就要返阴，故阳因阴气变化。所以男子八个月长牙，八岁换牙；女子七个月长牙，七岁换牙；十四岁能生育。一阳一阴，奇偶相配，然后阴阳化合才能生育。性命的开端，就从这里形成了。男子二十岁举行加冠礼，就可以做父亲了。女子十五岁出嫁，就可以结婚了。[6.26.1]但有五种女子不能娶，七种类型可休弃，三种情况不可休弃：休弃后无家可归的，夫妻一起服丧三年的，夫家先贫贱后富贵的。所有这些，都是圣人理顺男女关系，重视婚姻的开始。[6.26.2]这一方面固然有不合时宜，应予以扬弃的儒家传统妇女观，但其中体现出孔子对人类社会和家庭和谐的重视，以及对妇德修养和妇女家庭地位的切身利益的关切。

知天命、了生死、通人性的孔子认为，无论是男子担当天道，助长万物生长之德，还是一般贤妻良母之妇德，首先都要从人性之常情开始修养。他指出，人情是圣王的心田。圣王修订礼制来耕作，陈说义德来播种，讲学研讨来除草，本着仁心来聚拢、播撒和乐来安定它。所以说礼，是义德的果实。只要将义德的要义协和起来，即使这种礼先王未曾制定，也可根据义理创制。义，是才艺的划分，是仁爱的节制。协同各种才艺，归于仁德，得到仁德的就强大，失去仁德的就会丧命。仁德是义德的根本，归顺仁道的主体，得到仁德的人就无上尊贵。所以治国不以礼乐教化，就如不用耒耜而去耕田；礼治不以义德为根本，就如光耕地而不播种；申明义德而不讲学研讨，就如光播种而不锄草；讲学而不合于仁道，就如光锄草而不收获；符合仁道而不以和乐安心，就如光收获而不食用；和乐安心而不遵循仁道，就如光吃食而不健壮。[7.32.15]

孔子还结合生态自然规律，答复颜回何为成人品行："通达性情的道理，通晓物类的变化规律，知道天地阴阳的缘故，明白宇宙游动气息的本原，这就可称为成人了。既能成为人，又能学习仁义礼乐，就有成人的行为了。如果穷探精微道德而又知礼乐，品德也就非常丰盛了。"[5.18.3]其原因在于，人是天地合德、阴阳交和、鬼神相会、五行生化的精华。天秉持阳气，垂下太阳星辰。地秉阴气，负载高山巨川，播散五行于四季，和谐春夏秋冬四气后，产生了月亮生化的世间万物。因此十五天月圆，十五天月缺。五行运转，彼此生克到终结。五行四时十二月轮流做主，五声六律十二管交替为宫声，五味六和十二食交替为主味，五色六章十二衣交替为主色。所以人是天地之心，五行之首，是尝味道，辨声音，穿各色衣服而生活的万物之灵。[7.32.10]这段话可谓孔子对天人合德的最完整阐述。

与老子主张道法自然的"贵以身为天下，若可寄天下。爱以身为天下，若可托天下"（《老子》十三章）相比，可见孔子更强调乐天，以天地为本，敬爱自身，成就自身，他认为，不能使国家安定，就不能乐天无忧；不能乐天无忧，就不能成就自身。自己的行为不逾越常理，这就可说是成就自身了。做事不逾越常理，这就合乎天道了。[1.4.4] 正是在这个意义上，孔子不仅重视天道，同时也反对祈祷神鬼以消灾求福的实用主义鬼神观，他明确指出："得罪上天，向谁祷告都没用。"[3.13] 他正告鲁哀公："夫妇对内主持宗庙礼仪，足以与天地阴阳之神相配；对外发布礼乐制度，足以确立君臣间尊上敬下的礼节。举措失当则礼可以匡正；国家面临耻辱则礼可以使其兴盛。所以善政以礼为先，礼是善政之本！……远古夏商周三代圣明君主，必定敬重妻子，是因为他们都是有道之君。妻子是家庭亲族的主体，儿子是亲族的后代，怎敢不敬爱呢？所以说，君子没有不敬爱妻儿的。敬爱，以保重自身最重要。自身，是亲族的支脉，谁敢不敬爱？不敬爱自身，就会伤害亲族；伤害亲族，就会伤害根本；伤害根本，亲族支脉就会跟着灭绝。自身、妻子、儿子这三者，百姓也一样都有。由自身想到百姓之身，由儿子想到百姓之子，由妃子想到百姓之妻，国君能做好这三方面的事，那么仁道就大化天下了，这也正是先王治国之道啊。如此而为，国家自然顺道而行了。"[1.4.3]

由此可见，法天效地，循道贵德，导向天人合一的"大化"，可以说是孔子吸纳古代中国生态文明建设的成果，所设想的大同社会人文化成的整合阶段——一个乐天成身、善政好生的大兴化境。

（五）通情达理·社会和谐臻大同

圣人通情达理，兴利除患，德礼相辅，是人类以物质文明、政治文明、精神文明与生态文明推进社会文明发展的成功表现。孔子考察发现，古代统治天下者为理顺天下，善用冢宰之官成就道，司徒之官成就德，宗伯之官成就仁，司马之官成就圣，司寇之官成就义，司空之官成就礼；他们只要端正自身，总揽缰绳，均匀马力，齐和马心，无论路途如何曲折，都可随心所欲地走长途，赴急难了。这正是古代圣人总揽天地治理民众的结果。[6.25.3]因此，孔子认为："不知天命，难以成为君子；不知礼仪，就无法立足社会；不知说话，就无法了解他人。"[20.3]据子顺的回忆，先祖孔夫子刚出任鲁国宰相时，国人曾作谤诗："那个穿皮袍戴礼帽的官，流放他不会错。那个戴礼帽穿皮袍的官，流放他没罪过。"三个月后，政治教化推行了，民众又作诗："那个穿皮袍戴礼帽的官，确实称职；那个戴礼帽穿皮袍的官，爱我无私。"[K5.15.10]由此可见，当年的民众拥护与事业有成之实践，的确为孔子实现施政理想增添了极大信心。这也是孔子超越西方圣西门等空想社会主义者之处。

所以说，研易明理通五行，礼乐仁治有所成，让孔子更加深入地了解了五教五行之"礼"的社会文明价值与伟大作用。孔子指出："礼之所以效法五行，是因为它符合四时的义理，因此才举行丧礼，做到感恩、道义、节制、权变。家庭内部的恩情重于道义，家庭之外的道义重于恩情。如对待父亲那样对待国君，尊敬程度是相同的。崇敬高贵者，尊重位尊者，是最大的道义。圣人就是按照这些来节制的。"[6.26.3]故在认真观察了乡射古礼后，孔子认为知晓王道易俗是很容易的。尊贵卑贱既然明了，礼节的隆重休止也已辨明，和谐欢乐而不失礼，长幼兼顾而无遗漏，宴饮安乐而不混乱。此五方面做好，就足以正身安国了。国家安宁，就能天下安定了。[7.28.2]

孔子还指出，喜、怒、哀、惧、爱、恶、欲，这是不学就会的七种感情。父亲慈爱，儿子孝顺，兄长善良，弟弟友爱，丈夫守义，妻子听从，长者仁惠，幼者顺从，君主仁慈，臣子忠诚，这十种品德叫作人义。讲诚信，修和睦，这就叫作人利。你争我夺，互相杀害，这叫作人患。圣人要治理人的七情，倡导十种人义，讲诚信，重和睦，崇尚辞让，舍弃争夺，除了礼还能靠什么治理呢？饮食男女，是人间最大欲望之所在；死亡贫苦，是人间最憎恶的处境。欲望和憎恶是人心的两大端绪。人的想法深藏于心，外人不可揣度。美意与恶念都在内心，不现于脸色，想要一眼看穿，除了礼还有什么呢？[7.32.9]

在孔子看来，如果统治者的德行足够高明，能够按《周书》所言，做到"庸庸祗祗，威威显民"，即用可用之才使国家治，敬可敬之人以崇尚贤人，畏可畏之官而让人服从刑律，从而彰显他们的赫赫声威于民众中，让大道显明而使国家兴盛。[K1.2.11]那就一定能够与上天一致而同心同德，获得天人相应的助益而实现社会清明和谐的大同理想。故当宰我问道："《书》说，'舜帝被尧帝派到大山麓林之中成为管理者，烈风雷雨都不能使他迷路'，这是什么意思呢？"孔子回答："这句话的意思是说人事与天相顺和啊。尧帝既然寻得了舜帝，通过多次的磨难考验，最终接纳了他并授予尊显的高官，让他总领了全国政事，使得大地阴阳清和，太空五星备齐，烈风雷雨各自相互响应，不再有迷惑错乱与节气失调，它表明了舜帝的德行合乎于上天。"[K1.2.7]

孔子在家庭礼德建设促进社会文明的发展中，认同于易道的阴阳和谐以及老子所说的"人法地，地法天"的"天人合一"规律。故孔子认为众生闭藏于阴，就成为化育的开始。圣人依时节让男女成婚，穷尽了天数极限。霜降时妇女的家务都完成了，男婚女嫁就可以进行了。冰雪融化后农耕开始，婚礼事到此停止。男子，是担当天道大任而助长万物生长者，他知道什么可做，什么不可做，什么可说，什么不可说，什么可行，什么不可行。因此审察人伦和事物类别，叫作知，这就是一般男人的品德。女子，是顺从男子的教导而按此道理去做的人，因此没有自作主张的道理。事情不擅自做主，办事不独自出行，要三思而后行，验证后再说话。白天不到庭院里游耍，夜行要举灯火，这就是一般的妇德。[6.26.1]

高度注重以和谐家庭和人性情志互益促进社会文明建设的孔子，曾赞美道："伟大啊！尧帝这位君主！他多么崇高啊！唯有天最大，唯有尧帝能效法天的高大。浩浩荡荡啊！民众无法用任何名义来赞颂他。多么崇高啊！他取得了伟大的成功。光辉灿烂啊！他的礼乐典章！" [8.19] 他还认为凡是圣人都能以天下为一家，以中国为一人 [7.32.8]，这不是主观臆想，必须了解人情，紧随大义，明白利害，懂得忧患，然后才能做到这一点。

　　有一次，孔子北游到了农山，子路、子贡、颜渊在身边作陪。孔子环顾四周后，长叹一声说："在这里潜心思索，可以无所不想啊！你们几个年轻人都谈谈自己的志向吧，我将从中做出选择。"子路走上前说："我希望手持月亮般的白色令旗，挥动红日般的战旗，让钟鼓之声响彻云霄，让缤纷旌旗在大地上旋舞。我率领一队人马前往迎敌，定会为国扩大千里疆域，拔敌旗，割敌耳。只有我才能做到，就让子贡和颜渊跟着我吧。"孔子说："真勇敢啊！"子贡也走上前说："我愿出使齐国和楚国，两国在茫茫原野上交战，两军营垒遥相望，扬起尘埃连成片，士兵交战挥刀戈。我穿戴着白衣白帽，在两国间游说，论述交战的利弊，解除两国的祸患。这样的事只有我能做到，就让子路和颜渊跟着我吧！"孔子说："真有辩才啊！"颜回退到一边不说话。孔子说："颜回，过来，难道只有你没有志向吗？"颜回答："文辩武战的事，他们两个都已经说了，我还能说什么呢？"孔子说："即使这样，还是各说各的志向，你这年轻人就说说吧。"颜回答道："我听说薰草和莸草不能在同一个容器中收藏，尧和桀不能共同治理一个国家，因为彼此类别不同。我愿得见英明圣主而辅助他们，宣传他们的五教，以礼乐为引导，让百姓无须修筑城墙，无须越过护城河，能将剑戟等武器铸为农具，在原野湿地上放牧牛马，妇女也不再为丈夫长期离家而思念，千百年都不再有战争祸患；让子路无须施展他的勇敢，子贡也无须施展他的辩才。"孔子表情严肃地说："多美好啊，仁德之道！"子路举手问道："老师您会选择哪种志向呢？"孔子说："不耗费财物，不危害百姓，不多言繁辞，只有颜回才有这样的志向啊！" [2.8.1]

在孔子心中，《尚书》里所说，引领天下走向大同的中国的"钦四邻"，指的是英明君王身边应予敬畏的前疑、后丞、左辅、右弼等四位近臣，他们犹如周文王身边担负胥附、奔辏、先后、御侮之责的臣子，即所谓的"四邻"。而孔子自言专属的所谓"四邻"，则是他的四位好友。他感恩地说："自从我得到颜回，门徒们更亲近了，这不正是胥附吗？自从我得到子贡，远方来学的士子日益增多了，这不正是奔辏吗？自从我得到子张，前有光后有辉，这不正是先后吗？自从我得到子路，恶言诽谤也不再入门，这不正是御侮吗？"[K1.2.13]

可以说，孔子和终身追随他的弟子们，时时刻刻，心心念念，都在期盼着实现四方睦邻，没有战争，铸剑为犁，礼乐教化，万民和乐的"大同社会"能够如期到来，都在梦想着自己能够早日尽情地拥抱这一幸福日子。《论语》里的一段话，曾真切地描绘了他们那种急迫的心情。那一天，饱读《易经》，深察天时地利人和等条件，善于把握难得机遇的孔子，与随行弟子们行走山间，于恍恍惚惚之中，似乎目睹了这一天：大家的脸色忽然兴奋起来，只见被孔子师徒们惊起的一大群野山鸡，先是散开来自由飞翔，而后又集拢起来慢慢地落下来。孔子激动地说："山梁上的母山鸡出现了，时机到了，时机到了呀！"子路深受感染，拱手深拜，三次叩头触地行大礼。[10.17] 目睹此庄严肃穆的景象，也许有人会笑孔子门徒当年的空想幻念，却不能不为他们实现人类大同理想的真诚信仰，为他们力图抓住每个难得的历史机遇的坚毅执念而深深感动。

孔子曾在向弟子指出古籍经典《尚书》的重大义旨时说："我从《帝典》之中可以见到尧帝、舜帝的圣明伟大，于《大禹》《皋陶谟》《益稷》之中可以见到禹帝、后稷、皋陶忠诚勤劳的功勋，于《洛诰》中见到周公的美德。所以说学《帝典》可以通观礼乐之美，学《大禹谟》《禹贡》可以通观勤政之事，学《皋陶谟》《益稷》可以通观政务之功，学《洪范》可以通观礼乐制度，学《秦誓》可以通观天命之义，学《五诰》可以通观仁道，学《甫刑》可以通观诫律。如果能够通达这七个方面，《尚书》的重大义旨就可以通晓了。"[K1.2.3]

从《易经》《尚书》等古代经典中吸取先王智慧，遵循仁道前行的孔夫子，对世界大同的精心设计与殷切祝福，令人肃然起敬。如今，在孔子大同观的深远影响下，孔子所向往的大道为公、天下大同的伟大理想，已经成为全球广为人知的构建人类命运共同体的伟大梦想的宝贵资源。但就孔子仁道主义实现路径而言，孔子所持的"道不同，不相为谋"与"君子和而不同，小人同而不和"[13.23]等主张，尚需从他尊为师长的老子的"挫锐解纷，和光同尘"和"善人，善人之师；不善人，善人之资"（《老子》二十七章）的理论中吸取智慧。也许，对于把志向不同者视为难以同谋同行人的孔子而言，再度向敞开胸怀、眼界广阔的老子求教，将学会以同道善人为师，以异途的不善人为资源，与世界文明的进程接轨的更好方法。

作为中国尊崇的圣人，孔子一生高度注重社会文明，注重家庭细胞和人性情志的相生互益。他深思熟虑后，描绘出了理分九层，时经五环，而后终将实现的大同社会理想图。孔子曾经这样说过，"凡圣人能以天下为一家，以中国为一人"[7.32.8]，而他确实也在理论上构建了这一大同观点。

事实上，孔子虽为自己没有赶上看到从前大道的施行与夏商周三代的精英而遗憾，但他又为幸好还有历史记载而高兴。[7.32.1]他最向往的就是——大道流行时，天下都为民众所公有，大家选举贤良能人，彼此讲求诚信，和睦相处。人不只爱自己的亲人，不只养自己的子女。老年人都能安度终生，壮年人都才有所用，鳏夫寡妇、孤儿和残疾人都能获得供养。社会上的财物只怕被废弃于大地，而不必被私藏于自家；人的力气和智力只怕不能由自身奉献给社会，而不必怕为人利用。世间的奸诈阴谋全被杜绝而不再存在，盗财窃国的作乱贼子也不会再出来作乱。所以家中外门再不必紧闭，这就叫大同世界。[7.32.2] 这可以说是孔子集纳中国古代社会文明建设的智慧，所设想的大同社会理想实现的丰裕阶段——一个大道流行、天下为公的大同盛境。

自从孔子提出"世界大同论"的伟大理想以来，历经两千年血与火的战争磨难的人类欣喜发现，英国著名历史学家汤因比有关19世纪是英国人的世纪，20世纪是美国人的世纪，而21世纪将是中国人的世纪，故"能够帮助解决21世纪的世界问题，唯有中国孔孟的学说"的预言，正变得日益清晰。这是因为汤因比认为，全世界至今唯一保持长久存在的政治和文化统一的中国，将在历史发展的新阶段，为人类以全体平等为前提，以自主的方式，而不是继续以一部分人统治另一部分人的方式，去实现政治和精神上的统一做出主要贡献。但这个过程并不会如汤因比所言以"儒家思想和大乘佛教引领人类走出迷误和苦难，走向和平安定的康庄大道"这么简易，它需要我们大力弘扬中华优秀传统文化，在文化复兴过程中吸收全人类优秀文明成果进行文化创新，构建起中国特色哲学社会科学文化体系后，才有望携手各国人民共建大同世界。

可以相信，经过新儒家与新道家的磨合，以及当代有道、有德、有志之士的共同努力，将能通过天道化人道，玄德促善行，化解人类文明纷争，向甘其食、美其服、安其居、乐其俗的理想国驱车驰行，扬起一片漫天同道的清尘，融合于宇宙万物的祥和之光中，这是一幅何等壮美的人类文明晕染图啊！

遥忆当年，也许受了孔子大同理想的感召，楚王曾派使者奉上金帛聘请孔子。宰予、冉有欣喜地说："老师的仁道，如今可以推行了。"于是求教孔子："姜太公一生勤苦谋志，八十岁才遇见周文王，他与许由比谁更贤良呢？"孔子说："许由是独善其身者，姜太公是兼利天下者。然而今世已经没有周文王这样的君王，即使再有姜太公，谁能赏识他呢？"[K2.5.7] 于是写了首《如一》歌，其心境与他后来眼见麒麟遇难，自己虽如群兽之首麒麟，却不逢圣主，大志难酬，忧愤难抑时所作的《麒麟》歌 [K2.5.8] 完全一致，故可试译合成如下：

大同歌

引歌·如一

> 大道深藏兮，礼乐为基；
>
> 贤人流浪兮，察机待时；
>
> 天下大同兮，吾欲何之？

高歌·麒麟

> 陶唐虞舜盛世兮，
>
> 麒麟与凤凰同游；
>
> 如今已非其时兮，
>
> 吾能有何欲何求？

《孔子儒经·大同篇》83节索引

【论语】14节

［7.16］［7.20］［7.27］［8.1］［8.18］［8.19］［8.21］［9.9］［10.17］［13.2］
［13.9］［13.22］［13.29］［15.5］

【孔子家语】56节

［1.4.3］［1.6.2］［2.8.1］［2.10.1］［2.10.3］［4.15.8］［4.15.9］［4.16.5］［4.16.6］
［4.16.10］［5.18.3］［5.23.1］［5.23.2］［5.23.3］［5.23.4］［5.23.5］［5.23.6］
［6.24.1］［6.24.2］［6.24.3］［6.24.4］［6.25.1］［6.25.2］［6.25.3］［6.25.4］
［6.25.5］［6.25.6］［6.25.7］［6.26.1］［6.26.2］［6.26.3］［6.27.7］［7.28.2］
［7.29.1］［7.30.1］［7.30.3］［7.30.4］［7.31.1］［7.31.2］［7.31.3］［7.31.5］
［7.32.1］［7.32.2］［7.32.4］［7.32.7］［7.32.8］［7.32.9］［7.32.10］［7.32.11］

［7.32.15］［7.32.16］［7.32.17］［8.36.3］［9.38.20］［9.39.3］［9.41.26］

【孔丛子】13节

［K1.2.1］［K1.2.2］［K1.2.3］［K1.2.5］［K1.2.6］［K1.2.7］［K1.2.11］［K1.2.13］

［K1.2.16］［K2.4.7］［K2.5.7］［K2.5.8］［K5.15.10］

十、孔子九观哲学体系的内在逻辑关系

孔子九观的微言大义及其构建的仁道主义体系之内涵，可参见下表。

孔子仁道主义体系

孔子成圣年龄	孔子九观	五常美德	五行相生	国学教育五环	关键词	孔子名言
志于道据于德	谋道观（一）	义德	金德	国道之体育	志于道立己达人	君子谋道不谋食。/君子六本六言六蔽
为政以德	修德观（二）	信德	土德	国德之德育	据于德为政以德	民无信不立。/纯卦八德乾坤震巽坎离艮兑
吾十有五而志于学	好学观（三）	智德	水德	国文之智育	志于学学而不厌	子以四教：文，行，忠，信
三十而立	亲仁观（四）	仁德	木德	国德之美育	依于仁里仁为美	仁者乐山。/仁者爱人。/居处恭，执事敬，与人忠
四十而不惑	孝悌观（五）	孝德	银德金	国学之劳育	守孝悌孝亲悌友	己所不欲，勿施于人。/七教者，治民之本也

（续表）

孔子成圣年龄	孔子九观	五常美德	五行相生	国学教育五环	关键词	孔子名言
五十而知天命	祭祀观（六）	敬德	阴德水	国魂之德育	敬天帝天人合一	圣人制极，明命鬼神，教以二端，报以二礼
六十而耳顺	礼乐观（七）	礼德	火德	国艺之美育	游于艺克己复礼	礼之用，和为贵。／立于礼，成于乐
七十而从心所欲，不逾矩	君子观（八）	正德	玉德土	国文之美育	真君子君子如玉	五帝五行，"恭、宽、信、敏、惠"等五德
	大同观（九）	道德	阳德火	国教之美育	合于道天下大同	大道之行，天下为公。／道不同，不相为谋

由上表可见，孔子仁道主义的铸造，实际上是孔子参照自己一生涵养君子，修德谋道的深刻体验，用全身心演绎的追寻大同理想的生命周期表。它记录了一个有为学士，由懵懂愚昧、求学开蒙的少年时期，到十五岁左右，树立谋道志向，培养如金闪亮的义德；再从青少年时期选定学科，尊师重道，谦虚好学，培育智德；到三十岁仁心宅厚，成家立业，树木成才，养育仁德；再到不惑之年，孝敬父母，养育妻儿，养成孝亲悌友之德；再到知天命之年，祭祀祖宗，膜拜英烈，养成诚敬阴德；再到耳顺退休之年，以礼待人，培育热爱生命之火德；再到古稀之年心态随和，颐养天年，忠信和善而不妄言；再到高寿之年而仰慕圣贤，修养君子玉德；最后在耄耋之年，心念大同盛世将至，阳德更旺盛而安康如常。这就是孔子心目中，正人君子，忠义诚信，德高智深，好学亲仁，孝亲悌友，崇礼敬天，向往大同，自强不息，终身以求的理想一生。这也是他立道务本，砥砺前行的九观哲学体系之精髓。其与老子九观哲学的内在逻辑关系如下图：

儒道九观哲学体系图

孔子九观哲学体系图　　　　　　　老子九观哲学体系图

　　比较孔子九观哲学体系图与老子九观哲学体系图，孔子的哲学观以大至天下，小至国中，是否有道（意指天子诸侯是否明道知礼）为仕进退隐的人之道，是以礼为治的"仁道"。它以"大同"为人生理想，显得务实可期。老子的哲学观，则以损多益少的"天之道"为损少奉多的"人之道"之导引，以平衡两者文明晕染的恒道为终极理想，倍显宏大壮阔。老、孔两人之间在哲学观点上的差别，主要有如下四个方面。

　　第一，孔子的"大同观"理想论，近似于老子"恒道观"的本体论和宇宙论，却无小国寡民的玄妙缥缈之感，描绘出有根有据、有人有物、如闻如睹的人类理想社会场景，并且有大嘉、大化、大顺、大祥、大同等各个进阶阶段的实际步骤，显得号召力更强。

　　第二，孔子包含了仁义礼智信诸德的"道德论"，涵盖了谋道与修德两个相辅相成的部分，奠定了据道而修德，无德不修道，道与德互为前提的坚实基础，这与老子由道而生的玄德，内含了天德与人德，清静以为天下正（天清地静，神清心静），追求天地人心大和谐的理想状态有所不同。

　　第三，孔子的"修身论"主张博识广闻，多多益善；它以好学为进阶，以亲仁为核心，以孝悌为天职，以礼乐为规范，可谓言之成理，可亲可行。这与老子坚持以道为本、多闻数穷的认识论，守柔谦退、虚静无为的实践论，养生惜命的生命论不同，是孔子儒教一向为教育界重视，成为社会主流的原因。

第四，孔子的"治国论"，是以克己复礼、谨言慎行、仁孝温良的谦谦君子为主体，以礼乐制度为根本，以敬天地，拜神鬼，祭祖宗，重祭祀，轻兵戈为治国纲要的儒家理论，利于社会稳定，文化繁荣，且有规范而易于操作。这与主张效法天地，自然而然的老子，强调以百姓之心为心，安民贵身，重视政治公正和军事却敌的治国论有所不同。这也是道家使汉唐雄起，孔教却能长期为统治者所利用，成为社会主流意识的主要原因。

从孔子哲学由下而上的九观逻辑关系看，孔子仁道主义以自强不息、人中之龙的君子为主体，通过敬天祭祖的礼治乐教，文教治国、仁道治国、孝道治国的以德治国方式，共谋大同世界之人类伟大理想。

从孔子哲学由上而下的九观逻辑关系看，孔子仁道主义首先树立起"天下为公，世界大同"的伟大理想，为天下人共谋道，同修德之最大共识；然后修成以好学为智德之源，以仁德为立人核心，以孝悌为做人之本的中华美德；最后培养出亿万敬天地，畏天命而知天人合一，明时位，畏大人，知礼仪，忠职守而和身安心，知尊师，畏圣人之言而好学上进、温润如玉的真君子。

从上述孔子仁道主义的逻辑分析看，其描画的人间美景以及人的全面发展诸方面，无疑可以增强中国人的文化自信，有利于人类文明晕染而非人类文明冲突。为此还需要向老子请教，知晓老子所创立的，以恒道观为本体论、玄德观为价值论、清静观为动力论、真知观为认识论，以无为观、贵身观为实践论，以安民观、用兵观、治国观为建国策，以道治国的老子恒道主义体系，其核心是孔子"人之道"所应效仿的老子"天之道"。

老子心中之"道"，"乃负阴抱阳，包容万物的无名恒常之体，以其生之覆之，周行不殆的源动力，激励人类积德贵身、和光同尘、虚心实腹、慈俭谦柔、清静无为、安居乐俗，实现天人合一、万物一体、自然化生、大器晚成、大象无形之最高价值的宇宙稽式"。若以现代哲学定义，"道，是宇宙本体及其全息全能、澎湃不息的原动力，在人类悟真向善尚美的自由活动辅助下，通过阴阳冲和的永久性、自然性、对立统一性的万物演化，实现形而上的最高价值，从而永恒保持自组自化自平衡的自然时空机制"（参见拙著《老子道经》）。从这一意义上说，人类确实只有如老子所言，效仿损有余而补不足的"天之道"，才可能纠偏损不足而益有余的"人之道"。

构建孔子仁道主义与老子恒道主义增强中华文化自信，延续中华道脉，托起中华文明的高照红日，可以参照老子和孔子洞察宇宙自然规律与人类社会发展规律的深刻远见，吸纳使强汉盛唐青史留名的黄老之道的精华，使古老的中华文明重新焕发活力，使现代文明构建人类命运共同体之大同世界的愿望早日实现。

第二编

中华道脉之孔子仁道主义

凡圣人能以天下为一家，以中国为一人。

一、中华道脉之伏羲易道与孔子仁道主义

（一）伏羲易道的宇宙观与道本体

中华道脉即中华民族精神血脉。道脉不断，则血脉不竭。故中华文化最古元典《易经》，就如同中华道脉的强大心室，廓然大公，无所不包，是中华百科文化一切创造成果的最早源头。而夏商周三代《易经》的成书及其易道，对中华文明的重大贡献，溯源追本，无不感恩于"一画开天"的中华文化始祖伏羲。

早在五千年前，人类文明曙光初现时，中华人文始祖伏羲，就以八卦稽式启迪了往圣先贤的思维模式，奠定了以"一阴一阳之为道"，象天则地，派生百科的伏羲易道主义基础，发现了与西方哲学的矛盾对立统一律、量变与质变律、否定之否定律等异中有同，更实用的乾坤否泰律、损益渐升律、鼎革未既律等三大定律，从而在先秦百家争鸣参与的人类文明轴心时代，促成了以老子"天之道"、孔子"仁之道"、秦汉之交的黄老"王之道"与唐代援易入佛的慧能禅学"心之道"的创立，贯通起绵延不绝的中华道脉，为人类破解"文明冲突论"之魔咒，开辟了由阴阳和谐的易家、道法自然的道家、克己复礼的儒家，以及普度众生的中国化佛家携手，道行天下，指向世界大同的美好未来。

易道的太极阴阳说，见于据传由孔子参与编写的《易传》，有"易有太极，是生两仪""一阴一阳之谓道""刚柔相推，变在其中矣"等说法。它认

为阴阳之所从出者是太极，而易道就是太极的阴阳变化。从这一点看，有人认为太极论与老子道论的主旨不同，前者以太极统阴阳，以"太极"为本始和本体，与老子的"无极"相对，相当于道家的"道"。在老子看来，"一阴一阳之谓道"的"道"，是指易道内部的基本结构与变化动力，而老子的恒道论则包含了道法自然的人类辅助作用以及更为精密的宇宙本体论与动力论。

易道的思维方法不同于抽象思维的空灵，也不同于形象思维的实在，而是一种以长爻线为阳性线，以断隔式短爻为阴性线，以六十四种组合代表世间万物及其复杂关系，既抽象又具象，集抽象思维与形象思维之优势为一体的"线象思维"的思维方式。这一独特思维方式为易学理论做出的贡献是多方面的，涵盖了"易之道""易之德""易之法""易之术"等范畴。其中以老子恒道和孔子仁道为"两翼"的"易道"，是中华儒道两家之学的根基，是中华道脉阴阳互动的基因。易德则为易道运用的目的与实现。"德"与"得"谐音，有获得、得到某种能力的意思，最能体现出《易经》"为君子谋而不为小人谋"的本质属性，是学习与运用《周易》的根本，是"善易者不占"而能有成的前提。一部由儒道两派易学家写就的易学史，在某种意义上，就是易德与中国王朝的更替实现天人合一的历史。

孔子自言："加我数年，五十以学《易》，可以无大过矣。"他心心念之的广大易道，还在于它刚柔相济、阴阳和谐、自强不息、厚德载物之天人之道。老子恒道主义以"人法地，地法天，天法道，道法自然"论道践行，创立了道家学派和汉唐盛世的前期辉煌。孔子仁道主义以"道不同，不相为谋"的仁道创立儒家学派，以"道不行，乘桴浮于海"的誓言砥砺前行，成为古代中国封建社会的主流文化。慧能禅道主义以"佛法在人间，不离世间觉"的禅意悟道开示，将佛学中国化，促进了道教文化发展与儒家心学建构。易道广大，道冠古今，成为中华传统哲学文化传承的共通之"根"以及百家学派而共仰之"道"，也是历来中华传统文化之铁三角"儒释道"三教，以及百家九流等，虽各阐其理，自行其是，却或多或少、或明或暗均予以认可的最高价值。

简言之，以《易传》为易道添翼的孔子，也是易德修养的倡导者。正是孔子通过弘扬自强不息的乾卦精神、顺风齐家的巽卦精神与守礼知止的艮卦精神，与老子以《老子》光大厚德载物的坤德精神、守信处下的坎德精神和上善若水的兑德精神相结合，才使得中华元典《易经》大行其道，最终建立了中华文明阴阳和谐、以损助益、与时俱进的易道体系及易德体系，奠定了中华百科文化体系以及道德体系的基础，促进了后世精神文明与物质文明建设。

（二）儒道共有的易道文明观与变化观

儒道以及诸子百家同尊共用的易道经典的形成，经历了从无到有、首卦变换的不同王朝。且不论《古三坟》所言，以艮卦为首的伏羲山坟易、以坤卦为首的神农气坟易、以乾卦为首的黄帝形坟易更为古远，仅仅从伏羲易传承的夏朝《连山易》、从神农易传承的殷朝《归藏易》、从黄帝传承至今的《周易》，以及从这"三易"的首卦由艮山、坤地到乾天的变化里，就已经体现出夏商周三易经典对传统的继承与不断创新的精神。如今有学人提出的以兑卦为首的兑易说，亦显示出新时代对水文化、商业文化、语言文化传播的重视。

孔子《易传》对易经的变化论及卦序的解释，体现了有别于西方矛盾冲突论的阴阳和合论及其"变易、简易、不易"的易学理论。如邵雍的《伏羲先天六十四卦方圆图》，便以卦序排列，演化出人类社会的历史发展图式，展现了中国圣贤对宇宙发展和人类社会发展内在结构的深刻理解，为当今的人类计算机时代的开启作了提前准备。易道的时位观、中位四方观、四时分明观等，体现了炎黄子孙之和合观、中国人的忧患意识与困境求存之道。如黄宗羲学易后，就明白了应注重变革的社会条件，即"时"的道理，认为变革只有适"时"，才能取得成功。

儒道共有的易道变化论，来自朴实无华的"一阴一阳之为道"，与中华文明的儒道互补的文化发展观息息相关，以阴阳此消彼长推动的乾坤动静变化为内动力，通过《易传》的易德说与卦序说等，体现了历史必然变革的与时俱进精神，指导人们观乎天文以察时变，观乎人文以化成天下；以自强不息的龙马精神、元亨利贞的乾道变化与道德精神，以厚德载物的坤道精神、师夷长技的谦德精神，创建大有丰盛、安颐文明的易道文明，成为后世以中体西用，否定全盘西化的社会进化论根据。它提示后人，《易传》所说的"裁成天地之道，辅相天地之宜""范围天地之化而不过，曲成万物而不遗"，其基本原则是既要改造自然，又要顺应自然，保持生态的平衡和天人关系的和谐。这与西方近代哲学的主客二分、二元对立不同，作为儒道两家同为重要命题的"天人合一"，是以"道"为核心的有机宇宙的哲学理念。老子强调的"天道"与孔子擅长的"人道"是主从关系，天性是至善、至诚、至真的，人性也应当是至善、至诚、至真的。"天人合一"其实是宇宙及人的思维、身体和实践与客观实际及其规律相统一的过程。

儒道共有的易道宇宙观，从变易论出发，认为宇宙是一个生生不已、无穷无尽的变易历程，人类社会也必然遵循宇宙的共同规律。研究"变易"是指探索天地运行规律与人类社会规律，即司马迁说的"究天人之际，通古今之变"，它形成的天命史观、圣贤史观、民本史观、道统史观、复古史观、进化史观、朴素的唯物史观等，均涉及变易问题。最终形成了万物变化所必须遵循的如下三大定律：

1. 乾坤否泰律。儒道共尊的易道，以阴阳和谐为核心，与对立统一规律的出发点与归宿点均有所不同，创造出了乾坤太极、刚柔相济、否极泰来的阴阳和合规律，为悠久而辉煌的中华文明奠定了坚实的中道和合的理论基础。《中庸》所说的"至中和，天地位焉，万物育焉"，以及古人认为"盈天地之间，惟阴阳而已矣""物生有两""和实生物，同则不继，以它平它谓之和，故能丰长而物生之"（史墨）的阴阳和生观点，不同于西方机械唯物论那种把矛盾绝对化的矛盾对立统一规律。

2.损益渐升律。它来自《周易》中的变易思想，综合了损卦、益卦、渐卦、升卦的卦义精髓，将宇宙视为一个损多益少、渐变而升、生生不息、自动平衡的变易进程，而宇宙生生之流又有其逐渐变化的条理和常则。"通变之谓事"（《易传·系辞上》）故将损与益之间的变易，视为易道动静变化的规律。损益渐升律与西方量变质变规律的不同，一是发现了渐变过程的阶段性；二是持有"始终相反乎无端，而莫知乎其所穷"（《庄子·田子方》）的动静说，认为"太虚本动"，"动心有机，动非自外"，动静无端，"归根曰静"，"静为躁君"，变易为常则。

3.鼎革未既律。伏羲氏发明的八卦，经后人的"三易"演化为六十四卦后，发现了以鼎卦创新，革卦革故，既济守成，未济重启，周而复始，循环往复，"无往不复"（《易·泰卦》），"阳气复反，而得交通"（《易·复卦》），时来运转的进化规律。它比西方哲学不论是非曲直的否定之否定规律更有因势利导、积极向上的意义。北宋哲学家邵雍据此创造性地画出了《伏羲先天八卦六十四卦方圆图》，比莱布尼茨早六百多年发明了二进位制。

（三）孔子的易德修养与中华道脉传承

孔子作传，大力弘扬的"易道"为古老的中华文明孕育了乾健坤顺、震省巽齐、离礼兑和、坎信艮止的八卦美德。从具有父系强健人格的人文始祖伏羲的一画开天到具有母系柔顺人格的女娲的敬天补天、嫘祖织女的种桑织布所一脉传承下来的孝道家风，从神农种稻谷、尝药草所开创的农业文明与医道文化到艮坎两卦代表的五岳五行、尧山舜水的山水文化，以及观天察地的堪舆文化、因地制宜的风水文化之中，我们可以看到中国的天地（父母）、雷风水火山泽（众兄弟姐妹），其实都是天清地静、和睦相处的一家人，这与西方神话里喜欢肆意妄为、无拘无束的宙斯、海神等截然不同，其展现出中国神话里国人修德成神的文化基因。如孔子就在《周易》里将易德修养解释为人生各阶段的龙德修养，并与人的实际年龄与道德年龄相衔接，与人际关系的社会地位相结合，从而把人类道德、义理之天及社会实践紧密结合在一起，不仅使易德修养长期保持了天人合一、德才兼备的特征，还使人们能根据卦象提示，预判易境顺逆而选修易德。这正是中国先贤的智慧与发明。（参见拙著《周易德经》）

有学者认为《易经》及其易道、易德体系十分消极，是中国科学理性不足、缺乏对以自然为对象的分析与认知的方法的结果，它导致了中国古代自然科学不够发达、缺乏对生态系统的科学认识和宏观把握。这其实是不准确的。因为易学虽与科学不同，却有它独具的科学的线象思维与人文的易德修养的优势。科学是对自然现象各方面规律进行系统的研究，必须有精确的理论说明；而易学则善于将自然与人文进行类比，从直觉、领悟和经验中进行摸索而判断、推理出结果。这样做有时会日用而不知，知其然而不知其所以然，但这并非中国科学落后的原因，反而促成了中国古代的四大发明，使古代中国在医学、天文学、地理学、堪舆学、建筑学、园林学、农学等方面都得到了长足发展，在造船、水利、浑天仪、地动仪等先进科学技术上均长期领先于世界，处于富强发达国家之首。

孔子在《易传》里指出："《易》之为书也，广大悉备，有天道焉，有人道焉，有地道焉"（《系辞下》），"昔者圣人之作《易》也，将以顺性命之理，是以立天之道曰阴与阳，立地之道曰柔与刚，立人之道曰仁与义。……分阴分阳，迭用柔刚"（《说卦传》）。由此可见，易道包括了天道、地道、人道，故而既广又大，能通过刚柔相济、阴阳和谐、自强不息、厚德载物的无穷演变，从国学核心层点悟了"人法地，地法天，天法道，道法自然"的老子恒道主义，激励了"道不同，不相为谋""道不行，乘桴浮于海"的孔子仁道主义，启发了"佛法在人间，不离世间觉"的慧能禅道主义。这就是易道作为宇宙本根，易学成为道学与儒学的根基，再嫁接佛学使之中国化，成为儒释道之母根，最终令"道"成为了中华传统文化儒释道三教公认的最高价值。

换言之，孔子阐明的易道，并非神秘主义理念，而是以变易发展观为核心，不同于西方矛盾冲突论的中华阴阳和合论以及"变易、简易、不易"的易学理论。它不仅可以发掘出与对立统一等三大规律的着眼点与归宿点均有所不同的乾坤否泰律、损益渐升律、鼎革未既律等三大规律，而且能以集中了抽象思维与形象思维优势的"线象思维"方式，为中华文明奠定了坚实理论基础。自此以后，易道通过周文王的卦序演化出人类社会的历史发展图式，展现了中国圣贤对宇宙发展和人类社会发展内在结构的深刻理解，启动了先秦百家争鸣的时代，在骨干层的国学各学科层面，以线象思维奠定了中华百科文化基础，发展成为中华百科全书，为当今人类计算机时代的开启作了提前准备。

在这一意义上可以说，所谓"中华道脉"，就是由易学连通了道学、儒学、佛学并同频搏动的中华精神的道统之脉；所谓中华国学或历史的中国学，就是以变易、不易、简易而博大精深的"易道"为根基，包含了道家、儒家、佛家、易家，以及阴阳家、墨家、法家、名家、兵家、纵横家、农家、医家、艺家、小说家、杂家等百家诸子之学；就是以"易为学纲，儒为理纲，道为总纲，佛为心纲"构成核心层，以中华优秀传统文化为基础层的"中华大道学"。故儒道释共尊的易道体系的形成，拉近了道与人类文明的关系，无论是易学家的易之道、道家的天之道、孔子的仁之道、阴阳家的阴阳之道、名家论辩的名实之道、墨家兼爱的义之道、法家的法治之道、兵家的诡道、杂家的和合之道、儒教的德治之道、道教的神仙之道、佛教中国化的人间佛教之道等，其实都离不开"易为学纲"这条中华道脉。

总而言之，在全面梳理了中华道脉的脉络之后，我们可以认清中国本土哲学体系在构建和发展路径上，从时代视域的高度实现与马克思主义的结合，以及在优化各阶层利益结构和国际思想文化多元化、多样性、多变性的社会差序格局中，为守护中国立场、倡导中国学术不断深入探索的远大前景。这绝不是所谓"价值悬隔"或价值中立的众生喧哗，也不是将历时性动态维度机械还原为共时性静态维度，将自己的视域与被理解者的视域拼凑融合，而是超越了时空、民族、文明的差异，基于原创精神的返本开新。

二、孔子仁道主义与先秦诸子之道（上）

（一）老子恒道经脉对孔子等学派的影响

如前所述，如果说孔子仁道犹如动脉，搏动了中华道脉的话，老子恒道就如同经脉，遍布人体全身经络而运作不已。"经络"是出自《黄帝内经》的中医术语。"经"原意为"纵丝"，有路径之意；"络"原意为"网络"。"经络"纵横交贯，成为细胞群、体液、组织液之间交换能量的通道，并组成低电阻、神经信息和生物电信号的网络群，形成运行气血、联系脏腑体表及全身各部的人体功能的调控系统。经络学是人体针灸和按摩的基础，是中医学的重要组成部分，也是中医学基础理论的核心之一。在这一意义上，十二"经脉"组成的"经络"，作为人体能量通道，与老子所说的"道"之原意即"路径"相仿；与"道"主宰一切，是一切事物的内在规律相仿；"经络学"在中医之地位，与"道学"作为中华文化基础理论的地位相仿，故可以中华道脉之经脉形容老子恒道主义。至于中医常用的"舒筋活络"，则可用于老子恒道主义与孔子仁道主义的通联互补。

老子恒道主义的诞生，得益于易道体系及其线象思维方式，它使老子得以循易道光大厚德载物的坤德精神、守信处下的坎德精神和上善若水的兑德精神，与弘扬自强不息的乾卦精神、风顺齐家的巽卦精神与守礼知止的艮卦精神的孔子仁道主义并驾齐驱，为遵循乾坤否泰律、损益渐升律律、鼎革未既律的伏羲易道插翅添翼，使中华元典《易经》最终建立了中华文明以强扶弱、与时俱进的伏羲易道体系，开辟了中华文化发展格局，迎来了先秦百家争鸣时代。

老子因此成为最早有独立哲学体系著作问世的世界哲学之父。他在秉持"一阴一阳之为道"方面，比孔子更看重厚德载物、清静无为的柔顺水性，更赞美几近于道、上善若水的恒道与玄德，更明白"柔弱胜刚强""静为躁君""躁胜寒，静胜热。清静为天下正"的治国安民道理。老子创立了以恒道观为本体论、玄德观为价值论、清静观为动力论之形而上学，以真知观为认识论，以无为观、贵身观为实践论，以安民观、用兵观、治国观为建国方略，力行循道执一，以道治国的老子恒道主义之后，为孔子看似有损不足而益有余之弊的"人之道"提供了效法"道法自然"，以损有余而补不足的"天之道"的正确导向。

此外，对于孔子倡导的仁义礼治之学，老子只是发出过"失道而后德，失德而后仁，失仁而后义，失义而后礼"（《老子》三十八章）的感叹，对人之德渐离天之道而不断沦落的世象表示谴责，却并未否定仁义礼治本身的道德文明价值。所谓老子主张"毁仁弃义"者，只不过是好事者力欲强化儒道之争而图谋学派私利的曲解。这也就为孔子高举仁义大旗，主张德治、孝治、礼治、文治的开明政治文化，与老子"重积德无不克"的主张并轨同行，留下了广阔的空间，促进了古代社会由"人之道"向"天之道"渐进转化的历史进程。

故可以说，担任过鲁国高官、培养三千弟子的孔子，比老子更有丰富的地方执政与执教经验，而位居相当于国家博物档案馆馆长的老子，则比孔子更早地发现了宇宙天道决定了人类社会发展根本方向的恒道规律，这不仅是救治秦始皇独尊法家、否定儒道学术的弊病的良药，也是引导强汉盛唐大行黄老之道而彪炳史册的圭臬。它使古老的中华文明重新焕发活力，使尊道贵德的领袖们终身受益。其原因就在于，"道"，看似老子"强为之名"的纯理念形式，其实却是宇宙绝对的和永恒的本体，是万物生长和发展变化的根本依据。老子指明了无始无终、无边无际的"道"才是天地万物之母，是形而上的存在本体和价值本体，而非偶像化的神佛。"道"的价值观上善至美，是玄德之道、清静之道、无为之道、真知之道、贵身之道、安民之道、用兵之道、治国之道，与孔子仁道主义形成了互补共赢的治国方略，不仅为中华古代文明繁荣做出贡献，而且至今还推进着世界文明进程。

事实上，孔子的七十二贤弟子固然出众，听从老子教诲的众生亦不弱于孔子门徒，老子影响所及，使道家思想体系队伍里的关尹子、文子、列子、庄子、杨朱、鹖冠子等都各有所建树。特别是庄子的逍遥论，以辞官归隐为避祸的全身之道，表现了他对自由的向往与处世之道。他所持的"齐物论"的"天地与我并生，而万物与我为一"（《庄子·齐物论》）以及"道在物中""盗亦有道"诸论，是庄子对老子之道无所不在之论的独特认识。庄子所提出的"天理论"，最早将"理"视为规律，如"依乎天理"（《养生主》），"尔将可与语大理矣"（《秋水》）等。而庄子根据"至德之世说"所提出的"坐忘修成真人说"，将老子的"涤除玄览说"变成了"心斋""坐忘"的"悟道说"，以及他在《天下》篇所持有的"道术将为天下裂"论，形象而深入地描绘出易道为各家所用的先秦学术发展的轨迹，对后世影响深远。受老庄思想影响，儒家悟道有成的高官们，在以孔子"知其不可而为之"做榜样为人处事的同时，也无不知晓"以柔克刚"、"功成身退"、明哲保身的道理。

老子无为而治的思想不仅影响了孔子对舜帝的称道[15.5]，而且还通过秦汉黄老之道的传播，为文景之治开创了道治天下的伟大实践，奠定了汉初雄厚国力基础，使汉武帝得以征伐御敌，拓边开疆。东汉末道教的诞生与黄巾起义，继续以老子恒道描绘太平道的理想世界；三国时期的群雄逐鹿，道统之争，树立起兼容儒道的智圣诸葛亮与武圣关羽的道德典范。魏晋南北朝以孔子作传的《周易》以及《老子》《庄子》等，同为"三玄"主题，参融禅机而成玄学之道。王弼少年老成，著有《老子注》《周易注》《论语释疑》等，学术成果卓著。他力主得意忘象、得意忘言，以老孔解易并指出："道者，无之称也，无不通也，无不由也，况之曰道。寂然无体，不可为象。"（《论语释疑》）王弼还极力反对只停留在语言和卦象表象的象数学，扭转了汉代重象轻意的学术主流以及郑玄经学之偏见，在学术上首开了新一代的"正始玄风"，以"治众者，至寡"（《周易注》）之说，为君主执一治民找到了理论根据。玄学家何晏为此大赞王弼："仲尼称后生可畏，若斯人者，可与言天人之际乎？"（《王弼传》）他也提出了"夫道者，惟无所有者也。自天地以来皆有所有矣。然犹谓之道者，以其能复用无所有也"（《无名论》）的看法，为唐初效法汉初推行黄老之道的"无为而治"打下了理论基础。这也是后来不少学者认定兼容儒道、亦谈佛法、玄妙雅远的魏晋玄学家是"新道家"的缘由。

西方有识之士亦大都对孔子与老子赞赏有加。如英国历史学家汤因比认为，能够帮助解决21世纪的世界问题，唯有中国孔孟的学说。英国著名汉学家李约瑟则在推崇孔子是"无冕皇帝"的同时，称"中国文化就像一棵参天大树，而这棵大树的根在道家"，赞扬了老子道家这一"以道为世界最后的本原"的中国古代学派。这都是非常精当的。它说明反对苛政、主张以德治国的孔子仁道主义，与安民治国如烹小鲜的老子恒道主义，都是以《易经》为智慧之源，以"谋道"为核心，以尊道贵德、天人合一、修身济世为基本义理的中国古代哲学思想精华。尤其是以负阴抱阳、冲气为和为养生之道，指引道教以道医、丹药、方术等促进中华科技文化的发展；以容载有哲学、政治、军事、经济、教育、文学、历史、艺术、医学、化学、天文、地理、数学、技术等丰富内容的《道藏》为古代大百科全书，树立起道法自然、积德无不克的老子恒道主义，更是引导人类参照孔子仁道主义以实现大同理想的恒道准则。

（二）孔子与阴阳家的五德终始之道

"阴阳家"是战国时深受伏羲易道、孔子仁道，以及黄老之道影响的学派。其阴阳变化之概念来自《易经》《尚书》《老子》《文子》《列子》《庄子》《鹖冠子》《管子》《黄帝四经》《黄帝内经》等典籍，尤其是孔子所提出的以五行为五德、以朝代嬗变为五行相生相胜之道的"五德终始说"，更是影响该学派形成了以"阴阳消长，五行转移"为宇宙观，以五行运转为政权更替动力的社会进化论。

所谓"阴阳"，易学本指事物两种对立互补的方面，推动了事物发展与变化，即"一阴一阳之谓道"（《周易·系辞传》）。阴阳家则把阴阳变化神秘化，以解释"深观阴阳消息，而作怪迂之变"（《史记·孟子荀卿列传》）。所谓"五行"，则见于《尚书·洪范》："五行，一曰水，二曰火，三曰木，四曰金，五曰土。"阴阳家据此产生了"木生火、火生土、土生金、金生水、水生木"和"水胜火、火胜金、金胜木、木胜土、土胜水"的"五行说"，足见其受儒道两教影响甚深。

邹衍又作驺衍，是战国末阴阳家创始人，以受孔子影响的"五德终始说""五行学说""大九州说"等闻名。邹衍本属道家，在兼容了儒学易家思想后，以天象和五德演化推演朝政兴衰，极大影响了后世，以至于汉代创立了"天人感应说""祥瑞灾异说"的董仲舒，精通易理、善射覆的东方朔，著有《焦氏易林》一书的易学家焦延寿及其弟子，著有火珠林占法、六十四卦纳甲法等新预测系统的京房，三国时精通太乙神数、善布八卦阵的诸葛亮，唐代精通历算、著有《法象志》《推背图》的李淳风，宋代精通阴阳易理、开创"八卦体用说"的易学家邵康节，隐居华山、善易测术、画《太极图》的高道陈抟，明代善八卦卜筮、著有《黄金策》《烧饼歌》的高官刘伯温等，都一并被视为阴阳家。

有鉴于此，不少阴阳家实际上都是兼容道儒易诸家的杂家或黄老道家。如名属杂家实为黄老道家的《吕氏春秋·应同》，就描述过阴阳变化之理，称："凡帝王将兴也，天必先见祥乎下民。黄帝之时，天先见大螾大蝼，黄帝曰'土气胜'，土气胜，故其色尚黄，其事则土。及禹之时，天先见草木秋冬不杀，禹曰'木气胜'，木气胜，故其色尚青，其事则木。及汤之时，天先见金刃生于水，汤曰'金气胜'，金气胜，故其色尚白，其事则金。及文王之时，天先见火，赤乌衔丹书集于周社，文王曰'火气胜'，火气胜，故其色尚赤，其事则火。代火者必将水，天且先见水气胜，水气胜，故其色尚黑，其事则水。"另一部名属杂家实为黄老道家的著作《淮南子·览冥训》亦载过黄帝用"正律历"治民的传说。《史记·张丞相列传》亦载："张苍为计相时，绪正律历。以高祖十月始至霸上，因故秦时本以十月为岁首，弗革。推五德之运，以为汉当水德之时，尚黑如故……至于为丞相，卒就之。"这些都体现对孔子所论"五帝德更替说"的崇信。影响所及，中国古代王朝大都要设立司天监，专门负责观星象，察祥瑞，辨灾异，测国运，为维护统治者而服务，而其主官也必须是兼知道儒，精通易道与星相学、数术学的阴阳家。

（三）孔门儒医与上医治国之道

中国先秦时代问世的记录孔子言行的《论语》，宋代宰相赵普赞誉其具有"半部《论语》治天下"的医国功效。而《易经》、《道德经》（又称《老子》）与《黄帝内经》，则因集中了中华民族古老而洞明的大智慧，包含了顺天应地、做人做事之理，医病医人医国之道，被称为世界闻名的"三大奇书"。

第一部奇书《易经》，开创了中华"医易同源"的文化系统。它用卦象描绘出宇宙模式和世间万象，论述了"一阴一阳之为道"的医理。如咸卦的心理与神经感应原理、艮卦的练功养生原理、泰卦的阴阳和谐原理等，不仅为易医同源的中医奠定了理论基础，而且《易经》被儒家尊为"四书五经"之一，不仅让许多精易大儒通解中医，还使许多医德高尚、儒雅仁慈的医者有了"儒医"美称。

第二部奇书《道德经》，将易道太极宇宙模式升华为"道"，认为"道"是众妙之门，是指导一切职业的理论，从而开创了医道之门。这也就是老子所说，我们的一切行为都不可偏离道的规范，医道也如此，人只有效法自然，紧抓住道，"唯道是从"，按照道的原则去创建、实践医学，才能成为顺天合道、颐养天年、与天同寿的万物之灵，否则就会天人分离，医患对立，夭折短寿。老子的"贵身观"还包含了"抟气至柔，能婴儿乎""柔弱胜强""深根固柢""长生久视"等许多养生理念，不仅对道教追求"返老还童""长生不老""得道成仙"观产生了深刻影响，还发展成为道医的两大养身流派。其一"外丹派"又分为金砂派、铅汞派和硫汞派，企图以炼丹服药延长寿命，为古代的医学、化学做出了贡献。其二"内丹派"则推行内丹术，在继承古代的服气、胎息、守一、存思和精、气、神学说，以及经络学说的基础上，发展出南宗北宗、中派东派西派等，都以身体为炼丹炉鼎，以精、气、神为炼丹药料，通过筑基准备、炼精化气、炼气化神和炼神还虚等阶段，修炼成"内丹""圣胎"的内丹功，达到长寿成仙之目的。

第三部奇书《黄帝内经》，据全国科学技术名词审定委员会审定，为我国医学宝库中成书最早的医学典籍，"是研究人的生理学、病理学、诊断学、治疗原则和药物学的医学巨著。在理论上建立了中医学上的'阴阳五行学说''脉象学说''藏象学说''经络学说''病因学说''病机学说''病症''诊法''论治'及'养生学''运气学'等学说。其医学理论是建立在我国古代道家理论的基础之上的，反映了我国古代天人合一思想"。《黄帝内经》作者借神医岐伯之口说："上古之人，其知道者，法于阴阳，和于术数，食饮有节，起居有常，不妄作劳，故能形与神俱，而尽终其天年，度百岁乃去。今时之人不然也，以酒为浆，以妄为常，醉以入房，以欲竭其精，以耗散其真，不知持满，不时御神，务快其心，逆于生乐，起居无节，故半百而衰也。"黄帝听后回答："我听说上古的真人，效法天地，把握阴阳，呼吸精气，寿同天地。中古的至人，淳厚合道，阴阳和谐，与真人一样。其次有圣人者，与天地和谐，外不操劳伤身，内不多虑伤神，淡泊愉悦，也可以活百岁。其次还有贤人，效法天地，像上古合同于道的真人一样，也可使长寿。"这说明我国道医很早就懂得了"道法自然"的原则以及如何与天地和谐、寿尽天年的道理。

《黄帝内经》又称《内经》，它主要讲人体内在规律和内求，是一部表达道医核心理论的重要著作。它告诫我们要在顺应自然、尊重四时寒暑变化规律、与外部环境和谐相处的前提下努力向内求、向心求，以"内观"看透五脏六腑、气血经脉，通过调呼吸、理气血、通经络的内炼、内养，以及内视、内调、内心、内脏、内丹等达到健康目的，突示了《内经》道医比西医更注重人的内因、内心、内病、内治、内炼、内养的生命哲学思想，早在两千多年前就在天文学、地理学、哲学、史学、人类学、社会学、军事学、数学、生态学、心理学、医学等领域，揭示了现代科学已经或正试图证实的研究成果，不愧为一部根据易经宇宙图式、老子唯道是从原则，建立起中医学理论体系、基本原则和学术思想的国学经典、医学之祖。中国古代著名的医圣张仲景、神医华佗、道医孙思邈与药圣李时珍等历代名医，以及中医学史上所有医学流派，都是在《内经》理论体系基础上发展起来的。它注重整体观念，强调人与自然环境密切相关，运用阴阳五行学说解释生命、养生、病理现象，指导预防、诊断与治病。它根据阴阳互动化生万物的普遍规律，寻求人的精神和谐与社会和谐，以人体阴阳平衡恢复作为治病手段，疗效甚佳。

《内经》作为一部在易道思想指导下综合了哲学与自然科学的医学巨著，不仅为中医学理论奠定了基础，而且千百年来有效地指导着中医的临床实践，影响和培养了大批医德高尚、医术精湛的名医，为中华民族的健康繁衍做出了巨大贡献。而由《内经》博大精深哲理所培育的"国医"，也已从治病的中医、儒医、道医、神医、医圣等，上升至治人德性乃至治国弊病的"上医"。"上医"称谓，原出自《国语·晋语八》里的医和。他早就看出了妄思与患病的关系，最早提出"上医医国，其次疾人"的命题。道医孙思邈对此解释为："古之善为医者，上医医国，中医医人，下医医病。"这充分体现出中华古代医家对医人、医病与医国相互关系的看法和对崇高的人道主义的追求。它影响后世有志者常以"活国医""医国策"来表达政治抱负，以"悬壶济世"表达上医济世救民之志。

与清代名医徐大椿认为古代的大学问是用来治天下的观点一致，中国近现代以来，也有许多躬身实践医和、孙思邈等关于"上医医国"理念的医者。如中国革命的先行者孙中山早年行医，后眼见清廷腐败、民不聊生，才奋起革命。中国新文化革命的旗手鲁迅，原在日本学医，后眼见同胞被帝国主义侵略者屠杀而麻木不仁，才愤而弃医学文，专医"心病"。它说明，对"易医不分"的儒医和道医而言，讲医德高尚、仁心仁术才是行医之道。如隋唐时期的孙思邈就是一位医德高尚的伟大医药学家。他在《大医精诚论》里力主医生治病时必须澄神内视，至意深心，详察形候，纤毫勿失，做到临事不惑，安神定志，无欲无求，对病人一视同仁，感同身受，不避艰险，一心赴救，这才可做"苍生大医"。他一生热爱医学，淡泊名利，多次辞官隐居修道，制药治病，奉行"凡所举动，务行阴德，济物为功"和"胆欲大而心欲小，智欲圆而行欲方"的做人处世原则，用药创新，辨证施治，鲜明地体现了道医的崇高境界。伟大的思想家如老子、孔子等，也始终推崇不离仁义易德的医国之道，深刻影响了先秦的诸子百家，使其各树一帜、五花八门的治国主张里的中华道脉或隐或显，依稀可辨。

（四）孔子仁道与黄老治国之道

"采儒墨之善，撮名法之要"的杂家被《汉书·艺文志》列为"九流"之一，在三教九流中形成最晚，是战国末至汉初的哲学学派，以兼儒墨、合名法、汇百家、采众说、贯通百家之道而闻名，是封建国家统一过程中各家思想文化融合的结果。故杂家著作，大都是主人召集门客，收集各家观点，集体撰写的论文集。如战国时期商鞅门客尸佼的《尸子》、秦相吕不韦主编的《吕氏春秋》（也称《吕览》）、西汉淮南王刘安主编的《淮南子》，就是这类著作。其说虽略显庞杂，但因为兼容儒法兵农各家而以道为主，故形成了杂家风格的黄老道家学派。（详见拙著《黄帝道经》）其特色与长处的"杂"，便是充分利用了时代赋予的百家争鸣优势，使真理越辩越明，最终博采众议，杂取所长，形成一套秦汉诸子的道、德、术的理论。它不仅运用阴阳术、医术、艺术、法术、方术、辩术、武术，在体用范畴内进行体用关系的逻辑演进，而且在思想上兼容并蓄，既有治国上切实可行的优选方略，也大量保存了很多旧说传闻，具有很高的史料参考价值。

有鉴于此，著名史学家司马迁在《史记》中将《吕览》与《周易》《春秋》《离骚》等并列，确认了其存在意义。纪昀则在《杂家类叙》中认为杂家"杂之广义，无所不包"，而学术界也无不认为杂家流传下来的独特思想不多，在思想史上也没留下多少痕迹。在这个意义上，就秦末汉初的中国思想文化史论，胡适在其《中国中古思想史长编》中关于"杂家是道家的前身，道家是杂家的新名"的观点，实际上应改为"道家是杂家的前身，杂家是黄老道家的新名"。这点可以从《管子》以及《汉书·艺文志·诸子略》所载：杂家留存下来的《盘盂》二十六篇，《大禹》三十七篇，《伍子胥》八篇，《子晚子》三十五篇，《由余》三篇，《尉缭》二十九篇，《尸子》二十篇，《吕氏春秋》二十六篇，《淮南内》二十一篇，《淮南外》三十三篇等著作中略见一斑。

值得一提的是，战国末年秦国丞相吕不韦组织黄老学派的学人，顺应大争之世、王道一统的政治需要，杂糅诸家所长编纂而成的《吕览》一书，以十二纪、八览、六论，二十六卷，一百六十篇，二十余万字的篇幅，在融合儒、墨、法、兵众家长处的同时，尊崇道家，肯定老子，吸纳孔子，为秦国统治提供了包括政治、经济、哲学、道德、军事等方面的长治久安的治国方略，成为汉初促成"文景之治"的黄老之道的理论文化资源。

有关黄老之道的体系与详论，有兴趣者，可参阅拙著《黄帝道经》。

（五）孔子生态文明思想与风水堪舆家之道

伏羲易道体系内的孔子与老子的生态文明思想影响了堪舆家与风水家的生态文明治国之道，在数千年传统的中国地理学、天文学、历法学、园林学、养生学和风水学基础之上，展现出人类最古老、最朴实、最精深的东方生态文明智慧。它以老子道家的"道法自然说"尊重自然，不放任人类的贪欲而为所欲为；以"天之道损有余而补不足"的信念坚守，实现人与人、人与自然、人与社会和谐共生为宗旨；以"和光同尘""复归于朴"强调人与万物和自然环境的相互依存、共生共融的关系；以孔子严禁竭泽而渔的儒家礼治，严防对生态文明的破坏；以遵守佛法的禅道戒律，反对杀生而放生行善，传承发展了古人类生态文明的伦理基因。

孔子的仁爱遍及万物，有"子钓而不纲，弋不射宿"[7.27]的美名。其生态文明思想源自伏羲易道，其一是重视以"乾天"为代表，强健上扬的自然力量，并以顺天循道、天人合一、生气蓬勃的理念不断壮大与合理利用这一人类造田耕耘、修房盖楼、保护和改造自然风水的强劲无穷的文化创新力量，以及日益强大的建筑实力，开发利用好自然，造福于人类。其二是重视以"坤地"为代表，滋养生命的厚德载物的自然力量；重视风水体系中以东方腾起之"苍龙"，南方飞翔之"朱雀"，北方缓行之"玄武"，西方跃步之"白虎"等"四象"，作为地理天象的力量象征。其三是重视生机盎然的"和风"，分清阴风与阳风之别。一为有利于万物生长和人类身心健康的阳风，一为使人遭受风寒致病的阴风，然后根据阴风与阳风的季风流转分布特点，将中国建筑物安排为坐北朝南的佳位，以利于采光取暖，避风藏风，巧用天地之间的风、水、光、热等天然能源，维护人类的健康。

由此可见，孔子的生态文明之道，贡献之一是政治上延续了中华国脉和民族团结的大一统王朝政权；其二是经济上以王权组织人海战术，全国统筹，围坝建堤，开河引流，造渠灌田，垦荒造林，创造了领先全球的辉煌的农业文明；其三是在教育上反对迷信，弘扬国学，选拔了大量忠肝义胆、德才兼备、安邦济世的杰出人才；其四是在礼治国法上延续了保护自然生态的周礼，严禁破坏自然风水环境；其五是在文化上把《易经》奉为百经之首和儒家经典，打造出儒释道中华文化铁三角的稳态结构，创造出伟大的中华生态文明。

与孔子仁道媲美的老子生态文明之道，以易为法，以道为纲，以人为本，生动地描画了一幅不是由人格化之神，而是由大自然化生万物，唯道是从，大象无形，大音无声，周行不殆，道法自然，无为自化的宇宙运行图。它以高深智慧的简洁语言表现了道家生态美学深奥内涵，形成了"人法地，地法天，天法道，道法自然"，天、地、人和谐共生的宇宙观。老子还告诫人类不要狡智贪念、胡作妄为，要顺其自然地进入和静温馨的生态文明境界。其对传统科学技术的影响，就是建立起以道为核心，贯穿着天地人和谐的主线，以道、气、阴阳、风水等为基本概念的有机环境学体系，至今对人类如何通过"顺应自然""以道驭术""道进乎技"等方法，认识大自然的本质，走出科技主义危境的理性思考和决策，仍有着重要的参考价值。

维护中国生态文明的禅宗护国之道，自佛教融入中国后，不仅成就了一批为科学做出重要贡献的高僧，如唐代制造了观测天象的浑天铜仪、黄道游仪，在世界上第一次以科学方法实测出子午线的天文学家僧一行，还吸收了中国风水术和堪舆文化精华，在神州风景绝佳处留下了灿烂辉煌的佛教建筑文化遗产。这些红墙绿瓦的宝塔琼阁、佛殿广厦，如今多已成为我国各地生态风景轮廓线的文明标志，它们掩映在深山中江河畔的郁郁葱葱之中，为万里锦绣江山平添了无限春色，以"天下名山僧占多"的美名享誉世界。它说明了佛教之理，本不尊偶像、不迷信，认为世界是由地火水风这"四大"所构成的，万物都是众生平等的，皆有生存的权利，而人类没有天生享有任意处决各类生物生命的权利，故大至巨象、雄鹰，小至蚊蝇、蝼蚁，都不可任意杀戮践踏，而要保持其生命尊严和生存权利。这一以善待万物、珍爱生命的生态伦理作为觉悟成佛的途径，为人与自然和谐相处注入了正信的宗教信仰的力量，有助于国人通过利他主义来实现自身价值，走向生态文明建设的正途。

诸子百家的生态理念亦如此。如法家对生态文明之道的贡献在于推进保护生态环境的立法与执法。农家的贡献主要在于农业水利环境的改良和农作物的培育。以邹衍为代表的阴阳家，是吸收儒家易道阴阳说与道家道德说，结合古代的天象、数术、阴阳与五行说，建构解说自然现象与变化法则宇宙图式的学派。它的贡献，是以土德、木德、金德、水德、火德的相继替代现象作为天道运行、人世变迁、王朝兴衰的"五德转移"的结果，为当时社会变革的合理性进行论证。刘歆在《七略·术数略》中把阴阳家归为掌握了天文、历谱、五行、蓍龟、杂占，以及包含了看相术和风水术的"形法"等六种术数的重要流派，阴阳家也曾被太史公司马谈在《论六家要旨》中列为"六家之首"，对奠定黄老之道的重要地位，传承古代有关人是宇宙的产物，因此人的宅地必须与自然相协调的养生风水思想，都有相当的影响。

统而言之，受孔子、老子与禅宗影响的堪舆家与风水家的生态文明之道，以保护中国青山绿水的来龙去脉为民族的生命脐带，是如今保护生态环境、建设生态文明的宝贵的民族生态文化资源。在与当今以西方话语主导的生态文明学的磨砺互动下，它将崭露头角，再放光华，顺应人类生态文明建设的时代需要，借助中华圣哲先贤烛照千古、永不磨灭的智慧之光，借鉴古代"桑基鱼塘"那样的生态经济良性循环的经验，以农业大国信奉的"顺天应时"观念建设"天人合一、自然和谐"的生态文明大国，实现经济发展和环境保护双赢的生态现代化。

三、孔子仁道主义与先秦诸子之道（下）

（一）孔子仁道与墨家兼爱之道

与孔子更重视仁德的人生内在价值不同，墨子在讲兼爱时更重视其功用价值。这就是"天下之人皆相爱，强不执弱，众不劫寡，富不侮贫，贵不傲贱，诈不欺愚"（《墨子·兼爱中》）。它体现了墨子兼爱之道的人生理想，就是天下人人相爱，强权不压弱者，人多不劫掠人少，富人不欺侮穷人，贵人不鄙视贱人，狡智的人不欺骗愚笨的人，从而使天下的灾祸怨恨都不再发生，人人相爱成为可能。这就是墨子所谓"兼相爱，交相利"的主张，它与孔子根据理想化的尧舜时代所构想的百姓互爱互助、国家之间无战事、天下为公的大同世界理想模型是一致的，都以人与人之间的互爱互利作为社会稳定的基石，以防止人与人之间的互怨互损而引发灾祸。

墨子还认定，"天下兼相爱则治，交相恶则乱"（《墨子·兼爱上》），视兼爱为"体"，"非攻"为"用"，以"兼爱"为国家之间交相利的准则，而儒家对墨家无君无父、无异禽兽的攻击确是狭隘偏见。同时，墨子还认为："今用义为政于国家，人民必众，刑政必治，社稷必安。所为贵良宝者，可以利民也，而义可以利人，故曰义天下之良宝也。"（《墨子·耕柱》）故此墨家坚持反战，珍惜生民，热爱和平，为止战而摩顶放踵，在所不惜。

春秋战国是中国历史上百家争鸣、智慧勃发、理论硕果累累、深刻影响后世的时代，同时也是变革剧烈，充满了政变、侵吞、兼并、瓜分、欺诈和屠杀的时代。墨子对此质问道：一个人对别人的损害越大，就越是不义，罪责也越深重，世上有道义的人都明白这个道理，但现在最不义的人攻打别的国家，却将侵略他国说成是道义的，这不正说明普天下的君子们，在区分道义与不道义上是多么混乱吗？这说明，墨子的兼爱之道具有鲜明的时代性和深刻的人民性，他的"非攻"战争观并不是一味排斥战争的空想，而是有是非、有标准、有策略、能践行的一套完整的思想体系。它主要由四方面内容所组成。

一是注重战争性质，分辨"义战"。墨子始终站在民众的角度，以是否对民众有利来作为义战的标准，驳斥了站在统治者立场上的好战者的种种谬论。他认为带领百姓发展生产，使百姓得到利益，获得大家敬奉，才称得起"圣王"，自然"贵为天子，富有天下，名参乎天地，至今不废"了。这就是墨子的"圣王之道"的真义，是他兼爱非攻之道的理论基础。

二是注重修身，不事空谈，注重践行。墨子在《修身》里认为："志不强者智不达，言不信者行不果。"他提出道义标准是"君子之道"，即不仅在交友上要做到"据财不能以分人者，不足与友，守道不笃，遍物不博，辨是非不察者，不足与游"，而且在行为上要做到"士有学，行为本，战虽陈，勇为本"，即通过交友修身，成为拥有钱财而能与人分享、信守原则、守道专一、知识广博、是非分辨明察的侠义君子。这就是墨子兼爱之道的修身路径。

三是注重政令统一，选贤用能，尚同尚贤。墨子根据"天子唯能壹同天下之义"的古代政体制度，力主"选天下之贤可者，立以为天子"（《墨子·尚同上》），采用人民同于天子，天子同于天，尚贤任能，政令统一的治国之道。他认为："夫尚贤者，政之本也。"那些有力量而急于助人者，有财产而尽力与人分享者，有道德而教导他人者，才是真正的有德有才有力的理想贤才。要注重选贤任能，公正选拔，辟除私怨，才能避免因没有贤才导致国家灭亡的后果。

四是注意"墨守"。墨子以后发制人的战争推演挫败了公输盘对其新式武器"云梯之械"自信，最终在摧毁其谋命求胜的阴谋后，以外交的道义高地和军事的武备实力说服楚王放弃了这场不义之战。这也是墨子"求兴天下之利，除天下之害"的圣人之道的理想。

杰出思想家墨子上述的正义呼声振聋发聩，在孔子离世后，曾在学术界营造出"非儒即墨"的态势，倡导以兼爱天下、尚贤选能、非攻止战、兴利除害为治国之道，一度成为中国显学的墨家学说，表明了墨子坚定站在劳动人民立场上的政治主张和理想信念。而他所制定的"非攻"和"墨守"这一和平主义的后发制人战略，以及亲身参加数次守城战的实践，尽管受到当时偏激的儒家学者攻击，被视为无君无父的歪门邪道而逐步沉寂，但终究还是为后世如何实施兼爱修身之道，制止一切非正义战争，提供了宝贵的历史借鉴。

到唐代，决心恢复中华道统的韩愈更是写下了著名的《读墨子》，文中说："儒讥墨以上同、兼爱、上贤、明鬼，而孔子畏大人，居是邦不非其大夫，《春秋》讥专臣，不'上同'哉？孔子泛爱亲仁，以博施济众为圣，不'兼爱'哉？孔子贤贤，以四科进褒弟子，疾殁世而名不称，不'上贤'哉？孔子祭如在，讥祭如不祭者，曰'我祭则受福'，不'明鬼'哉？儒墨同是尧舜，同非桀纣，同修身正心以治天下国家，奚不相悦如是哉？余以为辩生于末学，各务售其师之说，非二师之道本然也。孔子必用墨子，墨子必用孔子，不相用，不足为孔、墨。"（《韩昌黎文集》）这说明，儒家韩愈不仅不以墨子之论为非，反而将孔子引为墨子的同道，认为墨子的兼爱、尚贤、明鬼等主张，与孔子的泛爱亲仁、贤贤、祭祀观等完全一致，两人都"同是尧舜，同非桀纣"，彼此间的做法和观点没有实质上的不同，从而驳斥了儒墨两家弟子各售其师之说，非二师之道本然的谬论。韩愈提出的孔墨学说意蕴一致性的结论，尽管引发了学术史上的长久争论，但并不影响有识之士如北宋张舜民等对墨家"履穿袍敝突不墨，辞币与粟甘清贫"的清贫厉行精神的赞扬。

（二）孔子名实论与名家善辩之道

名家先驱邓析比孔子年少六岁，极可能受到孔子有关"名不正，则言不顺；言不顺，则事不成；事不成，则礼乐不兴；礼乐不兴，则刑罚不中；刑罚不中，则民无所措手足。故君子名之必可言也，言之必可行也"（《论语·子路》）之说的影响，而潜心于名实之辩。但事实上，邓析却是第一个提出反对孔子主张的"礼治"，力主"不法先王，不是礼义"的思想家。而他所创立的名家学派，也与先秦所有注重务实的流派都不同，是兴盛于战国时辩论名实关系、发展逻辑思想、偏重务虚与概念的一个学派。

名家擅长论辩，以"名"作为研究对象，注重分析名词与概念的同异，重视名与实的关系，开创了中国的逻辑思想探究之路。由于在论辩中，名家以强调"控名责实，参伍不失"，分析感觉和概念，区别个别与一般、具体与抽象，强调事物个性，持有与当时流行看法相反的"以非为是，以是为非"的观念，故孔子当时的礼治说被邓析否定，也就不足为奇了。名家战国时原称"刑（形）名家""辩者""察士"，西汉改称"名家"，被《汉书·艺文志》列为"九流"之一，认为名家者流，盖出于礼官。古者名位不同，礼亦异数。司马谈则在《论六家要旨》中，将名家列为与儒家、道家等并列的"六家"之一。

名家的产生，最早可以追溯到孔子最关注的与礼治关系最密切的上古礼官。他们根据国家的法律条文，针对当时的社会上十分普遍、急需解决的名实不符的现象，专门从事名词概念的探讨，进行类似律师的辩护，因此被称为"辩者"，后来却与主张礼治的儒家学派分道扬镳，逐渐成为一批以人的认识本身为研究对象的思想家，致力于论辩中逻辑问题的研究，形成了名家学派，其代表人物除邓析外，还有公孙龙、宋钘、尹文、惠施等人，分别著有《邓析子》《公孙龙子》《尹文子》《惠子》等。其主要派别，则有合同异派和离坚白派。

合同异派的主要代表人物是惠施，即惠子，战国中期宋国人，著名政治家。据《庄子·天下篇》，惠施学派提出了"鸡三足""火不热""矩不方""白狗黑"等多个命题，反驳了墨家关于体积、面积、中心点、平高的观点，认为一切事物都处于变动之中，无条件地承认"亦彼亦此"。他们强调事物的差别都只是相对于一定的时间、地点和条件而言，主张一切现实差异都只有相对的意义，只承认一切对立都为无条件的同一，认为万物都由一种叫作"小一"的东西构成，彼此在本质上并无差异。他们在承认事物的转化时否定了转化的条件，否定了事物的质的相对稳定性，犯了相对主义的错误。

离坚白派的主要代表人物是曾在赵国平原君家中当了几十年门客的公孙龙，他的《指物论》讨论了认识论问题，涉及认识的特点以及认识与事物之间的关系，因他在判断中常省略主词，推理中常省略前提，结构中自我辩驳、自我答辩，故辞论诡谲而晦涩难懂。离坚白派强调万物不同质的规定性和发展的中断性，主张"白马非马"和"坚白石二"，认为万物都是各自独立、互不相同的，甚至一物之中的各种属性也是互不相关的，否定了事物和概念之间的相互联系。因此白马非马，石坚无白，犯了绝对主义的错误。

政治上，惠子和公孙龙都主张"偃兵"，反对用暴力统一天下。惠子还进一步提出了"去尊"，这种主张人与人之间的平等观在中国思想史上极为罕见。墨家后期提出的"坚白相盈"的命题，荀况强调的"制名以指实"原则，都是在名家之后推动了古代逻辑学和认识论的发展。在惠子和公孙龙之前的名家第一人邓析是春秋末年郑国人。他的思想与三晋文化有深刻的渊源。据《汉书·艺文志》记载，邓析著有《邓析子》两篇，大致保留了邓析思想的原意。战国时期很受公孙龙称赞的尹文是齐国人，与宋钘、彭蒙、田骈同时，是宋尹学派的始祖之一，传世的《尹文子》为论法术和形名的专著属稷下道家学派。此学派思想特征以道家为主而兼儒墨，对后期儒家思想影响很大。

有研究指出，秦朝统一中国后以吏为师，汉武帝"罢黜百家、独尊儒术"，以及名辩之学自身接近纯粹的语言分析，招致主流的儒、道、墨诸家的批评：如荀子认为学术必须为政治、道德服务，以政治势力和刑法禁止名家哲学的主张；庄子追寻道的过程，对将语言当成思想的名家进行批评；《墨经》以逻辑的方式对名家辩论的反驳等，使得名辩之学难以为继，黯然退出了政治舞台。但名家衰落后并未彻底走向绝路，而是不同程度地被融入包括儒学的诸子百家文化中，促使中国古代思想学与逻辑学达到了新高度。

（三）孔子的以德治国与法家治国之道

由于孔子以德治国与法家依法治国的理念不同，20世纪70年代国内受政治斗争影响，曾掀起过评法批儒的浪潮，历史上的儒法斗争被传得沸沸扬扬。究其实，春秋时期黄老道家管子学派的先驱、曾被视为法家人物的管仲，就因维系华夏文明道统的功绩，受到孔子及诸子的赞美。如有一天子贡怀疑管仲并非仁者时，孔子立即教导他："微管仲，吾其被发左衽矣！"（《论语》）其意为，管仲辅助齐桓公称霸诸侯，匡正了周朝的天下，人民到了今天还享受着他的恩赐。如果没有管仲，我们今天恐怕都要像蛮夷一样披散头发，衣襟向左边开口了。

观管子一生，他不仅有"心能执静，道将自定"，"心静气理，道乃可止。……修心静音，道乃可得"（《管子·内业》），无为而无不为、虚静以应物的道家追求，而且明白社会经济决定人伦道德的道理，此即"仓廪实则知礼节，衣食足则知荣辱"（《管子·牧民》）。管子还把礼、义、廉、耻视为国之"四维"，认为"四维不张，国乃灭亡"（《管子·牧民·国颂》），这一修德观体现出这位务实执法而又虚静无为，兼容儒道法诸家学说，以道生法的先秦杰出政治家，深受孔子和稷下学宫黄老学派赞赏的治国理政之道。

以重"法"立信称世的秦国大改革家商鞅，在纵览古者先德治、今者重刑法的世情变化后，认为"治世不一道，便国不必法古"（《商君书·更法》），故不应"法先王"而要"法后王"。他反对儒家的礼义廉信与墨家的非攻和平，强调要重本抑末，重农重战，重刑少赏，弱民强国，走一条"力生强，强生威，威生德，德生于力。圣君独有之，故能述仁义于天下"（《商君书·靳令》）的法治之道。

以重"势"著称的慎到，是专攻"黄老之术"、深受道家影响的法家创始人物之一。他认为天下国家并不是天子、国君、官长的私产，而关系普天下国计民生大事的"法者，所以齐天下之动，至公大定之制也"，故无论是立法者、司法者还是役法者，都要守法处势，令行禁止，做到"公而不党，易而无私"（《慎子·君臣》）。以重"术"著称的申不害亦深受道家影响，主张道法治国，即"天道无私，是以恒正；天道常正，是以清明。地道不作，是以常静；地道常静，是以正方。举事为之，乃有恒常之静者，符信受令必行也"（《申子·君臣》）。

荀子的高足韩非，是将商鞅之法、慎到之势、申不害之术熔为一炉的法家集大成者。他著书《解老》，明道弘法，附和黄老道家的"道者，万物之所然也，万理之所稽也。……万物各异理而道尽稽万物之理"的"道生法"的观点（《韩非子·解老第二十》），阐明了"道"是万理的统会、万理的根据、万物的普遍性，理是事物矛盾的特殊性。韩非还主张与道家"清静无为"、儒家知止修静的旨意相似的修身理政观，认为"有道之君"的"静退以为宝"才是人主之道，能够"外无怨雠于邻敌，而内有德泽于人民"（《韩非子·解老第二十》）。在以法治国方面，韩非认为"奉法者强则国强，奉法者弱则国弱"（《韩非子·有度第六》），故应坚持不自举、不自度，以法择人量功，反对儒家的保守复古、以文乱法，墨侠的以武犯禁，奉法治为治国神器，体现出儒道法墨四家对"道""德""法"的不同理解，以及法家人物忽略道德建设、一味强调严刑峻法的历史局限性。

简言之，韩非确立的法家执政的以法治国之道，就是依靠掌握了"法、术、势"的明君来主政，做到"正明法，陈严刑，将以救群生之乱，去天下之祸，使强不陵弱，众不暴寡，耆老得遂，幼孤得长，边境不侵，君臣相亲，父子相保，而无死亡系虏之患，此亦功之至厚者也"（《韩非子·奸劫弑臣第十四》）。这反映出这位韩国公子亲闻齐桓公得管仲而成霸，秦孝公得商君而兵强，目睹申子逝后国运日衰，总结他们以法术势治国的经验教训后，决意以"法治"取代"人治"，锐意改革的深刻认识。这也是韩非不屑于守株待兔，能够将老子的辩证法与商鞅之"法"、申不害之"术"和慎到之"势"熔为一炉，构建成完整的法家理论体系，指导秦王嬴政建立起中国古代第一个大一统的封建帝国，其后形成各朝代儒法互融、道法相生的政治格局，影响后世法治社会两千余年的重要原因。

在司马迁看来，法家与道家在哲学思想上"皆原于道德之意""申子之学本于黄老"，故将老庄、申韩合并作传。实际上，申子法治的理论来源确实是"道生法"。他效法道家无为，主张"治者因法而治便可无事"，"任法"便而"无为"，因此君臣都应依法行事，以法治取代君治，无为代替君王的有为。法家的集大成者韩非也是如此，他一方面在《解老》《喻老》中大量吸收了老子思想，在《显学》里批判儒墨两家；一方面又在道家学说基础上利用了儒墨学说中有利于确立绝对皇权统治的思想，为沿袭秦制的新兴汉朝日后转向汉武帝的独尊儒术，奠定了兼容儒法的大一统王朝法治基础。

（四）孔子论兵与兵家纵横之道

孔子认为执政的要义是"足食，足兵，民信之矣"[12.7]，把农业收获的足食列为治国先决条件，把"兵"的地位列于"食"与"信"之下，并强调如果迫不得已而选择去之，首先是"去兵"，而后才是"去食。自古皆有死，民无信不立"[12.7]。孔子把"信"作为政务之首的想法，与管子强调的"仓廪实则知礼节，衣食足则知荣辱"，以物质为德治基础的看法不同，意在突出"礼治"的德治价值。

处于中国历史上思想冲突、战争残酷的春秋大变革时期的孙子，与老子、孔子并列为三大思想家。作为兵家最杰出的代表，孙子以指挥三万吴师击败二十万楚军，五战五捷等辉煌战绩，以及著有兵家圣典《孙子兵法》而闻名于世，世称"兵圣"。他将"兵"视为关系国家的"生死存亡之道"，虽然也说过"兵者，诡道也"，以及"兵以诈立，以利动""合于利而动，不合于利而止"之类的谋略性的功利主义的话，但他更强调的，还是如同老子、孔子一样的"主道孰明"，即用兵者要立足于道德仁义的立场，将"道"列为战争胜利的首要条件，重视政治清明对民心向背与战争胜负的决定性影响。

孙子明确提倡应该"修道而保法""非仁义不能使间""卒善而养之"，力求以最小代价换取最大战争效果，以"伐谋""伐交"而不是以"伐兵"取胜，尽量少去攻城略地杀人。他善于以兵为卫国之道，不仅把战争概括为"道、天、地、将、法"等"五事"（《始计篇》），强调从政治、天时、地利、将领、法制等五方面对敌我双方展开调查、分析和审度，提出了"知己知彼，百战不殆"的军事哲学思想，而且从战争观念、战略思想、作战指导原则与治军理论等四方面构建起《孙子兵法》，它比语录式的《论语》《老子》等国学经典，更具有内在的理论体系及其思辨深刻性与逻辑递进关系，成为一种超越时空的文明形态。同时，孙子对易道五行阴阳也十分精通，曾指出"天者，阴阳、寒暑、时制也"（《始计篇》）是大自然"阴阳、寒暑、时制"的正常运转与交替。孙子同时还善于因时而变、因地制宜，强调"五行无常胜"（《虚实篇》），揭示出自然界客观存在的本来面貌。

这是因为，孙子历来强调："兵者，国之大事，死生之地，存亡之道，不可不察也。"（《始计篇》）他所推崇的是"不战而屈人之兵"的全胜战略，并明确指出"屈人之兵而非战也，拔人之城而非攻也，毁人之国而非久也"（《谋攻篇》）。孙子用兵作战的最理想境界，是以充分的备战合成强大威慑力，尽力制止所有可避免的不义战争，以减少战争对民生的破坏性影响，这都反映出孙子的道德底线与价值取向。孙子对战争的这一认识，以及他坚持的以"慎战""备战"为核心内涵的"安国全军之道"，强调对战争之举要慎之又慎，反对轻举妄动，穷兵黩武，认为"主不可以怒而兴师，将不可以愠而致战"（《火攻篇》），应尽力做到"非利不动，非得不用，非危不战"（《火攻篇》），"合于利而动，不合于利而止"（《九地篇》），以及要加强战备，未雨绸缪，有备无患，战略上"以迂为直，以患为利""后人发，先人至"（《军争篇》）等，都得益于老子"重积德而无不克""曲则全，枉则直""不敢为天下先"的军事辩证法与用兵观，而超越了儒家与孔子"不言兵"的"德化至上论"与法家的"战争万能论"。

与兵家联系紧密且被视为道家一派、以鬼谷子王诩为师的纵横家，在通晓了战国合纵连横之道的变化后，制定了游说、权谋、为君、用人、处世的原则与纵横术，这就是根据情况的变化而变化的策略，由此开启了大国博弈之道。此后，在皇权政治的"大一统"始终是中国儒家政治的主导理念的封建专制的历史条件下，后世纵横家仍提出了许多适应时代发展、有价值的治国理政的思想观点和方式方法。

（五）孔子观农与农家强国之道

儒家主政的中国向来有以农为本的治国安民传统。古代传说的"三皇五帝"之一的神农，正是传说中农业和医药的发明者，因他同情百姓疾苦，遍尝百草，献身为民，后人又以"神农学派"之名称呼后世同样注重民本和农业生产的农家学派。"农家"产生于战国时代，被《汉书·艺文志》列为"九流"之一，故亦称"农家流"。在秦国实施变法奖励耕战、统一中国的政策，以及老子"天之道，损有余而补不足"的思想影响下，农家成为先秦时期反映下层农民思想和农业生产，祖述神农，劝耕桑以足衣食的学术流派。

中国是世界上最早高度重视农业的国家之一，历史上出现的第一个农官是古周族始祖"弃"。传说他被弃荒野、鸟兽护佑、通晓农活，被尧帝任命为"农师"，指导部落群众进行农业生产。后来，继位的舜帝又任命弃为"后稷"，继续掌管农业生产。农家代表人物许行生活在战国时代的楚地。他带着几十个弟子前往滕国，穿着粗布衣，靠编草鞋席子为生，四处流浪，过着俭朴的生活。许行还依托远古神农氏之言，编著《神农》二十篇，积极宣传自己所代表的下层农民的主张：其一是"贤者与民并耕而食"，主张君臣等有识之士和农民一起耕种，自食其力，增强国力；其二是提出"市贾不二"的价格论，在肯定分工互助的基础上，提倡人人平等劳动、物物等量交换，以实现社会改革的思想。

许行不追求高官厚禄，他只是渴望得到一块土地、一间房子，和弟子们定居下来，从事耕种，这吸引了儒家门徒陈相、陈辛兄弟追随他一起弃儒学农，形成一股很大的社会势力。但许行的主张与倡导"学而优则仕""忧道不忧贫"和"上尊下卑"的礼制等级的儒家学说相悖，故被同时期善于雄辩的儒家孟子斥为"南蛮舌之人"，大力挞伐。由此可见，看似生于南方蛮地、文化不高的许行，却是中国最早提倡知识分子学农务农兴农的善辩之才。

有关农家的记载，见于《吕氏春秋》的《上农》《任地》《辩土》《审时》和《爱类》等篇，以及《淮南子·齐俗训》等。有关农家学说的《神农》二十篇、《野老》十七篇、《宰氏》十七篇、《董安国》十七篇、《尹都尉》十七篇、《赵氏》五篇、《氾胜之》十八篇、《王氏》六篇、《蔡癸》一篇等九家著作，如今均已失传。农家的主要观点，则散见于稷下学者编撰的《管子》、吕不韦主编的《吕氏春秋》，以及《荀子》《淮南子》等书。虽说至今没有一部完整的著作被保存下来，但其主张推行耕战政策，奖励发展农业生产，研究农业生产问题，总结农业生产技术经验，具有朴素辩证法思想，值得肯定。

由黄老道家学派整理、杂收各家学说的《管子》一书中,《地员》被认为是农家著作,而《牧民》《权修》《五辅》《八观》等篇也有述农家思想。一是顺民心,忠爱民;二是修饥馑,救灾荒;三是重农本,轻商末;把农业作为保障百姓生存的基本手段,以军粮富足的强大军队作为国家稳定的根本保障,以农业作为道德教化的前提和保证。在包罗万象的杂家著作《吕氏春秋》中,也有阐述农家思想和农业技术的篇章,包括统一度量衡、避免商业投机、平整量器、修正溉具等。《淮南子》认为:“食者民之本也,民者国之本也,国者君之本也。是故人君者,上因天时,下尽地财,中用人力,是因群生逐长,五谷繁殖。”这就是要掌握好农业生产的春播、夏耕、秋收、冬藏等四个基本环节的季节节律,看清天时,把握农时,勤奋耕作,修渠防涝,驱兽灭虫,锄草肥田,获得好收成。

要而言之,虽说樊迟请学种庄稼时,孔子自言“吾不如老农”,事后还批评他“小人哉,樊须也!上好礼,则民莫敢不敬;上好义,则民莫敢不服;上好信,则民莫敢不用情。夫如是,则四方之民襁负其子而至矣,焉用稼?”[13.4]似有对农业不屑一顾之态度,但从孔子侍坐鲁哀公时,宁可被讥笑,也要先食黍而后食桃,并从礼制高度解释说,黍者为“五谷之长,郊礼宗庙以为上盛。……君子以贱雪贵,不闻以贵雪贱”(《孔子家语》),故应把黍谷位列桃子之上的观点看,讲究“食不厌精,脍不厌细”“沽酒市脯不食”的孔子,对农产品与食品烹用其实还是极重视的。因此,在封建社会的漫长岁月里,强调“诗书传家久,耕读继世长”的儒家始终是“以农为本”“重农抑商”的学派,也就不足为奇了。

四、孔儒心学之道与慧能佛禅之道

　　"心学"一词最早见于东汉安世高所译《大比丘三千威仪经》，其义为佛教三学中的"定学"。儒家所谓心学，则始自孟子，而后由北宋程颢再开端，南宋陆九渊启门径，形成与朱熹理学分庭抗礼之势。明朝陈献章倡导涵养心性之说，其学生湛若水力主"随处体认天理"，与同朝为官之友王阳明，同为明代中晚期心学的两大代表人物。而以"陈湛心学"为源头，集心学之大成的王阳明，则以"无善无恶心之体，有善有恶意之动，知善知恶是良知，为善去恶是格物"为四句教，力主"致良知"。其所谓"无善无恶心之体"，实际是将传统儒学与禅宗"性无善恶"说相会通的儒禅思想融合的产物。它与主张反观内心、续佛慧命、精猛奋进、追求觉悟与彻明的禅宗精神境界互为影响，满足了世俗学子对儒教信仰和人文关怀的强烈的心理需求，既体现出中国佛教禅宗文化善化民俗、深入社会的顽强生命力和卓绝高深的灵性智慧，又使爱国忠孝致良知的心学义理逐步融入国家主流意识形态，形成中华儒释道文化铁三角的思路，为国人提升了幸福满意度。

　　孔子赞扬颜回说："回也，其心三月不违仁，其余则日月至焉而已矣。"（《论语》）这是最早谈论"心"与仁道之间渐生渐长关系的孔教名言。哲学上，心与道脉相连；生理上，心与血脉相通。医学术语上的静脉，是指收集回流血液入心脏的血管，常同动脉伴行，数目比动脉多，按管径较粗，容血量分为大静脉、中静脉、小静脉、微静脉等，负责肺循环与体循环，有吐故纳新，"一动一静之为道"之妙用。这似乎与西来东土中国化后的佛教担负着清除人类心灵的受污染的尘垢，清净人心，同往极乐的教化作用相仿，故将其用于形容中华传统文化的慧能禅道主义。

东汉末期，在董仲舒说动汉武帝独尊儒术，孔子仁道主义取代老子恒道主义，成为中华主流文化的重要历史转折关头，古印度释迦牟尼在菩提树下悟道后创立的世界三大宗教之一的佛教，西传西藏、南传东南亚、东传汉地后，在本土诞生地几乎湮没，却独在中国茁壮成长，得益于嫁接了中华易道的参天巨树，进入了国学核心层，故能于神州开花结果千余载，形成了中华儒道释三枝并秀的世界文化奇观。

佛教来华之初，许多在私塾开蒙时就习读儒书、深受《易经》影响的士人，在出家为僧后，更自觉地参照国情，兼容易理，阐析佛经，才使得佛学深入了民心。所以说，佛教长期以来能与儒教、道教、回教、基督教等相安无事，既有佛学的包容性与和平心态的因素，更得益于强调阴阳平衡、以强扶弱、大畜包容的易道文化呵护，形成了中国古代哲学与各宗教兼容的和谐氛围。许多高僧有鉴于此，更乐于援易入佛，并结合积善余庆、积恶余殃的易理，向信众讲解福缘善庆、祸因恶积、因果报应的佛经，成为大受欢迎的佛系易学家。

这也是佛教能在中国发展的重要原因。如东汉末年最早写出中国第一部佛学专著《理惑论》的牟子，就深受《易经》影响，糅合了儒道释学说，为佛教中国化做出了重大贡献。此外，像慧能的《坛经》、智旭的《周易禅解》等书，更是援易入佛、将佛理中国化的高僧佳作。他们宣讲戒除"贪嗔痴"的佛理，劝世人不要被恶念迷惘身心，沉湎物质享受、利益争斗，陷入贪婪残酷的深渊，大受信众欢迎，显示出当时《易》养三教、文化融合的历史背景。可见，中国化佛学尤其是禅宗慈悲为怀、普济众生、到达极乐彼岸的主张，与知足常乐、清静无为、法天行道、甘食美服的老子恒道主义，与亲仁孝悌、德治礼乐、天下为公、大同世界的孔子仁道主义，在人类理想的终极目标上是相融的，都企图从人心道德入手，向善求福，修德明性，在未来的美好憧憬中，解放思想，慰藉心灵，淡化心中的烦恼与痛苦，为社会和谐的长治久安服务。

在五祖弘忍处听《金刚经》而修禅开悟，获传道袈裟后的六祖慧能，为说明成佛禅修法，苦心告诫信众各须诵取牢记的《无相颂》说，"佛法在世间，不离世间觉。离世觅菩提，恰如求兔角"，故世人学佛无须出家，自可在家在工作中修禅，如同农禅僧人，一日不作，一日不食，自耕自养一样。慧能还强调："但依此修，常与吾同处无别。若不依此修，剃发出家，于道何益！"如同孔子有关孝悌明礼的修德主张，慧能《无相颂》主张"心平何劳持戒，行直何用修禅？恩则孝养父母，义则上下相怜"，老子"不敢为天下先"的柔弱谦让之宝及"清静无争"的无为主张，慧能《无相颂》也认为"让则尊卑和睦，忍则众恶无喧。若能钻木出火，淤泥定生红莲"。同时，与孔子提倡改过迁善做君子，老子主张"致虚极，守静笃"一样，慧能《无相颂》也认为，"苦口的是良药，逆耳必是忠言。改过必生智慧，护短心内非贤。日用常行饶益，成道非由施钱。菩提只向心觅，何劳向外求玄？听说依此修行，西方只在目前"。这种兼容儒释道的禅法获得了有易道见识的广大信众的极大欢迎，令禅宗"一花开五叶"而大行其道，成为中国佛教最大最有影响的宗派，延续至今。

自慧能禅之道形成，佛教更为中国化，由蔑视王权、不事耕耘的出世法，变为农禅并举的入世法，由慧能禅道的人心佛教升华为人间佛教，从老子恒道观中吸纳了"人法地，地法天，天法道，道法自然"的哲学思想，更自觉地营建佛寺内外的自然和谐世界；从孔子大同观中吸纳了天下为公的思想，通过自养利他、乐善好施、扶困济贫的佛理灌输，结善缘、种善果，禅宗终于发展成为佛教的最大宗派。原因有三点：一是佛学自身的义理精深，雄大善辩。二是援易入佛后，注意以自度度人的大乘教义和禅宗智慧结合，阐明人如何觉悟的禅理，高举"人心和善、家庭和睦、人际和顺、社会和谐、人间和美、世界和平"的"新六和"旗帜，为实现人心、家庭、人际、国际、世界的和谐而奋斗。三是高僧的合和儒道，与时俱进。如有一位岭南禅僧就将"孝道"分为四种：一是对佛的孝，服务众生，助贫扶弱，贡献国家；二是对父母的孝，嘘寒问暖，尊长爱幼；三是对各行业老师的孝，尊师重道；四是对天地万物的孝，把大自然视为供养恩人，尊重和保护它。这一佛禅新观念确是与中华传统美德、与当今生态文明理念相一致的。

唐代以后，慧能禅道既传承了佛教，又吸收了中华民族的文化精髓，彰显了"以和为贵"的特质，践行"人间佛教"理念，可谓是找到了佛教与中国社会相适应，与中华民族同呼吸、共命运的正确法门，为此后佛教在政治上协和王化、经济上自耕自养、文化上援易入佛创造了良好的文化条件。此后，不仅佛僧主动与道教、儒教的高人切磋辩论、取长补短，针对一部分人信仰缺失、贫富分化、道德沦丧、人性泯灭的困局，寻找治心之方；孔教的儒学名师也大胆从佛教里吸收禅宗文化，形成了以王阳明为旗帜的心学门派，影响至今。

纵观从伏羲画卦创易，夏商周以来的三王之法、周公之制、老子恒道、孔子仁道、孟子忠义、荀子礼法、董子之天、魏晋玄学、大唐佛禅、程朱理学、陆王心学、康梁维新等中国道脉生发的文化演变史，可知慧能禅道与阳明心学得以风行一时的真实原因，了解到古代中国学人由崇儒转为尚佛道的救世初心，明白王阳明何以要致良知，禅僧为何要顿悟成佛，"以出世胸怀做人世事业"，实现身体健康无病苦、心灵健康无烦恼、灵性健康出轮回的"人间佛教"之宗旨。

简言之，不忘孔子仁心仁道的儒教心学，在吸收禅理、融入易理、儒禅携手后，在加强国学思辨性、人心净化和社会稳定等方面，确实做出了贡献。这也许是英国历史学家汤因比说他希望出生在公元1世纪佛教已经传入的中国新疆的原因之一。如同佛教领袖赵朴初先生在《重振和发扬以佛教信仰体系为核心的佛教文明》一文中所指出的："在未来的世纪，人类的幸福和世界的和平，将主要取决于人类精神品格的自我完善。"从中华思想史角度看，阳明心学与慧能禅道文化的结合，早已在中华优秀传统文化格局里形成了重要地位。这也是毛泽东提出《坛经》是劳动人民的佛经的观点，以及当前重视阳明心学对《坛经》的借鉴以及对中国思想史的影响的原因。尤其是从世界宗教传播角度看，在当今东西方文化冲突必将势移化解的全球态势下，中国正需要发心和用心地融入全球化新时代，在"一带一路"建设中，展示融合儒释道智慧的中华文化和谐万邦的伟大文明晕染力。

五、孔老九宫图
从问道老子后看孔子的谋道新导向

（一）孔儒学派为中华道脉之动脉

由前文可知，孔子从《易经》里获得了自强不息的精神动力，创立了仁道主义体系，影响中华民族数千年。这类似于动脉在人体血液系统的勃发推动功能。动脉是指从心脏发出，不断分支成小动脉，而最后止于组织内的血管。它的内部压力较大，血流速度较快，管壁较厚，弹力纤维多，富有舒缩性和弹性，可随心脏收缩、血压高低而不停搏动，促使血液流动，将含氧营养物质输送至全身，是保持人体机能活力与积极性的最重要通道。从中华文化道脉体系看，这正是孔子仁道在古代中国居于上层建筑的主流地位的动脉勃发功能。

孔子是向老子问道询礼之后，自创了孔子仁道主义的伟大哲学家、思想家和教育家。他费尽心血地为《易经》作传，并在"一阴一阳之为道"的易道上，强化了"自强不息""坚定不移"的天健强势的阳刚之路，创立了以"成己达人"为金律，以"己所不欲，勿施于人"为银律的君子观为核心，以大同观为易道本体论，以修德观、亲仁观、孝悌观为价值观，以谋道观为原动力，以克己复礼的礼乐观、敬天拜祖的祭祀观等，为实施仁治、孝治的德治方略，形成了影响东亚儒文化圈两千多年，以礼治为"人之道"的孔子仁道主义。

孔子是中国历史上最早将"国学"引入民间私学的伟大教育家。他将"普天之下，莫非王土"的西周礼仪制度作为最完美的道德文化制度样板，独创了最突出仁道孝悌的儒学体系。孔子生于礼崩乐坏的乱世之秋，为了实现仁者爱人、孝悌修德的理想，明知不可为而为之，冒着生命危险，奔走于列国，四处推行自己的礼治乐教，并将知、情、德、志、行相统一，以比德如玉、温润而泽、"博施于民而能济众"的君子理想人格和"天下为公"的大同理想作为中国士人的共同追求，这也就是《公羊传》里所述的"拒乱世，升平世，太平世"的"三世说"。近代维新派领袖康有为秉持孔子仁道主义，在《大同书》里将《公羊传》"三世说"系统化，作为维新变法运动的理论基础。可见，这一从小康到大同的社会发展之路对中国古今的治国理念与实践，都具有重要的历史价值与现实意义。

孔子主张卦德的修养要做到人的心理年龄和生理年龄与人际关系的客观社会相结合，从而把人类道德原则的义理之天与人的社会实践紧密结合在一起，使中国哲学史上占主导地位的易学长期保持了"天人合一"的特征。孔子还遵循"一阴一阳之为道"的理念，为儒学的中庸之道开路。他曾说过："吾有知乎哉？无知也。有鄙夫问于我，空空如也。我叩其两端而竭焉。"[9.8]"中庸之为德也，其至矣乎？民鲜久矣。"[6.29]他的孙子孔伋便据此发展了"中庸之道"，在《礼记·中庸》里指出："喜怒哀乐之未发谓之中，发而皆中节谓之和。中也者，天下之大本也；和也者，天下之达道也。致中和，天地位焉，万物育焉。"

孔子之后，儒家诸圣如曾子、子思、孟子、荀子等，也各自在修身之道、中庸之道、劝学之道上有所建树。宗圣曾子在《礼记·大学》和所编《孝经》里论述了孔子的君子修身之道，以仁义忠孝、修齐治平的修身成圣平天下，体现了孔儒修身成圣的道德践行思想。亚圣孟子则提出了性善论与养气之道，强调"仁者以天地万物为一体"（《孟子·梁惠王》），"吾善养吾浩然之气"（《孟子·公孙丑上》），还首倡"民贵君轻"的君臣之道。他认为"得其民，斯得天下"，同时将社会历史发展归结为明君的作用，即"五百年必有王者兴，其间必有名世者"（《孟子·公孙丑下》）。先秦时期以孟子为代表主张"一乱一治"的历史循环论，影响了阴阳家用五行生克解释历史变迁，进而提出了王朝的更替循环的"五德终始"说。

后圣荀子的治世之道是纲常名教，为政以德，民生为本，隆礼尊贤，礼法兼施。他遵循孔子礼乐观，认为礼就是"贵贱有等，长幼有差，贫富轻重皆有称者也"（《荀子·富国》），同时又主张"从道不从君"，认为"万物殊理，道不私"（《庄子·则阳》），批评"凡人之患，蔽于一曲，而暗于大理"（《荀子·解蔽》），认为"凡以知，人之性也；可以知物之理也"（《荀子·解蔽》）。荀子还以"君舟民水"为喻，提出了礼法兼施、王霸并用的理论，开启了亦儒亦法亦道的新路子，为大一统时代的儒家政治哲学提供了基本理论。荀子的崇礼隆法看似是对老子重道轻礼的反拨，却通过稷下学宫孕育了管子道法学派，培养出韩非、李斯等一批法家人物。荀子的劝学之道则比孔子更进一步，提出了"法后王"的社会进化论。它说明人的成长与世界观、人生观、价值观的树立不仅需要认识自然、适应自然，还需要在改造客观世界的实践活动中自我反思，正确认识和处理人与道的关系。

汉代至明清以后，儒家先是出现了主张"罢黜百家，独尊儒术"的董仲舒。他提出的"天不变，道亦不变""天人感应说""正其谊不谋其利，明其道不计其功"的治国之策被汉武帝采纳后，激荡起尊儒弘道、外儒内法、征伐御敌、拓边开疆的大汉雄风。此后经过唐代韩愈极力恢复儒家道统的努力，至北宋接连出现了曾称道学后改理学的开山祖师周敦颐、程颐兄弟后，又有创立儒家"气学"的大儒张载、集理学之大成的南宋名儒朱熹，获封爵成名并集心学之大成的明儒王阳明等先后登场，创立学派，终与先秦亚圣孟子齐名并驱，成为配祀孔子的四大著名儒师。

从以上简要梳理的儒学传承创新的发展脉络看，正如董仲舒所说的："中者，天下之所终始也，而和者，天地之所生成也。夫德莫大于和，而道莫正于中。中者，天地之美达理也，圣人之所保守也。"（《春秋繁露·循天之道》）朱熹所说的："喜怒哀乐，情也；其未发，则性也。无所偏倚，故谓之中；发皆中节，情之正也，无所乖决，故谓之和。"（《中庸章句》）王阳明以"致良知"践行孔子的亲仁观、修德观和谋道观，以"中和"为道之体用，即喜怒哀乐未发，为心之本体即"中"，将已发为心之功用即"和"，强调体用一源，物来顺应，感而遂通；王夫之强调中庸不与"过""不及"同在，又非"柴立其中间"的看法等，都对源于伏羲易道的"一阴一阳之为道"的中庸之道提出了具有积极进取精神的新看法。而魏晋南北朝探讨玄学的新道学，宋明期间以周敦颐的太极图与《通书》起步，引导二程的"道学"由"人之道"向"天之道"发展，尽管后来儒学家以道学、理学、气学和心学为标榜，其实与清代的"实学"一样，都仍然是不离"易道"参"恒道"的"中华道学"。

故此可认为，中华元典《易经》早在儒道法墨医兵等分派立说之前就有了易学的统称，奠定了阴阳互补、以强扶弱、循道合德、与时俱进的伟大中华文明思想基础。人类跨入公元前6世纪前后的世界文化轴心时期以来，孔子仁道主义成为中华文明道统的主动脉，老子恒道主义贯通世界哲学史全程的深化演进，使得马克思关于"任何真正的哲学都是自己时代精神的精华"的精辟观点一再获得证实。正如将史学研究升至哲学高度而成为"世界通哲"的英国著名历史学家汤因比所指出的，以中华文化为主的东方文化和西方文化相结合的产物，将是人类未来最美好和永恒的新文化。

（二）孔子仁道主义的老子恒道导向

孔子在春秋时期所创立的儒家仁道体系与先秦诸子的关系及其价值取向，已如上述。但它与老子恒道主义有何关系？在中华道脉传承的意义上又谁主沉浮呢？要回答这些问题，必须借助中华数文化智慧高峰的"九宫图"，首先对老子恒道主义详加论述后，绘制成"老子恒道九宫图"；接着将孔子哲学体系与他最崇拜的周文王创立的后天八卦，合为"孔子仁道九宫图"，以数文化展示其哲学要义，并与老子恒道九宫图相互比较，以加深读者对孔子仁道主义的直观认识与深切体悟，从而凸显这两位儒祖与道圣求真务实、和光同尘的中国道脉传承关系。具体详见下图。

修德 观八	大同 观一	谋道 观六
亲仁 观三	君子 观五	孝悌 观七
好学 观四	礼乐 观九	祭祀 观二

孔子仁道九宫图

玄德 观八	恒道 观一	清静 观六
无为 观三	真知 观五	贵身 观七
安民 观四	治国 观九	用兵 观二

老子恒道九宫图

孔子大同观与老子恒道观一样，都居于九宫一位。老子意在以"执一"表示"道"的独一无二和最高本体地位，孔子则以大同社会为天下为公的第一境界。故孔子的"天下大同"与老子的"和光同尘"，实际上均为超越了人各谋私利的"人之道"，而进入了全民效法"天之道"的同一指向，即都代表着人类最终消弭了所有纷争，达到了全人类利益的统一无争，在类似于"绝对真理"的最高层面形成了天人合一归道的最和谐状态。

位居九宫二位的孔子祭祀观与老子用兵观异曲同工，都暗含奇正相生、神鬼莫测、阴阳和谐之意。孔子认为：圣人制极，明命鬼神，教以二端，报以二礼，此教民修本反始崇爱，上下用情，礼之至也。[4.17.6] 其意如他教导宰我所说：众生死后回归土里成鬼，人的魂气升到天上成神。把鬼神合祀，是教化的极致。圣人教民众如何对待生死两端，以祭与祀的礼仪建立起祭祀制度，以教导民众修本知孝，不忘祖先，崇尚仁爱，加深亲情，做到礼的极致。

位居九宫三位的孔子亲仁观与老子无为观一样，都从天地人和谐能"三生万物"的角度，强调儒家君子与道家上士的道德修为。孔子曾夸奖微子、箕子、比干为殷朝"三仁"。[18.1]当樊迟问什么是仁德时，孔子则以"居处恭，执事敬，与人忠"三要点为答，强调他闲居时要恭谨谦虚，执行公事时要敬业认真，对人要忠诚守信。即使去到边远地区，也不可抛弃这些美德。[13.19]而对亲仁君子而言，孔子之"三"，主要指在"恕、思、戒、畏、愆、道"等方面所要注意的三大要点。（1）"三恕"即"有君不能事，有臣而求其使，非恕也；有亲不能孝，有子而求其报，非恕也；有兄不能敬，有弟而求其顺，非恕也。士能明于三恕之本，则可谓端身矣"[2.9.1]。（2）"三思"即常思"少而不学，长无能也；老而不教，死莫之思也；有而不施，穷莫之救也"。做到少年时就要考虑年长之后事而努力学习，年长时就要想到身后事而教导好晚辈，富有时就要想到穷困后怎么办而尽力施舍[2.9.2]。（3）"三戒"即"少之时，血气未定，戒之在色；及其壮也，血气方刚，戒之在斗；及其老也，血气既衰，戒之在得"[16.6]。（4）"三畏"即"畏天命，畏大人，畏圣人之言"[16.7]。（5）"三愆"即与君子相处时须防止的三种过失：话题还没涉及主题就抢先说的叫急躁，谈到了主题而不去说明的叫隐瞒，不看对方脸色就表态的叫盲目[16.5]。（6）"君子之道三"，即孔子赞扬史蝤所有的"不仕而敬上，不祀而敬鬼，直己而曲于人"的三种品德，以及曾子所感佩的孔子在见人一善而忘其百非，见人有善而不争，闻善必躬行等三方面[4.15.14]所表现出来的美德，这些都是孔门君子仁道修德的三要标准。

孔子好学观与老子安民观同居九宫四位，看似不搭界，实则异中有同。所谓"子以四教：文，行，忠，信"[7.24]，即孔子所教的"文化、品行、忠、守信"等四种学问，以及"子绝四：毋意，毋必，毋固，毋我"[9.4]，即孔子为做到不主观臆测、不绝对、不固执、不自以为是而坚决杜绝的"主观、绝对、顽固、唯我"等四种毛病，都从君子好学的基本内容以及客观求实的学习态度上，体现了孔子对仁道安民的精辟见解。这也就是孔子在赞扬先秦杰出政治家子产的贡献时，特别指出他所持的"君子之道四"，即"其行己也恭，其事上也敬，其养民也惠，其使民也义"[5.15]。

　　孔子君子观与老子真知观一样，都居于九宫五位中心，揭示出易道五行文化对儒道两家共同的深刻影响，体现出君子者对心中之"道"、所亲之仁，以及对好学、礼乐、孝悌、修德、大同等八方面的独立见解。孔子向老子询礼问道，还从老子那里听闻了"五行、五帝、五德"之理[6.24.1]，创立了修德谋道、亲仁孝悌、礼乐祭祀之道，故强调君子要从天下之达道的"君臣、父子、夫妇、昆弟、朋友"这五方面入手[4.17.1]，念念不忘"五思"即思哀、思忧、思劳、思惧、思危[1.7.7]，努力修养仁德以达到"惠而不费，劳而不怨，欲而不贪，泰而不骄，威而不猛"等"五美"境界[20.2]，进而树立起"恭、宽、信、敏、惠"等五德，做到"恭则不侮，宽则得众，信则人任焉，敏则有功，惠则足以使人"，从而"能行五者于天下为仁矣"[17.6]。这也是孔子主张君子应明白"君者舟也，庶人者水也，水所以载舟，亦所以覆舟"的深刻道理。

　　居九宫六位的孔子谋道观同主张"清静以为天下正"的老子清静观相呼应，以"反者道之动"的模式，殊途同归地进入了"仁道"境界。其一为孔子"反本修迹"的六项"君子之道"，即"立身有义矣，而孝为本；丧纪有礼矣，而哀为本；战阵有列矣，而勇为本；治政有理矣，而农为本；居国有道矣，而嗣为本；生财有时矣，而力为本"[4.15.1]。其二为孔子要求仁者牢记"六言六蔽"的忠告，即"好仁不好学，其蔽也愚；好知不好学，其蔽也荡；好信不好学，其蔽也贼；好直不好学，其蔽也绞；好勇不好学，其蔽也乱；好刚不好学，其蔽也狂"[17.8]。

　　位居九宫七位的孔子孝悌观与老子贵身观一样，都是根据人生命周期规律而主张的修身治民要术。孔子将其表述为："上敬老则下益孝，上尊齿则下益悌，上乐施则下益宽，上亲贤则下择友，上好德则下不隐，上恶贪则下耻争，上廉让则下耻节，此之谓七教。七教者，治民之本也"[1.3.3]，其意为这七方面都做好了，四海之内就没人犯法了。上位者爱护百姓，如手足保护心腹；百姓爱戴上位者，就会如幼儿关爱慈母一样。上下相亲，百姓就会听从命令，措施就能推行，百姓就会感怀德政，附近的人就会心悦诚服，远方的人纷纷归附，就会政通人和。

位居九宫八位的孔子修德观与老子玄德观一样，都扎根易道，以《易经》"乾坤震巽坎离艮兑"等八纯卦象，表示在顺其自然、天地人合一后，由"自强不息、厚德载物、警敬戒惧、风行齐平、善水守信、丽火光明、止于当止、喜悦亲和"等八德，所派生出的近百种美德组建的中华传统道德体系。宋代曾用"孝、悌、忠、信、礼、义、廉、耻"等"八德"来予以传承，孙中山则以"忠孝、仁爱、信义、和平"等新八德来倡导国民共和。

位居九宫九位的孔子礼乐观与老子治国观的范畴一致，是孔子在吸收了先王的道治、圣治、德治、仁治、孝治、礼治、乐治、文治、法治的成果基础上，对礼乐融合达到大同化境做了深刻阐述后所建立的中华礼治学的完整体系。它是孔子将修德、亲仁、孝悌、好学、格物、致知等个体修身，转化为君子齐家、治国、平天下，实现大同的体制文化构建。从人类命运共同体的高度以及今天"以百姓心为心"所秉持的不忘初心看，尽管孔子礼乐制度还有许多不足与弊病，但两千年来毕竟为中国古代文明建设奠定了基石，而对这套礼乐制度去粗取精的不断完善和发展，也正是当今中华文化复兴所需要乐和万众而重现"礼仪之邦"辉煌的明智选择。

此外，孔子礼治观之"九"还别有深意。孔子指出礼有九种，乐有四种。他认为知道了这些，哪怕还是个农夫，只要依礼奏乐，就会成为圣人。古人凡是制度都讲礼，文饰也在礼之中，实行起来靠的是人。所谓礼，就是事物的治理。君子有事必有治理方法。治国无礼，就像盲人无扶助者，茫茫然不知往哪走。所谓礼，就是理；乐，就是节。无理的不动，无节的不为。不理解《诗》，礼仪就会荒谬；不会奏乐，礼节就会荒疏，道德就会浅薄，礼仪就会虚伪。[6.27.4] 而孔子所主张的"视思明，听思聪，色思温，貌思恭，言思忠，事思敬，疑思问，忿思难，见得思义"[16.9] 等"君子九思"，以及孔子所强调的以温和善良之仁德根本，恭敬谨慎之仁德基础，宽宏大量之仁德初心，谦逊待人之仁德能力，礼仪节操之仁德容貌，言谈举止之仁德文采，歌舞音乐之仁德和乐，分散财物之仁德善施，尊礼谦让之仁德和美等"仁德九种"[1.5.8]，亦内含着亲仁依"礼"而行的"视、听、色、言、动、思、貌、态、德"等九方面的具体要求，它意味着如此依礼而治，才能有效实现仁道之义。

要而言之，孔子九观仁道主义体系以睿智的心声，呼唤人类理想的大同世界的到来，与包含了道法自然的恒道观、上善若水的玄德观、致虚守中的清静观、抱朴守一的真知观、不争无尤的无为观、守柔知常的贵身观、慎终若始的安民观、柔弱胜强的用兵观、重为轻根的治国观的"老子恒道主义"体系相呼应和，经两千多年来圣哲先贤们儒道互补的精研阐析、修身践行，终于形成了扎根易道、阴阳互补、儒行道魂、兼收佛道的中华国学核心层，成为中华优秀传统文化的理论结晶。

如果说，我们依据唯古求道、唯真求是、唯美求乐的原则，将郭店楚简本、马王堆汉帛甲乙本、王弼的通行本等《老子》原著经有机合成，编成字字珠玑的"三唯版"《老子道经》善本，是全面构建老子恒道主义的道德真经的首次创新的话；那么，将诸子合成、众录成集、古已有之的《论语》《孔子家语》《孝经》《孔丛子》这四部著作编成以孔子命名的《孔子儒经》，就是撷英取粹、分章列节、全面构建孔子仁道主义体系的儒学真经的又一次创新。

回顾两千多年前秦朝一统江山的焚书烈焰，五四运动批孔狂飙以来之百年大变局，不能不令人惊叹孔老夫子的儒文化生命力的坚韧顽强。这是一种从中华文明土壤里土生土长的民族精神之花，尽管它带有许多古老民族原创性文化所难免的斑驳粗朴，甚至会有些许应予剔除的糟粕，却在一次又一次的大时代暴风雨洗礼中，依旧鲜活展现了孔子学说的初心与志趣、睿智与仁爱、伟大与崇高、光明与希望，砥砺后人奋勇前行！

这也正是继首次将《老子道经》副标题标明为"文明的晕染与老子恒道主义"之后，再次将《孔子儒经》副标题明示为"世界的大同与孔子仁道主义"之根本原因。

六、文化本位论
从东西方文化观之争看孔学价值

孔子仁道主义的构建，需要我们在关注中国的前途与命运、对东西方文化进行比较与取舍的中华文化建设的大背景下，认真辨明孔学到底是中华传统文化的糟粕还是精华，辨明孔子儒教到底是"学派"还是"宗教"，辨明孔子儒学所要恢复的"礼治"到底是进步还是倒退，以期解开这三大中华儒文化谜团，从而在中华文化大复兴时代，认清孔子仁道主义真正的思想文化价值之所在。

可以毫不夸张地说，中国现代哲学史自20世纪20年代起，至21世纪20年代的百年大变局之际，一直有众多学者围绕着如何看待东西方文化等问题，不断展开大论争，最终才辨明真相，逐步形成了基本共识。

就中西文化优劣问题引发的第一次论战，是20世纪20年代发生的"东西文化观大论战"。它由中国思想文化界针对梁启超的《欧游心影录》（1920年）和梁漱溟在《东西文化及其哲学》（1921年）提出的"西方文明破产论"和"回归中国文化说"引发争辩，围绕东西文化究竟孰优孰劣的主题所展开，持续了十年之久。梁漱溟在书中指出，"孔子的唯一重要的态度就是不计较利害。……并且演成中国人的风尚，为中国文化之特异彩色"。他坚持认为，"孔子就因为把握得人类生命更深处作根据，而开出无穷无尽可以发挥的前途。他是极高明而道中庸"。（《东西文化及其哲学》）"中国民族自救运动

之最后觉孔子学说的价值，最后必有一天一定为人类所发现，为人类所公认，再重光于世界。"（《孔子学说之重光》）

从表面上看来，这场论战的结果是，由于"西方文化路向派"善于把当时中国社会的现实问题均归咎于中国文化，而"中国文化路向派"的人数和论战能力又均远不及前者，故"西方文化路向派"占据了上风并获得话语霸权。但实际上，这次论战的最大收获却是通过梁漱溟等疾呼"中国近百年来遭遇一种不同的西洋文化，给我们一个很大的打击，让我们历久不变的文化发生变化，显出动摇。大家又都知道孔子在中国文化上的地位关系，所以中国文化受打击，发生动摇，当然亦就是孔子学说的受打击发生动摇。此时孔子之被怀疑，是应有的现象，是不可少的事情。大概是应当这样子，不怀疑不行；只有在怀疑之后，重新认识，重新找回来才行。我曾告大家说中国民族精神，必须在唾弃脱失之后，再慢慢重新认识，重新找回来；他必不能是传统的传下来！因为传统已全无用处。可是重新认识，重新找回，很不容易！不能仍然敷陈旧说"（《孔子学说之重光》），在中国文化界中形成了以马一浮、熊十力、梁漱溟、冯友兰等为代表的新儒家；"现代三圣"之一熊十力的《新唯识论》、梁漱溟的"文化三路向说"、冯友兰《贞元六书》建构的新理学体系和以哲学代宗教说、钱穆的儒家"人道说"和"文化三阶层论"等一系列为中华文化复兴而创新的第一代新儒家的哲学观点不断涌现。

第二次论战为1935年有关"中国文化出路"的大论战，并首次由王新命、何炳松、武堉干、孙寒冰、黄文山、陶希圣、章益、陈高佣、萨孟武、樊仲云等十位教授（以下简称十教授），联名发表了《中国本位的文化建设宣言》，批驳了陈序经、胡适等西方文化派的"全盘西化论"，提出了对西洋文化应"吸收其所当吸收，而不应以全盘承认的态度，连渣滓都吸收过来"的主张，史称"十教授宣言"。这场事关"中国文化出路到底是中国本位还是全盘西化"的论战，从20世纪30年代延续至40年代末，可谓是中国思想文化界对中西文化比较的最长最集中的一次大讨论。

　　"十教授宣言"的核心观点是：每个国家、民族都有权利和义务保存和发展自己的传统文化，都有权利自主选择接受、不完全接受或在某些具体领域完全不接受外来文化因素；同时也有权对人类共同面临的文化问题发表自己的意见，呼吁各国政府捍卫世界文明的多样性，理解和尊重异质文明；保护各国、各民族的文化传统；实现公平的多种文化形态的表达与传播。推行未成年人的文化、道德教育，激励国家、民族和地区间的文化交流，执行"不守旧，不盲从；根据中国本位，采取批评态度，应用科学方法来检讨过去，把握现在，创造未来"的文化建设方针，全文分为三部分，仅有2800余字。

　　"十教授宣言"在开头"没有了中国"部分指出，"在文化的领域中，我们看不见中国了"。哀叹中国五千年来所积淀形成的价值信仰和文化生态已经呈现整体性、根本性的坍塌与崩溃，中国人已经不是由自己的历史传统文化提供的精神世界和意义世界所维护、调护、涵育的中国人了。"钻进古人的坟墓"的复古派和"抱着欧美传教士的脚"的西化派寻找中国文化出路的结果，同样是失败的。故要使中国人成为中国人，就必须从事"中国本位的文化建设"，"必须用批评的态度、科学的方法，检阅过去的中国，把握现在的中国，建设将来的中国"。

　　在"一个总清算"中间部分，"十教授宣言"认为中国文化在汉代以后就因循守旧、停顿不前了。直到鸦片战争西方列强的巨舰大炮才使中国人觉醒。但曾国藩、李鸿章的洋务运动纯粹是对西方的技艺模仿，康有为、梁启超的维新运动纯粹是对西方的政治抄袭，只有孙中山主张对中国彻底改造，并在新文化运动之后新觉醒的中国人的努力下取得政治改造的成功，但在文化建设上还是茫然无措。如今的复古派忽视了历史不能重演也不需要重演；以模仿英美的自由主义派、模仿德意的法西斯主义派、模仿苏俄的社会主义派组成的西化派，忽视了中国问题的特殊性，把中国变成了各种主义思潮表演的舞台与拼杀的战场，而其背后却都有国际文化侵略势力的魔手。

在"我们怎么办"结尾部分，"十教授宣言"提出了进行"中国本位的文化建设"的五原则：一是中国问题具有特殊性和时代性，因此文化建设应注意中国此时此地的需要。二是既反对复古也反对非古，主张对中国文化取其精华去其糟粕。三是以中国需要为标准来吸收借鉴西方文化，但反对盲从的全盘西化。四是中国人应有急迫感和创造力，以便迎头赶上西方文化并为世界文化做出贡献。五是进行"中国本位的文化建设"的目的，是先建设和整合中国以便更好地促进世界大同理想的实现；方法则是采取"批评的态度、科学的方法""检讨过去，把握现在，创造将来"，"使中国在文化的领域中能恢复过去的光荣，重新站着重要的位置，成为促进世界大同的一支最劲最强的生力军"。

导致"十教授宣言"论战的现实原因是中国的内忧外患、民生凋敝、政治腐败；诱发因素则是陈序经1934年在《中国文化的出路》一书中，以中国近代史上"中体西用"的失败否定了折衷派，以造成了中国文化的落后否定了复古派，而提出的中国文化全盘西化论。它引起了思想文化界的轰动以及一些对中国传统文化有"了解之同情"和"温情与敬意"的学者的强烈反弹。这表现出十教授等自由知识分子们所强调的"中国是既要有自我的认识，也要有世界的眼光；既要有不闭关自守的度量，也要有不盲目模仿的决心"。

"十教授宣言"于1935年发表之后，受到了全盘西化论者的强烈批评，因此十教授又发表了《我们的总答复》，从六个方面予以回应：一、所谓中国本位就是中国此时此地的需要，即在纵的时间方面反对全盘复古，在横的空间的方面反对全盘西化；二、所谓不守旧就是反对复古；三、所谓不盲从就是反对全盘西化；四、"中国本位的文化建设"与"中体西用"不同而且反对它，因为体用一源，体用不可分；五、所谓中国此时此地的需要，就是人民生活需要充实、国民生计需要发展、民族生存需要保障；六、中国本位的文化建设是一种民族自信力的表现，一种积极的创造，而反帝反封建也就是这种创造过程中的必然使命。

同时，王新命还在《全盘西化论的错误》一文里指出陈序经与胡适的全盘西化论的错误：一是忘记了中国几千年历史四万万民族也是文化的产物；二是忘记了全盘西化的结果是把西方人垃圾箱中的垃圾来替代中国人饭碗中的白米饭；三是忘记了聪明相等的民族纵有其不相如的地方，但在文化的创造上，绝不会有甲种民族的创造完全是构成天堂的材料，乙种民族的创造完全是构成地狱的材料的观点；四是只看到了西洋的好处，没有看到美国一方有人主张火焚麦棉，一方有一千二百万失业者，也没看到苏俄仅列宁格勒一处同时被捕的窃贼和盗匪竟达六千余人；五是忘记了性史春药洋八股的流行，正是无条件接受西化的中毒状态；六是将"此时此地的需要"与张之洞的中体西用和目前的读经等运动视为同质的东西；可谓持之有据，言之有理。

遗憾的是，此番有关"中国文化出路"问题的大论战跨期虽长达十几年，高峰期却仅有一年半。其原因除了论题本身大而无当、空洞无物，没提出明确详尽的文化主张和具体措施外，还由于"十教授宣言"发表时，正处于日本帝国主义加紧侵略、国人心忧亡国灭种而日益专注于抗战救国之际；而宣言刊载杂志《文化建设》又恰是由国民党右翼骨干陈立夫兄弟所主办，极易与蒋介石于1934年初发起的鼓吹青年人都去读经、习礼、祀孔的"新生活运动"挂钩，故十教授不仅被一般学者视为顽固、保守、复古的"御用文人"而百口莫辩，还被艾思奇、胡绳、洛甫、徐懋庸、柳亚子、老舍、叶圣陶等进步文化人猛批，故使得十教授之"中国本位文化派"在左右碰壁后与"全盘西化派"结成了"自由知识分子派"的难兄难弟，随着中华人民共和国的建立，自然而然地偃旗息鼓了。

在这次三方参与的大论战中，固然暴露出"全盘西化论"的荒诞，即中国向西方学习了上百年，却被迫赔款割地为奴，让许多珍贵文物都被西方列强抢进了大英博物馆或巴黎卢浮宫，造成毛泽东所说的"老师"打"学生"的惨痛悲剧；同时亦揭示出，近代以来中国知识分子的"文化决定论""文化普世论""文化调和论"等，如离开了社会革命与经济建设，终归是蒙童幼稚病。

"十教授宣言"里确也有为批评者诟病的三大缺陷。其一是中国文化并非自汉代以后就停顿不前了。这样既无视了从三王之法、周公之制、孔子之道、孟子之义、荀子之礼、董子之天、魏晋之玄、隋唐之释、程朱之理、陆王之心，直到康梁之新的中国哲学文化的发展，又抹杀了自汉唐以来长期领先世界，为人类文明繁荣所做出的的重大贡献。其二是没有点明中国文化的主体内容，说明当下应建设什么内容的中国文化，也未能分清中国文化的主流、主导、主体就是儒家文化，更没有试图建立中华文化体系，找到中华民族几千年来共同的价值信仰和哲学体系。其三是偏激地反对"中体西用"，从而为新老全盘西化论者提出中国人应从价值信仰、组织制度与生活习惯等一概以西方文化为范式的"西体中用论"，留下了误导空间。

即使如此，"十教授宣言"还是做出了一项重大理论建树，即提出了"中国本位文化论"。诚如明眼人所论，"中国本位文化论"并非"中国文化本位论"。"十教授宣言"明确地说：中国是中国，不是任何一个地域，因而有它自己的特殊性。同时中国是现在的中国，不是过去的中国，自有其一定的时代性。所以我们特别注意于此时此地的需要，就是中国本位的基础。

"十教授宣言"及其《我们的总答复》中明确主张，今后的文化建设应以中国为本位，并断言中国此时此地的需要就是中国本位的基础。这一主张突出了要根据时势选择和建设文化，满足中国最急迫、最真实、最主要的需要，是"中国本位"的文化论而非中国文化的"本位论"。据王新命答复，"所谓'中国本位'就是一切文化建设都须以中国这个国家有机体的利益为前提，有利于中国的文化，无论是国粹或欧化都应该保存接受；有害于中国本身的生存和发展的，无论是国粹或欧化都应该打倒拒绝"。这似乎与鲁迅的类似结论异曲同工。它说明，"中国此时此地的需要"，以时间性言，不是中国古人的需要则不必守旧复古而适应满足古人；以空间性言，不是西方现代人的需要则不必全盘西化而迎合满足西人。

总之，这场紧接着"东西文化观大论战"后展开的"中国文化出路大论战"的结果，首先是自由知识分子论战双方的妥协，并基本达成了用"现代化"的新概念来取代"全盘西化"和"中国本位"的共识。此即中国文化建设的方向，不应以中国或西方的文化为路标，而是应以中国社会的现代化进步为诉求；同时也对初期的"文化决定论"的观念作了修正，即文化就是知识、信仰、法律、道德、风俗、习惯的综合体，而不是一切，也不能决定一切。

而这场论战的价值，就在于促使人们去深思以孔子儒学为核心的中国文化的定位与发展方向问题。特别是在处于当时吴虞疾呼"打倒孔家店"、鲁迅愤言"不读中国书"、胡适鼓吹"拼命往西走"、陈序经扬言要"全盘西化"等激烈反中国传统文化的浓烈氛围中，中国学者勇于挺身捍卫"中国本位的文化"的立场和情怀，本身就是民族文化自信的表现。它表明任何一个国家民族的文化都有其渊源和传统、自性和特色、优点和缺陷，都只是一种地方性知识话语和价值信仰的体系。因此各种文化之间，只有内容形式的不同，而没有高低优劣的不同。这与当今全球坚持文化多样性的趋势是一致的。

鉴于众所周知的长期占有中国主流文化地位的孔子儒学及其不凡实绩，这两次大论战看似没有定论，但从中华本位的文化立场看，其实际上已解开了第一个中华儒文化谜团，那就是孔学确实含有中华文化之精华而并非全是糟粕。此外，这两次论战还为中国培育出拥有众多知名学者的第一代新儒家队伍。

七、尊孔立教辩

从孔儒是否宗教之争看儒教兴衰路

就儒教是否宗教、孔子是否教主的论题所引发的第二个中华儒文化之谜的大争论，比"东西文化观大论战"来得更早。它最初发生于明代利玛窦来华之时，他认为，被称为儒家的人承认有一位最高的神祇在主宰一切，但儒教并非宗教，这一观点并未获得基督教内部的公认。第二次则发生于20世纪初，因康有为主张改革儒教，他的学生梁启超则反对儒教是宗教而引起激烈争议。此后，教育部长蔡元培取消了学校里的尊孔读经，明确儒教不是宗教；陈独秀则在《新青年》发表文章，明确指出儒教只是教化之教，不是宗教之教。至此儒教非宗教说初战取胜。

围绕"儒教是否宗教"所展开的第三次大论战，则从1978年南京无神论学会成立大会上，任继愈发表儒教是宗教的演讲开始，至今未有穷期。他在演讲中说："儒教是在中国这块土地上生存了几千年的土生土长的宗教。""儒教，这个具有中国古代特色的国教，源远流长。儒教的宗教信仰核心为'敬天法祖'。""儒教享有君主制下独占的特权，神权皇权高度统一。"（《任继愈谈儒家与儒教》，石油工业出版社2018年版）此外，在比较了儒释道三教后，任继愈在李申所著《中国儒教史》序言中亦承认："道教影响也很深远，在文化思想领域内，即使在它极盛的时期，其势力还不如佛教，更不能与宋明以后占绝对统治地位的儒教相比。"

此外，由于孔子的命运与儒学的政教合一倾向紧紧相连，故在通观由儒教初创时非教，至宋代以来逐渐成教，近现代毁誉不断，如今被中断的发展过程后，任继愈更坚信儒教为宗教论，他认为"儒教带给我们的是灾难、是桎梏、是毒瘤，而不是优良传统。它是封建宗法专制主义的精神支柱，它是使中国人民长期愚昧落后、思想僵化的总根源。有了儒教的地位，就没有现代化的地位。为了中华民族的生存，就要让儒教早日消亡"①。"儒教所起的主导作用对今天的新中国的前进也是一种严重的思想阻力，甚至也是社会阻力。因为宗教即是一种意识形态，又是一种社会力量"②。然而，他的这种责难并不符合儒教长期以来在维护国家统一、构建中华优秀传统文化体系方面的有益作用，也不符合马克思有关"国家、社会产生了宗教即颠倒了的世界观，因为它们本身就是颠倒了的世界"③，"宗教是被压迫生灵的叹息，是无情世界的感情，正像它是没有精神的制度的精神一样。宗教是人民的鸦片"④的正确结论。

实际上，被康有为等推为"孔教"教主的孔子本人，对于神灵、往世、来世的态度一向是存而不论的，"子不语怪、力、乱、神""未能事人，焉能事鬼？""未知生，焉知死？"[11.12]说明了他对鬼神敬而远之的态度。此外，孔子一方面称赞大禹的饮食菲薄却对鬼神极尽孝礼的做法无可挑剔，一方面主张"祭如在，祭神如神在"，"务民之义，敬鬼神而远之，可谓知矣"，同时也不反对把求助神灵作为精神寄托。有一次孔子生了重病，听闻子路为此"祷尔于上下神祇"后说，"我早已经祷告很久了"[7.35]，可见孔子自己并不反对向神灵祈祷，而是反对那种背离仁道胡作非为，将祈祷神灵作为有求必

①　任继愈：《论儒教的形成》，《中国社会科学》1980年第1期。
②　任继愈：《儒教的再评价》，《中国社会科学》1982年第2期。
③　《马克思恩格斯全集》第1卷，人民出版社，1956，第452页。
④　马克思：《黑格尔法哲学批判·导言》，载《马克思恩格斯选集》第1卷，人民出版社，1972，第2页。

应的灵丹妙药的迷信愚妄。因此，针对王孙贾有关"与其献媚于西南屋角的奥神，宁可献媚于灶神"的疑问，孔子明确回答："不是这样的！得罪上天，向谁祷告都没用。" [3.13]

同时，孔子所说的"天"，也并非如有些学者所认定，是作为宗教的儒教精神源头的"昊天上帝"。如他所说的"天生德于予，桓魋其如予何！" [7.22]，并非说自己是天帝之子，天帝把道德赐予了自己，而是自认为天道之仁德早已通过自己的不懈努力根植于心中了，这使得宋国司马桓魋之辈对自己已无可奈何的意思。另如孔子应邀见南子后，见子路很不高兴时，对天发誓："予所否者，天厌之！天厌之！" [6.28] 这并不是说孔子做了不该做的事情，会遭到天帝惩罚的意思，而是指如做了悖逆天道之事会被世人厌弃。同理，《孔子家语》大讲"五帝"，也只是颂扬五帝天人合一、符合天道的显赫政绩，为先王之道张目，而不是如道教神仙家那样，为排列神仙谱而给上帝安排一个独尊的宝位。因此子贡才会说，老师讲授的经典文章可以听到不少，老师所说的人性与天道的深奥哲理，一般人就不可能轻易地听到了。子路有所耳闻，但他还没能实行，所以他唯恐再听到新的事情。 [5.13] 这说明，孔老夫子平时谈的不是抽象的人性与天道，也不是超自然的天帝。因此，仪封人所说的"天下之无道也久矣，天将以夫子为木铎" [3.23]，并非说天帝将会把警醒天下的使命交给孔子，而是说普天之下已将扭转乱世危局的重任寄托在了孔子身上。

同样，作为孔子师的老子，亦是信道崇德、敬畏神灵，却不唯鬼神是从的圣人。老子坚信："以道立天下，其鬼不神。非其鬼不神，其神不伤人也，非其神不伤人，圣人亦不伤人。夫两不相伤，故德交归焉。"（《老子》六十章）"道生一""天得一以清，地得一以宁，神得一以灵……其致之也，谓天无以清将恐裂，地无以宁将恐发，神无以灵将恐歇。"（《老子》三十九章）在老子与孔子的非宗教天神观影响下，尊孔子为至圣先师的儒教，其实并没有将孔丘作为超验的神灵来看待，即使是作为我国五大宗教中唯一发源于中国，由中国人创立的土生土长的道教，虽尊《道德经》为最高经典，尊老子为道德天尊，位列三清天帝之一，并积极实践老子尊道贵德、清静无为、真知贵身的真义，却从来不妄称"老教"或"李教"（李耳），把老聃封为最高上帝，而是将"道"作为最高信仰、最上道术及最高神灵，构建了庞大的道藏经典与神仙道术体系。道教认为，道是产生天地万物的本源，道可修得，修炼目的是得道成仙，最终目标是与道合真，形神俱妙。道体现在人和万物中，人和万物都是由道生由德育，德即"得"，得道就可成仙。

不过，对此已深入了解的李申，还是在系统论证了儒教为宗教后坚称，儒教是中国传统的国家宗教，是中国传统文化的神经和灵魂。它的演变五千年来未曾中断，故为宗教自行演变和发展的典型代表。儒教的源头，起自尧舜、黄帝或更早的伏羲，传说经过了"绝地天通"的宗教变革。周公姬旦为周朝建立了当时最先进的礼仪制度，历经数百年后遭受了破坏。孔丘毕其一生为恢复周礼而努力，整理了圣明帝王们创造的文化成果，使之成为了后世人们的行为依据，故受到人们尊重，直到唐朝，都以"周孔"并称，将儒教主张称为"周孔之道"。汉代董仲舒"独尊儒术"的主张被汉武帝采纳后，儒教占据了主流文化地位，礼仪更为完备，同时也因过度重视外在形式而易于虚伪。魏晋时期王弼等更强调有形可见行为（有）背后无形不可见的"无"，直到宋代周敦颐、二程（程颢、程颐）、朱熹等创立理学后，《论语》《孟子》等被列入"四书"，此时的儒教比汉代以前更重视礼仪制度，由前期阶段被称为"汉学"的"周孔之道"，进入了宋代以后，成为后期阶段更重视内心虔诚、被称为"宋学"的"孔孟之道"。其主张为，只要重视内心修养，就能精通家国管理之道，治国平天下。明朝的覆灭使得宋明理学大受怀疑，但清朝已经提不出儒教新主张。鸦片战争后，西学东渐，儒经搁置，科举取消，直到辛亥革命后，儒教才被彻底废弃。

对"中国儒教演变史"进行了上述梳理后，李申认为，中国古代史上，最早自称宗教的是佛教，其次是儒教和道教。到了清代末年，儒者们已把宗教作为普遍意义的称呼来指称所有的宗教了，并且认为儒教是为国家民族服务的，是出于公心的宗教，而佛教和道教等则是追求个人私利、教人不守秩序而危害社会安定的宗教。佛教和道教则自认为是懂得人心的"内学"，儒教是只懂得外在礼仪的学问，在神祇教育方面儒释道三教则保持一致。故此，对儒教来说，既然天子就是"上帝之子"，上帝就是祖宗神的"上帝"，而"皇天上帝""神祇设教"等说法也均出自《易经》等儒教"圣经"，那么长期被中国古代社会尊为国教的儒教，无论因重视礼仪制度被称为"礼教"，还是因重视名分地位被称为"名教"，或是因尊孔子被称为"孔教"，都是远远胜过佛教、道教、回教、基督教等宗教的真"圣教"。

有鉴于此，李申认为，以中国社会科学院世界宗教所成立了"儒教研究中心"，国家宗教局领导出席了成立大会，河北人民出版社出版了《中国大典·宗教典·儒教分典》，赞成儒教是宗教的学者也日渐增多为标志，"儒教是宗教说"已在此次争议中成为定论。

然而，儒教与道教和佛教被学者作为"教"来研究，并不意味着所有学者都认同将儒教划入西方人所推崇的"宗教"，更不认为儒教非宗教就是中国文明比西方文明落后的证明。事实上，儒教作为"圣教"长期主导古代中国文明建设，并非其宗教化而一家独大的结果，而是孔子仁道主义体系在中国历史延续的发展中，不断自我完善，被统治者看好利用而成为中华文明道脉主线的结果。因此，李申的《中国儒教史》出版后，虽有学者赞其为"中国传统文化研究领域里的哥白尼革命"，是"划时代的著作"，但亦遭到许多学者的反驳，甚至有学者认为这是不通训诂、读不懂古书的"国家级豆腐渣工程"。

如学者鞠曦，就在其《〈中国儒教史〉反思：宗教一元论的思想背叛——

费尔巴哈与任继愈》一文中，力主对这一据称"中国大陆近二十年来在宗教和传统文化研究领域最重要的创新学说"①进行所谓"祛魅"。他指出，李申将儒学与儒教及中国传统文化进行宗教化统一后，所形成的"中国文化宗教论"，错误地认为："中国古代文化的各个方面，乃是一个相互关联的整体。这个整体，有统有宗，儒教，就是整个中国古代文化的统和宗。儒教，不仅总统着一切方面，而且把它的精神贯彻到这各个方面之中，构成了中国古代文化的大背景，其他一切文化建树，都须以儒教精神为出发点，也以儒教精神为归宿。儒教，就像一棵大树的主干，其他方面就像是枝叶花果"②。同时，李申还错误地认为，与封建宗法制度和君主专制相适应的儒教，对人民起着极大的麻醉欺骗作用，并以造神活动把孔子偶像化，"形成了一个庞大的儒教体系，一直在意识形态领域占据着正统地位，对于巩固封建制度和延长其寿命，起了十分巨大的作用"③。

确实如此，李申的结论并不符合儒释道易诸学皆为中华传统文化之纲，《易经》曾滋养儒释道三教，易学是国学基础，是中华文化主干的事实。而李申有关儒教是宗教的论点，还与费尔巴哈的宗教一元论历史观惊人相似，如鞠曦言，其称不上20世纪中国学术史上"带有根本性质的新说"。恩格斯曾批评费尔巴哈的错误就在于："他不是直截了当地按照本来面貌看待人们彼此间以相互倾慕为基础的关系，即性爱、友谊、同情、舍己精神等等，而是把这些关系和某种特殊的、在他看来也属于过去的宗教联系起来，断定这些关系只有在人们用宗教一词使之高度神圣化以后才会获得自己的完整的意义。"④而上述

---

① 李申：《中国儒教史·内容提要》，上海人民出版社，1999。

② 李申：《中国儒教史·上卷·自序》，上海人民出版社，1999。

③ 李申：《论儒教的形成》，载任继愈主编《儒教问题争论集》，宗教文化出版社，2000，第2页。

④ 恩格斯：《路德维希·费尔巴哈和德国古典哲学的终结》，载《马克思恩格斯选集》第4卷，人民出版社，1972，第230页。

对费尔巴哈的批判，同样适合于任继愈、李申由儒教是宗教论而推出的"中国文化宗教论"。

也许，恩格斯批判费尔巴哈的下述一段话，可作为我们今后积极吸收儒学道德伦理的精华，提高中国文化自信心的依据。这就是："在我们不得不生活于其中的、以阶级对立和阶级统治为基础的社会里，同他人交往时表现纯粹人类感情的可能性，今天已经被破坏得差不多了。我们没有理由去把这种感情尊崇为宗教，从而更多地破坏这种可能性。"①当然，即使儒教是宗教论难以成立，但在今后，有关儒教是否宗教的争议也许还会长期继续下去，始终无法取得一致意见。

但有一点相信大家都会认同，那就是道教、儒教等作为"中国式宗教"而不同于世界各大宗教的根本点，就是其最高经典及基本经义的创立者老子和孔子，都从来没有将自己视为至善至美、唯我独尊、无所不知、无所不能的"神"，也从没有让道徒儒生们去崇信神灵并绝对服从自己。因此，即使康有为等有意将儒教称之为"孔教"以敬孔丘，以同基督教称"耶教"以敬耶稣、佛教称"释教"以敬释迦牟尼、伊斯兰教称"真主教"以敬穆罕默德等各大教派相匹配，但老子、孔子等圣人在国人心目中，即使被神化成"教主"，也始终是有血有肉、有喜有惧、有对有错、可亲可敬的真实的"人"，而非不食人间烟火的"神"。

综上所述，有关儒教是否宗教这一个中华儒文化谜团，至此可以揭晓。首先，应该明白，与当年宣传复古思想，反对白话文，为镇压进步学生运动制造舆论，维护军阀统治，抨击新文化运动的甲寅派不同，提倡"昌明国粹，融化新知"主张的学衡派虽然也不满新文化运动提倡平民文学和白话文，打倒

---

① 恩格斯：《路德维希·费尔巴哈和德国古典哲学的终结》，载《马克思恩格斯选集》第4卷，人民出版社，1972，第231页。

"孔家店"，但尚能赞同新文化运动倡导者主张发展新文化，只是更多地强调继承传统，推陈出新，而不是如甲寅派那样强调超越传统，破旧立新而已。同时，学衡派也反对新文化运动抨击"礼教吃人"的观点，强调"礼"是人类社会发展的必然产物，礼教是中国文化的一个重要范畴，并将儒教的人伦精神和理想人格作为中国文化传统中具有永恒价值的东西，认为唯有弘扬民族精神，"以人格而升国格"，才能使灾难深重的中华民族得以"重建民族的自尊"。可以说，学衡派高度评价了孔子的历史地位，强调孔子不仅是中国古代礼文化的集大成者，而且是世界文化伟人，同时亦反对神化孔子和尊孔教，认为中国民族复兴必须建立在"民族文化的基石"上的看法，是有远见的，并非全是"反动"与"守旧"。只是他们由于当时的政治幼稚未能清醒意识到，揭橥科学与民主的新文化运动激烈反孔，推倒作为反动军阀维护封建专制统治护身符的孔子偶像，对于扫清封建文化遗毒具有重要意义。

其次，这场由西方传教士利玛窦在明代发起的有关儒教是否为宗教的争辩，最初只是意在辩明在东西方宗教文化的融通上，到底应该是"中华归主"还是"主归中华"的传教问题。至于清末康有为所提出的广建孔庙，推行孔教、孔子纪年，尊孔子为儒教教主的立教主张，更是将神道教与人文教混为一谈的严重错误。

因此，要解答儒教是否为宗教之谜，就先要明白当今孔学主题之一，就是学习和研究先王圣道的经典，使君子的道德完善化，并由此完善与孔教密切相关的中国经学系统。所谓经学，要义有三。一是以孔子筛选后，为后世提供的《诗》《书》《礼》《易》《乐》《春秋》等中华元典来造福社会。二是将孔子门徒亲友辑录、历代注疏阐扬，包括了孔子、孔伋、曾子、孟子等圣贤语录事迹的《论语》《大学》《中庸》《孟子》《孔子家语》《孝经》等经书的汇编整理，形成具有哲学高度与深远历史影响的经学理论系统。三是借助皇权扶持下儒学派对其他学派的影响力，及其在民族甚至世界的学坛上的重要地位，以"儒教"教育培育更多的社会栋梁即"君子"。其修德之道的要义，就是借鉴古代由家塾、学堂、书院，以及乡学、县学、郡学、国学（太学）等合成的国学教育系统，开办新书院、新学堂、新论坛等，以亲仁孝悌、忠信明礼为修德标准及做人起点，以一种儒者人性自我完美化的内求，将孔子仁道内化入心，通过了解孔儒教义，在增进莘莘学子的学识道德的进程中，实现谋求仁道、修成君子、齐家治国的人生目标。这也就意味着仁即人性，亲仁即善，克己复礼即可归仁；违仁则背道，远仁则恶，使人性蒙蔽受害而恶化。

孔学主题之二，就是通过儒教的教化，使亲仁内求的学子，转向外联家庭、民众与国家，懂得孝悌之道、礼乐之道、祭祀之道与天人合一之道，和谐人际关系并维护政治文明生态。从这一意义而言，从秦汉的周孔之道，发展至宋明的孔孟之道后，孔子礼乐观所倡导的礼治，通过借鉴道家道治、法家法治等诸家学说后，已经增加了道治精髓与法治要素，使之成为仁德之法治、礼德之法治、孝德之法治。故中国古代儒教融合道家、法家的治国理念之后，其最成功的特点，主要表现如下：

儒家优化人主的道德价值取向，以仁道教民而贤明有为，有利国家安定有序。法家强化人主的权势操控力度，以刑名赏罚而御民争霸，有利国家法治富强。道家弱化人主的欲望清静无为，以恒道安民而太平无争，有利人民休养生息。黄老道治人主的法度正君有争，以权衡轻重而循道生法，有利国家王道一统。

我们由此可知，中国历史上凡是经济富足、文化繁荣、政治昌明的强盛朝代，大都是由明君执政，能够将儒道法三家的优点相结合，循道有法，以德治国，如国家大一统的开国初期，或中兴时期，或是雄才大略的统治者能妥善处理好儒释道三教的关系，使之能互补共赢的文化兴盛期。这都是有史可鉴的。这也是儒教在历史上不可能成为真正一统朝政的宗教化国教的原因。

更重要的是，将儒教宗教化的徒劳努力，与中国国情根本不符，与中华文化复兴背道而驰。这是因为，儒教宗教论不仅在理论上否定了儒学文化现代化的理论价值与可能性，而且从实践上看也根本不可能在中国式现代化进程中重建儒家宗教组织。故儒教宗教化非但不可能如新儒家所愿，以宗教情怀和美好理想抬高中国文化的地位，让儒教恢复凌驾于中华各学派文化之上的古代执政地位，反而会极大削弱儒教长期以来既能与东西各类宗教文化和谐相处，又超越某一宗教的私属专利的独特文化价值，对当前实施中华优秀传统文化传承工程的国策造成不利影响。有鉴于此，儒教宗教论不仅在学术上难以立论，也没有现实存在的合理性。故第二个中华儒文化谜团的答案自然是：儒教并非宗教。

八、礼教存废说
中华文化理想之命运与百年大变局

　　中国现代史上的百年大变局中期，由牟宗三、徐复观、张君劢、唐君毅（以下简称四学者）于1958年元旦联署发表的《为中国文化敬告世界人士宣言——我们对中国学术研究及中国文化与世界文化前途之共同认识》（以下简称《敬告宣言》），不仅标志着海外第二代新儒家的真正崛起，也为解开自五四运动以后礼教存废之第三个中华儒文化谜团创造了契机。特别是历经了历史的巨大转折后，他们又重新甄定了自己的哲学立场，再度活跃在中国现代思想舞台上，努力将儒学的中心由大陆转向了港台地区。这一事件被视为当代儒学经现代转化进入了新阶段的标志，同时意味着自20世纪50年代起，在马克思主义的全面指导下，留居大陆的第一代新儒家代表熊十力、梁漱溟、冯友兰、贺麟等人自我理论改造的开始。

　　洋洋洒洒4万字的《敬告宣言》，是港台新儒家思想的总纲，在现代新儒学的发展历程中具有里程碑的意义，它由港台新儒学运动共同促成。四学者痛感有些人认为中华文化已是花果飘零，成为西方汉学家眼中的古董。然而中国文化并没有像古埃及文明、古希腊和古罗马文明、古印度文明那样消亡，而只是患了可治之病。四学者觉此而敬告世界人士，如东方长期学习西方一样，西方也应该学习东方，大家都应抱着同情和敬意的态度来了解和分析中国文化。

　　《敬告宣言》的前言，表达了四学者对中国文化之过去与现在的基本认识和对其前途的展望，指出了今日中国及世界人士研究中国学术文化和中国问题时应有的方向，并强调自己在中国遭遇此空前的大变局，四顾苍茫、一无凭借的心境情调之下，抚今追昔，由忧患而产生的一种超越而广涵的胸襟，去看问题的表面与里面、来路与去路后所获的心得，明白了中国文化问题，有其世界的重要性，如得不到正当的寄托和安顿，将招来全人类在现实上的共同祸害。

四学者在分析了世界人士研究中国学术文化之三种动机与道路的共同缺点后，强调他们须肯定承认中国文化之活的生命之存在，应对中华文化保持敬意，而敬意向前伸展增加一分，智慧的运用亦随之增加一分，了解亦随之增加一分。同时研究者须去除接触某种现实政治时之个人之情感，个人一时一地之偏见，必须顺中国文化历史之次序，由古而今，由源而流，由因至果之逐渐发展之方向，更须把握中国文化之本质及其在历史中所经之曲折，乃能了解中国近代史之意义及中国文化历史之未来与前途。

四学者强调，中国哲学思想在中国文化中之地位及其与西方文化之不同，中国民族之客观的精神生命，在中国人之思想或哲学中，只有从中国思想或哲学下手，才能照亮中国文化历史中之精神生命。中国文化在本源上是一个文化体系。这一本源并不否认多根。中国总以大一统为常道，且政治的分合从未影响到文化学术思想的大归趋，此即所谓道统之相传。中国历史文化中之道统，乃源于中国文化之一本性。西方文化之统，因来源众多而难于建立，乃以超现实世界之宗教信仰中之上帝为统。这是中西文化在来源上的根本区别。

四学者强调要了解中国哲学思想，"自始不当离哲学家之全人格，全生活，及其与所接之师友之谈论，所在之整个社会中之行事，及其文化思想之渊源，与其所尚论之古今人物等而了解，亦彰彰明甚"，"而人真能由此去了解中国哲人，则可见其思想之表现于文字者，虽似粗疏简陋，而其所涵之精神意义、文化意义、历史意义，则正可极丰富而极精深"。

　　对于中国文化中之伦理道德与宗教精神，西方一般认为中国文化注重人与人之伦理道德，而不重人对神之宗教信仰。四学者认为，这种看法在原则上并无错，但如果"同时以中国文化所重的伦理道德，只是求现实的人与人关系的调整，以维持社会政治之秩序；同时以为中国文化中没有宗教性的超越感情，中国之伦理道德思想，都是一些外表的行为规范，缺乏内心之精神生活上的根据。这种看法，却犯了莫大的错误"。中国没有像西方那种制度的宗教教会与宗教战争，也无独立的宗教文化系统，"中国民族之宗教性的超越感情及宗教精神，因其所重之伦理道德，同来源大忌，中国宗教则本不与政治及伦理分离，亦非无宗教"。因此，不能忽视由古至今中国思想家所重视之天人合德、天人合一、天人不二、天人同体之观念。孔孟老庄所谓天之观念所指，初为超越现实的个人自我与现实之人与人的关系。所以不是中国文化无神、无上帝、无宗教，而是中国文化能使天人交贯，一方面使天由上彻下以内在于人，一方面亦使人由下升上而上通于天。

　　四学者认为，中国的信仰即仁义价值之本身，道之本身。心之所安不必是上帝之诚命或意旨，"心所安之道，一方面内在于此心，一方面亦即超越个人之现实生命之道，而人对此道之信仰，即宗教性之超越之信仰"。

　　四学者对中国心性之学的意义作了阐发，他们认为把中国心性哲学当作西方心理学或传统哲学中之理性的灵魂论，或从认识论的形而上学去讲，在根本上都不对，自然主义更错。中国由孔孟至宋明理学之心性之学，则是人之道德实践的基础，由此而人生之一切行道而成物之事，皆为成德而成己之事。

　　四学者认为，印度冥心于宗教之永恒世界而缺乏历史之意识。中国则为文化历史长久，而又一向能自觉其长久之唯一的现存国家。《易传》的"可大可久"，《中庸》的"悠久成物"，《老子》的"天长地久""长生久视"，均为中国在战国时提出的长久哲学。道家的"不自生故能长生""外其身而身存"，正是以一种超越一般人对其现实的生命身体之私执，及一往向外用力之态度，而使力气向内收敛凝聚。这一态度要人少私寡欲，要人见素抱朴，要人致虚守静，要人专气致柔以归于复命。这是可以使人达于自然的生命力之生生之原，而保持长养人之自然生命力的。儒家亦有内敛自然生命力，动机是成就人与人之间的礼，以德润身，心宽体胖。

对于中国文化之发展与科学的问题，四学者认为中国文化理想不足，正德与利用厚生之间，少了理论科学知识之扩充，以为其媒介，则正德之事，亦不能通到广大的利用厚生之事，或只退却为个人之内在的道德修养。故"须接受西方文化，乃使中国自觉成为道德的主体、政治的主体、认识的主体，及实用技术活动的主体。而使中国人之人格有更高的完成，中国民族之客观的精神生命有更高的发展。此亦中国人要自觉成为道德实践之主体之本身所要求的，中国民族之客观的精神生命之发展的途径中原来所要求的"。

对于中国文化之发展与民主建国，四学者认为中国文化历史中，缺乏西方近代之民主制度的建立。现在之问题唯在中国民族未能真正完成其民主建国之事业。而过去儒家思想之缺点，是未知如何以法制成就君位之更迭，及实现人民之好恶，亦不能立万世之太平。所以人君若真能树立其道德的主体，则彼纵能以德化万民，亦将以此德化万民之事之本身，公诸天下，成为万民之互相德化，使人真树立其道德的主体。

对于中国现代政治史之认识，四学者强调中国人民要求政治民主是不成问题的，但一向唯以知识分子作为社会之中心，却又素未与工商界结合，亦无教会组织，故民主纯为英美舶来品，在中国文化中是无根的。他们同时认为，大陆主流文化只承认阶级的人性，想打倒一切建基于普遍的人性基础上之宗教、哲学、文学、艺术、道德，悖逆世界一切高级文化之共同原则，尤与中国数千年之文化思想中之植根于此心此性，以建立道德的主体者相违，而想截断中国历史文化之统绪。如果说，四学者以上看法还大致符合"文革"时期以阶级斗争为纲、破四旧、毁文物的偏激思潮的话，那么其有关执政者想否认人的个性与自由人权，马列主义至多只是被中国人反帝国主义一时所信之暂时工具的断言，则充分表现出他们由于远离大陆、囿于西方舆论偏见、不明国情等而患上的政治幼稚病。这就是只知道共产主义思想之来源，不是中国的，却不知道中国的大同理想，尤其是老子的天之道思想与其之间的相融性，更不知道马克思主义正在逐渐中国化的必然趋势，难免产生对当今中国政党文化强大优势的短视。

对西方文化之期望及西方所应学习于东方之智慧者方面，四学者指出，西方文化是支配现代世界的文化，其文化精神之最高表现，主要在其兼承受了希腊的科学哲学精神与希伯来之宗教精神。于是，此近代西方人之心灵，乃一面通接于唯一上帝之无限神圣，一面亦是能依普遍理性以认识自然世界。由此而转至近代文艺复兴时期，人对其自身有一自觉时，此二者即结合为个人人格尊严之自觉，与一种求精神上的自由之要求。于是，一二百年之西方文化遂突飞猛进，亦明显产生宗教战争、劳资对立、帝国主义、苏俄极权等冲突，使得亚非民族居于今日西方国家对立中之举足轻重之地位。

四学者认为，西方人之缺点，乃在于想把其理想中之观念，直下普遍化于世界，而忽略其他民族文化的特殊性，因而缺少敬意与同情的了解，心习积成一群人之活动，一往直前，扩张至某一程度，即与另一群抱不同理想之人互相冲突，让东方人感到一种精神的压迫，产生距离感、自卑感，以及仇恨心。因此，西方人应一学东方文化"当下即是"之精神与"一切放下"之襟抱。此智慧，道家称之为虚之智慧、无之智慧，儒家称之为"空空如也""毋意、毋必、毋固、毋我""廓然大公"之智慧。二学东方"圆而神"的智慧，它在《易经》里与"方以智"相对照。西方概念是直的、方的，不能曲尽事物之特殊性与个性。而庄子所谓"神解"，孟子所谓"所过者化，所存者神，上下与天地同流"中，此神非上帝之神，神者，伸也。西方人有此智慧，乃能与世界各文化相接触而无阻隔。三学一种温润而恻怛或悲悯之情。西方人战争冲突时，祈祷上帝帮助自己，此处上帝之道与人心之魔又可俱生并长。爱必须与敬同行，则人对人之爱，皆通过礼而表现之。四学如何使文化悠久的智慧。人必须有上通千古、下通万世之由历史意识所成之心量，并由此心量以接触到人心深处与天地万物深处之宇宙生生之原。西方人只想上帝之永恒，未能有此心量。五学天下一家之情怀。中国人自来喜言天下与天下一家，而诸子百家皆有所贡献。墨家要人兼爱，道家要人与人相忘，佛家要人以慈悲心爱一切有情，儒家要人本其仁心以相信"人皆可以为尧舜"，本仁心以相信"东西南北海，千百世之上，千百世之下之圣人心同理同"。从中西教义看，基督教先说人有原罪，由上至下，以救人。儒家多信人之性善，人自身可成圣，而与天合德。儒家之教不与一切人之宗教成为敌对，有天地观念而无地狱观念。"万物并育而不相害，道并行而不相悖"乃儒家之信仰。儒家精神值得天下人学习，以为未来世界之天下一家之准备。

对于世界学术思想之期望方面，四学者指出，一是由于现在地球上的人类已经由西方文化之向外膨胀而拉在一起，并在碰面时彼此头破血流。人类学术的主要方向，应把人类前途问题共同当作一整个问题来处理。除分门别类的研究之外，人类须发展出一大感情，以共同思索人类整个的问题。这大感情中，应当包括对不同民族、不同文化之本身的敬重与同情，即对于人类之苦难有一真正的悲悯与恻怛之仁。二是人类要培植出此大情感，不应只是把自然与人类所有之一切客观化为对象，而加以冷静地研究之学问，而是要把人类自身当作一主体的存在看，而求此主体之存在状态，逐渐超凡入圣，使其胸襟日益广大，智慧日益清明，以进达于圆而神之境地，情感日益深厚，以使满腔存有恻怛之仁与悲悯之心的学问。这种学问不是神学，亦不只是外表的伦理规范之学，或心理卫生学，而是一种由知贯注到行，以超化人之存在自己，以升进于神明之学。此即中国儒者所谓心性之学，或义理之学，或圣学。亦即中国人之所谓立人极之学问。三是从立人极之学所成之人生存在，他是一道德主体，能承载上帝，而与天合德的。故此，人生存在，即兼成为"道德性与宗教性之存在"，而成"政治的主体""认识的主体""继往开来，生活于悠久无疆之历史文化世界之主体"，于历史文化世界之悠久无疆中，看见永恒的道。

《敬告宣言》最后，四学者感慨道，18世纪前的西方曾特别推崇中国，19世纪的后半期以至今日，西方人则视东方之中国为落后之民族，而中国人亦自视一切皆不如人。此见天道好还。现在，东方与西方到了应当真正以眼光平等互视对方的时候了。中国文化现在虽表面混乱一团，过去亦曾光芒万丈，西方文化现在虽精彩夺目，未来又毕竟如何，亦可是一问题。这个时候，人类同应一通古今之变，相信人性之心同理同的精神，来共同担负人类的艰难、苦病、缺点，同过失，然后才能开出人类的新路。

从20世纪50年代，中国又经历了一甲子而有余，在中国共产党的领导下已成为全世界第二大经济体、第一大制造国和最大消费市场。四学者盼望的东西方人真正以平等眼光互视对方之时，虽然还暂不为西方人所习惯，但已经悄然到来；并且已经有推崇中国孔孟可救世的英国历史学家汤因比、著有《中国科学技术史》的著名科学史家李约瑟等越来越多的西方著名学者，表达了对世界的哲学与科技做出了卓越贡献的中国文化的由衷敬意，并予以热情推介。

20世纪初的百年大变局以来，尤其是"批林批孔"运动后，国人心中那始终挥而不去的第三个中华儒文化大谜团终于彻底解开。其标志就是，在中华文化促进会主办的"二○○四文化高峰论坛"上，由许嘉璐、季羡林、任继愈、杨振宁、王蒙、白先勇、白淑湘、冯骥才、汤一介、刘梦溪、杜维明、庞朴、周汝昌、高占祥、黄会林、谢晋等三十一位成员联名发表了《甲申文化宣言》。面对不同于四学者当年所惭言的中国"混乱一团"的局面，该宣言首次向世界传达了改革开放后，中国和平发展所体现的人文精神，同时强调文化既涵盖价值观与创造力，也包括知识体系和生活方式，强调文化多元化对于全球范围的人文生态，犹如生物多样性对于维持物种平衡那样必不可少。故每个国家、民族都有权利和义务保存和发展自己的传统文化，都有权利自主选择接受、不完全接受或完全不接受外来文化因素；同时也有权对人类共同面临的文化问题发表自己的意见。国家在文化交往和交流方面均享有平等权利，故反对文化沙文主义和文化歧视，并认为此类行为是反文化的。

《甲申文化宣言》宣示，中华文化至今仍是全体中国人和海外华人的精神家园、情感纽带和身份认同。我们应当与时俱进，反思自己的传统文化，学习和吸收世界各国文化的优长，以发展中国的文化。我们接受自由、民主、公正、人权、法治、种族平等、国家主权等价值观。我们确信，中华文化注重人格、注重伦理、注重利他、注重和谐的东方品格和释放着和平信息的人文精神，对于思考和消解当今世界个人至上、物欲至上、恶性竞争、掠夺性开发，以及种种令人忧虑的现象，对于追求人类的安宁与幸福，必将提供重要的思想启示。

由此观之，《甲申文化宣言》发表时，正处于中华文化元气逐渐恢复的阶段，其签名队伍看似庞杂，但赫然标志了包括第三代新儒家在内的中华文化复兴大阵营之形成，以及当代儒学研究中心正回向大陆的大趋势。其本意是代表中国文化界主流意识，申明文明多样性是人类文化存有的基本形态，是不同文明之间相互解读、辨识、竞争、对话和交融的动力，理应受到普遍尊重。故应开展文明对话，消弭隔阂，消除误解；并在流露出对排斥异质文明的狭隘民族主义，以优劣论文明、将不同文明之间的关系形容为不可调和的冲突的观点的忧虑的同时，表达了中华文化名流为捍卫世界文明的多样性，保护各民族的文化传统，激励国家、民族和地区间的文化交流，愿与海内外华人一起，为弘扬中华文化而不懈努力，愿与世界各国人民一起，为促进人类文明与社会发展而共同奋斗。这无疑是有特定历史意义的。其不足则在于全文仅千余字，未能直接阐明东西方文化的各自价值及其所体现的文明进步，也没有针对性地提出如何进行人类文明的伟大创造和成功实践的方略。这可谓当时身处韬光养晦时期的中国，对时势评议的审慎态度及认识能力所限。

所以，相对于《敬告宣言》指出中国文化有其一本性（即政治上有政统，哲学中亦有道统，故研究中华文化当注意中国哲学中历代相传之道统之意义，同时强调中国要讲中国文化的主体内容，即与讲"返本开新"的儒家文化有所不同），《甲申文化宣言》因尚未注意到这个问题，故未能如四学者那样，从历史维度和内容维度看中国文化"一以贯之"的文化道统问题，此即所有关心儒教存亡兴废之人都应予关注的中国大一统历史的连续性，儒道文化所体现的中华道脉问题，从而对它保有"温情和敬意"，更自信地去创造新文化、熔铸新传统，吸收西方文化精华。

也只有这样，《敬告宣言》里的一些错误论断才能得以纠正。如四学者有关"西方哲学家之世界，恒自成一天地。每一哲学家都欲自造一思想系统，其著作界说严，论证多，析理亦甚繁。故看中国哲人之著作，则无不觉其粗疏简陋"的见解看似有理，但若由此推出"中国过去，亦并无认为个人哲学之思辨，可自成一天地之说，更无哲学家必须一人自造一思想系统，以全表之于文字著作中之说，则中国哲学著作以要言不烦为理想，而疏于界说之厘定，论证之建立，亦不足为怪"的结论，就未免武断了。实际上，只要我们今天能潜心治学，旁征博引，深入浅出，对儒道的可信经文如《道德经》《论语》《孔子家语》《孝经》等进行认真梳理，提炼出如"恒道""清静""无为""贵身""亲仁""修德""礼乐""君子""大同"等基本概念，升华为核心价值观的阐述，就可以将《敬告宣言》所批评的这两位伟大的中国哲学家"一人自造一思想系统，以全表之于文字著作中之说""则中国哲学著作以要言不烦为理想，而疏于界说之厘定，论证之建立"的缺陷，以及诸如孔子礼乐教化的本质与存废应如何看待等谜团一一解开。

这一点，亦可从各朝各代的国家统治者、各家学派和社会各界对孔子的态度，从确立孔学为人与治世的两大主题中看出。而孔子命运多舛，经历急剧变化仍不安稳的根本原因，则是统治者政治需求的变化，以及时势使然。即使孔子生前已有圣人美名，还有出色政绩，但其礼治方略毕竟不合时宜，故难以受各国君主重用，不得不带着门徒漂泊七国，凄凄惶惶，狼狈如丧家之犬，及至在扫平六国、气势如虹的秦始皇登基后，最终对力主温良恭俭让的孔子学说心生厌弃，以焚书坑儒的文化惨剧与之决裂。

汉武帝享受了依赖黄老之道建成大一统汉帝国的成就感，却终因采纳了董仲舒"独尊儒术"的国策，几乎耗尽了文景之治积攒的大量钱粮而懊悔。此后，孔子儒学亦受到了西方炮舰文化的致命性轰毁，即使维新保皇的康有为再如何痛呼孔教救世，也难阻孔教跌下国家神坛而一蹶不振，被高呼"打倒孔家店"的五四新文化洪流冲出了历史舞台中心。

"文革"时期的破四旧怒火、批孔运动的升级，将毛泽东关于"从孔夫子到孙中山，我们应当给以总结，承继这一份珍贵的遗产"的教导抛之脑后，"孔老二"因被野心家捧成复辟偶像而被扫进了历史垃圾堆。直到在两代新儒家的不断疾呼和努力下，仰赖如今中国实力的强大后盾，实施"一带一路"倡议的推进，以及习近平总书记考察曲阜、褒扬孔子大同思想、弘扬中华优秀传统文化成为民族复兴的重大举措之后，孔老夫子才又重展笑颜，成为第三代新儒家善加利用的文化资源，推动了对中华文明、印度文明、伊斯兰文明、俄罗斯文明，以及西方文明之间关系的深入研究，获得了有关儒释道如何互动推进儒教文明圈发展的大量研究成果，为溯古追源、返本开新、勤奋实干的中国人倍添文化自信。

但这也带来了有关孔子有无系统的思想体系、其对儒教文明圈的影响应如何评价等新课题。有鉴于此，处于东西方文明此盛彼衰、世界百年大变局之时，中国人更需增强文化自信，找到中华文化复兴之路，在除去历代封建统治者为孔学附加涂抹的种种糟粕之后，积极地吸收孔子富于生命力的民族智慧，为实现天下为公的大同理想、构建人类命运共同体服务。

　　这意味着，我们一不再重复鲁莽凌躐的文化激进主义错误，不分青红皂白地视孔教为禁锢自由、亟待轰毁的孔家店，非铲除而后快的吃人的旧礼教文化；二不再忍受昏庸守成的文化保守主义桎梏，无限拔高儒教文化，视孔学为未被腐儒扭曲的国学精髓和温情脉脉的人伦精神纽带，而是站在中华文化复兴的文化创新主义立场，一方面吸收西方先进理论之精华，一方面吸收孔学、道学、易学、佛学等国学精华，加以融合汇通，以增强中华文化的智慧及自信，构建中国特色学科体系的理论支柱，为复兴中华服务。

　　如此一来，则第三个中华儒文化大谜团，其牵涉有关礼乐、礼治、礼教、乐教、有教无类、因材施教、修成君子、为政以德等诸多理念的孔子礼乐观、修德观与好学观的"克己复礼"，到底是仁道心性的道德完善，还是复辟倒退的封建旧制度等历史疑问，将得到中国式现代化的合理解答。

　　我们首先应全面阐析孔子"克己复礼为仁"的意义。一方面，从古代伟大教育家孔子自身的人格特点看，他本身就是谦虚好学、诲人不倦、好恶分明的性情中人，将学礼安仁、仁者爱人、文质彬彬作为自我塑造与养成君子的人格理想，并终生贯穿于自己和学生们"一日克己复礼，天下归仁焉。为仁由己"[12.1]的日常行为与人生进取中。在孔子看来，克己复礼，首先就是一种以内心约束、言语约束、利益约束来求取仁道的心性修德过程。故复礼归仁时"礼"的作用，就是强化礼的道德引导与约束作用，做到"非礼勿视，非礼勿听，非礼勿言，非礼勿动"。此亦即孔子所谓"不义而富且贵，于我如浮云"的深意。从这一意义而言，孔子认为成仁者必备之"礼"，确是儒教的必修之德、为人处事的文明之途，它后来能与仁义智信并列为儒家"五常"，绝非偶然。

　　另一方面，孔子的"克己复礼为仁"，也确实因为其恢复周礼的持续努力而添加了教礼乐、施礼治的古代礼制文化建构的意义。它意味着，"仁者爱人"作为孔子仁道思想的核心，本身就内涵了血缘亲疏与等级结构的中华礼治文化含义。其要义是血缘最近者才是最亲的人，只有尊重和爱护最亲的人才是仁孝，并以此作为维护封建统治的治国孝道。在这一意义上，孔子效仿先王之道的"礼治"，提倡的就是只有注重仁孝，实施以孝为本、为政以德的孝道，才是儒教德治的政治理想模式；就是只有亲民崇礼、爱民富民、教民敦德，才是政治的基本原则。因此，所谓孝悌，已然是儒教政治的社会基础与为仁之本，"本立而道生"[1.2]，故孔子礼治的"正名"，因是政治的重要举措而具有优先性[13.3]。而孔子正名的内容，则是分清君臣父子，做到"君使臣以礼，臣事君以忠"[3.18]。这样的为政以德，譬如北辰，居其所而众星共之。[2.1]

由此可见，孔子的克己复"礼"，不仅是个人道德修养，更是礼治乐教的制度建设，是中华古代文明的创新。荀子认为，圣人备道全美者也。虽说人们常把道治、法治和礼治作为道家、法家与儒家的分界线，但综观孔子的"礼治"，其实已蕴含了仁治、德治、法治、孝治等礼治的制度化要素，可谓是仁德之法治，礼德之法治，孝德之法治。而所谓"制度化"，原是美国社会学功能主义学派最重要的理论家塔尔科特·帕森斯提出的重要概念，它"指一定地位的行动者之间相对稳定的互动模式"。这意味着，孔子倡导的克己复"礼"，其实已指向了"制度"，而不单纯是个人所修之"德"。"礼"因此成为靠法维护的"德"；"礼治"也因此成为赖刑法生存的"德治"。孔子这种由礼治制度挤压出来的"德"，含德量低而自觉性少，故老子感叹"上礼为之而莫之应，则攘臂而扔之"，因"失义而后礼"，使"礼"成为"忠信之薄而乱之首"（《老子》三十八章），最终造成失礼而后乱、撸起袖子干的恶果。

站在儒道共奉的中华元典《易经》的高度看，由"易更三圣"之一的孔子阐述的《周易》经学系统里，乾德勇健，坤德仁厚，离震是义德，坎是信德，兑是智德，艮巽则为知止顺服的礼德，止于当止而淳化民风。历史上，作为儒教不得不由德治而转为刑治的标志，是孔子诛杀少正卯事件。也许后者之罪不在于博闻记丑，而在于孔子深忧的以伪道德毁德护丑。

要而言之，礼治是孔子对社会政治上下层建立良性的稳定互动方式的设计范式，是孔子坚信"君子之德风，小人之德草"（《论语》）的齐民敦俗之道。在《六韬·明传》里，姜太公对文王说："见善而怠，时至而疑，知非而处，此三者道之所止也。柔而静，恭而敬，强而弱，忍而刚，此四者，道之所起也。故义胜欲则昌，欲胜义则亡，敬胜怠则吉，怠胜敬则灭。"由此可见，熟悉周礼的孔子的"志于道"，就是追求大同理想。为此，统治者须精易理，辨阴阳，运五行，懂"礼"知止，自主向善，崇天祭祖，敬贤尊老，孝亲仁慈，以修德为基础，才能自觉谋道施礼治。

礼治必须有刑、法等制度相配套，才能确保有效施行。在这一点上，孔教的"礼"，还有对上天祭礼，在国际、人际、各界、各级之间礼尚往来，互赠礼品，互通有无，平等交往，润滑关系，友好相处上的意义，它们都是"礼之用"。所谓的礼法、礼祭、礼仪、礼节、礼物、礼制等"礼之体"，以及礼理、礼德、礼义、礼貌、礼敬（心）等"礼之心"，也都有孔教礼治用心之微妙，与西方宗教用教义祭礼规范教徒，自认罪人；以信教为由，用法律强力执行显然不同。而中国古代法家正由于少了礼治和宗教这两个前提，故不可持久。

礼治在体现出孔子仁道主义之"礼之理"的同时，还应体现老子恒道主义升华"礼德"的"礼之道"。所谓秦汉多论道，宋明爱讲理，其实已在某种意义上启示着我们：人类终将不会由孔子规范人伦道德秩序所推崇的先王之"礼"或者"人之道"来决定自己的命运，而是老子以天才哲学家的睿智所发现的，"人之道"所必须效法的"天之道"，决定未来礼治新生之前途。故在此意义上可以说：

道是自然的，理是必然的。道是应当的，理是规范的。

道是顺当的，理是当然的。道是体悟的，理是发现的。

道是统一的，理是分类的。道是合流的，理是散布的。

道虚空抽象，理务实具体。道精神专一，理百科实操。

道确立宗旨，理制定规矩。道修德务虚，理分科务实。

道合其德似无情无义，理合其法而通情达礼。

九、中华道脉观

孔子仁道主义体系与中华道脉传承

　　孔子仁道主义体系的构建与中华道脉之传承密切相关，故须从中国特色学科体系的高度，系统阐明"孔子仁道"的内在逻辑及其与老子恒道、黄老王道、伏羲易道、慧能禅道等中国古代哲学各体系的主次层级、相辅相成之密切关系，以掌握中国新儒家与新道家的话语权，以利中外哲学史家展开文明对话。

　　孔子询礼问道的老子，是世界上最早论述了何为"道"的世界哲学之父。据老子恒道主义之定义看，"道"是宇宙本体及其全息全能、澎湃不息的原动力，在人类悟真向善尚美的自由活动辅助下，通过阴阳冲和的永久性、自然性、对立统一性的万物演化，实现形而上的最高价值，从而永恒保持自组自化自平衡的自然时空机制。故放眼全球，睥睨千古，当可知：文化，是人类为实现理想的精神塑造及物质创造的过程与结果；文明，是人类文化以精神方式和物质方式所创造的历史与成果。以此推论，华夏数千年之道脉，则是中国原创并将外来哲学中国化后合成的中华思想文化之精华。

　　中国学者通过对中西哲学史的比较，大都会产生一个共识：中华国学有一个统绪或称道统。我们借此可从中华国学文化中理出它内含的"三合一"层次，即以中国诸子之学以及各学科为骨干层，以衣食住行用等文化为基础层，以易儒释道诸学为核心层，以及包括了孙中山新三民主义、毛泽东思想、邓小平理论、"三个代表"重要思想、科学发展观、习近平新时代中国特色社会主义思想等在内的创新层。而在不断推进马克思主义中国化进程中，这个创新层正成为促进社会主义先进文化发展、弘扬革命文化精神、传承中华优秀传统文化、日趋完善的中国式现代化理论。

从中华国学居于核心层，以"易为学纲""儒为理纲""佛为心纲""道为总纲"的易儒释道四大家各自所持之"道"看，可归纳为"易道""仁道""佛道""恒道"，以及综合了儒道易法各家学说之精华的黄老"王道"等五大类型，各有不同定义与运用范围，并在核心层、骨干层、基础层的互动下滋养创新层，以国道、国文、国艺、国德、国学的五行同圜模式，形成了中国特色学科独树一帜的闭环体系。

简言之，中华道脉与中华民族精神浑然一体，共生共荣。自夏商周三代《连山易》《归藏易》《周易》变更进化以来，终以中华元典《易经》之开枝散叶，生发出中华文化百花齐放的丰硕成果。它既有由易学演化出否极泰来、天人合一的大宇宙；由道学擘画出负阴抱阳、大象无形之宇宙稽式；由儒学激扬以德治国精神，走向天下为公之大同；也有黄老之学以道生法，权衡利害，以有争实现的神州一统，以及佛学以明心见性教化信众，成佛西去的极乐世界。

从此以后，中华道脉赖伏羲易道一画开天，得老子恒道通古识今，依孔子仁道继往开来，靠黄老王道一统神州，得慧能禅道而清心明智，最终将伏羲易道、老子恒道、孔子仁道、黄老王道、慧能禅道等融为一体，汇流东西方古今哲学精华，为中国特色学科体系奠定了马克思主义中国化的理论创新基石。

综观两千五百年来，中华道脉在"易为学纲""儒为理纲""佛为心纲""道为总纲"的各派学说互动影响下，一脉相承地贯穿于先秦之立道、汉唐之弘道、宋元明清之理道、近现代维新之变道，以及当代中华民族伟大复兴之大道等，在中国哲学思想史发展至今之五阶段之中，形成了以"问道立本"为主题和以"循道务本"为主题的两大主线。故欲寻道问路，非摸准中华道脉之主线不可。

主线之一，由问道立本之途深化，从本体论角度，探讨有无相生之道，属于认识论范畴，意在问"道"之有无。它具体讨论两个问题。一是"本体之道"，根据老子恒道、孔子仁道、伏羲易道、黄老王道、慧能禅道等去明道识体，通过太极说、本体论、有无论、恒道观、礼乐观等，尽力弄明白太极阴阳、有无相生、礼理乐教的道理，旨在通过无极说、本体论、起源论、恒道观、大同观、礼乐观、法度观等，探讨先天地生而主宰人的道本体。二是"变化之道"，根据古代辩证法的矛盾论、冲突论、清静观、权衡观等，旨在悟阴阳冲和奥秘之道，阐析阴阳消长的变化论、消长论、动静说、天机观、佛教的轮回涅槃说等，以探讨宇宙大化理论。

主线之二，由循道务本之途生发，从语义学角度，探讨由内而外之道，属于实践论范畴，意在明"道"之大用。它具体探讨的是心物关系、知行关系等两大问题。一是"修身之道"，属于心性修养的道德范畴。它或借助玄德观、贵身观、修德观、亲仁观、孝悌观、君子观、雌雄观、心性观等"悟道"，或通过八卦演绎、五行制化、五德之说，阐析天人合一之道，或通过清静论、心斋说、真人说、玄学说、柔节说等践行黄老与道家修身之道，或通过仁义礼智信五常、孝道、诚敬、心学等践行儒家修身之道，或通过阐明佛学、禅道、心性论等践行佛家修身之道。二是"治国之道"，属于治国理政的政治哲学范畴。它或以清静无为、真知贵身等践行黄老治国之道，或以仁义忠孝、理学心学等实施儒家以德治国之道，或以厚赏酷刑推行法家治国之道，或以和平反战实施墨家之道，或以克敌取胜实施兵家保国之道，或以助耕务本实施农家富国之道，或以普度众生实施佛教治心之道等。

参照中华传统文化格局中老孔两条主线缠绕互动、儒释道易四学兼容并包的上述特点后，再结合易道广大，已研发出百业千行，精研实干之事务学；入世儒家，修身德治，建功立业；出世佛家，慈悲济世，普度众生；混世道家，自然而然，无为而治的发展趋势看，所谓中国文脉延续，实为艺术冲动表象；唯有中国道脉绵延，才是内在精神显现。故只有从中华文化的统绪或道统中触探民族道脉，让中华道脉永远磅礴奔涌，精神健旺，主线绵延不绝，中华复兴才能得道多助，中华民族才能增强文化自信，中国文艺才能繁荣发展，中国才能为人类命运共同体提供强有力的永久支撑。这也是我们着力构建老子恒道主义、孔子仁道主义之两大体系，重振黄老之道雄风，探寻并勃发中华道脉的拳拳初心与必然需求。

从中国哲学史发展看，老子恒道主义与孔子仁道主义的构建，贯穿和主导了"问道立本"与"循道务本"这两大发展主线，其相辅相成而塑造的中华优秀传统文化，历来相信上善若水之恒道，大同为公之仁道，今后必将能够助力中华文化消解一切"文明的冲突"，将由不同的人种、民族、国家，以及不同文明之间的断层线或冲突线，化为全球各大文明之间互鉴共融、美美与共、世界大同的"文明晕染线"（参见《老子道经·文明的晕染与老子恒道主义》，世界图书出版广东有限公司2021年版）。

纵览人类文明发展史，探讨所有经历过"黄金时期"及处于"后黄金时期"，力欲再度振兴的古今伟大文明的命运之后，东西方有识之士无不惊奇地发现：由伏羲易道所生发，由老子恒道与孔子仁道携手黄老王道、慧能禅道所辅助的中华复兴，正在中国式现代化的主导下，日益增强中华文化的软实力与巨大感召力，为实现人类命运共同体之自由理想而奉献无穷智慧。其原因就在于，中国思想文化史五千年来精进振奋、一以贯之的中华道脉。

如果说，中华道脉促成的中华文明辉煌得益于"以百姓之心为心"的老子，引导了孔子以其"人之道"效法"天之道"而步入正途的话，那么也可预期，吸纳了东西方文明精神财富，汇聚了伏羲易道、老子恒道主义、孔子仁道主义、黄老王道主义、慧能禅道等中国学大智慧的中国化马克思主义，将有利于统一全国各族人民的方向与步调，有利于增强中国人的文化自信与巩固文化本位，更好地推进中国式现代化发展，以"文明晕染"之美消解"文明冲突"之祸，向世界大同的人类理想社会前进。

第三编

孔子儒经四书编译

学而不厌，诲人不倦。

第一部 论语

序 言

　　《论语》是一部记录孔子及其弟子言行的语录集，成书于中国春秋时期。1973年在河北定州八角廊村40号汉墓，即西汉中山怀王刘修墓中发掘出来的竹简本《论语》，是目前发现的最早版本，与古文版系统及今文版《鲁论》系统略有所不同，但都集中地反映了孔子的思想，被称为圣人之学、载道之学、君子治天下之学，以至于产生了北宋政治家赵普所谓"半部《论语》治天下"之说，影响至今。

　　《论语》书名的含义所指，自汉以来一直有不同说法。班固撰《汉书·艺文志》认为它是孔子应答弟子、时人及弟子相与言而接闻于夫子之语，门人相与辑而论纂，故谓之《论语》。刘熙在《释名·释典艺》中认为，《论语》之"论"，意指伦理也；"语"，即"叙己所欲说也"。何异孙则在《十一经问对》里进一步指出："《论语》有弟子记夫子之言者，有夫子答弟子问，有弟子自相答者，又有时人相言者，有臣对君问者，有师弟子对大夫之问者，皆所以讨论文义，故谓之《论语》。"

　　简言之，《论语》初由孔子留在鲁国的弟子仲弓、子游、子夏等，因忧虑师道失传而商定起草，汇编合集，最后由再传弟子完成，经历了一个从春秋编纂、险遭秦火焚毁，后于汉壁再现的复杂漫长的传播过程。《论语》的编纂者至今已难以考定，但后人从孔子最年轻的弟子曾参在书中被尊称为"子"，以及他临终前对门人的遗言推测，《论语》应为曾参的学生所编订。目前传世的《论语》全书共20篇，490多节。其中记录孔子与弟子及时人谈论之语约450节，记孔门弟子相互谈论之语近50节，多为语录，辞约义富，含蓄隽永，深刻简洁，平实明了。

由于孔子创新性地把中华传统美德"君子化"，尤其是将"礼德"制度化，形成了孔子仁道主义体系的"人之道"治国方略，符合人类文明初创时期的政治文化需求，故受到中国历代君王的大力推崇，使得孔子由一位当年社会尊奉的"天纵之圣""天之木铎"，变成了后世社会层层加封的孔圣人、至圣先师、万世师表、文宣皇帝。《论语》也由一部孔子闲居漫谈、杏坛讲学、周游列国的生活日记、课堂笔记和列国游记，变成了中国历史文化的一部经典名著。

两千多年来，《论语》这部被誉为最能代表中国传统文化的著作，不但是中国两千年政治伦理与社会伦理的基石，而且形成了中国文化特质，造就了中华民族风骨，塑造了中华民族精神面貌，口口相传，薪火不绝。历代中国，多少仁人志士，受其哲学教诲而发奋图强，励精图治；多少寒窗学子，受其思想熏陶，获得安身立命之本，安顿心灵之家园；多少大家鸿儒，受其道论启迪，勇攀神州哲学巅峰，深探生活哲理，视其为取之不尽、用之不竭的智慧源泉。

令人不无遗憾的是，由于没有固定的编者，严格的编纂体例，《论语》这部孔子心血凝成的硕果，尽管在唐代就被列为"十二经"，南宋后又增加了《孟子》而有"十三经"之说，但从朱熹将《论语》与《孟子》《大学》《中庸》合称为"四书"，又与《诗经》《尚书》《礼记》《易经》《春秋》等"五经"并称为"四书五经"的钦定权威说法看，《论语》似乎还不算

"经"。其最大的原因，也许就是《论语》全书任意取开篇前几字为篇名，篇名与其中各章也没有逻辑关系，仅作页码看待，这就形成了我们所看到的"每段话一章、数章一篇，章篇之间大致以类相从而没有密切联系，以及多句话异章重复"的散乱现象。就连首推《论语》为"四书"的大儒朱熹，无奈之下，也只能让人自己去熟读精习，慢慢体味，而无法凭其篇名把握体系。

有鉴于此，为了把《论语》真正推向中华经典的"经书"地位，有必要另辟蹊径，在新编《孔子儒经》的框架里，在精要译文把握其内涵的基础上，将《论语》予以合理的分类，归纳为"谋道、修德、亲仁、孝悌、好学、礼乐、祭祀、君子、大同"等九大观点，以依据孔子自言的心理年龄发展阶段所看重的仁义礼智信"五常"，以及阴阳五行相生闭环之排列方式，形成逻辑严密，步步深入，主旨突出的孔子仁道主义体系。

以下，便是依据中华书局版《论语》重译后的《孔子儒经·论语》，以【　】表示《论语》节名与孔子九观之名，以［1.1］等编号标示《论语》的20篇及其各节经文。

是为简序。

壬寅年秋

学而篇第一

【好学】子曰："学而时习之，不亦说乎？有朋自远方来，不亦乐乎？人不知而不愠，不亦君子乎？"

［译文］孔子说："学习知识而又经常温习践行，不也很高兴吗？有朋友自远方来访，不也很快乐吗？别人不知道自己，也不恼怒，不也是君子吗？" [1.1]

【孝悌】有子曰："其为人也孝弟，而好犯上者，鲜矣；不好犯上，而好作乱者，未之有也。君子务本，本立而道生。孝弟也者，其为仁之本与！"

［译文］有子说："一个为人孝亲悌友，却喜好触犯尊长的，是少见的；一个人不爱触犯尊长，而喜好犯上作乱的，从来没有过。君子要抓住为人的根本，根本立牢了，'道'自然生发了。孝敬父母，友爱兄弟，这是仁德的根本啊！" [1.2]

【亲仁】子曰："巧言令色，鲜矣仁！"

［译文］孔子说："花言巧语，满脸谄媚，这种人很少会有仁德！" [1.3]

【修德】曾子曰："吾日三省吾身，为人谋而不忠乎？与朋友交而不信乎？传不习乎？"

［译文］曾子说："我每天都多次反省自身，为人谋虑时尽心了吗？与朋友交往时守信了吗？传承师训之后温习了吗？" [1.4]

【谋道】子曰："道千乘之国，敬事而信，节用而爱人，使民以时。"

［译文］孔子说："让拥有千乘车马的国家循道而行，敬天做事而守

信，节用财物而爱人，按季节规律去支使人民。" [1.5]

【孝悌】子曰："弟子入则孝，出则悌，谨而信，泛爱众，而亲仁。行有余力，则以学文。"

［译文］孔子说："为人弟子，入家门要孝顺父亲，出门要敬爱兄长，谨慎而守信用，博爱大众，践行仁义。这样做了还有余力的，就要好好学文化。" [1.6]

【好学】子夏曰："贤贤易色，事父母，能竭其力；事君，能致其身；与朋友交，言而有信。虽曰未学，吾必谓之学矣。"

［译文］子夏说："敬重贤妻，不贪恋美色；服事父母，能竭尽全力；服事君王，能奋不顾身；与朋友交往，说话有诚信。这种人虽然还未学到家，我也必须说他在认真学了。" [1.7]

【君子】子曰："君子不重则不威，学则不固。主忠信，无友不如己者，过则勿惮改。"

［译文］孔子说："君子不庄重，就没有威严，学东西也不牢固。为人要以忠诚守信为主要美德，不要与不如自己的人交朋友，有了过错不要怕改正。" [1.8]

【孝悌】曾子曰："慎终追远，民德归厚矣。"

［译文］曾子说："谨慎地办理父母丧事，追念先祖，民德美俗就会更加淳厚。" [1.9]

【修德】子禽问于子贡曰："夫子至于是邦也，必闻其政，求之与，抑与之与？”子贡曰：“夫子温、良、恭、俭、让以得之。夫子之求之也，其诸异乎人之求之与？”

　　［译文］子禽问子贡：“老师到了一个国家，一定先了解它的政治，这是求教来的，还是别人主动告诉他的呢？”子贡说：“这是老师以温和、善良、恭敬、俭朴、谦让得来的。老师求教得来的方法，和别人索求的方法不一样吧？”[1.10]

　　【孝悌】子曰：“父在，观其志；父没，观其行；三年无改于父之道，可谓孝矣。”

　　［译文］孔子说：“父亲健在，就观察儿子的志向；父亲已去世，就观察儿子的行为；三年都不改变父亲良好的为人之道的，就可称为孝子了。”[1.11]

　　【礼乐】有子曰：“礼之用，和为贵。先王之道，斯为美，小大由之。有所不行，知和而和，不以礼节之，亦不可行也。”

　　［译文］有子说：“礼的运用，以和谐为贵。先王的治国之道，这一点是最美好的，无论小事大事都按照它来实行。但有的情况下也会行不通，只知道为了和谐而和谐，却不懂得以礼乐来节制它，这也是不可行的。”[1.12]

　　【修德】有子曰：“信近于义，言可复也。恭近于礼，远耻辱也。因不失其亲，亦可宗也。”

　　［译文］有子说：“诚信接近于义，说话就可兑现。恭敬接近于礼，就可远离耻辱。依靠而不抛弃亲友，这是可尊敬的。”[1.13]

　　【君子】子曰：“君子食无求饱，居无求安，敏于事而慎于言，就有道而正焉，可谓好学也已。”

［译文］孔子说：“君子吃不求饱食，住不求安逸，他勤于事业而言论谨慎，追随正道而行，这可称得上好学了。”[1.14]

【礼乐】子贡曰：“贫而无谄，富而无骄，何如？”子曰：“可也。未若贫而乐，富而好礼者也。”子贡曰：“《诗》云：‘如切如磋，如琢如磨’，其斯之谓与？”子曰：“赐也，始可与言《诗》已矣，告诸往而知来者。”

［译文］子贡说：“贫穷而不谄媚，富足而不骄傲，这类人怎样？”孔子说：“这类人还可以。但还比不上贫穷而乐道，富裕而讲礼的人。”子贡说：“《诗》说：‘如切磋一样，如琢磨一样’，说的就是这种情况吧？”孔子说：“子贡啊，现在可以和你谈论《诗》了，因为告知你往事，你就能悟知未来。”[1.15]

【君子】子曰：“不患人之不己知，患不知人也。”

［译文］孔子说：“不怕别人不知道自己，只怕自己不能识别人。”[1.16]

为政篇第二

【修德】子曰：“为政以德，譬如北辰，居其所而众星共之。”

［译文］孔子说：“治理国家实施德治，就如同北斗星，位居本位而众星拱卫。”[2.1]

【礼乐】子曰：“《诗》三百，一言以蔽之，曰：‘思无邪。’”

［译文］孔子说："《诗》三百篇，用一句话来概括就是'无邪念'。"［2.2］

【谋道】子曰："道之以政，齐之以刑，民免而无耻。道之以德，齐之以礼，有耻且格。"

［译文］孔子说："实施法治之道，用刑法制约，人民会避免犯法但无羞耻心。实施德治之道，用礼教规范，人民就会既有羞耻心且自觉归正。"［2.3］

【好学】子曰："吾十有五而志于学，三十而立，四十而不惑，五十而知天命，六十而耳顺，七十而从心所欲，不逾矩。"

［译文］孔子说："我十五岁立志求学，三十岁已成家立业，四十岁后不再困惑，五十岁知道了天命所在，六十岁心明耳顺，能分清人言对错，七十岁后自然随心所欲，也不会违反规矩了。"［2.4］

【孝悌】孟懿子问孝。子曰："无违。"樊迟御，子告之曰："孟孙问孝于我，我对曰，无违。"樊迟曰："何谓也？"子曰："生，事之以礼；死，葬之以礼，祭之以礼。"

［译文］孟懿子问什么是孝。孔子说："不违背礼。"樊迟赶马车时，孔子告诉他："孟孙问我什么是孝，我回答，'不违背礼'。"樊迟问："这是什么意思呢？"孔子说："父母在世，要以礼服侍，死后要以礼安葬，以礼祭祀。"［2.5］

【孝悌】孟武伯问孝。子曰："父母唯其疾之忧。"

［译文］孟武伯问什么是孝。孔子说："就是父母要担忧的只有子女的

疾病。"[2.6]

【孝悌】子游问孝。子曰："今之孝者，是谓能养。至于犬马，皆能有养。不敬，何以别乎？"

［译文］子游问什么是孝。孔子说："今天一些人说的孝，是能给父母养老。那无论是狗是马，都能得到饲养。子女如不能敬老，跟畜生有什么区别呢？"[2.7]

【孝悌】子夏问孝。子曰："色难。有事，弟子服其劳；有酒食，先生馔，曾是以为孝乎？"

［译文］子夏问什么是孝。孔子说："子女的脸色恭敬最难。老人有事，子女可以代劳；有酒食，可以先给父母享用，这就是孝了吗？"[2.8]

【好学】子曰："吾与回言终日，不违，如愚。退而省其私，亦足以发，回也不愚。"

［译文］孔子说："我与颜回整天交谈，他从不违背我的意思，好像很愚蠢。但他退回去就会私下反省，足以启发自己，颜回实际上并不愚笨。"[2.9]

【好学】子曰："视其所以，观其所由，察其所安。人焉廋哉？人焉廋哉？"

［译文］孔子说："看他所作所为，看他做事的动机，观察他安心于做什么。那么，这人还能隐藏什么？这人哪还能隐藏什么？"[2.10]

【好学】子曰："温故而知新，可以为师矣。"

［译文］孔子说："温习旧知识而获得新见解，这就可以做老师了。"　[2.11]

【君子】子曰："君子不器。"

［译文］孔子说："君子不能像一个器物那样，只有一种用途。"　[2.12]

【君子】子贡问君子。子曰："先行其言，而后从之。"

［译文］子贡问怎样做个君子。孔子说："先行动，把自己想说的话做好之后，才把它说出来。"　[2.13]

【君子】子曰："君子周而不比，小人比而不周。"

［译文］孔子说："君子紧密团结而不勾结，小人相互勾结而不团结。"　[2.14]

【好学】子曰："学而不思则罔，思而不学则殆。"

［译文］孔子说："光苦学而不思考，就会迷惘；光冥思而不学习，就会困惑。"　[2.15]

【好学】子曰："攻乎异端，斯害也已。"

［译文］孔子曰："致力于研究杂学，这是有害的啊。"　[2.16]

【好学】子曰："由，诲女知之乎？知之为知之，不知为不知，是知也！"

［译文］孔子说："由，我教过你的道理，都知道了吗？知道就是知道，不知道的就说不知道，这才是真正的明智啊！"　[2.17]

【好学】子张学干禄。子曰："多闻阙疑，慎言其余，则寡尤；多见阙殆，慎行其余，则寡悔。言寡尤，行寡悔，禄在其中矣。"

［译文］子张想学怎样做官得俸禄。孔子说："多打听而存疑，言语谨慎，不多言，就会少犯错；多观察而保持警惕，行动谨慎，不妄为，就会少后悔。言语少犯错，行动少后悔，俸禄就在其中了。"［2.18］

【修德】哀公问曰："何为则民服？"孔子对曰："举直错诸枉，则民服；举枉错诸直，则民不服。"

［译文］鲁哀公问："怎样做才能让人民服从？"孔子回答："任用正直的纠正枉法的，人民就会服从；任用枉法的压制正直的，人民就不服从。"［2.19］

【修德】季康子问："使民敬、忠以劝，如之何？"子曰："临之以庄，则敬；孝慈，则忠；举善而教不能，则劝。"

［译文］季康子问："怎样引导民众，使他们变得恭敬、忠诚而又勤勉呢？"孔子说："对待百姓态度庄重，就会受尊敬；孝敬父母，慈爱子弟，民众就会忠诚；选举善人去教化不修身的人，民众就会勤勉努力。"［2.20］

【孝悌】或谓孔子曰："子奚不为政？"子曰："《书》云：'孝乎惟孝，友于兄弟，施于有政。'是亦为政，奚其为为政？"

［译文］有人问孔子："您为什么不从政呢？"孔子说："《书》说：'孝道啊，就是将孝顺父母、友爱兄弟，实施于治国理政之中。'这说明推行孝道就是为政了，为什么一定要做官才算是为政呢？"［2.21］

【修德】子曰："人而无信，不知其可也。大车无輗，小车无軏，其何以行之哉？"

　　［译文］孔子说："一个人不讲信用，不知他还可以干什么。这就像大车没有木销子，小车没有销钉，能靠什么行进呢？" [2.22]

　　【礼乐】子张问："十世可知也？"子曰："殷因于夏礼，所损益，可知也；周因于殷礼，所损益，可知也。其或继周者，虽百世，可知也。"

　　［译文］子张问："十代人之后的礼乐制度可以预知吗？"孔子说："殷商的礼制来自夏朝礼制，它减损补益了什么，是可以知道的；周朝的礼制来自殷商礼制，它减损补益了什么，也是可以知道的。那些继承周礼的国家，再过一百代，也可以预知它的礼制。" [2.23]

　　【祭祀】子曰："非其鬼而祭之，谄也。见义不为，无勇也。"

　　［译文］孔子说："不是自己该祭祀的鬼神而去拜祭，这是谄媚。眼见正义的事情却不作为，这是缺少勇德。" [2.24]

八佾篇第三

　　【礼乐】孔子谓季氏："八佾舞于庭，是可忍也，孰不可忍也！"

　　［译文］孔子评论季氏："他居然让天子才配使用的六十四人乐队，在自家庭院里歌舞，做这种事都可忍受的话，那什么事是不可忍受的呢！" [3.1]

　　【礼乐】三家者以《雍》彻。子曰："'相维辟公，天子穆穆'，奚取于三家之堂？"

　　［译文］孟孙氏、叔孙氏、季孙氏等三家大夫，祭祖后撤去祭品，演奏起天子才能享用的《雍》乐。孔子说："'助祭的是公侯，天子静穆庄重地主

祭'，这两层意思哪一点能用于这三家大夫的厅堂呢？"　[3.2]

【亲仁】子曰："人而不仁，如礼何？人而不仁，如乐何？"

［译文］孔子说："做人不讲仁，怎么对待礼呢？做人不亲仁，怎么对待乐呢？"　[3.3]

【礼乐】林放问礼之本。子曰："大哉问！礼，与其奢也，宁俭；丧，与其易也，宁戚。"

［译文］林放问礼的根本。孔子说："这是有重大意义的问题啊！礼制，与其奢华铺张，宁可节俭一些；丧礼，与其外在仪式周全，宁可心中悲戚。"　[3.4]

【礼乐】子曰："夷狄之有君，不如诸夏之亡也。"

［译文］孔子说："夷狄虽然有君主，还不如华夏各国没君主呢。"　[3.5]

【祭祀】季氏旅于泰山。子谓冉有曰："女弗能救与？"对曰："不能。"子曰："呜呼！曾谓泰山不如林放乎？"

［译文］季氏要去泰山祭拜。孔子对冉有说："你能劝阻他吗？"冉有回答："不能。"孔子说："啊！难道说泰山还不如林放懂礼（竟接受这不合周礼的祭祀）吗？"　[3.6]

【君子】子曰："君子无所争，必也射乎！揖让而升，下而饮。其争也君子。"

［译文］孔子说："君子没什么可争的，要有的话，那必定是射箭了！先作揖而上场较量，射罢下场后，再痛饮一番。这种争先，也是君子。"　[3.7]

【礼乐】子夏问曰："'巧笑倩兮，美目盼兮，素以为绚兮。'何谓也？"子曰："绘事后素。"曰："礼后乎？"子曰："起予者商也，始可与言《诗》已矣。"

［译文］子夏问："'笑得真好看呀，美丽的眼睛会说话呢，洁白的脂粉把她装扮得很有神采啊。'这诗里说的是什么呢？"孔子说："这是说先有素白的底色，然后绘画。"子夏说："学习礼仪，也是同样的道理吧？"孔子说："启发我的是卜商啊，现在可以跟你谈《诗》了。"［3.8］

【礼乐】子曰："夏礼，吾能言之，杞不足征也；殷礼，吾能言之，宋不足征也。文献不足故也。足，则吾能征之矣。"

［译文］孔子说："夏朝的礼制，我还能说一些，但杞国的史料已不足以证明了；殷朝礼制，我还能说一些，但宋国的史料也不足以证明了。这都是文献不足的原因。如果史料充足，那么我就能证明它。"［3.9］

【祭祀】子曰："禘自既灌而往者，吾不欲观之矣。"

［译文］孔子说："天子的禘祭礼，自第一次献酒礼之后，我就不爱看了。"［3.10］

【祭祀】或问禘之说。子曰："不知也。知其说者之于天下也，其如示诸斯乎！"指其掌。

［译文］有人问天子的禘祭是怎么回事。孔子说："不知道。知道它的人对于如何治理天下，就像展示它一样吧！"边说边指着自己的手掌。［3.11］

【祭祀】祭如在，祭神如神在。子曰："吾不与祭，如不祭。"

［译文］祭祖先就如祖先在场，祭鬼神就如鬼神在场。孔子说："我如

果不亲自参与祭祀，就如同没有举行祭祀一样。" [3.12]

【好学】王孙贾问曰："'与其媚于奥，宁媚于灶'，何谓也？"子曰："不然！获罪于天，无所祷也。"

［译文］王孙贾问："'与其献媚于西南屋角的奥神，宁可献媚于灶神'，这句话是什么意思呢？"孔子说："不是这样的！得罪上天，向谁祷告都没用。" [3.13]

【礼乐】子曰："周监于二代，郁郁乎文哉！吾从周。"

［译文］孔子说："周朝借鉴了夏商二代的礼乐制度，它的礼乐文化是多么壮观啊！我遵从周朝的礼乐制度。" [3.14]

【礼乐】子入太庙，每事问。或曰："孰谓鄹人之子知礼乎？入太庙，每事问。"子闻之，曰："是礼也。"

［译文］孔子进太庙后，每件事情都要问明白。有人说："谁说鄹人的这位儿子知礼啊？他进了太庙，每件事都要问。"孔子听说此事后说："这就是礼啊。" [3.15]

【谋道】子曰："射不主皮，为力不同科，古之道也。"

［译文］孔子说："射箭主要不是看能不能射穿靶子，因为各人的力气大小不同，这是自古以来的道理。" [3.16]

【礼乐】子贡欲去告朔之饩羊。子曰："赐也！尔爱其羊，我爱其礼。"

［译文］子贡想除去每月初一祭祖的饩羊。孔子说："赐啊！你爱的是

羊，我爱的是礼。"〔3.17〕

【礼乐】子曰："事君尽礼，人以为谄也。"定公问："君使臣，臣事君，如之何？"孔子对曰："君使臣以礼，臣事君以忠。"

〔译文〕孔子说："服事君主尽心尽礼，别人却以为是谄媚。"定公问："君主支使臣子，臣子服事君主，应该如何做呢？"孔子回答："君主应按照礼仪来支使臣子，臣子应该忠诚地服事君主。"〔3.18〕

【礼乐】子曰："《关雎》，乐而不淫，哀而不伤。"

〔译文〕孔子说："《关雎》这首诗歌，欢乐而不荒淫，悲哀而不伤痛。"〔3.19〕

【礼乐】哀公问社于宰我。宰我对曰："夏后氏以松，殷人以柏，周人以栗。曰：'使民战栗。'"子闻之，曰："成事不说，遂事不谏，既往不咎。"

〔译文〕哀公问宰我有关社稷牌位用料的事情。宰我回答："夏朝人用松木，殷朝人用柏木，周朝人用栗木。意思是'使民众战栗'。"孔子听了，说："既成的事实不必再说，已完事了的不再劝谏，既往的过错不必再追究。"〔3.20〕

【礼乐】子曰："管仲之器小哉！"或曰："管仲俭乎？"曰："管仲有三归，官事不摄，焉得俭？""然则管仲知礼乎？"曰："邦君树塞门，管氏亦树塞门。邦君为两君之好，有反坫，管氏亦有反坫。管氏而知礼，孰不知礼？"

〔译文〕孔子说："管仲的器量太小！"有人问："管仲俭朴吗？"孔

子说："管仲大量收租并有三处豪宅，管事的也各负其责不兼职，哪能算俭朴？""那么管仲知道礼乐吗？"孔子说："君主用照壁，管仲也用照壁。君主为了两国君主友好会晤，堂上放置了杯器，管仲也放置了杯器。如果说管仲知礼仪，那还有谁不知礼仪？" [3.21]

【好学】子语鲁大师乐，曰："乐其可知也。始作，翕如也；从之，纯如也，皦如也，绎如也，以成。"

[译文] 孔子把乐理告诉鲁国乐师："乐理是可以认知的。奏乐开始时，先是各类乐器和顺地合奏，舒缓地展开，接着是纯美地、节奏分明地、连绵地缓缓演奏，最后完成乐曲。" [3.22]

【谋道】仪封人请见，曰："君子之至于斯也，吾未尝不得见也。"从者见之。出曰："二三子何患于丧乎？天下之无道也久矣，天将以夫子为木铎！"

[译文] 仪地的驻守官员请求与孔子见面，并且说："凡是君子到了这里，我还从来没有见不到的。"于是孔子的随从带他去见了孔子。这位官员出门时说："你们几个人啊，何必为世道的衰落而担心呢？天下无道已经很久了，上天将以孔夫子为木铎来警醒世人啊！" [3.23]

【好学】子谓《韶》："尽美矣，又尽善也。"谓《武》："尽美矣，未尽善也。"

[译文] 孔子赞美舜帝的《韶》乐："真是尽美尽善啊。"又分析周武王的《武》乐，说："乐曲算美了，但还没有尽善。" [3.24]

【礼乐】子曰："居上不宽，为礼不敬，临丧不哀，吾何以观之哉？"

［译文］孔子说："居于上司地位时不宽厚待人，行礼时很不恭敬，出席丧事时不哀伤，这样的人我哪能看得下去呢？" [3.25]

里仁篇第四

【亲仁】子曰："里仁为美。择不处仁，焉得知？"子曰："不仁者不可以久处约，不可以长处乐。仁者安仁，知者利仁。"子曰："唯仁者能好人，能恶人。"子曰："苟志于仁矣，无恶也。"

［译文］孔子说："与仁者为邻真美。不选择仁者做邻居，怎能说你明智呢？"孔子说："不仁者不会长期地安于俭朴，也不会长期地安心快乐。仁者才会安于仁道，智者认为仁道对自己有利才实行仁道。"孔子说："唯有仁者能关心他人，能憎恶小人。"孔子说："如有志于成为仁者，就不会作恶。" [4.1]

【谋道】子曰："富与贵，是人之所欲也；不以其道得之，不处也。贫与贱，是人之所恶也；不以其道得之，不去也。君子去仁，恶乎成名？君子无终食之间违仁，造次必于是，颠沛必于是。"

［译文］孔子说："富裕与显贵，都是人想要的，但不通过正道得来，就不能消受。贫穷与卑贱，都是人厌恶的，不通过正道，就不能排除它。君子舍弃仁道，怎能成就他的名声？君子即使在一顿饭的时间里，也不会违背仁道，仓促紧迫时是这样，颠沛流离时也还是这样。" [4.2]

【亲仁】子曰："我未见好仁者，恶不仁者。好仁者，无以尚之。恶不仁者，其为仁矣，不使不仁者加乎其身。有能一日用其力于仁矣乎？我未见力不足者。盖有之矣，我未之见也。"子曰："人之过也，各于其党。观过，斯知仁矣。"

　　[译文]孔子说："我没见过爱好仁德的人，厌恶不讲仁德的人。爱好仁德的人，没有比他更好的了。厌恶不讲仁德的人，他修养仁德时，不会让不仁德的一切影响自身。有人能一整天都用尽全力地践行仁道吗？我还没见过气力不足的。应该是有的吧，只是我还没见过。"孔子说："人的过错，都来自他受同好的影响。因此观察他的过错，就知道他有没有仁德了。"　[4.3]

　　【谋道】子曰："朝闻道，夕死可矣。"子曰："士志于道，而耻恶衣恶食者，未足与议也。"

　　[译文]孔子说："早上懂得了真理，晚上死去也甘心了。"孔子说："君子有志于谋求仁道，却以布衣粗食为耻者，不足以与他共商大事。"　[4.4]

　　【君子】子曰："君子之于天下也，无適也，无莫也，义之与比。"

　　[译文]孔子说："君子在天下为人行事，没什么陈规旧矩是一定要顺从的，也没什么阻力能阻挡他，只要合乎仁义就去做。"　[4.5]

　　【君子】子曰："君子怀德，小人怀土；君子怀刑，小人怀惠。"

　　[译文]孔子说："君子注重仁德，小人注重自家利益；君子心怀大是大非，小人心怀小恩小惠。"　[4.6]

　　【好学】子曰："放于利而行，多怨。"

　　[译文]孔子说："为追求自己的利益而行动，多半会招来埋怨。"　[4.7]

　　【礼乐】子曰："能以礼让为国乎，何有？不能以礼让为国，如礼何？"

［译文］孔子说："能以礼让的精神治国吗？如果能这样做的话，哪还会有什么困难呢？如果不能做到以礼让治国，又如何能推行礼治呢？"[4.8]

【修德】子曰："不患无位，患所以立；不患莫己知，求为可知也。"

［译文］孔子说："不要担忧自己没有地位，怕的是自己没有能够立业的才能。不要怕别人不知道自己，只要努力去求得让别人知道自己的本领就可以了。"[4.9]

【谋道】子曰："参乎！吾道一以贯之。"曾子曰："唯。"子出，门人问曰："何谓也？"曾子曰："夫子之道，忠恕而已矣！"

［译文］孔子说："曾参啊！我一生谋求的仁道是始终如一的。"曾子说："是的。"孔子出去后，同门学子问："老师这话是什么意思呢？"曾子说："老师追求了一生的仁道，不过就是忠诚和宽恕罢了！"[4.10]

【君子】子曰："君子喻于义，小人喻于利。"

［译文］孔子说："君子懂得义，可晓之以义；小人懂得利益，可晓之以利害关系。"[4.11]

【修德】子曰："见贤思齐焉，见不贤而内自省也。"

［译文］孔子说："看见贤人，要向他看齐，看见不贤良的人，要内心自省。"[4.12]

【孝悌】子曰："事父母几谏，见志不从，又敬不违，劳而不怨。"

［译文］孔子说："服事父母的时候，要委婉细心地劝谏他们，他们决意不听从时，仍要做到又尊敬又不违背他们，还要做到耐心操劳而不埋怨。"[4.13]

【孝悌】子曰："父母在，不远游，游必有方。"

［译文］孔子说："父母在世时，不要出游太远，要出游时，必定要有明确的去处和照顾家人的方法。" [4.14]

【孝悌】子曰："三年无改于父之道，可谓孝矣。"

［译文］孔子说："三年都不改变父亲合理的为人处世之道，这可以说是孝了。" [4.15]

【孝悌】子曰："父母之年，不可不知也。一则以喜，一则以惧。"

［译文］孔子说："父母的年纪，不可以不知道。一方面为他们高寿而喜悦，一方面为他们渐渐衰老而担忧。" [4.16]

【修德】子曰："古者言之不出，耻躬之不逮也。"

［译文］孔子说："古人不会说大话，怕为自己还没做到而羞耻。" [4.17]

【修德】子曰："以约失之者鲜矣！"

［译文］孔子说："因为约束自己而有过失者很少见！" [4.18]

【君子】子曰："君子欲讷于言而敏于行。"

［译文］孔子说："君子应言语谨慎而行动敏捷。" [4.19]

【修德】子曰："德不孤，必有邻。"

［译文］孔子说："有德者不会孤独，必会有好朋友相伴。" [4.20]

【修德】子游曰："事君数，斯辱矣；朋友数，斯疏矣。"

［译文］子游说："服事君主时过分烦琐殷勤，就会遭受羞辱。交朋友时过分烦琐叮扰，就会被他们疏远啊。"［4.21］

公冶长篇第五

【修德】子谓公冶长："可妻也，虽在缧绁之中，非其罪也！"以其子妻之。

［译文］孔子评价公冶长，说："可以把女儿嫁给他，虽然他还在监狱里，但这不是他的罪过啊！"于是把女儿嫁给他为妻。［5.1］

【谋道】子谓南容："邦有道，不废；邦无道，免于刑戮。"以其兄之子妻之。

［译文］孔子评价南容，说："国家治理有道时，不被抛弃；国家治理无道时，他会设法避免受到刑法杀戮。"于是把哥哥的女儿嫁给他为妻。［5.2］

【君子】子谓子贱："君子哉若人！鲁无君子者，斯焉取斯？"

［译文］孔子评价子贱，说："像他这样的人啊，真是君子！如果鲁国没有这样的君子，他是从哪里学到这些美德的？"［5.3］

【好学】子贡问曰："赐也何如？"子曰："女，器也。"曰："何器也？"曰："瑚琏也。"

［译文］子贡问："我这个人怎么样呢？"孔子说："你啊，是个器物吧。"子贡问："是什么样的器物呢？"孔子答："是贵重的瑚琏啊！"［5.4］

【亲仁】或曰："雍也仁而不佞。"子曰："焉用佞？御人以口给，屡憎于人。不知其仁，焉用佞？"

［译文］有人说："冉雍这个人仁义却不善辩。"孔子说："何必要善辩呢？靠善辩压服人，会经常惹人憎恨。如果不知道仁义，善辩又有什么用呢？"[5.5]

【好学】子使漆雕开仕。对曰："吾斯之未能信。"子说。

［译文］孔子让漆雕开去做官。他回答："我对做官这事还没有信心。"孔子听了很欢喜。[5.6]

【谋道】子曰："道不行，乘桴浮于海。从我者，其由与？"子路闻之喜。子曰："由也好勇过我，无所取材。"

［译文］孔子说："仁道不能实行的话，我将乘坐木筏子浮游于海上。那时候跟从我的人，大概只有子路吧？"子路听后很高兴。孔子说："子路这个人比我勇敢多了，其他方面也就没什么特长了。"[5.7]

【亲仁】孟武伯问："子路仁乎？"子曰："不知也。"又问。子曰："由也，千乘之国，可使治其赋也，不知其仁也。""求也何如？"子曰："求也，千室之邑，百乘之家，可使为之宰也，不知其仁也。""赤也何如？"子曰："赤也，束带立于朝，可使与宾客言也，不知其仁也。"

［译文］孟武伯问："子路是否仁义？"孔子说："不知道。"又问了一次，孔子说："子路这个人啊，把拥有千乘兵马的国家交给他，可管好赋税，但有没有仁德很难说。""冉求这个人怎么样？"孔子说："冉求这个人嘛，拥有千家人口的都邑、百乘车马的小国，可以任命他为总管，但不知他是否仁义。""公西赤这个人怎么样？"孔子说："公西赤这个人嘛，可让他束紧礼带，站在朝堂上，与各国宾客交谈，但不知他的仁德如何。"[5.8]

【好学】子谓子贡曰："女与回也孰愈？"对曰："赐也何敢望回？回也闻一以知十，赐也闻一以知二。"子曰："弗如也。吾与女弗知也。"

［译文］孔子对子贡说："你与颜回谁更优秀呢？"子贡回答："我哪能与颜回相比呢？颜回听说一件事，可以推知十件事，我听说一件事，仅仅能推知两件事。"孔子说："我也不如颜回。我与你都不能知道那么多。" [5.9]

【好学】宰予昼寝。子曰："朽木不可雕也，粪土之墙不可杇也。于予与何诛？"子曰："始吾于人也，听其言而信其行；今吾于人也，听其言而观其行。于予与改是。"

［译文］宰予白天睡大觉。孔子看见后说："腐朽的木头不可雕刻，粪土做的泥墙不可粉刷。我有什么好责备的呢？"孔子说："我开始时了解一个人，是听他说什么就相信他会怎么做；我今天要了解一个人，是听他说后，还要看他的行动。宰予的表现，使我改变了以前的做法。" [5.10]

【修德】子曰："吾未见刚者。"或对曰："申枨。"子曰："枨也欲，焉得刚。"

［译文］孔子说："我没见过刚强的人。"有人回答："申枨。"孔子说："申枨这人很贪，哪能够刚强不屈呢？" [5.11]

【好学】子贡曰："我不欲人之加诸我也，吾亦欲无加诸人。"子曰："赐也，非尔所及也。"

［译文］子贡说："我不想让别人强加给我什么，我也不想强加给别人什么。"孔子说："赐啊，这不是你所能决定的。" [5.12]

【谋道】子贡曰："夫子之文章，可得而闻也；夫子之言性与天道，不可得而闻也。"子路有闻，未之能行，唯恐有闻。

　　［译文］子贡说："老师讲授的经典文章，可以听到不少；老师所说的人性与天道的深奥哲理，一般人就不可能轻易地听到了。"子路有所耳闻，但他还没能实行，所以他唯恐再听到新的事情。 [5.13]

　　【好学】子贡问曰："孔文子何以谓之'文'也？"子曰："敏而好学，不耻下问，是以谓之'文'也。"

　　［译文］子贡问："孔文子为什么被谥号为'文'呢？"孔子说："他勤敏而好学，谦虚而好问，不以为耻，所以被谥号为'文'啊。" [5.14]

　　【君子】子谓子产："有君子之道四焉：其行己也恭，其事上也敬，其养民也惠，其使民也义。"

　　［译文］孔子评价子产说："他有君子道德的四种表现：他的行为很谦恭，他服事君上时很恭敬，他教养人民时施以恩惠，他治理民众时能合乎道义。" [5.15]

　　【君子】子曰："晏平仲善与人交，久而敬之。"

　　［译文］孔子说："晏平仲善于与人交往，时间久了，更加受人尊敬。" [5.16]

　　【好学】子曰："臧文仲居蔡，山节藻棁，何如其知也？"

　　［译文］孔子说："臧文仲为养巨龟而盖房，竟然用山形的斗拱、画着水藻的柱子来装饰华屋，这难道是他的智慧吗？" [5.17]

　　【亲仁】子张问曰："令尹子文三仕为令尹，无喜色；三已之，无愠色。旧令尹之政，必以告新令尹。何如？"子曰："忠矣。"曰："仁矣乎？"曰："未知，焉得仁？""崔子弑齐君，陈文子有马十乘，弃而违之。至于他邦，则曰：'犹吾大夫崔子也。'违之。之一邦，则又曰：'犹吾大夫崔子也。'违之。何如？"子曰："清矣。"曰："仁矣乎？"曰："未知，焉得仁？"

〔译文〕子张问："子文三次被任命为楚国令尹，都没流露出喜悦的脸色；三次被罢免，也没有怨恨的脸色。他执政时的每一项旧政策，都告诉新令尹。他为人如何？"孔子说："算是忠诚了。"又问："可称得上仁德吗？"答："不知道，这怎能算是仁德呢？""崔子弑杀齐国君主，陈文子放弃了自家四十匹马，违抗了崔大夫的命令，逃到了他国，说：'这就像在我国崔大夫那里。'他继续违抗命令，逃到了另一国家，又说：'还是像在我国崔大夫那里。'于是再次违命离去。您怎么看？"孔子说："他很清白正直。"问："算得上仁德吗？"答："不知道，这哪能算仁德？"[5.18]

【好学】季文子三思而后行。子闻之，曰："再，斯可矣。"

〔译文〕季文子每件事都再三考虑后，才付诸行动。孔子听到了，说："思考两次就可以了。"[5.19]

【谋道】子曰："宁武子，邦有道，则知；邦无道，则愚。其知可及也，其愚不可及也。"

〔译文〕孔子说："宁武子这人，当国家太平有道时，他很聪明；当国家昏暗无道时，他就装傻。他的聪明人们比得上，他的大智若愚人们可就远不如了。"[5.20]

【好学】子在陈，曰："归与！归与！吾党之小子狂简，斐然成章，不知所以裁之。"

［译文］孔子在陈国时说："回去吧！回去吧！我家乡的小子们志向远大，行为却简单粗率，这就像文采斐然，却不知如何利用它。" [5.21]

【修德】子曰："伯夷、叔齐，不念旧恶，怨是用希。"

［译文］孔子说："伯夷、叔齐这两位贤人，从不记恨别人的过错，所以受到他人的怨恨很少。" [5.22]

【修德】子曰："孰谓微生高直？或乞醯焉，乞诸其邻而与之。"

［译文］孔子说："谁说微生高这人直率爽快？有人来讨些陈醋，他竟去邻居家讨要些醋来给他（却不肯明说自家没有醋）。" [5.23]

【修德】子曰："巧言，令色，足恭，左丘明耻之，丘亦耻之。匿怨而友其人，左丘明耻之，丘亦耻之。"

［译文］孔子说："花言巧语，谄媚恭维，左丘明以此为耻，我孔丘也以此为耻。暗藏怨恨而假意逢迎，左丘明以此为耻，我孔丘也以此为耻。" [5.24]

【谋道】颜渊、季路侍，子曰："盍各言尔志？"子路曰："愿车马，衣轻裘，与朋友共，敝之而无憾。"颜渊曰："愿无伐善，无施劳。"子路曰："愿闻子之志。"子曰："老者安之，朋友信之，少者怀之。"

［译文］颜渊、季路在一边侍候时，孔子说："何不各自说说你们的志向呢？"子路说："我愿意拿出车马、轻暖的裘衣与朋友共享，就算把东西用破旧了也不遗憾。"颜渊说："我的愿望是不自夸良善，也不表白功劳。"子路说："愿听一听老师的志向。"孔子说："那就是让老年人安度晚年，让朋

友们互相信任，让少年们得到关怀。"[5.25]

【修德】子曰："已矣乎，吾未见能见其过而内自讼者也。"

［译文］孔子说："已过去的啊，就算了吧，我还从来没有见过那些能看清自己的过错，又能在内心里自责的人呢。"[5.26]

【好学】子曰："十室之邑，必有忠信如丘者焉，不如丘之好学也。"

［译文］孔子说："就是在只有十户人的小地方，也一定会有像我孔丘这样忠诚守信的人，只是不如我这样好学而已。"[5.27]

雍也篇第六

【修德】子曰："雍也可使南面。"

［译文］孔子说："冉雍这个人啊，可以让他当官。"[6.1]

【修德】仲弓问子桑伯子。子曰："可也，简。"仲弓曰："居敬而行简，以临其民，不亦可乎？居简而行简，无乃大简乎？"子曰："雍之言然！"

［译文］仲弓问子桑伯子这个人如何。孔子说："这人还可以，做事简要麻利。"仲弓说："为人恭敬而处事简要，这样对待民众，不也可以吗？如果为人简慢随意而行事粗简，不也太简率了吗？"孔子说："冉雍啊，你说的话是对的！"[6.2]

【好学】哀公问："弟子孰为好学？"孔子对曰："有颜回者好学，不迁怒，不贰过。不幸短命死矣。今也则亡，未闻好学者也。"

［译文］鲁哀公问："你弟子里谁比较好学？"孔子回答："有个叫颜回的比较好学，他从不迁怒别人，不重犯同样的过错。可惜他不幸短命死了。如今他这样的弟子已没有了，再没有听说过有谁好学的了。"［6.3］

【君子】子华使于齐，冉子为其母请粟。子曰："与之釜。"请益。曰："与之庾。"冉子与之粟五秉。子曰："赤之适齐也，乘肥马，衣轻裘。吾闻之也：君子周急不继富。"

［译文］子华（公西赤）出使齐国时，冉子为他的母亲求要一些粟米。孔子说："给他母亲六斗四升吧。"冉子请求再多给一点。孔子说："给他母亲两斗四升吧。"冉子给了公西赤母亲五把（一说八十斛）谷子。孔子说："公西赤去齐国时，乘坐肥马，身穿轻裘衣服。我听说：君子只周济急需的人，不需周济富裕的人。"［6.4］

【好学】原思为之宰，与之粟九百，辞。子曰："毋！以与尔邻里乡党乎。"

［译文］原思任管家的时候，孔子给了他九百（斗）俸米，被他推辞了。孔子说："不要推辞啊！多余的你可以送给家乡邻里的亲友嘛。"［6.5］

【祭祀】子谓仲弓曰："犁牛之子骍且角。虽欲勿用，山川其舍诸？"

［译文］孔子在评论仲弓时说："耕牛的红毛牛犊头上，两角端正。虽想不用它祭祀，但山川诸神会舍弃它吗？"［6.6］

【亲仁】子曰："回也，其心三月不违仁，其余则日月至焉而已矣。"

［译文］孔子说："颜回啊，他的心可以长期不违背仁德，其余的弟子大都只能坚持几天几个月而已。"［6.7］

【好学】季康子问："仲由可使从政也与？"子曰："由也果，于从政乎何有？"曰："赐也可使从政也与？"曰："赐也达，于从政乎何有？"曰："求也可使从政也与？"曰："求也艺，于从政乎何有？"

［译文］季康子问："可以让仲由从政吗？"孔子说："仲由这个人做事果断，让他从政会有什么困难吗？"问："端木赐也可以从政吗？"答："端木赐这个人通达明理，从政会有什么困难吗？"问："冉求也可以从政吗？"答："冉求这个人很有才艺，从政会有什么困难吗？" [6.8]

【修德】季氏使闵子骞为费宰。闵子骞曰："善为我辞焉！如有复我者，则吾必在汶上矣。"

［译文］季氏派人请闵子骞去费城当主官。闵子骞对来人说："你委婉地帮我推辞了吧！如果还有来找我的，那我一定已经过了汶水北上了。" [6.9]

【修德】伯牛有疾，子问之，自牖执其手，曰："亡之，命矣夫！斯人也而有斯疾也！斯人也而有斯疾也！"

［译文］伯牛生了重病，孔子去探望他，从窗外拉着他的手说："完了，这是命啊！这样的人竟会生这样的病啊！这样的人竟会生这样的病啊！" [6.10]

【修德】子曰："贤哉回也！一箪食，一瓢饮，在陋巷，人不堪其忧，回也不改其乐。贤哉回也！"

［译文］孔子说："多贤良啊颜回！一竹筐饭，一瓢清水，住在简陋的巷子里，别人忧虑不堪，颜回却一点也不改变他的乐观品德。多贤良啊颜回！" [6.11]

【谋道】冉求曰："非不说子之道，力不足也。"子曰："力不足者，中道而废，今女画！”

［译文］冉求说："不是不喜欢老师您追求的道路啊，实在是我的能力不足。"孔子说："能力不足的人，会半途而废，如今你是画地为牢，止步不前啊！" [6.12]

【君子】子谓子夏曰："女为君子儒，无为小人儒！"

［译文］孔子对子夏说："你要成为君子般的儒生，不要做小人般的儒生！" [6.13]

【修德】子游为武城宰。子曰："女得人焉尔乎？"曰："有澹台灭明者，行不由径，非公事，未尝至于偃之室也。"

［译文］子游任武城的长官。孔子说："你找到辅佐的人才了吗？"子游说："有一位叫澹台灭明的，他从来不走斜门歪道，没有公事的话，从来不到我家里。" [6.14]

【修德】子曰："孟之反不伐，奔而殿，将入门，策其马，曰：'非敢后也，马不进也。'"

［译文］孔子说："孟武伯不夸耀功劳，他飞马殿后掩护军队返回，将入城门时，鞭策战马说：'不是我敢殿后啊，是这匹马不进门啊。'" [6.15]

【修德】子曰："不有祝鮀之佞，而有宋朝之美，难乎免于今之世矣。"

［译文］孔子说："如果没有祝鮀的巧辩，即使有宋国公子朝的美貌，也很难于今天的乱世避乱啊。" [6.16]

【谋道】子曰："谁能出不由户？何莫由斯道也？"

［译文］孔子说："有谁能不经过大门就走出屋外？为什么没有人遵循我指出的仁道呢？"[6.17]

【君子】子曰："质胜文则野，文胜质则史。文质彬彬，然后君子。"

［译文］孔子说："本质胜于外表的文饰就显得粗野，文饰胜过内在的本质就显得浮华。只有文采与本质俱佳，然后可以成为君子。"[6.18]

【谋道】子曰："人之生也直，罔之生也幸而免。"

［译文］孔子说："人活在世上是因为正直，不正直的人也能生存，那只是他侥幸地避免了灾祸。"[6.19]

【好学】子曰："知之者，不如好之者；好之者，不如乐之者。"

［译文］孔子说："对于一门学问，知道它的不如喜好它的，喜好它的不如乐在其中的。"[6.20]

【好学】子曰："中人以上，可以语上也；中人以下，不可以语上也。"

［译文］孔子说："中等才智以上者，可以跟他谈论高深学问；中等才智以下者，不可以跟他谈论高深学问。"[6.21]

【亲仁】樊迟问知。子曰："务民之义，敬鬼神而远之，可谓知矣。"问仁。曰："仁者先难而后获，可谓仁矣。"

［译文］樊迟问什么是"智"。孔子说："治理民众的要义，是尊敬鬼神而又远离这类事情，这才是懂得'智'啊。"又问什么是"仁"。答："仁者先历尽艰难而后才收获成功，这才能称为仁。"[6.22]

【亲仁】子曰："知者乐水，仁者乐山；知者动，仁者静；知者乐，仁者寿。"

［译文］孔子说："智者乐于亲近水，仁者乐于亲近山；智者好动，仁者喜静；智者快乐无忧，仁者清静长寿。"［6.23］

【谋道】子曰："齐一变，至于鲁；鲁一变，至于道。"

［译文］孔子说："齐国政治一变，就赶上了鲁国的水准；鲁国政治再一变，就达到了圣王之道。"［6.24］

【好学】子曰："觚不觚？觚哉！觚哉！"

［译文］孔子说："这觚不像个觚了，是觚吗？还算是觚吗？"［6.25］

【亲仁】宰我问曰："仁者，虽告之曰，'井有仁焉'，其从之也？"子曰："何为其然也？君子可逝也，不可陷也；可欺也，不可罔也。"

［译文］宰我问："对于一个仁者，就算告诉他'这口井里有个仁人'，他也会跳进井里去吗？"孔子说："怎么会发生这种事情呢？君子可以为仁献身，却不可陷入陷阱；可以被欺负，却不可能被迷惑。"［6.26］

【君子】子曰："君子博学于文，约之以礼，亦可以弗畔矣夫！"

［译文］孔子说："君子广博地学习文化，以礼约束自己，这也就可以不背叛自己谋道亲仁的初衷了！"［6.27］

【修德】子见南子，子路不说。夫子矢之曰："予所否者，天厌之！天厌之！"

［译文］孔子应邀去见南子，子路很不高兴。孔子对天发誓："如果我

做了不该做的事情，天罚我！天罚我！"[6.28]

【修德】子曰："中庸之为德也，其至矣乎！民鲜久矣。"

［译文］孔子说："中庸这种美德啊，至高至深！民众已经很少知道它了。"[6.29]

【亲仁】子贡曰："如有博施于民而能济众，何如？可谓仁乎？"子曰："何事于仁，必也圣乎！尧、舜其犹病诸！夫仁者，己欲立而立人，己欲达而达人。能近取譬，可谓仁之方也已。"

［译文］子贡说："如果有人能够广施仁爱于人民并能救济大众，怎样呢？可称为仁人了吧？"孔子说："何止是仁人，他必定已经是圣人了！尧、舜都比不上他啊！那些仁者，自己想自立也帮助别人自立，自己想过得好也帮助别人过得好。能自我反思并推己及人，这可说是实践仁道的方法了。"[6.30]

述而篇第七

【谋道】子曰："述而不作，信而好古，窃比于我老彭。"

［译文］孔子说："口述经典教义而不自己写文章，笃信仁义而喜好古道，私下里我自己常与老子和彭祖相比。"[7.1]

【好学】子曰："默而识之，学而不厌，诲人不倦，何有于我哉？"

［译文］孔子说："默默牢记所学知识，乐学好问而不满足，教诲别人而不疲倦，此外还有什么是我要做的呢？"[7.2]

【修德】子曰："德之不修，学之不讲，闻义不能徙，不善不能改，是吾忧也。"

［译文］孔子说："品德不修养，学问不讲习，听闻大义不能进取，有了恶习不能改正，这些都是我担忧的啊。"　[7.3]

【君子】子之燕居，申申如也，夭夭如也。

［译文］孔子在家闲居时，悠闲整洁，愉悦而舒畅。　[7.4]

【好学】子曰："甚矣吾衰也！久矣吾不复梦见周公！"

［译文］孔子说："哎呀，我衰老了！我都好久不再梦见周公了！"　[7.5]

【谋道】子曰："志于道，据于德，依于仁，游于艺。"

［译文］孔子说："立志于谋道，立本于礼德，归依于仁孝，游学于六艺。"　[7.6]

【好学】子曰："自行束脩以上，吾未尝无诲焉。"

［译文］孔子说："自行准备好十条干肉以上来求学，我从来没有不愿意教他的。"　[7.7]

【好学】子曰："不愤不启，不悱不发，举一隅不以三隅反，则不复也。"

［译文］孔子说："不到了极力想弄明白的时候先不启示他，不到了想说又说不出的时候先不启发他，举一方面的事理而不能从三方面去扩展思考的，就不必再重复开导他了。"　[7.8]

【祭祀】子食于有丧者之侧，未尝饱也。子于是日哭，则不歌。

［译文］孔子在办丧事人家附近吃饭的时候，从没有吃饱过。孔子在这一天伤心哭泣，也不再唱歌。[7.9]

【好学】子谓颜渊曰："用之则行，舍之则藏，惟我与尔有是夫！"子路曰："子行三军，则谁与？"子曰："暴虎冯河，死而无悔者，吾不与也。必也临事而惧，好谋而成者也。"

［译文］孔子对颜渊说："用我就行动，不用我就隐藏，只有我和你能做到这样子吧！"子路说："老师指挥三军时，谁会跟随呢？"孔子说："那种空手和老虎搏斗，徒步过河，死而无悔的莽汉，我是不愿意和他共事的。我需要的是面临大事警惕小心，好谋略而能成事的人。"[7.10]

【谋道】子曰："富而可求也，虽执鞭之士，吾亦为之。如不可求，从吾所好。"

［译文］孔子说："富贵能以正道求来，即使做个帮人家拿鞭子的人，我也愿意。如富贵不可求的话，那就按我自己的爱好行事。"[7.11]

【祭祀】子之所慎：斋，战，疾。

［译文］孔子所谨慎从事的事情是：斋戒祭祀、战事、疾病。[7.12]

【礼乐】子在齐闻《韶》，三月不知肉味，曰："不图为乐之至于斯也！"

［译文］孔子在齐国听《韶》乐后，三个月都不知道什么是肉香味，他说："没想到礼乐能达到这么美的境界呀！"[7.13]

【亲仁】冉有曰："夫子为卫君乎？"子贡曰："诺，吾将问之。"

入，曰："伯夷、叔齐何人也？"曰："古之贤人也。"曰："怨乎？"曰："求仁而得仁，又何怨？"出，曰："夫子不为也。"

［译文］冉有说："老师想为卫国君主做事吗？"子贡说："好，我去问问。"子贡进门后问道："伯夷、叔齐是怎样的人呢？"孔子答："是古代的贤人啊。"问："他们有怨言吗？"孔子说："追求仁德而得到仁德，又有什么可埋怨的呢？"子贡出来，对冉有说："老师不愿意这么做啊。" [7.14]

【修德】子曰："饭疏食饮水，曲肱而枕之，乐亦在其中矣。不义而富且贵，于我如浮云。"

［译文］孔子说："吃粗米饭，饮冷水，弯着手臂当枕头，快乐就在其中啊。做不义的事而求富贵，对于我就如浮云一样。" [7.15]

【大同】子曰："加我数年，五十以学《易》，可以无大过矣。"

［译文］孔子说："让我再多活几年，从五十岁开始学《易》的话，就可以没有大过错了。" [7.16]

【好学】子所雅言，《诗》《书》；执礼，皆雅言也。

［译文］孔子所用雅言，来自《诗》《书》等经典；他执掌的礼乐文化，也都使用其中的雅言。 [7.17]

【好学】叶公问孔子于子路，子路不对。子曰："女奚不曰，其为人也，发愤忘食，乐以忘忧，不知老之将至云尔。"

［译文］叶公问子路有关孔子的事，子路不回答。孔子说："你为何不说，他这个人啊，发愤学习时就忘了吃饭，安贫乐道忘了忧愁，连自己越来越老了都不知道。" [7.18]

【好学】子曰："我非生而知之者，好古，敏以求之者也。"

［译文］孔子说："我不是生来就有知识的人，但喜好古籍，还勤奋、敏捷地求道前行。" [7.19]

【大同】子不语怪、力、乱、神。

［译文］孔子不喜欢谈论怪诞、暴力、叛乱、神鬼的事情。 [7.20]

【修德】子曰："三人行，必有我师焉。择其善者而从之，其不善者而改之。"

［译文］孔子说："三人同行，其中必有我的老师啊。我从他身上寻找优点而向他学习，从他身上发现缺点而及时改正。" [7.21]

【修德】子曰："天生德于予，桓魋其如予何！"

［译文］孔子说："上天把仁德给了我，司马桓魋又能奈我何呢！" [7.22]

【修德】子曰："二三子以我为隐乎？吾无隐乎尔。吾无行而不与二三子者，是丘也。"

［译文］孔子说："你们几个以为我隐瞒了什么吗？我没什么可隐瞒你们的。我没有什么行为是不告诉你们几个的，这就是我孔丘。" [7.23]

【好学】子以四教：文，行，忠，信。

［译文］孔子教四种学问：文化、品行、忠诚、守信。 [7.24]

【君子】子曰："圣人，吾不得而见之矣；得见君子者，斯可矣。"

［译文］孔子说："圣人，我是见不到了，能够见到君子，也就可以

了。"［7.25］

【修德】子曰："善人，吾不得而见之矣；得见有恒者，斯可矣。亡而为有，虚而为盈，约而为泰，难乎有恒矣！"

［译文］孔子说："善人，我是见不到了；能见到有恒心的人，也就可以了。失去了仍以为拥有，空虚却以为盈实，简约而自以为富泰，这种人是很难有恒心、恒业的！"［7.26］

【大同】子钓而不纲，弋不射宿。

［译文］孔子钓鱼时不用渔网，射鸟时不射回家喂食的鸟儿。［7.27］

【好学】子曰："盖有不知而作之者，我无是也。多闻，择其善者而从之；多见而识之，知之次也。"

［译文］孔子说："有些人自己还没弄明白就胡乱去做，我不是这种人。多听听，再选择其中的好方法去做；多看看，然后记住它，这是仅次于'生而知之'的。"［7.28］

【好学】互乡难与言，童子见，门人惑。子曰："与其进也，不与其退也，唯何甚？人洁己以进，与其洁也，不保其往也。"

［译文］互乡的人很难交谈，孔子却接见了一个童子，孔子的门人很是疑惑。孔子说："肯定他的进步，不肯定他的退步嘛，何必太计较呢？一个人能改变自己求进步，就要肯定他的进步，不要揪住他以往的缺点不放。"［7.29］

【亲仁】子曰："仁远乎哉？我欲仁，斯仁至矣。"

［译文］孔子说："仁道难道离我们很远吗？我想求仁，仁道就来

了。"[7.30]

【礼乐】陈司败问："昭公知礼乎？"孔子曰："知礼。"孔子退，揖巫马期而进之，曰："吾闻君子不党，君子亦党乎？君取于吴，为同姓，谓之吴孟子。君而知礼，孰不知礼？"巫马期以告。子曰："丘也幸，苟有过，人必知之。"

［译文］陈司败问："鲁昭公懂得礼吗？"孔子说："他懂得礼。"孔子退出后，陈司败作了个揖，请巫马期走近来，并对他说："我听说君子不结党营私，君子会结党营私吗？鲁君在吴国娶了一位同姓女子，称她为吴孟子。鲁君这也算知礼的话，还有谁不知礼呢？"巫马期回来告诉了孔子。孔子说："我也真幸运，如果有了过错，别人必会知道。"[7.31]

【礼乐】子与人歌而善，必使反之，而后和之。

［译文］孔子与人唱歌，见别人唱得好的话，必定再请他唱一遍，然后跟着他唱。[7.32]

【君子】子曰："文，莫吾犹人也，躬行君子，则吾未之有得。"

［译文］孔子说："文化知识嘛，我跟别人差不多，如果说做一个亲身实践的君子呢，那么我还没有达到。"[7.33]

【亲仁】子曰："若圣与仁，则吾岂敢。抑为之不厌，诲人不倦，则可谓云尔已矣。"公西华曰："正唯弟子不能学也。"

［译文］孔子说："像圣人与仁者，我岂敢自称。如果是说我一生追求仁道而不生厌烦心，教诲人而不生倦怠心，那还是可以这样说的吧。"公西华说："这也正是弟子们还没能学到的啊。"[7.34]

【祭祀】子疾病，子路请祷。子曰："有诸？"子路对曰："有之。《诔》曰：'祷尔于上下神祇。'"子曰："丘之祷久矣。"

［译文］孔子生了重病，子路自请祷告。孔子问："有这回事吗？"子路回答："有。《诔》文是，'为你祷告于天上地下的神祇'。"孔子说："我已经祈祷很久了。" [7.35]

【修德】子曰："奢则不孙，俭则固。与其不孙也，宁固。"

［译文］孔子说："奢侈的人不谦逊，俭朴的人固守贫寒。与其不谦逊，宁可固守贫寒。" [7.36]

【君子】子曰："君子坦荡荡，小人长戚戚。"

［译文］孔子说："君子坦坦荡荡，小人经常忧心、烦恼。" [7.37]

【修德】子温而厉，威而不猛，恭而安。

［译文］孔子温和而严厉，威严而不刚猛，谦恭而安详。 [7.38]

泰伯篇第八

【大同】子曰："泰伯，其可谓至德也已矣。三以天下让，民无得而称焉。"

［译文］孔子说："泰伯这个人，可说是达到至德境界了。他多次把天下让给季历，民众都不知道该如何称颂他。" [8.1]

【亲仁】子曰："恭而无礼则劳，慎而无礼则葸，勇而无礼则乱，直而无礼则绞。君子笃于亲，则民兴于仁；故旧不遗，则民不偷。"

[译文] 孔子说："恭敬而无礼就会劳烦，谨慎而无礼就会畏缩，蛮勇而无礼就会乱来，刚直而无礼就会尖刻。君子对待亲人感情深厚，民众就会兴起仁爱的风气。所以能够不忘记老友故人，民众就不会冷漠。" [8.2]

【君子】曾子有疾，召门弟子曰："启予足！启予手！《诗》云：'战战兢兢，如临深渊，如履薄冰。'而今而后，吾知免夫！小子！"

[译文] 曾子生了重病，把弟子招来说："看看我的脚！看看我的手！《诗》说：'小心翼翼，如同面临深渊，如同走在薄冰上。'从今以后，我可以免于损伤自己了呀！弟子们！" [8.3]

【君子】曾子有疾，孟敬子问之。曾子言曰："鸟之将死，其鸣也哀；人之将死，其言也善。君子所贵乎道者三，动容貌，斯远暴慢矣；正颜色，斯近信矣；出辞气，斯远鄙倍矣。笾豆之事，则有司存。"

[译文] 曾子生了重病，孟敬子来探望他。曾子说："鸟将死时，它的鸣叫也会哀伤；人将死的时候，他的话也是善意的。君子所珍惜的道有三种，展露温和的容貌，就能远离粗暴怠慢；脸色一本正经，就接近诚信了；言辞谈吐要谨慎，就能避免粗鄙。关于祭礼的事，则要有专职官员负责。" [8.4]

【好学】曾子曰："以能问于不能，以多问于寡；有若无，实若虚，犯而不校。昔者吾友尝从事于斯矣。"

[译文] 曾子说："自己能干却向不能干的人请教，自己学问多却向学问少的人求教；有知识却好像没有，学问充实却好像很空虚，受到冒犯也不计较。过去我的朋友就尝试过这么做。" [8.5]

【君子】曾子曰："可以托六尺之孤，可以寄百里之命，临大节而不可夺也。君子人与？君子人也！"

［译文］曾子说："可以将六尺高的孤儿托付给他，可以将国家的命运寄托在他身上，面临危险关头也不会失去节操。这种人是君子吗？是真君子啊！"[8.6]

【亲仁】曾子曰："士不可以不弘毅，任重而道远。仁以为己任，不亦重乎？死而后已，不亦远乎？"

［译文］曾子说："士不可以没有宏大坚忍的毅力，他的责任重大而且道路遥远。以仁道作为自己的毕生使命，这责任还不重大吗？生命不息，奋斗不止，这还不遥远吗？"[8.7]

【礼乐】子曰："兴于诗，立于礼，成于乐。"

［译文］孔子说："诗歌兴起激情，明礼立稳根本，成就于音乐。"[8.8]

【好学】子曰："民可使，由之；不可使，知之。"

［译文］孔子说："民众可以被指使时，要善于因势利导他们；不可被指使时，要让他们知道应该如何去做。"[8.9]

【亲仁】子曰："好勇疾贫，乱也；人而不仁，疾之已甚，乱也。"

［译文］孔子说："好勇斗狠而仇恨贫穷，会引发动乱；对没有仁爱的人过分仇视，也会造成祸乱。"[8.10]

【修德】子曰："如有周公之才之美，使骄且吝，其余不足观也已。"

［译文］孔子说："如果一个人有了周公那样美好的才华，却骄傲小气，那别的方面也都不值一看了。"[8.11]

【好学】子曰："三年学，不至于穀，不易得也。"

［译文］孔子说："学了三年，还不去当官，这是很难得的。" [8.12]

【谋道】子曰："笃信好学，守死善道。危邦不入，乱邦不居。天下有道则见，无道则隐。邦有道，贫且贱焉，耻也；邦无道，富且贵焉，耻也。"

［译文］孔子说："诚实守信好学，牢牢坚守为善之道。危险的国邦不进去，动乱的国邦不居留。天下有道时就显露才华，无道时就隐姓埋名。国邦有道时，以自己还穷困潦倒为耻；国邦无道时，以自己还富贵荣华为耻。" [8.13]

【祭祀】子曰："不在其位，不谋其政。"

［译文］孔子说："不在这个位子上，就不操心它的事。" [8.14]

【礼乐】子曰："师挚之始，《关雎》之乱，洋洋乎盈耳哉！"

［译文］孔子说："从太师挚的演奏开始，一直到《关雎》的和鸣结束，整首曲子真是美妙动听，乐声盈耳啊！" [8.15]

【修德】子曰："狂而不直，侗而不愿，悾悾而不信，吾不知之矣。"

［译文］孔子说："狂妄而不正直，无知而不忠厚，看似诚恳却不守信用，我真不知道人为什么会这样。" [8.16]

【好学】子曰："学如不及，犹恐失之。"

［译文］孔子说："学习就像在追赶什么，老怕来不及似的，追赶上了又怕失去它。" [8.17]

【大同】子曰："巍巍乎，舜、禹之有天下也而不与焉！"

［译文］孔子说："多么崇高伟大啊，舜帝和禹帝拥有了天下却不独享！"　[8.18]

【大同】子曰："大哉尧之为君也！巍巍乎！唯天为大，唯尧则之。荡荡乎！民无能名焉。巍巍乎其有成功也。焕乎其有文章！"

［译文］孔子说："伟大啊！尧帝这位君主！他多么崇高啊！唯有天最大，唯有尧帝能效法天的高大。浩浩荡荡啊！民众无法用任何名义来赞颂他。多么崇高啊！他取得了伟大的成功。光辉灿烂啊！他的礼乐典章！"　[8.19]

【修德】舜有臣五人而天下治。武王曰："予有乱臣十人。"孔子曰："才难，不其然乎？唐虞之际，于斯为盛。有妇人焉，九人而已。三分天下有其二，以服事殷。周之德，其可谓至德也已矣。"

［译文］舜帝有贤臣五人而天下太平。周武王说："我有治乱大臣十人。"孔子说："人才难得，难道不是这样吗？尧舜直到周初时期，人才尤其兴盛。周武王的十大臣中还有位妇女，实际上只有九个人而已。周文王有了三分之二的天下，依然服事殷朝。周朝的品德，可以说是至德境界了。"　[8.20]

【大同】子曰："禹，吾无间然矣。菲饮食而致孝乎鬼神，恶衣服而致美乎黼冕，卑宫室而尽力乎沟洫。禹，吾无间然矣。"

［译文］孔子说："对于禹，我是无可挑剔的了。他的饮食很不丰厚却对鬼神极尽孝礼。他平时的衣服很朴素，祭祀时却衣着华美，头戴冠冕。他住在低矮的宫室里，却尽力开沟挖渠去疏通洪水。禹帝啊，我真是挑不出他有什么毛病。"　[8.21]

子罕篇第九

【亲仁】子罕言利，与命与仁。

［译文］孔子很少谈利益，只是赞美天命与仁德。 [9.1]

【好学】达巷党人曰："大哉孔子，博学而无所成名。"子闻之，谓门弟子曰："吾何执？执御乎？执射乎？吾执御矣。"

［译文］达巷有个人说："伟大的孔子啊，学问广博却没有哪一方面能成名。"孔子听后，对门下弟子说："我的专长是什么呢？是驾御呢，还是射箭？我专长驾御吧。" [9.2]

【礼乐】子曰："麻冕，礼也；今也纯，俭，吾从众。拜下，礼也；今拜乎上，泰也。虽违众，吾从下。"

［译文］孔子说："用麻布做帽子是符合礼的，而今天已改用丝绸了，这比较俭省，我也跟大家一样了。进见时在堂下跪拜，这是符合礼的；今天都是到了堂上才拜见，这就有些骄态了。所以即使与大家相违，我也还是在堂下拜见。" [9.3]

【好学】子绝四：毋意，毋必，毋固，毋我。

［译文］孔子杜绝四种毛病：不主观臆测，不绝对，不固执，不自我独是。 [9.4]

【好学】子畏于匡，曰："文王既没，文不在兹乎？天之将丧斯文也，后死者不得与于斯文也；天之未丧斯文也，匡人其如予何？"

［译文］孔子受困于匡地时，说："周文王已经不在了，他的文德教化

不是都在我这里了吗？如果上天要灭绝周文化，那么我将不再得到它的文化遗产。如果上天还没有灭绝周文化，匡地人又奈我何？"[9.5]

【好学】太宰问于子贡曰："夫子圣者与？何其多能也？"子贡曰："固天纵之将圣，又多能也。"子闻之，曰："太宰知我乎！吾少也贱，故多能鄙事。君子多乎哉？不多也！"

［译文］太宰问子贡："孔夫子是圣者吗？他怎么会有这么多的才能呢？"子贡说："这本来就是上天安排他成为圣人，又给了他很多才能啊。"孔子听了，说："太宰是了解我的啊！我年少时贫贱，所以能学会许多鄙贱的技艺。君子的才能会很多吗？不会多啊！"[9.6]

【好学】牢曰："子云：'吾不试，故艺。'"
［译文］牢说："孔子说：'我不为了当官去应试，所以有才艺。'"[9.7]

【好学】子曰："吾有知乎哉？无知也。有鄙夫问于我，空空如也。我叩其两端而竭焉。"

［译文］孔子说："我很有知识吗？没有知识嘛。有个乡下人问我问题，我头脑空空，一点也不懂。于是我从问题头尾的两个极端去叩问，尽量弄明白它。"[9.8]

【大同】子曰："凤鸟不至，河不出图，吾已矣夫！"
［译文］孔子说："凤鸟不飞来了，黄河也不出龙图了，我这一生也要完了吧！"[9.9]

【祭祀】子见齐衰者、冕衣裳者与瞽者，见之，虽少必作，过之必趋。

［译文］孔子遇见穿丧服的人、戴礼帽穿礼服的人以及盲人的时候，只要一见到，即使他们年少，也必定会作揖行礼。经过他们的时候，也必定趋前致礼。[9.10]

【谋道】颜渊喟然叹曰："仰之弥高，钻之弥坚。瞻之在前，忽焉在后。夫子循循然善诱人，博我以文，约我以礼，欲罢不能。既竭吾才，如有所立卓尔。虽欲从之，末由也已。"

［译文］颜渊长叹说："老师之道啊，越瞻仰越觉得崇高不可攀，越钻研越觉得坚实不可测。瞻望时如在面前，忽然间又似乎在身后。老师善于循序引导，以文化广博我的学识，以礼乐约束我的举止，让我欲罢不能。我竭尽才华，好像能卓然独立了，但想要追随着老师，又似乎没找到路子。"[9.11]

【祭祀】子疾病，子路使门人为臣。病间，曰："久矣哉，由之行诈也！无臣而为有臣。吾谁欺？欺天乎？且予与其死于臣之手也，无宁死于二三子之手乎！且予纵不得大葬，予死于道路乎？"

［译文］孔子生病后，子路让门下弟子充当家臣。病情稍好期间，孔子说："很久了，子路在弄虚作假啊！没有家臣而冒充有家臣。我欺骗谁？欺骗天吗？再说我与其死在家臣手里，还不如死在你们几个人手里啊！就算我得不到大葬祭礼，难道会死在道路上吗？"[9.12]

【君子】子贡曰："有美玉于斯，韫椟而藏诸？求善贾而沽诸？"子曰："沽之哉！沽之哉！我待贾者也。"

［译文］子贡说："如果有一块美玉在这里，是拿盒子把它藏起来呢，还是求会做买卖的商人把它卖了呢？"孔子说："卖掉它吧！卖掉它吧！我在等待商家啊。"[9.13]

【君子】子欲居九夷。或曰："陋，如之何？"子曰："君子居之，何陋之有？"

［译文］孔子想搬到九夷的地方去隐居。有人说："那里太简陋了，怎么办？"孔子说："君子居住的地方，哪还会简陋呢？"[9.14]

【礼乐】子曰："吾自卫反鲁，然后乐正，雅颂各得其所。"

［译文］孔子说："我从卫国返回鲁国，然后才修正了礼乐，让《雅》《颂》各有合适的安排。"[9.15]

【祭祀】子曰："出则事公卿，入则事父兄，丧事不敢不勉，不为酒困，何有于我哉？"

［译文］孔子说："出仕时就服事公侯贵卿，入家门后就服事父亲兄长，遇到丧事时不敢不勉力而为，也不贪恋酒肉，那还有什么能够困扰我的呢？"[9.16]

【好学】子在川上曰："逝者如斯夫，不舍昼夜！"

［译文］孔子站在大江边上说："消逝的光阴就像这浩浩江水，不分昼夜地奔流而去！"[9.17]

【修德】子曰："吾未见好德如好色者也。"

［译文］孔子说："我还没见过爱好美德如同爱好美色一样的人。"[9.18]

【修德】子曰："譬如为山，未成一篑，止，吾止也。譬如平地，虽覆一篑，进，吾往也。"

［译文］孔子说："这就像堆土成山，差一筐土就能成功，结果停止了，这是我停止造成的后果啊。再譬如平整场地，只需倒一筐土就行了，如果继续下去，那是靠我坚持啊。"［9.19］

【修德】子曰："语之而不惰者，其回也与。"

［译文］孔子说："听我说后能努力实行而不懒惰的，只有颜回吧。"［9.20］

【修德】子谓颜渊曰："惜乎！吾见其进也，未见其止也！"

［译文］孔子评价颜回："多可惜啊！我只看见他进步，从来没见过他止步不前！"［9.21］

【好学】子曰："苗而不秀者有矣夫！秀而不实者有矣夫！"

［译文］孔子说："光长苗而不吐穗扬花的情况是有的！光开花而不结果实的情况也是有的啊！"［9.22］

【好学】子曰："后生可畏，焉知来者之不如今也？四十、五十而无闻焉，斯亦不足畏也已。"

［译文］孔子说："后生可畏，怎知道后来人将来赶不上现在呢？但如果到了四五十岁还默默无闻，那人也就不足敬畏了。"［9.23］

【好学】子曰："法语之言，能无从乎？改之为贵。巽与之言，能无说乎？绎之为贵。说而不绎，从而不改，吾末如之何也已矣。"

［译文］孔子说："用礼法的语言说服他，能不听从吗？能及时改正就是最宝贵的。恭顺赞美的言语，能不让人喜悦吗？分析它的言下之意才是难得

的。光高兴而不分析，表面听从而不改正，我真不知拿他怎么办了。"[9.24]

【修德】子曰："主忠信，毋友不如己者，过则勿惮改。"

［译文］孔子说："交往以忠诚守信的原则为主，不要跟不如自己的人交朋友，有了过错就不要怕改正。"[9.25]

【修德】子曰："三军可夺帅也，匹夫不可夺志也。"

［译文］孔子说："三军的主帅可以被夺走，但男子汉的志气绝不可被夺走！"[9.26]

【谋道】子曰："衣敝缊袍，与衣狐貉者立而不耻者，其由也与。'不忮不求，何用不臧？'"子路终身诵之。子曰："是道也，何足以臧？"

［译文］孔子说："穿着破旧袍子，与穿狐貉皮的富人并肩而立，却不觉得羞耻者，只有子路吧。这就是《诗》里说的'不嫉妒，不贪求，用什么不好'啊！"子路听后，终身诵读这首诗。孔子说："老是这么个读法，怎能算是好呢？"[9.27]

【修德】子曰："岁寒，然后知松柏之后凋也！"

［译文］孔子说："天气寒冷，这才知道松柏是最后凋谢的！"[9.28]

【亲仁】子曰："知者不惑，仁者不忧，勇者不惧。"

［译文］孔子说："智慧者不迷惑，仁德者不忧虑，勇敢者不畏惧。"[9.29]

【谋道】子曰："可与共学，未可与适道；可与适道，未可与立；可与立，未可与权。"

　　［译文］孔子说："可与他共同学习，未必可与他同道而行；可与他同道而行，未必可与他建功立业；可与他建功立业，未必可与他权衡利弊。"[9.30]

　　【好学】"唐棣之华，偏其反而。岂不尔思？室是远尔。"子曰："未之思也，夫何远之有？"

　　［译文］"唐棣的花儿，翩翩飘动而又各自反向旋转。难道是我不想你吗？只是住室离你太远。"孔子说："还是没怎么思念吧，能有多远呢？"[9.31]

乡党篇第十

　　【礼乐】孔子于乡党，恂恂如也，似不能言者。其在宗庙、朝庭，便便言，唯谨尔。

　　［译文］孔子在家乡的时候，显得很温和谦恭，好像不会说话似的。他到了宗庙和朝廷上，则说得很流利，只是较为谨慎。[10.1]

　　【礼乐】朝，与下大夫言，侃侃如也；与上大夫言，訚訚如也。君在，踧踖如也，与与如也。

　　［译文］孔子上朝后与下大夫交流时，从容不迫；与上大夫谈话时，和气严肃。君主在的时候，恭敬不安似的，但神态合度，不卑不亢。[10.2]

　　【礼乐】君召使摈，色勃如也，足躩如也。揖所与立，左右手，衣前后，襜如也。趋进，翼如也。宾退，必复命曰："宾不顾矣。"

［译文］君主召唤孔子去接待宾客时，孔子精神勃发，脚步加快起来。他向两旁的人作揖时，手向左或向右，衣服前低后扬，十分整齐。趋步前进时，衣服像鸟翼一样张开。宾客退下后，他一定向君主复命说："宾客已不回头张望，走远了。"［10.3］

【礼乐】入公门，鞠躬如也，如不容。立不中门，行不履阈。过位，色勃如也，足躩如也，其言似不足者。摄齐升堂，鞠躬如也，屏气似不息者。出，降一等，逞颜色，怡怡如也。没阶，趋进，翼如也。复其位，踧踖如也。

［译文］入公门的时候，孔子谨慎恭敬，好像无处容身。站立的时候不踏在门中间，行走时也不踩门槛。经过国君座位，脸色庄重，脚步加快，说话好似中气不足。提起衣服下摆上堂时，谨慎恭敬，屏着气好似没有气息。出来后，走下一级台阶，脸色舒缓起来，怡然愉快的样子。走完台阶，快步前进，姿态如鸟儿展翅一般。回到自己的座位上，又是恭敬不安的样子。［10.4］

【礼乐】执圭，鞠躬如也，如不胜。上如揖，下如授。勃如战色，足蹜蹜，如有循。享礼，有容色。私觌，愉愉如也。

［译文］孔子行礼时手执圭板，谨慎恭敬，好像拿不稳似的。向上举时如同作揖，向下拜时如同授物。脸色庄重好似战战兢兢，步子缩得很小，好像循直线而行。在献礼时，有温和的面容。在私下见面时，就显得非常愉快了。［10.5］

【君子】君子不以绀緅饰，红紫不以为亵服。当暑，袗絺绤，必表而出之。缁衣羔裘，素衣麑裘，黄衣狐裘。亵裘长，短右袂。必有寝衣，长一身有半。狐貉之厚以居。去丧，无所不佩。非帷裳，必杀之。羔裘玄冠不以吊。吉月必朝服而朝。

[译文]君子不以深青透红色装饰衣领，不穿红色、紫色内衣，暑天穿的单衣用细或粗的葛布缝制，裹住内衣，露出在外。黑衣配羔裘，素衣配麑裘，黄衣配狐裘。家里穿的裘衣要略长，右袖短一点。睡觉一定要穿一身半长的睡衣。用狐貉的厚毛皮在家中垫坐，丧事以后，什么饰品都可以佩戴。除了整幅布的礼服外，其他衣裳都裁去多余部分。羊羔裘衣和黑帽子都不能用来吊丧。吉月必定穿朝服上朝。 [10.6]

【祭祀】齐，必有明衣布。齐必变食，居必迁坐。

[译文]斋戒时，必须备好洁净的布质浴衣。斋戒时一定要改变平时的饮食，居所也必定要换个地方。 [10.7]

【君子】食不厌精，脍不厌细。食饐而餲，鱼馁而肉败，不食。色恶，不食。臭恶，不食。失饪，不食。不时，不食。割不正，不食。不得其酱，不食。肉虽多，不使胜食气。唯酒无量，不及乱。沽酒市脯，不食。不撤姜食，不多食。

[译文]食物不求精美但要精心制作，吃肉不求细腻但要尽量切细。食物放久了霉变的，鱼不新鲜而腐败的，不食用。食物颜色难看的不食用。食物变臭的不食用。烹饪失火候的不食用。不合时节的食物不食用。肉割得不正的不食用。放的酱料不对的不食用。肉虽然多，但不要超过主食的量。只有酒水不限量，但不要达到喝醉的地步。街铺市场兜售的酒肉不要乱食用。姜每餐都要上桌，但不要吃太多。 [10.8]

【祭祀】祭于公，不宿肉。祭肉不出三日。出三日，不食之矣。食不语，寝不言。虽疏食菜羹，瓜祭，必齐如也。

[译文]参加公祭后，祭肉不要留过夜。祭肉的存放也不要超过三日。

超过三天的，就要不食用了。吃饭的时候不要说话，睡觉时也不要谈话。即使是粗食蔬菜汤，也一定要分出点做祭品，像斋祭一样。[10.9]

【礼乐】席不正，不坐。乡人饮酒，杖者出，斯出矣。乡人傩，朝服而立于阼阶。问人于他邦，再拜而送之。

　　［译文］坐席不摆端正时，孔子不坐下。乡人聚会饮酒时，拄拐杖的老人出去后，孔子才出去。乡人演出傩剧时，孔子身穿朝服站立在东面的台阶上。托人问候他国友人，孔子都要在送行时向使者拜两次。[10.10]

【好学】康子馈药，拜而受之，曰："丘未达，不敢尝。"

　　［译文］康子馈赠药品，孔子拜谢接受后，却说："我还不了解这药性，不敢尝药。"[10.11]

【亲仁】厩焚。子退朝，曰："伤人乎？"不问马。

　　［译文］马厩被焚烧了。孔子退朝后，说："伤了人吗？"不问马怎么样了。[10.12]

【祭祀】君赐食，必正席先尝之；君赐腥，必熟而荐之；君赐生，必畜之。侍食于君，君祭，先饭。疾，君视之，东首，加朝服，拖绅。君命召，不俟驾行矣。入太庙，每事问。

　　［译文］君主赏赐的食物，孔子必定摆正坐席再品尝它。君主赐的生肉，他必定煮熟后再供奉祖宗；君主赐的活物，他必定先圈养它。为君主侍食时，在君主举行祭礼前，孔子要先尝尝饭食。孔子生病后，君主来探视时，孔子头朝东躺着，身上加盖朝服，拖着大带子。君主下命召见他，孔子不等车驾备好就步行前去。一进入太庙，他每件事都要问个明白。[10.13]

【祭祀】朋友死，无所归，曰："于我殡。"朋友之馈，虽车马，非祭肉，不拜。

［译文］朋友死后，无人料理后事，孔子说："由我来殡葬吧。"朋友送来的礼物，即使是车马那样的贵重赠品，但只要不是祭肉，孔子就不拜谢。[10.14]

【礼乐】寝不尸，居不客。见齐衰者，虽狎，必变。见冕者与瞽者，虽亵，必以貌。凶服者式之，式负版者。有盛馔，必变色而作。迅雷风烈，必变。

［译文］孔子睡觉时不直挺挺地躺着，闲居时也不似待客或做客时那样端坐。他看见穿丧服的人，虽然关系亲密，也一定会变成严肃脸色。见戴礼帽的与盲人，即使平常相熟，也必定容貌庄重。他在车上遇见穿丧服的人，就扶着车前的横木致哀；看见有背负着国家图书的人路过，也扶着车轼致礼。凡是遇上丰盛的宴席，必定神色骤变，作揖致谢。遇上迅雷炸响，狂风烈烈，也必改变脸色。[10.15]

【礼乐】升车，必正立，执绥。车中，不内顾，不疾言，不亲指。

［译文］孔子上车前，必先立正，然后拉着扶手绳索登车。他在车上不回头看车里，不高声说话，也不用手指指点点。[10.16]

【大同】色斯举矣，翔而后集。曰："山梁雌雉，时哉时哉！"子路共之，三嗅而作。

［译文］大家的脸色忽然兴奋起来，只见被孔子和随行弟子们惊起的一大群野山鸡，先是散开来自由飞翔，而后又集拢起来慢慢地落下来。孔子激动地说："山梁上的母山鸡出现了，时机到了，时机到了呀！"子路深受感染，

拱手深拜，三次叩头触地行大礼。[10.17]

先进篇第十一

【礼乐】子曰："先进于礼乐，野人也；后进于礼乐，君子也。如用之，则吾从先进。"

［译文］孔子说："先学好礼乐再去任职做事，这是一般的粗人；先有官职再去学习礼乐规矩，这是世袭官位的贵族子弟。如果要选用人才，我宁可用粗人。"[11.1]

【好学】子曰："从我于陈、蔡者，皆不及门也。"

［译文］孔子说："跟随我去陈国、蔡国遭受了磨难的子弟们，现在都不在我身边受教了。"[11.2]

【修德】德行：颜渊、闵子骞、冉伯牛、仲弓。言语：宰我、子贡。政事：冉有、季路。文学：子游、子夏。

［译文］（孔子学生中）德行优异的有颜渊、闵子骞、冉伯牛、仲弓，能言善辩的有宰我、子贡，善于处理国政事务的有冉有、季路，文学出众的有子游、子夏。[11.3]

【好学】子曰："回也，非助我者也，于吾言无所不说。"

［译文］孔子说："颜回啊，不是来帮助我的呀，他对我的教诲没有哪样是不心悦诚服的。"[11.4]

【孝悌】子曰："孝哉，闵子骞！人不间于其父母昆弟之言。"

［译文］孔子说："真仁孝啊，闵子骞！人们无法挑剔他父母和兄弟们对他的赞美之言。"[11.5]

【好学】南容三复白圭，孔子以其兄之子妻之。

［译文］南容每天都反复诵读着"白圭之玷，尚可磨也；斯言之玷，不可为也"的诗句，孔子把侄女嫁给他为妻。[11.6]

【好学】季康子问："弟子孰为好学？"孔子对曰："有颜回者好学，不幸短命死矣，今也则亡。"

［译文］季康子问："您的弟子中谁最好学呢？"孔子回答："颜回这位弟子最好学，不幸短命死了，如今也就没这么好学的了。"[11.7]

【祭祀】颜渊死，颜路请子之车以为之椁。子曰："才不才，亦各言其子也。鲤也死，有棺而无椁。吾不徒行以为之椁，以吾从大夫之后，不可徒行也。"

［译文］颜回去世后，他父亲颜路请孔子用自己的马车来换一副外椁。孔子说："无论是成才还是不成才，人们都会各自心疼自己的儿子。我的鲤儿死后，有棺而无外椁。我没有卖掉马车徒步行走来为他换外椁，这是因为我自从当了大夫之后，就不可以步行了。"[11.8]

【祭祀】颜渊死。子曰："噫！天丧予！天丧予！"

［译文］颜回去世后，孔子说："啊！老天要我命啊！老天要我的命！"[11.9]

【祭祀】颜渊死，子哭之恸。从者曰："子恸矣！"曰："有恸乎？非夫人之为恸而谁为？”

［译文］颜回死后，孔子哭得很悲痛。随从弟子都说：“老师太伤心了！”孔子说：“伤心吗？不为这样的人悲伤，我还为谁悲伤呢？”［11.10］

【祭祀】颜渊死，门人欲厚葬之，子曰：“不可。”门人厚葬之。子曰：“回也视予犹父也，予不得视犹子也。非我也，夫二三子也！”

［译文］颜回死后，同门弟子准备厚葬他，孔子说：“不可以。”但同门弟子还是厚葬了他。孔子说：“颜回啊，他看待我如同父亲一般，我却不能看待他如同儿子一般。这不是我的错，是那几个学生要这样做啊！”［11.11］

【祭祀】季路问事鬼神。子曰：“未能事人，焉能事鬼？”曰：“敢问死。”曰：“未知生，焉知死？”

［译文］季路问如何服事鬼神。孔子说：“还不能服事好人，哪能服事好鬼神？”问：“能问问什么是死吗？”答：“还不知道生是什么，哪里能知道死是什么？”［11.12］

【好学】闵子侍侧，訚訚如也；子路，行行如也；冉有、子贡，侃侃如也，子乐。“若由也，不得其死然。”

［译文］眼看闵子在身旁一团和气地侍候着，子路显出一副昂首刚强的样子，冉有和子贡则是从容不迫的样子，孔子不禁笑了。但他又担心地说：“像子路这样的人啊，恐怕会不得善终吧。”［11.13］

【好学】鲁人为长府。闵子骞曰：“仍旧贯，如之何？何必改作？”子曰：“夫人不言，言必有中。”

［译文］鲁国人翻修国库。闵子骞说：“照原样修，怎么样？何必要改

建？"孔子说："这样的人平时不说话，说的话必定中肯。"［11.14］

【好学】子曰："由之瑟，奚为于丘之门？"门人不敬子路。子曰："由也升堂矣，未入于室也。"

［译文］孔子说："子路的鼓瑟太不像样，这哪配入我的门呢？"于是门人们都不尊敬子路。孔子说："子路的学问其实已经入门了，只是还没有精通而已。"［11.15］

【好学】子贡问："师与商也孰贤？"子曰："师也过，商也不及。"曰："然则师愈与？"子曰："过犹不及。"

［译文］子贡问："子张与子夏哪一个贤良些？"孔子说："子张做事过了头，子夏做事有欠缺。"问："这么说子张是不是更好一点呢？"孔子说："过头了就像达不到一样。"［11.16］

【修德】季氏富于周公，而求也为之聚敛而附益之。子曰："非吾徒也，小子鸣鼓而攻之，可也。"

［译文］季氏比周朝的公侯还富裕，但冉求还在为他聚敛和增加财富。孔子说："这不是我的弟子啊，你们可以鸣起鼓来声讨他！"［11.17］

【好学】柴也愚，参也鲁，师也辟，由也喭。
［译文］高柴愚笨，曾参鲁钝，颛孙师偏激，子路莽撞。［11.18］

【好学】子曰："回也其庶乎，屡空。赐不受命，而货殖焉，亿则屡中。"

［译文］孔子说："颜回这个人几乎接近完美啊，却时常家财空空。端

木赐不接受命运的摆布，善于卖货增殖，做生意时简直是百发百中。"［11.19］

【谋道】子张问善人之道。子曰："不践迹，亦不入于室。"

［译文］子张问什么是善人的成功之道。孔子说："不沿着别人的脚印走，学问和修养就不到家。"［11.20］

【君子】子曰："论笃是与，君子者乎？色庄者乎？"

［译文］孔子说："评价一个人值不值得赞誉，就要看他是一个真君子呢，还是一个装模作样的伪君子？"［11.21］

【谋道】子路问："闻斯行诸？"子曰："有父兄在，如之何其闻斯行之？"冉有问："闻斯行诸？"子曰："闻斯行之。"公西华曰："由也问'闻斯行诸？'子曰：'有父兄在'；求也问'闻斯行诸？'子曰：'闻斯行之'。赤也惑，敢问。"子曰："求也退，故进之；由也兼人，故退之。"

［译文］子路问："闻道之后就能行动吗？"孔子说："有父兄在，怎么能闻道之后就立即行动呢？"冉求问："闻道之后就能行动吗？"孔子说："闻道之后就能行动。"公西华说："子路问'闻道之后就能行动吗？'您说，'有父兄在'；冉求之后也问'闻道之后就能行动吗？'您却说，'闻道之后就能行动'。我不禁有些迷惑，敢问这是什么原因呢？"孔子说："冉求这个人时常退缩，所以我要鼓励他。子路这个人好勇过人，所以我要约束他。"［11.22］

【好学】子畏于匡，颜渊后。子曰："吾以女为死矣！"曰："子在，回何敢死？"

［译文］孔子在匡地被围困许久，颜回最后才逃了出来。孔子见到

他后说："我还以为你死了！"颜回说："老师还在，颜回我哪里敢死呢？"［11.23］

【谋道】季子然问："仲由、冉求，可谓大臣与？"子曰："吾以子为异之问，曾由与求之问。所谓大臣者，以道事君，不可则止。今由与求也，可谓具臣矣。"曰："然则从之者与？"子曰："弑父与君，亦不从也。"

［译文］季子然问："子路、冉求，可以算是大臣吗？"孔子说："我以为你是问别人，原来是问子路与冉求。所谓大臣，要求能够以道服事君主，如做不到就会停止。如今的子路与冉求，只能说是充数之臣吧。"问："那么他们会听从所有命令吗？"孔子说："像杀害父亲与君主这样的命令，他们是不会听从的。"［11.24］

【好学】子路使子羔为费宰。子曰："贼夫人之子。"子路曰："有民人焉，有社稷焉，何必读书，然后为学？"子曰："是故恶夫佞者。"

［译文］子路委派子羔为费地的长官。孔子说："这简直是误人子弟。"子路说："费地不是有人民（可去治理），有社稷坛（可以学祭祀）吗？何必一定要读书，才算学习呢？"孔子说："所以我讨厌那些狡辩的人。"［11.25］

【礼乐】子路、曾皙、冉有、公西华侍坐。子曰："以吾一日长乎尔，毋吾以也。居则曰，'不吾知也！'如或知尔，则何以哉？"子路率尔而对曰："千乘之国，摄乎大国之间，加之以师旅，因之以饥馑。由也为之，比及三年，可使有勇，且知方也。"夫子哂之。"求！尔何如？"对曰："方六七十，如五六十，求也为之，比及三年，可使足民。如其礼乐，以俟君子。""赤！尔何如？"对曰："非曰能之，愿学焉。宗庙之事，如会同，端章甫，愿为小相焉。""点！尔何如？"鼓瑟希，铿尔，舍瑟而作，对曰：

"异乎三子者之撰。"子曰："何伤乎？亦各言其志也。"曰："莫春者，春服既成，冠者五六人，童子六七人，浴乎沂，风乎舞雩，咏而归。"夫子喟然叹曰："吾与点也！"三子者出，曾皙后。曾皙曰："夫三子者之言何如？"子曰："亦各言其志也已矣。"曰："夫子何哂由也？"曰："为国以礼，其言不让，是故哂之。""唯求则非邦也与？""安见方六七十如五六十而非邦也者？""唯赤则非邦也与？""宗庙会同，非诸侯而何？赤也为之小，孰能为之大？"

［译文］子路、曾点、冉求、公西华陪坐在孔子一旁。孔子说："我比你们年长一些，不要为此而不敢说话。你们平时在一起总是说，'不了解我啊！'如果了解你们的话，你们打算做什么呢？"子路马上回答："千乘车马的中等国家，夹在大国之间，因时常受到敌军侵扰，造成了饥荒。由我来治理的话，不出三年，就能让百姓勇敢善战，而且知道治国方法。"孔子微微一笑。"冉求！你会怎样做？"冉求回答："方圆六七十里或五六十里的小国家，由我来管理的话，三年后就可以让百姓富足。如要学礼乐，那还要等君子来教化。""公西赤！你会怎样做呢？"公西赤回答："不是说我能做，但我愿学着做。宗庙祭礼之事，如诸侯会盟等，需管好礼服、礼帽之类，我愿做个小管家哟。""曾点，你怎样？"这时曾点鼓瑟的声音渐渐低下来了，接着铿的一声响罢，曾点放下瑟后，站起来作揖回答："我的志向跟他们三人说的都不一样。"孔子说："有什么关系？只是各自谈谈自己的志向罢了。"曾点说："晚春时分，春服做成以后，我们戴帽冠的成年弟子五六人，跟随着少年书童六七人，在清澈的沂水里沐浴，在舞雩草坪上吹吹凉风，尽兴地歌咏而归。"孔子长叹道："我赞成曾点这样做啊！"其他三位弟子都出去后，曾点留在后面。曾点说："他们三位说的话怎么样啊？"孔子说："只不过是各自谈自己的志向罢了。"问："那老师您为什么会笑子路呢？"说："治国用的是礼，他的言辞一点都不礼让，所以笑他。""是不是冉求说的不是治理国邦

呢？"　"哪里见过方圆六七十里或五六十里还不是国邦的？"　"那只有公西赤不是治理国邦吧？"　"宗庙祭祀、诸侯会盟，这些事情不是治国还能是什么啊？如果公西赤做的还是小事，谁还能做更大的事情呢？"　[11.26]

颜渊篇第十二

【亲仁】颜渊问仁。子曰："克己复礼为仁。一日克己复礼，天下归仁焉。为仁由己，而由人乎哉？"颜渊曰："请问其目？"子曰："非礼勿视，非礼勿听，非礼勿言，非礼勿动。"颜渊曰："回虽不敏，请事斯语矣。"

［译文］颜渊问仁。孔子说："克制自己，使言行都符合礼就是仁道。哪一天能这样做了，天下就归往仁道了。追求仁德，完全由自己定，难道由他人吗？"颜回说："请问实行仁道的途径？"孔子说："不合礼的不看，不合礼的不听，不合礼的不说，不合礼的不做。"颜回说："颜回我虽不聪敏，但愿意按这句话去做啊。"　[12.1]

【亲仁】仲弓问仁。子曰："出门如见大宾，使民如承大祭。己所不欲，勿施于人。在邦无怨，在家无怨。"仲弓曰："雍虽不敏，请事斯语矣。"

［译文］仲弓问仁是什么。孔子说："这就是出门就像去面见贵宾，支使人民就如同承接重大的祭礼。自己不喜欢的，不要强加于人。在国中无怨言，在大夫封地也没怨言。"仲弓说："我虽不聪敏，但愿意按这句话去做啊。"　[12.2]

【亲仁】司马牛问仁。子曰："仁者，其言也讱。"曰："其言也讱，斯谓之仁已乎？"子曰："为之难，言之得无讱乎？"

［译文］司马牛问什么是仁。孔子回答："仁德的人，说话谨慎而不随便说出口。"说："说话谨慎不随便说出口，这就叫作仁了吗？"孔子说："仁道做起来都很难，说起来能够不谨慎吗？"[12.3]

【君子】司马牛问君子。子曰："君子不忧不惧。"曰："不忧不惧，斯谓之君子已乎？"子曰："内省不疚，夫何忧何惧？"

［译文］司马牛问何为君子。孔子说："君子不忧愁也不畏惧。"说："不忧愁不畏惧，这就叫作君子了吧？"孔子说："自我反省能够不内疚，还有什么可忧可惧的呢？"[12.4]

【君子】司马牛忧曰："人皆有兄弟，我独亡！"子夏曰："商闻之矣，死生有命，富贵在天。君子敬而无失，与人恭而有礼。四海之内皆兄弟也，君子何患乎无兄弟也？"

［译文］司马牛担忧地说："人人都有兄弟，我独独没有！"子夏说："我听说过，死生有命运，富贵在天赐。君子做到敬畏天命而没有过失，对人恭敬而有礼貌就行了。四海之内随处都会有兄弟，君子何必担忧没有兄弟呢？"[12.5]

【修德】子张问明。子曰："浸润之谮，肤受之愬，不行焉，可谓明也已矣。浸润之谮，肤受之愬，不行焉，可谓远也已矣。"

［译文］子张问什么是明智。孔子说："透心贯耳的点滴谗言，切肤之痛的种种诬告，对你都行不通，这可以说是明智了。无论是浸耳的谗言，还是切肤的诬告，都奈何你不得，这可以说是有远见的了。"[12.6]

【修德】子贡问政。子曰："足食，足兵，民信之矣。"子贡曰："必不得已而去，于斯三者何先？"曰："去兵。"子贡曰："必不得已而去，于斯二者何先？"曰："去食。自古皆有死，民无信不立。"

［译文］子贡问政事。孔子说："有充足的粮食，充足的兵备，民众的信任就行了。"子贡说："迫不得已去掉一项，这三者里面谁先呢？"说："去兵备。"子贡说："迫不得已再去一项，这二者中哪个为先？"说："去粮食。自古都有死，民众不信任，就无法立国安民。"［12.7］

【君子】棘子成曰："君子质而已矣，何以文为？"子贡曰："惜乎，夫子之说君子也，驷不及舌。文犹质也，质犹文也。虎豹之鞟犹犬羊之鞟。"

［译文］棘子成说："君子本质好就行了，何必要学文呢？"子贡说："夫子你这样说君子，可惜说错了呀，快马也没你舌头跑得快。文采如同本质，本质如同文采啊。去掉毛的虎豹皮，如同去掉毛的犬羊皮。"［12.8］

【君子】哀公问于有若曰："年饥，用不足，如之何？"有若对曰："盍彻乎？"曰："二，吾犹不足，如之何其彻也？"对曰："百姓足，君孰与不足？百姓不足，君孰与足？"

［译文］鲁哀公问有若："荒年饿肚子，财用不足，怎么办呢？"有若回答："何不实行只抽十分之一税的彻法呢？"哀公说："抽税十分之二，我还嫌不够呢，为什么还要实行彻法呢？"有若答："百姓富足了，您还会不富足吗？百姓不富足，您能富足吗？"［12.9］

【修德】子张问崇德辨惑。子曰："主忠信，徙义，崇德也。爱之欲其生，恶之欲其死，既欲其生，又欲其死，是惑也。'诚不以富，亦祗以异。'"

［译文］子张问如何推崇道德，辨清困惑。孔子说："只要主张忠信，向往正义，推崇道德就行了。爱他时想他生，恨他时想他死。既想让他生，又

想让他死，这就是困惑啊。（这就像《诗》里所说的那位妻子，对丈夫爱恨交加的矛盾心情。）'不是嫌贫爱富啊，只是已变心。'" [12.10]

【礼乐】齐景公问政于孔子。孔子对曰："君君、臣臣、父父、子子。"公曰："善哉！信如君不君、臣不臣、父不父、子不子，虽有粟，吾得而食诸？"

［译文］齐景公向孔子问政事。孔子回答："君要像君，臣要像臣，父要像父，子要像子。"齐景公说："说得好啊！如果真的君不像君，臣不像臣，父不像父，子不像子了，就算有粟米，我又怎么能吃到嘴呢？" [12.11]

【好学】子曰："片言可以折狱者，其由也与？"子路无宿诺。

［译文］孔子说："只凭借只言片语可以审狱断案的，大概只有子路吧？"子路从来就没有隔夜的承诺。 [12.12]

【好学】子曰："听讼，吾犹人也，必也使无讼乎！"

［译文］孔子说："听讼词断案，我跟常人一样，那就是希望不再有讼争的事情发生。" [12.13]

【修德】子张问政。子曰："居之无倦，行之以忠。"

［译文］子张问政事。孔子说："居于官位时不能倦怠，执行君令时要忠实。" [12.14]

【礼乐】子曰："博学于文，约之以礼，亦可以弗畔矣夫！"

［译文］孔子说："广博地学文化，以礼乐约束自己，这就可以不背叛仁德了！" [12.15]

【君子】子曰："君子成人之美，不成人之恶。小人反是。"

［译文］孔子说："君子成全别人的美事，不促成别人的恶事。小人正好相反。"[12.16]

【谋道】季康子问政于孔子。孔子对曰："政者，正也。子帅以正，孰敢不正？"

［译文］季康子向孔子问政事。孔子回答："政治，就是要'正'啊。您如果率先走正道，谁还敢不走正道？"[12.17]

【修德】季康子患盗，问于孔子。孔子对曰："苟子之不欲，虽赏之不窃。"

［译文］季康子很担心盗匪，问孔子怎么办。孔子回答："如果你不贪财，就算奖励偷窃者，别人也不会去偷窃。"[12.18]

【谋道】季康子问政于孔子曰："如杀无道，以就有道，何如？"孔子对曰："子为政，焉用杀？子欲善而民善矣。君子之德风，小人之德草，草上之风，必偃。"

［译文］季康子向孔子问政事："如果杀掉那些无道的人，以追随那些有道的人，会怎么样呢？"孔子回答："您主政的话，何必用杀人的方法？您想走善道而人民自然会走善道。君子的仁德如风，小人的品德如草，仁道之风一刮，草必然随风倒。"[12.19]

【亲仁】子张问："士何如斯可谓之达矣？"子曰："何哉，尔所谓达者？"子张对曰："在邦必闻，在家必闻。"子曰："是闻也，非达也。夫达也者，质直而好义，察言而观色，虑以下人，在邦必达，在家必达。夫闻也者，色取仁而行违，居之不疑，在邦必闻，在家必闻。"

［译文］子张问："士人怎样才可说是'达'呢？"孔子说："你所谓的'达'是什么？"子张回答："在诸侯国内闻名，在大夫家封地闻名。"孔子说："这是名闻啊，不是通达呀。所谓通达者，是本质正直好仁义，会察言观色，能想着谦虚待人，在邦国中与封地里，都能通达。而那些所谓有名望的人，表面仁义而行为违背仁义，居然毫不惭愧，还自以为能闻名于邦国，闻名于封地。"［12.20］

【修德】樊迟从游于舞雩之下，曰："敢问崇德，修慝，辨惑。"子曰："善哉问！先事后得，非崇德与？攻其恶，无攻人之恶，非修慝与？一朝之忿，忘其身，以及其亲，非惑与？"

［译文］樊迟跟随孔子在舞雩台散步时，说："请问如何崇信道德，改正错误，辨别困惑？"孔子说："问得好！先做好事，后得成功，不就是崇信道德吗？批评自己的恶习，不攻击他人的短处，不就是改正错误吗？为了一时的愤怒，忘了自身以及亲人，不就是困惑吗？"［12.21］

【亲仁】樊迟问仁。子曰："爱人。"问知。子曰："知人。"樊迟未达。子曰："举直错诸枉，能使枉者直。"樊迟退，见子夏曰："乡也，吾见于夫子而问知，子曰：'举直错诸枉，能使枉者直。'何谓也？"子夏曰："富哉言乎！舜有天下，选于众，举皋陶，不仁者远矣。汤有天下，选于众，举伊尹，不仁者远矣。"

［译文］樊迟问什么是仁。孔子说："爱人。"问什么是"智"，孔子说："识人。"樊迟还是不明白。孔子说："推举正直者，纠正枉法者，能使枉法者回归正道。"樊迟退了下来，问子夏："刚才我问老师什么是智，老师说：'举直错诸枉，能使枉者直'，这是什么意思呢？"子夏回答："这话的

含义多么丰富啊！舜帝拥有天下，经众人选拔，推举皋陶主事，那些无德者就远离了。商汤王拥有了天下，经众人选拔，推举贤人伊尹主事，那些无德者就远离了。"﹝12.22﹞

【孝悌】子贡问友。子曰："忠告而善道之，不可则止，毋自辱焉。"

［译文］子贡问怎样对待朋友。孔子说："耐心地忠告他，善意地劝导他，如果还劝说不了他就可以停止了，不要自取其辱。"﹝12.23﹞

【君子】曾子曰："君子以文会友，以友辅仁。"

［译文］曾子说："君子以文章和学问交朋友，以朋友间的切磋交流增长仁德。"﹝12.24﹞

子路篇第十三

【修德】子路问政。子曰："先之劳之。"请益。曰："无倦。"

［译文］子路问政事。孔子说："先带头做表率，再勤劳做公务。"子路请再多讲一些教诲。孔子说："不要倦怠。"﹝13.1﹞

【大同】仲弓为季氏宰，问政。子曰："先有司，赦小过，举贤才。"曰："焉知贤才而举之？"曰："举尔所知。尔所不知，人其舍诸？"

［译文］仲弓当了季氏的家宰，询问政事。孔子说："先让管理部门尽责做事，然后赦免小过错，推举贤才任职。"仲弓说："怎么知道是贤才而推举他？"孔子说："推举你所知道的。你所不知道的贤才，别人会舍弃吗？"﹝13.2﹞

【礼乐】子路曰："卫君待子而为政，子将奚先？"子曰："必也正名乎！"子路曰："有是哉，子之迂也！奚其正？"子曰："野哉，由也！君子于其所不知，盖阙如也。名不正，则言不顺；言不顺，则事不成；事不成，则礼乐不兴；礼乐不兴，则刑罚不中；刑罚不中，则民无所错手足。故君子名之必可言也，言之必可行也。君子于其言，无所苟而已矣。"

［译文］子路说："卫国君主期待您去主政，您将从哪里先入手？"孔子说："那必定是先正名啰！"子路说："有这样做的吗，您太迂腐了！怎么正名呢？"孔子说："粗野啊，子路！君子对于自己所不知的事情，是先存疑的啊。名义不正，就说不通；说不通，就办不成事；事办不成，礼乐就不能兴盛；礼乐不兴盛，刑罚就不能中规中矩；刑罚不中规中矩，人民就会手足无措，不知如何是好。所以君子做事的名义必须说得出道理，说出的道理必须可实行。君子对于自己要说的道理，一点都不能苟且敷衍。"［13.3］

【礼乐】樊迟请学稼。子曰："吾不如老农。"请学为圃。曰："吾不如老圃。"樊迟出。子曰："小人哉，樊须也！上好礼，则民莫敢不敬；上好义，则民莫敢不服；上好信，则民莫敢不用情。夫如是，则四方之民襁负其子而至矣，焉用稼？"

［译文］樊迟请学种庄稼。孔子说："我不如老农。"请学做园丁。孔子说："我不如老园丁。"樊迟出去后，孔子说："小人啊，这樊须！上面喜好礼，人民就不敢不敬；上面好仁义，人民就不敢不服；上面喜好诚信，人民就不敢不讲真情实义。如果做到了这些，那四方人民都会背着幼儿来了，哪里还用得着种庄稼？"［13.4］

【好学】子曰："诵《诗》三百，授之以政，不达；使于四方，不能专对；虽多，亦奚以为？"

［译文］孔子说："能熟读《诗》选三百首，把政权交给他，却不能办理政务；派他出使四方各国，也不能答好各种问题。诗歌虽背得多，又能做些什么呢？"［13.5］

【修德】子曰："其身正，不令而行；其身不正，虽令不从。"

［译文］孔子说："自身行得正，不用命令，下面也会推行；自身不正，即使下了命令，下面也不会听从。"［13.6］

【好学】子曰："鲁、卫之政，兄弟也。"

［译文］孔子说："鲁国、卫国的政治，就像兄弟一样。"［13.7］

【君子】子谓卫公子荆："善居室。始有，曰：'苟合矣。'少有，曰：'苟完矣。'富有，曰：'苟美矣。'"

［译文］孔子评价卫国的公子荆："他善于居家理财。刚有一点钱，他就说'差不多了'。再增加一点，他就会说'差不多足够了'。富有的时候，他就会说'差不多完美了'。"［13.8］

【大同】子适卫，冉有仆。子曰："庶矣哉！"冉有曰："既庶矣，又何加焉？"曰："富之。"曰："既富矣，又何加焉？"曰："教之。"

［译文］孔子到卫国去，冉有跟着他做仆从。孔子说："人口真多啊！"冉有说："人口多了以后，还要做点什么呢？"孔子说："让他们富裕。"冉有问："富裕以后，又该怎么办？"孔子说："教化他们。"［13.9］

【好学】子曰："苟有用我者，期月而已可也，三年有成。"

〔译文〕孔子说："如果有人任用我，几个月就可初见效果，三年就会有成就。"[13.10]

【礼乐】子曰："'善人为邦百年，亦可以胜残去杀矣。'诚哉是言也！"

〔译文〕孔子说："'善人治理国家一百年，也就可以铲除残害、杀戮人民的苛政了。'这话说得太对了！"[13.11]

【亲仁】子曰："如有王者，必世而后仁。"

〔译文〕孔子说："如有王者推行，必要经过三十年而后成就仁道。"[13.12]

【修德】子曰："苟正其身矣，于从政乎何有？不能正其身，如正人何？"

〔译文〕孔子说："如果能端正自身，从政哪还有什么困难？不能端正自身，又如何能纠正他人呢？"[13.13]

【礼乐】冉子退朝。子曰："何晏也？"对曰："有政。"子曰："其事也。如有政，虽不吾以，吾其与闻之。"

〔译文〕冉子退朝后，孔子问："为何回来晚了？"回答："有政事。"孔子说："一般的事吧，如真有重大政事，虽说我不再参政了，但我也会听到一些。"[13.14]

【君子】定公问："一言而可以兴邦，有诸？"孔子对曰："言不可以若是，其几也。人之言曰：'为君难，为臣不易。'如知为君之难也，不几乎一言而兴邦乎？”曰：“一言而丧邦，有诸？”孔子对曰：“言不可以若是，其几也。人之言曰：‘予无乐乎为君，唯其言而莫予违也。’如其善而莫之违也，不亦善乎？如不善而莫之违也，不几乎一言而丧邦乎？”

［译文］鲁定公问："一句话就可以振兴国家，有这事吗？"孔子回答："话不可以这么说啊，但有接近它的话。有人传说：'做国君难，做臣子也不易。'如果知道为君的难处，不就几乎可以一句话振兴国家了吗？"鲁定公问："一句话就毁灭国家，有这回事吗？"孔子回答："话不可以这么说啊，但有接近它的话。有人传说：'我做国君没什么快乐的事，唯有我的话无人敢违背还让人高兴。'如果是他说得对而没人违背，不是很好吗？如果是他说错了却没人反对，不就几乎一句话毁灭国家了吗？" [13.15]

【礼乐】叶公问政。子曰：“近者说，远者来。”

［译文］叶公问政事。孔子说："让近处的人高兴，让远方的人爱来。" [13.16]

【好学】子夏为莒父宰，问政。子曰：“无欲速，无见小利。欲速则不达，见小利则大事不成。”

［译文］子夏成为莒父的长官，来问政事。孔子说："不要急于求成，不要贪小利。图快反而达不到目的，贪图小利就办不成大事。" [13.17]

【孝悌】叶公语孔子曰：“吾党有直躬者，其父攘羊，而子证之。”孔子曰：“吾党之直者异于是，父为子隐，子为父隐，直在其中矣。”

［译文］叶公对孔子说："我的家乡有个正直的人，他父亲偷羊，他去告发作证。"孔子说："我家乡的正直人跟他不一样，父亲会为儿子隐瞒，儿子也会为父亲隐瞒，正直也就在其中了。" [13.18]

【亲仁】樊迟问仁。子曰："居处恭，执事敬，与人忠。虽之夷狄，不可弃也。"

［译文］樊迟问什么是仁德。孔子说："闲居时恭谨谦虚，执行公事时敬业认真，对人忠诚守信。即使去到边远地区，也不可抛弃这些美德。"［13.19］

【孝悌】子贡问曰："何如斯可谓之士矣？"子曰："行己有耻，使于四方，不辱君命，可谓士矣。"曰："敢问其次。"曰："宗族称孝焉，乡党称弟焉。"曰："敢问其次。"曰："言必信，行必果，硁硁然小人哉！抑亦可以为次矣。"曰："今之从政者何如？"子曰："噫！斗筲之人，何足算也！"

［译文］子贡问："怎样做才可以称得上是士呢？"孔子说："行事知道羞耻，出使四方各国，能够不辱君命，这样的人可以称为士了。"问："敢问次一等的士呢？"孔子说："宗族里称为孝子，乡里人称为友悌。"问："敢问再次一些的士呢？"孔子说："说话必定守信，行动必讨要个结果，这种固执己见的小人啊！或者也可算再次一等的了。"问："如今的这些从政者怎么样？"孔子说："噫！都是些气量狭小的人，哪能算士呢！"［13.20］

【修德】子曰："不得中行而与之，必也狂狷乎！狂者进取，狷者有所不为也。"

［译文］孔子说："不能与奉行中庸之道的人合作，那就必定要找狂勇狷介的人联手了！狂勇者敢于进取，狷介正直者有所不为。"［13.21］

【大同】子曰："南人有言曰：'人而无恒，不可以作巫医。'善夫！'不恒其德或承之羞。'"子曰："不占而已矣。"

［译文］孔子说："南方人有句话说：'人如果没有恒心，就不可以做巫医。'说得好啊！《易经》说，'不能长久保持美德的人或许会蒙羞'。"孔子说："这句话是说，这类人不需再去占卜，就这样了啊。" [13.22]

【君子】子曰："君子和而不同，小人同而不和。"

［译文］孔子说："君子坚持正确意见，尽力与人和谐相处，而不违心苟同附和；小人同流合污，即使同行也各怀不满，内心不和。" [13.23]

【修德】子贡问曰："乡人皆好之，何如？"子曰："未可也。""乡人皆恶之，何如？"子曰："未可也。不如乡人之善者好之，其不善者恶之。"

［译文］子贡问："全乡人都喜欢他，这人怎么样？"孔子说："不怎么样。""全乡人都厌恶他，这人怎么样？"孔子说："也不怎么样。这两种人都比不上全乡的好人都喜欢他，不好的人都厌恶他。" [13.24]

【君子】子曰："君子易事而难说也。说之不以道，不说也；及其使人也，器之。小人难事而易说也。说之虽不以道，说也；及其使人也，求备焉。"

［译文］孔子说："在君子手下做事很容易，但让他高兴起来却很难。不以合道义的方式让他高兴，他是不会高兴的；待到他支使下面人的时候，能够善用他们的长处。在小人手下做事很难，但让他高兴起来却很容易。以不合道义的方式让他高兴，他照样高兴；待到他支使下面人的时候，则老是求全责备。" [13.25]

【君子】子曰："君子泰而不骄，小人骄而不泰。"

［译文］孔子说："君子安详和泰而不骄傲，小人骄傲而不安详和泰。" ［13.26］

【亲仁】子曰："刚、毅、木、讷，近仁。"

［译文］孔子说："刚强、坚毅、质朴、寡言慎语，这些品质接近仁德。" ［13.27］

【孝悌】子路问曰："何如斯可谓之士矣？"子曰："切切偲偲，怡怡如也，可谓士矣。朋友切切偲偲，兄弟怡怡。"

［译文］子路问："怎样做才可称为士呢？"孔子说："互相督促，亲切和气，可以称为士了。朋友之间，督促勉励，兄弟之间，亲切和气。" ［13.28］

【大同】子曰："善人教民七年，亦可以即戎矣。"

［译文］孔子说："善人教化人民七年，就可以让他们出征了。" ［13.29］

【好学】子曰："以不教民战，是谓弃之。" ［13.30］

［译文］孔子说："不教化训练就让人民出战，这是抛弃他们。" ［13.30］

宪问篇第十四

【谋道】宪问耻。子曰："邦有道，谷；邦无道，谷，耻也。"

［译文］原宪问什么是耻辱。孔子说："国家治理有道，可安心吃俸禄；国家治理无道，还安心吃俸禄，这就是耻辱。" ［14.1］

【亲仁】"克、伐、怨、欲不行焉，可以为仁矣？"子曰："可以为难矣，仁则吾不知也。"

［译文］"不好胜、不自夸、不怨恨、不贪欲的话，可以成为仁人了吧？"孔子说："做到这样子已经可以说是很难得的了，但是不是仁人我还不知道。" [14.2]

【修德】子曰："士而怀居，不足以为士矣。"

［译文］孔子说："想成为士而贪图安逸，心怀私念，就不足以成为士了。" [14.3]

【谋道】子曰："邦有道，危言危行；邦无道，危行言孙。"

［译文］孔子说："国家治理有道，直言直行；国家治理无道，直行慎言。" [14.4]

【亲仁】子曰："有德者必有言，有言者不必有德。仁者必有勇，勇者不必有仁。"

［译文］孔子说："有仁德者必有仁善之言，能言会道者不一定有仁德。仁德者必定勇敢，蛮勇者不一定有仁德。" [14.5]

【君子】南宫适问于孔子曰："羿善射，奡荡舟，俱不得其死然。禹、稷躬稼而有天下。"夫子不答。南宫适出，子曰："君子哉若人！尚德哉若人！"

［译文］南宫适问孔子："后羿善于射箭，奡善于荡舟水战，这两人都不得好死。大禹、后稷躬身种庄稼而有了天下。"孔夫子不回答。南宫适出门后，孔子说："这人是君子啊！这人崇尚仁德啊！" [14.6]

【亲仁】子曰：“君子而不仁者有矣夫，未有小人而仁者也。”

［译文］孔子说：“君子中没有仁德的人是有的，但没有小人而成为仁者的。”[14.7]

【亲仁】子曰：“爱之，能勿劳乎？忠焉，能勿诲乎？”

［译文］孔子说：“爱他，能不为他辛劳吗？忠于他，能不尽心教诲他吗？”[14.8]

【礼乐】子曰：“为命，裨谌草创之，世叔讨论之，行人子羽修饰之，东里子产润色之。”

［译文］孔子说：“郑国的诏令，由裨谌负责起草，由世叔组织讨论，由外交官子羽负责修饰，最后由东里的子产负责润色。”[14.9]

【礼乐】或问子产。子曰：“惠人也。”问子西。曰：“彼哉！彼哉！”问管仲。曰：“人也。夺伯氏骈邑三百，饭疏食，没齿无怨言。”

［译文］有人问子产。孔子说：“是个施行恩惠的人啊。”问子西。孔子说：“那人啊！那人啊！”问管仲。孔子说：“是个了不起的人物。他夺走了齐国大夫伯氏骈邑的三百户人家，让他整天粗食淡饭，到老都毫无怨言。”[14.10]

【修德】子曰：“贫而无怨难，富而无骄易。”

［译文］孔子说：“贫困而无怨言难，富贵而无骄傲易。”[14.11]

【好学】子曰：“孟公绰为赵、魏老则优，不可以为滕、薛大夫。”

［译文］孔子说：“孟公绰做大晋国的赵氏、魏氏的家臣会很称职，但做不了小国家如滕国、薛国的大夫。”[14.12]

【君子】子路问成人。子曰："若臧武仲之知，公绰之不欲，卞庄子之勇，冉求文艺，文之以礼乐，亦可以为成人矣。"曰："今之成人者何必然？见利思义，见危授命，久要不忘平生之言，亦可以为成人矣。"

［译文］子路问怎样成为人格完美的君子。孔子说："如有臧武仲的智慧、孟公绰的不贪、卞庄子的勇敢、冉求的文采，再学好礼乐，就可以成为人格完美的君子了。"孔子又说："如今要成君子何必这样做呢？能够见利思义，危急时敢担责，不忘平生志向的誓言，也就可以成为君子了。"［14.13］

【君子】子问公叔文子于公明贾曰："信乎，夫子不言，不笑，不取乎？"公明贾对曰："以告者过也。夫子时然后言，人不厌其言；乐然后笑，人不厌其笑；义然后取，人不厌其取。"子曰："其然？岂其然乎？"

［译文］孔子问公明贾有关公叔文子的事，说："可信吗？他老夫子不说话，不笑，也不取财物？"公明贾回答："传这话的人说错了。老夫子该说时才说，故没人讨厌他的话；他快乐了才笑，故没人讨厌他笑；符合道义的他才收取财物，故没人讨厌他收取财物。"孔子说："是这样啊，难道他真是这样吗？"［14.14］

【礼乐】子曰："臧武仲以防求为后于鲁，虽曰不要君，吾不信也。"

［译文］孔子说："臧武仲以封地防邑来要求鲁国荫封自己的后代，虽然他嘴上说自己不要挟鲁君，我才不信呢。"［14.15］

【修德】子曰："晋文公谲而不正，齐桓公正而不谲。"

［译文］孔子说："晋文公诡谲而不正派，齐桓公正派而不诡谲。"［14.16］

【亲仁】子路曰："桓公杀公子纠，召忽死之，管仲不死。"曰："未仁乎？"子曰："桓公九合诸侯，不以兵车，管仲之力也。如其仁！如其仁！"

［译文］子路说："桓公杀公子纠，召忽为他自杀了，管仲却不死。"问："这样做不仁吧？"孔子说："齐桓公九次集合诸侯，靠的不是兵车，而是管仲的帮助啊。这就是他的仁德！这就是他的仁德！"［14.17］

【亲仁】子贡曰："管仲非仁者与？桓公杀公子纠，不能死，又相之。"子曰："管仲相桓公，霸诸侯，一匡天下，民到于今受其赐。微管仲，吾其被发左衽矣。岂若匹夫匹妇之为谅也，自经于沟渎而莫之知也？"

［译文］子贡说："管仲不是仁者吧？齐桓公杀了公子纠，他不能陪着死，反而当了齐桓公的宰相。"孔子说："管仲辅助齐桓公，称霸诸侯，匡正了周朝的天下，人民到了今天还享受着他的恩赐。如果没有管仲，我们今天恐怕都要像蛮夷一样披散头发，衣襟向左边开口了。（管仲这样的仁人君子）难道要像村夫农妇那样，为了小节而在小山里自杀而没人知道吗？"［14.18］

【好学】公叔文子之臣大夫僎，与文子同升诸公。子闻之，曰："可以为'文'矣！"

［译文］公叔文子的家臣大夫僎与文子同时升为卫国大夫。孔子听说后，说："他去世后，可以获得'文'的谥号了！"［14.19］

【谋道】子言卫灵公之无道也，康子曰："夫如是，奚而不丧？"孔子曰："仲叔圉治宾客，祝鮀治宗庙，王孙贾治军旅。夫如是，奚其丧？"

［译文］孔子谈起卫灵公的治国无道行为时，康子说："如果真的是这样，为什么不丧国呢？"孔子说："他有仲叔圉管理宾客事务，有祝鮀管理宗

庙祭祀，有王孙贾管理军旅战事。像这样安排人事，怎么会丧国呢？"[14.20]

【修德】子曰："其言之不怍，则为之也难。"

［译文］孔子说："做了错事说起来一点也不惭愧，（这种人想让他）改起来也就很难了。"[14.21]

【礼乐】陈成子弑简公。孔子沐浴而朝，告于哀公曰："陈恒弑其君，请讨之。"公曰："告夫三子。"孔子曰："以吾从大夫之后，不敢不告也。君曰'告夫三子'者。"之三子告，不可。孔子曰："以吾从大夫之告，不敢不告也。"

［译文］陈成子杀了齐简公。孔子沐浴后上朝，告诉鲁哀公："陈恒杀了他的君主，请讨伐他。"鲁哀公说："你去告诉那三个大夫吧。"孔子离开后说："自从我做过大夫之后，有事就不敢不告诉国君了。国君却说'你去告诉那三个大夫'。"于是走去告诉了季孙、孟孙、叔孙等三个大夫，大夫们说不可出兵。孔子说："自从我做过大夫之后，有事就不敢不告诉国君了。"[14.22]

【礼乐】子路问事君。子曰："勿欺也，而犯之。"

［译文］子路问怎样服事君主。孔子说："不要欺君，可犯颜直谏。"[14.23]

【君子】子曰："君子上达，小人下达。"

［译文］孔子说："君子上达于修德仁道，小人下达于谋利之道。"[14.24]

【好学】子曰："古之学者为己，今之学者为人。"

［译文］孔子说：“古代的学者是为了提升自己的道德学问而学，如今的学者是为了向他人炫耀自己的本事而学。”［14.25］

【修德】蘧伯玉使人于孔子，孔子与之坐而问焉，曰：“夫子何为？”对曰：“夫子欲寡其过而未能也。”使者出，子曰：“使乎！使乎！”

［译文］蘧伯玉派人见孔子，孔子与他坐下后，问道：“夫子近来在忙什么？”使者回答：“夫子想减少自己的过错却没能做到。”使者出去后，孔子说：“好个使者！好个使者啊！”［14.26］

【礼乐】子曰：“不在其位，不谋其政。”曾子曰：“君子思不出其位。”

［译文］孔子说：“不在这个岗位上，就不要去谋虑这个岗位所管理的政务。”曾子说：“君子考虑的不超出他的地位与职责范围。”［14.27］

【君子】子曰：“君子耻其言而过其行。”

［译文］孔子说：“君子为自己的言过其实而深感羞耻。”［14.28］

【谋道】子曰：“君子道者三，我无能焉：仁者不忧，知者不惑，勇者不惧。”子贡曰：“夫子自道也。”

［译文］孔子说：“君子之道所要做的三件事情，我还没做到——无忧的仁者，不惑的智者，无惧的勇者。”子贡说：“这是老师的自我写照啊。”［14.29］

【君子】子贡方人。子曰：“赐也，贤乎哉？夫我则不暇。”

［译文］子贡评论别人的短处。孔子说：“子贡啊，你真的很贤良吗？

我才没时间去管这些事呢。"[14.30]

【好学】子曰："不患人之不己知，患其不能也。"

［译文］孔子说："不怕人不知道自己，怕的是自己没本事。"[14.31]

【君子】子曰："不逆诈，不亿不信，抑亦先觉者，是贤乎！"

［译文］孔子说："不预先怀疑别人欺诈，也不无端地臆测别人不守信，如果真的能预察他人的欺诈和不守信，这真是贤人了！"[14.32]

【修德】微生亩谓孔子曰："丘何为是栖栖者与？无乃为佞乎？"孔子曰："非敢为佞也，疾固也。"

［译文］微生亩对孔子说："你为什么总是那么忙碌不安呢？是为了显示自己的口才吗？"孔子说："不敢显示口才，只是痛恨人们的顽固无知罢了。"[14.33]

【修德】曰："骥不称其力，称其德也！"

［译文］孔子说："良马不以力气著称，以它的美德著称！"[14.34]

【修德】或曰："以德报怨，何如？"子曰："何以报德？以直报怨，以德报德。"

［译文］有人说："用恩德报答怨恨，怎么样？"孔子说："那以什么来报答恩德呢？应该以正直来报答怨恨，以恩德来报答恩德。"[14.35]

【好学】子曰："莫我知也夫！"子贡曰："何为其莫如知子也？"子曰："不怨天，不尤人。下学而上达，知我者其天乎！"

［译文］孔子叹息说："没人知道我啊！"子贡说："为什么会没人知道您呢？"孔子说："这不怨天，不怪人。下学人事常理，上达仁道天命，知道我的只有上天吧！"[14.36]

【谋道】公伯寮愬子路于季孙。子服景伯以告，曰："夫子固有惑志于公伯寮，吾力犹能肆诸市朝。"子曰："道之将行也与，命也；道之将废也与，命也。公伯寮其如命何！"

［译文］公伯寮向季孙诬告子路。子服景伯把这事告诉了孔子，说："夫子本来就被公伯寮迷惑了，而我有本事能让他横尸街头。"孔子说："仁道将要施行，这是天命；仁道如被废弃，也是天命。公伯寮能对天命怎样呢！"[14.37]

【君子】子曰："贤者辟世，其次辟地，其次辟色，其次辟言。"子曰："作者七人矣。"

［译文］孔子说："贤人会主动避开乱世，次一等的会有意避开危险之地，其次是不露声色，再其次是不胡言乱语。"孔子说："能够这样做的只有七个贤人啊。"[14.38]

【谋道】子路宿于石门。晨门曰："奚自？"子路曰："自孔氏。"曰："是知其不可而为之者与？"

［译文］子路夜宿石门。早晨的时候门卫问："你从哪里来？"子路说："从孔氏门下。"门卫说："是那个明知做不到还非要去做的人吗？"[14.39]

【谋道】子击磬于卫，有荷蒉而过孔氏之门者，曰："有心哉，击磬乎！"既而曰："鄙哉，硁硁乎，莫己知也，斯己而已矣。深则厉，浅则揭。"子曰："果哉！末之难矣。"

[译文] 孔子在卫国，有一天正在敲击石磬，有一位背着草筐的人从他家门口经过，说："真有心啊，在敲磬呢！"听了一会又说："真差劲啊，硁硁地响，不就是没人了解自己嘛，让这事自然过去就行了。这就像水深就直接穿着衣服游过去，水浅就提起衣服蹚过去一样啊。"孔子说："说得对啊！我没有什么可责难他的了。" [14.40]

【祭祀】子张曰："《书》云'高宗谅阴，三年不言'，何谓也？"子曰："何必高宗，古之人皆然。君薨，百官总己以听于冢宰，三年。"

[译文] 子张说："《书》说，'商王高宗守丧，三年不说话'，这是什么意思呢？"孔子说："何止是高宗，古代的人都这样。君王去世后，三年内，朝中百官都听命于冢宰，各负己责。" [14.41]

【礼乐】子曰："上好礼，则民易使也。"

[译文] 孔子说："上边的人重视礼乐，人民就容易听从命令了。" [14.42]

【君子】子路问君子。子曰："修己以敬。"曰："如斯而已乎？"曰："修己以安人。"曰："如斯而已乎？"曰："修己以安百姓。修己以安百姓，尧、舜其犹病诸！"

[译文] 子路问怎样成为君子。孔子说："以诚敬之心修养好自身。"子路说："这样就行了吗？"孔子说："继续修养自己，安定好身边人。"子路又问："这样就行了吗？"孔子说："还要不断修养好自己，安定好百姓。能修养好自己，安定好百姓，就怕连尧、舜也很难做到呢！" [14.43]

【孝悌】原壤夷俟。子曰："幼而不孙弟，长而无述焉，老而不死，是为贼。"以杖叩其胫。

［译文］原壤又开着两腿，坐着等候。孔子见到后说："小时候不尊敬爱护好兄弟，长大后也没什么贡献可说，真是个老了还不死的害人精！"说完用拐杖轻叩他的小腿。[14.44]

【好学】阙党童子将命。或问子曰："益者与？"子曰："吾见其居于位也，见其与先生并行也，非求益者也，欲速成者也。"

［译文］阙里的一个童子过来传话。有人问孔子："这是个求上进的小孩吗？"孔子说："我见他坐在成年人的座位上，又见到他与先生并肩而行，看来不像是个求上进的懂礼的孩子，而是个急于求成的孩子吧。"[14.45]

卫灵公篇第十五

【祭祀】卫灵公问陈于孔子。孔子对曰："俎豆之事，则尝闻之矣；军旅之事，未之学也。"明日遂行。

［译文］卫灵公问孔子有关陈兵布阵的事。孔子回答："礼器祭祀的事，我曾经听说过；军旅方面的事，我没学过。"第二天就离开了。[15.1]

【君子】在陈绝粮，从者病，莫能兴。子路愠见曰："君子亦有穷乎？"子曰："君子固穷，小人穷斯滥矣。"

［译文］在陈国绝粮以后，随从的人都饿病了，不知如何是好。子路生气地来见孔子，说："君子也会有穷困潦倒的时候吗？"孔子说："君子虽穷但固守仁道；小人穷困时就乱来了。"[15.2]

【谋道】子曰："赐也，女以予为多学而识之者与？"对曰："然，非与？"曰："非也，予一以贯之。"

〔译文〕孔子说："赐啊，你把我视为一个学问多、有见识的人吗？"端木赐回答："当然，难道不是吗？"孔子说："说得不对，我只是一贯地坚持仁道罢了。"［15.3］

【修德】子曰："由，知德者鲜矣。"

〔译文〕孔子说："由，知道仁德的人很少啊。"［15.4］

【大同】子曰："无为而治者，其舜也与？夫何为哉？恭己正南面而已矣。"

〔译文〕孔子说："无为而治的人，那是舜帝吧？他做了什么呢？不过是修养好自己，南面称帝罢了。"［15.5］

【修德】子张问行。子曰："言忠信，行笃敬，虽蛮貊之邦行矣。言不忠信，行不笃敬，虽州里行乎哉？立，则见其参于前也；在舆，则见其倚于衡也，夫然后行。"子张书诸绅。

〔译文〕子张问修行。孔子说："说话忠信，行为笃敬，即使到南北方落后的异族之国也能通行无阻。说话没忠信，行为不笃敬，即使在本州里不也照样碰壁吗？站着，就像见到'忠信笃敬'几个字正在面前；车里，就像见到'忠信笃敬'几个字刻在车前横木上，然后遵守它自可通行无阻。"子张把这话写在腰间的带子上。［15.6］

【谋道】子曰："直哉史鱼！邦有道，如矢；邦无道，如矢。君子哉蘧伯玉！邦有道则仕，邦无道，则可卷而怀之。"

　　［译文］孔子说："多么正直的史鱼啊！国家有道，他如箭一般直；国家无道，他依然如箭一般直。真君子啊蘧伯玉！国家有道就做官，国家无道，就把报国之心藏在心里。"　[15.7]

　　【君子】子曰："可与言而不与之言，失人；不可与言而与之言，失言。知者不失人，亦不失言。"

　　［译文］孔子说："可以跟人说的却不说，这是失人；不可以跟人说的却说了，这是失言。智者不会失去有用之人，也不会失言。"　[15.8]

　　【亲仁】子曰："志士仁人，无求生以害仁，有杀身以成仁。"

　　［译文］孔子说："志士仁人，不会苟且偷生而损害仁德，只会为仁道而献身。"　[15.9]

　　【亲仁】子贡问为仁。子曰："工欲善其事，必先利其器。居是邦也，事其大夫之贤者，友其士之仁者。"

　　［译文］子贡问怎样修仁德。孔子说："工匠想做好活儿，必先使工具锋利。在供职国里居住，要服事好国中贤良的大夫，与仁义的士人交朋友。"　[15.10]

　　【礼乐】颜渊问为邦。子曰："行夏之时，乘殷之辂，服周之冕，乐则《韶》舞；放郑声，远佞人。郑声淫，佞人殆。"

　　［译文］颜回问怎样治理国家。孔子说："使用夏历，乘坐殷朝车，戴周朝帽，演奏《韶》舞；禁止郑国乐声，疏远奸佞小人。这是因为郑声淫乱，奸人危险。"　[15.11]

【好学】子曰："人无远虑，必有近忧。"

［译文］孔子说："人如没有长远谋虑，必定会有眼前忧患。" [15.12]

【修德】子曰："已矣乎！吾未见好德如好色者也。"

［译文］孔子说："完了！我没见过喜好美德如同喜好美色的人。" [15.13]

【礼乐】子曰："臧文仲其窃位者与？知柳下惠之贤而不与立也。"

［译文］孔子说："臧文仲是个窃取官位的吧？他明明知道柳下惠的贤良，却不提拔他为官。" [15.14]

【好学】子曰："躬自厚而薄责于人，则远怨矣。"

［译文］孔子说："自我严格要求而少责怪他人，就能远离怨言了。" [15.15]

【好学】子曰："不曰'如之何，如之何'者，吾末如之何也已矣！"

［译文］孔子说："不说'怎么办，怎么办'的人，我也不知道拿他怎么办啊！" [15.16]

【修德】子曰："群居终日，言不及义，好行小慧，难矣哉！"

［译文］孔子说："整天混成一堆，彼此间没一句话谈学问义理，就喜欢卖弄小聪明，这样的人难教化啊！" [15.17]

【君子】子曰："君子义以为质，礼以行之，孙以出之，信以成之。君子哉！"

［译文］孔子说："君子以仁义为本质，以礼乐为行动，用谦逊的态度

来表达它，用诚信的行为来成就它。这才是君子啊！" [15.18]

【君子】子曰："君子病无能焉，不病人之不己知也。"

［译文］孔子说："君子怕的是自己无能，不怕人家不知道自己。" [15.19]

【君子】子曰："君子疾没世而名不称焉。"

［译文］孔子说："君子恨的是自己这一辈子都没有好名声。" [15.20]

【君子】子曰："君子求诸己，小人求诸人。"

［译文］孔子说："君子严格要求自己，小人苛求责怪别人。" [15.21]

【君子】子曰："君子矜而不争，群而不党。"

［译文］孔子说："君子庄重矜持而不争权夺利，合群而不结党营私。" [15.22]

【君子】子曰："君子不以言举人，不以人废言。"

［译文］孔子说："君子不会因言语中听就推举人，不会因人低贱就废弃良言。" [15.23]

【修德】子贡问曰："有一言而可以终身行之者乎？"子曰："其恕乎！己所不欲，勿施于人。"

［译文］子贡问："有一句话能让人终身践行吗？"孔子说："是宽恕吧！自己不愿意的不要强加于人。" [15.24]

【谋道】子曰："吾之于人也，谁毁谁誉？如有所誉者，其有所试矣。斯民也，三代之所以直道而行也。"

［译文］孔子说："我对于他人，诋毁过谁？赞誉过谁？如果我赞誉了，一定是证实过他有实绩。夏商周三代的人民啊，都是这样做的，所以能够直道而行。"［15.25］

【修德】子曰："吾犹及史之阙文也。有马者借人乘之，今亡矣夫！"

［译文］孔子说："我还能看到史册里存疑而缺失记载之处。而那些有马匹而愿意借给别人乘坐的人，如今已经没有了！"［15.26］

【修德】子曰："巧言乱德。小不忍，则乱大谋。"

［译文］孔子说："花言巧语会扰乱仁德。小事不忍耐，就会乱大谋。"［15.27］

【修德】子曰："众恶之，必察焉；众好之，必察焉。"

［译文］孔子说："众人厌恶的，必定要明察；众人喜好的，也必定要明察啊！"［15.28］

【谋道】子曰："人能弘道，非道弘人。"

［译文］孔子说："人能弘扬仁道，不是仁道使人膨胀。"［15.29］

【修德】子曰："过而不改，是谓过矣。"

［译文］孔子说："有过错而固执不改，这才是过错啊。"［15.30］

【好学】子曰："吾尝终日不食，终夜不寝以思，无益，不如学也。"

〔译文〕孔子说："我曾经整天不吃饭，整夜不睡觉地去冥思苦想，却毫无益处，还不如去好好学习。"〔15.31〕

【谋道】子曰："君子谋道不谋食。耕也，馁在其中矣；学也，禄在其中矣。君子忧道不忧贫。"

〔译文〕孔子说："君子关心的是仁道而不是谋食。耕田的肚子常挨饿，学问好的自然有俸禄。所以君子忧的是仁道而不是贫困。"〔15.32〕

【亲仁】子曰："知及之，仁不能守之，虽得之，必失之。知及之，仁能守之，不庄以涖之，则民不敬。知及之，仁能守之，庄以涖之，动之不以礼，未善也。"

〔译文〕孔子说："靠智谋得到它，却不能靠仁德守住它，虽一时得手，必定会失去它。靠智慧得到它，靠仁德守住它，却不能庄重严肃地对待它，人民就不会尊敬你。靠学问获得它，靠仁德守住它，能庄重严肃地对待它，行动时却没有礼仪，这还不算做到了最好。"〔15.33〕

【君子】子曰："君子不可小知，而可大受也；小人不可大受，而可小知也。"

〔译文〕孔子说："君子不能满足于小智慧，而要能接受重任；小人不可授予重任，但可以凭小聪明去做些事。"〔15.34〕

【亲仁】子曰："民之于仁也，甚于水火。水火，吾见蹈而死者矣，未见蹈仁而死者也！"

〔译文〕孔子说："人民对仁道的需求，甚至超过了水火。水与火，我只见过赴汤蹈火而死的，却没见过践行仁道而死的呀！"〔15.35〕

【亲仁】子曰："当仁，不让于师。"

［译文］孔子说："面对仁德时，连老师也无须谦让。" [15.36]

【君子】子曰："君子贞而不谅。"

［译文］孔子说："君子为了正道，可不讲小信。" [15.37]

【修德】子曰："事君，敬其事而后其食。"

［译文］孔子说："服事君主，要尽心尽职地做事，然后领取俸禄。" [15.38]

【好学】子曰："有教无类。"

［译文］孔子说："人人都有受教育的权利，没有类别之分。" [15.39]

【谋道】子曰："道不同，不相为谋。"

［译文］孔子说："追求的道不同，就不必共同谋划。" [15.40]

【好学】子曰："辞达而已矣。"

［译文］孔子说："辞句能通达本意就行了。" [15.41]

【谋道】师冕见，及阶，子曰："阶也。"及席，子曰："席也。"皆坐，子告之曰："某在斯，某在斯。"师冕出，子张问曰："与师言之道与？"子曰："然，固相师之道也。"

［译文］师冕前往求见，走到台阶时，孔子说："到台阶了。"走到坐席附近，孔子说："到坐席了。"大家都坐下来以后，孔子告诉他："某某在这，某某在那。"等师冕出门后，子张问："这就是与乐师的谈话之道吗？"

孔子说：“是的，这本来就是与盲乐师的相处之道啊。” [15.42]

季氏篇第十六

【谋道】季氏将伐颛臾。冉有、季路见于孔子曰：“季氏将有事于颛臾。”孔子曰：“求，无乃尔是过与？夫颛臾，昔者先王以为东蒙主，且在邦域之中矣，是社稷之臣也，何以伐为？”冉有曰：“夫子欲之，吾二臣者皆不欲也。”孔子曰：“求，周任有言曰，‘陈力就列，不能者止’。危而不持，颠而不扶，则将焉用彼相矣？且尔言过矣，虎兕出于柙，龟玉毁于椟中，是谁之过与？”冉有曰：“今夫颛臾，固而近于费，今不取，后世必为子孙忧。”孔子曰：“求，君子疾夫舍曰欲之而必为之辞。丘也闻，有国有家者，不患寡而患不均，不患贫而患不安。盖均无贫，和无寡，安无倾。夫如是，故远人不服，则修文德以来之；既来之，则安之。今由与求也，相夫子，远人不服，而不能来也；邦分崩离析，而不能守也；而谋动干戈于邦内。吾恐季孙之忧，不在颛臾，而在萧墙之内也。”

［译文］季氏准备讨伐颛臾。冉求、子路去见孔子，说：“季氏准备向颛臾挑事了。”孔子说：“冉求，这不是你的过错吗？先王任命颛臾主祭的东蒙山，就在我国中心，是国家重臣，为什么要讨伐呢？”冉求说：“季氏想讨伐它，我们两个臣子都不愿意。”孔子说：“冉求啊，史官周任有句话说，‘尽力去做事，做不到就辞职’。眼下有危险不维持，跌倒也不扶起，何必用你们辅佐呢？而且你的话也错了，猛虎犀牛出了笼子，龟甲美玉毁于盒中，是谁的过错呢？”冉求说：“如今的颛臾，城墙坚固而靠近费邑，今天不取，必定给后世子孙留下忧患。”孔子说：“冉求，君子痛恨那些不说自己贪婪却找借口的人。我听说，有国的诸侯与有家的大夫，不怕东西少而怕分配不均，不怕贫穷而怕不安宁。这是因为公平了就没有贫穷，和睦了就没有孤寡，平安了

就没有危险。如果能这样做，那远方的人不服顺，就修好文德感召他们来；既然来了，就安定好他们。今天子路与冉求，你们两人辅佐季氏，远方的人不能感召而来，国家分裂而不能守住，却想着在国内大动干戈。我恐怕季孙的忧患，不在颛臾，而在自家墙内吧！"[16.1]

【谋道】孔子曰："天下有道，则礼乐征伐自天子出；天下无道，则礼乐征伐自诸侯出。自诸侯出，盖十世希不失矣；自大夫出，五世希不失矣；陪臣执国命，三世希不失矣。天下有道，则政不在大夫；天下有道，则庶人不议。"

［译文］孔子说："天下有道，礼乐制度与出征讨伐就会由天子来决定；天下无道，礼乐制度与征伐他国就会由诸侯来决定。由诸侯决定，十代人之内很少不失败的；由大夫决定，五代之内很少不失败的。如果由大夫家臣执掌了国家命运，那么三代之内很少会不失败的。天下有道，国家政权不会落在大夫手里；天下有道，老百姓就不会非议国家政事。"[16.2]

【礼乐】孔子曰："禄之去公室五世矣，政逮于大夫四世矣，故夫三桓之子孙微矣。"

［译文］孔子说："掌握官职俸禄的国家政权，鲁国公室已经失去五代了，政权落入大夫手中也有四代了，所以鲁桓公的三个子孙都衰败了。"[16.3]

【修德】孔子曰："益者三友，损者三友。友直，友谅，友多闻，益矣。友便辟，友善柔，友便佞，损矣。"孔子曰："益者三乐，损者三乐。乐节礼乐，乐道人之善，乐多贤友，益矣。乐骄乐，乐佚游，乐宴乐，损矣。"

［译文］孔子说："益友有三类，损友也有三类。正直、体谅、见识多

的友人，是益友。歪门邪道、优柔寡断、奸佞狡诈的友人，是损友。"孔子说："益友有三种喜好，损友也有三种喜好。乐于受礼乐约束，乐于说人优点，乐于多交贤友的，是益友。喜欢骄傲淫乐，喜欢放荡游玩，喜欢盛宴享乐的，是损友。"[16.4]

【君子】孔子曰："侍于君子有三愆，言未及之而言谓之躁，言及之而不言谓之隐，未见颜色而言谓之瞽。"

［译文］孔子说："与君子相处时有三种过失，话题还没涉及主题就抢先说的叫急躁，谈到了主题而不去说明的叫隐瞒，不看对方脸色就表态的叫盲目。"[16.5]

【君子】孔子曰："君子有三戒：少之时，血气未定，戒之在色；及其壮也，血气方刚，戒之在斗；及其老也，血气既衰，戒之在得。"

［译文］孔子说："君子有三戒：年少时血气未定，要戒色，不贪恋；壮年后血气方刚，要戒斗，不好狠；老年时血气衰减，要戒得，不贪图名利。"[16.6]

【君子】孔子曰："君子有三畏：畏天命，畏大人，畏圣人之言。小人不知天命而不畏也，狎大人，侮圣人之言。"

［译文］孔子说："君子有三类事情是要敬畏的：敬畏天命，敬畏位居高位的大人物，敬畏圣人的教诲。小人不知天命，所以不畏惧天命，捉弄大人，贬低圣人的教诲。"[16.7]

【好学】孔子曰："生而知之者上也；学而知之者次也；困而学之，又其次也；困而不学，民斯为下矣。"

［译文］孔子说："天生就知道的是上等人；学习后才知道的是次一等；遇到困惑才学习的，又次一等；再困惑也不肯学习的，这种人最低等。"［16.8］

【君子】孔子曰："君子有九思：视思明，听思聪，色思温，貌思恭，言思忠，事思敬，疑思问，忿思难，见得思义。"

［译文］孔子说："君子有九种情形要认真思考：看的时候要想想看明白没有，听的时候要想想听清楚没有，与人相处时要想想脸色是否温和，容貌是否谦恭，说话时要想想是否忠实，做事时要想想是否敬畏尽责，疑惑时要想想问清了没有，愤怒前要想想危难后果，得利前要想想符合道义。"［16.9］

【谋道】子曰："见善如不及，见不善如探汤。吾见其人矣，吾闻其语矣。隐居以求其志，行义以达其道。吾闻其语矣，未见其人也。齐景公有马千驷，死之日，民无德而称焉。伯夷、叔齐饿于首阳之下，民到于今称之。其斯之谓与？"

［译文］孔子说："看见良善的要像怕自己赶不上似的去追求，看见不良善的要像手触沸水一样立即避开它。我见到这样做的人了，我也听见过这样的话了。安然隐居以谋求实现志向，施行仁义以通达仁道。我听见这样的话了，却还没见过这样做的人。齐景公有四千匹马，他死去的时候，人民却不觉得他有什么德行可称颂。伯夷、叔齐饿死在首阳山下，人民直到现在还称颂他们。说的就是这个道理吧？"［16.10］

【好学】陈亢问于伯鱼曰："子亦有异闻乎？"对曰："未也。尝独立，鲤趋而过庭，曰：'学诗乎？'对曰：'未也。''不学诗，无以言。'鲤退而学诗。他日又独立，鲤趋而过庭，曰：'学礼乎？'对曰：'未也'。

'不学礼，无以立。'鲤退而学礼。闻斯二者。"陈亢退而喜曰："问一得三，闻诗、闻礼，又闻君子之远其子也。"

［译文］陈亢问伯鱼："老师有什么特别的教诲吗？"回答："没有。有一次他独自站着，我快步穿过庭院，他问：'学诗了吗？'我回答：'没有。''不学诗，就不会说话。'我就回去学诗。有一天他独立院里，我又快步经过庭院，他问：'学礼了吗？'我回答：'没有。''不学礼，就没法立足。'我就回去学礼。我就受过这两番教诲。"陈亢回去后高兴地说："我问一件事得到了三个启示，知道了学诗能言，学礼能立足，君子不偏爱自己的儿子。"［16.11］

【礼乐】邦君之妻，君称之曰夫人，夫人自称曰小童；邦人称之曰君夫人，称诸异邦曰寡小君，异邦人称之亦曰君夫人。

［译文］国君的妻子，君主称她为夫人，夫人自称为小童；国人称她为君夫人，面对他国人时尊称她为寡小君，而他国人则尊称她为君夫人。［16.12］

阳货篇第十七

【君子】阳货欲见孔子，孔子不见，归孔子豚。孔子时其亡也，而往拜之。遇诸涂。谓孔子曰："来！予与尔言。"曰："怀其宝而迷其邦，可谓仁乎？"曰："不可！""好从事而亟失时，可谓知乎？"曰："不可！""日月逝矣，岁不我与。"孔子曰："诺，吾将仕矣。"

［译文］阳货想见孔子，孔子不见，于是便给孔子留下了一只小猪作为礼品。孔子乘他不在家的时候，前往回拜，两人却恰好相遇于半路上。阳货对孔子说："过来！我跟你说几句。"阳货说："怀抱着治国宝典却让国家迷惑方向，这可说是仁德吗？"答："不可以！""喜欢从政而又多次失去时机，

可说是智慧吗？"答："不可以！"阳货说："日月飞逝啊，岁月不会等待我。"孔子说："好吧，我准备出来做官了。"[17.1]

【好学】子曰："性相近也，习相远也。"

［译文］孔子说："人性原来很相近，修习后养成习惯，就差得很远了。"[17.2]

【好学】子曰："唯上知与下愚不移。"

［译文］孔子说："唯有上等的智者与下等的愚人是不可改变的。"[17.3]

【君子】子之武城，闻弦歌之声。夫子莞尔而笑，曰："割鸡焉用牛刀？"子游对曰："昔者偃也闻诸夫子曰，'君子学道则爱人，小人学道则易使也'。"子曰："二三子！偃之言是也。前言戏之耳。"

［译文］孔子到了武城，听到了弦歌的声乐。孔子微微一笑，说："杀鸡哪需要用牛刀呢？"子游回答："过去曾经听老师说过，'君子学道后会爱人，小人学道后会易于驱使'。"孔子说："你们几个人听好了！他的话是对的，我之前说的话不过是开个玩笑啊。"[17.4]

【谋道】公山弗扰以费畔，召，子欲往。子路不说，曰："末之也已，何必公山氏之之也？"子曰："夫召我者，而岂徒哉？如有用我者，吾其为东周乎！"

［译文］公山弗扰占据了费邑图谋反叛，传令召唤，孔子准备前往。子路不高兴地说："没去处就算了吧，何必去公山氏那里呢？"孔子说："他会白白召唤我去吗？如有用我的人，我会重兴东周吧！"[17.5]

【亲仁】子张问仁于孔子。孔子曰："能行五者于天下为仁矣。"请问之。曰："恭、宽、信、敏、惠。恭则不侮，宽则得众，信则人任焉，敏则有功，惠则足以使人。"

[译文]子张向孔子问仁。孔子说："能在天下施行五种美德，就可以成为仁人了。"子张请问详解。孔子说："这就是谦恭、宽恕、诚信、勤敏、施惠等五种美德。谦恭就不会受侮辱，宽恕就会得到众人拥护，诚信就会得到重任，勤敏就会有功劳，施惠就能指挥人。" [17.6]

【君子】佛肸召，子欲往。子路曰："昔者由也闻诸夫子曰，'亲于其身为不善者，君子不入也'。佛肸以中牟畔，子之往也，如之何？"子曰："然，有是言也。不曰坚乎，磨而不磷？不曰白乎，涅而不缁？吾岂匏瓜也哉？焉能系而不食？"

[译文]佛肸召见后，孔子打算前往。子路说："过去我听老师说过，'自身不做善事者，君子不与他接近'。佛肸占据中牟叛乱，老师您却前往，是怎么回事呢？"孔子说："是的，我是说过这样的话。不是说坚硬者磨不薄吗？不是说白矿石染不黑吗？我岂能是个匏瓜，只能挂着看而不能吃呢？" [17.7]

【好学】子曰："由也，女闻六言六蔽矣乎？"对曰："未也。""居，吾语女。好仁不好学，其蔽也愚；好知不好学，其蔽也荡；好信不好学，其蔽也贼；好直不好学，其蔽也绞；好勇不好学，其蔽也乱；好刚不好学，其蔽也狂。"

[译文]孔子说："子路，你听说过'六德六弊'吗？"回答："还没有。""坐下来，让我来告诉你吧。好仁德不好学习，它的弊病是愚蠢鲁钝；好狡智不好学，它的弊病是放荡轻浮；好诚信不好学，它的弊病是相互祸害；

好直爽不好学，它的弊病是说话尖刻；好斗勇不好学，它的弊病是违法作乱；好刚强不好学，它的弊病是刚愎妄为。"［17.8］

【好学】子曰："小子何莫学夫《诗》？《诗》，可以兴，可以观，可以群，可以怨。迩之事父，远之事君，多识于鸟兽草木之名。"

［译文］孔子说："小子们为何不好好学《诗》呢？学《诗》，可以兴起激情，可以观察万事万物，可以合群共事，可以表达内心感情。近则可以服事身旁的父母，远则可以服事朝廷的君主，还可以认识很多鸟兽草木的名称。"［17.9］

【好学】子谓伯鱼曰："女为《周南》《召南》矣乎？人而不为《周南》《召南》，其犹正墙面而立也与！"

［译文］孔子对儿子伯鱼说："你读过《周南》《召南》这些诗了吗？一个人不读《周南》《召南》这些诗，就像面对着墙站立一样啊！"［17.10］

【礼乐】子曰："礼云礼云，玉帛云乎哉？乐云乐云，钟鼓云乎哉？"

［译文］孔子说："礼啊礼啊，说的只是玉器布帛这些祭礼用品吗？乐啊乐啊，说的只是钟鼓这些乐器吗？"［17.11］

【君子】子曰："色厉而内荏，譬诸小人，其犹穿窬之盗也与！"

［译文］孔子说："声色严厉而内心虚弱的人，用小人来比喻，就像是翻墙钻洞的小偷罢了！"［17.12］

【修德】子曰："乡愿，德之贼也。"

［译文］孔子说："没有是非原则的老好人，是败坏仁德的奸

贼。"　[17.13]

【修德】子曰："道听而涂说，德之弃也。"

［译文］孔子说："道上的传闻四处乱说，这是仁德所抛弃的。"　[17.14]

【修德】子曰："鄙夫可与事君也与哉？其未得之也，患得之；既得之，患失之；苟患失之，无所不至矣。"

［译文］孔子说："能与鄙陋的人一起服事君主吗？他没得到利益时，总想得到它；得到后又怕失去它；如果怕失去既得利益的话，他就会无所不为了。"　[17.15]

【修德】子曰："古者民有三疾，今也或是之亡也。古之狂也肆，今之狂也荡；古之矜也廉，今之矜也忿戾；古之愚也直，今之愚也诈而已矣。"

［译文］孔子说："古代的人有三种毛病，今天恐怕连这些毛病都已经没有了。这就是古代的狂者肆意直行，今天的狂者放荡不拘；古代的骄傲者廉正无犯，今天的骄傲者愤怒暴戾；古代的愚人刚直爽快，今天的愚人诡诈耍滑。"　[17.16]

【修德】子曰："巧言令色，鲜矣仁。"

［译文］孔子说："花言巧语，满脸谄媚，这很难修好仁德！"　[17.17]

【礼乐】子曰："恶紫之夺朱也，恶郑声之乱雅乐也，恶利口之覆邦家者。"

［译文］孔子说："我厌恶以紫色掩盖朱红色，厌恶以郑国俗乐扰乱正统雅乐，厌恶以滑舌利口颠覆国家的人。"　[17.18]

【君子】子曰："予欲无言。"子贡曰："子如不言，则小子何述焉？"子曰："天何言哉？四时行焉，百物生焉，天何言哉？"

［译文］孔子说："我不想再说话了。"子贡说："老师如果不说话，那我们这些弟子能传述些什么呢？"孔子说："天何曾说了什么？四季节令照样运行，百物生息繁育，天又说了什么呢？"［17.19］

【礼乐】孺悲欲见孔子，孔子辞以疾。将命者出户，取瑟而歌，使之闻之。

［译文］孺悲求见孔子，孔子以病为由推辞了。等传话者出门后，孔子才取出琴瑟唱起歌，有意使孺悲听见。［17.20］

【孝悌】宰我问："三年之丧，期已久矣。君子三年不为礼，礼必坏；三年不为乐，乐必崩。旧谷既没，新谷既升，钻燧改火，期可已矣。"子曰："食夫稻，衣夫锦，于女安乎？"曰："安！""女安则为之。夫君子之居丧，食旨不甘，闻乐不乐，居处不安，故不为也。今女安，则为之。"宰我出。子曰："予之不仁也！子生三年，然后免于父母之怀。夫三年之丧，天下之通丧也。予也有三年之爱于其父母乎？"

［译文］宰我问："三年守丧，为期太久了。君子三年不参与礼治，礼治必然败坏；三年不参与乐教，乐教必崩溃。旧谷没了，新谷登场，钻燧取火的木材也轮换了，丧期一年也可结束了。"孔子说："吃着稻米，穿着锦衣，你心里安乐吗？"说："安乐！""你能心安就那样做吧。君子守丧期间，吃美食没味道，听妙乐不快乐，住家里也不安乐，所以不会那样做。如今你安乐，就去做吧。"宰我出去后，孔子说："宰予不仁啊！小孩出生三年，然后才离开父母怀抱。三年守丧，是天下通行的丧期啊。宰予难道还有对父母的三年之爱吗？"［17.21］

【好学】子曰："饱食终日，无所用心，难矣哉！不有博弈者乎？为之，犹贤乎已。"

［译文］孔子说："整天吃饱饭后，不用心想点事，这日子多难熬啊！不是还有博弈游戏吗？去下盘棋吧，还有可能成为圣贤呢！" [17.22]

【君子】子路曰："君子尚勇乎？"子曰："君子义以为上。君子有勇而无义为乱；小人有勇而无义为盗。"

［译文］子路说："君子崇尚勇敢吗？"孔子说："君子最崇尚义德。君子勇敢而无义德会作乱，小人蛮勇而无义德会成为盗贼。" [17.23]

【君子】子贡曰："君子亦有恶乎？"子曰："有恶，恶称人之恶者，恶居下流而讪上者，恶勇而无礼者，恶果敢而窒者。"曰："赐也，亦有恶乎？""恶徼以为知者，恶不孙以为勇者，恶讦以为直者。"

［译文］子贡说："君子也有厌恶的吗？"孔子说："有厌恶的，那就是厌恶老在背后说人不好的人，厌恶身居下位而诽谤上位的人，厌恶蛮勇而无礼的人，厌恶固执而冥顽不化的人。"孔子说："赐啊，你也有厌恶的吗？""我厌恶窃取成果为自家学问的人，厌恶以不谦逊为蛮勇的人，厌恶以揭发隐私攻击他人为正直的人。" [17.24]

【好学】子曰："唯女子与小人为难养也，近之则不孙，远之则怨。"

［译文］孔子说："唯有女子与小子是最难教育的，亲近些就会显得不恭敬，疏远些就会埋怨。" [17.25]

【好学】子曰："年四十而见恶焉，其终也已。"

［译文］孔子说："年过四十了还人见人厌，他也就完了啊。" [17.26]

微子篇第十八

【亲仁】微子去之，箕子为之奴，比干谏而死。孔子曰："殷有三仁焉。"

［译文］微子离开纣王远去，箕子装疯做了他的奴隶，比干宁可死谏被杀。孔子说："殷朝有三位仁者啊。" ［18.1］

【谋道】柳下惠为士师，三黜。人曰："子未可以去乎？"曰："直道而事人，焉往而不三黜？枉道而事人，何必去父母之邦？"

［译文］柳下惠担任刑狱官时，被罢黜了三次。有人说："你不是可以离开鲁国远去吗？"柳下惠说："以正直之道服事人，往哪里去能不被多次罢黜呢？如果不按正道行事，又何必离开父母之邦呢？" ［18.2］

【礼乐】齐景公待孔子曰："若季氏，则吾不能；以季、孟之间待之。"曰："吾老矣，不能用也。"孔子行。

［译文］齐景公在谈到如何礼遇孔子时说："像鲁君对待季氏那样做，我没法做到；但我可以用介于季氏和孟氏之间的礼节来对待他。"又说："我老了，不中用了。"孔子听后辞行而去。 ［18.3］

【礼乐】齐人归女乐，季桓子受之，三日不朝，孔子行。

［译文］齐国人送来了歌女，季桓子接受了，三天都不上朝，于是孔子辞行而去。 ［18.4］

【谋道】楚狂接舆歌而过孔子曰："凤兮凤兮，何德之衰？往者不可谏，来者犹可追。已而，已而！今之从政者殆而！"孔子下，欲与之言，趋而辟之，不得与之言。

　　［译文］楚国的狂人驾着车，与孔子的马车擦边而过时，唱着歌说："凤凰啊，凤凰啊，为何你的德政衰落了？过去的事情已不可挽回，将来的事情还可以追索。完了，完了！现在从政的人真危险啊！"孔子下了车，想跟他说话，楚狂人却驱车避开了，没能谈成。［18.5］

　　【谋道】长沮、桀溺耦而耕，孔子过之，使子路问津焉。长沮曰："夫执舆者为谁？"子路曰："为孔丘。"曰："是鲁孔丘与？"曰："是也。"曰："是知津矣。"问于桀溺。桀溺曰："子为谁？"曰："为仲由。"曰："是鲁孔丘之徒与？"对曰："然。"曰："滔滔者天下皆是也，而谁以易之？且而与其从辟人之士也，岂若从辟世之士哉！"耰而不辍。子路行以告。夫子怃然曰："鸟兽不可与同群，吾非斯人之徒与而谁与？天下有道，丘不与易也。"

　　［译文］长沮、桀溺在合力耕作，孔子一行从旁经过，让子路去询问渡口的事。长沮说："那个手执马缰的人是谁？"子路说："是孔丘。"长沮说："是鲁国的孔丘吗？"子路说："是的。"长沮说："哦，他该知道渡口嘛。"子路只得去问桀溺。桀溺说："你是谁？"子路说："是仲由。"桀溺说："是鲁国孔丘的徒弟吗？"子路回答："是的。"桀溺说："世道败坏，恶浪滔滔满天下，有谁能改变它呢？而且你与其追随孔丘这类逃避坏人的学士，还不如追随我们这些避开浊世的隐士呢！"说完继续耕作不止。子路回来转述了这些话。孔子失望地说："人不会与鸟兽合群，我不和你们这些人交往又和谁交往呢？如果天下有道，我就不会和你们一起去改变它了。"［18.6］

　　【谋道】子路从而后，遇丈人，以杖荷蓧。子路问曰："子见夫子乎？"丈人曰："四体不勤，五谷不分，孰为夫子？"植其杖而芸。子路拱而立。止子路宿，杀鸡为黍而食之，见其二子焉。明日，子路行以告。子曰：

"隐者也。"使子路反见之。至，则行矣。子路曰："不仕无义。长幼之节，不可废也；君臣之义，如之何其废之？欲洁其身，而乱大伦。君子之仕也，行其义也。道之不行，已知之矣。"

[译文]子路跟着孔子，落在后边，遇见一位老人，用木杖挑着锄草的工具。子路问："您看见老夫子了吗？"老人说："有手脚不劳动，连五谷都分不清，这怎配称为老师？"说完继续扶着木杖芸草。子路拱着手立在一旁。老人留下子路住宿，杀了鸡煮了黍饭让他吃了，还把两个儿子也召来见面。第二天一早，子路追上来把事情说了。孔子说："是个隐者啊。"让子路回去见他。到了后，老人一家早已走了。子路说："不做官就无忠义。尊长爱幼的节义，是不可废除的；君臣间的忠义，又怎能废除呢？这是为了自身高洁，而乱了君臣长幼的大伦啊。君子做官，是要施行节义。当今大道的不通行，我早已知道了啊。"［18.7］

【谋道】逸民：伯夷、叔齐、虞仲、夷逸、朱张、柳下惠、少连。子曰："不降其志，不辱其身，伯夷、叔齐与！"谓柳下惠、少连："降志辱身矣。言中伦，行中虑，其斯而已矣。"谓虞仲、夷逸："隐居放言，身中清，废中权。我则异于是，无可无不可。"

[译文]朝野隐逸的人才，包括了伯夷、叔齐、虞仲、夷逸、朱张、柳下惠、少连。孔子评说道："不降低志向，不辱没自身，这就是伯夷、叔齐吧！"评价柳下惠、少连说："他们降低了志向，辱没了自身啊。但言论合乎伦理，行为得当，也就这样了。"孔子评价虞仲、夷逸说："他们隐居世外，狂放直言，自身清白，不问政事。我和他们所有人都不同，没什么是一定可以做的，也没什么是一定不可以做的。"［18.8］

【礼乐】大师挚适齐，亚饭干适楚，三饭缭适蔡，四饭缺适秦，鼓方叔入于河，播鼗武入于汉，少师阳、击磬襄入于海。

　　［译文］大乐师挚前往齐国，亚饭乐师干前往楚国，三饭乐师缭前往蔡国，四饭乐师缺前往秦国，击鼓的乐师方叔流落到了黄河边，摇拨浪鼓的乐师武流落到了汉江边，少乐师阳和击磬的乐师襄流落到了海边。[18.9]

　　【君子】周公谓鲁公曰："君子不施其亲，不使大臣怨乎不以。故旧无大过，则不弃也。无求备于一人。"

　　［译文］周公评价鲁公："君子不疏远亲人，不让大臣埋怨不任用他们。所以旧臣中没有大过错的，就不要抛弃他，不要求全责备。"[18.10]

　　【修德】周有八士：伯达、伯适、仲突、仲忽、叔夜、叔夏、季随、季骒。

　　［译文］周朝有八个杰出人士：伯达、伯适、仲突、仲忽、叔夜、叔夏、季随、季骒。[18.11]

子张篇第十九

　　【祭祀】子张曰："士见危致命，见得思义，祭思敬，丧思哀，其可已矣。"

　　［译文］子张说："志士见危难而甘愿效命，眼见得利益时先思考是否合乎义，祭拜时思恭敬，守丧时思哀痛，做到这样也就可以了。"[19.1]

　　【谋道】子张曰："执德不弘，信道不笃，焉能为有，焉能为亡！"

　　［译文］子张说："执有仁德不弘扬，信仰仁道不笃实，这怎能说是有道之人，又怎能杀身以成仁！"[19.2]

【君子】子夏之门人问交于子张。子张曰："子夏云何？"对曰："子夏曰，'可者与之，其不可者拒之'。"子张曰："异乎吾所闻：君子尊贤而容众，嘉善而矜不能。我之大贤与，于人何所不容？我之不贤与，人将拒我，如之何其拒人也？"

［译文］子夏的学生问子张交往之事。子张说："子夏是怎么说的？"回答："子夏说，'可交往的结交他，不可交往的拒绝他'。"子张说："我听说的有所不同：君子尊重贤人而宽容众人，褒奖善人而同情能力不足的人。我要是大贤，什么人不能容下？我成不了贤人，别人将拒绝我，这又何谈拒绝别人呢？"［19.3］

【谋道】子夏曰："虽小道，必有可观者焉，致远恐泥，是以君子不为也！"

［译文］子夏说："虽说是小技艺，也一定有可取之处，但如果一味沉溺其中，恐怕就不能实现远大的目标了，所以君子不会这样做！"［19.4］

【好学】子夏曰："日知其所亡，月无忘其所能，可谓好学也已矣。"

［译文］子夏说："每天都知道自己缺少哪方面的知识，每月都不忘记自己所能学到的知识，这可以说是好学的了。"［19.5］

【亲仁】子夏曰："博学而笃志，切问而近思，仁在其中矣。"

［译文］子夏说："广博地学习而坚守最初的志向，恳切地求问而多思考当前的问题，仁道也就在其中了。"［19.6］

【谋道】子夏曰："百工居肆以成其事，君子学以致其道。"

［译文］子夏说："就像各行各业的工匠聚居街铺，成就各自事业一

样，君子也通过学习致力于谋道。"［19.7］

【君子】子夏曰："小人之过也，必文。"

［译文］子夏说："小人有了过错，一定会设法遮掩。"［19.8］

【君子】子夏曰："君子有三变：望之俨然，即之也温，听其言也厉。"

［译文］子夏说："君子神色有三种变化：远望他时，稳重庄严；接近他时，温和亲切；听他说话时，严厉可敬。"［19.9］

【君子】子夏曰："君子信而后劳其民；未信，则以为厉己也。信而后谏；未信，则以为谤己也。"

［译文］子夏说："君子要得到信任后，才能让人民服劳役；如还未取得信任，人民就会觉得君子对自己太残暴。君子要取得君主信任后，才能劝谏他；如果还未取得信任，君主就会以为是君子在诽谤自己。"［19.10］

【修德】子夏曰："大德不逾闲，小德出入可也。"

［译文］子夏说："大节上不逾越规矩，小节上有点毛病还可以。"［19.11］

【谋道】子游曰："子夏之门人小子，当洒扫应对进退，则可矣，抑末也。本之则无，如之何？"子夏闻之，曰："噫！言游过矣！君子之道，孰先传焉？孰后倦焉？譬诸草木，区以别矣。君子之道，焉可诬也？有始有卒者，其惟圣人乎！"

［译文］子游说："子夏教的学生，会洒扫庭院，接待客人，进退有礼，是可以的，但这些都只是末节小事。本质的仁道则没学到，这怎能行

呢？"子夏听后说："啊！子游的话过分了！君子之道，应先传授哪些，后教哪些呢？这是把'道'当成草木割裂开来啊！君子之道，岂可玷污？有始有终的，唯有圣人吧！"[19.12]

【好学】子夏曰："仕而优则学，学而优则仕。"

［译文］子夏说："官当好了还要继续学习，学习优秀者可以去做官。"[19.13]

【祭祀】子游曰："丧致乎哀而止。"

［译文］子游说："丧礼达到了哀伤，就可以休止了。"[19.14]

【亲仁】子游曰："吾友张也，为难能也，然而未仁。"

［译文］子游说："我的朋友子张是多么难能可贵，但还没达到仁道。"[19.15]

【亲仁】曾子曰："堂堂乎张也，难与并为仁矣。"

［译文］曾子说："子张相貌堂堂啊，很难和他并列为仁人啊。"[19.16]

【孝悌】曾子曰："吾闻诸夫子，人未有自致者也，必也亲丧乎！"

［译文］曾子说："我听老师说，人没有自发的情感，除了丧失亲人之时！"[19.17]

【孝悌】曾子曰："吾闻诸夫子，孟庄子之孝也，其他可能也；其不改父之臣与父之政，是难能也。"

［译文］曾子说："我听老师说，孟庄子的孝道，其他方面都可做到，

但他不改换父亲的老臣与理政方式，则是难能可贵的。"［19.18］

【谋道】孟氏使阳肤为士师，问于曾子。曾子曰："上失其道，民散久矣。如得其情，则哀矜而勿喜。"

［译文］孟氏任命阳肤为刑狱官，阳肤求教于曾子。曾子说："统治者失道，民心早就离散很久了。你想摸清真情断好案，就要充满悲悯同情，切勿沾沾自喜。"［19.19］

【君子】子贡曰："纣之不善，不如是之甚也。是以君子恶居下流，天下之恶皆归焉。"

［译文］子贡说："纣王的恶劣，并没有传说的那么严重。所以君子痛恨处于下流地位，让天下的罪责都归于自己。"［19.20］

【君子】子贡曰："君子之过也，如日月之食焉：过也，人皆见之；更也，人皆仰之。"

［译文］子贡说："君子的过失，就像天上的日食和月食一样，他的过错人人都看得见；后来他改正了，人人都会景仰他。"［19.21］

【谋道】卫公孙朝问于子贡曰："仲尼焉学？"子贡曰："文武之道，未坠于地，在人。贤者识其大者，不贤者识其小者，莫不有文武之道焉。夫子焉不学，而亦何常师之有？"

［译文］卫国的公孙朝询问子贡："仲尼是怎样学习的？"子贡说："周文王与周武王的治国之道，一直没有被湮灭，它永远留在了世人心里。贤人能认识它的伟大之处，不贤的人也多少懂得它的一些末节处，真是天下之大，无处没有文武之道的影响啊！我的老师孔子无处不学，又何必要有固定的

老师来指教呢？"　[19.22]

【好学】叔孙武叔语大夫于朝曰："子贡贤于仲尼。"子服景伯以告子贡。子贡曰："譬之宫墙，赐之墙也及肩，窥见室家之好。夫子之墙数仞，不得其门而入，不见宗庙之美，百官之富。得其门者或寡矣。夫子之云，不亦宜乎？"

［译文］叔孙武叔在朝廷上议论大夫的事说："子贡比仲尼贤良。"子服景伯把这事告诉了子贡。子贡说："比如说宫墙，我子贡家的外墙只有齐肩高，在墙外可以看见里面家室的美好。老师家的外墙高好几丈，如找不到他的门道进去，就看不见里面宗庙的高大壮美、房舍的多样。能找得到孔夫子学问入门处的人真的太少了。您这样回答他，不是很合适吗？"　[19.23]

【好学】叔孙武叔毁仲尼。子贡曰："无以为也！仲尼不可毁也。他人之贤者，丘陵也，犹可逾也；仲尼，日月也，无得而逾焉。人虽欲自绝，其何伤于日月乎？多见其不知量也。"

［译文］叔孙武叔诋毁孔子。子贡说："这毫无作用！仲尼是无法诋毁的。其他的贤人，如同丘陵，还可以逾越；仲尼犹如日月，是无法逾越的。纵使有人想自绝于日月，又如何能损伤日月呢？只是更显得他不自量力罢了。"　[19.24]

【谋道】陈子禽谓子贡曰："子为恭也，仲尼岂贤于子乎？"子贡曰："君子一言以为知，一言以为不知，言不可不慎也！夫子之不可及也，犹天之不可阶而升也。夫子之得邦家者，所谓立之斯立；道之斯行，绥之斯来，动之斯和。其生也荣，其死也哀，如之何其可及也？"

［译文］陈子禽对子贡说："您太谦恭了，仲尼岂能比您更贤良呢？"子贡说："君子的一句话，可表现出他的明智，也可表现出他的不明智，说话

不能不谨慎！老师的高不可及，就像是无台阶登高而上的青天啊。老师的修身齐家治国之道，说立就能马上立起来；他提倡的仁道之施行，和泰安然而来，鼓动着人民走向大同和平。老师生时也光荣，死时也哀荣，像他这样的圣贤，谁能比得上呢？" [19.25]

尧曰篇第二十

【祭祀】尧曰："咨，尔舜！天之历数在尔躬，允执其中。四海困穷，天禄永终。"舜亦以命禹。曰："予小子履，敢用玄牡，敢昭告于皇皇后帝：有罪不敢赦，帝臣不蔽，简在帝心。朕躬有罪，无以万方；万方有罪，罪在朕躬。""周有大赉，善人是富。虽有周亲，不如仁人。百姓有过，在予一人。"谨权量，审法度，修废官，四方之政行焉。兴灭国，继绝世，举逸民，天下之民归心焉。所重：民、食、丧、祭。宽则得众，信则民任焉，敏则有功，公则说。

［译文］尧说："听好了，舜！上天的使命已经落在了你身上，真诚地执守中和之道吧。如果四海民众还在贫困受苦，天赐你的禄位也就永远终止了。"舜后来也用这句话告诫大禹。商汤说："我小子履，斗胆用黑公牛，向皇皇伟大的天帝祷告，我有罪不敢自我赦免，作为天帝臣子我不敢欺骗蒙蔽，一切都按天帝心意安排。我自身的罪啊，不要牵连万方人民；万方人民之罪啊，错在我一人身上。"周武王说："周朝享有天大的恩赐，善良贤人是最宝贵的财富。周族虽有亲人，却比不上仁人重要。百姓的过错，都在我一人身上。"周朝谨慎地制定度量衡，审定法律制度，修复荒废的官员政务，让天下四方善政得以施行。复兴灭亡的国家，延继断绝的世系，推举散逸的贤良，天下的民心都归往周天子。周朝所重视的是：人民、粮食、守丧、祭礼。宽仁会得到民众拥护，守信会得到民众信任，勤勉做事会有功劳，公正理政会让大众欢悦。 [20.1]

【亲仁】子张问于孔子曰："何如斯可以从政矣？"子曰："尊五美，屏四恶，斯可以从政矣。"子张曰："何谓五美？"子曰："君子惠而不费，劳而不怨，欲而不贪，泰而不骄，威而不猛。"子张曰："何谓惠而不费？"子曰："因民之所利而利之，斯不亦惠而不费乎？择可劳而劳之，又谁怨？欲仁而得仁，又焉贪？君子无众寡，无小大，无敢慢，斯不亦泰而不骄乎？君子正其衣冠，尊其瞻视，俨然人望而畏之，斯不亦威而不猛乎？"子张曰："何谓四恶？"子曰："不教而杀谓之虐。不戒视成谓之暴。慢令致期谓之贼。犹之与人也，出纳之吝谓之有司。"

［译文］子张向孔子求问："怎样才可以从政呢？"孔子说："尊奉五种美德，清除四种恶政，这就可以从政了。"子张问："什么叫作'五种美德'？"孔子说："君子施惠而不耗费，辛劳而不埋怨，欲仁而不贪婪，和泰而不骄横，威严而不凶猛。"子张问："什么叫作施惠而不耗费？"孔子说："让人民去做有利于自己的事情，这不就是施惠而不耗费吗？选择适当的季节让人民去劳作，又有谁会埋怨呢？想追求仁道而得到了仁义，又怎会贪心呢？君子没有人多人少之分，没有小民大人之别，没有轻视慢待他人之心，这不就是和泰而不骄横吗？君子衣冠齐整，令人敬仰，神情严肃庄重而让人敬畏，这不就是威严而不凶猛吗？"子张说："什么叫作'四种恶政'？"孔子说："不教化就杀人叫作虐杀。不告诫就限令立即完成叫作暴政。命令下达很晚却要按期做到叫作贼民。同样是给人东西，出手吝啬的，这叫作小气。" [20.2]

【君子】孔子曰："不知命，无以为君子也；不知礼，无以立也；不知言，无以知人也。"

［译文］孔子说："不知天命，难以成为君子；不知礼仪，就无法立足社会；不知如何说话，就无法了解他人。" [20.3]

《论语》难字速查表

［1.8］惮（dàn）：怕。

［2.10］廋（sōu）：隐藏。

［2.18］阙（quē）：同"缺"。

［2.22］輗（ní）：车辆的木销。

　　　　軏（yuè）：车辆的销钉。

［3.1］佾（yì）：古代乐舞的队列。

［3.2］彻（chè）：仪式结束后撤去祭器。

［3.10］禘（dì）：古代帝王在始祖庙里举行的盛大祭礼。

［3.15］鄹（zōu）：春秋时鲁国地名。

［3.17］饩（xì）：活的牲口。

［3.22］翕（xī）：和顺。

　　　　皦（jiǎo）：清晰。

　　　　绎（yì）：连续不断。

［4.5］适（shì）：顺从。

［5.1］缧绁（léi xiè）：监狱。

［5.4］瑚琏（hú liǎn）：宗庙里用来盛黍稷的礼器。

［5.5］佞（nìng）：能言善辩。

［5.7］桴（fú）：小筏子。

［5.10］杇（wū）：抹墙用的抹子，这里指用抹子粉刷墙壁。

［5.11］申枨（chéng）：人名。

［5.17］棁（zhuō）：短柱子。

［5.23］醯（xī）：醋。

［5.25］盍（hé）：何不。

［6.6］骍（xīng）：毛皮红色的马。

［6.9］汶（wèn）：水名。

［6.10］牖（yǒu）：窗户。

［6.11］箪（dān）：古代盛饭的用具。

［6.25］觚（gū）：古代的装酒用具。

［6.26］罔（wǎng）：蒙蔽。

［7.8］悱（fěi）：想说又说不出的样子。

　　　　隅（yú）：角落。

［7.15］肱（gōng）：手臂。

［7.18］奚（xī）：为何。

［7.22］桓魋（tuí）：人名。

［7.35］诔（lěi）：哀悼逝者的文章。

祇（qí）：地神。

宾客。

[8.2] 葸（xǐ）：害怕。

躩（jué）：脚步轻快。

[8.4] 笾（biān）：古代祭祀用的
礼器。

襜（chān）：整齐之貌。

[10.6] 绀（gàn）：稍微带红的
黑色。

[8.15] 雎（jū）：鱼鹰。

[8.16] 侗（tóng）：幼稚；无知。

緅（zōu）：黑中带红的
颜色。

悾（kōng）：同"空"，诚
恳的样子。

袗绤绤（zhěn chī xì）：粗葛
布或细葛布做的单衣。

[8.21] 黼（fǔ）：古代礼服上绣的
黑白相间的花纹。

缁（zī）：黑色。

麑（ní）：古书上指小鹿。

[9.10] 瞽（gǔ）：眼瞎。

[10.8] 饐（yì）：食物腐败发臭。

[9.13] 韫（yùn）：收藏。

餲（ài）：食物经久而变味。

椟（dú）：木盒子。

[10.10] 阼（zuò）：堂前东台阶。

[9.19] 篑（kuì）：古时候装土的
筐子。

[10.11] 馈（kuì）：馈赠。

[10.13] 俟（sì）：等待。

[9.24] 绎（yì）：推究。

[10.15] 馔（zhuàn）：饭食。

[9.27] 缊（yùn）：旧棉絮。

[10.16] 绥（suí）：上车时扶手用
的绳索。

忮（zhì）：嫉妒。

臧（zāng）：善，好。

[9.31] 棣（dì）：一种植物。

[11.18] 辟（pì）：偏激。

[10.1] 恂（xún）：恭顺。

喭（yàn）：鲁莽。

[10.2] 訚（yín）：和气。

[11.26] 哂（shěn）：讥笑。

踧踖（cù jí）：恭顺而局促
不安的样子。

端：礼服。

章甫：礼帽。

[10.3] 摈（bìn）：同"傧"，接引

雩（yú）：古代求雨的祭礼。

[12.3] 讱（rèn）：迟钝，难言，谨慎。

[12.6] 谮（zèn）：诬陷；中伤。

愬（sù）：同"诉"，指诬告。

[12.8] 驷（sì）：同驾一辆车的四匹马。

鞟（kuò）：去毛的兽皮。

[12.9] 彻：周代的税法。

[12.10] 祇（zhǐ）：只。

[12.21] 慝（tè）：罪恶；恶念。

[13.20] 硁（kēng）：象声词，形容击石声。此处意指浅薄固执。

[13.21] 狷（juàn）：狷介；形容耿直。

[13.28] 偲（sī）：互相切磋、督促。

[14.1] 穀（gǔ）：谷子，代指俸禄。

[14.6] 奡（ào）：夏代大力士，善荡舟水战。

[14.19] 僎（zhuàn）：人名。

[14.20] 仲叔圉（yǔ）：人名。

[14.21] 怍（zuò）：惭愧。

[14.26] 蘧（qú）：姓。

[14.37] 肆：陈尸。

[14.40] 蒉（kuì）：古代的草编筐。

[14.41] 谅阴：守孝。

薨（hōng）：古代称诸侯之死。

[15.6] 貊（mò）：古称东北方少数民族。

[15.11] 辂（lù）：古代一种大车。

[15.33] 涖（lì）：同"莅"。

[16.1] 颛臾（zhuān yú）：古代小国。

兕（sì）：母犀牛。

柙（xiá）：笼子。

[16.5] 愆（qiān）：罪过，过失。

[17.7] 佛肸（bì xī）：人名。

涅（niè）：可制黑染料的矾石。

匏（páo）：葫芦，可作瓢。

[17.12] 荏（rěn）：怯弱。

窬（yú）：洞。

[17.24] 讪（shàn）：诽谤。

窒（zhì）：阻塞不通，指顽固。

徼（jiāo）：抄袭。

讦（jié）：揭发他人隐私或攻击他人短处。

[18.2] 黜（chù）：罢免，废除。

［18.6］耦（ǒu）而耕：古指两人合力耕作。

耰（yōu）：古代播种后碎土的农具。

辍（chuò）：中途停止。

怃（wǔ）：失意的样子。

［18.7］蓧（diào）：一种锄草的农具。

［18.9］鼗（táo）：拨浪鼓。

［18.10］施：同"弛"，放松，疏远。

［18.11］季骒（guā）：人名。

［19.11］闲：木栏。

［20.1］赉（lài）：赏赐。

本书由广东华文国学研究院资助出版

中国国学研究院　广东省国学教育促进会　广东省文化传播学会推介

广东华文国学研究院国学教材

中华国学经典教育丛书

孔子儒经

世界的大同与孔子仁道主义

（下册）

柯　可◎著

SPM
南方传媒

广东人民出版社

·广州·

第二部　孔子家语

序　言

　　《孔子家语》，这部原文足有3万余字，以孔氏直接命名，且视为孔子家族传家之宝的古代宝典，过去竟长期被视为不值一顾的伪经。它其实却是一部难得的先秦儒学文化的重要典籍，是创新性建构孔子仁道主义哲学体系的必备儒经。

　　论据一，就是近年已有多家出版社推出了各种版本的《孔子家语》，中华书局还将其列为《中华经典名著全本全注全译丛书》之一。通观这部由王国轩、王秀梅译注的《孔子家语》，全书共分为10卷44篇，3万余字。如参照《论语》各篇的分节方式，《孔子家语》可以将全文10卷44篇再细分为有相对独立意义的431节，并以所论主旨标识，这与《论语》将20篇分成494节的方式比较，有异曲同工、章节大致相当的鲜明层次感。

　　论据二，就是《孔子家语》不仅如《论语》般如实记录了孔子与弟子、诸侯、时人交往的言行举止，而且不少文章还比《论语》的短句为长，更显得对话生动、记录翔实而可靠。更难得的是，《孔子家语》所记史实，还大都可在《尚书大传》《诗经》《礼记》《大戴礼记》《春秋左传》《春秋公羊传》等儒家经典，以及《尸子》《荀子》《韩非子》《文子》《列子》《晏子春秋》《吕氏春秋》《说苑》《淮南子》等诸子典籍，以及《史记》《孔丛子》《韩诗外传》等多部秦汉文典中，查到出处，相互印证，足见所言不虚。

这也是《孔子家语》内涵深刻、来源可信的两大特点。通观全书，其不仅有不亚于《论语》的学术价值，甚至还被诸多识者赞为"研究孔子第一书"，故确为新编《孔子儒经》所必备。

根据《孔子家语》的篇章节段特点，本书以括号【 】标明各节经文所属孔子九观的主旨，以［1.1.1］等编号标示《孔子家语》10卷44篇之所有经文，以便读者查询。

是为简序。

2021年11月14日

卷一

相鲁第一

【孝悌】孔子初仕，为中都宰。制为养生送死之节，长幼异食，强弱异任，男女别涂，路无拾遗，器不雕伪。为四寸之棺，五寸之椁，因丘陵为坟，不封不树。行之一年，而西方之诸侯则焉。定公谓孔子曰："学子此法以治鲁国，何如？"孔子对曰："虽天下可乎，何但鲁国而已哉！"于是二年，定公以为司空，乃别五土之性，而物各得其所生之宜，咸得厥所。

［译文］孔子初次当官，担任中都宰，便制定了子女赡养父母、丧葬老人的法度，例如按年龄大小吃不同食物，按能力强弱任命不同职务，男女路上各走一边，不拾取路上失物，不雕饰浮华器物，使用厚四寸棺木、厚五寸外椁，依傍丘陵修墓，不建高坟，坟墓边不围种松柏等。这样施行一年后，西方各诸侯国都纷纷效法。鲁定公对孔子说："学用您的施政方法来治理鲁国，会怎么样呢？"孔子回答说："这一方法推广天下也是可以的，岂止是治理鲁国呢！"于是又实施两年后，鲁定公任命孔子做了司空，孔子根据土地性质，划分为山林、川泽、丘陵、高地、沼泽等五类，让不同作物都生长在适宜的环境里，蓬勃生长。[1.1.1]

【祭祀】先时，季氏葬昭公于墓道之南，孔子沟而合诸墓焉。谓季桓子曰："贬君以彰己罪，非礼也。今合之，所以掩夫子之不臣。"由司空为鲁大司寇，设法而不用，无奸民。

　　［译文］早年，季平子（为泄私愤）把鲁昭公葬在鲁国先君陵寝的墓道南面。孔子上任后派人挖沟把鲁昭公陵与先王陵墓圈连在一起，并告诉季平子的儿子季桓子说："这种羞辱国君的方法正彰显了令尊的罪过，这是不合礼制的。现在把陵墓合起来，就能掩盖令尊不守臣道的罪名了。"孔子由司空升为鲁国大司寇后，虽然设立了法律，但很少用刑罚，社会上也没有犯法的奸民。[1.1.2]

　　【礼乐】定公与齐侯会于夹谷，孔子摄相事，曰："臣闻有文事者必有武备，有武事者必有文备。古者诸侯出疆，必具官以从，请具左右司马。"定公从之。至会所，为坛位，土阶三等，以遇礼相见，揖让而登。献酢既毕，齐使莱人以兵鼓噪，劫定公。孔子历阶而进，以公退，曰："士，以兵之。吾两君为好，裔夷之俘，敢以兵乱之，非齐君所以命诸侯也！裔不谋夏，夷不乱华，俘不干盟，兵不偪好，于神为不祥，于德为愆义，于人为失礼，君必不然。"齐侯心怍，麾而避之。有顷，齐奏宫中之乐，俳优侏儒戏于前。孔子趋进，历阶而上，不尽一等，曰："匹夫荧侮诸侯者，罪应诛。请右司马速加刑焉！"于是斩侏儒，手足异处。齐侯惧，有惭色。将盟，齐人加载书曰："齐师出境，而不以兵车三百乘从我者，有如此盟。"孔子使兹无还对曰："而不返我汶阳之田，吾以供命者，亦如之。"齐侯将设享礼，孔子谓梁丘据曰："齐鲁之故，吾子何不闻焉？事既成矣，而又享之，是勤执事。且牺象不出门，嘉乐不野合。享而既具，是弃礼；若其不具，是用秕稗也。用秕稗，君辱；弃礼，名恶，子盍图之？夫享，所以昭德也。不昭，不如其已。"乃不果享。齐侯归，责其群臣曰："鲁以君子道辅其君，而子独以夷狄道教寡人，使得罪。"于是乃归所侵鲁之四邑及汶阳之田。

　　［译文］鲁定公和齐侯在齐国的夹谷会盟，由孔子代理司仪。孔子对鲁

定公说："我听说振兴文化的盟会一定要有武力的后盾，举行军事活动一定要做好外交文化准备。古代诸侯离开国疆必须配备随从官员，请配备左右司马队伍。"定公听从了孔子的建议。双方到盟会处后，筑起了高台，设立了三层土阶，以会遇礼仪见了面，相互作揖谦让着登上高台。互赠礼品并敬酒后，齐国派莱国人军队擂鼓呐喊，威胁鲁定公。孔子快步登上台阶，一边保护鲁定公退避，一边说："将士们，拿出武器来！我们两国君主举行友好会盟，远方夷狄的俘虏竟敢拿起武器作乱，这绝不是齐君号令诸侯的方法！远方异国不得图谋华夏，夷狄不得扰乱中国，俘虏不可扰乱双方会盟，兵戈不得威逼友好国家。这对神明是不祥之举，对道德是罪过，对客人是失礼，齐侯必然不会这么做的。"齐侯听了心中惭愧，挥旗让莱国人撤了下去。

过了一会儿，齐国演奏起宫廷舞乐，歌舞艺人和侏儒在庭前歌舞嬉戏。孔子快步登上第二阶上说："卑贱之人竟敢戏弄诸侯，论罪当斩。请右司马立即用刑。"于是斩杀了侏儒，砍断了他们的手足。齐侯心中恐慌，脸露惭愧神色。正当齐、鲁两国歃血为盟时，齐国人在盟书上加了一段话说："将来齐国发兵远征时，鲁国如不派三百辆兵车从征，就要按本盟约加以制裁。"孔子让鲁大夫兹无还回应道："齐国如不退还鲁国汶河以北的土地，却要鲁国派兵跟从，也要按本盟约受罚。"

齐侯准备设宴款待时，孔子对齐大夫梁丘据说："齐、鲁两国的传统礼节，您难道没听说过吗？会盟既已完成，贵国还要设宴款待，这岂不是白白劳烦贵国官员吗？何况牛、象形状的酒器按规矩不能拿出宫门，雅乐也不可在荒野演奏。如宴席摆上了这些酒器，有悖礼仪；如像舍弃五谷而用秕谷稗草一样，举办过于简陋的宴会，又会使国君受辱，背弃礼法，恶名远扬，您图什么呢？宴客是为了昭显君主美德，如不能昭显美德，还不如作罢。"于是齐国取消了这次宴会。齐侯回来后，责备群臣道："鲁国以君子之道辅佐国君，你们却偏用蛮荒部族之道误导我，得罪了友邦。"于是齐国归还了过去侵占鲁国的

四座城邑和汶河以北土地。[1.1.3]

【礼乐】孔子言于定公曰："家不藏甲，邑无百雉之城，古之制也。今三家过制，请皆损之。"乃使季氏宰仲由隳三都。叔孙不得意于季氏，因费宰公山弗扰率费人以袭鲁。孔子以公与季孙、叔孙、孟孙入于季氏之宫，登武子之台。费人攻之，及台侧，孔子命申句须、乐颀勒士众下伐之，费人北。遂隳三都之城，强公室，弱私家，尊君卑臣，政化大行。

[译文]孔子对鲁定公说："卿大夫家里不可私藏兵器铠甲，封地内不能建百雉高城，这是古代礼制。如今季孙氏、叔孙氏、孟孙氏这三家大夫的城邑都逾越了礼制，请您削减他们的势力。"于是委派了季氏家臣仲由，拆除了这三家大夫的都城。叔孙氏的庶子叔孙辄因不得父亲器重，联合了费城的长官公山弗扰，率领费人进攻鲁国都城。孔子保护着鲁定公和季孙氏、叔孙氏、孟孙氏等躲入季氏住宅，自己登上武子台守卫。费人攻入了武子台侧，孔子命令中句须、乐颀两位大夫率领士卒抵挡，打败了费人。于是削减了三家城池，增强了国君权力，削弱了大夫势力，尊显了国君，压抑了臣子，使礼治教化措施得到施行。[1.1.4]

【谋道】初，鲁之贩羊有沈犹氏者，常朝饮其羊以诈市人。有公慎氏者，妻淫不制。有慎溃氏，奢侈逾法。鲁之鬻六畜者，饰之以储价。及孔子之为政也，则沈犹氏不敢朝饮其羊，公慎氏出其妻，慎溃氏越境而徙。三月，则鬻牛马者不储价，卖羊豚者不加饰，男女行者别其涂，道不拾遗。男尚忠信，女尚贞顺。四方客至于邑者，不求有司，皆如归焉。

[译文]此前，鲁国有位叫沈犹氏的贩羊人，经常在早上给羊灌饱了水来欺诈买羊人。有位叫作公慎氏的人，眼见妻子淫乱也不制止。还有位叫慎溃氏的人，生活奢侈，逾越了国家礼法。鲁国其他那些贩卖牲畜的人，也都在

牲口上造假来抬高物价。等到孔子当政后，沈犹氏再也不敢早上给羊灌水，公慎氏逐出了他的妻子，慎溃氏逃离了鲁国。又过了三个月后，卖牛马的不再加价，卖猪羊的不再造假，男女有别各走路的一边，路上的失物也没人捡拾了。男人都崇尚忠诚、守信，女人都崇尚坚贞、柔顺。四方客人来到城里，也不再求官府协助，就像回到了自家一样。[1.1.5]

始诛第二

【礼乐】孔子为鲁司寇，摄行相事，有喜色。仲由问曰："由闻君子祸至不惧，福至不喜，今夫子得位而喜，何也？"孔子曰："然，有是言也。不曰'乐以贵下人'乎？"于是朝政七日而诛乱政大夫少正卯，戮之于两观之下，尸于朝三日。子贡进曰："夫少正卯，鲁之闻人。今夫子为政而始诛之，或者为失乎？"孔子曰："居，吾语汝以其故。天下有大恶者五，而窃盗不与焉。一曰心逆而险，二曰行僻而坚，三曰言伪而辩，四曰记丑而博，五曰顺非而泽。此五者，有一于人，则不免君子之诛，而少正卯皆兼有之。其居处足以撮徒成党，其谈说足以饰褒莹众，其强御足以反是独立，此乃人之奸雄者，不可以不除。夫殷汤诛尹谐，文王诛潘正，周公诛管蔡，太公诛华士，管仲诛付乙，子产诛史何，是此七子皆异世而同诛者，以七子异世而同恶，故不可赦也。《诗》云：'忧心悄悄，愠于群小。'小人成群，斯足忧矣。"

［译文］孔子当上鲁国司寇，代行宰相职务，面露喜色。弟子仲由问他："我听说君子灾祸来了不恐惧，福气来了不欢喜。您却面露喜色，这是为什么呢？"孔子回答："对，确有这样的说法。但不是也有'显贵了仍以谦恭待人为乐'的说法吗？"于是，孔子在执政的第七天，就将乱政的大夫少正卯斩杀在宫外的两座高台下，暴尸三日。子贡向孔子进言说："少正卯是鲁国名人。如今老师您刚执政就杀了他，可能有些失策吧？"孔子答："坐下来吧，

我告诉你其中缘故。天下有五种大恶行，连盗窃都不算在内。一是通达事理却用心阴险，二是行为邪辟而固执，三是言辞虚伪而善辩，四是熟记坏事太多，五是美化丑事。这五种大恶有其中之一在身上，就免不了被君子诛杀，少正卯却包揽了这五种恶行。他身居高位足以聚集朋党，奇谈怪论足以自夸惑众，势力强大足以叛逆礼制成为异端。这是人中奸雄啊，不可不除掉。这就像殷汤杀尹谐，文王杀潘正，周公杀管叔、流放蔡叔，姜太公杀华士，管仲杀付乙，子产杀史何一样。这七人生在不同时代却都被杀，原因是他们尽管身处时代不同，但罪恶一样，所以不可赦免。《诗》里说：'忧心忡忡，被群小厌恶。'小人成群，这就足以令人担忧了。"[1.2.1]

【礼乐】孔子为鲁大司寇，有父子讼者，夫子同狴执之，三月不别。其父请止，夫子赦之焉。季孙闻之不悦，曰："司寇欺余，曩告余曰：'国家必先以孝'，余今戮一不孝以教民孝，不亦可乎？而又赦，何哉？"冉有以告孔子，子喟然叹曰："呜呼！上失其道而杀其下，非理也。不教以孝而听其狱，是杀不辜。三军大败，不可斩也。狱犴不治，不可刑也。何者？上教之不行，罪不在民故也。夫慢令谨诛，贼也。征敛无时，暴也。不试责成，虐也。政无此三者，然后刑可即也。《书》云：'义刑义杀，勿庸以即汝心，惟曰未有慎事。'言必教而后刑也，既陈道德以先服之。而犹不可，尚贤以劝之；又不可，即废之；又不可，而后以威惮之。若是三年，而百姓正矣。其有邪民不从化者，然后待之以刑，则民咸知罪矣。《诗》云：'天子是毗，俾民不迷。'是以威厉而不试，刑错而不用。今世则不然，乱其教，繁其刑，使民迷惑而陷焉，又从而制之，故刑弥繁而盗不胜也。夫三尺之限，空车不能登者，何哉？峻故也。百仞之山，重载陟焉，何哉？陵迟故也。今世俗之陵迟久矣，虽有刑法，民能勿逾乎？"

[译文]孔子任鲁国大司寇时，有父子俩来打官司，孔子把他们关在一

间牢房里，过了三个月都不判决。后来父亲主动撤诉，孔子就把他们放了。季孙氏听说后很不高兴，说："司寇骗了我，他曾对我说：治国一定要首倡孝道。现在我要杀一个不孝之徒来教百姓守孝道，难道不可以吗？司寇却赦免了他，这是为什么呢？"冉有把季孙氏的话告诉孔子后，孔子长叹说："唉！统治者不讲道义却滥杀百姓，是违背常理的。不用孝道教化而随意定罪，是滥杀无辜。三军打了败仗时，不能杀士卒；刑案发生后，不能用酷刑。为什么呢？统治者的教化不起作用，罪责不在百姓。法律松弛而刑罚严酷，是害民行为；横征暴敛，是残酷暴政；不加教化就苛求百姓守法，是暴虐行为。施政中没有这三种弊端，才可以用刑。《尚书》说：'刑杀要符合正义，不能随心所欲，断案从来都绝非容易的事。'说的就是要先教化后用刑。先陈说道理使百姓心服，如果还不行，就要以贤良的表率引导他们；还不行，才放弃说教；还不行，才可以用威势震慑他们。这样做三年，百姓自会走上正道。其中还有些不听教化的顽劣奸人，就可以用刑罚对付他了，这样百姓就都知道什么是犯罪了。《诗》里说：'辅佐天子，使百姓不迷惑。'这就不必厉声威吓，使用刑罚了。当今之世却不这样，教化紊乱，刑罚繁杂，使民众迷惑而受落入陷阱，更借机控制压服他们。所以刑罚越繁盗贼越多。三尺高的门槛，空车却不能越过，为什么呢？因为门槛高。百仞高的山，重载的车子也能上去，为什么呢？因为山坡平缓，车子是缓缓登上去的。当前社会风气已败坏很久了，即使说有了刑罚，百姓就能不犯法吗？" [1.2.2]

王言解第三

【谋道】孔子闲居，曾参侍。孔子曰："参乎，今之君子，唯士与大夫之言可闻也。至于君子之言者，希也。於乎！吾以王言之，其不出户牖而化天下。"曾子起，下席而对曰："敢问何谓王者言？"孔子不应。曾子曰："侍夫子之闲也难，是以敢问。"孔子又不应。曾子肃然而惧，抠衣而退，负席而立。有顷，孔子叹息，顾谓曾子曰："参，汝可语明王之道与？"曾子曰："非敢以为足也，请因所闻而学焉。"子曰："居，吾语汝！夫道者，所以明德也。德者，所以尊道也。是以非德道不尊，非道德不明。虽有国之良马，不以其道服乘之，不可以取道里。虽有博地众民，不以其道治之，不可以致霸王。是故，昔者明王内修七教，外行三至。七教修，然后可以守；三至行，然后可以征。明王之道，其守也，则必折冲千里之外；其征也，则必还师衽席之上。故曰内修七教而上不劳，外行三至而财不费。此之谓明王之道也。"

[译文]孔子在家闲居，曾参在身边陪侍。孔子说："曾参啊！今天的统治者只听见过士和大夫的言论。至于那些君子的言论，就很少听到了。唉，我要是能把这些成就王业的道理说给治国者听，那么他们不出门就可以教化天下了。"曾参站起来，走下坐席求问孔子："请问先生，什么是成就王业的道理呢？"孔子没有回答。曾参又再度求问说："等到老师有空闲的时候很难，所以大胆请教。"孔子还是不回答。曾参严肃而害怕起来，提起衣襟退下，站在坐席一旁静候。过了一会儿，孔子才叹息了一声，回头对曾参说："曾参，你可以谈谈什么是明君治国之道吗？"曾参回答说："我不敢自认为有了这方面的足够知识，请您谈谈这些道理，让我好好学习吧。"孔子说："坐下来吧，我讲给你听。道是用来彰明仁德的，德是用来尊崇正道的。所以没有仁德的歪道不可尊崇，没有正道的德也无法弘扬。虽然有了一国内最好的马，如果不能按正道来骑乘它，马也不可能在正道上奔跑。一个国家虽有广阔土地和众多百姓，如果不用正道治理，也不可成就霸主王业。因此，古代的圣明国君对内实行'七教'，对外实行'三至'。'七教'修成，就可以守住国家；'三至'实行，就可以征伐外敌。明君的治国之道，守卫本国，必定能击败千里之外的来犯敌人，对外讨伐也必定能凯旋还朝。因此说，对国内实行'七教'，国君就不会为政事烦劳；对外实行'三至'，就不会劳民伤财。这就是所谓的

古代明王的治国之道。"[1.3.1]

【谋道】曾子曰："不劳不费之谓明王，可得闻乎？"孔子曰："昔者帝舜左禹而右皋陶，不下席而天下治，夫如此，何上之劳乎？政之不平，君之患也；令之不行，臣之罪也。若乃十一而税，用民之力，岁不过三日。入山泽以其时而无征，关讥市廛皆不收赋，此则生财之路，而明王节之，何财之费乎？"

[译文]曾参问道："不为政事而烦劳，不劳民伤财就称为明君，其中的道理可以让我听听吗？"孔子说："古代的舜帝身旁，左边有大禹，右边有皋陶，他不走下席位就治理好了天下。这样怎能烦劳君主呢？执政不公平正道，是国君的忧患；政令不推行，是臣子的罪责。如果按十分之一的比例收税，民众一年的劳役不超过三天，让百姓按季节进入山林湖泊伐木渔猎而不滥征税，关卡交易货场也不滥收赋税。这些生财之路，得到明君的节制使用，这怎么会浪费民力财力呢？"[1.3.2]

【孝悌】曾子曰："敢问何谓七教？"孔子曰："上敬老则下益孝，上尊齿则下益悌，上乐施则下益宽，上亲贤则下择友，上好德则下不隐，上恶贪则下耻争，上廉让则下耻节，此之谓七教。七教者，治民之本也。政教定，则本正也。凡上者，民之表也，表正则何物不正？是故，人君先立仁于己，然后大夫忠而士信，民敦而俗朴，男悫而女贞。六者，教之致也，布诸天下四方而不怨，纳诸寻常之室而不塞。等之以礼，立之以义，行之以顺，则民之弃恶如汤之灌雪焉。"曾子曰："道则至矣，弟子不足以明之。"孔子曰："参以为姑止乎？又有焉。昔者明王之治民也，法必裂地以封之，分属以理之，然后贤民无所隐，暴民无所伏。使有司日省而时考之，进用贤良，退贬不肖，则贤者悦而不肖者惧。哀鳏寡，养孤独，恤贫穷，诱孝悌，选才能。**此七者修，则四海之内无刑民矣。上之亲下也，如手足之于腹心矣；下之亲上也，如幼子之于慈母矣。上下相亲如此，故令则从，施则行，民怀其德，近者悦服，远者来附，政之致也。**

　　[译文]曾参问："请问什么是'七教'呢？"孔子回答说："居上位者敬老，百姓会更遵孝道；居上位者敬年长的人，百姓会更敬重兄长；居上位者乐善好施，百姓会更宽厚；居上位者亲近贤人，百姓会择交良友；居上位者重视道德修养，百姓就不会隐瞒心思；居上位者厌恶贪婪行为，百姓就会耻于争利；居上位者廉洁谦让，百姓就会以无气节为耻。这就是七种教化。这七教是治民的根本。政治教化之道定准了，治民的根本就端正了。凡居上位者都是百姓表率，表率正了还有什么不能正的呢？因此国君首先要自己做到仁德，然后大夫才会忠诚，士才会守信，百姓才会敦厚，风俗才会淳朴，男人才会诚实，女子才会忠贞。这六方面是教化的结果，这样的教化用于天下不会被四方怨恨，用于治理家庭不会被拒绝。以礼区分等级，以仁义立身，遵守礼法行事，那么百姓放弃恶行，就像用热水浇灌雪堆一样了。"曾参又说："这治国方法达到了极致，可我还是没能明白它。"孔子说："曾参你以为只有这些吗？还有呢！古代明君治理百姓，一定要按爵位礼法，把土地分封下去，分派官吏来治理。这样贤良人才就不会被埋没，粗野暴民也无处隐藏。平日派主管的官员按时视察，定时考核，引进贤人良才，罢免劣等官员，这样就会让贤才愉快而劣官害怕。悲悯无妻无夫或丧偶的老人，抚养无父母的幼年孤儿和无子老人，抚恤贫穷困苦的人，引导百姓敬父母、尊兄长，选拔各类良才。这七个方面做好了，那么四海之内就没人犯法了。居上位者爱护百姓，如手足保护心腹，那么百姓爱戴居上位者，就会如幼儿关爱慈母一样。上下如此相亲，百姓就会听从命令，措施就能推行，百姓就会感怀德政，附近的人心悦诚服，远方的人纷纷归附，政治就会达到最高境界。[1.3.3]

【谋道】"夫布指知寸，布手知尺，舒肘知寻，斯不远之则也。周制，三百步为里，千步而井，三井而埒，埒三而矩，五十里而都，封百里而有国，乃为福积资求焉，恤行者之有亡。是以蛮夷诸夏，虽衣冠不同，言语不合，莫不来宾。故曰无市而民不乏，无刑而民不乱。田猎罩弋，非以盈宫室也；征敛百姓，非以盈府库也。懆怛以补不足，礼节以损有余。多信而寡貌，其礼可守，其言可复，其迹可履。如饥而食，如渴而饮。民之信之，如寒暑之必验。故视远若迩，非道迩也，见明德也。是故兵革不动而威，用利不施而亲，万民怀其惠。此之谓明王之守，折冲千里之外者也。"

［译文］"张开手指可知'寸'有多长，张开手掌可知'尺'有多长，张开肘臂可知道'寻'有多长，这是近在身边的度量准则。周代制度以三百步为一里，一千步见方为一井，三井合为一埒，三埒合为一矩，方圆五十里的区域可建立一座城市，封疆百里以上的土地可以建成一个国邦，这都是为了积累资财服装，抚恤无家可归的人。因此那些偏远的少数民族，虽然衣帽与华夏民族的不同，言语不通，却没有不归服的。所以说，没有市场交易，百姓也不会生活困乏；没有刑罚，百姓也不会作乱。猎兽捕鱼不是为了充盈宫室，征税敛财也不是为了充实国库。这样哀悯百姓是为了灾年补助他们的不足，通过礼节防止奢靡浪费。多一点诚信，少一点文饰，国家礼法就能得到遵守，国君的话百姓就会听从，国君的行为就会成为百姓的表率。这样的君臣关系，就像饿了要吃饭，渴了要喝水一样。百姓信任君主，也如同坚信暑往寒来的规律一样，看远处的君王就像在近处一样。这不是因为距离近，而是由于君德圣明，清晰可见。所以不动用武力就会有足够的威慑力，不需赏赐就能让臣民亲附归顺，让天下万民都感受到君主恩惠。这就是圣明君王所守的'道'，它可以抵御千里之外的敌人啊！" [1.3.4]

【礼乐】曾子曰："敢问何谓三至？"孔子曰："至礼不让而天下治，

至赏不费而天下士悦，至乐无声而天下民和。明王笃行三至，故天下之君可得而知，天下之士可得而臣，天下之民可得而用。"曾子曰："敢问此义何谓？"孔子曰："古者明王必尽知天下良士之名，既知其名，又知其实，又知其数及其所在焉。然后因天下之爵以尊之，此之谓至礼不让而天下治；因天下之禄以富天下之士，此之谓至赏不费而天下之士悦。如此，则天下之明名誉兴焉，此之谓至乐无声而天下之民和。

〔译文〕曾参问："敢问什么是'三至'呢？"孔子回答说："最高的礼节，是无须谦让而能治理好天下；最高的奖赏，是无须耗财物而能让天下士人都高兴；最美妙的音乐，是没有声音而能让百姓和乐。圣明国君能努力达到这三种极致境界，就能闻名于天下，让天下士人都愿意成为臣子，天下百姓都甘心为他所用。"曾参问："敢问这其中含义是什么呢？"孔子回答："古代圣明君主必定知道天下所有贤良之士的名字，既知其名，又知其才能，还知其人数与住地，就会用天下的爵位封赏他们，这就是尊崇他们、无须谦让而使天下大治的最高礼节；用天下的俸禄而使天下贤良之士人人富贵，这就是无须耗财让天下士人都高兴的最高奖赏。如此一来，天下人都会重视名声荣誉，这就是使天下百姓和乐的最美妙的无声乐教。[1.3.5]

【亲仁】"故曰：'所谓天下之至仁者，能合天下之至亲也。所谓天下之至知者，能用天下之至和者也。所谓天下之至明者，能举天下之至贤者也。'此三者咸通，然后可以征。是故仁者莫大乎爱人，智者莫大乎知贤，贤政者莫大乎官能。有土之君修此三者，则四海之内供命而已矣。夫明王之所征，必道之所废者也。是故诛其君而改其政，吊其民而不夺其财。故明王之政，犹时雨之降，降至则民悦矣。是故行施弥博，得亲弥众，此之谓还师衽席之上。"

〔译文〕"所以说，'天下最仁德的人，能聚合天下最仁慈的人；天下最明智的人，能任用天下最能使百姓和乐的人；天下最英明的人，能选拔天下最贤良的人。'这三方面都做到了，方可征伐外敌。因此，仁德者莫过于爱护人，智慧者莫过于了解贤人，善政者莫过于选拔贤能官员。拥有疆土的君主能做好这三点，那天下人都可与他共命运了。圣明君主征伐的必定是废弃正道礼法的国家，所以要杀掉其国君改变其恶政，抚慰其国家的百姓而不掠夺他们的财物。因此圣明君主的政治，就像及时雨，雨降到哪里都能让百姓喜悦。所以，他的施恩教化地区越宽广，亲附的民众就越多，这就是军队凯旋回朝的原因。" [1.3.6]

大婚解第四

【谋道】孔子侍坐于哀公，公曰："敢问人道孰为大？"孔子愀然作色而对曰："君之及此言也，百姓之惠也。固臣敢无辞而对：人道政为大。夫政者，正也。君为正，则百姓从而正矣。君之所为，百姓之所从。君不为正，百姓何所从乎！"

［译文］孔子陪坐在鲁哀公身边，哀公问道："请问治理百姓之道，最重要的是什么？"孔子的神色严肃起来，回答道："您能谈及这一点，是百姓的福分啊，因此臣下敢毫无推辞地回答：治理百姓之道，以善政为大。政治，就是走正道。国君走正道，百姓就会跟着走正道了。国君所为，就是百姓榜样。国君不走正道，百姓跟他学什么呢！" [1.4.1]

【礼乐】公曰："敢问为政如之何？"孔子对曰："夫妇别，男女亲，君臣信。三者正，则庶物从之。"公曰："寡人虽无能也，愿知所以行三者之道，可得闻乎？"孔子对曰："古之政，爱人为大；所以治爱人，礼为大；所以治礼，敬为大；敬之至矣，大婚为大。大婚至矣，冕而亲迎者，敬之也。

是故君子兴敬为亲，舍敬则是遗亲也。弗亲弗敬，弗尊也。爱与敬，其政之本与？"

[译文] 鲁哀公问："请问治国理政该怎么做呢？"孔子回答："要做到夫妇有别，男女要相亲，君臣讲信义。把这三件事做好，其他的事都会跟着做好了。"哀公说："我虽然没能力，但很想知道做好这三件事的方法，可以说来听听吗？"孔子回答说："古代治理政事，爱人最大。要做到爱人，礼最大。施行礼，恭敬最大。恭敬的极致，以天子诸侯的婚礼最大。大婚来到的那天，天子和诸侯要身穿冕服亲自迎亲，以示亲敬爱慕。所以君子要以敬慕之情与妻子相亲相爱，如无敬意就会遗弃亲情。不亲爱敬慕，就不尊重对方。仁爱与尊敬，是治国的根本吧！" [1.4.2]

【大同】公曰："寡人愿有言也。然冕而亲迎，不已重乎？"孔子愀然作色而对曰："合二姓之好，以继先圣之后，以为天下宗庙社稷之主，君何谓已重焉？"公曰："寡人实固，不固安得闻此言乎！寡人欲问，不能为辞，请少进。"孔子曰："天地不合，万物不生。大婚，万世之嗣也，君何谓已重焉？"孔子遂言曰："内以治宗庙之礼，足以配天地之神；出以治直言之礼，足以立上下之敬。物耻则足以振之，国耻足以兴之。故为政先乎礼，礼其政之本与！"孔子遂言曰："昔三代明王，必敬妻子也，盖有道焉。妻也者，亲之主也。子也者，亲之后也，敢不敬与？是故君子无不敬。敬也者，敬身为大。身也者，亲之枝也，敢不敬与？不敬其身，是伤其亲；伤其亲，是伤其本也；伤其本，则枝从之而亡。三者，百姓之象也。身以及身，子以及子，妃以及妃，君以修此三者，则大化忾乎天下矣，昔太王之道也。如此，国家顺矣。"

[译文] 鲁哀公说："我还有句话想问您，天子诸侯穿着冕服亲自迎亲，是不是有点太隆重了？"孔子神色严肃地回答："婚姻是为了两个姓氏的合好，延续圣明祖先的后嗣，以成为天地、宗庙和社稷的主人，您怎么能

说太隆重了呢？"鲁哀公说："我这个人实在浅陋，要不然怎能听到您这番教诲呢？我想问清楚，又找不到合适的言辞，请多少给我讲一讲吧。"孔子说："天地阴阳不交合，万物就不会生长。天子诸侯的婚姻，是延续万代后嗣的大事，怎能说它太隆重了呢？"孔子接着又说："夫妇对内主持宗庙祭祀礼仪，足以与天地阴阳之神相配；对外发布礼乐制度，足以确立君臣间尊上敬下的礼节。举措失当则礼可以匡正；国家面临耻辱则礼可以使其兴盛。所以善政以礼为先，礼是善政之本！"孔子继续说："远古夏商周三代圣明君主，必定敬重妻子，这是有道理的。妻子是祭祀宗祧的主体，儿子是传宗接代的后代，怎能不敬爱呢？所以说，君子没有不敬爱妻儿的。敬爱，以保重自身最重要。自身，是亲族的支脉，谁会不敬爱？不敬爱自身，就会伤害亲族；伤害亲族，就会伤害根本；伤害根本，亲族的支脉就会跟着灭绝。自身、妻子、儿女这三者，百姓也一样都有。由自身想到百姓之身，由自家儿女想到百姓之子，由自己的妻子想到百姓之妻，国君能做好这三方面的事，那么仁道就大化天下了，这也正是先王治国之道啊。如此而为，国家自然顺道而行了。"[1.4.3]

【君子】公曰："敢问何谓敬身？"孔子对曰："君子过言则民作辞，过行则民作则。言不过辞，动不过则，百姓恭敬以从命。若是则可谓能敬其身，敬其身则能成其亲矣。"公曰："何谓成其亲？"孔子对曰："君子者，乃人之成名也。百姓与名谓之君子，则是成其亲为君而为其子也。"孔子遂言曰："爱政而不能爱人，则不能成其身；不能成其身，则不能安其土；不能安其土，则不能乐天；不能乐天，则不能成其身。"公曰："敢问何能成其身？"孔子对曰："夫其行己不过乎物，谓之成身。不过乎物，合天道也。"

　　［译文］鲁哀公问："请问什么是敬爱自身呢？"孔子回答："国君说了错话民众就会跟着说错话，做了错事民众就会效法。国君能不说错话不做错

事，百姓就会恭敬地服从君令了。如果做到这点，就可说是敬爱自身了。敬爱自身也就能成就其亲族了。"哀公问："什么是成就他的亲族？"孔子回答："君子就是成名的人。百姓给他起名叫君子，就是称他能使亲族成名，而他是望族之子。"孔子接着说："只关心政治而不关爱民众，就不能成就自身；不能成就自身，就不能使国家安定；不能使国家安定，就不能乐天无忧；不能乐天无忧，就不能成就自身。"哀公问："请问怎么做才能成就自身呢？"孔子回答："那就是让自己的行为不逾越常理，这就可说是成就自身了。做事不逾越常理，这就合乎天道了。"[1.4.4]

【谋道】公曰："君子何贵乎天道也？"孔子曰："贵其不已也，如日月东西相从而不已也，是天道也。不闭而能久，是天道也；无为而物成，是天道也；已成而明之，是天道也。"

［译文］哀公问："请问君子为何要尊重天道呢？"孔子回答："尊重天是因为天永远运行不止，如同太阳和月亮东升西落从不停下一样，这就是天道啊。它从不自封停步而能长久运行，这就是天道。它不作为而成就万物，这就是天道。它成就了丰功而显扬天下，这就是天道啊！"[1.4.5]

【孝悌】公曰："寡人且愚冥，幸烦子之于心也。"孔子蹴然避席而对曰："仁人不过乎物，孝子不过乎亲。是故，仁人之事亲也如事天，事天如事亲，此谓孝子成身。"公曰："寡人既闻如此言也，无如后罪何？"孔子对曰："君之及此言，是臣之福也。"

［译文］哀公说："我太愚昧无知了，幸亏劳烦您给我讲了这些道理。"孔子恭敬地离席回答："仁人不能逾越万物自然法则，孝子不能超越亲情伦理。所以仁人侍奉亲人就如同侍奉天，侍奉天就如同奉养双亲，这就是孝子成就了自身。"哀公说："我既然听到了这些道理，以后有了过错该怎么办

呢？"孔子回答说："君主能这样说话，是臣下的福气啊！"[1.4.6]

儒行解第五

【君子】孔子在卫，冉求言于季孙曰："国有圣人而不能用，欲以求治，是犹却步而欲求及前人，不可得已。今孔子在卫，卫将用之。己有才而以资邻国，难以言智也，请以重币求之。"季孙以告哀公，公从之。孔子既至，舍哀公馆焉。公自阼阶，孔子宾阶，升堂立侍。鲁哀公问于孔子曰："夫子之服，其儒服与？"孔子对曰："丘少居鲁，衣逢掖之衣；长居宋，冠章甫之冠。丘闻之也，君子之学也博，其服也乡；丘不知儒服。"哀公曰："敢问儒行？"孔子对曰："遽数之不能终其物，悉数之乃留，更仆未可终也。"哀公命席。孔子侍曰："儒有席上之珍以待聘，夙夜强学以待问，怀忠信以待举，力行以待取，其自立有如此者。儒有衣冠中，动作慎，其大让如慢，小让如伪，大则如威，小则如愧，其难进而易退也，粥粥若无能也。其容貌有如此者。儒有居处齐难，其坐起恭敬，言必先信，行必中正，道涂不争险易之利，冬夏不争阴阳之和，爱其死以有待也，养其身以有为也。其备豫有如此者。

［译文］孔子在卫国时，冉求对季孙氏说："国中明明有圣人却不用，这样还想治理好国家，就像倒着走，却又想赶上前边人一样，是不可能的。现在孔子在卫国，卫国想任用他，我们本来有人才却用来帮助邻国，这很难说是明智的行为。请您用重金把孔子请回来吧。"季孙氏把这事告诉了鲁哀公，哀公听从了冉求聘请孔子的建议。孔子回到鲁国，住在鲁哀公的客馆里。哀公从大堂东边的台阶走上来迎接孔子，孔子从大堂西边的台阶走上来晋见，步入大堂后，站在鲁哀公身边陪话。鲁哀公问："先生穿的衣服，是儒者的服装吗？"孔子回答："我从小就住在鲁国，穿着宽袖衣；长大后住宋国，戴着缁布冠。我只听说君子学问要广博，衣服要入乡随俗，不知道这算不算是儒者服

装。"鲁哀公问："请问什么是儒者的行为呢？"孔子说："简略讲，儒者的行为说不完；详细讲，直到侍御的仆人换班都还讲不完。"鲁哀公让人设席，孔子陪坐在一旁，说："儒者如同席上珍品，等待着他人聘用；他整天用功学习，等待着他人来提问；他心怀忠信，等待着他人举荐；他全力践行，等待着他人录用，他就是这样一位修身自立的人。儒者的衣冠中规中矩，行为谨慎，他推让大事，犹如傲慢；谦让小事，犹如虚伪。他做大事时似乎畏惧而小心谨慎，做小事时似乎惭愧而畏缩，他似乎很难进取而又很容易退缩，表情谦卑，好像懦弱而无能的样子。他的容貌就是这样的。儒者的起居庄重谨严，他的坐立行走毕恭毕敬，他的讲话必定诚实守信，行为必定忠诚正直，路上从不与别人争好走的道，冬天和夏季也从不与他人争夺舒适的地方。他重视生命而等待着值得献身的时刻，他保养身体而等待着有所作为的时候。他时刻准备做的就是这些事情。 [1.5.1]

【修德】"儒有不宝金玉，而忠信以为宝；不祈土地，立义以为土地；不祈多积，多文以为富。难得而易禄也，易禄而难畜也，非时不见，不亦难得乎？非义不合，不亦难畜乎？先劳而后禄，不亦易禄乎？其近人情有如此者。儒有委之以财货而不贪，淹之以乐好而不淫，劫之以众而不惧，阻之以兵而不慑。见利不亏其义，见死不更其守。往者不悔，来者不豫，过言不再，流言不极；不断其威，不习其谋。其特立有如此者。儒有可亲而不可劫，可近而不可迫，可杀而不可辱。其居处不过，其饮食不溽；其过失可微辨而不可面数也。其刚毅有如此者。儒有忠信以为甲胄，礼义以为干橹；戴仁而行，抱义而处，虽有暴政，不更其所。其自立有如此者。

〔译文〕"儒者不看重金玉而以忠信为珍宝；不谋求土地而以仁义为立足之地；不求聚敛财富而把增进学问作为财富。人才难得却很容易供养，他容易供养却很难挽留。时机不到时他不会出现，这不是很难得吗？他不是正义的事不会合作，这不是很难挽留吗？他先效力而后领取俸禄，不是很易供养吗？他就是这样近人情。儒者接受别人托管的财货时不会生贪念，身处游乐环境时不会沉湎其中，受众人威逼时不会畏惧，刀兵相见时也不会害怕退缩。他见利不会忘义，临难不会改变操守。他不追悔过往，也不疑虑将来，他不重复讲错话，也不追究流言；他始终保持着威严，不钻营权谋，他就是这样特立独行的人。儒者可亲近而不可冒犯，可接近而不可胁迫，可杀害而不可侮辱；他的居处不奢侈，饮食也不丰厚；他的过失可仔细辩驳，而不可当面数落羞辱。他就是这样刚强坚毅的人。儒者以忠信为铠甲，以礼仪为盾牌，循仁道而践行，怀抱道义来修身，即使面临暴政，也不改操守。他的自立自强就是这样的。［1.5.2］

【修德】"儒有一亩之宫，环堵之室，筚门圭窬，蓬户瓮牖；易衣而出，并日而食；上答之，不敢以疑；上不答，不敢以谄，其仕有如此者。儒有今人与居，古人以稽；今世行之，后世以为楷。适弗逢世，上弗援，下弗推，谗谄之民有比党而危之，身可危也，而志不可夺也；虽危，起居竟信其志，犹将不忘百姓之病也，其忧思有如此者。

［译文］"儒者有一亩地大的宅院，有一丈见方的房间，荆竹编的院门，狭小如洞口，蓬草编成房门，破瓮充作窗框，出门才换件衣服，一天的饭食分做两天吃。君上的答复，他不敢怀疑真假；君上如不答复，他也不敢谄媚取宠。他做官的原则就是这样的。儒者跟今人住在一起，却按古人的道德标准要求自己，他今世的行为，就是后世的楷模。如果他生不逢时，上边没人援引他，下边没人推荐他，进谗谄媚的人还合伙陷害他，也只可使他身体受伤，却不可剥夺他的志向；他即使生活起居受到危害，最终也要实现志向，而且始终不忘百姓的痛苦，他的忧国思民就是这样的。［1.5.3］

【君子】"儒有博学而不穷，笃行而不倦，幽居而不淫，上通而不困。

礼必以和，优游以法，慕贤而容众，毁方而瓦合。其宽裕有如此者。

［译文］"儒者博学而无止境，诚心实意地践行而从不倦怠；他独处时不放纵，通达时不背离道义。他遵循和为贵的礼德，生活悠然自得而又有法度节制。他钦慕贤人而宽容众人，自除棱角而随和众人。他的宽容大度就是这样的。[1.5.4]

【修德】"儒有内称不避亲，外举不避怨，程功积事，不求厚禄；推贤达能，不望其报，君得其志，民赖其德，苟利国家，不求富贵，其举贤援能有如此者。儒有澡身浴德，陈言而伏，静言而正之，而上下不知也。默而翘之，又不急为也。不临深而为高，不加少而为多；世治不轻，世乱不沮；同己不与，异己不非。其特立独行有如此者。

［译文］"儒者举荐人才对内不避亲属，对外不避仇人。他计量并积累功绩而不谋厚禄，推荐贤能而不求回报，使国君实现了用贤的志向，百姓受益于他的仁德，只要有利于国家，他从不图个人富贵，他的举贤荐能就是这样的。儒者全身心地沐浴于美好道德之中，陈述自己的主张而后伏身听从君主命令；他冷静地纠正君上的错误，而不让君上与臣下察觉他的心思。他默默地翘首期盼而不操之过急。他不在卑下者面前自显高明，也不添油加醋自恃功多；他身逢治世之时不自轻，身处乱世之时不沮丧；他不与意见相同的人结党营私，也不诋毁意见不同的人。他的特立独行就是这样的。[1.5.5]

【君子】"儒有上不臣天子，下不事诸侯，慎静而尚宽，砥厉廉隅。强毅以与人，博学以知服。虽以分国，视之如锱铢，弗肯臣仕。其规为有如此者。

［译文］"儒者上不臣服于天子，下不服事于诸侯，他谨慎安静而尚贤宽厚，不断磨炼自己廉洁方正的品德。他待人接物既刚强坚毅又与人为善，广

博地学习而又知进退。即使把国家分给他一半，他也看作是锱铢小物，不肯称臣俯首。他的行为规范就是这样的。[1.5.6]

【谋道】"儒有合志同方，营道同术，并立则乐，相下不厌。久别则闻流言不信，义同而进，不同而退。其交友有如此者。

［译文］"儒者志趣相合，方向一致，他们谋道运营的方法准则一致，并肩而立的倍感快乐，地位不同的不会厌弃，很久未见的也不会相信所听见的朋友的流言蜚语。他们志向相同的就进一步交往，志向不同的就退避疏远。他们交朋友的方式就像这样。[1.5.7]

【亲仁】"夫温良者，仁之本也；敬慎者，仁之地也；宽裕者，仁之作也；逊接者，仁之能也；礼节者，仁之貌也；言谈者，仁之文也；歌乐者，仁之和也；分散者，仁之施也；儒皆兼此而有之，犹且不敢言仁也。其尊让有如此者。

［译文］"温和善良，是仁德的根本；恭敬谨慎，是仁德的基础；宽宏大量，是仁德的初心；谦逊待人，是仁德的功能；礼仪节操，是仁德的容貌；言谈举止，是仁德的文采；歌舞音乐，是仁德的和美；分散财物，是仁德的施与。儒者都能兼有这些美德，尚且不敢说自己已经有仁德了，他们的尊礼谦让之德就是这样的。[1.5.8]

【修德】"儒有不陨获于贫贱，不充诎于富贵，不溷君王，不累长上，不闵有司，故曰儒。今人之名儒也妄，常以儒相诟疾。"哀公既得闻此言也，言加信，行加义：曰："终没吾世，弗敢复以儒为戏矣！"

［译文］"儒者不因贫贱而垂头丧气，不为富贵而得意忘形。他不玷污君王，不牵累尊长上司，不困扰有关官吏，因此称为'儒'。今天人们对

'儒'的理解是虚妄的，故经常以称儒来相互讥讽。"鲁哀公听到这些话后，说话更加守信，行为也更为严正了。他说："直到我去世，也再不敢开儒者的玩笑了。" [1.5.9]

问礼第六

【礼乐】哀公问于孔子曰："大礼何如？子之言礼，何其尊也？"孔子对曰："丘也鄙人，不足以知大礼也。"公曰："吾子言焉！"孔子曰："丘闻之，民之所以生者，礼为大。非礼则无以节事天地之神焉，非礼则无以辨君臣上下长幼之位焉，非礼则无以别男女父子兄弟、婚姻亲族疏数之交焉。是故君子此为之尊敬，然后以其所能教顺百姓所能，不废其会节。既有成事，而后治其文章黼黻，以别尊卑上下之等。其顺之也，而后言其丧祭之纪，宗庙之序。品其牺牲，设其豕腊，修其岁时，以敬祭祀，别其亲疏，序其昭穆。而后宗族会宴，即安其居，以缀恩义。卑其宫室，节其服御，车不雕玑，器不雕镂，食不二味，心不淫志，以与民同利。古之明王行礼也如此。"公曰："今之君子胡莫之行也？"孔子对曰："今之君子，好利无厌，淫行不倦，荒怠慢游，固民是尽，以遂其心，以怨其政，以忓其众，以伐有道。求得当欲，不以其所，虐杀刑诛，不以其治。夫昔之用民者由前，今之用民者由后。是即今之君子莫能为礼也。"

［译文］鲁哀公向孔子请教说："隆重盛大的礼仪是怎样的？您为什么那么尊崇礼呢？"孔子回答："孔丘我是个鄙陋的人，不足以了解隆重大礼啊。"鲁哀公说："您还是说说吧！"孔子回答："我听说，百姓之所以能够生生息息，礼的作用是最大的。没有礼就不能按节令侍奉天地神灵，没有礼就无法区别君臣、上下、长幼的地位，没有礼就不能分别男女、父子、兄弟、婚姻、家族之间交往的亲疏关系。因此君子尊重礼，然后尽其所能地教化百姓，

不废弃彼此交往的应有礼节。等到礼的教化有成效后，再备好祭祀文章和礼器礼服，以区别尊卑上下的等级；待百姓顺应礼的教化后，再告诉他们丧葬祭祀的纲纪、宗庙的序列等，接着摆放好祭祀的牺牲腊肉，每年按时拜祭，以区别血缘的亲疏，排定昭穆的次序。然后宗族亲属在一起饮宴，安坐在其位，以联结彼此的亲恩情义。住低矮的陋室，穿俭朴的衣服，车辆不雕饰珠宝，器具不雕花镂纹，饮食不讲究滋味，心里不留过分欲望，与百姓同享福利，古代贤明君王的大礼就是这样的。"鲁哀公问："那么如今的君王为什么不这样做了呢？"孔子回答："现在的君王贪得无厌，放纵恶行不知厌倦，一味荒唐，怠慢游乐，只想尽力把百姓搜刮干净，只求满足私利，不仅招致百姓的怨恨，还违背民众的意志，去侵犯政治清明的国家。他们只求欲望满足而不择手段，肆意刑杀，不实施仁政礼治。过去君王治理民众用的是前一方式，今日君王治理民众用的是后一方式。这就是今天的君王不能实施礼治的原因。"　[1.6.1]

【大同】言偃问曰："夫子之极言礼也，可得而闻乎？"孔子言："我欲观夏道，是故之杞，而不足征也，吾也得《夏时》焉。我欲观殷道，是故之宋，而不足征也，吾也得《坤乾》焉。《坤乾》之义，《夏时》之等，吾以此观之。夫礼，初也起于饮食。太古之时，燔黍擘豚，汙罇抔饮，蒉桴土鼓，犹可以致敬鬼神。及其死也，升屋而号告曰：'高！某复！'然后饮腥苴熟，形体则降，魂气则上，是谓天望而地藏也。故生者南向，死者北首，皆从其初也。

　　[译文]子游问："老师极力推崇礼治，可以让我听听吗？"孔子说："我曾想看看夏朝的礼治之道，因此到杞国去，但已无法得到验证了，只得到了《夏时》这部历书。我曾想去看看殷朝的礼治之道，所以到宋国去，也无法得到验证了，只得到《坤乾》这本易书。我从《坤乾》《夏时》的书中，看出礼最初是从饮食开始的。远古时用火烧烤黍米，手撕熟猪肉，凿地坑当酒樽，

用手做杯子捧酒喝，用土捏鼓槌敲打瓦皮鼓，充当舞乐敬祀鬼神。等到人去世后，家人就登上屋顶大声召唤：'天啊，让某某回来吧！'然后将口含贝币的逝者尸体埋入地下，身旁用草包些熟食，以防先人挨饿，以让灵魂升天。这就是所谓的天望和地藏。所以活人的住所向南，死者的墓首朝北。这都是很早就传下来的习俗。[1.6.2]

【祭祀】"昔之王者，未有宫室，冬则居营窟，夏则居橧巢。未有火化，食草木之实，鸟兽之肉，饮其血，茹其毛。未有丝麻，衣其羽皮。后圣有作，然后修火之利，冶金合土，以为宫室户牖。以炮以燔，以烹以炙，以为醴酪。治其丝麻，以为布帛，以养生送死，以事鬼神。故玄酒在室，醴醆在户，粢醍在堂，澄酒在下。陈其牺牲，备其鼎俎，列其琴瑟、管磬、钟鼓，以降上神，与其先祖。以正君臣，以笃父子，以睦兄弟，以齐上下，夫妇有所，是谓天之佑。作其祝号，玄酒以祭，荐其血毛，腥其俎，熟其殽。越席以坐，疏布以幂，衣其浣帛，醴醆以献，荐其燔炙，君与夫人交献，以嘉魂魄。然后退而合烹，体其犬豕牛羊，实其簠簋笾豆铏羹，祝以孝告，嘏以慈告，是为大祥。此礼之大成也。"

［译文］"早先君王还没有宫殿，冬天住在土洞窟里，夏天住在草木巢里。当时还不知道火烧熟食，吃的是草木果实和禽兽肉，喝的是动物血，吃的是连毛肉。当时没有丝布、麻布，穿的是鸟毛、兽皮。后世的圣人出现后，才用火烧煮食，冶炼金属，用泥制陶，建造宫室门窗。用火来炮制烧烤、烹饪炙烤，酿制甜酒果浆；用蚕丝麻线织成丝绸麻布，供人穿用，赡养老人，料理丧事和祭祀鬼神。祭祀时，把当酒用的清水放在屋内，甜酒和白酒放在门里，浅红色的清酒放在堂上，澄酒放在堂下。摆列出牺牲祭品，准备好鼎锅、砧板，安放好琴瑟、管磬、钟鼓等乐器，用来迎接天神和先祖灵魂，以确立君臣间的尊卑位置，亲近父子的慈孝之情，和睦兄弟的友爱之情，使上下等级分明而同

心同德，使夫妇各得其所而相亲相爱，这就是承受了上天福佑。然后由主祭人吟诵祝辞，以水酒祭神，献上牲血皮毛、砧板生肉和鱼肉熟食。此时祭祀人坐在蒲草席上，端着粗布覆盖的酒樽，穿着染色的丝绸祭服，献上甜酒、白酒和烤肉，由君主和夫人交替进献，以慰劳愉悦祖先英魂。祭祀后再退下来，把各类牺牲合起来烹煮，再将狗肉、猪肉、牛肉和羊肉分开，盛入各类祭器中，表达孝子对先祖的祷告，接受先祖对孝子的慈爱，这就叫大吉祥。这样祭礼就全部完成了。" [1.6.3]

五仪解第七

【谋道】哀公问于孔子曰："寡人欲论鲁国之士，与之为治，敢问如何取之？"孔子对曰："生今之世，志古之道；居今之俗，服古之服。舍此而为非者，不亦鲜乎？"曰："然则章甫、绚履、绅带、缙笏者，皆贤人也？"孔子曰："不必然也。丘之所言，非此之谓也。夫端衣玄裳，冕而乘轩者，则志不在于食荤；斩衰菅菲，杖而歠粥者，则志不在酒肉。生今之世，志古之道；居今之俗，服古之服，谓此类也。"公曰："善哉！尽此而已乎？"孔子曰："人有五仪：有庸人，有士人，有君子，有贤人，有圣人。审此五者，则治道毕矣。"

［译文］鲁哀公问孔子说："我想考查一下鲁国的人才，与他们共同治理国家，请问怎么选拔这些人才呢？"孔子回答："生在当今时代，追慕古代治国之道；按照今人习俗生活，穿着古代儒服。能够这样做而为非作歹的人，不是很少见吗？"哀公问："那么戴着殷代帽，穿着鞋头有饰物的鞋子，腰上系着大带子，插着笏板的人，都是贤人吗？"孔子说："那也未必。我刚才所说的并不是这个意思。那些穿着礼服、戴着礼帽的乘车去祭祀的人，心志不在于吃荤食；那些穿着麻布丧服和草鞋，拄着杖喝粥，遵行丧礼的人，心志不在于

酒肉。生在当今时代，追慕古代治国之道，按照今人习俗生活，穿着古代儒服的，说的才是这一类人。"哀公说："说得好啊，仅仅就是这些吗？"孔子回答："人分五个等级，有庸人，有士人，有君子，有贤人，有圣人。分清这五类人，治世之道就具备了。"[1.7.1]

【君子】公曰："敢问何如斯谓之庸人？"孔子曰："所谓庸人者，心不存慎终之规，口不吐训格之言，不择贤以托其身，不力行以自定。见小暗大，而不知所务；从物如流，不知其所执，此则庸人也。"

［译文］哀公问："请问什么样的人叫作庸人？"孔子回答："所谓的庸人，心中没有谨慎行事，善始善终的原则，口中说不出圣人的教训格言，也找不到贤人来托付自身，不能身体力行而使生活安定。他们小事明白，大事糊涂，不知该做些什么，一味追随流俗，不知自己追求的是什么。这样的人就是庸人。"[1.7.2]

【君子】公曰："何谓士人？"孔子曰："所谓士人者，心有所定，计有所守，虽不能尽道术之本，必有率也；虽不能备百善之美，必有处也。是故智不务多，必审其所知；言不务多，必审其所谓；行不务多，必审其所由。智既知之，言既道之，行既由之，则若性命之形骸不可易也；富贵不足以益，贫贱不足以损，此则士人也。"

［译文］哀公问："请问什么是士人？"孔子回答："所谓士人，心有定规，胸有计划，虽然不能精通治国之道，抓住其根本，但也遵循一定的法则，即使不能集百善之美德，也一定有操守。因此他们对知识不求多，但会审定自己的知识是否正确；他的话不求多，但一定要审定说的是否恰当；他的行为不求多，但一定要审定好走向对不对。既然他的智力足以明白是非道理，语言能说明正道，行动能清楚去向，那么这些正确的原则就像性命与形骸结为一

体而不可改变了。富贵不能补益他，贫贱不能损害他。这就是士人。"［1.7.3］

【谋道】公曰："何谓君子？"孔子曰："所谓君子者，言必忠信而心不怨，仁义在身而色无伐，思虑通明而辞不专；笃行信道，自强不息，油然若将可越，而终不可及者，君子也。"

［译文］哀公问："什么样的人是君子呢？"孔子回答："所谓君子，说的话要忠实诚信而心里无怨恨，身怀仁义而无自夸的神色，思想谋虑通达明智而言辞不固执，坚信并奉行仁义之道，他自强不息，从容不迫，好像可以超越，但始终达不到他的境界。这就是君子。"［1.7.4］

【谋道】公曰："何谓贤人？"孔子曰："所谓贤人者，德不逾闲，行中规绳，言足以法于天下而不伤于身，道足以化于百姓而不伤于本，富则天下无宛财，施则天下不病贫，此贤者也。"

［译文］哀公问："什么样的人是贤人呢？"孔子回答："所谓贤人，他们的品德不会逾越常规，行为能符合规矩，言论足以让天下效法而不会招来伤身灾祸，谋道而行足以感化百姓而不会动摇自己的根本。他十分富有却不会招来天下怨恨，他普施恩惠而能让天下人都不再受穷。这就是贤人。"［1.7.5］

【谋道】公曰："何谓圣人？"孔子曰："所谓圣者，德合于天地，变通无方，穷万事之终始，协庶品之自然，敷其大道而遂成情性；明并日月，化行若神，下民不知其德，睹者不识其邻，此谓圣人也。"公曰："善哉！非子之贤，则寡人不得闻此言也。虽然，寡人生于深宫之内，长于妇人之手，未尝知哀，未尝知忧，未尝知劳，未尝知惧，未尝知危，恐不足以行五仪之教，若何？"孔子对曰："如君之言，已知之矣，则丘亦无所闻焉。"

［译文］哀公又问："什么样的人称得上是圣人呢？"孔子回答："所

谓圣人，他的品德参合天地，变化自如而通达无碍，能探究万事的终结与开始，能协调万物的自然发展，能依照自然规律来成就天下万物。他的光明如日月辉映，他的教化如神灵一般，下面的民众不知道他的德行伟大，看到他的人不知道他就在自己的身边。这就是圣人。"哀公说："说得好啊！要不是先生贤明，那我就听不到这些言论了。虽然说我生在深宫之内，从小由妇人亲手抚养长大，不知道何为悲哀，不知道何为忧愁，不知道何为劳苦，不知道何为惧怕，也不知道何为危险，我恐怕自己的德才不足以实行五仪之教，这怎么办呢？"孔子回答："从您的话中可听出，您已明白这些道理，我也就没什么可说的了。" [1.7.6]

【君子】公曰："非吾子，寡人无以启其心，吾子言也。"孔子曰："君入庙如右，登自阼阶，仰视榱桷，俯察几筵，其器皆存，而不睹其人。君以此思哀，则哀可知矣。昧爽夙兴，正其衣冠，平旦视朝，虑其危难，一物失理，乱亡之端。君以此思忧，则忧可知矣。日出听政，至于中冥，诸侯子孙，往来为宾，行礼揖让，慎其威仪。君以此思劳，则劳亦可知矣。缅然长思，出于四门，周章远视，睹亡国之墟，必将有数焉。君以此思惧，则惧可知矣。夫君者舟也，庶人者水也，水所以载舟，亦所以覆舟。君以此思危，则危可知矣。君既明此五者，又少留意于五仪之事，则于政治何有失矣！"

[译文]哀公说："没有您，我的心就不会受启发，您还是再说说吧！"孔子说："您入庙后，从右边登上台阶，仰视屋椽，低头察看筵席，亲人用过的器物依旧在，却再看不到亲人身影。您以此而思哀，就知道什么是哀伤了。您天还没亮，就起床穿戴好衣帽，清晨到朝堂听政，考虑国家是否会有危难，生怕一件事处理不当，就会成为国家混乱败亡的开端。您以此而思忧，就知道什么是忧愁了。太阳一出就处理国事，直至午后还接待各国诸侯子孙，往来宾客，行礼送行，谨慎地保持威严仪态。您以此而思劳，就知道什么是辛

劳了。缅怀远古，出国门外，浏览周边，向远眺望，看到亡国废墟早已不止一个。您以此而思惧，就知道什么是恐惧了。国君如舟，百姓如水，水可以载舟，也可以覆舟。君子由此而思危，就知道什么是危险了。君子如果明白这五方面，又稍稍留意国中的五种人，那么治国之政还会有什么失误呢？"[1.7.7]

【礼乐】哀公问于孔子曰："请问取人之法。"孔子对曰："事任于官，无取捷捷，无取钳钳，无取啍啍。捷捷，贪也；钳钳，乱也；啍啍，诞也。故弓调而后求劲焉，马服而后求良焉，士必悫而后求智能者。不悫而多能，譬之豺狼不可迩。"

[译文]鲁哀公问孔子说："请问选拔官吏的方法是什么呢？"孔子回答："任命官吏做事，不要选取那些贪得无厌的人、那些胡乱应付的人、那些多言欺诈的人；'捷捷'就是贪婪，'钳钳'就是胡乱应付，'啍啍'就是多言欺诈。正如调好弦射箭时才有力、马驯服后才能求得良马一样，选拔人才也要先看他是否诚实谨慎，然后才看他的聪明才智。不诚实谨慎而精明多智，这样的人就如豺狼一样不可亲近。"[1.7.8]

【谋道】哀公问于孔子曰："寡人欲吾国小而能守，大则无攻，其道如何？"孔子对曰："使君朝廷有礼，上下和亲，天下百姓皆君之民，将谁攻之？苟违此道，民畔如归，皆君之雠也，将与谁守？"公曰："善哉！"于是废泽梁之禁，弛关市之税，以惠百姓。

[译文]鲁哀公问孔子："我想让我国弱小而能防守，强大也不进攻外国，这治国之道如何是好？"孔子回答："使您的朝廷讲礼治，君臣上下和睦相亲，让天下百姓都愿意成为您的子民，还会有谁来攻打呢？如果违背这一治国之道，百姓背叛您就像回家一样急切，都成了您的仇敌，谁还会与您一起守卫国家呢？"哀公说："说得好啊！"于是废除了不许上山打柴狩猎、下湖捕

鱼的禁令，减少了关卡税和市场交易税，以惠及百姓。[1.7.9]

【君子】哀公问于孔子曰："吾闻君子不博，有之乎？"孔子曰："有之。"公曰："何为？"对曰："为其有二乘。"公曰："有二乘则何为不博？"子曰："为其兼行恶道也。"哀公惧焉。有间，复问曰："若是乎，君子之恶恶道至甚也？"孔子曰："君子之恶恶道不甚，则好善道亦不甚。好善道不甚，则百姓之亲上亦不甚。《诗》云：'未见君子，忧心惙惙，亦既见止，亦既觏止，我心则悦。'《诗》之好善道甚也如此。"公曰："美哉！夫君子成人之善，不成人之恶，微吾子言焉，吾弗之闻也！"

［译文］鲁哀公问孔子说："我听说君子并不样样精通，有这回事吗？"孔子说："有的。"哀公问："这是为什么呢？"孔子回答："因为知识分为善恶两个方面。"鲁哀公问："为什么分成善恶两面就不能通览博闻呢？"孔子回答："因为知识也可以用来作恶啊！"哀公听了很害怕。过了一会，哀公又问："如果是这样，君子对恶行一定很厌恶吧？"孔子回答："君子如果不非常厌恶那些恶行，那么他对善行就不会非常喜好。君子如果不非常喜好善行，那百姓也不会很亲近他。《诗》说：'不见君子，忧心忡忡。既遇见了他，又细看了他，我心中高兴。'《诗》中对善道的深切爱好就是这样的啊。"鲁哀公叹道："太美好了！君子成就别人的好事，不助长别人的坏事。您这些话太精妙了，我从来没有听过啊！"[1.7.10]

【谋道】哀公问于孔子曰："夫国家之存亡祸福，信有天命，非唯人也？"孔子对曰："存亡祸福，皆己而已；天灾地妖，不能加也。"公曰："善！吾子之言，岂有其事乎？"孔子曰："昔者殷王帝辛之世，有雀生大鸟于城隅焉。占之曰：'凡以小生大，则国家必王而名益昌。'于是帝辛介雀之德，不修国政，亢暴无极，朝臣莫救，外寇乃至，殷国以亡。此即以己逆天时，诡福反为祸者也。又其先世殷王太戊之时，道缺法圮，以致夭蘖桑穀生于朝，七日大拱。占之者曰：'桑穀野木而不合生朝，意者国亡乎？'大戊恐骇，侧身修行，思先王之政，明养民之道。三年之后，远方慕义，重译至者，十有六国。此即以己逆天时，得祸为福者。故天灾地妖所以儆人主者也，寤梦征怪所以儆人臣者也。灾妖不胜善政，寤梦不胜善行。能知此者，至治之极。唯明王达此。"公曰："寡人不鄙固此，亦不得闻君子之教也。"

　　[译文] 鲁哀公问孔子说："国家的存亡祸福，相信是由天命决定的，不是人能左右的吧？"孔子回答："国家的存亡祸福，都是由人自己决定的，天灾地祸，都不能改变国家命运。"哀公说："说得好！您说的这话，难道有事实验证？"孔子说："从前，殷纣王时代，在都城墙边，有只小雀生出了大鸟，占卜者说：'凡是以小生大，国家必将称霸，声名必大振。'于是，商纣王仗着小鸟生大鸟的好兆头，不理国政，残暴至极，朝中大臣没法挽救，外敌乘机攻入，殷国因此灭亡。这就是自己妄为违背天时，奇异的福兆反而惹祸了。纣王先祖殷王太戊的时代，社会道德败坏，法纪荒废，以致出现朝堂上长出桑木和楮木的反常怪象，七天就有合抱之粗。占卜者说：'桑木和楮木这些野树，不应同时生长在朝堂上，难道国家要灭亡了？'太戊非常惊恐，他小心地修养德行，学习先王的善政，探究休养百姓之道，三年之后，远方民众思慕殷国义举，通过各国使者重重翻译后，前来朝见的有十六国之多。这就是自己修德改变天时，因祸得福之例。所以说，天灾地祸是用来警示国君的，睡梦怪异是用来警告臣子的。但天灾地祸胜不过良政，梦兆也胜不过善行。能明白这个道理，是治国的最佳境界啊，只有贤明国君能做到。"鲁哀公说："我要不是如此浅陋，也就不能听到您的教诲了。"[1.7.11]

　　【亲仁】哀公问于孔子曰："智者寿乎？仁者寿乎？"孔子对曰："然。人有三死，而非其命也，行己自取也。夫寝处不时，饮食不节，逸劳过度者，疾共杀之。居下位而上干其君，嗜欲无厌而求不止者，刑共杀之。以少犯众，以弱侮强，忿怒不类，动不量力者，兵共杀之。此三者，死非命也，人自取之。若夫智士仁人，将身有节，动静以义，喜怒以时，无害其性，虽得寿焉，不亦可乎？"

　　［译文］鲁哀公问孔子："智者会长寿吗？仁者会长寿吗？"孔子回答："是的。人有三种死法，不是命里注定的，是自找的。不按时睡觉，不节制饮食，安逸或劳累过度，都会惹病丧命。身为臣下却冒犯国君，欲望无尽而贪取不止，会触犯刑法而死。人少却冒犯人多，弱小却欺辱强大，无理的愤恨，不自量力的行为，也会被兵灾所杀。这三种死亡都不是命中注定的，而是自找的。像那些有智慧的仁德之人，修身行事有节制，一动一静都合乎道义，一喜一怒都适时而止，不会危害自身天性。他们即使长寿，不也是很正常的吗？" ［1.7.12］

卷二

致思第八

【大同】孔子北游于农山，子路、子贡、颜渊侍侧。孔子四望，喟然而叹曰："于斯致思，无所不至矣！二三子各言尔志，吾将择焉。"子路进曰："由愿得白羽若月，赤羽若日，钟鼓之音上震于天，旌旗缤纷下蟠于地；由当一队而敌之，必也攘地千里，搴旗执馘，唯由能之，使二子者从我焉！"夫子曰："勇哉！"子贡复进曰："赐愿使齐、楚，合战于漭漾之野，两垒相望，尘埃相接，挺刃交兵；赐着缟衣白冠，陈说其间，推论利害，释二国之患，唯赐能之，使夫二子者从我焉！"夫子曰："辩哉！"颜回退而不对。孔子曰："回！来，汝奚独无愿乎？"颜回对曰："文武之事，则二子者既言之矣，回何云焉？"孔子曰："虽然，各言尔志也，小子言之。"对曰："回闻薰莸不同器而藏，尧桀不共国而治，以其类异也。回愿得明王圣主辅相之，敷其五教，导之以礼乐；使民城郭不修，沟池不越，铸剑戟以为农器，放牛马于原薮，室家无离旷之思，千岁无战斗之患，则由无所施其勇，而赐无所用其辩矣。"夫子凛然而对曰："美哉，德也！"子路抗手而对曰："夫子何选焉？"孔子曰："不伤财，不害民，不繁词，则颜氏之子有矣。"

［译文］孔子北游到了农山，子路、子贡、颜渊在身边作陪。孔子环顾四周后，长叹一声说："在这里潜心思索，可以无所不想啊！你们几个年轻人都谈谈自己的志向吧，我将从中做出选择。"子路走上前说："我希望手持月

亮般的白色令旗，挥动红日般的战旗，让钟鼓之声响彻云霄，让缤纷旌旗在大地上旋舞。我率领一队人马前往迎敌，定会为国扩大千里疆域，拔敌旗，割敌耳。只有我才能做到，就让子贡和颜渊跟着我吧。"孔子说："真勇敢啊！"子贡也走上前说："我愿出使齐国和楚国，两国在茫茫原野上交战，两军营垒遥相望，扬起尘埃连成片，士兵交战挥刀戈。我穿戴着白色白帽，在两国间游说，论述交战的利弊，解除两国的祸患。这样的事只有我能做到，就让子路和颜渊跟着我吧！"孔子说："真有辩才啊！"颜回退到一边不说话。孔子说："颜回，过来，难道只有你没有志向吗？"颜回答："文辩武战的事，他们两个都已经说了，我还能说什么呢？"孔子说："即使这样，还是各说各的志向，你这年轻人就说说吧。"颜回答道："我听说薰草和莸草不能在同一个容器中收藏，尧和桀不能共同治理一个国家，因为彼此类别不同。我愿得见英明圣主而辅助他们，宣传他们的五教，以礼乐为引导，让百姓无须修筑城墙，无须越过护城河，能将剑戟等武器铸为农具，在原野湿地上放牧牛马，妇女也不再为丈夫长期离家而思念，千百年都不再有战争祸患；让子路无须施展他的勇敢，子贡也无须施展他的辩才。"孔子表情严肃地说："多美好啊，仁德之道！"子路举手问道："老师您会选择哪种志向呢？"孔子说："不耗费财物，不危害百姓，不多言繁辞，只有颜回才有这样的志向啊！" [2.8.1]

【孝悌】鲁有俭啬者，瓦鬲煮食食之，自谓其美，盛之土型之器，以进孔子。孔子受之，欢然而悦，如受大牢之馈。子路曰："瓦甂，陋器也。煮食，薄膳也。夫子何喜之如此乎？"子曰："夫好谏者思其君，食美者念其亲，吾非以馔具之为厚，以其食厚而我思焉！"

［译文］鲁国有一个很节俭的人，用瓦锅煮了些食物，他吃了后觉得味道很美，就用小瓦盆装了一些献给孔子。孔子接受后，非常高兴，就像是接受了美味盛宴的馈赠。子路说："小瓦盆，不过是简陋用器，煮熟的也是普通饭

食，您为什么这么喜欢呢？"孔子说："喜好劝谏者常思念国君，品尝美食者常思念双亲，我看重的不是饭菜食器的好坏，而是他在吃好东西的时候还想到了我。"[2.8.2]

【亲仁】孔子之楚，而有渔者而献鱼焉，孔子不受。渔者曰："天暑市远，无所鬻也，思虑弃之粪壤，不如献之君子，故敢以进焉。"于是夫子再拜受之，使弟子扫地，将以享祭。门人曰："彼将弃之，而夫子以祭之，何也？"孔子曰："吾闻诸：惜其腐馂，而欲以务施者，仁人之偶也，恶有受仁人之馈而无祭者乎？"

［译文］孔子到楚国时，有位打鱼人向他献鱼，孔子不肯接受。打鱼人说："天热市场远，鱼已经无法卖了，我想扔到粪堆上，不如献给君子，所以斗胆献给您了。"于是孔子拜了又拜，才接受了这些鱼，还让弟子将地打扫干净，准备用鱼来祭祀。弟子们说："打鱼人准备扔掉的鱼，老师却用来祭祀，这是为什么呢？"孔子说："我听说，因怕食物变质而设法送人的人，是仁人一类，哪有接受了仁人的馈赠而不祭祀的呢？"[2.8.3]

【亲仁】季羔为卫之士师，刖人之足。俄而，卫有蒯聩之乱，季羔逃之，走郭门，刖者守门焉。谓季羔曰："彼有缺。"季羔曰："君子不逾。"又曰："彼有窦。"季羔曰："君子不隧。"又曰："于此有室。"季羔乃入焉。既而追者罢，季羔将去，谓刖者："吾不能亏主之法而亲刖子之足，今吾在难，此正子之报怨之时，而逃我者三，何故哉？"刖者曰："断足，固我之罪，无可奈何。曩者君治臣以法令，先人后臣，欲臣之免也，臣知。狱决罪定，临当论刑，君愀然不乐。见君颜色，臣又知之。君岂私臣哉？天生君子，其道固然。此臣之所以悦君也。"孔子闻之，曰："善哉为吏！其用法一也。思仁恕则树德，加严暴则树怨。公以行之，其子羔乎！"

[译文] 季羔身为卫国士师，在执刑时曾经砍掉了一个犯人的脚。不久，卫国发生了蒯聩动乱，季羔逃跑经过外城门时，遇到被他砍脚的人在守门，他对季羔说："那边有个缺口。"季羔说："君子不跳墙。"那人又说："那边有个洞。"季羔说："君子不钻洞。"那人又说："这里有间屋子。"季羔这才躲进屋里。追捕季羔的人停止追捕后，季羔准备离开时，对被砍脚的人说："我当时不能破坏国君的法令而砍了你的脚，现在我在危难中，正是你报仇之时，你却接连三次让我逃命，这是为什么呢？"那人说："砍断脚，本来就是我的罪，是无可奈何的。过去您依法行刑，先对别人用刑而把我放在后面，是想让我免于刑罚，我是知道的。当判决定罪，临到行刑时，您脸色很忧伤。看到您的脸色，我了解到了您的内心。您难道会因私心偏爱我吗？天生的君子，坚守正道出自本性。这就是我喜欢您的原因啊。"孔子听说后说："这官做得好啊！他执行的法令是一致的。心怀仁义宽恕就能树立起仁德，横加严酷暴刑就会树敌结怨。公正执法的，那就是季羔吧！" [2.8.4]

【谋道】孔子曰："季孙之赐我粟千钟也，而交益亲。自南宫敬叔之乘我车也，而道加行。故道虽贵，必有时而后重，有势而后行。微夫二子之贶财，则丘之道殆将废矣。"

[译文] 孔子说："季孙赠给我千钟粟米以后，我和朋友的交往更亲密了。自从南宫敬叔送我车马后，我走的道更顺畅了。所以'道'虽然很重要，但必须有待时机成熟才被重视，大势形成后才能施行。如果没有季孙和南宫敬叔的资助，我的仁道几乎要废了。" [2.8.5]

【谋道】孔子曰："王者有似乎春秋，文王以王季为父，以太任为母，以太姒为妃，以武王、周公为子，以太颠、闳夭为臣，其本美矣。武王正其身以正其国，正其国以正天下；伐无道，刑有罪，一动而天下正，其事成矣。春秋致其时而万物皆及，王者致其道而万民皆治。周公载己行化，而天下顺之，其诚至矣。"

[译文] 孔子说："作为君王的人如同春种秋收一样：周文王有王季为严父，太任为慈母，太姒为贤妃，有武王、周公为爱子，有太颠、闳夭为良臣，他的根本就很美好。武王修好身然后再治国，治理好国家再治理天下。他讨伐无道之君，惩治有罪之人，一行动就匡正了天下，成就了伟大事业。春秋按时令变换就能惠及万物，按照正道推行就能治理好万民。周公以身作则去教化百姓，天下民心自然顺从，这是他精诚所至啊。" [2.8.6]

【修德】曾子说："入是国也，言信于群臣，而留可也；行忠于卿大夫，则仕可也；泽施于百姓，则富可也。"孔子曰："参之言此，可谓善安身矣。"

[译文] 曾子说："进入这个国家，对群臣说话守信用，就可留用他了；行为忠于卿大夫，就可以任命他为官了；能将善政恩泽施于百姓，大家就可以富足了。"孔子说："曾参说的这些话，可说是善于安身了。" [2.8.7]

【亲仁】子路为蒲宰，为水备，与民修沟洫；以民之劳烦苦也，人与之一箪食、一壶浆。孔子闻之，使子贡止之。子路忿然不说，往见孔子曰："由也以暴雨将至，恐有水灾，故与民修沟洫以备之；而民多匮饿者，是以箪食壶浆而与之。夫子使赐止之，是夫子止由之行仁也。夫子以仁教，而禁其行，由不受也。"孔子曰："汝以民为饿也？何不白于君，发仓廪以赈之，而私以尔食馈之，是汝明君之无惠，而见己之德美矣。汝速已则可，不已，则汝之见罪必矣。"

[译文] 子路在蒲地做长官，为防备水灾，与民众一起修筑沟渠。他考虑到民众劳作辛苦，就每人发了一箪饭一壶汤。孔子听说后，让子贡制止他。

子路愤懑不已，去见孔子说："我因为暴雨将至，恐有水灾发生，所以与民众一起修渠防备水患。民众中很多人穷困挨饿，因此发给每人一箪食、一壶汤。您却派子贡来阻止我，这是阻止我推行仁道啊。老师您平日里以仁爱教人，却阻止我仁爱行为，我真接受不了。"孔子说："你知道民众挨饿了，为何不报告国君，让国君打开粮库发粮救济，却私下把食物送给他们呢？你这是要彰显国君不肯施恩惠，反衬出自己的道德更美好吗？你赶快停止还可以，如不赶紧停止，你必定会获罪啊！"[2.8.8]

【亲仁】子路问于孔子曰："管仲之为人何如？"子曰："仁也。"子路曰："昔管仲说襄公，公不受，是不辩也；欲立公子纠而不能，是不智也；家残于齐而无忧色，是不慈也；桎梏而居槛车，无惭心，是无愧也；事所射之君，是不贞也；召忽死之，管仲不死，是不忠也。仁人之道，固若是乎？"孔子曰："管仲说襄公，襄公不受，公之暗也；欲立子纠而不能，不遇时也；家残于齐而无忧色，是知权命也；桎梏而无惭心，自裁审也；事所射之君，通于变也；不死子纠，量轻重也。夫子纠未成君，管仲未成臣，管仲才度义，管仲不死束缚而立功名，未可非也。召忽虽死，过与取仁，未足多也。"

［译文］子路问孔子说："管仲为人怎么样？"孔子回答："是仁德之人。"子路说："从前管仲游说齐襄公，没被接受，是他口才不行。他想立公子纠为国君却未成功，是他没智慧。他家庭被齐国摧残而脸色无忧，是他不仁慈。他戴着镣铐坐囚车却不惭愧，是他没羞愧心。他侍奉用箭射过的国君，是他不坚贞。召忽殉职而死，管仲却不死，是他不忠。仁人立德之道，本来就如此吗？"孔子说："管仲游说齐襄公，不被接受，是因为齐襄公昏暗糊涂。他立公子纠为国君未成功，是时运不济。他家庭被齐国摧残却脸色无忧，是知道权衡天命。他戴镣铐而不羞愧，是懂得自裁审时。他侍奉曾箭射的国君，是通权达变。他不为公子纠殉命，是会权衡生死轻重。公子纠没当国君，管仲没

当他的臣子，是他的才智能度量道义。管仲没有死于道德信条的束缚而成就了功名，这无可非议。召忽虽殉职死去，但为成仁做得过分了，不值得多称赞。"［2.8.9］

【孝悌】孔子适齐，中路闻哭者之声，其音甚哀。孔子谓其仆曰："此哭哀则哀矣，然非丧者之哀也。"驱而前，少进，见有异人焉，拥镰带索，哭音不哀。孔子下车，追而问曰："子何人也？"对曰："吾丘吾子也。"曰："子今非丧之所，奚哭之悲也？"丘吾子曰："吾有三失，晚而自觉，悔之何及！"曰："三失可得闻乎？愿子告吾，无隐也。"丘吾子曰："吾少时好学，周遍天下，后还，丧吾亲，是一失也；长事齐君，君骄奢失士，臣节不遂，是二失也；吾平生厚交，而今皆离绝，是三失也。夫树欲静而风不停，子欲养而亲不待。往而不来者年也；不可再见者亲也。请从此辞。"遂投水而死。孔子曰："小子识之！斯足为戒矣。"自是弟子辞归养亲者十有三。

［译文］孔子到齐国去，半路上听到人哭声，十分悲哀。孔子对跟随他的仆人说："这哭声悲哀是悲哀，但不是丧失亲人的悲哀。"于是继续驱车前行，没多远，就看到一个奇怪的人，手拿镰刀，身穿素衣，哭得并不哀伤。孔子下车，追上问道："您是什么人啊？"那人回答："我是丘吾子。"孔子说："您现在并不在办丧事的地方，为什么哭得如此悲伤？"丘吾子说："我有三件过失，晚年了才发现，后悔又怎能补救呢？"孔子问："是哪三件过失，可说来听听吗？请您告诉我，不要隐瞒。"丘吾子说："我年轻时很好学，走遍了天下，后来还乡，已经失去了父母，这是过失一。年长后侍奉齐国君主，齐君骄奢失去了臣民拥护，我作为臣子没能保全节义，这是过失二。我平生爱交朋友，如今却都断绝了来往，这是过失三。树欲静下来而风不停止，子欲养老而双亲都已不在世。一去不返的是岁月啊，不能再见的是父母！请让我从此辞世吧！"于是投水而死。孔子对弟子们说："你们要记着，这足以为

戒了。”自此以后，弟子中辞别回家奉养父母的有十三人。 [2.8.10]

【好学】孔子谓伯鱼曰：“鲤乎！吾闻可以与人终日不倦者，其惟学乎？其容体不足观也，其勇力不足惮也，其先祖不足称也，其族姓不足道也；终而有大名，以显闻四方，流声后裔者，岂非学者之效也？故君子不可以不学，其容不可以不饬。不饬无类，无类失亲，失亲不忠，不忠失礼，失礼不立。夫远而有光者，饬也；近而愈明者，学也。譬之污池，水潦注焉，萑苇生焉，虽或以观之，孰知其源乎？”

［译文］孔子对孔鲤说：“鲤儿啊！我听说可以与人谈论一整天都不厌倦的事，唯有学习吧。一个人的容貌体形不足以让人观赏，勇力不足以让人心惊，先祖不足以让人颂扬，姓氏不足以让人称道，他最终有大名声，显扬四方，流传后世，难道不正是他的学习成就吗？因此君子不能不学习，仪容不能不端庄。不端庄就没礼貌，没礼貌就没人亲近，没人亲近就没人忠告，没人忠告就会失礼，失礼人就无法自立。让人远观有光彩的，是修饰的结果，让人接近后更光彩耀眼的，是学问。这就像一个污水池，雨灌水漫，芦苇丛生，即使有人走近看，谁知它的源头在哪儿呢？” [2.8.11]

【孝悌】子路见于孔子曰：“负重涉远，不择地而休；家贫亲老，不择禄而仕。昔者由也事二亲之时，常食藜藿之实，为亲负米百里之外。亲殁之后，南游于楚，从车百乘，积粟万钟，累茵而坐，列鼎而食，愿欲食藿，为亲负米，不可复得也。枯鱼衔索，几何不蠹？二亲之寿，忽若过隙。”孔子曰：“由也事亲，可谓生事尽力，死事尽思者也。”

［译文］子路见到孔子时说：“背负重物，远途跋涉，我从不选择休息的地方；家庭贫穷，父母年老，我从不计较俸禄的多少出去做官。从前我侍奉父母时，经常吃粗劣饭菜，为父母到百里之外去背米。双亲去世之后，我南

游到了楚国，随从车子多达百辆，积累粮食多达万钟，铺着层层厚垫而坐，摆列大鼎尽情吃饭，这时即使再想吃粗劣饭菜，为父母背米，也不可能了。枯鱼串着绳索，怎能不生蛀虫？父母的寿命，就像白驹过隙一样飞快闪过。"孔子说："子路侍奉父母，可说是活着时尽了力，死后也尽了思念之情。"[2.8.12]

【君子】孔子之郯，遭程子于涂，倾盖而语终日，甚相亲。顾谓子路曰："取束帛以赠先生。"子路屑然对曰："由闻之，士不中间见，女嫁无媒，君子不以交，礼也。"有间，又顾谓子路。子路又对如初。孔子曰："由，《诗》不云乎：'有美一人，清扬宛兮。邂逅相遇，适我愿兮。'今程子，天下贤士也，于斯不赠，则终身弗能见也。小子行之！"

［译文］孔子到郯国去，半路上遇到了程子，停下车子和他交谈了一整天，非常亲热。孔子回过头来对子路说："拿一束帛送给程先生。"子路不屑地回答："我听说，不经介绍就见面的读书人，不经媒人就出嫁的女子，君子是不交往的，这是礼节。"过了一会，孔子又将送帛之事对子路说了一遍，子路又同样回答了一遍。孔子说："子路啊，《诗》中不是说过吗？'有位美人，眉目清秀漂亮。恰巧相遇了，满足了我的愿望。'今天这位程先生，是天下贤士，此时不赠帛，恐怕终身都不能再重逢了。你还是赶快拿帛送他吧！"[2.8.13]

【修德】孔子自卫反鲁，息驾于河梁而观焉。有悬水三十仞，圜流九十里，鱼鳖不能导，鼋鼍不能居。有一丈夫，方将厉之。孔子使人并涯止之，曰："此悬水三十仞，圜流九十里，鱼鳖鼋鼍不能居也，意者难可济也。"丈夫不以措意，遂渡而出。孔子问之曰："巧乎？有道术乎？所以能入而出者，何也？"丈夫对曰："始吾之入也，先以忠信；及吾之出也，又从以忠信。忠信措吾躯于波流，而吾不敢以用私，所以能入而复出也。"孔子谓弟子曰："二三子识之，水且犹可以忠信成身亲之，而况于人乎！"

　　[译文]孔子从卫国返回鲁国，把车停在河梁上观赏风景。有瀑布悬挂三十仞之高，洄流九十里之长，连鱼鳖都不能通过，鼍鱼也不能停留。这时却有一位男子准备渡过河去。孔子让人到岸边劝阻他说："这瀑布高达三十仞，回旋水流九十里，鱼、鳖、鼍鱼都过不去，想来定是很难渡过的。"那位男子不以为意，于是渡河而去。孔子问他："你是侥幸碰巧，还是有道术，竟然能出入湍河激水，凭什么呢？"那男子回答："我刚入水时，靠的是忠信；等我出来时，还是靠忠信。忠信使我置身于急流中而不敢藏有私心，所以能进入水后再出来。"孔子对弟子们说："你们几个记好了，水都可以凭忠信让人保身亲近，何况是人呢！"　[2.8.14]

　　【好学】孔子将行，雨而无盖。门人曰："商也有之。"孔子曰："商之为人也，甚悋于财。吾闻与人交，推其长者，违其短者，故能久也。"

　　[译文]孔子准备外出时，下起了雨，车顶却没有伞盖。门人说："卜商有伞盖。"孔子说："卜商平时的为人，对财物特别吝啬。我听说与人交往，要推扬他的长处，避开他的短处，这样彼此交往，才会长久。"　[2.8.15]

　　【好学】楚昭王渡江，江中有物大如斗，圆而赤，直触王舟，舟人取之。王大怪之，遍问群臣，莫之能识。王使使聘于鲁，问于孔子。子曰："此所谓萍实者也，可剖而食之。吉祥也，唯霸者为能获焉。"使者反，王遂食之，大美。久之，使来，以告鲁大夫。大夫因子游问曰："夫子何以知其然？"曰："吾昔之郑，过乎陈之野，闻童谣曰：'楚王渡江得萍实，大如斗赤如日，剖而食之甜如蜜。'此是楚王之应也。吾是以知之。"

　　[译文]楚昭王渡江时，江中有个斗大的东西，浑圆通红，直接撞上了楚王大船，被船夫捞了上来。楚王看了很奇怪，问遍了大臣，也没人能辨识它。楚王派使者到了鲁国，向孔子请教。孔子说："这就是所谓的'萍实'，

可以切开吃。它是吉祥物，只有称霸的诸侯才能得到。"使者回去报告后，楚王就把萍实吃了，味道很鲜美。过了很久之后，楚国使者出访鲁国，把这事告诉了鲁国大夫。鲁大夫通过子游问孔子："先生您是怎么知道那是萍实可吃呢？"孔子说："从前我去郑国，经过陈国野外时，听到小孩念童谣：'楚王渡江得萍实，大如斗赤如日，剖而食之甜如蜜。'这是应在楚王身上的征兆，我就是从这件事知道的。"［2.8.16］

【孝悌】子贡问于孔子曰："死者有知乎？将无知乎？"子曰："吾欲言死之有知，将恐孝子顺孙妨生以送死；吾欲言死之无知，将恐不孝之子弃其亲而不葬。赐不欲知死者有知与无知，非今之急，后自知之。"

［译文］子贡问孔子："死去的人有知觉呢，还是没知觉？"孔子说："我若说死者有知觉，恐怕那些孝顺子孙会因送别死者而妨害了生人；我若说死者没知觉，又怕不孝之子会抛弃亲人而不埋葬。赐啊！你不必知道死者是有知还是无知，这不是当务之急，你以后自然会知道的。"［2.8.17］

【谋道】子贡问治民于孔子。子曰："懔懔焉若持腐索之扞马。"子贡曰："何其畏也？"孔子曰："夫通达御之，皆人也；以道导之，则吾畜也；不以道导之，则吾仇也。如之何其无畏也？"

［译文］子贡向孔子询问治理民众的方法。孔子说："像手持腐朽的缰绳驾驭奔马一样小心谨慎就可以了。"子贡说："有那么可怕吗？"孔子说："在交通要道上驾驭马车，满街都是人，这时用正确方法引导马，马就会像我养的家畜一样驯服；不用正确方法引导马，马就会成为我的仇敌。像这样子怎能说不害怕呢？"［2.8.18］

【好学】鲁国之法，赎人臣妾于诸侯者，皆取金于府。子贡赎之，辞而不取金。孔子闻之曰："赐失之矣。夫圣人之举事也，可以移风易俗，而教导可以施之于百姓，非独适身之行也。今鲁国富者寡而贫者众，赎人受金则为不廉，则何以相赎乎？自今后，鲁人不复赎人于诸侯。"

［译文］鲁国法律规定，向各国诸侯赎回自己的臣妾，可以从国库领取赎金。子贡赎回了臣妾，却谢绝了国库赎金。孔子听到这件事后说："子贡做错了。圣人做任何事情，要可以移风易俗，并且能教化百姓，而不仅仅是适合他自身。现在的鲁国富人少穷人多，如果赎人拿了国库钱就是不廉洁，那以后赎人用什么钱呢？从今以后，鲁国人再也不能向诸侯赎人了。"［2.8.19］

【修德】子路治蒲，请见于孔子曰："由愿受教于夫子。"子曰："蒲其如何？"对曰："邑多壮士，又难治也。"子曰："然，吾语尔，恭而敬，可以摄勇；宽而正，可以怀强；爱而恕，可以容困；温而断，可以抑奸。如此而加之，则正不难也。"

［译文］子路治理蒲地，求见孔子时说："我愿得到老师指教。"孔子说："蒲地怎么样啊？"子路回答："乡邑里壮士多，很难治理。"孔子说："这样啊，我告诉你，谦恭而敬重，可以慑服勇猛之人；宽厚而正直，可以感怀豪强之人；友爱而宽恕，可以收容困穷之人；温和而果断，可以抑制奸佞之人。像这样叠加并用，使蒲地走正道就不难了。"［2.8.20］

三恕第九

【君子】孔子曰："君子有三恕。有君不能事，有臣而求其使，非恕也；有亲不能孝，有子而求其报，非恕也；有兄不能敬，有弟而求其顺，非恕也。士能明于三恕之本，则可谓端身矣。"

［译文］孔子说："君子有'三恕'：有国君而不能服事，有臣子却要

役使他，这不是恕；有父母不能孝敬，有子女却要求他报恩，这不是恕；有哥哥不尊敬，有弟弟却要求他顺从，这不是恕。读书人能明了这三恕的根本，就可以算得上身端德正了。"[2.9.1]

【君子】孔子曰："君子有三思，不可不察也。少而不学，长无能也；老而不教，死莫之思也；有而不施，穷莫之救也。故君子少思其长则务学，老思其死则务教，有思其穷则务施。"

[译文]孔子说："君子有三种思虑，不可不深察。小时候不学习，长大后没有生活技能；年长时不教导后辈，去世后无人思念；富有时不肯施舍，穷困时没人救济。所以君子少年时就要考虑年长之后事而努力学习，年长时就要想到身后事而教导好晚辈，富有时就要想到穷困而尽力施舍。"[2.9.2]

【谋道】伯常骞问于孔子曰："骞固周国之贱吏也，不自以不肖，将北面以事君子。敢问正道宜行，不容于世：隐道宜行，然亦不忍。今欲身亦不穷，道亦不隐，为之有道乎？"孔子曰："善哉！子之问也。自丘之闻，未有若吾子所问辩且说也。丘尝闻君子之言道矣，听者无察，则道不入；奇伟不稽，则道不信。又尝闻君子之言事矣，制无度量，则事不成；其政晓察，则民不保。又尝闻君子之言志矣，刚折者不终，径易者则数伤，浩倨者则不亲，就利者则无不弊。又尝闻养世之君子矣，从轻勿为先，从重勿为后，见像而勿强，陈道而勿怫。此四者，丘之所闻也。"

[译文]伯常骞向孔子请教说："我固然是周国卑贱的小吏，但并不认为自己不贤，准备去侍奉君王。如按照正道行事，会不被世道容纳；背离正道便宜行事，虽行得通却于心不忍。现在我既想身不受穷，又想推行正道，能有这样的正道吗？"孔子说："你的问题提得好啊！我从记事开始，还没听过像你这样提问的。我曾听过君子是这样论道的，如果听的人不细察，道理就不会

入心；如果荒诞无稽，道理就没法让人相信。我又听过君子谈做事道理，如果制度没有定量限度，事情就做不成；如果为政太过严苛，百姓就难以自保。我又听说君子谈论志向道理，刚直不阿的不会善终，志向易变的会反复受害，傲慢自大的会无人亲近，急功近利的会弊端丛生。我又曾听说善于养身处世的君子，做轻松的事时不抢先，做重大的事时不躲后，见到公众偶像时也不勉强效仿，论道时不违反原则。这四方面，就是我听到的谋道之理。" [2.9.3]

【谋道】孔子观于鲁桓公之庙，有欹器焉。夫子问于守庙者，曰："此谓何器？"对曰："此盖为宥坐之器。"孔子曰："吾闻宥坐之器，虚则欹，中则正，满则覆。明君以为至诚，故常置之于坐侧。"顾谓弟子曰："试注水焉！"乃注之。水中则正，满则覆。夫子喟然叹曰："呜呼！夫物恶有满而不覆哉？"子路进曰："敢问持满有道乎？"子曰："聪明睿智，守之以愚；功被天下，守之以让；勇力振世，守之以怯；富有四海，守之以谦。此所谓损之又损之之道也。"

[译文]孔子参观鲁桓公宗庙时，看到一件容易倾倒的器物。孔子问守庙人："这是什么器物啊？"守庙人回答："这是国君放在座位右边，警示自己的欹器。"孔子说："我听说这种欹器，没水时就倾倒，水适中时就端正，水满时就倒下。贤明的国君把它作为最高警戒，所以常常把它放在座位边。"说完回头对弟子说："灌些水试试。"弟子把水灌进欹器，水适中时欹器就端正，水满时就倒下。孔子感叹道："唉，万物哪有盈满了不倒的呢？"子路走上前问道："请问有什么戒满守成之道吗？"孔子说："聪明睿智的人，以愚朴戒满守成；功盖天下的人，以谦让戒满守成；勇力震世的人，以怯懦戒满守成；富有四海的人，以谦卑戒满守成。这就是减损再减损的戒满守成之道。" [2.9.4]

【谋道】孔子观于东流之水。子贡问曰："君子所见大水必观焉，何也？"孔子对曰："以其不息，且遍与诸生而不为也，夫水似乎德；其流也，则卑下倨邑，必循其理，此似义；浩浩乎无屈尽之期，此似道；流行赴百仞之嵚而不惧，此似勇；至量必平之，此似法；盛而不求概，此似正；绰约微达，此似察；发源必东，此似志；以出以入，万物就以化絜，此似善化也。水之德有若此，是故君子见必观焉。"

［译文］孔子远观东流河水。子贡问道："君子见到大水必定要认真观察，这是为什么呢？"孔子回答："因为水从不停息，滋润生命万物而不居功啊！水最接近'德'。水从高处流向低处，途经都邑时必遵循地理，就像'义'；水浩浩荡荡地流淌而没有穷尽之日，这就像'道'；水流向百仞深的谷底而无所畏惧，这就像'勇'；水用来测量必是平的，这就像'法'；水盈满时不必用木条刮平，这就像'正'；水柔弱但细微处能通达，这就像'察'；水发源后一定向东流，这就像'志'；水浸润的万物都清洁净化，这就像'善于教化'。水有这样的美德，所以君子看到水一定要细观深察。"[2.9.5]

【好学】子贡观于鲁庙之北堂，出而问孔子曰："向也赐观于太庙之堂，未既辍，还瞻北盖，皆断焉。彼将有说耶？匠过之也？"孔子曰："太庙之堂，官致良工之匠，匠致良材，尽其功巧，盖贵久矣。尚有说也。"

［译文］子贡游观鲁国太庙北堂出来后，问孔子说："之前我观看太庙大堂，还没结束，回头一看北面门扇，都是断木拼接的。这事有说法吗？是工匠的过失吗？"孔子说："太庙的大堂，官府选用的都是能工巧匠，他们选用的都是优良材料，极尽精巧功夫，大概都是为了太庙长久。至于用断木拼接，定有说法吧！"[2.9.6]

【修德】孔子曰："吾有所耻，有所鄙，有所殆。夫幼而不能强学，老而无以教，吾耻之；去其乡，事君而达，卒遇故人，曾无旧言，吾鄙之；与小

人处而不能亲贤，吾殆之。"

　　[译文]孔子说："我为有的人感到羞耻，对有的人很鄙视，对有的人会感到危险。那些年幼而不能好强苦学，老了还不会教子女的人，我为他感到羞耻；对那些远离家乡，服事君主而显达，偶尔遇见故友，却没有一点怀旧感言的人，我鄙视他；对那些整天与小人相处，而不能亲近贤良的人，我觉得他很危险。"[2.9.7]

　　【亲仁】子路见于孔子。孔子曰："智者若何？仁者若何？"子路对曰："智者使人知己，仁者使人爱己。"子曰："可谓士矣。"子路出，子贡入，问亦如之。子贡对曰："智者知人，仁者爱人。"子曰："可谓士矣。"子贡出，颜回入，问亦如之。对曰："智者自知，仁者自爱。"子曰："可谓士君子矣。"

　　[译文]子路来见孔子。孔子说："智慧的人是怎样的？仁德的人是怎样的？"子路回答："智慧的人让人了解自己，仁德的人让人热爱自己。"孔子说："可以算是士了。"子路出去，子贡进来后，孔子也问了同样的问题。子贡回答："智慧的人能辨识人，仁德的人能爱护人。"孔子说："可算是士了。"子贡出去，颜回进来后，孔子又问了同样的问题。颜回回答："智慧的人有自知之明，仁德的人自尊自爱。"孔子说："可算是士君子了。"[2.9.8]

　　【孝悌】子贡问于孔子曰："子从父命，孝乎？臣从君命，贞乎？奚疑焉？"孔子曰："鄙哉！赐，汝不识也。昔者明王万乘之国，有争臣七人，则主无过举；千乘之国，有争臣五人，则社稷不危也；百乘之家，有争臣三人，则禄位不替。父有争子，不陷无礼；士有争友，不行不义。故子从父命，奚讵为孝？臣从君命，奚讵为贞？夫能审其所从，之谓孝，之谓贞矣。"

　　[译文]子贡问孔子："儿子听从父命，是孝顺吧？臣子听从君命，是

忠贞吧？这有什么可怀疑的吗？"孔子说："多浅陋啊！赐，你真不知道啊！过去有万辆战车的贤明君王，有七位直言谏臣，君王就不会有过了；有千辆战车的诸侯国，有五位直言谏臣，国家就不会危险了；有百辆战车的卿大夫家，有三位直谏家臣，俸禄爵位就不会失去了。父亲有直谏的儿子，就不会陷入无礼的危境；读书人有直谏的朋友，就不会做不义之事。所以儿子盲目服从父命，怎能是孝顺呢？臣下盲目服从君王命令，怎能是忠贞呢？能审查该服从什么，这才叫孝顺，这才叫忠贞。"[2.9.9]

【亲仁】子路盛服见于孔子。子曰："由，是倨倨者何也？夫江始出于岷山，其源可以滥觞，及其至于江津，不舫舟，不避风，则不可以涉，非唯下流水多耶？今尔衣服既盛，颜色充盈，天下且孰肯以非告汝乎？"子路趋而出，改服而入，盖自若也。子曰："由，志之，吾告汝：奋于言者华，奋于行者伐。夫色智而有能者，小人也。故君子知之曰智，言之要也；不能曰不能，行之至也。言要则智，行至则仁。既仁且智，恶不足哉！"

[译文]子路穿着华丽服装来见孔子。孔子说："由，你这么居高自傲是为什么呢？长江刚从岷山流出时，源头水流很小，只能浮起酒杯。等到了大江渡口时，如果没有带舱室的船，不回避大风，就不可能渡过。这岂不是因为下游的水多吗？今天你穿这么华贵的衣服，颜色如此鲜艳，天下还有谁会把过错告诉你呢？"子路快步走出去，换了衣服回来，一副镇定自如的样子。孔子说："由，记好了，我告诉你：爱夸口的人华而不实，爱表现的人自吹自擂。表面聪明有才的人，只是小人罢了。所以君子知道就说知道，这是说话的原则；做不到的就说做不到，这是行为的准则。说话要有智慧，做到了才有仁德。既有仁德又有智慧，还会有什么不足呢？"[2.9.10]

【谋道】子路问于孔子曰："有人于此，被褐而怀玉，何如？"子曰：

"国无道，隐之可也；国有道，则衮冕而执玉。"

[译文]子路问孔子说："现在有一个人在这里，身家贫寒却德才兼备，他该如何是好呢？"孔子说："国家无道之时，隐居起来就可以了；国家施行正道时，就该穿戴上官服礼帽，手捧着玉笏去上朝。"[2.9.11]

好生第十

【大同】鲁哀公问于孔子曰："昔者舜冠何冠乎？"孔子不对。公曰："寡人有问于子，而子无言，何也？"对曰："以君之问不先其大者，故方思所以为对。"公曰："其大何乎？"孔子曰："舜之为君也，其政好生而恶杀，其任授贤而替不肖。德若天地而静虚，化若四时而变物。是以四海承风，畅于异类，凤翔麟至，鸟兽驯德。无他，好生故也。君舍此道而冠冕是问，是以缓对。"

[译文]鲁哀公问孔子："从前舜戴什么帽子啊？"孔子不回答。鲁哀公说："我有问题请教你，你却不说话，这是为什么呢？"孔子回答："因为君王您不先问重大的事，所以我还在思考怎样回答才好。"鲁哀公说："重大的问题是什么呢？"孔子说："舜作为君主，他在政治上爱惜生命而厌恶杀生，能任用贤人替换不贤的人。他的仁德像天地一样清静无欲，他的教化像四季一样化育万物。所以四海之内都接受他的教化，畅达于世间万物，凤凰飞来，麒麟走来，鸟兽都被他的仁德驯化。这些都没有别的原因，只是他因为爱惜生命。您不问舜帝的好生之道而只问他的帽子，所以我才迟迟不答。"[2.10.1]

【修德】孔子读史，至楚复陈，喟然叹曰："贤哉楚王！轻千乘之国，而重一言之信。匪申叔之信，不能达其义；匪庄王之贤，不能受其训。"

［译文］孔子读史书，读到楚庄王恢复陈国时，感叹地说："贤明啊楚庄王！他看轻拥有千辆战车的陈国，却看重申叔时重信义的一句话。没有申叔时的信义，就不能表达其中义理；没有楚庄王的贤明，就不能接受申叔时的劝告。" ［2.10.2］

【大同】孔子尝自筮其卦，得贲焉，愀然有不平之状。子张进曰："师闻，卜者得贲卦，吉也，而夫子之色有不平，何也？"孔子对曰："以其离耶！在《周易》，山下有火谓之贲，非正色之卦也。夫质也，白宜正白，黑宜正黑，今得贲，非吾吉也。吾闻丹漆不文，白玉不雕，何也？质有余不受饰故也。"

［译文］孔子曾经自己卜了一卦，得了贲卦，显出严肃不快的脸色。子张走上前问："我听说，卜卦的人得了贲卦，是吉兆，而老师却有不平的脸色，这是为什么呢？"孔子说："这是因为卦中的离象啊。《周易》书中，山下有火叫作贲，这不是纯正颜色之卦。从本质上来说，白色应正白，黑色应正黑，现在得到的贲卦，并不是我的吉卦。我听说朱漆不需要添加其他颜色来修饰，白玉也不用雕琢，为什么呢？因为它们的本质非常好，已不必再修饰了。" ［2.10.3］

【谋道】孔子曰："吾于《甘棠》，见宗庙之敬也甚矣。思其人必爱其树，尊其人必敬其位，道也。"

［译文］孔子说："我从《甘棠》这首诗里，看到宗庙中对召伯非常尊敬。思念召伯这个人，必定爱惜他种的树；尊敬这个人，必定尊敬他的神位。这符合人之道。" ［2.10.4］

【君子】子路戎服见于孔子，拔剑而舞之，曰："古之君子以剑自卫乎？"孔子曰："古之君子，忠以为质，仁以为卫，不出环堵之室而知千里之外。有不善则以忠化之，侵暴则以仁固之。何持剑乎？"子路曰："由乃今闻此言，请摄齐以受教。"

［译文］子路穿着军装来拜见孔子，拔剑挥舞一阵后，问："古代君子用剑来自卫吗？"孔子说："古代君子，以忠为本质，以仁为护卫，不出简陋居室就能知千里之外的事。有不善的人和事就用忠来化解，有侵凌凶暴的事就用仁来防护，何须持剑呢？"子路说："我今天才听到了这番话，让我穿戴整齐请您赐教吧。"［2.10.5］

【修德】楚王出游，亡乌嗥之弓，左右请求之，王曰："楚王失弓，楚人得之，又何求之！"孔子闻之，惜乎其不大也，不曰"人遗弓，人得之而已"，何必楚也！

［译文］楚恭王出游打猎时，丢失了一张良弓，手下人请求去寻找，楚王说："楚王丢的弓，楚国人会捡到，何必去寻找呢！"孔子听说了这件事，惋惜楚王心胸还不够广大，还不如说"人丢了弓，终究会被人捡到"，何必非要说楚人呢！［2.10.6］

【好学】孔子为鲁司寇，断狱讼，皆进众议者而问之，曰："子以为奚若？某以为何若？"皆曰云云，如是，然后夫子曰："当从某子，几是。"

［译文］孔子担任鲁国司寇，审理监狱诉讼时，都要先征求众人意见并询问一番，说："你认为怎么样？某某认为怎么样？"大家都说了各自意见，如此这般后，孔子才说："应听从某人的意见，他的看法大致正确。"［2.10.7］

【修德】孔子问漆雕凭曰："子事臧文仲、武仲及孺子容，此三大夫孰贤？"对曰："臧氏家有守龟焉，名曰蔡。文仲三年而为一兆，武仲三年而为二兆，孺子容三年而为三兆。凭从此之见。若问三人之贤与不贤，所未敢识也。"孔子曰："君子哉，漆雕氏之子！其言人之美也，隐而显；言人之过也，微而著。智而不能及，明而不能见，孰克如此？"

［译文］孔子问漆雕凭说："你服事过臧文仲、武仲和孺子容，这三位大夫谁比较贤良？"漆雕凭回答："臧家有占卜的大龟甲，名叫蔡。臧文仲三年占卜了一次，臧武仲三年占卜了两次，孺子容三年占卜了三次。我从这点上看到了他们的作为。如果要问这三人谁贤谁不贤，我是不敢判断的。"孔子说："君子啊，漆雕家族的儿子！他谈论别人优点时，虽隐晦却很明显；他谈论别人过错时，虽隐微却很鲜明。他的聪明别人比不上，他的明智别人看不见，谁能做到这样呢？"[2.10.8]

【孝悌】鲁公索氏将祭而亡其牲。孔子闻之，曰："公索氏不及二年将亡。"后一年而亡。门人问曰："昔公索氏亡其祭牲，而夫子知其将亡，何也？"孔子曰："夫祭者，孝子所以自尽于其亲。将祭而亡其牲，则其余所亡者多矣。若此而不亡者，未之有也。"

［译文］鲁国的公索氏准备祭祀时，祭祀用的牲口却走失了。孔子听说后，说："不出两年，公索氏就会灭亡。"结果一年后，公索氏就灭亡了。门人问孔子："从前公索氏丢了祭祀用的牲畜，老师就预知他将要灭亡，这是怎么回事？"孔子说："祭祀，是孝子向亲人表达孝心的大事。将要祭祀却丢了献祭的牲口，他在其他方面丢失的会更多。像这样还不灭亡的，从来没有过。"[2.10.9]

【谋道】虞、芮二国争田而讼，连年不决，乃相谓曰："西伯，仁人也，盍往质之。"入其境，则耕者让畔，行者让路。入其邑，男女异路，斑白不提挈。入其朝，士让为大夫，大夫让为卿。虞、芮之君曰："嘻！吾侪小人也，不可以入君子之朝。"遂自相与而退，咸以所争之田为闲田矣。孔子曰："以此观之，文王之道，其不可加焉。不令而从，不教而听，至矣哉！"

［译文］虞国和芮国为了争田地而打官司，打了几年还没有结果，于是相互说："西伯，是一位仁德之人，我们一起前往那里请他决断吧。"他们进入西伯的领地后，看到耕田的人互相谦让田边地界，走路的人互相让路。进入城邑后，男女分道而行，老人没有谁还提着重物的。进入西伯的朝廷后，眼见士谦让他人做大夫，大夫谦让他人做国卿后，虞国和芮国的国君说："唉！我辈真是小人啊，是不配踏进君子之国的。"于是，他们就分别离开西伯属地，把所争的田作为闲田。孔子说："从这件事看来，文王的治国之道，不可能再超越了。他不下命令就能让人服从，不用教导就能让人听从，这是最高的境界啊！"［2.10.10］

【礼乐】曾子曰："狎甚则相简，庄甚则不亲。是故君子之狎足以交欢，其庄足以成礼。"孔子闻斯言也，曰："二三子志之，孰谓参也不知礼也！"

［译文］曾子说："交往时与人太亲近，会受到怠慢；太严肃了会难与人亲近。所以君子待人的和善亲切态度，能做到彼此愉快就可以了；他庄重的程度，能使大家彼此保持礼貌就可以了。"孔子听到这话后说："弟子们都记住，谁说曾参不知礼呀！"［2.10.11］

【亲仁】哀公问曰："绅委章甫，有益于仁乎？"孔子作色而对曰："君胡然焉？衰麻苴杖者，志不存乎乐。非耳弗闻，服使然也。黼黻衮冕者，容不亵慢，非性矜庄，服使然也。介胄执戈者，无退懦之气，非体纯猛，服使然也。且臣闻之，好肆不守折，而长者不为市。窃夫其有益与无益，君子所以知。"

［译文］鲁哀公问孔子："腰系大带子，头戴着礼帽，这样有益于仁德吗？"孔子变了脸色回答："您怎么会这样问呢？穿着麻服拄着丧杖的人，心里不会想着音乐。这不是他耳朵听不见，是服装使他这样的。穿礼服戴礼帽的人，脸上不容轻慢，不是他本性矜持庄重，是服装使他这样的。披着铠甲拿着武器的人，没有后退害怕之气，不是体格本身勇猛，而是服装使他这样的。而且我听说，喜欢做生意的不能保持廉洁，德高望重的不做生意。私下仔细想想，服装对仁德修养有益还是无益，君子一定会知道的。"［2.10.12］

【君子】孔子谓子路曰："见长者而不尽其辞，虽有风雨，吾不能入其门矣。故君子以其所能敬人，小人反是。"

［译文］孔子对子路说："见到长者不尽力地虚心请教，即使遇上刮风下雨的天气，我也不进他的家门。所以君子会尽其所能地尊敬他人，小人与此相反。"［2.10.13］

【君子】孔子谓子路曰："君子以心导耳目，立义以为勇；小人以耳目导心，不逊以为勇。故曰：退之而不怨，先之斯可从己。"

［译文］孔子对子路说："君子以内心引导耳目，以树立义德为勇敢；小人以耳目引导内心，以不谦逊为勇敢。所以说，谦让而不埋怨，先做到这点才能随心所欲。"［2.10.14］

【君子】孔子曰："君子有三患：未之闻，患不得闻；既得闻之，患弗得学；既得学之，患弗能行。君子有五耻：有其德而无其言，君子耻之；有其言而以无其行，君子耻之；既得之而又失之，君子耻之；地有余而民不足，君子耻之；众寡均而人功倍己焉，君子耻之。"

［译文］孔子说："君子有三样事担心：没听过的，担心听不到；听到

后，担心学不到；学了以后，担心不能实行。君子有五耻：有德行而没有正确的主张，君子以此为耻；有空言而没有行动，君子以此为耻；既然得到了好名声却又失去，君子以此为耻；有多余的土地而百姓衣食不足，君子以此为耻；做同样的事而别人功劳比自己多几倍，君子以此为耻。" [2.10.15]

【亲仁】鲁人有独处室者，邻之釐妇亦独处一室。夜，暴风雨至，釐妇室坏，趋而托焉。鲁人闭户而不纳。釐妇自牖与之言："子何不仁而不纳我乎？"鲁人曰："吾闻男女不六十不同居，今子幼，吾亦幼，是以不敢纳尔也。"妇人曰："子何不如柳下惠然？姬不逮门之女，国人不称其乱。"鲁人曰："柳下惠则可，吾固不可。吾将以吾之不可，学柳下惠之可。"孔子闻之曰："善哉！欲学柳下惠者，未有似于此者。期于至善而不袭其为，可谓智乎！"

［译文］鲁国有个人独自在家，邻居寡妇也独居在家。半夜里，暴风雨来了，寡妇的房子坏了，她跑过来请求避雨，鲁人却闭门不让进去。寡妇在窗外对鲁人说："你为何不讲仁义收留下我呢？"鲁人说："我听说男女不到六十岁不能同处一室。如今你年轻，我也年轻，因此不敢收留你。"寡妇说："你为何不像柳下惠那样？爱抚一个无家可归的女子，国人并不说他淫乱。"鲁人说："柳下惠那样做可以，我却不可以。我将以我的不可以，学柳下惠的可以。"孔子听说后说："好啊！想学柳下惠的人，还没有谁能像他这样的，想做得最好而又不沿袭他人的行为，可称为智者了。" [2.10.16]

【谋道】孔子曰："小辩害义，小言破道。《关雎》兴于鸟而君子美之，取其雄雌之有别。《鹿鸣》兴于兽而君子大之，取其得食而相呼。若以鸟兽之名嫌之，固不可行也。"孔子谓子路曰："君子而强气，则不得其死；小人而强气，则刑戮荐臻。"

[译文]孔子说："为小节辩论不休会损害义理，狭小偏私的言论会破坏仁道。《关雎》以鸟起兴而君子称赞它，是因为它看重鸟的雌雄有别。《鹿鸣》以野兽起兴而君子赞它，是看重鹿找到食物就相呼共享。如果因为用了鸟兽之名就嫌弃它们，本来就不可行啊！"孔子对子路说："君子好强逞气，就会不得善终；小人好强逞气，官府的刑罚杀戮就会接连而来。"[2.10.17]

【亲仁】《豳诗》曰："迨天之未阴雨，彻彼桑土，绸缪牖户。今汝下民，或敢侮余？"孔子曰："能治国家之如此，虽欲侮之，岂可得乎？周自后稷，积行累功，以有爵土。公刘重之以仁。及至大王亶甫，敦以德让，其树根置本，备豫远矣。初，大王都豳，狄人侵之，事之以皮币，不得免焉；事之以珠玉，不得免焉。于是属耆老而告之：'所欲吾土地。吾闻之：君子不以所养而害人。二三子何患乎无君？'遂独与大姜去之。逾梁山，邑于岐山之下。豳人曰：'仁人之君，不可失也。'从之如归市焉。天之与周，民之去殷，久矣。若此而不能天下，未之有也。武庚恶能侮？"

[译文]《豳诗》中说："趁着还没天阴下雨，赶紧剥些桑树皮，修补好门窗。如今你们这些下人，谁还敢欺负我？"孔子说："能够像诗中写的那样治理国家，即使有人想侵害，难道能得逞吗？周人从后稷开始就积累功德，才有了爵位和土地。公刘更看重仁德，一直到周太王亶甫，敦德谦让，培根固本，忧患于未来，做好了防备。当初周太王建都豳地时，狄人常来侵犯，周太王把毛皮钱币送给他们，还是难免被侵犯；再送上珠玉，照样不能幸免。于是周太王亶甫嘱咐族中老人并通过他们转告民众说：'狄人想要的是我们的土地。我听说，君子不以养人之物害人，你们何必担心没有君主呢？'于是独自和太姜离开了豳地，翻越梁山后，建都于岐山下。豳人说：'这是一位仁君，是不能失去的。'于是跟随他们到岐山的人像赶集一样多。天助周人，百姓叛离殷朝，这已经很久了。像周王这样爱民还不能拥有天下，是从来都没有的。

武庚哪能危害周人呢？" [2.10.18]

【好学】《郜诗》曰："执辔如组，两骖如儛。"孔子曰："为此诗者，其知政乎！夫为组者，总纰于此，成文于彼。言其动于近，行于远也。执此法以御民，岂不化乎？竿旄之忠告，至矣哉！"

　　[译文]《邶诗》里说："手持缰绳如宽带，两马并行像舞蹈。"孔子说："写这样诗句的人，一定懂得政治吧！编制带子的人，这边编织，却在那边形成了花纹。这是说在近处行动，却推行到了远方。用这种方法治理民众，他们岂能不受教化？揭旄于竿，召集贤者的忠告，是再好不过的了。" [2.10.19]

卷三

观周第十一

【谋道】孔子谓南宫敬叔曰："吾闻老聃博古知今，通礼乐之原，明道德之归，则吾师也。今将往矣。"对曰："谨受命。"遂言于鲁君曰："臣受先臣之命云：孔子、圣人之后也，灭于宋。其祖弗父何，始有国而授厉公，及正考父佐戴、武、宣，三命兹益恭。故其鼎铭曰：'一命而偻，再命而伛，三命而俯，循墙而走，亦莫余敢侮。饘于是，粥于是，以糊其口。'其恭俭也若此。臧孙纥有言：'圣人之后，若不当世，则必有明德而达者焉。孔子少而好礼，其将在矣。'属臣：'汝必师之。'今孔子将适周，观先王之遗制，考礼乐之所极，斯大业也。君盍以乘资之？臣请与往。"公曰："诺。"与孔子车一乘、马二匹，竖子侍御，敬叔与俱。至周问礼于老聃，访乐于苌弘，历郊社之所，考明堂之则，察庙朝之度。于是喟然曰："吾乃今知周公之圣，与周之所以王也。"及去周，老子送之，曰："吾闻富贵者送人以财，仁者送人以言。吾虽不能富贵，而窃仁者之号，请送子以言乎！凡当今之士，聪明深察而近于死者，好讥议人者也；博辩闳达而危其身，好发人之恶者也。无以有己为人子者，无以恶己为人臣者。"孔子曰："敬奉教。"自周反鲁，道弥尊矣。远方弟子之进，盖三千焉。

［译文］孔子对南宫敬叔说："我听说老子博古知今，通晓礼治乐教的本源，明白道德的归属，这是我的老师啊。现在我要去他那里请教。"南宫

敬叔回答说："谨遵从您的意愿。"于是南宫敬叔对鲁国君主说："我受父亲的嘱咐说：'孔子是圣人后代，他的先祖灭亡于宋国。孔子的祖先弗父何，最初拥有了宋国，而后给了弟弟宋厉公。到了正考父时，辅佐戴公、武公、宣公三个国君，获得三次任命而愈加恭敬。因此宗庙鼎上的铭文说：'第一次任命时他弯着腰，第二次任命时他弯着身子，第三次任命时他俯下身子，靠着墙根走，但没人敢欺侮他。他在这个鼎里煮稠粥，煮稀粥，用来糊口。'可见他的恭敬节俭到了何等地步。臧孙纥曾说过：'圣人的后代，如不亲掌天下，那必定会有道德贤明而受君王重用之人。孔子从小就喜好礼仪，他大概就是这种人吧。'我父亲嘱咐说：'你一定要拜他为师。'现在孔子准备去周国，观看先王遗留的礼制，考察礼乐达到的高度，这是大事业啊！您何不资助他车马呢？我请求和他一起去。"鲁君说："好。"于是送给了孔子一辆车、两匹马，还派了一个人为他驾车。南宫敬叔和孔子一起到了周都，向老子询问了礼，向苌弘询问了乐，走遍了郊外祭祀天地的社稷场所，考察了明堂规则，察看了宗庙朝堂的制度。于是孔子感叹地说："我现在才知道周公的圣明，以及周国称王天下的原因。"孔子离开周国时，老子临别赠言说："我听说富贵者送人财物，仁德者送人嘉言。我既然不能富贵，那就借用仁者称号，送你几句忠告吧！当今的士人，凡是因聪明深察而步入死地的，都是些喜欢讥讽议论别人的人；凡是因知识广博善于辩论而危及自身的，都是些喜好揭发别人隐私的人。因此为人子孝亲的不要只为了自己，为人臣尽责的不要残害自身。"孔子说："我一定遵循您的教诲。"从周国返回鲁国后，孔子的仁道更受人尊崇了。远方来学习的弟子有三千多人。 [3.11.1]

【好学】孔子观乎明堂，睹四门墉，有尧舜与桀纣之象，而各有善恶之状、兴废之诫焉；又有周公相成王，抱之负斧扆，南面以朝诸侯之图焉。孔子徘徊而望之，谓从者曰："此周公所以盛也。夫明镜所以察形，往古者所以知今；人主不务袭迹于其所以安存，而忽怠所以危亡，是犹未有以异于却走，而欲求及前人也，岂不惑哉！"

[译文] 孔子游览明堂，观看四周的门墙，上面画有尧舜和桀纣的画像，各有慈善或凶恶的容貌，有关于国家兴亡的告诫，还有周公辅政时背对屏风，抱着成王，面向南方接受诸侯朝见的图像。孔子一边徘徊观看，一边对着跟随的人说："这就是周公使周朝兴盛的原因啊。明镜可照出人的形貌，往事可用来了解如今。君主不遵照以往圣贤的事迹，设法使国家安定生存，反而疏忽荒怠令国家危亡，这就如同退着走，却想追上前面的人一样，这难道不糊涂吗？" [3.11.2]

【谋道】孔子观周，遂入太祖后稷之庙，庙堂右阶之前，有金人焉。三缄其口，而铭其背曰："古之慎言人也，戒之哉！无多言，多言多败；无多事，多事多患。安乐必戒，无所行悔。勿谓何伤，其祸将长；勿谓何害，其祸将大；勿谓不闻，神将伺人。焰焰不灭，炎炎若何；涓涓不壅，终为江河；绵绵不绝，或成网罗，毫末不札，将寻斧柯。诚能慎之，福之根也。口是何伤？祸之门也。强梁者不得其死，好胜者必遇其敌。盗憎主人，民怨其上。君子知天下之不可上也，故下之；知众人之不可先也，故后之。温恭慎德，使人慕之；执雌持下，人莫逾之；人皆趋彼，我独守此；人皆或之，我独不徙；内藏我智，不示人技；我虽尊高，人弗我害；谁能于此？江海虽左，长于百川，以其卑也；天道无亲，而能下人。戒之哉！"孔子既读斯文也，顾谓弟子曰："小子识之！此言实而中，情而信。《诗》云：'战战兢兢，如临深渊，如履薄冰。'行身如此，岂以口过患哉！"

[译文] 孔子在周国游览，进入周太祖后稷的庙堂。庙堂右边台阶前，有座铜人，嘴被封了三层，背后还刻着铭文："这是古代说话谨慎的人。警戒啊！不要多言，多言多败；不要多事，多事多患。安乐时定要警戒，不要做后悔的事。不要以为说话多没伤害，它的祸患是长远的；不要以为话多没危害，

它的祸患很大；不要以为说话别人听不见，神在监视你。零星火焰不扑灭，燃起熊熊大火怎么办？涓涓细流不堵住，终将汇为大江河。细线绵绵不断，可以织成罗网。细枝不拔掉，将来要用斧砍。如能谨慎，是福气之根。口有何伤害？它是惹祸之门。强横不得好死，好胜定遇劲敌。盗贼憎恨主人，民众怨恨长官。君子知道不能凌驾于天下，所以安居下方；知道不可抢先众人，所以甘居后面。温和恭敬，谨慎修德，使人仰慕；坚持柔弱谦卑，反没人能超越。人都奔向那里，我独守在这边；别人都在摇摆，我独自而不改。心藏我的智慧，不向人炫耀技艺。我虽然尊贵高尚，别人也害不了我。谁能做到这一点呢？江海虽处下游，却能容纳百川，因为它地势低下。天道不会亲近人，却能使人处于它下面。要以此为戒啊！"孔子读完了这篇铭文，回头对弟子们说："你们要记住啊！这些话真实中肯，合情可信。《诗》说：'战战兢兢，如临深渊，如履薄冰。'这样立身行事，岂会因言语失误惹祸呢？" [3.11.3]

【谋道】孔子见老聃而问焉，曰："甚矣！道之于今难行也，吾比执道，而今委质以求当世之君，而弗受也。道于今难行也！"老子曰："夫说者流于辩，听者乱于辞，知此二者，则道不可以忘也。"

［译文］孔子求见老子问道说："太难了啊！道在今天太难推行了，我近来尽力推行仁道，如今更是行大礼请求当政君王循道而行，但都没一个接受。道在今天实在是太难推行了。"老子说："游说者的流弊是过于巧辩，听者的心智会被它扰乱。知道了这两点，道就不会被忘记了。" [3.11.4]

弟子行第十二

【孝悌】卫将军文子问于子贡曰："吾闻孔子之施教也，先之以《诗》《书》，导之以孝悌，说之以仁义，观之以礼乐，然后成之以文德。盖入室升堂者，七十有余人，其孰为贤？"子贡对以不知。文子曰："以吾子常与学贤者也，何为不知？"子贡对曰："贤人无妄，知贤即难。故君子之言曰：智莫难于知人。是以难对也。"文子曰："若夫知贤，莫不难。今吾子亲游焉，是以敢问。"子贡曰："夫子之门人，盖有三千就焉，赐有逮及焉，未逮及焉，故不得遍知以告也。"文子曰："吾子所及者，请问其行。"子贡对曰："夫能夙兴夜寐，讽诵崇礼，行不贰过，称言不苟，是颜回之行也。孔子说之以《诗》曰：'媚兹一人，应侯慎德。''永言孝思，孝思惟则。'若逢有德之君，世受显命，不失厥名。以御于天子，则王者之相也。

[译文] 卫国将军文子问子贡："我听说孔子教育学生时，先教《诗》《书》，以孝悌为引导，然后说仁义之德，观察礼乐制度，然后培育他们的文才美德。堪称学有所成的有七十多人，其中以谁最为贤良呢？"子贡推说不知道。文子说："你经常和这些贤者一起学习，怎么会不知道呢？"子贡回答说："贤人不妄行，了解贤人也很难。所以君子说'没有什么比了解人更困难的了'。因此很难回答。"文子说："想了解贤人，没有不难的。现在您亲身在孔子门下求学，所以冒昧问您。"子贡说："先生的门人，大概有三千人。有些我接触过，有些没接触过，所以不能都清楚地告诉你。"文子说："那就请您谈谈接触过的吧，我想听听他们的德行。"子贡回答："能够早起晚睡，背诵经书，崇尚礼义，不会再次犯错，说话一丝不苟的，是颜回的德行。孔子用《诗》形容颜回说：'天子爱他一人，因他谨慎修德。''始终不忘孝亲，谨守孝道法则。'如果颜回遇见有德君王，会世代享受帝王所赐美誉，不失去他的美名；如被天子任用，就会成为君王的辅佐。 [3.12.1]

【君子】"在贫如客，使其臣如借。不迁怒，不深怨，不录旧罪，是冉雍之行也。孔子论其材曰：'有土之君子也，有众使也，有刑用也，然后称怒焉。匹夫之怒，唯以亡其身。'孔子告之以《诗》曰：'靡不有初，鲜克

有终。'

［译文］"身处贫困而能庄重矜持，支使仆人能如向他人借物般客气。不把怒气发泄给他人，不深重怨恨别人，不总记着别人过去的罪过，这是冉雍的德行。孔子评论他的才能说：'是位有土地的君子啊，有民众可以役使，有刑罚可以施用，而后可以发威生怒。普通人发怒，只会自伤身体。'孔子用《诗》来说明：'万事都有开端，但很少有善终的。'［3.12.2］

【修德】"不畏强御，不侮矜寡，其言循性，其都以富，材任治戎，是仲由之行也。孔子和之以文，说之以《诗》曰：'受小共大共，而为下国骏庞。荷天子之龙，不戁不悚，敷奏其勇。'强乎武哉，文不胜其质。

［译文］"不惧怕强暴，不侮辱鳏寡；说话遵循本性，富于治理才干，会打仗带兵，这是子路的德行。孔子用文辞来赞美他，用《诗》来表扬他：'接受上天的小法大法，成为天子治下诸侯国的骏马。为天子肩负起卫国重任，从来都不惊不惧，特报奏他作战勇敢。'武艺高强啊，文采比不上他的质朴。［3.12.3］

【好学】"恭老恤幼，不忘宾旅，好学博艺，省物而勤也，是冉求之行也。孔子因而语之曰：'好学则智，恤孤则惠，恭则近礼，勤则有继。尧舜笃恭，以王天下。'其称之也，曰：'宜为国老。'

［译文］"尊敬长辈，体恤幼儿，不忘旅客辛劳；勤奋好学，广习群艺，体察万物而勤劳努力，这是冉求的德行。孔子因此对他说：'好学增长智慧，体恤孤寡施舍恩惠，恭敬而懂礼，勤劳而有很大收获。尧舜忠诚谦恭，所以能称王天下。'并称赞他说：'你适合做国家的卿大夫。'［3.12.4］

【礼乐】"齐庄而能肃，志通而好礼，傧相两君之事，笃雅有节，是公西赤之行也。子曰：'礼经三百，可勉能也；威仪三千，则难也。'公西赤问曰：'何谓也？'子曰：'貌以傧礼，礼以傧辞，是谓难焉。'众人闻之，以为成也。孔子语人曰：'当宾客之事，则达矣。'谓门人曰：'二三子之欲学宾客之礼者，其于赤也。'

　　〔译文〕"整齐庄重而严肃认真，志向通达而喜好礼仪，作为两位国君之间的执礼傧相，诚实文雅而有节义，是公西赤的德行。孔子说：'《礼经》三百篇，还勉强可以学习，要想掌握好威仪三千条那就很难了。'公西赤问：'这是为什么呢？'孔子说：'傧相接待客人要有庄重的容貌，根据礼节来致辞，所以说很难。'众人听孔子这么一说后，都认为仪式就成了。孔子对人说：'招待宾客的事，他已经做到了。'又对弟子说：'你们几个想学宾客礼仪的人，就向他学习吧。'[3.12.5]

　　【孝悌】"满而不盈，实而如虚，过之如不及，先王难之。博无不学，其貌恭，其德敦；其言于人也，无所不信；其骄于人也，常以浩浩，是以眉寿，是曾参之行也。孔子曰：'孝，德之始也；悌，德之序也；信，德之厚也；忠，德之正也。参中夫四德者也。'以此称之。

　　〔译文〕"完满而不骄盈，充实而如同虚空，超越了还如同没赶上，这连古代君王都难做到。知识广博，无所不学，容貌恭敬，德行敦厚，对人说话，坚守信用；他志向高尚远大，常怀浩然之气，自然因此而长寿。这是曾参的德行。孔子说：'孝是道德起始，悌是道德递进，信是道德增厚，忠是道德准则。曾参集中了这四种品德。'并以此称赞他。[3.12.6]

　　【亲仁】"美功不伐，贵位不善，不侮不佚，不傲无告，是颛孙师之行也。孔子言之曰：'其不伐，则犹可能也；其不弊百姓，则仁也。'《诗》云：'恺悌君子，民之父母。'夫子以其仁为大学之深。

［译文］"有功劳不自夸，有尊贵地位不欣喜，不贪功慕势，不在贫苦无告者面前显摆，这是颛孙师的德行。孔子说他：不自夸，有人还可能做到；像他这样不为难百姓，就是仁德了。《诗》里说：'平易近人的君子，是民众的父母。'孔夫子认为他的仁德修学很深。[3.12.7]

【礼乐】"送迎必敬，上交下接若截焉，是卜商之行也。孔子说之以《诗》曰：'式夷式已，无小人殆。'若商也，其可谓不险矣。

［译文］"送往迎来，对宾客恭恭敬敬；上交公文，下接报告，都能做到界限分明，这是卜商的德行。孔子以《诗》评论他说：'以平和态度处事，能不受小人危害。'像卜商这样处事，可说是没有危险了。[3.12.8]

【君子】"贵之不喜，贱之不怒；苟利于民矣，廉于行己；其事上也，以佑其下，是澹台灭明之行也。孔子曰：'独贵独富，君子耻之，夫也中之矣。'

［译文］"尊贵时不兴高采烈，卑贱时不埋怨愤怒；如能有利于百姓，他甘愿清廉律己；他为君上做事，是为了爱护百姓，这是澹台灭明的德行。孔子说：'独自尊贵，独自富有，君子以此为耻，澹台灭明做到了这点。'[3.12.9]

【好学】"先成其虑，及事而用之，故动则不妄，是言偃之行也。孔子曰：'欲能则学，欲知则问，欲善则详，欲给则豫。当是而行，偃也得之矣。'

［译文］"先做好周全的考虑，一旦有事能应用自如，所以行动不会妄为出错，这是言偃的德行。孔子说：'想有才能的就去学，想知道的就去问，想做好的就考虑周详，想富足的就预先储备。这样的德行，言偃做到了。'[3.12.10]

【亲仁】"独居思仁，公言言义，其于《诗》也，则一日三覆'白圭之玷'，是宫縚之行也。孔子信其能仁，以为异士。

［译文］"独居时思仁德，公开场合讲仁义，对《诗》里的'白圭之玷'之句要一日三诵，就像磨去玉中斑点那样，提醒自己要及时改正缺点，这是南宫适的德行。孔子相信他能成为仁人，认为他是奇才。［3.12.11］

【亲仁】"自见孔子，出入于户，未尝越礼。往来过之，足不履影。启蛰不杀，方长不折。执亲之丧，未尝见齿。是高柴之行也。孔子曰：'柴于亲丧，则难能也；启蛰不杀，则顺人道；方长不折，则恕仁也。成汤恭而以恕，是以日陟。'凡此诸子，赐之所亲睹者也。吾子有命而讯赐，赐也固不足以知贤。"文子曰："吾闻之也，国有道，则贤人兴焉，中人用焉，乃百姓归之。若吾子之论，既富茂矣，壹诸侯之相也。抑世未有明君，所以不遇也。"

［译文］（子贡说）"自从拜孔子为师后，他出入门户，从没有违反过礼节；走路来往，脚不会踩到他人影子；他不杀蛰伏露头的虫子，不折断生长中的草木；他为亲人守丧，从来没有露齿言笑，这是高柴的德行。孔子说：'高柴为亲人守丧的行为，难能可贵；春天不杀生，是顺从人之道；不折断正在生长的树木，是宽恕仁爱。他就像商汤王当年一样恭敬而宽恕，威望天天升高。'以上这几个是我亲眼所见的人。您要我好好回答，我本来也不知道谁是贤人。"文子说："我听说，国家走正道，贤人就兴旺起来，中直正派的人就会被任用，百姓也会归附而来。像您刚才论述的那样，孔子教育出来的人才真是优秀啊，他们全都可以辅佐诸侯。大概是世上还没有明君吧，所以他们还没被任用。"［3.12.12］

【修德】子贡既与卫将军文子言，适鲁见孔子曰："卫将军文子问二三子之于赐，不壹而三焉，赐也辞不获命，以所见者对矣。未知中否，请以告。"孔子曰："言之乎。"子贡以其辞状告孔子。子闻而笑曰："赐，汝次为人矣。"子贡对曰："赐也何敢知人，此以赐之所睹也。"孔子曰："然。吾亦语汝耳之所未闻，目之所未见者，岂思之所不至，智之所未及哉？"子贡曰："赐愿得闻之。"孔子曰："不克不忌，不念旧怨，盖伯夷、叔齐之行也。

［译文］子贡和卫将军文子说过话后，又到了鲁国拜见孔子说："卫将军文子要了解我同学们的情况，再三催问，我推辞不掉，只好把我所见到的告诉了他。不知说得对不对，请让我告诉您吧。"孔子说："你说来听听吧。"子贡于是把和文子对话的情况告诉了孔子。孔子听后笑着说："赐啊，你都能给人排座次了。"子贡回答说："我怎敢说了解人呢，只是说说我亲眼所见啊！"孔子说："是这样的。我也告诉你一些你耳朵没听到、眼睛也没看到的事，这些事难道不是头脑想不到，智力达不到？"子贡说："我很愿意听听。"孔子说："不刻薄不妒忌，不计较旧怨，这是伯夷、叔齐的德行。［3.12.13］

【孝悌】"思天而敬人，服义而行信，孝于父母，恭于兄弟，从善而教不道，盖赵文子之行也。

［译文］"思考天道而且尊敬别人，服从仁义而行动守信用，孝敬父母，尊兄友弟，从善如流并教导那些不走正道的人，这是赵文子的德行。［3.12.14］

【修德】"其事君也，不敢爱其死，然亦不敢忘其身。谋其身不遗其友，君陈则进而用之，不陈则行而退。盖随武子之行也。

［译文］"他侍奉国君，敢于牺牲自我，但也不敢忘记要爱惜自己的身体；他谋求自身发展而不会遗忘朋友；君王任用时就努力去做，不用时就自行隐退。这是随武子的品行。［3.12.15］

【谋道】"其为人之渊源也，多闻而难诞，内植足以没其世。国家有道，其言足以治；无道，其默足以生。盖铜鞮伯华之行也。

［译文］"他为人思想深邃，见多识广而难以被蒙骗，内心深植道义足以终身受用。国家走上正道时，他的言论足以治国安邦；国家无道混乱时，他保持沉默也足以安生保命。这是铜鞮伯华的德行。 [3.12.16]

【亲仁】"外宽而内正，自极于隐括之中，直己而不直人，汲汲于仁，以善自终。盖蘧伯玉之行也。

［译文］"外表宽容，内心正直，能约束自己，矫正行为，让自己更正直但不强求别人，努力追求仁义而终身行善。这是蘧伯玉的德行。 [3.12.17]

【孝悌】"孝恭慈仁，允德图义，约货去怨，轻财不匮。盖柳下惠之行也。

［译文］"孝顺、恭敬，慈善、仁爱，涵养品德，谋求仁义，少聚敛财物以去除怨恨，看轻财物而又不使自己匮乏。这是柳下惠的德行。 [3.12.18]

【谋道】"其言曰：'君虽不量于其身，臣不可以不忠于其君。是故君择臣而任之，臣亦择君而事之。'有道顺命，无道衡命。盖晏平仲之行也。

［译文］"他说过：'君主虽然不能考量臣子自身，臣子却不能不忠于他的君主。因此君主选择臣子而任用他，臣子也选择君主来服事他。'国君走正道时就顺从他的命令，国君不走正道时就权衡他的命令后再行动。这是晏平仲的德行。 [3.12.19]

【谋道】"蹈忠而行信，终日言不在尤之内。国无道，处贱不闷，贫而能乐。盖老莱子之行也。

［译文］"践行忠义坚守诚信，整天说话也不会出错，国家无道黑暗，地位低贱也不苦闷，生活贫困还能自得其乐。这是老莱子的德行。"　[3.12.20]

【孝悌】"易行以俟天命，居下不援其上。其亲观于四方也，不忘其亲，不尽其乐。以不能则学，不为己终身之忧。盖介子山之行也。"

［译文］"改变自己的行事方式以等待时机，地位虽低也不逢迎攀缘高枝。四处亲身观览游学时，不忘记远方父母，不只顾自己快乐；因为才能不足就去努力学习，不造成自己的终身遗憾。这是介子推的德行。"　[3.12.21]

【修德】子贡曰："敢问夫子之所知者，盖尽于此而已乎？"孔子曰："何谓其然？亦略举耳目之所及而矣。昔晋平公问祁奚曰：'羊舌大夫，晋之良大夫也，其行如何？'祁奚辞以不知。公曰：'吾闻子少长乎其所，今子掩之，何也？'祁奚对曰：'其少也恭而顺，心有耻而不使其过宿；其为大夫，悉善而谦其端；其为舆尉也，信而好直其功。至于其为容也，温良而好礼，博闻而时出其志。'公曰：'曩者问子，子奚曰不知也？'祁奚曰：'每位改变，未知所止，是以不敢得知也。'此又羊舌大夫之行也。"子贡跪曰："请退而记之。"

［译文］子贡问："请问老师知道的，全都在这里了吗？"孔子说："怎能这样说话呢？我只是大略举些耳闻目睹的例子罢了。从前晋平公问祁奚：'羊舌大夫，是晋国的优秀大夫，他的品行怎么样？'祁奚推辞说不知情。晋平公说：'我听说你从小在他家里长大，你现在藏着不说，是为什么呢？'祁奚回答：'他小时候谦恭和顺，心里觉得有错时，不会留过夜了才改正；当大夫时，他能尽量做好而又谦和端庄；当舆尉时，他讲信用而喜好直陈功绩。至于他的容貌，温和善良而有礼，能广泛听取意见，并时常阐明自己的见解。'晋平公说：'刚才问你，你为什么说不知道呢？'祁奚说：'他的职

位经常改变，现在不知道做什么官了，所以不敢说知道。'这也是羊舌大夫的德行。"子贡跪下说："请让我回去记下您的话。" [3.12.22]

贤君第十三

【谋道】哀公问于孔子曰："当今之君，孰为最贤？"孔子对曰："丘未之见也，抑有卫灵公乎？"公曰："吾闻其闺门之内无别，而子次之贤，何也？"孔子曰："臣语其朝廷行事，不论其私家之际也。"公曰："其事何如？"孔子对曰："灵公之弟，曰公子渠牟，其智足以治千乘，其信足以守之，灵公爱而任之。又有士曰林国者，见贤必进之，而退与分其禄，是以灵公无游放之士，灵公贤而尊之。又有士曰庆足者，卫国有大事，则必起而治之；国无事，则退而容贤，灵公悦而敬之。又有大夫史鳅，以道去卫，而灵公郊舍三日，琴瑟不御，必待史鳅之入，而后敢入。臣以此取之，虽次之贤，不亦可乎？"

[译文]鲁哀公问孔子："当今君主，谁最贤明呢？"孔子回答："我还没见过，或许有卫灵公吧！"哀公说："我听说他家的男女老幼没分别，你却把他列为贤人，这是为什么呢？"孔子说："我只说他朝廷里做的事，不论他家人间的私事。"哀公问："他在朝廷做的事怎样呢？"孔子回答："卫灵公的弟弟名叫公子渠牟，他的智谋足以治理有千辆兵车的大国，他的诚信足以守卫这个国家，灵公喜欢他并任用他。又有个叫林国的士人，他一发现贤才必定推荐，如果那人被罢官，林国还会把俸禄分给他，因此在卫灵公身边没有闲散士人，卫灵公认为林国贤明而尊敬他。又有个叫庆足的士子，卫国凡有大事，他必定出来帮助治理，国家无事，他就退身让贤，卫灵公喜欢而尊敬他。还有位史鳅大夫，因为卫国不走正道而离开。卫灵公在郊外住了三天，不弹奏琴瑟，一直等到史鳅归国，才敢回去。我拿这些事来衡量，把卫灵公放在贤人之

列，不也可以吗？"[3.13.1]

【君子】子贡问于孔子曰："今之人臣，孰为贤？"子曰："吾未识也。往者齐有鲍叔，郑有子皮，则贤者矣。"子贡曰："齐无管仲，郑无子产？"子曰："赐！汝徒知其一，未知其二也。汝闻用力为贤乎？进贤为贤乎？"子贡曰："进贤贤哉！"子曰："然。吾闻鲍叔达管仲，子皮达子产，未闻二子之达贤己之才者也。"

［译文］子贡问孔子："当今臣子，谁最贤能呢？"孔子说："我不知道。从前的齐国鲍叔，郑国子皮，都是贤人啊！"子贡说："齐国不是有管仲，郑国不是有子产吗？"孔子说："赐，你只知其一，不知其二。你听说努力成为贤人的人贤能呢，还是举荐贤人的人更贤能呢？"子贡说："举荐贤人的人更贤能。"孔子说："对啊，我听说鲍叔牙使管仲显达，子皮使子产显达，却没有听说管仲和子产让比他们更贤能的人显达。"[3.13.2]

【谋道】哀公问于孔子曰："寡人闻忘之甚者，徙而忘其妻，有诸？"孔子对曰："此犹未甚者也，甚者乃忘其身。"公曰："可得而闻乎？"孔子曰："昔者夏桀贵为天子，富有四海，忘其圣祖之道，坏其典法，废其世祀，荒于淫乐，耽湎于酒；佞臣谄谀，窥导其心；忠士折口，逃罪不言。天下诛桀而有其国，此谓忘其身之甚矣。"

［译文］鲁哀公问孔子说："我听说很健忘的人，迁徙后会忘了妻子，有这种人吗？"孔子回答："这还不算太健忘，更健忘的是忘了自身。"鲁哀公说："可以说给我听听吗？"孔子说："从前夏桀贵为天子，富有天下，却忘记了圣明先祖的治国之道，破坏了先祖设立的典章制度，废除了世代祭祀的活动，荒废政务，沉湎于酒色淫乐，奸臣阿谀奉承，窥测迎合夏桀的心意；忠臣闭口，为逃避罪责而不敢劝说。天下人杀了夏桀而占有了他的国家，这才是

彻底忘了自身的典型啊！"[3.13.3]

【修德】颜渊将西游于宋，问于孔子曰："何以为身？"子曰："恭敬忠信而已矣。恭则远于患，敬则人爱之，忠则和于众，信则人任之。勤斯四者，可以政国，岂特一身者哉！故夫不比于数而比于疏，不亦远乎？不修其中而修外者，不亦反乎？虑不先定，临事而谋，不亦晚乎？"

［译文］颜渊将要到西边的宋国游学，求问孔子说："我应该怎样修身呢？"孔子说："能做到恭顺、尊敬、忠诚、守信就可以了。恭顺能远离祸端，尊敬能得到他人的喜爱，忠诚能与大家和睦相处，诚信会受人任用。勤奋地做到这四点，就可处理国家政事了，何止能修好自身呢？所以那些不亲近身边人而亲近远方人，不是走得太远了吗？不修养内心而只是修饰外表的人，不是适得其反了吗？不事先谋定，直待事到临头了才谋划，不是太晚了吗？"[3.13.4]

【谋道】孔子读《诗》，于《正月》六章，惕焉如惧。曰："彼不达之君子，岂不殆哉！从上依世则道废，违上离俗则身危，时不兴善，己独由之，则曰非妖即妄也。故贤也既不遇天，恐不终其命焉。桀杀龙逢，纣杀比干，皆是类也。《诗》曰：'谓天盖高，不敢不局，谓地盖厚，不敢不蹐。'此言上下畏罪，无所自容也。"

［译文］孔子读《诗》，读到《正月》第六章时，显出警惕恐惧的样子，说："那些不得志的君子，岂不是太危险了吗？顺从君主附和世俗，正道就会废弃；违背君主远离世俗，自身就很危险。如果时世不提倡善道，独自追求善道，别人会说你不是作怪就是狂妄。所以贤人既然不遇天时，就恐怕不得善终了。夏桀杀害龙逢，商纣杀害比干，都是这类事。《诗》说：'说天太高，谁敢不弯腰；说地太厚，谁敢不蹑脚。'这说的是上下都怕得罪，没有自己容身之地。"[3.13.5]

【礼乐】子路问于孔子曰："贤君治国，所先者何？"孔子曰："在于尊贤而贱不肖。"子路曰："由闻晋中行氏尊贤而贱不肖矣，其亡何也？"孔子曰："中行氏尊贤而不能用，贱不肖而不能去。贤者知其不用而怨之，不肖者知其必己贱而仇之。怨仇并存于国，邻敌构兵于郊，中行氏虽欲无亡，岂可得乎？"

　　［译文］子路问孔子："贤明君主治国，要先做些什么呢？"孔子说："要尊重贤人而看轻不贤的人。"子路说："我听说晋国中行氏尊重贤人而轻视不贤的人，为什么会灭亡了呢？"孔子说："中行氏尊重贤人却不任用他们，看轻不贤的人却不能撤换他们。贤人知道自己不被任用而怨恨他，不贤的人知道自己必定低贱而仇恨他。怨他、恨他的人并存于国内，邻国军队集聚于郊外，中行氏即使不想灭亡，又怎能做到呢？" [3.13.6]

【谋道】孔子闲处，喟然而叹曰："向使铜鞮伯华无死，则天下其有定矣！"子路曰："由愿闻其人也。"子曰："其幼也，敏而好学；其壮也，有勇而不屈；其老也，有道能下人。有此三者，以定天下也，何难乎哉？"子路曰："幼而好学，壮而有勇，则可也；若夫有道下人，又谁下哉？"子曰："由不知，吾闻以众攻寡，无不克也；以贵下贱，无不得也。昔者周公居冢宰之尊，制天下之政，而犹下白屋之士，日见百七十人，斯岂以无道也，欲得士之用也，恶有有道而无下天下君子哉？"

　　［译文］孔子闲坐时，长叹一声后感叹地说："假使铜鞮伯华没死，那么天下就安定了。"子路说："我想听听这人的事。"孔子说："他小时候聪敏好学，壮年时勇敢而不屈服，年老后明白了道而能屈居人下。有了这三种品质，用以安定天下，还有什么困难呢？"子路说："小时候聪敏好学，壮年时勇敢而不屈服，那就很可以了；如果他拥有道又能屈居人下，又有谁能居于他之下呢？"孔子说："子路你不知道，我听说以多攻少，没有攻不克的；地位

尊贵者谦让地位低贱者，没有不得人心的。从前周公高居宰相尊位，控制天下政权，还能向普通读书人请教，每天接见一百七十人，这难道是无道之举吗？这是为得到贤才而任用啊！哪有有道之人却不尊敬天下君子的呢？"［3.13.7］

【礼乐】齐景公来适鲁，舍于公馆，使晏婴迎孔子。孔子至，景公问政焉。孔子答曰："政在节财。"公悦。又问曰："秦穆公国小处僻而霸，何也？"孔子曰："其国虽小，其志大，处虽僻，而其政中。其举也果，其谋也和，法无私而令不愉；首拔五羖，爵之大夫，与语三日而授之以政。此取之，虽王可，其霸少矣。"景公曰："善哉！"

［译文］齐景公来到鲁国，住在公馆里，让晏婴请来了孔子。孔子到了后，齐景公问他如何治国。孔子回答："治国重在节省财物。"齐景公听了很高兴，又问："秦穆公的国家很小，处于偏僻之地却能称霸，这是什么原因？"孔子说："他的国家虽小，志向却很大；位置虽偏僻，政治却能中道而行。他举措果断，谋略配合，执法无私，政令通行；先是提拔百里奚，授予了大夫爵位，仅和他谈了三天就把国政大事交给他处理。他这样做，称王都可以，称霸算什么。"齐景公说："说得好啊！"［3.13.8］

【礼乐】哀公问政于孔子，孔子对曰："政之急者，莫大乎使民富且寿也。"公曰："为之奈何？"孔子曰："省力役，薄赋敛，则民富矣；敦礼教，远罪疾，则民寿矣。"公曰："寡人欲行夫子之言，恐吾国贫矣。"孔子曰："《诗》云：'恺悌君子，民之父母。'未有子富而父母贫者也。"

［译文］鲁哀公问孔子治国的事。孔子回答："最急迫的政事，没有比让民众富裕长寿更大的了。"鲁哀公说："怎么才能做到呢？"孔子说："减少劳役，减轻赋税，民众就会富裕；敦促礼仪教化，远离罪恶疾病，民众就会长寿。"鲁哀公说："我想按您的话去做，又担心我国贫穷啊！"孔子说：

"《诗》里说：'平易近人的君子，是民众的父母。'从来没有儿女富裕而父母贫穷的。"[3.13.9]

【亲仁】卫灵公问于孔子曰："有语寡人：'有国家者，计之于庙堂之上，则政治矣。'何如？"孔子曰："其可也。爱人者则人爱之；恶人者则人恶之。知得之己者，则知得之人。所谓不出环堵之室而知天下者，知反己之谓也。"

［译文］卫灵公问孔子说："有人对我说：'拥有国家的君王，在朝堂上策划得当，就能治理好国家。'是这样吗？"孔子说："大致可以吧。爱人的人别人也爱他，厌恶他人的人别人也厌恶他。知道自己喜好的人，也知道别人的喜好。所谓不出屋墙而能了解天下的人，说的就是那种知道自我反省的人。"[3.13.10]

【谋道】孔子见宋君，君问孔子曰："吾欲使长有国，而列都得之。吾欲使民无惑，吾欲使士竭力，吾欲使日月当时，吾欲使圣人自来，吾欲使官府治理。为之奈何？"孔子对曰："千乘之君，问丘者多矣，而未有若主君之问问之悉也。然主君所欲者，尽可得也。丘闻之，邻国相亲，则长有国；君惠臣忠，则列都得之；不杀无辜，无释罪人，则民不惑；士益之禄，则皆竭力；尊天敬鬼，则日月当时；崇道贵德，则圣人自来；任能黜否，则官府治理。"宋君曰："善哉！岂不然乎？寡人不佞，不足以致之也。"孔子曰："此事非难，唯欲行之云耳。"

［译文］孔子拜见宋国君主，宋君问孔子说："我想国运长久，将各都邑都治理好。我想民众没有迷惑，我想士人能尽心竭力，我想日月能正常运行，我想圣人自己前来，我想官府治理有成，怎么办才能实现呢？"孔子回答："拥有千辆战车的大国君主，向我询问的有很多，但都没有谁能像您问得

这么详尽的。君主您所想得到的这一切，实际上都可得到。我听说，邻国之间和睦相处，就能国运长久；国君仁爱，臣子尽忠，就能治理好各地都邑；不滥杀无辜，不释放罪人，民众就不会迷惑；增加士人俸禄，他们就会尽心竭力；尊奉上天、敬事鬼神，日月就会正常运行；崇尚正道，尊崇仁德，圣人就会自己前来；任用有才能的人，罢免无能之辈，官府就能治理好。"宋君说："说得好啊，难道不是这样吗？寡人无才，做不到这样啊！"孔子说："此事并不太难，只要想做就可达到。"[3.13.11]

辩政第十四

【谋道】子贡问于孔子曰："昔者齐君问政于夫子，夫子曰：'政在节财。'鲁君问政于夫子，夫子曰：'政在谕臣。'叶公问政于夫子，夫子曰：'政在悦近而来远。'三者之问一也，而夫子应之不同，然政在异端乎？"孔子曰："各因其事也。齐君为国，奢乎台榭，淫于苑囿，五官伎乐，不解于时，一旦而赐人以千乘之家者三，故曰：政在节财。鲁君有臣三人，内比周以愚其君，外距诸侯之宾以蔽其明，故曰：政在谕臣。夫荆之地广而都狭，民有离心，莫安其居，故曰：政在悦近而来远。此三者所以为政殊矣。《诗》云：'丧乱蔑资，曾不惠我师。'此伤奢侈不节以为乱者也。又曰：'匪其止共，惟王之卬。'此伤奸臣蔽主以为乱者也。又曰：'乱离瘼矣，奚其适归？'此伤离散以为乱者也。察此三者，政之所欲，岂同乎哉？"

［译文］子贡问孔子说："从前齐国国君问您如何治国，您说治国要义在于节省财物。鲁国国君问您如何治国，您说要义在于了解大臣。叶公问您如何治国，您说要义在于让近处人喜悦让远方人归附。他们三人问的是同样的问题，而您的回答却完全不同，难道治国有不同的方法吗？"孔子说："这是要因地制宜啊。齐国君主治国，大建楼台水榭，大修园林宫殿，大肆纵情声色享

乐，不知时节，一天就赏赐了三个各有千辆战车的大家族，所以说治国在于节财。鲁国国君有三个大臣，朝廷内相互勾结愚弄国君，朝廷外极力排斥诸侯宾客以蒙蔽鲁君，所以说治国在于了解大臣。楚国土地广阔而都城狭小，民众都想离开本国，不安心居住，所以说治国在于让近处人喜悦，让远方人归附。这三国情况不同，所以施政方针也不同。《诗》说：'国家丧乱国库空，从不救济我百姓。'这是感伤奢侈浪费资财造成了国家动乱啊。又说：'谗臣不能尽职守，害得国君多祸殃。'这是感伤奸臣蒙蔽国君造成了国家动乱啊。又说：'战乱离散人悲苦，天涯何处是归宿？'这是感伤民众离散造成了国家动乱啊。考察这三个国家的情况，治理的方法难道能相同吗？" [3.14.1]

【修德】孔子曰："忠臣之谏君，有五义焉。一曰谲谏，二曰戆谏，三曰降谏，四曰直谏，五曰讽谏。唯度主而行之，吾从其讽谏乎。"

［译文］孔子说："忠臣规劝君主，有五种要义：一是要委婉地规劝，二是要刚直地规劝，三是要央求式规劝，四是要直截了当地规劝，五是要隐晦讽喻式规劝。这些方法的要义，都是要揣度君主的心意后再采用，我愿意隐晦地规劝吧。" [3.14.2]

【谋道】子曰："夫道不可不贵也。中行文子倍道失义以亡其国，而能礼贤以活其身。圣人转祸为福，此谓是与？"

［译文］孔子说："道，不可不尊贵啊！中行文子违背大道，丧失正义，导致国家灭亡；后来他礼待贤人，又保住了自身性命。圣人能把祸患变为福气，说的就是这种情况吧！" [3.14.3]

【修德】楚王将游荆台，司马子祺谏，王怒之。令尹子西贺于殿下，谏曰："今荆台之观，不可失也。"王喜，拊子西之背曰："与子共乐之矣。"

子西步马十里，引辔而止曰："臣愿言有道，王肯听之乎？"王曰："子其言之。"子西曰："臣闻为人臣而忠其君者，爵禄不足以赏也；谀其君者，刑罚不足以诛也。夫子祺者忠臣也，而臣者谀臣也，愿主赏忠而诛谀焉。"王曰："今我听司马之谏，是独能禁我耳，若后世游之可也？"西曰："禁后世易耳。大王万岁之后，起山陵于荆台之上，则子孙必不忍游于父祖之墓以为欢乐也。"王曰："善。"乃还。孔子闻之，曰："至哉！子西之谏也，入之于十里之上，抑之于百世之后者也。"

　　［译文］楚王要游览荆台，司马子祺出来劝阻，楚王很气愤。令尹子西在殿下恭贺楚王，讽谏说："今天游览荆台的乐事，不可以失去啊。"楚王听了很高兴，抚摸着子西的后背说："和你一起去游乐吧。"子西骑马走了十里，拉住缰绳停下来说："我想和您说说治国之道，大王愿听听吗？"楚王说："你说吧。"子西说："我听说作为臣子忠于国君的，官爵俸禄也不足以奖赏他；对于阿谀奉承国君的臣子，施刑处罚也不足以严惩他。子祺是位忠臣，而我是阿谀奉承之臣。希望大王奖赏忠臣而惩罚谀臣。"楚王说："即使今天听从了司马子祺的劝谏，也只能禁止我游玩罢了，如果后世子孙要去游玩怎么办呢？"子西说："禁止后世子孙去游玩很容易。大王万岁之后，将陵墓修建在荆台上，那么子孙必然不忍心在父祖墓地游乐。"楚王说："好。"于是就回来了。孔子听到此事，说："子西的劝谏太高明了！他在十里的路上劝谏，却抑止了百世后人来此游览。"　［3.14.4］

　　【修德】子贡问于孔子曰："夫子之于子产、晏子，可为至矣。敢问二大夫之所为，夫子之所以与之者。"孔子曰："夫子产于民为惠主，于学为博物。晏子于君为忠臣，于行为恭敏。故吾皆以兄事之，而加爱敬。"

　　［译文］子贡问孔子说："您对子产和晏子，可以说推崇备至了。请问两位大夫到底有什么作为，能让您这么赞赏他们呢？"孔子说："子产对于民

众是施惠的官员，学问广博；晏子对于国君是忠心臣子，行为谦恭敏勤。所以我以对待兄长的礼节来尊重他们，而且越来越敬爱。"[3.14.5]

【好学】齐有一足之鸟，飞习于公朝，下止于殿前，舒翅而跳。齐侯大怪之，使使聘鲁问孔子。孔子曰："此鸟名曰商羊，水祥也。昔童儿有屈其一脚，振讯两眉而跳，且谣曰：'天将大雨，商羊鼓舞。'今齐有之，其应至矣。急告民趋治沟渠，修堤防，将有大水为灾。"顷之，大霖雨，水溢泛诸国，伤害民人，唯齐有备不败。景公曰："圣人之言，信而有征矣！"

[译文]齐国有一只独脚鸟，在朝堂上飞舞，后来飞落在宫殿前，舒展着翅膀跳跃不止。齐景公感到非常奇怪，派使者去鲁国请教孔子。孔子说："此鸟叫商羊，预兆有水。从前儿童有屈起一只脚，抖动着两肩，边跳边唱歌谣：'天将下大雨，商羊跳起舞。'现在齐国出现了这种鸟，预兆就要应验了。赶紧告诉民众挖通沟渠，修堤防洪，将有大水灾。"不久，大雨倾盆而下，洪水泛滥各国，伤害民众。只有齐国做了准备，没有受害。齐景公说："圣人的话，确实可信而且应验了。"[3.14.6]

【孝悌】孔子谓宓子贱曰："子治单父，众悦，子何施而得之也？子语丘所以为之者。"对曰："不齐之治也，父恤其子，其子恤诸孤而哀丧纪。"孔子曰："善，小节也，小民附矣，犹未足也。"曰："不齐所父事者三人，所兄事者五人，所友事者十一人。"孔子曰："父事三人，可以教孝矣；兄事五人，可以教悌矣；友事十一人，可以举善矣。中节也，中人附矣；犹未足也。"曰："此地民有贤于不齐者五人，不齐事之而禀度焉，皆教不齐之道。"孔子叹曰："其大者乃于此乎有矣！昔尧舜听天下，务求贤以自辅。夫贤者，百福之宗也，神明之主也，惜乎不齐之所以治者小也。"

[译文]孔子对宓子贱说："你治理单父之地，民众很欢喜，你用了哪些

措施做到这点呢？你告诉我都做了哪些事吧。"宓子贱回答："我的治理办法，是像父亲照顾好儿子那样爱护百姓，像照顾自己儿子那样照顾好孤儿们，还哀痛地举办丧事。"孔子说："做得好！但这只是小节，可以让少数百姓依附，但好像这样做还不够吧？"宓子贱说："我像服侍父亲那样服侍的人有三人，像服事兄长那样服事的人有五人，像交往朋友那样互相交往的有十一人。"孔子说："像服侍父亲那样侍奉三位老人，可以教民众懂得孝道；像服事兄长那样服事五人，可以教民众学会敬爱兄长；像交往好友那样交往朋友十一人，可以提倡友善美德。这就做到了中等礼节，可以让中等人前来依附了，但还不止这些吧？"宓子贱说："在单父之地，比我贤能的有五人，我尊敬他们并向他们虚心请教，他们都教了我许多治国之道。"孔子感叹地说："治理好单父的大道理就在这里啊！从前尧舜治理天下，一定要访求贤人来辅助自己。那些贤人，是百福来源，是神明的主宰啊。可惜你所能治理的地方太小了。"[3.14.7]

【君子】子贡为信阳宰，将行，辞于孔子。孔子曰："勤之慎之，奉天子之时，无夺无伐，无暴无盗。"子贡曰："赐也，少而事君子，岂以盗为累哉？"孔子曰："汝未之详也。夫以贤代贤，是谓之夺；以不肖代贤，是谓之伐；缓令急诛，是谓之暴；取善自与，是谓之盗。盗非窃财之谓也。吾闻之，知为吏者，奉法以利民；不知为吏者，枉法以侵民，此怨之所由也。治官莫若平，临财莫如廉。廉平之守，不可改也。匿人之善，斯谓蔽贤；扬人之恶，斯为小人。内不相训，而外相谤，非亲睦也。言人之善，若己有之；言人之恶，若己受之。故君子无所不慎焉。"

［译文］子贡被任命为信阳宰，走前向孔子辞行。孔子说："要勤勉谨慎，要顺应天时，不要夺不要伐，不要暴不要盗。"子贡说："我从年少时就侍奉君子，难道您还以为我会去偷盗获罪吗？"孔子说："你还没弄清楚我的意思。以贤人代替贤人，这叫作'夺'；以不贤者代替贤人，这叫作'伐'；

法令下达缓慢，惩罚却很急迫，这叫作'暴'；把好处尽归于自己，这叫作'盗'。'盗'在这不是指窃取财物。我听说，懂得为官的人，会奉法造福百姓；不懂为官的人，会枉法侵害百姓，这就是民众积怨的原因。做官关键是公平，面对财物没有比廉洁更好的了。守住廉洁公平是不能改变的。隐匿别人优点，这叫蔽贤；宣扬别人缺点，这是小人。对内不互相训诫，对外互相诽谤，这不是友好和睦的做法。谈别人优点，如同自己也有；谈别人缺点，如同自己也有。所以君子对任何事都要谨慎。"[3.14.8]

【修德】子路治蒲三年。孔子过之，入其境，曰："善哉由也！恭敬以信矣。"入其邑，曰："善哉由也！忠信而宽矣。"至庭曰："善哉由也！明察以断矣。"子贡执辔而问曰："夫子未见由之政，而三称其善，其善可得闻乎？"孔子曰："吾见其政矣。入其境，田畴尽易，草莱甚辟，沟洫深治，此其恭敬以信，故其民尽力也。入其邑，墙屋完固，树木甚茂，此其忠信以宽，故其民不偷也。至其庭，庭甚清闲，诸下用命，此其言明察以断，故其政不扰也。以此观之，虽三称其善，庸尽其美矣。"

［译文］子路治理蒲地三年，孔子路过时，一入蒲境就说："子路做得好啊！为人恭敬取得了信用。"一入城里就说："子路做得好啊！忠实诚信而宽大。"一入官衙就说："子路做得好啊！明察善断。"子贡拉着马缰问："您还没看见子路执政，就接连三次称赞他，他好在哪里，可说给我听听吗？"孔子说："我看见他的政绩了。进入蒲地，可见田地都耕种过了，杂草都清除了，沟渠都挖深了，说明他为人恭敬取得了信任，能让老百姓尽力耕种。进入城里，可见房屋墙壁都很完好坚固，树木茂盛，这说明他忠信宽厚，所以百姓不会磨工偷懒。进入官衙，可见厅堂里清闲无事，下属都听命努力，这说明他明察善断，政事不繁杂不困扰。以此看来，我虽然三次称赞他，又哪能说尽他的政绩美好呢！"[3.14.9]

卷四

六本第十五

【谋道】孔子曰："行己有六本焉，然后为君子也。立身有义矣，而孝为本；丧纪有礼矣，而哀为本；战阵有列矣，而勇为本；治政有理矣，而农为本；居国有道矣，而嗣为本；生财有时矣，而力为本。置本不固，无务农桑；亲戚不悦，无务外交；事不终始，无务多业。记闻而言，无务多说；比近不安，无务求远。是故反本修迹，君子之道也。"

［译文］孔子说："立身修行有六个根本，然后才能成为君子。立身要有情义以孝道为本，举办丧事要有礼节，以哀痛为本；交战布阵要有队列，以勇敢为本；治理国家要有条理，以农业为本；治国守成要有原则，以后继有人为本；创造财富要抓住机遇，以尽力为本。根本不牢固，就不能务农种桑；亲戚不高兴，就不能搞好外事交往；做事没头没尾，就不要经营太多业务；只凭道听途说，就不要多说；邻人没安定，就不要向远方发展。因此返回根本，由近处做起，才是君子的为人处世之道。"　［4.15.1］

【修德】孔子曰："良药苦于口而利于病，忠言逆于耳而利于行。汤武以谔谔而昌，桀纣以唯唯而亡。君无争臣，父无争子，兄无争弟，士无争友，无其过者，未之有也。故曰：君失之，臣得之；父失之，子得之；兄失之，弟得之；己失之，友得之。是以国无危亡之兆，家无悖乱之恶，父子兄弟无失，而交友无绝也。"

[译文]孔子说："良药苦口利于病，忠言逆耳利于行。商汤和周武王能听取臣子的刚直谏言而国家昌盛，夏桀和商纣只允许臣子唯唯诺诺而国破身亡。国君没有刚直谏言的大臣，父亲没有刚直谏言的儿子，兄长没有刚直谏言的弟弟，士人没有刚直谏言的朋友，想要没有过错，是从来没有过的。所以说：'君主有过失，臣子补救；父亲有过失，儿子补救；哥哥有过失，弟弟补救；自己有过失，朋友补救。'这样国家就没有灭亡危险，家里就没有悖逆恶行，父子兄弟就不会有过失，交朋友也不会断绝往来。" [4.15.2]

【君子】孔子见齐景公，公悦焉，请置廪丘之邑以为养。孔子辞而不受。入谓弟子曰："吾闻君子当功受赏，今吾言于齐君，君未有行，而赐吾邑，其不知丘亦甚矣！"于是遂行。

[译文]孔子去见齐景公，齐景公很高兴，想设置廪丘城作为孔子的养老地。孔子推辞不受，回去对弟子说："我听说君子有了功绩才会接受奖赏，现在我向齐君进言，他还没有采取什么行动，就要赐给我食邑，他也太不了解我了。"于是便离开了齐国。[4.15.3]

【好学】孔子在齐，舍于外馆。景公造焉，宾主之辞既接，而左右白曰："周使适至，言先王庙灾。"景公复问："灾何王之庙也？"孔子曰："此必釐王之庙。"公曰："何以知之？"孔子曰："《诗》云：'皇皇上天，其命不忒，天之以善，必报其德。'祸亦如之。夫釐王变文武之制，而作玄黄华丽之饰，宫室崇峻，舆马奢侈，而弗可振也。故天殃所宜加其庙焉。以是占之为然。"公曰："天何不殃其身，而加罚其庙也？"孔子曰："盖以文武故也。若殃其身，则文武之嗣，无乃殄乎？故当殃其庙以彰其过。"俄顷，左右报曰："所灾者釐王庙也。"景公惊起，再拜曰："善哉！圣人之智，过

人远矣！"

[译文]孔子在齐国时，住在旅馆里。齐景公来旅舍造访他，宾主刚互致问候，齐景公手下的人就报告说："周国使者刚到，说先王宗庙遭了火灾。"景公又问："是哪个君王的庙被烧了？"孔子说："这一定是釐王的庙。"景公问："是怎么知道的呢？"孔子说："《诗》说：'伟大的上天啊，它所安排的一切不会错。天降好事，会报答善德之人。'降祸罪人时也是如此。釐王改变了文王和武王的制度，制作了色彩华丽的装饰，宫室高耸，车马奢侈，而不肯纠错。所以上天会把灾祸降在他的庙上。我以此而如此预测。"景公说："上天为什么不降祸到他的身上，而要惩罚他的宗庙呢？"孔子说："大概是顾及文王和武王吧。如果降到他身上，文王和武王不就后继无人了吗？所以要降灾到他的庙里来彰显他的过错。"过了一小会儿，有人报告："受灾的是釐王庙。"景公吃惊地站起来，向孔子拜了又拜后说："好啊！圣人的智慧，真是远超众人啊。"［4.15.4］

【祭祀】子夏三年之丧毕，见于孔子。子曰："与之琴。"使之弦，侃侃而乐，作而曰："先王制礼，不敢不及。"子曰："君子也！"闵子三年之丧毕，见于孔子。子曰："与之琴。"使之弦，切切而悲，作而曰："先王制礼，弗敢过也。"子曰："君子也！"子贡曰："闵子哀未尽，夫子曰：君子也。子夏哀已尽，又曰：君子也。二者殊情，而俱曰君子，赐也惑，敢问之？"孔子曰："闵子哀未忘，能断之以礼；子夏哀已尽，能引之及礼；虽均之君子，不亦可乎？"

[译文]子夏守丧三年后，来见孔子。孔子说："给他琴。"让他拨弦弹琴，琴声流畅和乐。弹奏后子夏站起来说："先王制定的礼仪，我不敢达不到。"孔子说："真是君子啊！"闵子骞守丧三年后，来见孔子。孔子说："给他琴。"让他拨弦弹琴，琴声沉缓悲切。弹奏后闵子骞站起来说："先王

制定的礼仪，我不敢超越。"孔子说："真是君子啊！"子贡说："闵子骞哀思未尽，您说他是君子；子夏哀思已尽，您也说他是君子。这两人的感情不同，而您说他们都是君子，我有些迷惑，能不能问问缘由呢？"孔子说："闵子骞哀思未忘，却能够用礼仪来断绝；子夏已不再悲伤，却能按礼仪行事。即使将他们都列为君子，不是也可以吗？" [4.15.5]

【礼乐】孔子曰："无体之礼，敬也；无服之丧，哀也；无声之乐，欢也。不言而信，不动而威，不施而仁。志：夫钟之音，怒而击之则武，忧而击之则悲。其志变者，声亦随之，故至诚感之，通于金石，而况人乎？"

[译文] 孔子说："不成体统的礼仪，内含着敬意；不穿孝服的丧事，透出了哀伤；无声的音乐，流露出欢乐。如此一来，无须言说就能取信他人，不动声色就能显出威严，无须施舍就能彰显仁爱。要记住：钟的声音，愤怒时敲击就显威武，忧愁时敲击就会悲鸣。一个人的志向感情发生了变化，声音也会随之变化。所以心灵至诚的感通，能通过乐器表达，何况是人呢？" [4.15.6]

【君子】孔子见罗雀者，所得皆黄口小雀。夫子问之曰："大雀独不得，何也？"罗者曰："大雀善惊而难得，黄口贪食而易得。黄口从大雀，则不得；大雀从黄口，亦不得。"孔子顾谓弟子曰："善惊以远害，利食而忘患，自其心矣，而独以所从为祸福。故君子慎其所从。以长者之虑，则有全身之阶；随小者之戆，而有危亡之败也。"

[译文] 孔子看到张网捕鸟的人，捕到的全是黄嘴小雀，就问捕鸟人："为何唯独捉不到大雀呢？"捕鸟的人说："大雀会惊觉，难以捉到；小雀贪吃容易捉到。小雀跟着大雀就捉不到，大雀跟着小雀也捉不到。"孔子回过头对弟子说："会惊觉就能远离祸害，贪吃就会忘记祸患，这都是由于心思的不同，自己跟随对象的不同而得福或遭祸。所以君子要慎重选择跟从谁，听从长

者的意见，就能有保全自身的台阶，盲目跟从小人的鲁莽无知，就会有败亡的危险。"［4.15.7］

【大同】孔子读《易》，至于损、益，喟然而叹。子夏避席问曰："夫子何叹焉？"孔子曰："夫自损者必有益之，自益者必有决之，吾是以叹也。"子夏曰："然则学者不可以益乎？"子曰："非道益之谓也，道弥益而身弥损。夫学者损其自多，以虚受人，故能成其满博也。天道成而必变，凡持满而能久者，未尝有也。故曰：'自贤者，天下之善言不得闻于耳矣。'昔尧治天下之位，犹允恭以持之，克让以接下，是以千岁而益盛，迄今而逾彰。夏桀昆吾，自满而无极，亢意而不节，斩刈黎民，如草芥焉。天下讨之，如诛匹夫，是以千载而恶著，迄今而不灭，满也。观此，如行则让长，不疾先。如在舆，遇三人则下之，遇二人则式之，调其盈虚，不令自满，所以能久也。"子夏曰："商请志之，而终身奉行焉。"

［译文］孔子读《周易》，读到了损、益二卦时，长叹了一声。子夏离开座位问："老师叹息什么啊？"孔子说："自觉减损的必会得到助益，自我增益的必会遭受损失，我因此为之叹息啊！"子夏说："那么学习者不可以有所增益吗？"孔子说："我讲的不是道的增长。道越增长而身体会越损耗。学习者能减损自身多余的东西，虚心接受别人指教，才能不断成就圆满和广博啊！天道一旦成就就必定发生变化，凡自满自足而能长久者，还从来不曾有过。所以说：'自以为贤能者，天下的善言嘉语他就听不进耳朵了。'从前尧处于治理天下的高位，尚能保持诚信恭敬的态度，克己谦让地接待下面的人，所以过了几千年而名声愈盛，到今天更是彰显。夏桀、昆吾自满至极，恣意妄为而不加节制，斩杀百姓，就如割草一般。天下讨伐他们，就如同杀独夫民贼，所以过了千年而恶名愈昭彰，至今没有磨灭，完全是他们自满傲慢造成的恶果。看到这些，如果在行走，让长者先过，不抢先；如果坐在车上，遇

见三人就下车，遇见两人就要扶着车前横木致敬。调节盈满和虚空，不让自己骄傲自满，这样就能够长久。"子夏说："请让我把这些话记下来，终身奉行。"[4.15.8]

【大同】子路问于孔子曰："请释古之道而行由之意，可乎？"子曰："不可。昔东夷之子，慕诸夏之礼，有女而寡，为内私婿，终身不嫁。嫁则不嫁矣，亦非贞节之义也。苍梧娆娶妻而美，让与其兄。让则让矣，然非礼之让也。不慎其初，而悔其后，何嗟及矣。今汝欲舍古之道，行子之意，庸知子意不以是为非，以非为是乎？后虽欲悔，难哉！"

［译文］子路问孔子："请问舍弃古人治国之道而让我任意行事，可以吗？"孔子说："不可以。从前东方夷族有个人，羡慕华夏礼义，他女儿寡居，他想招个女婿，女儿终身不嫁。可改嫁而不改嫁，这并非贞洁之德。苍梧娆娶的妻子很美，他把她让给了自己的哥哥。让是让了，然而是不合礼义的让。最初不谨慎，事后又后悔，感叹也来不及了。现在你要舍弃古代治理之道，施行自己的主张，怎能知道你的主张不是颠倒是非呢？以后再想悔改也难啊！"[4.15.9]

【孝悌】曾子耘瓜，误斩其根。曾晳怒，建大杖以击其背，曾子仆地而不知人久之。有顷乃苏，欣然而起，进于曾晳曰："向也参得罪于大人，大人用力教参，得无疾乎？"退而就房，援琴而歌，欲令曾晳而闻之，知其体康也。孔子闻之而怒，告门弟子曰："参来，勿内。"曾参自以为无罪，使人请于孔子。子曰："汝不闻乎？昔瞽瞍有子曰舜，舜之事瞽瞍，欲使之，未尝不在于侧；索而杀之，未尝可得。小棰则待过，大杖则逃走，故瞽瞍不犯不父之罪，而舜不失烝烝之孝。今参事父，委身以待暴怒，殪而不避，既身死而陷父于不义，其不孝孰大焉！汝非天子之民也，杀天子之民，其罪奚若？"曾参闻之，曰：“参罪大矣！”遂造孔子而谢过。

〔译文〕曾参在瓜地里锄草，误把瓜苗根锄断了。他父亲曾皙大怒，操起大棒就猛打他的背。曾子倒在地上不省人事，过了好一会，曾参才苏醒了，他高兴地站起来，向前对曾皙说：“刚才我得罪了父亲，您用力教训我，没伤着吧？”曾参退回屋里，弹琴唱起了歌，想让曾皙听到，知道自己身体还好。孔子听说后很气愤，告诉弟子说：“曾参来了，不要让他进来。”曾参自以为没罪，让人告诉孔子他要来求见。孔子说：“你没听说过吗？从前瞽瞍有个儿子叫舜，舜细心服事瞽瞍，瞽瞍想使唤他的时候，随时都在身边；但想杀害他时，却怎么也找不到。瞽瞍用小棍子打，他就忍受；用大棍子打，他就逃跑。所以瞽瞍没有犯下不守父道的罪，舜也没有失去尽孝机会。现在曾参侍奉父亲，身受暴打也死不躲避，这样做自身死了还要陷父亲于不义，这是多大的不孝之罪啊？你难道不是天子子民吗，杀天子的子民，这罪有多大呢？”曾参听后说：“我的罪大了。”于是到孔子那里去认错。〔4.15.10〕

【礼乐】荆公子行年十五而摄荆相事，孔子闻之，使人往观其为政焉。使者反，曰：“视其朝，清净而少事；其堂上有五老焉，其廊下有二十壮士焉。”孔子曰：“合两二十五之智，以治天下，其固免矣，况荆乎。”

〔译文〕楚国公子十五岁时，就代理了楚国宰相的辅佐事务。孔子听说后，派人前往观察他，到底是如何处理政事的。使者返回后说：“看到他的朝廷上很清净，少有政事，堂上还坐着五位老人，廊下有二十位壮士。”孔子说：“汇合二十五人的智慧来治理天下，本来就可避免犯错，何况只是治理楚国呢。”〔4.15.11〕

【君子】子夏问于孔子曰：“颜回之为人奚若？”子曰：“回之信贤于丘。”曰：“子贡之为人奚若？”子曰：“赐之敏贤于丘。”曰：“子路之为人奚若？"子曰："由之勇贤于丘。"曰："子张之为人奚若？"子曰："师之庄贤于丘。"子夏避席而问曰："然则四子何为事先生？"子曰："居！吾语汝。夫回能信而不能反，赐能敏而不能诎，由能勇而不能怯，师能庄而不能同。兼四子者之有以易吾，弗与也。此其所以事吾而弗贰也。"

[译文]子夏向孔子请教："颜回的为人怎样？"孔子说："颜回的诚信比我强。"子夏问："子贡的为人怎样？"孔子说："子贡的聪敏比我强。"子夏问："子路的为人怎样？"孔子说："子路的勇气比我强。"子夏问："子张的为人怎样？"孔子说："子张的庄重比我强。"子夏离开座位问："那么他们四位为什么要侍奉先生呢？"孔子说："坐下，我告诉你。颜回能诚信却不灵活，子贡聪敏却不能受屈，子路有勇气却不能示弱，子张庄重却不够随和。把他们四人的长处加起来和我交换，我也不愿意。这就是他们愿意服事我而没二心的原因。" [4.15.12]

【礼乐】孔子游于泰山，见荣声期行乎郕之野，鹿裘带索，鼓琴而歌。孔子问曰："先生所以为乐者何也？"期对曰："吾乐甚多，而至者三。天生万物，唯人为贵，吾既得为人，是一乐也；男女之别，男尊女卑，故人以男为贵，吾既得为男，是二乐也；人生有不见日月，不免襁褓者，吾既以行年九十五矣，是三乐也。贫者士之常，死者人之终。处常得终，当何忧哉！"孔子曰："善哉！能自宽者也。"

[译文]孔子游览泰山，看到荣声期走在郕国的野外，穿着粗劣衣服，系着绳子腰带，弹琴唱着歌。孔子问："先生引以为乐的是什么呢？"荣声期回答："我的快乐很多，最快乐的有三件：天生万物，人最尊贵，我既为人，自是乐事之一。男女有别，男尊女卑，人们以男子为尊贵，我既为男人，自是乐事之二。有的人没出生就死在母腹中，有的人还在襁褓中就已死去，我已活到九十五岁，自是乐事之三。贫穷，是士人常态；死亡，是人生终结。处常

态而终天年，这还有什么可忧愁的呢？"孔子说："好啊！他是能自我宽慰的人。"[4.15.13]

【谋道】孔子曰："回有君子之道四焉。强于行义，弱于受谏，怵于待禄，慎于治身。史鳅有君子之道三焉。不仕而敬上，不祀而敬鬼，直己而曲于人。"曾子侍，曰："参昔者常闻夫子三言，而未之能行也。夫子见人之一善，而忘其百非，是夫子之易事也；见人之有善，若己有之，是夫子之不争也；闻善必躬行之，然后导之，是夫子之能劳也。学夫子之三言，而未能行，以自知终不及二子者也。"

［译文］孔子说："颜回有君子之道的四种品德：努力地推行仁义，虚心地接受劝告，小心地接受俸禄，谨慎地修养身心。史鳅有君子之道的三种品德：不做官而能尊敬官长，不祭祀而能尊敬鬼神，自己正直而能宽容别人。"曾子陪在旁边，说："我从前经常听您说三句话，但没能身体力行。老师看见别人的一个优点就忘记他百种缺点，这是您容易服事；您看见别人有优点就像自己有一样，这是您不争名利；您听说善事一定亲身去做，然后引导别人去做，这是您能辛劳教诲。学习老师的三句话却不能身体力行，所以我自知终不如颜回和史鳅这两位。"[4.15.14]

【君子】孔子曰："吾死之后，则商也日益，赐也日损。"曾子曰："何谓也？"子曰："商也好与贤己者处，赐也好说不若己者。不知其子，视其父；不知其人，视其友；不知其君，视其所使；不知其地，视其草木。故曰：与善人居，如入芝兰之室，久而不闻其香，即与之化矣；与不善人居，如入鲍鱼之肆，久而不闻其臭，亦与之化矣。丹之所藏者赤，漆之所藏者黑。是以君子必慎其所与处者焉。"

［译文］孔子说："我死之后，子夏会一天天增益自己，子贡会一天天

减损自己。"曾子问："这是什么意思呢？"孔子说："子夏喜欢与比自己贤能的人相处，子贡喜欢与不如自己的人相处。不了解他儿子时，就看他的父亲；不了解他本人时，就看他的朋友；不了解君主时，就看他任命的人；不了解土地时，就看地上的草木。所以说：与善人相处，就像进入灵芝兰花屋，久了会闻不出香味，这是融入环境里了。与不善人相处，就像进入咸鱼铺，久了会闻不出臭味，这是融入环境里了。收藏丹砂的盒子会变红，收藏黑漆的容器会变黑。因此君子一定要谨慎地选择与自己相处的人。"[4.15.15]

【谋道】曾子从孔子于齐，齐景公以下卿之礼聘曾子，曾子固辞。将行，晏子送之曰："吾闻之，君子遗人以财，不若善言。今夫兰本三年，湛之以鹿醢，既成啜之，则易之匹马，非兰之本性也，所以湛者美矣，愿子详其所湛者。夫君子居必择处，游必择方，仕必择君。择君所以求仕，择方所以修道。迁风移俗，嗜欲移性，可不慎乎？"孔子闻之，曰："晏子之言，君子哉！依贤者固不困，依富者固不穷，马蚿斩足而复行，何也？以其辅之者众。"

[译文]曾子跟随孔子去齐国，齐景公用下卿的待遇聘请他，曾子坚决地推辞了。准备走的时候，晏子送行说："我听说，君子赠人钱财，不如赠人良言。现有生长三年的兰草根，用鹿肉酱浸泡，做成后拿来吃，能换一匹马。这并非兰草的本性，而是浸泡的鹿酱味鲜美导致的，希望你能弄清楚酱料的作用。君子居住要选择处所，出游要选择方位，做官要选择国君。选择国君是为了做官，选择方位是为了修道明理。风尚能转变习俗，喜好能改变人性，能不让人谨慎吗？"孔子听说后说："晏子的话，是君子之言啊！跟随贤人不会困惑，跟随富人不会穷困，马蚿被斩断了足还能行走，这是为什么呢？因为辅助它行走的足很多。"[4.15.16]

【君子】孔子曰："以富贵而下人，何人不尊？以富贵而爱人，何人不亲？发言不逆，可谓知言矣；言而众向之，可谓知时矣。是故以富而能富人者，欲贫不可得也；以贵而能贵人者，欲贱不可得也；以达而能达人者，欲穷不可得也。"

［译文］孔子说："自身富贵而谦恭待人，谁能不尊敬他呢？自身富贵而关爱他人，谁能不亲近他呢？发表言论不被反对，可说是懂得说话了；说了话众人都拥护，可说是知道说话的时机了。所以自身富裕而能帮助别人富裕的人，想要贫苦也不可能；自身高贵而能帮助别人高贵的人，想要卑贱也不可能；自身发达了而能帮助别人发达的人，想要穷困也不可能。"［4.15.17］

【君子】孔子曰："中人之情也，有余则侈，不足则俭，无禁则淫，无度则逸，从欲则败。是故鞭扑之子，不从父之教；刑戮之民，不从君之令。此言疾之难忍，急之难行也。故君子不急断，不急制。使饮食有量，衣食有节，宫室有度，畜积有数，车器有限，所以防乱之原也。夫度量不可明，是中人所由之令。"

［译文］孔子说："一般人的情况是，有余财就浪费，钱不足就俭朴，无禁令就乱来，没限度就放纵，从心所欲就败亡。所以被鞭打的儿子不听从父亲教育，受刑罚的百姓不听从君王的命令。这说明太痛苦的难以忍受，太急切的难以实行。所以君子不急着决断，不急着制止。应做到饮食有定量，衣服有节制，房屋有限度，储积粮食有定数，车辆器具有限量，这是防止祸乱的原则。而不明法规度量，正是一般人目无法令的通病。"［4.15.18］

【君子】孔子曰："巧而好度必攻，勇而好问必胜，智而好谋必成。以愚者反之。是以非其人，告之弗听；非其地，树之弗生；得其人，如聚砂而雨之；非其人，如会聋而鼓之。夫处重擅宠，专事妒贤，愚者之情也。位高则危，任重则崩，可立而待。"

　　［译文］孔子说：“机巧而又好揣度的人必定攻击他人，勇敢而好问的人必定会胜利，智高而好谋划的人必定成功。蠢人则相反。因此那些不合适的人，告诉他也不会听；不合适的土地，种树也不会生长。遇到合适的人，如聚集沙子而雨水融合；不合适的人，如遇到聋人而敲鼓。身处要职，自恃受宠，专门嫉贤妒才，这是蠢人的通常情况。地位高更危险，责任重易崩溃，如立等可待一样。”［4.15.19］

　　【君子】孔子曰：“舟非水不行，水入舟则没；君非民不治，民犯上则倾。是故君子不可不严也，小人不可不整一也。”

　　［译文］孔子说：“船无水就不能行驶，水进舱就会沉船；国君没有民众就不能治国，民众犯上作乱就会亡国。因此君子不可以不严谨，小人不可以不整顿统一。”［4.15.20］

　　【君子】齐高庭问于孔子曰：“庭不旷山，不直地，衣禳而提赟，精气以问事。君子之道，愿夫子告之。”孔子曰：“贞以干之，敬以辅之，施仁无倦。见君子则举之，见小人则退之，去汝恶心而忠与之。效其行，修其礼，千里之外，亲如兄弟。行不效，礼不修，则对门不汝通矣。夫终日言，不遗己之忧；终日行，不遗己之患，唯智者能之。故自修者必恐惧以除患，恭俭以避难者也。终身为善，一言则败之，可不慎乎？”

　　［译文］齐国人高庭向孔子请教说：“我翻过高山，远道而来，穿着草衣提着礼物，真诚地向您请教服事君子之道，希望老师能告诉我。”孔子说：“意志坚定地正确做事，恭敬地辅佐国政，不厌倦地施行仁义。看见君子就举荐，看见小人就辞退，去掉你的坏心思去忠诚相待。效法君子的行为，学好君子的礼仪，远隔千里之外的人，也会亲如兄弟。不效法君子行为，不学君子的礼仪，他住在对门也不会和你沟通。整天说话，不会为自己留下忧虑；整天行

动，不会为自己留后患，这只有智者能做到。所以自我修养的人，必时刻警惕地清除祸患，保持恭敬谦逊以躲避灾难。哪怕是终身行善，都会因一句话而败身，能不谨慎吗？" [4.15.21]

辩物第十六

【好学】季桓子穿井，获如土缶，其中有羊焉。使使问于孔子曰："吾穿井于费，而于井中得一狗，何也？"孔子曰："丘之所闻者，羊也。丘闻之，木石之怪夔魍魉，水之怪龙罔象，土之怪羵羊也。"

［译文］季桓子打井时，得到了一个土缶，里面有个羊状物。季桓子派人去问孔子："我在费地打井，在井中得到一只狗，这是什么呢？"孔子说："据我所知，应是一只羊。我听说，林间石中的精怪有夔和魍魉，水里的精怪有龙和罔象，土中的精怪有羵羊。" [4.16.1]

【好学】吴伐越，隳会稽，获巨骨一节，专车焉。吴子使来聘于鲁，且问之孔子，命使者曰："无以吾命也。"宾既将事，乃发币于大夫，及孔子，孔子爵之。既彻俎而燕，客执骨而问曰："敢问骨何如为大？"孔子曰："丘闻之，昔禹致群臣于会稽之山，防风后至，禹杀而戮之，其骨专车焉。此为大矣。"客曰："敢问谁守为神？"孔子曰："山川之灵，足以纪纲天下者，其守为神；社稷之守为公侯，山川之祀者为诸侯，皆属于王。"客曰："防风何守？"孔子曰："汪芒氏之君守封嵎山者，为漆姓。在虞、夏、商为汪芒氏，于周为长翟氏，今曰大人。"有客曰："人长之极几何？"孔子曰："僬侥氏长三尺，短之至也；长者不过十，数之极也。"

［译文］吴国攻打越国，毁灭了会稽，获得了一节巨骨，要用一辆专车来运。吴国国君派使者问候鲁君，并向孔子请教骨头的事，吴君指令使者说：

"不要说是我的命令。"使者问候完鲁君，就分发礼物给鲁国大夫，分到孔子时，孔子回敬了杯酒。等到撤去祭器举行宴饮时，使者拿着一根骨头问："请问怎样的骨头才算是大的？"孔子说："我听说过，从前大禹在会稽山召集群臣，防风迟到，大禹杀了他，他的骨头装了一辆专车，这样的骨头算是大的了。"使者问："请问谁是守护神？"孔子说："山川的精灵，能够规范天下的，它的守护者就是神。社稷的守护者是公侯，山川的祭祀人为诸侯，都隶属于君王。"使者说："防风氏守护哪里呢？"孔子说："他守护封嵎山，是汪芒国地君主，姓漆，在虞、夏、商时代为汪芒氏，在周朝为长翟氏，如今称作大人。"客人问："人的身体最大有多长？"孔子说："僬侥氏身长三尺，是最短的了。最长的不超过十尺，这个数字已达极限了。" [4.16.2]

【好学】孔子在陈，陈惠公宾之于上馆。时有隼集陈侯之庭而死，楛矢贯之，石砮，其长尺有咫。惠公使人持隼，如孔子馆而问焉。孔子曰："隼之来远矣，此肃慎氏之矢。昔武王克商，通道于九夷、百蛮，使各以其方贿来贡，而无忘职业。于是肃慎氏贡楛矢、石砮，其长尺有咫。先王欲昭其令德之致远物也，以示后人使永鉴焉，故铭其栝曰：'肃慎氏贡楛矢栝。'以分大姬，配胡公，而封诸陈。古者分同姓以珍玉，所以展亲亲也；分异姓以远方之职贡，所以无忘服也。故分陈以肃慎氏贡焉。君若使有司求诸故府，其可得也。"公使人求，得之金椟，如之。

[译文]孔子在陈国，陈惠公请他住在上等宾馆里。当时有一只隼鸟被射掉在陈惠公厅堂上，箭杆以楛木制成，箭头以石制成，箭长一尺八寸。陈惠公让人拿着隼鸟到孔子的宾馆询问。孔子说："隼鸟是远方来的，这是肃慎氏的箭。从前周武王攻克商王朝，打通了与各少数民族的通道，让他们以各自的特产进贡，并要求不忘记自己的职业。于是慎肃氏进贡了用楛木作杆，尖石作头的箭，长一尺八寸。周武王想昭显他远方进贡的美德，以昭示后人永久借

鉴，故在箭杆末端刻上‘肃慎氏贡楛矢栝’几个字，把它赏给了女儿大姬；后来大姬远嫁胡公后，封在了陈地。古代把珍贵玉器分给同姓之人，是为了展示血亲的亲密关系；把远方贡物分给异姓之人，是为使他们不忘记臣服，所以把肃慎氏的贡物分给了陈国。您如果派官员到旧府库中去找，就可以找到。”陈惠公派人去找，果然在一个金柜里找到了，和孔子说的一样。[4.16.3]

【好学】郯子朝鲁，鲁人问曰：“少昊氏以鸟名官，何也？”对曰：“吾祖也，我知之。昔黄帝以云纪官，故为云师而云名，炎帝以火，共工以水，太昊以龙，其义一也。我高祖少昊挚之立也，凤鸟适至，是以纪之于鸟，故为鸟师而鸟名。自颛顼氏以来，不能纪远，乃纪于近，为民师而命以民事，则不能故也。”孔子闻之，遂见郯子而学焉。既而告人曰：“吾闻之，天子失官，学在四夷，犹信。”

［译文］郯国国君朝拜鲁国，鲁国人叔孙昭子问：“少昊氏用鸟来命名官职，为什么呢？”郯子回答说：“少昊氏是我的祖先，我知道这件事。从前黄帝用云来命名官职，所以官长都以‘云师’来命名。这与炎帝以火来命名官职，共工以水来命名官职，太昊以龙来命名官职，意义都是一样的。我的高祖少昊挚即位时，凤鸟正好飞来，因此以鸟命名官职，百官都以‘鸟师’来命名。自颛顼氏以来，不能再用远方事物来命名，就改以身边事物来命名，于是以‘民师’来命名官职，而不能再像以前那样做了。”孔子听说后，就去拜见郯子向他学习。回来后告诉别人说：“我听说，天子官学失传后，可向四周小国求学，这话是可信的。”[4.16.4]

【大同】邾隐公朝于鲁，子贡观焉。邾子执玉，高其容仰；定公受玉卑，其容俯。子贡曰：“以礼观之，二君者将有死亡焉？夫礼，生死存亡之体。将左右周旋，进退俯仰，于是乎取之；朝祀丧戎，于是乎观之。今正月相朝，而皆不度，心以亡矣。嘉事不体，何以能久？高仰骄也，卑俯替也。骄近乱，替近疾；君为主，其先亡乎？"夏五月，公薨。又邾子出奔。孔子曰："赐不幸而言中，是赐多言。"

［译文］邾隐公朝拜鲁君，子贡现场观看。邾隐公拿着玉，高仰起脸。鲁定公低身接玉，脸是低俯的。子贡说："从礼节看，两位君主中会有人死亡吧？礼是关系国家生死存亡的体系，它将根据礼治规范来决定如何左右周旋，进退俯仰，如何取舍朝会祭祀，死丧征战。现今正月里两位国君互相朝见，都不合礼法，心中都没有礼了。朝会嘉礼都不合礼，怎能活得长久呢？高傲仰脸是骄纵，卑容俯身是衰废。骄纵接近动乱，衰废接近疾病。君王是主人，恐怕会先亡吧！"夏历五月，鲁定公死了，而后邾子也出逃了。孔子说："子贡不巧说中了此事，这是他多言了。"［4.16.5］

【大同】孔子在陈，陈侯就之燕焉。子游行路之人云："鲁司铎灾及宗庙。"以告孔子。子曰："所及者其桓、僖之庙。"陈侯曰："何以知之？"子曰："礼，祖有功而宗有德，故不毁其庙焉。今桓、僖之亲尽矣，又功德不足以存其庙，而鲁不毁，是以天灾加之。"三日，鲁使至。问焉，则桓、僖也。陈侯谓子贡曰："吾乃今知圣人之可贵。"对曰："君之知之，可矣，未若专其道而行其化之善也。"

［译文］孔子在陈国，陈国君主过来陪他宴饮游览。路上行人传言："鲁国司铎的火灾殃及宗庙了。"有人把这话告诉了孔子，孔子说："殃及的应是鲁桓公、鲁僖公的宗庙。"陈国君主问："您是怎么知道的？"孔子说："按古礼，祖先有功而且宗族有德，就不会毁坏他们的宗庙。如今鲁桓公、鲁僖公的亲属没有了，他们的功德又不足以保存他们的宗庙，而鲁国却没有毁掉它们，所以天灾要加在它们之上。"三天后，鲁国使者到了，一问果然是桓公和僖公的宗庙遭火灾。陈国君主对子贡说："我如今才知道圣人的可贵。"

子贡回答："您知道这点还不错，但还不如专学圣人之道，推行他的教化更好。"［4.16.6］

【亲仁】阳虎既奔齐，自齐奔晋，适赵氏。孔子闻之，谓子路曰："赵氏其世有乱乎！"子路曰："权不在焉，岂能为乱？"孔子曰："非汝所知。夫阳虎亲富而不亲仁，有宠于季孙，又将杀之，不克而奔，求容于齐；齐人囚之，乃亡归晋。是齐、鲁二国已去其疾。赵简子好利而多信，必溺其说而从其谋，祸败所终，非一世可知也。"

［译文］季孙的家臣阳虎逃到齐国后，又从齐国跑到晋国，投奔赵简子避难。孔子听说后，对子路说："赵氏后代怕有动乱了吧。"子路说："权不在阳虎手里，他怎能作乱呢？"孔子说："这不是你所知道的。阳虎亲近富人而不亲近仁人，受宠于季孙，反要杀害他，未得逞后逃走，求齐国接纳他。齐人囚禁他，他又逃往晋国。这样齐、鲁两国都除了祸根。赵简子贪利而轻信，必会轻信他的话而听从他的计谋，祸患引起的最终后果，不是这代人所能知道的。"［4.16.7］

【好学】季康子问于孔子曰："今周十二月，夏之十月，而犹有蝝，何也？"孔子对曰："丘闻之，火伏而后蛰者毕，今火犹西流，司历过也。"季康子曰："所失者几月也？"孔子曰："于夏十月，火既没矣，今火见，再失闰也。"

［译文］季康子问孔子说："现在是周历十二月，即夏历十月，却还有蝗虫，为什么呢？"孔子回答："我听说，大火星隐没后，昆虫的潜伏才结束。现今大火星还在向西落去，这是司历官的过失。"季康子说："错在哪个月呢？"孔子说："夏历十月，大火星就该隐没了。现今大火星还出现，是两次闰月设置得不对的结果。"［4.16.8］

【好学】吴王夫差将与哀公见晋侯。子服景伯对使者曰："王合诸侯，则伯率侯牧以见于王；伯合诸侯，则侯率子男以见于伯，今诸侯会，而君与寡君见晋君，则晋成为伯矣。且执事以伯召诸侯，而以侯终之，何利之有焉？"吴人乃止。既而悔之，遂囚景伯。伯谓太宰嚭曰："鲁将以十月上辛，有事于上帝先王，季辛而毕，何也世有职焉，自襄已来，未之改也。若其不会，祝宗将曰：'吴实然。'"嚭言于夫差。归之，子贡闻之，见于孔子曰："子服氏之子拙于说矣，以实获囚，以诈得免。"孔子曰："吴子为夷德，可欺而不可以实。是听者之蔽，非说者之拙。"

［译文］吴王夫差准备与鲁哀公一起去面见晋国君王。鲁国的子服景伯对吴国使者说："如果周王会合诸侯，那么伯爵就应率侯牧等官员去见周王。如伯爵会合诸侯，那么诸侯就应该率领子爵、男爵去拜见伯爵。如今诸侯会和，而吴国君与我们鲁国君去拜见晋君，那晋国就成为伯爵了。况且你们以伯爵身份召集诸侯，而又以诸侯身份结束，有什么好处呢？"吴人听后停止了此事。后来又后悔了，于是囚禁了景伯。景伯对太宰嚭说："鲁国将在十月上辛这天祭祀上帝、先王，到季辛这天结束。我家世代都在祭祀中担任职务，自鲁襄公以来从未改变。如果我不参加祭祀，祭祀主持人将会说：'这是吴国造成的。'"太宰嚭把话转告夫差，于是把景伯放回了鲁国。子贡听说此事，见到孔子说："子服景伯太不会说话了，因为说实话受囚禁，又因说假话被释放。"孔子说："吴王信奉的是夷族人道德，可以受欺骗而不能听实话，这是听话人自身的毛病，不是说话人的过错。" ［4.16.9］

【大同】叔孙氏之车士曰子鉏商，采薪于大野，获麟焉；折其前左足，载以归。叔孙以为不祥，弃之于郭外，使人告孔子曰："有麇而角者何也？"孔子往观之，曰："麟也。胡为来哉？胡为来哉？"反袂拭面，涕泣沾衿。叔孙闻之，然后取之。子贡问曰："夫子何泣尔？"孔子曰："麟之至，为明王也。出非其时而见害，吾是以伤焉。"

［译文］叔孙氏的车夫子叫鉏商，在大野打柴，抓到一只麒麟，折断了麒麟的左前腿，用车子载了回来。叔孙氏认为不吉利，把麒麟抛弃在城外，派人告诉孔子说："有一只獐子还长着角，这是什么呢？"孔子前往观看，说："这是麒麟啊！为何而来呢？为何而来呢？"他把袖子翻过来擦脸，鼻涕眼泪弄湿了衣襟。叔孙氏听了孔子的话，把麒麟取了回来。子贡问："老师为什么哭泣呢？"孔子说："麒麟出现，是圣明君王出现的征兆。现不在其时出现而被害，我因此伤心啊！"［4.16.10］

哀公问政第十七

【谋道】哀公问政于孔子。孔子对曰："文武之政，布在方策。其人存则其政举；其人亡则其政息。天道敏生，人道敏政，地道敏树。夫政者，犹蒲卢也，待化以成，故为政在于得人。取人以身，修道以仁。仁者，人也，亲亲为大；义者，宜也，尊贤为大。亲亲之教，尊贤之等，礼所以生也。礼者，政之本也。是以君子不可以不修身。思修身，不可以不事亲；思事亲，不可以不知人；思知人，不可以不知天。天下之达道有五，其所以行之者三。曰：君臣也，父子也，夫妇也，昆弟也，朋友也。五者，天下之达道。

［译文］鲁哀公向孔子询问治国之道。孔子回答："周文王、周武王的治国方略，记载在简册上。他们人在，国策就能施行；他们人不在，国策就不能施行了。天之道勤勉于化生万物，人之道勤勉于处理政事，地之道勤勉于成长树木。政治，就像芦苇一样苗壮成长，应时变化而成。所以治国最重要的是得到人才。获取人才在于自身修养，修养人道以仁为本。仁，就是人，亲近亲人是最大的仁。义，就是做事适宜，尊重贤人是最大的义。亲人间要分亲疏，尊贤时要分等级，这就产生了礼。礼，是政治之本，因此君子不可以不修身。

而想要修身，就不能不侍奉父母；想侍奉父母，就不能不了解人；想了解人，就不能不知天道。天下共通的人伦大道有五条，所依托而行的道德有三种。可以说，君臣之道、父子之道、夫妇之道、兄弟之道、朋友之道，是通达人伦天道的五条正路。[4.17.1]

【修德】"智、仁、勇三者，天下之达德也。所以行之者一也。或生而知之，或学而知之，或困而知之，及其知之一也。或安而行之，或利而行之，或勉强而行之，及其成功一也。"公曰："子之言美矣，至矣！寡人实固，不足以成之也。"

［译文］"智德、仁德、勇德，是通达人伦天道的共通道德。它们所实施的教化目标是统一的。只是有的人天生就知道，有的人学习后才知道，有的人遇到困难后才知道，最终都知道了，这是一样的。有的人安心地去做，有的人为名利去做，有的人勉强去做。他们最终所获得的成功，也都是一样的。"哀公说："您说得太好了，太彻底了，只是我实在愚昧，不足以成就这些啊。"[4.17.2]

【修德】孔子曰："好学近乎智，力行近乎仁，知耻近乎勇。知斯三者，则知所以修身。知所以修身，则知所以治人；知所以治人，则能成天下国家者矣。"

［译文］孔子说："好学近于智慧，努力实行近于仁德，知道耻辱近于勇气。知道这三点，就知道怎样修身了。知道如何修身，就会知道如何治人；知道如何治人，就能治理好天下国家了。"[4.17.3]

【修德】公曰："政其尽此而已乎？"孔子曰："凡为天下国家有九经，曰：修身也，尊贤也，亲亲也，敬大臣也，体群臣也，重庶民也，来百工也，柔远人也，怀诸侯也。夫修身则道立，尊贤则不惑，亲亲则诸父兄弟不怨，敬大臣则不眩，体群臣则士之报礼重，重庶民则百姓劝，来百工则财用足，柔远人则四方归之，怀诸侯则天下畏之。"公曰："为之奈何？"孔子曰："斋洁盛服，非礼不动，所以修身也；去谗远色，贱利而贵德，所以尊贤也；爵其能，重其禄，同其好恶，所以笃亲亲也；官盛任使，所以敬大臣也；忠信重禄，所以劝士也；时使薄敛，所以劝百姓也；日省月试，饩廪称事，所以来百工也；送往迎来，嘉善而矜不能，所以绥远人也；继绝世，举废邦，治乱持危，朝聘以时，厚往而薄来，所以怀诸侯也。

[译文] 哀公问："治国的政事说到此就完了吗？"孔子说："治理国家有九条原则，就是修养自身，尊崇贤人，亲爱亲人，尊敬大臣，体恤群臣，重视庶民，招纳工匠，优待远客，安抚诸侯。修养自身就能确立正道，尊崇贤人就不会困惑，亲近族人叔伯兄弟就不会怨恨，尊敬大臣就不会迷惘，体恤群臣士人的回报就会更丰厚，重视庶民百姓就会努力工作，招纳百工就会财物充足，优待远客就会四方归顺，安抚诸侯就会让天下敬畏。"哀公问："怎么做到呢？"孔子说："像斋戒那样，穿着盛服静心虔诚，不符合礼的事坚决不做，这就是修身原则。驱除小人，疏远女色，看轻利益而重视德行，这就是尊贤原则。给有才能的人加官晋爵及厚禄，与亲族爱憎一致，这是让亲人更亲爱的原则。任命众多官员，足以管理好本职工作，这是尊敬大臣的原则。真心诚意地任用，给予厚禄，这就是奖劝士人的原则。劳役不误农时，减少赋税，这是劝勉百姓的原则。每天省察，每月考核，支付的工钱粮米与业绩相称，这是奖劝百工的原则。来时欢迎，去时欢送，嘉奖有善行的人而怜惜能力差的人，这是优待远客的原则。延续绝嗣的家族，复兴废亡的小国，治理乱象，维持危局，按时会见与聘问诸侯，少受礼物，回赠丰厚，这是安抚诸侯的原则。[4.17.4]

【谋道】"治天下国家有九经，其所以行之者一也。凡事豫则立，不豫则废。言前定则不跲，事前定则不困，行前定则不疚，道前定则不穷。在下位不获于上，民弗可得而治矣。获于上有道，不信于友，不获于上矣。信于友有道，不顺于亲，不信于友矣。顺于亲有道，反诸身不诚，不顺于亲矣。诚身有道，不明于善，不诚于身矣。诚者、天之道也；诚之者、人之道也。夫诚、弗勉而中，不思而得，从容中道，圣人之所以定体也。诚之者，择善而固执之者也。"公曰："子之教寡人备矣，敢问行之所始。"孔子曰："立爱自亲始，教民睦也；立敬自长始，教民顺也；教之慈睦，而民贵有亲；教以敬，而民贵用命。民既孝于亲，又顺以听命，措诸天下，无所不可。"公曰："寡人既得闻此言也，惧不能果行而获罪咎。"

[译文]"治理国家有九条原则，但实行的方法只有一个。任何事情，事先有准备就成功，无准备就失败；说话前有准备就会顺畅，做事前有准备就不会困窘，行动前有准备就不会愧疚，道路先选定，就不会无路可走。下位人得不到上位人信任，就不能治理好民众。要获得上位者信任是有原则的：没有朋友的信任，上位者不会信任。获得朋友信任是有原则的：不让父母顺心，朋友不会信任。让父母顺心是有原则的：反省自身不真诚，就不能让父母顺心。使自身真诚是有原则的：不明白何为善，就不能使自身真诚。真诚，是天之道；追求真诚，是人之道。人能真诚，不用勉强就能中规中矩，不用思考就能拥有，从容不迫地走中庸之道，这是圣人定下的修身本体。真诚的人，就是选择善德而执着追求的人。"哀公说："您教给我的方法已经很完备了，请问从什么地方开始呢？"孔子说："立仁爱心要从爱父母开始，这就可以教会民众和睦相处；立恭敬心要从尊敬长辈开始，这样可以教会民众顺从。教人慈爱和睦，民众就会重视亲情；教人恭敬，民众就会重视服从命令。民众既能孝顺父母，又能听从命令，再让他们做天下的事情，就没有什么不行的了。"哀公说："我既已听到了这些话，很害怕不能果断行动而犯错。" [4.17.5]

【祭祀】宰我问于孔子曰："吾闻鬼神之名，而不知所谓，敢问焉。"

孔子曰："人生有气有魄。气者，神之盛也。众生必死，死必归土，此谓鬼；魂气归天，此谓神。合鬼与神而享之，教之至也。骨肉毙于下，化为野土，其气发扬于上，此神之著也。圣人因物之精，制为之极，明命鬼神，以为民之则，而犹以是为未足也。故筑为宫室，设为宗祧，春秋祭祀，以别亲疏，教民反古复始，不敢忘其所由生也。众之服自此，故听且速焉。教以二端，二端既立，报以二礼：建设朝事，燔燎膻芗，所以报气也。荐黍稷，羞肺肝，加以郁鬯，所以报魄也。此教民修本反始崇爱，上下用情，礼之至也。

　　［译文］宰我问孔子说："我听说鬼神的名称可不知它指的是什么，可问问吗？"孔子说："人生来就有气有魂魄。气，是人旺盛的精神。众生都会死，死后都会回归土里，这就是鬼。魂气升到天上，这就是神。把鬼和神合起来祭祀，这是教化的极致了。骨肉埋在地下，化为野土，它的魂气向上发扬，就是神的显现。圣人根据物的精神，制定了标准，明确地命名为鬼神，以它作为民众的准则，但还认为这不够，所以要修筑宫室，设立宗庙，每年春秋举行祭祀，以区别亲疏，教育民众不忘远古初始，不忘自己出生之处。民众由此而服从教化，能听从命令并迅速执行。先教给民众如何对待生死这两端，生死两端的处理标准确立后，然后以祭、祀两种礼仪报答祖先，建立起祭祀制度，烧烤宰杀好的牛羊牺牲等祭品，飘散膻气与肉香味，以报答祖先的精神气。接着再献上黍米饭、熟肺肝、香酒等，以报答祖先的魂魄。这些都是教导民众修本知孝，不忘祖先，崇尚仁爱，加深上下层亲情，做到礼的极致。[4.17.6]

　　【祭祀】"君子反古复始，不忘其所由生。是以致其敬，发其情，竭力从事，不敢不自尽也，此之谓大教。昔者，文王之祭也，事死如事生，思死而不欲生，忌日则必哀，称讳则如见亲，祀之忠也。思之深，如见亲之所爱。祭欲见亲之颜色者，其唯文王与！《诗》云：'明发不寐，有怀二人。'则文王之谓与。祭之明日，明发不寐，有怀二人，敬而致之，又从而思之。祭之日，

乐与哀半，飨之必乐，已至必哀，孝子之情也。文王为能得之矣。"

　　［译文］"君子反思远古和初始，不忘记自己的生命从何处来，所以要对祖先致以敬意，抒发自己对祖先的亲情，竭尽全力地为家国做事，不敢不尽全力，这就叫作大教化。从前周文王祭祀时，服事死者如同服事生人一般，思念死者而痛不欲生，每逢先祖忌日必定很哀伤，提及亲人名讳如同亲见祖先一样，这就是他祭祀的忠诚啊。思念祖先之深切，如同看见亲人爱自己，祭祀时想见到亲人模样的，恐怕只有文王吧！《诗》说：'天亮还睡不着，怀念我父母。'说的就是文王吧？祭祀的第二天，等到天亮了还不睡，深深怀念父母，尊敬地致礼，又再深深思念他们。祭祀当天，快乐与哀伤交织在一起，想着让父母享受祭品时会很快乐，祭礼完毕后思念父母心里又很哀伤。这就是孝子的感情，文王是能够做到这一点的啊。" [4.17.7]

卷五

颜回第十八

【好学】鲁定公问于颜回曰："子亦闻东野毕之善御乎？"对曰："善则善矣。虽然，其马将必佚。"定公色不悦，谓左右曰："君子固有诬人也。"颜回退。后三日，牧来诉之曰："东野毕之马佚，两骖曳两服入于厩。"公闻之，越席而起，促驾召颜回。回至，公曰："前日寡人问吾子以东野毕之御，而子曰：'善则善矣，其马将佚。'不识吾子奚以知之？"颜回对曰："以政知之。昔者，帝舜巧于使民，造父巧于使马。舜不穷其民力，造父不穷其马力；是以舜无佚民，造父无佚马。今东野毕之御也，升马执辔，衔体正矣；步骤驰骋，朝礼毕矣；历险致远，马力尽矣；然而犹乃求马不已。臣以此知之。"公曰："善。诚若吾子之言也。吾子之言，其义大矣，愿少进乎？"颜回曰："臣闻之，鸟穷则啄，兽穷则攫，人穷则诈，马穷则佚。自古及今，未有穷其下而能无危者也。"公悦。遂以告孔子，孔子对曰："夫其所以为颜回者，此之类也。岂足多哉？"

［译文］鲁定公问颜回说："你也听说过东野毕很会驾车的事吗？"颜回回答："他的确很会驾车，但他的马一定会走失。"鲁定公脸色很难看，对身边的人说："君子中竟也有诬蔑人的。"颜回退下后，过了三天，养马的人过来说："东野毕的马走失了，两匹骖马拖着两匹服马回到了马棚。"鲁定公听了，越过坐席站了起来，立刻派人驾车把颜回接了回来。颜回到了后，鲁定

公说：“前天我问你东野毕驾车的事，你说：‘他的确很会驾车，但他的马一定会走失。’我不懂您是怎样知道的？”颜回回答：“我是根据政事知道的。从前舜帝善于役使百姓，造父善于驾驭马。舜帝不用尽民力，造父不用尽马力，因此舜帝时代没有出现流民，造父也没有走失的马。如今东野毕的驾车方法，是套好了马，拉紧了缰绳，上好了马嚼子，摆正了马体；然后时而快步奔驰，时而调理步伐，直到完成礼仪；他的马在险峻地长途奔跑，耗尽了马力，还在让马不停奔跑。我因此知道马会走失。”鲁定公说：“说得好，确实像你说的那样。你的这些话，有深刻含义啊！能再讲一讲吗？”颜回说：“我听说，鸟急了会啄人，兽急了会抓人，人穷困了会诈骗，马筋疲力尽了会逃走。从古至今，从没有使手下人陷入了困穷而他却没有危险的。”鲁定公听了很高兴，于是把此事告诉了孔子。孔子对他说：“他之所以是颜回，就是因为常有这样的表现，不足以过多地称赞啊！”　[5.18.1]

【好学】孔子在卫，昧旦晨兴，颜回侍侧，闻哭者之声甚哀。子曰：“回！汝知此何所哭乎？”对曰：“回以此哭声非但为死者而已，又有生离别者也。”子曰：“何以知之？”对曰：“回闻桓山之鸟，生四子焉。羽翼既成，将分于四海，其母悲鸣而送之。哀声有似于此，谓其往而不返也。回窃以音类知之。”孔子使人问哭者，果曰：“父死家贫，卖子以葬，与之长决。”子曰：“回也，善于识音矣！”

［译文］孔子在卫国时，有一次没等天亮就起床了，颜回在旁边侍候，听到有很悲哀的哭声。孔子说：“颜回，你知道这人为什么哭吗？”颜回说：“我认为这哭声不只是为了死者，还有与在世亲人的离别之情。”孔子说：“怎么知道的呢？”颜回说：“我听说桓山母鸟生了四只小鸟，小鸟羽翼丰满后，将飞向四面八方。母鸟哀叫着送小鸟们远行，这哀叫声和这哭声相似，因为它们飞走后就再也不回来了。我觉得这两类声音很相似，所以得知。”孔子

让人去问哭者，哭者果然说："我父亲死了，家里贫困，只好卖掉儿子来埋葬父亲，从此要与儿子永远分别了。"孔子说："颜回呀，真是善于识别声音啊！"[5.18.2]

【大同】颜回问于孔子曰："成人之行若何？"子曰："达于情性之理，通于物类之变，知幽明之故，睹游气之原，若此可谓成人矣。既能成人，而又加之以仁义礼乐，成人之行也，若乃穷神知礼，德之盛也。"

[译文]颜回问孔子："成人的品德行为应该是怎样的呢？"孔子说："通达性情的道理，通晓物类的变化规律，知道天地阴阳的缘故，明白宇宙游动气息的本原，这就可称为成人了。既能成为人，又能学习仁义礼乐，就有成人的行为了。而要穷探礼治的精微道理，就需要高深道德了。"[5.18.3]

【亲仁】颜回问于孔子曰："臧文仲、武仲孰贤？"孔子曰："武仲贤哉！"颜回曰："武仲世称圣人，而身不免于罪，是智不足称也；好言兵讨，而挫锐于邾，是智不足名也。夫文仲，其身虽殁，而言不朽，恶有未贤？"孔子曰："身殁言立，所以为文仲也。然犹有不仁者三，不智者三，是则不及武仲也。"回曰："可得闻乎？"孔子曰："下展禽，置六关，妾织蒲，三不仁。设虚器，纵逆祀，祠海鸟，三不智。武仲在齐，齐将有祸，不受其田，以避其难，是智之难也。夫臧武仲之智，而不容于鲁，抑有由焉，作而不顺，施而不恕也夫。《夏书》曰：'念兹在兹，顺事恕施。'"

[译文]颜回问孔子说："臧文仲和臧武仲这两个人，谁更贤良呢？"孔子说："武仲更贤良。"颜回说："武仲被世人称为圣人，自身却免不了罪责，说明他的智慧不配称道。他好说发兵征讨，而在邾国却失败了，说明他的智慧不配名世。至于文仲，虽然去世，但言论不朽，怎能说不够贤良呢？"孔子说："文仲去世才以言立世，所以被称为文仲。但他做了三件不仁的事，

三件不智的事，因此不如武仲了。"颜回说："可以说来听听吗？"孔子说："他让展禽身居下位，设置六关收税，让妾织蒲席赚钱，这是三不仁。他非法拥有不当器物，纵容非礼的祭祀，祭祀海鸟，这是三不智。武仲在齐国时，齐国将有灾祸，武仲不接受齐庄公封给他的田地，以此躲避了灾难，这是智者也难做到的。臧武仲智高一筹却不被鲁国所容，是有原因的。他没有顺势而为，施仁而没有行恕道。《夏书》说：'想着它做着它，顺势而为，实施恕道。'" [5.18.4]

【亲仁】颜回问君子。孔子曰："爱近仁，度近智，为己不重，为人不轻，君子也夫！"回曰："敢问其次。"子曰："弗学而行，弗思而得。小子勉之！"

［译文］颜回问君子之事。孔子说："爱人接近于仁，度量接近于智，不要过于看重自己，不要看轻别人，这就是君子。"颜回说："请问差一等的呢？"孔子说："那就是不学习就能行动，不思考就能获得。你要努力啊！" [5.18.5]

【亲仁】仲孙何忌问于颜回曰："仁者一言而必有益于仁智，可得闻乎？"回曰："一言而有益于智，莫如豫；一言而有益于仁，莫如恕。夫知其所不可由，斯知所由矣。"

［译文］仲孙何忌问颜回说："仁者一句话就必定有益于仁或智的，听说过吗？"颜回说："一句话，就必定有益于仁的，没有比得上'豫则立'的了；一句话就必定有益于智的，没有比得上'恕得众'的了。知道了什么不该做，才能知道什么该做。" [5.18.6]

【修德】颜回问小人。孔子曰："毁人之善以为辩，狡讦怀诈以为智，幸人之有过，耻学而羞不能，小人也。"颜回问子路曰："力猛于德，而得其死者鲜矣，盍慎诸焉？"孔子谓颜回曰："人莫不知此道之美，而莫之御也，莫之为也，何居？为闻者盍日思也夫。"

［译文］颜回问小人之事。孔子说："诋毁他人善行而自以为善辩，狡诈地揭发他人隐私而自以为聪明，对他人的过错幸灾乐祸，耻于学习却又羞辱那些没能力的人，这就是小人。"颜回问子路说："一个人的勇猛有力胜过了他的品德，能死得其所的人很少，为何不谨慎行事呢？"孔子对颜回说："没人不知道谨慎之道的美好，却不能很好对待，也不好好去做，这是为什么呢？听到这个道理的人为何不每天好好想想呢？"［5.18.7］

【君子】颜回问于孔子曰："小人之言，有同乎君子者，不可不察也。"孔子曰："君子以行言，小人以舌言。故君子于为义之上，相疾也，退而相爱；小人于为乱之上，相爱也，退而相恶。"

［译文］颜回问孔子说："小人的话，有的和君子似乎相同，不可不细察啊。"孔子说："君子以行动来说话，小人以舌头来说话。所以君子在行仁义上急于互相激励，私下里相互关爱。小人在作乱上互相支持，私下里相互诋毁。"［5.18.8］

【亲仁】颜回问朋友之际如何。孔子曰："君子之于朋友也，心必有非焉，而弗能谓'吾不知其仁人也'。不忘久德，不思久怨，仁矣夫！"

［译文］颜回问朋友间如何交往。孔子说："君子对于朋友，心里必定有些非议，但不能说'我不知道他是个仁人'。不忘朋友以往对自己的恩德，不老想着与朋友个人的旧怨，这样就做到了仁啊！"［5.18.9］

【君子】叔孙武叔见未仕于颜回，回曰："宾之。"武叔多称人之过而己评论之。颜回曰："固子之来辱也，宜有得于回焉？吾闻诸孔子曰：'言人之恶，非所以美己；言人之枉，非所以正己。故君子攻其恶，无攻人之恶。'"

［译文］叔孙、武叔没做官时受过颜回的接待，颜回说："以宾客之礼相待他们。"武叔常说别人的过错并加以评论。颜回说："你这是自取其辱啊，你应从我这里获得些劝告。我听孔子说过：'谈论别人缺点时不能美化自己，谈论别人的错误时不能抬高自己。所以君子要自我批评，不要攻击他人的缺点。'" [5.18.10]

【修德】颜回谓子贡曰："吾闻诸夫子，身不用礼而望礼于人，身不用德而望德于人，乱也。夫子之言，不可不思也。"

［译文］颜回对子贡说："我听老师说，自身不讲礼却希望别人对自己有礼，自身不施仁德而希望别人对自己施恩报德，这会引起变乱。老师的话，不可不深思啊！" [5.18.11]

子路初见第十九

【好学】子路见孔子，子曰："汝何好乐？"对曰："好长剑。"孔子曰："吾非此之问也，徒谓以子之所能，而加之以学问，岂可及哉？"子路曰："学岂益哉也？"孔子曰："夫人君而无谏臣则失正，士而无教友则失听。御狂马不释策，操弓不反檠。木受绳则直，人受谏则圣，受学重问，孰不顺哉？毁仁恶仕，必近于刑，君子不可不学。"子路曰："南山有竹，不揉自直，斩而用之，达于犀革。以此言之，何学之有？"孔子曰："括而羽之，镞而砺之，其入之不亦深乎？"子路再拜，敬而受教。

［译文］子路初见孔子，孔子说："你爱好什么？"子路回答："我喜

好长剑。"孔子说："我不是问你这个，我只是想说以你的能力，加上勤学好问，谁能赶上你呢？"子路说："学习真的有益吗？"孔子说："国君如没有谏臣就会失去正道，读书人如没有能教人的好友就听不到批评。驾驭狂马不能放下鞭子，拉开的弓不能用檠来匡正。木料用墨绳矫正就能笔直，常人接受劝谏就能成圣人。接受教育，重视学问，谁能不顺利呢？诋毁仁义，厌恶读书人，必会受到刑罚，故此君子不可不学习。"子路说："南山有竹子，不加工就是直的，砍下来作箭杆，可以射穿犀牛皮。以此说来，何必学习呢？"孔子说："箭末装上羽毛，箭头认真打磨，这不是射得更深吗？"子路拜了两拜，恭敬地接受了恩师教诲。[5.19.1]

【修德】子路将行，辞于孔子。子曰："赠汝以车乎？赠汝以言乎？"子路曰："请以言。"孔子曰："不强不达，不劳无功，不忠无亲，不信无复，不恭无礼，慎此五者而矣。"子路曰："由请终身奉之。敢问亲交取亲若何？言寡可行若何？长为善士而无犯若何？"孔子曰："汝所问苞在五者中矣。亲交取亲，其忠也；言寡可行，其信乎；长为善士，而无犯，其礼也。"

[译文]子路将要出门时，特向孔子辞行。孔子说："送你车呢，还是送你忠告好呢？"子路说："请给我忠告吧。"孔子说："不自强求仁就达不到目的，不勤劳就没有功劳，不忠诚就没有亲友，不守信就无人再信任，不恭敬就会失礼。谨慎地处理好这五个方面就行了。"子路说："我将终生奉行。请问怎样才能取得新朋友的信任？怎样才能少说而又行得通？怎样才能长做好人而又不受侵犯呢？"孔子说："你问的都包括在五德之中了。要取得新朋友的信任，就要忠诚；要少说而又行得通，就要守信；要长做好人而不受侵犯，就要讲礼。"[5.19.2]

【礼乐】孔子为鲁司寇，见季康子，康子不悦。孔子又见之。宰予进曰："昔予也常闻诸夫子曰：'王公不我聘则弗动。'今夫子之于司寇也日少，且屈节数矣，不可以已乎？"孔子曰："然，鲁国以众相陵，以兵相暴之日久矣，而有司不治，则将乱也，其聘我者，孰大于是哉？"鲁人闻之曰："圣人将治，何不先自远刑罚。"自此之后，国无争者。孔子谓宰予曰："违山十里，蟪蛄之声犹在于耳，故政事莫如应之。"

　　［译文］孔子在鲁国担任司寇时，去拜见季康子，季康子不高兴，孔子又再次去拜见他。宰予劝孔子说："从前我常听老师讲：'王公贵族不聘请我，就别动身。'现在您当司寇没几天，就委屈求见多次了，不能不去吗？"孔子说："本来是这样的，只是鲁国内以多欺少，以武力动粗欺人的现象由来已久了，如官府不认真治理，就会出大乱子。与他请不请我相比，哪件事更大呢？"鲁国人听到这话说："圣人将要治理鲁国了，我们何不主动远离刑罚呢。"自此以后，国内再没有好争斗的人了。于是孔子对宰予说："离开山间已经十里路远了，蟪蛄的叫声犹在耳边，所以说政治的事情，没有比主动应对更重要的了。"　[5.19.3]

　　【君子】孔子兄子有孔蔑者，与宓子贱偕仕。孔子往过孔蔑而问之曰："自汝之仕，何得何亡？"对曰："未有所得，而所亡者三：王事若龙，学焉得习，是学不得明也；俸禄少，饘粥不及亲戚，是骨肉益疏也；公事多急，不得吊死问疾，是朋友之道阙也。其所亡者三，即谓此也。"孔子不悦，往过子贱，问如孔蔑。对曰："自来仕者无所亡，其有所得者三：始诵之，今得而行之，是学益明也；俸禄所供，被及亲戚，是骨肉益亲也；虽有公事，而兼以吊死问疾，是朋友笃也。"孔子喟然，谓子贱曰："君子哉若人！鲁无君子者，则子贱焉取此。"

　　［译文］孔子哥哥的儿子叫孔蔑，与宓子贱都在做官。孔子去探望孔蔑时问他："自从你当了官，得到了什么，又失去了什么呢？"孔蔑回答："没

得到什么，失去的东西倒是有三种：政事一件接一件，学到的东西哪来得及温习，学到的都记不清了；朝廷俸禄少，稀粥不能惠及亲戚，这是让骨肉亲情更疏远了；公事多而且急迫，让我不能兼顾去探病和哀悼亲友，这是缺失了朋友之道啊。我失去的三种东西，说的就是这些。"孔子听了很不高兴，又到了宓子贱那里，问了同样的问题。子贱回答："自从做官以来，没失去什么东西，却有三种收获。过去诵读的经典，现在得以实行，更明白所学的知识了；所得俸禄，能顾及亲戚，骨肉间更有亲情了；虽然有公事，还能兼顾探望病人吊唁亡人，朋友间友谊更深厚了。"孔子听后，对宓子贱长叹一声说："君子啊，就是你这样的人。如说鲁国没有君子，那宓子贱是从哪学来的呢？"［5.19.4］

【礼乐】孔子侍坐于哀公，赐之桃与黍焉。哀公曰："请食。"孔子先食黍而后食桃，左右皆掩口而笑。公曰："黍者所以雪桃，非为食之也。"孔子对曰："丘知之矣，然夫黍者，五谷之长，郊礼宗庙以为上盛。果属有六，而桃为下，祭祀不用，不登郊庙。丘闻之：君子以贱雪贵，不闻以贵雪贱，今以五谷之长雪果之下者，是从上雪下，臣以为妨于教，害于义，故不敢。"公曰："善哉。"

［译文］孔子陪鲁哀公坐着，受到了桃子和黍的赏赐。哀公说："请吃吧。"孔子先吃黍米然后再吃桃，身边的人都捂嘴偷笑。哀公说："黍子是用来擦桃子的，不是吃的。"孔子回答："我知道这个。但黍是五谷之首，是宗庙祭祀的上等供品。六种果品中，桃子最差，不能用来祭祀，不登郊庙供桌。我听说，君子用贱物擦拭贵物，没听说过用贵物去擦贱物。现在用五谷之首去擦最贱的果品，是用上品擦下品。我认为这有害教化，有害礼义，所以不敢这样做。"哀公说："说得好啊！"［5.19.5］

【亲仁】子贡曰："陈灵公宣淫于朝，泄冶正谏而杀之，是与比干谏而死同，可谓仁乎？"子曰："比干于纣，亲则诸父，官则少师，忠报之心在于宗庙而已，固必以死争之，冀身死之后，纣将悔悟，其本志情在于仁者也。泄冶之于灵公，位在大夫，无骨肉之亲，怀宠不去，仕于乱朝，以区区之一身，欲正一国之淫昏，死而无益，可谓狷矣。《诗》云：'民之多辟，无自立辟。'其泄冶之谓乎。"

　　［译文］子贡说："陈灵公在朝廷干淫乱的事，泄冶正言劝谏而遭杀害，这与比干劝谏纣王遭杀害是相同的，可以称为仁吗？"孔子说："对于纣王，比干从亲戚关系上说是他叔父，从官位上说是少师，忠心报国的心在于维护宗庙，必定会以死进谏，希望身死后纣王能悔悟，他的情志都在亲仁上。对于陈灵公，泄冶只是大夫，没有骨肉亲情，怀念恩宠而不离去，在乱朝做官，以区区一身而想匡正一国淫乱昏君，死了对国家也无益，可说是狷狂耿直。《诗》说：'民间多有怪僻事，不要自己立法度。'大概就是说泄冶这类事吧。"［5.19.6］

　　【礼乐】孔子相鲁，齐人患其将霸，欲败其政，乃选好女子八十人，衣以文饰而舞容玑，及文马四十驷，以遗鲁君。陈女乐，列文马于鲁城南高门外。季桓子微服往观之再三，将受焉。告鲁君为周道游观，观之终日，怠于政事。子路言于孔子曰："夫子可以行矣。"孔子曰："鲁今且郊，若致膰于大夫，是则未废其常，吾犹可以止也。"桓子既受女乐，君臣淫荒，三日不听国政，郊又不致膰俎。孔子遂行，宿于郭屯。师以送曰："夫子非罪也。"孔子曰："吾歌可乎？"歌曰："彼妇人之口，可以出走；彼妇人之谒，可以死败。优哉游哉，聊以卒岁。"

　　［译文］孔子在鲁国辅助国君时，齐国人担心鲁国将成为霸主，想败坏鲁国政治，于是选了八十名秀气女子，穿上华丽衣服，学会了齐国容玑舞，连同彩毛马一百六十四一起送往鲁国。这些女子在鲁国城南的高门外列队跳舞，

百余匹彩毛马也排列旁边。季桓子穿着普通衣服到场偷看了几次，决定接受这些礼物。他报告了鲁国国君，并带他到周围大道上去游览观看。这样整日观看，荒废了朝政。子路对孔子说："老师可以离开鲁国了。"孔子说："鲁国现在要郊祭了，如果国君还能馈送大夫祭肉，还不算废掉朝中常礼，我还可以留下。"季桓子接受了齐国舞女后，君臣荒淫无度，三天不理朝政，郊祭也不送上祭肉礼器。孔子于是离去，寄宿在城外村里。师以送他时说："您没有错。"孔子说："我唱首歌可以吗？"于是唱道："那些妇人口，可以让你走；那些妇人求，可以让你亡。悠闲游观啊，聊度晚年吧！" [5.19.7]

【君子】澹台子羽有君子之容，而行不胜其貌；宰我有文雅之辞，而智不充其辩。孔子曰："里语云：'相马以舆，相士以居'，弗可废矣。以容取人，则失之子羽；以辞取人，则失之宰予。"

［译文］澹台子羽有君子的容貌，而德行却配不上他的容貌；宰我有文雅的口才，而智力却不能充实他的雄辩。孔子说："俗话说：'看马要看它驾车，看士人要看他平时表现。'这方法不能丢啊！以容貌选人才，会误识澹台子羽；以言辞选人才，会误识宰我。" [5.19.8]

【君子】孔子曰："君子以其所不能畏人，小人以其所不能不信人。故君子长人之才，小人抑人而取胜焉。"

［译文］孔子说："君子以有所不能而畏惧他人，小人以有所不能而不相信他人。所以君子会推崇他人的才能，小人则凭压抑他人的才干来取胜。" [5.19.9]

【君子】孔蔑问行己之道。子曰："知而弗为，莫如勿知；亲而弗信，莫如勿亲。乐之方至，乐而勿骄；患之将至，思而勿忧。"孔蔑曰："行己乎？"子曰："攻其所不能，补其所不备。毋以其所不能疑人，毋以其所能骄人。终日言，无遗己忧；终日行，不遗己患，唯智者有之。"

[译文] 孔蔑问为人处世之道。孔子说："知道了不去做，还不如不知道；亲近而不信任，还不如不亲近。快乐事刚到来，要快乐而不骄；灾难将到来，要谋虑防范而不要忧愁。"孔蔑说："这样做就可以了吗？"孔子说："增强自己所没有的能力，补足自己所欠缺的才学。不要因为自己做不到就怀疑别人也做不到，也不要以自己的长处去傲视他人。终日说话，不要留下让自己忧虑的事情；终日做事，不要给自己留下祸患。这些都只有智者才能做到。" [5.19.10]

在厄第二十

【谋道】楚昭王聘孔子，孔子往拜礼焉，路出于陈、蔡。陈、蔡大夫相与谋曰："孔子圣贤，其所刺讥皆中诸侯之病，若用于楚，则陈蔡危矣。"遂使徒兵距孔子。孔子不得行，绝粮七日，外无所通，藜羹不充，从者皆病。孔子愈慷慨讲诵，弦歌不衰。乃召子路而问焉，曰："《诗》云：'匪兕匪虎，率彼旷野。'吾道非乎，奚为至于此？"子路愠，作色而对曰："君子无所困，意者夫子未仁与？人之弗吾信也；意者夫子未智与？人之弗吾行也。且由也昔者闻诸夫子：'为善者天报之以福，为不善者天报之以祸。'今夫子积德怀义，行之久矣，奚居之穷也？"子曰："由未之识也，吾语汝。汝以仁者为必信也，则伯夷、叔齐不饿死首阳；汝以智者为必用也，则王子比干不见剖心；汝以忠者为必报也，则关龙逢不见刑；汝以谏者为必听也，则伍子胥不见杀。夫遇不遇者，时也；贤不肖者，才也。君子博学深谋而不遇时者，众矣，何独丘哉？且芝兰生于深林，不以无人而不芳；君子修道立德，不为穷困而败节。为之者，人也；生死者，命也。是以晋重耳之有霸心，生于曹卫；越王勾践之

有霸心，生于会稽。故居下而无忧者，则思不远；处身而常逸者，则志不广，庸知其终始乎？"

[译文]楚昭王聘请孔子，孔子前往拜见他，途中经过陈国和蔡国。陈国、蔡国的大夫一起谋划说："孔子圣明贤良，他的讥讽与批评都击中了诸侯弊病，如果他被楚国聘用，那我们陈蔡两国就都危险了。"于是派兵马阻拦孔子。孔子不能继续前行，断粮七天，联系不上外边，连粗劣的粮食也没法充饥，随从也纷纷病倒了。面对逆境的孔子，更慷慨激昂地讲授学问，弹琴伴歌不绝，并叫来子路询问："《诗》说：'不是犀牛不是虎，带着它们来荒野。'我的治国之道难道不对吗，怎么到了这个地步？"子路满脸怨色，生气地回答："君子绝不会被困住，也许是老师仁德不足，别人还不相信我们，也许是老师智慧不够，别人还反对我们的主张。我曾听老师说过：'行善之人上天会降福，作恶之人上天会降祸。'如今老师积仁德怀礼义，施行很久了，怎么还这么穷困呢？"孔子说："子路你还不明白，我来跟你说：你认为仁人必被信任，那伯夷、叔齐就不会被饿死在首阳山上了；你以为智者必被任用，那么王子比干就不会被剖心了；你以为忠心必有好报，那么关龙逢就不会被杀了；你以为忠谏必被采纳，那么伍子胥就不会被迫自杀了。能不能遇见明君，靠天下时运；贤能与不肖，靠个人才能。君子学识渊博，深谋远虑，却不逢机遇的很多啊，何止是我呢？况且灵芝香兰生长深林中，不因无人欣赏而不芬芳；君子行大道养仁德，不因穷困而败坏节操。做不做，人来定；生与死，命来定。因此晋文公的称霸雄心，生于曹卫困境；越王勾践的称霸雄心，生于会稽困境。所以身居下层而无忧患的人，思虑不远大；常居安逸的人，志向不广大，怎能知道他的终始呢？" [5.20.1]

【谋道】子路出，召子贡，告如子路。子贡曰："夫子之道至大，故天下莫能容夫子，夫子盍少贬焉？"子曰："赐，良农能稼，不必能穑；良工

能巧，不能为顺；君子能修其道，纲而纪之，不必其能容。今不修其道而求其容，赐，尔志不广矣，思不远矣。"

[译文] 子路出去了，孔子叫来子贡，问了与子路一样的问题。子贡说："老师所谋之道太大了，天下都容不下，能不能把它减少一些呢？"孔子说："赐啊，好农夫会种庄稼，不一定有收获；好工匠能做巧活，不一定能顺每个人的意愿；君子能修行大道，创立纲纪，不一定能让天下人都接纳。现在不修正道反而要求别人接纳，赐啊，你的志向还不够广大，思想也不够深远啊。" [5.20.2]

【谋道】子贡出，颜回入，问亦如之。颜回曰："夫子之道至大，天下莫能容，虽然，夫子推而行之，世不我用，有国者之丑也，夫子何病焉？不容，然后见君子。"孔子欣然叹曰："有是哉，颜氏之子，吾亦使尔多财，吾为尔宰。"

[译文] 子贡出去后，颜回进来了，孔子又问了他同样的问题。颜回说："老师的道太伟大了，天下都容不下。虽然如此，老师您还是推崇奉行。当世不用，是掌国者的耻辱，老师何必担忧呢？不被世间容纳，才能看出您是真君子。"孔子欣慰地感叹说："是这样的呀，颜家儿子！假如你有很多钱，我愿给你当管家。" [5.20.3]

【君子】子路问于孔子曰："君子亦有忧乎？"子曰："无也。君子之修行也，其未得之，则乐其意，既得之，又乐其治，是以有终身之乐，无一日之忧。小人则不然，其未得也，患弗得之，既得之，又恐失之，是以有终身之忧，无一日之乐也。"

[译文] 子路问孔子："君子也有忧愁吗？"孔子说："没有。君子修养品德，还没成功时，为他的意愿而快乐；修德成功后，又为他的成功而

快乐，所以他有终身的快乐，没有一天的忧愁。小人则不同，他没得到时，发愁得不到；得到后，又深恐失去它。所以他有终身的忧愁，没有一天的快乐。"　[5.20.4]

【君子】曾子弊衣而耕于鲁，鲁君闻之而致邑焉，曾子固辞不受。或曰："非子之求，君自致之，奚固辞也？"曾子曰："吾闻受人施者常畏人，与人者常骄人，纵君有赐，不我骄也，吾岂能勿畏乎？"孔子闻之曰："参之言足以全其节也。"

［译文］曾子穿着破旧衣服在鲁国种地，鲁国国君听说后，送给他一座食邑。曾子坚决推辞不接受。有人说："不是你的要求，是国君自己的赏赐，何必非要推辞呢？"曾子说："我听说接受施舍后会时常畏惧他人，施舍者也会骄傲待他。纵然国君赏赐我，也不骄傲待我，我又怎敢不有所畏惧呢？"孔子听后说："曾参的话，足以保全他的名节了。"　[5.20.5]

【君子】孔子厄于陈蔡，从者七日不食。子贡以所赍货，窃犯围而出，告籴于野人，得米一石焉，颜回仲由炊之于壤屋之下，有埃墨堕饭中，颜回取而食之，子贡自井望见之，不悦，以为窃食也。入问孔子曰："仁人廉士，穷改节乎？"孔子曰："改节即何称于仁廉哉？"子贡曰："若回也，其不改节乎？"子曰："然。"子贡以所饭告孔子。子曰："吾信回之为仁久矣，虽汝有云，弗以疑也，其或者必有故乎。汝止，吾将问之。"召颜回曰："畴昔予梦见先人，岂或启佑我哉？子炊而进饭，吾将进焉。"对曰："向有埃墨堕饭中，欲置之则不洁，欲弃之则可惜，回即食之，不可祭也。"孔子曰："然乎，吾亦食之。"颜回出，孔子顾谓二三子曰："吾之信回也，非待今日也。"二三子由此乃服之。

［译文］孔子受困于陈国与蔡国，随从七天没饭吃。子贡携带随身货

物，偷跑出包围圈，求助村民换了一石米。颜回、子路在一间破屋里煮饭，有块黑灰土掉到饭中，颜回把脏饭取出来吃了。子贡在井边望见了，很不高兴，以为颜回偷吃米饭。他进屋问孔子："仁义廉洁人士穷困时，会改变节操吗？"孔子说："改变节操还称得上仁义廉洁人士吗？"子贡问："像颜回这样的人，不会改变节操吧？"孔子说："当然。"子贡把颜回偷吃饭的事告诉了孔子。孔子说："我相信颜回是仁人已很久了，虽然你这样说了，我还是不怀疑他，他这样做一定有原因吧。你等等别动，我先问问他。"孔子把颜回叫进来说："前几天我梦见了祖先，岂不是祖先在启发保佑我们吗？你做好饭后赶快端上来，我要进献给祖先。"颜回说："刚才有灰尘掉入饭中，如留它，饭就不干净；如扔掉，又很可惜，我就把它吃了，这饭不能用来祭祖了。"孔子说："遇到这种情况，我也会吃掉它。"颜回出去后，孔子看着弟子们说："我相信颜回，不是只在今天啊！"弟子们从此更佩服颜回了。　[5.20.6]

入官第二十一

【君子】子张问入官于孔子。孔子曰："安身取誉为难。"子张曰："为之如何？"孔子曰："己有善勿专，教不能勿怠，己过勿发，失言勿掎，不善勿遂，行事勿留。君子入官，自此六者，则身安誉至而政从矣。且夫忿数者，官狱所由生也；拒谏者，虑之所以塞也；慢易者，礼之所以失也；怠惰者，时之所以后也；奢侈者，财之所以不足也；专独者，事之所以不成也。君子入官，除此六者，则身安誉至而政从矣。

［译文］子张向孔子问做官的事。孔子说："做到身安无事又有好名声很难。"子张说："那该怎么办呢？"孔子说："自己有优点不要独享，教育别人不要懈怠，已有的过错不要再犯，说错的话不要再为它辩护，不好的事不要做下去，正在做的事不要拖延。君子做官后，从这六点做起，就能身安无

事，美誉纷来，政事顺利了。况且怨恨太多，会招来官府牢狱之灾；拒绝劝谏，就会阻塞思虑；行为不庄重谨慎，就会失礼；怠慢懒惰，就会丧失时机；奢侈浪费，财物就会不足；专权独断，事情就办不成。君子做官，除掉这六种毛病，就能身安誉来而政务顺利了。[5.21.1]

【君子】"故君子南面临官，大域之中而公治之，精智而略行之，合是忠信，考是大伦，存是美恶，进是利而除是害，无求其报焉，而民之情可得也。夫临之无抗民之恶，胜之无犯民之言，量之无佼民之辞，养之无扰于其时，爱之无宽于刑法。若此，则身安誉至而民得也。

［译文］"君子一旦入府为官，在辖区之内就要秉公治理，精心策划而简略推行政务，先把以上忠信德行集中起来，考察哪些是人伦道德的最高标准，保持有利的美德，除去有害的恶习，并不求回报，这就可以得到百姓支持了。施行政务时没有让百姓反抗的恶行，道理胜出时没有冒犯百姓的话，考察量刑时没有欺骗百姓的狡诈之辞，养育百姓时不违背农时，爱护百姓时不枉法宽大。如果能做到这些，就能身安无事、美誉纷至而得民心了。[5.21.2]

【君子】"君子以临官，所见则迩，故明不可蔽也；所求于迩，故不劳而得也。所以治者约，故不用众而誉立。凡法象在内，故法不远而源泉不竭。是以天下积而本不寡，短长得其量，人志治而不乱政。德贯乎心，藏乎志，形乎色，发乎声。若此，而身安誉至，民咸自治矣。

［译文］"君子做官，看清楚身边之事，就能明察而不受蒙蔽；先从近处寻找自己所求的东西，无须费力就能得到。因此治理者抓住要点，就不必劳师动众而获得好名声。凡是内心有了效法对象，就能让榜样离大众不远，像源泉不枯竭一样时时让人效法。因而能将天下的人才汇聚起来使得国本不匮乏，让水平高下的人都能各尽其才，人人都立志求治而不扰乱政治。像这样大众效

法的君子，仁德贯通心中，藏于志向，露于脸色，发于言论，自然能身安无事，美誉纷至，治理好百姓了。[5.21.3]

【谋道】"是故临官不治则乱，乱生则争之者至，争之至，又于乱。明君必宽佑以容其民，慈爱优柔之，而民自得矣。行者，政之始也；说者，情之导也。善政行易则民不怨，言调说和则民不变。法在身则民象之，明在己则民显之。若乃供己而不节，则财利之生者微矣；贪以不得，则善政必简矣。苟以乱之，则善言必不听也；详以纳之，则规谏日至。言之善者，在所日闻；行之善者，在所能为。故君上者，民之仪也；有司执政者，民之表也；迩臣便僻者，群仆之伦也。故仪不正则民失，表不端则百姓乱，迩臣便僻则群臣污矣。是以人主不可不敬乎三伦。君子修身反道，察里言而服之，则身安誉至，终始在焉。故夫女子必自择丝麻，良工必自择完材，贤君必自择左右。劳于取人，佚于治事，君子欲誉，则必谨其左右。

[译文]"因此，当官者不善于治理就会发生动乱，发生动乱就会有争夺者出现，争夺激烈又会更加动乱。英明君主必须宽待护佑百姓，慈爱和优待他们，自然会得到百姓拥护。身体力行，是执好政的开始；让百姓高兴，是对百姓情感的引导。推行善政简易措施民众就不会埋怨，言论符合民心，民众就不会产生二心。官员以身作则民众就会效法，自身公正廉明就会得到民众颂扬。如果贪图享受而不节制，那么财富的生产者就不会努力生产了；官员贪财而不得民心，善政也就从简不用了。这时如果动乱，再好的意见也必然听不进；如果能详细了解而采纳意见，规劝谏言就天天会来。说得好的人，在于他每天听取良言；做得好的人，在于他能亲身去做。因此君王是民众的榜样，各部门官员是民众的表率，君王的身边近臣，是臣仆们的样板。所以说榜样不正就失去民心，表率不端就会让百姓混乱，近臣逢迎就会污染群臣了。因此君主不可不遵守君主、臣子、民众等三大人伦关系的准则。君子循道修身，审察其

中的道理来行事，就能身安无事，美誉纷至，终身受用了。所以女子织布一定要亲自选择丝麻，良工巧匠一定要亲自挑选好材料，贤明君主一定要亲自挑选身边大臣。选人辛劳些，政事就轻松些。君子想获得美誉，必须谨慎对待身边的人。[5.21.4]

【谋道】"为上者，譬如缘木焉，务高而畏下兹甚。六马之乖离，必于四达之交衢；万民之叛道，必于君上之失政。上者尊严而危，民者卑贱而神。爱之则存，恶之则亡，长民者必明此之要。故南面临官，贵而不骄，富而能供，有本而能图末，修事而能建业。久居而不滞，情近而畅乎远，察一物而贯乎多，治一物而万物不能乱者，以身本者也。

［译文］"在上位的人，就像爬树，爬得越高越怕掉下来。拉车的六匹壮马分散乱跑，一定是在四通八达的交通要道上；万民造反，必定是君王的施政失败。在上位的人尊贵威严却危险，民众卑微低贱却有神威，他们爱你就能活命，他们恨你就必然灭亡，治理民众者必须明白这一要义。因此当官的人，尊贵了也不能骄傲，富裕了也要诚敬谨慎，保有了根本也要考虑做好其他小事，做好了这些事还要建功立业。久居要职也要不停努力，周围感情亲近了还要畅通远方，明察了一个道理还要贯通多方面，治理好一事而能使万物都不混乱，这是能以身作则为本的缘故。[5.21.5]

【谋道】"君子莅民，不可以不知民之性进而达诸民之情。既知其性，又习其情，然后民乃从命矣。故世举则民亲之，政均则民无怨。故君子莅民，不临以高，不导以远，不责民之所不为，不强民之所不能。以明王之功，不因其情，则民严而不迎；笃之以累年之业，不因其力，则民引而不从。若责民所不为，强民所不能，则民疾，疾则僻矣。

［译文］"君子统治民众，不可不了解民众本性进而通达民众感情。既

知道了民众本性，又体察了民情，民众才会听从命令。因此国家安定了民众才亲近君子，政治公平民众方无怨言。所以君子治国不能高高在上，不能好高骛远，不能责令民众做不愿做的事，不能强求民众做办不到的事。为了雄主功业而不顾民情，民众就会畏惧而不迎合；为长远功业而不顾民力，民众就会逃避而不服从。如果责令民众做不愿做的事，强压民众做办不到的事，民众就会产生仇恨，因仇恨而做出格的事。[5.21.6]

【谋道】"古者圣主冕而前旒，所以蔽明也；纮纩充耳，所以揜聪也。水至清即无鱼，人至察则无徒。枉而直之，使自得之；优而柔之，使自求之；揆而度之，使自索之。民有小过，必求其善，以赦其过；民有大罪，必原其故，以仁辅化。如有死罪，其使之生，则善也。是以上下亲而不离，道化流而不蕴。故德者，政之始也。

　　[译文]"古代圣君戴着前面垂玉的帽子，是用来遮光的；垂于帽子两边挡住耳朵的带子，是用来堵塞声音的。水太清无鱼，人太明察就没有随从。人做错了事就要改正，让他自己得到教训；宽容温柔，让他自己寻求错误的原因；估量揣度，让他自己思索正确的道理。民众有小错，要找到他的优点，免除他的过错；百姓有大罪，一定要找出原因，用仁爱教化他。如果有死罪，惩治后使他们得到新生就更好了。所以能做到上下亲和不分离，大道教化顺畅而不阻塞。所以说仁德，是善政之始。[5.21.7]

【谋道】"政不和，则民不从其教矣；不从教，则民不习；不习，则不可得而使也。君子欲言之见信也，莫善乎先虚其内；欲政之速行也，莫善乎以身先之；欲民之速服也，莫善乎以道御之，故虽服必强。自非忠信，则无可以取亲于百姓者矣；内外不相应，则无可以取信于庶民者矣。此治民之至道矣，入官之大统矣。"子张既闻孔子斯言，遂退而记之。

［译文］"政治不仁和，民众就不愿意听从教化；民众不听从教化，就不习惯守法；民众不习惯守法，就不能役使统治他们了。君子想让自己的言论令人信服，最好是先从自身虚心开始；想让政令推行快些，最好是自己先身体力行；想使民众尽快服从，最好是以正道治理国家，否则民众虽表面服从了也是勉强的。不依靠忠信，就不可能取得百姓的亲近与信任。朝廷内外的想法不一致，就不能取信于民。这是治民的至高正道，为官的最大纲领。"子张听了孔子这番话，退下去后记了下来。[5.21.8]

困誓第二十二

【谋道】子贡问于孔子曰："赐倦于学，困于道矣。愿息而事君，可乎？"孔子曰："《诗》云：'温恭朝夕，执事有恪。'事君之难也，焉可息哉？"曰："然则赐愿息而事亲。"孔子曰："《诗》云：'孝子不匮，永锡尔类。'事亲之难也，焉可以息哉？"曰："然则赐请愿息于妻子。"孔子曰："《诗》云：'刑于寡妻，至于兄弟，以御于家邦。'妻子之难也，焉可以息哉？"曰："然则赐愿息于朋友。"孔子曰："《诗》云：'朋友攸摄，摄以威仪。'朋友之难也，焉可以息哉？"曰："然则赐愿息于耕矣。"孔子曰："《诗》云：'昼尔于茅，宵尔索绹，亟其乘屋，其始播百谷。'耕之难也，焉可以息哉！"曰："然则赐将无所息者也？"孔子曰："有焉，自望其广，则睪如也；视其高，则填如也；察其从，则隔如也。此其所以息也矣。"子贡曰："大哉乎死也！君子息焉，小人休焉。大哉乎死也！"

［译文］子贡向孔子问道："我对学习厌倦了，对谋道之事也很困惑，想去服事君主休息一阵，可以吗？"孔子说："《诗》里说：'早晚温良谦恭，做事恭敬。'服事君主很难啊，怎么可能有时间休息呢？"子贡说："那么我想去服事父母休息一阵。"孔子说："《诗》里讲：'孝子不匮乏，永传

孝道。’服事父母很难啊，怎么可能得到休息呢？”子贡说：“那么我想与妻儿相处休息一阵。”孔子说：“《诗》里说：‘要给妻儿以及兄弟作典范，再治理家族国家。’与妻儿相处很难啊，怎么可能得到休息呢？”子贡说：“那么我想去交朋友休息一阵。”孔子说：“《诗》里说：‘朋友间要互助，符合威仪制度。’和朋友相处很难啊，怎么可能得到休息呢？”子贡说：“我想去耕种休息一阵。”孔子说：“《诗》里说：‘白天割茅草，晚上搓绳子，加紧修屋子，开始播谷子。’种庄稼很难啊，怎么可能得到休息呢？”子贡说：“那么我就没有休息之处了吗？”孔子说：“有啊，看看那些坟墓，就如建在高地上；从高处看，它填得很充实，从侧面看，它又像彼此被隔开。这就是休息之处了。”子贡说：“多么重大啊，死亡之事！君子休息的地方在这里，小人休息也在这里。多重大啊，死亡之事！”[5.22.1]

【亲仁】孔子自卫将入晋，至河，闻赵简子杀窦犨鸣犊及舜华，乃临河而叹曰：“美哉水，洋洋乎！丘之不济此，命也夫！”子贡趋而进曰：“敢问何谓也？”孔子曰：“窦犨鸣犊、舜华，晋之贤大夫也。赵简子未得志之时，须此二人而后从政。及其已得志也，而杀之。丘闻之，刳胎杀夭，则麒麟不至其郊；竭泽而渔，则蛟龙不处其渊；覆巢破卵，则凤凰不翔其邑。何则？君子违伤其类者也。鸟兽之于不义，尚知避之，况于人乎！”遂还，息于邹，作《槃操》以哀之。

［译文］孔子将要从卫国进入晋国，刚到了黄河边，就听到了赵简子杀害窦犨鸣犊及舜华的传闻，于是在河畔叹息说：“多壮美的黄河水啊，浩浩荡荡！我却渡不过去，这就是命啊！”子贡走向前说：“敢问这是什么意思？”孔子说：“窦犨鸣犊与舜华，都是晋国的贤良大夫。赵简子未得志的时候，依赖这两个人才得以执政。等到他得志后，竟然把这两人杀了。我听说，如果发生了对禽兽剖腹杀胎儿的残忍事情，麒麟就不会来这个国家的郊外；如果发生

了竭泽而渔的事情，蛟龙就不会留在这儿的深渊；如果有人颠覆鸟巢打破卵，凤凰就不会来这里的都邑上飞翔。为何呢？这是因为君子也不愿受到同样的伤害。鸟兽对于不义之人，尚且知道避开，何况是人呢！"于是返程，在邹地歇息，作了《槃操》琴曲以哀悼他们。[5.22.2]

【孝悌】子路问于孔子曰："有人于此，夙兴夜寐，耕芸树艺，手足胼胝，以养其亲。然而名不称孝，何也？"孔子曰："意者身不敬与？辞不顺与？色不悦与？古之人有言曰：'人与己与不汝欺。'今尽力养亲，而无三者之阙，何谓无孝之名乎？"孔子曰："由！汝志之，吾语汝。虽有国士之力，而不能自举其身，非力之少，势不可矣。夫内行不修，身之罪也；行修而名不彰，友之罪也。行修而名自立。故君子入则笃行，出则交贤，何为无孝名乎？"

［译文］子路问孔子说："这里有一个人，起得早，睡得晚，耕地除草种庄稼，手掌和脚底都磨出了茧子，尽力养活父母，却没有得到孝子的名声，这是为什么呢？"孔子说："他也许自身有不敬行为吧？说话温顺吗，脸色和悦吗？古人有句话说：'别人的心与你的心是一样的，不会欺骗你的。'如果他能尽力养亲，又没有这三种过错，怎么会没有孝子名声呢？"孔子又说："仲由啊，你记住，我告诉你：即使有全国最强猛士的力量，也不能把自身举起来，这不是力气不够，而是情势不可。一个人自身不修德，是自身的错误；一个人品行修好了而名声不彰显，这是朋友的过错。一个人品行修得好自然会有名声。所以君子在家要认真修行，出外要结交贤人。这样怎会没有孝名呢？"[5.22.3]

【君子】孔子遭厄于陈、蔡之间，绝粮七日，弟子馁病，孔子弦歌。子路入见曰："夫子之歌，礼乎？"孔子弗应，曲终而曰："由来！吾语汝。君子好乐，为无骄也；小人好乐，为无慑也。其谁之，子不我知而从我者乎？"子路悦，援戚而舞，三终而出。明日，免于厄，子贡执辔，曰："二三子从夫子而遭此难也，其弗忘矣！"孔子曰："善恶何也？夫陈、蔡之间，丘之幸也。二三子从丘者，皆幸也。吾闻之，君不困不成王，烈士不困行不彰，庸知其非激愤厉志之始，于是乎在？"

［译文］孔子在陈国和蔡国之间遭遇厄运，断粮七天，弟子都饥饿病倒了。但孔子仍在弹琴唱歌。子路近来面见说："老师这时候歌唱，符合礼吗？"孔子没答应，一曲终了才说："仲由，过来！我告诉你：君子爱好音乐，是为了不骄傲；小人喜好音乐，是为了消除畏惧。你是谁的孩子啊，不了解我又跟随着我呢？"子路听了不太高兴，拿起斧钺舞了三遍，才出门去。第二天，厄运解除了。子贡拉着马缰绳说："我们几个学生跟随老师遭遇此难，一生难忘啊！"孔子说："善与恶如何分辨呢？在陈国、蔡国间遭受的危难，是我的幸运。你们几个跟着我，也都是幸运的。我听说，君主不遭困境磨难就不能成就王业，志士不遭受困境磨难就不能彰显德行，怎知激发猛志的开始，不正在这次危难呢？"［5.22.4］

【礼乐】孔子之宋，匡人简子以甲士围之。子路怒，奋戟将与战。孔子止之，曰："恶有修仁义而不免俗者乎？夫《诗》《书》之不讲，礼乐之不习，是丘之过也。若以述先王好古法而为咎者，则非丘之罪也。命夫！歌！予和汝。"子路弹琴而歌，孔子和之，曲三终，匡人解甲而罢。

［译文］孔子到宋国去，匡地人简子派武士围住了他们。子路大怒，举戟就要与他们交战。孔子制止说："哪有修仁好义而不能谅解俗人的呢？若是没有讲好《诗》《书》，没有学习好礼乐，这是我的过错啊。如果是因为宣扬了先王爱好古法而被怪罪，那就不是我的过错了。这就是命啊！你唱起来吧，我应和你。"于是子路弹琴唱歌，孔子应和着他，等唱完三曲之后，匡人解除

武装走了。[5.22.5]

【君子】孔子曰："不观高崖，何以知巅坠之患；不临深泉，何以知没溺之患；不观巨海，何以知风波之患。失之者，其不在此乎？士慎此三者，则无累于身矣。"

［译文］孔子说："不观看高危悬崖，怎知道从巅峰坠落的祸患？不临近万丈深渊，怎知道溺水淹没的祸患？不观看辽阔大海，怎知道狂风巨浪的祸患。失去生命的不就在此吗？士人能慎重地对待这三者，就不会使身体受到伤害了。"[5.22.6]

【谋道】子贡问于孔子曰："赐既为人下矣，而未知为人下之道，敢问之。"子曰："为人下者，其犹土乎？汩之深则出泉，树其壤则百谷滋焉，草木植焉，禽兽育焉。生则出焉，死则入焉，多其功而不意，恢其志而无不容。为人下者以此也。"

［译文］子贡问孔子说："我已对人很谦逊了，但还不知道对人谦逊之道，想请教您。"孔子说："对人谦逊，就像是大地吧！挖得深就会流出泉水，种植于土壤上就会长出各种庄稼，让草木茂盛，禽兽繁育。万物在大地上生长，死后再埋入大地，大地功劳很多却不在意，胸怀广阔而无所不容。对人谦逊的正确态度就应像大地啊。"[5.22.7]

【君子】孔子适郑，与弟子相失，独立东郭门外，或人谓子贡曰："东门外有一人焉，其长九尺有六寸，河目隆颡，其头似尧，其颈似皋繇，其肩似子产，然自腰以下，不及禹者三寸，累然如丧家之狗。"子贡以告。孔子欣然而叹曰："形状未也，如丧家之狗，然乎哉！然乎哉！"

［译文］孔子到郑国去，和弟子失散了，独自一人站在东城门外。有人

对子贡说："东门外有一个人，他身高九尺六寸，有长而平的眼睛，高额头，头像尧帝，脖子像皋陶，肩膀像子产，但从腰以下，比大禹短了三寸，狼狈不堪如丧家之狗。"子贡把此话告诉了孔子，孔子欣慰地叹息说："形貌未必像，但说像丧家之狗，还真像啊，真像啊！"　[5.22.8]

【修德】孔子适卫，路出于蒲，会公叔氏以蒲叛卫，而止之。孔子弟子有公良孺者，为人贤长，有勇力，以私车五乘从夫子行，喟然曰："昔吾从夫子，遇难于匡，又伐树于宋。今遇困于此，命也夫！与其见夫子仍遇于难，宁我斗死。"挺剑而合众，将与之战。蒲人惧曰："苟无适卫，吾则出子。"乃盟孔子，而出之东门。孔子遂适卫。子贡曰："盟可负乎？"孔子曰："要我以盟，非义也。"卫侯闻孔子之来，喜而于郊迎之。问伐蒲，对曰："可哉！"公曰："吾大夫以为蒲者，卫之所以恃晋、楚也，伐之无乃不可乎？"孔子曰："其男子有死之志，吾之所伐者，不过四五人矣。"公曰："善。"卒不果伐。他日，灵公又与夫子语，见飞雁过，而仰视之，色不悦。孔子乃逝。

　　［译文］孔子到卫国去，在路过蒲地时，正遇到公叔氏占据蒲地，背叛了卫国，阻住了去路。孔子弟子中有个叫公良孺的人，为人贤良，勇武有力，自带五辆私车随孔子出行。他见此情景叹息道："从前我跟随老师，遭匡地被困之难，宋国伐树之难，现又被困于此，这是命啊！与其看老师在此遭难，宁可决一死战。"说完拔剑集合众人，准备战斗。蒲人害怕地说："如果不去卫国，我就放你们走。"于是与孔子订立盟誓，把他放出了东门。孔子等人后来还是到了卫国。子贡问："盟誓可以违背吗？"孔子说："要挟我签订的盟约，是不合道义的。"卫灵公听说孔子来到卫国，高兴地到郊外迎接，并问起讨伐蒲地之事。孔子回答："可以讨伐。"卫灵公说："我国大夫认为，蒲地是卫国防范晋、楚两国的屏障，不宜讨伐吧？"孔子说："蒲地男子有敢死之

志，我们讨伐的，不过是四五个人而已。"卫灵公说："好吧。"但始终没有讨伐。有一天，卫灵公又与孔子谈话，见大雁飞过就仰头观看，脸有不悦之色。孔子于是离开了。[5.22.9]

【修德】卫蘧伯玉贤，而灵公不用；弥子瑕不肖，反任之。史鱼骤谏而不从。史鱼病将卒，命其子曰："吾在卫朝，不能进蘧伯玉、退弥子瑕，是吾为臣不能正君也。生而不能正君，则死无以成礼。我死，汝置尸牖下，于我毕矣。"其子从之。灵公吊焉，怪而问焉。其子以其父言告公。公愕然失容，曰："是寡人之过也。"于是命之殡于客位，进蘧伯玉而用之，退弥子瑕而远之。孔子闻之，曰："古之列谏之者，死则已矣，未有若史鱼死而尸谏，忠感其君者也。可不谓直乎？"

［译文］卫国的蘧伯玉为人贤良，卫灵公不用他；弥子瑕不贤良，反而受到任用。史鱼（即史鳅）多次进谏，而卫灵公总是不听。史鱼得病将死前，嘱咐儿子说："我在卫国为官，不能推荐蘧伯玉，辞退弥子瑕，这是我身为臣子而不能匡正君主啊！我活的时候不能匡正君主，那死后也不能以礼安葬。我死后，你把尸首放在窗户下，让我完成心愿吧。"儿子听从了父亲的嘱咐。卫灵公吊唁时，对此感到奇怪而询问。儿子把他父亲的话告诉了卫灵公。卫灵公大惊失色说："这是我的过错啊！"于是下令将史鱼的尸体停放正堂，任用了蘧伯玉，斥退了弥子瑕并疏远他。孔子听说后说："古代坚持劝谏的人，到死也就为止了，还没有谁像史鱼这样死后还要以尸体进谏的。他的忠诚感动了君主，能说他不正直吗？"[5.22.10]

五帝德第二十三

【大同】宰我问于孔子曰："昔者吾闻诸荣伊曰：'黄帝三百年。'请问：黄帝者，人也，抑非人也？何以能至三百年乎？"孔子曰："禹、汤、文、武、周公，不可胜以观也。而上世黄帝之问，将谓先生难言之故乎！"宰我曰："上世之传，隐微之说，卒采之辩，暗忽之意，非君子之道者，则予之问也固矣。"孔子曰："可也。吾略闻其说，黄帝者，少典之子，曰轩辕。生而神灵，弱而能言，幼齐叡庄，敦敏诚信。长聪明，治五气，设五量，抚万民，度四方，服牛乘马，扰驯猛兽，以与炎帝战于阪泉之野，三战而后克之。始垂衣裳，作为黼黻，治民以顺天地之纪，知幽明之故，达死生存亡之说。播时百谷，尝味草木，仁厚及于鸟兽昆虫。考日月星辰，劳耳目，勤心力，用水火财物以生民。民赖其利，百年而死；民畏其神，百年而亡；民用其教，百年而移。故曰：黄帝三百年。"

　　[译文] 宰我请教孔子说："从前我听荣伊说'黄帝治国三百年'，请问黄帝是人，抑或不是人呢？怎么能活三百年呢？"孔子说："大禹、商汤、周文王、周武王、周公旦的事，都已经数不胜数了，而要问上古时代的黄帝之事，大概连老前辈也难以说清吧！"宰我说："上古的传言，隐晦的传说，对史实最终采信的辩说，暗息而久远不明的深意，都不是君子该说的，我的问题本来就很浅陋啊。"孔子说："还是可以说说的，我也略微听到一些传说。黄帝是少典的儿子，名叫轩辕，生来就很神武精灵，很小就能说话，幼年就睿智端庄，敦厚敏捷而诚信。他成人后更聪明，能治理五行之气，设置出五种量器，以安抚万民，化度四方。黄帝曾经驱牛乘马，驯服猛兽，与炎帝在阪泉野外交战，三战之后才战胜了炎帝。黄帝身穿长礼服，绣上了花纹，遵循天地的规律治理民众。他通晓幽明的阴阳变化，深知生死存亡的规律，按时节播种百谷，亲尝草木药性，厚施仁德于鸟兽虫鱼。他考察日月星辰的轨迹，辛劳耳目，勤用心力，用水源、柴火、财产、器物等来养育百姓。民众仰赖他的恩惠，足有百年；他离世后民众敬服他的神灵，足有百年；此后民众遵循他的教令，也足有百年。所以说'黄帝治国三百年'。" [5.23.1]

【大同】宰我曰："请问帝颛顼？"孔子曰："五帝用说，三王有度。汝欲一日遍闻远古之说，躁哉予也！"宰我曰："昔予也闻诸夫子曰：'小子毋或宿。'故敢问。"孔子曰："颛顼，黄帝之孙，昌意之子，曰高阳。洪渊而有谋，疏通以知远，养财以任地，履时以象天，依鬼神而制义，治气性以教众，洁诚以祭祀，巡四海以宁民。北至幽陵，南暨交趾，西抵流沙，东极蟠木。动静之类，小大之物，日月所照，莫不砥属。"

［译文］宰我说："请问颛顼帝如何？"孔子说："五帝的事只留下一些传说，三王的事还有些法度。你想一天就听遍这些远古传说，也太急躁了吧！"宰我说："以前我曾听老师说过：'你们有问题不要过夜。'所以敢问个明白。"孔子说："颛顼是黄帝的孙子，昌意的儿子，名叫高阳。他深沉而有谋略，通达而有远见，能因地制宜地聚集财富，效法天象以安排时节，依照天地鬼神法则制订适宜的政策，调治五行之气来教会民众适时播种，洁心诚意地举办祭祀，巡行四海以安定民心。他的国土北至幽州，南到交趾，西抵流沙河，东及蟠木山。神州大地或动或静的物类，或大或小的物体，凡是日月所照到的地方，都是属于他的。"[5.23.2]

【大同】宰我曰："请问帝喾？"孔子曰："玄枵之孙，乔极之子，曰高辛。生而神异，自言其名。博施厚利，不于其身。聪以知远，明以察微，仁而威，惠而信，以顺天地之义。知民所急，修身而天下服，取地之财而节用之，抚教万民而诲利之。历日月之生朔而迎送之，明鬼神而敬事之。其色也和，其德也重，其动也时，其服也哀。春夏秋冬，育护天下，日月所照，风雨所至，莫不从化。"

［译文］宰我说："请问帝喾呢？"孔子说："他是玄枵的孙子，乔极的儿子，名叫高辛。他一生下来就很神异，竟能说出自己的名字。他广施天下以厚利，不考虑自身利益。他聪明有远见，明察细微，仁慈而有威望，恩惠而

诚信，以顺应天地义理。他知道民众急需什么，修养自身而令天下信服。他从土地中获取财物而节省使用，安抚教育民众而使他们受益。他观察日月盈缩来迎春送冬，明白鬼神之事并恭敬地祭祀服事。他脸色和悦，德高望重，使民有时，用民哀怜。无论春夏秋冬，他始终爱护养育天下万民。凡是日月照到，风雨所到的地方，没有不顺从受他感化的。"　[5.23.3]

【大同】宰我曰："请问帝尧？"孔子曰："高辛氏之子，曰陶唐。其仁如天，其智如神，就之如日，望之如云。富而不骄，贵而能降。伯夷典礼，龙夔典乐，舜时而仕，趋视四时，务先民始之，流四凶而天下服。其言不忒，其德不回，四海之内，舟舆所及，莫不夷说。"

［译文］宰我说："请问帝尧呢？"孔子说："他是高辛氏的儿子，名叫陶唐。他的仁慈如天高，智慧如神灵，靠近他时如太阳般温暖，远望时如柔云晴空。他富有而不骄傲，高贵而又谦和。他让伯夷主管礼仪，让夔、龙执掌舞乐。他推举舜做官，到各地巡视四季农作物的生长，务必把民众的事放在首位。他流放了共工、驩兜、三苗，诛杀了鲧，而令天下人都非常信服。他的话从不出错，德行从不违背常理，四海之内，车船所到之处，没有人不喜爱他的。"　[5.23.4]

【大同】宰我曰："请问帝舜？"孔子曰："乔牛之孙，瞽瞍之子也，曰有虞。舜孝友闻于四方，陶渔事亲，宽裕而温良，敦敏而知时，畏天而爱民，恤远而亲近。承受大命，依于二女。叡明智通，为天下帝。命二十二臣，率尧旧职，恭己而已。天平地成，巡狩四海，五载一始。三十年在位，嗣帝五十载。陟方岳，死于苍梧之野而葬焉。"

［译文］宰我说："请问帝舜呢？"孔子说："他是乔牛的孙子，瞽瞍的儿子，名叫有虞。舜帝因孝敬父母、善待兄弟而闻名四方。他用制陶捕鱼来奉养双亲，性格宽裕而温和，敦厚聪敏而知时节，敬畏天地而爱百姓，抚恤远方民族而

亲近身边的人。他承受天下重任，依靠两位妻子的帮助。他圣明睿智，成为天下帝王。他任命了二十二位大臣，大都是帝尧原有的旧部下，他只是严格约束自己而已。他在位的时候，天下太平，地有收成，每五年巡狩四海一次。自三十岁被任用，他承续帝位五十年，登临四岳，老死在苍梧之野并安葬在那里。"［5.23.5］

【大同】宰我曰："请问禹？"孔子曰："高阳之孙，鲧之子也，曰夏后。敏给克齐，其德不爽，其仁可亲，其言可信。声为律，身为度。亹亹穆穆，为纪为纲。其功为百神主，其惠为民父母。左准绳，右规矩，履四时，据四海，任皋繇、伯益以赞其治，兴六师以征不序，四极民莫敢不服。"孔子曰："予！大者如天，小者如言，民悦至矣。予也非其人也。"宰我曰："予也不足以戒。敬承矣。"他日，宰我以语子贡，子贡以复孔子。子曰："吾欲以颜状取人也，则于灭明改之矣；吾欲以辞言取人也，则于宰我改之矣；吾欲以容貌取人也，则于子张改之矣。"宰我闻之惧，弗敢见焉。

［译文］宰我说："请问禹帝呢？"孔子说："他是高阳的孙子，鲧的儿子，名叫夏后。他敏捷能成大事，行为没差错，仁慈可亲，说话可信，发声合乎音律，修身谨遵法度，勤勉不倦，容颜庄重，树立起守纪举纲的众人榜样。大禹的功德成为百神之主，他施行恩惠成为百姓父母。他左拿准绳，右持规矩，不违四季时令，据有天下四海。他任命皋繇、伯益协助治理国家，率领大军征伐不服从王道者，四方民众没有不服从他的。"孔子说："宰我，大禹的伟大如天之高，哪怕是小小一句话，民众都极为喜欢。我也说不清他到底是怎样的伟人啊。"宰我说："我也不足以他为榜样，恭敬地承受您的教导。"第二天，宰我把这些话告诉了子贡，子贡又告诉了孔子。孔子说："我想以脸色状态来取人，是灭明让我改变了这种做法；我想以文辞言说来取人，是宰我使我改变了这种做法；我想以容貌来取人，是子张改变了我这种做法。"宰我听到这话，很害怕，不敢去见孔子。［5.23.6］

卷六

五帝第二十四

【大同】季康子问于孔子曰："旧闻五帝之名，而不知其实，请问何谓五帝？"孔子曰："昔丘也闻诸老聃曰：'天有五行，木、火、金、水、土，分时化育，以成万物，其神谓之五帝。'古之王者，易代而改号，取法五行，五行更王，终始相生，亦象其义。故其为明王者，而死配五行。是以太皞配木，炎帝配火，黄帝配土，少皞配金，颛顼配水。" 康子曰："太皞氏其始之木何如？"孔子曰："五行用事，先起于木。木、东方。万物之初皆出焉。是故王者则之，而首以木德王天下。其次则以所生之行转相承也。"

［译文］季康子问孔子说："以前听说过五帝的名称，但不知道他们的实际含义，请问什么是五帝呢？"孔子说："从前我听老聃说过：'天有五行，分别是木、火、金、水、土。这五行按不同的季节化生及孕育，形成了世间万物，主宰它们的神就叫作五帝。'古代的先王，更换朝代而改换年号时，都要取法五行更替，以五行更换年号，然后周而复始地相生延续，遵循着五行的意义和顺序。因此那些贤明帝王，死后都会配以五行之德。因此太皞配木，炎帝配火，黄帝配土，少皞配金，颛顼配水。"季康子问："太皞氏为什么一开始先要配木呢？"孔子回答说："五行的运行，先是从木开始的。木属东方，万物的初始都出自这里，因此帝王效法它，首先以木德称王天下，然后再根据自己所生成的'行'，按照行次的顺序转换承接。" [6.24.1]

【大同】康子曰："吾闻勾芒为木正，祝融为火正，蓐收为金正，玄冥为水正，后土为土正。此则五行之主而不乱。称曰帝者何也？"夫子曰："凡五正者，五行之官名。五行佐成上帝，而称五帝。太皞之属配焉，亦云帝，从其号。昔少皞氏之子有四叔，曰重，曰该，曰修，曰熙。实能金木及水，使重为勾芒，该为蓐收，修及熙为玄冥。颛顼氏之子曰黎，为祝融。龚工氏之子曰勾龙，为后土。此五者各以其所能业为官职，生为上公，死为贵神，别称五祀，不得同帝。"

［译文］康子说："我听说勾芒（也作句芒）是木正，祝融是火正，蓐收是金正，玄冥是水正，后土是土正，这些五行的主神都不混乱，都称为帝，是为什么呢？"孔子说："凡是说到这五正，都是指五行的官名。五行辅佐他们成为上帝，因而称作五帝。太皞之属也与之相配，也叫作帝，跟从他的称号。从前少皞氏有四个儿子同为兄弟，一个叫重，一个叫该，一个叫修，一个叫熙。他们实际上能管理金、木和水等。于是由重做勾芒管金，该做蓐收管木，修和熙做玄冥管水。颛顼氏的儿子叫黎，做祝融管火。共工氏的儿子叫勾龙（也作句龙），做后土管土。这五个人，各以所能管理的事业为官职。活着时称为上公，死了后成为贵神，另外称为五祀，不能等同于五帝。"[6.24.2]

【大同】康子曰："如此之言，帝王改号，于五行之德各有所统，则其所以相变者，皆主何事？"孔子曰："所尚则各从其所王之德次焉。夏后氏以金德王，色尚黑，大事敛用昏，戎事乘骊，牲用玄。殷人以水德，色尚白，大事敛用日中，戎事乘翰，牲用白。周人以木德王，色尚赤，大事敛用日出，戎事乘骡，牲用骍。此三代之所以不同。"康子曰："唐、虞二帝，其所尚者何色？"孔子曰："尧以火德王，色尚黄。舜以土德王，色尚青。"

［译文］季康子问："如此说来，帝王改变年号，都是因为五行的德行各有不同的统属所致。那么它们这样相继变化，都各主什么事呢？"孔子说：

"五行崇尚的德行，与帝王所依据的德行次序有关。夏后氏以金德称王，崇尚黑色，丧事在黄昏时入殓，打仗时乘黑马，祭祀时用黑毛牺牲。殷人以水德称王，崇尚白色，丧事在正午时入殓，打仗时乘白马，祭祀时用白毛牺牲。周人以木德称王，崇尚红色，丧事在日出时入殓，打仗时乘红马，祭祀时用红毛牺牲。这就是夏商周三代不同的地方。"季康子说："唐尧与虞舜两位帝王，他们崇尚的各是什么颜色？"孔子说："尧帝以火德称王，他崇尚黄色。舜帝以土德称王，他崇尚青色。" ［6.24.3］

【大同】康子曰："陶唐、有虞、夏后、殷、周独不得配五帝，意者德不及上古耶？将有限乎？"孔子曰："古之平治水土及播殖百谷者众矣，唯勾龙兼食于社，而弃为稷神，易代奉之，无敢益者，明不可与等。故自太皞以降，逮于颛顼，其应五行而王，数非徒五，而配五帝，是其德不可以多也。"

［译文］季康子说："陶唐、有虞、夏后、殷汤王与周王等，他们的德行不能匹配五帝，这意味着他们不及上古先帝呢，还是因为有别的限制？"孔子说："古代治理水土，播种培植百谷的人很多。但只有勾龙氏配享为掌管土地的社神，周弃配享为掌管五谷之粮的稷神，历朝君王换代供奉，都不敢有所增加，是表明他们都不可与五帝等并列。所以从太皞以来，直到颛顼，顺应五行而称王的人数不止五个，但只有他们能与五帝相配，是因为他们的德行比别人更多。" ［6.24.4］

执辔第二十五

【大同】闵子骞为费宰，问政于孔子。子曰："以德以法。夫德法者，御民之具，犹御马之有衔勒也。君者，人也；吏者，辔也；刑者，策也。夫人君之政，执其辔策而已。"子骞曰："敢问古之为政？"孔子曰："古者天子以内史为左右手，以德法为衔勒，以百官为辔，以刑罚为策，以万民为马，故御天下数百年而不失。善御马者，正衔勒，齐辔策，均马力，和马心。故口无声而马应辔，策不举而极千里。善御民者，壹其德法，正其百官，以均齐民力，和安民心。故令不再而民顺从，刑不用而天下治。是以天地德之，而兆民怀之。夫天地之所德，兆民之所怀，其政美，其民而众称之。今人言五帝三王者，其盛无偶，威察若存，其故何也？其法盛，其德厚，故思其德，必称其人，朝夕祝之。升闻于天，上帝俱歆，用永厥世，而丰其年。

　　［译文］闵子骞任费地长官时，向孔子问治理民众的方法。孔子说："用德教和法制。德教和法制都是治理民众的工具，这就像驾车马用勒口和缰绳一样。国君是驾车人，官吏是勒口和缰绳，刑罚是马鞭。君王执政，只要抓好了缰绳和马鞭就行了。"闵子骞说："请问古人是如何执政的？"孔子说："古代天子以内史作为执政的左右手，以德教当作马勒口，以百官为缰绳，以刑罚为马鞭，以万民为奔马，所以能统治天下数百年而无失误。善于驭马者，就要安正马勒口，备齐缰绳和马鞭，均衡使用马力，让众马齐心合力。这样不用吆喝，马就会应和着缰绳向前跑，不用扬鞭，马就能奔驰千里。善于率领民众者也是如此，务必统一道德、法度，端正百官，均衡使用民力，和谐民心。这样法令不用重复申告民众就会顺从，不用刑罚也能治理天下。因此天地恩德护佑他，万民感激怀念他。而天地所施恩德于他，万民所怀念他的，是他德教善政之美，所以获得了万民称赞。今人说起五帝、三王，他们的盛德世上无双，他们的恩威明察似乎还在，这是什么原因呢？因为他们的德教礼法完备，仁德深厚，所以怀念他们的恩德，必定会称赞他本人，朝夕为他们祝祷。这祝福贺寿声传闻天上，连天帝也为此欢欣快乐，因此让他们国运长久，喜获丰年。[6.25.1]

　　【大同】"不能御民者，弃其德法，专用刑辟。譬犹御马，弃其衔勒，而专用棰策，其不制也，可必矣。夫无衔勒而用棰策，马必伤，车必败。无德法而用刑，民必流，国必亡。治国而无德法，则民无修；民无修，则迷惑失道。如此，上帝必以其为乱天道也。苟乱天道，则刑罚暴，上下相谀，莫知念患，俱无道故也。今人言恶者，必比之于桀纣，其故何也？其法不听，其德不厚。故民恶其残虐，莫不吁嗟，朝夕祝之。升闻于天，上帝不蠲，降之以祸罚，灾害并生，用殄厥世。故曰德法者御民之本。

　　［译文］"不能统治民众者，抛弃了德教，专用刑罚处置。这就好比赶马，放弃了马勒口和缰绳，专用木棒和马鞭，这样事情做不好，是必然的。没有勒口缰绳，只用棍棒马鞭，马必会受伤，车必会毁坏。没有德教法，只用刑罚，民众必会流亡，国家必会灭亡。治国却没有德教法制，民众就没有修养。民众没修养，就会迷失正道。如此一来，天帝必定认为这会扰乱天道。如果扰乱了天道，刑罚必然会残暴，上下阿谀奉承，不知道忧患将至，这都是迷失正道所造成的。现在人们说到恶人，必定会把他比作夏桀、商纣，这是为什么呢？因为他们的残酷刑罚民众不听从，他们的仁德不深厚。所以民众都厌恶他们的残暴肆虐，没有不唉声叹气，朝夕诅咒的，这怨声载道的声音升到上天，天帝不免除他们的罪过，就会降祸惩罚，造成天灾人害一并发生，灭绝了夏、殷王朝。所以说，德教法治是引导民众走正道的根本。[6.25.2]

　　【大同】"古之御天下者，以六官总治焉。冢宰之官以成道，司徒之官以成德，宗伯之官以成仁，司马之官以成圣，司寇之官以成义，司空之官以成礼。六官在手以为辔，司会均仁以为纳。故曰御四马者执六辔，御天下者正六官。是故善御马者，正身以总辔，均马力，齐马心，回旋曲折，唯其所之。故可以取长道，可赴急疾。此圣人所以御天地与人事之法则也。天子以内史为左右手，以六官为辔，已而与三公为执六官，均五教，齐五法。故亦唯其所引，无不如志。以之道则国治，以之德则国安，以之仁则国和，以之圣则国平，以之礼则国定，以之义则国义，此御政之术。

　　［译文］"古代统治天下者，用六官来总理政治。冢宰之官成就道，司徒之官成就德，宗伯之官成就仁，司马之官成就圣，司寇之官成就义，司空之官成就礼。这样统领六官就如同策马有了缰绳，以司会考察其仁政业绩就如同有了内侧马缰。所以说，驾驭四马者要控制好六条缰绳，治理天下者要掌控六官。因此善于驭马者，要端正自身，总揽缰绳，均衡马力，齐和马心，这样无论路途曲折婉转，都可以随心所欲而往，既可以跑长途，也可以赴急难了。这正是圣人总揽天地、治理民众的法则。天子以内史为左右手，以六官为缰绳，然后与三公一起来执掌六官，整肃均齐父义、母慈、兄友、弟恭、子孝这五教，齐备仁义礼智信这五项德教法。这样只要善于指引，没有不如愿的。循道则国家治理，贵德则国家平安，敦仁则国家和平，尊圣则国家太平，明礼则国家稳定，尚义则国家公义。这就是循道施政的方法。　［6.25.3］

　　【大同】"过失，人之情，莫不有焉。过而改之，是为不过。故官属不理，分职不明，法政不一，百事失纪，曰乱，乱则饬冢宰。地而不殖，财物不蓄，万民饥寒，教训不行，风俗淫僻，人民流散，曰危，危则饬司徒。父子不亲，长幼失序，君臣上下，乖离异志，曰不和，不和则饬宗伯。贤能而失官爵，功劳而失赏禄，士卒疾怨，兵弱不用，曰不平，不平则饬司马。刑罚暴乱，奸邪不胜，曰不义，不义则饬司寇。度量不审，举事失理，都鄙不修，财物失所，曰贫，贫则饬司空。故御者，同是车马，或以取千里，或不及数百里，其所谓进退缓急异也。夫治者，同是官法，或以致平，或以致乱者，亦其所以为进退缓急异也。

　　［译文］"过错失误，是人之常情，人人都会有。有了过错而改正，就不叫过错了。因此，官职分属不清，分工职责不明，法规政令不统一，百事失去纲纪，叫作混乱，混乱时就整饬冢宰。土地不增殖，财物不增长，万民饥

寒交迫，教令不能推行，风俗淫乱邪僻，百姓流离失散，叫作危险，危险时就整饬司徒。父子不相亲，长幼失次序，君臣上下离心背德，各怀异志，叫作不和，不和时就整饬宗伯。贤才失去官位，立功没有奖赏利禄，士卒满腹怨恨，兵力虚弱无用，叫作不平，不平时就整饬司马。刑酷罚滥，奸邪不伏，叫作不义，不义时就整饬司寇。度量不详审，举事失条理，城邑不修缮，财物多流散，叫作贫穷，贫穷时就整饬司空。所以驾驭者同样使用车马，有的日行千里，有的不到几百里，这是因为他们操控车马进退缓急方法的不同。各级官员执行的都是官法，有的治理得好，有的却导致混乱，这是因为他们处事进退缓急方法的不同所造成的。[6.25.4]

【大同】"古者天子常以季冬考德正法，以观治乱。德盛者治也，德薄者乱也。故天子考德，则天下之治乱可坐庙堂之上而知之。夫德盛则法修，德不盛则饬，法与政咸德而不衰。故曰王者又以孟春论之德及功能，能德法者为有德，能行德法者为有行，能成德法者为有功，能治德法者为有智。故天子论吏，而德法行，事治而功成。夫季冬正法，孟春论吏，治国之要。"

［译文］"古代天子常在冬末考察德治，修正法令，以观察治乱得失。德教昌盛就能治理好，德教浅薄就会国事混乱。所以天子考察德教时，坐在朝堂上就可知道天下治乱。德教昌盛法规就会修治，德教不昌盛就要整饬，刑法与政治都注重道德就不会衰败。所以君王又在初春时节，评论官吏的品德及能力功劳，能够遵德守法的为有德行，能够施行德教法治的为有才干，能够使德教法治获得成功的为有功劳，能够理顺德教与法治的为有智谋。因此天子评定官吏而使德教法治得到推行，国事治理而大功告成。冬末修正法律，春初考核官吏，这是治国的关键。"[6.25.5]

【大同】子夏问于孔子曰："商闻《易》之生人及万物鸟兽昆虫，各有奇偶，气分不同，而凡人莫知其情，唯达德者能原其本焉。天一，地二，人三，三三如九，九九八十一。一主日，日数十，故人十月而生。八九七十二，偶以从奇，奇主辰，辰为月，月主马，故马十二月而生。七九六十三，三主斗，斗主狗，故狗三月而生。六九五十四，四主时，时主豕，故豕四月而生。四九三十六，六为律，律主鹿，故鹿六月而生。三九二十七，七主星，星主虎，故虎七月而生。二九一十八，八主风，风为虫，故虫八月而生。其余各从其类矣。鸟鱼生阴而属于阳，故皆卵生。鱼游于水，鸟游于云，故立冬则燕雀入海化为蛤。蚕食而不饮，蝉饮而不食，蜉蝣不饮不食，万物之所以不同。介鳞夏食而冬蛰，龁吞者八窍而卵生，咀嚼者九窍而胎生。四足者无羽翼，戴角者无上齿，无角无前齿者膏，无角无后齿者脂。昼生者类父，夜生者似母，是以至阴主牝，至阳主牡。敢问其然乎？"孔子曰："然，吾昔闻老聃亦如汝之言。"

[译文] 子夏问孔子说："我听说《易》讲人与万物鸟兽昆虫的出生，各有单双数和气分的不同。而一般人都不知其中内情，唯有通晓道德者能追溯其本原。天为一，地为二，人为三，三三得九，九九八十一。一代表日，日数以十计，因此人怀胎十月后出生。八九七十二，偶从奇来，奇代表辰，辰为月，月代表马，因此马怀胎十二个月才出生。七九六十三，三为斗，斗代表狗，因此狗怀胎三个月后生。六九五十四，四为时，时代表猪，因此猪怀胎四个月后生。五九四十五，五为音，音代表猿，因此猿怀胎五个月后生。四九三十六，六为律，律代表鹿，因此鹿怀胎六个月后生。三九二十七，七主星，星代表虎，因此虎怀胎七个月后生。二九一十八，八主风，风代表虫，因此虫要八日后出生。其余万物的出生日期，都各从其品类。鸟和鱼生于阴而属于阳，因此都是卵生。鱼游于水中，鸟翔于云中，因此立冬时燕雀入海后化为蛤。蚕吃叶子不饮水，蝉饮水不吃食，蜉蝣不饮也不食，万物食物各有不同。甲壳鳞片类动物夏天吃食，冬天蛰伏。直接吞食类动物有八窍而且卵生，咀嚼

进食类动物有九窍而且胎生。四足动物没有羽翼，长角类动物没有上齿，无角和前齿类动物身上有膏脂，有角无后齿类动物有油脂。昼生动物像父亲，夜生动物像母亲，因此至阴的动物属雌性，至阳的动物属雄性。请问对吗？"孔子说："是这样。我从前听老子也说过你这样的话。"［6.25.6］

【大同】子夏曰："商闻《山书》曰：'地东西为纬，南北为经，山为积德，川为积刑。高者为生，下者为死；丘陵为牡，溪谷为牝。蚌蛤龟珠，与日月而盛虚。'是故坚土之人刚，弱土之人柔，墟土之人大，沙土之人细，息土之人美，垆土之人丑。食水者善游而耐寒，食土者无心而不息，食木者多力而不治，食草者善走而愚，食桑者有绪而蛾，食肉者勇毅而捍，食气者神明而寿，食谷者智惠而巧，不食者不死而神。故曰羽虫三百有六十，而凤为之长；毛虫三百有六十，而麟为之长；甲虫三百有六十，而龟为之长；鳞虫三百有六十，而龙为之长；裸虫三百有六十，而人为之长。此乾坤之美也。殊形异类之数，王者动必以道，静必顺理，以奉天地之性，而不害其所主，谓之仁圣焉。"子夏言终而出，子贡进曰："商之论也何如？"孔子曰："汝谓何也？"对曰："微则微也，然则非治世之待也。"孔子曰："然，各尽所能。"

［译文］子夏说："我听《山书》说：'大地东西方向为纬度，南北方向为经度。山为积德之处，江河为积刑之所。居住高处为生，埋入低处为死；丘陵雄起，溪谷雌伏。蚌蛤龟珠，因日升月落而有盈虚变化。'因此在坚硬土地上生活的人刚强，在软和土地上生活的人柔弱，在土丘上生活的人高大，在沙土地上生活的人纤细，在肥沃土地上生活的人美丽，在贫瘠土地上生活的人丑陋。食水类动物善于游泳而耐寒，食土类动物没有心脏不须呼吸，食木类动物力气大不易驯服，食草类动物善于奔跑而愚蠢，食桑叶的动物会吐丝及变飞蛾，食肉类动物勇敢强悍，食气类动物精神明朗而长寿，食谷类动物智慧灵

巧，不吃食物的不会死而能成神。所以说长羽毛的动物三百六十种，以凤凰为首；长毛的动物三百六十种，以麒麟为首；长甲壳的动物三百六十种，以龟为首；长鳞的动物三百六十种，以龙为首；无羽无毛动物三百六十种，以人为首。这就是天地之大美。对于这些不同形态的异类动物，君王行动时必须遵循天道，静止时必须顺从地理，以奉行天地好生的本性，而不妨害它们的生命主宰，这就叫作仁德圣道。"子夏说完就出去了，子贡上前问道："子夏说的怎么样？"孔子说："你认为呢？"子贡回答："说得很精微了，但不是治理世事用得上的。"孔子说："是这样，各尽所能罢了。"［6.25.7］

本命解第二十六

【大同】鲁哀公问于孔子曰："人之命与性何谓也？"孔子对曰："分于道，谓之命；形于一，谓之性；化于阴阳，象形而发，谓之生；化穷数尽，谓之死。故命者，性之始也；死者，生之终也。有始则必有终矣。人始生而有不具者五焉，目无见，不能食，不能行，不能言，不能化。及生三月而微煦，然后有见；八月生齿，然后能食；三年囟合，然后能言；十有六而精通，然后能化。阴穷反阳，故阴以阳变；阳穷反阴，故阳以阴化。是以男子八月生齿，八岁而龀。女子七月生齿，七岁而龀，十有四而化。一阳一阴，奇偶相配，然后道合化成。性命之端，形于此也。"公曰："男子十六精通，女子十四而化，是则可以生民矣。而礼男必三十而有室，女必二十而有夫也。岂不晚哉？"孔子曰："夫礼，言其极，不是过也。男子二十而冠，有为人父之端；女子十五许嫁，有适人之道。于此而往，则自婚矣。群生闭藏乎阴，而为化育之始。故圣人因时以合耦，穷天数也。霜降而妇功成，嫁娶者行焉。冰泮而农桑起，婚礼而杀于此。男子者，任天道而长万物者也。知可为，知不可为；知可言，知不可言；知可行，知不可行者也。是故审其伦而明其别，谓之知，所以效匹夫之德也。女子者，顺男子之教而长其理者也，是故无专制之义，而有三从之道。幼从父兄，既嫁从夫，夫死从子，言无再醮之端。教令不出于闺门，事在供酒食而已，无阃外之非义也，不越境而奔丧，事无擅为，行无独成，参知而后动，可验而后言。昼不游庭，夜行以火，所以效匹妇之德也。"

[译文] 鲁哀公问孔子："人的命和性，指的是什么呢？"孔子回答："根据天地自然之道化生的人生规律就是'命'，由'命'所形成的统一天赋叫作人类的'性'。阴阳化生后，以一定形象体貌展现出来叫作'生'；变化穷尽寿数完结之后叫作'死'。所以命就是人性的开始，死就是生命的终结，有开始必定有终结。人刚出生时有五种能力是不具备的，这就是眼睛看不见，嘴巴不能吃，脚不能走，口不能说，也不能生育。人出生三个月以后，眼珠微微转动，然后才能看见；八个月大长牙，然后能吃东西；三年后囟门闭合，才能说话；十六岁开始生精通气，才能生育。阴气穷尽后必然返阳，故此阴气会因阳气而变化；阳气穷尽必然返阴，故此阳气会因阴气而变化。因此男子八个月长牙，八岁后换牙；女子七个月长牙，七岁后换牙，十四岁后能生育。一阳一阴，奇偶相配，然后才能阴阳化合而生育。性命的开端，就从这里开始形成了。"鲁哀公说："男子十六岁精气已经通畅，女子十四岁已经能生育，这时就可以繁衍后代了。而根据礼，男子三十岁才娶妻，女子二十岁才嫁人，这岂不是晚了吗？"孔子说："礼说的是最晚年龄，不要超过这个年限。男子二十岁举行加冠礼，就可以做父亲了。女子十五岁允许出嫁，就已符合出嫁之道了。从此之后，男女就可以自行结婚了。众生闭藏于阴，就成为化育的开始。因此圣人依时节让男女成婚，穷尽了天数的生命极限。霜降时妇女的家务都完成了，男婚女嫁就可以准备了。冰雪融化后农耕开始，婚礼事也就到此停止。男子，是担当天道大任而助长万物生长者，他知道什么可做，什么不可做，什么可说，什么不可说，什么可行，什么不可行。因此能审察人伦和事物类别的，叫作知，这就是一般男子的品德。女子，是顺从男子的教导而按此道理去

做的人，因此没有自作主张的道理，只有三从之道：她年幼时服从父兄，出嫁后服从丈夫，丈夫死后服从儿子，没有说改嫁的。女子的教令不出家门，主要供应饮食酒菜就行了，不要受家门外非议。不要越境外出奔丧，不要擅自做主办事，不要独自出行，要三思而后行，验证后再说话。不要白天到庭院里游耍，夜行要举灯火，这就是一般的妇德。"[6.26.1]

【大同】孔子遂言曰："女有五不取：逆家子者，乱家子者，世有刑人子者，有恶疾子者，丧父长子者。妇有七出、三不去；七出者：不顺父母出者，无子者，淫僻者，嫉妒者，恶疾者，多口舌者，窃盗者。三不去者：谓有所取无所归一也，与共更三年之丧二也，先贫贱后富贵者三也。凡此圣人所以顺男女之际，重婚姻之始也。"

［译文］孔子接着说："有五种女子不能娶，这就是悖逆家庭道德的，扰乱家风的，家里有人受刑罚的，有不治之病的，丧父的长女等。妇人在七种情况下可休弃，在三种情况下不可休弃。这七种情况是：不孝顺父母的、不生儿子的、行为淫乱邪僻的、喜欢嫉妒的、有恶病的、搬弄是非的、偷盗的。不休妻的三种情况是：娶时有家而休弃后无家可归的，夫妻一起服丧三年的，夫家先贫贱后富贵的。所有这些，都是圣人理顺男女关系，重视婚姻的开始。"[6.26.2]

【大同】孔子曰："礼之所以象五行也，其义四时也，故丧礼有举焉。有恩，有义，有节，有权。其恩厚者其服重，故为父母斩衰三年，以恩制者也。门内之治恩掩义，门外之治义掩恩，资于事父以事君而敬同，尊尊贵贵，义之大也，故为君亦服衰三年，以义制者也。三日而食，三月而沐，期而练。毁不灭性，不以死伤生，丧不过三年。齐衰不补，坟墓不修。除服之日，鼓素琴，示民有终也。凡此以节制者也。资于事父以事母。而爱同。天无二日，国无二君，家无二尊，以一治之。故父在为母齐衰期者，见无二尊也。百官备，百物具，不言而事行者，扶而起；言而后事行者，杖而起；身自执事行者，面垢而已。此以权制者也。亲始死，三日不怠，三月不懈，期悲号，三年忧，哀之杀也。圣人因杀以制节也。"

[译文]孔子说："礼之所以效法五行，是因为它符合四时的义理，因此才举行丧礼，做到感恩，道义，节制，权变。对恩情厚重者的丧礼要隆重，所以为父母要服丧三年，这是因恩情所制约。家庭内部的恩情重于道义，家庭之外的道义重于恩情。如对待父亲那样对待国君，尊敬程度是相同的。崇敬高贵者，尊重位尊者，是最大的道义。所以对国君也应服丧三年，这是按道义来制约的。服丧时，三天后才吃饭，三月后才洗澡，一年后才练祭。悲伤不泯灭人性，不以死者伤害生者，服丧不超过三年。粗麻丧服不需缝补，坟墓不再培土。服丧期满要弹素琴，向人们表示服丧结束。所有这些都需要有节制。用对待父亲的礼仪对待母亲，敬爱是相同的。天上没有两个太阳，国家没有两个君王，家里没有两位地位相等的家长，要按照有一位最高尊长的方法办理。如父亲健在，为母亲服丧者，要表明没有两个家长。百官齐备，百物备好，不说话事情就能办到者，是天子诸侯，要搀扶起他；只要动口事情就能办到者，是卿大夫，要用杖扶起他。需要自己亲身去办事者，是满脸灰土的平民百姓。这些都是受权力制约的。亲人刚去世，三天不懈怠，三月不松懈，一年悲痛哭号，三年忧伤不已，然后哀痛才结束。圣人就是这样按照哀痛的程度来节制的。" [6.26.3]

论礼第二十七

【礼乐】孔子闲居，子张、子贡、言游侍，论及于礼。孔子曰："居，汝三人者，吾语汝以礼周流无不遍也。"子贡越席而对曰："敢问如何？"子曰："敬而不中礼，谓之野；恭而不中礼，谓之给；勇而不中礼，谓之逆。"

子曰："给夺慈仁。"子贡曰："敢问将何以为此中礼者？"子曰："礼乎，夫礼所以制中也。"子贡退。

[译文]孔子在家休息，弟子子张、子贡、子游在旁服侍，说到了礼。孔子说："坐下，你们三个人，我给你们讲讲，礼是怎样周详运用而无所不及的。"子贡站起来离席回话："请问礼该如何运用？"孔子说："尊敬而不合乎礼，叫作土气；谦恭而不合乎礼，叫作巴结；勇敢而不合乎礼，叫作悖逆。"孔子说："巴结混淆了慈悲和仁爱。"子贡说："请问怎样才能合乎礼呢？"孔子说："礼吗？礼啊，就是节制行为使之适中正当的。"子贡听完退了下来。[6.27.1]

【礼乐】言游进曰："敢问礼也，领恶而全好者与？"子曰："然。"子贡问："何也？"子曰："郊社之礼，所以仁鬼神也；禘尝之礼，所以仁昭穆也；馈奠之礼，所以仁死丧也；射飨之礼，所以仁乡党也；食飨之礼，所以仁宾客也。明乎郊社之义，禘尝之礼，治国其如指诸掌而已。是故居家有礼，故长幼辨；以之闺门有礼，故三族和；以之朝廷有礼，故官爵序；以之田猎有礼，故戎事闲；以之军旅有礼，故武功成。是以宫室得其度，鼎俎得其象，物得其时，乐得其节，车得其轼，鬼神得其享，丧纪得其哀，辩说得其党，百官得其体，政事得其施。加于身而措于前，凡众之动，得其宜也。"言游退。

[译文]子游上前说："请问，礼是为了治理恶习而保全良好品行的，是吗？"孔子说："是的。"子贡问："那怎么做呢？"孔子说："祭天地之礼，是致仁爱于鬼神的；夏禘秋尝之礼，是致仁爱于祖先的；馈食祭奠之礼，是致仁爱于死者的；乡射乡饮酒礼，是致仁爱于乡邻的；宴会饮酒礼，是致仁爱于宾客的。明白了祭天地礼、夏秋祭礼等，治国就能了如指掌了。因此，居家处事有礼，长幼辈分就清楚了；家庭内有礼，亲族就和睦了；朝廷有礼，官职爵位就有序了；田猎时有礼，军演就熟练了；军队有礼，就能建立战功了。因为有了礼，

宫室受到了合理限度，鼎器等得到了样式，器物符合了时节，音乐符合了节拍，车辆有了定式，鬼神得到了祭享，丧葬有了适度悲哀，辩说得到了拥护者，百官得以各守其职，政事得以顺利推行。加在每人身上的，摆在面前的，凡是众人的种种行为举动，都能够适宜得当。"子游听完退了下去。 [6.27.2]

【礼乐】子张进曰："敢问礼何谓也？"子曰："礼者，即事之治也。君子有其事，必有其治。治国而无礼，譬犹瞽之无相，伥伥乎何所之？譬犹终夜有求于幽室之中，非烛何以见？故无礼则手足无所措，耳目无所加，进退揖让无所制。是故以其居处，长幼失其别，闺门三族失其和，朝廷官爵失其序，田猎戎事失其策，军旅武功失其势，宫室失其度，鼎俎失其象，物失其时，乐失其节，车失其轼，鬼神失其享，丧纪失其哀，辩说失其党，百官失其体，政事失其施。加于身而措于前，凡众之动失其宜。如此，则无以祖洽四海。"

［译文］子张上前问："请问什么是礼呢？"孔子说："所谓礼，就是事物的治理。君子有要办的事，就必有治理的方法。治国如没有礼，就好像盲人没有扶助者，茫茫然不知往哪走。又如整夜想在暗室中找东西，没有烛光怎能看得见？所以没有礼就会手足无措，耳目也不知该听什么、该看什么；进退、作揖、谦让这些礼节也都失去了法度。这样住在一起，就会长幼没分别，祖孙三代会失去和睦相处；朝廷的各级官爵会失去秩序，田猎练武会失去策略，军队攻守会失去指挥，宫殿堂室的建造会失去制度，各类祭器会失去式样，万物的生发收藏会失去时令，音乐会失去节拍，车辆会失去定式，鬼神会失去祭享，丧事会失去哀伤，辩说会失去支持者，百官会失职，政事会无法施行。凡此种种加在众人身上，摆在所有人面前的行为都会举止失当。如此一来，就无法和谐四海万民了。" [6.27.3]

【礼乐】子曰："慎听之，汝三人者。吾语汝，礼犹有九焉，大飨有四焉。苟知此矣，虽在畎亩之中，事之，圣人矣。两君相见，揖让而入，入门而悬兴。揖让而升堂，升堂而乐阕。下管《象》舞，夏龠序兴。陈其荐俎，序其礼乐，备其百官。如此而后君子知仁焉。行中规，旋中矩，銮和中《采荠》。客出以《雍》，彻以《振羽》。是故君子无物而不在于礼焉。入门而金作，示情也；升歌《清庙》，示德也；下管象舞，示事也。古之君子，不必亲相与言也，以礼乐相示而已。夫礼者，理也；乐者，节也。无礼不动，无节不作。不能《诗》，于礼谬；不能乐，于礼素，于薄德，于礼虚。"子贡作而问曰："然则夔其穷与？"子曰："古之人与？上古之人也。达于礼而不达于乐，谓之素；达于乐而不达于礼，谓之偏。夫夔达于乐而不达于礼，是以传于此名也。古之人也，凡制度在礼，文为在礼，行之其在人也。"三子者，既得闻此论于夫子也，焕若发蒙焉。

[译文]孔子说："仔细听着，你们三人！我告诉你们，礼有九种，其中的大飨盛宴奏乐有四种。如果知道了这些，哪怕还是个田里农夫，只要依礼而行，就会成为圣人了。两国君主相见，互相揖让后进入大门里，钟鼓乐声齐声响起。两人再次揖让登上大堂后，乐声才停止。这时堂下乐队演奏《象》乐舞，接着执龠跳起《大夏》之舞。于是堂上端来笾豆与牲俎，按次序排好，备齐了各种陪宴人员。这样，来访的国君就能感知主人的亲仁盛情。这时，堂上的所有这些礼仪行为都应该中规中矩，车铃声也始终和着《采荠》乐曲的节拍。客人访问结束出去时，堂下要奏起《雍》乐章，撤去席上食具时，要奏起《振羽》乐章。由此可见君子的物事演奏，没有一件事是不合礼节。当客人进门时，钟乐声响起，表示欢迎之情；登堂时演奏《清庙》歌乐，表示颂扬功德；堂下表演《象》舞，表示政绩事业。古代的君子，不必亲自互相对话，只需用礼乐就可互相示意了。礼，就是理；乐，就是节。无理的事不做，无节的事不为。不懂得赋《诗》言志，礼仪上就会出错；不会奏乐，礼节就会枯燥乏味，道德就会浅薄，礼仪就会虚伪。"子贡站起来问："这么说来，夔对礼精通吗？"孔子说："夔是古人

吗？他是上古的人啊！精通礼而不精通乐，叫作素朴；精通乐而不精通礼，叫作偏颇。夔也许精通乐而不精通礼，所以传下了精通音乐的名声。古代的人，凡是制定制度都讲礼，制度也要礼来修饰，实行起来靠的是人。"三个弟子听了孔子这番话后豁然开朗，受到了深刻的启蒙。[6.27.4]

【礼乐】子夏侍坐于孔子曰："敢问《诗》云'恺悌君子，民之父母'，何如斯可谓民之父母？"孔子曰："夫民之父母，必达于礼乐之源，以致五至而行三无，以横于天下，四方有败，必先知之，此之谓民之父母。"子夏曰："问何谓五至？"孔子曰："志之所至，诗亦至焉；诗之所至，礼亦至焉；礼之所至，乐亦至焉；乐之所至，哀亦至焉。诗礼相成，哀乐相生，是以正明目而视之，不可得而见，倾耳而听之，不可得而闻，志气塞于天地，行之充于四海，此之谓五至矣。"

[译文] 子夏陪坐在孔子身边，说："请问《诗》里说'和悦亲切的君子，好比民众的父母'，怎样才能称为民众的父母呢？"孔子说："作为民众的父母，必须懂得礼乐的来源，达到'五至'施行'三无'，以推广于天下。做到四方有难，必预先知道，这才是可称为民众的父母。"子夏说："请问什么叫'五至'？"孔子说："情志所到处，《诗》意也会到；《诗》意所到处，礼也会到；礼所到处，乐也会到；乐所到处，哀情也会到。诗礼相辅助，哀乐相引发。这一微妙的关系，擦亮眼睛也看不见，侧着耳朵也听不见，然而这种志气却布满于天地之间，充满于四海之内，这就叫作'五至'。"[6.27.5]

【礼乐】子夏曰："敢问何谓三无？"孔子曰："无声之乐，无体之礼，无服之丧，此之谓三无。"子夏曰："敢问三无，何诗近之？"孔子曰："'夙夜基命宥密'，无声之乐也；'威仪逮逮，不可选也'，无体之礼也；'凡民有丧，扶伏救之'，无服之丧也。"子夏曰："言则美矣，大矣，言尽于此而已？"孔子曰："何谓其然？吾语汝，其义犹有五起焉。"子夏曰：
"何如？"孔子曰："无声之乐，气志不违；无体之礼，威仪迟迟；无服之
丧，内恕孔悲。无声之乐，所愿必从；无体之礼，上下和同；无服之丧，施及
万邦。既然，而又奉之以三无私而劳天下，此之谓五起。"

〔译文〕子夏问："请问什么叫'三无'？"孔子说："无声音的舞
乐，无仪式的礼节，无丧服的丧礼，叫作'三无'。"子夏说："请问什么诗
句接近'三无'呢？"孔子说："'日夜谋划治国安民'，就是无声音的舞
乐；'仪容和雅庄严，无可挑剔'，就是无仪式的礼节；'只要民众有难，必
全力扶持救助'，就是无丧服的丧礼。"子贡说："这话说得太美好太伟大
了，说到尽头了吧？"孔子说："怎么能这样说呢，我告诉你，这其中含义还
要从五个方面来说明。"子夏说："这是什么意思？"孔子说："无声音的舞
乐，不违背志气；无仪式的礼节，威仪从容；无丧服的丧礼，内藏大悲。无声
音之乐，心想事成；无仪式之礼，上下和睦；无丧服之丧礼，恩施天下万邦，
而且还能以'三无私'的精神奉献于天下，这就叫作'五起'。"[6.27.6]

【大同】子夏曰："何谓三无私？"孔子曰："天无私覆，地无私载，
日月无私照。其在诗曰：'帝命不违，至于汤齐。汤降不迟，圣敬日跻，昭假
迟迟，上帝是祇，帝命式于九围。'是汤之德也。"子夏蹶然而起，负墙而立
曰："弟子敢不志之！"

〔译文〕子夏说："请问什么叫'三无私'？"孔子说："上天覆盖万
物没有私心，大地承载万物没有私心，日月普照万物没有私心。《诗》中有
句子是这样说的：'不违背上帝的命令，直到汤王登上高位。汤王降临天下正
适时，圣德敬天日日累积。向神祷告久久不息，无限崇敬地服事上帝啊，上帝
命他统治九州。'这就是商汤的德行。"子夏听罢急忙站起来，背墙站着说：
"弟子岂敢不牢记先生教导！"[6.27.7]

・625・

卷七

观乡射第二十八

【礼乐】孔子观于乡射，喟然叹曰："射之以乐也，何以射？何以听？循声而发，不失正鹄者，其唯贤者乎！若夫不肖之人，则将安能以求饮。《诗》云：'发彼有的，以祈尔爵。'祈，求也，求所中以辞爵。酒者，所以养老，所以养病也。求中以辞爵，辞其养也。是故士使之射而弗能，则辞以病，悬弧之义。"于是退而与门人习射于矍相之圃，盖观者如墙堵焉。试射至于司马，使子路执弓矢，出列延，谓射之者曰："奔军之将，亡国之大夫，与为人后，不得入。其余皆入。"盖去者半。又使公罔之裘、序点扬觯而语曰："幼壮孝弟，耆老好礼，不从流俗，修身以俟死者，在此位。"盖去者半。序点又扬觯而语曰："好学不倦，好礼不变，耄期称道而不乱者，则在此位。"盖仅有存焉。射既阕，子路进曰："由与二三子者之为司马，何如？"孔子曰："能用命矣。"

[译文]孔子观看乡射礼，长叹说："射箭时配上礼仪音乐，射手怎样才能一边射箭，一边听奏乐呢？能够按照乐声的指挥发箭，并能正中目标的，只有贤人才能做到吧。如果是不肖之人，他怎能射中而罚别人喝酒呢？《诗》里说：'射你的箭中目标，祈求你免罚酒。'祈，就是祈求，祈求射中目标而免受罚酒。酒，是为了养老和养病的。祈求射中目标并免受罚酒，就是推辞他人的奉养。所以让士人射箭，他不会的话，就会以有病推辞，这就是一生男

孩，就会在门头挂一张弓，表示男子天生就会射箭的意义。"于是孔子回来后，与弟子们在矍相的园圃中学射箭，观看的人好像一堵围墙。当射礼轮到司马子路时，孔子让他手执弓箭，出来邀请射手们说："败军之将、丧失国土的大夫、求做别人后嗣的人，一律不准入场，其余的人进来。"听到这话，人走了一半。孔子又让公罔之裘、序点举起酒杯说："幼年壮年时都能孝敬父母，友爱兄弟，老年后还爱好礼仪，不随流俗，能修身以待终年的人，请留在这里。"结果又走掉一半。序点又举杯说："好学不厌倦，好礼不改变，到老还循道不乱来的人，请留在这里。"结果只剩下几人没走。射箭结束后，子路上前说："我和几个弟子们做管兵司马，可以吗？"孔子回答："可以胜任了。"[7.28.1]

【大同】孔子曰："吾观于乡，而知王道之易易也。主人亲速宾及介，而众宾从之，至于正门之外，主人拜宾及介，而众宾自入，贵贱之义别矣。三揖至于阶，三让以宾升，拜至，献酬辞让之节繁；及介升，则省矣。至于众宾，升而受爵、坐祭立饮，不酢而降，隆杀之义辨矣。工入，升歌三终，主人献宾。笙入三终，主人又献之。间歌三终，合乐三阕，工告乐备而遂出。一人扬觯，乃立司正焉，知其能和乐而不流也。宾酬主人，主人酬介，介酬众宾，少长以齿，终于沃洗者焉。知其能弟，长而无遗矣。降脱屦，升座，修爵无算。饮酒之节，旰不废朝，暮不废夕。宾出，主人拜送，节文终遂焉，知其能安燕而不乱也。贵贱既明，降杀既辨，和乐而不流，弟长而无遗，安燕而不乱。此五者，足以正身安国矣。彼国安而天下安矣。故曰：吾观于乡，而知王道之易易也。"

［译文］孔子说："我观察了乡射后，知晓实施王道，变易风俗是很容易的。主人亲自接待主宾与陪客，其他客人随行在后。到了正门外，主人拜迎主宾与陪客，其他客人跟随进入，这就分出贵客和其他客人了。作揖三次后走

到台阶前，又三次揖让引导主宾升堂。接着主人拜谢宾客的到来，斟酒献客，宾客回敬，主宾酬谢辞让的礼节繁多。等到陪客升堂后，礼节就减省了许多。至于其他宾客，升堂后接受献酒，坐下拜祭，站立饮酒，不回敬主人就可以下阶，礼节的隆重与简单就清楚了。此时乐工进来，先奏《鹿鸣》《四牡》《皇皇者华》等三首登堂歌，主人首次给宾客献酒。接着吹笙人进来接连吹奏完《南陔》《白华》《华黍》三首乐曲，主人再次给宾客献酒。然后乐工与吹笙人轮流演奏，乐工奏《鱼丽》，笙人吹《由庚》；乐工奏《南有嘉鱼》，笙人吹《崇丘》；乐工奏《南山有台》，笙人吹《由仪》。接着乐工和吹笙人合奏《周南》《召南》中的三首乐曲，乐工报告乐曲演奏完毕后，退下堂去。这时主持人举起酒杯，设立司正来监察酒礼，这就能知道乡饮酒能使大家和乐而不至于失礼。宾客酬谢主人，主人酬谢陪客，陪客酬谢众宾客，各按年龄大小依次饮酒，最终轮到洗碗人饮酒。这就知道无论老少喝酒都不遗漏了。之后，众人走下堂来，脱了鞋子，上座劝酒的不计杯数。饮酒的节制，以早晨不耽误上午的事，傍晚不耽误夜晚的事为准。宾客离去，主人拜送，礼节繁文终于结束。这就知道宴饮安乐而礼数不乱了。尊贵卑贱既然明了，礼节的隆重简单也已辨明，和谐欢乐而不失礼，长幼兼顾而无遗漏，宴饮安乐而不混乱。此五方面做好，就足以正身安国了。国家安宁，就能天下安定了。所以说：'我观察乡射礼，就知晓施行王道变易风俗是容易的了。" [7.28.2]

【礼乐】子贡观于蜡。孔子曰："赐也乐乎？"对曰："一国之人皆若狂，赐未知其为乐也。"孔子曰："百日之劳，一日之乐，一日之泽，非尔所知也。张而不弛，文武弗能；弛而不张，文武弗为；一张一弛，文武之道也。"

［译文］子贡前往观看蜡祭。孔子说："端木赐，你快乐吗？"子贡回答："全国的人个个都像发了疯，我不知他们乐的是什么。"孔子说："辛劳

了数百天，才得到这一天的快乐，这一天的恩泽，不是你所能知道的。一味紧张而从不松弛，连周文王、周武王都做不到；一味松弛而毫不紧张，周文王、周武王也不会这么做。一张一弛，劳逸结合，这才是周文王、周武王的治国之道。"［7.28.3］

郊问第二十九

【大同】定公问于孔子曰："古之帝王必郊祀其祖以配天，何也？"孔子对曰："万物本于天，人本乎祖。郊之祭也，大报本反始也，故以配上帝。天垂象，圣人则之，郊所以明天道也。"公曰："寡人闻郊而莫同，何也？"孔子曰："郊之祭也，迎长日之至也。大报天而主日，配以月，故周之始郊，其月以日至，其日用上辛。至于启蛰之月，则又祈谷于上帝，此二者天子之礼也。鲁无冬至大郊之事，降杀于天子，是以不同也。"公曰："其言郊，何也？"孔子曰："兆正于南，所以就阳位也，于郊，故谓之郊焉。"曰："其牲器何如？"孔子曰："上帝之牛角茧栗，必在涤三月。后稷之牛唯具，所以别事天神与人鬼也，牲用骍，尚赤也；用犊，贵诚也。扫地而祭，贵其质也。器用陶匏，以象天地之性也。万物无可称之者，故因其自然之体也。"

［译文］鲁定公问孔子说："古代帝王在郊外拜祭祖宗时一定要祭祀天帝，为什么？"孔子回答："万物根源于天，人根源于祖先。郊祭，就是报答上天和祖宗的恩德，反思始祖的大祭典，所以祭祖时要配祭上帝。上天显示征兆，圣人取法效仿。郊祭就是要显明天道。"鲁定公说："我听说的郊祭有些不同，为什么呢？"孔子回答说："郊外祭天，是迎接冬至长日的到来。用盛大的祭祀来报答上天，而以日为主，配以月。所以周人开始祭天，要选取冬至之月，上辛之日。到了启蛰之月，则又要祈谷于上帝。这二种祭祀，都是天子的礼仪。鲁国没有在冬至举行盛大祭郊，是因为鲁国是诸侯国，礼仪要低

于天子，所以有所不同。"鲁定公说："称作郊祀，是为什么呢？"孔子回答："祭坛在南郊，是设于南面阳光充足的阳位。它在郊外祭祀，所以叫作郊祀。"鲁定公问："它用的牺牲、器皿是怎样的？"孔子说："祭上帝的牛，角要小，必须在养祭牲处饲养三个月。祭祀后稷的牛也要专门准备，以区分祭祀天神与人鬼的不同。牺牲用红牛，是因为周崇尚红色。用小牛犊，是表示诚信。扫干净地再祭祀，是重视质朴。祭器用陶匏制品，象征天地之本性。世间万物没有可和它相称的缘故，是因为它具有自然的本质。"　[7.29.1]

【祭祀】公曰："天子之郊，其礼仪可得闻乎？"孔子对曰："臣闻天子卜郊，则受命于祖庙，而作龟于祢宫，尊祖亲考之义也。卜之日，王亲立于泽宫，以听誓命，受教谏之义也。既卜，献命库门之内，所以诫百官也。将郊，则供天子皮弁以听报，示民严上也。郊之日，丧者不敢哭，凶服者不敢入国门，氾扫清路，行者必止。弗命而民听，敬之至也。天子大裘以黼之，被衮象天，乘素车，贵其质也，旗十有二旒，龙章而设以日月，所以法天也，既至泰坛，王脱裘矣，服衮以临燔柴，戴冕，璪十有二旒，则天数也。臣闻之，诵诗三百，不足以一献；一献之礼，不足以大飨；大飨之礼，不足以大旅；大旅具矣，不足以飨帝。是以君子无敢轻议于礼者也。"

［译文］鲁定公问："天子郊祭之礼仪，可说来听听吗？"孔子回答："我听说天子郊祭要先占卜，在祖庙里接受天命，然后再到父庙中占卜，表示尊重祖先及亲近父亲的意思。占卜这天，天子亲自站在泽宫之前，听取天命誓言，领受教导和劝谏的意义。占卜后，天子在库门内正式颁布举办郊祭的命令，以告诫百官郑重其事。将近郊祭时，天子身穿皮弁朝服听取祭祀报告，宣示民众要严格听从命令。郊祭当日，举办丧事者不能哭，穿丧服者不能入国门，郊外道路要扫干净，行人全部禁行。这样不用命令民众就会听从，恭敬达到极点。天子穿着大裘衣，外披绣着日月星辰，象征上天的龙袍，乘着不装饰

彩绘，重在质朴的素车，打着效法上天，垂挂十二旒，画着龙纹日月的旗帜一路前行。天子来到祭天泰坛后，脱去大裘，只穿龙袍，来到燔柴处，头戴垂下十二旒玉藻的冠冕，以仿效十二月的天数。我听说，光是诵读了三百首诗，还不足以承担一般的祭祀；学了一般的祭礼，还不足以承担大飨的祭礼；学了大飨祭礼，还不足以承担大旅的祭礼；学习了大旅祭礼，还不足以承担祭祀天帝的祭礼，所以君子不敢轻率地议论礼。"［7.29.2］

五刑解第三十

【大同】冉有问于孔子曰："古者三皇五帝不用五刑，信乎？"孔子曰："圣人之设防，贵其不犯也。制五刑而不用，所以为至治也。凡民之为奸邪窃盗靡法妄行者，生于不足。不足生于无度，无度则小者偷惰，大者侈靡，各不知节。是以上有制度，则民知所止；民知所止，则不犯。故虽有奸邪贼盗靡法妄行之狱，而无陷刑之民。

［译文］冉有问孔子："古代的三皇五帝不用五刑，可信吗？"孔子说："圣人的防范措施，贵在让人不触犯刑法。制定五刑而不用，是为了最佳的治理。凡是奸诈邪恶、偷窃盗贼、违法妄行的人，都是由于不满足。不满足产生于无限度，无限度的话，小的取巧偷懒，大的奢侈浪费，都不知道节制。因此君主制定了制度，民众就知道了什么不该做；知道什么不该做，就不会犯法。所以即使定了邪恶盗窃、违法妄行的入狱罪状，也不会有陷入刑罚的民众。［7.30.1］

【孝悌】"不孝者生于不仁，不仁者生于丧祭之礼不明。丧祭之礼，所以教仁爱也。能教仁爱，则服丧思慕，祭祀不懈人子馈养之道。丧祭之礼明，则民孝矣。故虽有不孝之狱，而无陷刑之民。

［译文］"不孝者是由于不仁，不仁者是由于丧祭没有礼制。明白丧祭

之礼，是要教会仁爱。能教会民众仁爱，他们服丧时就会思念仰慕并祭祀亲人，举行祭礼表示要不懈地履行子女赡养父母之道。明白了丧祭之礼，民众就学会孝悌之道了。即使有不孝入狱之罪，也不会有陷入刑罚的民众。[7.30.2]

【大同】"杀上者生于不义，义所以别贵贱、明尊卑也。贵贱有别，尊卑有序，则民莫不尊上而敬长。朝聘之礼者，所以明义也。义必明则民不犯，故虽有杀上之狱，而无陷刑之民。斗变者生于相陵，相陵者生于长幼无序而遗敬让。乡饮酒之礼者，所以明长幼之序而崇敬让也。长幼必序，民怀敬让，故虽有斗变之狱，而无陷刑之民。淫乱者生于男女无别，男女无别则夫妇失义。婚姻聘享者，所以别男女、明夫妇之义也。男女既别，夫妇既明，故虽有淫乱之狱，而无陷刑之民。此五者，刑罚之所以生，各有源焉。不豫塞其源，而辄绳之以刑，是谓为民设阱而陷之。

［译文］"以下杀上的行为缘于不义，义是用来区别贵贱、分清尊卑的。贵贱有分别，尊卑有次序，民众就没有不尊敬上级和长辈的。诸侯朝见天子的朝聘礼，是用来显明义德的。义德显明了，民众就不会犯上，所以虽然制定了弑上罪，也没有陷入刑罚的民众。争斗变乱的行为缘于相互欺压，相互欺压缘于长幼无序而遗忘了尊敬谦让。乡饮酒之礼，就是为了显明长幼之序和尊长敬让的。长幼一定要有次序，民众就会心怀敬让，所以虽有争斗变乱之罪，也没有陷入刑罚的民众。淫乱行为产生于男女无别，男女无别就失去了夫妇情义。婚姻的聘礼和享礼，是用来区别男女和彰显夫妇情义的。男女有别了，夫妇情义彰明了，虽然制定了淫乱之罪，民众也没有陷入刑罚的。以上这五种行为，是制定刑罚的原因，它们各有滋生根源。不预先堵住其根源，动辄使用刑罚，这就叫给民众设陷阱来陷害他们。[7.30.3]

【大同】"刑罚之源，生于嗜欲不节。夫礼度者，所以御民之嗜欲而明好恶。顺天之道，礼度既陈，五教毕修，而民犹或未化，尚必明其法典以申固之。其犯奸邪靡法妄行之狱者，则饬制量之度；有犯不孝之狱者，则饬丧祭之礼；有犯杀上之狱者，则饬朝觐之礼；有犯斗变之狱者，则饬乡饮酒之礼；有犯淫乱之狱者，则饬婚聘之礼。三皇五帝之所化民者如此，虽有五刑之用，不亦可乎！"孔子曰："大罪有五，而杀人为下。逆天地者罪及五世，诬文武者罪及四世，逆人伦者罪及三世，谋鬼神者罪及二世，手杀人者罪止其身。故曰大罪有五，而杀人为下矣。"

[译文]"刑罚的根源，起于人不能节制贪欲。礼制法度，就是控制民众过分的欲望而显明善恶的。顺应天道，颁布礼制、法度，宣扬五教完毕，但还有不开化的民众，那就必须申明法典以巩固礼治效果。犯奸邪违法妄行罪的，就用制度法规加以整饬；有犯不孝罪行的，就用祭丧礼仪加以整饬；犯杀害上司罪，就用朝觐礼加以整饬；犯争斗扰乱治安罪的，就用乡饮酒礼加以整饬；犯淫乱罪，就用婚聘礼加以整饬。三皇五帝就是这样教化民众的。虽然也应用五刑，不也可以吗？"孔子接着说："大罪有五等，杀人为最轻的。悖逆天地的罪行惩罚五代，诬蔑周文王、周武王的罪行惩罚四代，悖逆人伦的罪行惩罚三代，图谋鬼神的罪行惩罚二代，杀人罪只惩罚他本人。所以说大罪有五种，杀人罪是最低的一种罪行。"[7.30.4]

【礼乐】冉有问于孔子曰："先王制法，使刑不上于大夫，礼不下于庶人，然则大夫犯罪，不可以加刑，庶人之行事，不可以治于礼乎？"孔子曰："不然，凡治君子，以礼御其心，所以属之以廉耻之节也。故古之大夫，其有坐不廉污秽而退放之者，不谓之不廉污秽而退放，则曰'簠簋不饬'；有坐淫乱男女无别者，不谓之淫乱男女无别，则曰'帷幕不修'也；有坐罔上不忠者，不谓之罔上不忠，则曰'臣节未著'；有坐罢软不胜任者，不谓之罢软不胜任，则曰'下官不职'；有坐干国之纪者，不谓之干国之纪，则曰'行事不请'。此五者，大夫既自定有罪名矣，而犹不忍斥，然正以呼之也，既而为之讳，所以愧耻之。是故大夫之罪，其在五刑之域者，闻而谴发，则白冠厘缨，盘水加剑，造乎阙而自请罪。君不使有司执缚牵掣而加之也。其有大罪者，闻命则北面再拜，跪而自裁，君不使人捽引而刑杀之也。曰：'子大夫自取之耳，吾遇子有礼矣。'以刑不上大夫而大夫亦不失其罪者，教使然也。'凡所谓礼不下庶人者，以庶人遽其事而不能充礼，故不责之以备礼也。"冉有跪然免席曰："言则美矣，求未之闻，退而记之。"

　　[译文]冉有请教孔子说："先王制定法律制度，规定刑罚不加到大夫身上，礼仪不用于平民。那么大夫犯了罪，可以不加刑罚吗？平民行事，可以不用礼来约束吗？"孔子说："不是这样的。凡治理君子，主要用礼来约束他的心，是因为把他们归属于有廉耻节操之心的人。因此古代的大夫，因不廉污秽罪被罢免的，不说他污秽不廉被放逐，而是说他'祭器没摆好'。有犯男女无别淫乱罪的，不说他淫乱及男女无别，而是说他'帐幕没修好'。有犯罔上不忠罪的，不说他罔上不忠，而是说他'没保持好臣子节操'。有犯软弱无能不称职罪的，不说他软弱无能不称职，而是说'属下官员不称职'。有犯干扰国家法纪罪的，不说他干扰国家法纪，而是说'办事没请示'。这五种情况，大夫既已自己都认定罪名了，仍不忍心正面直呼他有罪，还要为他隐讳，让他自感羞愧。因此大夫所犯的罪行，在这五刑之内，知道自己要被谴责惩罚的，就会戴上毛缨带子的白帽，穿着丧服，端着横放一把剑的盛水盘，走到君王宫殿前请罪受罚，而不是由君王派专职司法官吏拿绳子捆绑他，牵过来受罚。那些犯有大罪的，听到君王命令则北面下拜，跪着自杀，并不是由君王派人按着他身体用刑，而只是说：'这是大夫你咎由自取，我已对你有礼了。'这就是刑不上大夫，而大夫也不能逃避处罚的教化方式。至于所谓礼不下庶人，那是因为庶人忙于生计事不能学好礼，所以不能要求他们有完备礼仪。"冉有听完跪行着离开了席位，说："您说得太好了，我还从未听说过，回去后要牢记它。" [7.30.5]

刑政第三十一

【大同】仲弓问于孔子曰："雍闻至刑无所用政，至政无所用刑。至刑无所用政，桀纣之世是也；至政无所用刑，成康之世是也。信乎？"孔子曰："圣人之治化也，必刑政相参焉。太上以德教民，而以礼齐之。其次以政言导民，以刑禁之。刑，不刑也。化之弗变，导之弗从，伤义以败俗，于是乎用刑矣。制五刑必即天伦，行刑罚则轻无赦。刑，侀也；侀，成也。壹成而不可更，故君子尽心焉。"

[译文] 仲弓问孔子说："我听说最严酷的刑法无须用政令，最完善的政令无须用刑。最严酷的刑罚无须用政令，夏桀、商纣的时代就是这样的；最完善的政治无须用刑，成康之治的时代就是这样的。这可信吗？"孔子说："圣人的治理教化，必定是将刑法与政令相配合的。最好的方法是用道德教化民众，用礼治统一思想。其次是用政令来教导民众，用刑罚来禁止犯罪。制定刑法，是为了尽量不用刑罚。教化了之后不改变，劝导了之后不听从，既损害义理又败坏风俗，这才对他用刑严惩。制定五刑必须符合天道，执刑罚罪时，哪怕罪行轻也不能赦免。刑，就是'侀'，'侀'就是已成为不可改变的事实。刑法一旦定型就不可随意改变，所以君子要尽心审案执法。" [7.31.1]

【大同】仲弓曰："古之听讼，尤罚丽于事，不以其心，可得闻乎？"孔子曰："凡听五刑之讼，必原父子之情，立君臣之义以权之。意论轻重之序，慎测深浅之量以别之。悉其聪明，致其忠爱以尽之。大司寇正刑明辟以察狱，狱必三讯焉。有指无简，则不听也。附从轻，赦从重。疑狱则泛与众共之，疑则赦之。皆以小大之比成也，是故爵人必于朝，与众共之也；刑人必于市，与众弃之也。古者公家不畜刑人，大夫弗养。士遇之涂，弗与之言。屏诸四方，唯其所之，弗及与政，弗欲生之也。"

［译文］仲弓说："古代审理案件，根据过错，依据事实，不考虑动机，可以听听这方面的事吗？"孔子说："凡审理'五刑'案子，必须根据父子之情，按照君臣之义来权衡。目的是论证情节轻重次序，谨慎衡量罪过深浅以区别对待，让断案者尽量发挥其聪明才智，以忠爱尽责之心来审案。大司寇的任务是负责确定适用的刑法，辨明法令，察明案情，并完成讯问群臣、讯问群吏、讯问民众等三道审讯程序。凡有指证而无法核实的嫌疑人不治罪，附从的犯人可从轻处理，罪大不赦的主犯要从重判决。遇到疑案要与大众广泛商议，如果还有疑问无法裁决的嫌疑人就先赦免他，所有的案件都根据罪行的大小，比照律法来定案。因此封爵一定要在朝廷上，让众人共同鉴证；行刑一定要在闹市上，让众人唾弃他。古时诸侯不收容罪人，大夫不养罪人，读书人在路上遇到罪人，也不和他交谈。罪犯被放逐四方，任凭流浪，不让他参与政事，表示不想让他再活在世上。" [7.31.2]

【大同】仲弓曰："听狱，狱之成，成何官？"孔子曰："成狱成于吏，吏以狱成告于正。正既听之，乃告大司寇。大司寇听之，乃奉于王。王命三公卿士参听棘木之下，然后乃以狱之成告于王。王三宥之以听命，而制刑焉。所以重之也。"

［译文］仲弓问："通过审理，完成定案，是由哪一种官员负责？"孔子说："案件首先由狱吏来审定，然后把审理情况报告监狱长。监狱长审理后，再报告大司寇。大司寇审理后，再报告君王。君王再命令太师、太傅、太保等'三公'和卿士们在酸枣树下会审，然后把会审结果与处理意见报告君王。君王根据三种可从宽的情况，决定是否减免刑罚，最后定刑。因此程序是很慎重的。" [7.31.3]

【礼乐】仲弓曰："其禁何禁？"孔子曰："巧言破律，遁名改作，执左道与乱政者，杀。作淫声，造异服，设伎奇器以荡上心者，杀。行伪而坚，言诈而辩，学非而博，顺非而泽，以惑众者，杀。假于鬼神，时日卜筮以疑众者，杀。此四诛者不以听。"

［译文］仲弓问："在禁令中有哪些条款呢？"孔子说："凡是用巧言破坏法律，以变乱名义擅改法度，以旁门左道扰乱国政者，杀。凡是制作淫声浪调，制作奇装异服，设计奇巧怪诞器物扰乱君心的，杀。凡虚伪而固执，语言狡诈诡辩，学非正道而博杂，做坏事而巧言粉饰，蛊惑民众者，杀。凡假借鬼神，以择时选日，卜卦筮法惑乱民众者，杀。犯此四类罪行被诛杀的无须审理。"［7.31.4］

【大同】仲弓曰："其禁尽于此而已？"孔子曰："此其急者。其余禁者十有四焉：命服命车不粥于市；圭璋璧琮不粥于市；宗庙之器不粥于市；兵军旂旗不粥于市；牺牲秕鬯不粥于市；戎器兵甲不粥于市；用器不中度不粥于市；布帛精粗不中数、广狭不中量不粥于市；奸色乱正色不粥于市；文锦珠玉之器雕饰靡丽不粥于市；衣服饮食不粥于市；果实不时不粥于市；五木不中伐不粥于市；鸟兽鱼鳖不中杀不粥于市。凡执此禁以齐众者，不赦过也。"

［译文］仲弓问："禁令到此为止了吗？"孔子说："这是最紧要的。其余要禁止的还有十四项：天子赐予的命服、命车不准在市场卖；圭璋璧琮等礼玉不准在市场卖；宗庙祭祀的礼器不准在市场卖；兵车旌旗等不准在市场卖；祭牲、祭酒不准在市场卖；兵器铠甲不准在市场卖；不合规矩的家用器具不准在市场卖；精粗不合理、宽窄不合规的麻布丝绸不准在市场卖；以杂色扰乱正色的物品不准在市场卖；锦缎珠玉等器物雕刻巧饰太华丽的不准在市场卖；衣服饮食不准在市场卖；果实不合季节的不准在市场卖；树木还没成材的不准在市场卖；幼小的鸟兽鱼鳖不准在市场卖。凡是执行这些禁令的治理民众者，都不可赦免那些违禁者。"［7.31.5］

礼运第三十二

【大同】孔子为鲁司寇，与于蜡。既宾事毕，乃出游于观之上，喟然而叹。言偃侍，曰："夫子何叹也？"孔子曰："昔大道之行与三代之英，吾未之逮也，而有记焉。

［译文］孔子担任鲁国司寇时，参与了蜡祭。招待宾客完毕后，他来到宫门外的高台处观看，长叹了一声。陪同的言偃说："老师叹什么气呢？"孔子说："从前大道的施行与夏商周三代的精英，我都没赶上看到，好在还有历史记载。[7.32.1]

【大同】"大道之行，天下为公，选贤与能，讲信修睦。故人不独亲其亲，不独子其子。老有所终，壮有所用，幼有所长，矜寡孤独废疾者皆有所养。货恶其弃于地，不必藏于己；力恶其不出于身，不必为人。是以奸谋闭而不兴，盗窃乱贼不作。故外户而不闭，谓之大同。

［译文］"大道通行时，天下都为民众所公有，大家选举贤良能人，彼此讲求诚信，和睦相处。所以人不只爱自己的亲人，不只养自己的子女。老年人都能安度终生，壮年人都才有所用，鳏夫、寡妇、孤儿和残疾人都能获得供养。社会上的财物只怕被废弃于大地，而不必被私藏于自家；人的力气和智力只怕不能由自身奉献给社会，但不是为了个人利益。因此世间的奸诈阴谋全被杜绝而不再会发生，盗财窃国的作乱贼子也不会再出来作乱。所以家里大门再不必紧闭，这就叫大同世界。[7.32.2]

【礼乐】"今大道既隐，天下为家，各亲其亲，各子其子。货则为己，力则为人。大人世及以为常，城郭沟池以为固。禹汤文武，成王周公，由此而选，未有不谨于礼。礼之所兴，与天地并。如有不由礼而在位者，则以为殃。"言偃复问曰："如此乎，礼之急也。"

[译文]"如今大道已衰微隐退，天下为家族私有，人都只关爱自己的亲人，只养育自己的子女。社会财物都设法为自己所私藏，力气都为个人所利用。天子诸侯将权力和财产用于私家世传早已习以为常，还修建城池围墙来加以巩固。夏禹、商汤、文王、武王、成王、周公就是这个时代应运而生的人物，他们没有谁不谨行礼治的。礼治的兴起，与天地并存。如有不循礼治而在位，就会惹来祸殃。"言偃听罢再问："这样说来，礼真是太急迫了。"[7.32.3]

【大同】孔子曰："夫礼，先王所以承天之道，以治人之情。列其鬼神，达于丧、祭、乡射、冠、婚、朝聘。故圣人以礼示之，则天下国家可得以礼正矣。"言偃曰："今之在位，莫知由礼，何也？"孔子曰："呜呼哀哉！我观周道，幽厉伤也。吾舍鲁何适？夫鲁之郊及禘皆非礼，周公其已衰矣。杞之郊也禹，宋之郊也契，是天子之事守也。天子以杞、宋二王之后。周公摄政致太平，而与天子同是礼也。诸侯祭社稷宗庙，上下皆奉其典，而祝嘏莫敢易其常法，是谓大嘉。

[译文]孔子说："礼是先代圣王用以顺承天道去治理人情的。它参验于鬼神，贯彻于丧礼、祭礼、乡射礼、冠礼、婚礼、朝聘等礼仪上。因此圣人就用礼来昭示天道人情，这样国家才能按照礼治走上正道。"言偃又问："现在当权的人，都不知道要实施礼治，是为什么呢？"孔子说："多么可悲啊！我考察周代制度，自幽王、厉王起就败坏了。我离开鲁国还能去哪里考察周礼呢？可鲁国的郊祀及祭祖都已不合周礼，周公所传下的礼制看来已经衰微了。杞国郊祀祭大禹，宋国郊祀祭商契，这都是天子的职守，因为杞、宋二王是夏、商的后裔。周公摄政致使天下太平，所以可与天子用同样的祭礼。诸侯则只能祭社稷和祖先，上下都奉守同样的典章制度，而对神的祝词和神对人的嘏

辞，都不敢更改通常祭法，这叫作大嘉。［7.32.4］

【礼乐】"今使祝嘏辞说徒藏于宗祝巫史，非礼也，是谓幽国。醆斝及尸君，非礼也，是谓僭君。冕弁兵车藏于私家，非礼也，是谓胁君。大夫具官，祭器不假，声乐皆具，非礼也，是为乱国。故仕于公曰臣，仕于家曰仆。三年之丧，与新有婚者，期不使也。以衰裳入朝，与家仆杂居齐齿，非礼也，是谓臣与君共国。天子有田，以处其子孙；诸侯有国，以处其子孙；大夫有采，以处其子孙，是谓制度。天子适诸侯，必舍其宗庙，而不以礼籍入，是谓天子坏法乱纪。诸侯非问疾吊丧，而入诸臣之家，是谓君臣为谑。

［译文］"当今的祝词、嘏辞都只收藏在宗祝巫史手里，这是不合礼的，这叫作幽暗国邦。醆和斝是先王的酒器，诸侯在献祭时交给受祭的尸君使用，是不合乎礼制的，这是僭越君王。礼服礼帽、兵器盔甲等私藏在士大夫家里，是不合礼的，这是在威胁国君。大夫设立官职，自备祭器，声乐器具俱全，这是不合礼的，这是要扰乱国纲。因此任职公侯属下的人可叫作臣，任职大夫属下的人则只能叫作仆。他们在服丧三年与新婚期间，通常不派公务。国君和大夫穿丧服入朝，和家仆杂居共处，是不合礼的，叫作君与臣共国。天子有井田安置自己的子孙，诸侯有封国安置自己的子孙，大夫有采地安置自己的子孙，这些都叫作礼治制度。天子到诸侯国去，一定要住在诸侯的祖庙里，如果不按照礼制规定住进诸侯家里，就叫作天子破坏扰乱礼法纲纪。诸侯不是为了探病或吊丧，随便进入大臣家中，叫作君臣戏弄。［7.32.5］

【礼乐】"故夫礼者，君之柄，所以别嫌明微，傧鬼神，考制度，别仁义，立政教，安君臣上下也。故政不正则君位危，君位危则大臣倍，小臣窃。刑肃而俗弊，则法无常；法无常，则礼无别；礼无别，则士不仕，民不归，是谓疵国。

［译文］"礼乐，是国君的权柄，是用来辨别嫌疑，洞察隐微，敬事鬼神，考察制度，辨清仁义，施政教化，安定君臣上下的。所以国政不正则君位危险，君位危险则大臣背叛，小臣窃权。刑法严酷而风俗败坏，法令就会变更无常；法令变更无常，礼治就会等级不明；礼治等级不明，士人就无法办事，民众就不会归顺，这就叫害国。［7.32.6］

【大同】"是故夫政者，君之所以藏身。必本之天，效以降命。命降于社之谓效地，降于祖庙之谓仁义，降于山川之谓兴作，降于五祀之谓制度，此圣人所以藏身固也。圣人参于天地，并于鬼神，以治政也，处其所存，礼之序也。玩其所乐，民之治也。天生时，地生财，人其父生而师教之。四者君以政用之，所以立于无过之地。

［译文］"所以政治，是君主用以安身的。天下政治必须以天道为本，效法天道以下达天命。天命将教化降至社稷叫作效法大地，颁布到祖庙叫作仁义，施行于山川叫作兴作，施行于五祀叫作礼仪制度，这就是圣人稳固的安身地。圣人参照天道、效法地道与神灵之灵验，来治理国政，安顿好他的存身之地，就是礼制的序列；君主经常参与体验国家礼乐，就能治理好民众。天产生四时，地产生财物，人生下子女，老师教学生。这四件事如为君王的政治所利用，就能立于无过之地。［7.32.7］

【大同】"君者，人所则，非则人者也；人所养，非养人者也；人所事，非事人者。夫君者明人则有过，养人则不足，事人则失位。故百姓则君以自治，养君以自安，事君以自显。是以礼达而分定，人皆爱其死而患其生。是故用人之智去其诈，用人之勇去其怒，用人之仁去其贪。国有患，君死社稷，谓之义，大夫死宗庙，谓之变。凡圣人能以天下为一家，以中国为一人。非意之，必知其情，从于其义，明于其利，达于其患，然后能为之。

［译文］"国君，是民众所效法的，而不是去效法民众的；是民众所供养的，而不是去供养民众的；是民众所服事的，而不是去服事民众的。国君去效仿精明人就会有过错，去供养民众就会财力不足，去服事人就会失掉君位。所以百姓愿意去效法国君以修身养德，愿意去供养国君以安定生活，愿意去服事国君以彰显自己。这样就能礼治通达，分别确定各自的名分，人们就都乐于为国家牺牲而不怕死。因此要用人的智慧而去除其狡诈，用人的勇敢而去除其狂怒，用人的仁爱而去除其贪婪。国家有危难之时，君主为国而死叫作大义，大夫为宗庙而死叫作变。凡是圣人都能把天下当作一个大家庭，让中国团结如一人。这不能主观臆想，必须了解人情，紧随大义，明白利害，懂得忧患，然后才能做到这一点。［7.32.8］

【大同】"何谓人情？喜怒哀惧爱恶欲，七者弗学而能；何谓人义？父慈子孝，兄良弟悌，夫义妇听，长惠幼顺，君仁臣忠，十者谓之人义；讲信修睦，谓之人利，争夺相杀，谓之人患；圣人之所以治人七情，修十义，讲信修睦，尚辞让，去争夺，舍礼何以治之；饮食男女，人之大欲存焉，死亡贫苦，人之大恶存焉。欲、恶者，人之大端。人藏其心，不可测度，美恶皆在其心，不见其色，欲一以穷之，舍礼何以哉？

［译文］"什么是人情？喜、怒、哀、惧、爱、恶、欲，这是不学就会的七种感情。什么是人义？父亲慈爱，儿子孝顺，兄长善良，弟弟友爱，丈夫守义，妻子听从，长者仁惠，幼者顺从，君主仁慈，臣子忠诚，这十种品德叫作人义。讲诚信，修和睦，这就叫作人利。你争我夺，互相杀害，这叫作人患。圣人要治理人的七情，倡导十种人义，讲诚信，重和睦，崇尚辞让，舍弃争夺，除了礼还能靠什么治理呢？饮食男女，是人间最大欲望之所在；死亡贫苦，是人间最憎恶的东西。欲望和憎恶是人心的两大端绪。人的想法深藏于心，外人不可揣度。美意与恶念都在内心，不现于脸色，想要一眼看穿，除了

礼还有什么呢？［7.32.9］

【大同】"故人者，天地之德，阴阳之交，鬼神之会，五行之秀。天秉阳，垂日星；地秉阴，载山川，播五行于四时，和四气而后月生。是以三五而盈，三五而缺。五行之动，共相竭也。五行四气十二月还相为本，五声六律十二管还相为宫，五味六和十二食还相为质，五色六章十二衣还相为主。故人者，天地之心，而五行之端，食味别声被色而生者也。

［译文］"所以说，人是天地合德，阴阳交和，鬼神相会，五行生化的精华。上天秉持阳气，悬垂太阳星辰，照耀大地。大地秉持阴气，负载高山巨川，播散五行于四季，和谐春夏秋冬四气之后，产生了月亮盈亏生化。造成十五天月圆，十五天月缺的现象。五行互动运转，相生相克永不终结。五行四时十二月依序轮流做主，五声六律十二管依序交替为宫声，五味六和十二食依序交替为主味，五色六章十二衣依序交替为主色。所以说，人是天地之心，五行之首，是能尝味道，辨声音，穿各色衣服而自在生活的万物之灵。［7.32.10］

【大同】"圣人作则，必以天地为本，以阴阳为端，以四时为柄，日星为纪，以月为量，鬼神以为徒，五行以为质，礼义以为器，人情以为田，四灵以为畜。以天地为本，故物可举，以阴阳为端，故人情可睹；以四时为柄，故事可劝；以日星为纪，故业可别；以月为量，故功有艺；鬼神以为徒，故事有守；五行以为质，故事可复也；礼义以为器，故事行有考；人情以为田，故人以为奥也；四灵以为畜，故饮食有由。

［译文］"所以圣人制定礼法准则，必定以天地为根本，以阴阳为两端，以四时为把柄，以日星为纲纪，以月份为限量，以鬼神为徒类，以五行为物质，以礼义为器具，以人情为田野，以四灵为灵畜。以天地为根本，方可列举万物；以阴阳为大端，方可看清人情；以四时为把柄，方可劝勉做事；以日

星为纲纪，方可分别行业；以月份为限量，方可巧理事功；以鬼神为徒类，办事方可有职守；以五行为物质，方可使事物周而复始；以礼义为器具，方可考察办事；以人情为田野，人就能自由主宰；以四灵为灵畜，饮食方有了充足来源。[7.32.11]

【好学】"何谓四灵？麟凤龟龙谓之四灵。故龙以为畜，而鱼鲔不淰；凤以为畜，而鸟不狨；麟以为畜，而兽不狨；龟以为畜，而人情不失。先王秉蓍龟，列祭祀，瘗缯，宣祝嘏辞说，设制度。故国有礼，官有御，事有职，礼有序。

［译文］"什么叫四灵？麒麟、凤凰、灵龟、神龙叫作四灵。因此以龙作为灵畜，鱼类就不会潜藏水里；以凤凰为灵畜，鸟类就不会飞离；以麒麟为灵畜，兽类就不会逃跑；以灵龟为灵畜，就不会失察人情世事。先王秉持占卜用的蓍草和龟甲，安排祭祀，埋藏缯帛，宣读祝辞、嘏辞，设立制度。所以国家有了礼治，官府有了管理，国事有了职守，礼制有了秩序。[7.32.12]

【祭祀】"先王患礼之不达于下，故飨帝于郊，所以定天位也；祀社于国，所以列地利也；禘祖庙，所以本仁也；旅山川，所以傧鬼神也；祭五祀，所以本事也。故宗祝在庙，三公在朝，三老在学，王前巫而后史，卜筮瞽侑，皆在左右。王中心无违也，以守至正。是以礼行于郊，而百神受职，礼行于社，而百货可极，礼行于祖庙，而孝慈服焉，礼行于五祀，而正法则焉。故郊社宗庙山川五祀，义之修而礼之藏。

［译文］"先王忧虑礼不能通达下面，所以于南郊祭上帝，以确定天的至尊地位；于国内祭社稷土神，用来明列大地物产收益；于祖庙祭祀，以表达本族仁爱；于山川祭祀，以表达尊敬鬼神；于中省、门、户、灶、行等处祭祀五神，以表达对先人创造这些事物的尊敬。所以宗伯和太祝在宗庙，三公在

朝廷，三老在学堂，君王前有巫师后有史官，掌管卜筮、礼乐、劝谏的官员都环绕左右。君王心里无违和杂念，保守着纯正心态。所以郊祭上帝，使百神按职守受到了享祭；在社稷神社举行祭礼，令大地产品更为丰盛；在祖庙举行祭礼，使子孝父慈的教化得以实施；通过五祀举行祭礼，修正了礼法准则。所以举行郊祭、社祭、宗庙祭、山川祭、五祀祭等祭礼后，义德修正而礼治也蕴藏其中了，义德修正而礼治也蕴藏其中了。[7.32.13]

【礼乐】"夫礼必本于太一，分而为天地，转而为阴阳，变而为四时，列而为鬼神。其降曰命，其官于天也，协于分艺。其居于人也，曰养。所以讲信修睦，而固人之肌肤之会，筋骸之束也；所以养生送死，事鬼神之大端，所以达天道，顺人情之大窦。唯圣人为知礼之不可以已也，故破国丧家亡人，必先去其礼。礼之于人，犹酒之有蘗也。君子以厚，小人以薄。圣王修义之柄，礼之序，以治人情。

[译文]"礼必定产生于混沌未分的太一，进而分成了天地，转化为阴阳，变化为四时节气，四时节气分门类列为鬼神。礼的降临称为天命，天命的功能效法于天道，协作于社会分工。礼体现于人叫礼德修养。所以说讲求诚信，营造和睦气氛，是要维护好如同人的肌肤组织与筋骨组织那样紧密相连的社会系统；所以供养生者，送葬死者之礼，是敬事鬼神的大事项；是遵循天道，顺应世间人情的大通道。只有圣人才知道礼是不可以废止的，所以要使别人国破、家败、人亡，必然先破坏他的国家礼治。礼对于人，就好像酿酒要有酒曲一样。君子循礼而厚德，小人悖礼而薄情。圣王修养礼义的根本，维护礼治的秩序，以礼治理人情。[7.32.14]

【大同】"人情者，圣王之田也，修礼以耕之，陈义以种之，讲学以耨之，本仁以聚之，播乐以安之。故礼者，义之实也，协诸义而协，则礼虽先王未有，可以义起焉。义者艺之分，仁之节，协于艺，讲于仁，得之者强，失之者丧。仁者义之本，顺之体，得之者尊。故治国不以礼，犹无耜而耕；为礼而不本于义，犹耕之而弗种；为而不讲于学，犹种而弗耨；讲之以学，而不合以仁，犹耨而不获；合之以仁，而不安之以乐，犹获而弗食；安之以乐，而不达于顺，犹食而不肥。

［译文］"人情像是圣王的田地。圣王修订礼制来耕作，陈说义德来播种，讲学研讨来除草，本着仁心来聚拢，播撒和乐来安定它。所以说礼，是义德的果实。只要将义德道理协和起来，即使这种礼先王未曾制定，也可根据义理创制。义，是才艺的划分，是仁爱的节制，协同各种才艺，归于仁德，得到仁德的就强大，失去仁德的就会丧命。仁德是义德的根本，归顺仁道的主体，得到仁德的人就会变得尊贵。所以治国不以礼乐教化，就如不用耒耜而去耕田；礼治不以义德为根本，就如光耕地而不播种；申明义德而不讲学研讨，就如光播种而不锄草；讲学而不合于仁道，就如光锄草而不收获；符合仁道而不以和乐安心，就如光收获而不食用；和乐安心而不遵循仁道，就如光吃食而不健壮。"［7.32.15］

【大同】"四体既正，肤革充盈，人之肥也。父子笃，兄弟睦，夫妇和，家之肥也。大臣法，小臣廉，官职相序，君臣相正，国之肥也。天子以德为车，以乐为御，诸侯以礼相与，大夫以法相序，士以信相考，百姓以睦相守，天下之肥也，是谓大顺。顺者，所以养生送死，事鬼神之常也。故事大积焉而不苑，并行而不谬，细行而不失。深而通，茂而不间，连而不相及，动而不相害，此顺之至也。明于顺，然后乃能守危。

［译文］"四肢正常，肌肤丰满，这是健康之人。父子相亲，兄弟和睦，夫妇和顺，这是和美之家。大臣守法，小臣清廉，官职有序，君臣正位，这是丰裕之国。天子以仁德为车，以乐艺为御；诸侯以礼相待，大夫以法度为

次序，士人以诚信考验，百姓以和睦相守，这是丰泰之天下，这就是所谓的'大顺'。大顺的时代是未来人类养生送死，服事鬼神的社会常道。因此国家大事堆积如山也不会积压停滞，各类国事项目都可并行而不乖谬，各种社会小事都能依序施行而不会失误。社会发展深邃而通达，丰茂而不间断，相连而不互相干扰，互动而不互相危害，这就是最顺畅的境界了。明察大顺之道，然后才能保持如处险地的小心谨慎。［7.32.16］

【大同】"夫礼之不同，不丰不杀，所以持情而合危也。山者不使居川，渚者不使居原。用水火金木，饮食必时。冬合男女，春颁爵位，必当年德，皆所谓顺也。用民必顺，故无水旱昆虫之灾，民无凶饥妖孽之疾。天不爱其道，地不爱其宝，人不爱其情，是以天降甘露，地出醴泉，山出器车，河出马图，凤凰麒麟，皆在近郊。龟龙在宫沼，其余鸟兽及卵胎，皆可俯而窥也。则是无故，先王能循礼以达义，体信以达顺，此顺之实也。"

［译文］"礼治内容不尽相同，但不能任意增减，这是维持人情的防危要求。山民不能被强迁至江河边，江渚人不能被强迁至平原上。使用水、火、金、木等材料，以及饮料食材等，都必须顺应天时与物产规律。冬季的男婚女嫁，春季的颁授爵位，都必须与其年龄德行相当，这些都是合理顺道的。役使民众也必须顺应天时，这才不会发生水旱昆虫的灾害，民众就没有凶年饥荒以及反常疾患了。上天不私藏其大道，大地不私藏其财宝，人不偏爱其私情，于是就能上天普降甘露，大地涌出酒泉，群山献出器材车辆，黄河出现河图洛书，凤凰麒麟都来到近郊，龟龙也来到宫中的池沼。其余的鸟兽以及卵生胎生的动物，都可随处任人俯身观看。这没有别的原因，只是先王能循礼而通达仁义，体现了诚信而达到了大顺，这就是大顺之道的实情。"［7.32.17］

卷八

冠颂第三十三

【礼乐】邾隐公既即位，将冠，使大夫因孟懿子问礼于孔子。子曰："其礼如世子之冠，冠于阼者，以著代也。醮于客位，加其有成。三加弥尊，导喻其志。冠而字之，敬其名也。虽天子之元子，犹士也，其礼无变。天下无生而贵者，故也行冠事必于祖庙，以裸享之礼以将之，以金石之乐节之，所以自卑而尊先祖，示不敢擅。"

［译文］邾隐公即位后，将举行冠礼，派大夫通过孟懿子向孔子询问冠礼具体事项。孔子说："这礼仪应该和世子的冠礼一样，站在大堂前东面台阶上加冠，表示他要取代父亲成为家长。然后在客位上向位卑者敬酒，表示为有成之人加礼。再通过布冠、皮弁冠、爵弁冠等越来越尊贵的三次加冠，教导他要有志向。加冠后要以字来称呼他，以尊重他的名。即使是天子的长子，与一般士人的冠礼也没什么两样。天下没有天生就高贵的，故此冠礼一定要在祖庙里举行，用裸享的礼仪来进行，用钟磬之乐来节制，表示自己卑微而尊敬祖先，不敢擅越祖先的礼制。" [8.33.1]

【礼乐】懿子曰："天子未冠即位，长亦冠也？"孔子曰："古者王世子虽幼，其即位则尊为人君，人君治成人之事者，何冠之有？"懿子曰："然则诸侯之冠异天子与？"孔子曰："君薨而世子主丧，是亦冠也已，人君无所

殊也。"懿子曰："今邾君之冠，非礼也？"孔子曰："诸侯之有冠礼也，夏
之末造也。有自来矣，今无讥焉。天子冠者，武王崩，成王年十有三而嗣立，
周公居冢宰，摄政以治天下。明年夏六月，既葬。冠成王而朝于祖，以见诸
侯，亦有君也。周公命祝雍作颂曰：'祝王达而未幼。'祝雍辞曰：'使王近
于民，远于年，啬于时，惠于财，亲贤而任能。'其颂曰：'令月吉日，王始
加元服，去王幼志，服衮职。钦若昊天，六合是式。率尔祖考，永永无极。'
此周公之制也。"

　　[译文]孟懿子说："天子未举行冠礼便登上王位，长大后还要再举行
冠礼吗？"孔子说："古代君王的世子虽年幼，但他一旦即位，则已经被尊为
人君。人君已经在治理成人的事，哪还需要冠礼呢？"孟懿子说："那么诸侯
的冠礼会不同于天子吗？"孔子说："天子去世后，世子主持丧事，也就相当
于举行冠礼了，诸侯与此也没什么不同。"孟懿子说："那么现今邾隐公举行
冠礼，不符合礼制吧？"孔子说："诸侯有冠礼，从夏朝末年就开始了，它是
有由来的，现在没必要讥讽它。天子的冠礼，始于周武王驾崩次年。当时周成
王十三岁便继承王位，由周公任冢宰，辅佐成王治理天下。第二年夏六月，安
葬武王后，为成王举行了冠礼并朝拜先祖，接见诸侯，表示周朝有了新君。周
公命令祝雍作颂词说：'祝我王一切顺利而快快长大。'祝雍还说：'愿我王
深得民心，长命百岁，治国依时，恩惠施财，亲贤任能。'颂词还说：'良辰
吉日，王行冠礼。去除幼年心志，穿上龙袍。敬顺天命，效法宇宙六合。祭拜
祖宗先人，保佑国运永昌。'这是周公制定的礼制。" [8.33.2]

　　【礼乐】懿子曰："诸侯之冠，其所以为宾主，何也？"孔子曰："公
冠则以卿为宾，无介。公自为主迎宾，揖升自阼，立于席北。其醴也则如士，
飨之以三献之礼。既醴，降自阼阶。诸侯非公而自为主者，其所以异，皆降
自西阶。玄端与皮弁，异朝服素毕，公冠四，加玄冕祭，其酬币于宾，则束帛

乘马。王太子、庶子之冠拟焉，皆天子自为主，其礼与士无变，飨食宾也，皆同。"懿子曰："始冠必加缁布之冠，何也？"孔子曰："示不忘古，太古冠布，斋则缁之，其緌也，吾未之闻，今则冠而敝之，可也。"懿子曰："三王之冠，其异何也？"孔子曰："周弁、殷冔、夏收，一也；三王共皮弁素绩。委貌，周道也；章甫，殷道也；毋追，夏后氏之道也。"

　　[译文] 孟懿子问："诸侯举行冠礼，必须宾位为主，这是为什么呢？"孔子回答："公侯举行冠礼时，以上卿为宾，不需要中介。公侯亲自作为主人迎接宾客，拱手行礼，将宾客迎至宾位，自己则站在席北。礼仪也和在学的士子相同，向祖先三次献酒。礼仪完毕后，再回到东边台阶上。公侯以下的诸侯自主举行冠礼的不同之处，是回到宾位的西阶。穿着黑礼服，戴着白鹿皮帽，与平时的素色朝服和蔽膝不同，公侯要连续四次加冠，头戴着玄冕祭祀，然后以束帛酬赠宾客，接受他们的马匹等礼品。王太子、庶子的冠礼也仿效诸侯的冠礼，都是由天子亲自主持，礼仪与士人冠礼一样，用酒食款待宾客，也都一样。"孟懿子问："第一次加冠必须戴缁布冠，为什么呢？"孔子说："这是表示不忘古制礼仪。太古时用麻布做冠，斋戒时才戴缁布冠，至于帽的垂带，我还没有听说过。现今冠礼连缁布冠也不用了。"孟懿子问："古代三王的帽子，差别在哪？"孔子说："周叫弁，殷叫冔，夏叫收，都是冠之类。三王的帽子都是皮弁素缨。玄冠是周式帽子，黑布冠是殷式帽子，毋追是夏式帽子。" [8.33.3]

庙制第三十四

【祭祀】卫将军文子将立先君之庙于其家，使子羔访于孔子。子曰："公庙设于私家，非古礼之所及，吾弗知。"子羔曰："敢问尊卑上下立庙之制，可得而闻乎？"孔子曰："天下有王，分地建国，设祖宗，乃为亲疏贵贱多少之数。是故天子立七庙，三昭三穆，与太祖之庙而七；太祖近庙，皆月祭之，远庙为祧，有二祧焉，享尝乃止。诸侯立五庙，二昭二穆，与太祖之庙而五，曰祖考庙，享尝乃止。大夫立三庙，一昭一穆，与太祖之庙而三，曰皇考庙，享尝乃止。士立一庙，曰考庙，王考无庙，合而享尝乃止。庶人无庙，四时祭于寝。此自有虞以至于周之所不变也。凡四代帝王之所谓郊者，皆以配天；其所谓禘者，皆五年大祭之所及也。应为太祖者，则其庙不毁；不及太祖，虽在禘郊，其庙则毁矣。古者，祖有功而宗有德，谓之祖宗者，其庙皆不毁。"

　　[译文] 卫国将军文子将要在封地上建立先代君王的庙宇，派子羔请教孔子。孔子说："将公庙建在私人封地上，这不属于古礼的规定，我不知道。"子羔说："请问有关建宗庙的尊卑礼制，我能听听吗？"孔子说："天下有君王之后，开始分封土地，建立国邦，设立祖庙，并确定了亲疏、贵贱、多少的祭祀制度。天子建七座庙，左边三座为昭庙，右边三座为穆庙，中间为太祖庙，共有七座庙。太祖庙为近亲庙，每月祭祀。远祖庙为'祧'，共有二祧，每季祭一次。诸侯建五座庙，两座为昭庙，两座为穆庙，加上祖庙共五庙，叫作祖考庙，每季祭一次。大夫建三座庙，一座昭庙，一座穆庙，连同祖庙共三庙，叫作皇考庙，每季祭一次。士建一座庙，叫作考庙，没有祖庙，父祖合祭一庙，每季祭一次。平民不立庙，四季都在寝室里祭祖。这种制度从有虞到周代都没有改变。凡是四代帝王举行郊祭的，都要配合祭天。所谓禘祭，是五年一次的祭祀上帝。作为太祖的庙，不能毁；不属太祖的，即使享受禘祭、郊祭，庙也可以毁。古代把有功之祖与有德之宗合称为祖宗，他们的庙都不能毁。" [8.34.1]

　　【祭祀】子羔问曰："祭典云：'昔有虞氏祖颛顼而宗尧，夏后氏亦祖颛顼而宗禹，殷人祖契而宗汤，周人祖文王而宗武王。'此四祖四宗，或乃异代，或其考祖之有功德，其庙可也。若有虞宗尧，夏祖颛顼，皆异代之有功德者也。亦可以存其庙乎？"孔子曰："善，如汝所问也。如殷周之祖宗，其庙可以不毁。其他祖宗者，功德不殊，虽在殊代，亦可以无疑矣。《诗》云：'蔽芾甘棠，勿翦勿伐，邵伯所憩。'周人之于邵公也，爱其人，犹敬其所舍之树，况祖宗其功德而可以不尊奉其庙焉？"

　　[译文] 子羔问："《祭典》说：'从前有虞氏以颛顼为祖以尧为宗，夏后氏以颛顼为祖以禹为宗，殷人以契为祖以汤为宗，周人以文王为祖以武王为宗。'这四祖四宗，或时代不同，或祖先有功德，他们建庙永久祭祀是可以的。像有虞氏以尧帝为宗，夏代以颛顼为祖，也都是不同时代有功德的君王，他们也可永久保存祖庙吗？"孔子回答："说得好，正如你所问的那样。如殷人和周人的祖宗，他们的庙可以不毁，其他的祖宗，功德虽有不同，处在不同时代，不毁庙也是无疑的。《诗》说：'幼小的甘棠树啊，不剪枝不砍伐啊！那是召伯休息过的地方。'周人对于召公，爱他以至于爱他曾遮阴歇息过的树，何况是有功德的祖宗，怎可以不尊敬供奉他的庙呢？"[8.34.2]

辩乐解第三十五

　　【好学】孔子学琴于师襄子。襄子曰："吾虽以击磬为官，然能于琴。今子于琴已习，可以益矣。"孔子曰："丘未得其数也。"有间，曰："已习其数，可以益矣。"孔子曰："丘未得其志也。"有间，曰："已习其志，可以益矣。"孔子曰："丘未得其为人也。"有间，曰："孔子有所缪然思焉，有所睪然高望而远眺。"曰："丘迨得其为人矣，黯而黑，颀然长，旷如望羊，掩有四方。非文王其孰能为此？"师襄子避席叶拱而对曰："君子圣人也！其传曰：《文王操》。"

　　[译文] 孔子向师襄子学习弹琴。师襄子说："我虽然因击磬好当了

官，但我更擅长弹琴。如今你的琴已学好了，可以学新东西了。"孔子说："我还没有掌握好节拍数。"一段时间后，师襄子说："节拍数你已经掌握了，可以学新东西了。"孔子说："我还没有领悟琴曲的志趣。"又一段时间后，师襄子说："你已领悟了琴曲志趣，可以学新东西了。"孔子说："我还没理解琴曲歌颂的是什么人。"过了一段时间，师襄子说："孔子好像在深思冥想，有志存高远、登高远望的神态。"孔子说："我终于好像看到琴曲里歌颂的那个人了，他皮肤黝黑，身姿魁伟，胸怀广阔，高瞻远瞩，拥有天下四方。这不是周文王又有谁能达到这样的境界呢？"师襄子离开坐席，两手抚胸为礼，回答孔子说："您真是圣人啊，这首传世琴曲就是《文王操》。"[8.35.1]

【礼乐】子路鼓琴，孔子闻之，谓冉有曰："甚矣，由之不才也！夫先王之制音也，奏中声以为节，入于南，不归于北。夫南者，生育之乡；北者、杀伐之城。故君子之音，温柔居中，以养生育之气，忧愁之感不加于心也，暴厉之动不在于体也。夫然者，乃所谓治安之风也。小人之音则不然，亢丽微末，以象杀伐之气，中和之感不载于心，温和之动不存于体。夫然者，乃所以为乱之风。昔者，舜弹五弦之琴，造《南风》之诗，其诗曰：'南风之薰兮，可以解吾民之愠兮；南风之时兮，可以阜吾民之财兮。'唯修此化，故其兴也勃焉。德如泉流，至于今王公大人述而弗忘。殷纣好为北鄙之声，其废也忽焉。至于今王公大人举以为诫。夫舜起布衣，积德含和，而终以帝。纣为天子，荒淫暴乱，而终以亡。非各所修之致乎？由今也匹夫之徒，曾无意于先王之制，而习亡国之声，岂能保其六七尺之体哉？"冉有以告子路。子路惧而自悔，静思不食，以至骨立。夫子曰："过而能改，其进矣乎！"

　　［译文］子路弹琴，孔子听了，对冉有说："太过分了，子路太不成才了。古代君王制作音乐时，奏中和之声加以节制，在南方流传，不归入北方。

南方是生育万物之乡，北方是征战厮杀之地。所以君子的音乐温柔适中，以涵养生育之气，不让心里怀有忧愁感情，不让体内存有暴戾躁动之气。这样的音乐，就是所谓的礼治安乐之风。小人的音乐则不同，激切绮丽，微弱琐碎，象征杀伐之气，心里没有中正平和之感，体内没有温和感动。像这样的都是乱世之风。从前舜帝弹奏五弦琴，创作了《南风》，诗里说：'南风多温和哟，可解除我百姓的怨气啊！南风时节多好啊，可增加我百姓的财富啊！'唯有这样的音乐教化，能让舜帝的事业很快勃兴，能让他的德政像清泉流淌不绝，直到今天王公大人们依然传述不忘。商纣王喜好北方的杀伐之音，所以他的灭亡非常快，直到今天王公大人们还以此为戒。舜帝出生于平民，一生不断积累美德涵养亲和力，终于成为帝王。商纣王本为天子，却荒淫残暴，终于灭亡。这难道不是由各自的修养所导致的吗？由啊，你如今一介平民，无视先王的礼制，而去练习亡国之音，怎能保住你的七尺身体呢？"冉有把孔子的话告诉了子路，子路听了后既害怕又后悔，静坐反思，不吃不喝，瘦得形销骨立。孔子说："有错能改，他进步了啊。" [8.35.2]

【礼乐】周宾牟贾侍坐于孔子。孔子与之言，及乐，曰："夫《武》之备戒之以久，何也？"对曰："病不得其众。""咏叹之，淫液之，何也？"对曰："恐不逮事。""发扬蹈厉之已蚤，何也？"对曰："及时事。""《武》坐致右而轩左，何也？"对曰："非《武》坐。""声淫及商，何也？"对曰："非《武》音也。"孔子曰："若非《武》音，则何音也？"对曰："有司失其传也。"孔子曰："唯，丘闻诸苌弘，亦若吾子之言是也。若非有司失其传，则武王之志荒矣。"宾牟贾起，免席而请曰："夫《武》之备戒之以久，则既闻命矣。敢问迟之迟而又久立于缀，何也？"

子曰："居，吾语尔。夫乐者，象成者也。总干而山立，武王之事也；发扬蹈厉，太公之志也。《武》乱皆坐，周、召之治也。且夫《武》，始成而北出，再成而灭商，三成而南反，四成而南国是疆，五成而分陕，周公左，召公右，六成而复缀，以崇其天子焉。众夹振之而四伐，所以盛威于中国；分夹而进，所以事蚤济；久立于缀，所以待诸侯之至也。今汝独未闻牧野之语乎？武王克殷而反商之政，未及下车，则封黄帝之后于蓟，封帝尧之后于祝，封帝舜之后于陈。下车又封夏后氏之后于杞，殷之后于宋，封王子比干之墓，释箕子之囚，使人行商容之旧，以复其位。庶民弛政，庶士倍禄。既济河西，马散之华山之阳而弗复乘，牛散之桃林之野而弗复服，车甲则衅之而藏诸府库，以示弗复用。倒载干戈而包之以虎皮，将率之士，使为诸侯，命之鞬橐，然后天下知武王之不复用兵也。散军而修郊射，左射以《狸首》，右射以《骈虞》，而贯革之射息也。裨冕搢笏，而虎贲之士脱剑；郊配后稷，而民知尊父焉；配明堂，而民知孝焉；朝觐，然后诸侯知所以臣；耕籍，然后民知所以敬亲。六者天下之大教也。食三老五更于太学，天子袒而割牲，执酱而馈，执爵而酳，冕而总干，所以教诸侯之弟也。如此，则周道四达，礼乐交通，夫《武》之迟久，不亦宜乎？"

［译文］周朝宾牟贾陪同孔子坐着，孔子与他交谈，涉及礼乐时，说："《武舞》演奏前长时间击鼓警戒，这是为什么呢？"宾牟贾回答："这是周武王讨纣前忧虑得不到众人支持。"孔子又问："那接着又长声咏叹，连绵不绝，为什么呢？"宾牟贾回答："这是武王担心延误战机。"孔子再问："《武舞》一开场演员就奋发昂扬地舞蹈，为什么呢？"宾牟贾回答："这象征着武王军队及时地举事起义。"孔子又问："《武舞》中演员只跪右腿而支起左腿，是为什么呢？"宾牟贾回答："这不是《武舞》的跪法。"孔子又问："《武舞》里凄厉肃杀的商调过多，为什么呢？"宾牟贾回答："这不是《武舞》应有的音调。"孔子问："如果不是《武舞》应有的正调，又是什么音调呢？"宾牟贾回答："这是乐官传授有失误。"孔子说："是的，我听周大夫苌弘也曾说过与你一样的话。如果不是乐官传授失误，岂不是武王的志向

迷乱了。"宾牟贾站了起来，离开席位请教说："《武舞》的戒备时间久，已经听您提问过了。请问舞者长久地站立在舞位上等待，这是为什么呢？"

孔子说："请坐下，我来告诉你。乐舞，象征着成功的事业。执盾如山立，象征武王的伟业；忽然奋发昂扬的舞蹈，象征姜太公壮志。《武舞》末章时的演员全体跪坐，表现周公与召公辅政的治绩。《武舞》第一章表现的是武王挥师北上，第二章表现的是武王出兵灭商，第三章表现的是武王功成后南下，第四章表现开拓南国疆土，第五章表示分陕为界，由周公治理东部，由召公治理西部；第六章演员回到原位，象征诸侯聚崇天子。表演中，扮演众将的演员围着武王周边，振动金铃，发兵四面出击，显示武王大军威震中国；继而夹击前进，表示大业已成；接着演员久立原处歌舞，表示等待各路诸侯会师。你不会没听过牧野之战的传说吧？武王推翻商纣暴政后，把封地政权还给了殷商的后人，还没等下车，就将黄帝后裔分封于蓟地，把帝尧后裔封于祝地，把帝舜后裔封于陈地。下车后又把夏后氏后裔封于杞地，把殷商后裔封于宋地。然后下令修建了王子比干的墓，释放了被囚禁的箕子，派人查访并恢复了贤臣商容的原有官位。免除了百姓的苛捐杂税，增加了士人一倍俸禄。接着渡河西行，把战马散放到华山南面而不再骑乘，将役牛都散放于桃林原野而不再驱使，将战车铠甲都涂上牲血藏入府库而不再使用，将盾牌和矛戈倒放后用虎皮包起来，将带兵将帅封侯后称为'鞬橐'，这样天下的人都知道武王今后不再用兵了。解散军队后派士兵们去学郊射礼，去东郊习射时奏《狸首》乐章，去西郊习射时奏《驺虞》乐章，而不再练习贯穿铠甲的射箭；让这些勇猛的战士身穿礼服，头戴礼帽，腰插笏板，解除了身上的佩剑；然后在郊外祭天并以后稷配享，让民众知道应尊敬父亲；在明堂祭祀祖先，让民众知道孝道；让诸侯每年朝见天子，使他们懂得为臣的道理；天子则亲自耕种籍田，让民众知道如何重农养亲。以上六件事，是周天子治理天下的重大礼治教化。他在太学宴请三老与五更，天子袒露左臂亲自切割牲肉，端着酱肉请他们食用，拿着酒爵向他们敬酒，天子头戴礼帽，手执盾牌，亲自教育诸侯兄弟懂得朝廷礼仪。如此一来，周朝的教化就畅达四方，礼乐就交流通行了。那么看来《武舞》的表演时间长，不也挺合适的吗？"［8.35.3］

问玉第三十六

【君子】子贡问于孔子曰："敢问君子玉贵而珉贱，何也？为玉之寡而珉之多欤？"孔子曰："非为玉之寡故贵之，珉之多故贱之。夫昔者君子比德于玉：温润而泽，仁也；缜密以栗，智也；廉而不刿，义也；垂之如坠，礼也；叩之，其声清越而长，其终则诎然，乐矣；瑕不掩瑜，瑜不掩瑕，忠也；孚尹旁达，信也；气如白虹，天也；精神见于山川，地也；圭璋特达，德也；天下莫不贵者，道也。《诗》云：'言念君子，温其如玉。'故君子贵之也。"

［译文］子贡向孔子请教说："请问君子看重玉而轻贱珉，为什么呢？是玉少而珉多吗？"孔子说："并非玉少就看重它，也不是珉多就轻贱它。从前将君子美德与玉相比：玉温润而光泽，像仁德；缜密而坚实，像智德；有棱角而不伤人，像义德；悬垂如挂坠，像礼德；敲击时声音清脆悠长，最终戛然而止，像乐德；瑕疵掩盖不住美质，美质掩盖不住瑕疵，像忠德；晶莹发亮，光彩四射，像信德；气势如白色长虹，像天德；精神照耀山川，像地德。朝会礼聘时，美珪玉璋特能通达情意，这是德啊；天下无不珍视的，是道啊！《诗》说：'想念那君子啊，他温润如玉。'所以君子以玉为贵。"［8.36.1］

【好学】孔子曰："入其国，其教可知也。其为人也，温柔敦厚，《诗》教也；疏通知远，《书》教也；广博易良，《乐》教也；洁静精微，《易》教也；恭俭庄敬，《礼》教也；属辞比事，《春秋》教也。故《诗》之失愚；《书》之失诬；《乐》之失奢；《易》之失贼；《礼》之失烦；《春秋》之失乱。其为人也，温柔敦厚而不愚，则深于《诗》者矣；疏通知远而不诬，则深于《书》者矣；广博易良而不奢，则深于《乐》者矣；洁静精微而不贼，则深于《易》者矣；恭俭庄敬而不烦，则深于《礼》者矣；属辞比事而不乱，则深于《春秋》者矣。

[译文] 孔子说："进入一个国家，就可知道它的教化程度了。那些国人温柔可亲、敦厚朴实的，是《诗》教化的结果；国人疏通畅达，知晓远古史事的，是《书》教化的结果；国人学问广博，和易善良的，是《乐》教化的结果；国人清静沉着，测算精微的，是《易》教化的结果；国人谦恭节俭，庄重恭敬的，是《礼》教化的结果；国人善于文辞，比附史事的，是《春秋》教化的结果。因此，《诗》教不足会愚鲁，《书》教不足会失实，《乐》教不足会奢华，《易》教不足会太过头，《礼》教不足会烦琐，《春秋》史教不足会乱褒贬。而那些温柔敦厚而不愚鲁的，是深通《诗》教者；通达知远而不言过其实的，是深通《书》教者；学问广博和易善良而不奢侈的，是深通《乐》教者；沉静精微而不太过头的，是深通《易》教者；恭敬俭朴而不烦琐的，是深通《礼》教者；善于辞章比附史事而不乱褒贬的，是深通《春秋》史教者。[8.36.2]

【大同】"天有四时者，春夏秋冬，风雨霜露，无非教也。地载神气，吐纳雷霆，流形庶物，无非教也。清明在躬，气志如神，有物将至，其兆必先。是故天地之教与圣人相参。其在《诗》曰：'嵩高惟岳，峻极于天。惟岳降神，生甫及申。惟申及甫，惟周之翰。四国于蕃，四方于宣。'此文武之德也。'弛其文德，协此四国'，此太王之德也。凡三代之王，必先其令问。《诗》云：'明明天子，令问不已。'三代之德也。"

[译文] "天有四时更替，无论春夏秋冬，风雨霜露，都有教化意义。

大地负载精神之气，无论收放雷霆风雨，生长各类万物，也都是教化。圣人有清气明德在身，气朗神清，一旦奇人异物将至，必有征兆在先。因此，天地的教化与圣人的教化是互相参合的。《诗》中说：'高峰唯有四岳，巍峨险峻接天。唯有四岳降神，生下甫申两贤。唯有申侯甫侯，才是周朝翰林。四国甘为藩属，王德宣化四方。'这也是周文王、周武王的品德。'广施德政万民乐，协和四方天下安'，这是周太王的德行。凡是三代君王，必定先有好名声。《诗》说：'圣明天子啊，美名永流传。'这就是三代明君的德行。" _[8.36.3]

【礼乐】子张问圣人之所以教。孔子曰："师乎！吾语汝。圣人明于礼乐，举而措之而已。"子张又问。孔子曰："师，尔以为必布几筵，揖让升降，酌献酬酢，然后谓之礼乎？尔以为必行缀兆，执羽籥，作钟鼓，然后谓之乐乎？言而可履，礼也；行而可乐，乐也。圣人力此二者，以躬己南面。是故天下太平，万民顺伏，百官承事，上下有礼也。夫礼之所以兴，众之所以治也；礼之所以废，众之所以乱也。目巧之室，则有隩阼。席则有上下，车则有左右，行则并随，立则有列序，古之义也。室而无隩阼，则乱于堂室矣；席而无上下，则乱于席次矣；车而无左右，则乱于车上矣；行而无并随，则乱于阶涂矣；列而无次序，则乱于著矣。昔者，明王圣人辩贵贱长幼，正男女内外，序亲疏远近，莫敢相逾越者，皆由此涂出也。"

　　［译文］子张向孔子询问圣人教化天下的道理。孔子说："师啊，我告诉你。圣人只是通晓礼乐，再把它们运用到政事上而已。"子张又问了一遍。孔子说："师，你以为一定要布置筵席，揖让行礼，升堂降阶，酌酒酬谢，才叫作礼吗？你以为一定要在舞列中挥动雉羽竹籥，鸣钟击鼓，才叫作乐吗？说的话能履行，就是礼；履行了而能快乐，就是乐。圣人致力于礼与乐两件事，面向南方躬身执政，天下就太平了。万民顺从听命，百官承办政事，就能上下循礼了。礼乐能兴盛，民众就能治理，礼乐被废弛，民众就会混乱。用眼力

去测量建造房屋，必定会有西南角台阶。席位有上下，车位有左右，行走有并行和随行，站立有队列顺序，这是古代的礼制。建造房屋没有西南台阶，堂和室就分不清了；坐席没有上下，席次就乱了；车位没有左右，车上就乱坐了；行走没有并行与随行，等台阶之路的秩序就乱了；站立没有次序，站立的位置就乱了。从前，贤明帝王和圣人分辨贵贱长幼，规定男外女内、亲疏远近的礼仪，没有人敢逾越它，都是从这个礼仪道理出发的。"[8.36.4]

屈节解第三十七

【君子】子路问于孔子曰："由闻丈夫居世，富贵不能有益于物；处贫贱之地，而不能屈节以求伸，则不足以论乎人之域矣。"孔子曰："君子之行己，期于必达于己。可以屈则屈，可以伸则伸。故屈节者，所以有待；求伸者，所以及时。是以虽受屈而不毁其节，志达而不犯于义。"

［译文］子路问孔子说："我听说大丈夫生在人世间，如果身处富贵而不能有利于人间事物，身处贫贱时不能忍受委屈而以求伸展，则不足以达到大人的境界。"孔子说："君子自己的行为，必须达到自己的期望值。所以该屈从时就屈从，可以伸展时就伸展。他的屈从是有所期待，所以求伸展时必须及时抓住时机，而虽受屈也不毁掉自己的节操，达到了自己的志向也不损害正义。"[8.37.1]

【修德】孔子在卫，闻齐国田常将欲为乱，而惮鲍、晏，因欲移其兵以伐鲁。孔子会诸弟子而告之曰："鲁，父母之国，不可不救，不忍视其受敌。今吾欲屈节于田常以救鲁，二三子谁为使？"于是子路曰："请往齐。"孔子弗许。子张请往，又弗许。子石请往，又弗许。三子退谓子贡曰："今夫子欲屈节以救父母之国，吾三人请使而不获往，此则吾子用辩之时也，吾子盍请行焉？"子贡请使，夫子许之。遂如齐，说田常曰："今子欲收功于鲁实难，不若移兵于吴则易。"田常不悦。子贡曰："夫忧在内者攻强，忧在外者攻弱，吾闻子三封而三不成，是则大臣不听令，今战胜以骄主，破国以尊臣，而子之功不与焉，则交日疏于主，而与大臣争。如此则子之位危矣。"田常曰："善，然兵甲已加鲁矣，不可更，如何？"子贡曰："缓师，吾请于吴，令救鲁而伐齐，子因以兵迎之。"田常许诺。

子贡遂南说吴王曰："王者不灭国，霸者无强敌，千钧之重，加铢两而移，今以齐国而私千乘之鲁，与吴争强，甚为王患之。且夫救鲁以显名，以抚泗上诸侯，诛暴齐以服晋，利莫大焉。名存亡鲁，实困强齐，智者不疑。"吴王曰："善，然吴常困越，越王今苦身养士，有报吴之心，子待我先伐越，然后乃可。"子贡曰："越之劲不过鲁，吴之强不过齐，而王置齐而伐越，则齐以私鲁矣。王方以存亡继绝之名，弃强齐而伐小越，非勇也。勇者不计难，仁者不穷约，智者不失时，义者不绝世。今存越示天下以仁，救鲁伐齐，威加晋国，诸侯必相率而朝，霸业盛矣。且王必恶越，臣请见越君，令出兵以从，此则实害越而名从诸侯以伐齐。"吴王悦，乃遣子贡之越。

越王郊迎，而自为子贡御，曰："此蛮夷之国，大夫何足俨然辱而临之？"子贡曰："今者吾说吴王以救鲁伐齐，其志欲之，而心畏越，曰：'待我伐越乃可。'则破越必矣。且无报人之志而令人疑之，拙矣；有报人之意而使人知之，殆乎；事未发而先闻者，危矣。三者，举事之患矣。"勾践顿首曰："孤尝不料力而兴吴难，受困会稽，痛于骨髓，日夜焦唇干舌，徒欲与吴王接踵而死，孤之愿也。今大夫幸告以利害。"子贡曰："吴王为人猛暴，群臣不堪，国家疲弊，百姓怨上，大臣内变，申胥以谏死，大宰嚭用事，此则报吴之时也。王诚能发卒佐之，以邀射其志，而重宝以悦其心，卑辞以尊其礼，则其伐齐必矣。此圣人所谓屈节求其达者也。彼战不胜，王之福；若胜，则必以兵临晋，臣还，北请见晋君共攻之，其弱吴必矣。锐兵尽于齐，重甲困于晋，而王制其弊焉。"越王顿首许诺，子贡返。

五日，越使大夫文种，顿首言于吴王曰："越悉境内之士三千人以事吴。"吴王告子贡曰："越王欲身从寡人，可乎？"子贡曰："悉人之率众，又从其君，非义也。"吴王乃受越王卒，谢留勾践。遂自发国内之兵以伐齐，败之。子贡遂北见晋君，令承其敝。吴晋遂遇于黄池。越王袭吴之国，吴王归与越战，灭焉。孔子曰："夫其乱齐存鲁，吾之始愿，若能强晋以敝吴，使吴亡而越霸者，赐之说之也。美言伤信，慎言哉！"

〔译文〕孔子在卫国，听说齐国的田常图谋叛乱，但又担心鲍氏、晏氏等会阻挠，因此想先调动兵力去攻打鲁国。孔子召集弟子们说："鲁国是父母之邦，不能不救，我不忍心看着它遭受敌人攻击。现在我想忍辱去恳请田常救鲁国，你们几个谁愿意出使呢？"于是子路请求前往，孔子没允许。子张请求去，也不获允许。子石请求去，还是不获允许。三人退下后，一起来对子贡说："现在老师要忍辱去救父母之国，我们三人请求当使者都不获准。这正是你用辩才的时候，你何不请求前往呢？"于是子贡请求出使，孔子允许了。子贡赶到了齐国，劝说田常："现在你想攻打鲁国立功，实在很难，还不如移兵攻打吴国，会很容易成功。"田常听了很不高兴。子贡说："如有内忧就攻打强国，如有外患就攻打弱国。我听说你三次受封都没有成功，这是大臣不听君命的原因。如果你战胜了鲁国将会使君王更骄横，打了败仗就会使其他大臣更尊贵，而你的功劳却不会被称颂。这样你和国君的关系就会渐渐疏远，还会与大臣们发生争斗。这样你的地位可就危险了。"田常说："说得好。然而军队已开赴鲁国，不可更改了，怎么办？"子贡说："暂缓用兵，请先让我向吴国献策，让吴国为救鲁国而攻打齐国，你就可以趁势出兵迎战了。"田常答应了。

子贡于是去南方劝说吴王："作为霸王的国家不会消灭所属的诸侯国，也不会容许强敌出现，千钧之重上面稍微加重，也会改变形势。现在齐国要私下攻打只有千乘战车的鲁国，与吴国争强，我很为您担忧。况且您救鲁国还能显扬名声，安抚泗水以北的诸侯，惩治暴虐齐国而使晋国心服，没有比这获利更大的了。既在名义上保存了将亡的鲁国，又在实际上遏制了强大的齐国，智者是不会怀疑这点的。"吴王说："说得好。然而吴国曾多次打败过越国，现在越王正在苦心培训士兵，有报复吴国之野心，等我先讨伐完越国，然后才能听您的。"子贡说："越国胜不过鲁国，吴国强不过齐国，大王如放弃齐国先打越国，那齐国就会先吞并了鲁国。大王如今打着保存延续危亡之国的旗号，如先放弃强大齐国而去攻打小小越国，这不算勇敢。勇者不怕困难，仁者不惧贫贱，智者不失时机，义者不绝世交。现在您保留越国能向天下显示仁德，拯救鲁国伐齐国，可向晋国显示国威。这样诸侯们必定会相继来朝见，您的霸业就成功了。如果大王真的十分厌恶越国，那我请求去见越王，让他派兵随大王出征，这样实际上有害越国，名义上则是随诸侯讨伐齐国。"吴王听了很高兴，于是派子贡去往越国。

越王到郊外迎接子贡，还亲自为他驾车。越王说："越国是个蛮夷之国，怎能劳驾大夫您郑重地忍辱光临呢？"子贡说："现今我说服吴王为救鲁国而攻齐国，他口头同意但心里顾忌越国，说：'等我打下越国后才可去救鲁国。'这样看来，他攻破越国是必然的了。再说了，无报复他人之志却令人怀疑，这是笨拙的；有报复他人之意却让他人察觉，这是失败的；事情还没做而被他人先察知了，这就更危险了。这三种情况，都是举大事的祸患啊！"勾践叩首行礼说："我曾不自量力地去攻打吴国，被困于会稽，令我痛入骨髓，日夜焦虑，唇干舌燥，只想与吴王拼个死活，这就是我的愿望。今天幸亏大夫您告诉我这其中的利害。"子贡说："吴王为人残暴凶狠，大臣个个都难以忍受。现在吴国凋敝虚弱，百姓怨声载道，大臣蓄谋内乱。伍子胥因直谏而死，太宰伯嚭执掌国政。这正是您报吴国之仇的良机。大王您如能发兵跟随他，投其所好，再用重金宝物讨他欢心，用谦卑的言辞表示尊敬，那么他定会发兵攻打齐国。这就是圣人所说的以屈求伸的妙计啊。他如不能战胜齐国，这是大王福分；如果胜了，一定会乘胜攻打晋国。我先回北方请求晋君同攻吴国，必定削弱吴国。吴国精锐被齐国消灭，重兵又被晋国牵制，大王您就可以趁他疲惫时战胜他了。"越王叩首答应了，子贡返回。

五天后，越国派大夫文种叩首拜见吴王说："越国要率领全境内三千士卒听命于吴王。"吴王问子贡说："越王要亲自跟随我去，可以吗？"子贡说："调动了人家所有士兵，还要让人家的国君跟着出征，是不合道义的。"于是吴王接受了越国派来的士卒，谢绝了想随军的越王，亲自领军讨伐齐国，连连大败。子贡趁机北上面见晋国国君，让晋国趁势攻吴。吴国与晋国大战于黄池。越王趁机袭击吴国都城，吴王返回与越王作战，结果亡国。孔子说："让齐国动乱而保存鲁国，是我最初的愿望。至于使晋国强大让吴国凋敝，使吴国灭亡让越国称霸，这是子贡游说的功劳。美妙言辞会伤害信义，要慎言啊！"[8.37.2]

【亲仁】孔子弟子有宓子贱者，仕于鲁，为单父宰。恐鲁君听谗言，使己不得行其政，于是辞行，故请君之近史二人与之俱至官，宓子戒其邑吏，令二史书，方书辄掣其肘，书不善，则从而怒之，二史患之，辞请归鲁。宓子曰："子之书甚不善，子勉而归矣。"二史归报于君曰："宓子使臣书而掣肘，书恶而又怒臣，邑吏皆笑之，此臣所以去之而来也。"鲁君以问孔子。子曰："宓不齐，君子也，其才任霸王之佐，屈节治单父，将以自试也，意者以此为谏乎？"公寤，太息而叹曰："此寡人之不肖，寡人乱宓子之政，而责其善者，数矣。微二史，寡人无以知其过，微夫子，寡人无以自寤。"遽发所爱之使告宓子曰："自今已往，单父非吾有也，从子之制，有便于民者，子决为之，五年一言其要。"宓子敬奉诏，遂得行其政，于是单父治焉。躬敦厚，明亲亲，尚笃敬，施至仁，加恳诚，致忠信，百姓化之。

　　［译文］孔子弟子有个名叫宓子贱的，在鲁国做官，被任命为单父长官。他恐怕鲁君听信谗言，使自己不能推行施政方针，于是与鲁君辞行时，有意请他的两位近史与自己一同赴任。到任后，宓子贱暗自吩咐单父小吏，在二位史官正书写文书时，就在一旁拉他们的胳膊肘。二史的字因此写得不好，宓子贱对此很愤怒。二史很害怕，请求回到鲁君身旁。宓子贱说："你们的字写得太差了，回去好好努力吧。"二史回去后，报告鲁君说："宓子让我们书写而又派人牵扯我们的胳膊肘，看到字写得不好，又责怪我们，当地官吏也都嘲笑我们，这就是我们去了后又不得不回来的原因。"鲁君就此事请教孔子，孔子说："宓子贱是位君子。他的才能足以成为称霸君王的辅佐，如今委屈自己去治理单父，只不过是要自试一下才能罢了。大概是以此进谏吧。"鲁君闻言醒悟了，感叹地说："这是我的不贤明造成的啊，我扰乱宓子贱的政事，责备他的善政，已经多次了。如没有这二位史官的事，我还无从知道自己的过错；如没有先生，我也实在难以醒悟。"于是马上派遣自己宠爱的官吏出使单父，告诉宓子贱说："从今以后，单父不再由我管，就按你的方法去治理。便于民众的措施，你自己决定，五年报告一次要点即可。"宓子贱恭敬地接受诏命，于是获得了行政权，顺利治理好了单父。他待人诚恳敦厚，教百姓明白要善待亲人，崇尚诚实互敬，施行至深仁爱，更加恳切真诚，忠诚守信，使百姓受到了教化。　[8.37.3]

　　【修德】齐人攻鲁，道由单父，单父之老请曰："麦已熟矣，今齐寇至，不及人人自收其麦，请放民出，皆获传郭之麦，可以益粮，且不资于寇。"三请而宓子不听。俄而齐寇逮于麦，季孙闻之怒，使人以让宓子曰："民寒耕热耘，曾不得食，岂不哀哉？不知犹可，以告者而子不听，非所以为民。"宓子蹙然曰："今兹无麦，明年可树，若使不耕者获，是使民乐有寇，且得单父一岁之麦，于鲁不加强，丧之不加弱，若使民有自取之心，其创必数世不息。"季孙闻之，赧然而愧曰："地若可入，吾岂忍见宓子哉。"三年，孔子使巫马期往观政焉。巫马期阴免衣，衣弊裘，入单父界。见夜渔者得鱼辄舍之，巫马期问焉，曰："凡渔者为得，何以得鱼即舍之？"渔者曰："鱼之大者名为鱄，吾大夫爱之，其小者名为鱦，吾大夫欲长之，是以得二者，辄舍之。"巫马期返，以告孔子曰："宓子之德，至使民暗行若有严刑于旁。敢问宓子何行而得于是？"孔子曰："吾尝与之言曰：'诚于此者刑乎彼。'宓子行此术于单父也。"

［译文］齐国人进攻鲁国时，取道单父。单父有位老人请求说："麦子已经熟了，现今齐国敌寇就要来了，人人都来不及收自家的麦子，请放民众出城，都去收城郭附近的麦子。这样可增加粮食收入，又不至于去资助敌人。"但他再三请求后，宓子贱仍不允许。不久齐国敌寇到来，收走了麦子。鲁国大夫季孙氏听后大怒，派人责备宓子贱说："老百姓冷天耕种，热天锄草，却没得到粮食，岂不痛心吗？如不知这事还可以原谅，已告诉你了却不听，这绝不是为民着想！"宓子贱听后恭敬诚挚地说："今年没了麦子，明年还可再种。可如果让不耕者收获，民众就会乐于有寇常来。况且得到了单父一年的麦子，对鲁国来说不会有所加强，失去了这些麦子鲁国也不会变得更弱。而如果让民众自此有了谋取他人成果之心，留下的创伤那会使几代人都难以愈合。"季孙听说后，羞愧地说："地里如有条缝可以钻进去，我哪还有脸去见宓子贱呢！"过了三年，孔子派巫马期去察看政绩。巫马期暗自脱去衣服，穿上破旧衣服，进入了单父地界。他看到夜里渔夫捕到鱼后，又马上放回河里去，就问："渔夫都是为了获得鱼，你为什么捕了鱼又放了呢？"渔夫说："大鱼名叫鱄，我们大夫很喜爱它。小鱼名叫鱦，我们大夫想让它长大。因此我得到这两种鱼就会放回河里。"巫马期回来，把这事告诉孔子说："宓子贱的德政，使民众在夜间劳作，也像有严刑在旁监视一样。请问宓子贱是怎样达到这种境界的呢？"孔子说："我曾经和他说过：'这方面真诚相待，那方面就会严

正。'宓子贱就是用这个办法治理单父的。"　[8.37.4]

【孝悌】孔子之旧曰原壤，其母死，夫子将助之以木椁。子路曰："由也昔者闻诸夫子曰：'无友不如己者，过则勿惮改。'夫子惮矣，姑已若何？"孔子曰："凡民有丧，匍匐救之，况故旧乎？非友也，吾其往。"及为椁，原壤登木曰："久矣。予之不托于音也。"遂歌曰："狸首之班然，执女手之卷然。"夫子为之隐，佯不闻以过之。子路曰："夫子屈节而极于此，失其与矣，岂未可以已乎？"孔子曰："吾闻之，亲者不失其为亲也，故者不失其为故也。"

［译文］孔子有位老友名叫原壤，他母亲死后，孔子想帮他准备棺椁。子路说："我从前听老师说过：'不要交不如自己的朋友，有了过错就不要怕改正。'老师已经怕了，姑且停止帮他如何？"孔子说："凡民众有丧事，用手足爬行也要尽力去救助，何况他是老朋友呢？即使不是朋友，我也会去帮。"做好了棺椁，原壤敲着棺木说："很久了，我没用歌声寄托情思了。"于是唱道："花纹像狸首那样斑斓啊，握住你的手啊那么柔软。"孔子为他遮掩，假装没听见走了过去。子路说："您委屈自己到了这种地步，失去他也就算了，难道还不能断绝交往吗？"孔子说："我听说，亲人不会失掉他的亲情，老友不会失掉他的友情。"　[8.37.5]

卷九

七十二弟子解第三十八

【亲仁】颜回，鲁人，字子渊，少孔子三十岁。年二十九而发白，三十一早死。孔子曰："自吾有回，门人日益亲。"回以德行著名，孔子称其仁焉。

［译文］颜回，鲁国人，字子渊，比孔子小三十岁。他二十九岁头发就白了，三十一岁就早死了。孔子说："自从我有了学生颜回，弟子们的关系日益亲密了。"颜回以品德著名，孔子称赞他有仁德。 [9.38.1]

【孝悌】闵损，鲁人，字子骞，少孔子五十岁，以德行著名，孔子称其孝焉。冉耕，鲁人，字伯牛，以德著名，有恶疾。孔子曰："命也夫。"冉雍，字仲弓，伯牛之宗族，生于不肖之父。以德行著名。

［译文］闵损，鲁国人，字子骞，比孔子年少五十岁，以德行著名，孔子称赞他的孝行。冉耕，鲁国人，字伯牛，以德行著名，可惜生有重病。孔子说："这是命啊。"冉雍，字仲弓，属于伯牛的宗族，生于不肖之父的家庭。以德行著名。 [9.38.2]

【修德】宰予，字子我，鲁人，有口才，以言语著名。事齐为临淄大夫，与田常为乱，夷其三族。孔子耻之，曰："不在利病，其在宰予。"

［译文］宰予，字子我，鲁国人，有口才，以能言善辩闻名于世。他在齐国当上了临淄大夫，因参与田常犯上作乱，被夷灭了三族。孔子以此为耻，说："这事情不在于利弊，而在于宰予的所为。"［9.38.3］

【谋道】端木赐，字子贡，卫人。少孔子三十一岁。有口才，著名。孔子每诎其辩。家富累钱千金，常结驷连骑，以造原宪。宪居蒿庐蓬户之中，与之言先王之义。原宪衣弊衣冠，并日蔬食，衎然有自得之志。子贡曰："甚矣，子如何之病也。"原宪曰："吾闻无财者谓之贫，学道不能行者谓之病。吾贫也，非病也。"子贡惭，终身耻其言之过。子贡行贩，与时转货。历相鲁卫而终齐。

［译文］端木赐，字子贡，卫国人。比孔子小三十一岁，他很有口才，著称于世。孔子经常阻止他的巧言善辩。他家庭富有，积累了千金之财，还常驾着马车或骑马，去看望同学原宪。原宪住在破茅草屋中，与子贡谈论先王治国的道理。他穿着破衣戴着旧帽，两天才吃一顿饭菜，但仍然很快乐而有自己的志向。子贡说："太过分了，你怎么病成这个样子了？"原宪说："我听说没有财产的叫作贫，学道而不能推行的才叫作病。我只是贫，而不是病啊。"子贡听了深感惭愧，终身都为自己说过这样的话而羞愧。子贡喜好贩卖货物，能及时转手获利，他还曾担任过鲁国、卫国的宰相而终老于齐国。［9.38.4］

【修德】冉求，字子有，仲弓之宗族，少孔子二十九岁。有才艺，以政事著名。仕为季氏宰，进则理其官职，退则受教圣师，为性多谦退。故子曰："求也退，故进之。"

［译文］冉求，字子有，与冉雍是同族亲人，比孔子小二十九岁。他有才艺，以会处理政事而著名。曾做过季孙氏家臣，他有官位时就处理政务，没官职时就在孔圣人门下受教学习，为人性格谦逊退让。所以孔子说："冉求做

事常退让，所以鼓励他进取。"［9.38.5］

【好学】仲由，卞人，字子路，一字季路，少孔子九岁。有勇力才艺，以政事著名。为人果烈而刚直，性鄙而不达于变通。仕卫为大夫，蒯聩与其子辄争国，子路遂死辄难。孔子痛之，曰："吾自有由，而恶言不入于耳。"

［译文］仲由，卞地人，字子路，又字季路，比孔子小九岁。他勇敢力大有才艺，以管理政事著名。他为人果敢忠烈而刚直，性格粗放而不善于变通。在卫国担任大夫官职时，蒯聩与他的儿子蒯辄争夺国君之位，子路为保护蒯辄而死。孔子非常悲痛，说："我自从有了子路，那些恶意中伤的话就不曾传到我耳里了。"［9.38.6］

【好学】言偃，鲁人，字子游。少孔子三十五岁。时习于礼，以文学著名。仕为武城宰。尝从孔子适卫，与将军之子兰相善，使之受学于孔子。

［译文］言偃，鲁国人，字子游。比孔子小三十五岁。他时时演习礼乐，以文学成就著名。他曾在武城做官，跟从孔子到了卫国，与将军之子兰相处友善，说服他拜孔子为师。［9.38.7］

【好学】卜商，卫人，字子夏，少孔子四十四岁。习于《诗》，能通其义，以文学著名。为人性不弘，好论精微，时人无以尚之。尝返卫，见读史志者云："晋师伐秦，三豕渡河。"子夏曰："非也，己亥耳。"读史志曰："问诸晋史，果曰己亥。"于是卫以子夏为圣。孔子卒后，教于西河之上，魏文侯师事之，而谘国政焉。

［译文］卜商，卫国人，字子夏，比孔子小四十四岁。他学习《诗》，能精通其义理，以文学著称于世。他为人胸襟不够宏大，好论证精微之事，当时没人能在他之上。卜商曾经返回卫国，见到一个读史书的人在说："晋师伐

秦，三豕渡河。"子夏说："不对，是'己亥'罢了。"读史书的人说："我请教了晋国史官，果然是己亥。"于是卫国人都把子夏称为圣人。孔子去世后，子夏在魏国西河边上讲学，魏文侯请他当老师，向他咨询国政良策。[9.38.8]

【亲仁】颛孙师，陈人，字子张，少孔子四十八岁。为人有容貌，资质宽冲，博接从容，自务居，不务立于仁义之行。孔子门人友之而弗敬。

［译文］颛孙师，陈国人，字子张，比孔子小四十八岁。他容貌好，资质宽厚谦和，结交广泛，态度从容不迫，只是专注管好自己的家居生活，不注重实施仁义行为。所以孔门弟子们对他很友好但并不尊敬。[9.38.9]

【孝悌】曾参，南武城人，字子舆，少孔子四十六岁。志存孝道，故孔子因之以作《孝经》。齐尝聘，欲与为卿，而不就。曰："吾父母老，食人之禄则忧人之事，故吾不忍远亲而为人役。"参后母遇之无恩，而供养不衰。及其妻以藜烝不熟，因出之。人曰："非七出也。"参曰："藜蒸小物耳，吾欲使熟，而不用吾命，况大事乎？"遂出之，终身不取妻。其子元请焉，告其子曰："高宗以后妻杀孝己，尹吉甫以后妻放伯奇。吾上不及高宗，中不比吉甫，庸知其得免于非乎？"

［译文］曾参，鲁国南武城人，字子舆，比孔子小四十六岁。他以孝道为志向，所以孔子因他而作《孝经》。齐国曾聘请他，想拜为卿，他不肯去任职，说："我父母老了，吃人家的俸禄就要操心他家的事情，所以我不忍远离亲人而受他人指使。"曾参的后母对他不好，但他依然一直供养她。他因妻子没把藜羹蒸熟，竟要休弃她。有人说："她没犯妻子七出的错误啊！"曾参回答："蒸藜羹是件小事，我让她蒸熟饭，她却不听我的话，何况是大事呢？"于是就休了妻子，终身不再娶妻。他的儿子曾元劝他再娶，他对儿子说："高宗武丁因后妻谗言杀死了儿子孝己，尹吉甫因为后妻谗言放逐了儿子伯奇。我

上不及高宗，中不比尹吉甫，怎知自己能避免不做错事呢？"[9.38.10]

【君子】澹台灭明，武城人，字子羽，少孔子四十九岁。有君子之姿，孔子尝以容貌望其才，其才不充孔子之望。然其为人，公正无私，以取与去就，以诺为名。仕鲁为大夫也。

［译文］澹台灭明，武城人，字子羽，比孔子小四十九岁。他有君子的姿容，孔子曾因他的容貌出众而期望与他的才能相匹配，可他的才能并没能达到孔子的期望。然而他为人公正无私，以获取和给予来选择离去与就职，以承诺守信而知名。他出仕鲁国，做了大夫。[9.38.11]

【孝悌】高柴，齐人，高氏之别族，字子羔，少孔子四十岁。长不过六尺，状貌甚恶，为人笃孝而有法正。少居鲁，见知名于孔子之门，仕为武城宰。

［译文］高柴，齐国人，属于高氏家族的分支，字子羔，比孔子年少四十岁。他身高还不到六尺，相貌很丑陋，为人特别注重孝道而又效法正道。他小时候住在鲁国，在孔子的弟子中颇有名声，做过武城宰。[9.38.12]

【亲仁】宓不齐，鲁人，字子贱，少孔子四十九岁。仕为单父宰，有才智，仁爱，百姓不忍欺。孔子美之。

［译文］宓不齐，鲁国人，字子贱，比孔子小四十岁。他担任过单父最高官长，有才干智慧，讲仁爱，百姓都不忍欺骗他。孔子很赞美他。[9.38.13]

【好学】樊须，鲁国人，字子迟，小孔子四十六岁。弱仕于季氏。

［译文］樊须，鲁国人，字子迟，小孔子四十六岁。年轻时为季氏家做事。[9.38.14]

【谋道】有若，鲁人，字子有，少孔子三十六岁。为人强识，好古道也。

［译文］有若，鲁国人，字子有，小孔子三十六岁。他为人博识强记，喜好古代先圣倡导的大道。[9.38.15]

【君子】公西赤，鲁人，字子华。少孔子四十二岁。束带立朝，闲宾主之仪。

［译文］公西赤，鲁国人，字子华。小孔子四十二岁。他腰束大带立于朝廷，对宾主之间的交往礼仪非常娴熟。[9.38.16]

【谋道】原宪，宋人，字子思，少孔子三十六岁。他清净守节，贫而乐道。孔子为鲁司寇，原宪尝为孔子宰。孔子卒后，原宪退隐，居于卫。

［译文］原宪，宋人，字子思，小孔子三十六岁。他性格清净守节操，生活清贫而乐于弘扬正道。孔子任鲁国司寇时，原宪曾经当过孔子的管家。孔子去世后，原宪退职隐居，住在卫国。[9.38.17]

【好学】公冶长，鲁人，字子长。为人能忍耻，孔子以女妻之。南宫韬，鲁人，字子容。以智自将，世清不废，世浊不污。孔子以兄子妻之。公析哀，齐人，字季沉。鄙天下多仕于大夫家者，是故未尝屈节人臣。孔子特叹贵之。

［译文］公冶长，鲁国人，字子长。他为人能忍受耻辱，孔子把女儿嫁给了他。南宫韬，鲁国人，字子容。他以聪明才智保全自己，世道清明不颓废，世道污浊也不会同流合污，孔子把哥哥的女儿嫁给了他。公析哀，齐国人，字季沉。他鄙视天下很多人到大夫家做家臣，因此不降低身份去做他人的家臣。孔子特别赞叹他的这一品德。[9.38.18]

【礼乐】曾点，曾参父，字子皙。疾时礼教不行，欲修之。孔子善焉，《论语》所谓"浴乎沂，风乎舞雩"之下。颜由，颜回父，字季路。孔子始教学于闾里而受学，少孔子六岁。

［译文］曾点，曾参的父亲，字子皙。他痛心于当时社会不施行礼教，很想改变这种情况。孔子很赞同他的想法，这就像《论语》所记述那样，赞同他"在沂水沐浴，在舞雩乘凉"的志向。颜由，颜回的父亲，字季路。孔子在闾里刚开始教学的时候，他就来受教求学了，比孔子小六岁。 ［9.38.19］

【大同】商瞿，鲁人，字子木。少孔子二十九岁。特好《易》，孔子传之，志焉。漆雕开，蔡人，字子若，少孔子十一岁。习《尚书》，不乐仕。孔子曰："子之齿可以仕矣，时将过。"子若报其书曰："吾斯之未能信。"孔子悦焉。

［译文］商瞿，鲁国人，字子木，小孔子二十九岁。他特别爱好学《易》，孔子把《易》内容传给了他，由他记录了下来。漆雕开，蔡国人，字子若，比孔子小十一岁。他研习《尚书》，不愿意出来做官。孔子说："按你的年龄已经可以做官了，不然就错过时机了。"子若却在回信里说："我在做官这方面，还没有充分的自信。"孔子听了以后很高兴。 ［9.38.20］

【修德】公良儒，陈人，字子正，贤而有勇。孔子周行，常以家车五乘从。秦商，鲁人，字丕兹。少孔子四岁。其父堇父，与孔子父叔梁纥，俱以力闻。颜亥，鲁人，字子骄。少孔子五十岁。孔子适卫，子骄为仆。卫灵公与夫人南子同车出，而令宦者雍渠参乘，使孔子为次乘。游过市，孔子耻之。颜亥曰："夫子何耻之？"孔子曰："《诗》云：'觐尔新婚，以慰我心。'"乃叹曰："吾未见好德如好色者也。"

［译文］公良儒，陈国人，字子正，贤良而有勇德。孔子周游列国时，

他经常带着五辆家车随从。秦商，鲁国人，字丕兹，比孔子小四岁。他的父亲堇父，与孔子的父亲叔梁纥一样，都以力大而闻名。颜亥，鲁国人，字子骄，比孔子小五十岁。孔子到卫国去时，子骄为仆从。卫灵公和夫人南子同车出游，令宦官雍渠陪乘，让孔子乘坐的车子跟在后面。车队游过闹市时，孔子深感耻辱，颜亥说："先生为何感到耻辱呢？"孔子说："《诗》里说：'遇到你们的新婚之喜，美满安慰我心。'"又叹息说："我没见过喜好美德如同喜欢美色一样的人啊！"［9.38.21］

【好学】司马耕，宋人，字子牛。牛为性躁，好言语。见兄桓魋行恶，牛常忧之。

［译文］司马耕，宋国人，字子牛，他性子急躁，喜好言语辩论。他看见兄长桓魋在社会上行凶作恶，时常为此而忧心。［9.38.22］

【好学】巫马期，陈人，字子期，少孔子三十岁。孔子将近行，命从者皆持盖，已而果雨。巫马期问曰："旦无云，既日出，而夫子命持雨具，敢问何以知之？"孔子曰："昨暮月宿于毕。《诗》不云乎：'月离于毕，俾滂沱矣。'以此知之。"

［译文］巫马期，陈国人，字子期，比孔子小三十岁。孔子将要到近处走走，让随从们都带上雨伞，不久后果然下起了雨。巫马期问孔子："早晨没云彩，后来太阳都已经出来了，而先生却让大家带上雨伞，请问是怎么知道天要下雨呢？"孔子说："昨晚月亮靠近了毕宿星座。《诗》不是说'月亮近毕星，滂沱大雨来'吗？因此我知道天会下雨。"［9.38.23］

【礼乐】梁鳣，齐人，字叔鱼。少孔子三十九岁。年三十未有子，欲出其妻。商瞿谓曰："子未也。昔吾年三十八无子，吾母为吾更取室。夫子使吾之齐，母欲请留吾。夫子曰：'无忧也，瞿过四十，当有五丈夫。'今果然。吾恐子自晚生耳，未必妻之过。"从之，二年而有子。

［译文］梁鳣，齐国人，字叔鱼，比孔子小三十九岁。他三十岁了还没有儿子，于是想休了妻子。商瞿对他说："你不要这样做。从前我三十八岁还没儿子，我母亲为我又娶了一房妻子。老师派我到齐国去，母亲请求留下我。老师说：'不要担忧，商瞿过了四十岁，会有五个儿子。'现在果然如此。我恐怕是你自己的原因晚生，未必是妻子过错。"梁鳣听从了商瞿的话，两年后果然有了儿子。［9.38.24］

【祭祀】琴牢，卫人，字子开，一字张。与宗鲁友，闻宗鲁死，欲往吊焉。孔子弗许，曰："非义也。"

［译文］琴牢，卫国人，字子开，又字张。他和宗鲁是好朋友，听到宗鲁死了后，想前往悼念。孔子不许他去，说："这不合乎义礼。"［9.38.25］

【好学】冉儒，鲁人，字子鲁。少孔子五十岁。颜辛，鲁人，字子柳。少孔子四十六岁。伯虔，字楷。少孔子五十岁。公孙龙，卫人，字子石。少孔子五十三岁。曹卹，少孔子五十岁。陈亢，陈人，字子元，一字子禽。少孔子四十岁。

［译文］冉儒，鲁国人，字子鲁。小孔子五十岁。颜辛，鲁国人，字子柳。小孔子四十六岁。伯虔，字楷。比孔子小五十岁。公孙龙，卫人，字子石。比孔子小五十三岁。曹卹，比孔子小五十岁。陈亢，陈人，字子元，一字子禽。比孔子小四十岁。［9.38.26］

【好学】叔仲会，鲁人，字子期。少孔子五十四岁，与孔璇年相比。每孺子之执笔记事于夫子，二人迭侍左右。孟武伯见孔子而问曰："此二孺子之幼也，于学岂能识于壮哉？"孔子曰："然。少成则若性也，习惯若自然也。"

　　［译文］叔仲会，鲁国人，字子期，小孔子五十四岁，与孔璇年纪差不多。每当学童拿着笔帮孔子记事时，叔仲会和孔璇就会轮流在孔子左右伺候。孟武子见到孔子时问："这两个孩子年龄这么小，现在学了以后长大还能记得住吗？"孔子说："是的。少年学成就像生成了本性，自然就成为习惯了。"　［9.38.27］

　　【好学】秦祖，字子南。奚箴（一作蒧），字子偕（一作楷）。公祖兹，字子之。廉洁，字子曹。公西与（一作舆），字子上。罕（一作宰）父黑，字子索（一作黑）。公西蒧（一作减），字子尚。穰驷赤，字子从。冉季，字子产。薛邦，字子从。石处，字子里。悬亶，字子象。左郢，字子行。狄黑，字哲之。商泽，字子秀。任不齐，字子选。荣祈，字子祺。颜哙，字子声。原忼（一作桃），字子籍。公宾（一作肩），字子仲。秦非，字子之。漆雕从，字子文。燕伋，字子思。公夏守，字子乘。勾井疆，字子疆。步叔乘，字子车。石作（一作子）蜀，字子明。邦巽（一作选），字子敛。施之常，字子恒。申绩，字子周。乐欬（一作欣），字子声。颜之仆，字子叔。孔忠（一作弗），字子蔑。漆雕哆（一作侈），字子敛。悬成，字子横。颜相，字子襄。右夫子弟子七十二人，皆升堂入室者。　［9.38.28］（译文略）

本姓解第三十九

　　【礼乐】孔子之先，宋之后也。微子启，帝乙之元子，纣之庶兄，以圻内诸侯，入为王卿士。微，国名，子爵。初，武王克殷，封纣之子武庚于朝歌，使奉汤祀。武王崩，而与管、蔡、霍三叔作难，周公相成王东征之。二年，罪人斯得，乃命微子代殷后，作《微子之命》（由）申之。与国于宋，徙殷之子孙，唯微子先往仕周，故封之贤。其弟曰仲思，名衍，或名泄。嗣微子之后，故号微仲。生宋公稽，胄子虽迁爵易位，而班级不及其故者，得以故官为称。故二微虽为宋公，而犹以微之号自终。至于稽乃称公焉。

［译文］孔子的祖先，是宋国诸侯的后裔。微子启，是帝乙的长子，纣王的同父异母哥哥，以都城千里之内诸侯的身份，入朝成为君王的卿士。微，是国名，属于子爵。当初，武王征服殷国后，封纣王的儿子武庚于朝歌，让他延续供奉商汤的祖庙祭祀。武王死后，武庚与管叔、蔡叔、霍叔一同发难，周公便辅佐周成王东征讨伐他们。第二年，擒获了这几个罪人，于是命令微子启代替武庚作为殷国的后裔，作《微子之命》申明了此事，并封微子于宋国，将殷人子孙迁徙到此地，唯有微子因先到周朝做官，被周朝封为贤人。微子弟弟仲思名衍，或名泄，他继承了微子的爵位，因此被称为微仲。他生下宋公稽，后代虽然爵位变迁，但等级都没有超过祖辈，仍然以旧爵位称呼。所以微子和微仲虽然都是宋公，但始终都用微子名号。直到稽即位开始，才称为公侯。 [9.39.1]

【礼乐】宋公生丁公申，申生缗公共及襄公熙，熙生弗父何及厉公方祀。方祀以下，世为宋卿。弗父何生宋父周，周生世子胜，胜生正考甫，考甫生孔父嘉。五世亲尽，别为公族，故后以孔为氏焉。一曰孔父者，生时所赐号也，是以子孙遂以氏族。孔父生子木金父，金父生睪夷，睪夷生防叔，避华氏之祸而奔鲁。防叔生伯夏，伯夏生叔梁纥。曰虽有九女而无子。其妾生孟皮，孟皮一字伯尼，有足病。于是乃求婚于颜氏。颜氏有三女，其小曰徵在。颜父问三女曰："陬大夫虽父祖为士，然其先圣王之裔。今其人身长十尺，武力绝伦，吾甚贪之。虽年长性严，不足为疑。三子孰能为之妻？"二女莫对。徵在进曰："从父所制，将何问焉？"父曰："即尔能矣。"遂以妻之。徵在既往，庙见。以夫之年大，惧不时有男，而私祷尼丘之山以祈焉。生孔子，故名丘而字仲尼。孔子三岁而叔梁纥卒，葬于防。至十九，娶于宋之上官氏，生伯鱼。鱼之生也，鲁昭公以鲤鱼赐孔子。荣君之贶，故因以名曰鲤，字伯鱼。鱼年五十，先孔子卒。

［译文］宋公稽生了丁公申，申公生下了缗公共和襄公熙，熙公生了弗父何及厉公方祀，从方祀以下，世代都成为宋国卿。弗父何生了宋父周，宋父周生了世子胜，世子胜生了正考甫，正考甫生了孔父嘉。传了五代人以后，分出几支同族，所以后来又有了以孔为姓氏的一脉。有一种说法，孔父的名号是出生时君王所赐，所以子孙就以此为姓氏了。孔父生子木金父，金父生睪夷，睪夷生防叔，防叔为了躲避华氏之祸逃奔鲁国。防叔生伯夏，伯夏生叔梁纥。叔梁纥有九个女儿而没有生儿子，后来小妾才生了孟皮。孟皮字伯尼，有脚病。于是叔梁纥向颜氏求婚。颜氏有三个女儿，最小的叫徵在。颜父问三个女儿："陬邑孔氏的父祖辈虽是士，祖先却是圣王后裔。现在来求婚的叔梁纥身高十尺，勇武有力，我相中了他。虽然他年龄大又性子急，但无须担心。你们三人有谁愿做他的妻子呢？"大女儿、二女儿不说话。只有徵在走上前说："听从父亲的安排，还有什么可问的呢？"她父亲说："就你能做他妻子啦。"于是把徵在许配给了叔梁纥。徵在结婚时，先在宗庙见面。因为丈夫年龄大，担心不能及时生儿子，便私下到尼丘山去祈祷。后来成功生下孔子，所以取名丘，字仲尼。孔子三岁时叔梁纥去世，葬在防山。孔子长到十九岁后，娶了宋国上官氏之女为妻，生下了伯鱼。伯鱼出生时，鲁昭公赐给孔子一条鲤鱼。孔子为国君的赏赐而深感光荣，所以给儿子取名鲤，字伯鱼。伯鱼活到了五十岁，先于孔子去世。[9.39.2]

【大同】齐太史子与适鲁，见孔子，孔子与之言道。子与悦，曰："吾鄙人也，闻子之名，不睹子之形久矣，而求知宝贵也。乃今而后知泰山之为高，渊海之为大。惜乎夫子之不逢明王，道德不加于民，而将垂宝以贻后世。"遂退而谓南宫敬叔曰："今孔子先圣之嗣，自弗父何以来，世有德让，天所祚也。成汤以武德王天下，其配在文。殷宗以下，未始有也。孔子生于衰周，先王典籍，错乱无纪，而乃论百家之遗记，考正其义，祖述尧舜，宪章文武，删《诗》述《书》，定《礼》理《乐》，制作《春秋》，赞明《易》道，垂训后嗣，以为法式，其文德著矣。然凡所教诲，束修已上三千余人，或者天将欲与素王之乎？夫何其盛也！"敬叔曰："殆如吾子之言，夫物莫能两大。吾闻圣人之后，而非继世之统，其必有兴者焉。今夫子之道至矣，乃将施之无穷，虽欲辞天之祚，故未得耳。"子贡闻之，以二子之言告孔子。子曰："岂若是哉？乱而治之，滞而起之，自吾志，天何与焉？"

［译文］齐国的太史子与来到鲁国，见到孔子。孔子和他谈论道。子与很高兴，说："我是个鄙陋无知的人，久闻先生大名，却久未能见您的形貌，以求得您的宝贵教导。我从今以后知道了泰山为什么高大，深海为什么广阔了。可惜啊，先生没遇到圣明君主，道德不能施加于百姓，而只能将宝贵的遗产留给后世了。"于是他辞别后对南宫敬叔说："现今的孔子是先圣的后代，从弗父何以来，孔氏家族世世代代都能做到有德谦让，这是上天所赐的福分啊。成汤以武德统治天下，以礼乐文化相配合。殷朝各宗族以下，从来没有这样的情况。孔子生在周朝衰败时代，他眼见先王典籍错乱无序，于是编述百家遗著记录，考证其含义，效法并陈说尧舜盛德；效法并彰显周文王、周武王的文治武功，删编《诗》，复述《书》，制定《礼》，理清《乐》，编著《春秋》，阐明《易》道，给后世留下训诫，作为礼治法则，他的文德是何等显著啊！他所教过的弟子，交了学费的就有三千多人，或许是上天要他成为无冕素王吧？他的功业多么盛大啊！"南宫敬叔说："如像你说的那样，事物不会两全其美。我听说圣人的后代，如果不是继承王位的那一脉，也必有兴盛之人。而今的孔子之道太伟大了，它将永远施行于后世，即使不想要上天的赐福，也

是不可能的。"子贡听说此事后，把两人的话转告给了孔子。孔子说："岂能是这样的呢！混乱的要治理它，停滞的要兴起它，这只是我的志向，和天有什么关系呢？"［9.39.3］

终记解第四十

【祭祀】孔子蚤晨作，负手曳杖，逍遥于门而歌曰："泰山其颓乎！梁木其坏乎！哲人其萎乎！"既歌而入，当户而坐。子贡闻之，曰："泰山其颓，则吾将安仰？梁木其坏，则吾将安杖？哲人其萎，吾将安放？夫子殆将病也。"遂趋而入。夫子叹而言曰："赐！汝来何迟。予畴昔梦坐奠于两楹之间，夏后氏殡于东阶之上，则犹在阼；殷人殡于两楹之间，则与宾主夹之；周人殡于西阶之上，则犹宾之。而丘也即殷人。夫明王不兴，则天下其孰能宗余？余殆将死。"遂寝病，七日而终。时年七十二矣。

［译文］孔子早晨起来，背着手拖着手杖，在门边悠闲自在地漫步，唱着歌说："泰山快崩塌了吧？梁木快毁坏了吧？哲人要委顿了吧？"唱完回到了屋内，对着大门坐着。子贡听到歌声，说："泰山崩塌了，我将仰望什么呢？梁木毁坏了，我将依靠什么呢？哲人委顿了，我将效仿谁呢？老师恐怕将要生病了吧？"于是快步走进门去。孔子见到他说："赐啊！你怎么来得这样晚呢？我前些天梦见自己坐在两楹柱之间祭奠。夏人的灵柩停在东阶上，像是放在主位上；殷人将灵柩停在堂前两楹之间，处在宾位和主位之间；周人将灵柩停在西阶上，处在宾位。而我就是殷人。现今英明君王还没兴起，天下有谁能尊奉我呢？我大概快要死了。"于是卧病在床，七天后去世，享年七十二岁。［9.40.1］

【祭祀】哀公诔曰："昊天不吊，不慭遗一老，俾屏余一人以在位，茕茕余在疚。於乎哀哉！尼父，无自律。"子贡曰："公其不没于鲁乎？夫子有言曰：'礼失则昏，名失则愆。'失志为昏，失所为愆。生不能用，死而诔之，非礼也；称一人，非名。君两失之也。"

［译文］鲁哀公的悼文说："上天不怜悯我啊，不愿留下一位老者，让他保护我一人安居君位，令我孤独而痛苦。呜呼哀哉！尼父啊！我从此以后再也没有榜样自律了。"子贡评说道："您不是想在鲁国善终吗？老师曾说过：'失去礼仪就会昏暗，失去名分就会出错。'失去志向这是昏暗，失去身份这是过错。老师生前您不予以重用，死后才致悼文，这不合礼仪。而且只自称一人，也不合名分。君主您两样都失去了。"　[9.40.2]

【祭祀】既卒，门人疑所以服夫子者。子贡曰："昔夫子丧颜回也，若丧其子而无服。丧子路亦然。今请丧夫子若丧父而无服。"于是弟子皆吊服而加麻。出有所之，则由经。子夏曰："入宜经可也，出则不经。"子游曰："吾闻诸夫子，丧朋友，居则经，出则否；丧所尊，虽经而出，可也。"孔子之丧，公西赤掌殡葬焉。晗以蔬米三具，袭衣十有一称，加朝服一，冠章甫之冠，佩象环，径五寸而綦组绶。桐棺四寸，柏棺五寸，饬棺墙，置翣设披，周也；设崇，殷也；绸练设旐，夏也。兼用三王礼，所以尊师，且备古也。葬于鲁城北泗水上，藏入地不及泉。而封为偃斧之形，高四尺，树松柏为志焉。弟子皆家于墓，行心丧之礼。

［译文］孔子去世后，弟子们对孔子的丧服等级犹疑不决。子贡说："以前老师操持颜回的丧事，如同儿子去世一样，但没穿丧服，后来办子路丧事时也一样。如今失去老师就像失去父亲一样，但可以不穿与丧父同样的丧服。"于是弟子们都穿上吊丧的衣服，系上了麻带。出门在外时，则都系上了麻带子。子夏说："回到家可以系麻带，出去可不用系。"子游说："我听老师说过，为朋友服丧，在家时系麻带，出去则不系；尊辈去世了，即使出

去也是可以系麻带的。"孔子的丧事，由公西赤主持。他在孔子口中放入了三勺米，给孔子穿上了十一套衣服，外加朝廷官服一套，戴上章甫帽，佩戴直径五寸的象牙环珮，用青白色的丝带系着。桐木棺厚四寸，柏木棺厚五寸，装饰了遮挡棺枢的帷帐，设置了障掩棺木的霎扇、牵挽灵车的披巾，这一切都是按周朝的礼制。此外还按殷代的礼制，设置了齿形边饰的旗子。按夏朝的礼制，竖立了用绸练缠绕魂幡的旗杆。这种兼用夏、商、周三代君王的礼制，是弟子们表示对老师的尊敬，因此备齐了古代的礼仪。孔子灵枢被安葬在鲁城北面泗水边，深埋地下，但没到地泉处。墓地堆土为坟，顶如卧斧，高四尺，周围种了许多松柏作为标志。弟子们都把家建在坟墓的四周，实行心丧哀悼之礼。［9.40.3］

【祭祀】既葬，有自燕来观者，舍于子夏氏。子贡谓之曰："吾亦人之葬圣人，非圣人之葬人，子奚观焉？昔夫子言曰：'吾见封若夏屋者，见若斧矣。从若斧者也。'马鬣封之谓也。今徒一日三斩板而以封，尚行夫子之志而已。何观乎哉？"二三子三年丧毕，或留或去，惟子贡庐于墓六年。自后群弟子及鲁人处墓如家者，百有余家。因名其居曰"孔里"焉。

［译文］孔子葬礼完毕后，有人从燕国来参观，住在子夏家里。子夏对他说："我们是普通人安葬圣人，不是圣人安葬普通人，有什么可看的呢？从前老师说过：'我见过坟墓封土像夏朝的房屋的，也见过像斧形的。我赞成斧形的。'它又称为马鬣封。如今我们一天之内三次换板夯土就筑成了，只不过是实现了老师生前的愿望而已，有什么可看的呢？"几个弟子守丧三年完毕后，有的留下，有的离开，只有子贡独自在孔子墓旁筑屋守了六年。从此以后，弟子们和鲁国人在墓边建家守坟的有百多家，因此将此居住地命名为"孔里"。［9.40.4］

正论解第四十一

【谋道】孔子在齐，齐侯出田，招虞人以弓，不进，公使执之。对曰："昔先君之田也，旌以招大夫，弓以招士，皮冠以招虞人。臣不见皮冠，故不敢进。"乃舍之。孔子闻之，曰："善哉！守道不如守官"。君子韪之。

［译文］孔子在齐国时，齐侯出去打猎，挥动起弯弓，招呼管理山泽的虞人，他却没来晋见，于是齐侯就派人把他抓了起来。虞人回答说："从前先君打猎时，用旌旗来招呼大夫，用弓来招呼士，用皮帽来招呼虞人。我没看见皮帽挥动，所以不敢前来晋见。"齐侯听后就放了他。孔子听到这件事说："好啊！遵守恭敬之道，不如遵守官员职责。"君子认为说得对。 [9.41.1]

【好学】齐国书伐鲁，季康子使冉求率左师御之，樊迟为右。师不逾沟，樊迟曰："非不能也，不信子。请三刻而逾之。"如之。众从之，师入齐军，齐军遁。冉有用戈，故能入焉。孔子闻之，曰："义也。"既战，季孙谓冉有曰："子之于战，学之乎？性达之乎？"对曰："学之。"季孙曰："从事孔子，恶乎学？"冉有曰："即学之孔子也。夫孔子者大圣，无不该，文武并用兼通。求也适闻其战法，犹未之详也。"季孙悦。樊迟以告孔子，孔子曰："季孙于是乎可谓悦人之有能矣。"

［译文］齐国卿大夫国书率军攻打鲁国，季康子派冉求率左军、樊迟率右军，前去迎战。鲁军不肯跨过壕沟去迎抵御敌军，樊迟说："不是不能，是不相信您，请您三次申明号令并带头越过壕沟。"冉求照办后，众人一齐跟上，全军冲入齐军，齐军逃跑了。这是因为冉求率先挥戈，所以能冲入敌阵。孔子知道了此事，说："这是合乎义的。"仗打完后，季孙问冉求说："你对于打仗，是学会的呢，还是天生就会呢？"冉求回答："是学会的。"季孙说："你跟着孔子，怎能学会呢？"冉求说："就是从孔子那里学会的。孔子

是位大圣人，知识无所不包，文武并用兼通。我也是刚从他那里学了些战法，但还不够周详。"季孙听了很高兴。樊迟把这事告诉了孔子，孔子说："季孙在这件事上，还是喜欢有才能的人的。"［9.41.2］

【君子】南容说、仲孙何忌既除丧，而昭公在外，未之命也。定公即位，乃命之。辞曰："先臣有遗命焉，曰：夫礼、人之干也，非礼则无以立。嘱家老，使命二臣必事孔子而学礼，以定其位。"公许之。二子学于孔子，孔子曰："能补过者，君子也。《诗》云：'君子是则是效。'孟僖子可则效矣。惩己所病，以诲其嗣。《大雅》所谓'贻厥孙谋，以燕翼子'，是类也夫！"

［译文］南容说与仲孙何忌为父亲服丧完毕之后，因当时鲁昭公逃亡在外，还没来得及任命他们。鲁定公即位后，正式任命时，他们推辞说："先父留有遗嘱，说：'礼，如人的躯干，是做人的根本，没有礼就无法自立。'并嘱咐家里老人，要我们二人必须去向孔子学习礼仪，以便确定礼仪的地位。"定公允许了。他们两人于是前去向孔子学礼，孔子说："能够弥补过错的人，就是君子。《诗》说：'君子是学习的榜样。'孟僖子就是学习榜样，要改正自己所有的缺点，以教诲后代，《大雅》所说的'遗赠后代谋略，护佑子孙平安'，说的正是这类事啊！"［9.41.3］

【修德】卫孙文子得罪于献公，居戚。公卒未葬，文子击钟焉。延陵季子适晋过戚，闻之曰："异哉！夫子之在此，犹燕子巢于幕也，惧犹未也，又何乐焉？君又在殡，可乎？"文子于是终身不听琴瑟。孔子闻之，曰："季子能以义正人，文子能克己服义，可谓善改矣。"

［译文］卫国大夫孙文子得罪了卫献公，被迫住在戚地。卫献公去世后还未安葬，孙文子就敲钟娱乐。延陵季子去晋国时路过戚地，听到钟声说：

"奇怪啊！你住在这里，就像燕子在帷幕上筑巢一样危险，害怕还来不及呢，又有什么可高兴的？况且国君还没安葬，就能这样做吗？"孙文子从此终身不再听琴瑟。孔子听了这件事后，说："季子能以义德纠正别人，文子能克服自己缺点来服从义德，可谓善于改过啊！"[9.41.4]

【好学】孔子览晋志，晋赵穿杀灵公，赵盾亡，未及山而还。史书："赵盾弑君。"盾曰："不然。"史曰："子为正卿，亡不出境，返不讨贼，非子而谁？"盾曰："呜呼！'我之怀矣，自诒伊戚'，其我之谓乎？"孔子叹曰："董狐，古之良史也，书法不隐。赵宣子，古之良大夫也，为法受恶。惜也，越境乃免。"

［译文］孔子阅读晋国的史书，上面记载：晋国的赵穿杀死了晋灵公，赵盾逃亡在外，还没越过山间国境就返回来了。史书上写着"赵盾杀害晋国君"。赵盾说："不是这样的。"史官说："你是正卿，逃亡还没出境，返回后又不讨伐凶手，不是你弑君还有谁？"赵盾说："唉！《诗》里说'我的怀念，自己招来忧患'，说的就是我吧。"孔子叹息说："董狐，是古代的好史官啊，书写史实不隐讳。赵宣子，是古代的好大夫啊，因为法度而蒙受恶名。可惜啊！他如果越过了国境，就可以免去罪名了。"[9.41.5]

【好学】郑伐陈，入之，使子产献捷于晋。晋人问陈之罪焉。子产对曰："陈亡周之大德，介恃楚众，冯陵弊邑，是以有往年之告。未获命，则又有东门之役。当陈隧者，井堙木刊，敝邑大惧。天诱其衷，启敝邑心。陈知其罪，授首于我。用敢献功。"晋人曰："何故侵小？"对曰："先王之命，惟罪所在，各致其辟。且昔天子一圻，列国一同，自是以衰，周之制也。今大国多数圻矣，若无侵小，何以至焉！"晋人曰："其辞顺。"孔子闻之，谓子贡曰："《志》有之：'言以足志，文以足言。'不言谁知其志？言之无文，行之不远。晋为伯，郑入陈，非文辞不为功。慎辞哉！"

[译文]郑国讨伐陈国，攻入了国境，派子产向晋国奉献战利品。晋人质问陈国有何罪状。子产回答："陈国忘记了周朝的大恩大德，倚仗着楚国人多势众，欺凌压迫我国的都邑，因此历来有许多控告陈国入侵的报告。最近陈国没有获得命令，又发生了进犯我国的东门战役。陈军所经过的一路上，水井被填，树木被砍，我国都邑非常害怕。幸亏上天开导我们的心意，启发了我邑的决心。陈国知道了自己的罪过，向我国投降，因此敢于奉献战利品。"晋国人问："为什么欺负小国？"子产回答："根据先王律令，只要犯了罪过，就要各自接受处罚。况且从前规定天子占地方圆千里，诸侯占地方圆百里，依次递减，这是周朝制度。现在大国土地多达方圆数千里，如果没有侵占小国土地，怎么能达到这地步呢？"晋国人说："他的话顺理成章。"孔子知道后，对子贡说："史书上有这样的话：'语言足以表达志向，文采足以强化语言。'不说话有谁会知道他的志向呢？语言没文采，就流传不远。晋国作为霸主，郑国攻入陈国，没有言辞就不能表现自己的成功。要慎用辞令啊！"[9.41.6]

【礼乐】楚灵王汏侈，右尹子革侍坐，左史倚相趋而过。王曰："是良史也，子善视之，是能读《三坟》《五典》《八索》《九丘》。"对曰："夫良史者，记君之过，扬君之善。而此子以润辞为官，不可为良史。臣又尝问焉：昔周穆王欲肆其心，将过行天下，使皆有车辙马迹焉。祭公谋父作《祈昭》，以止王心，王是以获殁于文宫。臣问其诗焉而弗知；若问远焉，其焉能知？"王曰："子能乎？"对曰："能，其诗曰：'祈昭之愔愔乎，式昭德音。思我王度，式如玉，式如金。刑民之力，而无有醉饱之心。"灵王揖而入，馈不食，寝不寐。数日则固不能胜其情，以及于难。孔子读其《志》，曰："古者有志，克己复礼为仁，信善哉！楚灵王若能如是，岂其辱于乾谿？

子革之非左史，所以风也，称诗以谏，顺哉！"

［译文］楚灵王太过奢侈，右尹子革陪坐时，左史倚相从旁快步走过。灵王说："这人是位好史官，你要善待他。他能读《三坟》《五典》《八索》《九丘》等古书。"子革回答："好的史官，要能记录君王的过错，宣扬君王的善政。但此人只凭华丽文辞做官，算不上好史官。我曾问过他一件事：从前周穆王想放纵私心，四处周游，让天下都留下他的车迹马蹄印。祭公谋父于是作了《祈昭》诗，来劝阻他收心，使周穆王得以善终于文宫。我问倚相有关这首诗的事，而他却不知道。如果问更远的事，他哪能知道呢？"楚王说："您能知道吗？"子革回答："能。这首诗说：'祈求安详和悦啊，宣扬德者之声。想起我王的风范，样子如玉如金。怜惜民力啊，不要有醉饱之心。'"灵王听后作揖进入房中，饭菜不吃，觉睡不着。但过了几天后，他还是控制不住自己的骄奢作风，终于遇难。孔子读到这段记载后，说："古时候有记载：克制自己的欲望，回归礼治就是仁道。这话确实说得太好啦！楚灵王如能做到这样的话，难道还会在乾豀受到羞辱吗？子革不是左史官，所以只能讽谏，用诗来劝谏，很顺利啊！"　[9.41.7]

【修德】叔孙穆子避难奔齐，宿于庚宗之邑。庚宗寡妇通焉而生牛。穆子反鲁，以牛为内竖，相家。牛谗叔孙二子，杀之。叔孙有病，牛不通其馈，不食而死。牛遂辅叔孙庶子昭而立之。昭子既立，朝其家众曰："竖牛祸叔孙氏，使乱大从，杀适立庶，又披其邑，以求舍罪。罪莫大焉！必速杀之。"遂杀竖牛。孔子曰："叔孙昭子之不劳，不可能也。周任有言曰：'为政者不赏私劳，不罚私怨。'《诗》云：'有觉德行，四国顺之。'昭子有焉！"

［译文］鲁国大夫叔孙穆子逃到齐国避难，住在庚宗之地。他和庚宗的一个寡妇私通，生了个儿子叫竖牛。叔孙穆子回鲁国后，让竖牛当了传令小官，管理家政。竖牛以谗言杀害了叔孙穆子的两个嫡子。叔孙穆子生病后，竖

牛不让送饭，最后把他饿死了。竖牛于是辅佐叔孙穆子的庶子昭继承了家业。昭子当政后，召集家里臣仆说："竖牛祸害叔孙氏，使祸乱接连不断。他杀害了嫡子拥立庶子，又以边邑地方行贿，以求免罪。没有比他的罪行更大的了，必须立即杀掉。"于是杀了竖牛。孔子说："叔孙昭子不以竖牛拥立自己为功劳，是因为不可以这样做。周任说过：'执政者不奖赏对私人有功劳的人，不惩罚对自己有私怨的人。'《诗》里说：'有觉悟德行的君子，四方诸侯都会顺从。'昭子就是这样的人。"　[9.41.8]

【孝悌】晋邢侯与雍子争田，叔鱼摄理，罪在雍子。雍子纳其女于叔鱼，叔鱼弊其邢狱。邢侯怒，杀叔鱼与雍子于朝。韩宣子问罪于叔向，叔向曰："三奸同罪，施生戮死可也。雍子自知其罪，而赂以置直，鲋也鬻狱，邢侯专杀，其罪也。已恶而掠美为昏，贪以败官为默，杀人不忌为贼。《夏书》曰：'昏、默、贼，杀。'皋陶之刑也。请从之。"乃施邢侯，而尸雍子、叔鱼于市。孔子曰："叔向，古之遗直也。治国制刑，不隐于亲，三数叔鱼之罪，不为末，或曰义，可谓直矣。平丘之会，数其贿也，以宽卫国，晋不为暴；归鲁季孙，称其诈也，以宽鲁国，晋不为虐；邢侯之狱，言其贪也，以正刑书，晋不为颇。三言而除三恶，加三利。杀亲益荣，由义也夫。"

［译文］晋国的大夫邢侯和雍子争夺田地，叔鱼代理审案，本来罪在雍子。但雍子把女儿嫁给了叔鱼，诱使叔鱼作弊，改判邢侯有罪入狱。邢侯非常愤怒，在朝廷上杀死了叔鱼和雍子。正卿韩宣子向叔向询问，应该怎样定罪。叔向说："三人罪状相同，对活的施以刑法，对死的暴尸示众就可以了。雍子自知有罪，却用女儿贿赂获得胜诉；叔鱼出卖了法律，邢侯擅自杀人，罪过是一样的。有罪过而掠取美名的是昏聩，贪图贿赂败坏官职的是贪墨，杀人无顾忌的是奸贼。《夏书》说：'昏、默、贼，杀。'这是皋陶的刑法，请按此办理。"于是就杀了邢侯，而把雍子、叔鱼暴尸于市场。孔子说："叔向，是

古代正直君子的遗风。他治国判案不包庇亲人，三次历数了哥哥叔鱼的罪恶，不为他减少分毫。有人说这是义，我说这是正直。平丘的盟会，他指出叔鱼贪财，宽免了卫国，使得晋国没做凶暴事。他放归了鲁国的季孙意如，指出叔鱼欺诈，宽免了鲁国，使得晋国没做凌虐事。邢侯的案件，他指出叔鱼贪婪，判了他的刑，使得晋国没做偏颇事。叔向三次直言、三除罪恶，获得了三种国家利益。杀了亲人而名声更荣耀，这是因为做事合乎道义啊！"［9.41.9］

【亲仁】郑有乡校，乡校之士，非论执政。然明欲毁乡校。子产曰："何以毁为？夫人朝夕退而游焉，以议执政之善否。其所善者，吾则行之；其所否者，吾则改之。若之何其毁也？我闻忠善以损怨，不闻立威以防怨。防怨犹防水也，大决所犯，伤人必多，吾弗克救也。不如小决使导之，不如吾所闻而药之。"孔子闻是言也，曰："吾以是观之，人谓子产不仁，吾不信也。"

［译文］郑国有乡校，乡校里的读书人，不时非议执政者。然明因此想毁掉乡校。子产说："为什么要毁掉呢？人们早晚闲暇时到这里游观，议论政事的好坏。他们认为好的，我就推行；他们认为不好的，我就改正。为什么要毁掉它呢？我只听说忠诚良善者可减少怨言，没听说用威胁来防范怨言的。防范怨言就像防水患，大水决堤，伤人必多，我就难以挽救了。还不如少量放水来疏导，不如把我所听的意见作为治国良药。"孔子听到这些话，说："我从这件事看，有人说子产不仁，我是绝不相信的。"［9.41.10］

【君子】晋平公会诸侯于平丘，齐侯及盟。郑子产争贡赋之所承，曰："昔者天子班贡，轻重以列尊卑，而贡，周之制也。卑而贡重者，甸服。郑伯，男也，而使从公侯之贡，惧弗给也，敢以为请。"自日中争之，以至于昏。晋人许之。孔子曰："子产于是行也，是以为国也。《诗》云：'乐只君子，邦家之基。'子产，君子之于乐者。"且曰："合诸侯而艺贡事，礼也。"

[译文] 晋平公在平丘会盟诸侯，齐侯也来了。郑国的子产当场争论贡品的轻重次序，他说："从前天子确定贡赋次序，是按贡赋轻重决定尊卑次序的，而进贡则是周朝制度。地位低下而贡赋重的，这是甸服。郑伯，应该是男爵之服，如按照公爵与侯爵的贡赋标准，恐怕是不能如数供给的，谨以此作为请求。"他从中午开始，一直争论到晚上，晋人终于同意了。孔子说："子产这种行为，是为了国家。《诗》说：'只为君子乐啊，他是国家基石。'子产，就是令人快乐的君子。"又说："会合诸侯而制定贡赋的限度，就是礼。"[9.41.11]

【亲仁】郑子产有疾，谓子太叔曰："我死，子必为政，唯有德者能以宽服民，其次莫如猛。夫火烈，民望而畏之，故鲜死焉；水懦弱，民狎而翫之，则多死焉，故宽难。"子产卒，子太叔为政，不忍猛而宽，郑国多掠盗。太叔悔之，曰："吾早从夫子，必不及此。"孔子闻之曰："善哉！政宽则民慢，慢则纠于猛。猛则民残，民残则施之以宽。宽以济猛，猛以济宽，宽猛相济，政是以和。《诗》云：'民亦劳止，汔可小康。惠此中国，以绥四方。'施之以宽也。'毋纵诡随，以谨无良。式遏寇虐，惨不畏明。'纠之以猛也。'柔远能迩，以定我王。'平之以和也。又曰：'不竞不絿，不刚不柔。布政优优，百禄是遒。和之至也。"子产之卒也，孔子闻之，出涕曰："古之遗爱。"

[译文] 郑国的子产病重时，对子太叔说："我死以后，你必然执政，只有仁德者才能用宽容的政治使百姓服从，其次还不如施行猛政。火猛烈，民众看了害怕，所以很少有人被烧死。水柔弱，众人会轻忽而戏弄它，死于水的人就会很多。所以用宽容的政治难。"子产死后，子太叔执政，他不忍用猛政而用宽政，结果郑国出现很多盗贼。太叔很后悔，说："如果我一早就听

夫子的话，就不至于走到这一步。"孔子听了此事后说："说得好啊！政治过于宽容民众就会怠慢，过于怠慢就会用猛政纠正。施政过猛民众就会受到伤害，受伤害大了就会宽大。实施宽政以纠正猛政，实施猛政以纠正宽政，政治就会和谐。《诗》说：'民众已很劳苦，可让他们稍休息保安康。爱护中原民众吧，这样可以安抚四方。'这是施行宽政啊。'别放纵诡诈欺骗，要警惕无良之徒。制止贼寇暴虐，严惩胆大妄为之人。'这是以猛政纠偏啊。'安抚远方与近处，以安定我王。'这是以平和使国家安定啊。又说：'不争不急，不过猛过宽。施政从容不迫，百种福禄临头。'这是施政和谐至极啊。"子产去世后，孔子听到消息，流泪说："他留下来的是自古以来的仁爱遗风啊。"〔9.41.12〕

【礼乐】孔子适齐，过泰山之侧，有妇人哭于野者而哀。夫子式而听之，曰："此哀一似重有忧者。"使子贡往问之。而曰："昔舅死于虎，吾夫又死，今吾子又死焉。"子贡曰："何不去乎？"妇人曰："无苛政。"子贡以告孔子。子曰："小子识之，苛政猛于暴虎。"

〔译文〕孔子到齐国去，路过泰山脚下时，看见有位妇人在野外哭得很悲伤。孔子扶着车前的横木仔细倾听，说："如此悲哀的哭声，好似有几层忧伤在心里啊！"于是派子贡前去询问。那妇人说："从前我公公被老虎吃了，后来我丈夫也被老虎吃了，现在我儿子又被老虎吃了。"子贡问："为什么不离开此地呢？"妇人说："这里没有苛政。"子贡把这话告诉了孔子。孔子说："你们记住了，苛政更胜过猛虎。"〔9.41.13〕

【修德】晋魏献子为政，分祁氏及羊舌氏之田，以赏诸大夫及其子成，皆以贤举也。又谓贾辛曰："今汝有力于王室，吾是以举汝，行乎？敬之哉，毋堕乃力。"孔子闻之，曰："魏子之举也，近不失亲，远不失举，可谓美矣。"又闻其命贾平，以为忠。"《诗》云：'永言配命，求多福。'忠也。魏子之举也义，其命也忠。其长有后于晋国乎！"

［译文］晋国魏献子当政时，分割了祁氏和羊舌氏的封田，把田赏赐给了各位大夫和自己的儿子成，这些人都是因贤明而被举荐的。他又对贾辛说："如今你有功于王室，我为此要提拔你，可行吗？你要谨慎啊，不要丧失你的功劳。"孔子听到这件事，说："魏献子举荐人才，不错失近亲，也不漏掉远处该举荐的人才，可谓完美啊。"又听到他教导贾辛的话，认为他很忠诚，说："《诗》里讲：'永远配合天命，求得自己多福。'这是忠诚。魏献子的举动合乎义德，他的教导体现了忠德，他的后代会在晋国长享禄位吧！"［9.41.14］

【礼乐】赵简子赋晋国一鼓钟，以铸刑鼎，著范宣子所为刑书。孔子曰："晋其亡乎，失其度矣！夫晋国将守唐叔之所受法度，以经纬其民者也。卿大人以序守之，民是以能遵其道而守其业。贵贱不愆，谓度也。文公是以作执秩之官，为被庐之法、以为盟主。今弃此度也而为刑鼎，民在鼎矣，何以尊贵？何业之守也？贵贱无序，何以为国？且夫宣子之刑，夷之蒐也，晋国乱制，若之何其为法乎？"

［译文］赵鞅向晋国征收了四百八十斤金属，准备铸造一尊刑鼎，将范宣子制定的刑书条款都在鼎上展现出来。孔子说："晋国快灭亡了吧，已失掉它的法度了！晋国应遵守唐叔传授的法度，来治理它的民众啊。卿大夫按礼仪秩序来守护它，民众才能遵守礼治之道而守住家业。贵贱的地位不错乱，这叫作'度'。晋文公因此设立了执掌官职序列的官员，制定了被庐法，被推为诸侯的盟主。如今要抛弃这个法度而改为铸造刑鼎，把有关民众的法律也铸在鼎上了，这怎能尊显贵人呢？以后靠什么守护家业？贵贱失去次序，还怎么治国？而且范宣子的刑书，是在夷地蒐集的，这是扰乱晋国之法，像这样的刑法

怎能当成法律呢？" [9.41.15]

【谋道】楚昭王有疾，卜曰："河神为祟。"王弗祭，大夫请祭诸郊。王曰："三代命祀，祭不越望。江、汉、沮、漳，楚之望也。祸福之至，不是过乎？不谷虽不德，河非所获罪也。"遂不祭。孔子曰："楚昭王知大道矣，其不失国也宜哉！《夏书》曰：'维彼陶唐，率彼天常，在此冀方。今失厥道，乱其纪纲，乃灭而亡。'又曰：'允出兹在兹'，由己率常可矣。"

［译文］楚昭王有病，占卜的人说："是黄河神在作祟。"楚昭王不去祭祀，大夫们请求去郊外祭祀。楚昭王说："三代时规定的祭祀制度，祭祀不超越本地所望见的河川。长江、汉水、沮水、漳水，是楚国的大川。祸福来临，不是要经过这些河流吗？我虽没有德行，也不至于会得罪黄河神。"于是不去祭祀。孔子说："楚昭王知道大道理啊，他不失去国家也是理所当然的啊！《夏书》说：'唯有古代君王陶唐，遵循天道纲常，拥有中土之地。现在失去正道，混乱了法纪纲常，于是走向灭亡。'又说：'付出什么就收获什么'，让自己遵循常道就可以了。" [9.41.16]

【礼乐】卫孔文子使太叔疾出其妻，而以其女妻之。疾诱其初妻之娣，为之立宫，与文子女如二妻之礼。文子怒，将攻之。孔子舍遽伯玉之家，文子就而访焉。孔子曰："簠簋之事，则尝闻学之矣。兵甲之事，未之闻也。"退而命驾而行，曰："鸟则择木，木岂能择鸟乎？"文子遽自止之，曰："圉也岂敢度其私哉？亦访卫国之难也。"将止，会季康子问冉求之战，冉求既对之，又曰："夫子播之百姓，质诸鬼神，而无憾，用之则有名。"康子言于哀公，以币迎孔子，曰："人之于冉求，信之矣，将大用之。"

［译文］卫国的孔文子让太叔疾休了自己的妻子，转而把自家女儿嫁给了他。太叔疾又引诱其前妻的妹妹，并为她建立了一座宫室，和孔文子的女儿并

列，就如同有两个妻子。孔文子大怒，想攻打太叔疾。孔子住在蘧伯玉的家里，孔文子前去拜访他。孔子说："祭祀的事，我曾听说过也学习过。打仗用兵的事，我从来没听说过。"孔子一退出来就让人驾车要走，说："鸟可以选择树木，树木难道能选择鸟吗？"孔文子急忙赶来拦住他，说："我怎敢考虑私利？这样做也是怕卫国发生祸患。"孔子于是准备留下，正碰上季康子问冉求用兵的事，冉求回答完后，又说："老师的才能传播在百姓中，质正于鬼神，从没有遗憾，运用起来则会出名。"季康子把这事告诉了鲁哀公。鲁哀公赶忙用礼物迎接孔子，说："人们对于冉求的话，是很相信的，我将重用您。"［9.41.17］

【礼乐】齐陈恒弑其君简公，孔子闻之，三日沐浴面朝，告于哀公曰："陈恒弑其君，请伐之。"公弗许。三请，公曰："鲁为齐弱久矣，子之伐也，将若之何？"对曰："陈恒弑其君，民之不与者半，以鲁之众，加齐之半，可克也。"公曰："子告季氏。"孔子辞，退而告人曰："以吾从大夫之后，不敢不告也。"

［译文］齐国的陈恒杀了齐简公，孔子听到此事，斋戒沐浴三天后才去上朝，面告鲁哀公说："陈恒杀了本国国君，请您去讨伐他。"鲁哀公没答应。孔子再三请求后，鲁哀公说："鲁国已经被齐国欺负很久了，你主张讨伐他们，结果将会怎样呢？"孔子回答说："陈恒杀了本国国君，民众不亲附他的有一半，依靠鲁国众多的民众，再加上齐国的半数民众，应该是可以取胜的。"哀公说："你把这事告诉季氏吧。"孔子告辞，退出来告诉别人说："自从我做过鲁国大夫后，凡出事就不敢不告诉君主了。"［9.41.18］

【祭祀】子张问曰："《书》云：'高宗三年不言，言乃雍。'有诸？"孔子曰："胡为其不然也？古者天子崩，则世子委政于冢宰三年。成汤既没，太甲听于伊尹；武王既丧，成王听于周公。其义一也。"

[译文]子张问孔子："《尚书》说：'殷高宗为父亲守丧，三年不说话，直到服丧期满才说话，大家都很高兴。'有这事吗？"孔子说："怎么会没有这事呢？古代天子逝世后，继位的长子都要委托冢宰代管三年政事。成汤去世后，太甲听从伊尹代管政事；武王去世后，成王听从周公代管政事。这道理是一样的。"[9.41.19]

【礼乐】卫孙桓子侵齐，遇败焉，齐人乘之执。新筑大夫仲叔于奚以其众救桓子，桓子乃免。卫人以邑赏仲叔于奚，于奚辞，请曲悬之乐，繁缨以朝。许之，书在三官。子路仕卫见其政，以访孔子。孔子曰："惜也！不如多与之邑。惟器与名，不可以假人，君之所司也。名以出信，信以守器，器以藏礼，礼以行义，义以生利，利以平民，政之大节也。若以假人，与人政也，政亡，则国家从之，不可止也。"

[译文]卫国的孙桓子侵犯齐国，遇见齐军后，被打败了，齐人乘机追击要执拿他。新筑大夫仲叔于奚带领众人赶来援救桓子，才使他幸免被抓。卫国人以城邑奖赏仲叔于奚，仲叔于奚辞谢了，只是请求使用三面悬挂乐器，以繁缨装饰的诸侯专用马车来朝见。卫君允许了，三官记录了此事。子路在卫国为官时亲见这事，便去访问孔子。孔子说："可惜啊！不如多给他城邑。唯有礼器和名号，不可以借人，它是国君所专管的。名号可生发威信，威信可守护礼器，礼器可体现礼制，礼制可推行道义，道义可产生利益，利益可安定民众，这是政权的大节。如把它借人，就是把政权交给别人；政权没了，国家也就没了，这是不可阻止的。"[9.41.20]

【礼乐】公父文伯之母，纺绩不解，文伯谏焉。其母曰："古者王后亲织玄纮，公侯之夫人加之纮綖，卿之内子为大带，命妇成祭服，列士之妻加之以朝服，自庶士已下，各衣其夫。社而赋事，烝而献功，男女纺绩，愆则有辟，圣王之制也。今我寡也，尔又在位，朝夕恪勤，犹恐亡先人之业，况有怠惰，其何以避辟？"孔子闻之，曰："弟子志之，季氏之妇可谓不过矣。"

［译文］公父文伯的母亲亲自纺织，毫不松懈。文伯劝母亲不要太劳累。她说："古代的王后亲织玄纮，公侯的夫人不仅织玄纮还要织冠带上的绳带，卿大夫的妻子要织大带子，有封号官员的妻子负责缝成祭服，诸位士人的妻子除此之外还要缝制朝服，从庶士以下的各家妻子，都要各自为丈夫做衣服。春天祭祀时出劳力，冬天祭祀时献谷物布帛，男女都要做贡献，错了要依法处置，这是圣王的制度。如今我寡居，你又在位，朝夕谨慎勤勉地工作，还怕丧失祖宗事业，若有懈怠，又怎能逃避惩处呢？"孔子听说后，说："弟子们记清楚了，季氏的主妇可以说是没过错了。"［9.41.21］

【谋道】樊迟问于孔子曰："鲍牵事齐君，执政不挠，可谓忠矣。而君刖之，其为至暗乎？"孔子曰："古之士者，国有道则尽忠以辅之，国无道则退身以避之。今鲍庄子食于淫乱之朝，不量主之明暗，以受大刖，是智之不如葵，葵犹能卫其足。"

［译文］樊迟请教孔子说："鲍牵服事齐国君主，处理政事不折不挠，可说是有忠德了。而国君却砍掉了他双脚，可以说太昏暗了吧？"孔子说："古代的士人，国家有道时就尽忠辅政，国家无道时就退身自保。如今鲍牵在淫乱的朝中做官，不考量君主好坏，以致遭受砍脚重刑，他的智慧还比不上一株向日葵，向日葵都还能保护好自己的脚呢。"［9.41.22］

【礼乐】季康子以一井田出法赋焉，使访孔子。子曰："丘弗识也。"冉有三发，卒曰："子为国老，待子而行，若之何子之不言？"孔子不对，而私于冉有曰："求，汝来，汝弗闻乎？先王制土，藉田以力，而底其远近；赋里以入，而量其有无；任力以夫，而议其老幼。于是鳏寡孤疾老者，有军旅之出则征之，无则已。其岁，收田一井，出稯秉缶米刍藁，不是过，先王以为足。君子之行必度于礼，施取其厚，事举其中，敛从其薄。若是其已，丘亦足矣。不度于礼而贪冒无厌，则虽赋田，将有不足。且季孙若以行之而取法，则有周公之典在；若欲犯法，则苟行之，又何访焉？"

［译文］季康子想以一井田法来统一赋税，让冉有去请教孔子。孔子说："我不懂这个。"冉有问了三次，最后说："您是国家元老，大家都等您的意见办事，既然如此了您怎么还不说话呢？"孔子当面不回答，却私下对冉有说："冉求，你过来，你没听说过吗？先王制定土地制度，按照劳力来分配土地，根据远近来调整；市镇里征收赋税，要根据财产多少来收取；分派劳役，要按照劳力的老幼来考虑。对于鳏夫、寡妇、残疾的老人，有出兵事才征收，没有就不征。出兵这年，征收一井田的赋税，交纳粮草时也不过量，先王认为这就够了。君子的行为要合乎礼，施舍要丰厚，做事要适中合理，赋敛要微薄。如果是这样，那按一丘征税就足够了。不按照礼治而贪得无厌，即使按田亩征税还会不够，而且季孙要想行事合乎法度，则有周公的典章在那里；如果违背法度苟且行事，又何必来征求意见呢？" ［9.41.23］

【亲仁】子游问于孔子曰："夫子之极言子产之惠也，可得闻乎？"孔子曰："谓在爱民而已矣。"子游曰："爱民谓之德教，何翅施惠哉？"孔子曰："夫子产者，犹众人之母也，能食之，而不能教也。"子游曰："其事可言乎？"孔子曰："子产以所乘之车济冬涉者，是爱而无教也。"

［译文］子游问孔子说："老师极力称赞子产的惠民政策，可说来听听吗？"孔子说："他只是爱民而已。"子游说："爱民就是以德教化他们，何止是施与恩惠呢？"孔子说："子产啊，就像是众人的母亲，他能给他们食物，而不能教育好他们"子游说："这方面的事可说说吗？"孔子说："子产把自己的马车给冬天蹚水过河的人坐，这只是爱护而没有教化。" ［9.41.24］

【孝悌】哀公问于孔子曰："二三大夫皆劝寡人，使隆敬于高年，何也？"孔子对曰："君之及此言也，将天下实赖之，岂唯鲁哉！"公曰："何也？其义可得闻乎？"孔子曰："昔者有虞氏贵德而尚齿，夏后氏贵爵而尚齿，殷人贵富而尚齿，周人贵亲而尚齿。虞、夏、殷、周，天下之盛王也，未有遗年者焉。年者，贵于天下久矣，次于事亲。是故朝廷同爵而尚齿，七十杖于朝，君问则席；八十则不仕朝，君问则就之，而悌达乎朝廷矣。其行也肩而不并，不错则随，斑白之老不以其任于路，而悌达乎道路矣。居乡以齿，而老穷不匮，强不犯弱，众不暴寡，而悌达乎州巷矣。古之道，五十不为甸役，颁禽隆之长者，而悌达乎蒐狩矣。军旅伍什，同列则尚齿，而悌达乎军旅矣。夫圣人之教孝悌，发诸朝廷，行于道路，至于州巷，放于蒐狩，循于军旅，则众感以义，死之而弗敢犯。"公曰："善哉，寡人虽闻之，弗能成。"

［译文］鲁哀公向孔子请教说："好几位大夫都劝我，要很好地敬重老年人，这是为什么呢？"孔子回答："您能问这个问题，天下都将会受益，岂止是鲁国！"哀公同："为什么呢？其中道理可以说来听听吗？"孔子说："从前有虞氏重视道德并尊重老人，夏后氏重视爵位并尊重老人，殷朝人重视富人并尊重老人，周朝人重视亲人并尊重老人。虞、夏、殷、周这四个朝代，都是天下盛世的王朝，都没遗忘老人。老人被天下尊重已很久了，仅次于服事双亲。因此朝廷中爵位相同的先尊重年长者，七十岁可以挂杖上朝，国君请教时要设好座位；八十岁可以不上朝，国君请教时要到他家里去，这样敬老之道就达到朝廷了。行路时不要与老年人并肩，或是错开或是随后，也不要让头发花白的老人负重上路，这样敬老之道就实行于路上了。居住乡村中以年老为敬，这样老人穷了也不会匮乏；强者不欺凌弱者，人多不欺负人少，那么敬老之道就贯彻到州巷之中了。古代敬老之道规定，五十岁不再服田猎等劳役，分配猎物时要优待老人，那么敬老之道就通达狩猎活动中了。级别相同的军人要敬重长者，这样敬老之道就达到军队中了。圣王提倡的孝悌之道于朝廷发起，

实行于大道，达到于州巷，推行于田猎，遵循于军队，那么民众感受到敬老悌德之义，宁死也不会违犯了。"哀公说："说得好啊！我虽然听了这道理，但还做不到。"[9.41.25]

【大同】哀公问于孔子曰："寡人闻东益不祥，信有之乎？"孔子曰："不祥有五，而东益不与焉。夫损人自益，身之不祥；弃老而取幼，家之不祥；释贤而任不肖，国之不祥；老者不教，幼者不学，俗之不祥；圣人伏匿，愚者擅权，天下不祥。不祥有五，东益不与焉。"

［译文］鲁哀公问孔子："我听说在东边加盖房屋不祥，这事真的可信吗？"孔子说："不祥的事有五种，而在东边加盖房屋的事并不在内。损人利己，对自身不祥；抛弃老人只顾子女，为家庭不祥；放弃贤人任用不肖之人，为国家不祥；老者不教育，幼者不学习，为风俗不祥；圣人隐居不出，愚人擅自专权，为天下不祥。不祥的事情主要有这五种，在东边加盖房屋的事不在内。"[9.41.26]

【礼乐】孔子适季孙，季孙之宰谒曰："君使求假于田，将与之乎？"季孙未言。孔子曰："吾闻之，君取于臣，谓之取；与于臣，谓之赐。臣取于君，谓之假；与于君，谓之献。"季孙色然悟曰："吾诚未达此义。"遂命其宰曰："自今已往，君有取之，一切不得复言假也。"

［译文］孔子到季孙那里，季孙的管家求见说："国君派人来借地，要不要给他呢？"季孙没说话。孔子说："我听说，国君向臣子取物，叫取；国君送物品给臣子，叫赐。臣从国君处取物，叫借；大臣送国君东西，叫献。"季孙神色醒悟地说："我实在还不明白这方面的道理。"于是命令他的管家说："从今以后，凡是国君来要的东西，一概不许再说借了。"[9.41.27]

卷十

曲礼子贡问第四十二

【礼乐】子贡问于孔子曰："晋文公实召天子而使诸侯朝焉。夫子作《春秋》，云天王狩于河阳，何也？"孔子曰："以臣召君，不可以训，亦书其率诸侯事天子而已。"

［译文］子贡问孔子说："晋文公的温地会盟，实际上是召请周天子之后，让诸侯们来朝见。老师您编写《春秋》时却写成：'天王在河阳狩猎。'这是为什么呢？"孔子说："作为臣下召请君主，这是不足为训的。所以我把它写成了晋文公率诸侯来朝见天子。"［10.42.1］

【祭祀】孔子在宋，见桓魋自为石椁，三年而不成，工匠皆病。夫子愀然曰："若是其靡也。死不如朽之速愈。"冉子仆曰："礼，凶事不豫，此何谓也？"夫子曰："既死而议谥，谥定而卜葬，既葬而立庙，皆臣子之事，非所豫属也，况自为之哉。"

［译文］孔子在宋国，看见桓魋为自己预制大石椁，做了三年还没有完工，工匠们个个埋怨他。孔子也面有忧色地说："像这样奢靡，死了还不如快点腐朽的好！"随侍的冉有说："《礼》书说，凶事难以预料。这指的是什么呢？"孔子说："人死后才议定谥号，谥号定了后才卜卦择日下葬，安葬完了后才建立宗庙，这些都是由臣子办的事，不属于预先预料好的事，何况还是要

自己亲力去操办呢！"［10.42.2］

【礼乐】南宫敬叔以富得罪于定公，奔卫。卫侯请复之，载其宝以朝。夫子闻之曰："若是其货也，丧不若速贫之愈。"子游侍，曰："敢问何谓如此？"孔子曰："富而不好礼，殃也；敬叔以富丧矣，而又弗改，吾惧其将有后患也。"敬叔闻之，骤如孔氏，而后循礼施散焉。

［译文］南宫敬叔因为太富有而得罪了鲁定公，逃到了卫国。卫侯请求鲁定公恢复南宫敬叔的官位后，南宫敬叔载着宝物回国来朝见鲁定公。孔子听到这件事，说："像这样以财货来行贿，丧家丢官都不如迅速贫穷更好呢！"侍奉在一旁的子游说："请问为何这么说呢？"孔子说："富有而不爱好礼仪，必定会遭祸。南宫敬叔因太富有而丧家丢官，却仍然不知改悔，我恐怕他将来还会有更大后患啊！"南宫敬叔听到孔子的话，立即去见孔子，从此以后一直遵循礼法，将财物都施舍散发给百姓。［10.42.3］

【礼乐】孔子在齐，齐大旱，春饥。景公问于孔子曰："如之何？"孔子曰："凶年则乘驽马，力役不兴，驰道不修，祈以币玉，祭祀不悬，祀以下牲，此贤君自贬以救民之礼也。"

［译文］孔子在齐国的时候，遭遇大旱，春季出现了饥荒。齐景公问孔子说："怎么办呢？"孔子说："遇到灾荒年景，出门要乘坐劣马，不再使民劳役，不要修治驰道，要改用币和玉来祈祷，祭祀时不要奏乐，要用劣等的牲畜来祭祀。这是贤明君主自降等级以尽心拯救民众的礼治制度啊！"［10.42.4］

【礼乐】孔子适季氏，康子昼居内寝，孔子问其所疾，康子出见之。言终，孔子退，子贡问曰："季孙不疾而问诸疾，礼与？"孔子曰："夫礼，君子不有大故，则不宿于外。非致齐也，非疾也，则不昼处于内。是故夜居外，虽吊之，可也。昼居于内，虽问其疾，可也。"

　　［译文］孔子到季康子家去，见他大白天在内室里睡觉，于是探问他的病情，康子出来接见了孔子。说完话后，孔子便退了出来，子贡问道："季康子没病，您却探问他的各种病，这合乎礼吗？"孔子说："根据礼，君子如果没有大变故，不会在外室住宿。如果不是为了祭祀，也没生病，也不会大白天在内室睡觉。因此，夜里睡在外室，即使吊唁，也是可以的。大白天在内室睡觉，即使探问他的病情，也是可以的。"［10.42.5］

　　【礼乐】孔子为大司寇，国厩焚，子退朝而之火所，乡人有自为火来者，则拜之。士一，大夫再。子贡曰："敢问何也？"孔子曰："其来者，亦相吊之道也。吾为有司，故拜之。"

　　［译文］孔子担任鲁国大司寇时，国家的马厩失火被焚，孔子退朝后立即来到着火的地方。乡人有为火灾来慰问的，孔子都一一拜谢。他对士人拜一次，对大夫拜两次。子贡问："请问为什么要这样行礼呢？"孔子说："他们来这里，都是为了履行慰问之道的。我是主管官员，所以要拜谢他们。"［10.42.6］

　　【君子】子贡问曰："管仲失于奢，晏子失于俭。与其俱失也，而者孰贤？"孔子曰："管仲镂簋而朱纮，旅树而反坫，山节藻棁。贤大夫也，而难为上。晏平仲祀其先祖而豚肩不掩豆，一狐裘三十年。贤大夫也，而难为下。君子上不僭下，下不逼上。"

　　［译文］子贡问孔子说："管仲过于奢侈，晏子过于节俭。他们都有不足之处，谁更好一些呢？"孔子说："管仲盛食物的器具雕刻花线，系帽带子用朱红色，大门前竖立影壁，堂上设置了放酒杯祭器的台子，斗拱和柱子上都画上了山水花草的彩图。他确实是位贤大夫，但做他的君上就为难了。晏子祭

祀先祖时，只用一个小猪肘，小得连祭器都盖不住，一件狐皮衣竟然穿了三十年。他确是位贤大夫，但做他的下属就很为难了。君子应做到对上不僭越，对下不逼迫。"［10.42.7］

【礼乐】冉求曰："臧文仲知鲁国之政，立言垂法，于今不亡，可谓知礼者矣？"孔子曰："昔臧文仲安知礼？夏父弗忌逆祀而不止，燔柴于灶以祀焉。夫灶者，老妇之所祭，盛于瓮，尊于瓶，非所祭也。故曰礼也者，犹体也，体不备，谓之不成人，设之不当，犹不备也。"

［译文］冉求说："臧文仲主持鲁国政事时，所制定的礼法制度，至今还在用，他可以说是知礼的人吧？"孔子说："臧文仲怎能算知礼的人呢？夏父弗忌违反了祭祀规矩而他不制止，竟在灶上烧柴祭祀火神。祭灶，是由老年妇女主祭的，祭祀时要把祭品盛在瓮里，酒盛在瓶里，用烧柴来祭是不对的。所以说，礼就好比人体，肢体不全，称作不成人，礼器设置不当，就如人体不完备一样。"［10.42.8］

【礼乐】子路问于孔子曰："臧武仲率师与邾人战于狐鲐，遇败焉。师人多丧而无罚，古之道然与？"孔子曰："凡谋人之军，师败则死之；谋人之国，邑危则亡之，古之道也。其君在焉者，有诏则无讨。"

［译文］子路问孔子说："臧武仲率军与邾国人在狐鲐交战，刚遇见敌军就战败了。鲁军伤亡惨重而主将竟不受惩罚，古代用兵之道是这样的吗？"孔子说："凡为君谋划作战，军队失败的就该死罪；凡替君谋划治国，让都邑危险的就应被流放，这就是古代治国用兵之道。如国君还在，下达赦免诏书的可不处置。"［10.42.9］

【亲仁】晋将伐宋，使人觇之。宋阳门之介夫死，司城子罕哭之哀。觇者反，言于晋侯曰："阳门之介夫死，而子罕哭之哀。民咸悦，宋殆未可伐也。"孔子闻之曰："善哉！觇国乎！《诗》云：'凡民有丧，匍匐救之。'子罕有焉。虽非晋国，其天下孰能当之！是以周任有言曰：'民悦其爱者，弗可敌也。'"

[译文] 晋国将要攻打宋国，派人先去刺探宋国虚实。宋国城门的卫士死了，城防司令子罕哭得很伤心。探子回来后对晋侯说："宋国有个城门卫士死了，子罕哭得很伤心。民众都很受感动，宋国现在还不能去攻打。"孔子闻知此事，说："好啊！这个侦察国情的探子！《诗》里说：'凡是民众伤亡的，爬行都要全力救助。'子罕就有这种仁义品质。别说晋国不敢，天下又有谁敢攻打宋国呢？所以周任曾说过：'民众喜欢的仁爱者，是无敌的。'" [10.42.10]

【亲仁】楚伐吴，工尹商阳与陈弃疾追吴师。及之，弃疾曰："王事也，子手弓而可。"商阳手弓。弃疾曰："子射诸。"射之，毙一人，韔其弓。又及，弃疾谓之，又毙二人。每毙一人，辄掩其目，止其御曰："吾朝不坐，燕不与，杀三人，亦足以反命矣。"孔子闻之曰："杀人之中，又有礼焉。"子路怫然进曰："人臣之节，当君大事，唯力所及，死而后已。夫子何善此？"子曰："然，如汝言也。吾取其有不忍杀人之心而已。"

[译文] 楚国讨伐吴国时，工尹商阳和陈弃疾率军追击吴军。追上后，陈弃疾说："这是国王的追击任务，你可以执弓了。"商阳拿起了弓，陈弃疾说："您射吧！"商阳射了一箭，杀死一个敌人，把弓放入了袋里。又追上了敌兵，陈弃疾再下令后，他又射死两人。每射死一人，他都立即遮住眼不忍看，让驾车人停车不继续追杀，并说："我上朝时没座位，宴会时没份去，杀死三个敌人，也足以复命了。"孔子听到这事说："杀人之中，也是有礼节的。"子路生气地走上前说："做人臣的节义，是担当国君的大事，唯有全力

去做，死而后已。您为什么赞赏他呢？"孔子说："是的，如你所说。我只是看重他有不忍杀人之心而已。" [10.42.11]

【祭祀】孔子在卫，司徒敬子卒，夫子吊焉。主人不哀，夫子哭不尽声而退。蘧伯玉请曰："卫鄙俗不习丧礼，烦吾子辱相焉。"孔子许之，掘中溜而浴，毁灶而缀足，袭于床。及葬，毁宗而躐行，出于大门。及墓，男子西面，妇人东面，既封而归，殷道也。孔子行之。子游问曰："君子行礼，不求变俗，夫子变之矣。"孔子曰："非此之谓也，丧事则从其质而已矣。"

［译文］孔子在卫国时，司徒敬子去世了，于是去吊丧。司徒家主人哭得不伤心，孔子也没等哭完就退出来了。蘧伯玉请教说："我们卫国风俗鄙陋，不熟悉丧礼，烦请您来主持丧礼吧。"孔子答应了，让人在室中挖了个坑，床架在上面，为死者洗浴；还拆毁了炉灶，用灶砖支起死者双脚，在床上穿好衣服。出葬时，将庙墙拆了个缺口，穿行出门。到了墓地，男子面向西，妇女面向东，等封好坟堆后回来，这是殷朝制度。孔子一一照办。子游问孔子说："君子主持礼，不求改变风俗，老师您却改变了。"孔子说："不是这样的，只是丧事要质朴些罢了。" [10.42.12]

【祭祀】宣公八年六月辛巳，有事于太庙，而东门襄仲卒，壬午犹绎。子游见其故，以问孔子曰："礼与？"孔子曰："非礼也，卿卒不绎。"

［译文］鲁宣公于八年六月辛巳日，在太庙禘祭时，东门襄仲死了，结果第二天壬午日又祭祀了一次。子游见到后，问孔子说："这样做符合礼吗？"孔子说："这样做不符合礼制，卿死后不必举行绎祭。" [10.42.13]

【祭祀】季桓子丧，康子练而无衰。子游问于孔子曰："既服练服，可以除衰乎？"孔子曰："无衰衣者，不以见宾，何以除焉？"

［译文］季桓子去世服丧期间，他儿子季康子穿着白绢练服而没披上麻布缞带。子游问孔子说："已经穿练服了，还能脱下缞带吗？"孔子说："丧礼规定没有披缞带时，不可会见宾客，怎可以除去呢？"［10.42.14］

【祭祀】邾人以同母异父之昆弟死，将为之服，因颜克而问礼于孔子。子曰："继父同居者，则异父昆弟从为之服；不同居，继父且犹不服，况其子乎？"

［译文］有个邾国人的同母异父弟弟死了，想为他穿丧服，通过颜克向孔子请教这方面的礼仪。孔子说："与继父共同生活的人，那么同母异父的兄弟应着丧服；没有与继父共同生活的人，连继父去世都不必服丧，何况是他儿子呢？"［10.42.15］

【祭祀】齐师侵鲁，公叔务人遇人入保，负杖而息。务人泣曰："使之虽病，任之虽重，君子弗能谋，士弗能死，不可也。我则既言之矣，敢不勉乎！"与其邻嬖童汪锜乘，往奔敌，死焉。皆殡，鲁人欲勿殇童汪锜，问于孔子。子曰："能执干戈以卫社稷，可无殇乎？"

［译文］齐国军队侵犯鲁国，公叔务人遇到一个人进入城堡，扶着拐杖休息。公叔务人流着泪对他说："虽然徭役让你们受了累，赋税也很沉重，但君子不能谋划，士人不能死战，这样可不行啊！我既然说了别人，怎敢不努力战斗！"于是就和他喜欢的邻居少年汪锜同乘一辆战车，奔赴前线战死了。两人出殡时，鲁国人想用成人丧礼而不用少年殇礼来殇葬汪锜，问孔子行不行。孔子说："能够手执干戈保卫社稷，可以不用殇礼吧！"［10.42.16］

【祭祀】鲁昭公夫人吴孟子卒，不赴于诸侯。孔子既致仕，而往吊焉。适于季氏，季氏不绖，孔子投绖而不拜。子游问曰："礼与？"孔子曰："主

人未成服，则吊者不绖焉，礼也。"

[译文]鲁昭公夫人吴孟子死了，还没有向诸侯发讣告。孔子这时已经当了官，于是前往吊唁。到了季氏那里，季氏还没有系好麻丧带，孔子也解下了麻丧带而且不祭拜。子游问孔子说："这样符合礼吗？"孔子说："主人没穿好丧服前，吊唁的人可以不系麻丧带，这是礼啊。" [10.42.17]

【祭祀】公父穆伯之丧，敬姜昼哭。文伯之丧，昼夜哭。孔子曰："季氏之妇，可谓知礼矣。爱而无私，上下有章。"

[译文]公父穆伯死后，他妻子敬姜在白天哭。他们的儿子文伯死了，她日夜哭。孔子说："季氏家的妇人，可说是知礼啊。爱是无私的，但为上哭还是为下哭是有礼制章法的。" [10.42.18]

【祭祀】南宫绦之妻，孔子兄之女，丧其姑。夫子诲之髽曰："尔毋从从尔，毋扈扈尔。盖榛以为笄，长尺，而总八寸。"

[译文]南宫绦的妻子，是孔子哥哥的女儿，死了婆婆。孔子教她做丧髻的方法，说："你的发髻不要高高的，也不要大大的。用榛木做簪子，长一尺，束发带子下垂八寸就行了。" [10.42.19]

【祭祀】子张有父之丧，公明仪相焉，问稽颡于孔子。孔子曰："拜而后稽颡，颓乎其顺也；稽颡而后拜，顾乎其至也。三年之丧，吾从其至也。"

[译文]子张的父亲死了，公明仪为丧礼的礼相，向孔子请教跪拜宾客的礼节。孔子说："跪拜而后磕头，头垂下来很顺当；额头碰地后再拜，这样既恳切又真挚。为父亲服丧三年期间，我遵从这种至好的方法。" [10.42.20]

【祭祀】孔子在卫，卫之人有送葬者，而夫子观之，曰："善哉！为丧

乎，足以为法也。小子识之。"子贡问曰："夫子何善尔也？"曰："其往也如慕，其返也如疑。"子贡曰："岂若速返而虞哉？"子曰："此情之至者也，小子识之，我未之能也。"

［译文］孔子在卫国时，有一家人在送葬，孔子在旁观看，说："好啊！作为丧事嘛，这就足以效法了。你们几个要记住。"子贡问："您为什么说好呢？"孔子说："那孝子往墓地送灵柩时，像小孩子那样对父母依恋不舍；埋葬后又留恋父母，迟疑着不愿回家。"子贡说："那还不如赶快回家祭奠吧？"孔子说："这是他真情的自然流露，你们记住吧，这点连我都没能做到呢！"［10.42.21］

【祭祀】卞人有母死，而孺子之泣者。孔子曰："哀则哀矣，而难继也。夫礼，为可传也，为可继也。故哭踊有节，而变除有期。"

［译文］卞邑有个人死了母亲，他像小孩子一样嚎啕大哭。孔子说："哀痛是很哀痛了，但难以为继啊！礼，是为了可以流传，可以继续下去。所以啼哭和跳脚都要有节制，改变丧礼除去丧服也要有期限。"［10.42.22］

【祭祀】孟献子禫，悬而不乐，可御而不处内。子游问于孔子曰："若是则过礼也？"孔子曰："献子可谓加于人一等矣。"

［译文］鲁国大夫孟献子举行除去丧服的禫祭后，将乐器悬挂起来而不奏乐，可以和妻子同寝而不进入内室。子游问孔子说："他这样做超过礼仪规定了吗？"孔子说："献子可以说是超人一等了！"［10.42.23］

【祭祀】鲁人有朝祥而暮歌者。子路笑之。孔子曰："由，尔责于人终无已。夫三年之丧，亦以久矣。"子路出，孔子曰："又多乎哉，逾月则其善也。"

　　［译文］鲁国有个人早上脱掉丧服，晚上就唱起歌来。子路嘲笑他。孔子说："由！你责备别人总是没完没了的吗？他已服丧三年，时间够长了。"子路出去后，孔子又说："其实也不用再等多久，一个月后再唱歌就更好了。"［10.42.24］

　　【祭祀】子路问于孔子曰："伤哉！贫也。生而无以供养，死则无以为礼也。"孔子曰："啜菽饮水，尽其欢心，斯谓之孝。敛手足形，旋葬而无椁，称其财，斯谓之礼，贫何伤乎？"

　　［译文］子路问孔子："伤心啊，我之前生活太贫穷！父母在生时没钱好好奉养，死后又没钱办丧礼。"孔子说："父母活着，吃豆粥喝清水，尽可能让他们欢心，也可说是孝顺了。死后衣服能遮盖住手脚，虽没有外椁就立即安葬，但只要尽了自己的财力，也可称有礼了，贫穷点又有什么关系呢！"［10.42.25］

　　【祭祀】吴延陵季子聘于上国，适齐。于其返也，其长子死于嬴、博之间。孔子闻之曰："延陵季子，吴之习于礼者也，往而观其葬焉。"其敛，以时服而已，其圹掩坎，深不至于泉，其葬无明器之赠。既葬，其封广轮掩坎，其高可肘隐也。既封，则季子乃左袒，右还其封，且号者三，曰："骨肉归于土，命也。若魂气则无所不之，则无所不之。"而遂行。孔子曰："延陵季子之礼，其合矣。"

　　［译文］吴国的延陵季子受聘前往齐国。在归途中，他的长子死于嬴地与博地之间。孔子听到此事，说："延陵季子是吴国精通礼仪的人，我们前去观看他主持的葬礼吧。"延陵季子为儿子入殓时，只穿平时的衣服，墓坑不深，深不见水，葬时也没有明器陪送。下葬后，封土的宽度正好盖住坟头，高度可隐藏胳膊肘。坟头做好后，延陵季子袒露左臂，从右向左绕着坟头

走，并且哭喊了三次，说："骨肉回归于土，这是命呀！你的魂魄啊无所不往，无所不往！"说完就走了。孔子说："延陵季子主持的葬礼，是合乎礼制的。"[10.42.26]

【祭祀】子游问丧之具。孔子曰："称家之有亡焉。"子游曰："有亡恶乎齐？"孔子曰："有也，则无过礼。苟亡矣，则敛手足形，还葬悬棺而封，人岂有非之者哉。故夫丧亡，与其哀不足而礼有余，不若礼不足而哀有余也。祭祀，与其敬不足而礼有余，不若礼不足而敬有余也。"

［译文］子游问丧事的具体操作。孔子说："与家庭贫富相当。"子游说："贫富相当应如何把握呢？"孔子说："富有的不要超过礼的规定。如果不富裕，只要衣物能遮身，装殓后就马上安葬，用绳子悬吊棺木下葬，封好坟土，又有谁会非议你失礼不妥呢？所以举丧，与其哀痛不足而礼仪完备，不如礼仪不足而哀痛有余。祭祀，与其恭敬不足而礼仪完备，不如礼仪欠缺而恭敬有余。"[10.42.27]

【祭祀】伯高死于卫，赴于孔子。子曰："吾恶乎哭诸？兄弟，吾哭诸庙；父之友，吾哭诸庙门之外；师，吾哭之寝；朋友，吾哭之寝门之外；所知，吾哭之诸野。今于野则已疏，于寝则已重。夫由赐也而见我，吾哭于赐氏。"遂命子贡为之主，曰："为尔哭也，来者汝拜之，知伯高而来者，汝勿拜。"既哭，使子张往吊焉。未至，冉求在卫摄束帛乘马以将之。孔子闻之，曰："异哉！徒使我不成礼于伯高者，是冉求也。"

［译文］伯高死于卫国，家人赴鲁国告知了孔子。孔子说："我到哪里哭他呢？如果是兄弟，我到祖庙去哭；如果是父亲的朋友，我到庙门外去哭；如果是老师，我到他寝室哭；如果是朋友，我到他寝门外哭；如是一般人，我到野外去哭。如今我去野外哭伯高显得疏远，在寝室哭又显得太重。伯高是由

端木赐介绍我认识的，我到端木赐家去哭吧。”于是让端木赐主持丧礼，说：“凡是因你而来哭吊的，你就要拜谢；因认识伯高而来的，你就不用拜谢。”哭完之后，孔子让子张前往卫国吊唁。子张还没到，冉求就在卫国代孔子备齐一捆帛和四匹马送了过去。孔子知道后，说：“怪啦！这白白使我对伯高失礼了，这是冉求造成的啊。” [10.42.28]

【亲仁】子路有姊之丧，可以除之，而弗除。孔子曰：“何不除也？”子路曰：“吾寡兄弟，而弗忍也。”孔子曰：“行道之人皆弗忍。先王制礼，过之者俯而就之，不至者企而望之。”子路闻之，遂除之。

［译文］子路为亲姐服丧，到了可脱丧服时，还是不脱。孔子说：“为什么还不除丧服呢？”子路说：“我兄弟姐妹少，不忍心除去丧服啊。”孔子说：“实施仁道的人都于心不忍。先王制定礼仪，过分的就要求降低要求，不够的就企望达到标准。”子路听了后，除去了丧服。 [10.42.29]

【祭祀】伯鱼之丧母也，期而犹哭。夫子闻之曰：“谁也？”门人曰：“鲤也。”孔子曰：“嘻！其甚也，非礼也。”伯鱼闻之，遂除之。

［译文］母亲去世一周年后，孔鲤还一直在哭。孔子听到哭声，问：“谁在哭啊？”门人回答：“是孔鲤。”孔子说：“哎！太过分了，这不符合礼呀。”孔鲤听到父亲的话后，脱掉孝服不再哭了。 [10.42.30]

【礼乐】卫公使其大夫求婚于季氏，桓子问礼于孔子。子曰：“同姓为宗，有合族之义，故系之以姓而弗别，缀之以食而弗殊，虽百世，婚姻不得通，周道然也。”桓子曰：“鲁卫之先虽寡兄弟，今已绝远矣，可乎？”孔子曰：“固非礼也。夫上治祖祢，以尊尊之；下治子孙，以亲亲之；旁治昆弟，所以教睦也。此先王不易之教也。”

［译文］卫公派他的大夫向季氏求婚，季桓子向孔子请教有关婚配礼仪。孔子说："同姓的人为宗族，有会合同族的意思，所以统系在同一个姓氏下而没有区别，在同一个宗庙会餐而没有不同，即使过了一百代也不能通婚，周礼之道的规则就是如此。"季桓子说："鲁国与卫国的祖先中兄弟很少，现今就更久远了，可通婚吗？"孔子说："本来就不合礼制。在上确立先祖先父的地位，是尊崇正统至尊；在下确定子孙的继承关系，是亲近至亲；从旁理顺兄弟情谊，是教会家人和睦。这是先王不可改变的礼教。"［10.42.31］

【亲仁】有若问于孔子曰："国君之于同姓，如之何？"孔子曰："皆有宗道焉。故虽国君之尊，犹百世不废其亲，所以崇爱也。虽于族人之亲，而不敢戚君，所以谦也。"

［译文］有若问孔子说："国君对于同姓的人，应该如何对待呢？"孔子说："这些都有宗法之道可循。因此，虽然有国君之尊贵，但百代也依然不能废除亲戚关系，这是为了推崇仁爱。虽然有同族的亲人关系，也不能借亲戚地位来慢待国君，这是谦让之礼。"［10.42.32］

曲礼子夏问第四十三

【礼乐】子夏问于孔子曰："居父母之仇如之何？"孔子曰："寝苦枕干，不仕，弗与共天下也。遇于朝市，不返兵而斗。"曰："请问居昆弟之仇如之何？"孔子曰："仕，弗与同国，衔君命而使，虽遇之不斗。"曰："请问从昆弟之仇如之何？"曰："不为魁，主人能报之，则执兵而陪其后。"

［译文］子夏问孔子说："对于杀父母的仇人应怎么办？"孔子说："躺在草垫上，枕着盾牌睡觉，不做官，誓与仇人不共戴天。不论是在集市或官府，只要一遇见仇人，就不必回家去取兵器，直接决斗。"子夏问："对于

杀兄弟的仇人应怎么办？"孔子说："不和仇人在同一个国家里做官，如奉君命出使，虽遇见也不和他决斗。"子夏问："对于杀害堂兄弟的仇人应怎么办？"孔子说："自己不出头动手，如果受害人亲属要报仇，可以拿着兵器跟在后面。" [10.43.1]

【祭祀】子夏问："三年之丧既卒哭，金革之事无避，礼与，初有司为之乎？"孔子曰："夏后氏之丧，三年既殡而致事，殷人既葬而致事，周人既卒哭而致事。《记》曰：'君子不夺人之亲，亦不夺故也。'"子夏曰："金革之事无避者，非与？"孔子曰："吾闻老聃曰：'鲁公伯禽有为为之也。'今以三年之丧从利者，吾弗知也。"

［译文］子夏问："为父母守丧三年期满，既然已不再哭了，那么遇到国家战事也就不避开了，这是礼制呢，还是当初官员所制定的规矩呢？"孔子说："夏后氏时代为父母服丧，是在三年后停枢大堂时退职守丧，殷人是在埋葬先人之后退职守丧，周朝是在停止哭丧后退职守丧。《记》书记载说：'君子不剥夺人的亲情，也不剥夺对故人的亲情。'"子夏说："那么服丧后不回避参战之事，是错误的吗？"孔子说："我听老聃说过：'鲁公伯禽是因为有不得已的情况才出征的。'现在有人在为父母守丧三年期间去谋求私利，那我就不知道了。" [10.43.2]

【礼乐】子夏问于孔子曰："《记》云'周公相成王，教之以世子之礼'，有诸？"孔子曰："昔者成王嗣立，幼未能莅阼，周公摄政而治，抗世子之法于伯禽，欲王之知父子君臣之道，所以善成王也。夫知为子者，然后可以为父；知为人臣者，然后可以为人君；知事人者，然后可以使人。是故，抗世子法伯禽，使成王知父子、君臣、长幼之义焉。凡君之于世子，亲则父也，尊则君也。有父之亲，有君之尊，然后兼天下而有之，不可不慎也。行一物而三善皆得，唯世子齿于学之谓也。世子齿于学，则国人观之，曰：'此将君我，而与我齿让，何也？'曰：'有父在，则礼然。'然而众知父子之道矣。其二曰：'此将君我，而与我齿让，何也？'曰：'有臣在，则礼然。'然而众知君臣之义矣。其三曰：'此将君我，而与我齿让，何也？'曰：'长长也，则礼然。'然而众知长幼之节矣。故父在，斯为子；君在，则为臣。居子与臣之位，所以尊君而亲亲也。在学，学之为父子焉，学之为君臣焉，学之为长幼焉。父子、君臣、长幼之道得，而后国治。语曰：'乐正司业，父师司成，一有元良，万国以贞。'世子之谓。闻之曰：'为人臣者，曰杀其身有益于君，则为之。'况于其身以善其君乎？周公优为也。"

[译文] 子夏问孔子："《记》书说'从前周公辅佐成王时，教他做好世子的礼仪'，有这回事吗？"孔子说："从前成王继承王位时，因年幼不能临朝执政，所以由周公代为主持国政，把教育世子的方法用在伯禽身上，想让成王知道为父为子为君为臣的道理，这是为了成王好。只有知道如何做儿子，才会做父亲；知道了如何做臣子，才会做国君；知道了如何服事人，才会指使人。因此，把教育世子的办法用于伯禽身上，就可以让成王知道父子、君臣、长幼的道理。凡是国君对于世子，亲近时是父亲，尊敬时是君主。既有为父之亲，又有为君之尊，而后才能统治天下，这一点不能不慎重。做一件事能得到三项好处，唯有世子在学校按年龄礼让这件事。世子在学校按年龄礼让他人，国人看到了，就会说：'他将来要做我们的国君，却按年龄大小礼让他人，为什么呢？'懂礼人就会说：'他有父亲在，礼应如此。'这样一来民众就懂得父子之道了。其二，有人会问：'他将来要做我们的国君，却按年龄大小礼让，为什么呢？'懂礼人就会说：'他周围有大臣在，礼应如此。'这样民众就明白君臣之义了。其三，有人问：'他将来要做我们的国君，却按年龄大小礼让，为什么呢？'懂礼人就会说：'他这是尊敬年长者，礼应如此。'这样民众就懂得长幼之序了。所以父亲在，他就是儿子；国君在，他就

是臣子。他处于子与臣的地位，所以要尊敬国君，亲爱父母。世子在学校，要学怎样为父为子，为君为臣，为长为幼。懂得了父子、君臣、长幼的道理，国家就能治理。古语说：'乐正负责学业，父师成就德行，造就贤良君主，万国公正太平。'这就是针对世子说的。我听说：'作为臣子，牺牲自身而有益于国君，也要去做。'何况只是投身于为国君做事呢？周公在这方面做得最好。" ［10.43.3］

【祭祀】子夏问于孔子曰："居君之母与妻之丧，如之何？"孔子曰："居处言语饮食衎尔，于丧所，则称其服而已。""敢问伯母之丧，如之何？"孔子曰："伯母、叔母，疏衰期而踊不绝地，姑、姊、妹之大功踊绝于地。若知此者，由文矣哉。"

　　［译文］子夏问孔子说："在国君的母亲或妻子的丧事期间，应该怎么办？"孔子说："这一时期的生活起居、言语饮食等方面都应该从容安适，去吊丧时，穿着合适服装就行了。"子夏问："在伯母治丧期，应怎么办？"孔子说："为伯母、叔母服丧，虽穿齐衰周年的重服，但哭踊时脚前掌不离地。为姑、姊、妹服丧，虽穿大功九月之服，哭踊时脚要离地。如果懂得其中道理，就知礼文化了。" ［10.43.4］

【祭祀】子夏问于夫子曰："凡丧，小功已上，虞、祔、练、祥之祭皆沐浴。于三年之丧，子则尽其情矣。"孔子曰："岂徒祭而已哉？三年之丧，身有疡则浴，首有疮则沐，病则饮酒食肉。毁瘠而病，君子不为也。毁则死者，君子为之无子。且祭之沐浴，为齐洁也，非为饰也。"

　　［译文］子夏问孔子："凡为小功已上的亲属服丧，遇到虞祭、祔祭、练祭、祥祭之类的日子，都要沐浴。服丧三年，儿子对父母就尽了孝子之情了。"孔子说："难道只在祭日才可沐浴？服丧三年期间，如果皮肤溃烂可洗

澡，头上有疮可洗发，生病可以喝酒吃肉。因哀伤而憔悴生病，君子不会这样做。因悲伤致死，就如同君子让父母失去儿子。况且在祭日沐浴，是为了整齐洁净，不是为修饰。"［10.43.5］

【亲仁】子夏问于孔子曰："客至无所舍，而夫子曰：'生于我乎馆。'客死无所殡矣，夫子曰：'于我乎殡。'敢问礼与？仁者之心与？"孔子曰："吾闻诸老聃曰：'馆人，使若有之，恶有有之而不得殡乎？'夫仁者，制礼者也。故礼者，不可不省也。礼不同不异，不丰不杀，称其义以为之宜，故曰：'我战则克，祭则受福。'盖得其道矣。"

［译文］子夏问孔子："客人来了没有住处，而您说：'住在我家里。'客人死了无处殡殓，您说：'就在我那里殡殓。'请问这是礼呢，还是仁者之心呢？"孔子说："我听老子说过：'招待客人，应让客人住下；如果他死了，哪能自家有地方而不殡殓他呢？'仁者，是制定礼制的人。所以对于礼，不能不审察。礼应该不雷同不差异，不奢侈不俭吝，只要合乎礼仪义理的就是适宜的，所以说：'我战必胜，我祭获福。'大概是因为这样做符合道吧。"［10.43.6］

【祭祀】孔子食于季氏。食祭，主人不辞不食，客不饮而餐。子夏问曰："礼与？"孔子曰："非礼也，从主人也。吾食于少施氏而饱，少施氏食我以礼。吾食祭，作而辞曰：'疏食，不足祭也。'吾餐而作辞曰：'疏食，不敢以伤吾子之性。'主人不以礼，客不敢尽礼；主人尽礼，则客不敢不尽礼也。"

［译文］孔子去季氏家吃饭。举行食祭时，主人没致辞就不吃饭，客人没饮酒就进餐。子夏问："这符合礼吗？"孔子说："这不符合礼，只是随从主人罢了。我在少施氏家里吃饭时吃得很饱，少施氏以礼来招待我吃饭。当我

举行食祭时，他致辞说：'粗茶淡饭，不值得祭呀。'当我开始吃的时候，他又致辞说：'食品粗疏啊，不敢让它伤了您胃口。'主人不以礼相待，客人也不敢尽礼；主人尽礼，那么客人也不敢不尽礼了。"[10.43.7]

【祭祀】子夏问曰："官于大夫，既升于公，而反为之服，礼与？"孔子曰："管仲遇盗，取二人焉，上之为臣。曰：'所以游辟者，可人也。'公许。管仲卒，桓公使为之服。官于大夫者为之服，自管仲始也。有君命焉。"

［译文］子夏问孔子："曾做过大夫的家臣，后来升职在朝为官，而又为原主人大夫服丧，这符合礼吗？"孔子说："管仲遇到盗贼，选取了两人，推荐给朝廷为臣。他说：'虽然他们做过邪僻之人，但还是可用之材。'齐桓公允许了。管仲去世后，桓公让这两人为管仲服丧。当过家臣的人出任大夫后，又为原主人大夫服丧的成例，从管仲开始。这是因为有国君的命令。"[10.43.8]

【祭祀】子贡问居父母丧。孔子曰："敬为上，哀次之，瘠为下。颜色称情，戚容称服。"曰："请问居兄弟之丧？"孔子曰："则存乎书筴矣。"

［译文］子贡问为父母服丧期间的礼仪。孔子说："要以尊敬为上，其次是悲哀，使自己憔悴消瘦为下。要做到脸色和哀情相称，悲容和丧服相称。"子贡问："请问怎样为兄弟服丧？"孔子说："这些都记载在书里。"[10.43.9]

【祭祀】子贡问于孔子曰："殷人既窆而吊于圹，周人反哭而吊于家，如之何？"孔子曰："反哭之吊也，丧之至也。反而亡矣，失之矣，于斯为甚，故吊之。死，人卒事也。殷以悫，吾从周。殷人既练之明日，而祔于祖；周人既卒哭之明日，祔于祖。祔，神之始事也。周以戚，吾从殷。"

［译文］子贡问孔子："殷人是安葬结束后，在墓地慰问孝子，周人是在送葬人回家痛哭时，再慰问孝子，这两种做法哪一种比较好呢？"孔子说："等孝子回家哭时再慰问，正是他最哀伤的时候。他回家一看亲人没了，从此永远消逝了，这时最悲痛，所以这时候要慰问他。死，是人生完结之事。殷人做法太直率质朴，我赞同周人做法。殷人是练祭次日，在祖庙祔祭；周人是哭丧次日，在祖庙祔祭。祔祭，是祭神的开始。周人的做法太仓促，我赞同殷人做法。"［10.43.10］

【祭祀】子贡问曰："闻诸晏子，少连、大连善居丧，其有异称乎？"孔子曰："父母之丧，三日不怠，三月不解，期悲哀，三年忧。东夷之子，达于礼者也。"

［译文］子贡问孔子："我听晏子说，少连和大连善于守丧，难道有什么特别之处吗？"孔子说："为父母守丧，三天内号哭不止，三月内拜祭不懈怠，一年内悲哀不已，三年了依然忧愁。这两个东方民族的孩子，是懂礼的人啊。"［10.43.11］

【祭祀】子游问曰："诸侯之世子丧慈母，如母，礼与？"孔子曰："非礼也。古者男子，外有傅父，内有慈母，君命所使教子者也，何服之有？昔鲁孝公少丧其母，其慈母良，及其死也，公弗忍，欲丧之。有司曰：'礼，国君慈母无服。今也君为之服，是逆古之礼而乱国法也。若终行之，则有司将书之，以示后世，无乃不可乎？'公曰：'古者天子丧慈母，练冠以燕居。'遂练冠以丧慈母。丧慈母如母，始则鲁孝公之为也。"

［译文］子游问："诸侯世子的负有抚养教育之责的教母去世了，他像对亲生母亲一样为她服丧，这合乎礼吗？"孔子说："这不合乎礼。古代国君的儿子，家外有师父，家里有保母，是国君派来管教儿子的，为什么要为他们

穿丧服呢？从前鲁孝公少年丧母，他的保母很善良，她死后鲁孝公不忍心，想为她穿孝服。司礼官员说：'礼制规定，国君不须为保母穿孝服。现在您要为她穿孝服，是违反古礼扰乱国法的。如今你非要做的话，司法官将记录下来，以警示后世，这恐怕不好吧？'鲁孝公说：'古代天子的保母死了，平居时有戴着白布冠的。'于是戴着白布冠为保母服丧。为保母戴孝如同生母一般，是从鲁孝公开始的。"　[10.43.12]

【祭祀】孔子适卫，遇旧馆人之丧，入而哭之哀。出使子贡脱骖以赠之。子贡曰："所于识之丧，不能有所赠，赠于旧馆，不已多乎？"孔子曰："吾向入哭之，遇一哀而出涕，吾恶夫涕而无以将之，小子行焉。"

［译文］孔子到卫国去，遇到曾住过的馆舍主人死了，孔子进去哀悼得很伤心。出来后，还让子贡解下驾车的骖马送给丧家。子贡说："对于仅是相识人的丧事，不用赠送礼物。把马赠给旧馆舍的主人，这礼是不是重了？"孔子说："我刚才进去哭他，一悲痛就忍不住落下泪来。我不愿光哭而没有表示，你就按我说的去做吧。"　[10.43.13]

【祭祀】子路问于孔子曰："鲁大夫练而床，礼与？"孔子曰："吾不知也。"子路出，谓子贡曰："吾以为夫子无所不知，夫子亦徒有所不知也。"子贡曰："子所问何哉？"子路曰："由问鲁大夫练而床礼邪？夫子曰：吾不知也。"子贡曰："止，吾将为子问之。"遂趋而进，曰："练而床，礼与？"孔子曰："非礼也。"子贡出，谓子路曰："子谓夫子而弗知之乎？夫子徒无所不知也，子问非也。礼，居是邦则不非其大夫。"

［译文］子路问孔子："鲁国大夫刚练祭完后就上床睡，这符合礼吗？"孔子说："我不知道。"子路出来后，对子贡说："我以为老师无所不知，原来老师也有不知道的事。"子贡说："你问的是什么？"子路说："我

问鲁大夫刚练祭完后就睡上床，是不是符合礼，老师说，'我不知道'。"子
贡说："你等等，我去为你问问。"于是快步走了进去，说："练祭后马上睡
上床，符合礼吗？"孔子说："不合礼。"子贡出来，对子路说："你不是说
老师也有不知道的事吗？老师真的是无所不知啊，是你问得不对。按照礼，住
在这个国家，就不应非议这个国家的大夫。"^[10.43.14]

【祭祀】叔孙武叔之母死，既小敛，举尸者出户。武叔从之，出户乃
袒，投其冠而括发。子路叹之，孔子曰："是礼也。"子路问曰："将小敛则
变服，今乃出户，而夫子以为知礼，何也？"孔子曰："汝问非也。君子不举
人以质事。"

［译文］叔孙武叔的母亲死了，小敛后把尸体抬出了寝门。武叔跟在后
面，出了门才袒露左臂，脱掉帽子束起头发。子路为他此举而叹息，孔子却
说："这是合乎礼的。"子路问："丧礼小敛前就应该袒臂、束发，他出门才
做，您却认为他知礼，这是为什么？"孔子说："你问的方式不对。君子是不
会指名道姓地质问事情对错的。"^[10.43.15]

【祭祀】齐晏桓子卒，平仲粗衰斩，苴绖带杖以菅屦，食粥，居傍庐，
寝苦枕草。其老曰："非大夫丧父之礼也。"晏子曰："唯卿大夫。"曾子
以问孔子。孔子曰："晏平仲可谓能远害矣。不以己之是驳人之非，逊辞以避
咎，义也夫。"

［译文］齐国晏桓子死了，晏婴穿着粗布丧服，头上和腰上系着麻带
子，拿着丧杖，穿着草鞋，喝着粥，住着简陋草棚，睡着草席，枕着干草。他
的家臣说："这不是大夫的丧父礼节。"晏婴说："只是卿大夫丧礼如此。"
曾子以此事请教孔子。孔子说："晏平仲可以说是能远离祸患的人啊。他不以
自己的正确驳斥别人的非难，而是用谦逊的言辞回避别人的责问，这合乎义

啊！”[10.43.16]

【孝悌】季平子卒，将以君之玙璠敛，赠以珠玉。孔子初为中都宰，闻之，历级而救焉，曰：“送而以宝玉，是犹曝尸于中原也。其示民以奸利之端，而有害于死者，安用之。且孝子不顺情以危亲，忠臣不兆奸以陷君。”乃止。

［译文］季平子去世后，家人想以国君专用美玉陪葬，还配上珠宝玉石。孔子此时刚当上中都宰，听说后，立即登台制止。他说：“以宝玉送葬，如同把尸体暴露在野外，会引发民众犯奸获利的念头，有害于死者，怎能这么做呢？况且，孝子不以哀情伤害亲人，忠臣不以邪恶征兆陷害国君。”于是停止了厚葬。[10.43.17]

【祭祀】孔子之弟子琴张与宗鲁友。卫齐豹见宗鲁于公子孟絷，孟絷以为参乘焉。及齐豹将杀孟絷，告宗鲁，使行。宗鲁曰：“吾由子而事之，今闻难而逃，是僭子也。行事乎，吾将死以事周子，而归死于公孟可也。”齐氏用戈击公孟，宗以背蔽之，断肱，中公孟，宗鲁皆死。琴张闻宗鲁死，将往吊之。孔子曰：“齐豹之盗，孟絷之贼也，汝何吊焉？君不食奸，不受乱，不为利病于回，不以回事人，不盖非义。汝何吊焉？”琴张乃止。

［译文］孔子的弟子琴张和宗鲁是朋友。卫国的齐豹把宗鲁推荐给公子孟絷，孟絷让宗鲁当上了参乘。齐豹将要杀孟絷时，告诉了宗鲁，让宗鲁避开。宗鲁说：“由于您的推荐，我服事了孟絷，如今听到他有难而逃走，是失去了信用。您照样办事吧，我将死守您的秘密，最后再为孟絷而死吧。”齐氏用戈打击孟絷，宗鲁用背部保护他，折断了胳膊，击中了孟絷，他和宗鲁都死了。琴张听到宗鲁死了，打算前往吊唁。孔子说：“宗鲁让齐豹成为坏人，孟絷被杀害，你何必去吊唁呢？君子不食奸人俸禄，不参与暴乱，不为利害屈

从，不以屈从服事人，不掩盖不义之事。你何必要去吊唁呢？"琴张于是没去。[10.43.18]

【祭祀】郈人子蒲卒，哭之呼灭。子游曰："若哭，其野哉！孔子恶野哭者。"哭者闻之，遂改之。

［译文］郈人的儿子蒲死了，他父亲为他哭喊着"灭啊！"子游说："这样的哭法太粗野了！孔子不喜欢这种粗野哭法。"哭者听到后，改正了。[10.43.19]

【祭祀】公父文伯卒，其妻妾皆行哭失声。敬姜戒之曰："吾闻好外者，士死之；好内者，女死之。今吾子早夭，吾恶其以好内闻也。二三妇人之欲供先祀者，请无瘠色，无挥涕，无拊膺，无哀容，无加服，有降服。从礼而静，是昭吾子也。"孔子闻之，曰："女智无若妇，男智莫若夫。公父氏之妇智矣！剖情损礼，欲以明其子为令德也。"

［译文］公父文伯去世后，他妻子和侍妾个个痛哭失声。公父文伯的母亲敬姜告诫她们说："我听说喜欢在外交友的人，士人愿为他而死；喜好家中女人的人，女人愿为他而死。现在我儿子早死，我不愿他以好色闻名，你们几个女人想留下来供奉我儿的，请不要枯瘦，不要挥泪，不要捶胸，不要哀容满面，不要加等丧服，降服则可以。要按照礼仪保持安静，这才显示我儿的德行啊！"孔子听说后，说："少女智慧不如妇人，少男智慧不如丈夫。公父氏的妇人真有智慧啊！她解剖人情世故，减损妻妾的哭丧礼仪，是为了彰显她儿子的好名声啊！"[10.43.20]

【祭祀】子路与子羔仕于卫，卫有蒯聩之难。孔子在鲁闻之曰："柴也其来，由也死矣。"既而卫使至，曰："子路死焉。"夫子哭之于中庭，有人吊者，而夫子拜之。已哭，进使者而问故，使者曰："醢之矣。"遂令左右皆覆醢，曰："吾何忍食此。"

[译文]子路和子羔在卫国做官时，发生了蒯聩争夺君位的动乱。孔子在鲁国听到此事后说："高柴会回来，仲由会死难啊！"不久卫国使者来了，说："子路死在动乱中了。"孔子在中堂上哭了起来。凡有人来慰问，孔子都拜谢他。哭过之后，孔子请使者进来问清缘由。使者说："已经被砍成肉酱了。"孔子于是让身边的人把肉酱全都倒掉，说："我怎忍心吃这种东西呢！"[10.43.21]

【祭祀】季桓子死，鲁大夫朝服而吊。子游问于孔子曰："礼乎？"夫子不答。他日，又问。夫子曰："始死则已，羔裘玄冠者，易之而已。汝何疑焉？"

[译文]季桓子死后，鲁国大夫都穿着朝服去吊丧。子游问孔子："这合乎礼吗？"孔子不回答。过了几天，子游又问。孔子说："刚死时就算了，以后那些穿羊羔皮衣戴黑冠的人，换身衣服去吊丧就可以了。你还有什么疑问吗？"[10.43.22]

【祭祀】子罕问于孔子曰："始死之设重也，何为？"孔子曰："重主道也。殷主缀重焉，周人彻重焉。""请问丧朝？"子曰："丧之朝也，顺死者之孝心，故至于祖考庙而后行。殷朝而后殡于祖，周朝而后遂葬。"

[译文]子罕问孔子说："人刚死时要设置重牌位，为什么呢？"孔子说："重牌位代表丧礼之道。殷人的重牌位要悬挂庙里。周人有了神主就撤掉重牌位。"子罕又问："请问丧朝仪式怎样举行？"孔子说："举行丧朝仪式，是为了顺从死者的孝心，所以要先到祖庙去告辞后才启行。殷人是朝丧后先停柩于祖庙，周人是朝丧后就接着安葬。"[10.43.23]

【祭祀】孔子之守狗死，谓子贡曰："路马死，则藏之以帷，狗则藏之以盖，汝往埋之。吾闻：弊帷不弃，为埋马也；弊盖不弃，为埋狗也。今吾贫无盖，于其封也与之席，无使其首陷于土焉。"

［译文］孔子的看家狗死了，就对子贡说："上路的马死了，用帷幔裹好再埋，狗死了用车盖盖好再埋。你替我把狗埋了吧。我听说，不丢弃破旧的帷幔，是为了埋葬马；不丢弃破车盖，是为了埋狗。如今我穷得没车盖，你就用席子裹好了狗再埋吧，不要让狗头直接埋在土里。"［10.43.24］

曲礼公西赤问第四十四

【祭祀】公西赤问于孔子曰："大夫以罪免，卒，其葬也，如之何？"孔子曰："大夫废其事，终身不仕，死则葬之以士礼；老而致事者，死则从其列。"

［译文］公西赤问孔子说："大夫因犯罪免官，死后的葬礼怎样办呢？"孔子说："大夫免官以后，再也没做过官的，死后用士人礼仪安葬；年老退休的，死后按照原官阶礼仪安葬。"［10.44.1］

【礼乐】公仪仲子嫡子死，而立其弟。檀弓谓子服伯子曰："何居？我未之前闻也。"子服伯子曰："仲子亦犹行古人之道。昔者文王舍伯邑考而立武王；微子舍其孙腯立其弟衍。"子游以问诸孔子，子曰："否，周制立孙。"

［译文］公仪仲子的嫡子死了，于是立年少的庶子为继承人。檀弓对子服伯子说："根据在哪里？我从来没听说过这种事啊。"子服伯子说："仲子还是依照古人之道行事的。从前周文王舍弃他的长子伯邑考而立武王，微子舍弃他的孙子腯而立了他的弟弟子衍。"子游向孔子询问此事，孔子说："不

对，周代的礼制是立嫡孙。" [10.44.2]

【祭祀】孔子之母既丧，将合葬焉，曰："古者不祔葬，为不忍先死者之复见也。《诗》云：'死则同穴。'自周公已来祔葬矣。故卫人之祔也，离之，有以间焉；鲁人之祔也，合之。美夫，吾从鲁。"遂合葬于防。

[译文]孔子的母亲死后，他准备将她与父亲合葬。孔子说："古代不合葬，是不忍心再看到先去世的亲人。《诗》说：'死则同穴。'自周公以来就开始合葬了。卫国的合葬方式是夫妇分开墓穴下葬，中间隔开。鲁国人是把夫妇棺椁葬在同一个墓穴。这样完美，我赞成鲁式合葬。"于是把父母合葬在防地。 [10.44.3]

【祭祀】曰："吾闻之：古者墓而不坟。今丘也，东西南北之人，不可以弗识也。吾见封之若堂者矣，又见若坊者矣，又见若覆夏屋者矣，又见若斧形者矣。吾从斧者焉。"于是封之，崇四尺。孔子先反虞，门人后。雨甚，至墓崩，修之而归。孔子问焉，曰："尔来何迟？"对曰："防墓崩。"孔子不应。三云，孔子弦然而流涕，曰："吾闻之，古不修墓。"及二十五月而大祥，五日而弹琴不成声，十日过禫而成笙歌。

[译文]孔子说："我听说，古代墓地不做坟头。如今我是个东奔西走、闯南走北的人，不可不懂这个道理。我见过把坟头筑得像个堂屋的，也见过像堤坝的，还见过像夏代屋顶的，以及像斧头的，等等。我赞成坟头像斧头的。"于是在父母墓上筑成了一个斧形坟头，高四尺。坟头做好后孔子先回家虞祭，让门人随后回来。这时下大雨，把墓淋塌了，门人只好先修好墓才回来。孔子问他们："你们为什么回来得这么迟？"门人回答："墓塌了。"孔子没应声。门人连说了三次后，孔子难过地流下泪来，说："我听说，古代不修墓上坟头。"等到第二十五月举行大祥祭后，孔子过了五天弹琴还是不成

调，直到十天禫祭后才吹出笙歌。[10.44.4]

【祭祀】孔子有母之丧，既练，阳虎吊焉，私于孔子曰："今季氏将大飨境内之士，子闻诸？"孔子答曰："丘弗闻也。若闻之，虽在衰至亦欲与往。"阳虎曰："子谓不然乎？季氏飨士，不及子也。"阳虎出，曾参问曰："语之何谓也？"孔子曰："己则衰服，犹应其言，示所以不非也。"

［译文］孔子为母亲服丧，练祭之后，阳虎前来吊丧，私下对孔子说："今天季氏将款待国内士人，您听说了吗？"孔子答："我没听说。如果听到了，即使还在服丧，我也想前去参加。"阳虎又说："您认为我说的不对吧？季氏宴请士人，竟然不邀请您。"阳虎走后，曾参问道："您的话是什么意思呢？"孔子说："我正在服丧，还应答他的话，表示我没有反驳他。"[10.44.5]

【祭祀】颜回死，鲁定公吊焉，使人访于孔子。孔子对曰："凡在封内，皆臣子也。礼，君吊其臣，升自东阶，向尸而哭，其恩赐之施，不有筭也。"

［译文］颜回死了，鲁定公去吊唁，派人向孔子询问礼仪。孔子回答："凡在国君封地内的，都是国君的臣民。根据礼，国君吊唁臣子，从东面台阶上来，面向尸体而哭，这样他施予的恩赐，真是难以统计了。"[10.44.6]

【亲仁】原思言于曾子曰："夏后氏之送葬也，用明器，示民无知也；殷人用祭器，示民有知也；周人兼而用之，示民疑也。"曾子曰："其不然矣。夫以明器，鬼器也；祭器，人器也。古之人胡为而死其亲也？"子游问于孔子。曰："之死而致死乎，不仁，不可为也；之死而致生乎，不智，不可为也。凡为明器者，知丧道也。备物而不可用也，是故竹不成用，而瓦不成膝，琴瑟张而不平，笙竽备而不和，有钟磬而无簨虡。其曰明器，神明之也。哀哉！死者而用生者之器，不殆而用殉也。"

[译文]原思对曾子说："夏后氏送葬时，用明器殉葬，让人知道死者是无知觉的；殷人送葬用的是祭器，让人知道死者有知觉；周人两者兼而用之，表示他们对有知无知是疑惑的。"曾子说："不对吧。明器是鬼用的，祭器是人用的。古人怎知死去的亲人有没有知觉呢？"子游向孔子请教。孔子说："刚送走死去的亲人就认为他没知觉了，这是不仁的，不可这样做。亲人去世了还认为死者有知觉，是不智的，不可以这样做。凡是备好殉葬器物，是懂得丧礼之道的。陪葬器物都是不能使用的，所以竹器编了不能用，瓦器烧了不能用，琴瑟张弦不能弹，笙竽不能吹，钟磬没悬架不响。这些器物都叫作明器，是把死者当成神明来供奉。可悲呀！死者如果用生者的器皿来殉葬，这与用真人来殉葬不就一样了吗？"[10.44.7]

【亲仁】子游问于孔子曰："葬者涂车刍灵，自古有之。然今人或有偶，是无益于丧。"孔子曰："为刍灵者，善矣；为偶者，不仁。不殆于用人乎？"

[译文]子游问孔子说："用泥巴车和草扎人马殉葬，自古如此。然而今人用人偶殉葬，对丧事没好处吧？"孔子说："用草扎人马殉葬，是好的；用人偶来殉葬，是不仁道的。这不近于用真人来殉葬吗？"[10.44.8]

【祭祀】颜渊之丧既祥，颜路馈祥肉于孔子。孔子自出而受之，入，弹琴以散情，而后乃食之。

[译文]颜渊的丧礼祥祭之后，他父亲颜路把祭肉送给了孔子。孔子亲自出门接受，然后进入屋内，先弹琴排遣悲伤的心情，而后才吃肉。[10.44.9]

【祭祀】孔子尝奉荐，而进其亲也悫，其行也趋趋以数。已祭，子贡问曰：“夫子之言祭也，济济漆漆焉。今夫子之祭，无济济漆漆，何也？”孔子曰：“济济漆漆者，容也远也。漆漆者，以自反。容以远若，容以自反，夫何神明之及交？必如此，则何济济漆漆之有？反馈乐成，进则燕俎，序其祭礼，备其百官。于是君子致其济济漆漆焉。夫言岂一端而已哉？亦各有所当。”

　　［译文］孔子秋祭时手捧着祭品，恭谨质朴地进献给他的亲人，步伐十分急促。祭毕后子贡问：“您说祭祀时，要仪容庄严凝重。今天您祭祀时并没有这样，为什么呢？”孔子说：“济济漆漆，是说仪容很疏远。漆漆，是内心很矜持。仪容很疏远，神态很矜持，能与什么神明感通呢？如果这样，何必要济济漆漆呢？祭祀礼馈神明，自然是乐见其成。天子诸侯的宗庙大祭，先是在庙堂上荐血腥献酒，回庙室举行馈食礼，乐舞合成，然后进荐笾豆和肉俎，依序排好礼乐，备齐助祭百官。这样君子自然表现出济济漆漆的仪容。说话岂可一概而论？也是各有适合的。”[10.44.10]

　　【祭祀】子路为季氏宰，季氏祭，逮昏而奠，终日不足，继以烛。虽有强力之容，肃敬之心，皆倦怠矣。有司跛倚以临事，其为不敬也大矣。他日祭，子路与焉，室事交于户，堂事当于阶，质明而始行事，晏朝而彻。孔子闻之，曰：“以此观之，孰为由也而不知礼！”

　　［译文］子路担任了季孙氏的邑宰，见从前季氏庙祭的祭奠一直举行到黄昏，整个白天不够，天黑还要点烛夜祭。这样做即使有强壮好体力，严肃恭敬心，也都疲倦懈怠了。司礼官跛着脚歪着身做事，也真太不敬了。改日祭祀时，子路亲自主持，吩咐室中正祭时，从室外送入祭品，在西阶交给堂上执事，从天亮开始行礼，傍晚结束祭礼。孔子听见后说：“以此看来，谁说仲由不懂得礼呢？”[10.44.11]

　　【祭祀】卫庄公之反国，改旧制，变宗庙，易朝市。高子皋问于孔子曰："周礼绎祭于祊，祊在庙门之西，前朝而后市。今卫君欲其事事一更之，如之何？"孔子曰："绎之于库门内，祊之于东市，朝于西方，失之矣。"

［译文］卫庄公返回国内后，改革了旧制度，改变了宗庙祭祀，改换了朝廷和集市位置。高子皋问孔子说："周礼规定在庙门侧绎祭，该庙门位于王庙大正门的西边，庙门的前方是朝廷，后方是早市。如今卫君要事事变更，会怎么样呢？"孔子说："在王宫外大门内绎祭祖先，在庙门东边祭祀，在城西设立朝廷，这种祭礼布局是错误的。"［10.44.12］

【祭祀】季桓子将祭，齐三日，而二日钟鼓之音不绝。冉有问于孔子。子曰："孝子之祭也，散斋七日，慎思其事，三日致斋而一用之，犹恐其不敬也。而二日伐鼓，何居焉？"

［译文］季桓子举行祭祀前，斋戒了三天，而且一连两天钟鼓声不绝。冉有请教孔子如何看待此事。孔子说："孝子举行祭祀，要散斋七天，这期间要时刻思念先人往事，检束自身行为，在致斋三天时要独处一室，一心哀思亲人，这样还恐怕不够恭敬。而季桓子一连两天敲鼓作乐，这是何居心呢？"［10.44.13］

【祭祀】公父文伯之母，季康子之从祖母。康子往焉，侧门而与之言，内皆不逾阈。文伯祭其祖悼子，康子与焉，进俎而不受，彻俎而不与燕，宗老不具则不绎，绎不尽饫则退。孔子闻之，曰："男女之别，礼之大经。公父氏之妇，动中德，趋度于礼矣。"

［译文］公父文伯的母亲，是季康子的从祖母。季康子到她那里去，立在门侧边与她说话，两人的身体都不迈过门槛。文伯祭奠他的祖先悼子时，康子也参加祭祀，他送上祭品，文伯的母亲不亲自接受，撤下祭品后也不参加家宴，主祭的宗老不在就不举行绎祭，绎祭时不等结束就退下了。孔子听

后说：“男女之别，是礼的大法。公父氏的妇人，行动合道德，做法合礼度。”［10.44.14］

【祭祀】季康子朝，服以缟。曾子问于孔子曰：“礼乎？”孔子曰：“诸侯皮弁以告朔，然后服之以视朝。若此，礼者也。”

［译文］季康子上朝时，穿着白衣服。曾子向孔子请教说：“这合乎礼吗？”孔子说：“诸侯戴着白鹿皮帽子参加冬季的告朔祭礼，然后才改穿朝服临朝听政。这样的穿戴才是合乎礼制的。”［10.44.15］

《孔子家语》难字速查表

［1.1.3］偪（bī）：同"逼"，逼迫。

盍（hé）：为什么。

［1.1.4］隳（huī）：毁坏；崩毁。

［1.2.1］愠（yùn）：含怒；怨恨。

［1.2.2］狴（bì）：指监狱。

［1.3.1］牖（yǒu）：窗户。

［1.3.2］廛（chán）：古代市场的储货场所。

［1.3.3］悫（què）：诚实。

［1.3.4］埒（liè）：指矮墙、田埂、堤防等。

慅（cǎo）：忧虑不安。

怛（dá）：忧伤、悲苦。

［1.3.6］衽（rèn）：席子。衽席，借指太平安居的生活。

［1.5.1］阼（zuò）：堂前东台阶，主人之位。

［1.5.2］溽（rù）：味道浓厚。

［1.5.3］箅（bì）：篱笆。

窬（yú）：墙下的小洞。

［1.5.9］溷（hùn）：污秽。

闵（mǐn）：困扰。

［1.6.2］燔（fán）：烤。

洼（wā）：同"窪"，低陷。

罇（zūn）：同"樽"，酒杯。

苴（chá）：枯草。

［1.6.3］醴（lǐ）：甜酒。

醆（zhǎn）：古同"盏"。

粢（zī）：古代供祭祀的谷物。

醍（tí）：较清的浅红色酒。

殽（yáo）：古同"肴"，煮熟的肉食。

簠簋（fǔ guǐ）：两种盛稻粮的礼器。

笾（biān）：古祭祀装食物的食器。

铏（xíng）：古代盛菜羹的器皿。

嘏（gǔ）：祭祀时的执事人为受祭者向主人致福。

［1.7.1］绚（qú）：古时鞋上饰物。

缙（jìn）：同"搢"，插。

笏（hù）：君臣朝见时的记事板。

菅（jiān）：多年生草本植物。

歠（chuò）：吸；喝。

［1.7.7］榱（cuī）：椽（chuán）子。

桷（jué）：方形的椽子。

［1.7.9］雠（chóu）：仇敌。

［1.7.10］惙（chuò）：忧愁。

覯（gòu）：遇见。

［1.7.11］圮（pǐ）：毁坏。

蘖（niè）：树木被砍后长出的新芽。

縠（gǔ）：同"穀"。

［2.8.1］旌（jīng）：同"旌"。

漭（mǎng）：形容广阔无边。

瀁（yǎng）：广阔无边。

莸（yóu）：古指一种有臭味的草。比喻恶人。

［2.8.2］鬲（lì）：古鼎形炊具，足部中空。

甂（biān）：小瓦盆。

［2.8.3］餁（rěn）：同"饪"，熟食。

［2.8.4］刖（yuè）：古代砍掉脚的酷刑。

曩（nǎng）：从前；过去的。

愀（qiǎo）：神色变得严肃或悲伤。

［2.8.6］闳（hóng）：姓。

［2.8.8］洫（xù）：田间的水道、沟渠。

［2.8.11］饬（chì）：整理。

［2.8.12］藜藿（lí huò）：藜和藿，泛指粗劣饭菜。

［2.8.13］郯（tán）：地名，在山东。

［2.8.14］鼋鼍（yuán tuó）：神话中的巨鳖和鳄。

圜（huán）：围绕。

［2.8.15］恡（lìn）：同"吝"。

［2.8.18］懔（lǐn）：害怕。

［2.9.4］欹器（qī qì）：易倒之盛水器。

［2.9.5］嵠（xī）：古同"溪"。

［2.9.9］奚（xī）：疑问代词。何。

讵（jù）：文言副词。难道；岂。表示反问。

［2.9.10］舫（fǎng）：带舱室的大船。

［2.9.11］衮（gǔn）：古代君王等的礼服。

冕（miǎn）：古代帝王、诸侯的礼帽。

［2.10.16］嫠（lí）：通"嫠"，寡妇。

［2.10.18］豳（bīn）：陕西古地名。

［2.10.19］鄁（bèi）：古同"邶"。

儛（wǔ）：同"舞"。

［3.11.1］苌（cháng）：姓。

［3.11.2］扆（yǐ）：古代的一种屏风。

［3.12.3］戁（nǎn）：恐惧。

［3.12.5］傧（bīn）：通"宾"，本意指接引宾客。引申指接引宾客的人。

［3.12.12］隮（jī）：升起。

［3.12.16］鞮（dī）：古代的一种皮鞋。此处"铜鞮"为复姓。

［3.13.1］鰌（qiū）：同"鳅"，此

处指人名。

［3.14.2］戆（zhuàng）：憨厚而刚直。

［4.15.10］瞍（sǒu）：盲人。此处指人名。

［4.16.1］缶（fǒu）：古代大肚小口的瓦器、乐器。

夔（kuí）：传说中像龙的一种动物。

魍魉（wǎng liǎng）：传说中的山川精怪。

羵（fén）：古代传说中的土中精怪。

［4.16.2］嵎（yú）：山势弯曲险阻的地方。

［4.16.3］砮（nǔ）：可做箭镞的石头。

［4.16.5］邾（zhū）：周朝邹国原叫邾国。

［4.16.10］鉏（chú）：姓。

［4.17.5］跲（jiá）：说话不流畅。

［4.17.6］鬯（chàng）：古代祭祀用的酒。

［5.18.7］讦（jié）：揭发他人隐私或攻击他人短处。

［5.19.3］蟪蛄（huì gū）：蝉的一种。

［5.19.4］饘（zhān）：泛指稀饭。

［5.19.7］膰（fán）：古代祭祀用的熟肉。

［5.19.8］澹（tán）台：复姓。

［5.21.7］旒（liú）：帝王冠冕前后的玉串。

　　　　 揜（yǎn）：同"掩"，遮蔽。

［5.22.1］绹（táo）：绳索。

［5.22.2］犨（chōu）：此处指人名。

　　　　 刳（kū）：剖开。

［5.22.3］胼胝（pián zhī）：老茧。

［5.23.3］帝喾（kù）：古代帝王。

［5.23.5］陟（zhì）：登高；上升。

［5.23.6］亹（wěi）：形容勤勉不倦。

　　　　 繇（yáo）：此处指人名。

［6.24.3］骊（lí）：纯黑色的马。

　　　　 骟（yuán）：赤毛白腹的马。

［6.25.2］蠲（juān）：免除。

［6.25.6］齕（hé）：用牙咬东西。

［6.26.1］龀（chèn）：小孩换牙。

　　　　 醮（jiào）：古婚娶时以酒祭神礼。

［6.27.3］伥（chāng）伥：迷茫的样子。

［6.27.5］恺（kǎi）：快乐；和乐。

［7.29.2］汜（sì）：不流通的水沟。

　　　　 璪（zǎo）：古代垂在冕前，用于穿玉的五彩绳子。

　　　　 飨（xiǎng）：祭礼。

［7.30.5］捽（zuó）：揪；抓。

　　　　 遽（jù）：匆忙，急。

［7.31.1］侀（xíng）：已定型之物，引申为不可改变。

［7.32.5］醆斝（zhǎn jiǎ）：泛指酒杯。

　　　　 僭（jiàn）：超越本分。

　　　　 弁（biàn）：古代男子戴的一种帽子。

［7.32.7］翫（wán）：欣赏；体验。

［7.32.12］鲔（wěi）：即鲟鱼。

　　　　 谂（shěn）：通"淰"，鱼惊走。

　　　　 翓（xuè）：鸟飞。

　　　　 狘（xuè）：（兽）

惊跑。

蓍（shī）：蓍草，古时用于占卜的草。

瘗缯（yì zēng）：古代埋缯帛以祭地。

［7.32.13］侑（yòu）：用奏乐或献玉帛劝人饮食。

［8.33.2］薨（hōng）：古代称诸侯之死。

［8.33.3］緌（ruí）：冠的缨饰。

［9.38.26］恤（xù）：同情，怜悯。此处指人名。

［9.39.2］陬（zōu）：春秋鲁地，在今山东。

贶（kuàng）：赏赐。

［9.39.3］祚（zuò）：赐福。

［9.40.2］诔（lěi）：古代记述死者生平的悼词。

慭（yìn）：愿意。

愆（qiān）：过错。

第三部　孝经

序　言

　　中华文明的儒释道三教，千百年来对中国文化和国民心理模式均产生了深远的影响。在这被视为中华儒释道文化的"铁三角"结构中，儒家尤其以强调孝道而著称，在千年传承中形成了以《孝经》为代表的孝道治国主流文化。

　　百善孝为先。录述孔子教诲的《孝经》，明确肯定了"孝"是诸德之本，是上天所定的社会伦理规范："夫孝，天之经也，地之义也，人之行也""人之行，莫大于孝"。按照这一儒家血缘社会的道德标准，孝道源于人血脉相连的天性，是人类永存、繁衍生息的起点和终极目标。一切人伦、主从、亲疏、利害关系都必须建立其上，接受亲情检验，以其自觉度、忠诚度，践行力度和完美度，来体现儒者品德和自身价值。所以说，《孝经》乃中华民族仁孝万代宝典，毫不过誉。

　　《孝经》内容结构本身就是儒家社会等级制的体现。所以开篇六章里，就按照天子、诸侯、卿大夫、士族、百姓的等级，对孝道提出了不同要求。这很大程度上是由他们各自的角色与承担的社会责任所决定的。差别是天子之孝要"爱敬尽于其事亲，而德教加于百姓，刑于四海"，重在垂范；诸侯之孝要"在上不骄，高而不危，制节谨度，满而不溢"，重在适度；卿大夫之孝要

"非法不言，非道不行，口无择言，身无择行"，重在慎行；士阶层的孝要忠顺事上，保禄位，守祭祀，重在义务；庶人之孝应"谨身节用，以养父母"，重在实诚本分。接着《孝经》继续在三才、孝治、圣治、纪孝行、五刑、广要道、广至德、广扬名、感应、事君诸章中，进一步将孝道与宗法制联系起来，要求将孝道文化推广至忠君治国，使孝悌之至"通于神明，光于四海，无所不通"，以实现天人感应和扬名立万。

通观《孝经》的论道、辨体、明宗、论用、判教，均具有善引《诗经》句意，归纳各章要点，借孔圣嘉言塑造中华美德，建立孝道治国理论系统的逻辑性特点。它以历代圣君事迹，其一，树立起孝亲国治的光辉榜样。即孔子所说的"昔者明王事父孝，故事天明；事母孝，故事地察；长幼顺，故上下治。天地明察，神明彰矣。"其二，分析其齐家治国之益处，即"君子之事亲孝，故忠可移于君。事兄悌，故顺可移于长。居家理，故治可移于官。是以行成于内，而名立于后世矣。"其三，说明这样做是教育百姓互相亲爱，受到榜样教化的最简便，最感人，最有效的办法。其四，强调教人行孝无须挨家挨户天天教导，而应采取"进思尽忠，退思补过，将顺其美，匡救其恶"的办法。其五，指出武力胁迫，诽谤圣人，非议行孝是天下大乱的根源。强调在刑法中"罪莫大于不孝"，力图以国家法律来维护孝道宗法和道德秩序。最后针对社会各阶层，阐述践行孝道之法，应尽到"居则致其敬，养则致其乐，病则致其忧，丧则致其哀，祭则致其严"的责任，反之会导致"骄、乱、争"现象，这样即便对父母天天用牛羊猪肉尽心奉养，也还是不孝！

简言之，《孝经》思路清，言有据，事有理，道可循。扬弃其受时代局限的某些不合时宜的说教，中华孝道，博大精深，确当践行，发扬光大。当今世界和未来理想社会，若亲情无存，何以为继？故任何时代，任何人都没有遗弃父母和子女的权利，各行各业里任何为国益民爱家之人，都有践行孝道之义务，都要人人孝亲，使老有所养，天伦同乐，社会和谐，臻至大同。这也是中华民族美德万代传承的时代精神。

　　览史可见，中国自汉代至清代的漫长社会历史进程中，一直被看作"孔子述作，垂范将来"的《孝经》，具有应当肯定其维护中国儒家主流社会纲常，维护社会太平繁荣的道德教化作用。特别是《孝经》借孔子之口，早在两千多年前，就提出了"故当不义，则子不可以不诤于父，臣不可以不诤于君"的进步见解，这种不以愚忠愚孝为孝道标准的正义价值观，与后来宋儒强调的"三年无改于父道，可谓孝矣"的陈腐保守观念相比，显然更具有时代精神与人文价值，是值得今天的人们所肯定的。

　　考证《孝经》作者，照孔子述而不作的风格，应非其自作。清代纪昀在《四库全书总目》中也早就指出，该书应为孔子"七十子之徒之遗言"，成书于秦汉之际，故为曾子所写说最有可能。而这也成为收入《孔子儒经》的四部经典中，唯一不是由众人而是由个人独立完成的一部。但这丝毫没有减低《孝经》被收入《孔子儒经》的文献价值，反因其有效地充实了孔子孝悌观的内容，使之逻辑性更强，而显得更为珍贵。

　　自西汉至魏晋南北朝，《孝经》曾有过其他的古文版，多出了《闺门章第十九》，其中所言"子曰：闺门之内，具礼矣乎！严亲严兄。妻子臣妾，犹百姓徒役也。"强调了夫为妻纲，不甚合时宜。故我们选用了唐玄宗历博采众儒的注疏、述义、序文所注，宋代邢昺所疏，自唐代就被颁行天下，南宋以后被列为"十三经"之一，影响最为深广的《孝经》今文版。

　　本书以【　】代表《孝经》中属于孔子九观的章段，以［X1］等编号标示《孝经》18章之各章经文，以方便读者查询。

　　　　　　　　　　　　　　　　　　2015年初笔，2024年修正

开宗明义章第一

【孝悌】仲尼居，曾子侍。子曰："先王有至德要道，以顺天下，民用和睦，上下无怨。汝知之乎？"曾子避席曰："参不敏，何足以知之？"子曰："夫孝，德之本也，教之所由生也。复坐，吾语汝。身体发肤，受之父母，不敢毁伤，孝之始也。立身行道，扬名于后世，以显父母，孝之终也。夫孝，始于事亲，中于事君，终于立身。《大雅》云：'无念尔祖，聿修厥德。'"

［译文］孔子闲居在家里，学生曾子在他身边侍坐。孔子说："古代的帝王有最伟大的品德和最重要的道行，以此使天下百姓关系和顺，让广大的百姓和睦相处，上下阶层之间也毫无怨言。你知道这其中的道理吗？"曾子离开自己的坐席，退到一边恭敬地回答说："我实在不够聪敏，哪里能知道这个道呢？"孔子说："这就是孝道啊。它是一切道德的根本，也是圣人教化产生的根源。你回到座位上坐下，我来告诉你吧。人的躯干、四肢、毛发和皮肤等，都是从父母那里得来的，不敢故意地损毁伤残，这就是孝道的开始。人在世上要立德成才，践行仁道，显扬芳名于后世，使父母感到荣耀，这才是孝道的最终目的。所谓孝道，是从人侍奉自己的父母开始的，中途表现在为君主服务，最终达到立德全身，建功立业上。《诗经·大雅》里说：'无时不思念你的先祖啊，称颂并继承他们的美德！'" [X1]

天子章第二

【孝悌】子曰："爱亲者，不敢恶于人；敬亲者，不敢慢于人。爱敬尽于事亲，而德教加于百姓，刑于四海。盖天子之孝也。《甫刑》云：'一人有庆，兆民赖之。'

［译文］孔子说："深爱自己父母亲的人，不敢厌恶别人。尊敬自己父

母亲的人，一定不敢怠慢别人的父母亲。以爱心孝敬自己的父母亲，以孝德教化百姓，以刑法恩威并用于天下，这才是天子应有的孝道啊！《尚书·甫刑》里说：'天子一人有值得庆贺的美德，亿万民众就可以仰赖他的恩德。'[X2]

诸侯章第三

【孝悌】"在上不骄，高而不危。制节谨度，满而不溢。高而不危，所以长守贵也。满而不溢，所以长守富也。富贵不离其身，然后能保其社稷，而和其民人。盖诸侯之孝也。《诗》云：'战战兢兢，如临深渊，如履薄冰。'

［译文］"高居百姓之上而不骄傲的诸侯，地位虽高却不会有垮台的危险。只要做到节制法度，谨慎俭朴，国库再丰实厚积也不会损失溢出。正因为他能够身居高位而没有垮台的危险，所以能长久地保持尊贵的地位。正因为他财富丰足而不奢华，所以能长期地保守自己的财富。诸侯能够富有和尊贵不离身，然后才能保住自己的家国，与治下的百姓和睦相处。这就是诸侯的孝道啊。《诗》说：'小心翼翼地行走啊，就像临近了深深的水潭，就像踏上了薄薄的河冰。'[X3]

卿大夫章第四

【孝悌】"非先王之法服不敢服，非先王之法言不敢道，非先王之德行不敢行。是故非法不言，非道不行。口无择言，身无择行。言满天下无口过，行满天下无怨恶。三者备矣，然后能守其宗庙。盖卿大夫之孝也。《诗》云：'夙夜匪懈，以事一人。'

［译文］"不是古代贤明君王制定的礼服，就不敢乱穿戴。不是古代贤明君王所说的合法言论，就不敢乱说。不是古代贤明君王遵循的道德品行，就

不敢乱做。所以不合法度礼制的话不要说，不合孝道礼法的事情不要做。这样开口说话就不需选择措辞是否得当，处世行事就不必选择行为是否合适，能做到出口的话传遍天下也不会有口误过失，所做的事传遍天下也不会遭到埋怨憎恨。如果能在服饰、说话、行为这三方面，都能完满地遵循古代贤明君王的礼制，自然能守住先祖世传宗庙的香火不绝了。这就是卿大夫的孝道啊！《诗》里说：'从早到晚毫不懈怠啊，专心致志地为天子尽心尽力。'[X4]

士章第五

【孝悌】"资于事父以事母，其爱同。资于事父以事君，其敬同。故母取其爱，而君取其敬，兼之者父也。故以孝事君则忠，以敬事长则顺。忠顺不失，以事其上，然后能保其禄位，而守其祭祀。盖士之孝也。《诗》云：'夙兴夜寐，无忝尔所生。'

［译文］"用侍奉父亲的爱心去侍奉母亲，这爱心是相同的。用侍奉父亲的心情去侍奉国君，这崇敬之心也是相同的。所以对待母亲要有爱心，对待君主要尊敬，对父亲要尊敬兼有爱心。懂得用孝道侍奉君主的就会忠诚，懂得尊敬侍奉上级和长辈的就会顺从。能忠诚和顺从地服事尊长，才能保住自己的俸禄和职位，守住自家对先祖的祭祀。这才是士人应有的孝道啊！《诗》说：'早起晚睡辛勤工作啊，不要让生养你的父母受到羞辱。'[X5]

庶人章第六

【孝悌】"用天之道，分地之利，谨身节用，以养父母，此庶人之孝也。故自天子至于庶人，孝无终始。而患不及者，未之有也。"

［译文］"利用天道循环的季节变换，分辨和利用各类土地，立身谨慎

小心，节约生活开支，供养善待自己的父母，这就是庶民的孝道了。所以从地位最高的天子，直到最下层的普通百姓，无论是诸侯还是卿大夫和士族，他们所要遵循的孝道都是无始无终的，要说天下会有人担心自己做不到孝道，那是从来也没有的事情啊。"[X6]

三才章第七

【孝悌】曾子曰："甚哉，孝之大也！"子曰："夫孝，天之经也，地之义也，民之行也。天地之经，而民是则之。则天之明，因地之利，以顺天下。是以其教不肃而成，其政不严而治。先王见教之可以化民也，是故先之以博爱。而民莫遗其亲，陈之于德义，而民兴行。先之以敬让，而民不争。导之以礼乐，而民和睦。示之以好恶，而民知禁。《诗》云：'赫赫师尹，民具尔瞻。'"

[译文]曾子说："多么伟大！孝之道真是太博大高深啦！"孔子说："孝道啊，就像天上日月星辰的运行轨道，就像地上万物的自然生长规律，就像人类行为的普遍法则。天经地义的法则，人类自然要效法它。只有效法上天那明明白白的永恒规律，利用大地那各类有利条件，对天下民众施以孝道教化，才能使他们和谐相处。因此孝道的教化不须故作整肃威压就可以成功推行，孝道的政治不须故作严厉刑罚就能得以有效治理。古代的贤德君主发现孝道的政教可以感化人，所以首先倡导博爱，这样就没人敢遗弃自己的父母亲了。把孝道的品德和大义详细地陈述，民众自然会去遵守奉行，再率先以敬爱和谦让垂范于世，民众也就不再互相争斗了。接着又用礼仪和音乐去引导并鼓舞民众，民众自然也就和睦相处了。这是向民众展示了可喜的美德和可恶的陋习，民众自然知道该严禁的行为而不会违法了。《诗》中说：'赫赫有名的太师尹公啊，百姓都瞻仰你的威仪！'"[X7]

孝治章第八

【孝悌】子曰：“昔者明王之以孝治天下也，不敢遗小国之臣，而况于公侯伯子男乎？故得万国之欢心，以事其先王。治国者，不敢侮于鳏寡，而况于士民乎？故得百姓之欢心，以事其先君。治家者，不敢失于臣妾，而况于妻子乎？故得人之欢心，以事其亲。夫然，故生则亲安之，祭则鬼享之。是以天下和平，灾害不生，祸乱不作。故明王之以孝治天下也如此。《诗》云：‘有觉德行，四国顺之。’”

［译文］孔子说：“从前贤能圣明的天子，都是坚持以孝道来治理天下的，即使是对远方归属的小国臣子，也不会疏远遗弃，何况是拱卫四方的公、侯、伯、子、男这五等侯爵呢？所以他能得到各诸侯大国和各小国臣民的欢心，忠心地奉祀他的先代帝王。治理国家的诸侯，从来都不敢欺侮无妻的老人和守寡的妇女，何况是有家室的士族和广大的民众？所以会得到百姓们的欢心，以忠心祭祀他们的诸侯祖先。以孝道治理自己领地的卿大夫，从来不敢对自己的臣仆和婢妾失礼轻慢，何况对自己的妻子儿女？所以他们会得到属下众人的欢心，以孝心去侍奉他们的父母亲。只有大家都这样去做了，才会让父母亲在有生之年里无忧无虑地安乐生活，去世后在子孙每年的虔诚拜祭中，作为鬼神享受丰盛祭祀。如此天下也就和谐太平，没有什么灾害发生，人为的祸乱犯上也不会出现了。由此可以看出，圣明天子以孝道治理天下，效果是如此之好。《诗》中说：‘天子有了觉悟和崇高的德行，四面八方的国家都会来归顺他。’”[X8]

圣治章第九

【孝悌】曾子曰：“敢问圣人之德无以加于孝乎？”子曰：“天地之

性，人为贵。人之行，莫大于孝。孝莫大于严父。严父莫大于配天，则周公其人也。昔者周公郊祀后稷以配天，宗祀文王于明堂，以配上帝。是以四海之内，各以其职来祭。夫圣人之德，又何以加于孝乎？故亲生之膝下，以养父母日严。圣人因严以教敬，因亲以教爱。圣人之教不肃而成，其政不严而治，其所因者本也。父子之道，天性也，君臣之义也。父母生之，续莫大焉。君亲临之，厚莫重焉。故不爱其亲而爱他人者，谓之悖德。不敬其亲而敬他人者，谓之悖礼。以顺则逆，民无则焉。不在于善，而皆在于凶德，虽得之，君子不贵也。君子则不然，言思可道，行思可乐。德义可尊，作事可法。容止可观，进退可度，以临其民。是以其民畏而爱之，则而象之。故能成其德教，而行其政令。《诗》云：'淑人君子，其仪不忒。'"

[译文]曾子说："冒昧地请问老师，圣人的所有德行，难道都没有比孝道更大的了吗？"孔子回答说："从天地孕育万物的本性看，人是最尊贵的。人的诸多品行之中，没有什么比孝道更重大的了。孝道之中，没有比恭敬地尊重父亲更重要的了。恭敬地尊重父亲，没有比祭祀祖先时配祭上天更重大的了，只有周公他才能做到这一点吧。过去周公在郊外祭祀始祖后稷时，就是与配祭上天一起进行的。后来在宗祠的明堂祭祀父亲周文王时，也同时配祀无上的天帝。所以当时天下各地，所有的诸侯都能够尽职尽责，前来都城参与祭祀周室先祖的盛大活动。可见圣人的品德操行，还有什么比孝道更高呢？

由于对父母亲的亲情，早在幼儿子女相依父母膝下嬉戏时就产生了，所以在父母养育下逐渐长大成人后，儿女会一天比一天更深地懂得对父母亲尊亲的爱敬。圣人依据子女对父母尊亲的崇敬天性，教化人们对父母的孝敬。根据子女对父母天生的亲情，教导他们学会慈爱的道理。所以圣人的教化不必一再告诫，就可以成功地推行，他的政治管理不必三令五申，就会得到推行，这都是因为抓住了以孝治国的根本。圣人对国家的管理不必施以严厉粗暴的方式就可以治理好，是因为他们因循的是孝道这一自然的根本天性。

父亲与儿子的血缘深情与相处之道，是出于人天生的本性，也体现了君主与臣属上下之间的大义天理。父母生下并养育儿女，这是传续家族血脉的大事，没有比它更重要的了。君主亲临教化自己的臣民，这样的恩爱，也没有比它更厚重的了。所以那种不关爱父母亲人，反而去关爱外人的，叫作不合人情。不尊敬父母亲，反而去尊敬外人的，叫作不合常理。如果用这种不合人情、不合常理的言行去教化民众，会导致是非不分，民众也就失去效法的准则了。

不在爱敬亲人的善道上努力，却去做那些凶险的违背道德礼法的事，虽然一时得志占便宜，始终是君子所不看重的。君子不会这样做，他的言谈要考虑如何让人们循道奉行，他的作为要想到如何为人们带来欢乐，他的贵德仗义要做到让民众尊重，他做的事情要能使民众效法，他的容貌悲喜举止投足，就要为民众树立楷模。他无论前进后退，都要符合法度礼仪，用这样的做派去领导他的民众。这样就能使得民众敬畏而爱戴他，以他为榜样来学习模仿他。从而能够成就他的德治教化，有效地推行他的国政与法令。《诗》中说：'贤淑妇人和正人君子啊，他们的容貌举止丝毫不差。'"[X9]

纪孝行章第十

【孝悌】子曰："孝子之事亲也，居则致其敬，养则致其乐，病则致其忧，丧则致其哀，祭则致其严。五者备矣，然后能事亲。事亲者，居上不骄，为下不乱，在宠不争。居上而骄则亡，为下而乱则刑，在宠而争则兵。三者不除，虽日用三牲之养，犹为不孝也。"

［译文］孔子说："孝顺子女对父母亲的侍奉，平常居家时要致力于诚意恭敬；赡养父母时，要让他们感到愉快欢乐；在他们生病的时候，要表达全身心的担心关切。在他们去世的时候，要致以深切的哀悼。在祭祀他们的时候，要庄严肃穆。只有把这五方面都做得完备周到了，才能称得上是对父母亲

尽到了子女的责任。侍奉父母亲的子女，身居高位时不骄傲蛮横，身居下层时不作乱惹事，不会为博得父母的宠爱而在子女间争斗。因为身居高位骄傲自大的会导致灭亡，身处下层作乱惹事的免不了遭受刑罚，子女间争宠斗殴的会自相残杀。如果不除去这骄横、作乱、争斗的三项恶事，即便用牛、羊、猪这三牲去奉养父母，终究还是不孝之子啊。"[X10]

五刑章第十一

【孝悌】子曰："五刑之属三千，而罪莫大于不孝。要君者无上，非圣人者无法，非孝者无亲。此大乱之道也。"

［译文］孔子说："以割鼻、断趾、砍脚、宫刑、杀头这五种刑律惩治犯罪的条例，共有三千多种，但其中没有哪一种罪恶是要比不孝的罪过更大的！胆敢用武力要挟君主的人目无尊长，胆敢诽谤圣人的人目无法纪，胆敢诽谤孝道的人目无双亲，这些言行都是导致天下大乱的罪恶途径。"[X11]

广要道章第十二

【孝悌】子曰："教民亲爱，莫善于孝。教民礼顺，莫善于悌。移风易俗，莫善于乐。安上治民，莫善于礼。礼者，敬而已矣。故敬其父，则子悦。敬其兄，则弟悦。敬其君，则臣悦。敬一人，而千万人悦。所敬者寡，而悦者众。此之谓要道也。"

［译文］孔子说："教育百姓相亲相爱，和睦家庭，最好的方法是倡导孝道。教育百姓识礼顺从，最好的方法是顺从兄长。改善社会风气与民俗，最好的方法是用音乐教化。所以要让君主安心，治服民众，最好的方法就是倡导礼仪。礼仪其实也就是懂得尊敬而已。所以尊敬别人的父亲，那人的儿子会心中

喜悦。尊敬别人的兄长，那人的弟弟就会愉悦畅快。尊敬别人的君主，那君主的臣下就会开心高兴。只尊敬了一个人，而能让千万人都感到高兴快乐。所尊敬的人虽少，而感到心悦诚服的人却非常多，这就是重要的道义啊。" [X12]

广至德章第十三

【孝悌】子曰："君子之教以孝也，非家至而日见之也。教以孝，所以敬天下之为人父者也。教以悌，所以敬天下之为人兄者也。教以臣，所以敬天下之为人君者也。《诗》云：'恺悌君子，民之父母。'非至德，其孰能顺民如此其大者乎！"

［译文］孔子说："君子的教化要实现孝道，这并不是要天天到每家每户去耳提面命。通过教人行孝道，是要让天下为人父亲的人都能得到尊敬。通过教人为弟之道，是要让天下为人兄长的人都能受到尊敬。通过教人为臣子之道，是要让天下为人君主的都能受到尊敬。《诗》里说：'和气快乐平易近人的君子啊，就像是民众的父母。'要不是具有至高无上的美德，谁能使天下民众这么顺从伟大的孝道呢！" [X13]

广扬名章第十四

【孝悌】子曰："君子之事亲孝，故忠可移于君。事兄悌，故顺可移于长。居家理，故治可移于官。是以行成于内，而名立于后世矣。"

［译文］孔子说："君子以孝道侍奉父母，所以能将他的忠诚之心转移到国君身上。他尊敬自己的兄长，所以能把顺从之心移来对待前辈或上司。他能处理好自己的家务，所以能把理家之道移于官府治理国家。因此说能够在家里成功尽孝悌之道的人，他的美好名声一定会显扬于后世。" [X14]

谏诤章第十五

【孝悌】曾子曰："若夫慈爱恭敬，安亲扬名，则闻命矣。敢问子从父之令，可谓孝乎？"子曰："是何言与，是何言与！昔者天子有诤臣七人，虽无道，不失其天下。诸侯有诤臣五人，虽无道，不失其国。大夫有诤臣三人，虽无道，不失其家。士有诤友，则身不离于令名。父有诤子，则身不陷于不义。故当不义，则子不可以不诤于父，臣不可以不诤于君。故当不义，则诤之。从父之令，又焉得为孝乎！"

［译文］曾子说："像对父母要慈爱、恭敬，要让父母亲安心，为其争光的孝道行为，我已经听到老师的谆谆教诲了。能不能再冒昧地问一声，如果做儿子的绝对服从父亲的命令，就能称得上是孝顺了吗？"孔子说："这是什么话啊，这是什么话啊！过去天子的身边，只要有七个敢于劝谏的忠臣，即使他无道昏庸，也不会失去自己的天下。诸侯王的身边，只要有五位敢于劝谏的忠臣，即使他无道昏庸，也不会失去他分封的国土。卿大夫的身边，只要有三位敢于劝谏的忠臣，即使他无道昏庸，也不会失去他拥有的家园。一般的读书人只要有敢于直言告诫的好朋友，那他的好名声就不会丧失。做父亲的只要有敢于直言相劝的儿子，就不会陷身于不义受惩的灾祸中。所以只要是遇到不义之事，那么儿子不能不劝告他的父亲，臣子也不能不直言劝谏他的君主。因此只要是不义之事，就一定要极力劝阻。如果只是盲目服从父亲的命令，又怎么能称得上尽孝道呢？"［X15］

感应章第十六

【孝悌】子曰："昔者明王事父孝，故事天明；事母孝，故事地察；长幼顺，故上下治。天地明察，神明彰矣。故虽天子，必有尊也，言有父也。必有先也，言有兄也。宗庙致敬，不忘亲也。修身慎行，恐辱先也。宗庙致敬，鬼神着矣。孝悌之至，通于神明，光于四海，无所不通。《诗》云：'自西自东，自南自北，无思不服。'"

　　[译文] 孔子说："过去英明的帝王侍奉父亲时，都很孝顺，所以在遵循天道理政时，能明白各种事理。他侍奉母亲时也很孝顺，所以在效法地道理政时，也能深察各种治国道理。他能理顺社会的长幼秩序，所以国家的上下层之间也就能够安顿整治好了。他能够明察天覆地载，养育万物的精微道理，天下的神灵也自然会彰显他的明智高超。所以即使是天子，也必定有他要尊敬的人，这里说的就是他的父亲。他必定会有比他先出生的人，这里说的就是他的兄长。他到祖宗庙堂里祭祀致敬，是表示没有忘记自己的亲人。他修身养性，谨言慎行，尽量不犯错误，是担心辱没了祖先。只要到宗庙祭祀，诚心地致以敬意，鬼神们就会来享受。对尊敬父母、服从兄长的孝心达到了极致，就能通达感动上天神明，让孝悌的美名传遍四海，做什么事都无不顺利。《诗》说：'从西边到东边，从南方到北方，没有人想不心服的。'" [X16]

事君章第十七

　　【孝悌】子曰："君子之事上也，进思尽忠，退思补过，将顺其美，匡救其恶，故上下能相亲也。《诗》云：'心乎爱矣，遐不谓矣。中心藏之，何日忘之。'"

　　[译文] 孔子说："君子侍奉上司和君王，在朝廷当官时，要想着如何尽忠效力。在退出官场闲居家里时，要想着如何补救国君的过失，发扬朝政善治的优点，补救朝政的严重弊端，使得社会上下层的关系更加相亲融洽。《诗》说：'心里充满深深的爱意啊，不论彼此相隔得多么遥远。我的无限爱意都珍藏在心中，永远不会有忘记的那一天。'" [X17]

丧亲章第十八

【祭祀】子曰："孝子之丧亲也，哭不偯，礼无容，言不文。服美不安，闻乐不乐，食旨不甘，此哀戚之情也。三日而食，教民无以死伤生。毁不灭性，此圣人之政也。丧不过三年，示民有终也。为之棺椁衣衾而举之，陈其簠簋而哀戚之。擗踊哭泣，哀以送之。卜其宅兆，而安措之。为之宗庙，以鬼享之。春秋祭祀，以时思之。生事爱敬，死事哀戚。生民之本尽矣，死生之义备矣，孝子之事亲终矣。"

[译文] 孔子说："孝子一旦不幸丧失了父母亲，哭时不要上气不接下气地哀号，不必像平时那样保持端正的仪容，言语上不必过于讲究文采修饰。穿着华美的衣服时会心中不安，听到美妙音乐时不会感到快乐，吃到美味食物时也不会觉得甘甜鲜美，这是孝顺儿女自发的哀痛悲戚的感情。父母丧日三天之后可以吃东西，这是教导百姓不要因亲人亡故过于悲哀而损伤身体，不要因亲人的故去而危害性命，这才是圣贤君子注意适可而止的为政之道。为至亲家人守丧不要超过三年，是宣示百姓丧事也是要适时终止的。在为去世的父母准备棺材和衣服铺盖，举行庄重的丧礼时，要把放置稻谷食物的祭奠礼器，小心妥善地陈列摆设在棺内，以寄托子女的哀伤悲悼心情。要捶胸顿足地号啕大哭，悲痛哀伤地扶棺送葬。要预先占卜选好阴宅墓穴，妥善地安葬，再兴建祭祀祖宗的庙宇，使亡灵能享受后代的供奉。在四季都适时地举行祭典，以时时思念亡故亲人的恩德。在父母亲生前诚心关爱尊敬他们，在他们不幸去世后以悲哀的心情尽力料理好后事，这样才算尽到了人生在世应尽的本分，完成了子女养生送死的义务，孝子侍奉亲人的孝道也才真正的圆满了。" [X18]

第四部 孔丛子

序 言

　　《孔丛子》正式载入国书名录，始见于《隋书·经籍志》，比《汉书·艺文志》著录的《孔子家语》晚很多。这证明当时的辑录者对这部传为孔子九世孙孔鲋（前264年？—前208年）所撰的《孔丛子》，并未产生过真伪之疑问；而且孔鲋曾任秦末农民起义首领陈胜王之高参的史实，证明了孔子思想绝非一味保守复古，亦反映了孔鲋接受先祖孔夫子有关学好六艺的教诲后，自小受到《易经》有关"汤武革命，顺乎天而应乎人"的进步思想影响，对替天行道的农民起义所抱有的同情和支持的态度。

　　现存的《孔丛子》两种版本里，以有30200多字23篇的七卷本为佳。它以一半的篇幅记载了孔子的言行及其对后世的影响。尤其是《孔丛子》前三卷所包括的《嘉言》《论书》《记义》《刑论》《记问》《杂训》《居卫》《巡守》《公仪》《抗志》等10篇语录，从孔伋与爷爷孔子朝夕相处的独特视角，真切评析了孔子言行。其中有关孔子论《尚书》的精彩言论，为《论语》《孔子家语》里所罕见的孔学遗珍。另如孔子家人与先秦人物的关系实录，对查实历史人物也很有助益。如老莱子听说孔伋准备以仁道辅佐君王，不惜以身殉道时，当即以齿硬磨损，舌软不烂为例，劝他不可顺性而为的忠告，就不仅说明了孔伋具有君子傲骨，而且旁证了老莱子虽姓老称子，与主张守雌尚柔的老子观点一致，却并非那位以道论点拨了孔子且更年高老成的真老子。《孔子儒经》择录的这一珍贵史料，可谓解决了司马迁著《史记》时无法定论的老莱子是否老子的千年难题。

为方便读者阅读理解，本书在《孔丛子》中，以［K1.1.1］等编号标示其7卷23篇199节经文。同时以【】注明其中已被收入孔子九观的84节文章；以□注明其余作为孔子某观点参照的115节文章，以备查询。此外，因《孔丛子》第十一篇《小尔雅》属于训诂类文字，故参照中华书局版《孔丛子》的通例予以删减。

综观《孔丛子》所记录的孔家先祖人物很多，详略不一。除始祖孔子基本贯穿全书，专记三世孙孔伋的前三卷；各有一卷专记七世孙孔穿、八世孙孔谦、九世孙孔鲋等事迹的中三卷之外，还有《孔丛子》第七卷里，记述十一世孙孔臧为主，略记其后裔孔琳等诸代子孙，以及属于十三世孙孔霸一脉的十六世孙孔奇（字子异）、孔奋（字君鱼）兄弟等事迹的《连丛子》上部；记述大儒孔安国之后裔，十九世孙孔僖与其子长彦、季彦事迹的《连丛子》下部等。现将上述孔家几位先祖的主要事迹简介如下。

1. 孔伋，字子思，前483？—前402。子思是得孔子亲传的思孟学派的代表人物。《孔子儒经》从《孔丛子》前三卷包括《嘉言》《论书》《记义》《刑论》《记问》《杂训》《居卫》《巡守》《公仪》《抗志》等10篇文章中，共收录了孔子言行录57节，占3卷99节的57%。我们不仅可从中获得孔子与门徒对话弘道的珍贵的孔学史料，听到孔伋因势利导，对祖父高徒、号称宗圣的曾子批评他对世主颇有傲气时的从容回应，还可以见到亚圣孟子向恩师孔伋虚心求教时的少年风采。有关孔伋这些言行记载的真实性问题，不妨听听他当年对鲁穆公质疑的回答："我所记录的先祖孔子之言，有的是我亲耳听到的，有的是听别人说的，虽然词句不一定全对，但没失去他的旨意。再说君主您怀疑的是什么呢？""没有非议，这才能得到我先祖孔子的旨意啊。这就如同君主您所说，以为这是我的话。我的说辞没有被非议，那就可贵了。事情既然不像这样，又何必怀疑呢？"听完这句话的今人，不也同样可消除自己对孔伋转述孔子言论可信度的怀疑吗？

2. 孔穿，字子高，终年51岁。这位当年游走列国，曾为平原君门客，其雄辩用词的理论穿透力颇强，清高独行的孔子后裔之言行，可见于《孔丛子》第四卷《公孙龙》《儒服》《对魏王》等3篇中的文章。其中所引用与孔子相关的文章有4节，占全卷19节的21%，有特殊参考价值。如孔穿不仅提出了"贤圣以道德兼人，未闻以饮食也"的观点，据实澄清了平原君对他先祖豪饮的误解，同时还结合考证史实，据理力争，一举驳倒了以善辩著称的名家大师公孙龙，捍卫了孔子敦仁广博的儒家观点，厘清了子见南子的历史迷雾。

3. 孔谦，又名孔顺、孔慎，字子顺、子慎。他勤思善辩，曾经担任魏国宰相，生平言行见于《孔丛子》第五卷《陈士义》《论势》《执节》等3篇中的文章，所引与孔子相关文章有5节，占全卷33节的15%，虽篇幅较少，但亦有特殊参考价值。如孔谦通过对儒经传习的见解，对当年孔子政成化行，民众作诵的回顾，赞扬了孔子仁政的成就，据实驳斥了李由有关孔子不知其父的家世谎言。再如申叔问臣子三谏不从时，可否说君主错误时，孔谦认为不可以。而当申叔以孔谦之父孔穿曾说过可以时，孔谦则机巧地辩解说，这只是他先父刚出仕为官时的话，并非礼制本意，并以先祖孔子说过"事君欲谏，不欲陈言"为据。这说明，孔家后代并非"三年无改於父之道，可谓孝矣"的愚孝、愚忠信奉者。

4. 孔鲋，又名孔甲，字子鱼。其言行见于《孔丛子》第六卷的《诘墨》《独治》《问军礼》《答问》等4篇26节文章中，记录了孔鲋有力反驳墨子、韩非子等墨家、法家著名代表人物批评孔子的11节言论，其篇幅占了全文42%，甚至高于孔伋文章入选《孔子儒经》的比例。更惊人的是，其文不仅使人看到了当年儒、墨、法三大显学以及各国君主等对孔子的态度，甚至使人看到了以忠君守礼著称的孔学传人孔鲋，竟会毅然投身于农民起义队伍，在陈胜王手下就任太师，为他解脱因"无礼"而深陷众叛亲离、手足无措的窘境出谋划策。这一方面是孔鲋对秦朝后期压制儒生政策的不满所致；另一方面，也说明了儒者绝非一般人心目中愚忠守成的保皇派，他也有审时度势，因人而异，反抗暴政，勇于抗争的高尚一面。可惜的是，孔家谋道子孙的这次出山，与争夺王权的新兴政治家的首次结盟，不久后就很快结束了，没有取得预期效果。

　　5. 孔季彦。其嘉言懿行可参见《连丛子·下》中所节选的一段著名对话。孔大夫认为，当时朝廷与四海之内都修习章句内学，季彦却独自研究古义经学，可谓危身之道，早应停止。孔季彦则义正词严地回答："您明知古义经学好，章句内学会使人愚蠢，如今却想让我放弃求知的善事，修习文理不通的愚学，是根据哪条义理？先祖圣人孔夫子的遗训，出自孔家墙壁深藏的古文经书，所以世人不懂得它的神奇深妙。儒学事业之所以不泯灭，有赖于我家世世代代都独自研修它。如果放弃它就会将孔子仁义之道毁灭于今日，使来世的明达之人只能见到今文俗说而嗤笑孔圣人。我尽力于此，都是为了先圣孔子。万物到了极致就会发生变化，百年之后，必会有明德君子出现，恨不得与我生在同一世代。"

　　需说明的是，从以上幼承家学的孔家先祖，据理反驳诸子对孔子言论的曲解的言行看，其经孔家族人口口相传后，先由孔鲋整理，再由其后代孔季彦等增补传世，是极可能的，一般学者都认定《孔丛子》一书由孔子十一世孙孔臧，孔子十五世孙孔奇、孔奋、宗人子通，以及孔子后人十九世孙孔僖等参与汇编，最后由二十世孙孔季彦等辑录而成，这对了解孔子其人亦有重要借鉴意义。故《孔丛子》居于孔家族群最权威的元典地位，是毋庸置疑的，也是我们将《孔丛子》编入《孔子儒经》的缘由。至于《孔丛子》长期受学界怀疑之处，主要是有关其作者不详的几种说法，如：（1）王肃伪造说。认为《孔丛子》与《孔子家语》均为其伪造，目的是自立学派，攻击对手。（2）宋咸伪造说。如朱熹就怀疑宋咸之序文气软弱，不似西汉人。（3）孔鲋、孔臧编撰说。它由宋咸提出。（4）孔季彦及其后人编订说。实际上，以上四点怀疑，正如《孔丛子》新编注者王钧琳、周海生所指出，单从作者来考察《孔丛子》的真伪，问题不少。因为其价值不在于作者多少，地位高低，而在于他们确系孔家后裔亲族的事实。

至于以孔子去世时，孔伋年龄太小，无法亲受孔子之道为由，怀疑《孔丛子》的史料价值之说，亦难以成立。众所周知，孔伋的真实年龄一直存在争议。故以《史记·孔子世家》有关孔伋生年的几种说法均不能成立为由，就断言子思与孔子年龄差距极大，无法交流的观点，是不成立的。首先，参照先秦早婚习俗，孔子十九岁即娶妻生子的先例看，当年近七旬的孔子，为年近半百的儿子孔鲤先他而去而悲痛不已时，他的孙儿孔伋已应该是和爷爷促膝相处多年，十来岁或更大些的翩翩少年了。故当孔子眼见孙子吃饭时还急于听自己有关"父亲在砍柴，儿子却不去帮挑柴，这就叫不肖之子"的教诲，丝毫不敢松懈时，不禁欣慰地拂髯而笑了。从《孔丛子》所记这爷孙俩的对话中，我们似乎感受到了孔子为自己仁道大业后继有人而生无限欣喜。

如上所述，《孔丛子》从孔家二十代传人的家学角度补上了《论语》《孔子家语》偏重以孔门弟子身份记录孔子言行的不足。至于《孔丛子》后三卷以及末卷《连丛子》，亦称《续孔丛子》所载孔子史料，虽不是孔子弟子或族人的亲聆目睹，但基本可靠。尤其是《续孔丛子》的文章，有的短如《论语》，长如《孔子家语》，内容庞杂，体裁多样，包含了汉代孔氏家族的谱系、家学、名人的序言、书信、汉赋等内容，但如孔臧的《谏格虎赋》《杨柳赋》《鸮赋》《蓼虫赋》诸文，借物喻人，亦颇有情趣。

简言之，《孔丛子》虽非孔子同时期人亲录的孔子言行，但对于了解孔氏家族的传承制度与秦汉时期对孔学的认知及其深刻影响力，依然有重要史料价值。如孔家宗人子通为才华横溢，英年早逝的孔奇先生遗作《春秋传义诂》所作之序，先是夸奖孔奋受大儒刘歆盛赞，接着述他与大将军窦融从容论道，受封关内侯之后，才点出他在与小弟孔奇论学时，佩服不已的神态，从而反衬出孔奇先生潜心学问，对身居高位的兄长不慕不攀，淡泊荣辱的高风亮节，及其阐明孔圣儒道，解除后学者疑惑的独到心得，可谓别出心裁。为此，我们特将《孔丛子》全文翻译如下，以利读者对《孔子儒经》的纵深了解及更好地洞察孔子哲学思想体系。

2022年2月

卷一

嘉言第一

【谋道】夫子适周，见苌弘，言终退。苌弘语刘文公曰："吾观孔仲尼有圣人之表。河目而隆颡，黄帝之形貌也；修肱而龟背，长九尺有六寸，成汤之容体也。然言称先王，躬履廉让，洽闻强记，博物不穷。抑亦圣人之兴者乎！"刘子曰："方今周室衰微而诸侯力争，孔丘布衣，圣将安施？"苌弘曰："尧舜文武之道或弛而坠，礼乐崩丧，亦正其统纪而已矣。"既而夫子闻之，曰："吾岂敢哉，亦好礼乐者也！"

［译文］孔子到周都拜见苌弘，说完话就告退了。苌弘对刘文公说："我看孔仲尼这人有圣人之仪表。他眼睛像河水般深邃清澈而额头隆起，这是黄帝的形貌；他手臂修长而脊梁凸起，身高九尺六寸，这是成汤王的容态。他说话必定称赞先王，行为恭敬谦让，博闻强记，识物无穷。这也许是圣人要兴起了吧！"刘文公说："如今周王室衰微了而诸侯都力图争雄，孔丘不过是个平民百姓，怎能推行圣道？"苌弘说："尧帝、舜帝、周文王与周武王的治国之道，有的废弛，有的堕落，礼崩乐坏了，他也只不过是想匡正先王们的道统和纲纪吧。"后来孔子听到了这话，说："我哪敢像他赞誉的这样啊，我只是喜好礼乐罢了！"[K1.1.1]

【亲仁】陈惠公大城，因起凌阳之台。未终而坐法死者数十人，又执三监吏，将杀之。夫子适陈，闻之，见陈侯，与俱登台而观焉。夫子曰："美哉斯台！自古圣王之为城台，未有不戮一人而能致功若此者也。"陈侯默而退，遽窃赦所执吏。既而见夫子，问曰："昔周作灵台亦戮人乎？"答曰："文王之兴，附者六州。六州之众，各以子道来。故区区之台，未及期日而已成矣，何戮之有乎？夫以少少之众，能立大大之功。唯君尔。"

［译文］陈惠公准备大建城墙，因此建造凌阳高台。还没等到完工，就有数十人因触犯法律致死，还缉拿了三个监工吏，准备一起杀掉。孔子到了陈国，听说了这件事后，就去求见陈惠公，与他一起登台观望。孔子说："这城台太美了！自古以来的圣王为了城台，没有不杀一人就能立下这么大功劳的！"陈惠公沉默地退下后，马上悄悄地赦免了被缉拿的官吏，然后来见孔子，问道："从前周王起造灵台之时，也杀人吗？"孔子回答："周文王刚兴盛的时候，归附的就有六个州。六州的众多百姓，都如同子女一样远道赶来帮忙，所以区区一座城台，不到一天就已建成了，哪会有杀人的事呢？以如此少的人，却能有如此大的功效，唯有国君您啊！"［K1.1.2］

【孝悌】子张曰："女子必渐乎二十而后嫁，何也？"孔子曰："十五许嫁而后从夫，是阳动而阴应，男唱而女随之义也。以为纺绩组纴织纴者，女子之所有事也。黼黻文章之美，妇人之所有大功也。必十五以往渐乎二十，然后可以通乎此事。通乎此事然后乃能上以孝于舅姑，下以事夫养子也。"

［译文］子张说："女子一定要慢慢长到二十岁之后才出嫁，这是为什么呢？"孔子说："女子十五岁后允许订婚，出嫁后要服从丈夫，这是阳气萌动而阴物响应，男子先领唱而女子后随和的义理。所以纺纱织布，编织绶带，剪裁衣服这一类活都是女子做的事。让礼服绣上美丽花纹，这是妇人劳作的特大功劳。这些事必须从十五岁开始学习，逐渐到二十岁，然后才可以通晓此事。通晓此事后才能上孝顺公婆，下服侍丈夫，养育子女。"［K1.1.3］

【好学】宰我使于齐而反，见夫子曰："梁丘据遇虺毒，三旬而后瘳，朝齐君，会大夫众宾而庆焉，弟子与在宾列。大夫众宾并复献攻瘳之方。弟子谓之曰：'夫所以献方将为病也，今梁丘子已瘳矣，而诸夫子乃复献方，方将安施？意欲梁丘大夫复有虺害当用之乎？'众坐默然无辞。弟子此言何如？"夫子曰："汝说非也。夫三折肱为良医。梁丘子遇虺毒而获瘳，诸有与之同疾者，必问所以已之之方焉。众人为此，故各言其方，欲售之以已人之疾也。凡言其方者，称其良也。且以参据所以已之之方优劣耳。"

［译文］宰我出使齐国返回后，去见孔子说："梁丘据被毒蛇咬伤，三十天后才治好，他上朝拜见齐国君主，与大夫等众多宾客庆贺，弟子我也在宾客之列。大夫众宾客还献上了治疗蛇毒的药方。弟子对他们说：'献药方是为了治病，如今梁丘子已经病好了，诸位夫子还再献药方，是想用在哪里呢？难道还想让梁丘大夫再被蛇伤后，用你们的这些药方吗？'众人都坐下一言不发了。弟子这话说得怎样呢？"孔子说："你说错了。三次折断手臂的人可成为良医。梁丘子被毒蛇咬伤而治愈，那些与他一样有这种疾病的人，必定会问他到底是用什么方子治好的。众人为这个原因才各自说自己的药方，是想献上能治人疾病的药方啊。凡是贡献他的药方的，都是想称赞自己的药方好。这样一来，大家就可以互相参照，看看自己的方子到底是好是差了。" [K1.1.4]

【礼乐】夫子适齐，晏子就其馆。既宴而私焉，曰："齐其危矣，譬若载无辖之车以临千仞之谷，其不颠覆亦难冀也。子，吾心也。子以齐为游息之馆，当或可救。子幸不吾隐也。"夫子曰："夫死病无可为医。夫政令者，人君之衔辔，所以制下也。今齐君失之已久矣。子虽欲挟其辀而扶其轮，良弗及也。抑犹可以终齐君及子之身，过此以往，齐其田氏矣。"

［译文］孔子到了齐国，晏子来到他住的宾馆。他在宴会结束后与孔子私下说："齐国现在很危险了，就像驾驭着没有车闸的马车，临近万丈深谷，

要想不颠覆也很难奢望了。您是我心中信得过的朋友，您如果把齐国作为自己旅游歇息的宾馆，也许还可救齐国一把。幸运的是，您不会不把我的话告知齐君的。"孔子说："必死之病是无可救药的。政令是国君驾驭马车的缰绳，是用来制约下属的。如今齐君失去政权已很久了。您虽然想抓住车辕并扶正轮子，也是做不到的。不过，也许还是可以让齐君善终而恩及您自身的，再往后，齐国就会归于田氏了。"[K1.1.5]

【好学】齐东郭亥欲攻田氏，执贽见夫子而访焉。夫子曰："子为义也，丘不足与计事。"揖子贡使答之。子贡谓之曰："今子士也，位卑而图大。位卑则人不附也，图大则人惮之，殆非子之任也。盍姑已乎？夫以一缕之任系千钧之重，上悬之于无极之高，下垂之于不测之深。旁人皆哀其绝，而造之者不知其危，子之谓乎？马方骇，鼓而惊之；系方绝，重而填之。马奔车覆，六辔不禁，系绝于高，坠入于深，其危必矣！"东郭亥色战而跪曰："吾已矣，愿子无言。"既而，夫子告子贡曰："东郭亥欲为义者也，子亦告之以难易则可矣，奚至惧之哉？"

［译文］齐国大夫东郭亥准备发兵攻打田氏，带着礼物来特意拜访孔子。孔子说："您这是为了忠义之事，我不足以参与谋划此事。"于是作了个揖，请子贡出来答复他的请求。子贡对东郭亥说："您如今只是个普通士人，地位卑下却谋图大业。地位卑下众人就不会归附，图谋大业众人就会害怕，这恐怕不是您能担负的重任，为什么不暂且停下不做呢？想用一缕线来承担千钧重任，上面悬挂在无极高空，下面垂放于不测深渊，旁观者个个都哀叹它会断绝，而造成危局者还不知危险，说的就是您要做的这件事吧？马刚受惊吓，战鼓又震惊了它；绳子刚要断绝，重物又填满了它。马狂奔而车颠覆，缰绳也控制不住，绳子在高空断绝，坠入深谷，这是多么危险啊！"东郭亥面带战栗地跪下说："我已经不想这么做了，请您也别再说这件事了。"这事过后，孔子

对子贡说："东郭亥是想做忠义之事，你告诉他这件事情的难易就行了，何必让他惊吓过度呢？"〔K1.1.6〕

【君子】宰我问："君子尚辞乎？"孔子曰："君子以理为尚。博而不要，非所察也；繁辞富说，非所听也。唯知者，不失理。"孔子曰："吾于予，取其言之近类也。于赐，取其言之切事也。近类则足以喻之，切事则足以惧之。"

〔译文〕宰我问："君子应注重语言吗？"孔子说："君子更应注重义理。议论广博而不得要领，就不能察看到要害。烦琐词句与夸夸其谈，不是人们要听的。唯有智者，才不失义理。"孔子说："我教人时，使用切近的语言类比；我赠言时，使用切近事情本质的语言。切近的类比足以晓喻道理，切近的事理足以警诫他人。"〔K1.1.7〕

论书第二

【大同】子张问曰："圣人受命，必受诸天。而《书》云'受终于文祖'，何也？"孔子曰："受命于天者，汤武是也。受命于人者，舜禹是也。夫不读《诗》《书》《易》《春秋》，则不知圣人之心，又无以别尧舜之禅、汤武之伐也。"

〔译文〕子张问："圣人接受使命，一定来自上天。但《尚书》里却说'舜在太庙里接受了尧帝的禅位'，这是什么原因呢？"孔子说："接受使命于上天的，是商汤王和周武王。接受使命于圣人的，是舜帝和禹帝。如果不读《诗》《书》《易》和《春秋》，就不能知道圣人的心思，也没法区别尧帝与舜帝之间的禅让，与商汤王和周武王征伐夏桀、商纣这些暴君的区别。"〔K1.2.1〕

【大同】子张问曰："《礼》，丈夫三十而室。昔舜三十征庸，而《书》云'有鳏在下，曰虞舜'，何谓也？曩者师闻诸夫子曰：'圣人在上，君子在位，则内无怨女，外无旷夫。'尧为天子而有鳏在下，何也？"孔子曰："夫男子二十而冠，冠而后娶，古今通义也。舜父顽母嚣，莫能图室家之端焉，故逮三十而谓之鳏也。《诗》云：'娶妻如之何，必告父母。'父母在则宜图婚，若已殁则己之娶必告其庙。今舜之鳏，乃父母之顽嚣也。虽尧为天子，其如舜何？"

［译文］子张问："《礼》规定，丈夫三十岁可以成家室。过去舜帝三十岁时被征召任用，而《尚书》却说'有单身汉在民间，名叫虞舜'，这是什么意思呢？过去曾听老师说过：'圣人在上面执政，君子在位上辅助，家里就不会有怨恨的女子，外面也不会有没妻子的男子。'尧帝身为天子而依然有单身汉在民间，这是为什么呢？"孔子说："男子二十岁举行冠礼，冠礼后可以娶妻子，这是古今相通的民俗礼义。舜帝的父亲很顽劣而母亲又太愚顽，所以都没有尽责管教好家室的子女，以至于舜帝年过三十还是个单身汉。《诗》说：'娶妻怎么办，必须告诉父母。'父母健在时，应该谋划好婚事；若父母已故，自己娶妻时则必须告诉家族宗庙。如今舜帝的单身，是因为父母的愚顽造成的，虽然尧帝贵为天子，又怎能责怪虞舜呢？"［K1.2.2］

【大同】子夏问《书》大义，子曰："吾于《帝典》见尧舜之圣焉，于《大禹》《皋陶谟》《益稷》见禹、稷、皋陶之忠勤功勋焉，于《洛诰》见周公之德焉。故帝典可以观美，《大禹谟》《禹贡》可以观事，《皋陶谟》《益稷》可以观政，《洪范》可以观度，《秦誓》可以观议，《五诰》可以观仁，《甫刑》可以观诚。通斯七者，则《书》之大义举矣。"

［译文］子夏求问《尚书》的重大义旨，孔子说："我从《帝典》之中可以见到尧帝、舜帝的圣明伟大，于《大禹》《皋陶谟》《益稷》之中可以

见到禹帝、后稷、皋陶忠诚勤劳的功勋，于《洛诰》中见到周公的美德。所以说学《帝典》可以通观礼乐之美，学《大禹谟》《禹贡》可以通观勤政之事，学《皋陶谟》《益稷》可以通观政务之功，学《洪范》可以通观礼乐制度，学《秦誓》可以通观天命之义，学《五诰》可以通观仁道，学《甫刑》可以通观劝诫之文。如果能够通达这七篇，《尚书》的重大义旨就可以通晓了。"[K1.2.3]

【亲仁】孔子曰："《书》之于事也，远而不阔，近而不迫，志尽而不怨，辞顺而不诌。吾于《高宗肜日》见德，有报之疾也。苟由其道致其仁，则远方归志而致其敬焉。吾于《洪范》见君子之不忍言人之恶而质人之美也。发乎中而见乎外以成文者，其唯《洪范》乎？"

［译文］孔子说："《尚书》对于人事记载，遥远而不疏阔，切近而不紧迫，心志尽情流露而不怨恨，语言顺畅而不诌媚。我从《高宗肜日》里，看到了积德可以快速地得到上天的眷顾。如果由遵循仁道而实施仁德，那么远方的百姓就会同志归顺而向他致敬。我从《洪范》里，看见君子是怎样不忍心说他人的丑恶而尽可能证实别人美德的。能够让感情从心中发出来，而能在外面形成美好文章的，唯有《洪范》吧。"[K1.2.4]

【大同】子张问曰："尧舜之世，一人不刑而天下治，何则？以教诚而爱深也。龙子以为教一而被以五刑，敢问何谓？"子曰："不然。五刑所以佐教也，龙子未可谓能为《书》也。"

［译文］子张问："尧、舜主政的时代，没有一人被刑杀而天下大治，是什么原因呢？一定是他们的教化真诚而爱民深切吧。龙子却以为是他们的教化始终如一并施行五刑的结果，敢问这是为什么呢？"孔子说："他说得不对。施行五刑只是为了辅佐教化，龙子还说不上是懂得《尚书》的

人。"　[K1.2.5]

【大同】子夏读《书》既毕，而见于夫子。夫子谓曰："子何为于《书》？"子夏对曰："《书》之论事也，昭昭然若日月之代明，离离然若星辰之错行，上有尧舜之德，下有三王之义。凡商之所受书于夫子者，志之于心弗敢忘也。虽退而穷居河济之间、深山之中，作壤室，编蓬户，常于此弹琴以歌先王之道，则可以发愤慷喟，忘己贫贱。故有人亦乐之，无人亦乐之，上见尧舜之德，下见三王之义，忽不知忧患与死也。"夫子愀然变容，曰："嘻！子殆可与言《书》矣。虽然，其亦表之而已，未睹其里也。夫窥其门而不入其室，恶睹其宗庙之奥、百官之美乎？"

　[译文]子夏读完《尚书》后，去面见孔子。孔子对他说："你为什么要读《尚书》呢？"子夏回答："《尚书》谈论事理，光照四方如日月之明，井然有序如同星辰排列。它上有尧、舜二帝之美德，下有夏、殷、周三王之正义。凡是我从老师这里获得的《尚书》典籍，我都牢记在心中而不敢忘记。即使是隐退穷居在黄河济水之间、深山老林之中，用泥砖作土室，用茅草编门户，都经常在此处弹琴以歌颂先王之道，这样就可以发愤慷慨，忘记自己的贫贱了。所以我可以做到，有人在一起时也快乐，无人独处时亦快乐，上能见尧舜之美德，下能见三王之大义，一点都不知道什么是忧患与死亡了！"孔子脸色马上变严肃了，说："啊！你可以谈论《尚书》了。即使如此，这还是它的表象而已，还未目睹它的本质。这就叫作窥探入门了，但还没有进入内室，怎么能目睹宗庙的奥秘和百官之美好呢？"　[K1.2.6]

【大同】宰我问："《书》云'纳于大麓，烈风雷雨弗迷'，何谓也？"孔子曰："此言人事之应乎天也。尧既得舜，历试诸难，已而纳之于尊显之官，使大录万机之政，是故阴阳清和，五星来备，烈风雷雨各以其应，不

有迷错愆伏，明舜之行合于天也。"

[译文] 宰我问："《尚书》说'舜帝被尧帝派到大山麓林之中成为管理者，烈风雷雨都不能使他迷路'，这是什么意思呢？"孔子说："这句话的意思是说人事与天相顺和啊。尧帝既然寻得了舜帝，以经历磨难多次考验了他，已经接纳他并让他获得尊显的高官，使舜帝总领了日理万机的全国政事，因此使得大地阴阳清和，五星按照顺序运行，烈风雷雨各自相互响应，不再有迷惑错乱与节气失调，它表明了舜帝的德行合乎于上天。"[K1.2.7]

【祭祀】宰我曰："敢问'禋于六宗'，何谓也？"孔子曰："所宗者六，皆洁祀之也。埋少牢于太昭，所以祭时也；祖迎于坎坛，所以祭寒暑也；主于郊宫，所以祭日也；夜明，所以祭月也；幽禜，所以祭星也；雩禜，所以祭水旱也。'禋于六宗'，此之谓也。"

[译文] 宰我问："请问'祭祀阴阳寒暑水旱六神'是什么意思？"孔子说："天子祭拜的六神，都是需要沐浴洁身祭祀的神灵。把少牢之牲埋在太昭坛，是祭四时之神；接送神灵于坎坛，是祭寒暑之神；君主主持的郊宫祭坛，是祭日神；夜明祭坛，是祭月神；幽禜祭坛，是祭星神；雩禜祭坛，是祭水旱之神。这就叫作'祭祀阴阳寒暑水旱六神'。"[K1.2.8]

【祭祀】《书》曰："兹予大享于先王，尔祖其从与享之。"季桓子问曰："此何谓也？"孔子曰："古之王者，臣有大功，死则必祀之于庙，所以殊有绩，劝忠勤也。盘庚举其事以厉其世臣，故称焉。"桓子曰："天子之臣有大功者则既然矣，诸侯之臣有大功者可以如之乎？"孔子曰："劳能定国，功加于民。大臣死难，虽食之公庙，可也。"桓子曰："其位次如何？"孔子曰："天子诸侯之臣，生则有列于朝，死则有位于庙，其序一也。"

[译文]《尚书》说："这是我献给先王的大祭礼，请各位跟随先祖的

功臣们一起享用吧。"季桓子问："这是什么意思呢？"孔子说："古代的王者，臣下立有大功的，死后都一定要在祖庙里祭祀，以特别表彰他的功绩，劝勉忠勤之士。盘庚列举那些事功出众者，以勉励当世之臣，所以才这么说。"桓子说："天子之臣有大功者，既然可以这样做，那么诸侯之臣有大功者，也可以这样做吗？"孔子说："勤劳政务而能安定国家，功劳施加于百姓。这样的大臣死难后，即使在诸侯公庙里享用祭品，也是可以的。"桓子问："他们的地位应该怎样排序呢？"孔子说："天子或诸侯的臣子，生前是怎样位列于朝廷的，死后在公庙里的位置，排序也是一样的。"　[K1.2.9]

【祭祀】《书》曰："维高宗报上甲微。"定公问曰："此何谓也？"孔子对曰："此谓亲尽庙毁，有功而不及祖，有德而不及宗。故于每岁之大尝而报祭焉，所以昭其功德也。"公曰："先君僖公功德前行，可以与于报乎？"孔子曰："丘闻昔虞夏商周以帝王行此礼者则有矣，自此以下，未之知也。"

　[译文]《尚书》说："唯有殷高宗祭祀上甲微。"鲁定公问："这是什么意思呢？"孔子回答："这就叫作亲人散尽，祖庙毁坏之后，虽有功劳也比不上先祖，虽有德行也比不上祖宗。所以要在每年的大尝祭之时举行祭祀，这是为了昭示他的功德。"鲁定公问："先君鲁僖公的功德名列前茅，也可以一起报祭吗？"孔子说："我听说，以往虞、夏、商、周以帝王的身份行此礼者是有的，自此以下还有没有这样做的，我就不知道了。"　[K1.2.10]

【大同】定公问曰："《周书》所谓'庸庸祗祗，威威显民'，何谓也？"孔子对曰："不失其道，明之于民之谓也。夫能用可用则正治矣，敬可敬则尚贤矣，畏可畏则服刑恤矣。君审此三者以示民，而国不兴，未之有也。"

　　[译文]鲁定公问："《周书》所谓'任用当用的人，尊敬当敬的人，彰显他们的赫赫声威于民众中'，这是什么意思？"孔子回答："这是不失君王之道，让大道显明于百姓之中的意思。用可用之才则国家治，敬可敬之人就能崇尚贤人，畏可畏之官就能让人服从刑律。国君深察这三种人并彰显于百姓，而国家不兴盛的，还从来没有过。"[K1.2.11]

　　【亲仁】子张问："《书》云'奠高山'，何谓也？"孔子曰："高山五岳，定其差秩，祀所视焉。"子张曰："其礼如何？"孔子曰："牲币之物，五岳视三公，而名山视子男。"子张曰："仁者何乐于山？"孔子曰："夫山者岿然高。"子张曰："高则何乐尔？"孔子曰："夫山，草木植焉，鸟兽蕃焉，财用出焉，直而无私焉，四方皆伐焉。直而无私，兴吐风云，以通乎天地之间。阴阳和合，雨露之泽，万物以成，百姓咸飨，此仁者之所以乐乎山也。"

　　[译文]子张问："《尚书》说'确定祭奠的名山'，这是什么意思？"孔子说："分辨著名的高山和神州五岳，规定它们的差别和秩序，这是祭祀山神时所要明白的。"子张问："山神的祭礼是怎样的？"孔子说："敬献牺牲财物，祭祀五岳比照三公爵的等次，名山如同子爵、男爵。"子张问："仁者为什么喜欢山呢？"孔子说："因为山岿然不动而高高耸立。"子张说："高高耸立有什么值得喜乐的吗？"孔子说："高山啊，草木茂盛生长的地方，鸟兽在此繁衍，财物在此产出；高山正直而无私，四面八方都可以伐树砍柴；高山正直而无私，兴起祥岚瑞气而吐出风云，通达于天地之间。山气祥云阴阳和合，山雨恩泽成就万物，百姓都靠山为生，这就是仁者喜欢山的地方啊。"[K1.2.12]

　　【大同】孟懿子问："《书》曰'钦四邻'，何谓也？"孔子曰："王者前有疑，后有丞，左有辅，右有弼，谓之四近。言前后左右近臣当畏敬之，不可以非其人也。周文王胥附、奔辏、先后、御侮，谓之四邻，以免乎羑里之害。"懿子曰："夫子亦有四邻矣？"孔子曰："吾有四友焉：自吾得回也，门人加亲，是非胥附乎？自吾得赐也，远方之士日至，是非奔辏乎？自吾得师也，前有光，后有辉，是非先后乎？自吾得由也，恶言不至于门，是非御侮乎？"

［译文］孟懿子问："《尚书》说'钦四邻'，这是什么意思？"孔子说："君王前有疑、后有丞、左有辅、右有弼，称为四近，这意思是说君王对于自己前后左右的近臣，都应当敬畏他们，不可以所用非人或随意非议他们。周文王身边有臣子胥附、奔辏、先后、御侮，被称为四邻，使他免受了羑里的伤害。"懿子说："老师您也有四邻吗？"孔子说："我有四位好友：自从我得到颜回，门徒们更亲近了，这不正是胥附吗？自从我得到子贡，远方来学的士子日益增多了，这不正是奔辏吗？自从我得到子张，前有光后有辉，这不正是先后吗？自从我得到子路，恶言诽谤也不再入门，这不正是御侮吗？"[K1.2.13]

【修德】孔子见齐景公，梁丘据自外而至，公曰："何迟？"对曰："陈氏戮其小臣，臣有辞焉，是故迟。"公笑而目孔子曰："《周书》所谓'明德慎罚'，陈子明德也，罚人而有辞，非不慎矣。"孔子答曰："昔康叔封卫，统三监之地，命为孟侯。周公以成王之命作《康诰》焉，称述文王之德，以成敕诫之文。其书曰：'惟乃丕显考文王，克明德慎罚。'克明德者，能显用有德，举而任之也；慎罚者，并心而虑之，众平然后行之，致刑错也。此言其所任不失德，所罚不失罪，不谓己德之明也。"公曰："寡人不有过言，则安得闻君子之教也。"

［译文］孔子去见齐景公，梁丘据从外面进屋来，齐景公问："为什

么来迟了？"梁丘据回答："陈氏杀了他的小臣，臣要负责记录，所以来迟了。"齐景公笑看着孔子说："《周书》所说的'要宣明德教，慎用刑罚'，陈子要宣明德教，惩罚人也要有说辞，这不是不慎重啊。"孔子回答说："过去康叔分封在卫国，统管武庚、管叔和蔡叔这三块封地，被任命为孟侯。周公按照成王的命令，创作《康诰》，称述周文王的美德，成为敕令诫勉的文书。其中写道：'唯有伟大的父亲文王您能做到宣明道德，慎用刑罚。'能宣明道德者，会重用有德者，推举而任命他；慎用刑罚者，会用心考虑事由，让众人都感到公平然后才施行，得以用刑罚纠错。此句话说的是文王所任命的不失掉有德之人，所罚的不失掉有罪的人，不是说自己的道德高明。"齐景公说："寡人如果没说错话，又怎能听到君子的教诲呢？"［K1.2.14］

【君子】《书》曰："其在祖甲，不义惟王。"公西赤曰："闻诸晏子：'汤及太甲、祖乙、武丁，天下之大君'。夫太甲为王，居丧行不义，同称大君，何也？"孔子曰："君子之于人，计功而除过。太甲即位，不明居丧之礼，而干冢宰之政，伊尹放之于桐，忧思三年，追悔前愆，起而复位，谓之明王。以此观之，虽四于三王，不亦可乎？"

［译文］《尚书》说："错在自己，太甲认为不应该为王。"公西赤说："曾听晏子说：'商汤王直到太甲、祖乙、武丁，都是天下的伟大君主'。太甲作为商王，在居丧时做了不少不义之事，却一同称为大君，是什么原因呢？"孔子说："君子对于人的评价，是计算他的功劳而免除他的过错。太甲即位时，不清楚居丧时应该遵守的礼仪，而干预了冢宰的政务。伊尹把他流放到桐地，让他忧思了三年，追悔从前的过错后，再起用他复位，称他为明王。从这一点来看，即使与三王并列第四，不也是可以的吗？"［K1.2.15］

【大同】鲁哀公问："《书》称夔曰：'於！予击石拊石，百兽率舞，庶尹允谐'，何谓也？"孔子对曰："此言善政之化乎物也。古之帝王，功成作乐。其功善者其乐和，乐和则天地且犹应之，况百兽乎？夔为帝舜乐正，实能以乐尽治理之情。"公曰："然则政之大本，莫尚夔乎？"孔子曰："夫乐所以歌其成功，非政之本也。众官之长，既成熙熙，然后乐乃和焉。"公曰："吾闻夔一足，有异于人，信乎？"孔子曰："昔重黎举夔为进，又欲求人而佐焉。舜曰：'夫乐，天地之精也，唯圣人为能。和六律，均五声，和乐之本，以通八风。夔能若此，一而足矣。'故曰'一足'，非一足也。"公曰："善。"

　　［译文］鲁哀公问："《尚书》称赞夔说'啊！我用石棒敲击石器，百兽都一同跳起舞，音乐奏响，百官和谐'，这是什么意思呢？"孔子回答："这是说礼乐善政教化万物啊！古代帝王功劳成就后，都会作乐歌舞。功劳伟大的音乐自然和谐，音乐和谐时天地自然会应和，何况是百兽呢？夔作为舜帝的奏乐官，确实能够以乐教尽到治理民情的作用。"鲁哀公问："这么说政治的根本，没有比夔更高的了吗？"孔子说："乐教是歌颂君王的成就功劳的，并非是政治的根本。众官的首领，成就了熙熙乐业，众人的乐舞才能和谐。"鲁哀公问："我听说夔有一只脚跟别人不同，可信吗？"孔子说："从前重黎推举夔上进，又设法求人辅佐他。舜帝说：'音乐，是天地的精华，唯有圣人能作乐教，调和六律，均分五声，抓住和乐的根本，疏通八面来风。夔能做到这些的话，一个人也足够了。'所以说'一足'，并非只有一足。"鲁哀公说："说得好。"［K1.2.16］

记义第三

【礼乐】季桓子以粟千钟饩夫子，夫子受之而不辞。既而以颁门人之无者。子贡进曰："季孙以夫子贫，故致粟。夫子受之而以施人，无乃非季孙之意乎？"子曰："何？"对曰："季孙以为惠也。"子曰："然。吾得千钟，所以受而不辞者，为季孙之惠，且以为宠也。夫受人财不以成富，与季孙之惠于一人，岂若惠数百人哉。"

[译文]季桓子将一千钟粟米送给孔子，孔子接受了并不推辞，然后把粮食送给了门徒中没有粮食的人。子贡进前说："季孙因为老师贫穷，所以送您粟米。老师接受后却施舍他人，这不是季孙的本意吧？"孔子说："为什么这么说呢？"子贡回答："季孙是想做好事。"孔子说："对啊。我得到了千钟粟米，之所以接受而不推辞，就在于它不仅是季孙的恩惠，也是我的一种恩宠与荣耀。接受他人的财物成不了富人，与其让季孙的粮食惠及一人，还不如让它惠及数百人啊！"　[K1.3.1]

【孝悌】秦庄子死，孟武伯问于孔子曰："古者同寮有服乎？"答曰："然。同寮有相友之义，贵贱殊等，不为同官。闻诸老聃，昔者虢叔、闳夭、太颠、散宜生、南宫括五臣同寮，比德以赞文武。及虢叔死，四人者为之服。朋友之服，古之达礼者行之也。"

[译文]秦庄子死后，孟武伯问孔子说："古人会为同僚服丧吗？"孔子回答："会的。同僚之间有朋友相处之义，如过于看重贵贱的不同，就没有同朝为官的情谊了。我曾经听老子说过，从前虢叔、闳夭、太颠、散宜生、南宫适（括）等五位大臣有同僚之谊，同心同德地协助周文王和周武王父子。虢叔去世后，其他四人一起为他服丧。这是朋友间的悌德服丧，古代通达礼仪的人是这样做的。"　[K1.3.2]

【祭祀】公父文伯死，室人有从死者，其母怒而不哭。相室谏之，其母曰："孔子，天下之贤人也。不用于鲁，退而去。是子素宗之而不能随，今死而内人从死者二人焉。若此，于长者薄，于妇人厚也。"既而夫子闻之，曰：

"季氏之妇尚贤哉！"子路愀然对曰："夫子亦好人之誉己乎？夫子死而不哭，是不慈也，何善尔！"子曰："怒其子之不能随贤，所以为尚贤者，吾何有焉？其亦善此而已矣。"

［译文］公父文伯死后，妻妾中有人为他殉死，公父文伯的母亲为此愤怒而不哭泣。家臣来劝说时，他母亲说："孔子是天下的贤人，却得不到鲁国的重用，退隐而去。我的这个儿子素来尊崇孔子却不能追随他。如今他死后却有两位妻妾为他殉死，这要让我哭的话，是对长者淡薄，对妇人厚待啊。"后来孔子听说了这件事，说："季氏家的妇人崇尚贤人啊！"子路不高兴地对孔子说："老师也喜欢别人赞美自己吗？儿子死了都不哭，是不慈爱啊，哪值得称善呢！"孔子说："她为儿子不能追随贤人而生气，所以我才称她为崇尚贤人的人，儿子死了，她不伤心，和我有什么关系呢？她也只是这方面值得称道而已啊！"[K1.3.3]

【好学】卫出公使人问孔子曰："寡人之任臣，无大小，一一自言问观察之，犹复失人，何故？"答曰："如君之言，此即所以失之也。人既难知，非言问所及，观察所尽。且人君之虑者多，多虑则意不精。以不精之意察难知之人，宜其有失也。君未之闻乎？昔者舜臣尧，官才任士，尧一从之。左右曰：'人君用士，当自任耳目而取信于人，无乃不可乎？'尧曰：'吾之举舜，已耳目之矣。今舜所举人，吾又耳目之，是则耳目人终无已也。'君苟付可付，则己不劳而贤才不失矣。"

［译文］卫出公派人问孔子说："我任命每个臣子，无论大官小官，一律亲自盘问观察他，却还老是失察，是何原因呢？"孔子回答："照您这样说的去做，就是一种失察啊。人是很难了解的，不能说几句话就能了解他，就能看清楚他的。而且君主的顾虑太多，顾虑多则注意力不精纯。以不精纯之注意力去观察难知之人，是很容易失误的。您没听过吗？从前虞舜做尧帝的臣子，

凡是任命官员才士，尧帝无不听从。左右官员说：'君主任用官员，应以自己的耳听目察来取信于人，这不更好吗？'尧说：'我推举舜，是把他作为自己的耳目。如今虞舜推举的人，我又再把他作为耳目，那成为我耳目的人就会无穷无尽了。'您如果可以托付的就托付给他人去做吧，这样的话您就无须操劳而贤才也不会失去了。"[K1.3.4]

【修德】子贡问曰："昔孙文子以卫侯哭之不哀，知其将为乱，不敢舍其重器而行，尽寘诸戚，而善晋大夫二十人，或称其知，何如？"孔子曰："吾知其为罪人，未知其为知也。"子贡曰："敢问何谓也？"子曰："食其禄者必死其事。孙子知卫君之将不君，不念伏死以争，而累规去就，尸利携贰，非人臣也。臣而有不臣之心，明君所不赦。幸哉，孙子之以此免戮也。"

［译文］子贡问："从前孙文子从卫侯的哭声不哀之中，察知他将会祸国，因此不敢把贵重物品放在国都的家里，而是把它全部转移到自己的封邑戚地，还结交好晋国的二十位大夫。有人称他有先见之明，对吗？"孔子说："我只知道他是罪人，不知道他是有远见的人。"子贡问："敢问这是为什么呢？"孔子说："吃谁的俸禄就要为谁死心塌地做事。孙文子知道卫侯将做不成君主，不想着怎样拼死谏争，反而违反道德规范趋利避害，居高位享俸禄，无所作为且怀有二心，这不是臣子的所为。臣子没有忠臣之心，是明君所不可赦免的。幸好啊，孙文子没有因此被杀。"[K1.3.5]

【谋道】孔子使宰予使于楚，楚昭王以安车象饰，因宰予以遗孔子焉。宰予曰："夫子无以此为也。"王曰："何故？"对曰："臣以其用，思其所在观之，有以知其然。"王曰："言之。"宰予对曰："自臣侍从夫子以来，窃见其言不离道，动不违仁。贵义尚德，清素好俭。仕而有禄，不以为积。不合则去，退无吝心。妻不服彩，妾不衣帛，车器不雕，马不食粟。道行则乐其治，不行则乐其身，此所以为夫子也。若夫观目之丽靡，窈窕之淫音，夫子过之弗之视，遇之弗之听也。故臣知夫子之无用此车也。"王曰："然则夫子何欲而可？"对曰："方今天下道德寝息，其志欲兴而行之。天下诚有欲治之君能行其道，则夫子虽徒步以朝，固犹为之，何必远辱君之重贶乎？"王曰："乃今而后知孔子之德也大矣。"宰予归，以告孔子。孔子曰："二三子以予之言何如？"子贡对曰："未尽夫子之美也。夫子德高则配天，深则配海。若予之言，行事之实也。"夫子曰："夫言贵实，使人信之，舍实何称乎？是赐之华不若予之实也。"

[译文] 孔子派宰予出使楚国，楚昭王用象牙装饰马车，想通过宰予赠送给孔子。宰予说："孔夫子不需要这类东西。"楚王问："为什么呢？"回答说："臣子我通过象牙车的用途，考虑孔子的处境来看它，因此能知道会这样。"楚王说："说说看。"宰予回答说："自从臣下服侍孔夫子以来，看见他说话总不离开仁道，行动不违背仁德，尊义尚德，清素淡泊，喜好俭朴。他当官后有了俸禄，也不积累财富。不合道就隐去，退回不当的礼物而没有贪吝心。他的妻子不穿彩衣，小妾也不穿昂贵衣帛，马车器物不雕琢，马也不喂食粟米。他的仁道能推行，就以治国为乐，不行就独善其身，这就是作为夫子的孔子。如果是看起来华丽奢靡的东西，听起来淫邪的歌声，孔夫子经过时也不去看，遇到了也不去听。所以臣下知道夫子不会用这辆车。"楚王说："那么夫子想要什么呢？"宰予回答："如今天下道德沦丧，他的志向是想施行仁道。天下如果有有为之君能行孔子的仁道，那么夫子即使是走路来上朝，也十分乐意这么做，何必让您这重赏礼物运到远方而遭辱没呢？"楚王说："我从今以后算是知道孔子的道德有多伟大了！"宰予回来后，把经过告诉了孔子。孔子说："你们几位弟子认为宰予的话说得怎么样呢？"子贡回答："还没有道尽夫子的完美。夫子的仁德像天高，仁道深似海。宰予的言论，只是说明了老师谋道的实情罢了。"孔子说："说话贵在实在，使人相信它，离开了实情

能称为什么呢？子贡的华丽赞美，不如宰予的实情描述啊。"［K1.3.6］

【礼乐】孔子适齐，齐景公让登，夫子降一等，景公三辞然后登。既坐，曰："夫子降德辱临寡人，寡人以为荣也。而降阶以远，自绝于寡人，寡人未知所以为罪。"孔子答曰："君惠顾外臣，君之赐也。然以匹夫敌国君，非所敢行也。虽君私之，其若义何？"

［译文］孔子到齐国去，齐景公请他登上一级台阶，孔子主动降下一阶台阶，齐景公辞让了三次才登上台阶。坐下以后，齐景公说："夫子降低身份来会见寡人，寡人以为无上光荣。但您却降一级台阶离开远一点，这是有意疏远寡人啊，寡人不知何处得罪您了？"孔子回答："齐君您格外惠顾外臣，是君上的恩赐。然而让一个平民与国君相等，我是不敢这么做的。虽说国君您心里照顾我，但礼义置于何处呢？"［K1.3.7］

【孝悌】颜雠善事亲，子路义之。后雠以非罪于卫，将死。子路请以金赎焉，卫人将许之。既而二三子纳金于子路以入卫。或谓孔子曰："受人之金以赎其私昵，义乎？"子曰："义而赎之，贫取于友，非义而何？爱金而令不辜陷辟，凡人且犹不忍，况二三子于由之所亲乎？《诗》云：'如可赎兮，人百其身。'苟出金可以生人，虽百倍古人不以为多。故二三子行其欲，由也成其义，非汝之所知也。"

［译文］颜雠的孝亲做得很好，子路很佩服他的孝义。后来颜雠在卫国无辜获罪，将被处死。子路请求以金钱赎命，卫国人准许了。于是同门弟子有二三人凑了钱，交给子路去卫国赎人。有人对孔子说："接受他人的金钱来赎亲近的私交，这符合义吗？"孔子说："为了情义而赎好友，因贫穷而向朋友借钱，这不是义又是什么呢？贪财而令无辜陷入重刑，凡是人都不忍心，何况这几个弟子还是为了子路亲近的人呢？《诗》里说：'如果可以赎命，愿

以百倍代价换他一命。'如果出钱就可以救活生人，即使百倍价格古人也不以为多。这几个弟子是为了达成目的，让子路成就义举，这不是你所知道的啊。"[K1.3.8]

【好学】孔子读《诗》及《小雅》，喟然而叹曰："吾于《周南》《召南》见周道之所以盛也，于《柏舟》见匹夫执志之不可易也。于《淇奥》见学之可以为君子也，于《考槃》见遁世之士而不闷也，于《木瓜》见苞苴之礼行也，于《缁衣》见好贤之心至也。于《鸡鸣》见古之君子不忘其敬也，于《伐檀》见贤者之先事后食也，于《蟋蟀》见陶唐俭德之大也，于《下泉》见乱世之思明君也，于《七月》见豳公之所以造周也，于《东山》见周公之先公而后私也，于《狼跋》见周公之远志所以为圣也，于《鹿鸣》见君臣之有礼也，于《彤弓》见有功之必报也，于《羔羊》见善政之有应也，于《节南山》见忠臣之忧世也，于《蓼莪》见孝子之思养也，于《楚茨》见孝子之思祭也，于《裳裳者华》见古之贤者世保其禄也，于《采菽》见古之明王所以敬诸侯也。"

[译文]孔子读《诗》读到《小雅》时，长叹一声说："我从《周南》与《召南》里，看到了周朝礼仪之道盛大的原因；从《柏舟》里看到普通百姓的矢志不移；从《淇奥》里看到了修学可成为君子；从《考槃》里看到了遁世隐士并不烦闷；从《木瓜》里看到了馈赠礼物的可行举止；从《缁衣》里看到了喜好贤良的心思；从《鸡鸣》里看到了古代君子不忘诚敬；从《伐檀》里看到了贤者先做事后饮食；从《蟋蟀》里看到了陶唐俭德的伟大；从《下泉》里看到了乱世时思念明君；从《七月》里看到了豳公如何艰辛地创立周国基业；从《东山》里看到了周公的先公后私；从《狼跋》里看到了周公的远大志向与成为圣人的原因；从《鹿鸣》里看到了君臣之间应有的礼仪；从《彤弓》里看到了有功劳必报答；从《羔羊》里看到了善政的结果；从《节南山》里看到了忠臣忧思世事；从《蓼莪》里看到了孝子思养双亲；从《楚茨》里看到了孝子

思祭先人；从《裳裳者华》里看到了古代贤人世代都能保有俸禄；从《采菽》里看到了古代明王如何尊敬诸侯。" [K1.3.9]

【好学】孔子昼息于室而鼓琴焉，闵子自外闻之，以告曾子曰："向也夫子之音清彻以和，沦入至道。今也更为幽沈之声，幽则利欲之所为发，沈则贪得之所为施，夫子何所感之若是乎？吾从子入而问焉。"曾子曰："诺。"二子入，问夫子。夫子曰："然。汝言是也，吾有之。向见猫方取鼠，欲其得之。故为之音也。汝二人者孰识诸？"曾子对曰："是闵子。"夫子曰："可与听音矣。"

［译文］孔子白天在家里休息时，弹起了古琴。闵子在外边听见后，告诉曾子说："夫子的琴声一向清新、通达、柔和，融入至高道境。如今却变更为幽咽低沉之声，幽咽是为利欲所发声，低沉是为贪得的表现，夫子怎么会有这样的感受呢？我跟您一起进去问问他吧。"曾子说："好。"两人进去后，向孔夫子询问此事。孔夫子说："是的。你们说的话是对的，我确有这样的心思。刚才我看见猫正准备捕鼠，想让猫抓住它，所以发出了这样的琴音。你们两人中是谁察觉出来的？"曾子回答："是闵子。"孔夫子说："可与他一同欣赏音乐了。" [K1.3.10]

卷二

刑论第四

【礼乐】仲弓问古之刑教与今之刑教。孔子曰："古之刑省，今之刑繁。其为教，古有礼然后有刑，是以刑省；今无礼以教而齐之以刑，刑是以繁。《书》曰：'伯夷降典，折民维刑。'谓下礼以教之，然后维以刑折之也。夫无礼则民无耻，而正之以刑，故民苟免。"

［译文］仲弓请教古代刑法礼教与如今刑法礼教的不同。孔子说："古代的刑法简省，如今的刑法繁复。从礼治乐教看，古代是先有礼然后有刑，因此刑罚简省；如今没有了礼仪的教化，而归统划一只用刑法，因此刑罚繁复。《尚书》说：'伯夷颁发法典，靠刑法裁断民讼。'这就叫作先以礼治教化，然后靠刑法断案。如果无礼百姓就无羞耻，如果只靠刑罚规范百姓，百姓就会苟且免于受刑。"［K2.4.1］

【礼乐】孔子适卫。卫将军文子问曰："吾闻鲁公父氏不能听狱，信乎？"孔子答曰："不知其不能也。夫公父氏之听狱，有罪者惧，无罪者耻。"文子曰："有罪者惧是听之察，刑之当也；无罪者耻，何乎？"孔子曰："齐之以礼，则民耻矣；刑以止刑，则民惧矣。"文子曰："今齐之以刑，刑犹弗胜，何礼之齐？"孔子曰："以礼齐民，譬之于御，则辔也。以刑齐民，譬之于御，则鞭也。执辔于此而动于彼，御之良也。无辔而用策，则马失道矣。"文子曰："以御言之，左手执辔，右手运策，不亦速乎？若徒辔无策，马何惧哉？"孔子曰："吾闻古之善御者，执辔如组，两骖如舞，非策之助也。是以先王盛于礼而薄于刑，故民从命。今也废礼而尚刑，故民弥暴。"文子曰："吴越之俗，无礼而亦治，何也？"孔子曰："夫吴越之俗，男女无别，同川而浴，民轻相犯，故其刑重而不胜，由无礼也。中国之教，为外内以别男女，异器服以殊等类，故其民笃而法，其刑轻而胜，由有礼也。"

　　[译文]孔子到卫国去。卫将军文子问："我听说鲁公父氏不会审案断狱，是这样吗？"孔子回答："我不知道他不能审狱。鲁公父氏审案断狱时，有罪的人恐惧，无罪的人羞耻。"文子问："有罪的人是怕他明察秋毫，受到应得的刑罚；无罪的人羞耻，又是为何呢？"孔子说："如果统一礼仪规范，人民就会懂得羞耻；如果只懂得用刑法来阻止犯罪，人民就会害怕。"文子说："今天统一用刑罚，刑罚还是不能生效，又怎能用礼仪统一规范呢？"孔子说："以礼仪统一规范人民，就像是驾车用缰绳。以刑法规范人民，就像是驾车用鞭子。手执缰绳而驾驭马，是优秀的马夫。没有缰绳而只用鞭策，马就会迷失道路了。"文子说："从驾马车来说，左手执缰绳，右手挥马鞭，不是更快吗？如果只有缰绳没有鞭子，马还怕什么呢？"孔子说："我听说古代善于驾驭者，执缰绳如丝带，两马飞奔如跳舞，并非靠马鞭助力。先王之道更重视礼仪而轻视刑法，因此人民都愿意服从命令。如今废弃礼仪而崇尚刑法，因此人民日益暴怒。"文子说："吴越的风俗，没有礼仪也能治理，是什么原因呢？"孔子说："吴越的风俗，男女没有差别，同一条河水沐浴，人民无视互相侵犯，刑罚再重也难治理，因此缺少礼仪。中原诸国的教化，用男主外、女主内加以区别，用器物服饰分出等级，人民笃实守法，刑罚很轻也能治理，因此讲礼仪。"［K2.4.2]

　　【礼乐】孔子曰："民之所以生者，衣食也。上不教民，民匮其生，饥寒切于身而不为非者寡矣。故古之于盗，恶之而不杀也。今不先其教而一杀之，是以罚行而善不反，刑张而罪不省。夫赤子知慕其父母，由审故也，况乎为政？兴其贤者而废其不贤，以化民乎！知审此二者，则上盗息。"

［译文］孔子说："人民赖以生存的是衣物和食品。统治者不教化人民，人民生活匮乏，整日忍饥受寒，还不为非作歹的那是太少了。所以古代对于强盗，厌恶而不杀他。如今不先对其教化就一杀了之，这是惩罚罪行而善德并不恢复，刑罚扩张而罪行并不减少。初生的婴儿都知道爱慕自己的父母，知道谁是自己的父母，何况是治国理政呢？难道不需要尊崇贤者而废弃不贤者，以教化人民吗？能知道审视礼治与刑罚这两方面，那么大盗也就会消失了。"［K2.4.3］

【礼乐】《书》曰："兹殷罚有伦。"子张问曰："何谓也？"孔子曰："不失其理之谓也。今诸侯不同德，每君异法，折狱无伦，以意为限，是故知法之难也。"子张曰："古之知法者与今之知法者异乎？"孔子曰："古之知法者能远狱，今之知法者不失有罪。不失有罪，其于恕寡矣。能远于狱，其于防深矣。寡恕近乎滥，防深治乎本。《书》曰：'维敬五刑，以成三德。'言敬刑所以为德也。"

［译文］《尚书》说："殷朝的刑罚有条理。"子张问："这是什么意思？"孔子说："这是不失法理的意思。如今诸侯不同心同德，每个君主都有不同的法律，断狱也没有条理，以主观臆断为标准，因此知道执法难。"子张问："古代知法者与现今知法者有什么不同吗？"孔子说："古代知法者能远离监狱，现今知法者只知定罪。只知定罪，就很少宽恕了。能远离监狱，就能深度地防止犯罪。没有宽恕免罪，和滥施刑罚差不多，只有深度防止犯罪，才能治本。《尚书》说：'只有慎用五刑，才能成就三德。'这是说慎用刑罚才能成就仁德礼治。"［K2.4.4］

【礼乐】《书》曰："非从维从。"孔子曰："君子之于人也，有不语也，无不听也，况听讼乎？必尽其辞矣。夫听讼者，或从其情，或从其辞。辞不可从，必断以情。《书》曰：'人有小罪，非眚，乃惟终，自作不典，式尔，有厥罪小，乃不可不杀。乃有大罪，非终，乃为眚灾，适尔，既道极厥辜，时乃不可杀。'"

［译文］《尚书》说："不要只听从一面之词。"孔子说："君子与人交往的时候，有不说话的时候，没有不听别人说话的时候，何况是听讼辩呢？一定要让别人把要说的话都说完。听讼辩的法官，有的根据情理，有的根据说辞。但说辞不可信从，必须以情理断案。《尚书》说：'人有小罪，既不是过失造成的，又不思悔改，因存心犯法而造成这一恶果的，即使罪很小，也不可不杀。人有大罪，但没有不终止，而且是因为偶然过失造成大祸的，只要说明这全都是无辜的，有时也可以不杀。'" [K2.4.5]

【礼乐】曾子问听狱之术。孔子曰："其大法有三焉，治必以宽，宽之之术归于察，察之之术归于义。是故听而不宽是乱也，宽而不察是慢也，察而不中义是私也，私则民怨。故善听者听不越辞，辞不越情，情不越义。《书》曰：'上下比罚，无僭乱辞。'"

［译文］曾子请教断案听狱的方法。孔子说："断案大法有三项，治理必须宽仁，宽仁的方法在于观察，观察的方法要归于义理。因此断案不宽仁就是扰乱法律，宽仁而不深察就是轻慢法纪，深察而不符合义理就是徇私枉法，徇私枉法人民就会怨恨。所以善于听狱断案者，听讼辩时不偏离讼辞，判断讼辞时不脱离实情，深察情理时不违背道义。《尚书》说：'上下对比刑法的罚则，不要错乱了章法律辞。'" [K2.4.6]

【大同】《书》曰："哀敬折狱。"仲弓问曰："何谓也？"孔子曰：

"古之听讼者，察贫贱，哀孤独及鳏寡老弱、不肖而无告者，虽得其情，必哀矜之。死者不可生，断者不可属。若老而刑之，谓之悖；弱而刑之，谓之克；不赦过，谓之逆；率过以小罪，谓之积。故宥过赦小罪，老弱不受刑，先王之道也！《书》曰：'大辟疑赦。'又曰：'与其杀不辜，宁失不经。'"

［译文］《尚书》说："用哀悯恭敬的态度审狱断案。"仲弓问："这话是什么意思呢？"孔子说："古代的听讼官员，深察贫穷人民，哀悯那些孤独无依、年老体弱、愚昧无知又无助的人，虽然察得实情，也必定哀怜他们。死去的不可再生，断绝的不可连属。如对老人施刑，叫作违悖常理；对弱者施刑，叫作刻薄寡恩；不赦免过错，叫作倒行逆施；把过错都当成罪行，叫作危害人民。所以宽宥过错，赦免小罪，对老人病弱者不施刑，这是先王之道啊！《尚书》说：'死罪存疑者可以赦免。'又说：'与其杀害无辜之人，宁可枉法而失察。'"［K2.4.7］

【亲仁】《书》曰："若保赤子。"子张问曰："听讼可以若此乎？"孔子曰："可哉。古之听讼者，恶其意不恶其人。求所以生之，不得其所以生乃刑之。君必与众共焉，爱民而重弃之也。今之听讼者，不恶其意而恶其人，求所以杀，是反古之道也。"

［译文］《尚书》说："要像保护婴儿一样。"子张问："察听诉讼的时候也可以这样做吗？"孔子说："可以啊。古代察听诉讼时，厌恶罪犯的恶念而不厌恶他本人。寻求留他一命的理由，找不到留他活命的理由才处刑。君主必须与民众一条心，仁爱民众而不轻易放弃他们。如今的听讼审案者，不厌恶罪犯的恶念而厌恶他本人，百般寻求杀他的理由，这是违反古法之道的。"［K2.4.8］

【礼乐】孟氏之臣叛，武伯问孔子曰："如之何？"答曰："臣人而叛，天下所不容也，其将自反，子姑待之。"三旬，果自归孟氏。武伯将执

之，访于夫子。夫子曰：“无也。子之于臣，礼意不至，是以去子。今其自反，罪以反除，又何执焉？子修礼以待之，则臣去子将安往？”武伯乃止。

［译文］孟氏家臣叛逃后，孟武伯前来问孔子：“这事该怎么办？”孔子回答：“家臣叛乱，天下不容，他会自己返回，您姑且等待吧。”过了三十天，家臣果然自己回来了。孟武伯准备将他拿下，特意求访孔子。孔子说：“不必捉他了。您对家臣的礼仪不够注意，所以他离开了您。如今他自己回来，罪过也就消除了，又何必执拿他呢？您如果以礼善待他，家臣离开您后又能去哪呢？”孟武伯于是作罢了。 [K2.4.9]

记问第五

【谋道】夫子闲居，喟然而叹。子思再拜请曰：“意子孙不修，将忝祖乎？羡尧舜之道恨不及乎？”夫子曰：“尔孺子，安知吾志？”子思对曰：“伋于进膳，亟闻夫子之教：‘其父析薪，其子弗克负荷，是谓不肖。’伋每思之，所以大恐而不懈也。”夫子忻然笑曰：“然乎！吾无忧矣。世不废业，其克昌乎！”

［译文］孔子闲居在家，长叹了一声。子思连拜两次后诚敬地请教说：“爷爷的意思是子孙没有修好德，愧对祖先吗？还是羡慕尧舜之道的伟大，恨自己不能达到呢？”孔子说：“你这个小孩子，哪能知道我的志向呢？”子思回答：“孙儿吃饭时曾听到您的教诲：‘父亲在砍柴，儿子却不去帮挑柴，这就叫不肖之子。’孙儿每想到这一点，就十分恐慌而不敢松懈啊！”孔子欣慰地拂髯一笑，说：“这就对啦！我心无忧了。世界不废弃仁道大业，它必定昌盛吧！” [K2.5.1]

【礼乐】子思问于夫子曰：“为人君者，莫不知任贤之逸也，而不能用贤，何故？"子曰："非不欲也，所以官人失能者，由于不明也。其君以誉为赏，以毁为罚，贤者不居焉。"

［译文］子思问孔子说："作为国君，没有不知道用贤人可得安逸的好处的，但大都不能任用贤人，这是什么缘故呢？"孔子说："不是不想啊，之所以授官位时失去贤能者，是因为不能明察。君主以他人的赞誉为奖赏根据，以他人的毁谤为惩罚理由，这样贤良者自然都不愿意留下来了。"［K2.5.2］

【亲仁】子思问于夫子曰："亟闻夫子之诏，正俗化民之政莫善于礼乐也。管子任法以治齐，而天下称仁焉。是法与礼乐异用而同功也，何必但礼乐哉？"子曰："尧舜之化，百世不辍，仁义之风远也。管仲任法，身死则法息，严而寡恩也。若管仲之知，足以定法，材非管仲而专任法，终必乱成矣！"

［译文］子思问孔子说："多次听到您的教诲，端正风俗，教化民众的政治，没有比礼治乐教更好的了。管子用法律治理齐国，而天下称赞他的仁德。这说明法律与礼乐的用法不一而功能相同，何必只用礼乐呢？"孔子说："尧舜二帝的教化，历经百世而不停止，是因为仁义德风的流传久远。管仲用法律，身死之后法律就废止了，这就是严法酷刑、寡恩薄情的原因。如果像管仲那样明智，还足以制定善法；如果才能不如管仲而又专用刑罚，最终必酿成大乱啊！"［K2.5.3］

【好学】子思问于夫子曰："物有形类，事有真伪，必审之，奚由？"子曰："由乎心。心之精神，是谓圣。推数究理，不以物疑，周其所察，圣人难诸？"

［译文］子思问孔子说："万物有形状分类，事情有真伪，必定认真审查，从哪里入手呢？"孔子说："从内心出发。心的精神，是睿智圣明。探究事物的道理和规律，不因事物复杂而存疑，能周详细察万物之精微，这连圣人

也很难做到吧？"〔K2.5.4〕

【谋道】赵简子使聘夫子，夫子将至焉。及河，闻窦鸣犊与舜华之见杀也，回舆而旋之卫，息鄹，遂为《操》曰："周道衰微，礼乐凌迟。文武既坠，吾将焉师？周游天下，靡邦可依。凤鸟不识，珍宝枭鸱，眷然顾之，惨然心悲。巾车命驾，将适唐都，黄河洋洋，悠悠之鱼，临津不济，还辕息鄹。伤予道穷，哀彼无辜，翱翔于卫，复我旧庐。从吾所好，其乐只且。"

〔译文〕赵简子派人去聘请孔子，孔子即将前往。到了河边，听说窦鸣犊与舜华都被杀了，立即掉转马车，绕道卫国，在鄹地歇息，并创作了《操》说："礼治乐教崩坏，周朝王道衰亡。文武之道坠落，吾将效法何师？驾车周游天下，没有可依之邦。凤鸟他人不识，珍宝变成枭鸱。眷然回顾观望，惨然心中悲伤。即令马车回转，将往帝都陶唐。悠悠之鱼漫游，黄河之水洋洋。临津无船难渡，还辕歇息鄹乡。叹我道穷彷徨，哀彼无辜遭戕。凤凰于卫翱翔，复我旧庐家乡。从吾所好而去，其乐只且徜徉。"〔K2.5.5〕

【亲仁】哀公使以币如卫迎夫子，而卒不能赏。故夫子作《丘陵之歌》曰："登彼丘陵，峛崺其阪。仁道在迩，求之若远。遂迷不复，自婴屯蹇。喟然回虑，题彼泰山。郁确其高，梁甫回连。枳棘充路，陟之无缘。将伐无柯，患兹蔓延。惟以永叹，涕霣潺湲。"

〔译文〕鲁哀公派人带上财物去卫国迎接孔子，而最终还是不能重用他。所以孔子创作了《丘陵之歌》说："登顶丘陵，山坡蜿蜒。仁道在旁，求之很远。迷途难返，踯躅不前。叹息忧虑，题词泰山。高耸葱郁，勾连回旋。荆棘满路，无法攀缘。砍树无枝，祸患蔓延。唯有长叹，涕泪涟涟。"〔K2.5.6〕

【大同】楚王使使奉金帛聘夫子，宰予、冉有曰："夫子之道，于是行矣。"遂请见，问夫子曰："太公勤身苦志，八十而遇文王，孰与许由之贤？"夫子曰："许由，独善其身者也；太公，兼利天下者也。然今世无文王之君也，虽有太公，孰能识之？"乃歌曰："大道隐兮礼为基，贤人窜兮将待时，天下如一欲何之？"

〔译文〕楚王派使者奉上金帛聘请孔子。宰予、冉有说："老师的仁道，如今可以推行了。"于是请求面见，并求教孔子说："姜太公一生勤苦谋志，八十岁才遇见周文王，他与许由比谁更贤良？"孔子说："许由是独善其身的人，姜太公是兼利天下的人。然而今世已经没有了周文王这样的君王，即使再有了姜太公，谁能赏识他呢？"于是放歌道："大道深藏兮，礼乐为基；贤人流浪兮，察机待时；天下大同兮，吾欲何之？"［K2.5.7〕

【大同】叔孙氏之车子曰鉏商，樵于野而获兽焉，众莫之识，以为不祥，弃之五父之衢。冉有告夫子曰："有麇而肉角，岂天之妖乎？"夫子曰："今何在？吾将观焉。"遂往，谓其御高柴曰："若求之言，其必麟乎？"到视之，果信。言偃问曰："飞者宗凤，走者宗麟，为其难致也。敢问今见，其谁应之？"子曰："天子布德，将致太平，则麟凤龟龙先为之祥。今宗周将灭，天下无主，孰为来哉？"遂泣曰："予之于人，犹麟之于兽也。麟出而死，吾道穷矣。"乃歌曰："唐虞世兮麟凤游，今非其时吾何求？麟兮麟兮我心忧。"

〔译文〕叔孙氏的车夫名叫鉏商，在山野打柴时捕获了野兽，众人都不认识，以为是不祥之物，把它抛弃在五父街衢上。冉有告诉孔子说："有一只长了肉角的獐子，这难道不是天降的妖孽吗？"孔子说："现在在哪里？我去看看。"在前往的路上，孔子对驾车同行的弟子高柴说："如果真像冉求说的那样，它一定是只麒麟吧？"到了现场一看，果然如此。言偃问："飞鸟以凤凰为王，走兽以麒麟为王，因为它们很难得。敢问今天所见，是对应什么预兆呢？"孔子说："天子广布仁德，将实现天下太平，那么麒麟、凤凰、灵龟和神龙的出现就是祥兆。如今周朝将要灭亡，天下失去了共主，麒麟为谁而来呢？"于是哭泣说："我对于世间人群，犹如麒麟对于兽群一样。麒麟出世而死，我所谋之道自然也穷尽了。"于是放歌道："陶唐虞舜盛世兮，麒麟与凤凰同游；如今已非其时兮，吾能有何欲何求？麒麟啊麒麟啊，我焦虑兮心忧！" [K2.5.8]

杂训第六

【好学】子上请所习于子思，子思曰："先人有训焉，学必由圣，所以致其材也；厉必由砥，所以致其刃也。故夫子之教，必始于《诗》《书》而终于《礼》《乐》，杂说不与焉，又何请？"

［译文］子上向子思请教学习遇到的问题，子思说："先人有训示，必须向圣人学习，这才能成为人才；磨刀必须靠磨刀石，刀刃才能锋利。所以先祖孔夫子的教育，必须从《诗》《书》开始，终结于《礼》《乐》，其他诸子杂说都不算数，你又向我请教什么呢？" [K2.6.1]

【好学】子思谓子上曰："白乎，吾尝深有思而莫之得也，于学则寤焉；吾尝企有望而莫之见也，登高则睹焉。是故，虽有本性而加之以学，则无惑矣。"

［译文］子思对子上说："白啊，我曾经深思很久而一无所得，通过学习后就觉悟了；我曾经踮脚远望而一无所见，登上高山就看清楚了。因此，本性再聪慧也要加上好学，这样就不会有困惑了。" [K2.6.2]

【亲仁】悬子问子思曰："吾闻同声者相求，同志者相好。子之先君见子产，则兄事之，而世谓子产仁爱，称夫子圣人，是谓圣道事仁爱也，吾未谕其人之孰先后也，故质于子。"子思曰："然，子之问也。昔季孙问子游，亦若子之言也。子游答曰：'以子产之仁爱譬夫子，其犹浸水之与膏雨乎。'康子曰：'子产死，郑人丈夫舍玦珮，妇女舍珠瑱，巷哭三月，竽瑟不作。夫子之死也，吾未闻鲁人之若是也，奚故哉？'子游曰：'夫浸水之所及也则生，其所不及则死，故民皆知焉。膏雨之所生也，广莫大焉，民之受赐也普矣，莫识其由来者。上德不德，是以无德。'季孙曰：'善。'"悬子曰："其然。"

[译文]悬子问子思说："我听说同声者相求，同志者相好。您的祖父见到子产，像兄长一样服事他，而世人都赞子产仁爱，称孔子为圣人，这是说圣人之道要服事仁爱之人吧，我不明白他们二人到底应该谁先谁后，故请教您。"子思说："您的提问是对的。从前季孙问子游时，也有您这类的问话。子游回答：'用子产的仁爱比喻孔子仁道，就像是灌溉之水与甘霖吧。'当时康子问：'子产死后，郑国男人都不在身上挂玉珮，妇女都不在耳垂上戴玉饰，街巷的居民都哭泣了三个月，无一人奏乐。孔子去世的时候，我没听说过鲁国人有这样悲伤的，这是什么缘故呢？'子游说：'灌溉之水所到之处的植物都能生长，没水的地方植物都干死了，所以人们都知道灌溉的好处。甘霖滋润的生命，广大无边，人们受甘霖的恩赐非常普遍，却不知道它的由来。这是因为，崇尚道德的人不大肆鼓吹道德，所以有真正的道德。'季孙说：'说得好。'"悬子说："是这样的。"[K2.6.3]

【礼乐】孟子车尚幼，请见子思。子思见之。甚悦其志，命子上侍坐焉。礼敬子车甚崇，子上不愿也。客退，子上请曰："白闻士无介不见，女无媒不嫁。孟孺子无介而见，大人悦而敬之，白也未谕，敢问。"子思曰："然。吾昔从夫子于郯，遇程子于途，倾盖而语，终日而别。命子路将束帛赠焉，以其道同于君子也。今孟子车，孺子也，言称尧舜，性乐仁义，世所希有也。事之犹可，况加敬乎？非尔所及也。"

［译文］孟轲年幼的时候，请求拜见子思。子思见到孟轲，很喜欢他的志向，就让子上在一边陪坐，对孟轲礼敬备至，令子上很不情愿。客人走后，子上请教父亲说："我听说士人没人介绍的不见，女子无媒人的不嫁。孟轲小娃无人介绍而求见，父亲大人却喜欢而礼敬他，我弄不明白，所以请教。"子思说："是的。我以前随爷爷孔夫子去郯地，与贤人程子相遇于途中，停车而谈，终日方别。爷爷还让子路拿来布帛赠给他，只因为他与君子志同道合。如今孟轲虽还是个孩童，但言谈时必称尧舜，天性乐谈仁义道德，真是世间少有啊。服事他都还可以，何况还只是礼敬呢？这不是你所能比得上的啊。" ［K2.6.4］

礼乐 子思在鲁，使以书如卫问子上。子上北面再拜，受书伏读，然后与使者宴。遂为复书，返中庭，北面再拜，以授使者。既受书，然后退。使者还鲁问子思，曰："吾子堂上南面立授臣书，事毕送臣。子上中庭拜授臣书而不送，何也？"子思曰："拜而不送，敬也，使而送之，宾也。"

［译文］子思在鲁国的时候，曾派使者送书信到卫国问候子上。子上面向北方再次拜谢后，才接受书信，伏案阅读，接着设宴招待使者。然后才书写复函，返回中庭，朝北面拜两次后，才把回函授予使者。等使者接受回函，子上才退回屋里。使者返还鲁国后问子思说："老师您在厅堂上面向南面，站着把书信授予臣下，完事后才送臣下离开。子上在中庭上拜谢后，授予臣下书信却不礼送，这是为什么呢？"子思说："拜谢而不送别，这是主人表示尊敬；派遣使者而送别，这是对待宾客的礼仪。" ［K2.6.5］

【祭祀】鲁人有同姓死而弗吊者。人曰："在礼当免不免，当吊不吊，有司罚之，如之何子之无吊也？”答曰：“吾以其疏远也。”子思闻之，曰：

“无恩之甚也。昔者季孙问于夫子曰：‘百世之宗，有绝道乎？’子曰：‘继

之以姓，义无绝也。故同姓为宗，合族为属，虽国子之尊，不废其亲，所以崇

爱也。是以缀之以食，序列昭穆，万世婚姻不通，忠笃之道然也。’”

　　［译文］鲁国有个人不去吊唁同姓死者。别人对他说：“礼仪规定应当
免除的不免除，规定应当吊唁的不吊唁，会受到官员责罚，你为什么不去吊唁
呢？”那人回答：“我跟他的关系很疏远。”子思听闻后说：“这太不讲恩情
了。从前季孙问孔夫子：‘延续百代的宗亲，灭绝人伦之道了吗？’孔子说：
‘有了姓氏的继承，人伦情义是不会灭绝的。所以说同姓为宗亲，合族为亲
属，即使是享有国家君子之尊，也不会废弃他的亲戚，这是为了推崇仁爱。所
以同姓的人要以食物祭品来紧密联系，按照昭穆排序，万世也不通婚，这是同
姓亲族忠信笃实之道。’” ［K2.6.6］

　　修德　鲁穆公访于子思曰：“寡人不德，嗣先君之业三年矣，未知所
以为令名者；且欲掩先君之恶，以扬先君之善，使谈者有述焉，为之若何？愿
先生教之也。”子思答曰：“以伋所闻，舜禹之于其父，非勿欲也，以为私情
之细，不如公义之大，故弗敢私之焉耳。责以虚饰之教，又非伋所得言。”公
曰：“思之可以利民者。”子思曰：“愿有惠百姓之心，则莫如一切除非法之
事也，毁不居之室以赐穷民，夺嬖宠之禄以赈困匮，无令人有悲怨，而后世有
闻见，公抑亦可？”公曰：“诺。”

　　［译文］鲁穆公访问子思时说：“寡人没有什么德行，继承先君的事业
已经三年了，还不知道他的美名；我想掩盖先君的丑恶，褒扬先君的善政，
使谈论他的人有话可说，如何能办到呢？愿先生教我吧。”子思回答说：“以
我所听说过的，舜帝、禹帝对于他们的父亲，不是没有这样的想法，但他们认
为父子私情之细小，不如公义之重大，所以不敢私自处理。教我说虚假谎言，

这不是我应该说的。"鲁穆公说："我本想这样做可有利于人民。"子思说："如有恩惠百姓之心，那么不如革除一切非法之事，拆毁住不完的居室后把土地赐给贫穷人民，剥夺宠信者的俸禄来救济困乏的百姓，这可以让人民不生悲伤怨恨，让后世的人能听闻亲见您的恩德，您可以做到吧？"鲁穆公说："好吧。"［K2.6.7］

【礼乐】悬子问子思曰："颜回问为邦，夫子曰：'行夏之时。'若是，殷周异政为非乎？"子思曰："夏数得天，尧舜之所同也。殷周之王，征伐革命以应乎天，因改正朔。若云天时之改尔，故不相因也。夫受禅于人者则袭其统，受命于天者则革之。所以神其事，如天道之变然也。三统之义，夏得其正，是以夫子云。"

［译文］悬子问子思："颜回问如何治国时，孔子说：'实施夏朝历法。'如果这样的话，殷朝周朝的历法都不对了吗？"子思说："夏朝历法符合天数，与尧帝和舜帝用的历法相同。商汤王与周武王发起征伐暴君的革命，顺应了天道，所以修改了历法。因天时改了，所以不因袭旧历法。接受禅位的王者要沿袭正统，受命于天的王者要革除旧制。所以祭祀天神的事，也要如同天道变化一样来改变。夏商周三朝道统的正朔，唯有夏朝得其本质，所以孔夫子才会这么说。"［K2.6.8］

礼乐　穆公问于子思曰："立太子有常乎？"答曰："有之，在周公之典。"公曰："昔文王舍适而立其次，微子舍孙而立其弟，是何法也？"子思曰："殷人质而尊其尊，故立弟；周人文而亲其亲，故立子，亦各其礼也。文质不同，其礼则异。文王舍适立其次，权也。"公曰："苟得行权，岂唯圣人，唯贤与爱立也？"子思曰："圣人不以权教，故立制垂法，顺之为贵。若必欲犯，何有于异？"公曰："舍贤立圣，舍愚立贤，何如？"子思曰："唯圣立圣，其文王乎？不及文王者，则各贤其所爱，不殊于適，何以限之？必不能审贤愚之分，请父兄群臣卜于祖庙，亦权之可也。”

　　[译文]鲁穆公问子思说："设立太子有常规礼制吗？"子思回答："有，收在周公文典。"鲁穆公说："从前周文王舍弃嫡长子而立次子，微子舍弃孙子而立他的弟弟，是什么礼法？"子思说："殷人质朴而尊敬尊者，所以立弟弟；周人文雅而亲爱亲子，所以立儿子，都尊崇各自的礼法。文雅与质朴不同，因此殷、周礼法互异。周文王舍弃嫡长子而立次子，是权衡的结果。"鲁穆公说："如果可以权衡的话，难道只有圣人能这样做，只有贤人与爱子可立为太子吗？"子思说："圣人不教权衡术，所以立礼制垂法度，以顺应礼治为贵。如非要违制，与破坏礼制有什么区别呢？"鲁穆公说："舍去贤人立圣人，舍去愚人立贤人，这样做怎么样？"子思说："圣人立圣人，只有周文王才能做到吧？不如周文王者，都各以所爱为贤人，如不将嫡长子与其他人分开，用什么来区别？这样必不能识别贤愚的不同。此外，请叔伯、兄弟、群臣到祖庙占卜，也是一种可行的权衡办法。"[K2.6.9]

　　|亲仁|　孟轲问："牧民何先？"子思曰："先利之。"曰："君子之所以教民，亦有仁义而已矣，何必曰利？"子思曰："上不仁则下不得其所，上不义则乐为乱也，此为不利大矣。故《易》曰：'利者，义之和也。'又曰：'利者安身，以崇德也。'此皆利之大者也。"

　　[译文]孟轲问："治理民众以什么事优先？"子思说："以利益优先。"孟轲说："君子用来教化民众的，只有仁义而已，何必说利益呢？"子思说："统治者不仁慈则民众不得安居乐业，统治者不重义则礼乐制度就会混乱，这就大不利了。所以《易经》说：'利益，是正义之和谐。'又说：'重利安身，是为了崇尚道德。'这都是说重大的利益。"[K2.6.10]

居卫第七

修德　子思居卫，言苟变于卫君曰："其材可将五百乘，君任军旅，率得此人，则无敌于天下矣。"卫君曰："吾知其材可将。然变也尝为吏，赋于民而食人二鸡子，以故弗用也。"子思曰："夫圣人之官人，犹大匠之用木也，取其所长，弃其所短。故杞梓连抱而有数尺之朽，良工不弃，何也？知其所妨者细也，卒成不訾之器。今君处战国之世，选爪牙之士，而以二卵弃干城之将，此不可使闻于邻国者也。"卫君再拜曰："谨受教矣！"

〔译文〕子思住在卫国时，与卫君谈论苟变说："他的才干可率领五百乘车马，国君任命他为军旅将军，如能得到他，可以无敌于天下。"卫君说："我知道他的才干可做将军。但苟变以前做过小吏，收赋税时曾吃过老百姓的两个鸡蛋，所以不敢用他。"子思说："圣人选用官员，如良匠选用木材一样，取其所长，弃其所短。因此遇到几人合抱的杞木或梓木，即使有几尺朽坏，良匠也绝不放弃它。为什么呢？是因为知道它碍事处小，最终能做成无可挑剔的器具。如今国君您处在战国乱世，需选拔铁爪钢牙的将士，却为了两个鸡蛋而抛弃卫国大将，这事可不能让它传到邻国耳中啊。"卫君连连拜谢说："受教了！"　[K2.7.1]

【修德】子思适齐，齐君之嬖臣美须眉立乎侧，齐君指之而笑，且言曰："假貌可相易，寡人不惜此之须眉于先生也。"子思曰："非所愿也。所愿者，唯君修礼义，富百姓，而伋得寄帑于君之境内，从襁负之列，其庸多矣。若无此须鬣，非伋所病也。昔尧身修十尺，眉分八彩，实圣。舜身修八尺有奇，面颌无毛，亦圣。禹汤文武及周公，勤思劳体，或拆臂望视，或秃骭背偻，亦圣，不以须眉美鬣为称也。人之贤圣在德，岂在貌乎？且吾先君生无须眉，而天下王侯不以此损其敬。由是言之，伋徒患德之不邵，不病毛鬓之不茂也。"

〔译文〕子思到齐国去，齐君的一位美须秀眉的宠臣立在旁边。齐君手指他笑着说："如果相貌可以互换，寡人不惜把他的胡须眉毛全送给先生。"子思说："这不是我所愿意的。我所愿意的，只是君主能修好礼义，让百姓富裕，让我能把钱财寄放在您境内，跟随着背负幼子的民众行列来贵国互惠互利，也许会来很多人吧。如果没有这些须眉，并非我的毛病。从前尧帝身高十尺，双眉八彩，实为圣人。舜帝身高八尺多，脸上下巴都没毛，也是圣人。大禹、商汤王、周文王、周武王以及周公等勤于思考，操劳国政，他们或手臂折断，走路仰望，或腿毛光秃，腰弯背偻，但也都是圣人，并不以须眉俊美出名。贤才圣人在德，岂在相貌呢？而且我的先祖孔夫子天生就没有俊美须眉，但天下的王侯并不因此不敬重他。从这一点来说，我只担心品德不美，不忧心须眉不茂密。"[K2.7.2]

修德　子思谓子上曰："有可以为公侯之尊，而富贵人众不与焉者，非唯志乎？成其志者，非唯无欲乎？夫锦绣纷华，所服不过温体；三牲大牢，所食不过充腹，知以身取节者，则知足矣。苟知足，则不累其志矣。"

［译文］子思对子上说："有的人享有公侯的尊位，而那些富贵的众人却达不到他的地位，这难道不是因为志向吗？能成就他的志向的人，难道不是因为不贪欲吗？再好的锦绣华服，也不过穿了保温身体；猪、牛、羊的三牲大宴，能吃的也不过是填饱肚子。知道以身保持气节的热，会懂得知足。如果知足，就不会不拖累他志向的实现了。"[K2.7.3]

【礼乐】曾子谓子思曰："昔者吾从夫子巡守于诸侯，夫子未尝失人臣之礼，而犹圣道不行。今吾观子有傲世主之心，无乃不容乎？"子思曰："时移世异，各有宜也。当吾先君，周制虽毁，君臣固位，上下相持若一体然。夫欲行其道，不执礼以求之，则不能入也。今天下诸侯方欲力争，竞招英雄以自辅翼，此乃得士则昌，失士则亡之秋也。伋于此时不自高，人将下吾；不自贵，人将贱吾。舜、禹揖让，汤武用师，非故相诡，乃各时也。"

　　[译文]曾子对子思说："从前我跟随孔夫子拜访诸侯时，孔子从来没有缺失为臣礼仪，但圣人仁道还是没法施行。如今我看您有傲视诸侯的心态，会不容于他们吧？"子思说："时移世异，各有适宜方法。我先祖孔子时代，周朝礼制虽毁，君臣地位还稳固，上下相持对待如同一体。如果要推行仁道，不执礼求访诸侯，就不能见面深入。如今天下诸侯都力争称霸，竞相招揽英雄辅佐自己，这是一个得士则昌，失士则亡的时代。孔伋我此时不抬高自己，别人就会蔑视我；不尊贵自己，别人将轻贱我。舜帝和禹帝互相揖让，商汤和武王起兵征伐，不是故意违反君臣之道义，而是时代不同了。" [K2.7.4]

　　修德　子思在齐，齐尹文子生子不类，怒而杖之。告子思曰："此非吾子也，吾妻殆不妇，吾将黜之。"子思曰："若子之言，则尧舜之妃复可疑也。此二帝，圣者之英，而丹朱、商均不及匹夫。以是推之，岂可类乎？然举其多者，有此父斯有此子，人道之常也。若夫贤父之有愚子，此由天道自然，非子之妻之罪也。"尹文子曰："先生止之，愿无言，文留妻矣。"

　　[译文]子思在齐国的时候，齐国的尹文子嫌生下的儿子不像自己，愤怒地杖击他，还告诉子思说："这不是我的儿子，我的妻子不守妇道，我要把她逐出家门。"子思说："如果按您的话去做，那么尧帝和舜帝的妃子也都可疑了。这两位帝王，是圣人中的精英，而他们的儿子丹朱、商均都比不上凡人。按照这个逻辑推断，难道可以类比吗？当然，按多数情况举例，有这样的父亲就会有这样的儿子，这是一般人的常道。如果贤良的父亲有了愚蠢的儿子，这也是因为天道自然而成，不是您妻子的罪过啊。"尹文子说："先生让我不这么做，我也不愿多言了，我留下妻子吧。" [K2.7.5]

　　谋道　孟轲问子思曰："尧、舜、文、武之道，可力而致乎？"子思曰："彼，人也；我，人也。称其言，履其行，夜思之，昼行之，滋滋焉，汲汲焉，如农之赴时，商之趣利，恶有不至者乎？"

［译文］孟轲问子思说："尧帝、舜帝、周文王、周武王的治国之道，可以努力达到吗？"子思说："他们是人，我们也是人。称赞他们的言论，追随他们的行为榜样，夜里思量如何效法，白天付诸行动，勤勉而急切地去做，如同农民按照时节耕种，商人追逐利益那样去努力，又有谁会做不到呢？"［K2.7.6］

修德　子思谓孟轲曰："自大而不修其所以大，不大矣；自异而不修其所以异，不异矣。故君子高其行，则人莫能偕也；远其志，则人莫能及也。礼接于人，人不敢慢；辞交于人，人不敢侮。其唯高远乎？"

［译文］子思对孟轲说："自视高大的人如果不修养好他的才华，那他就不能显出过人之处；自称奇才的人如果不修习好他的奇异才能，就不能与众不同了。因此君子提高自己的德行，别人就不能与他并列了；他使自己的志向高远，别人就远不如他了。以礼接待人，别人不敢傲慢；以善辞结交人，别人不敢羞辱。这只有那些志向高远的人才能做到吧？"［K2.7.7］

修德　申祥问曰："殷人自契至汤而王，周人自弃至武王而王，同尝之后也。周人追王大王、王季、文王，而殷人独否，何也？"子思曰："文质之异也。周人之所追大王，王迹起焉。"又曰："文王受命，断虞芮之讼，伐崇邦，退犬夷，追王大王、王季，何也？"子思曰："狄人攻大王，大王召耆老而问焉。曰：'狄人何来？'耆老曰：'欲得菽粟财货。'大王曰：'与之。'与之至无，狄人不止。大王又问耆老曰：'狄人何欲？'耆老曰：'欲土地。'大王曰：'与之。'耆老曰：'君不为社稷乎？'大王曰：'社稷所以为民也，不可以所为亡民也。'耆老曰：'君纵不为社稷，不为宗庙乎？'大王曰：'宗庙者，私也，不可以吾私害民。'遂杖策而去，过梁山，止乎岐下。豳民之束修奔而从之者三千乘，一止而成三千乘之邑，此王道之端也。成王于是追而王之。王季，其子也，承其业，广其基焉。虽同追王，不亦可乎？"

[译文]申祥问："殷人从先祖契开始直到成汤时称王，周人自先祖弃开始直至周武王时称王，他们都是帝喾的后代。周人追祭先祖太王、王季、周文王，而殷人不这么做，这是为什么呢？"子思说："这是因为文雅与质朴的文化差异。周人因为追随太王，王业才开始兴起。"申祥又问："周文王接受天命，判断虞国与芮国的土地讼争是非；讨伐崇国，击退敌人犬夷，追祭太王与王季，这是为何呢？"子思说："狄人攻打太王时，太王召集长老们询问对策。问：'狄人为什么而来？'长老回答：'他们想得到得粮食财物。'太王说：'给他们。'直到东西都送完了，狄人还是索要不止。周太王又问长老：'狄人想要什么？'长老说：'想要土地。'太王说：'给他们。'长老说：'君主您不要祖先宗庙了吗？'太王说：'国家社稷是为了人民，不可以为了国家社稷而失去人民啊。'长老说：'君主您纵使不要国家社稷，也不要祖先宗庙吗？'太王说：'保存宗庙，是王族私事，不可以为了我的私事而坑害人民。'于是持杖策马远去，直到翻过梁山，止步在岐山下。豳地的人民携带干粮奔来追随的车马足有三千多辆，一停下来就聚集成了三千乘的都邑，这就是周朝王道的发端啊。成王为此才追祭太王。王季是太王的儿子，继承了王业，扩大了基业。即使同时追祭王季，不是也可以吗？"[K2.7.8]

礼乐　羊客问子思曰："古之帝王中分天下，使二公治之，谓之二伯。周自后稷封为王者后，子孙据国，至大王、王季、文王。此固世为诸侯矣，焉得为西伯乎？"子思曰："吾闻诸子夏，殷王帝乙之时，王季以功，九命作伯，受珪瓒秬鬯之赐，故文王因之，得专征伐。此以诸侯为伯，犹周召之

君为伯也。"

[译文]羊客问子思："古代的帝王划分天下，派两位大公治理，称他们为东、西'二伯'。周朝自后稷被封为周王之后，子孙继承了国业，传至太王、王季直到周文王。这本来就是世袭诸侯，怎么会成为西伯的呢？"子思说："我从子夏那里听说，殷王帝乙即位时，王季因为功劳大而受封为伯爵，他接受了以黑黍和郁金香草酿造的赐酒，所以文王沿袭了这一特权，得以专断征伐。这就是以诸侯为伯，如同周王封周、召两位国君为伯一样。"[K2.7.9]

好学　子思年十六，适宋。宋大夫乐朔与之言学焉。朔曰："《尚书》虞、夏数四篇，善也；下此以讫于秦、费，效尧舜之言耳，殊不如也。"子思答曰："事变有极，正自当耳。假令周公、尧舜更时异处，其书同矣。"乐朔曰："凡书之作，欲以喻民也，简易为上，而乃故作难知之辞，不亦繁乎？"子思曰："书之意兼复深奥，训诂成义，古人所以为典雅也。昔鲁委巷亦有似君之言者，伋答之曰：'道为知者传，苟非其人，道不贵矣。'今君何似之甚也？"乐朔不悦而退曰："孺子辱吾。"其徒曰："此虽以宋为旧，然世有仇焉，请攻之。"遂围子思。宋君闻之，不待驾而救子思。子思既免，曰："文王困于牖里作《周易》，祖君屈于陈蔡作《春秋》，吾困于宋，可无作乎？"于是，撰《中庸》之书四十九篇。

[译文]子思十六岁时到了宋国。宋大夫乐朔与他谈学问。乐朔说："《尚书》里的《虞书》《夏书》等三四篇，写得很好；其后的几篇直到《秦誓》《费誓》等，都是效仿尧舜的言论，比不上前几篇。"子思回答："事物的变化有极点，只要合适就正当。如果让周公、尧舜更换时代处于不同地方，他们的书也会一样。"乐朔说："凡是著书之作，都是为了教育人民，以简明易懂为上，如果故作高深，不是烦琐吗？"子思说："书典的意思深奥，通过文字训诂就可以明白真义，古人所以写得典雅些。从前鲁国小巷里也有类

似您的言论，我回答说：'道是为理解它的人传承的，如果不是理解它的人，道也就不可贵了。'如今您的话怎么这么像他说的话呢？"乐朔不高兴地退下说："这小子侮辱我。"他的徒弟说："子思的祖先是宋国人，但是鲁、宋两国世代结仇，请准许我们围攻他。"于是围困了子思。宋国君主听说后，不等车马备齐就赶往救子思。子思幸免于难后说："周文王被困羑里而演绎了《周易》，我先祖孔子被困陈、蔡两国而编写了《春秋》，我被困宋国，怎能没有作为呢？"于是，撰写了《中庸》之书共计四十九篇。［K2.7.10］

卷三

巡守第八

礼乐 子思游齐，陈庄伯与登泰山而观，见古天子巡守之铭焉。陈子曰："我生独不及帝王封禅之世。"子思曰："子不欲尔。今周室卑微，诸侯无霸，假以齐之义，率邻国以辅文、武子孙之有德者，则齐桓、晋文之事不足言也。"陈子曰："非不悦斯道，力不堪也。子圣人之后，吾愿有闻焉，敢问昔圣帝明王巡守之礼，可得闻乎？"子思曰："凡求闻者，为求行之也。今子自计必不能行，欲闻何为？"陈子曰："吾虽不敏，亦乐先生之道，于子何病而不吾告也？"子思乃告之曰："古者天子将巡守，必先告于祖祢，命史告群庙及社稷圻内名山大川，告者七日而遍。亲告用牲，史告用币，申命冢宰而后清道而出。或以迁庙之主，行载于斋车，每舍奠焉。及所经五岳四渎，皆有牲币。岁二月，东巡守，至于岱宗，柴于上帝，望秩于山川。所过诸侯，各待于境。天子先问百年者所在而亲问之，然后觐方岳之诸侯，有功德者则发爵赐服，以顺阳义；无功者则削黜贬退，以顺阴义。命史采民诗谣，以观其风；命市纳价，察民之所好恶，以知其志；命典礼正制度，均量衡，考衣服之等，协时月日辰；入其疆，土地荒秽，遗老失贤，掊克在位，则君免。山川社稷有不亲举者，则贬秩削土。土荒民游为无教，无教者则君退。民淫僭上为无法，无法者则君罪。入其疆，土地垦辟，养老尊贤，俊杰在位，则君有庆。遂南巡，五月至于南岳。又西巡，八月至于西岳。又北巡，十有一月至于北岳。其礼皆

如岱宗。归，反舍于外次，三日斋，亲告于祖祢，用特。命有司告群庙社稷及
圻内名山大川，而后入听朝，此古者明王巡守之礼也。"陈子曰："诸侯朝于
天子，盟会霸主，则亦告宗庙山川乎？"子思曰："告哉。"陈子曰："王者
巡守不及四岳，诸侯盟会不越邻国，则其礼同乎，异乎？"子思曰："天子封
圻千里，公侯百里，伯七十里，子男五十里，虞夏殷周之常制也。其或出此封
者，则其礼与巡守、朝会无变。其不越封境，虽行如在国。"陈子曰："旨
哉，古之义也。吾今而后知不学者浅之为人也。"

　　［译文］子思出游齐国时，与陈庄伯同登泰山观景，看见了古代天子巡守
时留下的碑刻铭文。陈庄伯说："唯独我没有生在帝王封禅的时代。"子思说：
"只是您不愿意罢了。如今周王室日益卑微，诸侯中没有了霸主，如果您假借齐
国名义，率领邻国以辅助周文王、周武王子孙中的有德者，那么齐桓公、晋文公
称霸天下之事，也就不足为道了。"陈庄伯说："不是我不愿意走这条道，而是
我的能力不堪重任。您是圣人的后代，我想听听您的意见啊，请问过去圣帝明王
的巡守之礼的事情，能听得到吗？"子思说："凡是求听建议者，都是为了行
动。如今您既然自认为必定不能实行，还想听来做什么呢？"陈庄伯说："我虽
然不聪敏，但很喜欢先生讲的道理，您为何责怪我而不告诉我呢？"子思于是告
诉他说："古代天子将要巡守四方时，必定首先向祖庙祷告，命令官吏通告群庙
以及国家境内的名山大川，七日内告祭一遍。天子亲自用牺牲祭告，官吏用财币
布匹祭告，等天子申诫命令冢宰之后，才清扫道路率队出发。如果要将迁移祖庙
的祖先牌位乘载在斋车上，到了每一个居舍都要祭奠。凡是车队所经过的泰山、
嵩山、恒山、华山、衡山等五座名山，以及长江、黄河、淮河、济水等四条大
河，都要有牺牲、布帛告祭。天子从当年二月出发，向东巡守，先到达泰山，焚
柴祭告上帝，按照排列秩序巡视山川。天子路过各诸侯国时，诸侯们都要在各自
的国境内等待。天子先到当地长老的所在地亲自探问他们，然后才召当地的诸侯
进见。有功德的就颁发爵位，赐予朝服，以顺应阳刚主导之义；无功劳的就削职

罢黜，予以贬官退位，以顺应阴柔服从之义。天子命令官吏沿途采集民诗民谣，以考察当地风俗；天子命令考察市场物价，审察人民的喜好憎恶，以知道他们的志向；天子命令典礼官修正制度，检查量具衡器，考量衣服的等次，使人民的生活与四时的月份时日相协调。天子进入诸侯的疆界，如见到土地荒芜，不尊长老贤人，有重税敛财的官吏在位，就罢免国君；见到有不亲自祭祀山川社稷的诸侯，就降低爵位削少领土。见到土地荒废，人民流浪没教养，国家没礼教的，就让国君退位。见到人民放纵犯上，无法无天，国家没有法度的，就治国君之罪。天子进入诸侯疆域，看见土地开垦利用，养老尊贤，俊杰良才在位，国君就会受到赏赐祝贺。天子于是南巡，五月到达南岳。然后继续西巡，八月到达西岳华山。接着又北巡，十一月到达北岳恒山。其间所有的礼仪都如同东巡东岳泰山一样。天子回归国都后，先在宫外馆舍住下，斋戒三天，用公牛作祭品，亲自祭告祖庙列祖列宗后，才命令主管官员，先祭告众多祖庙、国家社稷以及境内的名山大川，而后才入朝听政。这就是古代贤明帝王巡守四方的礼仪。"陈庄伯说："诸侯朝见天子，参加霸主结盟大会，也祭告祖宗庙宇和境内山川吗？"子思说："会祭告的。"陈庄伯说："天子巡守没有遍及四岳，诸侯的结盟不越过邻国，彼此的礼仪是相同，还是不同呢？"子思说："天子封地数千里，公爵与侯爵数百里，伯爵七十里，子爵与男爵五十里，这是虞、夏、殷、周各朝通常的礼制。如果疆界超出这个封地的，那么巡守、朝见、会盟的礼仪都不会改变，也不会越过封境，虽然出行在外也如同在国内一样。"陈庄伯说："多美好啊，古代巡守的旨义！我从今以后，知道不爱好学习的人有多肤浅了。"　[K3.8.1]

公仪第九

修德　鲁人有公仪休者，砥节励行，乐道好古，恬于荣利，不事诸侯。子思与之友。穆公因子思欲以为相，谓子思曰："公仪子必辅寡人，三分鲁国而与之一，子其言之。"子思对曰："如君之言，则公仪子愈所以不至也。君若饥渴待贤，纳用其谋，虽蔬食水饮，伋亦愿在下风。今徒以高官厚禄，钓饵君子，无信用之意。公仪子之智若鱼鸟，可也。不然，则彼将终身不蹑乎君之庭矣。且臣不佞，又不任为君操竿下钓，以荡守节之士也。"

［译文］鲁国有个名叫公仪休的人，磨砺节操，勉励前行，乐从道义，喜好高古，恬淡于荣辱谋利，不愿意服事诸侯。子思与他是好友。鲁穆公想通过子思请他出来当宰相，就对子思说："一定要请公仪子来辅助寡人，我会把鲁国的三分之一都给他，请您对他说说。"子思回答："如果照国君这番话，那么公仪子更加不会来。国君如果求贤若渴，采纳他的谋略，即使吃蔬菜粗食饮清水，我也甘愿在下风。如今只是以高官厚禄，作为钓取君子的诱饵，毫无讲信用的意思。公仪子的智慧如果和鱼儿、鸟儿一样，这还有可能。如果不是这样的话，那么他将终生不会再踏上国君的朝廷了。而且臣下我也不是奸佞之徒，不会任意为国君操鱼竿，下钓钩，以伤害那些信守节操的义士。"　［K3.9.1］

礼乐　闾邱温见田氏将必危齐，欲以其邑叛而适鲁。穆公闻之，谓子思曰："子能怀之，则寡人割邑如其邑以偿子。"子思曰："伋虽能之，义所不为也。"公曰："何？"子思对曰："彼为人臣，君将颠，弗能扶而叛之；逆臣制国，弗能以其身死而逃之。此罪诛之人也。伋纵不能讨，而又要利以召奸，非忍行也。"

［译文］闾邱温眼见田氏将来必定会危害齐君，便打算带着自家城邑的人民和财物叛逃鲁国。鲁穆公听说后，对子思说："您如果能安抚他，寡人我就分割一块像他带来的那般大的城邑来补偿您。"子思说："我虽能做到这一点，但从道义上看却不能这么做。"鲁穆公说："为什么？"子思回答："他作为人臣，齐君将被推翻，自己不能去扶助反而背叛他；这样的逆臣钳制了国家，不以身殉国而只顾逃跑，这是杀头的大罪啊。我纵使不能讨伐他，也不能

以利益招来奸人，这事我是不愿意去做的。" ［K3.9.2］

孝悌　穆公问子思曰："吾闻庞栏氏子不孝，其行何如？"对曰："臣闻明君之为政，尊贤以崇德，举善以劝民，则四封之内，孰敢不化？若夫过行，是细人所识。不治其本而问其过，臣不知所以也。"公曰："善。"

［译文］鲁穆公问子思说："我听说庞栏氏的儿子不孝顺，他的行为到底如何呢？"子思回答："臣下听说贤明君主为政，尊敬贤人，推崇道德，以善举规劝人民，那么四边封地之内，谁敢不听从教化？如果过于苛求一个人的言行，那是小人见识。治理国家不从根本着手，而只会追问别人的过失，臣下不知道为什么要这样做。"鲁穆公说："说得好。" ［K3.9.3］

【好学】穆公谓子思曰："子之书所记夫子之言，或者以谓子之辞。"子思曰："臣所记臣祖之言，或亲闻之者，有闻之于人者，虽非正其辞，然犹不失其意焉。且君之所疑者何？"公曰："于事无非。"子思曰："无非，所以得臣祖之意也。就如君言，以为臣之辞。臣之辞无非，则亦所宜贵矣。事既不然，又何疑焉？"

［译文］鲁穆公对子思说："您书中所记录的孔夫子言论，有人认为也许是您自己说的。"子思说："臣下所记录的先祖孔子之言，有的是亲耳所闻，有的是听人家所说，虽不一定是先祖原话，但大体不失其本意。君上您怀疑的是什么呢？"鲁穆公说："对任何事情都没有非议。"子思说："对任何事情都没有非议，这样才能理解我先祖的真意啊。就如同君王您所言，还以为是臣下我的言辞呢。如臣下我的言辞没错，那么就是可贵的。事情既然不是这样，又何必怀疑呢？" ［K3.9.4］

修德　穆公谓子思曰："县子言子之为善，不欲人誉己，信乎？"子思对曰："非臣之情也。臣之修善，欲人知之。知之而誉臣，是臣之为善有劝也，此所愿而不可得者也。若臣之修善而人莫知，莫知则必毁臣，是臣之为善而受毁也，此臣所不愿而不可避者也。若夫鸡鸣为善，孜孜以至夜半。而曰不欲人之知，恐人之誉己，臣以谓斯人也者，非虚则愚也。"

［译文］鲁穆公对子思说："县子说您做善事，却不愿让别人称誉自己，真的吗？"子思回答："这并非臣下本意。臣下修身行善，是想让别人知道的。别人知道了而赞誉臣下，能让臣下的善举得到鼓励，这是我所情愿而不可得到的。如果臣下修身行善而没人知道，不知道我行善的人必然会诋毁我，这是让臣下行善受到毁伤啊，这是臣下所不情愿而又不可避免的。如果鸡鸣报晓是为了行善，孜孜不倦一直熬到半夜，却说不想让人知道，害怕别人赞誉自己，我认为这样的人啊，不是虚伪就是愚蠢。" ［K3.9.5］

谋道 胡毋豹谓子思曰："子好大，世莫能容子也，盍亦随时乎？"子思曰："大非所病，所病不大也。凡所以求容于世，为行道也。毁道以求容，道何行焉？大不见容，命也；毁大而求容，罪也，吾弗改矣。"

［译文］胡毋豹对子思说："您喜好谈论大道，这世俗不能容下您，何不随时代潮流呢？"子思说："谈论大道并非问题，问题在于所谋的道不够大。凡是谋求容于世俗的，都是为了行道。毁灭大道以求世俗容纳，大道如何施行呢？谋大道而不为世俗所容纳，是天命注定；损毁大道而谋求世俗宽容，是罪过，所以我不敢改变自己所谋的大道。" ［K3.9.6］

修德 子思居贫，其友有馈之粟者，受一车焉。或献樽酒束修，子思弗为当也。或曰："子取人粟而辞吾酒脯，是辞少而取多也，于义则无名，于分则不全，而子行之，何也？"子思曰："然。伋不幸而贫于财，至于困乏，将恐绝先人之祀，夫所以受粟，为周乏也。酒脯，所以饮宴也，方乏于食而乃饮宴，非义也，吾岂以为分哉！度义而行也。"或者担其酒脯以归。

　　［译文］子思日常生活很贫穷，朋友中有送来粟米的，他接受了一车粮食。有来献酒和干肉的，子思却不敢接受。那人问："您收取别人的粟米而辞谢我的酒肉，是推辞少的收取多的，这样对于义没有好名声，对于分享来说也不周全，您却偏这样做，是为何呢？"子思说："确实这样。我不幸缺钱财，乃至于穷困匮乏，恐怕将断绝先人的祭祀了，所以接受了粟米，是为了周济困乏。酒肉是用来宴饮的，我现在连粮食都不够还要享受酒宴，这是不义之举啊。我岂能拿酒肉来分享呢！我不过是遵循道义而行动罢了。"于是这人就担着酒肉回家了。［K3.9.7］

　　礼乐　穆公问子思曰："吾国可兴乎？"子思曰："可。"公曰："为之奈何？"对曰："苟君与大夫慕周公、伯禽之治，行其政化，开公家之惠，杜私门之利，结恩百姓，修礼邻国，其兴也勃矣。"

　　［译文］鲁穆公问子思说："我的国家可以兴盛吗？"子思说："可以。"鲁穆公问："怎样做才行呢？"子思回答："如果国君能与大夫追慕周公、伯禽的治国之道，推行他们那样的政治教化，广开国家的恩惠，杜绝私人的暴利，结恩于百姓，修礼于邻国，那鲁国的兴盛也就很快了。"［K3.9.8］

　　修德　子思曰："吾之富贵甚易，而人犹弗能。夫不取于人谓之富，不辱于人谓之贵。不取不辱，其于富贵庶矣哉！"

　　［译文］子思说："我取得富贵很容易，而人们却还是做不到。不求取于他人叫作'富裕'，不受辱于他人叫作'尊贵'。不贪取也不受辱，这对于富贵很容易啊！"［K3.9.9］

抗志第十

谋道　曾申谓子思曰："屈己以伸道乎，抗志以贫贱乎？"子思曰："道伸，吾所愿也。今天下王侯，其孰能哉？与屈己以富贵，不若抗志以贫贱，屈己则制于人，抗志则不愧于道。"

［译文］曾申对子思说："委屈自己以伸张大道，还是坚守志节宁可贫贱呢？"子思说："大道伸张，是我的心愿。可如今天下的王侯，有谁能做到？与其委屈自己求得富贵，还不如坚守志节安于贫贱，委屈自己会受制于人，坚守志节就能不愧于谋道。"［K3.10.1］

修德　子思居卫，卫人钓于河，得鳏鱼焉，其大盈车。子思问之，曰："鳏鱼，鱼之难得者也，子如何得之？"对曰："吾始下钓，垂一鲂之饵，鳏过而弗视也。更以豚之半体，则吞之矣。"子思喟然曰："鳏虽难得，贪以死饵；士虽怀道，贪以死禄矣。"

［译文］子思住在卫国时，有个卫国人在河里垂钓，钓得了一条大鳏鱼，装满了一车。子思问他说："鳏鱼，是很难钓到的鱼，您是如何钓得的呢？"那人回答："我开始下钓的时候，只垂下一条鲂鱼做诱饵，鳏鱼游过来却不看它。又换了半只猪，才吞下了它。"子思感慨说："鳏虽然难得，却因贪吃而死；士子虽心怀道义，却因贪食俸禄而灭亡啊！"［K3.10.2］

礼乐　子思居卫，鲁穆公卒，县子使乎卫，闻丧而服。谓子思曰："子虽未臣，鲁，父母之国也，先君宗庙在焉，奈何不服？"子思曰："吾岂爱乎？礼不得也。"县子曰："请闻之。"答曰："臣而去国，君不扫其宗庙，则不为之服。寓乎是国，而为国服。吾既无列于鲁，而祭在卫，吾何服哉？是寄臣而服所寄之君，则旧君无服，明不二君之义也。"县子曰："善哉，我未之思也。"

[译文]子思留居卫国时，鲁穆公去世了，县子派使者来到卫国，听说后穿上了丧服，对子思曰："您虽然没当官，但鲁国是父母之国，先君宗庙也在那里，为何不穿丧服？"子思说："我岂爱这样？是礼规定不得这样做啊。"县子问："请问是什么原因？"子思回答："臣子离开了祖国，君王就不再祭扫他的宗庙，也不为他穿丧服。居住在这个国家，就为这个国家服丧。我既然已经无列名在鲁国，而祭祀也在卫国，我穿什么衣服呢？既然是寄身他国的臣子，就应该为他所寄住国家的君主穿丧服，那么就不再为旧君主穿丧服了，以表明不服事两个君主的道理。"县子说："好啊，这是我从未思考过的。"［K3.10.3］

修德　卫君言计非是，而群臣和者如出一口。子思曰："以吾观卫，所谓君不君，臣不臣者也。"公丘懿子曰："何乃若是？"子思曰："人主自臧，则众谋不进。事是而臧之，犹却众谋，况和非以长恶乎？夫不察事之是非，而悦人之赞己，暗莫甚焉；不度理之所在，而阿谀求容，谄莫甚焉。君暗臣谄，以居百姓之上，民弗与也。若此不已，国无类矣。"

[译文]卫国君王所出的计策并不好，而群臣们却众口一词地附和。子思说："以我的观点看卫国，真是所谓的君不像君，臣不像臣啊。"公丘懿子问："怎么会是这样呢？"子思说："君主自以为是，那么众人的谋策就献不上来。事情做对了而自夸，尚且会失去众人的谋略，何况是附和错误而扩大它呢？不察明事情的对错是非而喜欢别人赞美自己，没有比这样更昏暗的了；不思度道理的所在而阿谀奉承以求上面喜欢，没有比这种谄媚更过分的了。君主昏暗而群臣谄媚，还高居百姓之上，人民是不愿意跟随的。如果像这样长期下去，国家将不像个国家了。"［K3.10.4］

修德　子思谓卫君曰："君之国事将日非矣。"君曰："何故？"对曰："有由然焉。君出言皆自以为是，而卿大夫莫敢矫其非；卿大夫出言亦皆自以为是，而士庶人莫敢矫其非。君臣既自贤矣，而群下同声贤之。贤之则顺而有福，矫之则逆而有祸。故使如此，如此则善安从生？《诗》云：'具曰予圣，谁知乌之雌雄？'抑亦似卫之君臣乎？"

　　［译文］子思对卫国君主说："您国家的事业将一天不如一天了。"卫君问："这是为什么呢？"子思回答："这是有缘由的。君主凡说出的话都自以为是，而卿大夫没有一个人敢纠正其错误；卿大夫说出的话也都自以为是，而士人庶人也不敢纠正他的错误。君臣既然都自以为贤良了，而下面的人还都同声赞扬说好。说贤良的都顺心而有福，纠正错误的则悖逆而有祸。所以使这样的事情发展下去的话，良策善举从哪里产生呢？《诗》说：'都说我圣明，谁知乌鸦是雌是雄？'这也好似卫国的君臣吧？" [K3.10.5]

　　修德　卫君问子思曰："寡人之政何如？"答曰："无非。"君曰："寡人不知其不肖，亦望其如此也。"子思曰："希旨容媚，则君亲之。中正弼非，则君疏之。夫能使人富贵贫贱者，君也，在朝之士，孰肯舍所以见亲而取其所以见疏者乎？是故竞求射君之心，而莫有非君之非者，此臣所以无非也。"公曰："然乎。寡人之过也，今知改矣。"答曰："君弗能焉，口顺而心不怿者，临其事必疚。君虽有命，臣未敢受也。"

　　［译文］卫国君主问子思说："我管理的政事怎么样？"子思回答："没毛病。"卫君说："我不知道国家政事有哪些不妥，但也希望没有什么不妥。"子思说："揣摩君上的意旨而诌媚逢迎，那么君主就会亲近他。中直刚正而纠正错误，那么君主就会疏远他。能够使人富贵或贫贱的，是君主，凡是在朝堂上的人士，谁会肯舍去君主的亲近而愿意被疏远呢？所以都会争相迎合君主的心思，而不敢纠正君主的错误，这就是臣下我说的没毛病。"卫君说："是这样的啊。我的过错，从今以后知道改了。"子思回答："君主很难做到

啊，口头答应而心里不高兴，遇到事情必定出错。君主即使有命令，我也不敢接受啊。"　[K3.10.6]

祭祀　司徒文子改葬其叔父，问服于子思。子思曰："礼，父母改葬缌，既葬而除，不忍无服送至亲也。非父母无服，无服则吊服而加麻。"文子曰："丧服既除，然后乃葬，则其服何服？"答曰："三年之丧，未葬服不变，除何有焉？期大功之丧，服其所除之服以葬，既葬而除之。其虞也，吉服以行事也。"

［译文］司徒文子准备为叔父改葬，向子思请教丧服的事。子思说："按照葬礼，父母改葬时穿缌服，葬礼后再脱掉，这是不忍心没有丧服送至亲啊。不是父母的不穿丧服，不穿丧服时则要在吊服上面披麻。"司徒文子问："丧服脱去，然后才安葬，那么穿什么礼服呢？"子思回答："为父母守丧三年期间，不穿葬服不变，要除去什么丧服呢？大功丧礼期间，要穿上除去的丧服行葬礼，葬礼结束后才脱掉它。它属于虞祭，要穿吉服行礼。"　[K3.10.7]

修德　公叔木谓申祥曰："吾于子思，亲而敬之，子思未吾察也。"申祥以告曰："人求亲敬于子，子何辱焉？"子思答曰："义也。"申祥曰："请闻之。"答曰："公叔氏之子，爱人之同己，慢而不知贤。夫其亲敬，非心见吾所可亲敬也，则亦以人口而疏慢吾矣。"申祥曰："其不知贤，奈何？"答曰："有龙穆者，徒好饰弄辞说，观于坐席，相人眉睫，以为之意，天下之浅人也，而公叔子交之。桥子良修实而不修名，为善不为人之知己，不撞不发，如大钟然，天下之深人也，而公叔子与之同邑而弗能知，此其所以为爱同己而不知贤也。"

［译文］公叔木对申祥说："我对于子思，又亲近又尊敬，他却没有看到我的心意。"申祥把话转告子思说："别人希求亲敬您，您何必羞辱呢？"

子思回答："这是因为义。"申祥说："请告诉我这是为什么。"子思回答：
"公叔氏这人，喜爱别人和自己一样，怠慢而不知道尊贤。他对我亲近尊敬，
并不是心里觉得我多么可亲可敬，所以也会因为别人的挑拨而疏远怠慢我。"
申祥问："他不知尊贤，如何是好？"子思回答："有个叫龙穆的人，只是爱
好修饰华美的说辞，在坐席上察言观色，按照己意揣测他人，其实是天下最肤
浅之人，而公叔子却与他相交往。桥子良修身笃实而不修虚名，行善举不是为
了让别人知道自己，如同声音洪大的铜钟，不撞击不发声，这才是天下的高深
莫测之人。而公叔子与他同城却不知道他，这就是公叔子爱跟自己一类的人交
往而不知道贤良啊！"［K3.10.8］

修德　子思自齐反卫，卫君馆而问曰："先生鲁国之士，然不以卫之
褊小，犹步玉趾而慰存之，愿有赐于寡人也。"子思曰："臣羁旅于此，而
辱君之威尊，亟临荜门，其荣多矣。欲报君以财币，则君之府藏已盈，而伋
又贫。欲报君以善言，恐未合君志，而徒言不听也。顾未有可以报君者，唯达
贤尔。"卫君曰："贤固寡人之所愿也。"子思曰："未审君之愿，将何以
为？"君曰："必用以治政。"子思曰："君弗能也。"君曰："何故？"
答曰："卫国非无贤才之士，而君未有善政，是贤才不见用故也。"君曰：
"虽然，愿闻先生所以为贤者。"答曰："君将以名取士耶，以实取士耶？"
君曰："必以实。"子思曰："卫之东境有李音者，贤而有实者也。"君曰：
"其父祖何也？"答曰："世农夫也。"卫君乃卢胡大笑曰："寡人不好农，
农夫之子，无所用之。且世臣之子，未悉官之。"子思曰："臣称李音，称其
贤才也。周公大圣，康叔大贤，今鲁、卫之君未必皆同其祖考。李音父祖虽善
农，则音亦未必与之同也。君言世臣之子未悉官之，则臣所谓有贤才而不见用
果信矣。臣之问君，固疑君之取士不以实。今君不问李音之所以为贤才，而
闻其世农夫，因笑而不受，则君取士果信名而不由实者也。"卫君屈而无辞。

[译文]子思自齐国返回卫国，卫君安排他在宾馆住下后问他："先生为鲁国高士，然而不嫌弃卫国狭小，仍留下贵步存心慰问，愿请赐教于我。"子思说："我客居贵邦，辱没了国君尊威，而您多次光临寒舍，真是无上光荣。想以财币回报国君，国君的府库收藏早已盈满，而我却很贫穷。想以善良忠言回报国君，又恐怕未合国君的心志，说了您也未必听得进去。考虑后没有什么可以报答国君的，唯有举荐贤良了。"卫君说："贤人本来就是我所希望的。"子思说："可还没明白国君的心愿，将要用贤人做些什么呢？"卫君说："那必定是用他来治理国家。"子思说："国君您做不到。"卫君问："为什么？"子思回答："卫国不是没有贤才人士，而是国君没有善政，所以贤才不能被录用。"卫君说："即使这样，还是愿意听先生所认为的贤才是怎样的。"子思回答："国君您是想以名声取士呢，还是以实才取士呢？"国君说："必定以实才取用人才。"子思说："卫国东部有位叫作李音的，贤良而有实际才能。"卫君问："他的父祖辈是做什么的？"子思回答："世代都是农夫。"卫君嘿嘿大笑说："我不喜好农业，农夫的儿子，没什么用处。再说世代为臣的官员儿子，也还没有都当上官呢。"子思说："臣下称赞李音，是称赞他的贤才。周公是大圣人，康叔是大贤人，而如今鲁国、卫国的国君，未必都和他们是同一个祖先。李音的父辈祖先虽然善于农耕，但李音也未必与他们类同。国君您说世代为臣的官员儿子也还没有都当上官，那么臣下所谓的有贤才而不见录用，果然可信了。臣下问国君时，本就怀疑国君取用士人时不看实际才能。如今国君您不问李音为什么是贤才，听说他家世代务农后，就嘲笑不接受，那您取用士人，果然都只是重声名而不凭实际才能啊！"卫君理屈词穷，无话可答。[K3.10.9]

谋道　卫君曰："夫道大而难明，非吾所能也。今欲学术，何如？"

子思曰："君无然也！体道者逸而不穷，任术者劳而无功。古之笃道君子，生不足以喜之，利何足以动之？死不足以禁之，害何足以惧之？故明于死生之分，通于利害之变，虽以天下易其胫毛，无所概于志矣。是以与圣人居，使穷士忘其贫贱，使王公简其富贵，君无然也。"卫君曰："善。"

［译文］卫君说："道真是太宏伟博大了，很难弄明白，不是我所能学会的。如今我想学几样具体的方法，怎样呢？"子思说："您不要这样做啊！体悟道的国君安逸而不会计穷无路，专靠权术的国君劳神费心而没有功绩。古代笃志谋道的君子，得生存不足以窃喜，获厚利岂能打动他？死亡威胁都不足以禁止他，危害又岂能让他害怕？所以他明白死生的分别，通晓利害的变化，即使以天下来换他腿上的一根毫毛，也无法改变他的志向。因此与圣人同住，能使穷困的士子忘记贫贱，使王公贵人简化自己显富摆阔的富贵生活，您还是不要舍道学术的为好。"卫君说："说得好。" [K3.10.10]

修德 齐王谓子思曰："今天下扰扰，诸侯无伯。吾国大人众，图帝何如？"子思曰："不可也。君不能去君贪利之心。"王曰："何害？"子思曰："夫水之性清而土壤汩之，人之性安而嗜欲乱之。故能有天下者，必无以天下为者也；能有名誉者，必无以名誉为者也。达此则其利心外矣。"

［译文］齐王对子思说："如今天下纷纷扰扰，诸侯们没有霸主。我们齐国地大人多，谋图帝业怎么样？"子思说："不可这么做。国君您还不能除去君王的贪图谋利之心啊。"齐王说："这有什么害处呢？"子思说："水的天性清澄，而土壤使它污浊；人的天性安静，而嗜好贪欲使他紊乱。所以能拥有天下的，必定是不想占有天下的人；能有名誉的人，必定是不专门谋取名誉的人。达到此境界的人，那谋利之心一定是被除外了。" [K3.10.11]

祭祀 卫将军文子之内子死，复者曰："皋媚女复！"子思闻之，曰：“此女氏之字，非夫氏之名也。妇人于夫氏，以姓氏称，礼也。”

［译文］卫将军文子的妻子死了，招魂的人呼唤说：“媚氏的女子回来吧！”子思听说后，说：“这是女方氏族娘家的字，不是丈夫氏族的姓名。妇人一旦嫁给丈夫的氏族后，就以丈夫的姓氏称呼了，这是家族礼仪。”［K3.10.12］

谋道　费子阳谓子思曰：“吾念宗周将灭，泣涕不可禁也。”子思曰：“然。此亦子之善意也。夫能以智知可知，而不能以智知未可知，危之道也。今以一人之身，忧世之不治而泣涕不禁，是忧河水之浊而泣清之也，其为无益莫大焉。故微子去殷，纪季入齐，良知时也。唯能不忧世之乱而患身之不治者，可与言道矣。”

［译文］费子阳对子思说：“我一想到周朝宗室将要灭亡，就禁不住流泪不止。”子思说：“是这样的。这也就是您的善意啊。能以智慧推知可知的事情，而不能以智慧弄清楚不可知的事情，这是危险之道啊。如今你以一人之身，担忧这个世道不能治理而不禁流泪，是担忧河水浑浊，而企图以哭泣来澄清它，这种行为真是毫无益处。所以微子离开殷都，纪季进入齐国，都是善于察知时世的。唯有那些能不担忧世道之乱，而忧患自身没安排好的人，才可以与他谈论大道。”［K3.10.13］

修德　齐王戮其臣不辜，谓子思曰：“吾知其不辜，而适触吾忿，故戮之，以为不足伤义也。”子思曰：“文王葬枯骨而天下知仁，商纣斫朝涉而天下称暴。夫义者不必遍利天下也，暴者不必尽虐海内也，以其所施而观其意，民乃去就焉。今君因心之忿迁戮不辜，以为无伤于义，此非臣之所敢知也。”王曰：“寡人实过，乃今闻命，请改之。”

［译文］齐王杀掉了一位无罪的大臣，对子思说：“我知道他是无罪的，但他刚好触发了我的愤怒，所以把他杀了，我认为这还不至于伤害正

义。"子思说："文王埋葬了枯骨，而天下都知道了他的仁慈。商纣王斩杀了早上过河的人，而天下人都称他暴虐。正义者不必让天下都获利，暴虐者也不必虐待海内所有人，以他所实施的事来观察他的本意，人民因此决定自己的去留。如今您因心中的愤怒而迁怒杀戮无罪的人，还以为无伤正义，这就不是臣下所敢知道的了。"齐王说："寡人实在是做错了，如今听了您的告诫，请让我改正吧。" [K3.10.14]

　　谋道　卫公子交见于子思曰："先生圣人之后，执清高之操，天下之君子，莫不服先生之大名也。交虽不敏，窃慕下风，愿师先生之行，幸顾恤之。"子思曰："公子不宜也。夫清高之节，不以私自累，不以利烦意，择天下之至道，行天下之正路。今公子绍康叔之绪，处战伐之世，当务收英雄保其疆土。非所以明否臧，立规检，修匹夫之行之时也。"

　　［译文］卫国公子交求见于子思时说："先生是圣人的后代，秉持清高的节操，天下的正人君子，没有不佩服先生大名的。我虽然不聪敏，也一直仰望渴慕，愿随先生学习，望有幸指教我。"子思说："公子不宜拜我为师啊！清高的节操，不因私欲拖累自身，不因利益烦恼心意，而是选择天下至道，走天下之正路。如今公子继承康叔的事业，处于战乱之世，应当收拢英雄保卫疆土，现在还不是一个要弄明白事理、检束规矩、修养个人操行的时代。" [K3.10.15]

　　礼乐　卫公子交馈马四乘于子思，曰："交不敢以此求先生之欢，而辱先生之洁也。先生久降于鄙土，盖为宾主之馈焉。"子思曰："伋寄命以来，度身以服卫之衣，量腹以食卫之粟矣；又且朝夕受酒脯及祭燔之赐，衣食已优，意气已定，以无行志，未敢当车马之贶。礼，虽有爵赐人，不逾父兄。今重违公子之盛旨，则有失礼之愆焉，若何？"公子曰："交已言于君矣。"答曰："不可。为人子者，三赐不及车马。"公子曰："我未之闻也，谨受教。"

　　〔译文〕卫国公子交赠送了四乘车马给子思，说："我不敢以此来求得先生的欢心，而辱没了先生的高洁。先生光临鄙国很久了，这完全是宾主之间的赠礼。"子思说："自从我寄身贵国养命以来，穿在身上的是卫国的衣服，吃饱肚子的是卫国的粟米；况且每天享受酒肉与祭祀的赐品，衣食已得优待，意气已安定自足，没有离开的打算，所以不敢接受车马的重礼。礼制规定，即使有爵位赐给他人，也不逾越父兄。如今严重违背公子的盛大旨意，那就会有失礼的大罪过，怎么办好呢？"卫国公子说："我已经请示国君了。"子思回答："不可这么做。作为儿子，三命之赐也不应接受车马。"公子说："我从未听说过这种礼仪规定，愿意接受教诲。"　〔K3.10.16〕

　　修德　穆公欲相子思，子思不愿，将去鲁。鲁君曰："天下之王，亦犹寡人也，去将安之？"子思答曰："盖闻君子犹凤也，疑之则举。今君既疑矣，又以己限天下之君，臣窃谓君之言过也。"

　　〔译文〕鲁穆公想请子思做宰相，子思不愿意，准备离开鲁国。鲁君说："天下的诸侯王，都和我差不多，您能去哪里安身呢？"子思回答："听说君子如同凤凰，受怀疑时就会飞扬而去。如今国君既然已经怀疑我了，又以自己来限定天下的诸侯君主，臣私下觉得您说得有些过头了。"　〔K3.10.17〕

　　修德　齐王谓子思曰："先生名高于海内，吐言则天下之士莫不属耳目。今寡人欲相梁起，起也名少，愿先生谈说之也。"子思曰："天下之士所以属耳目者，以伋之言是非当也。今君使伋虚谈于起，则天下之士必改耳目矣。耳目既改，又无益于起，是两有丧也，故不敢承命。"齐君曰："起之不善，何也？"子思曰："君岂未之知乎？厚于财色必薄于德，自然之道也。今起以贪成富，闻于诸侯，而无救施之惠焉。以好色闻于齐国，而无男女之别焉。有一于此，犹受其咎，而起二之，能无累乎？"王曰："寡人之言实过，愿先生赦焉。"

［译文］齐王对子思说："先生的大名遍及海内，所说的言论，天下之士没有不听信的。如今寡人我想拜梁起为宰相，梁起的名气毕竟少些，愿先生谈论一下他吧。"子思说："天下之士之所以相信我的话，是因为我说的话是非精当。如今君王您让我空谈梁起，那么天下之士必定不愿再听我的话了。不再听我的话，又无益于梁起，是两大损失啊，所以不敢接受命令。"齐王说："梁起的不善之处，是哪些呢？"子思说："君王您岂会不知呢？厚重于财物必定淡薄于品德，这是自然之道。如今梁起以贪婪成为富人，闻名于诸侯，却没有救贫施惠的善举。他以好色闻名于齐国，而没有男女之别的礼法。只要有其中的一种贪恋，就会受到惩罚，何况梁起还有这两种毛病，能不受拖累吗？"齐王说："寡人的话实在过分了，请先生恕罪。" ［K3.10.18］

谋道 子思见老莱子。老莱子闻穆公将相子思，老莱子曰："若子事君，将何以为乎？"子思曰："顺吾性情，以道辅之，无死亡焉！"老莱子曰："不可顺子之性也，子性惟太刚而傲不肖，且又无所死亡，非人臣也。"子思曰："不肖，故为人之所傲也。夫事君道行言听，则何所死亡？道不行，言不听，则亦不能事君，所谓无死亡也。"老莱子曰："子不见夫齿乎？虽坚刚，卒尽相磨；舌柔顺，终以不弊。"子思曰："吾不能为舌，故不能事君。"

［译文］子思去会见老莱子。老莱子听说穆公想任命子思为宰相，于是说："如果您服事鲁君，打算怎么做呢？"子思说："顺着我的性情来，以仁道辅佐君主，无惧危难！"老莱子说："不可以顺着您的性子来啊，您的性子太刚强且又轻蔑不肖之徒，而且还无惧危难，这不是人臣该做的。"子思说："因为我没德才，所以被人轻蔑。既然服事国君，施行大道，言听计从，怎会

有祸事临头？如果仁道不行，进言不听，那也不能服事国君了，也谈不上死亡了。"老莱子说："您没有见过牙齿吗？虽然坚硬刚强，但最后都相磨掉光了；舌头柔顺，所以始终不会烂掉。"子思说："我不能像舌头那样柔顺，所以不能服事国君。" [K3.10.19]

小尔雅第十一（略）

卷四

公孙龙第十二

好学　公孙龙者，平原君之客也，好刑名，以白马为非白马。或谓子高曰："此人小辨而毁大道，子盍往正诸？"子高曰："大道之悖，天下之交往也，吾何病焉？"或曰："虽然，子为天下故，往也。"子高适赵，与龙会平原君家。谓之曰："仆居鲁，遂闻下风，而高先生之行也，愿受业之日久矣。然所不取于先生者，独不取先生以白马为非白马尔。诚去非白马之学，则穿请为弟子。"公孙龙曰："先生之言悖也，龙之学，正以白马为非白马者也。今使龙去之，则龙无以教矣。今龙为无以教而乃学于龙，不亦悖乎？且夫学于龙者，以智与学不逮也。今教龙去白马非白马，是失教也。失教而后师之，不可也。先生之所教龙者，似齐王之问尹文也。齐王曰：'寡人甚好士而齐国无士。'尹文曰：'今有人于此，事君则忠，事亲则孝，交友则信，处乡则顺，有此四行者，可谓士乎？'王曰：'善。是真吾所谓士者也。'尹文曰：'王得此人，肯以为臣乎？'王曰：'所愿不可得也。'尹文曰：'使此人于广庭大众之中见侮而不敢斗，王将以为臣乎？'王曰：'夫士也，见侮而不斗，是辱也，寡人不以为臣矣。'尹文曰：'虽见侮而不斗，是未失所以为士也，然而王不以为臣，则乡所谓士者，乃非士乎？夫王之令，杀人者死，伤人者刑。民有畏王令，故见侮终不敢斗，是全王之法也。而王不以为臣，是罚之也。且王以不敢斗为辱，必以敢斗为荣。是王之所赏，吏之所罚也。上之

所是，法之所非也。赏罚是非相与曲谬，虽十黄帝固所不能治也。'齐王无
以应。

[译文]公孙龙是平原君的门客，喜好刑名之学，以"白马非马"论著
称。有人对子高说："这个人注重小处的辩论而损毁大道，您何不前往纠正
他呢？"子高说："背离大道之事，天下的人都会前往纠正，我有什么可担忧
的？"那人说："虽然这么说，您为了天下的缘故，还是前往吧。"子高于
是到了赵国，与公孙龙会见于平原君家中，对他说："我居住鲁国，甘拜下
风，而高仰先生的德行，愿意接受您教诲已经很久了。但有些不敢听取先生
的，只有先生的'白马为非马'论。如果您能舍去白马之学，我请求作为您
的弟子。"公孙龙说："先生的话错了。我的学问正是'白马非白马'论，如
今让我舍去，那么我也就没有什么可以教的了。如今我为没有可教的，而要向
我学习，不是悖论吗？而且向我求学的人，是因为智慧与学识都不如我。如今
教我舍去'白马非马'论，是让我失去了执教的资格。要我舍去教育资格而后
拜我为师，这是不可以的。先生所教我的，就好似齐王问尹文的。齐王说：
'寡人很喜好才士而齐国无才士。'尹文说：'如今有人在此，服事君王则忠
心耿耿，服事双亲则孝顺友爱，交结朋友则诚实守信，身处乡下则顺随风俗。
有这四种德行的，可以算才士了吧？'齐王说：'好啊，这真是我所谓的才士
啊。'尹文说：'君王得到此人，肯任命他为臣子吗？'齐王说：'这是我的
心愿而不可得啊。'尹文说：'让此人在大庭广众之中，被侮辱而不敢争斗，
大王还将以他为臣吗？'齐王说：'凡是士，受到侮辱而不争斗，是一种羞
辱，寡人我不以他为臣了。'尹文说：'虽然他受侮辱而不争斗，但是并未失
去他之所以为士的品性。然而大王不愿意以他为臣，那么乡间所谓的士，不是
士吗？大王命令，杀人者处死，伤人者服刑。人民畏惧大王的命令，所以见到
侮辱始终不敢争斗，这是保全大王的法令啊。而大王却不以他为臣，是惩罚他
啊。而且大王以不敢斗为羞辱，必定以敢斗为荣耀。因此大王的赏赐，正是官

吏所要惩罚的。君上所肯定的，正是法令所否定的。赏罚是非互相矛盾错谬，即使有十位黄帝，也不能治理好啊。'齐王无言以回应。 [K4.12.1]

【好学】"且白马非白马者，乃子先君仲尼之所取也。龙闻楚王张繁弱之弓，载忘归之矢，以射蛟兕于云梦之圃。反而丧其弓，左右请求之。王曰：'止也，楚人遗弓，楚人得之，又何求乎？'仲尼闻之曰：'楚王仁义而未遂，亦曰人得之而已矣，何必楚乎？'若是者，仲尼异楚人于所谓人也。夫是仲尼之异楚人于所谓人，而非龙之异白马于谓马，悖也。先生好儒术，而非仲尼之所取也。欲学而使龙去所以教，虽百龙之智固不能当前也。"子高莫之应，退而告人曰："言非而博，巧而不理，此固无所不答也。"

［译文］"说起'白马非白马论'，原本就是您先祖孔子赞同的说法。我听说，楚王张开繁弱的弓，搭上忘归的箭，去射云梦苑狩猎场里的蛟鱼和犀牛。他返回时不慎把弓箭弄丢了，左右随从请求去寻找。楚王说：'不用了，楚人遗失的弓箭，楚人会拾得它，又何必去寻求呢？'孔子听到后说：'楚王的仁义还不够啊，说'人'拾得弓箭就行了，何必说'楚人'呢？'如果是这样的话，孔子这是不把'楚人'当成'人'了。既然孔子都觉得'楚人'不同于所谓的'人'，反而非议我公孙龙的'白马'不等于所谓的'马'，这不是自相矛盾的悖论吗？先生您这样是既喜好儒术，又否定孔子所赞成的啊！想向我学习，却让我舍去我所能教的，即使让我提高百倍的智慧，也不能解决当下这个难题啊！"子高没有当场回应，出来后才告诉别人说："公孙龙所言似是而非却知识广博，巧言善辩却不合常理，这就是我不回答的缘由。" [K4.12.2]

好学 异日，平原君会众宾而延子高。平原君曰："先生，圣人之后也，不远千里来顾临之，欲去夫公孙子白马之学。今是非未分，而先生翻然欲高逝，可乎？"子高曰："理之至精者，则自明之。岂在穿之退哉？"平原君曰："至精之说，可得闻乎？"答曰："其说皆取之经传，不敢以意。《春秋》记六鹢退飞，睹之则六，察之则鹢。鹢犹马也，六犹白也。睹之得见其白，察之则知其马。色以名别，内由外显，谓之白马，名实当矣。若以丝麻加之女工为缁素青黄，色名虽殊，其质故一。是以《诗》有素丝，不曰丝素；《礼》有缁布，不曰布缁。牛玄武，此类甚众。先举其色，后名其质，万物之所同，圣贤之所常也。君子之论，贵当物理，不贵繁辞。若尹文之折齐王之所言，与其法错故也。穿之所说于公孙子，高其智悦其行也。去白马之说，智行固存，是则穿未失其所师者也，称此云云，没其理矣。

[译文]过了几天，平原君会见众宾客，邀请了子高出席。平原君说："先生是圣人的后人，不远千里，光顾此地，想取消公孙子的白马之学。如今是非还未分明，先生就突然远走高飞，这怎么可以呢？"子高说："最精妙的道理，可以不言自明，这岂能与我的离退有关联呢？"平原君说："最精妙的学说，可以听到吗？"子高回答："这方面的学说都取自经传，不敢以我的私意说明。《春秋》记载了'六鹢退飞'的事情，远看似六只，细察是鹢鸟。'鹢'就好比是马，六就好比'白'。看见的是白，细察就知道是马。颜色以名称区别，内质由外形显露，叫作'白马'，名称和实体就相当了。如果以丝麻的材料再加上女工制作后，成为黑白青黄的颜色，名称虽不同，材质还是一样的。因此《诗》里有素丝，不称为'丝素'；《礼》有缁布，不称它为'布缁'。比如像'牛、玄武'，这类物种很多，都是先说它的颜色，然后命名它的实质。这是万物所遵守的同一道理，是圣贤的常道啊。君子的言论，贵在精确地分析万理之理，不贵在繁杂的言辞。如尹文折服齐王的言论，是因为他的法令不合实际。我佩服公孙先生的，是他高深的智慧与可喜的行为。舍去白马之说，智慧善行仍然还存在，也就是没有失去我想师法的，公孙先生所说的这些淹没了事物之理。[K4.12.3]

【好学】"是楚王之言，楚人忘弓，楚人得之。先君夫子探其本意，欲以示广，其实狭之，故曰：'不如亦曰人得之而已也。'是则异楚王之所谓楚，非异楚王之所谓人也，以此为喻，乃相击切矣。凡言人者，总谓人也，亦犹言马者总谓马也。楚自国也；白自色也。欲广其人，宜在去楚；欲正名色，不宜去白。诚察此理，则公孙之辨破矣。"平原君曰："先生言于理善矣。"因顾谓众宾曰："公孙子能答此乎？"燕客史由对曰："辞则有焉，理则否矣。"

［译文］"楚王这句话的意思是，楚人遗失了弓箭，楚人捡到了。我先祖孔夫子探悉了楚王的本意，原来是想扩大他所说的施仁范围，结果反而狭小了，所以说：'还不如说人捡到了弓箭而已。'这是要区别楚王所谓的楚国，不同于楚王所谓的人。公孙先生以此为喻，是急于攻击我。凡是说人如何者，总体说的都是人；这就跟说马如何者，总体是说马一样。'楚'本是个国家；'白'本是色彩。想扩大人的范围，就要去掉'楚'；想正名颜色，不宜去掉'白'。如果明察这个道理，那么公孙先生的诡辩就破解了。"平原君说："先生的话是合理的。"于是回头对众宾客说："公孙先生能回答这个问题吗？"燕国的门客史由回答："他的说辞是会有的，但道理则是错的。"［K4.12.4］

好学　公孙龙又与子高氾论于平原君所，辨理至于"臧三耳"。公孙龙言臧之三耳，甚辨析。子高弗应，俄而辞出。明日复见，平原君曰："畴昔公孙之言，信辨也。先生实以为何如？"答曰："然，几能臧三耳矣。虽然，实难。仆愿得又问于君，今为臧三耳甚难而实非也，谓臧两耳甚易而实是也，不知君将从易而是者乎，亦从难而非者乎？"平原君弗能应。明日谓公孙龙曰："公无复与孔子高辨事也，其人理胜于辞。公辞胜于理。辞胜于理，终必受诎。"

［译文］公孙龙又一次与子高在平原君的住所里广泛地辩论，辨别事理，一直谈到了"臧三耳"。公孙龙对于"臧三耳"的论点，辨析得十分透彻。子高没有回应，过了一会就告辞出去了。第二天再见面时，平原君说："昨天公孙龙的言论，辩论得十分可信。先生您以为怎么样呢？"子高回答："是的，几乎能说明'臧三耳'了。即使是这样，其实还是很难成立。我愿意借此机会再问问您，如今勉强说'臧三耳'，其实是很难而且实际上是错的。说奴婢有两只耳朵是很容易的，实际也是对的，不知您是愿意听从容易证实而正确的意见，还是听从很难成立而错误的言论呢？"平原君回答不了，第二天才对公孙龙说："公孙先生以后不要再与孔子高辩论事理了，这人的道理胜于词句，您的词句胜于义理。词句如果胜于道理，最终还是会理屈词穷的。"［K4.12.5］

修德　李寅言曹良于平原君，欲仕之。平原君以问子高，子高曰："不识也。"平原君曰："良常得见于先生矣。故敢问。"子高曰："世人多自称上用我则国无患。夫用智莫若观其身，其身且犹不免于患，国用之亦恶得无患乎？"平原君曰："良之有患，时不明也。居家理治，可移于官。良能殖货，故欲仕之。"子高曰："未可知也。今有人于此身修计明而贫者，志不存也；身不修会计暗而富者，非盗，无所得之也。"

［译文］李寅向平原君推荐曹良，想让他做官。平原君征求子高的意见，子高说："不知道。"平原君说："曹良经常见到先生，所以才敢请问这事。"子高说："世上的人很多都喜欢自夸，国君只要任用我，国家就没有后患了。启用智士最好是观察他自身，自身都免不了祸患，国家用他会没有患难吗？"平原君说："曹良自身有祸患，是由于世道不清明。治理家业的办法，也可用到为官上。曹良善于增殖货物，所以我想任用他。"子高说："未必见得。如今有人能注意修身，做好计划，却依然贫穷，这是没有志向的

原因；如果一个人不懂修身，不会计划而能富裕，除了做盗贼，只能一无所得了。"［K4.12.6］

儒服第十三

谋道　子高曳长裾，振褒袖，方屦粗翣，见平原君。平原君曰："吾子亦儒服乎？"子高曰："此布衣之服，非儒服也，儒服非一也。"平原君曰："请吾子言之。"答曰："夫儒者居位行道，则有衮冕之服；统御师旅，则有介胄之服；从容徒步，则有若穿之服。故曰非一也。"平原君曰："儒之为名何取尔。"子高曰："取包众美，兼六艺，动静不失中道耳。"

［译文］子高拖着一袭长衣，挥动着宽袖，脚踏着方屦，手持着大扇子来拜见平原君。平原君说："您也穿儒服吗？"子高说："这是常人的衣服，不是儒服。儒服也并非只有一种。"平原君说："请老师您说一下。"子高回答："儒者在位推行道义时，会穿着礼服；统御军队时，会穿盔甲军服；从容徒步行走时，会穿常服。所以说不止一种。"平原君说："'儒'的名称有哪些内容？"子高回答："它取义为包含众美，兼取六艺，动静变化之间，都不会失去中庸之道。"［K4.13.1］

修德　子高游赵，平原君客有邹文、季节者，与子高相善。及将还鲁，诸故人诀既毕，文、节送行三宿。临别，文、节流涕交颐，子高徒抗手而已。分背就路，其徒问曰："先生与彼二子善，彼有恋恋之心，未知后会何期，凄怆流涕。而先生厉声高揖，无乃非亲亲之谓乎？"子高曰："始吾谓此二子丈夫尔，乃今知其妇人也。人生则有四方之志，岂鹿豕也哉，而常聚乎？"其徒曰："若此二子之泣非邪？"答曰："斯二子，良人也，有不忍之心，其于敢断必不足矣。"其徒曰："凡泣者，一无取乎？"子高曰："有二焉，大奸之人以泣自信，妇人懦夫以泣著爱。"

[译文]子高游经赵国时，平原君的宾客里，有邹文、季节等人，与子高友好相待。等到子高准备返回鲁国时，许多故交友人诀别之后，邹文、季节两人又陪同送行了三晚。临别时，邹文、季节两人泪流满面，子高却只是抬手挥别而已。大家分别各自上路后，徒弟问子高："先生与他们两人友善，他们都有恋恋不舍之心，不知何日才能再会，因此悲伤流泪，而先生只是大声应答，高高揖拜，这不是没有亲近他们吗？"子高说："开始时我以为这两人是大丈夫，如今才知道他们像妇女。人生自有四方之志，岂能好像野鹿、野猪一样，经常聚在一起呢？"徒弟说："这么说这两人哭得不对了？"子高回答："这两人啊，是善良人，有不忍亲友离别之心，但敢于决断方面，必定不足啊。"徒弟说："凡是哭泣者，都一无可取吗？"子高说："有两种是可取的，大奸诈者用哭泣来取信，妇人和懦夫用哭泣来求爱。"[K4.13.2]

【君子】平原君与子高饮，强子高酒曰："昔有遗谚：'尧舜千钟，孔子百觚，子路嗑嗑，尚饮十榼。'古之圣贤，无不能饮也，吾子何辞焉？"子高曰："以穿所闻，贤圣以道德兼人，未闻以饮食也。"平原君曰："即如先生所言，则此言何生？"子高曰："生于嗜酒者，盖其劝厉奖戏之辞，非实然也。"平原君欣然曰："吾不戏子，无所闻此雅言也！"

[译文]平原君与子高对饮，强行灌酒时说："过去流传的谚语说：'尧、舜能喝千钟，孔子能喝百觚，子路喝酒都喝得啰嗦了，还能喝十榼。'古代圣贤没有不能饮酒的，您何必推辞呢？"子高说："根据我所听到的，贤圣以道德教人，没听说以吃喝教人的。"平原君说："就算如先生所言，那么这类传言是如何产生的呢？"子高说："这些谣言来自那些好酒之徒，是他们用来劝饮罚酒的说辞，其实并非如此。"平原君高兴地说："我不跟您开玩笑，就听不到这些雅言了！"[K4.13.3]

【君子】平原君问子高曰："吾闻子之先君亲见卫夫人南子，又云南游过乎阿谷，而交辞于漂女，信有之乎？"答曰："士之相保，闻流言而不信者，何哉？以其所已行之事占之也。昔先君在卫，卫君问军旅焉，拒而不告，色不在己，摄驾而去。卫君请见，犹不能终，何夫人之能觇乎？古者大飨，夫人与焉，于时礼仪虽废，犹有行之者。意卫君夫人飨夫子，则夫子亦弗获已矣。若夫阿谷之言，起于近世，殆是假其类以行其心者之为也。"

［译文］平原君问子高："我听说您先祖孔夫子亲自见过卫君夫人南子，又听说他南游过阿谷时，与一位漂洗女子闲聊，这事可信吗？"子高回答："士人之间互相保护，听到流言也不会相信，为什么呢？以他做过的事来检验就知道了。从前先祖孔子在卫国时，卫灵公问起军旅的事情，他拒绝不谈。看见卫灵公在交谈中漫不经心的脸色，立即驾车离去。卫灵公邀请见面，尚且不能谈完，他夫人又怎能窥察先祖呢？再说古代大祭时，国君夫人会一起参与，当时礼仪虽被废止，但也还有实行的。大概是卫君夫人祭祀后招待孔夫子，孔夫子不得已见了她而已。至于阿谷的传言，出现在近世，大概是那些想假借这事来实现自己歪心眼的人所为。" ［K4.13.4］

礼乐　子高适魏，会秦兵将至。信陵君惧，造子高之馆而问祈胜之礼焉。子高曰："命勇谋之将以御敌，先使之迎于敌所从来之方为坛，祈克于五帝，衣服随其方色，执事人数从其方之数，牲则用其方之牲，祝史告于社稷、宗庙、邦域之内名山大川，君亲素服誓众于太庙，曰：'某人不道，侵犯大国，二三子尚皆用心比力，各死而守。'将帅稽首，再拜受命。既誓，将帅勒士卒陈于庙之右；君立太庙之庭，祝史立于社，百官各警其事，御于君以待命。乃大鼓于庙门，诏将帅，命卒习射三发，击刺三行，告庙用兵于敌也。五兵备效，乃鼓而出以即敌。此古诸侯应敌之礼也。"信陵君曰："敬受教。"信陵君问子高曰："古者军旅赏人之必于祖，戮人之必于社，其义何也？"

答曰："赏功于祖，告分之均，示不敢专也；戮罪于社，告中于主，示听之当也。"

［译文］子高到魏国时，正遇上秦国兵马就要攻来之际，信陵君十分恐惧，来到子高的宾馆里，请教怎样举办祈求胜利的出征祭礼。子高说："命令有勇有谋的将领率兵御敌，先让他在面对敌军攻打的方向设立祭坛，向五方神帝祈祷；面朝各方向执行礼仪的人，衣服要随不同的方位配上黑、白、青、红、黄的服色，人数也要按照各方之数来确定；祭祀的牺牲要选用各方向的牲畜。祭祀官要面向社稷、宗庙、境内的名山大川祭告，国君要亲自穿着素服，带领大众在太庙宣誓说：'某人不讲道义，胆敢来侵犯大国，你们都要同心协力，拼命死守。'然后是将帅叩首，祭拜两次，接受命令。宣誓完毕后，将帅勒令士卒聚集，列阵在太庙右边，国君站立在太庙中庭，祭祀官站立在社稷祭坛旁，百官们个个都恪尽职守，保卫国君，等待命令。然后在庙门前擂响大鼓，诏告将帅，命令士兵发射三箭，枪击穿刺三行，这是祭告太庙，准备用兵抗敌了。兵器都备好了，于是擂鼓出兵抗敌。这就是古代诸侯应敌的军礼。"信陵君说："恭敬地接受您的赐教。"然后问子高："古代的军队奖赏有功军人，一定要在祖庙；杀罪人的时候一定要在社稷庙，其中的意义何在？"子高回答："奖赏功劳在祖庙，是祭告祖宗，表示分配必定平均，不敢独断专行；杀罪人在社稷庙，是祭告土地谷物之神，表示这样做是恰当的。"［K4.13.5］

修德 陈尪性多秽訾，每得酒食，辄先拨捐之，然后乃食。子高告之曰："子无然也，似有态者。昔君子之于酒食，有率尝之义，无捐放之道。假其可食，其上下何择？假令不洁，其下滋甚。"陈尪曰："吾知其无益，意欲如此。"子高曰："意不可恣也。夫木之性曲者以隐括自直，可以人而不如木乎？子不见夫鸡耶，聚谷如陵，跪而啄之，若纵子之意，则与鸡岂有异乎？"陈尪跪曰："吾今而后知过矣，请终改之。"

［译文］陈尪生性很厌恶脏东西，每次得到酒食，都要先扒掉上面的一层，然后才食用。子高告诉他说："您不要这样做了，这像是有骄态的人。以往君子对于酒食，有先品尝的道理，没有扒拉掉的。假如食物可以食用，何必分上下层呢？假如食物不清洁，下面的就更脏了。"陈尪说："我也知道这样做没好处，只是心里爱这么做。"子高说："意欲是不可放纵的。天性弯曲的树木，都可以用隐括规范它自己长直一些，难道人还不如树木吗？您没有见过鸡吗？谷粒堆聚如山，鸡照样弯脚跪着抢啄谷粒。如果您放纵意欲，那么与鸡还有什么区别呢？"陈尪跪下说："我从今以后知道过错了，请让我改正它。"［K4.13.6］

修德　子高任司马义为将于齐，与燕战而败。齐君曰："以子贤明，故信子也。"答曰："君知穿孰若周公？"齐君曰："周公圣人而子贤者，弗如也。"子高曰："然，臣固弗如周公也。以臣之知义，孰若周公之知其弟？"齐君曰："兄弟审于他人。"子高曰："君之言是也。夫以周公之圣，兄弟相知之审，而近失于管、蔡，明人难知也。臣与义相见，观其材志，察其所履，齐国之士弗能过也。《尚书》曰：'知人则哲，惟帝难之。'穿何惭焉？且曹子为鲁，三与齐战，三败失地，然后以勇敢之节，奋三尺之剑，要桓公、管仲于盟坛，卒败其所丧。夫君子之败，如日月之蚀；人各有能，义庸可弃乎？今燕以诈破义，是义不能于诈也。臣之称义，称其武勇才艺，不称其诈也。义虽败，臣固不失其所称焉。"齐君辞屈，而不黜司马义。

［译文］子高任命司马义为齐国的将军，与燕国作战失败了。齐君说："因为您的贤明，所以相信您，任用了他啊。"子高回答："国君认为我能和周公相比吗？"齐君说："周公是圣人而您是贤者，您不如他啊。"子高说："对啊，臣本来就不如周公。以臣对司马义的了解，能比得上周公对他弟弟的了解吗？"齐君说："周公对兄弟的了解，要比你对他人的了解更精审。"子

高说："国君的话是对的。像周公这样的圣人，及其对兄弟相知的精当审察，尚且不能了解管叔与蔡叔，可见要明察他人是多么难啊。臣与司马乂相见时，只是观察他的才能志向，考察他的履历，齐国的将士没有能超过他的。《尚书》说：'知人的就是圣哲，唯有帝王才觉得困难。'我有什么好惭愧的呢？而且曹刿为了鲁国，三次与齐国作战，三次遭到失败，丧失了土地；然后他才以勇敢的气节，奋起挥舞三尺之剑，要挟齐桓公、管仲会盟，终于收回了所丧失的土地。君子的失败，如日食和月食；人各有所能，司马乂怎能抛弃不用呢？如今燕国以奸诈计谋击破了司马乂，是由于司马乂不善要诈。臣称赞司马乂，是称赞他的武勇才艺，不是称赞他的奸诈。司马乂虽然失败，但臣还是没有错误称赞他的美德啊。"齐君理屈词穷，就没有罢免司马乂。　[K4.13.7]

对魏王第十四

修德　魏王问人主所以为患，子高对曰："建大臣而不与谋，嬖幸者言用，则知士以疏自疑，孽臣以遇微幸者，内则射合主心，外则挺主之非，此最人主之大患也。"

［译文］魏王问人主的祸患是什么，子高回答："任命了大臣而不与他共谋国是，只是听宠信人的话，那么有智之士就会因为遭疏远而生疑心，造孽的奸臣一旦侥幸遇到，就会对内迎合人主的心思，对外则力挺并扩散人主的错误，这就是人主最大的祸患啊。"　[K4.14.1]

修德　子高谓魏王曰："臣入魏国，见君之二计臣焉。张叔谋有余，范威智不逮，然其功一也。"王曰："叔也有余，威也不逮，何同乎？"答曰："驽骥同辕，伯乐为之咨嗟；玉石相糅（一作揉），和氏为之叹息。故贤愚共贯则能士匿谋，真伪相错则正士结舌，叔虽有余犹威不逮也。"

　　[译文] 子高对魏王说："臣进入魏国后，遇见了国君的两位谋臣。张叔的谋略有余，范威的智力不够，但他们的功劳是一样的。"魏王说："张叔的谋略有余，范威的智力不够，他们的功劳怎么会是一样的呢？"子高回答："劣马与良马一同拉车，伯乐会为之叹息；美玉与石头混杂，和氏会为之叹息。所以贤良和愚人同谋，那么能人高士就不会愿意出谋划策；真诚的人和伪诈的人错杂在一起，那么正义人士就会闭嘴结舌，因此张叔的谋略虽然有余，也就和范威的智力不够一样了。"　[K4.14.2]

　　修德　魏王问："何如可谓大臣？"子高答曰："大臣则必取众人之选，能犯颜谏事，公正无私者。计陈事成，主裁其赏；事败，臣执其咎。主任之而无疑，臣当之而弗避。君总其美，臣行其义。然则君不猜于臣，臣不隐于君，故动无过计，举无败事，是以臣主并各有得也。"

　　[译文] 魏王问："怎样的人才能称为大臣？"子高回答："大臣一定要是众人所选取推荐的，他能够不顾君主脸色认真办事，做到公正无私。大臣的计划献出后如能使事情办成，就由人主裁量奖赏；事情失败了，大臣能自己承担过错的责任并接受处罚。人主任用他而不会产生怀疑，大臣敢于担当也不会逃避责任。尽管国君统揽所有的成就，大臣施行自己的责任担当，然而国君并不会猜忌大臣，大臣也不会对国君隐瞒。他们的行动都能不过分，实施起来也不会失败，因此君主、大臣都各有收获。"　[K4.14.3]

　　礼乐　信陵君问曰："古之善为国至于无讼，其道何由？"答曰："由乎政善也，上下勤德而无私，德无不化，俗无不移。众之所誉，政之所是也；众之所毁，政之所非也。毁誉是非，与政相应，所以无讼也。"

　　[译文] 信陵君问："古之善于治理国家的人，可以做到国内没有讼争，这是什么原因呢？"子高回答："这是由于他们善于理政，只要上下级都

勤政尊德而无私，善德的礼教就没有什么人教化不了的，落后的风俗就没有什么改不了的。众人所称誉的，是国家所认可的地方；众人所毁弃的，是国家所否定的地方。这样就能做到无论是毁誉还是是非，都能与国家的政治相对应，所以也就没有讼争了。"［K4.14.4］

礼乐　齐王行车裂之刑，群臣诤之，弗听。子高见齐王曰："闻君行车裂之刑，无道之刑也，而君行之，臣窃以为下吏之过也。"王曰："寡人尔，以民多犯法，为法之轻也。"子高曰："然，此诚君之盛意也。夫人含五常之性，有喜怒哀乐。喜怒哀乐无不过其节，节过则毁于义，民多犯法，以法之重无所措手足也。今天下悠悠，士亡定处，有德则住，无德则去。欲规霸王之业，与众大国为难，而行酷刑以惧远近，国内之民将畔，四方之士不至，此乃亡国之道。君之下吏不具以闻，徒恐逆主意以为忧，不虑不谏之危亡，其所矜者小，所丧者大，故曰下吏之过也。臣观之，又非徒不诤而已也。心知其事之为不可，将有非议在后，则因曰：'君忿意实然，我谏诤必有龙逢、比干之祸。'是为虚自居于忠正之地，而暗推君主使同于桀纣也。且夫为人臣见主非而不诤，以陷主于危亡，罪之大者也。人主疾臣之弼已而恶之，资臣以箕子、比干之忠，惑之大者也。"齐王曰："谨闻命。"遂除车裂之法焉。

［译文］齐王实施车裂的重刑，群臣纷纷反对，他却一概不听。子高见齐王说："听说国君施行车裂重刑，这是不合道义的刑罚，国君却一意孤行，臣私下以为，这是属下官吏们的过错。"齐王说："这是我做的，因为国民里很多人犯法，法律惩罚太轻了。"子高说："对的，这真的是国君的好意。凡是人都含有仁、义、礼、智、信的五常天性，有喜怒哀乐的情绪。喜怒哀乐的情绪不能超过限度，超过了就会毁害道义。人民犯法多，是因为刑罚过重而手足无措。如今天下悠悠万事，士人都没有固定的住处，哪个国家有德政的就前往，没有德政就离去。所以想要规划霸王大业，与众大国为难作对，反而施行

酷刑，使得远近的人们都感到害怕，国内人民将会叛逃，四方的才士也不会再来，这是一条亡国之道啊。国君属下的官吏们不把这些具体情况如实上报，只是担心违逆了国君的主意，却不考虑不劝谏国君会造成国家的危亡。他们所矜持的东西小，所丧失的东西大，所以说这是下边官吏的过错。据我观察，这又不仅仅是不劝告而已，而是明明心知这事不可为，却担心有非议随后而来，因此说：'国君的愤怒这么大，我去谏净必定会遭到龙逢、比干那样的祸患。'这是虚伪地让自己居于忠正之地，而暗中把君主推到桀、纣一伙之中。而且作为人臣，见到人主错了而不劝告，以至于将人主陷入危亡之中，罪过实在是太大了。人主如果因为臣下辅佐自己而感到厌恶，还要求臣下像箕子、比干那样忠诚，真是太糊涂了。"齐王说："谨遵教诲。"于是废除了车裂之法。[K4.14.5]

君子　子高见齐王，齐王问："谁可临淄宰？"称管穆焉。王曰："穆，容貌陋，民不敬也。"答曰："夫见敬在德。且臣所称，称其材也。君王闻晏子、赵文子乎？晏子长不过三尺，面状丑恶，齐国上下莫不宗焉。赵文子其身如不胜衣，其言如不出口，非但体陋，辞气又呐呐。然其相晋国，晋国以宁，诸侯敬服，皆有德故也。以穆躯形方之二子，犹悉贤之。昔臣常行临淄市，见屠商焉，身修八尺，须髯如戟，面正红白，市之男女未有敬之者，无德故也。"王曰："是所谓祖龙始者也，诚如先生之言。"于是乃以管穆为临淄宰。

［译文］子高面见齐王时，齐王问："谁可以去做临淄长官？"子高推荐了管穆。齐王说："管穆这个人，容貌丑陋，人民不会尊敬他。"子高回答："人们从来尊敬的都是道德。而且臣下我所称道的，是他的才能。君王听说过晏子和赵文子吗？晏子的身高不过三尺，面貌容状丑恶，齐国上下却没有不尊敬他的。赵文子单薄的身体好像连衣服都撑不住，话也好像说不出口，不

但体态丑陋，还说话迟钝。然而他做晋国宰相，使晋国得以安宁，诸侯个个敬服，这都是有道德的缘故。以管穆的体形来比较刚才说的这两位，还比他们强些。从前臣下经常路过临淄，看见过有位屠宰商，身高八尺，络腮胡子如戟刺，面庞周正，白里透红，都市上的男男女女却没有一个尊敬他的，这是他没有道德的缘故。"齐王说："这就是那个叫作祖龙始的人吧，确实如先生所说的一样。"于是便任命管穆为临淄的主官。[K4.14.6]

卷五

陈士义第十五

礼乐　魏王遣使者奉黄金束帛聘子顺为相。子顺谓使者曰："若王信能用吾道，吾道故为治世也，虽疏食饮水，吾犹为之。若徒欲制服吾身，委以重禄，吾犹一夫尔，则魏王不少于一夫。子度魏王之心以告我。"使者曰："魏国狭小，乏于圣贤，寡君久闻下风，愿委国先生，亲受教训。如肯降节，岂惟魏国君臣是赖，其亦社稷之神祇实永受庆。"于是乃之魏。魏王郊迎，谓子顺曰："寡人不肖，嗣先君之业。先生圣人之后，道德懿邵，幸见顾临，愿图国政。"对曰："臣羁旅之臣，慕君高义，是以庡此。君辱贶之而问以政事，敢不敬受君之明命。"

［译文］魏王派遣使者，奉上黄金布帛等，想聘请子顺为宰相。子顺对使者说："如果魏王相信并能采用我的治国之道，我一定能治理好齐国，这样的话即使是吃蔬菜饮淡水，我也愿意去做。如果只是想要以此驯服我，而委以高官厚禄，那么我只是如同一个供役使的凡夫罢了。这样的话魏王也不会在乎少我这么一个人，请您猜度好魏王的心思再告诉我。"使者说："魏国狭小，缺乏圣贤，魏王久闻先生大名，愿意把国事委托给先生，亲自接受教训。如果您肯降贵屈节，那么不仅是魏国君臣的仰赖，而国家的社稷神祇也获得实实在在的福庆。"于是子顺到了魏国。魏王亲自到郊外迎接，对子顺说："寡人不贤能，继承了先君国业。先生是圣人的后代，道德美好高尚，有幸见到您光顾

亲临，愿意共同图谋国政。"子顺回答："臣下是漂泊寄居他乡之人，感慕国君的高尚情义，所以唐突到此。国君屈尊赠礼而询问国家政事，哪敢不尊敬地接受国君的命令呢。" [K5.15.1]

修德　魏王朝群臣，问理国之所先。季文对曰："唯在知人。"王未之应。子顺进曰："知人则哲，帝尧所病，故四凶在朝，鲧任无功。夫岂乐然哉，人难知故也。今文之对，不称吾君之所能行，而乃欲强吾君以圣人所难，此不可行之说也。"王曰："先生言之。"对曰："当今所急，在修仁尚义，崇德敦礼，以接邻国而已。昔舜命众官，群臣竞让，得礼之致也。苟使朝臣皆有推贤之心，主虽不知人，则臣位必当。若皆以知人为治，则人主亦未过尧，且其目所不见者，亦必漏矣。"王曰："善。"

[译文] 魏王在朝堂会见群臣，询问治理国家最紧迫的事情。季文回答："只在于了解人。"魏王还没有回应，子顺进言说："知人而明哲，这是尧帝所担忧的，四凶在朝举荐鲧去治理洪水，鲧担当起重任却没成功。这岂能说这是尧帝乐于看到的？人是很难了解的啊。如今季文的回答，不说魏君所能做到的，而要强使魏君去做圣人都难做到的，这是一种不可实行的说辞啊。"魏王说："请先生说说看。"子顺回答："当务之急，只在修仁德尚高义，崇道德敦礼仪，与邻国关系友好而已。从前舜帝任命众官，群臣竞相推让，这是懂得礼仪所致。如果能使朝臣都有推荐贤良的心思，那么人主虽然不了解什么人贤良，那么臣子们必定会担当起责任。如果都以知人为治国方法，那么人主未必超过尧帝，而且您眼中所看不见的人才，也一定会有遗漏啊。"魏王说："说得好。" [K5.15.2]

好学　秦王得西戎利刀，以之切玉，如割水焉，以示东方诸侯。魏王问子顺曰："古亦有之乎？"对曰："昔周穆王大征西戎，西戎献锟铻之剑，火浣之布。其剑长尺有咫，炼钢赤刃，用之切玉，如切泥焉。是则古亦有也。"王曰："火浣之布若何？"对曰："《周书》：火浣布，必投诸火，布则火色，垢乃灰色，出火振之，皓然疑乎雪焉。"王曰："今何以独无？"对曰："秦贪而多求，求欲无厌，是故西戎闭而不致，以素防绝之也。然则人主贪欲，乃异物所以不至，不可不慎也。"

［译文］秦王得到了一把来自西戎的利刀，用它来切玉，如同划过水中一般，于是将这把利刀展示给东方诸侯观赏。魏王问子顺说："古代也有这种利刀吗？"子顺回答："从前周穆王大军征讨西戎的时候，西戎献上了锟铻剑、火浣布。锟铻剑足有一尺多长，炼钢而成，刀刃赤红，用它来切玉，如同切泥团一样。可见这种刀早在古代时就已经有了。"魏王问："火浣布是怎样的？"子顺回答："《周书》记载：火浣布在清洗时，一定要把它投进火中，这时布会出现火红色，布上的污垢会呈现灰色。待洗好后把布匹从火中取出一抖动，就会看见布匹白得像白雪一般。"魏王问："如今怎么会没有了？"子顺回答："秦国贪心总想多要，贪求无厌，所以西戎就闭关断交再也不送货了，以预防这些宝物灭绝。但这类由于人主贪欲使得这种奇异物品绝迹的事情，还是不可不谨慎的。"［K5.15.3］

好学　魏王曰："吾闻道士登华山则长不死，意亦愿之。"对曰："古无是道，非所愿也。"王曰："吾闻之信。"对曰："未审君之所闻，亲闻之于不死者耶，闻之于传闻者耶？君闻之于传闻者，传者妄也；若闻之于不死者，不死者今安在？在者，君学之勿疑；不在者，君勿学无疑。"

［译文］魏王说："我听说道士登上华山修炼后，可以长生不死，心里很想效仿。"子顺问："从古至今都没有过这种长生之道，这不应该是您的心愿啊。"魏王说："我相信听到的这件事。"子顺回答："不知道国君所听到的这件事，是亲自从长生不老人那里听到的，还是从传说此事之人那里听到

的呢？国君如果是从传闻者那里听到的，那这个传闻者说的是虚妄之言；如果是从长生不老者那里听到的，那么这位不死者如今在哪里呢？如果此人还在的话，国君您向他学习是不用怀疑的；如果他已经不在了，国君不要学他是无疑的。" ［K5.15.4］

【祭祀】李由之母少寡，与李音窃相好而生由。由有才艺，仕于魏，魏王甚爱之。或曰："李由母奸，不知其父，不足贵也。"王以告由，且曰："吾不以此贱子也。虽然，古之贤圣亦有似子者乎？吾将举以折毁子者。"李由对曰："今人不通于远，在臣欲言谁尔？且孔子少孤，则亦不知其父者也。孔子母死，殡于五父之衢，人见之，皆以为葬。问郰曼父之母，得合葬于防。此则圣人与臣同者也。"王笑曰："善。"子顺闻之，问魏王曰："李由安得斯言？"王曰："假以自显，无伤也。"对曰："虚造谤言，以诬圣人，非无伤也。且夫明主之于臣，唯德所在，不以小疵妨大行也。昔斗子文生于淫而不害其为令尹，今李由可则宠之，何患于人之言，而使横生不然之说？若欺有知，则有知不受；若欺凡人，则凡人疑之，必亦问臣，则臣亦不为君之故，诬祖以显由也。如此，群臣更知由恶，此必聚矣。所谓求自洁而益其垢，犹抱石以救溺，愈不济矣。"

［译文］李由的母亲年少守寡，与李音私下相好生了李由。李由很有才艺，在魏国为官，很受魏王喜爱。有人说："李由母亲有奸情，不知他的父亲，不应看重他。"魏王告诉了李由，并且说："我不会因此看贱您。即使如此，古代的贤圣也有类似您的吗？我将举例来反驳那些诋毁您的人。"李由回答："今人不了解远古，臣下我能说谁呢？孔子少年时就成了孤儿，连父亲是谁都不知道。他母亲死后，棺材就停放在五父之衢上，别人看见了，还以为就这么安葬了。后来问了郰曼父的母亲，得知孔子父亲坟墓的所在地后，最终才得以双双合葬于防地。这就是圣人与我相同之处。"魏王笑着说："好啊。"

子顺听说此事后，问魏王说："李由怎能说这样的谎言呢？"魏王说："这是他借来显示一下自己，无伤大雅吧。"子顺回答："虚造诽谤言论，诬蔑圣人，这不是无伤大雅啊。再说明主对于臣子，只看重他的道德所在，不会以小错而妨碍大德行。从前斗子文生于淫荡之女，但并没有影响他当令尹。如今李由只要能称职就可受到恩宠，何必害怕别人说什么话，而节外生枝地说一堆不实之词呢？如果他想欺骗懂的人，懂的人不会接受；如果他想欺骗普通人，普通人会怀疑这件事，必定会问臣。那时我也定不会为了国君的缘故，诬蔑先祖孔夫子来彰显李由。如此一来，群臣更加知道李由的可恶，必会聚而攻击他。所谓求自洁而越描越黑，如同抱石救溺水人，更加不济事了。" [K5.15.5]

礼乐　魏王使相国修好于邻国，遂连和于赵。赵王既宾之而燕，问子顺曰："今寡人欲来北狄，不知其所以然。"答曰："诱之。以其所利而与之通市，则自至矣。"王曰："寡人欲因而弱之，若与交市，分我国货，散于夷狄，是强之也，可乎？"答曰："夫与之市者，将以我无用之货，取其有用之物，是故所以弱之之术也。"王曰："何谓我之无用，彼之有用？"答曰："衣服之物，则有珠玉五彩；饮食之物，则有酒醪五熟。此即我之所有而彼所利者也。夷狄之货，唯牛马旃裘弓矢之器，是其所饶而轻以与人者也。以吾所有，易彼所饶，如斯不已，则夷狄之用将糜于衣食矣，殆可举棰而驱之，岂徒弱之而已乎？"赵王曰："敬受教。"

[译文]魏王派遣相国子顺与邻国修好，于是与赵国结成了友好和睦之邦。赵王以贵宾礼迎接并设宴接待时，问子顺说："如今寡人我准备向北狄扩张，不知如何做好。"子顺回答："引诱它。以对他们有利的商品开通市场，他们就会自己前来了。"赵王说："寡人我想借此机会削弱它，如果与他们开通交易市场，分去了我国货物，四散于夷狄之地，这是增强了他们，这可以

吗？"子顺回答："与他们市场交易，是将我没用的货物，换取他们的有用之物，所以是削弱他们的方法。"赵王问："什么是我无用的，他们有用的？"子顺回答："像衣服一类物品，如珠玉、五彩丝织品等；像饮食一类物品，如酒和各类熟食美味等，都是我们所拥有而对他们有利的。像夷族狄人的货物，如牛羊、马匹、毛毡、裘皮、弓箭之类的兵器等，都是他们所富有的而能够轻易给予他人的。以我们所多有的，换他所富有的，如此不停交换，那么夷狄的钱财都将大量花费在衣食上，举起短棍来就可以驱逐他们了，岂止是削弱一下而已呢？"赵王说："赐教受益了。" [K5.15.6]

好学　枚产谓子顺曰："臣匮于财，闻猗顿善殖货，欲学之。然先生同国也，当知其术，愿以告我。"答曰："然，知之。猗顿，鲁之穷士也，耕则常饥，桑则长寒。闻陶朱公富，往而问术焉。朱公告之曰：'子欲速富，当畜五牸。'于是乃适西河，大畜牛羊于猗氏之南，十年之间，其滋息不可计，赀拟王公，驰名天下。以兴富于猗氏，故曰猗顿。且夫为富者非唯一术。今子徒问猗顿，何也？"枚产曰："亦将问之于先生也。"答曰："吾贫，而子问以富术，纵有其术，是不可用之术也。昔人有言能得长生者，道士闻而欲学之，比往，言者死矣，道士高蹈而恨。夫所欲学，学不死也，其人已死，而犹恨之，是不知所以为学也。今子欲求殖货而问术于我，我且自贫，安能教子以富乎？子之此问，有是道士之学不死也。"

　　[译文]枚产对子顺说："我的财产匮乏，听说猗顿这个人善于增殖财货，我想学习。先生您与他是同国人，应当知道他的方法，请告诉我。"子顺回答："是这样的，我确实知道他的方法。猗顿这人，原来是鲁国的穷书生，耕田的时候经常饿肚子，种桑时经常受冻。听说陶朱公很富裕，就前往问他的方法。陶朱公告诉他说：'您想快速富裕，就应当畜养牛、马、猪、羊、驴等五种母畜。'于是猗顿便迁居到了西河，在猗氏南边大批畜养牛羊，十年之

间，繁衍的牛羊不计其数，财产可比王公贵族，因此闻名天下。由于他的富裕起家在猗氏之地，所以叫作猗顿。但富裕的方法并非只有一种，如今您只问猗顿，是为什么呢？"枚产说："这也是我想问先生的。"子顺回答："我很贫穷，而您却问我富裕之术，我纵有这办法，也是不可用的办法啊。从前有个人说他有长生之术，有位道士听说，想前往学习，等他到了之后，那人已死了，道士气得跳脚，悔恨来晚了。他想学的是不死术，那人都死了还遗恨不已，是不知道要学什么啊！如今您想学增殖财货法来问我，而我自己却这么贫穷，哪里能教您致富呢？您这么问我，就像那学不死之术的道士啊。"［K5.15.7］

　　君子　东里闾空腹而好自贤，欲自亲于子顺，子顺弗下颜。或曰："夫君子之交于世士，亦取其一节而已。今东闾子疏达亮直，大丈夫也，求为先生役，而先生无意接之。斯者，无乃非周公之交人乎？"子顺曰："此吾所以行周公之行也。夫东闾子外质顽拙，有似疏直，然内怀容媚诣魅，非大丈夫之节也。若其度骸称肤，面目鬓眉实美于圣人，论士不以为贵者，无益于德故也。然东闾子中不应外，侮慢世士，即所谓愚人而谓人为愚者也。持其虚状以不德于人，此乃周公之所罪，何交之有？"

　　［译文］东里闾这个人腹中空空没本事，却喜欢自夸，想与子顺套近乎，子顺却不给他好脸色。有人说："凡是君子与世俗士人结交，都只看他一方面而已。如今东闾子这人开通豁达，光明正直，是个大丈夫。他请求为先生做事，先生却无意接受，这么做不是周公交友的方式吧？"子顺说："这正是我施行周公待人的方式啊。东闾子这个人表面顽愚笨拙，好像很疏阔正直，其实心内满怀着诣媚魅惑，这不是大丈夫的节操。如只看他的体形外表，面相须眉比圣人还美，但品论士人却不以此为贵，因为无益于品德。而且东闾子这个人心中无德，不能应对好外部环境，还欺侮怠慢世俗士人。这就是所谓的'愚人说他人是愚人'。空持着虚伪形状而不以道德对待人，这正是周公所怪罪的

人，何必与他交往？" [K5.15.8]

【君子】宫他见子顺曰："他困于贫贱，将欲自托富贵之门，庶克免乎？"子顺曰："夫富而可以托贫，贵而可以寄贱者，天下寡矣。非信义君子，明识穷达，则不可。今子所欲托者谁也？"宫他曰："将适赵公子。"子顺曰："非其人矣。虽好养士，自奉而已，终弗能称也。"宫他曰："将适燕相国。"子顺曰："彼徒兄弟甥舅，各济其私，无求贤之志，不足归也。"宫他曰："将适齐田氏。"子顺曰："齐，大国也，其士大夫皆有自多之心，不能容子也。"他曰："然则何向而可？"子顺曰："吾勿识也。"宫他曰："唯先生知人，愿告所择，将往庇焉。"子顺曰："济子之欲，则宜若邱成子者也。昔邱成子自鲁聘晋，过乎卫，右宰谷臣止而觞之，陈乐而不作，送以实璧。反过而不辞，其仆曰：'日者右宰之觞吾子，甚欢也，今过而不辞，何也？'成子曰：'夫止而觞我，与我欢也；陈乐而不作，告我哀也；送我以璧，寄之我也。若由此观之，卫其有乱乎？'背卫三十里，闻宁喜作难，右宰死之。还车而临，三举而归，反命于君。乃使人迎其妻子，隔宅而居之，分禄而食之，其子长而反其璧。夫子闻之，曰：'智可与微谋，仁可与托孤，廉可以寄财者，其邱成子之谓乎？'今子求若人之比庇，焉可也。"宫他曰："循先生之言，舍先生将安之？请从执事。"子顺辞不得已，乃言之魏王而升诸朝。

［译文］宫他看见子顺时说："我受困于贫贱地位，想自荐于富贵之家，也许可以脱离贫困吧？"子顺说："富人家可以让贫困的人托付，贵人家可以让卑贱的人寄居，这样的事情天下太少了，除了忠信正义的君子，能明彻认识人生的穷困与通达的人之外，是不可能做到的。如今您想投靠谁呢？"宫他说："想投靠赵国平原君。"子顺说："这不是合适的人啊。他虽爱好养士，只是奉养他们自己，最终是不能称心的。"宫他说："我想投靠燕

相国。"子顺说："他那里只是照顾兄弟、外甥和舅舅，满足他们的各自私欲，并没有求贤若渴的志向，不值得归附他。"宫他说："我想投靠齐国田氏。"子顺说："齐国是个大国，那里的士大夫都有自以为是之心，不能容下您的。"宫他说："那么投靠谁才可以呢？"子顺说："我也不知道。"宫他说："唯有先生了解人，请告诉您所选择的人，我将前往寻求庇护。"子顺说："能够满足您的愿望，比较合适的还是郈成子吧。从前他从鲁国前往晋国受聘为官，经过卫国时，右宰相谷臣请他留下来喝酒，宴席间陈列着乐器，没有演奏，却送了他一块货真价实的玉璧。郈成子返回经过卫国时却不去辞谢谷臣。他的仆人说：'从前右宰招待您的时候，您很高兴，如今路过为何不去辞行呢？'郈成子说：'他留下我并设宴招待，是想与我欢饮；陈列乐器而不演奏，是告诉我他心中的哀痛；他送我玉璧，是想托付于我。从这点来看，卫国将会有内乱。'他们远离卫国三十里后，果然传来了宁喜发难，右宰谷臣被杀的消息。郈成子立即驾车返回，为谷臣之死三次举哀，然后回国把情况报告了鲁君，并派人迎来了谷臣的妻子，在自家隔壁建宅留居，分出俸禄供养他们，等到谷臣的儿子长大了，才返还了他父亲所送的玉璧。我先祖孔子听说此事后，说：'智慧足可与他细谋，仁义足可向他托付孤儿，廉洁足可以寄放钱财的人，说的就是郈成子吧？'如今您求得像他这样的人庇护，那就可以了。"宫他说："按先生所言，除了先生您，还有谁能让我安居无忧呢？请让我为您做事吧。"子顺推辞不了，向魏王推荐宫他，成为朝廷官员。 ［K5.15.9］

【大同】子顺相魏，改嬖宠之官以事贤才，夺无任之禄以赐有功。诸丧职秩者不悦，乃造谤言。文咨以告，且曰："夫不害前政而有成，孰与变之而起谤哉？"子顺曰："民不可与虑始久矣。古之善为政者，其初不能无谤。子产相郑，三年而后谤止；吾先君之相鲁，三月而后谤止。今吾为政日新，虽不能及圣贤，庸知谤止独无时乎？"文咨曰："子产之谤，尝亦闻之，未识先君之谤，何也？"子顺曰："先君初相鲁，鲁人谤诵曰：'麛裘而韠，投之无戾。韠之麛裘，投之无邮。'及三月，政成化行，民又作诵曰：'衮衣章甫，实获我所；章甫衮衣，惠我无私。'"文咨喜曰："乃知先生亦不异乎圣贤矣。"

［译文］子顺任魏国宰相时，罢免宠臣以礼敬贤才，剥夺不称职人的俸禄以赐给有功之人。那些失官失俸的人很不高兴，于是四处诽谤。文咨告诉子顺说："如果能不危害前朝政事而又有成就，谁会去改变它而惹起诽谤呢？"子顺说："民众不能与他们一起谋事已很久了。古代善于理政者，起初都不能不遭诽谤。子产任郑国宰相，三年后诽谤才止息；我先君孔夫子任鲁国宰相，三个月后诽谤才停止。如今我理政后天天有新气象，虽比不上圣贤，你怎知没有停止诽谤之时呢？"文咨说："子产遭诽谤，我曾听说过，不知您先君曾受到哪些诽谤呢？"子顺说："我先祖孔夫子任鲁国宰相时，鲁国人作谤诗说：'那个穿皮袍戴礼帽的人，流放他也没错。那个戴礼帽穿皮袍的人，流放他也没罪过。'三个月后，政治教化推行了，民众又作诗说：'那个穿皮袍戴礼帽的人，确实得到了理想的职位；那个戴礼帽穿皮袍的人，施惠我没私心。'"文咨欢喜地说："现在知道先生与圣贤没差别了。"［K5.15.10］

礼乐 魏王谓子顺曰："吾欲致天下之士，奈何？"子顺对曰："昔周穆王问祭公谋父曰：'吾欲得天下贤才。'对曰：'去其帝王之色，则几乎得贤才矣。'今臣亦请君去其尊贵之色而已。"王曰："吾欲得无欲之士为臣，何如？"子顺曰："人之可使，以有欲也。故欲多者，其所得用亦多；欲少者，其所得用亦少矣。夷齐无欲，虽文、武不能制，君安得而臣之？"

［译文］魏王对子顺说："我想招来天下的能士，怎么办呢？"子顺回答："从前周穆王问祭公谋父说：'我想得到天下的贤才。'祭公谋父回答：'去掉帝王的傲慢脸色，那大概就可以得到贤才了。'如今臣下也只是请国

君您去掉脸上的尊贵脸色而已。"魏王说："我想得到没有欲念的能士为臣，怎么办呢？"子顺说："人之所以可以支使，就是因为他有欲望。所以欲望多的人，他的用处也多；欲望少的人，他的用处也少得多。伯夷和叔齐都没有欲望，即使是周文王、周武王也不能控制他们，国君您哪能得到他们并使之成为您的臣子呢？"[K5.15.11]

论势第十六

礼乐　魏王问相国曰："今秦负强以无道陵天下，天下莫不患。寡人欲豁国之半，以亲诸侯，求从事于秦，可乎？"子顺对曰："以臣观之，殆无益也。今天下诸侯畏秦之日久矣，数被其毒，无欲复之之志，心无所计，委国于游说之士。游说之士挟强秦以为资，卖其国以收利，叉手服从，曾不能制。如君之谋，未获其利，而只以为名，适足以速秦之首诛，则无以得之，不如守常以须其变也。"王曰："秦其遂有天下乎？"对曰："必然。虽然，取不以义，得不以道，自古以来，未有能终之者。"

［译文］魏王问相国说："如今秦国不讲道义，仗着自己的强大霸凌天下，天下没有不受它的祸害的。我想割让国土的一半，亲近与其他诸侯的关系，请求他们一起抗击秦国，可以吗？"子顺回答："以我的观察，这样做是无益的。如今天下诸侯畏惧秦国已经很久了，屡次被秦国侵害，都没有收复失地的意志，心中也没有什么计谋，只能把国家大事委托给周游列国的说客。这些周游列国的说客，倚仗强大秦国作为资本，出卖各国以收取暴利。各国诸侯只好服从他们，一点也不能节制他们。如果像国君您的计谋那样，没获得利益，只得到了空名，还刚好让秦国加速首伐我国，只能是一无所得，还不如保守常态，静观其变。"魏王问："秦国将来会拥有天下吗？"子顺回答："那是必然的。但那些不以正当名义收取他国，不以正道获得的土地，自古以来，

都不能善始善终啊。"〔K5.16.1〕

礼乐　五国约而诛秦，子顺会之秦，未入境而还，诸侯留兵于成皋。子顺谓市丘子曰："此师楚为之主，今兵罢而不散，殆有异意，君其备诸？"市丘子曰："先生幸而教之，愿以国寄先生。"子顺许诺，遂见楚王曰："王约五国而西伐秦，事既不集，又失师于市丘，谤君者或以君欲攻市丘，以偿兵费。天下之士且以是轻君而重秦，且又不义君之为矣，王何不卜交乎？"楚王曰："奈何？"子顺曰："王今出令，使五国勿攻市丘，五国重王则听王之令矣，不重王则且反王之令而攻市丘。以此卜五国交王之轻重，必明矣。"楚王敬诺，而五国散。

〔译文〕五国订立盟约讨伐秦国，子顺赴约前往秦国会合，但还没有入秦境就退回了，诸侯各国也都驻兵在成皋。子顺对市丘子说："这次出师以楚国为盟主，如今进攻停止而队伍不解散，一定怀有异心，您做好准备了吗？"市丘子说："幸亏先生教我，愿意把国事托付给先生。"子顺答应了，于是前往拜见楚王说："大王您约定五国一同西伐秦国，没有成功，事已至此，军队又在市丘失利，诽谤您的人说您想攻打市丘，以补偿军费开支。天下之士都因为这件事轻视您而看重秦国，而且都认为您的行为不义，大王何不验证一下盟交关系呢？"楚王说："怎么办才好？"子顺说："大王如今发布命令，让五国军队不要攻打市丘，五国尊重大王的话就会听从大王的命令，不尊重大王的话就会违反大王的命令而攻打市丘。用这种办法来验证五国与大王结盟的轻重，一定会明了。"楚王恭敬地答应了，而五国盟军接到命令后，也撤兵回国了。〔K5.16.2〕

修德　赵间魏，将以求亲于秦。子顺谓赵王曰："此君之下吏计过也。比目之鱼，所以不见得于人者，以偶视而俱走也。今秦有兼吞天下之志，日夜伺间，不忘于侧息。赵魏与之邻接，而强弱不敌。秦所以不敢图并赵魏者，徒以二国并目周旋者也。今无故自离，以资强秦，天下拙谋无过此者。故臣曰君之下吏计过也。夫连鸡不能上栖，亦犹二国构难不能自免于秦也，愿王熟虑之。"赵王曰："敬受教。"

[译文] 赵国离间魏国，是为了亲近秦国。子顺对赵王说："这是国君手下官吏计策的过错啊。比目鱼之所以难以被人捕获，是因为它们两两并行察看以便一起逃走。如今秦国有并吞天下的志向，日夜等候机会，一刻都不忘记。赵、魏两国与秦国接壤，但国力弱不敌强秦。秦国之所以不敢吞并赵、魏两国，只是因为两国像比目鱼一样与它周旋。如今两国无故自行分离，反而去资助强大的秦国，天下最拙劣的计谋也比不过如此。所以我才说这是国君手下官吏计策的过错。被绑在一起的鸡不能飞上架栖息，这就像赵、魏两国交战，哪个国家都不能独自免遭秦国欺凌一样，请大王深思熟虑啊。"赵王说："多谢您的教诲。" [K5.16.3]

好学　韩与魏有隙。子顺谓韩王曰："昭釐侯，一世之明君也；申不害，一世之贤相也。韩与魏敌侔肩国，而釐侯执圭见梁君者，非好卑而恶尊，虑过而计失也。与严敌为邻，而动有灭亡之变，独劲不能支二难，故降心以相从，屈己以求存也。申不害虑事而言，忠臣也。昭釐侯听而行之，明君也。今韩弱于始之韩，魏均于始之魏，秦强于始之秦，而背先人之旧好，以区区之众，居二敌之间，非良策也。齐楚远而难恃，秦魏呼吸而至，舍近而求远，是以虚名自累而不免近敌之困者也。为王计者，莫如除小忿全大好也。吴越之人，同舟济江，中流遇风波，其相救如左右手者，所患同也。今不恤所同之患，是不如吴越之舟人也。"韩王曰："善。"

[译文] 韩国与魏国的关系有了裂痕。子顺对韩王说："韩昭釐侯，是一代明君；申不害，是一代贤相。韩国与魏国势均力敌，而韩昭釐侯却执臣子之礼面见魏国君主，这并不是他喜好卑贱而厌恶尊贵，而是深怕有过错而失

策。韩国与强敌互为邻居，举动稍有不当，就会发生灭亡的巨变，独自使劲不能支撑两难，所以降服骄傲之心来相从，委屈自己以求保存国家。申不害考虑好了事情才发言，是位忠臣。韩昭釐侯听从他的劝告而行动，是位明君。如今韩国比当年的韩国弱，魏国与当年的魏国差不多，秦国则强于当年的秦国。如果这时候违背了先人结下的旧日友好，以韩国区区一国人，夹居两大强敌之间，绝不是良策啊。齐、楚两国离得远而难依靠，秦、魏两国呼吸之间就能来到，舍近求远，是被虚名牵累自己，而不免被近敌所困扰啊。为大王考虑，不如忘掉小嫌隙而保全大局为好。吴、越两国的人民同船过江，中流遇到风波时，他们互相救援，如同左右手一般，这是大家面临共同的忧患啊。如今您不忧虑两国所共同面临的祸患，这是不如吴、越两国的同船人啊。"韩王说："说得好。"［K5.16.4］

　　修德　秦兵攻赵，魏大夫以为于魏便。子顺曰："何谓？"曰："胜赵则吾因而服焉，不胜赵则可乘弊而击之。"子顺曰："不然。秦自孝公以来，战未尝屈，今皆良将，何弊之乘？"大夫曰："纵其胜赵，于我何损？邻之不修，国之福也。"子顺曰："秦贪暴之国也，胜赵必复他求，吾恐于时受其师也。先人有言，燕雀处屋，子母相哺，煦煦然其相乐也，自以为安矣。灶突决上，栋宇将焚，燕雀颜色不变，不知祸之将及己也。今子不悟赵破患将及己，可以人而同于燕雀乎？"

　　［译文］秦兵攻打赵国，魏国有位大夫以为这有利于魏国。子顺说："这是什么意思？"大夫说："秦国打胜赵国，我们就此顺服秦国；秦国战胜不了赵国，我国就可乘机追击秦国。"子顺说："不对。秦国自秦孝公以来，作战还没有屈服过，如今带兵的都是良将，哪有机会可乘？"那位大夫说："纵使秦国胜了赵国，对于我国又有何损失？邻国政治不稳，是我国之福啊。"子顺说："秦国是贪暴之国，战胜赵国后必定会再有所求，我恐怕到时

会受到秦军进犯。先人说过，燕雀住在一屋，母子互相哺育，欢欢乐乐，自以为安全。不一会灶火突然冲出烟囱，屋宇将被焚烧，燕雀还脸色不变，不知灾祸会蔓延到自己。如今您不明白赵国被破，祸患将波及自己，难道人能够跟燕雀一般见识吗？"［K5.16.5］

　　君子　齐攻赵，围廪丘。赵使孔青帅五万击之，克齐军，获尸三万。赵王诏勿归其尸，将以困之。子顺聘赵，问王曰："不归尸，其困何也？"曰："其父兄子弟悲苦无已，废其产也。"子顺曰："非所以穷之也。死一也。归尸与不归，悲苦胡异焉？以臣愚计，贫齐之术，乃宜归尸。"王曰："何谓？对曰："使其家远来迎尸，不得事农，一费也；归所葬，使其送死终事，二费也；一年之中，丧卒三万，三费也。欲无困贫不能得已。"王曰："善。"既而齐大夫闻其子顺之谋，曰："君子之谋，其利博哉！"

　　［译文］齐国攻打赵国，包围了廪丘。赵国派遣孔青率领五万军队发起攻击，攻克了齐军，杀敌军三万人。赵王下诏，不要归还敌人尸体，以此困扰敌人。子顺正访问赵国，问赵王说："不归还敌军尸体，以此困扰齐国什么呢？"赵王说："让他们的父亲、儿子和兄弟们悲痛不止，荒废自家的产业。"子顺说："这不是困扰敌人的办法。死了就是死了，归不归还尸体，悲苦还有什么不同吗？按照我的拙计，要想使齐国贫困，还不如归还尸体的好。"赵王说："这是什么意思？"子顺回答："让他们的家人远道而来，接回尸体，不得从事农业，这是第一大消耗；回去安葬，让他家人送别死者，办完丧事，是第二大消耗；一年之中，丧失三万士兵，这是第三大消耗。齐国想不贫困都不行啊。"赵王说："说得对。"此后齐国大夫听说了子顺的谋略后，说："君子的计谋，益处太博大了！"［K5.16.6］

　　修德　子顺相魏，凡九月，陈大计辄不用，乃喟然曰："不见用，是吾言之不当也。言不当于主而居人之官，食人之禄，是尸利也。尸利素餐，吾罪深矣。"退而以病致事。魏王遣使入其馆，谢曰："寡人昧于政事，不显明是非，以启罪于先生，今知改矣。愿先生为百姓故，幸起而教之。"辞曰："臣有犬马之疾，不任国事。苟得从四民之列，子弟供魏国之征，乃君惠也。敢辱君命，以速刑书。"人谓子顺曰："王不用子，子其行乎？"答曰："吾将行如之山东，则山东之国将并于秦，秦为不义，义所不入。"遂寝于家。

[译文]子顺担任魏国宰相时，过了九个多月，献上的大计一个都没被采用，于是叹息说："谋略不被人主采用，这是我的谋略不当。谋略不当还做人主的官，吃人主的俸禄，这是毫无作为，尸位素餐，我的罪过太深了。"于是退位称病，推脱官事。魏王派遣使者进入宾馆，道歉说："我不清楚国家政事，不能明辨是非，得罪了先生，如今已经知道改正了。愿先生为了百姓，重新当官来教导我。"子顺辞谢说："臣下我生有犬马之病，不胜任国家大事。如果我能跟随士、农、工、商的民众行列，让子弟们供魏国征用，这就是国君的恩惠了。真不敢辱没国君的任命，加速招来灾祸。"有人对子顺说："魏王不用您，您会离开吗？"子顺回答："我如果去崤山以东，那么崤山以东的国家迟早会被并入秦国。秦国的所为强暴不义，从道义上来说我是不会去的。"于是就长住在家里。[K5.16.7]

修德　秦急攻魏，魏王恐。或谓子顺曰："如之何？"答曰："吾私有计，然岂能贤于执政？故无言焉。"魏王闻之，驾如孔氏，亲问焉，曰："国亡矣，如之何？"对曰："夫弃之不如用之之易也，死之不如弃之之易也。人能弃之弗能用也，能死之不能弃也，此人过也。今王亡地数百里，亡城数十而患不解，是王弃之非用之也。秦之强，天下无敌，魏之弱甚矣。而王是以质秦，此王能死不能弃之也，是重过也。若能用臣之计，则亏地不足伤，卑国体不足苦身，患解而怨报矣。今秦四境之内，执政以下，固曰：'与嫪氏乎，与吕氏乎？'虽门闾之下，廊庙之上，犹皆如是。今王诚能割地赂秦，以为嫪毒功，卑身尊秦，以自嫪毒始，王又以国赞嫪毒也，则嫪毒胜矣。于是太后之德王也，深如骨肉。王之交最为天下之上矣，孰不弃吕氏而从嫪毒？天下皆然，则王怨必报矣。"

［译文］秦国猛攻魏国，魏王非常惊恐。有人对子顺说："怎么办？"子顺回答："我个人有个计谋，但是岂能比执政者的计谋更好呢？所以也就不想多说了。"魏王听说后，驾车来到孔家，亲自问道："国家就要灭亡了，怎么办好呢？"子顺回答："抛弃它，不如使用它容易；灭亡它，不如抛弃它容易。人宁愿抛弃而不知道使用，宁愿灭亡而不能抛弃，这是常人的过错。如今大王失地数百里，丢城数十座而忧患不解，是大王宁愿抛弃也不利用它们。秦国强大，天下无敌，魏国则太弱小了，因此大王成了秦国人质，这是大王宁愿死亡也不愿抛弃土地，错上加错啊。如果能用臣下的计谋，那么即使损失了土地也不会伤害国家，即使轻贱了自己也不会苦了自身，还可以除忧患报怨仇。如今秦国四境之内，执政官以下，都一定说：'是跟随嫪氏，还是跟随吕氏？'无论是普通人家，还是朝堂廊庙，都在这么说。如今大王真能割地贿赂秦国，把它作为嫪毒的功劳，自降身价尊奉秦国，那么就可以自嫪毒开始，以一国之力来帮助嫪毒，那么嫪毒就可以胜出。于是太后就会感恩德厚待您，如同骨肉一般。大王这种结交方式就是天下最上良策，那么谁会不抛弃吕氏而跟从嫪毒呢？天下都这样做的话，那么大王的怨仇就一定能报了。" [K5.16.8]

执节第十七

孝悌 赵孝成王问曰："昔伊尹为臣而放其君，其君不怨，何可而得乎此也？"子顺答曰："伊尹执人臣之节，而弼其君以礼，亦行此道而已矣。"王曰："方以放君为名，而先生称礼，何也？"子顺曰："以礼括其君，使入于善也。"曰："其说可得闻乎？"答曰："其在《商书》。太甲嗣立而干冢宰之政，伊尹曰：'惟王旧行不义，习与性成。予不狎于不顺，王姑即桐，迩于先王其训，罔以后人迷。王往居忧，允思厥祖之明德。'是言太甲在丧，不明乎人子之道，而欲知政，于是伊尹使之居桐，近汤之墓，处忧哀之地，放之不得知政。三年服竟，然后反之，即所以奉礼执节事太甲者也。率其君以义，强其君以孝道，未有行此见怨也。"王曰："善哉。我未之闻也。"

[译文] 赵孝成王问："过去伊尹作为臣子而放逐了君主，他的君主却不怨恨，这是怎么能做到这样的呢？"子顺回答："伊尹执行人臣的礼节，而以礼来辅佐君主，他只是推行礼治之道而已。"赵王问："刚才说伊尹放逐君主，而先生称他以礼事君，为什么呢？"子顺说："他以礼来约束君主，使他进入善境啊。"赵王问："能听一听这种说法吗？"子顺回答："它记载在《商书》里。太甲继位后干预冢宰行使政令，伊尹说：'只因大王过去多做不义之事，养成了不良习惯，我不能放纵这种不服从义理的事。您姑且先去桐宫，接近并了解先王的遗训，不能再让后人迷惘了。大王前往桐宫服丧丁忧，应当可以更好地反思先祖的贤明美德。'这是说太甲在父亲的丧期里，不明白人子之道，而急欲执政，因此伊尹才让他去桐宫居住，以靠近汤王的墓地，住在忧患哀思之地，放逐太甲使之不得干政。等到三年服丧完毕后，伊尹才接太甲返回。这就是伊尹所谓的奉礼执节服事太甲，以义德劝导君主，以孝道教导君主，故没有因此行为而招致君王怨恨。"赵王说："说得好啊。这事我还没听说过呢。" [K5.17.1]

好学 魏安釐王问子顺曰："马回之为人，虽少才文，梗梗亮直，有大丈夫之节。吾欲以为相，可乎？"答曰："知臣莫若君，何有不可？至于亮直之节，臣未明也。"王曰："何故？"答曰："闻诸孙卿云：'其为人也，长目而豕视者，必体方而心员。’每以其法相人，千百不失。臣见回，非不伟其体干也，然甚疑其目。”王卒用之。三月，果以谄得罪。

[译文] 魏安釐王问子顺说：“马回的为人，文化才能虽然少，但是光明耿直，有大丈夫的气节。我想拜他为宰相，可以吗？”子顺回答：“知臣莫若君，有何不可呢？至于光明耿直的气节，臣还不太明白。”韩王问：“为什么呢？”子顺回答：“我听孙卿说过：‘作为一个人，双眼长而偷眼看人的，一定身材宽厚但心术不正。’每次用这种方法相人，千百人都不会错失。我看见马回这人，不是怀疑他的身材肥大，而是觉得他的眼神很可疑。”韩王最终还是任用了马回。三个月之后，马回果然因为谄媚而获罪。 [K5.17.2]

礼乐　新垣固谓子顺曰：“贤者所在，必兴化致治。今子相魏，未闻异政，而即自退。其有志不得乎，何去之速也？”答曰：“以无异政，所以自退也。且死病无良医，今秦有吞食天下之心，以义事之，固不获安，救亡不暇，何化之兴？昔伊挚在夏，吕望在商，而二国不理，岂伊吕之不欲哉？势不可也。当如今日山东之国，弊而不振，三晋割地以求安，二周折节而入秦，燕、齐、宋、楚，楚已屈服矣。以此观之，不出二十年，天下尽为秦乎！”

[译文] 新垣固对子顺说：“贤者所在之处，必定会兴教化，致礼治。如今您宰理魏国，还没有听说有新政，就自行隐退了。这是不是有志不得伸展，这么快就离职了呢？”子顺回答：“正是因为没有新政，所以才自行隐退了。而且说，死病即使有良医也难治好。如今秦国有吞食天下之心，以义德服事它，固然心里不安，救亡都顾不过来，何以振兴儒学教化呢？从前伊挚辅佐夏朝，吕望辅佐商朝的时候，而两个国家都没有治理得很好，难道是伊挚与吕望都不想有作为吗？是大势不可挡啊。这如同今日的山东诸国，内弊混乱而国势不振一样：韩、赵、魏三国割地以求平安，二周变服折节归顺了秦国；燕、齐、宋、楚四国之中，最大的楚国也都屈服于秦国。以此观之，不出二十年，

天下必将都尽归秦国了！"［K5.17.3］

孝悌　季节见于子顺，子顺赐之酒，辞。问其故，对曰："今日家之忌日也，故不敢饮。"子顺曰："饮也。礼，虽服衰麻，见于君及先生，与之粱肉，无辞。所以敬尊长而不敢遂其私也。忌日方于有服则轻矣。"

［译文］季节前来拜见子顺，子顺赐他酒喝，季节推辞了。子顺问他为什么，季节回答："今天是家中亲人的忌日，所以不敢饮酒。"子顺说："喝吧！丧礼期间，虽然穿的是衰麻丧服，但遇见君主及先生，送给酒肉食物的时候，无须推辞。这是因为要尊师敬长，而不敢顾自己的私事。忌日比起礼制，更轻了。"［K5.17.4］

【君子】魏安釐王问天下之高士，子顺曰："世无其人也，抑可以为次，其鲁仲连乎！"王曰："鲁仲连，强作之者，非体自然也。"答曰："人皆作之，作之不止，乃成君子。文武欲作尧舜而至焉，昔我先君夫子欲作文武而至焉。作之不变，习与体成，则自然矣。"

［译文］魏安釐王问天下有哪些高士君子，子顺说："世上已没有这类人了，如果次一点的，大概是鲁仲连吧！"魏王说："鲁仲连是个强求自己这样做之人，不是本性自然的人。"子顺答："人都要有所作为，如果努力作为不止，就能成为君子。周文王、周武王想效仿尧舜的作为而都已经做到了，从前我先祖孔夫子想效仿周文王、周武王那样的作为也做到了。努力有所作为而谋道不变，修习与本性结合，就自然能成君子了。"［K5.17.5］

【好学】虞卿著书名曰《春秋》，魏齐曰："子无然也。《春秋》，孔圣所以名经也。今子之书，大抵谈说而已，亦以为名何？"答曰："经者，取其事常也，可常则为经矣。且不为孔子，其无经乎？"齐问子顺，子顺曰：

"无伤也。鲁之史记曰《春秋》，经因以为名焉，又晏子之书亦曰《春秋》。吾闻泰山之上，封禅者七十有二君，其见称述，数不盈十，所谓贵贱不嫌同名也。"

[译文]虞卿写了本书名叫《春秋》，魏齐说："您不该这么做。《春秋》，是孔圣人命名的经书。如今您的书大都是谈论之语而已，何必用作书名呢？"虞卿回答："经书，是概括事物恒常规律的书，能概括事物恒常规律的就是经书。难道没有孔子，就没有经书了？"魏齐求问子顺，子顺说："这无伤大雅。鲁国史记称《春秋》，经书因此以它为书名；还有晏子的书也称作《春秋》。我听说泰山之上，登山封禅者有七十二位君王，其中后世称述的，不满十位，这就是所谓贵贱不嫌同名。" [K5.17.6]

礼乐　邯郸之民以正月之旦，献雀于赵王，而缀之以五彩，赵王大悦。申叔以告子顺，子顺曰："王何以为也？"对曰："正旦放之，示有生也。"子顺曰："此委巷之鄙事尔，非先王之法也，且又不令。"申叔曰："敢问何谓不令？"答曰："夫雀者取其名焉，则宜受之于上，不宜取之于下，下人非所得制爵也。而王悦此，殆非吉祥矣。昔虢公祈神，神赐之土田，是失国而更受田之祥也。今以一国之王受民之雀，将何悦哉！"

[译文]邯郸的百姓为庆贺正月初一，献了一只雀给赵王，还挂缀了五彩带，赵王非常开心。申叔把这件事情告诉了子顺，子顺说："大王准备怎么办？"申叔回答："准备在正月初一这天放生，以表爱生之德。"子顺说："这是小巷里的鄙陋事，不是先王礼法，而且很不吉利。"申叔说："敢问为什么不吉利？"子顺回答："根据雀鸟的取名看，应该是从居上位的尊者手中接受，不宜从地位卑下者处取得，因为地位卑下者不能按礼制封爵。大王却为此感到开心，这是不吉祥的。过去虢公祈祷神灵，神灵赐给了他田地，这是失去了国家却获得封田的祥兆。如今以一国之王的高贵身份，接受百姓的雀鸟，

有什么可开心的呢？" [K5.17.7]

好学　申叔问曰："犬马之名皆因其形色而名焉，唯韩卢、宋鹊独否，何也？"子顺答曰："卢，黑色；鹊，白黑色，非色而何？"

［译文］申叔问："犬马的名称，都是以它们的形体色彩来命名的，唯独韩卢、宋鹊有所不同，这是为什么呢？"子顺回答："卢，代表黑色；鹊，代表白黑色，这不是以颜色命名又是什么呢？" [K5.17.8]

祭祀　魏公子无忌死，韩君将亲吊焉。其子荣之，以告子顺，子顺曰："必辞之。礼，邻国君吊，君为主，今君不命子，则子无所受其君也。"其子辞韩，韩君乃止。

［译文］魏公子无忌去世后，韩国君主准备亲自前往吊唁。无忌的儿子以此为荣，把这事告诉了子顺。子顺说："一定要推辞这事。礼制规定，邻国君主来吊唁，本国君主为主人。如今国君没有给你命令，那您就不要接受韩君的吊唁。"于是无忌的儿子向韩王推辞了此事，韩君也就不来了。 [K5.17.9]

好学　子高以为赵平原君霸世之士，惜其不遇时也。其子子顺以为衰世之好事公子，无伯相之才也。申叔问子顺曰："子之家公有道先生，既论之矣，今子易之，是非焉在？"答曰："言贵尽心，亦各其所见也。若是非，则明智者裁之。"

［译文］子高认为赵国平原君是霸主时代之士，可惜生不逢时。他儿子子顺则认为平原君不过是乱世的好事公子，并没有霸主宰相之才。申叔问子顺说："您的父亲是有道先生，既然对此已有了定论，如今您却要改变它，谁是谁非呢？"子顺回答："言论贵在尽心在理，这也是各有所见吧。如果要论是非，那需要由明智者来裁决。" [K5.17.10]

【礼乐】申叔问子顺曰："礼，为人臣三谏不从，可以称其君之非乎？"答曰："礼所不得也。"曰："叔也昔者逮事有道先生，问此义焉，而告叔曰：'得称其非者，所以欲天下人君使不敢遂其非也。'"子顺曰："然。吾亦闻之，是亡考起时之言，非礼意也。礼，受放之臣，不说人以无罪。先君夫子曰：'事君欲谏，不欲陈言。'不欲显君之非也。"申叔曰："然则晏子、叔向皆非礼也？"答曰："此二大夫相与私燕，言及国事，未为非礼也。晏子既陈屦贱而踊贵于其君，其君为之省刑，然后以及叔向。叔向听晏子之私，又承其问所宜，亦答以其事也。"

［译文］申叔问子顺："礼制规定，臣子三次劝谏还不听从的话，可以说他君主的错误了吧？"子顺回答："礼制规定，不得这样做。"申叔说："我从前服事您父亲有道先生，问到这方面的义理，他告诉我说：'可以说君主的错误，这是让天下的人君都不敢再有同样的错误。'"子顺说："对。我也听说过，这是我亡父刚出仕为官时说的话，不是礼制本意。礼制规定，被放逐的臣子，不要说别人是非以免获罪。先祖孔子说：'服事君主要劝谏，不要多说话。'就是不想彰显国君的过错啊。"申叔说："这么说，晏子、叔向都不懂礼了吗？"子顺回答："这两位大夫私下饮宴，谈及国事，不算非礼。晏子先是向君主陈说了鞋贱而义肢贵的事情，君主已经减轻了刑罚，然后才跟叔向谈及此事。叔向听到了晏子私下说的话，又承蒙晏子问这样做对不对，也就是答其所问的事情罢了。" [K5.17.11]

大同 魏王问子顺曰："寡人闻昔者上天神异后稷而为之下嘉谷，周以遂兴。往者中山之地无故有谷，非人所为，云天雨之反亡国，何故也？"答曰："天虽至神，自古及今，未闻下谷与人也。《诗》美后稷能大教民种嘉谷，以利天下。故《诗》曰'诞降嘉种'，犹《书》所谓'稷降播种，农殖嘉谷'，皆说种之，其义一也。若中山之谷，妖怪之事。非所谓天祥也。"

［译文］魏王问子顺说：“寡人听说，从前上天以神异力量，帮助后稷撒下嘉谷，周朝于是兴盛起来。从前中山国之地无缘无故地长出谷子，这不是人的所为，听说天雨生谷是好事却反而亡国了，这是什么缘故呢？”子顺回答说：“天虽然非常神奇，但自古及今，从未听说过会降下谷子给人的。《诗》赞美后稷能大教化民，种下嘉谷以利天下。所以《诗》里说‘天诞降下嘉美稻种’，这就如同《尚书》里所说的‘后稷降旨播种，农民种植嘉谷’，说的都是种植稻谷，意义是一样的。像中山国的天降稻谷，妖怪显灵之事，并非所谓‘天祥’啊！”［K5.17.12］

　　君子　赵王问相于平原君，平原君曰：“邹文可。”王曰：“其行如何？”对曰：“夫孔子高天下之高士也，取友以行，交游以道。文与之游，称曰好义，王其用之。”王卒不用。后以平原君言问子顺，且曰：“先生知之乎？”答曰：“先父之所交也，何敢不知。”王曰：“寡人虽失之在前，犹愿闻其行于先生也。”答曰：“行不苟合，虽贱不渝，君子人也。”王遂礼之，固以老辞。

　　［译文］赵王问平原君谁可以为宰相，平原君说：“邹文可以。”赵王说：“他的德行如何？”平原君回答：“孔子高是天下高洁之士，结交朋友时看的是德行，与朋友交游时以同道为谋。邹文与子高交游时，称他好义，因此大王可以任用他。”赵王最终还是没任用邹文。后来赵王以平原君的话问子顺，并且说：“先生知道邹文这人吗？”子顺回答：“他是先父所交的好友，怎么不知道呢？”赵王说：“我虽然之前失误了，但还是愿意听先生说说他的德行。”子顺回答：“他的行为毫不苟且附众，虽然贫贱也矢志不渝，是个真君子。”赵王于是礼聘邹文为官，但邹文还是以年老为由坚决推辞了。［K5.17.13］

　　【孝悌】赵王问子顺曰：“寡人闻孔氏之世自正考甫以来，儒林相继。

仲尼重之以大圣，自兹以降，世业不替，天下诸侯咸资礼焉。先生承其绪，作二国师，从古及今，载德流声，未有若先生之家者也。先生之嗣，率由前训，将与天地相敌矣。"答曰："若先祖父，并禀圣人之性，如君王之言也。至如臣者，学行不敏，寄食于赵，禄仕于魏，幸遇二国之君，宽以容之，若乃师也，未敢承命。假令赖君之愿，后世克祚，不忝前人，不泯祖业，岂徒一家之赐哉，亦天下之庆也！"王曰："必然，必然。"

［译文］赵王问子顺："寡人听说，孔氏家族自从正考甫以来，世代传习儒学，孔子集大成而成为大圣人。从此以后，孔家学业世代没有废弃，天下诸侯无不给予礼遇优待。先生您承接孔学统绪，成为赵、魏两国的国师，从古至今，施行德教，流芳美誉，没有能像先生家族这样的。先生的子孙后代，秉持圣人祖训，定将能与天地齐寿。"子顺回答："像我先祖父孔子那样，如君王您所说，确实禀受了圣人之性。至于像臣子我这样的，学习修行不聪敏，却寄食于赵国，享俸禄于魏国，幸遇两位国君，宽待容留我，当成老师一般，以至于未敢承受使命。假如赖君所愿，后世能依赖祖宗荫德流传，不辱没前人，不泯灭祖业，这岂是对孔门一家的恩赐呢，那也是天下的大庆啊！"赵王连声说："那是当然，当然！"［K5.17.14］

卷六

诘墨第十八

【礼乐】墨子称:"景公问晏子以孔子而不对,又问三,皆不对。公曰:'以孔子语寡人者众矣,俱以为贤圣也,今问于子而不对,何也?'晏子曰:'婴闻孔子之荆,知白公谋而奉之以石乞,劝下乱上,教臣弑君,非圣贤之行也。'"诘之曰:"楚昭王之世,夫子应聘如荆,不用而反,周旋乎陈宋齐卫。楚昭王卒,惠王立。十年,令尹子西乃召王孙胜以为白公,是时鲁哀公十五年也,夫子自卫反鲁,居五年矣。白公立一年,然后乃谋作乱,乱作在哀公十六年秋也,夫子已卒十旬矣。墨子虽欲谤毁圣人,虚造妄言,奈此年世不相值何?"

[译文]墨子说:"齐景公问晏子有关孔子的事,晏子不回答,又连问了三次,都不回答。齐景公说:'对我说孔子的人很多,都以为他是圣贤,如今问您却不回答,是什么原因呢?'晏子答:'我听说孔子去楚国时,得知太子白公谋反而将石乞引荐给他,劝部下作乱犯上,教臣子弑杀君王,这不是圣贤的行为。'"孔鲋诘问墨子:"楚昭王在世时,孔夫子应邀去楚国,没得到任用而返回,周旋于陈国、宋国、齐国与卫国之间。楚昭王去世后,楚惠王即位,十年后才命令尹子西乃招来王孙胜,自号为白公,这时是鲁哀公十五年,孔夫子从卫国回鲁国,已经安居五年了。白公一年后才预谋作乱,此时是鲁哀

公十六年秋，孔夫子已去世百天了。墨子虽想毁谤圣人，虚造无稽之谈，奈何这事情时间上根本对不上，又该如何解释？"[K6.18.1]

【礼乐】墨子曰："孔子之齐见景公，公悦之，封之以尼谿。"晏子曰：'不可，夫儒倨法而自顺，立命而怠事，崇丧遂哀，盛用繁礼，其道不可以治国，其学不可以导家。'公曰：'善。'"诘之曰："即如此言，晏子为非儒恶礼，不欲崇丧遂哀也。察《传》记，晏子之所行未有以异于儒焉。又景公问所以为政，晏子答以礼云。景公曰：'礼其可以治乎？'晏子曰：'礼于政，与天地并。'此则未有以恶于礼也。晏桓子卒，晏婴斩衰枕草、苴绖带杖、菅菲食粥，居于倚庐，遂哀三年，此又未以异于儒也。若能以口非之而躬行之，晏子所弗为。"

［译文］墨子说："孔子去齐国见齐景公，齐景公很开心，想把尼谿封给孔子。晏子说：'不可以这么做。儒家傲视法律而自以为是，立天命之说而荒怠轻慢国事，崇尚丧礼，哀痛不已，喜欢盛大繁缛的礼仪，其仁道不可以治国，其儒学不可以训导家族。'齐景公说：'说得好。'"孔鲋诘问墨子："如果真有这番话，晏子就是反儒学、恶礼仪，不想崇尚丧祭，以表达哀痛了。但是察看《传》记载，晏子的行为与儒家行为并无不同。此外，齐景公问如何为政时，晏子回答说以礼治国。齐景公问：'礼可以用来治国吗？'晏子答：'礼对于政治，与天地并行。'从这里看出他并不厌恶礼治。晏子父亲桓子去世后，晏子按最重的丧礼，枕枯草，穿丧服，拄丧杖，穿草鞋，喝稀粥，住茅庐，服丧三年，这些做法与儒家也没有区别。口头非议而身体力行，晏子是不会这么做的。"[K6.18.2]

【礼乐】墨子曰："孔子怒景公之不封己，乃树鸱夷子皮于田常之门。"诘之曰："夫树人为其信己也。《记》曰：'孔子适齐，恶陈常而终不见。常病之，亦恶孔子。'交相恶而又往仕，其不然矣。《记》又曰：'陈常杀其君，孔子斋戒沐浴而朝，请讨之。'观其终不树子皮审矣。"

［译文］墨子说："孔子怨恨齐景公没有给自己封地，于是把酒袋子竖立在田常门前求他任用。"孔鲋诘问墨子："竖立酒袋于人门前是为了让他信任自己。《记》说：'孔子到了齐国，厌恶田常，始终没去见他。田常为此很气愤，也憎恶孔子。'两人互相憎恶，而孔子竟还去他那里求仕进，这显然不合常理。《记》又说：'田常杀害齐君后，孔子斋戒沐浴后上朝，请求发兵征讨他。'这么看来，孔子是始终不会去田常家门前竖立酒袋子的。" [K6.18.3]

【礼乐】墨子曰："孔子为鲁司寇，舍公家而奉季孙。"诘之曰："若以季孙为相，司寇统焉，奉之自法也。若附意季孙，季孙既离公室，则孔子合之。季孙既受女乐，则孔子去之；季孙欲杀囚，则孔子赦之，非苟顺之谓也。"

［译文］墨子说："孔子在鲁国任司寇时，舍去公家职务而去侍奉季孙。"孔鲋诘问墨子："如果季孙是鲁国宰相，本该统领司寇，孔子服从他的命令是合法的。如果孔子想迎合季孙，季孙既然叛离了公室，孔子自然会追随他。实际情况是，季孙接受了齐国舞女乐队，孔子马上离他而去；季孙想杀囚徒，孔子却予以赦免。这些都说明孔子没有苟且顺从季孙氏。" [K6.18.4]

【修德】墨子曰："孔子厄于陈蔡之间，子路烹豚，孔子不问肉之所由来而食之；剥人之衣以沽酒，孔子不问酒之所由来而饮之。"诘之曰："所谓厄者，沽买无处，藜羹不粒，乏食七日。若烹豚饮酒，则何言乎厄？斯不然矣。且子路为人，勇于见义，纵有豚酒，不以义，不取之可知也，又何问焉？"

［译文］墨子说："孔子在陈国蔡国之间遭难，子路煮了只小猪，孔子

不问肉从哪来就吃了；他剥了别人衣服买酒，孔子不问酒从哪来就喝了。"
孔鲋诘问墨子："孔子遭难时，酒无处可买，一丁点米粒都没有，一连饿了七
天。如果烹猪饮酒，还是遭难吗？肯定不会这样。而且子路这人见义勇为，即
使有酒肉，不义也不会取，又何必怀疑呢？"　[K6.18.5]

【好学】墨子曰："孔子诸弟子：子贡、季路辅孔悝以乱卫，阳虎乱
鲁，弗肸以中牟畔，漆雕开形残。"诘之曰："如此言，卫之乱，子贡、季路
为之耶？斯不待言而了矣。阳虎欲见孔子，孔子不见，何弟子之有？弗肸以中
牟畔，召孔子则有之矣，为孔子弟子，未之闻也。且漆雕开形残，非行己之
致，何伤于德哉？"

［译文］墨子说："孔子的几个弟子中，子贡与子路辅佐孔悝作乱卫
国，阳虎作乱鲁国，弗肸据中牟叛乱，漆雕开身体残疾。"孔鲋诘问墨子：
"如果这么说，卫国的内乱，难道是子贡与子路所造成的？这是无须说就明
了的事。阳虎想见孔子，孔子不见他，他怎么成了孔子的弟子？弗肸据守中
牟叛乱，曾召唤孔子这事确实是有，但以此说他就是孔子弟子，还从未听说。
而且漆雕开的身体残疾，也不是由于他的品行所导致，这又何伤于他的道德
呢？"　[K6.18.6]

【君子】墨子曰："孔子相鲁，齐景公患之。谓晏子曰：'邻有圣人，
国之忧也。今孔子相鲁，为之若何？'晏子对曰：'君其勿忧，彼鲁君，弱
主也；孔子，圣相也。不如阴重孔子，欲以相齐，则必强谏鲁君。鲁君不听，
将适齐，君勿受，则孔子困矣。'"诘之曰："按如此辞，则景公、晏子畏
孔子之圣也。而上云非圣贤之行，上下相反。若晏子悖，可也；不然，则不
然矣。"

［译文］墨子说："孔子在鲁国摄相治国，齐景公很害怕，对晏子说：

'邻国有圣人，是国家的忧患。如今孔子摄相治鲁，怎么办好？'晏子回答：
'国君无须忧愁，鲁君软弱无能，孔子圣明摄相，不如暗地里重聘孔子，请他来
治理齐国，他一定会强势劝谏鲁君。鲁君不听的话，孔子就会同意来齐国，国君
您这时再不接受他，孔子就会进退两难了。'"孔鲋诘问墨子："照此说来，齐
景公、晏子都是害怕孔子圣明的人。而上面却说孔子所为并非圣贤的行为，刚好
上下之说相反。如说晏子悖理，还说得过去，要不然就不对了。" [K6.18.7]

【君子】墨子曰："孔子见景公，公曰：'先生素不见晏子乎？'对曰：
'晏子事三君而得顺焉，是有三心，所以不见也。'公告晏子。晏子曰：'三
君皆欲其国安，是以婴得顺也。闻君子独立，不惭于影。今孔子伐树削迹，不
自以为辱；身穷陈蔡，不自以为约。始吾望儒贵之，今则疑之。'"诘之曰：
"若是乎？孔子、晏子交相毁也，小人有之，君子则否。孔子曰：'灵公污而
晏子事之以整，庄公怯而晏子事之以勇，景公侈而晏子事之以俭。晏子，君子
也。'梁丘据问晏子曰：'事三君而不同心，而俱顺焉，仁人固多心乎？'晏
子曰：'一心可以事百君，百心不可以事一君，故三君之心非也，而婴之心非
三也。'孔子闻之曰：'小子记之，晏子以一心事三君，君子也。'如此，则
孔子誉晏子，非所谓毁而不见也。景公问晏子曰：'若人之众，则有孔子贤
乎？'对曰：'孔子者，君子行有节者也！'晏子又曰：'盈成匡，父之孝
子，兄之悌弟也。其父尚为孔子门人，门人且以为贵，则其师亦不贱矣。'是
则晏子亦誉孔子可知也。夫德之不修，己之罪也。不幸而屈于人，己之命也。
伐树削迹，绝粮七日，何约乎哉？若晏子以此而疑儒，则晏子亦不足贤矣。"

　　[译文]墨子说："孔子去见齐景公，齐景公说：'先生从来都不与晏
子相见吗？'孔子答：'晏子服事三位君主都顺命行事，是有三颗心，所以
不见他。'齐景公把此事告诉了晏子。晏子说：'三位国君都希望国家平安，
因此晏婴我才得以顺命行事。听说君子独立自主，孤身一人也不会顾影自惭。

如今孔子周游列国，砍伐树木，消灭事迹，不自以为羞辱；在陈蔡之间穷途末路，还不自以为约束。起初我仰望而崇尚儒家，如今则怀疑它。'"孔鲋诘问墨子："真的会有这样的事吗？孔子与晏子互相毁谤这类事，对小人言是有的，君子则不会这样做。孔子说：'齐灵公污秽，晏子就以整洁服事他；齐庄公胆怯，晏子就以忠勇服事他；齐景公奢侈，晏子就以俭朴服事他。晏子是君子啊！'梁丘据问晏子说：'服事三位国君而用不同心思，且都能顺道而行，仁人的心思很多吗？'晏子说：'一心可以事百君，百心不可以事一君，虽然三位国君的心思不同，晏婴却没有三心。'孔子听闻后说：'你们几个学子记好了，晏子以一条心服事三位国君，是个君子啊！'如此看来，孔子赞誉过晏子，而没有毁谤他、不见他。齐景公问晏子说：'这么多人之中，有孔子这么贤良的吗？'晏子答：'孔子，是品行修为都有节操的真君子！'晏子又说：'盈成匡是父母的孝子，长兄的悌弟。他的父亲曾经是孔子门人，门人都看重他，那么他的老师也不会卑贱吧。'这么看，可知晏子亦赞誉过孔子。德行不修，是自己的罪过。不幸而屈从于人，是自己的命运。伐树削迹，绝粮七日，不被世人所接受，如何能束缚孔子呢？如果晏子因此而怀疑儒家学说，那么晏子也不足以称为贤人了。"[K6.18.8]

祭祀　墨子曰："景公登路寝，闻哭声，问梁丘据。对曰：'鲁孔子之徒也，其母死，服丧三年，哭泣甚哀。'公曰：'岂不可哉？'晏子曰：'古者圣人非不能也，而不为者，知其无补于死者，而深害生事故也。'"诘之曰："墨子欲以亲死不服，三日哭而已。于意安者，卒自行之。空用晏子为引而同于己，适证其非耳。且晏子服父以礼，则无缘非行礼者也。"

[译文]墨子说："齐景公晚上在正厅处理政务，忽然听见了哭声，便问梁丘据是怎么回事。梁丘据答：'这是鲁国孔子的门徒，母亲死后，他服丧三年，哭得很悲哀。'齐景公问：'这么做难道不可以吗？'晏子说：'古代

圣人不是不能这么做，而是不愿意这样做，因为他们知道这样做不但无补于死者，反而会深害活人。'"孔鲋诘问墨子："墨子主张亲人死后不必服丧，哭三天就够了。只要做到心安理得，完事后就可以自行其是了。凭空引用晏子的话来附和自己的意见，刚好证实了你的学说并非属实。再说晏子既然曾为父亲服丧礼，自然无法再非难那些服丧礼的人了。"［K6.18.9］

【君子】曹明问子鱼曰："观子诘墨者之辞，事义相反，墨者妄矣。假使墨者复起，对之乎？"答曰："苟得其礼，虽百墨吾亦明白焉。失其正，虽一人犹不能当前也。墨子之所引者，矫称晏子。晏子之善吾先君，吾先君之善晏子，其事庸尽乎？"曹明曰："可得闻诸？"子鱼曰："昔齐景公问晏子曰：'吾欲善治，可以霸诸侯乎？'对曰：'官未具也，臣亟以闻，而君未肯然也。臣闻孔子圣人，然犹居处勌惰，廉隅不修，则原宪、季羔侍；血气不休，志意不通，则仲由、卜商侍；德不盛，行不勤，则颜、闵、冉雍侍，今君之朝臣万人，立车千乘，不善之政。加于下民者众矣，未能以闻者，臣故曰官未备也。'此又晏子之善孔子者也。曰：'晏平仲善与人交，久而敬之。'此又孔子之贵晏子者也。"曹明曰："吾始谓墨子可疑，今则决不妄疑矣。"

［译文］曹明问子鱼："看您对墨子的诘问，事实与义理相反，指出墨子学说太虚妄了。假使墨子复活，您能对答吗？"孔鲋答："如果掌握事理，虽有一百个墨子我也能使他明白。如果失去正理，虽然只有他一人我也不能抵挡。墨子所引用的话，矫称是晏子说的。实际上，晏子赞扬我先祖孔子，我先祖赞扬晏子，这方面的事说得尽吗？"曹明说："可说来听听吗？"孔鲋说："从前齐景公问晏子说：'我想治理好国家，就可称霸诸侯了吗？'晏子回答：'如今贤官还没齐备啊，臣虽然屡次请求，君主您还是没同意。臣听说孔子虽是圣人，有时还是会在居处懈怠。因此他在修身欠缺时，就让原宪、季羔侍坐；血气不畅，志气意向不通时，就让仲由、卜商侍坐；道德不盛，行为不

勤时，就让颜回、闵子骞、冉雍侍坐。如今国君您的朝臣过万人，军车数千乘，不好的行政举措，施加在下面民众身上的可是太多了，却不能听到反映。所以臣才说贤官未齐备。'这又是晏子赞扬孔子之处。孔子说：'晏子善于与人交朋友，时间久了更敬重他。'这又是孔子赞扬晏子的话。"曹明说："我一开始就觉得墨子可疑，今后决不再妄疑圣人了。"　[K6.18.10]

独治第十九

修德　子鱼生于战国之世，长于兵戎之间，然独乐先王之道，讲习不倦。季则谓子鱼曰："大丈夫不生则已，生则有云为于世者也。今先生淡泊世务，修无用之业，当身不蒙其荣，百姓不获其利，窃为先生不取也。"子鱼曰："不如子之言也。武者可以进取，文者可以守成。今天下将扰扰焉，终必有所定。子修武以助之取，吾修文以助之守，不亦可乎？且吾不才，无军旅之任，徒能保其祖业，优游以卒岁者也。"

［译文］子鱼出生于战国乱世，成长于兵戎相见的时代，依然独自以传承先王之道为乐事，整日里讲学修习儒学，毫不怠倦。季则对子鱼说："大丈夫不生则已，生下来就要有为于当世。如今先生淡泊世务，修习对当世无用的学业，自身不蒙受当官的光荣，百姓无法获得利益，私下认为先生这样是不值得的。"子鱼说："不像您说的这样啊。习武者可以进取，修文者可以守成。如今天下纷乱不已，但终有一天必然安定下来。您修武功以助国家进取，我修文德以助先祖守成，不是也可以吗？而且我没有才能，不能胜任军旅的任命，因此只能保全先祖学业，优哉游哉地过完这一辈子了。"　[K6.19.1]

好学　秦始皇东并。子鱼谓其徒叔孙通曰："子之学可矣，盍仕乎？"对曰："臣所学于先生者，不用于今，不可仕也。"子鱼曰："子之材能见时变，今为不用之学，殆非子情也。"叔孙通遂辞去，以法仕秦。

[译文]秦始皇率兵东并各国。子鱼对自己的门徒叔孙通说："你的学问已可以了，为什么还不出仕为官呢？"叔孙通回答："我向先生学到的东西，不能用于今世，所以不可以出仕做官。"子鱼说："你的才能足以看清时势变化，如今修习这些用不上的学问，一定不是你的本意。"叔孙通于是告辞而去，改为以法家学说在秦国为官。[K6.19.2]

礼乐 尹曾谓子鱼曰："子之读先王之书，将奚以为？"答曰："为治也。世治则助之行道，世乱则独治其身，治之至也。"

[译文]尹曾对子鱼说："您读了先王之书以后，将准备做什么呢？"子鱼回答："准备为治世服务。世道治理了就帮助国君施行正道，世道乱了则独治自身，这就是治世的极致境界。"[K6.19.3]

好学 陈馀谓子鱼曰："秦将灭先王之籍，而子为书籍之主，其危矣。"子鱼曰："吾不为有用之学，知吾者惟友，秦非吾友，吾何危哉？然顾有可惧者，必或求天下之书焚之，书不出则有祸。吾将先藏之以待其求，求至无患矣。"

[译文]陈馀对子鱼说："秦国将要毁灭先王的书籍，而您是这些书籍的主人，多危险啊。"子鱼说："我不学习与传播那些对当今时政有用的学问，知道我的唯有朋友，秦国并非我的朋友，我有何危险呢？但回顾起来还是有可怕的事，那就是秦国以后一定会收罗天下所有的书籍并焚烧它，这一来这些书籍如果不献出来就会有祸患。我打算先将这些书藏起来，等待将来后人的访求，那时候再有人想访求这些书，就没有祸患了。"[K6.19.4]

谋道 子鱼居魏，与张耳、陈馀相善。耳、馀，魏之名士也。秦灭魏，求耳、馀，惧走。会陈胜、吴广起兵于陈，欲以诛秦。馀谓陈王曰："今必欲定天下取王侯者，其道莫若师贤而友智。孔子之孙今在魏，居乱世能正其行，修其祖业，不为时变。其父相魏，以圣道辅战国，见利不易操，名称诸侯。世有家法，其人通材，足以干天下，博知足以虑未形，必宗此人，天下无敌矣。"陈王大悦，遣使者赍千金，加束帛，以车三乘聘焉。耳、馀又使谓子鱼曰："天下之事已可见矣。今陈王兴义兵讨不义，子宜速来以集其事。王又闻子贤，欲谘良谋，虚意相望也。"子鱼遂往，陈王郊迎而执其手，议世务。子鱼以霸王之业劝之，王悦其言，遂尊以博士，为太师谘度焉。

　　[译文] 子鱼居住在魏国，与张耳、陈馀相互友善。张耳、陈馀都是魏国名士，秦国灭魏国时，下令追讨张耳与陈馀。两人闻讯后惊惧逃走，正遇上陈胜、吴广在陈地起兵，想要征伐秦朝。陈馀对陈王说："今天如果想平定天下取得王侯之位，没有比有贤明的老师和聪明的朋友更好的方法了。孔子的孙子如今在魏国，身居乱世依然能够端正德行，修习先祖学业，不为时代变迁而改变。他的父亲宰理魏国，以圣人之道辅助战乱之国，见到利益不易节操，美名称誉诸侯各国。孔子家族世代都有家法，孔鲋这个人是通才，足以治理天下，他知识广博，足以考虑还未成形的局势变化，您重用此人，必定天下无敌了。"陈王非常高兴，派遣使者带上千金，外加布帛、三乘车等重礼前往聘请。张耳、陈馀又派人对子鱼说："天下大事已见分晓了。当今陈王兴发义兵，征讨暴虐不义的秦朝，您最好速来一起共事。陈王已听说了您的贤良，想着咨询良谋，虚心诚恳地期望您到来。"子鱼于是前往陈地，陈王亲自到郊外迎接，握着子鱼的手，议论交谈着谋身治世的事情。子鱼以成就霸王之业劝导陈王，陈王十分欣赏，于是尊子鱼为博士，作为太师参与国事的咨询谋划。 [K6.19.5]

【祭祀】子鱼名鲋、甲，陈人或谓之子鲋，或称孔甲。陈胜既立为王，其妻之父兄往焉，胜以众兵待之，长揖不拜，无加其礼。其妻之父怒曰："怙乱僭号而傲长者，不能久矣。"不辞而去。陈王跪谢，遂不为顾。王心惭焉，遂适博士、太师之馆而言曰："予虽丈夫哉，然塞于礼义，以启于姻娅。唯先生幸训诲之，使免于戾，可乎？"子鱼曰："王所问者善也，敢固无辞而对乎？今以礼言耶，则礼无不拜。且宗族婚媾又与众宾异敬者也，敬而加亲，自古以然也。"王曰："虽已失之于前，庶欲收之于后也。愿先生修明其事，必奉遵焉。"对曰："昔唐尧内亲九族，外协万邦。礼以婚为昆弟，妻之父母为外舅姑，由是明之，则拜之可知。夫婚亲之义，非宗贤之类也，虽自己臣，莫敢不敬。昔魏信陵君尝以此质臣之父，臣之父曰：'于诸母之昆弟，妻之诸父，则以亲配德，年齐以上，虽拜之可也；幼于己者，揖之可也。'此出于人情而可常者也。"王曰："善哉！请问同姓而服不及者，其制何邪？"对曰："先王制礼，虽国君有合族之道，宗人掌其列，继之以姓而无别，醵之以食而无殊，各随本属之隆杀。属近则死为之免，属远则吊之而已。礼之正也。是故臣之家哭子氏之别姓于弗父之庙，哭孔氏则于夫子之庙，此有据而然也。周之道，虽百世婚姻不通，重先世之同体也。"王跪曰："先生之言，厥义博哉，寡人虽固，敢不尽心。"

［译文］子鱼名鲋，又名甲，陈人有的称他为子鲋，或称孔甲。陈胜称王后，他妻子的父兄前往探亲，陈胜以对待普通士兵的礼仪对待他们，只作长揖而不拜谢，没有特殊礼节。他岳父愤怒地说："乘乱冒用帝王尊号而傲视长者，一定不能长久。"于是不辞而去。陈王跪下谢罪，他岳父及妻兄等依然不顾而去。陈王心里惭愧，于是前往博士、太师的宾馆，对子鱼说："我虽然是大丈夫，但是不通礼义，以致被亲戚教训。幸好还有先生能训导教诲我，以免行为乖戾，可以吗？"子鱼说："大王所问的问题太好了，怎敢无言以对呢？今天见岳父这事，以礼而论，是不能不拜的。况且宗族婚姻，又与礼敬宾客有所不同，要尊敬而加亲情，自古以来都是如此。"陈王说："即使先前已错

了，还是希望后来能吸取教训。愿先生指明这方面礼仪的事，我必定遵奉。"子思回答："从前，尧帝对内亲近九族，对外协和万邦。礼制规定，要将妻子的兄弟视如兄弟，妻子的父母则尊为岳父母，可见拜他们是应该的。婚姻亲族的情义，和尊重贤才不一样，虽然是自己的臣子，也不敢不敬。从前魏国的信陵君，曾经以此事来质问我的父亲，我父亲说：'对于母亲的兄弟，妻子的父辈，都要以亲情配合德行，年龄相同或更大的，跪拜是可以的；比自己年幼的，长揖就可以了。'这些都属于人之常情。"陈王说："说得好！请问同姓而无服者，礼节上应怎样对待呢？"子鱼回答："先王制定的礼仪，规定了国君的合族和睦之道，并且由宗族长者执掌族人序列，同姓相继没有区别，祭酒分食也没有不同，各自跟随本族的尊卑地位而定。亲属关系近的死后要为他穿丧服，亲属关系远的死后就只去吊唁而已。这是亲族的正规礼仪。因此，我的家族祭祀子氏别宗，就去弗父何的庙，祭祀孔氏就去孔夫子的庙，这是有根据才这么做的。周朝的礼仪之道，同姓者即使过了一百代也不通婚联姻，这是尊重先世是同一大家族的啊。"陈王跪谢道："先生的言论，旨义广大而渊博，我虽说愚顽，也不敢不尽心去做啊。" [K6.19.6]

问军礼第二十

礼乐 陈王问太师曰："行军之礼，可得备闻乎？"答曰："天子有道，礼乐征伐自天子出。自天子出，必以岁之孟秋，赏军师、武人于朝，简练杰俊，任用有功，命将选士，以诛不义。于是孟冬以级授军，司徒櫜扑，北面而誓之，誓于社以习其事。先期五日，太史筮于祖庙，择吉日斋戒，告于郊社稷宗庙。既筮，则献兆于天子。天子使有司以特牲告社，告以所征之事而受命焉。舍奠于帝学以受成，然后乃类上帝，柴于郊以出，以斋车迁庙之主及社主行，大司马职奉之。无迁庙主，则以币帛皮圭告于祖祢，谓之主命，亦载斋车。凡行主、皮圭币帛皆每舍奠焉，而后就馆。主车止于中门之外，外门之内。庙主居于道左，社主居于道右。其所经名山大川皆祭告焉。及至敌所，将战，太史卜战日，卜右御。先期三日，有司明以敌人罪状告之史，史定誓命。战日，将帅陈列车甲卒伍于军门之前，有司读诰誓，使周定三令五申。既毕，遂祷战祈克于上帝，然后即敌。将士战，全己克敌，史择吉日，复祃于所征之地，柴于上帝，祭社奠祖以告克者，不顿兵伤士也。战不克则不告也。凡类、祃皆用甲、丙、戊、庚、壬之刚日。有司简功行赏，不稽于时。其用命者，则加爵受赐于祖奠之前；其奔北犯令者，则加刑罚戮于社主之前。然后鸣金振旅，有司遍告捷于时所有事之山川。既至，舍于国外，三日斋，以特牛亲格于祖祢，然后入。设奠以反主，若主命，则卒奠敛玉埋之于庙两阶间。反社主，如初迎之礼。舍奠于帝学，以讯馘告；大享于群吏，用备乐飨。有功于祖庙，舍爵策勋焉，谓之饮至。天子亲征之礼也。"

［译文］陈王问太师说："行军打仗的军队礼制，可以全面地听听和了解一下吗？"子鱼回答："天子有道的时代，所有礼乐教化与征伐的大事，全都由天子发出号令。天子发号施令时，一定选在每年秋季的首月。先是在朝上赏赐军师武将，选拔训练杰出的才俊，任用有功绩者，任命将军，挑选士兵，以讨伐不义之敌。等到了冬季首月，就按照级别来授予军阶，司徒击鼓挥鞭示威，天子面朝北方宣誓后，接着在社庙祭奠以明确职责。在宣誓五天之前，太史先去祖庙卜筮，选择好吉日，斋戒沐浴之后，分别前往郊外的社稷、宗庙里祷告，待卜筮之后，再将所得的结果向天子禀报。天子这才派官员以公牛为祭品，向社庙祷告有关出征之事，并接受神灵的命令。接着天子在国家学宫里举行祭奠，表示领受成命；然后类祭上帝，在郊外烧柴火祭天后正式宣布出兵，用斋车运载祖庙之主及社庙之主出行，由大司马负责祭祀奉送。没有随斋车迁移的庙主，则用币帛皮圭来祭告祖先亡灵，称为主命，也以斋车运载。一路上，所有随斋车运行的庙主、皮圭币帛等，都要在每次住下的宿舍里祭奠，然

后才能在馆舍里住下。装载庙主、神主的车停在馆舍的中门之外，外门之内。庙主位居道路左侧，社主位居道路右侧。斋车所经过的名山大川，都要举行祭告。等到了敌方战场，将要战斗之前，太史官要卜测开战日，卜测天子右翼护卫的御林军。在开战前三天，主管官员要列明敌人的罪状，告知太史，由太史拟定誓言命令。开战之日，将帅将战车、披甲士卒的队伍，陈列在军营大门之前，由主管官宣读诰命和作战誓言，通过三令五申，让士兵充分了解周密确定的作战目的与具体计划。誓师之后，军队开始向上帝祷告保佑取得战斗胜利，然后与敌交战。将士通过奋战，确保自己可以战胜敌人后，就由太史选择良辰吉日，再次在战场上烧柴祭告上帝，祭社神，奠先祖等，告诉他们我军已经取得胜利的消息，并没有过多地劳顿军队和损伤士兵。如果战斗没有取胜就不祭告。凡是类告上帝、祭告战场时，都要选用甲、丙、戊、庚、壬等这些'刚日'。负责官员论功行赏时，可无须核对时日。对于忠勇尽力的将士，要加官进爵，在祭奠祖先时给予赏赐；对那些违命败逃的将士，要在社主神位前施刑杀戮。然后鸣金收兵，振奋军心，凯旋回国，让主管官广发捷报，遍告来时所举办过祭奠的名山大川。等回到国内，先留宿在都城外，举办三天斋戒，天子先以公牛亲自祷告先祖，然后入城，接着举办祭奠，将随军的神主放回庙里。如果是载'主命'出征，就在祭奠时烧掉币帛，把玉器收拾好，埋在神庙的两个台阶之间。返回社主的祭礼，要如同当初的迎送之礼。祭奠设于帝王的国学堂，把俘虏和斩杀的战况告祭上帝。然后由天子举行盛大的酒宴，招待文武百官，奏响尽善尽美的音乐，款待那些有功于祖庙的功臣们，待他们放下酒杯后，把功劳都记在功劳簿上，这叫作'饮至'。以上所说，就是天子的亲征之礼。" [K6.20.1]

礼乐 陈王曰："其命将出征，则如之何？"太师曰："古者，大将受命而出则忘其国，即戎师阵则忘其家。故天子命将出征，亲洁斋盛服，设奠于祖以诏之。大将先入，军吏毕从，皆北面再拜稽首而受。天子当阶南面命授之节钺，大将受，天子乃东向西面而揖之，示弗御也。然后告大社冢宰执屙宜于社之右，南面授大将。大将北面稽首再拜而受之，承所颁赐于军吏。其出不类，其克不祸。战之所在，有大山川则祈焉，祷克于五帝，捷则报之。振旅复命，简异功勤，亲告庙告社，而后适朝。礼也。"

［译文］陈王问："将军受命出征的礼仪，是怎样的呢？"太师回答："古代的时候，大将受命出征就放下国内事，亲自到军营阵地就忘掉家事。所以天子命令大将出征时，要亲自沐浴斋戒后，穿上华盛礼服，在祖庙设祭，诏命大将先进入，其他军吏全都随从进来，一起朝北面行跪拜礼，一拜再拜，叩头接受任命。天子先是站在台阶面向南方，任命统帅并授予节钺，待大将接受后，天子才由东朝西向大将作揖，表示自己已经交出了军权，不再亲自指挥。然后天子祭告大社，由冢宰手执酒杯祭品等，站于社神位右边，面向南方授予大将；大将脸朝北面，叩首并两次跪拜后才接受赏赐，把它们都颁发给部下军吏。大将出征前不举行类祭上帝，攻克敌人后也不在战场举行祸祭。战场所在地附近有大山名川的，则举行祭告，祈祷五帝率军战斗能够获胜，获得大捷就前来禀报。大将战后整顿军队，率兵复命后，要先考核部下的战功与出勤，亲自祭告祖庙、社庙，而后才回朝面见天子。这就是将军出征之礼。" [K6.20.2]

祭祀　王曰："将居军中之礼，胜败之变，则如之何？"太师曰："将帅尚左，士卒尚右。出国先锋，入国后刃。介胄在身，执锐在列，虽君父不拜。若不幸军败，则驲骑赴告于天子，载藁铁。天子素服哭于库门之外三日，大夫素服哭于社亦如之。亡将失城则皆哭七日。天子使使迎于军，命将帅无请罪。然后将帅结草自缚，袒右肩而入，盖丧礼也。"王曰："行古礼如何？"太师曰："古之礼固为于今也。有其人行其礼则可，无其人行其礼，则民弗与也。"

[译文]陈王问："将军在军中的礼仪，遇到胜败变化时，应该如何举行呢？"太师说："将帅以左位为尊，士卒以右位为尊。大将率军出国时，先锋部队在前；大将率军回国时，大军随后。军人们盔甲披在身上，手执锐利兵器，站在队列的时候，即使在国君面前也不跪拜。如果不幸军队战败，就骑着驿站的快马奔赴回来报告天子，并把战衣装备都装载在车上。天子见到后，穿着丧服在库门外连哭三天，大夫穿着丧服，也在社庙里连哭三天。如果大将阵亡并失去城池，国君就要连哭七天。天子还要派出使者，去迎接败退的军队，特命回归的将帅无须请罪。然后将帅们都要用草绳子绑住自己，袒露出右肩进入城中，这就是军中丧礼。"陈王问："军中丧礼按照古制应如何做好呢？"太师说："古代的丧礼，本来就是为今天准备的。有人愿意这样行礼就可以实行，无人愿意行这样的丧礼，那百姓是不愿意参与的。"　[K6.20.3]

答问第二十一

谋道　陈人有武臣谓子鲋曰："夫圣人者，诚高材美称也。吾谓圣人之知必见未形之前，功垂于身殁之后，立教而戻夫弗犯，吐言而辩士不破也。子之先君可谓当之矣。然韩子立法，其所以异夫子之谓者纷如也。予每探其意而校其事，持久历远，遏奸劝善，韩氏未必非，孔氏未必得也。吾今而后乃知，圣人无世不有尔，前圣后圣，法制固不一也。若韩非者，亦当世之圣人也。"子鲋曰："子信之为然，是固未免凡俗也。今世人有言高者，必以极天为称；言下者，必以深渊为名，是资势之谈而无其实者也。好事而未凿者，必言经以自辅，援圣以自贤，欲以取信于群愚，而度其说也。若诸子之书，其义皆然。吾先君之所自志也，请略说一隅，而君子审其信否焉。"武臣曰："诺。"

[译文]陈地有位武臣对孔鲋说："圣人，确实是天下高材的美称。我

认为圣人的见识，必定能发现事情还没有发生前的先兆，立大功劳于身故之后，立教训示能让暴戾的莽夫也不敢违犯，所说的道理也能让巧辩的学士攻而不破，您的先祖孔子可谓当之无愧。然而，韩非子创立的法家学说，与孔子仁道的不同之处那是太多了。我每每探究他们的旨意，比较其中的史事，发现历经时代变化、长久流传之后，在遏止奸佞，劝人向善等方面，韩非未必错，孔子未必对。我从今以后才知道，圣人是无世不有的啊。以前的圣人与后世的圣人，各自的法制本来就不一样。韩非这样的人，也可说是当世的圣人了。"孔鲋说："您的这些看法，本来就是些没有脱俗的凡人之谈！如今的世人一说到高，就必定称为天之极点；一说到下，必定称它为深渊，这只是借势之谈而没有实质内容。好谈事而未能确凿者，必定引用经典来证明自己，援引圣人来自比贤人，想靠它来取信于愚民，而推广自己的说辞。如那些诸子之书，其义理都是如此。我先祖孔子谋道的志向，请让我略说一点，请您审察一下它是否可信吧。"武臣说："好。"［K6.21.1］

【好学】子鲋曰："乃者赵韩共并知氏，赵襄子之行赏，先加具臣而后有功。韩非书云：'夫子善之。'引以张本，然后难之。岂有不似哉？然实诈也。何以明其然？昔我先君以春秋哀公十六年四月己丑卒，至二十七年荀瑶与韩赵魏伐郑，遇陈恒而还，是时夫子卒已十一年矣，而晋四卿皆在也。后悼公十四年，知氏乃亡，此先后甚远。而韩非公称之，曾无怍意。是则世多好事之徒，皆非之罪也。故吾以是默口于小道，塞耳于诸子久矣。而子立尺表以度天，直寸指以测渊，蒙大道而不悟，信诬说以疑圣，殆非所望也。"武臣叉手跪谢，施施而退，遂告人曰："吾自以为学之博矣，而屈于孔氏，方知学不在多，要在精之也。"

［译文］孔鲋说："从前，赵韩魏三家共同吞并了知伯后，赵襄子论功行赏，先赏赐无功的具臣而后赏赐有功之臣。韩非在书里写道：'孔夫子赞赏

这种做法。'先引用孔子话张本，然后再诘难它，这哪能不像真的呢？其实很狡诈！何以证明这一点？从前我先祖孔子在春秋鲁哀公十六年四月己丑去世，至鲁哀公二十七年荀瑶与韩赵魏三家讨伐郑国，遇见陈恒后才回国，这时先祖孔子已故十一年了，而晋国的四卿都还在。此后鲁悼公十四年，智氏才灭亡，这两件事先后相距很久远。而韩非却公然相提并论，还没一点愧意。可见，世上这么多好事之徒，都是韩非的罪过啊。因此我只能对韩非的小道沉默无言，塞住耳朵，不听诸子的谬论很久了。而您还树立尺表来度量天，伸直两寸长的手指来测量深渊，蒙昧于大道而不觉悟，相信诬说还怀疑孔圣人，这可不是我希望看到的。"武臣交叉双手为礼，跪下感谢指教，慢慢地退了下来，告诉他人说："我自以为学问广博，却被孔鲋说服，这才知道学问不贵多，贵在精通啊！"［K6.21.2］

礼乐 陈王问太师曰："寡人不得为诸侯群贤所推，而得南面称孤，其幸多矣。今既赖二三君子，且又欲规久长之图，何施而可？"答曰："信王之言，万世之福也，敢称古以对。昔周代殷，乃兴灭继绝以为政首。今诚法之，则六国定不携，抑久长之本。"王曰："周存二代，又有三恪，其事云何？"答曰："封夏殷之后，以为二代；绍虞帝之胤，备为三恪。恪，敬也。礼之如宾客也。非谓特有二代，别有三恪也。凡所以立二代者，备王道，通三统也。"王曰："三统者何？"答曰："各自用其正朔，二代与周，是谓三统。"王曰："六国之后君，吾不能封也。远世之王，于我何有？吾亦自举，不及于周，又安能纯法之乎？"

〔译文〕陈王问太师："寡人没得到诸侯和众多贤人的推举，就南面称王了，是多么幸运。如今既然有赖于各位君子的辅佐，而且又想规划长久之计，还需要施行什么图谋呢？"太师回答："我深信大王的话，可真是万世洪福啊，所以敢引用古代实例来回答。从前周朝取代殷朝，周武王是以复兴被消灭了的小国家、继承断绝了的诸侯世系，作为首要的施政措施。如今真的效法它，那么其他六国将来一定不会有离心，这或许是长久之计的根本。"陈王问："周朝保存了夏商二代，又分封了三恪，这是怎么回事呢？"太师回答："分封夏、殷的后代，这就是两代；再接绍虞帝的后代，总共就成了'三恪'。恪，是敬的意思，也就是礼敬他们如同宾客的意思。这不是特别有了二代，还有什么三恪的意思。之所以要延续二代，是为了完备王道，接通夏商周这三代的正统。"陈王问："三统指的是什么？"太师回答："这三代各自用自己的历法，即夏、商两代加上周代，就称为'三统'。"陈王说："六国诸侯的后人，我不能分封他们。远世的古代帝王，于我又有何相干呢？我是自己举兵起义，跟周朝没半点关系，又怎么能单纯效法它的礼制呢？"［K6.21.3］

好学　陈王涉读《国语》言申生事，顾博士曰："始余信圣贤之道，乃今知其不诚也。先生以为何如？"答曰："王何谓哉？"王曰："晋献惑听谗，而书又载骊姬夜泣公，而以信入其言。人之夫妇夜处幽室之中，莫能知其私焉，虽黔首犹然，况国君乎？予以是知其不信，乃好事者为之辞，将欲成其说以诬愚俗也。故使予并疑于圣人也。"博士曰："不然也。古者人君外朝则有国史，内朝则有女史。举则左史书之，言则右史书之，以无讳示后世。善以为式，恶以为戒。废而不记，史失其官。故凡若晋侯、骊姬床第之私、房中之事，不得掩焉。若夫设教之言，驱群俗，使人入道而不知其所以者也。今此皆书实事，累累若贯珠，可无疑矣。"王曰："先生真圣人之后风也。今幸得闻命，寡人无过焉。"

　　［译文］陈王涉读到了《国语》里有关申生的故事，回头对博士孔鲋说："起初我还相信圣贤之道，如今才知道这并不真诚。先生您以为怎样？"孔鲋说："大王为何这么说呢？"陈王说："晋献公听了骊姬的谗言而迷惑，但书里又记载了骊姬夜里对晋献公哭诉，而最后相信了她说的话。凡是夫妇两

人夜里共处在幽暗卧室之中，都不会有人能知他们的隐私，即使是老百姓也一样，何况是国君呢？我因此知道了此事不可信，一定是好事者添加的话，用它来自圆其说，以欺骗愚蠢的俗人。因此也使我连并怀疑到了圣人。"博士说："不对啊。古代的国君，在外上朝时会有国史做记录，在内宫会面时会有女史记录。国君的举止由左史记录，言论则由右史记录，日后用来毫无避讳地展示给后世。做了善事的作为范式，做了恶事的作为警戒。如果废除而不记录，就是史官的失职。因此凡是如晋侯与骊姬的床上私语、房中隐秘之事，都不得隐瞒掩盖。像书里这些移风易俗，使人进入正道，而又不知为什么会这样记载，都是教化百姓的言论。如今这些书里记载的实事，一件件积累起来如同串珠一般，是不必怀疑的。"陈王说："先生真有圣人后代的风采。今天有幸能听到教诲，我将不会再有过错了。"　[K6.21.4]

| 好学 | 陈王涉使周章为将，西入关，以诛秦，秦使将章邯距之。陈王以秦国之乱也，有轻之之意，势若有余而不设敌备。博士太师谏曰："章邯，秦之名将，周章非其敌也。今王使章，需然自得而不设备，臣窃惑焉。夫虽天之所命，其祸福吉凶，大者在天，小者由人。今王不修人利以应天祥，若跌而不振，悔之无及也。"王曰："寡人之军，先生无累也，请先生息虑也。"又谏曰："臣闻兵法：无恃敌之不我攻，恃吾之不我攻也。今恃敌而不自恃，非良计也。"王曰："先生所言，计策深妙，予不识也。先生休矣！"已而告人曰："儒者可与守成，难与进取，信哉！"

［译文］陈王派遣周章为大将，向西进军，攻入函谷关，以消灭秦国军队。秦国派将军章邯率兵抵抗。陈王由于秦国的内部动乱，有了轻敌之意，认为自己军队的势力强大有余，而不防备敌军。博士太师孔鲋劝谏说："章邯是秦国名将，周章肯定不是他的对手。如今大王与章邯对阵，洋洋自得而不设防备，臣私下深感迷惑。虽然说灭秦是天命所归，但祸福吉凶的结果，大事由

天决定，小事由人决定。如今大王不以人力优势来顺应上天所赐的吉祥大势，万一跌倒而不能重振，就悔之莫及了。"陈王说："寡人的军事，就无须劳累先生了，请先生不要忧虑。"孔鲋又劝谏说："臣听兵法说过：不要自恃敌人不敢来攻击我，而要凭借敌人无法攻击我。如今凭借敌人而不凭借自身，终究不是良计啊。"陈王说："先生说得太深奥奇妙，我不能理解。先生休要再说了！"过后不久，陈王对他人说："都说可与儒者保守已有基业，难与共同进取，这是真的啊！"［K6.21.5］

好学　博士他日复谏曰："臣闻国大兵众，无备难恃；一人善射，百夫决拾。章邯枭将，卒皆死士也。周章若懦，使彼席卷来前，莫有当其锋者。"王曰："先生所称，寡人昧昧焉，愿以人间近事喻之。"答曰："流俗之事，臣所不忍也。今王命之，敢不尽情？愿王察之也。臣昔在梁，梁人有阳由者，其力扛鼎，伎巧过人，骨腾肉飞，手搏豯兽，国人惧之。然无治室之训，礼教不立，妻不畏惮，浸相媟渎。方乃积怒，妻坐于床答焉。由乃左手建杖，右手制其头，妻亦奋恚，因授以背，使杖击之，而自撮其阴。由乃仆地气绝而不能兴。邻人闻其凶凶也，窥而见之，趋而救之。妻愈戆忿，莫肯舍旃，或发其裳，然后乃放。夫以无敌之伎力，而劣于女子之手者何？而轻之无备故也。今王与秦角强弱，非若由之夫妻也？而轻秦过甚，臣是以惧。故区区之心，欲王备虑之也。"王曰："譬类诚佳，然实不同也。"弗听。周章果败，而无后救。邯遂进兵击陈王，师大败。

［译文］博士孔鲋过了几天后再次劝谏说："臣听说即使国家大，兵马多，如果没有做好武装防备，则很难凭借它；一人善于射箭，就会有一百人效仿。章邯是个骁勇名将，手下士兵都是敢死勇士。周章如果懦弱无能，遇见章邯率军席卷而来时，就无人能抵挡他了。"陈王说："先生所说的事情，寡人不太明白，请以人间切近的事情用比喻告诉我。"孔鲋回答："世上流传的

俗事，臣不忍去说。如今大王有命，怎敢不尽情说出？愿大王深察。臣从前在大梁的时候，那里有个叫作阳由的人，力大能扛重鼎，技艺超过旁人，动作敏捷如同筋骨肌肉会腾飞一样，可以手搏走兽，国人个个怕他。但他没有治家家训，礼教无法确立，妻子毫无敬畏忌惮之心，互相轻慢。正当阳由积怒发作的时候，妻子坐在床头顶嘴。阳由于是左手举起木杖，右手压制她的头。妻子也十分愤怒，一边背对着他，任他杖击，一边伸手抓住了他的阴囊。阳由立即倒地几乎断气，再也不能站立起来。邻居有人听到他们家里吵闹得很凶，偷看后发现这一幕，急忙跑进来救起阳由。而他的妻子越发愚莽愤怒，绝不肯松手，直到有人扯开她的衣裳才松开了手。丈夫有着无敌的技巧和蛮力，反而败在女子手下，原因在哪里呢？就在于他过于轻视她，没有做好防备。如今大王与秦国角逐谁强谁弱，不就是像阳由的夫妻打斗吗？大王现在太轻视秦国了，臣为此恐惧不安。愿以此区区一颗心，请大王做好万全防备。"陈王说："这个譬喻还不错，但眼前的事情实在不同。"结果没有听取孔鲋的忠告。此后周章果然战败，也没有后援相救。章邯于是乘胜进兵追击，陈军大败。 [K6.21.6]

　　祭祀　博士凡仕六旬，老于陈。将没，戒其弟襄曰："鲁，天下有仁义之国也。战国之世，讲颂不衰，且先君之庙在焉。吾谓叔孙通处浊世而清其身，学儒术而知权变，是今师也。宗于有道，必有令图，归必事焉。"

　　[译文]博士孔鲋出仕为官六十年，终老于陈地。去世之前，他告诫弟弟孔襄说："鲁国，是天下的仁义之国，即使处在战国乱世，讲经诵读也始终没有懈怠，而且先祖孔子庙也在这里。我说过，叔孙通处于浊世而能清洁自身，修学儒术而知道如何权衡事变，是当今儒家名师。以有道之人为宗师，必定会有美好前途，你回鲁国之后，一定要拜他为师。" [K6.21.7]

卷七

连丛子上第二十二

叙 书

祭祀 家之族胤，一世相承，以至九世相魏，居大梁，始有三子焉。长子之后承殷统，为宋公；中子之后奉夫子祀，为褒成侯；小子之后彦以将事高祖，有功封蓼侯。其子臧嗣焉，历位九卿，迁御史大夫，辞曰："臣世以经学为业，家传相承，作为训法。然今俗儒，繁说远本，杂以妖妄，难可以教。侍中安国受诏缀集古义，臣乞为太常，典臣家业，与安国纪纲古训，使永垂来嗣。"孝武皇帝重违其意，遂拜太常，其礼赐如三公，在官数年，著书十篇而卒。先时，尝为赋二十四篇，四篇别不在集，似其幼时之作也。又为书与从弟及戒子，皆有义，故列之于左。

［译文］孔家宗族的后裔，从一世开始继承，直至九世孙成为魏国相国，居住在国都大梁之后，才开始有了三个儿子。长子之后承续殷人统绪，成为宋公；中子的后代谨奉孔夫子的祭祀，成为褒成侯；小子的后代子彦，作为将军服事汉高祖，有军功后封为蓼侯。他的儿子孔臧作为后嗣继承爵位，历任九卿等职务，升迁为御史大夫。他辞官时说："我家世世代代都是以儒家经学为事业，家传一脉相承，作为家训效法。然而如今的庸俗腐儒，繁杂无序的述说古本，掺杂了许多妖言妄语，难以传教儒学。侍中孔安国，接受诏令，收集古本经义，我乞求作为太常，继承家业，与孔安国一起为儒家的古训整理

纲要，使之永垂后世。"汉武帝难以违背他的心意，于是让孔臧官拜太常，赏赐如同三公的礼遇。孔臧在这一官位上前后数年，著书十篇后去世。最初的时候，他曾经作赋二十四篇，有四篇不在集中，似乎是他年幼时的作品。他还写了给从弟及告诫儿子的书信，都很有旨义，因此列在左边。[K7.22.1]

谏格虎赋

修德 帝使亡诸大夫问乎下国。下国之君方帅将士于中原，车骑骈阗，被行冈峦，手格猛虎，生缚㹂犴，昧爽而出，见星而还，国政不恤，惟此为欢。乃夸于大夫曰："下国鄙固，不知帝者之事，敢问天子之格虎，岂有异术哉？"大夫未之应，因又言曰："下国褊陋，莫以虞心，故乃辟四封以为薮，围境内以为林；禽鸟育之，驿驿淫淫；昼则鸣嚾，夜则嗥吟。飞禽起而日翳，走兽动而雷音。犯之者其罪死，惊之者其刑深。虞侯苑令，是掌厥禁。于是分幕将士，营遮榛丛，戴星入野，列火求踪，见虎自来，乃往寻从；张罝网，罗刃锋，驱槛车，听鼓钟；猛虎颠遽，奔走西东；悕骇内怀，迷冒怔忪。耳目丧精，值网而冲。局然自缚，或只或双。车徒抃赞，咸称曰工。用缚以丝组，斩其爪牙。支轮登较，高载归家。孟贲被发嗔目，躁猾纷华。都邑百姓，莫不于迈。陈列路隅，咸称万岁。斯亦畋猎之至乐也。"大夫曰："顺君之心乐矣。然非乐之至也。乐至者，与百姓同之之谓也。夫兕虎之生，与天地偕。山林泽薮，又其宅也。被有德之君，则不为害。今君荒于游猎，莫恤国政，驱民入山林，格虎于其廷，妨害农业，残夭民命，国政其必乱，民命其必散。国乱民散，君谁与处？以此为至乐，所未闻也。"于是下国之君乃顿首曰："臣实不敏，习之日久矣。幸今承诲，请遂改之。"

[译文]皇帝派遣亡诸大夫慰问藩属下国。下国的君主刚好率领着将士来到了中原。他们的车队和骑兵聚合集结，翻山越岭而来，勇士徒手与猛虎格斗，活生生缚住了虎豹驼鹿。大队人马黎明出发，深夜而还，君主更是不理国

政，唯此为乐，还对大夫夸口说："下国本来就顽劣，不知道帝国的事，敢问天子与老虎格斗时，有什么奇异法术吗？"大夫还没回答，又接着说："下国偏远鄙陋，没什么娱乐开心。因此这才开辟四野的湖泊沼泽，围在境内作为树林，让禽兽在里面繁殖生育。它们飞翔歇息，白天鸣叫，夜晚高叫。百鸟飞起来的时候遮住了阳光，群兽走动起来如雷轰鸣。侵入苑囿者其罪当死，惊吓鸟兽者其刑深重。于是设立虞侯与苑令，掌管猎场，严禁进入。然后召集将士，扎营荆棘树丛之间，披星戴月地潜入野地，排列火把以寻求野兽踪迹，直到看见老虎自己出来时，才前往追寻。这时猎兽队伍张开兽网，罗列刀锋，驱赶槛车，听鼓钟号令时进时退，大肆捕杀。只见猛虎癫狂，东奔西走，惊恐害怕，迷糊呆傻，耳聋目盲，直冲落网，卷缩被缚，有的单只，有的成双。押车的鼓掌称赞，都说干得好。然后用绳子捆绑好老虎，斩断它的利爪尖牙，再支撑好车轮，登上车厢的横木，满载猎物回家。孟贲披头散发，圆睁怒目，暴躁纷乱。都邑百姓，无不迈步出城，排列路边，同呼万岁。这正是打猎的极度欢乐啊！"大夫说："这确是顺应君心的快乐，但并非最高快乐。最高的快乐，是与百姓同乐的意思。犀牛老虎的生活，与天地和谐。山林沼泽，是它们的家宅。有德之君，不会为害它们。如今君主荒嬉于游猎，不理会国政。把民众赶进山林，与老虎在巢穴格斗，妨害农业，残杀民命。这样的政治必定混乱，民心必定溃散。国家民乱心散，国君与谁共处呢？以这事为最高的快乐，我还从来没有听说过。"于是下国之君深悔叩首说："臣下实在不聪敏，只是习惯这样很久了。如今幸得您教诲，请让我马上改正。" [K7.22.2]

杨柳赋

礼乐 嗟兹杨柳，先生后伤。蔚茂炎夏，多阴可凉。伐之原野，树之中塘。溉浸以时，日引月长，巨本洪枝，条修远杨，夭绕连枝，猗那其旁。或拳句以逮下土，或擢迹而接穹苍。绿叶累迭，郁茂翳沉。蒙笼交错，应风悲吟。鸣鹄集聚，百变其音。尔乃观其四布，运其所临。南垂大阳，北被宏阴，西奄梓园，东覆果林。规方冒乎半顷，清室莫与比深。于是朋友同好，几筵列行。论道饮燕，流川浮觞。肴核纷杂，赋诗断章。各陈厥志，考以先王。赏恭罚慢，事有纪纲。洗觯酌樽，兕觥并扬。饮不至醉，乐不及荒。威仪抑抑，动合典章。退坐分别，其乐难忘。惟万物之自然，固神妙之不如。意此杨树，依我以生。未经一纪，我赖以宁。暑不御翣，凄而凉清。内荫我宇，外及有生。物有可贵，云何不铭？乃作斯赋，以叙厥情。

　　[译文]可叹这杨柳啊，起先生长，而后毁伤。你枝叶茂盛，遮蔽炎夏，多荫清凉。你砍伐自原野，种植在池塘。灌溉日久，日升月长。主干巨大，枝条修长。连枝妖娆，轻抚塘旁。有的屈卷触大地，有的挺拔接苍天。绿叶层层累迭，绿荫茂盛成荫。树影蒙笼交错，和应风声悲吟。鸣鹄交集会聚，鸣声千变万化。我观杨柳四面分布，覆盖所到之处。南向垂挂太阳，北边树荫深幽，西面掩映梓园，东方覆盖果林。规划半顷多地，清室难比深荫。于是邀来朋友同好，摆布开列酒筵坐席。论道畅饮欢宴。浮水流觞喝酒。佳肴果品纷杂，赋诗审断文章。各自陈述志向，察考先王之道。奖赏恭敬者责罚怠慢者，凡事都有纪纲。洗净杯具，装酒扬杯。饮不至于大醉，乐不及于荒嬉。始终保持威仪，举动符合典章。大家退席离座，朋友分别告退，快乐依然难忘。唯有万物之自然，才是神妙不如它。细想这些杨柳，依靠我种植得以生长，还不到十来年，我就要仰赖它才得到安宁。酷暑不需摇扇，微风自然清凉。内荫我的心宇，外覆旁及生物。物有可贵之处，为何不加以铭记？于是写下此赋，以叙此心此情。 [K7.22.3]

鸮　赋

　　修德　季夏庚子，思道静居。爰有飞鸮，集我屋隅。异物之来，吉凶之符，观之欢然，览考经书。在德为常，弃常为妖。寻气而应，天道不渝。昔在贾生，有识之士。忌兹鵩鸟，卒用丧己。咨我令考，信道秉真。变怪生家，谓之天神。修德灭邪，化及其邻。祸福无门，唯人所求。听天任命，慎厥所修。栖迟养志，老氏之畴。禄爵之来，只增我忧。时去不索，时来不逆。庶几中庸，仁义之宅。何思何虑，自今勤剧。

[译文]夏末庚子之日，静居思道之时。不知飞鵩何来，落我房屋之角。怪物到来之日，预兆吉凶之时。我看它很开心，于是批览经书。合德事属常态，反常事为妖孽。寻气息而响应，天道从不改变。从前有位贾生，是个有识之士。只因忌惮鵩鸟，结果丧命害己。咨询我父得知，信道当秉求真。怪鸟生变家中，此谓天生神降。唯有修德灭邪，方能化险惠邻。祸福本来无门，唯人所求自来。全凭听天由命，才能修德免灾。清闲涵养志向，本是老聃良畴。俸禄官爵到来，只会徒增我忧。时运去不求索，时机到来莫失。这才接近中庸，养我仁义之宅。何必多虑多思，从今更为勤力。[K7.22.4]

蓼虫赋

修德　季夏既望，暑往凉还，逍遥讽诵，遂历东园。周旋览观，憩乎南藩。睹兹茂蓼，结葩吐荣。猗那随风，绿叶紫茎。爰有蠕虫，厥状似螟，群聚其间，食之以生。于是悟物托事，推况乎人。幼长斯蓼，莫或知辛。膏粱之子，岂曰不人？惟非德义，不以为家。安逸无心，如禽兽何？逸必致骄，骄必致亡。匪唯辛苦，乃丁大殃。

[译文]既然已见夏末，当会暑消天凉。我且逍遥诵诗，一路游到东园。周旋观望园景，休憩南墙篱笆。眼看植物茂盛，结苞开放鲜花。花朵随风摇曳，绿叶繁枝紫茎。不知哪来小虫，形状犹如螟蛉，群虫聚集一堆，贪吃花草为生。于是睹物感悟，推论此事于人。小虫幼生花间，不知世间艰辛。那些富贵子弟，难道不也是人？只是不懂德义，不为家族考虑。整天安逸无心，禽兽有何区别？安逸必致骄傲，骄纵必致灭亡。不仅自吃苦果，还会招来大难。[K7.22.5]

与从弟书

【好学】臧报侍中相知：深忿俗儒淫辞冒义，有意欲拨乱反正，由来久矣。然雅达博通，不世而出；流学守株，比肩皆是；众口非非，正将焉立？每独念至此，夙夜反侧。诚惧仁弟道未信于世，而以独知为愆也。人之所欲，天必从之。旧章潜于壁室，正于纷扰之际，欻尔而见，俗儒结舌，古训复申，岂非圣祖之灵？欲令仁弟赞明其道，以阐其业者哉？且曩虽为今学，亦多所不信。唯闻《尚书》二十八篇，取象二十八宿，谓为至然也。何图古文乃有百篇邪？如《尧典》，说者以为尧舜同道，弟常以为杂有《舜典》，今果如所论。及成王遇风雷，周公见任，俗儒群驱，狗吠雷同，不得其仿佛，恶能明圣道之真乎？知以今仇古，以隶篆推科斗，已定五十余篇，并为之传云。其余错乱文字，摩灭不可分了。欲垂待后贤，诚合先君阙疑之义。顾惟世移，名制变改，文体义类，转益难知。以弟博洽温敏，既善推理，又习其书，而犹尚绝意，莫肯垂留三思。纵使来世亦有笃古硕儒，其若斯何？呜呼惜哉！先王遗典，阙而不补。圣祖之业，分半而泯。后之君子，将焉取法？假令颜闵不殁，游夏更生，其岂然乎？不能已已，贵复申之。

［译文］孔臧函告侍中（孔安国）贤弟：我深恨那般庸俗腐儒，淫辞假冒正义，有意拨乱反正，由来已久了。但高雅通达的博学通儒很难出现，流于肤浅学问墨守成规的人却比比皆是。众口胡说乱言，正道如何确立？每当独自念及此事，早晚辗转难眠，深恐仁弟弘道未能取信于世，让人以独知为错误。人所希望的，天必会听从。先祖孔子的古文献潜藏于故宅壁室，处于世道纷杂扰乱之际，却忽然闪亮登场，顿时让俗儒们张口结舌。孔子的古训重新申张，难道不是孔圣人显灵吗？这一定是想请仁弟颂赞阐明孔子之道，以发扬光大孔教事业吧？再说从前的虽说是今文学派，但也有许多不可信之处。唯独听说《尚书》二十八篇，取象二十八宿，以为至为精当。但谁又会想到古文《尚

书》能有百篇呢？比如《尧典》，说经者以为尧舜同道，仁弟却常认为应杂有《舜典》，如今果然如您所论。不等到周成王遇风雷，周公重受信任，俗儒被群驱，狂狗吠雷同，难识真相时，谁能明白孔子圣道的真义呢？现在终于知道以今文配古文，以隶书篆书推论科斗文，审定了《尚书》五十余篇，并为之作传。其余章节文字错乱，已被磨灭而不可辨识了，需待后世贤才来弥合先君缺失存疑的义理。回顾世事移变，礼仪名制变改，文体义类变得更难知情了。以仁弟的知识博洽，温良聪敏，既善于推理，又修习其书，尚且放弃谢绝，不肯留心再三思考。纵使将来有了笃爱古经的硕儒，他又能如何呢？呜呼可惜啊！先王遗留的经典，缺失而不补；圣祖孔子的事业，有近一半泯灭了。后来的君子，将如何取法圣祖？假如能让颜回与闵子骞不去世，让子游与子夏复活，哪能会这样呢？心潮起伏不能自己平息啊，恳请您复函答复。 [K7.22.6]

与子琳书

修德 告琳：顷来闻汝与诸友生讲肆《书传》，滋滋昼夜，衍衍不怠，善矣！人之进道，唯问其志。取必以渐，勤则得多。山雷至柔，石为之穿；蝎虫至弱，木为之弊。夫雷非石之凿，蝎非木之凿，然而能以微脆之形，陷坚刚之体，岂非积渐之致乎？训曰："徒学知之未可多，履而行之乃足佳。"故学者，所以饰百行也。侍中子国，明达渊博，雅好绝伦。言不及利，行不欺名，动遵礼法，少小及长，操行如故。虽与群臣并居近侍，颇见崇礼，不供亵事，独得掌御唾壶。朝廷之士，莫不荣之。此汝亲所见也。《诗》不云乎："无念尔祖，聿修厥德。"又曰："操斧伐柯，其则不远。"远则尼父，近则子国。于以立身，其庶矣乎！

[译文]告我儿孔琳：近来听说你与朋友学生们讲论《尚书》经传，昼夜不息，乐而不倦，太好了！人要进修谋道，只需问他心志。必须循序渐进，勤奋才能得多。山水至柔，可以穿石；蝎虫至弱，可以蛀木。水不是穿石凿

子，蝎不是蛀木凿子，但却能以微小脆弱的形体，攻陷坚实刚硬之体，这难道不是积累渐进的结果吗？古训说："光学未必懂得多，能够履行才最好。"所以说学习，是为了做好各行业。侍中孔安国聪明通达，知识渊博，高雅绝伦，言谈不及利禄，行为不欺名声，行动遵守礼法，从小长到大，操行始终如一。虽然他与群臣一同，贴近服侍皇帝，却尊崇礼仪，不做亵渎猥琐的事，因此独自负责为皇帝清洁痰盂的工作。朝廷官员，莫不视他为光荣，这也是你亲眼所见的。《诗》里不是说吗？"别念先祖庇荫，修好自身美德。"又说："操斧伐树，规范不远。"久远的效法先祖孔子，近旁的效法孔安国。能以他们为榜样立身，也就差不多可以了！[K7.22.7]

叙　世

好学　臧子琳，位至诸吏，亦传学问。琳子黄，厥德不修，失侯爵。大司徒光以其祖有功德，而邑土废绝，分所食邑三百户。封黄弟茂为关内侯。茂子子国，生子卬，为诸生，特善《诗》《礼》而传之。子卬生仲骥，为博士、弘农守。善《春秋》三传，《公羊》《穀梁》训诸生。仲骥生子立，善《诗》《书》。少游京师，与刘歆友善。尝以清论讥贬史丹，史丹诸子并用事，为是不仕，以《诗》《书》教于阙里数百人。子立生子元，以郎校书。时歆大用事，而子元校书七年，官不益，故或讥以为不恤于进取，唯扬子云善之。子元生子建，与崔义幼相善、长相亲也。义仕王莽为建新大尹，数以世利劝子建仕。子建答曰："吾有布衣之心，子有衮冕之志，各从所好，不亦善乎！且昔与子幼同志，故相友也。今子以富贵为荣，而吾以贫贱为乐，志已乖矣。乖而相友，非中情也，请与子辞。"遂归乡里。

光武中兴，天下未悉从化，董宪、彭丰等部众暴于邹鲁之间，郡守上党鲍府君长患之。是时阙里无故荆棘丛生，一旦自辟，广千数百步，从旧讲堂坦然至里门。府君大惊，谓子建曰："岂卿先君欲令太守行飨礼，助太守诛恶耶？"子建对曰："其然。"府君曰："为之奈何？"对曰："庠序之仪，废来久矣。今诚修之，民必观焉。且宪、丰为盗，或聚或散，非有坚固部曲也。若行缬射之礼，内为禽之之备，外示以简易，宪等无何，依众观化，可因而缚也。"府君从之，用格宪等。

子建生子仁，以文学为议郎、博士、南海太守，生子丰。子丰以学行闻，三府交命，委质司空，拜高第御史。建初元岁大旱，天子忧之，问群臣政教得失。子丰乃上疏曰："臣闻为不善而灾报，得其应也。为善而灾至，遭时运也。陛下即位日新，视民如伤，而不幸耗旱，时运之会尔，非政教之所致也。昔成汤遭旱，因自责省，故散积、减御、损膳，而大有年，意者陛下未为成汤之事焉。"天子纳其言而从之。三日，雨即降。转拜黄门侍郎，典东观事。

子丰生子和。大中大夫鲍彦曰："人之性分气度不同。有体貌亢疏，色厉矜庄，仪容冰栗，似若能断而当事少决，不遂其为者。或性玄静，不与俗竞，气不胜辞，似若无能，而涉事不顾，临危不挠者；是为似若强焉而不能胜，似若弱焉而不可夺也。君子观之，以表推内，察容而度心，所以得之也。若是，似类相乱，如何取实乎？"子丰曰："夫人者患在不察也。人之所综物，才志也。虑协于理，固以守之，此之谓强。知足以通变，明足以破伪，情足以审疑，果足以必志，固足以先事，而功成矣。即所谓宽柔内思，不报无道之强也，岂待形气之助乎？若乃貌肃内荏，高气亢戾，多意倨迹，理不充分，业不一定，执志不果，此谓刚愎，非强者也。是故，君子欲必其形而违其貌。由是论之，强弱之分，不取于气色明矣。必也察志在观其履事乎？非定计于内而敏发于外，孰能称此强名乎哉？"

子丰曰："夫物有定名而论有一至，是故有可一言而得其难极，虽千言之不能夺者。唯析理即实为得，不以滥丽说辞为贤也。然而世俗人，聪达者寡，随声者众，持论无主，俯仰为资；因贵势而附从，托浮说以为定；不求之于本，不考之于理。故冗长溷淆之言，而众莫能折其中，所以为口费而无得也。夫论辩者，贵其能别是非之理，非巧说之谓也。掌事要者，纳言而得理，此乃辨也，听者犹弗之察。辞气支离，取喻多端，弗较以类，理不应实，而听者因形饰伪，徒赞然之，是所谓以巧辞多喻为辨，而莫识一言之别实者也。人皆欲剖析分理，揆度真伪，固不知所以精之。如自为得，其为谬惑莫之甚焉。是故举多败事，而寡特之智，困于群丑也。夫聪者不可惑以淫声，明者不可眩以邪色。故有气色势者，佑德之半，无此二者，损德之半。"

子丰善于经学，不好诸家书。鲍彦与子丰名齐而业殊，故谓子丰曰："诸家书多，才辞莫过《淮南》也。读之令人断气，方自知为陋尔。"子丰曰："试说其最工不可及者。"彦曰："'君子有酒，小人鼓缶，虽不可好，亦不可丑'，此语何如？"子丰曰："不急尔。"彦曰："且效作此语。"子丰曰："'君子乐燕，小人击抃。虽不足贵，亦不可贱。君子舞象，小人击壤，上化使然，又何足赏'，吾能作数十曲，但无益于世，故不为尔。"鲍子于是屈而无辞。

［译文］孔臧之子孔琳，做过各类官吏，也传习学问。孔琳的儿子孔黄，不修道德，失去了侯爵。大司徒孔光因念他祖上有功德，却失去了封地，就把自己的三百户庄园分给了他，并封孔黄的弟弟孔茂为关内侯。孔茂生子国，子国生子印，子印为诸生，特别善于传授讲习《诗》《礼》。子印生仲骥，当上了博士，成了弘农郡守。仲骥擅长讲授《春秋》三传，以《公羊传》《谷梁传》来训导各位学生。仲骥生子立，擅长修习《诗》《书》。他年少时游览京师，与刘歆成为好友，曾经以清高的言论讥讽贬斥史丹。史丹的儿子都在朝为官，所以子立没当官，一直以《诗》《书》教育阙里的数百学生。子立生子元，以郎中职务负责校书。当时刘歆受到重用，但子元校对书籍七年，却一直没升官，所以有人讥讽他不善进取，唯独扬雄认可他。子元生子建，他从小就与崔义相友善，长大后更为亲密。崔义在王莽手下当上了建新大尹，多

次以世交利禄劝子建出仕。子建回答："我有平民之心，您有做官之志，各从所好，不也很好吗！从前我从小与您为同志，所以成为朋友。如今您以富贵为荣，而我以贫贱为乐，志向已经不同了。志向不同而仍然友好，这不符合情理，还是请求与您辞别吧！"于是返回家乡。

光武帝中兴之后，天下还没有顺从教化，董宪、彭丰的队伍还在邹鲁之间暴乱流窜，来自上党郡鲍氏的鲁郡太守鲍永对此忧心以久。当时，阙里无缘无故地满地荆棘丛生，一天早晨，又突然自动开辟出一千几百步的坦途，从旧讲堂直达阙里大门。鲍太守大惊，对子建说："这也许是您的先君孔子命令太守要举行大缮礼，帮助太守诛杀恶人吧？"子建回答："是这样的。"鲍太守又问："那怎么办好？"子建回答："各级学校的礼仪，早就荒废很久了。如今如能诚心举办，民众必来参观。而且董宪、彭丰作为强盗，或聚或散，是没有坚固信念的队伍。如果举行乡射礼，内部做好擒敌准备，对外宣示简易礼仪，董宪等没有什么防范心，随着众人来观看礼仪教化，就可以乘机把他们捆住了。"太守听从了，果然擒拿了董宪一伙。

子建生了子仁，他以文学成就历任议郎、博士、南海太守，还生下了子丰。子丰以才学品行闻名，太尉、司徒、司空三府争相任命，后任职司空，出任位居高位的御史。建初元年天下大旱，天子非常担忧，询问群臣自己的政治教化得失。子丰上疏说："微臣听说，为政不善而获灾难，是遭报应。能为善政而获灾难，是时运不济。陛下即位不久，爱民如子，不幸遭到旱灾，只是时运巧合，并非政治教化不善所致。从前成汤王遭遇旱灾，自责反省，因此他分散积蓄，减少车马和膳食，获得了大丰收。看来是陛下还没按照成汤的方法去做吧。"天子采纳了子丰的建言并立即照办。过了三天，天降大雨。于是升任子丰为黄门侍郎，主持东观编修事。

子丰生了子和。大中大夫鲍彦说："人的性格气度各有不同。有的体貌亢奋疏野，脸色严厉，矜持庄重，仪容冰冷，看似果断，当事时却少决断，不能有作为。有的性格深玄沉静，不与俗人竞争，意气看来不胜言辞，似乎无能，却能遇事不顾危险，不屈不挠。这就是看似坚强而不能取胜，看似柔弱而不可欺辱。君子考察人，要从外表深入内心，观察容颜而揣度心意，这才能获得真相。如果真是这样，看似同类却互相紊乱，如何取得实情呢？"子丰说："人怕的就是不能深察。人所以能够综理万物，全凭才志。思虑能合乎道理，还能牢牢守住，这就叫作强大。真知足以通达变化，明智足以破伪存真，情志足以审察疑难，果敢足以实现志向，强固足以领先，做事必获成功。这就是所谓的宽厚柔和，内心思虑，不与无道之辈争强对抗，难道还需要身强气壮者帮助吗？如果外貌严肃，内心虚弱，高傲神气，亢奋乖戾，过多臆想，倨傲不轨，理由不充分，事业不专一，守志不果敢，这就叫作刚愎自用，并非真的强者。所以说，君子察人，必根据其形状而不只是看外貌。由此而论，强弱分别，不决定于气色，已经是很明白了。必定要先观察他的志向，再观察他的履历行事吧？不考虑内心而只敏感于外观，谁能称得上这刚强的美名呢？"

子丰说："万物都有特定名称，结论也会达成一致，所以一句话就能抓住极难处时，那么即使千言万语也不能夺走它。唯有分析义理才能实有所得，而不能以溢美的华丽说辞为贤良。然而，世上的俗人聪明通达的少，随声应和的多，所持论点多无主见，左右逢源，以攀缘势力为依附，以依托浮浅学说为定论，不探求根本，不考察道理。因此即使说出了冗长混淆的言论，众人也不能折中持正，结果浪费口舌而一无所得。论辩者贵在能辨别是非之理，而不是狡猾巧说之类。掌握事理纲要者，采纳良言而得真理，这才叫善辩。如果听者不察真理，词句文气支离破碎，采取比喻头绪繁多，不以类别比较，不以实际应对道理，听者就只能以表象修饰虚伪，白白地赞扬它。这就是所谓以奸巧丽辞与诸多比喻为辩，而不知用一句话来分别虚实。人们都想剖析分清道理，考量真伪，本来就不知道精深方法，如果还自为得计，那荒谬迷惑也就没有比这更大的了。因此，言多败事，独到见解才是智慧，可它却被困于无知群丑啊。

聪明人不可迷惑于淫声浪调，明智人不可眩晕于邪道美色。所以有气色与势力者可护佑德行一半，没有这两样，会折损德行一半。"

子丰善于修习经学，不喜好诸家书籍。鲍彦与子丰齐名而学业不同，因此对他说："诸家书籍的才华词句，没有超过《淮南子》的。它读起来令人断气，这才知道自己浅陋啊。"子丰说："您试试说说那些最工巧而不可企及的看看。"鲍彦说："'君子有酒喝，小人会鼓缶，虽然不算好，亦不全都丑'，这话说得怎么样？"子丰说："不怎么样。"鲍彦说："请效仿这句话。"子丰说："'君子乐宴席，小人拍掌笑。虽然不足贵，亦不可轻贱。君子跳象舞，小人击壤歌，教化使之然，又何必多赏。'我能作这样的句子数十曲，但无益于世，所以不愿意这么做。"鲍彦理屈而无言可对。［K7.22.8］

春秋传义诂序

君子　先生名奇，字子异，其先鲁人，即褒成君次孺第二子之后也。家于茂陵，以世学之门，未尝就远方异师也。唯兄君鱼，少从刘子骏受《春秋左氏传》，于讲业最明，精究其义。子骏自以才学弗若也。其或访经传于子骏，辄曰："幸问孔君鱼，吾已还从之咨道矣。"由是大以《春秋》见称当世。王莽之末，君鱼避地至大河之西，依大将军窦融为家，常为上宾，从容以论道为事。是时先生年二十一矣，每与其兄议学，其兄谢服焉。及世祖即祚，君鱼乃仕，官至武都太守，关内侯，以清俭闻海内。先生雅好儒术，淡忽荣禄，不愿从政，遂删撮《左氏传》之难者，集为义诂，发伏阐幽，赞明圣祖之道，以祛后学。著书未毕，而早世不永。宗人子通痛其不遂，惜兹大训不行于世，乃校其篇目，各如本第，并序答问，凡三十一卷。将来君子，倘肯游意，幸详录之焉。

［译文］先生名叫孔奇，字子异，先祖为鲁国人，即褒成君孔霸第二子的后代。他家住茂陵县，出自世代家学的门第，从没有去远方求教过高明老

师。唯有他的哥哥君鱼（孔奋），从小跟随刘子骏（刘歆）传习受教《春秋左氏传》，讲授儒学最明，且能深研义理。刘子骏自认为学问不如君鱼，有人来求教经传时，就会马上说："还是去问孔君鱼吧，我早已反过来向他咨询道义了。"这使得孔君鱼以深究《春秋》闻名于当世。王莽末年，君鱼躲避到大河以西，依附在大将军窦融家中，常被奉若上宾，以从容论道为主业。这时孔奇先生已有二十一岁，每当与兄长讨论学问，兄长都十分敬佩。等到汉世祖刘秀即位后，君鱼才出仕，当上了武都太守，封为关内侯，以清廉俭朴闻名海内。孔奇先生生性清雅，喜好儒术，看淡荣禄，不愿从政，于是撮取删节了《左氏传》的疑难点，结集为经义训诂，发掘幽微，阐明妙理，赞颂明示圣祖孔子之道，以消除后学疑问。著书未毕，孔奇英年早逝。同宗族人孔子通，痛感孔奇先生没有达成平生心意，叹惜他的大著不能流行于世，于是校正其著篇目，各如本来编次，并作序答问，共三十一卷。将来的君子如能留意阅读，必会以此书详录为幸。 ［K7.22.9］

连丛子下第二十三

一

好学　元和二年三月，孝章皇帝东巡过鲁，幸阙里，以太牢祠圣师，作六代之乐。天子升庙，西面；群臣在庭，北面，皆再拜。天子进爵而后坐，乃召诸孔丈夫年二十以上者六十三人，临赐酒饭。子和自陈曰："臣草莽所蔽，才非干时，行非绝伦，托备先圣遗嗣，世名学家，陛下误加拔擢微臣兰台令史。会值车驾东巡，先礼圣师，猥以余福惠及臣宗，诚非碎首所能报谢。"诏曰："治何经？"对曰："为《诗》《书》，颇涉《礼》《传》。"诏曰："今日之会，宁于卿宗有光荣乎？"对曰："非所敢当也。臣闻明王圣主，莫不尊师而贵道。今陛下尊臣祖之灵，贵臣祖之道，亲屈万乘，辱临敝里，此乃陛下所以崇圣也。若夫顾其遗嗣，得与群臣同受福，此乃陛下爱屋及乌，惠下之道。所以崇德作圣，臣宗弗与于光荣，非所敢承。"天子叹曰："非圣者子孙，恶有斯言！"遂拜子和郎中，诏随车驾，赐孔氏男女钱帛。子和从还京师，遂校书东观。其年十二月为临晋令。其友崔以其家《卦林》占之，谓为不吉。语子和曰："盍辞乎？"答曰："学不为人，仕不择官，所以为吉也。且卜以决疑，不疑何卜？吉凶由人，而由《卦林》乎？"径往之官。三年秋八月，天子巡后土，登龙门。子和自请从行在所。天子识其状貌，燕见移时，赐帛十端而还。九月既望，寝疾不瘳，乃命其二子留葬焉。二子，长曰长彦，年十有二；次曰季彦，年十岁。父之友西洛人姚进，先有道，征不就，养志于家，长彦、季彦常受教焉。既除丧，则苦身劳力，以自衣食。家有先人遗书，兄弟相勉，讽诵不倦。于时蒲阪令汝南许君然造其宅，劝使归鲁，奉车二乘。辞曰："载枢而返，则违父遗命；舍墓而去，则心所不忍。"君然曰："以孙就祖，于礼为得，愿子无疑。"答曰："若以死有知也，祖犹邻宗族焉。父独留此，不以极乎？吾其定矣。"遂还其车。于是甘贫味道，研精坟典。十余年间，会徒数百。故时人为之语曰："鲁国孔氏好读经，兄弟讲诵皆可听。学士来者有声名，不过孔氏那得成。"长彦颇随时，为今学。季彦壹其家业，兼修《史》《汉》，不好诸家之书。

　　［译文］汉元和二年三月，孝章皇帝东巡经过鲁国，来到了阙里，以太牢大礼祭祀儒圣先师孔子，演奏了六代的音乐。天子登上孔庙，面向西面；群臣聚集庭中，面向北面，都行再拜之礼。天子进酒爵而后坐下，于是召集孔家族人中年满二十岁以上的六十三名男子，亲临孔庙赐予酒肉饭菜。子和亲自陈述说："臣下被草莽所蒙蔽，才能不能参与时政，行为也算不上超凡绝伦，托先圣祖宗孔子之福，成为世代留名的学者。陛下误提拔微臣作了兰台令史，有幸能迎接皇上的车驾东巡，致礼先圣祖师，以余荫福惠臣下宗亲，真是粉身碎骨也不能报答感谢啊。"皇帝下诏说："你现在研究哪部经书？"子和回答：

"主要是《诗》《书》，也涉及《礼》《传》。"诏问说："今日会见，您家宗亲会感到光荣吗？"子和回答："不敢当啊。微臣听说皇帝是英明圣主，一贯尊师贵道。如今陛下礼尊微臣先祖之灵，看重微臣先祖之道，委屈万乘之尊，亲临敝里，这是陛下对孔圣人的尊崇啊。像皇上这样照顾孔家后人，使我能够得以和群臣一同蒙受福恩，这是陛下爱屋及乌，恩惠属下之道啊。如此崇德敬圣的无比光荣，微臣宗亲个个都不敢承受啊。"天子叹息说："不是圣者子孙，哪会说出这番话啊！"于是封子和为郎中，下诏跟着皇帝车驾随行，并赐给孔家男女钱财布帛。子和从京师返回后，在东观校对书籍，同年十二月当上了临晋令。朋友崔骃以家藏《卦林》来占卜，认为此事不吉，于是对子和说："为何不辞官呢？"子和回答："学习不为别人，出仕不择官位，这就是吉事。而且占卜是为了决定疑问，没有疑问何必占卜呢？吉凶由人决定，难道会由《卦林》决定吗？"于是径直去做官了。元和三年八月秋季，天子巡察后土祠，登上龙门时，子和自己请求一同前行。天子认识他的相貌，宴会转移时，赐给他布帛十匹而还乡。九月中旬，子和生病卧床不起，于是遗嘱两个儿子把他留葬此地。儿子中年长的叫长彦，十二岁；年幼的叫季彦，十岁。他们父亲的朋友西洛人姚进，早先是有道之人，朝廷征召他做官时，就是不去，一直在家调养心志，长彦、季彦经常受到他的教诲。两兄弟解除丧服后，靠自己的辛苦劳动，自食其力。兄弟俩苦读家里留下的先人遗书，互相勉励，诵读不倦。时任蒲阪令的汝南人许君然来到他家，劝他们返回鲁国，还奉上了两辆马车。临辞别的时候，两兄弟对他说："载灵柩返乡，会违背父亲遗命；舍墓地而去，又于心不忍。"许君然说："以孙辈迁就祖辈，是合乎礼制的，愿你们无疑。"两兄弟回答："如果死者有知，祖辈犹如同与宗族为邻。让父亲独留此地，不是太过分了吗？我们已经决定留下了。"于是他们归还了车辆，继续甘于贫困，体味道义，专研三坟五典等经书，十几年间，就聚集了学徒数百人。所以当时有人说："鲁国孔氏好读经，兄弟讲诵皆可听。学士来者有声名，不经孔氏那得成。"长彦随时势变化，修习今文学派的章句学。季彦则始终如一地修习家里的古文经学，兼修《史记》《汉书》等，不喜好诸子百家的学说。[K7.23.1]

二

君子　华阴张太常问："何如斯可谓备德君子？"季彦答曰："性能沈邃，则不可测；志不在小，则不可度；砥厉廉隅，则不可越；行高体卑，则不可阶；兴事效业，与言俱立；舍己从善，不耻服人；交友以义，不慕势利；并立相下，不倡游言。若此，可谓备德矣。"张生曰："不有孝、弟、忠、信乎？"答曰："别而论之，则应此条；总而目之，则曰孝弟忠信。"张生闻是言，喜而书之。

［译文］华阴的张太常问："怎样的人可称为美德完备的君子？"孔季彦回答："生性沉稳深邃者，不可测度；志向不在小事者，不可猜度；砥砺廉洁者，不可超越；品行高洁持身谦卑者，不可并肩。振兴大事，效仿大业者，能说到做到；能从善如流者，不以服人为耻辱；能交友重义者，不羡慕势利；能与人并立楚下者，不倡导流言蜚语。像这样的人，可称得上是美德完备了。"张生说："不是还有孝、悌、忠、信这些美德吗？"孔季彦回答："分别论说，则应该有这几条；总而言之，则称为孝悌忠信。"张生听说了这话，欣喜地记了下来。[K7.23.2]

三

祭祀　鲁人有同岁上计而死者，欲为之服，问于季彦。季彦曰："有恩好，其缌乎！昔诸侯大夫共会事于王，及以君命同盟霸主，其死则有哭临之礼。今之上计，并觐天子，有交燕之欢，同名缔素，上纪先君，下录子弟，相敦以好，相厉以义。又数相往来，特有私亲，虽比之朋友，不亦可乎？"

［译文］有一位鲁国人，想为与他同年就任的已故朋友上计掾服丧，问孔季彦怎么办。季彦说："有恩情而交好的人可以服丧！从前诸侯大夫一起服事君主，等到君主成为同盟霸主，去世之后都会有亲临哭丧之礼。如今你与上计掾而言，曾一起觐见天子，有交好宴会的欢乐，又共同题名在帛书上，对上纪念先君，对下传录子弟，彼此敦交结好，相互激励仁义，又多年往来，特别有私交亲谊，彼此为好朋友，为他服丧有何不可呢？"　［K7.23.3］

四

修德　崔骃学于太学而粮乏，邓卫尉欲饩焉而未果。季彦年九岁，以其父命往见卫尉曰："夫言不在多，在于当理；施不在丰，期于救乏。崔生，臣父之执也，不幸而贫。公许赈之，言既当理矣。从来有曰：'嘉贶未至，或欲丰之，'然后乃致乎？"答曰："家物少，须租入，当猥送之。"季彦曰："公顾盼崔生，欲分禄以周其无，君之惠也。必欲待君租入，然后猥致，则于崔生为赢。受人以自赢非义，崔生所不为也。且今已乏矣，而方须租入，是犹古人欲决江海以救牛蹄之鱼之类也。"邓公曰："诺。"

［译文］崔骃在太学读书时缺粮，邓卫尉想赠他一些粮食，但一直没送成。季彦九岁时，按照他父亲的嘱咐，去拜见邓卫尉说："话不在多，在于合理；施舍不在丰厚，在于能救济困乏。崔骃是我父亲的友人，不幸而贫困。您答应救助他，合乎情理啊。我来时有人说：'嘉礼未到，想丰厚些再说。'是打算礼物多了再送吧？"邓公回答："家里的财物少，还要等收些租后，再送上薄礼。"季彦说："您关照崔生，想分些俸禄来周济他，是您的恩惠。如果一定要等您收租后才送去，对于崔生来说就有余粮了。接受馈赠让自己赢利，这不符合义，崔生是不愿这么做的。再说他如今已很缺粮了，如再等租粮到来，这就如同古人所说想要'挖通江海水，抢救牛蹄鱼'一样啊。"邓公说："好的。"　［K7.23.4］

五

礼乐　梁人取后妻，后妻杀夫，其子又杀之。季彦返鲁，过梁，梁相曰："此子当以大逆论。礼，继母如母，是杀母也。"季彦曰："言如母，则与亲母不等，欲以义督之也。昔文姜与弑鲁桓，《春秋》去其姜氏，《传》曰：'不称姜氏，绝不为亲，礼也。'绝不为亲，即凡人尔。且夫手杀重于知情，知情犹不得为亲，则此下手之时，母名绝矣。方之古义，是子宜以非司寇而擅杀当之，不得为杀母而论以逆也。"梁相从之。

[译文]梁国有人娶了后妻，后妻杀了丈夫，他儿子又杀了她。季彦返回鲁地，经过梁国时，梁国国相对他说："这个儿子应当以大逆不道论罪。礼制规定，继母如同母亲，他这样做是杀害母亲。"季彦说："既然说是如同母亲，那实际上还是与亲母不等同，只是以礼义来引导与继母的关系罢了。从前文姜参与弑杀鲁桓公，《春秋》记录此事时去掉了她的'姜氏'名号，《左传》说：'不称她为姜氏，断绝亲属关系，这是礼制。'断绝亲属关系，那就是凡人了。而且亲手杀人的罪行，重于知情的参与人。知情的参与人都不能再保持亲属关系，那么在梁国那位后妻下手杀夫之时，她的继母名分也就断绝了。以此为例考察古礼义理，应该以儿子没经过官府审判而擅自杀人治罪，而不应以杀母亲的大逆不道论罪。"梁国国相听从了季彦的意见。[K7.23.5]

六

孝悌　弘农太守皇甫威明问仲渊曰："吾闻孔氏自三父之后，能传祖之业者，常在于叔祖。今观《连丛》所记，信如所闻。然则伯季之后，弗克负荷矣。"答曰："不然也。先君所以为业者，非唯经传而已。可以学则学，可以进则进，可以止则止。故曰'无可无不可'也。盖唯执行中庸，其于得道，非末嗣子孙所能及也。是以先父各取所能，能仕则仕，能学则学。自伯祖之子孙，世仕有位。季祖之子孙，或学或仕，或文或武，所统不壹。故学不稽古，仕无高官，文非俎豆，武非戢兵，不专故也。"皇甫曰："如高明之言，是故弗克负荷已。"答曰："伯之子孙，今何其仕？季之子孙，何所能任？所以世得闻焉。且人之才性，受天有分。若如君之论，则成王、伯禽虽致太平，皆当以不圣蒙弗克负荷之罪乎？"皇甫笑曰："善。"既而或谓仲渊曰："以古人推之，自可如皇甫之言尔。而子矜之，何也？皇甫虽口与子，心实不与也。"答曰："吾其然。然此君来言，颇欲相侵，故激至于此。岂曰得道，由不获已也。"

[译文]弘农太守皇甫威明问仲渊说："我听说孔氏家族自从三父之后，能传承祖业者，通常都是叔祖。如今观看《连丛子》所记录，更相信这种说法。而从伯祖、季祖以后，就不能胜任事业了啊。"仲渊回答："不对。先君作为事业的，并非只有经传而已。可以为学的就为学，可以仕进的就仕进，可以歇止的就歇止。所以说它是'无可无不可'的。凡是执行中庸之道，能够得道的，都不是末代子孙所能达到的。因此先父们都各取所能，能仕进的仕进，能为学的为学。伯祖的子孙里，世代仕进的都有官位。季祖的子孙，或治学或仕进，或为文或习武，所传承的统绪各不一样。所以治学的不考古，仕进的无高官，学文的不知主持礼仪，习武的不懂息兵止战，这都是不专心事业的缘故啊。"皇甫说："如您高见，所以他们才不胜重任了吧。"仲渊回答："伯祖的子孙，今天担任何官职？季祖的子孙，如今担任何职务？这都是世人可以听说的。再说人的才能天赋天生就不同。如果像您所说，那么周成王、伯禽虽获致太平，难道都应当以不是圣人而蒙受不堪重任的罪名吗？"皇甫笑着说："说得对。"过了不久，有人对仲渊说："如果以古人推论，皇甫说的并不错。但是您却矜持着不同意，这是为什么呢？皇甫口头虽赞成您，心里其实不赞成啊。"仲渊回答："我也这么认为。但是他前来说的这番话，是故意冒

犯，所以才激发出我这样的答话。岂能说得道，不得已而已。"　[K7.23.6]

七

君子　长孙尚书问季彦曰："处士，圣人之后也，岂知圣人之德恶乎齐？"答曰："德行邈于世，智达秀于人，几于如此矣。"曰："圣人者必能闻于无声，见于无形，然后称圣尔。如处士所言，大贤则能为之。"季彦曰："君之论，宜若未之近也。夫有声，故可得而听；有形，故可得而见。若乃无声，虽师旷侧耳，将何闻乎？无形，虽离娄并照，将何睹乎？《书》曰：'惟狂克念作圣。'狂人思念道德，犹为圣人。圣人，大贤之清者也；贤人，中人之清者也。"

　　[译文]长孙尚书问季彦："处士是圣人后代，岂能不知圣人之德不会是一般齐的？"季彦回答："德行高卓于世，智慧超越常人，大概就这样吧。"长孙尚书说："圣人一定能听见无声之音，见到无形之物吧，这才能称为圣人。如果如处士所言，大贤都能做到。"季彦说："您的所见，似乎还没接近真实。有了声音，所以才能听得见；有了形体，所以才能看得见。如果毫无声响，即使是最善辨声的师旷侧耳细听，又能听见什么呢？如果完全没有形体，即使是明察秋毫的离娄细看，又能看见什么呢？《尚书》说：'唯有狂人克制意念方可成为圣人。'狂人克制意念，一心向往道德，就可成为圣人。圣人，那是大贤中的清静者；贤人，只是中人里的清醒者啊。"　[K7.23.7]

八

【谋道】孔大夫谓季彦曰："今朝廷以下，四海之内，皆为章句内学，而君独治古义。治古义，则不能不非章句内学；非章句内学，则危身之道也。独善固不容于世，今古义虽善，时世所废也，而独为之，必将有患，盍姑已乎？"答曰："君之此言，殆非所望也。君以为学，学知乎，学愚乎？"大夫曰："学所以求知也。"季彦曰："君频日闻吾说古义，一言辄再称善，善其使人知也。以为章句内学迂诞不通，即使人愚也。今欲使吾释善善之知业，习迂诞不通之愚学，为人谋如此，于义何居？且君子立论，必析是非，以是易非，何伤之如？主上聪明，庸知不欲两闻其义，博览古今，择善从之，以广其圣乎？吾学不要禄，贵得其义尔。复以此受患，犹甘心焉。先圣遗训，壁出古文，临淮传义，可谓妙矣，而不在科策之例，世人固莫识其奇矣。斯业之所以不泯，赖吾家世世独修之也。今君猥为禄利之故，欲废先君之道，此殆非所望也。若从君言，是为先君之义灭于今日，将使来世达人见今文俗说，因嗤笑前圣。吾之力此，盖为先人也。物极则变，比百年之外，必当有明德君子，恨不与吾偕世者。"于是大夫怅然曰："吾意实不及此，敢谢不敏。"

［译文］孔大夫对季彦说："如今朝廷以下，四海之内，都修习章句内学，您却独自研究古义经学。研究古义经学，就不能不否定章句内学；可否定章句内学，是危身之道啊。独善之人本来就不容于世，如今古义经学虽好，却遭到时世荒废，而您却独自研究它，必将有祸患，为何不停止呢？"季彦回答："您的这番话，不是我所希望的。您以为学问，是学知呢，还是学愚呢？"大夫说："学问是为了求知。"季彦说："您整天都在说我学古义经学，一再说它好，就好在它使人知；还认为章句内学实在迂远、荒诞不通，会使人愚蠢。如今您却想让我放弃求知的善事，修习迂远荒诞、文理不通的愚学，为人如此谋划，是根据哪条义理？再说君子立论，必分析是非，以是易非，像这样会有什么伤害呢？主上聪明，怎么知道他不想听听这两种义理，博览古今，择善从之，以增广他的圣明呢？我的学问不要俸禄，贵在得到真义。即使因此受难，也甘心啊。先祖圣人孔夫子的遗训，出自孔家墙壁深藏的古文经书，临淮太守孔安国承传了先圣孔子经义，可谓神妙无比啊！古文经义的作用不在于设科策问之例，所以世人不懂得它的神奇深妙。儒学事业所以不泯灭，有赖于我家世世代代都独自研修它。如今您竟为了俸禄利益，就想废除先

君孔子的仁道，这绝不是我所希望的。如果听从了您的建议，就会将先祖圣君孔子的仁义之道毁灭于今日，将使来世的明达之人，只能见到如今的今文俗说，而嗤笑从前的孔圣人。我尽力于此，都是为了先祖圣人孔子。万物到了极致就会发生变化，百年之后，必当会有明德君子出现，恨不得与我生在同一世代。"于是孔大夫怅然若失地说："我的意愿实在达不到您的这一境界，请您原谅我的不聪敏吧！"［K7.23.8］

九

君子　杨太尉问季彦曰："吾闻临晋君异才博闻，周洽群籍，而世不归大儒，何也？"答曰："不为禄学故也。恶直丑正，实繁有徒。辨经说义，辄见憎疾。但以所据者正，故众人不能用尔。免害为幸，何大儒之见归乎？"

［译文］杨太尉问季彦说："我听说您父亲孔僖临晋君才华出众，博闻广识，遍览群书，而世间却不把他看成大儒，这是什么原因呢？"季彦回答："这是他不为了俸禄而做学问的缘故。厌恶刚直，丑化正人君子，这样的人太多了。辨明经典，论说义理，立即遭到憎厌痛恨。这是由于他根据的是正理，所以众人不能采用它而已。能避免伤害就是幸运了，何必在乎大儒的名号呢？"［K7.23.9］

十

好学　季彦见刘公，客适有献鱼者。公熟视鱼，叹曰："厚哉！天之于人也。生五谷以为食，育鸟兽以为之肴。"众座金曰："诚如明公之教也。"季彦曰："贱子愚意，窃与众君子不同，以为不如明公之教也。万物之生，各禀天地，未必为人。人徒以知得而食焉。故《孝经》曰：'天地之性人为贵。'贵有知也。伏羲始尝草木可食者，一日而遇七十二毒，然后五谷乃形，非天本为人而生也。蚊蚋食人，蚍虫食土，非天故为蚊蚋生人，为蚍虫生地也。知此不然，则五谷鸟兽之生，本不为人，可以为无疑矣。"公良久曰：

"辨哉！"众座默然。

［译文］季彦会见刘公时，刚好有客人来献鱼。刘公细审鱼之后，叹息说："上天对人多仁厚啊！生长出五谷为食粮，养育了鸟兽为佳肴。"坐席上的客人都说："真的像明公所教诲的这样啊。"季彦说："我的愚意，与众君子略有不同，认为事情不是像明公所教诲的那样。万物的产生，各自禀性于天地，未必是为人而生，人只是知道它们好吃而食用罢了。所以《孝经》说：'天地之性人为贵。'贵的就是人有知识。伏羲开始试尝草木可不可食的时候，一天遇上了七十二种毒物，然后才选育五谷作为粮食，而不是天本来就为人生产出粮食。蚊子食人血，蚯蚓食土壤，并非天故意为蚊子生出了人，为蚯蚓生出了地。知道了这一点，就会明白五谷、鸟兽的产生，本来就不是为了人的道理了。"刘公沉思了很久说："道理明辨啊！"坐席上的众人也全都沉默无语了。［K7.23.10］

十一

 永初二年，季彦如京师，省宗人仲渊。是年夏，河南四县雨雹如栲杯，大者如斗，杀禽畜雉兔，折树木，秋苗尽。于是天子责躬省过，并令幽隐有道术之士，各得因变事极陈厥故。季彦与仲渊说，道其意状，曰："此阴乘阳也。贵臣擅权，母后党盛，多致此异。然乃汉家之所大忌也。"于时下邳长孙子逸止仲渊第，闻是言也，心善之，因见上，说焉。上召季彦，季彦见于德阳殿，陈其事，如与仲渊言也。曰："陛下增修圣德，虑此二者而已矣。夫物之相感各以类，推其甚者，必有山崩地震，乖气相因，其事不可尽论。往者延平之中，邓后称制，而东垣巨屋山大崩，声动安邑，即前事之验者。"帝默然，左右皆不善其言。季彦闻之，曰："吾岂容媚势臣而欺天子乎？"后子逸相鲁，举季彦孝廉，固辞不就。会遭兄长彦忧，遂止乎家。季彦为人谦退爱厚，简而不华，终不以荣利变其恬然之志。见不义而富贵者，视之如仆隶。其下笔则典诰成章，吐言必正名务理。故每所交游，莫不推先以为楷则也。年四十有九，延光三年十一月丁丑卒。

[译文]永初二年，季彦来到京师，与亲戚仲渊会面。这年夏天，河南四县下暴雨，冰雹大如酒杯，特大的如斗，砸杀了飞禽、家畜、山鸡和野兔，折断树木，秋苗尽毁。于是天子反省自己的过错，并命令那些隐居的懂道术的人，各自根据事情的变化找出其中的缘故。季彦与仲渊交谈后，根据他描绘的情状推论说："这是因为阴气压制了阳气。凡是贵臣擅自掌权，母后一党强盛，多半会造成这种灾异。这是汉室皇家大忌。"这时，下邳的长孙子逸正在仲渊府第歇息，听到了这番话后，心里觉得有理，于是拜见汉安帝，说明了此事。汉安帝下诏召见，季彦与皇帝于德阳殿会面，述说了这事，与跟仲渊所说的一样，并说："陛下如果想增修圣德，只要注意这两点就够了。万物的互相感应都各以其类别而发生，其中最厉害的，必定会山崩地震，阴阳二气激烈冲撞，这类事情说不完。从前在延平年间，邓后临朝称制，东垣的巨屋山大崩溃，响声震动安邑城，这就是从前的验证。"汉安帝默默无言，左右的大臣都不赞成季彦的话。季彦听说后，说："我岂能容忍谄媚的势臣欺瞒天子呢？"后来子逸去鲁国任相国，推举季彦为孝廉做官，季彦推辞不去。刚好遇上兄长去世，于是就在家里住下了。季彦为人谦虚退让、仁爱厚道，生活简朴而不奢华，始终不以荣华利禄改变自己的恬淡安然之志。他见到不义而富贵者，就像看待奴仆一样。他下笔时，无论是论典诰令都能立马成章，说话谈吐也必定会名正言顺，务达常理。所以与他经常交游的朋友，没有不首推他作为楷模的。季彦四十九岁时，于延光三年十一月丁丑日去世。[K7.23.11]

《孔丛子》难字速查表

[K1.1.1] 颡（sǎng）：额头。

肱（gōng）：胳膊。

[K1.1.3] 纼（xún）：细带。

黼黻（fǔ fú）：泛指礼服上华美的花纹。

[K1.1.4] 虺（huǐ）：传说中的一种毒蛇。

瘳（chōu）：病愈。

[K1.1.5] 辀（zhōu）：车辕，借指车。

[K1.2.2] 嚚（yín）：愚蠢而顽固。

逮（dài）：达到；及。

[K1.2.4] 肜（róng）：祭祀的名称，指次日再祭。

[K1.2.8] 禋（yīn）：在高地燃烟火以祭天求福。

禜（yíng）：古代祈求神灵消灾的祭祀。

雩（yú）：求雨的祭祀。

[K1.2.13] 牖（yǒu）里：即古代监狱"羑里"。

辏（còu）：聚集。奔辏

指自远方趋附之士。

[K1.2.16] 拊（fǔ）：拍。

[K1.3.5] 寘（zhì）：放置；处置。

[K1.3.9] 苞苴（bāo jū）：礼物。

蓼莪（lù é）：诗名，表达了子女追慕双亲抚养之德的情思。

[K2.4.2] 骖（cān）：古代指车辕两旁的马。

[K2.4.5] 眚（shěng）：过错。

式：法，法式；效法。

[K2.4.7] 枳（zhǐ）：乔木名。此处比喻伤害。

[K2.5.1] 忝（tiǎn）：羞辱；愧对。

忻（xīn）：欣喜。

[K2.5.3] 亟（qì）：副词，屡次。

[K2.5.5] 鄹（zōu）：1. 山东古地名。2. 周朝的邹国。

[K2.5.6] 崺崍（liè yǐ）：逦迤，连绵不断貌。

阪（bǎn）：同"坂"。高低不平的薄土坡。

婴（yīng）：遭遇。

霣（yǔn）：古通"陨"，降落。

潺湲（chán yuán）：水慢流状。

[K2.5.8] 衢（qú）：四通八达的道路。

[K2.6.2] 寤（wù）：同"悟"，悟通。

[K2.6.3] 膏雨（gāo yǔ）：滋润作物的霖雨。

玞（fū）：像玉的石块。

瑱（zhèn）：古人冠冕上分垂于耳侧的玉饰。

[K2.6.7] 嬖（bì）：受宠爱的。

[K2.7.2] 帑（tǎng）：国库钱财。

襁（qiǎng）：背小儿用的被子或布带。

其庸：估计，大概。

骭（gàn）：胫骨。

背偻（bèi lǚ）：背部弯曲；驼背。

[K2.7.3] 缋（huì）：色彩艳丽。

[K2.7.4] 诡：相违背。

[K2.7.8] 虞芮（yú ruì）：周初的两

个国名。

豳（bīn）：指豳山，又指古都邑名，也作"邠"。

[K2.7.9] 珪瓒（guī zàn）：玉柄的酒器。

秬鬯（jù chàng）：古代以黑黍和郁金香草酿的酒。

[K3.8.1] 祖祢（zǔ mí）：祖庙与父庙。先祖和先父。泛指祖先。

圻（qí）：疆界。

渎（dú）：泛指河川。"四渎"指长江、黄河、淮河、济水四条河。

掊克（póu kè）：以苛税聚敛财物。

[K3.9.1] 蹑（niè）：踩，踏。

[K3.10.2] 鳏鱼（guān yú）：一指鳏鱼，又指特大鱼"鲩鲲"（huàn kūn）。

[K3.10.4] 臧（zāng）：认为好，满意。

[K3.10.6] 希：揣摩。

怿（yì）：高兴。

疣（yóu）：过错。

［K3.10.7］虞（yú）：古代的一种
　　　　祭祀。

［K3.10.9］褊（biǎn）：原指衣服狭
　　　　小，引申泛指狭小。

［K3.10.11］汩（gǔ）：扰乱。

［K3.10.16］饩（xì）：赠送谷物、牲
　　　　口等。

［K4.12.2］囿（yòu）：养动物的
　　　　园地。

［K4.12.3］鷁（yì）：形似鸬鹚，善
　　　　飞的水鸟。
　　　　缁（zī）：黑色。

［K4.12.5］诎（qū）：说服，折服。

［K4.13.1］翣（shà）：古代仪仗中
　　　　用的大掌扇。

［K4.13.3］觚（gū）：古代的一种
　　　　酒器。
　　　　榼（kē）：古代盛酒的
　　　　器具。

［K4.13.4］觌（dí）：见，相见，
　　　　观察。

［K4.13.6］尪（wāng）：骨骼弯曲
　　　　之疾，此处为人名。
　　　　秽訾（huì zī）：秽，肮
　　　　脏。訾，厌恶。秽訾即訾

秽，指厌恶不净物。

隐括（yǐn kuò）：又作
"隐栝"，矫正邪曲的
器具。

［K4.14.1］踈（shū）：古同
"疏"。疏远。

［K4.14.5］弼：辅佐。

［K5.15.1］懿卲（yì shào）：美好，
高尚。卲通"劭"。
戾（lì）：至，到达。

［K5.15.6］旃（zhān）：毛毡。
麋（mí）：通"糜"。
棰（chuí）：短木棍。

［K5.15.7］牸（zì）：雌性牲畜。
赀（zī）：财货。

［K5.15.9］郈（hòu）：山东古地名。
觞（shāng）：宴请。

［K5.15.10］麛（mí）：幼鹿；泛指
幼兽。
芾（fú）：通"韨"，
礼服上的蔽膝。
邮：通"尤"，过失，
罪过。
章甫（zhāng fǔ）：古代
的一种礼帽。

［K5.16.4］釐（xǐ）：同谥号"僖"。

　　侔（móu）：齐，比肩，相等。

［K5.16.6］廪（lǐn）：粮仓。此处"廪丘"为古地名，在今山东。

［K6.18.5］藜羹（lí gēng）：用藜菜做的粗食。

［K6.18.10］勌（juàn）：古同"倦"，疲倦。

［K6.19.5］赍（jī）：拿东西送给人。

［K6.19.6］怙（hù）：乘乱取利。

　　姻娅（yīn yà）：姻亲，亲戚。

　　酹（zhuì）：祭祀时洒酒在地上。

　　免（wèn）：一种丧礼。

［K6.20.1］榗（jìn）：古书上说的一种鼓。

　　扑：击，拍。

　　祃（mà）：古代军队在驻地举行的祭礼。

　　馘（guó）：古代战争中割取敌人的左耳以计军功，也指所割的左耳。

［K6.20.2］蜃（shèn）：酒器。

［K6.20.3］馹（rì）：古代驿站的专用车，后亦指驿马。

［K6.21.3］绍：继承，接续。

　　胤（yìn）：后代；后嗣。

［K6.21.6］虥（zhàn）：走兽。

　　媟渎（xiè dú）：亵渎，不恭敬。媟：狎。轻慢。

　　恚（huì）：愤怒。

［K7.22.2］亡诸：人名，后因功封为闽粤王。

　　骈阗（pián tián）：聚集。

　　貙犴（chū àn）：貙古指云豹，文如豹猫。犴即驼鹿。

　　薮（sǒu）：多草湖泊或无水沼泽。

　　罝（jū）：捉兽的罗网。

　　抃（biàn）：鼓掌。

　　支轮登较："支"即支持，"较"即车厢边的横木。

［K7.22.3］弇（yǎn）：覆盖。

　　兕觥（sì gōng）：用兽

角做的酒器。兕：古代指

犀牛。

一纪：指十二年。

萐（shà）：同"翣"，

扇子。

［K7.22.4］爰（yuán）：哪里。

鸮（xiāo）：猫头鹰之类

鸟的统称。

鵩（fú）：不祥之鸟，形

似猫头鹰。

畴（chóu）：指耕好的田

地，引申指田界、种类、

同类等。

［K7.22.6］欻（xū）：火光一现的样

子；忽然。

仇：匹配。

［K7.22.7］讲肄（yì）：讲论学习，

讲习。

衎（kàn）：和乐。

霤（liǔ）：向下流的水。

［K7.22.8］溷淆（hùn xiáo）：混

乱。溷：猪圈。淆：

混杂。

揆度（kuí duó）：估量，

揣测。

［K7.23.3］缌（sī）：细麻布做的

丧服。

上计：即上计掾

（yuàn），汉代副官佐吏

的通称。

绨（tí）：厚绸子。绨

素：精细的纺织品。

［K7.23.4］骃（yīn）：古指浅黑带

白色的马。此处为人名。

［K7.23.6］俎（zǔ）豆：此处指

礼仪。

戢（jí）兵：息兵，

罢战。

［K7.23.7］邈（miǎo）：超越，

胜过。

［K7.23.11］桊（quān）：曲木做的

饮器。

附　录

孔子儒经九观节数表

　　《孔子儒经》从《论语》《孔子家语》《孝经》《孔丛子》等四书中选用了1027节经文，占总量90%。其中《论语》全文494节，《孔子家语》全文431节；《孝经》全文18节；《孔丛子》摘选84节，包括谋道5节、修德4节、亲仁7节、孝悌4节、好学15节、礼乐19节、祭祀7节、君子10节、大同13节等，只选用了其中涉及孔子经义的部分。同时，本书除在《论语》《孔子家语》《孝经》《孔丛子》选用各节文章之后统一编号外，还在各节之前统一用方括号【】标明孔子观点主题，对《孔丛子》未选用各节亦加方框以备参阅。这样既能展现孔子九观又能方便查阅，有利于读者全面了解《孔子儒经》之四部书，把握孔子仁道主义真义。《孔子儒经》所选的经文节数统计如下表：

孔子九观	《论语》	《孔子家语》	《孝经》	《孔丛子》	合计	节数排名
1谋道观	58节	57节	0	5节	120节	5
2修德观	86节	37节	0	4节	127节	4
3亲仁观	46节	38节	0	7节	91节	7
4孝悌观	22节	25节	17节	4节	68节	9
5好学观	102节	37节	0	15节	154节	1
6礼乐观	60节	65节	0	19节	144节	2
7祭祀观	27节	66节	1节	7节	101节	6
8君子观	79节	50节	0	10节	139节	3
9大同观	14节	56节	0	13节	83节	8
孔子四经节数总计	494节 100%	431节 100%	18节 100%	84节 43%	1027节 90%	

《孔子儒经》参考书目

1. 杨伯峻译注：《论语译注》，中华书局，2012。

2. 张荣昌：《〈论语〉的内在逻辑》，中国书籍出版社，2021。

3. （春秋）孔子述，（春秋）孔门弟子撰，钱宁重编：《新论语》，生活·读书·新知三联书店，2012。

4. 文武：《论语熙解》，西南财经大学出版社，2018。

5. 顾易：《从〈论语〉看君子人格的养成》，暨南大学出版社，2020。

6. 王国轩、王秀梅译注：《孔子家语》，中华书局，2011。

7. 杨朝明：《〈孔子家语〉综合研究》，齐鲁书社，2017。

8. （清）陈士珂辑，崔涛点校：《〈孔子家语〉疏证》，凤凰出版社，2017。

9. 王立新主编：《孔子家语》，团结出版社，2018。

10. 东篱子解译：《〈孔子家语〉全鉴》，中国纺织出版社，2019。

11. （三国魏）王肃注，［日］太宰纯增注，宋立林校点：《孔子家语》，上海古籍出版社，2019。

12. 杨军：《〈孔子家语〉讲义》，长春出版社，2020。

13. 黄敦兵导读、注译：《孔子家语》，岳麓书社，2021。

14. （清）皮锡瑞撰，吴仰湘点校：《孝经郑注疏》，中华书局，2016。

15. 倪可译注：《孝经新解全译本》，民主与建设出版社，2018。

16. 白冶钢译注：《孔丛子译注》，上海三联书店，2018。

17. 王钧林、周海生译注：《孔丛子》，中华书局，2009。

18. 金景芳、吕绍纲：《周易全解》，吉林大学出版社，1989。

19. 郭扬：《易经求正解》，广西人民出版社，2009。

20. 南怀瑾：《易经杂说》，复旦大学出版社，2011。

21. 杨任之：《诗经今译今注》，天津古籍出版社，1990。

22. 朱伯崑：《朱伯崑论著》，沈阳出版社，1998。

23. 刘波、王川、邓启铜注释：《礼记》，南京大学出版社，2014。

24. 徐奇堂译注：《尚书》，广州出版社，2004。

25. 陈昇编注解读，杨雪翠英译：《孟子初级读本》，商务印书馆，2015。

26. 章诗同注：《荀子简注》，上海人民出版社，1974。

27. 陈鼓应：《老子注译及评介》，中华书局，2014。

28. 董京泉：《老子道德经新编》，中国社会科学出版社，2012。

29. 柯可：《老子道经》，世界图书出版公司，2020。

30. 罗尚贤：《和生论》，广东人民出版社，2012。

31. 刘观涛、刘屹松、石向前译著：《活解黄帝内经·素问篇》，军事医学科学出版社，2005。

32. 陈鼓应注译：《庄子今注今译》，中华书局，2013。

33. （战国）韩非著，郑和生注译：《韩非子》，民主与建设出版社，2017。

34. 张清华主编：《道经精华》，时代文艺出版社，1995。

35. 谭戒甫撰：《墨辩发微》，中华书局，1996。

36. 陈一平：《淮南子校注译》，广东人民出版社，1994。

37. 林有能：《六祖慧能大智慧》，广东人民出版社，2011。

38. （明）王阳明著，宇枫编：《王阳明全书》，中国华侨出版社，2018。

39. 吕思勉：《经子题解》，华东师范大学出版社，1995。

40. 何志虎主编：《周文化丛书·周礼卷》，中国文史出版社，2015。

41. 胡鼎文主编：《周文化丛书·三王卷》，中国文史出版社，2015。

42. 董京泉主编：《中国古代哲学思想集萃》，学习出版社，2022。

43. 章权才：《魏晋南北朝隋唐经学史》，广东人民出版社，1996。

44．梁启超等著，刘文荣选注：《十位国学大师说儒、论道、谈佛》，文汇出版社，2020。

45．梁启超著，夏晓虹、陆胤校：《中国近三百年学术史》，商务印书馆，2011。

46．杨朝明、宋立林：《孔子之道与中国信仰》，当代中国出版社，2017。

47．陈序经：《文化学概观》，中国人民大学出版社，2005。

48．龚鹏程：《儒门修证法要》，东方出版社，2015。

49．陈德述：《儒学文化新论》，巴蜀书社，2005。

50．任继愈：《任继愈谈儒家与儒教》，石油工业出版社，2018。

51．程志华：《中国儒学史》，人民出版社，2017。

52．林存光：《儒教中国的形成——早期儒学与中国政治文化的演进》，学习出版社，2018。

53．李申：《中国儒教史》，江苏人民出版社，2018。

54．卢国龙主编：《宗教在文化战略中的地位和作用》，中国社会科学出版社，2014。

55．林中坚：《中国传统礼治》，广东人民出版社，2007。

56．朱越利：《道经总论》，辽宁教育出版社，1991。

57．熊春锦：《中华传统五德修身文化（一）·信》，中央编译出版社，2017。

58．熊春锦：《中华传统五德修身文化（二）·智》，中央编译出版社，2017。

59．熊春锦：《中华传统五德修身文化（三）·礼》，中央编译出版社，2018。

60．李泉：《一本书读懂中国史》，中华书局，2016。

61．冯达文：《道：回归自然》，广东人民出版社，1996。

62. 庞鹤鸣：《中华心学沿革简述》，中国发展出版社，2018。

63. 习近平：《习近平谈治国理政》第一卷，外文出版社，2014。

64. 习近平：《习近平谈治国理政》第二卷，外文出版社，2017。

65. 习近平：《习近平谈治国理政》第三卷，外文出版社，2020。

66. 人民日报评论部：《习近平用典》第一辑，人民日报出版社，2015。

67. 人民日报评论部：《习近平用典》第二辑，人民日报出版社，2018。

68. 王玉德等著：《中华神秘文化》，湖南出版社，1993。

69. 马世力、陈光裕：《一本书读懂世界史》，中华书局，2016。

70. 柏杨：《中国人史纲》，时代文艺出版社，1987。

71. 王蒙：《中国人的思路》，外文出版社，2018。

72. 孙晶、孙劲松主编：《唐明邦学术思想探索》，中州古籍出版社，2019。

73. 罗国杰主编：《中国传统道德·规范卷》，中国人民大学出版社，2012。

74. 刘智峰主编：《道德中国》，中国社会科学出版社，2001。

75. 柯可：《周易宝典》，中国档案出版社，2006。

76. 柯可：《老子九观正义》，广东经济出版社，2008。

77. （唐）孙思邈著，李景荣等校释：《备千金要方校释》，人民卫生出版社，1997。

78. 〔美〕亨利·基辛格：《论中国》，胡利平译，中信出版社，2012。

79. 〔俄〕根纳季·久加诺夫：《全球化与人类命运》，何宏江、邢艳琦、曲延明等译，新华出版社，2004。

80. 〔德〕费尔巴哈：《基督教的本质》，荣震华译，商务印书馆，1997。

81. 〔德〕鲁道夫·奥伊肯：《人生的价值与意义》，张伟、左兰译，北京理工大学出版社，2015。

82. 〔德〕恩斯特·卡希尔：《人论》，甘阳译，上海译文出版社，2013。

83. 〔德〕威廉·狄尔泰：《精神科学引论》，艾彦译，北京联合出版公司，

2014。

84．［英］休谟：《人性论》，关文运译，商务印书馆，2018。

85．［英］狄特富尔特等编：《哲人小语——人与自然》，周美琪译，生活·读书·新知三联书店，1993。

86．［美］塞缪尔·亨廷顿：《文明的冲突与世界秩序的重建》，周琪、刘绯、张立平等译，新华出版社，2010。

作者简介

　　柯可教授，中国学者，皖籍粤人，华南师范大学文学硕士。1985年起历任广东省委宣传部干部、广东电视大学及岭南文艺职业学院兼职讲师、广东省社会科学院文学所副所长、哲学文化所副所长、综合研究室副主任、国学研究中心主任、硕士生导师、国家二级研究员。现任职广东省社会科学院老专家工作室资深研究员，兼任中国老子文化研究院副院长等。

　　参与董京泉主编、国家特别委托课题《中国古代哲学思想集萃》重点章节写作，担任省重大科研项目之《文化产业论》《中国岭南影视艺术史》及有关广东建设智运强省、幸福绿道网、佛教文化传播战略、垃圾分类及资源化等专题报告的课题组长，专报获得时任中央政治局委员、省委书记的肯定性批示，由省民宗委、省教育厅、省建设厅等省市政府部门落实。

　　1996年历任广东省文化传播学会副会长、会长，学会获广东省社科联颁发的"理论创新奖"。兼任广东华文国学研究院院长，广东省老子文化学会创会会长、省国学教育促进会创会会长、广东文史学会副会长、广东企业品牌促进会副会长、广东棋文化促进会副会长等。被聘为博鳌儒商论坛儒商导师，山东省委党校儒学研究中心研究员等。

　　游学欧亚10余国，从事国学教研40余年，为政军校企各界宣讲国学，提出人类文化金塔论、易德论、线象思维论、圜道五育论、老子恒道主义文明晕染论、孔子仁道主义世界大同论、黄帝王道主义天机权衡论等新说，创研了"易为学纲，儒为理纲，佛为心纲，道为总纲，一脉传道，两仪和合，三教圆融，五育生化，六经文韬，七书武略，八目习艺，九宫格局"的中华国学教育体系。

　　推进中华颂文化创意工程、国际龙象棋文化产业链并创作《中华颂》《九道方》《龙象棋》等。获广东鲁迅文艺奖、广东社科成果奖，广东省社科联授予"广东省优秀社会科学普及专家"、中国文化研究会颁发的"中国文化传承奖"等。简介收入中国社会科学院主编的《中国当代社会科学专家学者大辞典》《中国当代艺术家名人录》等辞典。

后　记

孔子研究的时代意义何在？这是所有经历过五四运动以来的新文化洗礼后，关心中华复兴以及世界文化前途者所不可不思的。毋庸置疑，曾被批倒的孔子又复活了。无论何人，持何观点，似乎都无法否认孔子是一个具有世界影响力的伟人。他学而不厌，诲人不倦，造诣极高，对铸就中华文明和东方君子人格做出了巨大贡献，故此书本意，首先是想改变过去某些人眼里，孔子不过是一位无著作、无体系、无主义可言的"三无"学者的偏见。

有鉴于此，为孔子这位伟大的教育家和哲学家选编一部能体现其思想全貌的《孔子儒经》，不仅能使这位"述而不作"的伟大儒圣不再受到不公正的误解与冷遇，平复孔子众多景仰者心中的遗憾，还可通过"温故而知新"而体味孔学真旨，滋养中国特色哲学社会科学体系的建构，迎接国学大师饶宗颐先生呼唤的"新经学时代"的到来。这也正是笔者在孔子称为"七十而从心所欲，不逾矩"的古稀之年，穷思笔耕编著此书的初心。

此书深意在于阐述"孔子仁道主义"的核心价值，正是孔子"世界大同论"的时代意义。它以中华元典《易经》有关"观乎天文以察时变，观乎人文以化成天下"的古训为指导，以谋道趋同始，以仁孝修德，好学明智来化育万民，使国家由礼治达大顺，诚敬至大化，合义迎大嘉，循天成大祥，大同为归宿，形成一个体系完备、循序渐进、实现人类美好理想的儒家文化闭环。这一闭环的良性运转，将使《孔子儒经》《周易德经》《老子道经》《黄帝道经》等中华元典相互匹配，彼此激励，扭转后世腐儒邪说等观念对中华优秀传统文化的长期侵蚀局面；将使主张"己欲立而立人，己欲达而达人"的道德金律与"己所不欲，勿施于人"的道德银律的"孔子仁道主义"之"世界大同论"，更好地与主张道法自然、各美其美、美美与共的"老子恒道主义"之"文明晕染论"，主张无为有争、九州一统、强国富民的"黄帝王道主义"之"天机权衡论"等，同辉寰宇，助力中国式现代化进程与文化传承精华相结合，实现中华民族伟大复兴的中国梦。

同时，孔子"世界大同论"与乌托邦、理想国、空想社会主义等社会思想的东西对话和未来学比较研究，还将使人类自觉防范使富人越富、穷人越穷的马太效应的赢者通吃、二八定律的两极分化，从而可以不再为现代以来东盛西衰之大势时变而惊恐反噬，不再将弱肉强食的丛林法则硬塞进人类崇尚自由、和平、文明的社会。

有感于此，本书鉴于字数是《道德经》10余倍的实情，为节省篇幅，不再如著《老子道经》时所采用的大量引经据典的传统阐述方法，而是在通览全书、厘清观念、建构体系后直奔主题，以全译通解后得来的晓畅易懂的白话，生动表述全书主旨。其研究方法简述如下：

1. 经典优选法。历史上记录了孔子有关事迹和名言的典籍汗牛充栋。为弘扬孔子精神，本书参照了最新考古发现，并按照学术规范，以量最多、最接近史实、最反映其真意的选经原则，在涉及孔子的诸多古籍中精选出《论语》《孔子家语》《孝经》《孔丛子》四部书，作为《孔子儒经》经义来源的权威版本。

2. 形象展现法。为使广大读者对孔子一生的作为与品性先有一个全面了解，特借《孔子儒经》里所录的孔子自家言论，为他速写一幅自画像；再通过梳理品鉴，将国内外历代名人对孔子的评述，整合描绘成为一幅符合史实、神形兼备的孔子写真图，以还原出一幅真情表白、活灵活现的孔子真像。

3. 逻辑思维法。孔学研究历代不绝，在通读、批判、总结、继承、吸纳古今孔子研究的丰厚成果基础上，《孔子儒经》首先将孔子思想概括为包括了谋道、修德、好学、亲仁、孝悌、礼乐、祭祀、君子、大同等九观在内的孔子仁道主义，从而与包括恒道、玄德、无为、贵身、真知、清静、安民、用兵、治国等九观的老子恒道主义一样，成为具有鲜明定义、完整系统和内在逻辑的孔氏哲学体系。

4. 分节编译法。全书将总计7万余字的四部儒学经典分成1027节各有主旨的段落（不计用于参阅的《孔丛子》115节）后，先参照诸多大儒、学者注本的卓见，译出全书经文，以全面而忠实地表达孔子真意；再以孔子仁道为核心，以孔子九观为经线，以列明了节数编码的孔经译文为珍珠，按大致合理的节数比例，分别呈现于孔子哲学体系九大观之中，以免轻重失衡，顾此失彼。

5. 系统建构法。针对以往孔子研究往往只作若干观点的理论阐释，甚少对其思想的全盘把握与系统整合的分解法，《孔子儒经》独辟蹊径地跳出千百年来孔学研究的传统格局，系统论述了其有关谋道、修德、大同等九大观点，以化繁为简，揭示出孔子逻辑严密的思想体系。

6. 历史检验法。《孔子儒经》以史为明镜，分论阐析，从中华道统、诸子关联、文化建设、修身养性、以德治国、睦邻关系等各个方面，观照历史上反复出现的尊孔与反孔现象，会通中西，理论剖析，建构文化，追索真理，以揭示孔子仁道主义的伟大而深刻的现实意义。

总之，孔子仁道主义是立志谋道，仁孝修德，好学开智，尊天敬祖，养成君子，乐教礼治，实现大同的儒家哲学体系。通过孔氏君子文化的阐释与海外传播，不仅可展现中华文化的人格美魅力，通过"一带一路"广交天下朋友，而且对于增强文化自信，建设文化强国，构建人类命运共同体，也有积极的意义。

上述的这些理论体系创新，均依据《孔子儒经》之识读，自成一家之言，这对当今孔子研究热潮，或有不同于以往学者的心得。感谢董京泉先生、

孙矩先生的评审鼓励，感谢广东省社科院、华文国学院同仁以及广东人民出版
社肖风华社长和编辑们的精心校正，使本书得以顺利面世。

　　是为后记。

作者

甲辰冬至